Die Bibel

Einführungen und Meditationen
von Anselm Grün

Die Bibel

Aus der Heiligen Schrift
des Alten und Neuen Bundes

Einführungen und Meditationen
von
Anselm Grün

HERDER

FREIBURG · BASEL · WIEN

Dieser Ausgabe liegt die deutsche Übersetzung
aus Herders Bibelkommentar zugrunde,
deren Texte in Abstimmung mit der Jerusalemer Bibel
(La Sainte Bible, traduite en français sous la direction de
L'Ecole Biblique de Jérusalem; Paris 1956)
völlig überarbeitet wurden.

Die deutschen Psalmentexte dieser Ausgabe
sind aus dem „Psalmenbuch, herausgegeben von den
Benediktinern der Erzabtei Beuron" unverändert
übernommen.

Diese Ausgabe wurde von Dr. Jörg Sieger
in die neue Rechtschreibung gebracht;
die biblischen Namen wurden der Schreibweise
der Loccumer Richtlinien angeglichen.

Die Auswahl dieser Bibelausgabe besorgte
Ludger Hohn-Morisch in Abstimmung mit P. Anselm Grün.

Dritte Auflage 2003

Umschlaggestaltung: Finken & Bumiller, Stuttgart
Umschlagmotiv aus: V. Böckstiegel/W. Schroeder, Botschaft im Bild. Israel –
Land der Gegensätze, Luther-Verlag Bielefeld 2001, S. 121

Imprimatur – Freiburg im Breisgau, den 24. August 1965
Der Generalvikar: Dr. Föhr

www.herder.de
Satzherstellung: SatzWeise, Föhren
Druck und Bindung: fgb · freiburger graphische betriebe
www.fgb.de
Gedruckt auf umweltfreundlichem,
chlorfrei gebleichtem Papier
ISBN 3-451-27858-8

Inhalt

DIE HEILIGE SCHRIFT DES NEUEN BUNDES

Zur Einführung

ANSELM GRÜN

Wohl in keinem Buch wird in der gesamten Welt häufiger gelesen als in der Bibel. Die Bibel ist das Buch aller Bücher. Die Juden sehen in den biblischen Büchern des Alten Testamentes das Wort, das Gott nur zu ihnen gesprochen hat. Christen teilen mit den Juden das Alte Testament. In ihm hören Christen Gottes Wort, das auch für sie bleibende Gültigkeit hat. Doch Christen lesen auch das Neue Testament, in dem ihnen die vier Evangelisten und zahlreiche Briefe der Apostel und anderer biblischer Schriftsteller überliefert sind. Für sie kommt das Alte Testament durch Jesus Christus zur Erfüllung und Vollendung.

Was damals geschrieben wurde, verstehen Christen im Licht Jesu auf neue Weise. Wie sie das Alte Testament (oder besser das Erste Testament, wie die frühen Kirchenväter es nannten) lesen sollen, sagt der Apostel Paulus: „Alles, was einst geschrieben worden ist, ist zu unserer Belehrung geschrieben, damit wir durch Geduld und durch den Trost der Schrift Hoffnung haben" (Römer 15,4). Das Lesen der Heiligen Schrift will also erschließen, wer Gott und wer der Mensch ist, was das Geheimnis der Schöpfung ist und wie menschliches Leben gelingt.

Und Christen lesen die Schrift, um Trost zu erfahren in Haltlosigkeit und Orientierungslosigkeit, in Dunkelheit und Niedergeschlagenheit. Trost meint, dass wir festen Halt bekommen, Standfestigkeit. Trost kommt von Treue = Festigkeit. Und Trost meint, dass wir nicht allein gelassen sind mit unseren Fragen, sondern dass Gott mit uns geht in unsere Not. Das lateinische Wort für Trost „consolatio" bedeutet: mit dem Einsamen sein. Jedes Wort der Heiligen Schrift will Hoffnung schenken, damit wir voll Zuversicht und innerer Freiheit in dieser Welt leben, vertrauensvoll Ausschau haltend nach dem, der unsere Hoffnung allein zu erfüllen vermag.

In der Bibel findet sich viel Poesie. Es sind wunderbare Erzählungen, Gedichte, Lieder, Mythen und Märchen, die die biblischen Schriftsteller berichten. Es sind unübertroffene Dichtungen, die da überliefert sind. In ihrer Einfachheit bringen sie das Leben des Menschen in seiner Beziehung zu Gott zum Ausdruck. Doch die Bibel ist noch mehr als Menschenwort. Sie ist Gotteswort. Das Wort Gottes fällt allerdings nicht vom Himmel. Es wird durch Menschen aufgeschrieben, die ihre Erfahrungen mit Gott ins Wort bringen. Doch in diesem menschlichen Wort – das glauben Christen – spricht Gott selbst. Da zeigt er authentisch, wie es um den Menschen steht, wer der Mensch und wer Gott ist, wie Gott am Menschen handelt.

Vielen bleibt die Bibel fremd. Sie lesen die Worte, aber verstehen sie nicht. Das alles scheint eine andere Welt zu sein. Andere lesen sie durch die Brille ihrer Angst. Daher erschrecken sie vor den manchmal grausam erscheinenden Gottesworten. Doch die Worte der Bibel sind Worte des Lebens, Worte, die Leben spenden. Es sind Worte des Heils, Worte, die den Menschen in seiner Zerrissenheit heilen und aufrichten möchten. Es kommt auf die richtige Brille an, mit der wir an die Bibel herangehen. Der große Augustinus, der als Professor Rhetorik unterrichtete, hat das Kriterium angegeben, wie wir die Bibel lesen sollen. Er sagt: „Das Wort Gottes ist der Gegner deines Willens, bis es der Urheber deines Heiles wird. Solange du dein eigener Feind bist, ist auch das Wort Gottes dein Feind. Sei dein eigener Freund, dann ist auch das Wort Gottes mit dir im Einklang."

Wenn uns ein Wort der Schrift zunächst ärgert, dann ist das ein Zeichen dafür, dass wir uns über uns selbst ärgern, dass wir nicht im Einklang sind mit uns selbst. Das Lesen der Bibel ist wie ein Ringen, bis wir mit uns selbst eins werden. Wenn wir das Wort verstehen, verstehen wir auch uns selber neu. Wenn wir die Bibel richtig verstehen, gehen wir gut mit uns selbst um, dann kommen wir in Einklang mit uns selbst, dann werden wir unser eigener Freund.

Die frühen Mönche haben eine Methode entwickelt, mit der Schrift so umzugehen, dass sie im Wort der Schrift Gott selbst und ihrem eigenen wahren Wesen begegnet sind. Es ist die Methode der „lectio divina" = „der göttlichen Lesung". Diese „lectio divina" hat vier Schritte: lectio – meditatio – oratio – contemplatio.

Der erste Schritt besteht darin, das Wort langsam zu *lesen*, nicht um sein Wissen zu erweitern, sondern um im Wort Gott selbst zu begegnen. Indem ich das Wort verstehe, verstehe ich mich selber besser. Ich lese das Wort, um im Wort Gottes Herz zu entdecken, so sagt Gregor der Große.

Beim zweiten Schritt, der *meditatio*, lasse ich das Wort *in mein Herz fallen*. Ich versuche nicht, mit dem Verstand das Wort zu ergründen, sondern nehme das Wort, wiederhole es im Herzen, kaue und schmecke es, bis es einen neuen Geschmack in mir hinterlässt: den Geschmack der Liebe, des Friedens, der Freude, des Lebens. Ich stelle mir vor: Wenn dieses Wort stimmt, wie sehe ich dann mich selbst, die Welt, Gott? Wie fühle ich mich? Welchen Geschmack hinterlässt dieses Wort?

Der dritte Schritt, die *oratio*, besteht darin, dass ich die Sehnsucht, die durch die Meditation in mir aufsteigt, in einem kurzen Gebet zum Ausdruck bringe. Gott möge meine Sehnsucht erfüllen. Er möge mich spüren lassen, was ich da lese. Er möge sich selbst mir zeigen.

Der vierte Schritt ist die *contemplatio*. Da höre ich auf, über das Wort nachzudenken. Ich bin einfach still vor Gott. Das Wort Gottes hat mich in die Stille geführt. In dieser Stille höre ich auf, mir Gedanken und Vorstellungen von Gott zu machen. Ich bin einfach da. Ich bin eins mit Gott und durch Gott mit mir. Und ich bin einverstanden mit dem Leben. Ich berühre die Wirklichkeit selber, ohne darüber reden zu können. Das Wort – so sagen die frühen Mönche – schließt mir die Türe auf zum wortlosen Geheimnis Gottes. In diesem Raum des wortlosen Geheimnisses Gottes bin ich daheim. Da ist alles eins.

So wünsche ich Ihnen, lieber Leser, liebe Leserin, dass das Lesen dieser Auswahlbibel Sie in eine tiefe geistliche Erfahrung führt, in die Erfahrung Gottes und in die Erfahrung der eigenen Erlösung, des Freiwerdens von aller Angst und allem Sich-Klammern an Vordergründiges. Grübeln Sie nicht über die Worte nach! Lassen Sie sie einfach in sich hineinfallen. Auch wenn die Worte fremd erscheinen, versuchen Sie, die Worte zu schmecken! Sie müssen nicht den ganzen Hintergrund – weder den theologischen noch den historischen – kennen. Trauen Sie dem Wort! Die Worte sind Bilder. Und Bilder öffnen immer ein Fenster zum Himmel. Das Wort wirkt. Wenn Sie das Wort in sich hineinfallen lassen, bewirkt es Heilung, Befreiung,

Erlösung. Sie werden sich anders fühlen. Es wird in Ihnen heller werden, hoffnungsvoller, weiter. Das Wort Gottes – so sagt uns der zweite Petrusbrief – „ist ein Licht, das an einem finsteren Ort scheint, bis der Tag anbricht und der Morgenstern aufgeht in eurem Herzen" (2 Petr 1,19).

So wünsche ich Ihnen, dass das Licht des göttlichen Wortes Ihr Herz erhellt, damit Sie in sich das eigene Licht sehen, das göttliche Licht, das in Ihnen leuchtet und Sie eintaucht in Gott hinein, in dem Sie erst ganz Sie selbst werden und Ihre wahre Würde erkennen.

Andrej Rublev: Heilige Dreifaltigkeit, 1411. Aus der Ikonostase der Dreifaltigkeitskathedrale des Dreifaltigkeits-Sergius-Kloster Zagorsk. – Moskau, Tretjakov-Galerie.

Aus der Heiligen Schrift des Alten Bundes

1 *Die Anfänge der Welt und der Menschen*

Aus dem Buch Genesis

In wunderbaren Bildern schildert uns das erste Buch der Bibel, die Genesis (= „Entstehung"), dass Gott diese Welt und den Menschen geschaffen hat. Es ist kein naturwissenschaftlicher Bericht über die Erschaffung der Welt, sondern ein mythisches Gedicht. Alles in dieser Welt ist von Gott geschaffen – gut geschaffen. Alles, was ist, ist gut. Die Krone der Schöpfung – der Mensch. Er ist nach Gottes Bild und Gleichnis geschaffen. Gott hat ihn als Mann und Frau geschaffen. Und gerade in dieser Polarität zwischen Mann und Frau ist der Mensch zum Abbild Gottes und seiner göttlichen Liebe geworden. Gottes Schönheit spiegelt sich in der Schönheit der Schöpfung und vor allem im Angesicht des Menschen.

Der Schöpfungsbericht *(Gen 1,1 – 2,25) will unseren Blick aber nicht nur auf die Vergangenheit richten. In sechs Tagen hat Gott die Welt geschaffen. Am siebten Tag ruhte er aus von seinen Werken. Das wird zum Bild für die Zeit des Menschen. Sechs Tage sind zum Arbeiten da. Und in unserer Arbeit setzen wir Gottes Schöpfungswerk fort. Da bebauen wir die Erde, die Gott uns anvertraut hat. Wir hegen und pflegen sie, damit sie Frucht bringe, die Gott uns zugedacht hat. Am siebten Tag ruhen wir aus von unseren Werken. Da dürfen wir feiern und genießen, dass unser Leben gut ist. Die frühen Kirchenväter nennen das menschliche Leben ein dauerndes Fest. Im Fest des Sonntags feiern wir, dass Gott der eigentliche Grund und das letzte Ziel unseres Lebens ist. In Gott dürfen wir uns der Ruhe erfreuen und genießen, was ist.*

Doch in die gute Schöpfung kam ein Riss. Der Mensch neigt sich dem Bösen zu. Die Geschichte vom Sündenfall *(Gen 3,1–24) will uns erklären, wie der gute Mensch böse wurde. Der Mensch konnte nicht aushalten, dass er nicht selber Gott sei, dass er auf Gott, seinen Schöpfer, angewiesen sei. Er wollte sein wie Gott. Darin besteht die Ursünde des Menschen, sich über seine Menschlichkeit zu erheben und sich wie Gott zu gebärden.*

Wohin das führt, wenn der Mensch wie Gott sein will, das zeigen die drei Geschichten von Kain und Abel (Gen 4,1–16), von Noach und der Flut und vom Turmbau zu Babel. Wer immer wie Gott sein will, wer immer der Größte sein will, der kann sich nicht an seinem Bruder freuen. Er muss jeden, der ihn an Größe übertrifft, töten. Doch das Morden macht ihn nicht glücklich. Es erzeugt in ihm Schuldgefühle. Und die Schuld treibt ihn ruhelos in dieser Welt umher. Wer schuldig geworden ist, der kann es nicht mehr bei sich aushalten. Die Schuld treibt ihn wieder hin zu Gott, in dessen vergebender Liebe der Mensch allein zur Ruhe kommen kann.

Die Erzählung von der Arche Noach *(Gen 6,9 – 9,17) finden wir ähnlich bei vielen Völkern. In ihr drückt sich die Erfahrung aus, dass der Mensch diese Welt durch seine Bosheit in ein Chaos zu stürzen vermag. Doch selbst die größte Flut kann die Welt nicht vernichten. Gott schließt seinen Bund mit den Menschen. Der Regenbogen wird zum Zeichen dafür, dass Gott zu dieser Welt steht und die Bosheit der Menschen umgreift, sodass sie die Schöpfung nicht verderben kann.*

Der Turmbau zu Babel *(Gen 11,1–9) erinnert an das Streben des Menschen, immer höher hinaus zu wollen. Das gilt nicht nur für seine Bauten, die umso gefährdeter sind, je höher sie in den Himmel ragen. Das gilt für alles Tun. Wer wie Gott sein will, der verdirbt die Welt. Sein Götzenwerk stürzt in sich zusammen. Und wer wie Gott sein will, der isoliert sich. Er wird unfähig zu wahrer Kommunikation. Er sieht in allen Menschen nur den Feind. Daher weigert er sich, mit ihnen zu kommunizieren, sich und das Seine in der Sprache miteinander zu teilen: Die babylonische Sprachverwirrung beschreibt nicht etwas Vergangenes, sondern unseren heutigen Zustand. Sprachwissenschaftler haben unsere heutige Sprache „Wörterbuch eines Unmenschen“ genannt. Da geht es nicht um Teilen, um gemeinsame Erfahrung von Liebe und Freude, sondern um Beherrschen, Bestimmen, Beeinflussen.*

Erster Schöpfungsbericht: 1,1 – 2,4a

1 1 Im Anfang schuf Gott den Him-
mel und die Erde. 2 Die Erde aber
war wüst und leer. Finsternis lag über
dem Abgrund, und der Geist Gottes
schwebte über den Wassern.

3 Da sprach Gott: „Es werde Licht!"
Und es ward Licht. 4 Gott sah, dass das
Licht gut war, und Gott schied zwi-
schen dem Licht und der Finsternis.
5 Gott nannte das Licht Tag, und die
Finsternis nannte er Nacht. Es ward
Abend, und es ward Morgen: erster
Tag.

6 Nun sprach Gott: „Es werde ein
Firmament inmitten der Wasser und
scheide zwischen Wasser und Was-
ser!" Und es geschah so. 7 Gott machte
das Firmament, und es schied zwi-
schen den Wassern unterhalb des Fir-
mamentes und den Wassern oberhalb
des Firmamentes. 8 Gott nannte das
Firmament Himmel. Es ward Abend,
und es ward Morgen: zweiter Tag.

9 Nun sprach Gott: „Es sammle sich
das Wasser, das unter dem Himmel
ist, zu einer Ansammlung, und es er-
scheine das trockene Land!" Und es
geschah so. 10 Gott nannte das trocke-
ne Land Erde, und die Ansammlung
des Wassers nannte er Meer. Und Gott
sah, dass es gut war.

11 Dann sprach Gott: „Es lasse grü-
nen die Erde Grünes, Kraut, das Sa-
men bringt, und Fruchtbäume, die
Früchte auf Erden tragen, in denen
ihr Same ist!" Und es geschah so.
12 Die Erde brachte Grünes hervor,
Kraut, das Samen bringt nach seiner
Art, und Bäume, die Früchte tragen
nach ihrer Art, in denen ihr Same ist.
Und Gott sah, dass es gut war. 13 Es
ward Abend, und es ward Morgen:
dritter Tag.

14 Nun sprach Gott: „Es sollen
Leuchten werden am Firmament des
Himmels, damit sie scheiden zwi-
schen dem Tag und der Nacht; sie sol-
len als Zeichen dienen, für Festzeiten
und Tage und Jahre. 15 Sie sollen
Leuchten sein am Firmament des
Himmels, um über die Erde zu leuch-
ten." Und es geschah so. 16 Gott mach-
te die beiden großen Leuchten, die
größere Leuchte zur Herrschaft über
den Tag, die kleinere Leuchte zur
Herrschaft über die Nacht, dazu die
Sterne. 17 Gott setzte sie an das Firma-
ment des Himmels, damit sie über die
Erde leuchten, 18 damit sie über den
Tag und über die Nacht herrschen
und zwischen dem Licht und der Fins-
ternis scheiden. Und Gott sah, dass es
gut war. 19 Es ward Abend, und es
ward Morgen: vierter Tag.

20 Nun sprach Gott: „Es sollen die
Wasser wimmeln vom Gewimmel le-
bendiger Wesen, und Vögel sollen über
die Erde am Firmament des Himmels
hinfliegen!" Und es geschah so. 21 Gott
schuf die großen Seetiere und alle le-
bendigen Wesen, die sich regen und
von denen das Wasser wimmelt, nach
ihren Arten, und alle geflügelten Vögel
nach ihren Arten. Und Gott sah, dass
es gut war. 22 Gott segnete sie und
sprach: „Seid fruchtbar und mehret
euch und erfüllet das Wasser in den
Meeren, und die Vögel sollen sich ver-
mehren auf Erden." 23 Es ward Abend,
und es ward Morgen: fünfter Tag.

[24] Nun sprach Gott: „Es bringe die Erde hervor lebendige Wesen nach ihren Arten: Vieh, Gewürm und Wild des Feldes nach ihren Arten!“ Und es geschah so. [25] Gott machte das Wild des Feldes nach seinen Arten, das Vieh nach seinen Arten und alles Gewürm auf dem Erdboden nach seinen Arten. Und Gott sah, dass es gut war.

[26] Nun sprach Gott: „Lasst uns den Menschen machen nach unserem Bilde, uns ähnlich. Sie sollen herrschen über die Fische des Meeres und über die Vögel des Himmels, über das Vieh und über alles Wild des Feldes und über alles Gewürm, das auf dem Erdboden kriecht!“

[27] Und Gott schuf den Menschen nach seinem Bilde, nach dem Bilde Gottes schuf er ihn, als Mann und Frau schuf er sie.

[28] Gott segnete sie, und Gott sprach zu ihnen: „Seid fruchtbar und mehret euch und erfüllet die Erde und macht sie euch untertan! Herrschet über die Fische des Meeres und über die Vögel des Himmels und über alles Getier, das sich auf Erden regt!“ [29] Dann sprach Gott: „Seht, ich übergebe euch alles Kraut, das Samen hervorbringt auf der ganzen Erde, und alle Bäume, die samentragende Früchte hervorbringen; sie sollen euch zur Speise dienen.

[30] Allem Wild des Feldes, allen Vögeln des Himmels und allem, was sich auf Erden regt und Lebensodem in sich hat, gebe ich alles grüne Kraut zur Nahrung!“ Und es geschah so. [31] Und Gott sah alles, was er gemacht hatte, und siehe, es war sehr gut. Es ward Abend, und es ward Morgen: sechster Tag.

2 [1] So wurden Himmel und Erde mit ihrem ganzen Heer vollendet. [2] Gott vollendete am siebten Tag sein Werk, das er gemacht hatte, und ruhte am siebten Tag von seinem ganzen Werk, das er gemacht hatte. [3] Und Gott segnete den siebten Tag und heiligte ihn, denn an ihm ruhte er von seinem ganzen Schöpfungswerk.

[4a] Dies ist die Entstehungsgeschichte des Himmels und der Erde, als sie erschaffen wurden.

Zweiter Schöpfungsbericht.
Das Paradies: 2,4b–25

[4b] Am Tag, da Jahwe Gott Himmel und Erde schuf, [5] gab es auf der Erde noch kein Gesträuch des Feldes und wuchs noch keinerlei Kraut des Feldes. Denn Jahwe Gott hatte noch nicht auf die Erde regnen lassen, und der Mensch war noch nicht da, um den Erdboden zu bebauen. [6] Da stieg eine Flut von der Erde auf und tränkte die ganze Fläche des Erdbodens. [7] Dann bildete Jahwe Gott den Menschen aus Staub von dem Erdboden und blies in seine Nase einen Lebenshauch. So wurde der Mensch ein lebendes Wesen.

[8] Jahwe Gott pflanzte einen Garten in Eden, im Osten, und setzte dahinein den Menschen, den er gebildet hatte. [9] Und Jahwe Gott ließ aus dem Erdboden allerlei Bäume hervorwachsen, lieblich anzusehen und gut zu essen, den Baum des Lebens mitten im Garten und den Baum der Erkenntnis

des Guten und Bösen. 10 Ein Strom
ging von Eden aus, um den Garten
zu bewässern, und von dort teilte er
sich in vier Arme. 11 Der Name des
einen ist Pischon: er umfließt das gan-
ze Land Hawila, wo Gold vorkommt.
12 Das Gold dieses Landes ist vorzüg-
lich; dort gibt es auch Bdelliumharz
und den Schoham-Edelstein. 13 Der
Name des zweiten Flusses ist Gihon:
er umfließt das ganze Land Kusch.
14 Der Name des dritten Flusses ist Tig-
ris: er fließt östlich von Assur. Der
vierte Fluss ist der Eufrat. 15 Jahwe
Gott nahm den Menschen und setzte
ihn in den Garten Eden, damit er ihn
bebaue und behüte. 16 Und Jahwe Gott
gab dem Menschen dieses Gebot:
„Von allen Bäumen des Gartens darfst
du essen. 17 Von dem Baum der Er-
kenntnis des Guten und Bösen aber
darfst du nicht essen. Denn am Tage,
da du davon issest, musst du sicher
sterben."

18 Dann sprach Jahwe Gott: „Es ist
nicht gut, dass der Mensch allein sei.
Ich will ihm eine Hilfe machen, die
ihm entspricht." 19 Jahwe Gott bildete
noch aus dem Erdboden alle Tiere
des Feldes und alle Vögel des Him-
mels, und er führte sie zum Men-
schen, um zu sehen, wie er sie benen-
nen würde: so, wie der Mensch sie
benennen würde, sollte ihr Name
sein. 20 Da gab der Mensch allem Vieh
und den Vögeln des Himmels und al-
lem Wild des Feldes Namen. Aber für
einen Menschen fand er nicht die Hil-
fe, die ihm entsprochen hätte. 21 Nun
ließ Jahwe Gott einen Tiefschlaf über
den Menschen fallen, dass dieser ein-
schlief, und er nahm eine von seinen
Rippen und schloss das Fleisch an
ihrer Stelle zu. 22 Dann baute Jahwe
Gott die Rippe, die er vom Menschen
genommen hatte, zu einer Frau und
führte sie zum Menschen.

23 Da sprach der Mensch: „Das ist
endlich Bein von meinem Bein und
Fleisch von meinem Fleisch! Diese soll
Frau heißen, weil sie vom Mann ge-
nommen ist."

24 Darum wird der Mann seinen Va-
ter und seine Mutter verlassen und
seiner Frau anhangen, und sie werden
zu einem Fleisch.

25 Beide waren nackt, der Mensch
und seine Frau. Aber sie schämten
sich nicht voreinander.

Der Sündenfall: 3,1–24

3 1 Die Schlange war listiger als alle
Tiere des Feldes, die Jahwe Gott ge-
macht hatte. Sie sprach zu der Frau:
„Hat Gott wirklich gesagt: Ihr dürft
nicht von allen Bäumen des Gartens
essen?" 2 Die Frau antwortete der
Schlange: „Von den Früchten der Bäu-
me des Gartens dürfen wir essen. 3 Nur
von den Früchten des Baumes, der mit-
ten im Garten steht, hat Gott gesagt:
Ihr sollt nicht davon essen und nicht
daran rühren, damit ihr nicht sterbet."
4 Darauf sprach die Schlange zu der
Frau: „Keineswegs, ihr werdet nicht
sterben. 5 Vielmehr weiß Gott, dass an
dem Tage, da ihr davon esset, euch die
Augen aufgehen und ihr sein werdet
wie Götter, die Gutes und Böses erken-
nen." 6 Die Frau sah, dass der Baum gut

zu essen wäre und lieblich anzusehen
und begehrenswert, um Einsicht zu
gewinnen. Und sie nahm von seiner
Frucht und aß und gab davon auch
ihrem Manne, der bei ihr war, und er
aß. 7 Nun gingen beiden die Augen auf,
und sie erkannten, dass sie nackt wa-
ren. Deshalb flochten sie Feigenblätter
zusammen und machten sich Schurze.

8 Da vernahmen sie den Schritt Jah-
wes Gottes, der sich beim Tagwind im
Garten erging, und der Mensch und
seine Frau verbargen sich vor Jahwe
Gott unter den Bäumen des Gartens.
9 Jahwe Gott aber rief dem Menschen
zu und sprach zu ihm: „Wo bist du?“
10 Er antwortete: „Ich vernahm deinen
Schritt im Garten; da fürchtete ich
mich, weil ich nackt bin, und verbarg
mich.“ 11 Darauf sprach er: „Wer hat
dir kundgetan, dass du nackt bist?
Hast du von dem Baum gegessen,
von dem zu essen ich dir verboten ha-
be?“ 12 Der Mensch erwiderte: „Die
Frau, die du mir beigesellt hast, gab
mir von dem Baum, und ich aß.“ 13 Da
sprach Jahwe Gott zur Frau: „Was hast
du da getan?“ Die Frau antwortete:
„Die Schlange hat mich verführt, und
ich aß.“

14 Nun sprach Jahwe Gott zur
Schlange: „Weil du das getan hast, ver-
flucht seist du unter allem Vieh und
unter allen Tieren des Feldes. Auf dei-
nem Bauche sollst du kriechen und
Staub fressen alle Tage deines Lebens.

15 Feindschaft will ich setzen zwi-
schen dir und der Frau, zwischen dei-
nem Spross und ihrem Spross. Er
wird dir den Kopf zermalmen, und
du wirst ihn an der Ferse treffen.“

16 Zur Frau aber sprach er: „Überaus
zahlreich werde ich die Beschwerden
deiner Schwangerschaft machen. Un-
ter Schmerzen sollst du Kinder gebä-
ren. Nach deinem Mann wird dein
Verlangen sein, er aber wird über dich
herrschen.“

17 Zu dem Menschen aber sagte er:
„Weil du auf die Stimme deiner Frau
gehört und von dem Baume gegessen
hast, obwohl ich dir geboten hatte: Du
sollst nicht von ihm essen, verflucht
sei der Erdboden um deinetwillen.
Unter Mühsal sollst du dich von ihm
ernähren alle Tage deines Lebens.

18 Dornen und Disteln soll er dir
wachsen lassen. Das Kraut des Feldes
musst du essen.

19 Im Schweiße deines Angesichtes
sollst du dein Brot essen, bis du zum
Erdboden zurückkehrst, von dem du
genommen bist. Denn Staub bist du,
und zum Staub musst du zurückkeh-
ren.“

20 Der Mensch gab seiner Frau den
Namen Eva; denn sie wurde die Mut-
ter aller Lebendigen. 21 Jahwe Gott
aber machte dem Menschen und sei-
ner Frau Kleider aus Fellen und beklei-
dete sie damit. 22 Dann sprach Jahwe
Gott: „Siehe, der Mensch ist geworden
wie einer von uns, sodass er Gutes
und Böses erkennt. Dass er nun aber
nicht seine Hand ausstrecke und auch
von dem Baum des Lebens nehme und
esse und ewig lebe!“ 23 Darum entfern-
te ihn Jahwe Gott aus dem Garten
Eden, damit er den Erdboden bearbei-
te, von dem er genommen ist. 24 Und
als er den Menschen vertrieben hatte,
stellte er östlich von dem Garten Eden

die Kerubim auf und das zuckende
Flammenschwert, damit sie den Weg
zum Baum des Lebens bewachen.

Kain und Abel: 4,1–16

4 [1]Der Mensch erkannte seine Frau
Eva. Sie empfing und gebar Kain.
Da sprach sie: „Einen Mann habe ich
durch Jahwe erhalten.“ [2]Und sie gebar
nochmals, seinen Bruder Abel. Abel
wurde ein Schafhirt, Kain aber wurde
ein Ackerbauer. [3]Nach geraumer Zeit
geschah es nun, dass Kain von den
Früchten des Feldes Jahwe ein Opfer
darbrachte. [4]Auch Abel brachte ein
Opfer dar von den Erstlingen seiner
Herde, und zwar von den Fettstücken.
Jahwe schaute gnädig auf Abel und
sein Opfer. [5]Auf Kain und sein Opfer
aber schaute er nicht. Deshalb wurde
Kain sehr zornig und senkte sein An-
gesicht. [6]Da sprach Jahwe zu Kain:
„Warum bist du zornig und senkst du
dein Angesicht? [7]Wenn du recht han-
delst, erhebst du nicht das Haupt?
Wenn du aber nicht recht handelst,
ist dann nicht die Sünde an der Tür,
ein lauerndes Tier, das nach dir ver-
langt und das du beherrschen sollst?“
[8]Indessen sprach Kain zu Abel, sei-
nem Bruder: „Lasst uns aufs Feld ge-
hen!“ Als sie aber auf dem Feld waren,
erhob sich Kain wider seinen Bruder
Abel und schlug ihn tot.

[9]Da sagte Jahwe zu Kain: „Wo ist
dein Bruder Abel?“ Er antwortete:
„Ich weiß es nicht. Bin ich denn der
Hüter meines Bruders?“ [10]Darauf
sprach er: „Was hast du getan! Höre,
das Blut deines Bruders schreit zu
mir von der Erde. [11]Und nun sollst du
verflucht sein, verbannt von dem
Ackerboden, der seinen Mund auf-
getan hat, um das Blut deines Bruders
von deiner Hand aufzunehmen.
[12]Wenn du den Boden bestellst, soll
er dir fortan keinen Ertrag mehr ge-
ben. Unstet und flüchtig sollst du auf
Erden sein.“ [13]Da erwiderte Kain Jah-
we: „Zu groß ist meine Strafe, als dass
ich sie tragen könnte. [14]Siehe, du
treibst mich heute vom Ackerboden
weg, und vor deinem Angesicht muss
ich mich verbergen. Ich muss unstet
und flüchtig auf Erden sein, und wer
mich gerade findet, wird mich töten.“
[15]Darauf entgegnete ihm Jahwe: „Kei-
neswegs! Jeder, der Kain tötet, an dem
soll man es siebenfach rächen.“ Und
Jahwe machte an Kain ein Zeichen,
damit ihn niemand töte, der ihn gera-
de fände. [16]Kain aber ging von dem
Angesicht Jahwes hinweg und ließ
sich im Lande Nod östlich von Eden
nieder.

Die Sittenverderbnis der Menschheit:
6,5–12

[5]Als Jahwe sah, dass die Bosheit der
Menschen auf Erden groß war und al-
les Gedankengebilde ihres Herzens al-
lezeit nur auf das Böse gerichtet war,
[6]da reute es Jahwe, dass er die Men-
schen auf Erden gemacht hatte, und
er war tief betrübt. [7]So sprach denn
Jahwe: „Ich will die Menschen, die ich
auf Erden geschaffen habe, vom Erd-
boden hinweg vertilgen, die Men-

schen samt dem Vieh, dem Gewürm
und den Vögeln des Himmels. Denn
es reut mich, sie geschaffen zu haben."
8 Noach aber hatte in den Augen Jah-
wes Gnade gefunden.

9 Dies ist die Geschichte Noachs.

Noach war ein gerechter Mann, un-
tadelhaft unter seinen Zeitgenossen.
Es wandelte Noach mit Gott. 10 Und
Noach hatte drei Söhne: Sem, Ham
und Jafet. 11 Die Erde aber war vor
Gott verderbt, und die Erde füllte sich
mit Gewalttat. 12 Gott sah die Erde:
verderbt war sie, denn alles Fleisch
hatte seinen Wandel auf Erden ver-
derbt.

Vorbereitungen auf die Sintflut:
6,13 – 7,16

13 Da sprach Gott zu Noach: „Das Ende
alles Fleisches ist bei mir beschlossen;
denn die Erde ist voller Gewalttat we-
gen der Menschen. So will ich sie
denn von der Erde vertilgen. 14 Baue
dir eine Arche aus harzigem Holz,
mache sie aus Rohrgeflecht und über-
ziehe sie innen und außen mit Pech.
15 So sollst du sie bauen: dreihundert
Ellen soll die Länge der Arche sein,
fünfzig Ellen ihre Breite und dreißig
Ellen ihre Höhe. 16 Mache für die Ar-
che ein Dach ... oben, bringe die Tür
der Arche an der Seite an und lege ein
unteres, mittleres und oberes Stock-
werk an.

17 Denn ich will eine Flut, Wasser,
über die Erde kommen lassen, um al-
les Fleisch, in dem Lebensodem ist,
unter dem Himmel zu vertilgen. Alles,
was auf der Erde ist, soll umkommen.
18 Mit dir aber will ich einen Bund
schließen. Du sollst in die Arche ge-
hen, du und mit dir deine Söhne, dei-
ne Frau und die Frauen deiner Söhne.
19 Von allen lebenden Wesen, von al-
lem Fleisch, sollst du zwei von allen
in die Arche aufnehmen, damit sie
mit dir am Leben bleiben, ein Männ-
chen und ein Weibchen soll es sein.
20 Von jeder Art der Vögel, von jeder
Art des Viehs und von jeder Art des
Gewürms am Boden sollen je zwei
von allen mit dir hineingehen, damit
sie am Leben bleiben. 21 Du selbst aber
sollst dir alles besorgen, was an Speise
zur Ernährung dient, und es bei dir
speichern, damit es dir und ihnen zur
Nahrung diene." 22 Noach tat so; ganz,
wie es ihm Gott befohlen hatte, tat er.

7 1 Jahwe sprach zu Noach: „Gehe du
mit deiner ganzen Familie in die
Arche; denn ich habe dich allein unter
diesem Geschlecht als gerecht vor mir
befunden. 2 Von allen reinen Tieren
nimm dir je sieben, Männchen und
Weibchen, und von den unreinen Tie-
ren zwei, ein Männchen und ein Weib-
chen, 3 [auch von den Vögeln je sieben,
Männchen und Weibchen,] damit sie
sich später auf der Erde fortpflanzen
können. 4 Denn noch sieben Tage,
dann lasse ich auf die Erde vierzig Tage
und vierzig Nächte regnen und vertil-
ge vom Erdboden alles Bestehende, das
ich geschaffen habe." 5 Noach tat ganz
so, wie es ihm Jahwe befohlen hatte.

6 Noach war sechshundert Jahre alt,
als die Flut, das Wasser, über die Erde
hereinbrach.

7 Und Noach ging, bevor die Flut

kam, in die Arche, und mit ihm seine
Söhne, seine Frau und die Frauen sei-
ner Söhne. 8 [Von den reinen und un-
reinen Tieren, von den Vögeln und
von allem, was auf dem Boden
kriecht, 9 gingen zwei und zwei, im-
mer ein Männchen und Weibchen, zu
Noach in die Arche, wie Gott es No-
ach befohlen hatte.] 10 Nach Ablauf
von sieben Tagen brach die Flut über
die Erde herein.

11 Im sechshundertsten Lebensjahr
Noachs, am siebzehnten Tag des zwei-
ten Monats, an diesem Tag brachen al-
le Quellen der großen Tiefe auf, und
die Schleusen des Himmels öffneten
sich. 12 Der Regen strömte auf die Erde
vierzig Tage und vierzig Nächte lang.

13 An diesem Tag gingen Noach und
Sem, Ham und Jafet, die Söhne No-
achs, mit der Frau Noachs und den
drei Frauen seiner Söhne in die Arche,
14 und mit ihnen alles Wild nach sei-
ner Art und alles Vieh nach seiner
Art und alles, was auf dem Boden
kriecht, nach seiner Art, und alle Vö-
gel nach ihrer Art, alles, was Flügel
und Schwingen hat. 15 Paarweise wa-
ren sie zu Noach in die Arche gekom-
men aus allen Wesen, in denen Le-
bensodem ist. 16 Von allen Wesen
waren immer ein Männchen und ein
Weibchen gekommen, wie Gott es
ihm befohlen hatte. Und Jahwe
schloss hinter ihm zu.

Die Flut: 7,17–24

17 Nun ergoss sich die Flut vierzig Ta-
ge lang über die Erde. Das Wasser
schwoll an und hob die Arche empor,
sodass sie über der Erde schwamm.
18 Es wuchs das Wasser immer weiter
und stieg hoch über der Erde. Die Ar-
che aber fuhr auf dem Wasser dahin.
19 Bis zu einer gewaltigen Höhe stieg
das Wasser über die Erde, sodass alle
hohen Berge unter dem ganzen Him-
mel bedeckt wurden. 20 Fünfzehn El-
len hoch stand über ihnen das Wasser,
so hoch waren die Berge bedeckt.
21 Da kam alles Fleisch um, das sich
auf der Erde regt, Vögel, Vieh, Wild,
alles, was auf Erden wimmelt, und alle
Menschen. 22 Alles, was Lebensodem
in seiner Nase hatte, alles, was auf
dem Festland lebte, starb. 23 So ver-
tilgte er alles Bestehende, das auf der
Erde war, vom Menschen bis zum
Vieh, bis zum Gewürm und bis zu
den Vögeln des Himmels. Sie wurden
von der Erde vertilgt. Nur Noach blieb
übrig und was mit ihm in der Arche
war. 24 Das Wasser stieg über die Erde
hundertfünfzig Tage.

Der Rückgang der Flut: 8,1–14

8 1 Da gedachte Gott des Noach und
alles Wildes und alles Viehes, das
mit ihm in der Arche war. Und Gott
ließ einen Wind über die Erde wehen,
sodass das Wasser fiel. 2 Die Quellen
der Tiefe und die Schleusen des Him-
mels hatten sich geschlossen; – der
Regen vom Himmel wurde zurück-
gehalten, 3 und das Wasser verlief sich
allmählich von der Erde. – Nach Ab-
lauf der hundertfünfzig Tage ging das
Wasser zurück, 4 und im siebten Mo-

nat, am siebzehnten Tage des Monats, ruhte die Arche auf den Bergen von Ararat. 5 Das Wasser ging immer weiter zurück bis zum zehnten Monat. Im zehnten Monat, am ersten Tag des Monats, kamen die Gipfel der Berge zum Vorschein.

6 Nach Ablauf von vierzig Tagen öffnete Noach das Fenster der Arche, das er angebracht hatte, 7 und schickte einen Raben aus. Dieser flog hin und her, bis das Wasser von der Erde vertrocknet war. 8 Dann ließ er eine Taube fliegen, um zu sehen, ob das Wasser sich von der Oberfläche der Erde verlaufen hatte. 9 Die Taube aber fand keinen Ort, wo ihre Füße hätten ruhen können. Darum kam sie zur Arche zurück, denn die Wasser standen noch auf der ganzen Erde. Er streckte seine Hand aus, ergriff sie und holte sie zu sich in die Arche. 10 Nun wartete er noch weitere sieben Tage und ließ abermals eine Taube aus der Arche ausfliegen. 11 Die Taube kam am Abend zu ihm zurück, und siehe, sie trug ein frisches Blatt von einem Ölbaum in ihrem Schnabel. Da erkannte Noach, dass sich das Wasser von der Erde verlaufen hatte. 12 Er wartete nochmals sieben Tage und ließ wiederum eine Taube ausfliegen. Diese kehrte nicht mehr zu ihm zurück.

13 Im sechshundertundersten Lebensjahre Noachs, im ersten Monat, am ersten Tag des Monats, war das Wasser auf der Erde vertrocknet. Nun entfernte Noach das Dach der Arche und hielt Ausschau, und siehe, die Oberfläche des Erdbodens war trocken.

14 Im zweiten Monat, am siebenundzwanzigsten Tag des Monats, war die Erde trocken.

Der Auszug aus der Arche: 8,15–22

15 Nun sprach Gott zu Noach: 16 „Gehe aus der Arche, du und mit dir deine Frau, deine Söhne und die Frauen deiner Söhne. 17 Alles Lebende von allen Wesen, die bei dir sind, Vögel und Vieh und alles Gewürm, das auf dem Boden kriecht, lass mit dir herausgehen, damit sie wimmeln auf der Erde, fruchtbar sind und sich mehren auf der Erde.“ 18 Da ging Noach hinaus, und mit ihm seine Söhne, seine Frau und die Frauen seiner Söhne, 19 alles Wild, alles Vieh, alle Vögel, alles Gewürm, das auf dem Boden kriecht, verließ Art um Art die Arche.

20 Noach baute Jahwe einen Altar. Dann nahm er von allen reinen Tieren und von allen reinen Vögeln und brachte sie auf dem Altar zum Brandopfer dar. 21 Als Jahwe den lieblichen Duft roch, sprach er bei sich selbst: „Ich will die Erde nicht wieder um des Menschen willen verfluchen, denn das Gedankengebilde des Menschenherzens ist böse von Jugend an. Nicht noch einmal will ich alle Lebewesen vertilgen, wie ich es getan habe.

22 Fortan, solange die Erde steht, soll nicht mehr aufhören Saat und Ernte, Kälte und Hitze, Sommer und Winter, Tag und Nacht.“

Die neue Ordnung der Welt: 9,1–17

9 1 Gott segnete Noach und seine Söhne und sprach zu ihnen: „Seid fruchtbar und mehret euch und erfüllet die Erde! 2 Furcht und Schrecken vor euch sei auf allen Tieren der Erde, auf allen Vögeln des Himmels und auf allem Gewürm auf dem Boden und auf allen Fischen des Meeres: in eure Hand sind sie gegeben. 3 Alles, was sich regt und lebt, diene euch zur Nahrung; wie das grüne Kraut überlasse ich euch alles. 4 Nur Fleisch mit seiner Seele, nämlich dem Blut, sollt ihr nicht essen. 5 Auch euer Blut, das Blut eures Lebens, werde ich fordern; ich werde es fordern von jedem Tier und von dem Menschen. Von einem jeden, selbst von seinem Bruder werde ich das Leben des Menschen fordern.

6 Wer Menschenblut vergießt, dessen Blut soll durch Menschen vergossen werden. Denn nach dem Bilde Gottes habe ich den Menschen gemacht.

7 So werdet fruchtbar und mehret euch, wimmelt auf der Erde und herrschet über sie!“

8 Dann sprach Gott zu Noach und zu seinen Söhnen, die bei ihm waren: 9 „Seht, ich schließe einen Bund mit euch und mit euren Nachkommen nach euch, 10 und mit allen Lebewesen, die bei euch sind: mit den Vögeln, dem Vieh und allem Wild des Feldes bei euch, mit allem, was aus der Arche herausgegangen ist, mit allen Tieren der Erde. 11 Ich schließe meinen Bund mit euch: nicht mehr soll alles Fleisch durch das Wasser der Flut vertilgt werden und keine Flut soll mehr kommen, um die Erde zu verwüsten.“

12 Und Gott sprach: „Dies sei das Zeichen des Bundes, den ich zwischen mir und euch und allen Lebewesen, die bei euch sind, für künftige Geschlechter schließe: 13 Ich stelle meinen Bogen in die Wolken, er soll ein Zeichen des Bundes zwischen mir und der Erde sein. 14 Wenn ich die Wolken über die Erde zusammenballe und der Bogen in den Wolken erscheint, 15 dann will ich meines Bundes zwischen mir und euch und allen lebenden Wesen, allem Fleisch, gedenken: Nie mehr soll das Wasser zur Flut werden, um alles Fleisch zu vernichten. 16 Wenn der Bogen in den Wolken erscheint, werde ich ihn ansehen, um des ewigen Bundes zwischen Gott und allen lebenden Wesen, allem Fleisch, das auf Erden ist, zu gedenken.“

17 Und Gott sprach zu Noach: „Dies ist das Zeichen des Bundes, den ich zwischen mir und allem Fleisch, das auf Erden ist, geschlossen habe.“

Der Turm von Babel: 11,1–9

11 1 Die ganze Erde hatte nur *eine* Sprache und gebrauchte die gleichen Worte. 2 Als sie von Osten aufbrachen, fanden sie eine Ebene im Lande Schinar und ließen sich dort nieder. 3 Sie sprachen zueinander: „Wohlan, wir wollen Ziegel formen und sie brennen!“ Die Ziegel dienten ihnen als Bausteine und das Erdpech als Mörtel. 4 Dann sagten sie: „Wohl-

an, wir wollen uns eine Stadt bauen
und einen Turm, dessen Spitze bis
zum Himmel reicht! Wir wollen uns
einen Namen machen, damit wir uns
nicht über die ganze Erde zerstreuen!“
5 Da stieg Jahwe herab, um die Stadt
und den Turm anzusehen, den die
Menschen gebaut hatten. 6 Und Jahwe
sprach: „Siehe, sie sind *ein* Volk und
sprechen alle *eine* Sprache. Das ist erst
der Anfang ihres Tuns. Fortan wird
für sie nichts mehr unausführbar sein,
was immer sie zu tun ersinnen.
7 Wohlan, wir wollen hinabsteigen
und dort ihre Sprache verwirren, so-
dass keiner mehr die Sprache des an-
deren versteht!“ 8 Da zerstreute Jahwe
sie von dort über die ganze Erde, und
sie mussten aufhören, die Stadt zu
bauen. 9 Darum nennt man sie Babel.
Denn dort hat Jahwe die Sprache der
ganzen Erde verwirrt, und von dort
hat sie Jahwe über die ganze Erde zer-
streut.

2 *Die Geschichte Abrahams*

Aus dem Buch Genesis

Abraham ist der Urvater Israels und der Vater des Glaubens für alle Menschen. An ihm wird deutlich, was aus einem Menschen wird, wenn er sich auf Gott einlässt, wenn er sich von Gott herauslocken lässt aus Altem und Vertrautem (Gen 12,1 – 25,11). Abraham zieht weg aus seiner Heimat. Er lässt seine Vergangenheit los, um sich der Zukunft zuzuwenden. Er lässt den Besitz los, um in Gott seinen Reichtum zu finden. Er lässt das Sichtbare los, um sich auf das Unsichtbare einzulassen. Er zieht weg aus allem, was ihn festhält, aus allem, was das einmalige Bild trübt, das Gott sich von ihm gemacht hat.

Gott schließt einen Bund mit Abraham. Durch ihn werden alle Geschlechter gesegnet. Wer sich wie Abraham auf den Glauben einlässt, dessen Leben wird gesegnet. Doch Abraham ist nicht der fehlerfreie Mensch. Er ist wie wir. In Ägypten wird seine Feigheit offenbar, als er seine Frau als Schwester ausgibt, um sein eigenes Leben zu retten. Auch in der Auseinandersetzung zwischen seiner Frau Sarai und seiner Magd Hagar spielt Abraham keine rühmliche Rolle. Dennoch erweist Gott Abraham immer wieder seine Gnade. Er besucht ihn und bindet sich an ihn. Die Beschneidung wird zum Bundeszeichen, dass Gott seine schützende Hand nie von ihm und seinen Nachkommen zurückziehen wird.

Wer wie Abraham glaubt, wird gesegnet. Wer sich von Gott abwendet wie die Leute in Sodom, der geht in Feuer und Schwefel unter. Selbst die Fürbitte Abrahams kann die Menschen in Sodom nicht vor dem Feuer bewahren. Nur sein Neffe Lot wird gerettet. Die Zerstörung von Sodom scheint eine bedrohliche Botschaft zu sein. Doch sie will uns einladen, unser Leben an Gott auszurichten. Sonst geraten wir in das Feuer der eigenen Leidenschaften, die uns verzehren. Nicht Gott muss das Feuer vom Himmel werfen. Wir verbrennen uns selbst, wenn wir nicht in der Ordnung bleiben, die uns zugedacht ist und die es uns ermöglicht, unsere Würde als Menschen zu feiern.

Gott stellt den Abraham auf die Probe. Die Geschichte vom Opfer seines Sohnes Isaak erschreckt viele Menschen. Doch es ist eine archaische Geschichte, die durchaus auch unsere Seele anspricht. Denn wir haben in uns oft genug ein grausames Gottesbild. Wir meinen, diesen Gott nur dadurch zufrieden zu stellen, dass wir uns und den Sohn oder die Tochter, die das Ursprüngliche und Unverfälschte in uns repräsentieren, auf dem Altar unseres Perfektionismus zum Opfer bringen. Es ist nicht Gott, der uns das Opfer befiehlt, sondern unser Bild von Gott. Doch Gott ist anders. Wir sollen nicht das Liebste opfern, sondern den Widder, den Erfolg, die Karriere, das, woran wir uns festklammern und was uns nicht loslässt. Der Widder hat sich im Gestrüpp verfangen. So verfangen wir uns im Gestrüpp unseres Lebens, wenn wir nur äußerlich auf Erfolg und Leistung aus sind. Es geht darum, Gott als Gott anzuerkennen. Das allein führt uns zum Leben.

Abrahams Berufung: 12,1–9

12 1 Jahwe sprach zu Abram: „Ziehe fort aus deinem Land, aus deiner Verwandtschaft und aus deinem Vaterhaus in das Land, das ich dir zeigen werde! 2 Ich will dich zu einem großen Volke machen. Ich will dich segnen und deinen Namen groß machen, und du sollst ein Segen sein.

3 Ich werde segnen, die dich segnen, und die dich verwünschen, werde ich verfluchen! Durch dich sollen gesegnet sein alle Geschlechter der Erde."

4 Da zog Abram fort, wie ihm Jahwe befohlen hatte, und mit ihm zog Lot. Abram war fünfundsiebzig Jahre alt, als er von Haran wegzog. 5 Und Abram nahm seine Frau Sarai, seinen Neffen Lot und alle ihre Habe, die sie besaßen, sowie alles Gesinde, das sie in Haran erworben hatten. Dann brachen sie auf, um in das Land Kanaan zu ziehen, und sie kamen in das Land Kanaan.

6 Abram durchzog das Land bis zur Stätte von Sichem, bis zur Terebinthe des More. Die Kanaaniter waren damals im Lande. 7 Da erschien Jahwe dem Abram und sprach: „Deinen Nachkommen will ich dieses Land geben." Da baute er dort Jahwe, der ihm erschienen war, einen Altar. 8 Von da zog er weiter in das Gebirge östlich von Bet-El und schlug sein Zelt auf zwischen Bet-El im Westen und Ai im Osten. Da baute er Jahwe einen Altar und rief den Namen Jahwes an. 9 Dann wanderte Abram immer weiter nach dem Negeb zu.

Abraham in Ägypten: 12,10–20

10 Als eine Hungersnot im Lande ausbrach, zog Abram nach Ägypten hinab, um dort (als Fremdling) zu weilen. Denn die Hungersnot lastete schwer auf dem Lande. 11 Da er sich Ägypten näherte, sprach er zu seiner Frau Sarai: „Ich weiß wohl, dass du eine schöne Frau bist. 12 Wenn nun die Ägypter dich sehen, werden sie denken: ‚Das ist seine Frau.' Sie werden mich töten, dich aber am Leben lassen. 13 Sag doch, du seist meine Schwester, damit es mir um deinetwillen gut gehe und ich um deinetwillen am Leben bleibe." 14 Als nun Abram nach Ägypten kam, sahen die Ägypter, dass die Frau sehr schön war. 15 Es sahen sie auch hohe Hofbeamte des Pharao und rühmten sie dem Pharao. Da wurde die Frau in den Palast des Pharao gebracht. 16 Abram aber tat er um ihretwillen Gutes. Es wurden ihm Schafe und Rinder, Esel, Knechte und Mägde, Eselinnen und Kamele geschenkt. 17 Jahwe aber schlug den Pharao und auch sein Haus wegen Sarai, der Frau Abrams, mit schweren Plagen. 18 Da ließ der Pharao Abram rufen und sprach: „Was hast du mir angetan? Warum hast du mir nicht mitgeteilt, dass sie deine Frau ist? 19 Warum hast du gesagt: ‚Sie ist meine Schwester', sodass ich sie mir zur Frau nahm? Nun, da hast du deine Frau, nimm sie und geh!" 20 Darauf beauftragte der Pharao Männer, die ihn und seine Frau und alle seine Habe zurückbrachten.

Abrahams Trennung von Lot: 13,1–18

13 1 Abram zog nun mit seiner Frau und mit seiner ganzen Habe – auch Lot war bei ihm – aus Ägypten zum Negeb zurück. 2 Abram war sehr reich geworden an Herden, an Silber und Gold. 3 Vom Negeb zog er stationsweise bis nach Bet-El, an den Ort, wo er zuerst gezeltet hatte, zwischen Bet-El und Ai, 4 an die Stätte des Altars, den er früher dort errichtet hatte. Hier rief Abram den Namen Jahwes an.

5 Auch Lot, der mit Abram zog, besaß Schafe und Rinder und Zelte. 6 Darum ertrug das Land nicht mehr, dass sie beisammen blieben; denn ihr Besitz war zu zahlreich geworden. Sie konnten nicht mehr beisammen bleiben. 7 Es entstand Streit zwischen den Hirten der Herden Abrams und den Hirten der Herden Lots. [Die Kanaaniter und Perisiter waren damals im Lande.] 8 Da sprach Abram zu Lot: „Es soll kein Streit sein zwischen mir und dir, zwischen meinen Hirten und deinen Hirten, sind wir doch Brüder. 9 Liegt nicht das ganze Land offen vor dir? Trenne dich also von mir. Willst du nach links, so gehe ich nach rechts; willst du nach rechts, so gehe ich nach links."

10 Da erhob Lot seine Augen und sah, dass die ganze Ebene des Jordan wohlbewässert war – bevor Jahwe Sodom und Gomorra zerstört hatte –; sie war wie der Garten Jahwes, wie das Land Ägypten, bis nach Zoar hin. 11 Lot wählte die ganze Ebene des Jordan. Lot zog weg nach Osten, und sie trennten sich voneinander. 12 Abram wohnte im Lande Kanaan; Lot aber wohnte in den Orten der Ebene und zeltete bis nach Sodom hin. 13 Die Leute von Sodom aber waren sehr böse und Sünder gegen Jahwe.

14 Jahwe aber sprach zu Abram, nachdem Lot sich von ihm getrennt hatte: „Erhebe deine Augen und blicke von dem Ort, wo du bist, nach Norden und Süden, nach Osten und Westen. 15 Das ganze Land, das du siehst, gebe ich dir und deinen Nachkommen für alle Zeit. 16 Ich will deine Nachkommenschaft machen wie den Staub der Erde. Könnte man den Staub der Erde zählen, (nur) dann könnte man auch deine Nachkommenschaft zählen. 17 Auf, durchziehe das Land in seiner Länge und Breite! Denn dir will ich es geben." 18 Da zog Abram mit seinen Zelten weiter und ließ sich bei der Terebinthe von Mamre bei Hebron nieder und baute dort einen Altar für Jahwe.

Die Verheißungen und der Bund Gottes: 15,1–21

15 1 Nach diesen Ereignissen erging in einem Gesicht das Wort Jahwes an Abram: „Fürchte dich nicht, Abram! Ich bin dein Schild, und dein Lohn soll sehr groß sein."

2 Da sprach Abram: „Mein Herr, Jahwe, was kannst du mir geben, da ich kinderlos dahingehe …" Die Fortsetzung des Verses ist verderbt: „und der Sohn von … (ein unverständliches Wort) von meinem Hause, das ist Damaskus Elieser." 3 Und Abram

fuhr fort: „Siehe, du hast mir keinen Nachkommen gegeben; so wird nun mein hausgeborener Knecht mein Erbe sein.“ 4 Da erging das Wort Jahwes an ihn: „Nicht dieser wird dein Erbe sein, sondern dein leiblicher Spross wird dich beerben.“ 5 Und er führte ihn hinaus ins Freie und sprach: „Schaue hinauf zum Himmel und zähle die Sterne, wenn du sie zählen kannst!“ Dann sagte er zu ihm: „So wird deine Nachkommenschaft sein.“ 6 Er glaubte Jahwe, und der rechnete es ihm zur Gerechtigkeit an.

7 Weiter sprach er zu ihm: „Ich bin Jahwe, der dich aus Ur in Chaldäa herausgeführt hat, um dir dieses Land zum Besitz zu geben.“ 8 Er antwortete: „Mein Herr, Jahwe, woran soll ich erkennen, dass ich es besitzen werde?“ 9 Da befahl er ihm: „Bringe mir eine dreijährige Kuh, eine dreijährige Ziege und einen dreijährigen Widder, eine Turteltaube und eine junge Taube!“ 10 Als er ihm alle diese Tiere gebracht hatte, schnitt er sie mitten durch und legte die Hälften einander gegenüber; die Vögel aber zerschnitt er nicht. 11 Da stießen Raubvögel auf die Tierleichen herab. Abram aber verscheuchte sie.

12 Als die Sonne unterging, kam über Abram ein Tiefschlaf; ein großer Schrecken fiel auf ihn. 13 Da sprach er zu Abram: „Du sollst wissen, dass deine Nachkommen Fremdlinge sein werden in einem Land, das ihnen nicht gehört. Sie werden ihnen dienen, und jene werden sie bedrücken vierhundert Jahre lang. 14 Aber auch das Volk, dem sie dienen müssen, werde ich richten. Dann werden sie mit reicher Habe herausgehen. 15 Du aber wirst in Frieden zu deinen Vätern eingehen und in hohem Alter begraben werden. 16 Im vierten Geschlecht werden sie hierher zurückkehren, denn die Schuld der Amoriter ist noch nicht voll.“

17 Als die Sonne untergegangen und dichte Finsternis eingetreten war, ging etwas wie ein rauchender Ofen und eine brennende Fackel zwischen diesen Stücken hindurch. 18 An jenem Tage schloss Jahwe mit Abram einen Bund, indem er sprach:
„Deinen Nachkommen gebe ich dieses Land
vom Bach Ägyptens bis zu dem großen Strom,
dem Eufratfluss, 19 die Keniter und Kenasiter und Kadmoniter, 20 die Hetiter, Perisiter und Rafaiter, 21 die Amoriter, Kanaaniter, Girgaschiter und Jebusiter.“

Ismaels Geburt: 16,1–16

16 1 Sarai, die Frau Abrams, hatte ihm kein Kind geschenkt; sie besaß aber eine ägyptische Magd mit Namen Hagar. 2 Da sprach Sarai zu Abram: „Siehe, Jahwe hat mir Kinder versagt. Wohne meiner Magd bei! Vielleicht werde ich durch sie zu Kindern kommen.“ Abram hörte auf den Vorschlag Sarais.

3 So nahm denn Sarai, die Frau Abrams, ihre ägyptische Magd Hagar, nachdem Abram schon zehn Jahre in Kanaan gewohnt hatte, und gab sie

ihrem Manne Abram zur Frau. 4 Er wohnte Hagar bei, und sie empfing. Als diese aber merkte, dass sie empfangen hatte, sah sie ihre Herrin mit Geringschätzung an. 5 Da sagte Sarai zu Abram: „Das mir zugefügte Unrecht fällt auf dich zurück. Ich habe dir meine Magd übergeben. Nun aber, da sie merkt, dass sie empfangen hat, sieht sie mich mit Geringschätzung an. Jahwe möge Richter sein zwischen dir und mir.“ 6 Darauf sagte Abram zu Sarai: „Deine Magd steht unter deiner Gewalt. Tue mit ihr, was dir gefällt!“ Nun behandelte Sarai sie hart, sodass sie entfloh.

7 Der Engel Jahwes fand sie an einer Wasserquelle in der Wüste, an einer Quelle auf dem Wege nach Schur. 8 Er sprach: „Hagar, Magd Sarais, woher kommst du und wohin gehst du?“ Sie antwortete: „Vor Sarai, meiner Herrin, bin ich auf der Flucht.“ 9 Darauf erwiderte der Engel Jahwes: „Kehre wieder zu deiner Herrin zurück und beuge dich unter ihre Gewalt.“ 10 Und weiter sagte der Engel: „Ich will deine Nachkommen so zahlreich machen, dass man sie vor Menge nicht wird zählen können.“

11 Ferner sprach der Engel Jahwes zu ihr:
„Siehe, du hast empfangen und wirst einen Sohn gebären;
ihn sollst du Ismael nennen, denn Jahwe hat auf deine Not gehört.
12 Er wird ein Wildeselmensch sein.
Seine Hand wird gegen alle sein,
und die Hand aller gegen ihn;
vor aller seiner Brüder Angesicht wird er sich niederlassen.“

13 Da nannte sie den Namen Jahwes, der mit ihr geredet hatte: „Du bist El-Roi“; denn sie sagte: „Habe ich hier nach dem geschaut, der nach mir schaut?“ 14 Darum nannte man diesen Brunnen den Brunnen von Beer-Lahai-Roi. Er liegt zwischen Kadesch und Bered.

15 Hagar gebar Abram einen Sohn, und Abram nannte seinen Sohn, den ihm Hagar geboren hatte, Ismael. 16 Abram war sechsundachtzig Jahre alt, als Hagar dem Abram Ismael gebar.

Der Bund und die Beschneidung: 17,1–22

17 1 Als Abram neunundneunzig Jahre alt war, erschien Jahwe dem Abram und sagte zu ihm: „Ich bin El-Schaddai. Wandle vor mir und sei vollkommen. 2 Ich werde meinen Bund zwischen mir und dir aufrichten und dir eine überaus zahlreiche Nachkommenschaft geben.“

3 Da warf sich Abram auf sein Angesicht nieder, und Gott sprach zu ihm: 4 „Siehe, ich errichte meinen Bund mit dir: Du sollst Vater einer Menge von Völkern werden. 5 Darum sollst du nicht mehr Abram heißen, sondern Abraham soll dein Name sein. Denn ich mache dich zum Vater einer Menge von Völkern. 6 Ich mache dich überaus fruchtbar und lasse dich zu Völkern werden, und Könige werden aus dir hervorgehen. 7 Ich richte meinen Bund auf zwischen mir und dir und deinen Nachkommen nach dir durch alle Geschlechter als ewigen

Bund, auf dass ich dir und deinen
Nachkommen nach dir Gott sein wer-
de. 8 Ich gebe dir und deinen Nach-
kommen nach dir das Land, in dem
du jetzt als Fremdling weilst, das gan-
ze Land Kanaan, zum ewigen Besitz,
und ich werde ihnen Gott sein."

9 Weiter sprach Gott zu Abraham:
„Du aber wahre meinen Bund, du
und deine Nachkommen nach dir in
allen ihren Geschlechtern. 10 Dies aber
ist mein Bund, den ihr wahren sollt
zwischen mir und euch und deinen
Nachkommen nach dir: Alles Männ-
liche unter euch soll beschnitten
werden, 11 und zwar sollt ihr an dem
Fleische eurer Vorhaut beschnitten
werden. Dies sei zum Zeichen des
Bundes zwischen mir und euch. 12 Mit
acht Tagen soll alles Männliche unter
euch beschnitten werden durch alle
Geschlechter, auch der im Haus gebo-
rene Sklave sowie der um Geld von
einem Fremden gekaufte Sklave, auch
wenn er nicht zu deiner Nachkom-
menschaft gehört. 13 Es soll also auch
der im Haus geborene und der um
Geld gekaufte Sklave beschnitten wer-
den. Mein Bund an eurem Fleische sei
zum ewigen Bund. 14 Was aber männ-
lich und trotzdem unbeschnitten, wer
am Fleische seiner Vorhaut nicht be-
schnitten ist, soll aus seinem Volk aus-
gerottet werden. Er hat meinen Bund
gebrochen."

15 Weiter sprach Gott zu Abraham:
„Deine Frau Sarai sollst du nicht mehr
Sarai heißen, sondern Sara soll ihr
Name sein. 16 Ich will sie segnen und
dir aus ihr einen Sohn schenken. Seg-
nen will ich sie, dass sie zu Völkern
werde; Könige von Völkern werden
von ihr abstammen." 17 Da fiel Abra-
ham auf sein Angesicht und lachte.
Denn er dachte bei sich: „Einem Hun-
dertjährigen soll noch geboren wer-
den? Und Sara, die Neunzigjährige,
soll noch gebären?" 18 Darum sagte
Abraham zu Gott: „Möchte doch Is-
mael vor dir leben!" 19 Gott aber
sprach: „Nicht so! Sara, deine Frau,
schenkt dir einen Sohn, und du sollst
ihm den Namen Isaak geben! Ich wer-
de meinen Bund mit ihm aufrichten
zum ewigen Bund, auf dass ich ihm
und seinen Nachkommen nach ihm
Gott sein werde. 20 Aber auch wegen
Ismael erhöre ich dich. Fürwahr, ich
segne ihn und lasse ihn fruchtbar wer-
den und gebe ihm eine zahlreiche
Nachkommenschaft. Zwölf Fürsten
wird er zeugen, und ich mache ihn zu
einem großen Volk. 21 Meinen Bund
aber richte ich mit Isaak auf, den dir
Sara nächstes Jahr um diese Zeit gebä-
ren wird." 22 Als Gott aufgehört hatte,
mit Abraham zu reden, fuhr er vor
ihm auf.

Die Erscheinung in Mamre: 18,1–15

18 1 Jahwe erschien ihm bei der
Terebinthe Mamres, als er um
die heiße Tageszeit am Eingang seines
Zeltes saß. 2 Da er seine Augen erhob,
siehe, da standen drei Männer vor
ihm. Sowie er sie sah, eilte er vom
Eingang des Zeltes ihnen entgegen,
verneigte sich bis zur Erde 3 und sagte:
„Mein Herr, wenn ich in deinen Au-
gen Gnade gefunden habe, dann gehe

an deinem Knecht nicht vorüber. 4 Man bringe etwas Wasser, dann wascht eure Füße, legt euch unter den Baum. 5 Ich hole unterdessen einen Bissen Brot, damit ihr euch stärkt; dann mögt ihr weitergehen. Denn dazu seid ihr doch bei eurem Knecht vorübergekommen." Sie sprachen: „Tue, wie du gesagt hast!"

6 Nun eilte Abraham in das Zelt zu Sara und sprach: „Nimm rasch drei Sea Mehl, Feinmehl, knete und backe Kuchen!" 7 Darauf lief Abraham zu den Rindern, nahm ein zartes und kräftiges Kalb und übergab es dem Knecht, damit er es eilends zubereite. 8 Dann holte er Butter und Milch und das zubereitete Kalb und setzte es ihnen vor. Während sie aßen, stand er vor ihnen unter dem Baum.

9 Dann fragten sie ihn: „Wo ist deine Frau Sara?" Er antwortete: „Hier im Zelt." 10 Da sprach er: „Ich werde im nächsten Jahr um diese Zeit wiederkommen, dann hat deine Frau Sara einen Sohn." Sara horchte hinter ihm am Eingang des Zeltes. 11 Abraham und Sara aber waren alt und hochbetagt, und es erging Sara nicht mehr nach Frauenart. 12 Darum lachte Sara in sich hinein. Denn sie dachte: „Nachdem ich alt geworden bin, soll mir noch Liebeslust werden? Mein Mann ist doch auch schon alt." 13 Da sprach Jahwe zu Abraham: „Warum lacht Sara und denkt: ‚Soll ich wirklich noch gebären, obwohl ich alt bin?' 14 Ist denn für Jahwe etwas zu wunderbar? Ich werde im nächsten Jahr um diese Zeit wieder zu dir kommen, dann hat Sara einen Sohn." 15 Da leugnete Sara und sagte: „Ich habe nicht gelacht." Denn sie fürchtete sich. Er aber erwiderte: „Doch, du hast gelacht."

Die Fürsprache Abrahams: 18,16–33

16 Nun brachen die Männer von dort auf und wandten sich Sodom zu. Abraham ging mit ihnen, um sie zu geleiten.

17 Da sprach Jahwe: „Kann ich vor Abraham geheim halten, was ich zu tun gedenke? 18 Soll doch Abraham zu einem großen und starken Volke werden, und durch ihn sollen alle Völker der Erde gesegnet sein. 19 Ich habe ihn ja dazu ausersehen, dass er seinen Söhnen und seinem Haus nach ihm gebiete, den Weg Jahwes durch Übung von Recht und Gerechtigkeit einzuhalten, auf dass Jahwe an Abraham in Erfüllung gehen lassen kann, was er ihm verheißen hat." 20 Nun sprach Jahwe: „Die Klage über Sodom und Gomorra, sie hat sich gehäuft, und ihre Sünde, sie ist sehr schwer. 21 Darum will ich hinabgehen und sehen, ob sie wirklich ganz so gehandelt haben, wie die Klage über sie zu mir gedrungen ist, oder nicht; ich will es wissen."

22 Da wandten sich die Männer von dort gegen Sodom; Abraham aber blieb vor Jahwe stehen. 23 Nun trat Abraham näher und sprach: „Willst du wirklich den Gerechten mit dem Frevler verderben? 24 Vielleicht gibt es fünfzig Gerechte in der Stadt. Willst du sie wirklich verderben und nicht lieber dem Ort um der fünfzig Ge-

rechten willen, die dort wohnen, ver-
geben? 25 Ferne sei es von dir, so zu
tun, den Gerechten mit dem Frevler
zu töten, sodass es dem Gerechten
wie dem Frevler erginge! Das sei ferne
von dir! Sollte der Richter der ganzen
Erde nicht Gerechtigkeit üben?“ 26 Da
sprach Jahwe: „Wenn ich in Sodom
fünfzig Gerechte in der Stadt finde,
so will ich um ihretwillen dem ganzen
Ort vergeben.“

27 Abraham antwortete und sprach:
„Ich habe mich nun einmal unterfan-
gen, zu meinem Herrn zu reden, ob-
wohl ich Staub und Asche bin. 28 Viel-
leicht fehlen an den fünfzig Gerechten
noch fünf. Wirst du wegen der fünf
die ganze Stadt verderben?“ Er sprach:
„Ich werde nicht verderben, wenn ich
dort nur fünfundvierzig Gerechte fin-
de.“ 29 Darauf fuhr er fort, zu ihm zu
reden, und sprach: „Vielleicht finden
sich dort nur vierzig.“ Und er sprach:
„Ich werde es auch um der vierzig wil-
len nicht tun.“

30 Da sagte er: „Zürne nicht, Herr,
wenn ich (nochmals) rede! Vielleicht
finden sich dort nur dreißig.“ Er ant-
wortete: „Ich werde es nicht tun,
wenn ich dort dreißig finde.“ 31 Da
sagte er: „Siehe, ich habe mich nun
einmal unterfangen, zu meinem
Herrn zu reden. Vielleicht finden sich
dort nur zwanzig.“ Er sprach: „Ich
werde um der zwanzig willen nicht
verderben.“ 32 Darauf sagte er: „Zürne
mir nicht, Herr, wenn ich nur noch
dieses eine Mal rede. Vielleicht finden
sich dort nur zehn.“ Und er sprach:
„Ich werde auch um der zehn willen
nicht verderben.“

33 Darauf ging Jahwe weg, nachdem
er das Gespräch mit Abraham been-
det hatte. Abraham aber kehrte nach
Hause zurück.

Isaaks Geburt: 21,1–7

21 1 Jahwe suchte Sara heim, wie
er es verheißen, und Jahwe tat
an Sara, wie er es vorausgesagt hatte.
2 Sara empfing und gebar dem Abra-
ham in seinem Alter einen Sohn zu
der Zeit, von der Gott geredet hatte.
3 Abraham gab seinem Sohne, der
ihm geboren wurde, den Sara ihm ge-
boren hatte, den Namen Isaak. 4 Abra-
ham beschnitt seinen Sohn Isaak am
achten Tag, wie ihm Gott befohlen
hatte. 5 Abraham war hundert Jahre
alt, als ihm sein Sohn Isaak geboren
wurde. 6 Da sprach Sara: „Ein Lachen
hat mir Gott bereitet. Jeder, der es
hört, wird mir zulachen.“
7 Und weiter sprach sie:
„Wer hätte Abraham gesagt:
Sara wird noch Kinder stillen?
Denn ich habe ihm einen Sohn in sei-
nem Alter geboren.“

Verstoßung Hagars und Ismaels: 21,8–21

8 Der Knabe wuchs heran und wurde
entwöhnt; und Abraham veranstaltete
am Tag der Entwöhnung Isaaks ein
großes Mahl. 9 Da bemerkte Sara, wie
der Sohn der Ägypterin Hagar, den
diese Abraham geboren hatte, mit
ihrem Sohn Isaak sein Spiel trieb.
10 Darum sagte sie zu Abraham: „Jage

die Magd da und ihren Sohn fort!
Denn der Sohn dieser Magd soll nicht
mit meinem Sohn Isaak erben." 11 Die-
ses Wort missfiel dem Abraham sehr
um seines Sohnes willen, 12 aber Gott
sprach zu Abraham: „Lass es dir um
des Knaben und um deiner Magd wil-
len nicht leid sein, sondern höre auf
Sara in allem, was sie dir sagt. Denn
nach Isaak wird deine Nachkommen-
schaft benannt werden. 13 Doch auch
den Sohn der Magd werde ich zu
einem großen Volke machen, weil er
dein Nachkomme ist." 14 Abraham er-
hob sich früh am (andern) Morgen,
nahm Brot und einen Schlauch Was-
ser und gab es Hagar; er legte den Kna-
ben auf ihre Schultern, und dann ver-
stieß er sie. Sie ging, verirrte sich aber
in der Wüste von Beerscheba. 15 Als
das Wasser im Schlauch zu Ende war,
warf sie den Knaben unter einen der
Sträucher. 16 Sie selbst ging weiter und
setzte sich einen Bogenschuss weit
entfernt ihm gegenüber. Denn sie sag-
te: „Ich kann das Sterben des Knaben
nicht mit ansehen." So saß sie gegen-
über, und er begann laut zu weinen.

17 Gott aber hörte die Stimme des
Knaben, und der Engel Gottes rief Ha-
gar vom Himmel her zu und sprach zu
ihr: „Was ist dir, Hagar? Fürchte dich
nicht! Denn Gott hat auf die Stimme
des Knaben, der dort liegt, gehört.
18 Steh auf, nimm den Knaben und hal-
te ihn fest an deiner Hand; denn ich
will ihn zu einem großen Volke ma-
chen." 19 Dann öffnete Gott ihre Au-
gen, und sie sah einen Wasserbrunnen.
Sie ging hin, füllte den Schlauch und
gab dem Knaben zu trinken.

20 Gott war mit dem Knaben. Er
wuchs heran und wohnte in der Wüs-
te und wurde ein Bogenschütze. 21 Er
ließ sich in der Wüste Paran nieder;
seine Mutter nahm ihm eine Frau aus
Ägypten.

Das Opfer Abrahams: 22,1–19

22 1 Nach diesen Ereignissen stell-
te Gott Abraham auf die Probe
und sagte zu ihm: „Abraham!" Dieser
antwortete: „Hier bin ich!" 2 Er sprach:
„Nimm deinen Sohn, deinen einzigen,
den du lieb hast, den Isaak, und gehe
in das Land Morija und bringe ihn
dort auf einem der Berge, den ich dir
bezeichnen werde, als Brandopfer
dar!"

3 Abraham stand früh am andern
Morgen auf, sattelte seinen Esel, nahm
zwei Knechte mit sich und seinen
Sohn Isaak. Nachdem er Holz zum
Brandopfer gespalten hatte, brach er
auf und begab sich nach dem Ort,
den ihm Gott genannt hatte. 4 Am
dritten Tag erhob Abraham seine Au-
gen und sah den Ort von ferne. 5 Da
sagte Abraham zu den Knechten:
„Bleibt mit dem Esel hier! Ich und der
Junge wollen dorthin gehen, um an-
zubeten, dann kehren wir zu euch zu-
rück."

6 Darauf nahm Abraham das Holz
zum Brandopfer und lud es seinem
Sohne Isaak auf; er aber nahm das
Feuer und das Messer in seine Hand.
So gingen sie beide miteinander. 7 Da
sprach Isaak zu Abraham, seinem Va-
ter: „Mein Vater!" Er antwortete: „Ja,

mein Sohn!“ Der sagte: „Siehe, da ist das Feuer und das Holz, wo ist denn das Lamm zum Brandopfer?“ 8 Abraham erwiderte: „Gott wird sich das Lamm zum Brandopfer schon ersehen, mein Sohn.“ So schritten sie beide zusammen weiter.

9 Als sie an den Ort kamen, den Gott bezeichnet hatte, baute Abraham den Altar, schichtete das Holz auf, band seinen Sohn und legte ihn auf den Altar, oben auf das Holz. 10 Dann streckte Abraham seine Hand aus, nahm das Messer, um seinen Sohn zu schlachten.

11 Da rief der Engel Jahwes vom Himmel her ihm zu und sprach: „Abraham, Abraham!“ Er antwortete: „Hier bin ich!“ 12 Da sprach er: „Strecke deine Hand nicht nach dem Jungen aus und tu ihm nichts zuleide. Denn nun weiß ich, dass du Gott fürchtest und mir deinen einzigen Sohn nicht vorenthalten hast.“ 13 Als Abraham seine Augen erhob, sah er einen Widder, der sich mit seinen Hörnern im Dickicht verfangen hatte. Abraham ging hin, nahm den Widder und brachte ihn anstelle seines Sohnes zum Brandopfer dar. 14 Abraham nannte diesen Ort Jahwe-Jire, sodass man noch heute sagt: „Auf dem Berge, wo Jahwe vorsieht.“ 15 Darauf rief der Engel Jahwes Abraham zum zweiten Male vom Himmel her zu 16 und sprach: „Ich schwöre bei mir selbst – Spruch Jahwes –, weil du dies getan und deinen einzigen Sohn mir nicht vorenthalten hast, 17 will ich dich reichlich segnen. Ich werde deine Nachkommenschaft zahlreich machen wie die Sterne des Himmels und wie den Sand am Gestade des Meeres; deine Nachkommen sollen das Tor ihrer Feinde besetzen. 18 Durch deine Nachkommen sollen alle Völker der Erde gesegnet werden, weil du auf meine Stimme gehört hast.“

19 Abraham kehrte zu seinen Knechten zurück. Sie brachen auf und gingen zusammen nach Beerscheba. Und Abraham blieb in Beerscheba.

Isaaks Heirat: 24,1–67

24 1 Abraham war alt und hochbetagt, und Jahwe hatte Abraham in allem gesegnet. 2 Da sprach Abraham zu seinem Knecht, dem Ältesten seines Hauses, der sein ganzes Besitztum verwaltete: „Lege deine Hand unter meine Hüfte! 3 Ich will dich bei Jahwe, dem Gott des Himmels und dem Gott der Erde, schwören lassen, dass du für meinen Sohn keine Frau aus den Töchtern der Kanaaniter nimmst, in deren Mitte ich wohne. 4 Begib dich vielmehr in mein Heimatland und zu meinen Verwandten und hole eine Frau für meinen Sohn Isaak!“ 5 Darauf erwiderte ihm der Knecht: „Vielleicht aber will die Frau mir nicht in dieses Land folgen. Soll ich deinen Sohn wieder in die Heimat zurückbringen, aus der du ausgezogen bist?“ 6 Abraham antwortete: „Hüte dich, meinen Sohn dorthin zurückzubringen! 7 Jahwe, der Gott des Himmels, der mich aus dem Lande meines Vaters und aus dem Lande

meiner Verwandtschaft hinwegge-
führt, der zu mir geredet und mir eid-
lich versprochen hat: ‚Ich will dieses
Land deiner Nachkommenschaft ge-
ben‘, er wird seinen Engel vor dir her-
senden, dass du eine Frau für meinen
Sohn dort holen kannst. 8 Sollte aber
die Frau dir nicht folgen wollen, so
bist du frei von diesem Schwur. Nur
darfst du meinen Sohn nicht dorthin
zurückführen.“ 9 Da legte der Knecht
seine Hand unter die Hüfte seines
Herrn Abraham und leistete ihm den
Schwur, wie es besprochen war.

10 Hierauf nahm der Knecht zehn
Kamele von den Kamelen seines
Herrn und führte bei sich allerlei
Kostbarkeiten seines Herrn. Dann
brach er auf und zog nach Aram-Na-
harajim in die Stadt Nahors. 11 Er ließ
die Kamele außerhalb der Stadt an
einem Brunnen lagern. Es war gegen
Abend um die Zeit, da die Frauen
zum Wasserschöpfen herauskommen.
12 Dann betete er: „Jahwe, Gott meines
Herrn Abraham! Füge es heute glück-
lich und erweise dich gnädig gegen
meinen Herrn Abraham. 13 Siehe, ich
stehe an der Quelle, und die Töchter
der Leute aus der Stadt kommen he-
raus, um Wasser zu schöpfen. 14 Wenn
das Mädchen, zu dem ich sage: ‚Neige
deinen Krug, damit ich trinke!‘,
spricht: ‚Trinke, und auch deine Ka-
mele will ich tränken!‘, so hast du es
für deinen Knecht Isaak bestimmt;
und daran will ich erkennen, dass du
dich gnädig gegen meinen Herrn er-
weisest.“

15 Er hatte sein Gebet noch nicht be-
endet, da kam Rebekka heraus, die Be-
tuel, dem Sohn der Milka, der Frau
Nahors, des Bruders Abrahams, gebo-
ren worden war, mit einem Wasser-
krug auf der Schulter. 16 Das Mädchen
war eine sehr anmutige Erscheinung,
eine Jungfrau, die noch keinen Mann
erkannte. Sie stieg zur Quelle hinab,
füllte ihren Krug und kam wieder he-
rauf.

17 Da ging der Knecht eilends auf sie
zu und sprach: „Lass mich ein wenig
Wasser trinken!“ 18 Sie erwiderte:
„Trinke, mein Herr!“ Und rasch nahm
sie ihren Krug herab auf ihre Hand
und ließ ihn trinken. 19 Als sie ihn hat-
te sich satt trinken lassen, sprach sie:
„Auch deinen Kamelen will ich schöp-
fen, bis sie sich satt getrunken haben.“
20 Und eilends goss sie den Krug in die
Tränkrinne, lief wieder zum Brunnen,
um zu schöpfen. So schöpfte sie für
alle seine Kamele. 21 Der Mann beob-
achtete sie schweigend, um zu erken-
nen, ob Jahwe seine Reise gelingen
lasse oder nicht.

22 Als alle Kamele sich satt getrun-
ken hatten, nahm der Mann einen gol-
denen Ring, einen halben Schekel
schwer, und legte ihn an ihre Nase,
sowie zwei Spangen für ihre Arme,
zehn Schekel Goldes schwer. 23 Dann
fragte er: „Wessen Tochter bist du? Sa-
ge es mir doch! Ist im Hause deines
Vaters Raum für uns zum Übernach-
ten?“ 24 Sie antwortete ihm: „Ich bin
die Tochter Betuels, des Sohnes der
Milka, den sie Nahor geboren hat.“
25 Ferner sagte sie: „Stroh und Futter
haben wir in Menge, auch Raum zum
Übernachten.“ 26 Da verneigte sich der
Mann, warf sich vor Jahwe nieder

27 und sprach: „Gepriesen sei Jahwe, der Gott meines Herrn Abraham, der seine Liebe und Treue meinem Herrn nicht entzogen hat! Mich hat Jahwe geradewegs zum Haus des Bruders meines Herrn geführt.“

28 Das Mädchen aber lief weg und berichtete zu Hause seiner Mutter, was sich zugetragen hatte. 29 Rebekka hatte einen Bruder namens Laban. Laban eilte zu dem Manne hinaus an die Quelle. 30 Als er nämlich den Nasenring und die Spangen an den Armen seiner Schwester sah und den Bericht seiner Schwester Rebekka hörte: „So hat der Mann zu mir geredet“, begab er sich zu dem Manne, der noch bei den Kamelen an der Quelle stand, 31 und sagte zu ihm: „Komm, Gesegneter Jahwes! Warum stehst du draußen? Ich habe bereits das Haus aufgeräumt und auch Platz geschaffen für die Kamele.“ 32 So kam der Mann in das Haus. Jener aber sattelte die Kamele ab, gab den Kamelen Stroh und Futter und brachte Wasser, damit er und die Männer, die mit ihm gekommen waren, sich die Füße waschen konnten.

33 Als man ihm dann zu essen vorsetzte, sagte er: „Ich esse nicht eher, als bis ich mein Anliegen vorgebracht habe.“ Sie sprachen: „So rede.“ 34 Da berichtete er: „Ich bin der Knecht Abrahams. 35 Jahwe hat meinen Herrn reich gesegnet, sodass er zu großem Wohlstand gelangt ist. Er gab ihm Schafe und Rinder, Silber und Gold, Knechte und Mägde, Kamele und Esel. 36 Sara, die Frau meines Herrn, hat meinem Herrn in ihrem hohen Alter einen Sohn geboren, dem er seinen ganzen Besitz übergeben hat. 37 Nun ließ mein Herr mich also schwören: ‚Du darfst für meinen Sohn keine Frau nehmen aus den Töchtern der Kanaaniter, in deren Land ich wohne. 38 Ziehe vielmehr in das Haus meines Vaters und zu meiner Verwandtschaft und hole eine Frau für meinen Sohn!‘ 39 Als ich meinem Herrn erwiderte: ‚Vielleicht wird aber die Frau mir nicht folgen‘, 40 sagte er zu mir: ‚Jahwe, vor dessen Angesicht ich gewandelt bin, wird seinen Engel mit dir senden und deine Reise gelingen lassen. Du wirst für meinen Sohn eine Frau aus meiner Verwandtschaft und aus dem Hause meines Vaters holen. 41 Von deinem Eid bist du entbunden, wenn du zu meiner Verwandtschaft kommst und man gibt sie dir nicht. Nur in diesem Falle bist du von deinem Eid entbunden.‘ 42 Als ich nun heute an die Quelle kam, da betete ich: ‚Jahwe, Gott meines Herrn Abraham! Gib meinem Wege, auf dem ich ziehe, einen glücklichen Ausgang! 43 Siehe, ich stehe an der Quelle. Die Jungfrau, die herauskommt, um zu schöpfen, und zu der ich sage: ‚Lass mich ein wenig Wasser aus deinem Krug trinken!‘ 44 und die zu mir spricht ‚Trinke, auch deinen Kamelen will ich schöpfen!‘, sie soll die Frau sein, die Jahwe dem Sohne meines Herrn bestimmt hat.‘ 45 Ich hatte noch nicht ausgeredet, da kam Rebekka heraus, ihren Krug auf der Schulter. Sie stieg zur Quelle hinab und schöpfte. Da sagte ich zu ihr: ‚Lass mich trinken!‘ 46 Rasch nahm sie ihren Krug herab und sprach: ‚Trinke!

Auch deine Kamele will ich tränken!‘ Ich trank. Auch die Kamele tränkte sie. 47 Darauf fragte ich sie und sprach: ‚Wessen Tochter bist du?‘ Sie antwortete: ‚Die Tochter Betuels, des Sohnes Nahors, den ihm Milka geboren hat.‘ Da legte ich den Ring an ihre Nase und die Spangen an ihre Arme. 48 Dann verneigte ich mich, warf mich vor Jahwe nieder und pries Jahwe, den Gott meines Herrn Abraham, der mich auf den rechten Weg geführt hat, um die Tochter des Bruders meines Herrn für seinen Sohn zu holen. 49 Nun denn, wollt ihr meinem Herrn Liebe und Treue erweisen, so sagt es mir; wenn nicht, so sagt mir auch dies, damit ich mich zur Rechten oder zur Linken wende.“

50 Da antworteten Laban und Betuel und sprachen: „Von Jahwe ist dies ausgegangen! Da dürfen wir weder etwas dagegen noch dazu sagen. 51 Siehe, Rebekka steht dir zur Verfügung. Nimm sie und ziehe hin! Sie soll die Frau des Sohnes deines Herrn werden, wie Jahwe geredet hat.“ 52 Als nun der Knecht Abrahams ihre Worte hörte, warf er sich vor Jahwe anbetend nieder zur Erde. 53 Dann holte der Knecht silbernes und goldenes Geschmeide und Kleider herbei und gab sie Rebekka. Auch ihrem Bruder und ihrer Mutter machte er kostbare Geschenke.

54 Hierauf aßen und tranken sie, er und die Männer, die ihn begleiteten, und blieben über Nacht. Als er sich am andern Morgen erhoben hatte, sprach er: „Entlasset mich zu meinem Herrn!“ 55 Da antworteten ihr Bruder und ihre Mutter: „Das Mädchen soll einige Zeit oder wenigstens zehn Tage noch bei uns bleiben, dann mag sie ziehen.“ 56 Er aber entgegnete ihnen: „Haltet mich nicht zurück! Jahwe hat meine Reise gelingen lassen. Entlasset mich darum, dass ich zu meinem Herrn ziehe!“ 57 Da sagten sie: „Wir wollen das Mädchen rufen und es selbst befragen.“ 58 Sie riefen Rebekka herbei und sagten zu ihr: „Willst du mit diesem Manne ziehen?“ Sie antwortete: „Ich will!“ 59 Nun entließen sie ihre Schwester Rebekka mit ihrer Amme und den Knecht Abrahams mit seinen Leuten.

60 Sie segneten Rebekka und sprachen zu ihr:

„Unsre Schwester werde zu Tausenden mal zehntausend,
und deine Nachkommen sollen das Tor ihrer Feinde besetzen.“

61 Alsdann brach Rebekka mit ihren Dienerinnen auf. Sie bestiegen die Kamele und folgten dem Manne, und der Knecht nahm Rebekka und zog von dannen.

62 Isaak kam aus der Wüste vom Brunnen Lahai-Roi: er wohnte nämlich im Negeb. 63 Isaak war um die Zeit, da der Abend sich neigte, in Gedanken versunken auf das freie Feld hinausgegangen. Als er seine Augen erhob, sah er Kamele daherkommen. 64 Auch Rebekka erhob ihre Augen und erblickte Isaak. Da beugte sie sich vom Kamel hinab 65 und sprach zu dem Knecht: „Wer ist dieser Mann dort, der uns auf dem Feld entgegenkommt?“ Der Knecht antwortete: „Das ist unser Herr!“ Darauf nahm sie den Schleier und verhüllte sich.

66 Der Knecht erzählte Isaak alles,
was sich zugetragen hatte. 67 Isaak
brachte sie in sein Zelt. Er nahm Rebekka, und sie wurde seine Frau. Isaak
gewann sie lieb, sodass er über den
Verlust seiner Mutter getröstet war.

Abrahams Tod: 25,7–11

7 Dies ist die Lebensdauer Abrahams:
hundertfünfundsiebzig Jahre. 8 Abraham starb in gesegnetem Alter, betagt
und lebenssatt und ward zu seinem
Geschlecht versammelt. 9 Seine Söhne
Isaak und Ismael begruben ihn in der
Höhle von Machpela auf dem Grundstück des Hetiters Efron, des Sohnes
Zohars, östlich von Mamre, 10 auf
dem Grundstück, das Abraham von
den Hetitern käuflich erworben hatte.
Dort wurden Abraham und seine Frau
Sara begraben. 11 Nach dem Tode
Abrahams segnete Gott dessen Sohn
Isaak. Isaak wohnte bei dem Brunnen
Lahai-Roi.

3 *Isaak und Jakob*

Aus dem Buch Genesis

Jakob ist der Stammvater Israels. Doch seine Geschichte erzählt uns die Bibel nicht nur, um Vergangenes zu berichten. In Jakob erkennen wir uns und unseren Reifungsweg wieder (Gen 25,19 – 33,11). Jakob ist der schlaue Mensch, der durch seine Intelligenz seinen Bruder Esau austrickst. Er kauft ihm sein Erstgeburtsrecht ab. Er macht seinen Bruder klein, um sich selbst groß zu machen. Er verdrängt den Bruder, um selbst im Mittelpunkt zu stehen. Und er erlistet sich den Segen seines Vaters. Doch dann bekommt er Angst. Sein Bruder verfolgt ihn und möchte ihn töten. Jakob und Esau – ein Bild für uns. Jeder trägt in sich einen Schattenbruder, eine Schattenschwester. Wer seinen Schatten überlisten möchte, der muss damit rechnen, dass ihn der Schatten überallhin verfolgt. Und so muss er voller Angst vor sich und seiner Wahrheit davonlaufen.

Doch Jakob geht in die Schule Gottes. Sein Schwiegervater Laban versucht, ihn zu betrügen. Aber am Ende ist Jakob schlauer. Er muss zwar 20 Jahre seines Lebens bei Laban verbringen. Doch zuletzt kann Jakob mit großem Reichtum nach Hause ziehen. Jetzt scheint er endgültig der Sieger zu sein. Aber nun wird ihm gemeldet, dass sein Bruder Esau ihm entgegenzieht. Da bekommt der schlaue und mutige Jakob Angst. Vor seinem Schatten kann er nicht davonlaufen. Ihm muss er sich stellen. Und das macht ihm Angst. Vor seinem Schatten ist niemand sicher, auch wenn er noch so sehr auf der Karriereleiter nach oben geht.

Jakob stellt sich seinem Schatten. Er bringt seine Frauen und Kinder und all seinen Besitz über die Furt des Jabbok und bleibt allein zurück. Da kämpft er mit seinem Schatten. Und in dem dunklen Mann begegnet ihm Gott selbst, der mit ihm ringt und ihn schließlich segnet. Jetzt wird Jakob verwandelt. Er bekommt einen neuen Namen. Nicht mehr Jakob (= „Betrüger"), sondern Israel (= „Gottesstreiter") soll er heißen. Weil er seinem Schatten begegnet ist und darin Gott erfahren hat, der ihn mit seinen hellen und dunklen Seiten geschaffen hat, wird er zum Segen für sein Volk, zum Stammvater vieler Menschen. Nun kann er seinem Bruder Esau begegnen und ihn umarmen. Aber er vertraut nun nicht mehr auf die eigene Kraft, sondern auf Gottes Gnade. Er hinkt. Er wird langsamer, um so Gottes Handeln an sich wahrzunehmen. – Eine zutiefst spirituelle Erfahrung, auch heute.

Geburt Esaus und Jakobs: 25,19–28

19 Dies ist die Familiengeschichte Isaaks, des Sohnes Abrahams. Abraham hatte Isaak gezeugt. 20 Isaak war vierzig Jahre alt, als er Rebekka, die Tochter des Aramäers Betuel aus Paddan-Aram, die Schwester des Aramäers Laban, sich zur Frau nahm. 21 Isaak betete zu Jahwe für seine Frau, weil sie kinderlos blieb. Jahwe erhörte ihn, und seine Frau Rebekka wurde guter Hoffnung. 22 Als aber die Kinder sich in ihrem Schoße stießen, sagte sie: „Wenn es so steht, warum lebe ich noch?" Und sie ging hin, Jahwe zu befragen. 23 Jahwe sprach zu ihr: „Zwei Völker trägst du in deinem Schoß, zwei Stämme sind (schon) von deinem Schoß aus geschieden. Der eine Stamm wird den anderen überwältigen, und der Ältere wird dem Jüngeren dienen."

24 Als nun die Zeit gekommen war, da sie gebären sollte, waren Zwillinge in ihrem Schoß. 25 Der Erste kam hervor, rötlich, ganz und gar wie ein haariger Mantel. Man nannte ihn Esau. 26 Darauf kam sein Bruder hervor. Seine Hand fasste die Ferse Esaus; darum nannte man ihn Jakob. Isaak war bei ihrer Geburt sechzig Jahre alt.

27 Die Knaben wuchsen auf. Esau wurde ein tüchtiger Jäger, ein Mann der Steppe; Jakob aber war ein schlichter Mann, der bei den Zelten blieb. 28 Isaak hatte Esau lieb, weil er gern Wildbret aß; Rebekka aber liebte Jakob.

Esau verkauft sein Erstgeburtsrecht: 25,29–34

29 Einst kochte Jakob ein Gericht. Da kam Esau ganz erschöpft von der Steppe heim. 30 Esau sagte zu Jakob: „Gib mir doch schnell von dem Roten, dem roten (Essen) da; denn ich bin ganz erschöpft!" Deshalb nannte man ihn Edom. 31 Jakob antwortete: „Verkaufe mir zuvor dein Erstgeburtsrecht!" 32 Esau erwiderte: „Nun, ich muss ja doch sterben, was nützt mir da das Recht der Erstgeburt?" 33 Jakob aber sagte: „Schwöre mir zuvor!" Da schwur er ihm und verkaufte so sein Erstgeburtsrecht an Jakob. 34 Darauf gab Jakob dem Esau die Speise; es war ein Linsengericht. Der aß und trank und ging hinweg. So gering schätzte Esau das Recht der Erstgeburt.

Isaak in Gerar: 26,1–14

26 1 Es war im Land eine Hungersnot ausgebrochen; es war eine andre Hungersnot als die frühere, die zur Zeit Abrahams geherrscht hatte. Damals begab sich Isaak zu dem Philisterkönig Abimelech nach Gerar. 2 Da erschien ihm Jahwe und sprach: „Ziehe nicht hin nach Ägypten, sondern bleibe in dem Land, das ich dir bezeichne. 3 Weile als Fremdling in diesem Land, und ich will mit dir sein und dich segnen. Denn dir und deinen Nachkommen will ich alle diese Länder geben, und ich will den Eid halten, den ich deinem Vater Abraham geschworen habe. 4 Ich mache deine Nachkommen zahlreich wie die Sterne des Himmels, und ich gebe deiner Nachkommenschaft alle diese Länder, und durch deine Nachkommenschaft sollen alle Völker der Erde gesegnet werden 5 dafür, dass Abraham auf meine Stimme gehört und mein Gebot, meine Befehle und Satzungen beobachtet hat.“ 6 So blieb Isaak in Gerar.

7 Wenn sich die Bewohner des Ortes nach seiner Frau erkundigten, sagte er: „Sie ist meine Schwester.“ Denn er fürchtete sich zu sagen: „Sie ist meine Frau.“ Es könnten ihn sonst die Männer des Ortes Rebekkas wegen töten, weil sie eine anmutige Erscheinung ist. 8 Als er schon längere Zeit dort zugebracht hatte, schaute der Philisterkönig durch das Fenster und sah, wie Isaak seine Frau liebkoste. 9 Da ließ Abimelech Isaak kommen und sagte: „Ganz gewiss ist sie deine Frau! Wie konntest du nur sagen: Sie ist meine Schwester?“ Isaak erwiderte: „Ich dachte, ich müsste ihretwegen sterben.“ 10 Darauf entgegnete Abimelech: „Warum hast du uns dies getan? Wie leicht hätte einer aus dem Volk deiner Frau nahen können! Dann hättest du eine Schuld über uns gebracht.“ 11 Darauf befahl Abimelech allem Volk: „Wer sich an diesem Manne oder an dieser Frau vergreift, wird mit dem Tode bestraft.“

12 Isaak säte nun in jenem Lande und erntete im gleichen Jahr hundertfältig; denn Jahwe segnete ihn. 13 Der Mann wurde reich und immer reicher, bis er zu großem Wohlstand gelangt war. 14 Er besaß Schafe und Rinderherden und zahlreiches Gesinde. Da wurden die Philister auf ihn neidisch.

Jakob erlistet den Segen Isaaks: 27,1–45

27 1 Als Isaak alt geworden war und seine Augen erloschen, sodass er nicht mehr sah, rief er seinen älteren Sohn Esau und sprach zu ihm: „Mein Sohn!“ Dieser antwortete: „Hier bin ich!“ 2 Da sagte er: „Du siehst, ich bin alt geworden, den Tag meines Todes aber weiß ich nicht. 3 So nimm jetzt dein Jagdgerät, deinen Köcher und deinen Bogen, gehe hinaus auf das Feld und erjage mir ein Wild. 4 Bereite mir es schmackhaft zu, wie ich es liebe. Bringe es mir, und ich will essen, damit meine Seele dich segne, ehe ich sterbe.“ 5 Rebekka hatte gehorcht, als Isaak mit seinem Sohne Esau redete. Esau ging auf das Feld, um ein Wild für seinen Vater zu erjagen.

6 Da sagte Rebekka zu ihrem Sohne Jakob: „Soeben habe ich gehört, wie dein Vater zu deinem Bruder Esau sagte: 7 ‚Bringe mir ein Wild und bereite es schmackhaft zu; dann will ich essen und dich vor Jahwe segnen, ehe ich sterbe.‘ 8 Und nun, mein Sohn, höre auf mich, auf das, was ich dich heiße. 9 Gehe sofort zur Herde und hole mir von dort zwei schöne Ziegenböcklein! Ich will sie für deinen Vater schmackhaft zubereiten, wie er es liebt. 10 Du bringst sie deinem Vater zum Essen, damit er dich segnet, bevor er stirbt.“

11 Darauf entgegnete Jakob seiner Mutter Rebekka: „Aber mein Bruder

Esau ist doch ein haariger Mann, ich
aber bin glatt. 12 Es könnte mein Vater
mich betasten. Dann wäre ich in sei-
nen Augen wie einer, der Spott treibt,
und es käme über mich Fluch statt Se-
gen." 13 Seine Mutter aber sprach zu
ihm: „Der Fluch, der dir gilt, soll mich
treffen! Höre nur auf mich, gehe und
hole sie mir!" 14 Nun ging er hin, holte
(sie) und brachte (sie) seiner Mutter.
Seine Mutter aber bereitete sie
schmackhaft zu, wie sein Vater es lieb-
te. 15 Hierauf nahm Rebekka die besten
Kleider ihres älteren Sohnes Esau, die
bei ihr im Hause waren, und zog sie
ihrem jüngeren Sohne Jakob an. 16 Die
Felle der Ziegenböcklein aber legte sie
ihm um die Arme und um den glatten
Hals. 17 Dann gab sie das schmackhaf-
te Gericht und das Brot, das sie berei-
tet hatte, ihrem Sohne Jakob in die
Hand.

18 So ging Jakob zu seinem Vater hi-
nein und sprach: „Mein Vater!" Dieser
antwortete: „Hier bin ich; wer bist du,
mein Sohn?" 19 Jakob erwiderte sei-
nem Vater: „Ich bin Esau, dein Erst-
geborener. Ich habe getan, wie du mir
aufgetragen hast. Setze dich nun auf
und iss von meinem Wildbret, damit
deine Seele mich segne." 20 Da sprach
Isaak zu seinem Sohne: „Wie hast du
so rasch etwas finden können, mein
Sohn?" Er antwortete: „Jahwe, dein
Gott, ließ es mir in den Weg laufen."
21 Darauf sagte Isaak zu Jakob: „Tritt
näher, damit ich dich betaste, mein
Sohn, ob du wirklich mein Sohn Esau
bist oder nicht." 22 Jakob trat zu sei-
nem Vater Isaak heran, und dieser be-
tastete ihn und sagte: „Die Stimme ist
Jakobs Stimme, die Arme aber sind
Esaus Arme." 23 Doch er erkannte ihn
nicht, weil seine Arme behaart waren
wie die Arme seines Bruders Esau. Da-
rum segnete er ihn. 24 Er fragte ihn:
„Du bist also wirklich mein Sohn
Esau?" Er erwiderte: „Ich bin es." 25 Da
sagte er: „So reiche es mir! Ich will
von dem Wildbret meines Sohnes es-
sen, damit meine Seele dich segne." Er
reichte es ihm, und er aß; dann brach-
te er ihm Wein, und er trank. 26 Hie-
rauf sprach sein Vater Isaak zu ihm:
„Tritt noch näher heran und küsse
mich, mein Sohn!" 27 Er trat heran
und küsste ihn. Als er den Duft seiner
Kleider roch, segnete er ihn und
sprach: „Siehe, der Duft meines Soh-
nes ist wie der Duft eines fruchtbaren
Feldes, das Jahwe gesegnet hat.

28 Es gebe dir Gott von dem Tau des
Himmels und von der Fruchtbarkeit
der Erde Korn und Wein im Über-
fluss.

29 Völker sollen dir dienen und Na-
tionen sich vor dir beugen. Du sollst
der Gebieter über deine Brüder sein,
und die Söhne deiner Mutter sollen
sich vor dir neigen. Verflucht sei, wer
dich verflucht, und gesegnet, wer dich
segnet!"

30 Als Isaak den Segen über Jakob
vollendet hatte und Jakob eben erst
von seinem Vater hinausgegangen
war, kam sein Bruder Esau von der
Jagd zurück. 31 Auch er bereitete ein
schmackhaftes Gericht, brachte es sei-
nem Vater und sprach: „Setze dich auf,
mein Vater, und iss von dem Wildbret
deines Sohnes, auf dass deine Seele
mich segne!" 32 Da sprach sein Vater

Isaak zu ihm: „Wer bist du?“ Er ant-
wortete: „Ich bin dein erstgeborener
Sohn Esau.“ 33 Da erschrak Isaak über
alle Maßen und sagte: „Wer war denn
der, der ein Wild erjagt und es mir ge-
bracht hat? Und ich habe in gutem
Glauben gegessen, ehe du kamst, und
habe ihn gesegnet. Er wird auch ge-
segnet bleiben.“ 34 Als Esau die Worte
seines Vaters hörte, schrie er gar laut
und jämmerlich und sprach zu seinem
Vater: „Segne doch auch mich, mein
Vater!“ 35 Er antwortete: „Dein Bruder
ist mit List gekommen und hat deinen
Segen weggenommen.“ 36 Darauf sag-
te er: „Mit Recht hat man ihn Jakob
genannt. Schon zweimal hat er mich
betrogen. Er hat mir mein Erstge-
burtsrecht genommen, und nun hat
er mir den Segen weggenommen.“
Und weiter sagte er: „Hast du denn
keinen Segen für mich zurückbehal-
ten?“ 37 Isaak antwortete und sprach
zu Esau: „Siehe, ich habe ihn zum
Herrn über dich gesetzt, und alle seine
Brüder habe ich ihm zu Knechten ge-
geben. Mit Korn und Most habe ich
ihn versorgt. Was könnte ich für dich
noch tun, mein Sohn?“ 38 Da erwider-
te Esau seinem Vater: „Hast du nur
einen Segen, mein Vater? Segne doch
auch mich, mein Vater!“ Und Esau be-
gann laut zu weinen. 39 Da hob sein
Vater Isaak an und sprach zu ihm:
„Siehe, fern vom fruchtbaren Land
wird dein Wohnsitz sein und fern
vom Tau des Himmels oben. 40 Von
deinem Schwerte musst du leben,
und deinem Bruder musst du dienen.
Doch wenn du rüttelst, wirst du sein
Joch von deinem Nacken schütteln.“

41 Esau hasste fortan Jakob um des
Segens willen, mit dem sein Vater ihn
gesegnet hatte. Und Esau sprach bei
sich: „Bald nahen die Tage der Trauer
um meinen Vater; dann werde ich
meinen Bruder Jakob erschlagen.“
42 Rebekka wurden diese Worte ihres
älteren Sohnes hinterbracht. Sie sand-
te deshalb hin und ließ ihren jüngeren
Sohn Jakob rufen und sagte zu ihm:
„Siehe, dein Bruder Esau sinnt auf Ra-
che gegen dich und will dich töten.
43 Höre nun, mein Sohn, auf meinen
Rat! Mache dich auf und fliehe zu
meinem Bruder Laban nach Haran.
44 Bleibe einige Zeit bei ihm, bis sich
der Zorn deines Bruders gelegt hat.
45 Sobald der Zorn deines Bruders
von dir ablässt und er vergisst, was
du ihm angetan hast, schicke ich hin
und lasse dich von da holen. Warum
soll ich euch beide an einem Tag ver-
lieren?“

Isaak schickt Jakob zu Laban:
27,46 – 28,5

46 Hierauf sagte Rebekka zu Isaak: „Ich
bin meines Lebens überdrüssig wegen
der Hetiterinnen. Nimmt sich auch Ja-
kob eine der Hetiterinnen wie dieser
zur Frau, eine von den Töchtern des
Landes, was habe ich da noch vom
Leben?“

28 1 Da rief Isaak den Jakob und
segnete ihn. Er gab ihm seine
Weisung und sprach: „Du sollst dir
keine Frau von den Töchtern Kanaans
nehmen! 2 Mache dich auf und begib
dich nach Paddan-Aram in das Haus

Betuels, des Vaters deiner Mutter, und nimm dir von dort eine Frau von den Töchtern Labans, des Bruders deiner Mutter! 3 El-Schaddai segne dich und mache dich fruchtbar und mehre dich, auf dass du zu einer Menge von Völkern werdest! 4 Er gebe dir den Segen Abrahams, dir und deiner Nachkommenschaft mit dir, dass du das Land deiner Fremdlingschaft, das Gott Abraham gegeben hat, zu Eigen bekommst.“ 5 So entließ Isaak den Jakob nach Paddan-Aram zu Laban, dem Sohne des Aramäers Betuel, dem Bruder Rebekkas, der Mutter Jakobs und Esaus.

Jakobs Traum: 28,10–22

10 Jakob verließ also Beerscheba und zog nach Haran. 11 Er gelangte zu der Stätte und blieb dort über Nacht, weil die Sonne schon untergegangen war. Er nahm einen von den Steinen der Stätte, machte ihn zum Lager für sein Haupt und legte sich an jener Stätte schlafen. 12 Da träumte ihm: Er sah eine Leiter auf die Erde gestellt, deren Spitze den Himmel berührte. Er sah auch, wie Engel Gottes an ihr auf- und niederstiegen. 13 Jahwe aber stand über ihr und sprach: „Ich bin Jahwe, der Gott deines Vaters Abraham und der Gott Isaaks. Das Land, auf dem du ruhst, will ich dir und deinen Nachkommen geben. 14 Deine Nachkommenschaft soll wie der Staub der Erde werden, und du sollst dich nach West und Ost, nach Nord und Süd ausbreiten, und in dir und deinen Nachkommen sollen alle Stämme der Erde gesegnet werden. 15 Siehe, ich bin mit dir. Ich will dich überall behüten, wohin du gehst, und dich in dieses Land zurückführen. Denn ich werde dich nicht verlassen, bis ich vollbracht, was ich dir verheißen habe.“ 16 Jakob erwachte aus seinem Schlaf und sprach: „Wahrlich, Jahwe ist an dieser Stätte, und ich wusste es nicht!“ 17 Er fürchtete sich und sprach: „Wie furchtbar ist diese Stätte! Hier ist nichts anderes als das Haus Gottes und hier die Pforte des Himmels!“ 18 Als Jakob früh am andern Morgen aufgestanden war, nahm er den Stein, den er zum Lager für seinen Kopf gemacht hatte, richtete ihn als Denkstein auf und goss Öl darüber. 19 Er gab jener Stätte den Namen Bet-El; früher hieß die Stadt Lus.

20 Und Jakob machte dieses Gelübde: „Wenn Gott mit mir ist und mich auf diesem Wege, den ich nun gehe, behütet und mir Brot zum Essen und Gewand zum Anziehen gibt, 21 und wenn ich wohlbehalten in das Haus meines Vaters zurückkehre, dann soll Jahwe mein Gott sein. 22 Dieser Stein, den ich als Denkstein aufgerichtet habe, soll ein Haus Gottes werden, und alles, was du mir gibst, will ich dir getreulich verzehnten.“

Jakob kommt zu Laban: 29,1–14

29 1 Nun ging Jakob leichten Schrittes weiter und zog in das Land der Söhne des Ostens. 2 Als er Ausschau hielt, erblickte er in der

Steppe einen Brunnen, an dem gerade drei Schafherden lagerten. Denn aus diesem Brunnen pflegte man die Herden zu tränken. Der Stein auf der Öffnung des Brunnens aber war sehr groß. 3 Erst wenn alle Herden daselbst beisammen waren, wälzten sie den Stein von der Brunnenöffnung weg, tränkten die Schafe und schoben den Stein wieder an seinen Platz über der Öffnung des Brunnens. 4 Jakob sprach zu ihnen: „Meine Brüder, wo seid ihr her?" Sie antworteten: „Wir sind aus Haran." 5 Da sagte er zu ihnen: „Kennt ihr Laban, den Sohn Nahors?" Sie erwiderten: „Wir kennen ihn." 6 Darauf fragte er sie: „Geht es ihm gut?" Sie antworteten: „Es geht gut. Da kommt gerade seine Tochter Rahel mit den Schafen." 7 Darauf sagte er: „Seht, der Tag ist noch lange; es ist noch keine Zeit, das Vieh zusammenzutreiben. Tränkt die Schafe und lasst sie dann wieder weiden." 8 Sie antworteten: „Wir können nicht, bis alle Herden beisammen sind. Dann erst wälzt man den Stein von der Brunnenöffnung und tränkt die Schafe."

9 Während er noch mit ihnen redete, war Rahel mit den Schafen ihres Vaters angekommen; sie war nämlich Hirtin. 10 Als nun Jakob Rahel, die Tochter Labans, des Bruders seiner Mutter, und die Schafe Labans, des Bruders seiner Mutter, sah, trat Jakob hinzu, wälzte den Stein von der Brunnenöffnung und tränkte die Schafe Labans, des Bruders seiner Mutter. 11 Darauf küsste Jakob Rahel und begann laut zu weinen. 12 Und nun erzählte Jakob Rahel, dass er ein Verwandter ihres Vaters, und zwar der Sohn Rebekkas sei. Sie eilte hinweg und berichtete es ihrem Vater. 13 Als Laban die Kunde von Jakob, dem Sohne seiner Schwester, vernahm, eilte er ihm entgegen, umarmte und küsste ihn und führte ihn in sein Haus. Er erzählte Laban alles, was sich zugetragen hatte. 14 Da sagte Laban zu ihm: „Ja, du bist mein Bein und mein Fleisch." Und er blieb einen Monat lang bei ihm.

Die beiden Heiraten Jakobs: 29,15–30

15 Dann sprach Laban zu Jakob: „Solltest du mir umsonst dienen, weil du mein Verwandter bist? Sage mir, was soll dein Lohn sein?" 16 Laban hatte zwei Töchter; die ältere hieß Lea, die jüngere Rahel. 17 Die Augen Leas waren ohne Glanz; Rahel aber war schön und von anmutiger Erscheinung. 18 Jakob liebte Rahel. Darum sagte er: „Ich will dir sieben Jahre um deine jüngere Tochter Rahel dienen." 19 Laban erwiderte: „Es ist besser, ich gebe sie dir als einem fremden Mann. Bleibe also bei mir!"

20 So diente Jakob um Rahel sieben Jahre. Sie waren in seinen Augen wie ein Tag, so lieb hatte er sie. 21 Danach sprach Jakob zu Laban: „Gib mir meine Frau, meine Zeit ist erfüllt, damit ich sie heirate!" 22 Nun lud Laban alle Leute des Ortes ein und veranstaltete ein Festmahl. 23 Am Abend aber nahm er seine Tochter Lea und brachte sie ihm, und er wohnte ihr bei. 24 Und Laban gab seine Sklavin Silpa seiner

Tochter als Magd. 25 Am Morgen zeigte es sich, dass es Lea war. Da sprach Jakob zu Laban: „Warum hast du mir das angetan? Habe ich nicht um Rahel bei dir gedient? Warum hast du mich betrogen?“ 26 Laban sagte: „Es ist hierzulande nicht Sitte, die Jüngere vor der Älteren zu geben. 27 Führe mit dieser die Brautwoche zu Ende, dann werde ich dir auch jene geben für den Dienst, den du mir noch weitere sieben Jahre leistest.“ 28 Jakob tat so. Er führte mit dieser die Woche zu Ende. Dann gab er ihm seine Tochter Rahel zur Frau. 29 Und Laban gab seiner Tochter Rahel seine Sklavin Bilha als Magd. 30 Er wohnte nun auch Rahel bei; er liebte sie mehr als Lea. So diente er bei ihm noch weitere sieben Jahre.

Die Kinder Jakobs: 29,31 – 30,24

31 Als Jahwe sah, dass Lea zurückgesetzt wurde, öffnete er ihren Mutterschoß, während Rahel unfruchtbar blieb. 32 Lea empfing und gebar einen Sohn, den sie Ruben nannte: „Denn“, sagte sie, „Jahwe hat mein Elend angesehen, nun wird mein Mann mich lieben.“ 33 Dann empfing sie wiederum und gebar einen Sohn. Sie sagte: „Jahwe hat gehört, dass ich zurückgesetzt wurde, darum gab er mir auch diesen.“ Sie nannte ihn Simeon. 34 Sie empfing abermals und gebar einen Sohn. Sie sagte: „Nun endlich wird mein Mann mir zugetan sein, da ich ihm drei Söhne geboren habe.“ Deshalb nannte man ihn Levi. 35 Darauf empfing sie noch einmal und gebar einen Sohn und sagte: „Diesmal will ich Jahwe preisen!“ Darum nannte man ihn Juda. Danach gebar sie keine Kinder mehr.

30 1 Als Rahel sah, dass sie Jakob keine Kinder gebar, wurde sie eifersüchtig auf ihre Schwester und sprach zu Jakob: „Gib mir Kinder! Wenn nicht, so sterbe ich!“ 2 Da wurde Jakob zornig über Rahel und sagte: „Bin ich denn an Gottes statt, der dir den Kindersegen versagt hat?“ 3 Sie antwortete: „Da hast du meine Magd Bilha. Gehe zu ihr, damit sie auf meinen Knien gebäre und auch ich durch sie zu Kindern komme.“ 4 So gab sie ihm ihre Magd Bilha zur Frau, und Jakob wohnte ihr bei. 5 Es empfing Bilha und gebar Jakob einen Sohn. 6 Da sprach Rahel: „Gott hat mir Recht verschafft, indem er auf meine Stimme gehört und mir einen Sohn geschenkt hat.“ Darum nannte sie ihn Dan. 7 Bilha, die Magd Rahels, empfing wiederum und gebar Jakob einen zweiten Sohn. 8 Da sagte Rahel: „Gotteskämpfe hatte ich mit meiner Schwester auszufechten und habe gesiegt.“ Und sie nannte ihn Naftali.

9 Als Lea sah, dass sie keine Kinder mehr gebar, nahm sie ihre Magd Silpa und gab sie Jakob zur Frau. 10 Silpa, die Magd Leas, gebar einen Sohn. 11 Da sprach Lea: „Glück auf!“ Und sie nannte ihn Gad. 12 Dann gebar Silpa, die Magd Leas, Jakob einen zweiten Sohn. 13 Da sagte Lea: „Ich Glückliche! Denn mich werden die Töchter glücklich preisen!“ Darum nannte sie ihn Ascher.

14 Als Ruben einmal zur Zeit der
Weizenernte hinausging, fand er auf
dem Feld Liebesäpfel und gab sie sei-
ner Mutter Lea. Da sagte Rahel: „Gib
mir doch von den Liebesäpfeln deines
Sohnes!" 15 Sie antwortete ihr: „Ist es
nicht genug, dass du mir meinen
Mann genommen hast? Willst du mir
auch noch die Liebesäpfel meines Soh-
nes nehmen?" Rahel erwiderte: „So
möge er diese Nacht bei dir liegen für
die Liebesäpfel deines Sohnes." 16 Als
nun Jakob am Abend vom Felde kam,
ging ihm Lea entgegen und sprach:
„Du musst zu mir kommen; denn ich
habe dich als Lohn für die Liebesäpfel
meines Sohnes ausbedungen." So
schlief er jene Nacht bei ihr. 17 Gott er-
hörte Lea; sie empfing und gebar Jakob
einen fünften Sohn. 18 Da sprach Lea:
„Gott hat mir Lohn dafür gegeben,
dass ich meine Magd meinem Manne
hingab." Darum nannte sie ihn Issa-
char. 19 Lea empfing nochmals und ge-
bar einen sechsten Sohn. 20 Da sprach
Lea: „Gott hat mich mit einem guten
Geschenk beschenkt. Nunmehr wird
mein Mann bei mir bleiben, weil ich
ihm sechs Söhne geboren habe." Und
sie nannte ihn Sebulon. 21 Dann gebar
sie eine Tochter und nannte sie Dina.

22 Nun gedachte Gott Rahels. Gott
erhörte sie und öffnete ihren Mutter-
schoß. 23 Sie empfing und gebar einen
Sohn und sprach: „Gott hat meine
Schmach hinweggenommen." 24 Und
sie nannte ihn Josef, indem sie sagte:
„Jahwe gebe mir noch einen Sohn
hinzu."

Wie Jakob reich wird: 30,25–43

25 Nachdem Rahel Josef geboren hatte,
sprach Jakob zu Laban: „Entlasse
mich, dass ich in meine Heimat, in
mein Land ziehe. 26 Gib mir meine
Frauen und meine Kinder heraus, um
die ich bei dir gedient habe, damit ich
gehen kann. Du weißt ja, welchen
Dienst ich dir geleistet habe." 27 Da
sprach Laban zu ihm: „Möchte ich
doch Gnade in deinen Augen finden!
Ich habe durch Weissagung erfahren,
dass Jahwe mich um deinetwillen ge-
segnet hat." 28 Und er fuhr fort: „Be-
stimme mir den Lohn, den du von
mir forderst; ich will ihn geben." 29 Er
erwiderte ihm: „Du weißt selbst, wie
ich dir gedient habe und was aus dei-
nem Viehstand bei mir geworden ist.
30 Denn nur wenig war es, was du be-
saßest, ehe ich zu dir kam; es nahm
gewaltig zu. So hat Jahwe dich bei je-
dem meiner Schritte gesegnet. Aber
wann soll ich denn für mein eigenes
Haus sorgen?" 31 Er sprach: „Was soll
ich dir geben?" Jakob antwortete: „Du
sollst mir gar nichts geben. Stimme
nur folgendem Vorschlag zu, dann
will ich wieder dein Kleinvieh weiden.

32 Ich will heute durch all dein
Kleinvieh gehen. Sondre jedes dunkle
Stück unter den Lämmern und jede
gefleckte und gesprenkelte Ziege da-
von aus; das sei mein Lohn. 33 Und da-
ran soll sich in Zukunft meine Red-
lichkeit erweisen: Wenn du kommst,
um nach meinem Lohn zu sehen, soll
alles, was nicht gesprenkelt und ge-
fleckt unter den Ziegen und dunkel-
farbig unter den Lämmern ist, als von

mir gestohlen gelten.“ 34 Da sagte Laban: „Gut, es geschehe, wie du gesagt hast.“ 35 Er sonderte noch am gleichen Tage die gestreiften und gefleckten Böcke und alle gesprenkelten und gefleckten Ziegen ab, alle, an denen Weißes war, und alles Dunkelfarbige unter den Lämmern, und übergab es seinen Söhnen. 36 Sodann legte er einen Zwischenraum von drei Tagreisen zwischen sich und Jakob. Jakob aber weidete das übrige Kleinvieh Labans.

37 Nun holte sich Jakob frische Zweige von Storaxstauden, Mandelbäumen und Platanen und schälte an ihnen weiße Streifen aus, indem er das Weiße an den Stäben bloßlegte. 38 Dann stellte er die geschälten Stäbe in die Tränkrinnen, in die Wasserbehälter, zu denen die Tiere zum Trinken kamen, gerade vor die Tiere hin. Sie begatteten sich nämlich, wenn sie zur Tränke kamen. 39 So begatteten sich die Tiere vor den Stäben. Deshalb warfen die Tiere gestreifte, gesprenkelte und gefleckte Jungen. 40 Die Lämmer sonderte Jakob ab und richtete das Gesicht der Tiere auf das Gestreifte und das Schwarze. Er legte sich besondere Herden an und tat sie nicht zu den Herden Labans. 41 Sooft die kräftigen Tiere brünstig wurden, stellte Jakob die Stäbe vor die Tiere in die Tränkrinnen hin, damit sie sich vor den Stäben begatteten. 42 Wenn es aber schwächliche Tiere waren, stellte er sie nicht hin. So fielen die schwächlichen Laban zu, die kräftigen Jakob. 43 So wurde der Mann außerordentlich reich. Er besaß zahlreiches Kleinvieh, Mägde und Knechte, Kamele und Esel.

Jakobs Flucht: 31,1–21

31 1 Er erfuhr aber die Reden der Söhne Labans, die sagten: „Jakob hat alles an sich gebracht, was unserm Vater gehörte, und aus dem, was unserm Vater war, hat er diesen ganzen Reichtum erworben.“ 2 Jakob ersah auch aus der Miene Labans, dass er gegen ihn nicht mehr wie ehedem gesinnt war. 3 Darum sprach Jahwe zu Jakob: „Kehre in das Land deiner Väter und zu deiner Verwandtschaft zurück! Ich werde mit dir sein.“ 4 Da sandte Jakob hin und ließ Rahel und Lea auf das Feld zu seiner Herde rufen. 5 Er sprach zu ihnen: „Ich sehe an der Miene eures Vaters, dass er gegen mich nicht mehr wie ehedem gesinnt ist, obwohl der Gott meiner Väter mit mir war. 6 Ihr wisst selbst, dass ich eurem Vater mit meiner ganzen Kraft gedient habe. 7 Euer Vater aber hat mich betrogen und mir zehnmal den Lohn geändert. Doch Gott hat ihm nicht gestattet, dass er mir Schaden zufügte. 8 Wenn er sagte: ‚Die gesprenkelten Tiere sollen dir sein‘, dann warf die ganze Herde gesprenkelte Jungen. Wenn er sagte: ‚Die gestreiften sollen dein Lohn sein‘, dann warf die ganze Herde gestreifte Jungen. 9 So nahm Gott eurem Vater das Vieh und gab es mir. 10 Es war zur Brunstzeit des Kleinviehs, da erhob ich im Traum meine Augen und sah vor mir, wie die Böcke, welche die Schafe besprangen, gestreift, gesprenkelt und gescheckt waren. 11 Und der Engel Gottes rief mir im Traum zu: ‚Jakob!‘ Ich antwortete: ‚Da bin ich!‘ 12 Er sagte: ‚Erhebe deine

Augen und siehe, wie alle Böcke, wel-
che deine Schafe bespringen, gestreift,
gesprenkelt und gescheckt sind. Denn
ich habe alles gesehen, was Laban dir
angetan hat. 13 Ich bin der Gott von
Bet-El, wo du einen Denkstein gesalbt
und mir ein Gelübde gemacht hast.
Mache dich nun auf, verlasse dieses
Land und kehre in das Land deiner
Verwandtschaft zurück!'"

14 Da antworteten Rahel und Lea
und sagten zu ihm: „Haben wir noch
Anteil und Erbe im Hause unsres Va-
ters? 15 Galten wir ihm nicht wie
Fremde, da er uns verkaufte und das
Geld, das er für uns bekam, aufzehr-
te? 16 Fürwahr, der ganze Reichtum,
den Gott unserm Vater entzogen hat,
gehört uns und unsern Söhnen. Und
nun tue alles, was Gott zu dir gesagt
hat!"

17 So machte sich Jakob auf und
setzte seine Kinder und seine Frauen
auf die Kamele. 18 Er führte all sein
Vieh mit sich fort und alle seine Habe,
die er sich erworben hatte, seinen ei-
genen Viehstand, den er sich in Pad-
dan-Aram angelegt hatte, um zu sei-
nem Vater Isaak in das Land Kanaan
zurückzukehren. 19 Laban war weg-
gegangen, um seine Schafe zu sche-
ren. Da stahl Rahel die Hausgötter
ihres Vaters. 20 Jakob täuschte den Ara-
mäer Laban, indem er ihm verheim-
lichte, dass er fliehen wolle. 21 So floh
er mit allem, was ihm gehörte. Er
brach auf und setzte über den Strom
und schlug die Richtung nach dem
Gebirge Gilead ein.

Laban verfolgt Jakob: 31,22–42

22 Am dritten Tag erhielt Laban die
Nachricht, dass Jakob geflohen sei.
23 Er nahm seine Verwandten mit sich,
jagte ihm sieben Tagreisen nach und
holte ihn am Gebirge Gilead ein.
24 Gott aber kam zu Laban, dem Ara-
mäer, nachts im Traum und sprach zu
ihm: „Hüte dich, mit Jakob irgend-
etwas zu reden!" 25 Laban holte Jakob
ein, als Jakob sein Zelt im Gebirge auf-
geschlagen hatte. Auch Laban zeltete
in dem Gebirge Gilead.

26 Laban sprach zu Jakob: „Was hast
du getan? Du hast mich getäuscht und
meine Töchter wie Kriegsgefangene
weggeführt. 27 Warum bist du heim-
lich geflohen und hast unaufrichtig
gegen mich gehandelt? Du hast es
mir nicht mitgeteilt. Ich hätte dich
mit Freude, mit Liedern, mit Pauken
und Harfen geleitet. 28 Du hast mich
nicht meine Enkel und meine Töchter
küssen lassen. Fürwahr, du hast tö-
richt gehandelt. 29 Es stünde nun in
meiner Macht, dir Übles anzutun.
Doch der Gott deines Vaters sprach
gestern zu mir: ‚Hüte dich, mit Jakob
irgendetwas zu reden!' 30 Nun, du bist
weggegangen, weil du dich so sehr
nach dem Hause deines Vaters sehn-
test; warum aber hast du meine Göt-
ter gestohlen?"

31 Jakob antwortete und sprach zu
Laban: „Ja, ich fürchtete mich. Denn
ich dachte, du könntest mir deine
Töchter wegreißen. 32 Bei wem du
aber deine Götter findest, der soll
nicht am Leben bleiben. Durchsuche
nur in Gegenwart unserer Verwand-

ten, was ich von dir bei mir habe, und
nimm sie an dich!" Jakob wusste näm-
lich nicht, dass Rahel sie gestohlen
hatte. 33 Da suchte Laban im Zelt Ja-
kobs und im Zelt Leas und im Zelt
der beiden Mägde, fand aber nichts.
Dann ging er aus dem Zelt Leas und
betrat das Zelt Rahels. 34 Rahel aber
hatte die Hausgötter genommen, sie
in die Kamelsänfte gelegt und sich da-
rauf gesetzt. Laban durchstöberte das
ganze Zelt und fand nichts. 35 Sie
sprach zu ihrem Vater: „Zürne mir
nicht, mein Herr, dass ich vor dir nicht
aufstehen kann; denn es ergeht mir
nach Frauenart." So suchte er, fand
aber die Hausgötter nicht.

36 Nun ward Jakob zornig und
schalt Laban. Und Jakob hob an und
sagte zu Laban: „Was ist mein Ver-
gehen? Was ist meine Schuld, dass du
mich so hitzig verfolgst, 37 dass du
meinen ganzen Hausrat durchstö-
berst? Was hast du von deinem gan-
zen Hausrat gefunden? Lege es doch
vor meinen und deinen Verwandten
hin, damit sie zwischen uns beiden
entscheiden. 38 Zwanzig Jahre lang
war ich bei dir. Deine Schafe und dei-
ne Ziegen haben nicht fehl-geworfen;
die Widder deiner Herde habe ich
nicht verzehrt. 39 Zerrissenes habe ich
dir nicht gebracht: Ich habe es dir
selbst ersetzt. Ob etwas bei Tag ge-
stohlen worden war oder bei Nacht,
so hast du es von mir gefordert. 40 Und
so war es bei mir: am Tag verzehrte
mich die Hitze und der Frost bei
Nacht, der Schlaf floh meine Augen.
41 Zwanzig Jahre blieb ich in deinem
Hause, diente dir vierzehn Jahre um
deine beiden Töchter, sechs Jahre um
dein Kleinvieh, und zehnmal hast du
meinen Lohn geändert. 42 Wäre nicht
der Gott meines Vaters, der Gott
Abrahams, den auch Isaak fürchtet,
mit mir gewesen, wahrlich, du hättest
mich leer ziehen lassen. Doch mein
Elend und das Mühen meiner Hände
hat Gott gesehen und in der vergange-
nen Nacht das Urteil gesprochen."

Vertrag zwischen Jakob und Laban:
31,43 – 32,3

43 Laban antwortete und sprach zu Ja-
kob: „Die Töchter sind meine Töchter,
und die Kinder sind meine Kinder,
und das Kleinvieh ist mein Vieh, und
alles, was du hier siehst, das gehört
mir. Doch was kann ich heute noch
für meine Töchter tun oder für meine
Kinder, die sie geboren haben? 44 So
komm denn, wir wollen einen Bund
schließen, ich und du, und dies sei
Zeuge zwischen mir und dir."

45 Da nahm Jakob einen Stein und
stellte ihn als Denkstein auf. 46 Und Ja-
kob sprach zu seinen Verwandten:
„Lest Steine auf!" Sie lasen Steine auf,
machten einen Steinhaufen und hiel-
ten dort auf dem Steinhaufen ein
Mahl. 47 Laban nannte ihn Jegar-Saha-
duta. Jakob aber nannte ihn Gal-Ed.
48 Und Laban sprach: „Dieser Stein-
haufen ist heute Zeuge zwischen mir
und zwischen dir!" Darum nannte er
ihn Gal-Ed 49 und Mizpa, weil er sagte:
„Jahwe sei Wächter zwischen mir und
zwischen dir, wenn wir uns voneinan-
der trennen. 50 Behandelst du meine

Töchter schlecht oder nimmst du zu meinen Töchtern noch andere Frauen – wenn auch niemand bei uns ist, siehe, Gott ist Zeuge zwischen mir und zwischen dir!“ 51 Und weiter sprach Laban zu Jakob: „Hier dieser Steinhaufen und dieser Denkstein, den ich zwischen mir und zwischen dir aufgerichtet habe, 52 Zeuge sei dieser Steinhaufen, und Zeuge sei der Denkstein: weder darf ich zu dir hin über diesen Steinhaufen hinausgehen, noch darfst du zu mir hin über diesen Steinhaufen und diesen Denkstein in böser Absicht hinausgehen. 53 Der Gott Abrahams und der Gott Nahors soll zwischen uns Richter sein!“ Da schwur Jakob bei dem, den sein Vater Isaak verehrte. 54 Dann brachte Jakob auf dem Gebirge ein Schlachtopfer dar und lud seine Verwandten zum Mahle ein. Sie verzehrten das Mahl und blieben die Nacht auf dem Gebirge.

32 1 In der Frühe des andern Morgens küsste Laban seine Enkel und seine Töchter und segnete sie. Dann zog Laban ab und kehrte in seinen Wohnort zurück. 2 Auch Jakob zog seines Weges. Da begegneten ihm Engel Gottes. 3 Als Jakob sie sah, sprach er: „Das ist Gottes Heerlager!“ Und er nannte jenen Ort Mahanajim.

Jakobs Vorbereitungen auf seine Begegnung mit Esau: 32,4–22

4 Darauf sandte Jakob Boten zu seinem Bruder Esau in das Land Seïr, das Gebiet von Edom, voraus. 5 Er trug ihnen auf: „So sprecht zu meinem Bruder Esau: Dein Knecht Jakob lässt dir sagen: Ich habe als Gast bei Laban geweilt und mich bis jetzt (dort) aufgehalten. 6 Ich habe mir Rinder, Esel und Kleinvieh, Knechte und Mägde erworben. Nun sende ich meinem Herrn Nachricht, damit ich Gnade in deinen Augen finde.“

7 Die Boten aber kehrten mit der Meldung zu Jakob zurück: „Wir kamen zu deinem Bruder Esau. Schon eilt er dir entgegen, vierhundert Mann sind bei ihm.“

8 Da fürchtete sich Jakob sehr, und es wurde ihm bange. Er verteilte die Leute, die bei ihm waren, ebenso das Kleinvieh und die Rinder auf zwei Lager. 9 Er dachte: „Wenn Esau zu dem einen Lager kommt und es überwältigt, wird das andere Lager entrinnen.“ 10 Dann betete Jakob: „Gott meines Vaters Abraham und Gott meines Vaters Isaak, Jahwe, der du zu mir gesagt hast: ‚Kehre zurück in dein Land, zu deiner Verwandtschaft! Ich will es dir wohl ergehen lassen.‘ 11 Ich bin nicht wert aller Gnaden und aller Treue, die du deinem Knecht erwiesen hast. Denn nur mit meinem Stab hatte ich diesen Jordan überschritten, und nun besitze ich zwei Lager. 12 Rette mich doch aus der Hand meines Bruders, aus der Hand Esaus. Denn ich fürchte mich vor ihm, dass er kommt und mich überwältigt, Mutter samt Kindern. 13 Du hast gesagt: ‚Ich werde es dir gewiss wohl ergehen lassen und deine Nachkommenschaft wie den Sand am Meere machen, der ob seiner Menge nicht gezählt werden kann.‘“

14 Und er brachte die Nacht dort zu.
Dann nahm er aus seinem Besitz eine
Gabe für seinen Bruder Esau: 15 zwei-
hundert Ziegen und zwanzig Böcke,
zweihundert Schafe und zwanzig
Widder, 16 dreißig säugende Kamele
mit ihren Füllen, vierzig junge Kühe
und zehn junge Stiere, zwanzig Ese-
linnen und zehn Eselsfüllen, 17 und
übergab sie seinen Knechten, Herde
für Herde gesondert, und sagte seinen
Knechten: „Zieht vor mir her und
lasst einen Abstand zwischen den ein-
zelnen Herden!" 18 Und er befahl dem
Ersten: „Wenn mein Bruder Esau dir
begegnet und dich fragt: ‚Wem ge-
hörst du an, wohin gehst du und
wem gehören die Tiere da vor dir?',
19 dann sollst du sagen: „Deinem
Knecht Jakob. Es ist ein Geschenk,
das für meinen Herrn Esau gesandt
ist. Er selbst kommt hinter uns!"
20 Ebenso befahl er dem Zweiten, so
dem Dritten, so allen, die hinter den
Herden hergingen: „So sollt auch ihr
zu Esau sprechen, wenn ihr ihn trefft.
21 Ihr sollt auch sagen: ‚Jakob, dein
Knecht, kommt gleich hinter uns
her.'" Denn er dachte: „Ich will ihn
durch das Geschenk, das mir voraus-
geht, günstig stimmen und dann erst
sein Angesicht sehen. Vielleicht
nimmt er mich freundlich auf." 22 So
ging ihm das Geschenk voraus; er
selbst brachte jene Nacht im Lager zu.

Der Kampf mit Gott: 32,23–33

23 Doch noch in der gleichen Nacht
stand er auf, nahm seine beiden Frau-
en, seine beiden Mägde und seine elf
Söhne und durchschritt die Furt des
Jabbok. 24 Er nahm sie, führte sie über
den Fluss und brachte auch alle seine
Habe hinüber. 25 Jakob blieb allein zu-
rück.

Da rang einer mit ihm bis zum An-
bruch der Morgenröte. 26 Als dieser
sah, dass er ihn nicht überwinden
könne, berührte er ihn an der Hüft-
pfanne, sodass die Hüftpfanne Jakobs
ausgerenkt wurde, während er mit
ihm rang. 27 Darauf sprach er: „Lass
mich los, denn die Morgenröte bricht
an!" Er aber sagte: „Ich lasse dich
nicht, bis du mich gesegnet hast."
28 Der sprach zu ihm: „Wie heißt du?"
Er antwortete: „Jakob." 29 Da sagte je-
ner: „Du sollst nicht mehr Jakob hei-
ßen, sondern Israel; denn du hast mit
Gott gestritten und über Menschen
wirst du siegen." 30 Da fragte Jakob
und sprach: „Tu mir doch deinen Na-
men kund!" Er aber antwortete: „Wa-
rum fragst du mich nach meinem Na-
men?" Darauf segnete er ihn daselbst.

31 Jakob nannte den Ort Penuel,
denn „ich habe Gott von Angesicht
zu Angesicht geschaut und habe mein
Leben gerettet". 32 Die Sonne ging vor
ihm auf, als er an Penuel vorüber war.
Er aber hinkte wegen seiner Hüfte.
33 Deshalb essen die Israeliten bis auf
den heutigen Tag nicht die Sehne des
Hüftmuskels, die über der Hüftpfanne
liegt, weil er Jakobs Hüftpfanne an der
Sehne des Hüftmuskels berührt hatte.

Die Begegnung mit Esau: 33,1–11

33 1 Jakob erhob seine Augen und hielt Ausschau. Da kam Esau mit den vierhundert Mann. Nun verteilte er die Kinder auf Lea, auf Rahel und auf die beiden Mägde. 2 Die Mägde mit ihren Kindern stellte er an die Spitze, dahinter Lea mit ihren Kindern und zuletzt Rahel mit Josef. 3 Er selbst ging ihnen voran und verneigte sich siebenmal zur Erde, bis er nahe an seinen Bruder herangekommen war. 4 Esau aber eilte ihm entgegen, umarmte ihn, fiel ihm um den Hals und weinte. 5 Dann erhob er seine Augen und sah die Frauen und die Kinder und sprach: „Wer sind diese bei dir?" Er antwortete: „Das sind die Kinder, mit denen Gott deinen Knecht begnadet hat." 6 Nun traten die Mägde mit ihren Kindern heran und verneigten sich. 7 Dann trat Lea mit ihren Kindern herzu, und sie verneigten sich, und darauf traten Rahel und Josef herzu und verneigten sich.

8 Er aber sagte: „Was wolltest du denn mit dem ganzen Zug, auf den ich gestoßen bin?" Er antwortete: „Ich wollte Gnade finden in den Augen meines Herrn." 9 Esau aber sprach: „Ich habe übergenug, mein Bruder; es bleibe dein, was dir gehört." 10 Jakob aber erwiderte: „Nicht doch! Wenn ich Gnade in deinen Augen gefunden habe, wirst du mein Geschenk aus meiner Hand annehmen. Denn ich habe dein Angesicht gesehen, wie man das Angesicht Gottes sieht. Hast du mich doch gut aufgenommen. 11 Nimm also mein Begrüßungsgeschenk an, das dir überbracht wurde. Denn Gott hat mich reich gemacht, und ich habe vollauf." So drängte er ihn, und er nahm es an.

Jakob trennt sich von Esau: 33,12–17

12 Dann sagte er: „Lasst uns aufbrechen und weiterziehen, und ich will an deiner Seite ziehen." 13 Er aber sagte zu ihm: „Mein Herr weiß, dass die Kinder noch zart sind, und die säugenden Tiere unter dem Kleinvieh und den Rindern bedürfen meiner Sorge. Würde man sie auch nur einen Tag übermäßig anstrengen, dann ginge alles Kleinvieh zugrunde. 14 Mein Herr möge doch seinem Knecht vorausgehen; und ich will dann langsam weiterwandern im Schritt der Herde vor mir und im Schritt der Kinder, bis ich zu meinem Herrn nach Seïr komme." 15 Da sagte Esau: „So will ich dir einige von den Leuten, die bei mir sind, als Begleitung geben." Er aber erwiderte: „Wozu dies? Möchte ich nur Gnade finden in den Augen meines Herrn!" 16 So kehrte Esau an jenem Tag auf seinem Weg nach Seir zurück. 17 Jakob aber brach nach Sukkot auf und baute sich ein Haus; für das Vieh aber errichtete er Hütten. Darum nannte er den Ort Sukkot.

4 *Die Geschichte Josefs*

Aus dem Buch Genesis

Josef ist der jüngste Sohn Jakobs und zugleich sein Lieblingssohn. Das macht seine Brüder eifersüchtig. Sie werfen ihn in die Zisterne und verkaufen ihn an Kaufleute. So kommt der, der von der Eifersucht und vom Zorn seiner Brüder scheinbar vernichtet wird, nach Ägypten und eröffnet dort einen wichtigen Abschnitt in der Geschichte seines Volkes. Die Josefsgeschichte zeigt uns, dass Gott alles Unheil in Heil zu verwandeln vermag. So ist sie eine Hoffnungsgeschichte, dass auch unser Scheitern immer wieder zu einem Neuanfang führen wird, dass wir aus der dunklen Zisterne ans Licht und aus dem Gefängnis unserer Angst in die Freiheit und Weite Gottes gelangen und zum Segen für andere werden.

Und Josef? Er befolgt auch in der Fremde die Weisungen seines Gottes. Dies führt ihn ins Gefängnis. Die Frau seines Herrn wollte mit ihm schlafen. Als er sich wehrt, verklagt sie ihn. Doch Gott wendet das Unheil der Gefangenschaft zum Guten: Josef deutet seinen Mitgefangenen ihre Träume. Das führt dazu, dass er auch dem ägyptischen Pharao seinen Traum deutet, den seine eigenen Traumdeuter nicht zu entschlüsseln vermochten. Und Pharao macht ihn zum Herrscher über Ägypten. Josef baut dann große Vorratskammern, um den Überschuss an Getreide aus den sieben fetten Erntejahren zu sammeln. Als in den sieben dürren Jahren überall Hungersnot herrscht, wird Josef zum Retter der Menschen.

Auch seine Brüder kommen nach Ägypten, um dort Getreide zu kaufen. Es ist eine wunderschöne Geschichte, als Josef seinen Brüdern begegnet und ihnen einige Proben zumutet, um sich schließlich weinend zu erkennen zu geben: „Ich bin Josef, euer Bruder … Beunruhigt euch jetzt aber nicht … darüber, dass ihr mich hierher verkauft habt. Denn um euch das Leben zu erhalten, hat Gott mich vorausgesandt“ (Gen 45,4f.).

Darin wird letztlich unser aller Berufung sichtbar: Wir sind berufen, Leben zu erhalten, dem Leben zu dienen. Selbst wenn wir uns wie weggeworfen und gefangen fühlen, haben wir von Gott her doch den Auftrag, dem Leben zu dienen. Durch jeden von uns kann Leben erblühen. Die Josefsgeschichte will unser Vertrauen vertiefen, dass Gott alles Unheil zum Guten wenden und unsere Gefangenschaft in neues Leben wandeln wird.

Josef und seine Brüder: 37,1–11

37 1 Jakob wohnte in dem Land, wo sein Vater als Fremdling geweilt hatte, im Land Kanaan. 2 Dies ist die Familiengeschichte Jakobs: Als Josef siebzehn Jahre alt war, hütete er mit seinen Brüdern die Schafe. Er war, weil noch zu jung, den Söhnen der Bilha und Silpa, der Frauen seines Vaters, beigegeben. Und Josef hinterbrachte ihrem Vater, was man jenen Übles nachsagte.

3 Israel aber liebte Josef mehr als alle seine Söhne, da er ihm im Greisenalter geboren war. Darum ließ er ihm ein langes Gewand mit Ärmeln machen. 4 Als seine Brüder sahen, dass ihn der Vater mehr als alle seine anderen Söhne liebte, hassten sie ihn und konnten kein freundliches Wort mit ihm reden.

5 Einmal hatte Josef einen Traum, und er erzählte ihn seinen Brüdern. 6 Er sprach zu ihnen: „Hört doch, was für einen Traum ich gehabt habe! 7 Seht, wir waren beim Garbenbinden auf dem Felde, und siehe da, meine Garbe richtete sich auf und blieb stehen; eure Garben aber stellten sich ringsum und verneigten sich vor meiner Garbe." 8 Da sprachen seine Brüder zu ihm: „Willst du gar noch König sein über uns und über uns herrschen?" Und sie hassten ihn noch mehr wegen seines Traumes und seiner Reden. 9 Ein andermal hatte er wieder einen andern Traum, und er erzählte ihn seinen Brüdern. Er sagte: „Seht, ich hatte wieder einen Traum. Die Sonne, der Mond und die Sterne verneigten sich vor mir." 10 Als er ihn seinem Vater und seinen Brüdern erzählt hatte, schalt ihn sein Vater und sprach zu ihm: „Was soll dieser Traum bedeuten, den du geträumt hast? Sollen wir, ich und deine Mutter und deine Brüder, uns vor dir bis zur Erde neigen?" 11 Seine Brüder wurden eifersüchtig auf ihn; sein Vater aber merkte sich die Sache.

Josef wird von seinen Brüdern verkauft: 37,12–36

12 Als seine Brüder einmal weggegangen waren, um die Schafe ihres Vaters in Sichem zu weiden, 13 sprach Israel zu Josef: „Deine Brüder hüten bei Sichem. Komm, ich will dich zu ihnen schicken." Er antwortete: „Ich bin bereit!" 14 Nun sagte er zu ihm: „Geh und sieh nach, ob es deinen Brüdern und den Herden noch gut geht, und bringe mir Bescheid!" So sandte er ihn aus dem Tale Hebron weg, und er kam nach Sichem.

15 Als er auf dem Feld umherirrte, traf ihn ein Mann. Dieser fragte ihn: „Was suchst du?" 16 Er sprach: „Ich suche meine Brüder. Sage mir doch, wo sie hüten." 17 Da antwortete der Mann: „Sie sind von hier fortgezogen. Denn ich habe sie sagen hören: Wir wollen nach Dotan gehen!" So ging Josef seinen Brüdern nach und fand sie in Dotan.

18 Als sie ihn von ferne sahen, und bevor er noch in ihre Nähe gekommen war, schmiedeten sie einen arglistigen Plan gegen ihn, um ihn zu

töten. 19 Sie sprachen nämlich zueinander: „Seht, da kommt der Träumer! 20 Jetzt aber, da wollen wir ihn töten und ihn in eine der Zisternen werfen und sagen: Ein wildes Tier hat ihn gefressen. Dann werden wir ja sehen, was aus seinen Träumen wird.“

21 Als Ruben dies hörte, suchte er ihn aus ihrer Hand zu retten, indem er sagte: „Wir wollen ihn nicht ums Leben bringen!“ 22 Und (weiter) sprach Ruben zu ihnen: „Vergießt kein Blut! Werft ihn in die Zisterne dort in der Steppe; aber legt nicht Hand an ihn!“ (Dies sagte er,) weil er ihn aus ihrer Hand retten und zu seinem Vater zurückschicken wollte. 23 Sobald Josef bei seinen Brüdern angekommen war, zogen sie Josef den Rock aus, das Ärmelkleid, das er anhatte, 24 packten ihn und warfen ihn in die Zisterne. Die Zisterne war leer, es war kein Wasser darin. 25 Dann setzten sie sich nieder, um ihre Mahlzeit einzunehmen. Als sie ihre Augen erhoben und ausschauten, sahen sie eine Karawane von Ismaelitern aus Gilead daherkommen. Ihre Kamele waren mit Gummi, Balsam und Ladanum beladen. Sie waren damit auf dem Wege, es nach Ägypten zu bringen. 26 Da sprach Juda zu seinen Brüdern: „Welchen Vorteil haben wir davon, wenn wir unsern Bruder töten und sein Blut zudecken? 27 Kommt, wir wollen ihn an die Ismaeliter verkaufen und nicht Hand an ihn legen. Er ist doch unser Bruder, unser eigenes Fleisch.“ Und seine Brüder hörten auf ihn.

28 Als nun die midianitischen Kaufleute vorbeikamen, zogen sie Josef aus der Zisterne, und sie verkauften Josef an die Ismaeliter um zwanzig Silberstücke. Diese brachten Josef nach Ägypten. 29 Als Ruben wieder an die Zisterne kam, war Josef nicht mehr in der Zisterne. Da zerriss er seine Kleider, 30 kehrte zu seinen Brüdern zurück und sprach: „Der Junge ist nicht mehr da! Wohin soll ich nun gehen?“

31 Sie aber nahmen den Rock Josefs, schlachteten einen Ziegenbock und tauchten den Rock in das Blut. 32 Dann schickten sie das Ärmelkleid weg und ließen es ihrem Vater bringen mit der Meldung: „Das haben wir gefunden. Sieh nach, ob es der Rock deines Sohnes ist oder nicht.“ 33 Als er ihn sah, rief er aus: „Das ist der Rock meines Sohnes! Ein wildes Tier hat ihn gefressen! Zerfleischt, zerfleischt ist Josef!“ 34 Und er zerriss seine Kleider, zog ein härenes Gewand um seine Hüften und trauerte um seinen Sohn lange Zeit. 35 Zwar bemühten sich alle seine Söhne und alle seine Töchter, ihn zu trösten. Doch er wollte sich nicht trösten lassen, sondern sprach: „Ich will zu meinem Sohne trauernd in die Unterwelt hinabsteigen.“ So beweinte ihn sein Vater.

36 Die Midianiter aber verkauften ihn nach Ägypten an Potifar, einen Kämmerer des Pharao, den Obersten der Leibwache.

Die Anfänge Josefs in Ägypten: 39,1–6

39 1 Als Josef nach Ägypten gebracht worden war, kaufte ihn Potifar, ein Kämmerer des Pharao, der

Oberste der Leibwache, ein Ägypter,
von den Ismaelitern, die ihn dorthin
gebracht hatten. 2 Jahwe aber war mit
Josef, sodass ihm alles gelang. So blieb
er im Hause seines Herrn, des Ägyp-
ters. 3 Da sein Herr sah, dass Jahwe
mit ihm sei und Jahwe alles, was er
unternahm, durch seine Hand gelin-
gen ließ, 4 fand Josef Gnade in seinen
Augen; er durfte ihn bedienen. Dann
bestellte er ihn zum Verwalter über
sein Haus und vertraute ihm sein gan-
zes Besitztum an. 5 Von der Zeit an, da
er ihn zum Verwalter seines ganzen
Besitztums bestellt hatte, segnete Jah-
we das Haus des Ägypters um Josefs
willen, und der Segen Jahwes ruhte
auf allem, was ihm gehörte, im Hause
und auf dem Feld. 6 So überließ er Jo-
sef sein ganzes Besitztum und küm-
merte sich neben ihm um nichts als
um die Speise, die er aß. Josef aber
war schön von Gestalt und schön
von Ansehen.

Josef und die Verführerin: 39,7–20a

7 Nach diesen Ereignissen warf die
Frau seines Herrn ihr Auge auf Josef
und sprach: „Schlafe bei mir!“ 8 Er aber
weigerte sich und sagte zur Frau sei-
nes Herrn: „Siehe, mein Herr küm-
mert sich neben mir um nichts im
Hause, und sein ganzes Besitztum hat
er mir anvertraut. 9 Er hat in diesem
Hause keine größere Macht als ich; er
hat mir nichts vorbehalten als dich al-
lein, weil du seine Frau bist. Wie sollte
ich nun ein so schweres Unrecht tun
und mich gegen Gott versündigen?“
10 Obwohl sie Tag um Tag Josef zure-
dete, hörte er nicht auf sie, bei ihr zu
schlafen und sich mit ihr abzugeben.

11 Als er eines Tages in das Haus
kam, um seine Geschäfte zu besorgen,
und niemand von den Leuten des
Hauses drinnen im Hause war, 12 da er-
griff sie sein Gewand und sagte:
„Schlafe bei mir!“ Er aber ließ sein Ge-
wand in ihrer Hand und ging hinaus.
13 Als sie sah, dass er sein Gewand in
ihrer Hand zurückgelassen hatte und
hinausgeflohen war, 14 rief sie die Leu-
te ihres Hauses herbei und sprach zu
ihnen: „Da seht! Er hat uns einen He-
bräer gebracht, dass er mit uns seinen
Mutwillen treibe. Er kam zu mir, um
bei mir zu liegen; ich aber schrie laut.
15 Wie er nun hörte, dass ich laut
schrie, ließ er sein Gewand neben
mir liegen, ergriff die Flucht und lief
hinaus.“

16 Und sie legte sein Gewand neben
sich, bis sein Herr nach Hause kam.
17 Da erzählte sie ihm den Vorgang
und sprach: „Der hebräische Sklave,
den du uns ins Haus gebracht hast,
kam zu mir, um mit mir seinen Mut-
willen zu treiben. 18 Als ich aber laut
schrie, ließ er sein Gewand neben mir
zurück und floh hinaus.“ 19 Als sein
Herr die Worte seiner Frau hörte, die
sie zu ihm sprach: „So hat der Sklave
an mir getan!“, entbrannte sein Zorn.
20a Der Herr ließ Josef ergreifen und
ihn in das Gefängnis werfen, wo die
Gefangenen des Königs in Gewahr-
sam gehalten wurden.

Josef im Gefängnis: 39,20b–23

20b Und er blieb dort im Gefängnis.
21 Doch Jahwe war mit Josef und ließ
ihn Gnade finden. Er wandte ihm die
Gunst des Gefängnisaufsehers zu.
22 So vertraute der Gefängnisaufseher
dem Josef alle Gefangenen an, die sich
im Gefängnis befanden. Alles, was
dort geschah, musste nach seiner An-
ordnung geschehen. 23 Der Gefängnis-
aufseher kümmerte sich um nichts
mehr, was ihm anvertraut war, weil
Jahwe mit ihm war und Jahwe ihm al-
les gelingen ließ, was er unternahm.

Josef deutet die Träume der Beamten des Pharao: 40,1–23

40 1 Einige Zeit darauf verfehlten
sich der Mundschenk und der
Bäcker des Königs von Ägypten gegen
ihren Herrn, den König von Ägypten.
2 Da zürnte der Pharao über die bei-
den Kämmerer, über den Obermund-
schenk und den Oberbäcker, 3 und ließ
sie ins Gefängnis bringen, in das Haus
des Obersten der Leibwache, an den
Ort, wo auch Josef gefangen saß. 4 Der
Oberste der Leibwache aber betraute
Josef mit ihrer Bedienung. So waren
sie einige Zeit in Haft.

5 Nun hatten beide in der gleichen
Nacht einen Traum, und zwar einen
Traum, der für jeden von besonderer
Bedeutung war, der Mundschenk und
der Bäcker des Königs von Ägypten,
die im Kerker gefangen saßen. 6 Als Jo-
sef am andern Morgen zu ihnen kam,
sah er, dass sie niedergeschlagen wa-
ren. 7 Er fragte die Kämmerer des Pha-
rao, die mit ihm im Hause seines Herrn
gefangen saßen, und sagte: „Warum
macht ihr heute so verdrießliche Ge-
sichter?“ 8 Sie antworteten ihm: „Wir
hatten einen Traum; aber es ist nie-
mand da, der ihn deuten könnte.“ Josef
sagte zu ihnen: „Ist die Traumdeutung
nicht Sache Gottes? Doch erzählt mir!“

9 Der Obermundschenk erzählte
Josef seinen Traum und sprach zu
ihm: „Ich sah in meinem Traum vor
mir einen Weinstock. 10 An dem
Weinstock waren drei Ranken. Als er
ausschlug, brachen auch schon seine
Blüten hervor und trugen die Trau-
benbüschel reife Beeren. 11 Ich hatte
den Becher des Pharao in meiner
Hand und nahm die Beeren; ich press-
te sie in den Becher des Pharao und
reichte dem Pharao den Becher.“ 12 Da
sprach Josef zu ihm: „Dies ist die Deu-
tung: Die drei Ranken bedeuten drei
Tage. 13 Nach drei Tagen wird der Pha-
rao dein Haupt erheben und dich wie-
der in dein Amt einsetzen. Du wirst
dem Pharao seinen Becher reichen so
wie früher, als du sein Mundschenk
warst. 14 Denke dann auch an mich,
wenn es dir gut geht. Erweise mir die
Gnade und gedenke meiner bei dem
Pharao und befreie mich aus diesem
Hause. 15 Denn ich wurde aus dem
Lande der Hebräer entführt, und auch
hier habe ich nichts getan, weswegen
man mich hier ins Gefängnis hätte
werfen müssen.“

16 Als der Oberbäcker sah, dass er
eine günstige Deutung gegeben hatte,
sprach er zu Josef: „In meinem Traum
war es mir, als trüge ich drei Körbe

mit Feingebäck auf meinem Kopfe. 17 Im obersten Korb befanden sich allerlei vom Bäcker hergestellte Esswaren für den Pharao. Da kamen Vögel und fraßen es aus dem Korb von meinem Kopf weg.“ 18 Josef antwortete und sprach: „Dies ist die Deutung: Die drei Körbe bedeuten drei Tage. 19 Nach drei Tagen wird der Pharao dein Haupt erheben. Er wird dich an einen Pfahl aufhängen lassen, und die Vögel des Himmels werden dein Fleisch von dir wegfressen.“

20 Am dritten Tag, dem Geburtstag des Pharao, veranstaltete dieser ein Gastmahl für alle seine Hofbeamten. Da erhob er das Haupt des Obermundschenks und das Haupt des Oberbäckers in Gegenwart seiner Hofbeamten. 21 Den Obermundschenk setzte er wieder in sein Schenkenamt ein, und er durfte wieder dem Pharao den Becher reichen. 22 Den Oberbäcker aber ließ er hängen, so wie Josef den Traum gedeutet hatte. 23 Der Obermundschenk aber dachte nicht mehr an Josef, sondern vergaß ihn.

Die Träume des Pharao: 41,1–36

41 1 Zwei Jahre darauf hatte der Pharao einen Traum. Es war ihm, als stünde er am Nil. 2 Da stiegen aus dem Nil sieben Kühe herauf, von schönem Aussehen und wohlgenährt, und weideten im Riedgras. 3 Nach ihnen aber stiegen sieben andere Kühe aus dem Nil herauf, von hässlichem Aussehen und mager, und traten neben die anderen Kühe am Ufer des Nils. 4 Dann fraßen die hässlichen und mageren Kühe die sieben schönen und fetten Kühe auf. Da erwachte der Pharao.

5 Als er wieder eingeschlafen war, hatte er einen zweiten Traum. Es wuchsen sieben Ähren auf einem Halm, fett und schön. 6 Nach ihnen aber schossen Ähren auf, dürr und vom Ostwind versengt. 7 Die dürren Ähren verschlangen die sieben fetten und vollen Ähren. Da erwachte der Pharao und merkte, dass er geträumt hatte.

8 Am anderen Morgen fühlte er sich beunruhigt. Er sandte hin und ließ alle Schriftkundigen und alle Weisen Ägyptens rufen, und der Pharao erzählte ihnen seinen Traum. Aber es fand sich keiner, der dem Pharao den Traum deuten konnte. 9 Da sprach der Obermundschenk zu dem Pharao: „Ich muss heute meine Verfehlung in Erinnerung bringen. 10 Der Pharao zürnte seinen Dienern und ließ sie im Hause des Obersten der Leibwache in Haft halten, mich und den Oberbäcker. 11 Wir hatten in der gleichen Nacht einen Traum, ich und er, und zwar hatte jeder einen Traum, der für ihn von Bedeutung war. 12 Nun war dort bei uns ein junger hebräischer Mann, ein Sklave des Obersten der Leibwache. Diesem erzählten wir unsere Träume, und er deutete sie uns. Er gab dem Traum eines jeden die entsprechende Deutung. 13 Und so wie er uns die Deutung gegeben hat, ist es eingetroffen. Mich hat man wieder in mein Amt eingesetzt, ihn aber hängen lassen.“

14 Da sandte der Pharao hin und ließ Josef rufen. Eilends holte man ihn aus dem Gefängnis. Nachdem er sich geschoren und seine Kleider gewechselt hatte, begab er sich zu dem Pharao. 15 Der Pharao sagte zu Josef: „Ich hatte einen Traum, und niemand vermag ihn zu deuten. Nun habe ich von dir gehört, du brauchtest einen Traum nur zu hören, um ihn (sofort) deuten zu können." 16 Josef erwiderte dem Pharao: „Ich vermag nichts. Aber Gott wird dem Pharao kundtun, was ihm zum Heile ist."

17 Darauf sprach der Pharao zu Josef: „In meinem Traum stand ich am Ufer des Nil. 18 Da stiegen aus dem Nil sieben Kühe herauf, wohlgenährt und von schönem Aussehen, und weideten im Riedgras. 19 Dann sah ich nach ihnen sieben andere Kühe heraufsteigen, elend, ganz hässlich und mager. Ich habe in ganz Ägypten keine gesehen, die so hässlich waren wie diese. 20 Die mageren und hässlichen Kühe fraßen die sieben ersten, die fetten Kühe auf. 21 Aber als sie in den Magen gekommen waren, merkte man doch nichts, dass sie in den Magen gekommen waren, sondern ihr Aussehen blieb hässlich wie zuvor. Da erwachte ich. 22 Dann sah ich in meinem Traum: da wuchsen sieben Ähren an einem Halm empor, voll und schön. 23 Doch nach ihnen schossen sieben Ähren auf, taub, dürr und vom Ostwind versengt. 24 Die dürren Ähren verschlangen die sieben guten Ähren. Ich habe es den Schriftkundigen erzählt; aber sie konnten mir keinen Bescheid geben."

25 Da sprach Josef zu dem Pharao: „Die Träume des Pharao sind nur einer. Gott hat dem Pharao kundgetan, was er zu tun gedenkt. 26 Die sieben schönen Kühe bedeuten sieben Jahre, ebenso bedeuten die sieben guten Ähren sieben Jahre. Der Traum ist nur einer. 27 Auch die sieben mageren und hässlichen Kühe, die nach ihnen heraufstiegen, bedeuten sieben Jahre, und die sieben dürren und vom Ostwind versengten Ähren bedeuten sieben Hungerjahre. 28 Dies meinte ich, als ich zu dem Pharao sprach: Gott hat den Pharao schauen lassen, was er zu tun gedenkt. 29 Siehe, es kommen sieben Jahre, da wird großer Überfluss im ganzen Land Ägypten herrschen. 30 Nach ihnen aber kommen sieben Hungerjahre. Da wird der ganze Überfluss im Land Ägypten verschwunden sein, und die Hungersnot wird das ganze Land Ägypten verzehren. 31 Man wird infolge der Hungersnot, die nachher kommt, von dem Überfluss im Lande nichts mehr merken. Denn sie wird sehr drückend sein. 32 Dass sich aber der Traum des Pharao zweimal wiederholt hat, bedeutet, dass die Sache von Gott fest beschlossen ist und Gott sie ohne Verzug ausführen wird.

33 Nun aber sehe sich der Pharao nach einem klugen und weisen Mann um und setze ihn über das Land Ägypten. 34 Ferner wolle der Pharao sofort Aufseher über das Land bestellen und (durch sie) in den sieben Jahren des Überflusses vom Land Ägypten den Fünften erheben lassen. 35 Sie sollen den ganzen Ernteertrag der

jetzt kommenden sieben guten Jahre
einsammeln und das Getreide zur Ver-
fügung des Pharao aufspeichern, in
die Städte bringen und verwahren.
36 Das Getreide soll als Rücklage für
das Land dienen in den sieben Hun-
gerjahren, die über das Land Ägypten
kommen werden. So wird das Land
nicht durch die Hungersnot zugrunde
gehen."

Josefs Erhöhung: 41,37–49

37 Diese Rede fand den Beifall des Pha-
rao und aller seiner Diener. 38 Der Pha-
rao sagte zu seinen Dienern: „Könn-
ten wir wohl einen Mann finden wie
diesen, in dem der Geist Gottes ist?"
39 Dann sprach der Pharao zu Josef:
„Da Gott dich alles dies hat erkennen
lassen, gibt es keinen, der so klug und
weise wäre wie du. 40 Du sollst mei-
nem Hause vorstehen. Mein ganzes
Volk soll deinen Weisungen gehor-
chen, und ich will nur um den Thron
höher sein als du." 41 Dann sagte der
Pharao zu Josef: „Hiermit setze ich
dich über das ganze Land Ägypten."
42 Darauf zog der Pharao seinen Siegel-
ring von seiner Hand und steckte ihn
an die Hand Josefs, ließ ihn mit Bys-
susgewändern bekleiden und legte
ihm die goldene Kette um den Hals.
43 Er ließ ihn auf seinem zweiten Wa-
gen fahren und vor ihm ausrufen:
„Abrek." So setzte er ihn über ganz
Ägypten.

44 Dann sagte der Pharao zu Josef:
„Ich bin der Pharao. Gegen deinen
Willen soll niemand seine Hand und
seinen Fuß rühren im ganzen Land
Ägypten." 45 Der Pharao legte Josef
den Namen Zafenat-Paneach bei und
gab ihm Asenat, die Tochter Potiferas,
des Priesters von On, zur Frau. Dann
bereiste Josef Ägypten.

46 Josef war dreißig Jahre alt, als er
vor dem Pharao, dem König von
Ägypten, stand. Und Josef ging von
dem Pharao weg und reiste im ganzen
Land umher. 47 Das Land brachte in
den sieben Jahren reichlichen Über-
fluss. 48 Er ließ alle Vorräte, die es in
den sieben Jahren im Land Ägypten
in Überfluss gab, sammeln und das
Getreide in die Städte bringen. In jede
Stadt ließ er den Ertrag der ringsum
liegenden Felder bringen. 49 So häufte
Josef Getreide auf gleich dem Sand
am Meer in solchen Mengen, dass er
davon Abstand nahm, es zu messen.
Denn es war nicht zu messen.

Die Söhne Josefs: 41,50–57

50 Bevor die Hungersnot hereinbrach,
wurden Josef zwei Söhne geboren.
Asenat, die Tochter Potiferas, des
Priesters von On, hatte sie ihm gebo-
ren. 51 Josef nannte den Erstgeborenen
Manasse; „denn", sagte er, „Gott hat
mich all mein Unglück und das ganze
Haus meines Vaters vergessen lassen".
52 Den Zweiten nannte er Efraim,
„denn", sagte er, „Gott hat mich
fruchtbar werden lassen im Land mei-
nes Elends".

53 Als die sieben Jahre des Überflus-
ses, der in Ägypten herrschte, vorüber
waren, 54 brachen die sieben Hunger-

jahre an, wie Josef verkündet hatte. Es
entstand eine Hungersnot in allen
Ländern. Nur im ganzen Land Ägyp-
ten gab es Brot. 55 Als aber auch das
ganze Land Ägypten zu hungern be-
gann, schrie das Volk zu dem Pharao
um Brot. Da sprach der Pharao zu al-
len Ägyptern: „Geht zu Josef! Was er
euch sagen wird, das tut!“ 56 Als nun
die Hungersnot im ganzen Land
herrschte, ließ Josef alle Getreidespei-
cher öffnen und den Ägyptern Getrei-
de verkaufen. Dennoch wurde die
Hungersnot im Land Ägypten immer
drückender. 57 Alle Welt kam nach
Ägypten, um Getreide bei Josef zu
kaufen. Denn auf der ganzen Welt
herrschte drückende Hungersnot.

Erste Begegnung zwischen Josef und seinen Brüdern: 42,1–24

42 1 Als Jakob vernahm, dass es in
Ägypten Getreide gäbe, sagte
Jakob zu seinen Söhnen: „Warum zö-
gert ihr noch? 2 Seht, ich habe gehört,
dass es in Ägypten Getreide gibt.
Zieht dorthin und kauft für uns von
dort Getreide, damit wir am Leben
bleiben und nicht sterben.“ 3 Da zogen
zehn von den Brüdern Josefs hinab
nach Ägypten, um Getreide zu kau-
fen. 4 Benjamin aber, den Bruder Jo-
sefs, schickte Jakob nicht mit seinen
Brüdern. Denn er sagte: „Es könnte
ihm ein Unfall zustoßen.“

5 So kamen unter denen, die (nach
Ägypten) zogen, auch die Söhne Isra-
els, um Getreide zu kaufen; denn auch
in Kanaan herrschte Hungersnot. 6 Jo-
sef aber war der Gebieter über das
Land; er war es, der allem Volk im
Land Getreide verkaufte. Als die Brü-
der Josefs kamen, verneigten sie sich
vor ihm bis zur Erde. 7 Als Josef seine
Brüder sah, erkannte er sie, doch stell-
te er sich fremd gegen sie, fuhr sie
hart an und sprach zu ihnen: „Woher
kommt ihr?“ Sie antworteten: „Aus
dem Land Kanaan, um Getreide zu
kaufen.“

8 Während Josef seine Brüder er-
kannt hatte, erkannten sie ihn nicht.
9 Da musste Josef an die Träume den-
ken, die er von ihnen gehabt hatte. Er
sprach (weiter) zu ihnen: „Ihr seid
Spione! Ihr seid nur gekommen, um
die schwachen Stellen des Landes aus-
zuforschen!“ 10 Sie antworteten ihm:
„Nein, Herr, sondern deine Knechte
sind gekommen, Getreide zu kaufen.
11 Wir alle sind Söhne desselben Man-
nes, ehrliche Leute sind wir; deine
Knechte sind keine Spione.“ 12 Er ent-
gegnete ihnen: „Nichts da! Ihr seid
nur gekommen, die schwachen Stellen
des Landes auszuforschen.“ 13 Sie erwi-
derten: „Deine Knechte sind ihrer
zwölf; wir sind Brüder desselben
Mannes im Lande Kanaan. Doch der
Jüngste ist jetzt bei seinem Vater, und
einer lebt nicht mehr.“ 14 Josef entgeg-
nete ihnen: „Es ist doch so, wie ich
euch gesagt habe: Spione seid ihr! Da-
rin sollt ihr erprobt werden, beim Le-
ben des Pharao! 15 Ihr dürft nicht von
hier fortgehen, bis euer jüngster Bru-
der hierher gekommen ist. 16 Schickt
einen von euch, damit er euren Bruder
hole. Ihr andern bleibt gefangen. So
sollen eure Aussagen geprüft werden,

ob ihr es mit der Wahrheit ernst nehmt. Wenn nicht – beim Leben des Pharao! –, dann seid ihr Spione." 17 Hierauf ließ er sie zusammen drei Tage in Gewahrsam halten.

18 Am dritten Tag sprach Josef zu ihnen: „Wenn ihr am Leben bleiben wollt, müsst ihr Folgendes tun – ich bin ein gottesfürchtiger Mann. 19 Seid ihr wirklich ehrliche Leute, dann mag einer von euch Brüdern im Haus eures Gewahrsams bleiben. Ihr aber könnt gehen und Getreide für eure hungernden Familien mitnehmen. 20 Aber ihr müsst mir euren jüngsten Bruder bringen. So werden eure Aussagen als wahr befunden, und ihr braucht nicht zu sterben." Sie taten so. 21 Dann sagten sie zueinander: „Wahrlich, das haben wir an unserm Bruder verschuldet. Wir haben seine Seelenangst gesehen, als er uns anflehte, und nicht auf ihn gehört. Darum kommt dieses Unglück über uns." 22 Ruben sagte darauf zu ihnen: „Hatte ich euch nicht gesagt: ‚Versündigt euch nicht an dem Jungen!' Aber ihr habt nicht hören wollen. So wird nun Rechenschaft für sein Blut gefordert." 23 Sie wussten nicht, dass Josef sie verstand, weil ein Dolmetscher zwischen ihnen vermittelte. 24 Er wandte sich von ihnen ab und weinte. Dann kehrte er sich ihnen wieder zu und redete mit ihnen. Darauf ließ er aus ihrer Mitte Simeon ergreifen und ihn vor ihren Augen fesseln.

Rückkehr der Söhne Jakobs nach Kanaan: 42,25–38

25 Alsdann gab Josef den Befehl, ihre Säcke mit Getreide zu füllen und jedem das Geld in seinen Futtersack zu legen und ihnen noch Zehrung auf den Weg mitzugeben. Und man tat so. 26 Sie luden ihr Getreide auf ihre Esel und zogen von dannen. 27 Als einer in der Herberge seinen Futtersack öffnete, um seinem Esel Futter zu geben, bemerkte er sein Geld; es lag oben in seinem Sack. 28 Er sprach zu seinen Brüdern: „Mein Geld ist wieder da! Seht, da liegt es in meinem Sack!" Da verloren sie den Mut. Zitternd sahen sie sich an und sagten: „Warum hat Gott uns das getan?"

29 Als sie zu ihrem Vater Jakob in das Land Kanaan gekommen waren, erzählten sie ihm alles, was ihnen begegnet war: 30 „Der Mann, der über das Land gebietet, fuhr uns hart an und stellte uns als Leute hin, die das Land auskundschaften wollten. 31 Da sagten wir zu ihm: ‚Ehrliche Leute sind wir; wir sind keine Spione. 32 Wir sind zwölf Brüder, (alle) Söhne desselben Vaters. Der eine lebt nicht mehr, der Jüngste ist zurzeit bei unserm Vater im Lande Kanaan.' 33 Aber der Mann, der im Land gebietet, entgegnete uns: ‚Daran will ich erkennen, dass ihr ehrliche Leute seid: Einer von euch Brüdern soll bei mir zurückbleiben; ihr aber nehmt das Getreide, das ihr für eure hungrigen Familien nötig habt, und zieht fort! 34 Doch müsst ihr mir euren jüngsten Bruder zu mir herbringen. Daran will ich erkennen,

dass ihr keine Spione, sondern ehr-
liche Leute seid. Dann will ich euren
Bruder zurückgeben, und ihr dürft
im Land umherziehen.'"
35 Nun leerten sie ihre Säcke aus;
der Geldbeutel eines jeden lag oben
im Sack. Da sie ihre Geldbeutel sahen,
erschraken sie und ihr Vater. 36 Ihr Va-
ter Jakob sprach zu ihnen: „Ihr macht
mich kinderlos. Josef ist nicht mehr,
Simeon ist nicht mehr; und nun wollt
ihr auch Benjamin nehmen. Dies alles
bricht über mich herein."
37 Da sprach Ruben zu seinem Va-
ter: „Meine beiden Söhne magst du tö-
ten, wenn ich ihn dir nicht zurück-
bringe. Vertraue ihn mir an; ich will
ihn dir zurückbringen." 38 Er aber sag-
te: „Mein Sohn darf nicht mit euch hi-
nabziehen. Denn sein Bruder ist tot,
und er ist allein übrig. Würde ihm
ein Unfall auf dem Wege, den ihr ge-
hen müsst, zustoßen, ihr würdet mein
graues Haupt vor Kummer unter die
Erde bringen."

Zweite Reise der Söhne Jakobs mit
Benjamin: 43,1–14

43 1 Die Hungersnot lastete schwer
auf dem Lande. 2 Als sie das Ge-
treide, das sie aus Ägypten mitbrach-
ten, ganz aufgezehrt hatten, sprach der
Vater zu ihnen: „Zieht noch einmal
hin und kauft für uns wieder etwas
Getreide!" 3 Da entgegnete ihm Juda:
„Der Mann hat uns nachdrücklich ein-
geschärft: ,Ihr dürft mir nicht mehr
unter die Augen kommen, wenn euer
Bruder nicht bei euch ist.' 4 Willst du
uns also unsern Bruder mitgeben,
dann wollen wir hinabziehen und für
dich Getreide kaufen. 5 Wenn du ihn
aber nicht mitgeben willst, dann zie-
hen wir nicht hinab. Denn der Mann
hat uns gesagt: ,Ihr dürft mir nicht un-
ter die Augen kommen, wenn euer
Bruder nicht bei euch ist.'" 6 Da sagte
Israel: „Warum habt ihr mir dieses
Leid angetan, dem Mann zu verraten,
dass ihr noch einen Bruder habt?" 7 Sie
erwiderten: „Der Mann hat sich doch
eingehend nach uns und unsrer Fami-
lie erkundigt und gefragt: ,Lebt euer
Vater noch, habt ihr noch einen Bru-
der?' Wir haben ihm auf die Fragen
Auskunft gegeben. Konnten wir denn
wissen, dass er sagen werde: Bringt
mir euren Bruder hierher!" 8 Dann
sprach Juda zu Israel, seinem Vater:
„Gib mir den Jungen mit! Dann wollen
wir uns auf den Weg machen und hin-
ziehen, damit wir am Leben bleiben
und nicht sterben, du und unsre Kin-
der. 9 Ich selbst will mich für ihn ver-
bürgen. Von meiner Hand sollst du
ihn fordern. Wenn ich ihn dir nicht
zurückbringe und ihn vor dich hin-
stelle, will ich mein ganzes Leben lang
vor dir die Schuld tragen. 10 Hätten wir
nicht gezögert, so wären wir schon
zweimal zurückgekehrt."
11 Da sprach ihr Vater Israel zu
ihnen: „Wenn es nun so sein muss, so
tut Folgendes: Nehmt von den besten
Erzeugnissen des Landes etwas in eu-
ren Säcken mit und bringt es dem
Manne als Geschenk, etwas Balsam,
etwas Honig, Gummi, Ladanum, Pis-
tazien und Mandeln. 12 Sodann nehmt
doppelt so viel Geld mit euch. Denn

das Geld, das oben in euren Säcken war, müsst ihr wieder mitnehmen. Vielleicht liegt ein Versehen vor. 13 Nehmt auch euren Bruder mit; macht euch auf und kehrt zu dem Mann zurück. 14 El-Schaddai gewähre, dass ihr vor dem Mann Erbarmen findet und er euch und euren Bruder wieder mit euch ziehen lässt, ebenso Benjamin. Ich aber bin wieder kinderlos, wie ich einst ohne Kinder war."

Die Begegnung mit Josef: 43,15–34

15 Hierauf nahmen die Männer das Geschenk, auch die doppelte Geldsumme nahmen sie mit und den Benjamin und brachen auf, zogen nach Ägypten hinab und traten vor Josef. 16 Als nun Josef den Benjamin bei ihnen sah, befahl er seinem Hausverwalter: „Führe die Männer in mein Haus, lasse ein Stück Vieh schlachten und zubereiten; denn die Männer sollen am Mittag bei mir speisen." 17 Der Mann tat, wie Josef befohlen hatte. Der Mann führte die Männer in das Haus Josefs.

18 Da fürchteten sich die Männer, weil sie in das Haus Josefs geführt wurden, und dachten: „Wegen des Geldes, das beim vorigen Mal in unsren Säcken gefunden wurde, führt man uns hinein, damit man sich auf uns stürze und über uns herfalle und uns mit unseren Eseln als Sklaven wegnehme." 19 Deshalb traten sie an den Hausverwalter Josefs heran, redeten ihn (noch) am Eingang des Hauses an 20 und sagten: „Bitte, Herr! Wir sind schon einmal hierher gekommen, um Getreide zu kaufen. 21 Als wir in die Herberge kamen und unsre Futtersäcke öffneten, da war das Geld eines jeden oben im Sack, unser Geld nach seinem vollen Gewicht. Dies bringen wir hiermit zurück. 22 Wir haben auch noch anderes Geld mitgebracht, um Getreide zu kaufen. Wir wissen nicht, wer unser Geld in unsre Säcke gelegt hat." 23 Er antwortete: „Beruhigt euch! Seid ohne Furcht! Euer Gott und der Gott eures Vaters hat da heimlich euch einen Schatz in eure Säcke gelegt. Euer Geld ist richtig bei mir eingegangen." Dann brachte er Simeon zu ihnen heraus.

24 Hierauf führte er die Männer in das Haus Josefs und reichte ihnen Wasser, damit sie die Füße wuschen, und gab ihren Eseln Futter. 25 Dann legten sie das Geschenk zurecht, bis Josef am Mittag käme. Denn sie hatten gehört, dass sie dort speisen sollten.

26 Als Josef in das Haus kam, überreichten sie ihm das Geschenk, das sie mitgebracht hatten, und verneigten sich vor ihm bis zur Erde. 27 Er erkundigte sich nach ihrem Befinden und sagte: „Geht es eurem greisen Vater gut, von dem ihr mir erzählt habt? Ist er noch am Leben?" 28 Sie antworteten: „Es geht deinem Knecht, unserm Vater, noch gut; er ist noch am Leben." 29 Als er seine Augen erhob und seinen Bruder Benjamin, den Sohn seiner Mutter, sah, sagte er: „Das ist wohl euer jüngster Bruder, von dem ihr mir erzählt habt?" Und er sprach: „Gott schenke dir seine Huld, mein Sohn!" 30 Dann brach Josef das Ge-

sprāch rasch ab, denn tiefe Rührung hatte ihn beim Anblick seines Bruders ergriffen, und er musste sich ausweinen. Darum ging er in das innere Gemach und weinte sich dort aus. 31 Nachdem er sich das Gesicht gewaschen hatte, ging er wieder hinaus und, sich beherrschend, befahl er: „Tragt die Speisen auf!" 32 Da trug man auf, ihm und ihnen gesondert, ebenso den Ägyptern, die mit ihm speisten, gesondert. Denn die Ägypter dürfen nicht mit den Hebräern zusammen speisen, weil dies den Ägyptern als Gräuel gilt. 33 Sie saßen vor ihm vom Ältesten bis zum Jüngsten nach ihrem Alter. Darob sahen sich die Männer erstaunt an. 34 Er ließ ihnen von den Gerichten, die vor ihm standen, vorsetzen. Der Teil, den man Benjamin vorsetzte, war fünfmal so groß als der aller andern. Sie tranken mit ihm und waren fröhlich.

Josef gibt sich seinen Brüdern zu erkennen: 45,1–15

45 1 Nun konnte sich Josef nicht länger mehr vor allen Umstehenden zurückhalten. Er rief: „Geht alle von hier hinaus!" So war niemand bei ihm, als Josef sich seinen Brüdern zu erkennen gab. 2 Er weinte so laut, dass alle Ägypter es hörten und die Kunde davon in das Haus des Pharao drang.

3 Josef sagte zu seinen Brüdern: „Ich bin Josef! So lebt also mein Vater noch!" Seine Brüder aber waren nicht imstande, ihm zu antworten, so bestürzt waren sie von ihm. 4 Da sprach Josef zu seinen Brüdern: „Tretet doch zu mir heran!" Als sie näher gekommen waren, sagte er: „Ich bin Josef, euer Bruder, den ihr nach Ägypten verkauft habt. 5 Beunruhigt euch jetzt aber nicht und macht euch keine Vorwürfe darüber, dass ihr mich hierher verkauft habt. Denn um euch das Leben zu erhalten, hat Gott mich vorausgesandt. 6 Schon zwei Jahre herrscht die Hungersnot im Lande, und es werden noch fünf Jahre sein, in denen es kein Pflügen und kein Ernten gibt. 7 Doch Gott hat mich euch vorausgesandt, um euer Geschlecht auf Erden zu erhalten und euch das Leben durch ein großes Wunder zu bewahren. 8 Somit habt nicht ihr mich hierher gebracht, sondern Gott. Er hat mich zum Vater für den Pharao gemacht und zum Herrn über sein ganzes Haus und zum Gebieter über das ganze Land Ägypten.

9 Zieht nun eilends zu meinem Vater und sagt ihm: ‚So spricht dein Sohn Josef: Gott hat mich zum Gebieter über das ganze Land Ägypten gemacht. Komm zu mir und säume nicht! 10 Du sollst im Lande Goschen wohnen und mir nahe sein, du und deine Söhne und deine Enkel, samt deinem Kleinvieh und deinen Rindern und deiner ganzen Habe. 11 Ich will hier für deinen Unterhalt sorgen; denn noch dauert die Hungersnot fünf Jahre. Du sollst nicht mit deiner Familie und deiner ganzen Habe verarmen.' 12 Ihr seht es ja mit euren eigenen Augen, und auch mein Bruder Benjamin sieht es, dass mein Mund

es ist, der zu euch spricht. 13 So berich-
tet meinem Vater von meiner hohen
Stellung in Ägypten und von allem,
was ihr gesehen habt. Sodann bringt
meinen Vater eilends hierher."

14 Dann fiel er seinem Bruder Benja-
min um den Hals und weinte, auch
Benjamin weinte an seinem Hals.
15 Dann küsste er auch seine Brüder
und weinte an ihrer Brust. Hierauf un-
terhielten sich seine Brüder mit ihm.

Die Einladung des Pharao: 45,16–20

16 Die Kunde drang auch in den Palast
des Pharao: „Die Brüder Josefs sind ge-
kommen!" Darüber freuten sich der
Pharao und seine Diener. 17 Der Pha-
rao sagte zu Josef: „Fordere deine Brü-
der auf, Folgendes zu tun: ‚Beladet
eure Tiere und zieht in das Land Ka-
naan. 18 Holt euren Vater und eure Fa-
milie und kommt zu mir! Ich will
euch geben, was das Land Ägypten
Gutes bietet; ihr sollt von dem Besten
des Landes genießen.' 19 Du aber gib
ihnen diesen Befehl: ‚Dies sollt ihr
tun! Nehmt euch aus Ägypten Wagen
mit für eure Kinder und eure Frauen,
lasst euren Vater aufsteigen und
kommt her! 20 Lasst es euch um euren
Hausrat nicht leid tun; denn was das
ganze Land Ägypten Gutes bietet, soll
euer sein!'"

Die Rückkehr nach Kanaan: 45,21–28

21 Die Söhne Israels taten so, und Josef
gab ihnen auf den Befehl des Pharao
Wagen mit; auch gab er ihnen Zeh-
rung auf den Weg. 22 Ferner schenkte
er jedem Einzelnen ein Feierkleid,
dem Benjamin aber gab er dreihun-
dert Silberstücke und fünf Festkleider.
23 Ebenso sandte er seinem Vater zehn
Esel, beladen mit den besten Erzeug-
nissen Ägyptens, und zehn Eselinnen,
beladen mit Getreide, Brot und Zeh-
rung für seinen Vater auf die Reise.
24 Dann entließ er seine Brüder, und
sie zogen weg, nachdem er sie er-
mahnt hatte: „Macht euch unterwegs
keine Vorwürfe!"

25 Sie zogen von Ägypten fort und
kamen in das Land Kanaan zu ihrem
Vater Jakob. 26 Sie berichteten ihm:
„Josef lebt noch; er ist Gebieter über
das ganze Land Ägypten!" Sein Herz
aber blieb teilnahmslos; denn er
glaubte ihnen nicht. 27 Als sie aber al-
les erzählten, was Josef gesagt hatte,
und er die Wagen sah, die Josef ge-
sandt hatte, um ihn abzuholen, da
kam wieder Leben in ihren Vater.
28 Und Israel rief aus: „Genug! Mein
Sohn lebt noch! Ich will hingehen
und ihn sehen, ehe ich sterbe."

Aufbruch Jakobs nach Ägypten: 46,1–7

46 1 So brach Israel mit seiner gan-
zen Habe auf. Als er nach Beer-
scheba kam, brachte er dem Gott sei-
nes Vaters Isaak ein Opfer dar. 2 Da
redete Gott in einem Nachtgesicht zu
Israel: „Jakob, Jakob!" Er antwortete:
„Hier bin ich!" 3 Er sprach: „Ich bin
Gott, der Gott deines Vaters. Fürchte
dich nicht, nach Ägypten hinabzuzie-

hen; denn ich will dich dort zu einem
großen Volke machen. 4 Ich selbst zie-
he mit dir nach Ägypten hinab und
werde dich auch wieder heraufführen.
Josef wird dir die Augen zudrücken.“
5 Da brach Jakob von Beerscheba auf.
Die Söhne Israels hoben ihren Vater
sowie ihre Kinder und ihre Frauen
auf die Wagen, die der Pharao gesandt
hatte, um sie abzuholen.

6 Sie nahmen auch ihre Herden und
ihre Habe mit, die sie in Kanaan er-
worben hatten. So kamen sie, Jakob
und seine Nachkommenschaft mit
ihm, nach Ägypten. 7 Seine Söhne
und seine Enkel, seine Töchter und
seine Enkelinnen und seine ganze
Nachkommenschaft brachte er mit
sich nach Ägypten.

Die Familie Jakobs: 46,8–27

8 Dies sind die Namen der Söhne Isra-
els, die nach Ägypten kamen, Jakob
und seine Söhne: Der Erstgeborene
war Ruben. 9 Die Söhne Rubens waren
Henoch, Pallu, Hezron und Karmi.
10 Die Söhne Simeons waren Jemuël,
Jamin, Ohad, Jachin, Zohar und
Schaul, der Sohn der Kanaaniterin.
11 Die Söhne Levis waren Gerschon,
Kehat und Merari. 12 Die Söhne Judas
waren Er, Onan, Schela, Perez und
Serach. [Er und Onan starben im Lan-
de Kanaan.] Die Söhne des Perez wa-
ren Hezron und Hamul. 13 Die Söhne
Issachars waren Tola, Puwa, Jaschub
und Schimron. 14 Die Söhne Sebulons
waren Sered, Elon und Jachleël. 15 Dies
sind die Söhne Leas, die sie Jakob in
Paddan-Aram geboren hatte, und sei-
ne Tochter Dina, insgesamt dreiund-
dreißig Söhne und Töchter.

16 Die Söhne Gads waren Zifjon,
Haggi, Schuni, Ezbon, Eri, Arod und
Areli. 17 Die Söhne Aschers waren Jim-
na, Jischwa, Jischwi und Beria und
ihre Schwester Serach. Die Söhne Be-
rias waren Heber und Malkiël. 18 Dies
sind die Söhne Silpas, die Laban sei-
ner Tochter Lea gegeben hatte. Sie ge-
bar diese dem Jakob, insgesamt sech-
zehn Personen.

19 Die Söhne Rahels, der Frau Ja-
kobs, waren Josef und Benjamin.
20 Dem Josef wurden im Land Ägypten
Manasse und Efraim geboren; Asenat,
die Tochter Potiferas, des Priesters von
On, hatte sie ihm geboren. 21 Die Söh-
ne Benjamins waren Bela, Becher,
Aschbel, Gera, Naaman, Ehi, Rosch,
Muppim, Huppim und Ard. 22 Dies
sind die Söhne Rahels, die sie Jakob ge-
bar, insgesamt vierzehn Personen.

23 Der Sohn Dans war Schuham.
24 Die Söhne Naftalis waren Jachzeël,
Guni, Jezer und Schillem. 25 Dies sind
die Söhne Bilhas, die Laban seiner
Tochter Rahel gab. Sie gebar diese Ja-
kob, insgesamt sieben Personen.

26 Die Gesamtzahl der leiblichen
Nachkommen Jakobs, die mit ihm
nach Ägypten übersiedelten, betrug
ohne die Frauen der Söhne Jakobs
sechsundsechzig Personen. 27 Die Söh-
ne Josefs, die ihm in Ägypten geboren
wurden, waren zwei. Die Gesamtzahl
der Seelen aus dem Hause Jakobs, die
nach Ägypten kamen, betrug siebzig.

Josef empfängt seinen Vater: 46,28–34

28 (Israel) sandte Juda an Josef voraus,
damit dieser vor ihm in Goschen er-
schiene. Als sie im Lande Goschen an-
gekommen waren, 29 ließ Josef seinen
Wagen anspannen und fuhr seinem
Vater Israel nach Goschen entgegen.
Als dieser vor ihm erschien, fiel er
ihm um den Hals und weinte lange
an seinem Halse. 30 Dann sagte Israel
zu Josef: „Nun will ich gerne sterben,
nachdem ich dein Angesicht gesehen
habe und weiß, dass du noch am Le-
ben bist."

31 Darauf sprach Josef zu seinen Brü-
dern und zur Familie seines Vaters:
„Ich gehe hinauf und erstatte dem Pha-
rao Bericht und melde ihm: ‚Meine
Brüder und die Familie meines Vaters,
die im Lande Kanaan waren, sind bei
mir angekommen. 32 Die Leute sind
Schafhirten; sie treiben nämlich Vieh-
zucht und haben ihre Schafe, ihre Rin-
der und ihre ganze Habe mitgebracht.'
33 Wenn nun der Pharao euch rufen
lässt und euch fragt: ‚Was ist euer Be-
ruf?', 34 dann antwortet: ‚Deine Knech-
te sind Viehzüchter gewesen von ihrer
Jugend an bis jetzt, sowohl wir wie un-
sere Väter', damit ihr im Lande Go-
schen bleiben dürft. Denn alle Schaf-
hirten sind den Ägyptern ein Gräuel."

Jakobs Segen: 49,1–28

49 1 Dann rief Jakob seine Söhne
und sprach: „Versammelt euch!
Ich will euch künden, was euch in
künftigen Tagen begegnen wird.

2 Kommt zusammen! Hört, ihr
Söhne Jakobs, hört auf Israel, euren
Vater!

3 Ruben, mein Erstgeborener, du
meine Stärke, der Erstling meiner
Manneskraft! Erster an Hoheit und
Erster an Macht.

4 Du schäumtest über wie Wasser.
Nicht sollst du fürder der Erste sein,
weil du das Lager deines Vaters bestie-
gen hast. Du hast mein Lager ent-
weiht, gegen mich.

5 Simeon und Levi, leibliche Brüder,
Werkzeuge der Gewalttätigkeit sind
ihre Waffen.

6 In ihrem Rate weile ich nicht, an
ihrem Kreis will ich keinen Anteil ha-
ben. Denn in ihrem Zorn haben sie
Männer gemordet und in ihrem Über-
mut Stiere gelähmt.

7 Verflucht sei ihr Zorn, denn er
war heftig, und ihr Grimm, denn er
war grausam. Verteilen will ich sie in
Jakob, sie zerstreuen in Israel.

8 Juda, dich werden deine Brüder lo-
ben, deine Hand wird auf dem Nacken
deiner Feinde ruhen. Vor dir werden
sich die Söhne deines Vaters neigen.

9 Ein junger Löwe ist Juda, von der
Beute erhebst du dich, mein Sohn.
Dann streckt er sich hin, liegt wie ein
Löwe da, wie eine Löwin. Wer darf
ihn reizen?

10 Nicht wird das Zeichen von Juda
weichen, noch der Herrscherstab von
seinen Füßen, bis dass Tribut ihm ent-
richtet wird und die Völker ihm ge-
horchen.

11 An den Weinstock bindet er sein
Füllen und an die Rebe das Junge sei-
ner Eselin. Er wäscht im Weine sein

Gewand, sein Kleid im Blute der Reben.

12 Seine Augen sind dunkel wie Wein, seine Zähne weiß wie Milch.

13 Sebulon wohnt am Gestade des Meeres, Steuermann ist er auf den Schiffen, seinen Rücken wendet er Sidon zu.

14 Issachar ist wie ein knochiger Esel, der zwischen Hürden sich lagert.

15 Da er sah, dass die Ruhe schön sei und lieblich das Land, beugte er seinen Rücken zum Lasttragen und wurde ein Fronknecht.

16 Dan schafft seinem Volke Recht wie irgendeiner der Stämme Israels.

17 Dan sei wie eine Schlange am Wege, wie eine Viper am Pfad, die dem Ross in die Fesseln sticht, sodass sein Reiter rücklings fällt.

18 Auf dein Heil harre ich, o Jahwe!

19 Gad, Räuberscharen bedrängen ihn; doch er drängt ihnen nach auf der Ferse.

20 Ascher besitzt Brot in Fülle und liefert königliche Leckerbissen.

21 Naftali ist wie eine flüchtige Hindin, die liebliche Hirschkälber gibt.

22 Josef ist ein junger Fruchtbaum an der Quelle; seine Zweige ranken sich über die Mauer.

23 Bitterkeiten bereiteten ihm Pfeilschützen, sie zielten auf ihn und befehdeten ihn.

24 Aber ihr Bogen wurde zerbrochen von einem Starken, die Sehnen ihrer Arme wurden zerrissen von den Händen des Starken Jakobs, vom Namen des Felsens Israels,

25 von dem Gott deines Vaters, der dir Hilfe sendet, von El-Schaddai, der dich segnet mit der Segensfülle des Himmels droben und mit der Segensfülle der Tiefe, die unten sich lagert, mit der Segensfülle aus Brust und Mutterschoß,

26 mit der Segensfülle der Ähren und Blüten, mit der Segensfülle der ewigen Berge, der Pracht der uralten Hügel. Sie mögen kommen auf Josefs Haupt, auf den Scheitel des Auserwählten unter seinen Brüdern.

27 Benjamin ist ein reißender Wolf. Raub verzehrt er am Morgen, Beute verteilt er am Abend."

28 Alle diese sind die zwölf Stämme Israels, und dies ist es, was ihnen ihr Vater sagte, als er sie segnete. Jedem von ihnen gab er seinen entsprechenden Segen.

Letzte Weisungen und Tod Jakobs:
49,29–33

29 Dann gebot er ihnen und sprach: „Wenn ich zu den Meinen eingegangen bin, so begrabt mich bei meinen Vätern in der Höhle auf dem Grundstück des Hetiters Efron,
30 in der Höhle auf dem Grundstück der Machpela östlich von Mamre im Lande Kanaan, das Abraham von dem Hetiter Efron als Erbbegräbnis gekauft hat.

31 Dort hat man Abraham und sein Frau Sara begraben, dort hat man Isaak und seine Frau Rebekka beigesetzt, und dort habe ich Lea bestattet.
32 Das Grundstück und die Höhle darauf wurde von den Hetitern gekauft."

33 Als Jakob seinen Söhnen den

letzten Auftrag gegeben hatte, zog er seine Füße auf das Lager zurück. Dann starb er und wurde zu den Seinen versammelt.

Jakobs Begräbnis: 50,1–14

50 1 Josef warf sich über seinen Va-
ter, weinte über ihn und küsste
ihn. 2 Dann befahl Josef den Ärzten,
die in seinem Dienste standen, seinen
Vater einzubalsamieren. So balsamier-
ten die Ärzte Israel ein. 3 Darüber ver-
gingen vierzig Tage. Denn so viele
Zeit nahm das Einbalsamieren in An-
spruch. Die Ägypter hielten siebzig
Tage lang die Totenklage. 4 Als die
Trauerzeit vorüber war, sprach Josef
zur Umgebung des Pharao: „Wenn
ich Gnade in euren Augen gefunden
habe, so legt ein Wort für mich bei
dem Pharao ein. 5 Mein Vater hat mir
einen Eid abgenommen und zu mir
gesagt: ‚Siehe, ich muss sterben. In
meinem Grabe, das ich mir im Lande
Kanaan angelegt habe, dort sollt ihr
mich begraben.' Und nun möchte ich
hinaufziehen und meinen Vater be-
graben. Dann kehre ich wieder zu-
rück." 6 Der Pharao sagte: „Ziehe hi-
nauf und begrabe deinen Vater, wie
er es dich schwören ließ."

7 Da zog Josef hinauf, um seinen
Vater zu begraben, und mit ihm zo-
gen alle Diener des Pharao, die Beam-
ten seines Hauses und alle Würdenträ-
ger des Landes Ägypten, 8 ferner alle
Angehörigen Josefs, seine Brüder und
das Hausgesinde seines Vaters. Nur
ihre Kinder, Schafe und Rinder ließen
sie im Lande Goschen zurück. 9 Mit
ihm zogen auch Wagen und Reiter,
sodass es ein sehr großer Zug war.

10 Als sie nach Goren-Atad jenseits
des Jordan gekommen waren, hielten
sie eine große und sehr würdige To-
tenklage. Er veranstaltete für seinen
Vater eine siebentägige Trauerfeier.
11 Als die Bewohner des Landes, die
Kanaaniter, die Trauerfeier zu Goren-
Atad sahen, sagten sie: „Da findet eine
große Trauerfeier der Ägypter statt."
Darum nannte man den Ort Abel-
Mizrajim; es liegt jenseits des Jordan.

12 Seine Söhne taten nun an ihm,
wie er befohlen hatte. 13 Seine Söhne
brachten ihn nämlich in das Land Ka-
naan und begruben ihn in der Höhle
des Grundstücks Machpela, östlich
von Mamre, das Abraham als Erb-
begräbnis von dem Hetiter Efron er-
worben hatte.

14 Nachdem Josef seinen Vater be-
graben hatte, kehrte er wieder nach
Ägypten zurück, er und seine Brüder
und alle, die zur Bestattung des Vaters
mit ihm hinaufgezogen waren.

Vom Tode Jakobs bis zum Tod Josefs: 50,15–26

15 Die Brüder Josefs aber fürchteten
sich, als ihr Vater gestorben war, und
sagten: „Wie nun, wenn Josef sich ge-
gen uns feindselig verhält und alles
Böse, das wir ihm angetan haben, ver-
gelten will?" 16 Darum sandten sie zu
Josef und ließen ihm sagen: „Dein Va-
ter hat vor seinem Tod Folgendes an-
geordnet: 17 ‚So sollt ihr zu Josef reden:

Ach, verzeihe doch deinen Brüdern
ihr Versagen und ihre Sünde, weil sie
dir Böses angetan haben!' Verzeihe
uns doch das Vergehen! Wir verehren
ja den Gott deines Vaters!" Als sie ihm
dies sagen ließen, weinte Josef.

18 Dann gingen seine Brüder selbst
zu ihm, fielen vor ihm nieder und
sagten: „Siehe, wir sind deine Skla-
ven!" 19 Doch Josef sprach zu ihnen:
„Seid ohne Furcht! Stehe ich denn an
Gottes Statt? 20 Ihr dachtet zwar Böses
gegen mich, Gott aber wandte es zum
Guten, um das zu vollenden, was heu-
te offenbar ist: ein großes Volk am Le-
ben zu erhalten. 21 Seid nun ohne
Furcht! Ich werde für euch und eure
Kinder sorgen!" So tröstete er sie und
redete ihnen freundlich zu.

22 Josef blieb in Ägypten, er und sei-
nes Vaters Haus. Josef wurde hundert-
zehn Jahre alt. 23 Von Efraim sah Josef
Urenkel. Auch die Söhne Machirs, des
Sohnes Manasses, wurden noch zu
Lebzeiten Josefs geboren. 24 Josef
sprach zu seinen Brüdern: „Ich muss
sterben. Aber Gott wird für euch sor-
gen, und ihr werdet aus diesem Land
hinaufziehen nach dem Land, das er
Abraham, Isaak und Jakob verheißen
hat." 25 Dann ließ Josef die Söhne Isra-
els schwören: „Wenn Gott einst sich
euer erbarmt, so nehmt meine Gebei-
ne von hier mit hinauf!" 26 Dann starb
Josef, hundertundzehn Jahre alt. Man
balsamierte ihn ein und legte ihn in
Ägypten in einen Sarg.

5 *Die Befreiung aus Ägypten*

Aus dem Buch Exodus

Der Auszug der Isareliten aus dem Sklavenhaus Ägypten war für das Volk das große Erlebnis von Erlösung und Befreiung. Es war die Großtat Gottes an dem kleinen Volk, an das sich jeder fromme Israelit am Vorabend jedes Sabbats erinnert. Die Befreiung aus Ägypten wurde schon in der Geschichte des alten Israels als Bild für jede Befreiung gesehen. Es ist die Befreiung von Abhängigkeit und Anhänglichkeit an die Wohltaten dieser Welt. Dem Volk Israel ging es in Ägypten äußerlich ganz gut. Es hatte genug zu essen. Aber es war nicht frei. Es konnte nicht so leben, wie es ihm entsprach. Fronvögte standen über dem Volk und trieben es zu immer größerer Leistung an.

Da schickt Gott seinem Volk einen Retter: Mose. Schon von Geburt an zeigt Gott, dass er mit diesem Kind, das er – ausgesetzt – aus dem Wasser rettet, Großes vorhat. Doch zunächst scheitert Mose. Als er einen Ägypter erschlägt, muss er in die Fremde fliehen. Dort sieht er im Dornbusch das göttliche Feuer brennen. Der Dornbusch ist Bild seines Scheiterns, seiner Unbrauchbarkeit. Doch gerade in diesem vertrockneten und übersehenen Dornbusch erscheint Gottes Herrlichkeit. Und Gott offenbart sich dem Mose als der „Ich bin der ich bin“, als der „Ich bin da für euch“. Und Gott sendet Mose zum Volk, um es aus Ägypten herauszuführen. Doch der Pharao will nicht. Gott schickt dann zehn Plagen über Ägypten. Der Weg in die Freiheit geht über viele Widerstände. Das Alte wehrt sich, bis das Neue sich durchsetzen kann.

Und dann geschieht das Wunder des Auszugs. Zuvor feiern die Israeliten das Paschamahl. Pascha heißt „Übergang“, „Hinüberschreiten“. Pascha wird zum Urbild jedes Übergangs von der Gefangenschaft in die Freiheit, vom Dunkel zum Licht, vom Tod zum Leben. – Jesus Christus wird das wahre Paschalamm sein. Er ermöglicht uns nicht nur in unserem Sterben, sondern jetzt schon den Übergang aus dieser Welt in die jenseitige Welt Gottes, die in Jesus schon hineinragt in unsere Welt. Pascha wird zum Urbild von Ostern. – Nach dem

Mahl bricht das Volk auf und zieht trotz aller Angst trockenen Fußes durch das Schilfmeer, während die es verfolgenden Ägypter im Meer untergehen. Das kaum bewaffnete Volk setzt sich durch gegen die militärische Übermacht Ägyptens. Das war für die Israeliten die Erfahrung von Gnade schlechthin.

Wohlstand der Hebräer in Ägypten: 1,1–7

1 1 Dies sind die Namen der Israeliten, die nach Ägypten gekommen waren; mit Jakob waren sie gekommen, jeder mit seiner Familie: 2 Ruben, Simeon, Levi und Juda, 3 Issachar, Sebulon und Benjamin, 4 Dan, Naftali, Gad und Ascher. 5 Die Gesamtzahl der Nachkommen Jakobs betrug siebzig Personen. Josef aber war schon in Ägypten. 6 Nach dem Tode Josefs, seiner Brüder und jenes ganzen Geschlechtes 7 waren die Israeliten fruchtbar und vermehrten sich; sie wurden überaus zahlreich und stark, sodass das ganze Land von ihnen angefüllt war.

Unterdrückung der Hebräer: 1,8–22

8 Da kam ein neuer König in Ägypten zur Herrschaft, der von Josef nichts wusste. 9 Dieser sprach zu seinem Volke: „Seht, das Volk der Israeliten wird für uns zu zahlreich und zu stark. 10 Wir wollen klug gegen es vorgehen, damit es nicht noch zahlreicher wird und im Falle eines Krieges zu unsern Feinden übergeht, gegen uns kämpft und aus dem Lande wegzieht." 11 Sie setzten darum über es Fronvögte, damit sie es durch ihre Fronarbeiten bedrückten. Es musste Vorratsstädte für den Pharao bauen, nämlich Pitom und Ramses. 12 Aber je mehr sie es bedrückten, desto zahlreicher wurde es, und desto mehr breitete es sich aus, sodass sie vor den Israeliten ein Grauen erfasste. 13 Deshalb zwangen die Ägypter die Israeliten zur Arbeit 14 und verbitterten ihnen das Leben durch harte Fron in Lehm und Ziegeln und mit allerlei Feldarbeit, zu denen man sie mit Gewalt heranholte.

15 Darauf befahl der König von Ägypten den Hebammen der Hebräerinnen, von denen eine Schifra, eine andere Pua hieß, 16 und sprach: „Wenn ihr den Hebräerinnen Geburtshilfe leistet, dann achtet auf die beiden Steine. Ist es ein Knabe, so tötet ihn; ist es ein Mädchen, so mag es am Leben bleiben." 17 Doch die Hebammen fürchteten Gott und taten nicht, was ihnen der König von Ägypten befohlen hatte, sondern ließen die Knaben am Leben. 18 Da ließ der König die Hebammen kommen und sagte zu ihnen: „Warum tut ihr so und lasst die Knaben am Leben?" 19 Die Hebammen antworteten dem Pharao: „Die Hebräerinnen sind nicht wie die ägyptischen Frauen; sie sind so lebenskräftig, dass sie schon geboren haben, ehe die Hebammen kommen." 20 Und Gott ließ es den Hebammen gut gehen. So vermehrte sich das Volk und wurde sehr stark. 21 Weil die Hebammen Gott fürchteten, schenkte er ihnen Nachkommenschaft.

22 Da gab der Pharao seinem ganzen Volk den Befehl: „Werfet alle Knaben, die den Hebräern geboren werden, in den Fluss; die Mädchen aber lasst am Leben!"

Geburt des Mose: 2,1–10

2 1 Ein Mann aus dem Hause Levi ging hin und nahm eine Levitin zur Frau. 2 Die Frau empfing und gebar einen Sohn. Da sie sah, dass er schön war, verbarg sie ihn drei Monate lang. 3 Als sie ihn nicht länger verbergen konnte, verschaffte sie sich für ihn ein Kästchen aus Papyrusschilf und dichtete es mit Asphalt und Pech. Dann legte sie das Kind hinein und setzte es in das Schilf am Ufer des Nil. 4 Seine Schwester aber stellte sich in einiger Entfernung hin, um zu sehen, was mit ihm geschehen werde.

5 Da kam eine Tochter des Pharao an den Nil herab, um zu baden, während die Dienerinnen am Nilufer auf und ab gingen. Sie sah das Kästchen im Schilf und schickte ihre Leibmagd hin, und diese holte es. 6 Sie öffnete es und sah: ein Kind, das weinte. Da empfand sie Mitleid mit ihm; sie dachte: „Das ist eines von den Kindern der Hebräer." 7 Da sagte seine Schwester zu der Tochter des Pharao: „Soll ich gehen, dir eine Amme von den Hebräern holen, damit sie dir das Kind stillt?" 8 Die Tochter des Pharao antwortete ihr: „Ja, gehe!" Das Mädchen ging hin und holte die Mutter des Kindes. 9 Die Tochter des Pharao sprach zu ihr: „Nimm dieses Kind mit und stille es mir; ich will dir dafür den Lohn geben." Die Frau nahm das Kind und stillte es. 10 Als der Knabe größer geworden war, brachte sie ihn der Tochter des Pharao. Diese nahm ihn als Sohn an und nannte ihn Mose; „denn", sagte sie, „aus dem Wasser habe ich ihn gezogen."

Flucht des Mose nach Midian: 2,11–22

11 In jener Zeit, als Mose herangewachsen war, ging er einmal zu seinen Volksgenossen hinaus und schaute sich ihren Frondienst an. Da sah er, wie ein Ägypter einen Hebräer, einen von seinen Volksgenossen, misshandelte. 12 Er blickte nach allen Seiten um, und als er sah, dass niemand in der Nähe war, erschlug er den Ägypter und verscharrte ihn im Sand. 13 Am folgenden Tag ging er wieder hinaus. Da stritten gerade zwei Hebräer miteinander. Als er zu dem, der im Unrecht war, sagte: „Warum schlägst du deinen Genossen?", 14 antwortete dieser: „Wer hat dich zum Obmann und zum Richter über uns bestellt? Willst du auch mich totschlagen, wie du den Ägypter getötet hast?" Da erschrak Mose. Er sagte sich: „So ist die Sache doch bekannt geworden." 15 Auch der Pharao hörte davon und wollte Mose umbringen lassen. Mose ergriff jedoch vor dem Pharao die Flucht und begab sich in das Land Midian. Er hielt an einem Brunnen Rast.

16 Der Priester von Midian hatte sieben Töchter. Diese kamen und wollten schöpfen und die Tränkrinnen füllen, um die Schafe ihres Vaters zu tränken. 17 Da erschienen Hirten und verdrängten sie. Nun erhob sich Mose, nahm sich ihrer an und tränkte ihre Schafe. 18 Als sie zu Reguël, ihrem Vater, kamen, fragte er sie: „Warum kommt ihr heute so früh?" 19 Sie antworteten: „Ein Ägypter hat uns aus der Gewalt der Hirten befreit. Er hat uns sogar eifrig geschöpft und die

Schafe getränkt.“ 20 Da sprach er zu seinen Töchtern: „Wo ist er? Warum habt ihr den Mann dort gelassen? Ladet ihn doch zum Essen ein!“ 21 Mose ließ sich bestimmen, bei dem Manne zu bleiben. Dieser gab ihm seine Tochter Zippora zur Frau. 22 Sie gebar einen Sohn, und er nannte ihn Gerschom; „denn“, sagte er, „ein Gast bin ich im fremden Land geworden.“

Gott gedenkt Israels: 2,23–25

23 Lange Zeit war darüber hingegangen; unterdessen starb der König von Ägypten. Die Israeliten aber seufzten unter ihrer Fron und riefen laut um Hilfe. Ihr Notschrei stieg von der Fronarbeit zu Gott empor. 24 Gott hörte ihre Klage, und Gott gedachte seines Bundes mit Abraham, Isaak und Jakob. 25 Gott sah auf die Israeliten, und er gab sich zu erkennen.

Der brennende Dornbusch: 3,1–6

3 1 Mose hütete die Schafe seines Schwiegervaters Jitro, des Priesters von Midian. Einmal trieb er die Schafe über die Steppe hinaus und kam zum Berge Gottes, zum Horeb. 2 Da erschien ihm der Engel Jahwes inmitten einer Feuerflamme, die aus einem Dornbusch aufloderte. Als er hinsah, nahm er wahr, dass der Dornbusch wohl brannte, aber (vom Feuer) nicht verzehrt wurde. 3 Da dachte Mose: „Ich will doch hingehen und dieses seltsame Schauspiel betrachten, warum der Dornbusch nicht verbrennt.“ 4 Als Jahwe sah, dass er herantrat, um nachzusehen, rief Gott ihm aus dem Dornbusch zu: „Mose, Mose!“ Dieser antwortete: „Hier bin ich!“ 5 Da sprach er: „Tritt nicht näher heran! Ziehe deine Schuhe von deinen Füßen, denn der Ort, auf dem du stehst, ist heiliger Boden!“ 6 Und er fuhr fort: „Ich bin der Gott deines Vaters, der Gott Abrahams, der Gott Isaaks und der Gott Jakobs.“ Da verhüllte Mose sein Angesicht; denn er scheute sich, zu Gott aufzuschauen.

Sendung des Mose: 3,7–12

7 Und Jahwe sprach: „Ich habe das Elend meines Volkes, das in Ägypten ist, gesehen und habe sein Wehklagen über ihre Bedränger gehört. Ja, ich weiß um seine Leiden. 8 Darum bin ich nun herabgestiegen, um es aus der Gewalt der Ägypter zu befreien und es aus diesem Land herauszuführen in ein schönes und geräumiges Land, in ein Land, das von Milch und Honig fließt, in das Gebiet der Kanaaniter, Hetiter, Amoriter, Perisiter, Hiwiter und Jebusiter. 9 Fürwahr, nun ist das Wehklagen der Israeliten zu mir gedrungen, und ich habe auch die Bedrängnis gesehen, mit der die Ägypter sie quälen. 10 So gehe nun! Ich will dich zu dem Pharao senden. Führe mein Volk, die Israeliten, aus Ägypten heraus!“

11 Mose aber sprach zu Gott: „Wer bin ich, dass ich zu dem Pharao gehe und die Israeliten aus Ägypten heraus-

führe?“ 12 Er erwiderte: „Ich werde mit dir sein. Und dies soll dir als Zeichen dienen, dass ich es bin, der dich sendet … Wenn du das Volk aus Ägypten herausgeführt hast, werdet ihr Gott auf diesem Berg verehren.“

Offenbarung des Gottesnamens: 3,13–15

13 Da sprach Mose zu Gott: „Wenn ich zu den Israeliten komme und ihnen sage: ‚Der Gott eurer Väter hat mich zu euch gesandt‘, und sie mich dann fragen: ‚Wie lautet sein Name?‘, was soll ich ihnen antworten?“ 14 Da sprach Gott zu Mose: „Ich bin der Ich-bin!“ Und er fuhr fort: „So sollst du zu den Israeliten sprechen: ‚Der Ich-bin hat mich zu euch gesandt.‘“ 15 Und weiter sagte Gott zu Mose: „So sollst du zu den Israeliten sprechen: Jahwe, der Gott eurer Väter, der Gott Abrahams, der Gott Isaaks und der Gott Jakobs, hat mich zu euch gesandt. Dies ist mein Name für alle künftige Zeit und dies meine Benennung von Geschlecht zu Geschlecht.“

Anweisungen für die Sendung des Mose: 3,16–20

16 „Gehe, rufe die Ältesten Israels zusammen und sprich zu ihnen: Jahwe, der Gott eurer Väter, der Gott Abrahams, der Gott Isaaks und der Gott Jakobs, ist mir erschienen und hat gesagt: Ich habe auf euch geachtet und auf alles, was euch in Ägypten angetan worden ist. 17 Darum habe ich beschlossen: Ich will euch aus dem Elend in Ägypten herausführen in das Land der Kanaaniter, Hetiter, Amoriter, Perisiter, Hiwiter und Jebusiter, in ein Land, das von Milch und Honig fließt. 18 Sie werden auf dich hören. Dann gehe du mit den Ältesten Israels zu dem König von Ägypten und sprich zu ihm: ‚Jahwe, der Gott der Hebräer, ist uns erschienen. Wir sollen jetzt drei Tagreisen weit in die Wüste ziehen, um Jahwe, unserm Gott, ein Opfer darzubringen.‘ 19 Ich weiß aber, dass der König von Ägypten euch nicht entlässt, wenn er nicht durch eine starke Hand gezwungen wird. 20 Darum werde ich meine Hand ausstrecken und die Ägypter schlagen mit allen meinen Wundern, die ich in ihrer Mitte wirken werde. Daraufhin wird er euch entlassen.“

Aaron als Sprecher des Mose: 4,10–17

10 Mose aber sprach zu Jahwe: „Ach, Herr, ich bin kein Mann des Wortes. Ich war es früher nicht und bin es auch jetzt nicht, seitdem du mit deinem Knechte redest. Denn unbeholfen ist mein Mund und meine Zunge.“ 11 Da erwiderte ihm Jahwe: „Wer hat dem Menschen einen Mund gegeben? Wer macht stumm oder taub, wer sehend oder blind? Bin nicht ich es, Jahwe? 12 Gehe nun, ich werde mit deinem Munde sein und dich lehren, was du reden sollst.“

13 Er aber entgegnete: „Ach, Herr, sende, wen du willst!“ 14 Da wurde Jahwe zornig über Mose und sprach:

„Hast du nicht deinen Bruder Aaron,
den Leviten? Ich weiß, dass dieser sehr
gut reden kann. Siehe, er ist schon auf
dem Wege, um mit dir zusammen-
zutreffen. Wenn er dich sieht, wird er
sich herzlich freuen. 15 Rede mit ihm
und lege ihm die Worte in seinen
Mund. Ich aber will mit deinem und
mit seinem Munde sein und will euch
anweisen, was ihr tun sollt. 16 Er soll
für dich zu dem Volke reden; er sei
Sprecher an deiner statt, und du stehst
für ihn an Gottes statt. 17 Nimm diesen
Stab in deine Hand und tue mit ihm
die Wunderzeichen."

Rückkehr des Mose nach Ägypten.
Aufbruch von Midian: 4,18–23

18 Mose machte sich auf, kehrte zu sei-
nem Schwiegervater Jitro zurück und
sprach zu ihm: „Ich möchte wieder zu
meinen Verwandten nach Ägypten
zurückkehren und sehen, ob sie noch
am Leben sind." Jitro sprach zu Mose:
„Gehe in Frieden!"

19 Und Jahwe sprach zu Mose in Mi-
dian: „Kehre nach Ägypten zurück.
Denn alle Männer, die dir nach dem
Leben trachteten, sind gestorben."
20 Mose nahm seine Frau und seinen
Sohn, setzte sie auf einen Esel und
kehrte in das Land Ägypten zurück.
Den Stab Gottes nahm Mose in seine
Hand. 21 Da sprach Jahwe zu Mose:
„Wenn du nach Ägypten zurück-
kehrst, habe Acht, dass du alle Wun-
derzeichen, die ich in deine Hand ge-
legt habe, vor dem Pharao tust. Ich
aber werde sein Herz verhärten, dass
er das Volk nicht entlässt. 22 Dann
sollst du zu dem Pharao reden: ‚So
spricht Jahwe: Israel ist mein erst-
geborener Sohn. 23 Ich befehle dir: Gib
meinen Sohn frei, dass er mir diene!
Weigerst du dich, ihn zu entlassen,
dann werde ich deinen erstgeborenen
Sohn töten.'"

Begegnung mit Aaron: 4,27–31

27 Und Jahwe sprach zu Aaron: „Gehe
Mose in die Wüste entgegen!" Da
machte er sich auf und traf ihn am
Berge Gottes und küsste ihn. 28 Mose
sagte Aaron alle Worte Jahwes, mit
denen er ihm seine Sendung übertra-
gen, und alle Wunderzeichen, die er
ihm befohlen hatte. 29 Mose und Aa-
ron gingen hin und versammelten alle
Ältesten der Israeliten. 30 Aaron be-
richtete alles, was Jahwe zu Mose ge-
redet hatte. Dieser aber wirkte die
Wunderzeichen vor den Augen des
Volkes. 31 Das Volk glaubte ihm und
freute sich, dass Jahwe sich der Israeli-
ten angenommen und dass er ihr
Elend angesehen habe; sie verneigten
sich und warfen sich nieder.

Erste Unterredung mit dem Pharao: 5,1–5

5 1 Darauf gingen Mose und Aaron
hin und sagten zu dem Pharao:
„So spricht Jahwe, der Gott Israels:
Gib mein Volk frei, dass es mir in der
Wüste ein Fest feiere!" 2 Der Pharao er-
widerte: „Wer ist Jahwe, dessen Befehl,
Israel freizugeben, ich gehorchen soll?

Ich kenne Jahwe nicht und werde Isra-
el nicht freigeben.“ 3 Sie entgegneten:
„Der Gott der Hebräer ist uns begeg-
net. Wir sollen drei Tagreisen weit in
die Wüste gehen und Jahwe, unserm
Gott, ein Opfer darbringen, sonst
sucht er uns mit der Pest oder mit
dem Schwerte heim.“ 4 Darauf erwi-
derte ihnen der König von Ägypten:
„Warum wollt ihr, Mose und Aaron,
das Volk von seiner Arbeit abhalten?
Geht an euren Frondienst!“ 5 Und wei-
ter sagte der Pharao: „Das Gesindel im
Land ist schon zahlreich genug. Da
wollt ihr es von seinem Frondienst
ausruhen lassen?“

Klage der hebräischen Aufseher: 5,15–18

15 Da kamen die Aufseher der Israeli-
ten zu dem Pharao und klagten: „Wa-
rum lässt du so mit deinen Knechten
verfahren? 16 Es wird deinen Knechten
kein Stroh mehr geliefert, doch Ziegel,
sagt man uns, schafft herbei! Nun
werden deine Knechte sogar geschla-
gen …“ 17 Er aber antwortete: „Ihr seid
faul, ja faul! Darum sagt ihr: ‚Wir wol-
len gehen, wir wollen dem Herrn ein
Opfer darbringen!‘ 18 Jetzt marsch an
eure Arbeit! Stroh wird euch nicht ge-
liefert; aber den Satz Ziegel habt ihr
abzuliefern!“

Vorwürfe des Volkes. Gebet des Mose:
5,19 – 6,1

19 Da sahen sich die Aufseher der Israe-
liten durch den Befehl: ‚Ihr dürft von
der Tagesleistung an Ziegeln nichts
abstreichen!‘ in eine schwierige Lage
versetzt. 20 Als sie von dem Pharao
weggingen, trafen sie Mose und Aa-
ron, die sie erwarteten. 21 Sie sagten
zu diesen: „Jahwe möge es euch füh-
len lassen, und er möge richten, weil
ihr uns vor dem Pharao und vor sei-
nen Dienern verhasst gemacht habt.
Ihr habt ihnen dadurch ein Schwert
in die Hand gedrückt, uns zu töten.“
22 Da wandte sich Mose an Jahwe und
sprach: „Herr, warum lässt du diesem
Volk solches Leid widerfahren? Wozu
hast du mich denn gesandt? 23 Seitdem
ich zu dem Pharao gegangen bin, um
in deinem Namen zu reden, behandelt
er dieses Volk nur noch übler. Du aber
hast nichts zur Befreiung deines Vol-
kes getan.“

6 1 Jahwe erwiderte Mose: „Nun, du
sollst sehen, was ich dem Pharao
antun werde. Von einer starken Hand
bezwungen, wird er sie entlassen; ja
durch eine starke Hand bezwungen,
wird er selbst sie aus seinem Land hi-
nausjagen.“

1. Plage: Das in Blut verwandelte Wasser:
7,14–25

14 Darauf sagte Jahwe zu Mose: „Das
Herz des Pharao ist verhärtet; er wei-
gert sich, das Volk zu entlassen. 15 Ge-
he morgen in der Frühe zu dem Pha-
rao, wenn er zum Fluss hinabsteigt,
und tritt ihm am Nilufer entgegen.
Nimm den Stab, der sich in eine
Schlange verwandelt hatte, in deine
Hand 16 und sprich zu ihm: Jahwe, der

Gott der Hebräer, hat mich zu dir ge-
sandt mit dem Befehl: Gib mein Volk
frei, dass es mir in der Wüste diene!
Aber du hast bis jetzt nicht hören
wollen. 17 So spricht Jahwe: Daran
sollst du erkennen, dass ich Jahwe bin.
Siehe, ich werde jetzt mit dem Stab,
der in meiner Hand ist, auf das Wasser
des Nil schlagen, und es wird sich in
Blut verwandeln. 18 Die Fische im Nil
werden sterben, der Nil wird stinkend
werden, sodass die Ägypter sich ekeln,
Wasser aus dem Nil zu trinken."

19 Jahwe sagte zu Mose: „Sprich zu
Aaron: Nimm deinen Stab und stre-
cke deine Hand über die Gewässer
der Ägypter aus, über ihre Stromarme
und ihre Kanäle, ihre Tümpel und
über alle ihre Wasserstellen, damit sie
zu Blut werden. Blut soll im ganzen
Land Ägypten sein, selbst in den höl-
zernen und steinernen Gefäßen."
20 Mose und Aaron taten, wie Jahwe
befohlen hatte. Er erhob den Stab
und schlug das Wasser des Nils vor
den Augen des Pharao und seiner Die-
ner, und es wurde alles Wasser im Nil
in Blut verwandelt. 21 Die Fische im
Nil starben, und der Nil wurde stin-
kend, sodass die Ägypter kein Wasser
aus dem Nil zu trinken vermochten;
überall in Ägypten war Blut. 22 Doch
die ägyptischen Zauberer taten mit
ihren Zauberkünsten dasselbe. Des-
halb blieb das Herz des Pharao ver-
stockt, und er hörte nicht auf sie, wie
es Jahwe vorausgesagt hatte. 23 Der
Pharao wandte sich ab und ging in
sein Haus; er nahm dies nicht zu Her-
zen. 24 Alle Ägypter gruben rings um
den Nil nach Trinkwasser; denn sie
konnten das Nilwasser nicht trinken.
25 So vergingen volle sieben Tage,
nachdem Jahwe den Nil geschlagen
hatte.

2. Plage: Die Frösche: 7,26 – 8,11

26 Darauf sagte Jahwe zu Mose: „Gehe
zu dem Pharao und sprich zu ihm: So
spricht Jahwe: Gib mein Volk frei, da-
mit es mir diene! 27 Wenn du dich wei-
gerst, es zu entlassen, dann werde ich
das ganze Land Ägypten mit Frö-
schen heimsuchen. 28 Der Nil soll von
Fröschen wimmeln. Sie sollen heraus-
kommen und in dein Haus eindrin-
gen, in dein Schlafgemach und auf
dein Bett, in die Häuser deiner Diener
und deiner Untertanen, in deine Back-
öfen und Teigmulden. 29 Ja an dir
selbst, an deinen Dienern und allen
deinen Untertanen werden die Frö-
sche hinaufhüpfen."

8 1 Weiter sprach Jahwe zu Mose:
„Befiehl Aaron: Strecke deine
Hand mit deinem Stab über die Fluss-
arme, über die Kanäle und Tümpel
aus und lasse die Frösche über Ägyp-
ten kommen!" 2 Aaron streckte seine
Hand über die Gewässer Ägyptens
aus. Da kamen Frösche und bedeck-
ten das Land Ägypten. 3 Aber die Zau-
berer taten dasselbe mit ihren Zauber-
künsten und ließen Frösche über
Ägypten kommen.

4 Da ließ der Pharao Mose und Aa-
ron rufen und sagte: „Legt bei Jahwe
Fürsprache ein, dass er die Frösche
von mir und meinem Volk wegneh-
me! Ich will alsdann das Volk entlas-

sen, damit es Jahwe opfere.“ 5 Mose antwortete dem Pharao: „Verfüge über mich! Wann soll ich für dich, für deine Diener und für dein Volk darum bitten, welchen Zeitpunkt soll ich festsetzen, an dem die Frösche von dir, von deinen Untertanen und aus euren Häusern beseitigt werden und nur noch im Nil übrig bleiben?“ 6 Er sprach: „Morgen!“ Da sagte jener: „Es soll nach deinem Wunsch geschehen, damit du erkennst, dass niemand Jahwe, unserm Gott, gleicht. 7 Die Frösche werden von dir, von deinem Hause, von deinen Dienern und von deinem Volke weichen; nur noch im Nil werden sie verbleiben.“

8 Da gingen Mose und Aaron von dem Pharao weg, und Mose betete inständig zu Jahwe um Beseitigung der Frösche, mit denen er den Pharao heimgesucht hatte. 9 Und Jahwe erhörte die Bitte des Mose. Die Frösche in den Häusern, den Gehöften und auf den Feldern starben. 10 Man schüttete sie in Haufen zusammen, sodass das Land davon stank. 11 Als der Pharao sah, dass man wieder atmen konnte, verhärtete er sein Herz und hörte nicht auf sie, wie Jahwe vorausgesagt hatte.

Ankündigung des Todes der Erstgeburt:
11,1–10

11 1 Jahwe sagte zu Mose: „Noch eine einzige Plage bringe ich über den Pharao und über die Ägypter, dann wird er euch entlassen … Ja, er wird euch von hier wegtreiben. 2 Fordere nun das Volk eindringlich auf: Männer und Frauen sollen von ihren Nachbarn und Nachbarinnen Silbersachen und Goldsachen verlangen.“ 3 Jahwe hatte die Ägypter gegen das Volk günstig gestimmt. Auch stand Mose in Ägypten bei den Dienern des Pharao und bei dem Volk in hohem Ansehen.

4 Mose sagte: „So spricht Jahwe: Um Mitternacht gehe ich durch Ägypten. 5 Dann wird jede Erstgeburt im Land Ägypten sterben, von dem Erstgeborenen des Pharao, der auf dem Throne sitzt, bis zu dem Erstgeborenen der Magd hinter der Handmühle und alle Erstgeburt des Viehs. 6 Dann wird sich ein großes Wehklagen in ganz Ägypten erheben, wie es noch nie war und nie sein wird. 7 Aber bei den Israeliten wird kein Hund knurren, nicht gegen Menschen noch gegen Vieh, damit ihr erkennt, dass Jahwe einen Unterschied macht zwischen Ägypten und Israel. 8 Dann werden alle diese deine Diener zu mir kommen und sich vor mir niederwerfen und bitten: ‚Ziehe hinweg, du und das ganze Volk, das dir untersteht!‘ Alsdann werde ich wegziehen.“ Hierauf ging er in großem Zorn von dem Pharao weg.

9 Jahwe aber sagte zu Mose: „Der Pharao hört nicht auf euch, damit meine Wundertaten in Ägypten zahlreich werden.“ 10 Mose und Aaron wirkten alle diese Wunder vor dem Pharao. Jahwe aber verhärtete das Herz des Pharao, und er entließ die Israeliten nicht aus dem Lande.

Das Pascha: 12,1–14

12 1 Darauf sprach Jahwe zu Mose
und Aaron in Ägypten: 2 „Die-
ser Monat soll euch der Anfangs-
monat sein; er sei euch der erste Mo-
nat des Jahres. 3 Verkündet der ganzen
Gemeinde Israels: Am Zehnten dieses
Monats verschaffe sich jeder ein
Lamm für eine Familie, ein Lamm
für jedes Haus. 4 Wenn aber eine Fami-
lie zu klein ist für ein ganzes Tier, so
nehme er eins zusammen mit seinem
nächsten Nachbarn nach der Zahl der
Personen. Ihr sollt dabei in Rechnung
ziehen, wie viel jeder essen kann. 5 Ihr
müsst ein fehlerloses, männliches und
einjähriges Tier haben. Dazu dürft ihr
ein Schaflamm oder ein Ziegenböck-
lein nehmen. 6 Bis zum vierzehnten
Tag dieses Monats sollt ihr es verwah-
ren. Dann soll es die ganze Gemeinde
Israel zwischen beiden Abenden
schlachten. 7 Von dem Blute aber sol-
len sie etwas nehmen und es an die
beiden Türpfosten und an die Ober-
schwelle der Häuser streichen, in de-
nen sie es verzehren. 8 Das Fleisch sol-
len sie in der gleichen Nacht
verzehren, am Feuer gebraten, dazu
ungesäuertes Brot; mit bitteren Kräu-
tern sollen sie es essen. 9 Ihr dürft
nichts davon roh oder in Wasser ge-
kocht, sondern nur am Feuer gebraten
verzehren; sein Kopf muss noch mit
den Schenkeln und dem Rumpf zu-
sammenhängen. 10 Ihr dürft nichts da-
von bis zum nächsten Morgen übrig
lassen. Was davon übrig bleibt, sollt
ihr verbrennen. 11 Auf folgende Weise
sollt ihr es verzehren: eure Hüften ge-
gürtet, eure Schuhe an euren Füßen
und euren Stab in euren Händen. Ihr
sollt es in Eile essen: ein Pascha ist es
für Jahwe. 12 Ich werde in dieser Nacht
durch Ägypten ziehen und alle Erst-
geburt in Ägypten töten, Menschen
und Vieh, und über alle Götter Ägyp-
tens will ich Gericht halten, ich, Jah-
we. 13 Das Blut an den Häusern, in de-
nen ihr weilt, soll ein Schutzzeichen
für euch sein. Wenn ich das Blut sehe,
dann gehe ich schonend an euch vo-
rüber. Es soll euch kein vernichtender
Schlag treffen, wenn ich Ägypten
schlage. 14 Dieser Tag soll euch ein Ge-
denktag sein, und ihr sollt ihn zu Eh-
ren Jahwes festlich begehen. Von Ge-
schlecht zu Geschlecht sollt ihr ihn als
eine immer währende Einrichtung fei-
ern.

Das Fest der ungesäuerten Brote:
12,15–20

15 Sieben Tage sollt ihr ungesäuertes
Brot essen. Gleich am ersten Tag sollt
ihr den Sauerteig aus euren Häusern
entfernen; denn jeder, der vom ersten
bis zum siebten Tag Gesäuertes isst,
soll aus Israel ausgerottet werden.
16 Ferner soll bei euch am ersten Tag
eine heilige Festversammlung sein;
ebenso sollt ihr am siebten Tag eine
heilige Festversammlung abhalten.
Ihr dürft an ihnen keine Arbeit ver-
richten. Nur was jeder zur Nahrung
braucht, dies allein darf für euch zur
Nahrung zubereitet werden. 17 Beob-
achtet das Fest der ungesäuerten Bro-
te. Denn an eben diesem Tag habe ich

eure Heerscharen aus Ägypten hi-
nausgeführt. Beobachtet also diesen
Tag von Geschlecht zu Geschlecht als
immer währende Einrichtung. 18 Am
vierzehnten Tag des ersten Monats ge-
gen Abend sollt ihr ungesäuertes Brot
essen bis zum Abend des einund-
zwanzigsten Tages des Monats. 19 Sie-
ben Tage darf kein Sauerteig in euren
Häusern sein; denn jeder, der Gesäuer-
tes isst, soll aus der Gemeinde Israels
ausgerottet werden, sei er nun ein
Fremder oder ein im Land Geborener.
20 Nichts Gesäuertes dürft ihr essen. In
all euren Wohnungen sollt ihr unge-
säuertes Brot genießen."

Vorschriften für das Pascha: 12,21–28

21 Mose berief nun alle Ältesten Israels
und sprach zu ihnen: „Geht und be-
sorgt euch Schafe für eure Familien
und schlachtet das Pascha. 22 Nehmt
einen Ysopbüschel, taucht ihn in das
Blut in der Schale und streicht von
dem Blut, das in der Schale ist, an die
Oberschwelle und an die beiden Tür-
pfosten. Niemand von euch darf bis
zum Morgen zur Türe seines Hauses
hinausgehen. 23 Wenn Jahwe vorüber-
geht, um Ägypten zu schlagen, und
das Blut an der Oberschwelle und an
den beiden Türpfosten sieht, wird Jah-
we an der Tür schonend vorüber-
gehen und den Verderber nicht in eure
Häuser eintreten lassen, um zu schla-
gen. 24 Ihr sollt diese Anordnungen als
ein Gesetz beobachten, das für dich
und deine Kinder für alle Zeiten gilt.
25 Auch wenn ihr in das Land kommt,
das Jahwe euch geben wird, wie er ver-
heißen hat, sollt ihr diesen Brauch be-
obachten. 26 Fragen euch dann eure
Kinder: Was habt ihr da für einen
Brauch?, 27 dann sollt ihr sagen: ‚Das
ist das Pascha-Opfer für Jahwe, der in
Ägypten an den Häusern der Israeli-
ten vorüberging, als er die Ägypter
schlug, unsre Häuser aber verschon-
te.'" Da verneigte sich das Volk und
warf sich nieder. 28 Die Israeliten gin-
gen und taten so; wie Jahwe dem Mo-
se und Aaron befohlen hatte, so taten
sie.

10. Plage: Tod der Erstgeburt: 12,29–34

29 Um Mitternacht aber geschah es,
dass Jahwe alle Erstgeburt in Ägypten
schlug, von dem Erstgeborenen des
Pharao, der auf dem Throne sitzt, bis
zum Erstgeborenen des Gefangenen,
der im Kerker lag, und alle Erstgeburt
des Viehs. 30 Da erhob sich der Pharao
noch in der Nacht, er und alle seine
Diener und alle Ägypter. Es war ein
großes Wehklagen in Ägypten. Denn
es gab kein Haus, in dem nicht ein To-
ter lag. 31 Er ließ noch in der Nacht Mo-
se und Aaron rufen und sprach:
„Macht euch auf! Zieht weg aus mei-
nem Volk, ihr und die Israeliten! Geht
und dienet Jahwe nach eurem Verlan-
gen! 32 Auch eure Schafe und eure Rin-
der nehmt mit, wie ihr gefordert habt,
nur geht. Doch bittet auch für mich
um Segen!" 33 Auch die Ägypter
drängten das Volk, dass es schleunigst
aus dem Land wegziehe. Denn sie sag-
ten: „Wir sind sonst alle des Todes!"

34 So nahm das Volk seinen Teig, bevor
er durchsäuert war; sie trugen ihre
Backschüsseln in ihre Mäntel eingewickelt auf ihren Schultern.

Aufbruch Israels: 12,37–42

37 Die Israeliten brachen nun von
Ramses nach Sukkot auf, an sechshunderttausend Mann Fußvolk – alles
Männer – ohne ihre Familien. 38 Auch
viel Mischvolk zog mit ihnen sowie
Schafe und Rinder, eine große Menge
Vieh. 39 Aus dem Teig, den sie aus
Ägypten mitgenommen hatten, backten sie ungesäuerte Brotkuchen, denn
er war nicht gesäuert, da sie von den
Ägyptern hinausgetrieben worden
waren und nicht länger säumen und
keine Wegzehrung für sich bereiten
konnten. 40 Die Zeit, in der die Israeliten in Ägypten ansässig waren, betrug vierhundertdreißig Jahre. 41 Nach
Ablauf der vierhundertdreißig Jahre,
an eben diesem Tage zogen alle Heerscharen Jahwes aus Ägypten. 42 Es war
eine Nacht der Wache für Jahwe, als er
sie aus Ägypten herausführte. Das ist
die Nacht, die zu Ehren Jahwes von
den Israeliten als Nacht der Wache
durch alle Geschlechter gefeiert werden muss.

Aufbruch der Israeliten: 13,17–22

17 Als der Pharao das Volk hatte ziehen
lassen, führte Gott sie nicht den Weg
durch das Philisterland, obwohl er der
nächste war. Denn Gott dachte, es
könnte das Volk reuen, wenn es
Kämpfe bestehen müsse, und nach
Ägypten zurückkehren wollen. 18 Darum ließ Gott das Volk auf den Weg
zur Wüste am Schilfmeer umbiegen.
Vollbewaffnet zogen die Israeliten aus
Ägypten. 19 Mose nahm die Gebeine
Josefs mit sich. Denn dieser hatte die
Israeliten schwören lassen: „Wenn
Gott euch einst gnädig heimsucht,
dann nehmt meine Gebeine von hier
mit euch!"

20 So brachen sie von Sukkot auf und
lagerten in Etam am Rand der Wüste.

21 Jahwe zog vor ihnen her, bei Tag
in einer Wolkensäule, um ihnen den
Weg zu zeigen, bei Nacht in einer Feuersäule, um ihnen zu leuchten, damit
sie bei Tag und Nacht wandern konnten. 22 Nicht wich die Wolkensäule bei
Tag und die Feuersäule bei Nacht von
der Spitze des Volkes.

Von Etam zum Schilfmeer: 14,1–4

14 1 Jahwe sprach zu Mose: 2 „Befiehl den Israeliten, umzukehren und sich vor Pi-Hahirot zwischen
Migdol und dem Meer zu lagern. Baal-Zefon gegenüber sollt ihr euch am
Meere lagern. 3 Der Pharao wird von
den Israeliten denken: Sie haben sich
im Land verirrt, die Wüste hat sie umschlossen. 4 Ich werde das Herz des
Pharao verhärten, sodass er ihnen
nachsetzt. Dann will ich an dem Pharao und an seinem ganzen Heer meine Macht beweisen. Die Ägypter sollen erfahren, dass ich Jahwe bin." Sie
taten so.

Die Ägypter verfolgen Israel: 14,5–14

5 Als dem König von Ägypten gemel-
det wurde, dass das Volk entwichen
sei, änderte sich die Stimmung des
Pharao und seiner Diener gegen das
Volk. Sie sagten: „Was haben wir da
gemacht, dass wir die Israeliten aus
unserm Dienst entließen!“ 6 Er ließ sei-
nen Wagen anspannen und nahm sein
Kriegsvolk mit sich. 7 Er nahm sechs-
hundert auserlesene Streitwagen und
alle (anderen) Streitwagen der Ägyp-
ter und Kerntruppen auf allen. 8 Jahwe
verhärtete das Herz des Pharao, des
Königs von Ägypten, sodass er den Is-
raeliten nachsetzte, während sie mit
erhobener Hand auszogen. 9 So setz-
ten die Ägypter ihnen nach und er-
reichten sie, als sie am Meere bei Pi-
Hahirot gegenüber von Baal-Zefon
lagerten, alle Rosse des Pharao, alle
seine Wagen und Reiter und sein
Heer.

10 Als der Pharao herankam, schau-
ten die Israeliten auf und sahen, dass
die Ägypter ihnen nachgezogen wa-
ren. Da erschraken die Israeliten sehr
und schrien laut zu Jahwe. 11 Und sie
sagten zu Mose: „Gab es in Ägypten
keine Gräber, dass du uns fortgenom-
men hast, damit wir in der Wüste
sterben? Was hast du uns angetan,
dass du uns aus Ägypten heraus-
geführt hast? 12 Haben wir dir dies
nicht schon in Ägypten gesagt: Lass
uns in Ruhe! Wir wollen den Ägyp-
tern dienen! Denn es wäre besser für
uns, den Ägyptern zu dienen, als in
der Wüste zu sterben.“ 13 Mose aber
sprach zu dem Volk: „Fürchtet euch
nicht! Geduldet euch, ihr werdet die
Hilfe Jahwes erleben, die er euch heute
bringen wird. Denn so wie ihr heute
die Ägypter seht, sollt ihr sie in Ewig-
keit nicht wiedersehen. 14 Jahwe wird
für euch streiten, ihr aber werdet euch
still verhalten.“

Durchzug der Israeliten durch das Meer:
14,15–31

15 Jahwe sprach zu Mose: „Warum
schreist du zu mir? Befiehl den Israeli-
ten aufzubrechen. 16 Du aber erhebe
deinen Stab und strecke deine Hand
über das Meer aus und spalte es! Die
Israeliten sollen mitten durch das
Meer auf trockenem Boden gehen
können. 17 Ich aber werde das Herz
des Pharao verhärten, sodass er ihnen
nachrücken wird. Ich will dann meine
Macht an dem Pharao und an seinem
ganzen Heer, an seinen Wagen und
Reitern beweisen. 18 Die Ägypter sol-
len erfahren, dass ich Jahwe bin, wenn
ich meine Macht an dem Pharao, an
seinen Wagen und Reitern beweise.“

19 Da veränderte der Engel Gottes,
der dem Heer der Israeliten voraus-
zog, seinen Platz und trat hinter sie.
Auch die Wolkensäule vor ihnen
wechselte ihren Platz und trat hinter
sie, 20 sodass sie zwischen das Heer
der Ägypter und das Lager der Israeli-
ten zu stehen kam. Die Wolke blieb
dunkel, und die Nacht verstrich, ohne
dass sich die Heere während der gan-
zen Nacht einander nähern konnten.
21 Nun streckte Mose seine Hand über
das Meer aus. Jahwe ließ die ganze

Nacht das Meer vor einem starken Ostwind zurückweichen und legte das Meer trocken. Die Wasser spalteten sich, 22 und die Israeliten zogen auf trockenem Boden mitten durch das Meer, während die Wasser rechts und links wie eine Mauer standen. 23 Die Ägypter aber setzten ihnen nach, und alle Rosse des Pharao, seine Wagen und Reiter zogen hinter ihnen her mitten in das Meer hinein. 24 Zur Zeit der Morgenwache schaute Jahwe in der Feuer- und Wolkensäule auf das Heer der Ägypter und brachte das Heer der Ägypter in Verwirrung. 25 Er hemmte die Räder ihrer Wagen, sodass sie nur mühsam vorwärts kamen. Da riefen die Ägypter: „Lasst uns vor den Israeliten fliehen, denn Jahwe kämpft für sie gegen die Ägypter!" 26 Nun sprach Jahwe zu Mose: „Strecke deine Hand über das Meer aus, damit die Wasser auf die Ägypter, auf ihre Wagen und Reiter zurückfluten!" 27 Mose streckte seine Hand über das Meer aus. Da fluteten die Wasser bei Tagesanbruch zu ihrem alten Ort zurück, während die Ägypter ihnen entgegenflohen. So schüttelte Jahwe die Ägypter mitten in das Meer hinein. 28 Die Wasser fluteten zurück und bedeckten die Wagen und Reiter des ganzen Heeres des Pharao, die hinter ihnen in das Meer gezogen waren. Nicht einer von ihnen blieb am Leben. 29 Die Israeliten dagegen waren auf trockenem Boden durch das Meer hindurchgegangen, während die Wasser wie eine Mauer zu ihrer Rechten und Linken standen. 30 So rettete Jahwe an jenem Tag die Israeliten aus der Gewalt der Ägypter. Die Israeliten sahen die Ägypter tot am Meeresufer liegen. 31 Als die Israeliten die große Wundertat sahen, die Jahwe an den Ägyptern gewirkt hatte, fürchtete das Volk Jahwe und vertraute auf Jahwe und auf Mose, seinen Diener.

6 *Die Wüstenwanderung*

Aus den Büchern Exodus, Levitikus, Numeri und Deuteronomium

Israel ist glücklich durch das Schilfmeer gezogen. Doch anstatt sich über Gottes Schutz zu freuen, verfällt das Volk immer wieder ins Murren, sobald sich ihm ein Hindernis in den Weg stellt, sobald es an Hunger oder Durst leidet. Gott muss immer wieder ein Wunder wirken, um der Menschen Durst zu stillen und sie zu speisen. – Die Wunder sind im Grunde Bilder der Verwandlung auf unserem Weg in die Freiheit. Da muss sich die Bitterkeit in uns verwandeln, weil sie uns sonst von innen heraus tötet (Bitterwasser in Mara; Ex 15,22–27). Gott schickt das Brot vom Himmel, das wunderbare Manna, das das Volk nicht für den nächsten Tag aufbewahren darf, sondern jeden Tag von neuem sammeln muss. Gott sorgt täglich neu für uns, damit wir die ängstliche Sorge um uns aufgeben. Das, was hart geworden ist in uns, wird zu einer Leben spendenden Quelle, wenn Gottes Stab den Stein berührt.

Am Berg Sinai empfängt das Volk die Zehn Gebote *(Ex 20,1–21) aus Gottes Hand. Die Gebote sind keine drückende Last, sondern Wohltat für das Volk. Der Dekalog soll das Volk immer wieder daran erinnern, dass Gott es herausgeführt hat aus dem Sklavenhaus Ägypten. Die Gebote sind Wege in die Freiheit, Verwirklichung der Freiheit, die Gott dem Volk geschenkt hat. Gott bindet sich an das Volk. Das Volk soll als Zeichen seiner Bindung an Gott die Gebote halten.*

Doch schon bald fällt das Volk ab. Es betet lieber das Goldene Kalb an, das Sinnbild des eigenen Erfolgs. Es will nicht auf Gott bauen, sondern auf die eigene Kraft. Mose, der zwischen Gott und dem störrischen Volk steht, muss vermitteln. Nachdem er die Gesetzestafeln zerbrochen hat, gibt Gott ihm neue. Und Gott erneuert seinen Bund. Er ist treu, während das Volk immer wieder in Untreue verfällt. Mose muss seine Zweifel, ob Gott dieses störrische Volk wirklich nähren und tränken könne, damit bezahlen, dass er das Gelobte Land nicht betreten darf. Er darf nur einen Blick hinein werfen.

In Numeri 22 wird eine eigenartige Geschichte erzählt. Der Seher Bileam wird vom König Balak gerufen, er solle Israel verfluchen. Bileam macht sich gegen den Willen Gottes auf den Weg. Doch der Engel des Herrn stellt sich in den Weg. Der Prophet sieht ihn nicht, während der Esel Bileams den Engel erkennt und vor ihm stehen bleibt. – Engel sind nicht harmlose nette Begleiter. Sie können sich in den Weg stellen, wenn der Weg in die Irre führt, wenn er zu abschüssig für uns ist. Der Esel – ein Bild für unseren Leib – erkennt eher als unser Verstand, dass der Engel uns aufmerksam macht, dass wir an unserer wahren Bestimmung vorbeileben.

Das Buch Deuteronomium ist die Abschiedsrede des Mose. Ein späterer Autor hat diese Worte Mose in den Mund gelegt. Mose geht nochmals die ganze Befreiungsgeschichte durch und ermahnt das Volk, Gottes Gebote zu halten. Im 5. Kapitel zählt Mose die Zehn Gebote auf, die Gott dem Volk durch ihn am Berg Horeb gegeben hat. Das Volk soll die Gebote halten, „damit ihr Leben habt und es euch gut geht und ihr lange lebt in dem Land, das ihr in Besitz nehmt" (Dtn 5,33). Das Ziel der Gebote ist also: Leben zu haben. Wer sich nach Gottes Weisungen richtet, der lebt gut, richtig, angemessen, so, wie es seinem Wesen entspricht. Die Mitte aller Weisungen ist: Gott zu lieben mit ganzem Herzen und ganzer Seele (Dtn 10,12).

Zum Leben mit Gott gehört für Mose, dass das Volk jedes siebte Jahr den Acker brach liegen lässt und dass es die großen Jahresfeste feiert, um sich an Gottes Wohltaten in der Geschichte und in der Schöpfung zu erinnern und sich dankbar darüber zu freuen. Die Feste sind geprägt von Fröhlichkeit und Freiheit.

Vor seinem Tod setzt Mose Josua als seinen Nachfolger ein. Und dann singt er ein großes Danklied für alles, was Gott an ihm und an seinem Volk getan hat.

Aus dem Buch Exodus

Mara: 15,22–27

15 22 Hierauf ließ Mose die Israeli-
ten vom Schilfmeer aufbre-
chen. Sie zogen weiter in die Wüste
Schur. Drei Tage wanderten sie in der
Wüste, ohne Wasser zu finden. 23 Als
sie nach Mara kamen, konnten sie das
Wasser nicht trinken, weil es bitter
war. Darum hieß der Ort Mara. 24 Das
Volk murrte gegen Mose und sagte:
„Was sollen wir trinken?“ 25 Er aber
rief zu Jahwe, und Jahwe zeigte ihm
ein Holz. Als er es in das Wasser warf,
wurde das Wasser süß. Dort gab er
ihm Gesetz und Recht, und dort stell-
te er es auf die Probe.

26 Er sprach: „Wenn du auf die Stim-
me Jahwes, deines Gottes, hörst und
tust, was recht ist in seinen Augen,
wenn du seinen Geboten gehorchst
und alle seine Satzungen beobachtest,
dann will ich keine der Krankheiten,
die ich über Ägypten kommen ließ,
über dich verhängen. Vielmehr will
ich, Jahwe, dein Arzt sein.“

27 Hierauf kamen sie nach Elim.
Dort waren zwölf Quellen und sieb-
zig Palmen. Sie lagerten sich daselbst
am Wasser.

Das Manna und die Wachteln: 16,1–36

16 1 Sodann brach die ganze Ge-
meinde der Israeliten von Elim
auf und kam am fünfzehnten Tag des
zweiten Monats nach dem Auszug aus
Ägypten in die Wüste Sin, die zwi-
schen Elim und dem Sinai liegt. 2 Da
murrte die ganze Gemeinde der Israe-
liten gegen Mose und Aaron in der
Wüste. 3 Die Israeliten sagten zu ih-
nen: „Wären wir doch durch die Hand
Jahwes in Ägypten gestorben, als wir
bei unsern Fleischtöpfen saßen und
Brot satt zu essen hatten! Doch ihr
habt uns in diese Wüste geführt, um
diese ganze Gemeinde hungers ster-
ben zu lassen.“

4 Da sprach Jahwe zu Mose: „Wohl-
an, ich will euch Brot vom Himmel
regnen lassen. Das Volk soll dann hi-
nausgehen, aber sich nur den tägli-
chen Bedarf sammeln. Damit will ich
es prüfen, ob es nach meiner Weisung
wandeln will oder nicht. 5 Wenn sie
aber am sechsten Tag das Heim-
gebrachte zubereiten, so wird es dop-
pelt so viel sein, als sie sonst täglich
sammeln.“

6 Da sprachen Mose und Aaron zur
ganzen Gemeinde der Israeliten: „Heu-
te Abend sollt ihr erfahren, dass Jahwe
es ist, der euch aus Ägypten heraus-
geführt hat. 7 Und morgen früh werdet
ihr die Herrlichkeit Jahwes schauen.
Denn er hat euer Murren gegen Jahwe
gehört. Was sind wir, dass ihr gegen
uns murrt?“ 8 Mose sprach weiter: „Da-
ran, dass Jahwe euch heute Abend
Fleisch zu essen gibt und am Morgen
Brot zur Sättigung, werdet ihr erken-
nen, dass Jahwe euer Murren, das ihr
gegen ihn ausstießet, gehört hat. Was
sind wir? Nicht gegen uns richtet sich
euer Murren, sondern gegen Jahwe.“

9 Darauf sprach Mose zu Aaron:
„Sage der ganzen Gemeinde der Israe-
liten: Tretet vor Jahwe, denn er hat eu-

er Murren gehört!“ 10 Als Aaron der
ganzen Gemeinde der Israeliten dies
mitgeteilt hatte und sie sich zur Wüs-
te hinwandten, siehe, da erschien die
Herrlichkeit Jahwes in Form einer
Wolke. 11 Jahwe sprach zu Mose: „Ich
habe das Murren der Israeliten gehört.
12 Sage ihnen: Heute Abend sollt ihr
Fleisch essen und morgen früh euch
mit Brot sättigen. So sollt ihr erken-
nen, dass ich, Jahwe, euer Gott bin.“
13 Und wirklich: am Abend kam ein
Wachtelschwarm heran und bedeckte
das Lager. Am Morgen aber war tau-
ender Nebel rings um das Lager. 14 Als
der tauende Nebel aufstieg, da lag auf
dem Boden der Wüste etwas Feines,
Körnerartiges, fein wie Reif auf der Er-
de. 15 Da die Israeliten dies sahen, frag-
ten sie: „Was ist das?“ Denn sie wuss-
ten nicht, was es war. Da sprach Mose
zu ihnen: „Das ist das Brot, das Jahwe
euch zu essen gibt. 16 Folgendes gebie-
tet euch Jahwe: Jeder von euch lese da-
von nach seinem Bedarf auf, einen
Gomer auf den Kopf, nach der Zahl
eurer Personen! Jeder hole davon nur
für seine Zeltgenossen.“

17 Die Israeliten taten so und lasen
auf, der eine viel, der andre wenig.
18 Als sie aber mit dem Gomer maßen,
hatte der eine, der viel gesammelt hat-
te, keinen Überfluss, und der wenig
gesammelt hatte, keinen Mangel.
Jeder hatte nach seinem Bedarf auf-
gelesen.

19 Weiter sprach Mose zu ihnen:
„Niemand soll etwas davon bis zum
anderen Morgen aufheben.“ 20 Sie hör-
ten jedoch nicht auf Mose, sondern ei-
nige hoben etwas bis zum anderen
Morgen auf. Es war aber voll Würmer
und faulte. Da ward Mose zornig. 21 So
lasen sie es Morgen für Morgen auf,
jeder nach seinem Bedarf. Sobald aber
die Sonne zu glühen begann, zer-
schmolz es.

22 Am sechsten Tag aber hatten sie
doppelt so viel Speise gesammelt,
zwei Gomer auf die Person. Da kamen
die Vorsteher der Gemeinde und mel-
deten dies Mose. 23 Er sagte zu ihnen:
„Folgendes gebietet Jahwe: Der Ruhe-
tag, der heilige Sabbat Jahwes, ist mor-
gen. Was ihr backen wollt, das backt,
und was ihr kochen wollt, das kocht.
Alles, was übrig bleibt, legt euch zu-
rück, um es für morgen aufzubewah-
ren.“ 24 Sie legten es bis zum folgenden
Morgen zurück, wie Mose befohlen
hatte. Es faulte nicht, noch bildeten
sich Würmer darin. 25 Mose sprach:
„Eßt dies heute, denn heute ist der
Sabbat Jahwes; heute werdet ihr drau-
ßen nichts finden. 26 Sechs Tage sollt
ihr auflesen, am siebten Tag ist Sab-
bat; an ihm gibt es nichts.“ 27 Als den-
noch am siebten Tag einige aus dem
Volk hinausgingen, um aufzulesen,
fanden sie nichts. 28 Da sagte Jahwe
zu Mose: „Wie lange wollt ihr euch
weigern, meine Befehle und Weisun-
gen zu befolgen? 29 Seht doch, Jahwe
hat euch den Sabbat gegeben. Darum
gibt er euch am sechsten Tag Speise
für zwei Tage. Jeder bleibe daheim;
niemand verlasse am siebten Tag sei-
ne Wohnung.“ 30 Also enthielt sich
das Volk am siebten Tag jeder Arbeit.
31 Das Haus Israel aber nannte es Man-
na. Es war weiß wie Koriandersamen
und schmeckte wie Honigkuchen.

32 Mose verkündete: „Folgendes befiehlt Jahwe: Füllet davon einen Gomer und bewahrt es für eure künftigen Geschlechter auf, damit sie die Speise sehen, mit der ich euch in der Wüste ernährt habe, als ich euch aus Ägypten herausführte.“ 33 Und Mose befahl Aaron: „Nimm einen Krug, tue ein Gomer Manna hinein und stelle ihn vor Jahwe, damit es für die künftigen Geschlechter aufbewahrt werde.“ 34 Also nahm Aaron einen Krug, gefüllt mit einem Gomer Manna, wie Jahwe dem Mose befohlen hatte, und stellte das Manna zur Aufbewahrung hin vor das Zeugnis.

35 Die Israeliten aßen das Manna vierzig Jahre lang, bis sie in bewohntes Gebiet kamen. Sie aßen das Manna, bis sie die Grenze des Landes Kanaan erreichten. 36 Ein Gomer ist der zehnte Teil eines Efa.

Das Wasser aus dem Felsen: 17,1–7

17 1 Hierauf zog die ganze Gemeinde der Israeliten von der Wüste Sin gemäß der Weisung Jahwes von Lagerplatz zu Lagerplatz weiter und lagerte schließlich in Refidim. Hier gab es kein Trinkwasser für das Volk. 2 Da haderte das Volk mit Mose, und sie sprachen: „Gib uns Wasser zum Trinken!“ Mose entgegnete ihnen: „Was hadert ihr mit mir? Was versucht ihr Jahwe?“ 3 Aber das Volk dürstete nach Wasser. Darum murrte es weiter gegen Mose und sprach: „Wozu hast du uns aus Ägypten herausgeführt? Etwa, um uns und unsere Kinder und unser Vieh vor Durst umkommen zu lassen?“ 4 Da schrie Mose zu Jahwe: „Was soll ich mit diesem Volke machen? Es fehlt nur wenig, und es steinigt mich.“ 5 Jahwe antwortete Mose: „Gehe dem Volke voraus! Nimm einige von den Ältesten Israels mit dir; und deinen Stab, mit dem du den Nil geschlagen hast, nimm in deine Hand und gehe! 6 Ich werde mich dort vor dir auf den Felsen am Horeb stellen. Schlage dann auf den Felsen, es wird Wasser aus ihm hervorfließen, und das Volk kann trinken.“ Mose tat so in Gegenwart der Ältesten Israels. 7 Er nannte den Ort Massa und Meriba, weil die Israeliten dort gehadert und Jahwe versucht hatten, indem sie sagten: „Ist Jahwe unter uns oder nicht?“

Ankunft am Sinai: 19,1–2

19 1 Im dritten Monat nach dem Auszug der Israeliten aus Ägypten am gleichen Tage gelangten sie in die Wüste Sinai. 2 Sie waren nach ihrem Aufbruch von Refidim in die Wüste Sinai gekommen und hatten sich in der Wüste gelagert. Die Israeliten lagerten sich dort dem Berg gegenüber.

Verheißung des Bundes: 19,3–8

3 Als Mose zu Gott hinaufstieg, rief ihm Jahwe vom Berge herab zu: „So rede zum Hause Jakob und verkünde den Söhnen Israels: 4 Ihr habt gesehen,

was ich den Ägyptern angetan, wie ich euch auf Adlerflügeln getragen und euch zu mir hierher gebracht habe. 5 Wenn ihr nun auf mein Wort hört und meinen Bund haltet, dann sollt ihr unter allen Völkern mein besonderes Eigentum sein, denn mir gehört die ganze Erde. 6 Ihr sollt mir ein Königreich von Priestern und ein heiliges Volk sein. Das sind die Worte, die du den Israeliten kundtun sollst." 7 Mose ging hin, rief die Ältesten des Volkes zusammen und trug ihnen alle diese Worte vor, die ihm Jahwe aufgetragen hatte. 8 Das ganze Volk antwortete einmütig: „Alles, was Jahwe befohlen hat, wollen wir tun!" Und Mose überbrachte diese Worte des Volkes Jahwe.

Vorbereitung des Bundes: 19,9–15

9 Hierauf sprach Jahwe zu Mose: „Siehe, ich werde in dichtem Gewölk zu dir kommen, damit das Volk es hört, wenn ich mit dir rede, und dir für immer glaubt." Mose teilte Jahwe die Antwort des Volkes mit.

10 Da sprach Jahwe zu Mose: „Gehe zu dem Volk! Sie sollen sich heute und morgen zurüsten, ihre Kleider waschen 11 und auf den dritten Tag bereit sein. Denn übermorgen wird Jahwe vor den Augen des ganzen Volkes auf den Berg Sinai herabkommen. 12 Du aber bezeichne rings um den Berg eine Grenze und gebiete: Hütet euch, auf den Berg zu steigen oder auch nur seinen Fuß zu berühren! Jeder, der den Berg berührt, muss sterben. 13 Keine Hand darf ihn berühren; er soll gesteinigt oder durch Pfeilschuss getötet werden. Weder Mensch noch Tier darf am Leben bleiben. Erst wenn das Widderhorn geblasen wird, dürfen sie den Berg hinaufsteigen."

14 Mose ging vom Berg zu dem Volk herab, ließ das Volk sich zurüsten und seine Kleider waschen. 15 Und Mose gebot dem Volk: „Haltet euch für übermorgen bereit! Naht euch keiner Frau!"

Die Gotteserscheinung: 19,16–24

16 Am dritten Tag, als es Morgen wurde, brachen Donner und Blitze los, eine schwere Wolke lagerte sich über dem Berg, und es ertönte mächtiger Posaunenschall. Das ganze Volk, das im Lager war, erbebte. 17 Mose führte das Volk aus dem Lager heraus Gott entgegen, und es stellte sich am Fuße des Berges auf. 18 Der Berg Sinai war ganz in Rauch gehüllt, weil Jahwe im Feuer auf ihn herabgekommen war. Der Rauch stieg auf wie der Rauch eines Schmelzofens. Der ganze Berg erbebte heftig. 19 Der Posaunenschall wurde immer stärker. Mose redete, und Gott antwortete ihm im Donner. 20 Jahwe stieg herab auf den Berg Sinai, auf den Gipfel des Berges und rief Mose auf den Gipfel des Berges, und Mose stieg hinauf. 21 Jahwe sprach zu Mose: „Steige hinab und ermahne das Volk, dass es nicht zu Jahwe durchbreche, um ihn zu sehen, denn viele von ihnen würden umkommen. 22 Auch die Priester, die sonst Jahwe nahen dürfen, sollen sich heiligen, damit Jah-

we nicht gegen sie losbricht.“ 23 Da sprach Mose zu Jahwe: „Das Volk kann nicht auf den Berg Sinai hinaufsteigen, denn du selbst hast uns ermahnt: Grenze den Berg ein und erkläre ihn heilig.“ 24 Da entgegnete ihm Jahwe: „Steige hinab und komme in Begleitung Aarons wieder herauf! Die Priester aber und das Volk sollen die Grenzen nicht durchbrechen, um zu Jahwe hinaufzusteigen. Er würde sie sonst vernichten.“ Mose stieg zum Volke hinab und sagte es ihnen.

Der Dekalog: 20,1–21

20 1 Nun redete Gott alle diese Worte:

2 „Ich bin Jahwe, dein Gott, der dich aus dem Ägypterlande, dem Sklavenhause, herausgeführt hat.

3 Du sollst keine anderen Götter haben als mich.

4 Du sollst dir kein geschnitztes Bild machen, kein Abbild von dem, was im Himmel droben oder unten auf der Erde oder im Wasser unter der Erde ist.

5 Du sollst dich nicht vor diesen Bildern niederwerfen und sie nicht verehren. Denn ich, Jahwe, dein Gott, bin ein eifernder Gott, der die Schuld der Väter ahndet an den Kindern, Enkeln und Urenkeln derer, die mich hassen, 6 der aber Huld erweist bis ins tausendste Glied an denen, die mich lieben und meine Gebote halten.

7 Du sollst den Namen Jahwes, deines Gottes, nicht missbrauchen; denn Jahwe lässt den nicht ungestraft, der seinen Namen missbraucht.

8 Gedenke des Sabbattags, dass du ihn heiligst. 9 Sechs Tage sollst du arbeiten und all dein Werk tun. 10 Der siebte Tag aber ist Sabbat für Jahwe, deinen Gott. Da darfst du keinerlei Werk tun, weder du selbst noch dein Sohn, noch deine Tochter, noch dein Knecht, noch deine Magd, noch dein Vieh, noch der Fremde, der sich in deinen Toren aufhält. 11 Denn in sechs Tagen hat Jahwe den Himmel, die Erde und das Meer und alles, was in ihnen ist, erschaffen; aber am siebten Tag ruhte er. Deshalb hat Jahwe den Sabbattag gesegnet und ihn geheiligt.

12 Ehre deinen Vater und deine Mutter, damit du lange lebst in dem Lande, das Jahwe, dein Gott, dir geben will.

13 Du sollst nicht töten.

14 Du sollst nicht ehebrechen.

15 Du sollst nicht stehlen.

16 Du sollst nicht als falscher Zeuge gegen deinen Nächsten auftreten.

17 Du sollst nicht begehren das Haus deines Nächsten. Du sollst nicht begehren die Frau deines Nächsten, noch seinen Knecht, noch seine Magd, noch sein Rind, noch seinen Esel, noch irgendetwas, was deinem Nächsten gehört.“

18 Als das Volk den Donner und die Blitze, den Posaunenschall und den rauchenden Berg wahrnahm, fürchtete sich das Volk und zitterte und blieb in der Ferne stehen. 19 Sie sprachen zu Mose: „Rede du mit uns, so wollen wir hören! Gott aber möge nicht mit uns reden, sonst müssen wir sterben.“ 20 Mose antwortete dem Volk: „Fürchtet euch nicht! Denn Gott ist gekom-

men, um euch auf die Probe zu stellen und die Furcht vor ihm in euch wachzurufen, damit ihr nicht sündigt.“ 21 So blieb das Volk in der Ferne stehen; Mose aber trat an das dunkle Gewölk heran, in dem Gott war.

Sabbatruhe: 31,12–17

12 Weiter sprach Jahwe zu Mose: 13 „Du aber gebiete den Israeliten: Beobachtet ja meine Sabbate. Denn sie sind ein Zeichen zwischen mir und euch von Geschlecht zu Geschlecht, damit man erkenne, dass ich, Jahwe, es bin, der euch heiligt. 14 Darum sollt ihr den Sabbat halten, denn er soll euch heilig sein. Wer ihn entweiht, soll mit dem Tod bestraft werden. Denn wer an ihm eine Arbeit verrichtet, der soll aus der Mitte seiner Volksgenossen ausgetilgt werden. 15 Sechs Tage darf gearbeitet werden, der siebte Tag ist Sabbat, der Ruhetag, heilig für Jahwe. Jeder, der am Sabbat arbeitet, soll mit dem Tod bestraft werden. 16 So sollen die Israeliten den Sabbat beobachten und von Geschlecht zu Geschlecht den Sabbat als eine ewig geltende Verpflichtung feiern. 17 Für ewige Zeiten sei er ein Zeichen zwischen mir und den Israeliten. Denn in sechs Tagen hat Gott den Himmel und die Erde geschaffen, und am siebten Tage ruhte er und holte Atem.“

Übergabe der Gesetzestafeln an Mose: 31,18

18 Als er seine Worte an Mose auf dem Berge Sinai beendet hatte, übergab er ihm die beiden Tafeln des Zeugnisses, steinerne Tafeln, die von Gottes Finger beschrieben waren.

Das Goldene Kalb: 32,1–6

32 1 Als das Volk sah, dass Mose zögerte, vom Berg herabzukommen, rottete sich das Volk um Aaron zusammen und verlangte von ihm: „Auf, mache uns einen Gott, der vor uns herzieht! Denn wir wissen nicht, was aus diesem Mose geworden ist, aus dem Mann, der uns aus Ägypten herausgeführt hat.“ 2 Da sprach Aaron zu ihnen: „Nehmt die goldenen Ringe, die eure Frauen, eure Söhne und eure Töchter an den Ohren tragen, weg und bringt sie zu mir!“ 3 Das ganze Volk nahm die goldenen Ringe, die sie an ihren Ohren trugen, ab und brachte sie zu Aaron. 4 Er nahm sie aus ihren Händen in Empfang, schmolz sie in einer Form ein und goss daraus ein goldenes Kalb. Da riefen sie: „Das ist dein Gott, Israel, der dich aus Ägypten herausgeführt hat!“ 5 Als Aaron dies sah, baute er vor ihm einen Altar, und Aaron ließ ausrufen: „Morgen ist ein Fest für Jahwe!“

6 Am anderen Morgen standen sie früh auf, opferten Brandopfer und brachten Gemeinschaftsopfer dar. Und das Volk ließ sich nieder, um zu

essen und zu trinken; dann erhoben sie sich, um sich zu belustigen.

Jahwe unterrichtet Mose: 32,7–10

7 Jahwe aber sprach zu Mose: „Auf, ge-
he hinab! Denn dein Volk, das du aus
Ägypten herausgeführt hast, tut Bö-
ses. 8 Gar schnell sind sie von dem We-
ge abgewichen, den ich ihnen vor-
geschrieben habe. Sie haben sich ein
gegossenes Kalb gemacht, haben es
angebetet, ihm Opfer dargebracht
und gesagt: Das ist dein Gott, Israel,
der dich aus Ägypten herausgeführt
hat.“ 9 Und weiter sagte Jahwe zu Mo-
se: „Ich habe dieses Volk beobachtet
und gesehen, dass es ein halsstarriges
Volk ist. 10 Nun lass mich, dass mein
Zorn gegen sie entbrenne und ich sie
vertilge. Dich aber will ich zu einem
großen Volke machen.“

Gebet des Mose: 32,11–14

11 Mose suchte Jahwe, seinen Gott, zu
begütigen und sprach: „Warum, Jah-
we, soll dein Zorn wider dein Volk
entbrennen, das du mit großer Kraft
und mit starkem Arm aus Ägypten
herausgeführt hast? 12 Sollen denn die
Ägypter sagen dürfen: In schlimmer
Absicht hat er sie herausgeführt, um
sie im Gebirge umzubringen und sie
vom Erdboden zu vertilgen? Lass ab
von deinem glühenden Zorn und las-
se dich das Unheil gereuen, das du
über dein Volk verhängen willst.
13 Denke an Abraham, Isaak und Isra-
el, deine Knechte, denen du bei dir
selbst geschworen und denen du ver-
heißen hast: Ich will eure Nachkom-
menschaft so zahlreich machen wie
die Sterne des Himmels, und dieses
ganze Land, von dem ich gesprochen
habe, will ich euren Nachkommen ge-
ben, damit sie es für immer besitzen.“
14 Da ließ sich Jahwe das Unheil gereu-
en, das er seinem Volk angedroht hat-
te.

Mose zerbricht die Gesetzestafeln: 32,15–24

15 Hierauf machte sich Mose auf den
Rückweg und stieg vom Berge herab,
die beiden Tafeln des Zeugnisses in
seiner Hand. Die Tafeln waren auf bei-
den Seiten beschrieben; vorn und hin-
ten waren sie beschrieben. 16 Die Ta-
feln waren von Gott selbst gemacht,
und die Schrift war Gottes Schrift, in
die Tafeln eingegraben.

17 Als Josua den Lärm des Volkes
hörte, sagte er zu Mose: „Im Lager ist
Kriegslärm.“

18 Der aber erwiderte:

„Das ist weder Siegesjubel / noch das Schreien der Unterlegenen; / ich höre lautes Singen.“

19 Als er nun in die Nähe des Lagers
kam und das Kalb und die Reigentän-
ze sah, da entbrannte der Zorn des
Mose, und er schleuderte die Tafeln
weg und zerschmetterte sie am Fuße
des Berges. 20 Dann nahm er das Kalb,
das sie gemacht hatten, verbrannte es,
zerstieß es zu Staub, streute ihn auf
das Wasser und ließ es die Israeliten

trinken. 21 Darauf sprach Mose zu Aaron: „Was hat dir dieses Volk getan, dass du eine so große Schuld auf es gebracht hast?“ 22 Aaron antwortete: „Zürne nicht, mein Herr! Du weißt ja selbst, wie böse dieses Volk ist. 23 Sie sagten zu mir: Mache uns einen Gott, der vor uns herzieht; denn dieser Mose da, der Mann, der uns aus Ägypten herausgeführt hat – wir wissen nicht, was ihm zugestoßen ist. 24 Da sagte ich zu ihnen: Wer Gold trägt, der nehme es ab. Sie brachten es mir, und ich warf es in das Feuer. Da kam dieses Stierbild heraus.“

Erneutes Gebet des Mose: 32,30–35

30 Am anderen Morgen sprach Mose zu dem Volke: „Ihr habt euch schwer versündigt. Nun will ich zu Jahwe hinaufsteigen. Vielleicht kann ich Vergebung für eure Sünden erwirken.“ 31 So ging Mose wieder zu Jahwe und sprach: „Ach, dieses Volk hat eine große Sünde begangen und sich einen Gott aus Gold gemacht. 32 Dennoch, wenn du ihm nun seine Sünde vergibst … Wenn nicht, dann lösche mich aus Gnade aus deinem Buch, das du geschrieben hast.“ 33 Jahwe aber entgegnete Mose: „Wer gegen mich gesündigt hat, nur den tilge ich aus meinem Buche. 34 Aber gehe nun und führe das Volk dorthin, wohin ich dir geboten habe. Siehe, mein Engel soll vor dir hergehen. Aber wenn der Tag der Vergeltung gekommen ist, werde ich sie wegen ihrer Sünde heimsuchen.“ 35 Und Jahwe schlug das Volk dafür, dass es das Kalb hatte machen lassen, das Aaron angefertigt hatte.

Der Befehl zum Aufbruch: 33,1–6

33 1 Dann sprach Jahwe zu Mose: „Gehe und ziehe von hier weg, du und das Volk, das du aus Ägypten herausgeführt hast, in das Land, das ich Abraham, Isaak und Jakob zugeschworen habe mit den Worten: Ich will es deinen Nachkommen geben. 2 Ich will einen Engel vor dir hersenden und will die Kanaaniter, Amoriter, Hetiter, Perisiter, Hiwiter und Jebusiter vor dir vertreiben. 3 Er wird dich in ein Land bringen, das von Milch und Honig fließt. Denn ich selbst werde nicht in deiner Mitte hinaufziehen, weil du ein halsstarriges Volk bist, damit ich dich nicht auf dem Weg vernichte.“ 4 Als das Volk diese schlimmen Worte hörte, wurde es traurig, und niemand wollte seinen Schmuck anlegen.

5 Da sprach Jahwe zu Mose: „Sage den Israeliten: Ihr seid ein halsstarriges Volk. Wenn ich auch nur einen Augenblick in deiner Mitte hinaufzöge, müsste ich dich vernichten. So lege nun deinen Schmuck ab, dann will ich sehen, was ich mit dir tun kann.“ 6 Da legten die Israeliten ihren Schmuck ab, vom Berge Horeb an.

Das Zelt: 33,7–11

7 Mose nahm nun das Zelt und schlug es für ihn außerhalb des Lagers in

einiger Entfernung vom Lager auf. Er nannte es Zelt der Offenbarung. Wenn jemand Jahwe befragen wollte, ging er hinaus zum Zelt der Offenbarung, das außerhalb des Lagers war. 8 Sooft Mose zum Zelt hinausging, stand das ganze Volk auf, und jeder stellte sich an den Eingang seines Zeltes, und sie schauten Mose nach, bis er in das Zelt eingetreten war. 9 War Mose in das Zelt eingetreten, senkte sich die Wolkensäule herab und blieb am Eingang des Zeltes stehen, während Jahwe mit Mose redete. 10 Wenn das ganze Volk die Wolkensäule am Eingang des Zeltes stehen sah, erhoben sich alle, und jeder warf sich am Eingang seines Zeltes nieder. 11 Jahwe aber redete mit Mose von Angesicht zu Angesicht, wie jemand mit seinem Freunde spricht. Dann kehrte er in das Lager zurück, während sein Diener, der junge Josua, der Sohn des Nun, nicht vom Zelte wich.

Gebet des Mose: 33,12–17

12 Mose sprach zu Jahwe: „Siehe, du hast mir befohlen: Führe dieses Volk hinauf! Du hast mir aber nicht kundgetan, wen du mit mir senden willst. Und doch hast du gesagt: Ich kenne dich mit Namen, und du hast Gnade in meinen Augen gefunden. 13 Wenn ich nun wirklich Gnade in deinen Augen gefunden habe, so lass mich deine Wege wissen, damit ich an dir erkenne, dass ich in deinen Augen Gnade gefunden habe. Bedenke doch, dass dieses Volk dein Volk ist." 14 Da antwortete er: „Ich selbst werde mitgehen, und ich werde dir Ruhe geben." 15 Er entgegnete ihm: „Wenn du nicht selbst mitziehst, dann führe uns lieber nicht von hier hinweg. 16 Woran soll man denn erkennen, dass ich und dein Volk Gnade in deinen Augen gefunden haben, wenn nicht daran, dass du mit uns ziehst und wir, ich und dein Volk, vor allen Völkern, die auf der Erde sind, dadurch ausgezeichnet werden?" 17 Jahwe erwiderte Mose: „Auch das, was du erbeten hast, will ich tun. Denn du hast Gnade in meinen Augen gefunden, und ich kenne dich mit Namen."

Mose auf dem Berg: 33,18–23

18 Da bat er: „Lass mich doch deine Herrlichkeit schauen!" 19 Er antwortete: „Ich will alle meine Schönheit an dir vorüberziehen lassen und den Namen Jahwes vor dir ausrufen. Ich werde gnädig sein, wem ich gnädig sein will, und werde mich erbarmen, wessen ich mich erbarmen will." 20 Weiter sprach er: „Mein Angesicht kannst du nicht schauen, denn kein Mensch sieht mich und bleibt am Leben." 21 Jahwe sprach: „Siehe, bei mir ist ein Platz, da magst du dich auf den Felsen stellen. 22 Wenn dann meine Herrlichkeit vorübergeht, will ich dich in die Höhlung des Felsens stellen und meine Hand über dich decken, bis ich vorübergegangen bin. 23 Wenn ich meine Hand zurückziehe, wirst du meine Rückseite schauen. Aber mein Angesicht kann niemand schauen."

Erneuerung des Bundes.
Die Gesetzestafeln: 34,1–5a

34 1 Jahwe sprach zu Mose: „Haue
dir zwei steinerne Tafeln zu-
recht, wie die ersten waren. Steige zu
mir auf den Berg hinauf, und ich will
auf die Tafeln die Worte schreiben, die
auf den ersten Tafeln standen, die du
zerbrochen hast. 2 Halte dich für mor-
gen bereit, in der Frühe auf den Berg
Sinai hinaufzusteigen und dort auf
dem Gipfel des Berges vor mich hin-
zutreten. 3 Niemand darf mit dir hi-
naufsteigen, und niemand darf sich
auf dem ganzen Berge sehen lassen.
Auch Schafe und Rinder dürfen nicht
nach diesem Berge hin weiden.“ 4 Er
hieb zwei steinerne Tafeln zurecht,
wie die ersten waren. Am anderen
Morgen in der Frühe machte sich Mo-
se auf und stieg auf den Berg Sinai hi-
nauf, wie ihm Jahwe befohlen hatte,
und nahm die beiden steinernen Ta-
feln mit sich. 5a Jahwe kam herab in
der Wolke, und er stellte sich dort bei
ihm auf.

Gotteserscheinung: 34,5b–9

5b Er rief den Namen Jahwes an. 6 Jah-
we zog an ihm vorüber und rief aus:
„Jahwe, Jahwe, ein gnädiger und
barmherziger Gott, langmütig und
reich an Gnade und Treue, 7 der Gnade
bewahrt den Tausenden, Schuld, Fre-
vel und Sünde vergibt, aber nicht ganz
ungestraft lässt, sondern die Schuld
der Väter heimsucht an den Söhnen
und Enkeln bis in das dritte und vierte
Geschlecht.“ 8 Mose verneigte sich ei-
lends zur Erde, warf sich nieder 9 und
sagte: „Wenn ich Gnade in deinen Au-
gen gefunden habe, o Herr, dann mö-
ge doch mein Herr in unsrer Mitte
mitziehen. Es ist zwar ein halsstar-
riges Volk. Aber verzeihe uns unsere
Schulden und unsere Sünden und lass
uns dein Eigentum sein.“

Der Bund: 34,10–28

10 Er antwortete: „Wohlan, ich will
einen Bund schließen: Vor deinem
ganzen Volke will ich Wundertaten
vollbringen, wie sie auf der ganzen Er-
de und unter allen Völkern nicht ge-
schehen sind, und das ganze Volk, in
dessen Mitte du lebst, soll das Wirken
Jahwes sehen. Denn wunderbar ist,
was ich an dir tun werde. 11 Beachte
wohl, was ich dir heute gebiete: Siehe,
ich werde vor dir die Amoriter, Kanaa-
niter, Hetiter, Perisiter, Hiwiter und Je-
busiter vertreiben. 12 Hüte dich, mit
den Bewohnern des Landes, in das du
kommen wirst, ein Bündnis zu schlie-
ßen; sie könnten sonst, wenn sie in dei-
ner Mitte bleiben, zum Fallstrick wer-
den. 13 Ihr sollt vielmehr ihre Altäre
niederreißen, ihre Malsteine zertrüm-
mern und ihre Ascheren umhauen.

14 Denn du darfst keinen anderen
Gott anbeten; ‚Eifersüchtiger‘ ist ja
der Name Jahwes, und ein eifersüchti-
ger Gott ist er. 15 Darum schließe kein
Bündnis mit den Bewohnern des Lan-
des. Du könntest, wenn sie mit ihren
Göttern buhlen und ihren Götzen op-
fern und sie dich einladen, an ihren

Opfermahlzeiten teilnehmen 16 und
könntest aus ihren Töchtern Frauen
für deine Söhne nehmen. Wenn dann
ihre Töchter mit ihren Göttern buh-
len, könnten sie auch deine Söhne da-
zu verleiten, mit ihren Göttern zu
buhlen.

17 Du darfst dir kein gegossenes
Götterbild machen.

18 Das Fest der ungesäuerten Brote
sollst du halten. Sieben Tage lang
sollst du ungesäuerte Brote essen, wie
ich dir geboten habe zur Zeit des Mo-
nats Abib. Denn im Monat Abib bist
du aus Ägypten ausgezogen.

19 Alle Erstgeburt gehört mir: alles
Männliche, aller Erstlingswurf von
Rind und Schaf. 20 Den Erstlingswurf
vom Esel sollst du mit einem Schaf
auslösen; wenn du ihn nicht auslösen
willst, sollst du ihm das Genick bre-
chen.

Jeden Erstgeborenen von deinen
Söhnen sollst du auslösen. Vor mir
sollst du nicht mit leeren Händen er-
scheinen.

21 Sechs Tage sollst du arbeiten, am
siebten Tag aber sollst du ruhen, selbst
in der Zeit des Pflügens und Erntens
sollst du den Sabbat halten.

22 Auch das Wochenfest sollst du
feiern zur Zeit der Erstlinge der Wei-
zenernte und das Fest der Lese an der
Wende des Jahres.

23 Dreimal im Jahre soll alles Männ-
liche unter euch vor Jahwe, dem Gott
Israels, erscheinen.

24 Denn ich werde die Völker vor dir
vertreiben und deine Grenzen weit
machen; niemand soll nach deinem
Land begehren, wenn du herauf-
steigst, um dreimal im Jahre vor dem
Herrn, deinem Gott, zu erscheinen.

25 Du sollst das Blut deiner
Schlachtopfer nicht mit Gesäuertem
darbringen, und vom Opfer des Pas-
chafestes darf nichts bis zum Morgen
übrig bleiben.

26 Das Beste von den Erstlingsfrüch-
ten deines Bodens sollst du zum Hau-
se Jahwes, deines Gottes, bringen.
Nicht darfst du ein Böcklein in der
Milch seiner Mutter kochen."

27 Nun sprach Jahwe zu Mose:
„Schreibe dir diese Worte auf! Denn
aufgrund dieser Worte schließe ich
mit dir und mit Israel einen Bund."

28 Vierzig Tage und vierzig Nächte
war er dort bei Jahwe. Er aß kein Brot
und trank kein Wasser. Und Jahwe
schrieb auf die Tafeln die Worte des
Bundes, die Zehn Worte.

Mose steigt wieder vom Berg herab:
34,29–35

29 Als Mose vom Berge Sinai herab-
stieg – die Tafeln des Zeugnisses wa-
ren in der Hand des Mose, als er he-
rabstieg –, da wusste Mose nicht, dass
die Haut seines Angesichtes von der
Unterredung mit ihm strahlte. 30 Als
Aaron und alle Israeliten Mose er-
blickten und sahen, dass sein Ange-
sicht strahlte, fürchteten sie sich, ihm
zu nahen. 31 Mose aber rief sie herbei.
Da gingen Aaron und alle Vorsteher
der Gemeinde zu ihm hin, und Mose
redete mit ihnen. 32 Nun kamen auch
alle Israeliten herzu, und er teilte
ihnen alles mit, was Jahwe zu ihm

auf dem Berge Sinaï geredet hatte. [33]Nachdem Mose seine Unterredung mit ihnen beendet hatte, legte er eine Hülle über sein Gesicht. [34]Sooft nun Mose vor Jahwe hintrat, um mit ihm zu reden, nahm er die Hülle ab, bis er wieder herausging. Wenn er herausgegangen war, teilte er den Israeliten mit, was ihm aufgetragen worden war. [35]Dabei sahen die Israeliten das Gesicht des Mose, wie es strahlte. Dann aber legte Mose die Hülle wieder über sein Gesicht, bis er wieder hinging, um mit ihm zu reden.

Aus dem Buch Levitikus

Die heiligen Jahre: 25,1–7

25 [1]Jahwe redete zu Mose am Berge Sinai also:

[2]„Sprich zu den Israeliten und sage ihnen: Wenn ihr in das Land kommt, das ich euch geben werde, so soll das Land eine Ruhezeit für Jahwe halten. [3]Sechs Jahre sollst du dein Feld bestellen und sechs Jahre deine Weinberge beschneiden und ihren Ertrag einernten. [4]Im siebten Jahr aber soll das Land völlige Ruhe haben, eine Ruhezeit zu Ehren Jahwes. Da darfst du dein Feld nicht bestellen und deinen Weinberg nicht beschneiden. [5]Den Nachwuchs deiner (vorigen) Ernte darfst du nicht ernten, und die Trauben deines nicht beschnittenen Weinbergs darfst du nicht lesen. Es soll ein Jahr der Ruhe für das Land sein. [6]Was aber das Land während der Ruhezeit von selbst hervorbringt, soll euch zur Nahrung dienen, dir und deinen Knechten und deinen Mägden, deinem Taglöhner und deinem Beisassen, die bei dir leben. [7]Auch dem Vieh und allen Tieren, die in deinem Lande sind, soll der gesamte Ertrag als Nahrung dienen.

Das Jobeljahr: 25,8–19

[8]Zähle dir sieben Ruhejahre, also siebenmal sieben Jahre ab, sodass die Zeit der sieben Ruhejahre neunundvierzig Jahre beträgt. [9]Dann sollst du am zehnten Tag des siebten Monats die Lärmposaune erschallen lassen, am Versöhnungstag sollt ihr im ganzen Land die Lärmposaune erschallen lassen. [10]Heiligt das fünfzigste Jahr und verkündet Freiheit im Lande für alle Bewohner. Ein Jobeljahr soll es für euch sein. Da soll jeder wieder in den Besitz seines Grundeigentums gelangen und jeder zu seinem Geschlecht zurückkehren. [11]Ein Jobeljahr soll für euch das fünfzigste Jahr sein. Da dürft ihr nicht säen noch den Nachwuchs einernten noch an den nicht beschnittenen Weinstöcken Lese halten. [12]Denn es ist ein Jobeljahr, eine heilige Zeit für euch. Vom Felde weg dürft ihr aber essen, was es von selbst trägt.

[13]In einem solchen Jobeljahr soll jeder wieder zu seinem Grundeigentum kommen. [14]Wenn du deinem Nächsten etwas verkaufst oder von seiner Hand erwirbst, so dürft ihr nicht einander übervorteilen, [15]sondern gemäß der Zahl der Jahre seit

dem Jobeljahr sollst du von deinem
Nächsten kaufen, gemäß der Zahl der
Erntejahre soll er dir verkaufen. 16 Bei
einer größeren Zahl von Jahren sollst
du einen entsprechenden höheren
Kaufpreis und bei einer kleineren Zahl
einen entsprechend geringeren Kauf-
preis zahlen; denn er verkauft dir nur
eine Anzahl von Ernten. 17 Keiner
übervorteile den andern, sondern
fürchtet euch vor eurem Gott, denn
ich bin Jahwe, euer Gott.

18 So haltet denn meine Gebote und
erfüllt meine Satzungen und handelt
danach, dann werdet ihr in Sicherheit
im Lande wohnen. 19 Das Land wird
seinen Ertrag geben, sodass ihr euch
satt essen und in Sicherheit darin
wohnen könnt.

Zusammenfassung. Schluss: 26,1–2

26 1 Macht euch keine Götzen und
Schnitzbilder und stellt euch
keine Malsteine auf und errichtet
nicht Steine mit Bildwerken in eurem
Land, um sich davor niederzuwerfen,
denn ich bin Jahwe, euer Gott. 2 Beob-
achtet meine Sabbate und haltet mein
Heiligtum in Ehren. Ich bin Jahwe.

Segen: 26,3–13

3 Wenn ihr in meinen Satzungen wan-
delt und meine Gebote beobachtet
und sie erfüllt, 4 dann gebe ich euch
Regen zur rechten Zeit, dass der Bo-
den seinen Ertrag liefert und die Bäu-
me auf dem Feld ihre Früchte geben.
5 Da wird sich bei euch die Dreschzeit
bis zur Weinlese ausdehnen und die
Weinlese sich bis zur Aussaat hinzie-
hen. Ihr werdet Brot in Fülle zu essen
haben und sicher in eurem Lande
wohnen.

6 Ich will Frieden im Lande geben,
sodass ihr euch niederlegen könnt,
ohne dass euch jemand aufschreckt.
Ich lasse die wilden Tiere aus dem
Land verschwinden, und das Schwert
wird nicht in euer Land eindringen.
7 Ihr werdet eure Feinde in die Flucht
schlagen, und sie werden vor euch
durch das Schwert fallen. 8 Fünf von
euch sollen hundert in die Flucht
schlagen, und hundert von euch sol-
len zehntausend in die Flucht schla-
gen; eure Feinde werden durch das
Schwert fallen.

9 Ich will mich euch zuwenden,
euch mehren und zahlreich werden
lassen und meinen Bund mit euch auf-
rechterhalten.

10 Ihr werdet altes, abgelagertes Ge-
treide zu essen haben und das Alte
hinausschaffen müssen, um das neue
lagern zu können.

11 Ich will meine Wohnung in eurer
Mitte aufschlagen und keinen Wider-
willen gegen euch hegen, 12 sondern
in eurer Mitte wandeln und euer Gott
sein, und ihr sollt mein Volk sein.
13 Ich bin Jahwe, euer Gott, der euch
aus Ägypten herausgeführt hat, damit
ihr nicht länger ihre Sklaven wäret.
Ich zerbrach die Stangen eures Joches
und ließ euch aufrecht gehen."

Aus dem Buch Numeri

Die Segensformel: 6,22–27

22 Und Jahwe redete zu Mose also: 23 „Sprich zu Aaron und seinen Söhnen: So sollt ihr die Israeliten segnen, indem ihr zu ihnen sagt:

24 Jahwe segne dich und behüte dich!

25 Jahwe lasse sein Antlitz auf dich leuchten und sei dir gnädig!

26 Jahwe erhebe sein Antlitz hin zu dir und schaffe dir Heil!

27 Sie sollen so meinen Namen auf die Israeliten legen, und ich werde sie segnen."

Tabera: 11,1–3

11 1 Und das Volk lag Jahwe mit lauten Klagen in den Ohren, dass es ihm schlecht gehe. Als Jahwe das hörte, entbrannte sein Zorn, das Feuer Jahwes loderte unter ihnen auf und fraß am Rande des Lagers um sich. 2 Da schrie das Volk zu Mose, und Mose legte bei Jahwe Fürsprache ein, worauf das Feuer erlosch. 3 Jenem Ort gab man den Namen Tabera, weil da das Feuer Jahwes unter ihnen aufgelodert war.

Kibrot-Taawa. Klagen des Volkes: 11,4–9

4 Das Gesindel aber, welches sich unter ihnen befand, bekam heftige Gelüste, und da jammerten auch die Israeliten wieder und sprachen: „Wer gibt uns Fleisch zu essen? 5 Wir denken an die Fische zurück, die wir in Ägypten umsonst zu essen bekamen, an die Gurken und Melonen, an den Lauch, die Zwiebeln und den Knoblauch. 6 Jetzt aber sind wir am Verschmachten, gar nichts ist da, nichts als Manna bekommen wir vor die Augen."

7 Das Manna aber war wie Koriandersamen und sah aus wie Bdelliumharz. 8 Die Leute streiften umher und lasen es auf, dann mahlten sie es mit der Handmühle oder sie zerstießen es im Mörser, kochten es im Topf und machten Kuchen daraus; es schmeckte wie Ölkuchen. 9 Wenn nachts Tau auf das Lager fiel, fiel auch das Manna darauf herab.

Fürsprache des Mose: 11,10–15

10 Als Mose das Volk, Geschlecht um Geschlecht, jammern hörte, einen jeden am Eingang seines Zeltes, und Jahwes Zorn darob heftig entbrannt sein musste, missfiel Mose die Sache sehr, 11 und Mose sprach zu Jahwe: „Warum verfährst du so übel mit deinem Knechte, und warum finde ich so gar keine Gnade in deinen Augen, dass du die Last dieses ganzen Volkes auf mich legst? 12 War ich es denn, der dieses ganze Volk im Schoße trug, oder war ich es, der es gebar, dass du zu mir sagen könntest: Trag es an deinem Busen, wie die Wärterin den Säugling trägt, in das Land, das du seinen Vätern zugeschworen hast? 13 Woher soll ich Fleisch nehmen, um es diesem ganzen Volke zu geben? Sie

jammern mir ja vor: Gib uns doch Fleisch zu essen! 14 Ich allein bin nicht imstande, die Sorgenlast um dieses ganze Volk zu tragen; denn sie ist zu schwer für mich. 15 Willst du weiterhin so mit mir verfahren, dann töte mich lieber gleich ganz, wenn ich überhaupt noch in deinen Augen Gnade finden sollte, damit ich mein Elend nicht länger mehr anzusehen brauche."

Antwort Jahwes: 11,16–23

16 Da sprach Jahwe zu Mose: „Hole mir siebzig Männer aus den Ältesten Israels zusammen, von denen du weißt, dass sie wirklich Älteste und Leiter des Volkes sind. Nimm sie mit zum Offenbarungszelt, wo sie sich neben dir aufstellen sollen. 17 Ich werde dann herabkommen und dort mit dir reden; ich werde von dem Geiste, der auf dir ruht, nehmen und auf sie legen, damit sie mit dir an der Sorgenlast um das Volk tragen und du sie nicht mehr allein zu tragen brauchst.

18 Zum Volke aber sprich: Heiligt euch auf morgen! Da sollt ihr Fleisch zu essen bekommen. Ihr habt ja mit eurem Jammern Jahwe in den Ohren gelegen und gesprochen: Wer gibt uns Fleisch zu essen? In Ägypten ging es uns so gut. Jahwe wird euch nun Fleisch zu essen geben. 19 Nicht nur einen Tag sollt ihr es essen, auch nicht nur zwei oder fünf oder zehn oder zwanzig Tage, 20 nein, einen ganzen Monat lang, bis ihr es nicht mehr riechen könnt und es euch zum Ekel wird! Dies deswegen, weil ihr Jahwe, der mitten unter euch weilt, missachtet und ihm also vorgejammert habt: Warum sind wir denn überhaupt aus Ägypten fortgezogen?"

21 Mose entgegnete: „Sechshunderttausend Mann zu Fuß zählt das Volk, unter dem ich lebe, und du sagst: Fleisch werde ich ihnen geben, dass sie einen ganzen Monat zu essen haben! 22 Können so viele Schafe und Rinder für sie geschlachtet werden, dass es für sie ausreicht, oder sollen etwa alle Fische des Meeres für sie gefangen werden, dass es ihnen langt?"
23 Da sprach Jahwe zu Mose: „Ist etwa Jahwes Hand zu schwach? Bald sollst du sehen, ob mein Wort vor dir zutrifft oder nicht."

Die Wachteln: 11,31–35

31 Alsdann erhob sich, von Jahwe gesandt, ein Wind. Dieser brachte vom Meere her Wachteln und drückte sie auf das Lager nieder, etwa eine Tagreise weit nach jeder Richtung rings um das Lager, bis auf ungefähr zwei Ellen über dem Erdboden.
32 Da machte sich das Volk daran, jenen ganzen Tag und die ganze Nacht und noch den ganzen folgenden Tag die Wachteln einzufangen. Wer wenig zusammenbrachte, kam immerhin auf zehn Gomer. Sie breiteten sie für sich rings um das Lager (zum Dörren) aus. 33 Noch aber war das Fleisch zwischen ihren Zähnen, und noch war es nicht völlig aufgebraucht, da entbrannte auch schon Jahwes Zorn ge-

gen das Volk, und Jahwe schlug das Volk mit einer gar schweren Heimsuchung.

34 Den Namen jenes Ortes nannte man Kibrot-Taawa; denn dort begrub man das von Gelüsten getriebene Volk.

35 Von Kibrot-Taawa zog das Volk nach Hazerot weiter, und zu Hazerot lagerten sie.

Die Wasser von Meriba: 20,1–11

20 1 Dann kamen die Israeliten, die ganze Gemeinde, im ersten Monat in die Wüste Zin, und das Volk ließ sich in Kadesch nieder. Dort starb Mirjam und wurde daselbst begraben.

2 Die Gemeinde hatte einmal kein Wasser, und sie rotteten sich gegen Mose und Aaron zusammen. 3 Die Leute haderten mit Mose und schrien also: „Ach, wären wir doch auch umgekommen, als unsere Brüder vor Jahwe sterben mussten! 4 Warum habt ihr die Gemeinde Jahwes in diese Wüste da gebracht, dass wir samt unserem Vieh hier sterben? 5 Warum habt ihr uns aus Ägypten herausgeführt, um uns in diese schlimme Gegend zu bringen, in eine Gegend, wo keine Saat, kein Feigenbaum, kein Weinstock, kein Granatapfel gedeiht, wo es kein Wasser zu trinken gibt?“

6 Mose und Aaron aber gingen der Gemeinde aus den Augen hin zum Eingang des Offenbarungszeltes und warfen sich auf ihr Angesicht nieder. Da erschien ihnen die Herrlichkeit Jahwes. 7 Und Jahwe redete zu Mose also: 8 „Nimm den Stab, versammle die Gemeinde, du und dein Bruder Aaron, und gebietet vor ihren Augen dem Felsen, dass er sein Wasser spende! So lass für sie Wasser aus dem Felsen sprudeln, und tränke die Gemeinde samt ihrem Vieh!“

9 Mose nahm denn den Stab, wie er ihm befohlen hatte. 10 Dann versammelten Mose und Aaron die Gemeinde mit dem Blick zum Felsen hin, und er sprach zu ihnen: „Hört doch, ihr Widerspenstigen! Können wir wirklich aus diesem Felsen für euch Wasser sprudeln lassen?“ 11 Hierauf erhob Mose seine Hand und schlug mit seinem Stabe zweimal an den Felsen. Da kam Wasser in Menge heraus, und die Gemeinde samt ihrem Vieh trank davon.

Der König von Moab lässt Bileam rufen: 22,2–21

2 Balak, der Sohn Zippors, musste das alles, was Israel den Amoritern angetan hatte, mit ansehen, 3 und Moab geriet in große Furcht vor dem Volke, weil es so zahlreich war.

4 Moab kam das Grauen vor den Israeliten an, und Moab sprach zu den Ältesten Midians: „Nun wird dieser Haufen alles rings um uns abgrasen, wie das Rindvieh das Grün auf dem Felde abfrisst.“ Balak, der Sohn Zippors, war zu jener Zeit König über Moab. 5 Er sandte nun Boten an Bileam, den Sohn Beors, nach Petor am Flusse in das Land der Söhne von Ammaw, um ihn zu rufen, und ließ ihm

sagen: „Da ist ein Volk aus Ägypten ausgezogen, das hat das Land weit und breit überschwemmt und hält nun gerade die Gegend vor mir besetzt. 6 So komme nun und verfluche mir dieses Volk; denn es ist mir zu mächtig. Vielleicht vermag ich ihm dann eine Niederlage beizubringen und es aus dem Lande zu vertreiben. Ich weiß ja, wen du segnest, der ist gesegnet, und wen du verfluchst, der ist verflucht."

7 So reisten denn die Ältesten Moabs und Midians, mit Wahrsagerlohn versehen, ab, und als sie bei Bileam angekommen waren, richteten sie ihm den Auftrag Balaks aus. 8 Er aber sprach zu ihnen: „Bleibt heute Nacht hier, dass ich euch Bescheid mitgeben kann, wie Jahwe mich anweisen wird." Da blieben die Häuptlinge aus Moab bei Bileam. 9 Gott aber kam zu Bileam und sprach: „Wer sind diese Männer da bei dir?" 10 Und Bileam antwortete Gott: „Der Moabiterkönig Balak, der Sohn Zippors, ließ mir sagen: 11 Da ist ein Volk, das aus Ägypten ausgezogen ist und das Land weit und breit überschwemmt. Wohlan nun, verfluche es mir! Vielleicht kann ich dann mit ihm den Kampf aufnehmen und es vertreiben." 12 Nun sprach Gott zu Bileam: „Du darfst nicht mit ihnen ziehen! Du darfst das Volk nicht verfluchen, denn es ist gesegnet!" 13 So sagte denn Bileam, als er am Morgen aufgestanden war, den Häuptlingen Balaks: „Reist ab in euer Land! Denn Jahwe hat mir die Erlaubnis verweigert, mit euch zu ziehen." 14 Da brachen die moabitischen Häuptlinge auf, und als sie zu Balak kamen, meldeten sie: „Bileam hat sich geweigert, mit uns zu ziehen."

15 Hierauf entsandte Balak nochmals Häuptlinge, zahlreichere und angesehenere als die ersten. 16 Als diese bei Bileam ankamen, sagten sie zu ihm: „So spricht Balak, des Zippor Sohn: Lass dich doch nicht abhalten, zu mir zu reisen. 17 Ich will dich ja überreich belohnen und alle Ansprüche erfüllen, die du an mich stellst. Komm doch nur, verfluche mir dieses Volk!" 18 Doch Bileam entgegnete und sprach zu den Dienern Balaks: „Gäbe mir Balak auch an Silber und Gold so viel, als sein Haus zu fassen vermag, so könnte ich mich doch nicht über den Befehl Jahwes, meines Gottes, hinwegsetzen, weder im Kleinen noch im Großen. 19 Doch bleibt auch ihr mal jetzt heute Nacht hier, vielleicht, dass ich erfahre, was Jahwe etwa noch weiter mit mir sprechen wird." 20 Gott kam auch des Nachts zu Bileam und sagte zu ihm: „Sind die Männer doch wieder gekommen, um dich zu rufen? Mach dich doch mal auf und reise mit ihnen! Du darfst ja doch nur das tun, was ich dich heiße!" 21 Bileam aber machte sich am Morgen auf, sattelte seine Eselin und ging mit den moabitischen Häuptlingen.

Bileams Eselin: 22,22–35

22 Da entbrannte der Zorn Jahwes darüber, dass jener dahinzog, und der Engel Jahwes stellte sich ihm als Widersacher in den Weg, während jener

auf seiner Eselin dahinritt und von seinen beiden Dienern begleitet war. 23 Als die Eselin den Engel Jahwes, das gezückte Schwert in der Hand, auf dem Wege stehen sah, bog die Eselin vom Wege ab und ging ins Feld hinein. Da schlug Bileam die Eselin, um sie wieder auf den Weg zu lenken.

24 Hierauf stellte sich der Engel Jahwes in einen Hohlweg zwischen den Weinbergen, wo auf beiden Seiten eine Mauer war. 25 Als nun die Eselin den Engel Jahwes bemerkte, drängte sie sich an die Wand und presste dabei den Fuß Bileams an die Wand. Da schlug er sie abermals.

26 Alsdann ging der Engel Jahwes wiederum voraus und stellte sich an eine enge Stelle, wo kein Raum war, um nach rechts oder links auszubiegen. 27 Wie nun die Eselin den Engel Jahwes erblickte, legte sie sich unter Bileam nieder. Da geriet Bileam in Zorn, und er schlug die Eselin mit dem Stock.

28 Nun aber öffnete Jahwe der Eselin den Mund, und sie sprach zu Bileam: „Was habe ich dir getan, dass du mich nun schon dreimal geschlagen hast?“ 29 Da sprach Bileam zur Eselin: „Weil du deinen Mutwillen mit mir getrieben hast! Hätte ich doch nur ein Schwert zur Hand, wahrhaftig, ich hätte dich jetzt umgebracht!“ 30 Die Eselin entgegnete Bileam: „Bin ich denn nicht deine Eselin, auf der du von jeher bis zum heutigen Tag geritten bist? Habe ich denn hierin gefehlt, dir zu dienen?“ Er sagte: „Nein.“

31 Nun öffnete Jahwe Bileam die Augen, sodass er nun auch den Engel Jahwes, das gezückte Schwert in seiner Hand, auf dem Wege stehen sah. Da verneigte der sich und warf sich auf sein Angesicht nieder. 32 Der Engel Jahwes aber sprach zu ihm: „Warum hast du deine Eselin nun schon dreimal geschlagen? Sieh, ich bin es doch, der ausgezogen ist als dein Widersacher, da dein Weg zum Sturz vor mich hin zu werden verdiente. 33 Die Eselin hat mich bemerkt und ist schon dreimal vor mir ausgebogen. Wäre sie nicht vor mir ausgebogen, wahrhaftig, dann hätte ich dich umgebracht, sie aber am Leben gelassen.“ 34 Da sprach Bileam zum Engel Jahwes: „Ich habe gesündigt. Ich wusste ja nicht, dass du es warst, der mir auf dem Wege gegenüberstand. Nun aber will ich, wenn die Sache in deinen Augen vom Übel ist, umkehren.“ 35 Der Engel Jahwes jedoch antwortete Bileam: „Reise mit den Männern! Aber nur das, was ich dir eingebe, darfst du reden.“ Darauf machte sich Bileam mit den moabitischen Häuptlingen auf den Weg.

Aus dem Buch Deuteronomium

Zeit und Ort: 1,1–5

1 1 Das sind die Reden, welche Mose, an ganz Israel gehalten hat, jenseits des Jordan in der Wüste, (auch schon) in der Araba gegenüber Suf, zwischen Paran, Tofel, Laban, Hazerot und Di-Sahab – 2 elf Tagreisen sind es vom Horeb in der Richtung auf das Gebirge Seïr hin bis Kadesch-

Barnea. 3 Im vierzigsten Jahre, im elften Monat, am ersten Tage redete Mose zu den Israeliten genau so, wie ihm Jahwe an sie aufgetragen hatte. 4 Nachdem er den Amoriterkönig Sihon, welcher in Heschbon residierte, und Og, den König von Baschan, welcher in Aschtarot und in Edreï Hof hielt, geschlagen hatte, 5 unternahm es Mose jenseits des Jordan im Lande Moab, folgende Gesetzesbelehrung zu geben. Er sprach:

Letzte Anweisungen am Horeb: 1,6–18

6 Jahwe, unser Gott, hat am Horeb folgendermaßen zu uns geredet: „Lange genug währt nun euer Aufenthalt an diesem Berge. 7 Macht euch daran, aufzubrechen und zum Bergland der Amoriter und zu all ihren Nachbarstämmen zu ziehen, die in der Araba, im Berglande, in der Schefela, im Negeb und an der Meeresküste wohnen, in das Kanaanitergebiet und nach dem Libanon bis zum großen Strome, dem Eufratstrome. 8 Siehe, dies Land stelle ich euch zur Verfügung. Zieht hinein und nehmt das Land in Besitz, dessen Hergabe an sie und ihre Nachkommen Jahwe euren Vätern Abraham, Isaak und Jakob zugeschworen hat."

9 In jener Zeit sprach ich zu euch also: „Ich kann nicht allein (für) euch (Sorge) tragen. 10 Jahwe, euer Gott, hat euch so zahlreich werden lassen, dass ihr schon heute den Sternen am Himmel an Zahl gleichkommt. 11 Jahwe, der Gott eurer Väter, möge euch um euren jetzigen Bestand noch tausendmal vermehren und euch segnen, wie er euch zugesagt hat. 12 Wie aber soll ich ganz allein mich abschleppen mit der Last und Bürde, die ihr für mich bedeutet, und mit den Rechtshändeln, die ihr habt? 13 Bringt für jeden eurer Stämme weise, verständige und erfahrene Männer, damit ich sie als Oberhäupter über euch einsetze." 14 Da habt ihr mir geantwortet und gesagt: „Was du zu tun ankündigst, ist gut." 15 Ich nahm dann eure Stammesoberhäupter, weise und erfahrene Männer, und bestellte sie zu Oberhäuptern über euch, zu Tausendschafts-, Hundertschafts-, Fünfzigschafts- und Zehntschaftsführern sowie zu Amtmännern eurer Stämme, 16 und ich gebot zur gleichen Zeit euren Richtern also: „Hört an, (was) zwischen euren Volksgenossen (vorliegt), und fällt gerechte Urteile, was auch einer mit seinem Volksgenossen oder einem Fremden haben mag. 17 Schaut im Gerichte nicht auf die Person, den Geringsten müsst ihr genauso anhören wie den Angesehenen, vor keinem dürft ihr euch fürchten, denn beim Richten geht es um Gottes Sache! Streitfälle, deren Entscheidung euch zu schwer dünkt, legt mir vor, damit ich sie anhöre." 18 Auch gab ich euch damals genaue Anweisungen für euer Tun.

Der Dekalog: 5,1–22

5 1 Mose berief ganz Israel und sagte zu ihnen: Vernimm, Israel, die Bestimmungen und Rechtssatzungen,

die ich euch heute zu Gehör bringe!
Lernt sie und achtet darauf, sie durch-
zuführen!

2 Jahwe, unser Gott, hat am Horeb
mit uns einen Bund geschlossen.
3 Nicht mit unseren Vätern schloss
Jahwe diesen Bund, sondern mit uns,
die wir heute hier insgesamt lebendig
stehen. 4 Von Angesicht zu Angesicht
redete Jahwe auf dem Berge mitten
aus dem Feuer heraus mit euch – 5 ich
stand damals zwischen Jahwe und
euch, um euch Jahwes Worte mit-
zuteilen, da ihr vor dem Feuer Furcht
hattet und nicht auf den Berg stieget –,
er sprach:

6 „Ich bin Jahwe, dein Gott, der dich
aus dem Ägypterlande, dem Sklaven-
hause, herausgeführt hat.

7 Du sollst keine anderen Götter ha-
ben als mich.

8 Du sollst dir kein geschnitztes Bild
machen, kein Abbild von dem, was im
Himmel droben oder unten auf der Er-
de oder im Wasser unter der Erde ist!
9 Du sollst dich nicht vor diesen Bil-
dern niederwerfen und sie nicht ver-
ehren; denn ich, Jahwe, dein Gott, bin
ein eifernder Gott, der die Schuld der
Väter ahndet an den Kindern, Enkeln
und Urenkeln derer, die mich hassen,
10 der aber Huld bis ins tausendste
Glied denen erweist, die mich lieben
und meine Gebote halten.

11 Du sollst den Namen Jahwes, dei-
nes Gottes, nicht zu Frevlem miss-
brauchen; denn Jahwe lässt den nicht
ungestraft, der seinen Namen zu
Frevlem missbraucht.

12 Halte den Sabbattag, dass du ihn
heiligst, wie Jahwe, dein Gott, dir ge-
bot! 13 Sechs Tage sollst du arbeiten
und all dein Werk tun. 14 Der siebte
Tag aber ist Sabbat für Jahwe, deinen
Gott; da sollst du keinerlei Werk tun,
weder du selbst, noch dein Sohn,
noch deine Tochter, noch dein
Knecht, noch deine Magd, noch dein
Ochse, noch dein Esel, noch all dein
Vieh, noch dein Fremdling, der in dei-
nen Wohnorten weilt, damit dein
Knecht und deine Magd ruhen kön-
nen wie du. 15 Denke daran, dass du
selbst im Ägypterlande Sklave warst
und Jahwe, dein Gott, dich von dort
mit starker Hand und ausgestrecktem
Arme herausführte. Darum gebot dir
Jahwe, dein Gott, den Sabbattag zu
feiern.

16 Ehre deinen Vater und deine Mut-
ter, wie Jahwe, dein Gott, dir gebot,
damit deine Lebenstage lange währen
und es dir wohl ergehe in dem Lande,
das Jahwe, dein Gott, dir geben will.

17 Du sollst nicht töten!

18 Du sollst nicht ehebrechen!

19 Du sollst nicht stehlen!

20 Du sollst nicht als falscher Zeuge
gegen deinen Nächsten auftreten!

21 Du sollst nicht deines Nächsten
Frau begehren! Und du sollst nicht
Verlangen tragen nach deines Nächs-
ten Haus, Acker, Knecht, Magd, Ochs,
Esel oder sonst nach irgendetwas, was
deinem Nächsten gehört!“

22 Diese Worte redete Jahwe auf
dem Berge mitten aus dem im dunk-
len Gewölk (auflodernden) Feuer mit
gewaltiger Stimme zu eurer ganzen
Versammlung, weiter nichts; sie
schrieb er dann auf zwei steinerne Ta-
feln und übergab sie mir.

Mose als Mittler: 5,23–31

23 Als ihr nun die Stimme mitten aus
der Finsternis vernahmt, während der
Berg in Feuer stand, da kamt ihr zu
mir heran – all eure Stammesober-
häupter und Ältesten – und sagtet:
24 „Siehe, Jahwe, unser Gott, hat uns
seine Herrlichkeit und Größe gezeigt,
seine Stimme haben wir mitten aus
dem Feuer vernommen, heute haben
wir erlebt, dass Gott mit dem Men-
schen reden kann und dieser doch
am Leben bleibt. 25 Aber warum sollen
wir nun doch sterben? Dies gewaltige
Feuer verzehrt uns ja noch. Wenn wir
noch weiterhin die Stimme Jahwes,
unseres Gottes, anhören müssen,
müssen wir sterben. 26 Denn wo gibt
es irgendein menschliches Wesen,
das wie wir die Stimme des lebendi-
gen Gottes mitten aus dem Feuer hät-
te hören und am Leben bleiben kön-
nen? 27 Tritt du hinzu und höre dir all
das an, was Jahwe, unser Gott, spricht,
und du mögest dann uns all das mit-
teilen, was Jahwe, unser Gott, zu dir
reden wird. Wir wollen es hören und
ausführen!“

28 Jahwe vernahm eure lauten Re-
den bei eurer Rücksprache mit mir,
und Jahwe sagte zu mir: „Ich habe die
lauten Reden, die diese Leute mit dir
führten, vernommen; sie haben in al-
lem, was sie sprachen, Recht. 29 Möch-
te dies nur immer ihre Gesinnung
bleiben, dass sie mich fürchten und al-
lezeit alle meine Gebote halten, auf
dass es ihnen und ihren Kindern im-
merdar wohl ergehe! 30 Auf, sage ih-
nen: Geht zurück in eure Zelte! 31 Du
aber tritt hierher zu mir, ich will dir
die ganze Gesetzesweisung, die Be-
stimmungen und Rechtssatzungen
mitteilen, welche du sie lehren sollst,
dass sie danach tun in dem Lande,
das ich ihnen zu Eigen geben will!“

Die Liebe Jahwes als Wesen des Gesetzes:
5,32 – 6,13

32 Habt also Acht, so zu tun, wie Jah-
we, euer Gott, euch gebot, ohne da-
von nach rechts oder nach links abzu-
weichen. 33 Genau den Weg, welchen
Jahwe, euer Gott, euch gebot, sollt ihr
wandeln, damit ihr am Leben bleibt
und es euch gut ergehe und ihr lange
lebt in dem Lande, das ihr in Besitz
nehmen werdet.

6 1 Das sind die Gesetzesweisungen,
die Bestimmungen und Rechtssat-
zungen, welche Jahwe, euer Gott,
euch zu lehren gebot, dass ihr danach
tut in dem Lande, in welches ihr hinü-
berzieht, um es in Besitz zu nehmen.
2 Damit du Jahwe, deinen Gott, fürch-
test alle Tage deines Lebens und all
seine Bestimmungen und Gebote
hältst, die ich dir heute anbefehle –
du, dein Sohn und dein Enkel –, damit
deine Lebenstage lange währen. 3 So
höre denn, Israel, und habe Acht da-
rauf, danach zu tun, damit es dir wohl
ergehe und ihr ganz zahlreich werdet
– wie Jahwe, der Gott deiner Väter, dir
zugesagt hat – in dem Lande, das von
Milch und Honig fließt.

4 Höre, Israel! Jahwe, unser Gott, ist
der einzige Jahwe! 5 Du sollst Jahwe,
deinen Gott, lieben aus deinem gan-

zen Herzen, aus deiner ganzen Seele und mit all deiner Kraft! 6 Und diese Worte, welche ich dir heute anbefehle, sollen in deinem Herzen bleiben! 7 Auch deinen Kindern sollst du sie einschärfen und von ihnen reden, wenn du zu Hause weilst und wenn du auf Reisen bist, wenn du dich hinlegst und wenn du aufstehst. 8 Ja, du sollst sie als Zeichen auf deine Hand binden, sie sollen als Marken auf deiner Stirne sein, 9 und du sollst sie auf die Türpfosten deines Hauses und an deine Tore schreiben!

10 Wenn dich nun Jahwe, dein Gott, in das Land bringt, dessen Hergabe an dich er deinen Vätern Abraham, Isaak und Jakob zugeschworen hat, ein Land mit großen und schönen Städten, die du nicht gebaut hast, 11 mit Häusern voll von Gütern jeglicher Art, die du nicht aufgehäuft, mit ausgehauenen Zisternen, welche du nicht ausgehauen, mit Weinbergen und Ölbäumen, welche du nicht gepflanzt hast, und wenn du dich (dort) satt issest, 12 dann nimm dich in Acht, dass du nicht Jahwe vergissest, welcher dich aus dem Ägypterlande, dem Sklavenhause, herausgeführt hat. 13 Jahwe, deinen Gott, sollst du fürchten, ihn sollst du verehren und bei seinem Namen schwören.

Die Beschneidung des Herzens: 10,12–22

12 Und nun, Israel, was fordert Jahwe, dein Gott, von dir? Nichts anderes, als dass du Jahwe, deinen Gott, fürchtest, indem du auf all seinen Wegen wandelst, dass du ihn liebest und Jahwe, deinem Gotte, von ganzem Herzen und aus ganzer Seele dienest, 13 indem du – dir zum Guten – die Gebote und Bestimmungen Jahwes hältst, welche ich dir heute anbefehle.

14 Siehe, Jahwe, deinem Gotte, gehört der Himmel und der Himmel der Himmel, die Erde und alles, was auf ihr ist. 15 Und doch hat sich Jahwe einzig und allein an deine Väter hingegeben, sie zu lieben, und aus allen Völkern euch, ihre Nachkommen, erwählt, wie (es) heute (der Fall ist). 16 So beschneidet denn die Vorhaut eures Herzens und zeigt euch nicht weiter halsstarrig! 17 Denn Jahwe, euer Gott, ist der Gott der Götter und der Herr der Herren, der große und gewaltige und furchtbare Gott, der nicht Partei ergreift und keine Bestechung annimmt, 18 der Waisen und Witwen Recht schafft und den Fremdling liebt, indem er ihm Nahrung und Kleidung gibt. 19 So sollt auch ihr den Fremdling lieben; denn ihr seid Fremdlinge im Ägypterlande gewesen! 20 Jahwe, deinen Gott, sollst du fürchten, ihm dienen, ihm anhangen und bei seinem Namen schwören! 21 Er ist dein Ruhm, er dein Gott, der, (indem er) mit dir (war), jene gewaltigen und furchtbaren Taten wirkte, welche du mit eigenen Augen sahest! 22 Mit siebzig Seelen zogen deine Väter hinab nach Ägypten, und jetzt hat dich Jahwe, dein Gott, so zahlreich wie die Sterne des Himmels gemacht.

Das Sabbatjahr: 15,1–11

15 1 Jedes siebte Jahr sollst du Erlass gewähren. 2 Und mit dem Erlass soll es also gehalten werden: Jeder Gläubiger erlasse sein Handdarlehen, das er seinem Nächsten gewährte; seinen Nächsten und seinen Volksgenossen dränge er nicht; denn man hat einen Erlass (zu Ehren) Jahwes ausgerufen. 3 Den Ausländer kannst du drängen; was du aber bei deinem Volksgenossen stehen hast, das sollst du erlassen. 4 Freilich wird es bei dir keinen Armen geben; denn Jahwe wird dich reichlich segnen in dem Lande, welches Jahwe, dein Gott, dir zum Erbanteil geben wird, dass du es besitzest, 5 falls du nur wirklich auf die Stimme Jahwes, deines Gottes, hörst, um diese ganze Gesetzesweisung, die ich dir heute anbefehle, zu beobachten und durchzuführen. 6 Denn Jahwe, dein Gott, hat dich, wie er dir verheißen hat, gesegnet, sodass du vielen Völkern borgen kannst, du selber aber nicht zu borgen brauchst und so über viele Völker herrschest, sie aber nicht über dich herrschen werden.

7 Ist unter dir ein Armer, irgendeiner von deinen Volksgenossen, in einer deiner Ortschaften in dem Lande, welches Jahwe, dein Gott, dir geben will, so sollst du nicht dein Herz verhärten und vor deinem armen Volksgenossen deine Hand nicht verschließen, 8 vielmehr ihm deine Hand weit auftun und ihm gerne leihen, so viel er in seiner Not, an der er leidet, braucht. 9 Nimm dich in acht, dass in deinem Innern nicht der nichtswürdige Gedanke aufkomme: das siebte Jahr, das Erlassjahr, steht bevor! und dass du deinen armen Volksgenossen nicht unwillig anblickst und ihm nichts gebest. Er würde sonst wider dich zu Jahwe rufen, und auf dir läge schwere Schuld. 10 Du sollst ihm bereitwillig geben ohne Missmut darüber, dass du ihm geben musst. Denn für diese Tat wird Jahwe, dein Gott, dich in all deinem Tun und all dem Schaffen deiner Hände segnen. 11 Denn nie wird es im Lande an Armen fehlen. Darum gebiete ich dir hiermit also: Tue für deinen bedrückten und armen Volksgenossen weit deine Hand auf!

Die Feste: Pascha und ungesäuerte Brote: 16,1–8

16 1 Achte auf den Monat Abib, dass du Jahwe, deinem Gotte, Pascha haltest. Denn Jahwe, dein Gott, führte dich im Monat Abib des Nachts aus Ägypten weg. 2 Und du sollst Jahwe, deinem Gotte, als Pascha Schafe und Rinder schlachten an der Stätte, welche Jahwe erwählt, um seinen Namen dorthin zu legen. 3 Du darfst aber nichts Gesäuertes dazu essen; sieben Tage lang sollst du ungesäuerte Brote dazu essen, das Elendsbrot – denn in eiliger Hast bist du aus dem Ägypterlande weggezogen –, auf dass du des Tages deines Auszuges aus dem Ägypterlande dein ganzes Leben lang gedenkest. 4 Und in deinem ganzen Gebiete darf sieben Tage lang bei dir kein Sauerteig zu sehen sein; und von dem Fleisch, das du am ersten Ta-

ge abends opferst, darf nichts über
Nacht bis zum Morgen bleiben. 5 Du
darfst das Pascha nicht in einer deiner
Ortschaften, die Jahwe, dein Gott, dir
geben will, opfern. 6 Du musst vielmehr an die Stätte (gehen), die Jahwe,
dein Gott, erwählt, um seinen Namen
daselbst wohnen zu lassen. Da sollst
du das Pascha opfern am Abend, um
Sonnenuntergang, um die Stunde deines Auszugs aus Ägypten, 7 und du
sollst es auch kochen und verzehren
an der Stätte, die Jahwe, dein Gott, erwählt! Am anderen Morgen kannst du
dann wieder nach Hause ziehen.
8 Sechs Tage lang sollst du ungesäuerte
Brote essen, und am siebten Tage soll
eine Festversammlung zu Ehren Jahwes, deines Gottes, stattfinden; da
darfst du keine Arbeit tun.

Andere Feste: 16,9–17

9 Sieben Wochen sollst du dir abzählen; von da, wo man die Sichel an das
Getreide legt, sollst du mit dem Zählen der Wochen beginnen. 10 Und
dann sollst du Jahwe, deinem Gotte,
das Wochenfest feiern mit den freiwilligen Gaben, welche deine Hand je
nach dem Segen zu spenden vermag,
den Jahwe, dein Gott, dir verleiht,
11 und sollst vor Jahwe, deinem Gotte,
fröhlich sein, du, dein Sohn und deine
Tochter, dein Knecht und deine Magd,
der Levit, welcher sich an deinen
Wohnorten aufhält, und der Fremdling, die Waise und die Witwe, die unter dir wohnen – an der Stätte, welche
Jahwe, dein Gott, erwählt, um seinen
Namen dort wohnen zu lassen. 12 Bedenke, dass du Sklave in Ägypten
warst, und achte darum genau auf die
Befolgung dieser Bestimmungen.

13 Das Laubhüttenfest sollst du sieben Tage lang feiern, wenn du den Ertrag von deiner Tenne und Kelter einbringst, 14 und sollst an deinem Feste
fröhlich sein, du, dein Sohn und deine
Tochter, dein Knecht und deine Magd,
der Levit und der Fremdling, die Waise und die Witwe, die in deinen Ortschaften wohnen. 15 Sieben Tage lang
sollst du das Fest Jahwe, deinem Gotte, an der Stätte feiern, welche Jahwe
erwählt. Denn Jahwe, dein Gott, wird
dich in deiner gesamten Ernte und all
dem Schaffen deiner Hände segnen,
und darum sollst du fürwahr fröhlich
sein.

16 Dreimal im Jahre soll alles, was
bei dir männlich ist, das Angesicht
Jahwes, deines Gottes, schauen an der
Stätte, welche er erwählt: am Fest der
ungesäuerten Brote, am Wochenfeste
und am Laubhüttenfeste. Niemand
darf aber das Angesicht Jahwes mit
leeren Händen schauen; 17 jeder (bringe), was er geben kann je nach dem
Segen Jahwes, deines Gottes, den er
dir verlieh.

Die Sendung Josuas: 31,1–8

31 1 Und Mose ging hin und redete
zu ganz Israel diese Worte. 2 Er
sprach zu ihnen: „Ich bin jetzt hundertzwanzig Jahre alt, ich vermag
nicht mehr aus- und einzuziehen.
Und Jahwe hat zu mir gesprochen:

‚Du wirst den Jordan da nicht über-
schreiten.‘ 3 Jahwe, dein Gott, will sel-
ber vor dir hinüberziehen, er wird die-
se Völker vor dir vernichten, sodass
du in ihren Besitz eintreten kannst.
Josua, er wird vor dir hinüberziehen,
wie Jahwe angeordnet hat. 4 Und Jah-
we wird mit ihnen verfahren, wie er
mit den Amoriterkönigen Sihon und
Og samt ihrem Lande verfahren ist,
die er vernichtet hat. 5 Jahwe wird sie
euch preisgeben, dass ihr mit ihnen
ganz genau nach dem Befehle verfah-
ret, den ich euch gab. 6 Seid mutig und
stark! Fürchtet euch nicht, und er-
schrecket nicht vor ihnen! Denn Jah-
we, dein Gott, ist es, der mit dir zieht!
Nicht wird er von dir lassen und dich
im Stiche lassen."

7 Dann berief Mose den Josua und
sprach zu ihm in Gegenwart von ganz
Israel: „Sei mutig und stark! Denn du
wirst dieses Volk in das Land bringen,
dessen Hergabe an sie Jahwe ihren Vä-
tern eidlich zugesichert hat, und du
wirst es auch unter sie verteilen. 8 Jah-
we aber selber ist es, der vor dir herz-
ieht, er wird mit dir sein, nicht von dir
lassen und dich nicht im Stiche lassen.
Fürchte dich nicht und verzage nicht!"

Feierliche Lesung des Gesetzes im Kult:
31,9–13

9 Dann schrieb Mose dieses Gesetz auf
und übergab es den Priestern, den
Söhnen Levis, die die Lade des Bundes
Jahwes tragen, und allen Ältesten Isra-
els. 10 Dabei gab ihnen Mose folgenden
Auftrag: „Nach Ablauf von sieben Jah-
ren, im Erlassjahr, am Laubhüttenfes-
te, 11 wenn ganz Israel, um das Ange-
sicht Jahwes, deines Gottes, zu
schauen, an die Stätte kommt, die er
erwählt, sollst du dieses Gesetz vor
ganz Israel laut vorlesen. 12 Du sollst
das Volk versammeln, die Männer,
Frauen und Kinder, sowie den Fremd-
ling bei dir, der sich in deinen Ort-
schaften aufhält, damit sie es hören
und lernen, Jahwe, euren Gott, zu
fürchten und darauf bedacht zu sein,
alle Worte dieses Gesetzes zu erfüllen.
13 Namentlich ihre Kinder, die es nicht
kennen, sollen es hören und lernen,
Jahwe, euren Gott, zu fürchten, solan-
ge ihr überhaupt in dem Lande lebt, in
das ihr nun, um es in Besitz zu neh-
men, über den Jordan zieht."

Anweisungen Jahwes: 31,14–18

14 Darauf sprach Jahwe zu Mose: „Sie-
he, deine Tage nähern sich dem Ster-
ben. Rufe Josua, und tretet in das Of-
fenbarungszelt, dass ich ihm meine
Befehle geben kann!" Da gingen Mose
und Josua hin und traten in das Offen-
barungszelt. 15 Darauf erschien Jahwe
im Zelte in einer Wolkensäule, und
die Wolkensäule stand am Eingang
des Zeltes.

16 Dann sprach Jahwe zu Mose:
„Siehe, du wirst nun zu deinen Vätern
entschlafen. Dieses Volk aber wird
sich aufmachen und sich in seiner Mit-
te hurerisch mit den fremden Göttern
des Landes abgeben, in das es jetzt
zieht. Es wird mich verlassen und mei-
nen Bund brechen, den ich mit ihm

geschlossen habe. 17 Mein Zorn aber wird an jenem Tage wider es entbrennen, ich werde sie verlassen und mein Antlitz vor ihnen verbergen, sodass sie reif werden zur Vernichtung und viele Übel und Drangsale es treffen. In jener Zeit wird es dann sprechen: Offenbar haben mich deswegen, weil mein Gott nicht in meiner Mitte ist, diese Übel getroffen! 18 Doch werde ich zu jener Zeit mein Antlitz unerbittlich verborgen halten wegen all des Bösen, das es, da es sich anderen Göttern zuwandte, verübte.

Das Lied zum Zeugnis: 31,19–23

19 So schreibe dir jetzt dieses Lied auf und lehre es die Israeliten! Lege es ihnen in den Mund, damit mir dieses Lied zum Zeugen wider die Israeliten diene! 20 Wenn ich es in das Land bringe, das ich seinen Vätern zugeschworen, das Land, das von Milch und Honig fließt, wenn es sich dann satt isst und fett wird und sich anderen Göttern zuwendet, um ihnen zu dienen, mich aber verwirft und meinen Bund bricht 21 und wenn es viele Übel und Drangsale treffen, dann soll dieses Lied – es soll ja unvergessen im Munde seiner Nachkommen bleiben – vor ihm Zeugnis ablegen, dass ich schon heute, ehe ich es in das Land brachte, das ich (seinen Vätern) zugeschworen, wusste, was es seiner Neigung gemäß tun werde.“ 22 So schrieb denn Mose damals das nachfolgende Lied nieder und lehrte es dann die Israeliten.

23 Und er gebot Josua, dem Sohn Nuns, und sprach: „Sei mutig und stark! Denn du sollst die Israeliten in das Land bringen, das ich ihnen zugeschworen habe, und ich werde mit dir sein!“

Der Platz des Gesetzes neben der Lade: 31,24–27

24 Als Mose damit fertig war, den Wortlaut dieses Gesetzes in ein Buch vollständig aufzuzeichnen, 25 gebot Mose den Leviten, welche die Lade des Bundes Jahwes tragen, also: 26 „Nehmt dieses Buch mit dem Gesetze und legt es neben die Lade des Bundes Jahwes, eures Gottes, dass es dort wider dich zum Zeugen diene. 27 Ich kenne nämlich deine Widerspenstigkeit und Halsstarrigkeit. Siehe, jetzt schon, da ich noch lebend unter euch weile, seid ihr widerspenstig gegen Jahwe gewesen! Wie viel mehr werdet ihr es nach meinem Tode sein!“

Das Gesetz als Lebensquelle: 32,45–47

45 Als Mose damit fertig geworden war, ganz Israel alle diese Worte vorzutragen, 46 sprach er zu ihnen: „Nehmt alle Worte zu Herzen, die ich euch heute feierlich einschärfe und die ihr eueren Kindern anbefehlen sollt, dass sie darauf bedacht sind, alle Worte dieses Gesetzes durchzuführen. 47 Denn nicht leeres Gerede ist es für euch, vielmehr ist es euer Leben! Durch dieses Wort nämlich werdet

ihr ein langes Leben haben in dem
Lande, in das ihr nun über den Jordan
hinüberzieht, um es in Besitz zu neh-
men."

Ankündigung von Moses Tod: 32,48–52

48 An eben diesem Tage redete dann
Jahwe zu Mose also: 49 „Steig auf das
Abarimgebirge hier hinauf, auf den
Berg Nebo, der im Lande Moab gegen-
über von Jericho liegt, und beschaue
das Land Kanaan, welches ich den Is-
raeliten zum Besitze geben will.
50 Und dann sollst du auf dem Berge,
den du nun besteigst, sterben und zu
deinen Stammesgenossen versammelt
werden, wie dein Bruder Aaron auf
dem Berge Hor starb und zu seinen
Stammesgenossen versammelt wurde,
51 weil ihr euch inmitten der Israeliten
beim Haderwasser von Kadesch in der
Wüste Zin gegen mich vergangen
habt, weil ihr mich inmitten der Israe-
liten nicht heilig gehalten habt.
52 Denn du darfst das Land nur von ge-
genüber sehen, aber hinein sollst du
nicht kommen in das Land, das ich
den Israeliten geben will."

Moses Tod: 34,1–12

34 1 Mose stieg nun aus den Step-
pen Moabs hinauf auf den Berg
Nebo, den Gipfel des Pisga(gebirges),
das gegenüber von Jericho liegt, und
Jahwe zeigte ihm das ganze Land: Gi-
lead bis Dan, 2 ganz Naftali, das Gebiet
Efraims und Manasses und das ganze
Gebiet von Juda bis zum westlichen
Meere, 3 das Südland und den (Jor-
dan-)Kreis, die Ebene der Palmenstadt
Jericho nämlich bis Zoar. 4 Und Jahwe
sprach zu ihm: „Das ist das Land, wel-
ches ich Abraham, Isaak und Jakob
mit den Worten zugeschworen: Dei-
nen Nachkommen will ich es geben!
Ich habe es dich mit eigenen Augen
schauen lassen, aber dort hinüber
wirst du nicht kommen!"

5 Dort im Lande Moab starb dann
Mose, der Knecht Jahwes, nach dem
Geheiß Jahwes, 6 und er begrub ihn
im Tale im Lande Moab gegenüber
von Bet-Pegor; aber niemand kennt
sein Grab bis auf den heutigen Tag.
7 Mose war hundertzwanzig Jahre alt,
als er starb; sein Auge war nicht matt
geworden und seine Frische nicht ge-
wichen. 8 Die Israeliten weinten drei-
ßig Tage lang um Mose in den Steppen
Moabs, dann war die Zeit der Trauer-
klage um Mose zu Ende. 9 Josua aber,
der Sohn Nuns, war erfüllt vom Geist
der Weisheit, da ihm Mose seine Hän-
de aufgelegt hatte, und die Israeliten
gehorchten ihm und taten, wie Jahwe
Mose geboten hatte.

10 In Israel aber stand fortan kein
Prophet mehr auf wie Mose, mit dem
Jahwe von Angesicht zu Angesicht
verkehrt hätte, 11 mit all den Zeichen
und Wundern, zu denen ihn Jahwe
entsandte und die er im Ägypterlande
an Pharao, an all seinen Dienern und
an seinem ganzen Lande wirkte,
12 und mit all der starken Macht und
all der gewaltigen Furchtbarkeit, die
Mose vor den Augen ganz Israels be-
wiesen hat.

7 Die Eroberung des verheißenen Landes und seine Frühgeschichte

Aus den Büchern Josua, Richter, Rut und 1 Samuel

Nach dem Tod des Mose beruft Gott den Josua. Es ist immer schwierig, Nachfolger eines begnadeten Führers zu sein. Doch Gott ermutigt Josua: „Also sei ohne Furcht und Angst; denn Jahwe, dein Gott, ist mit dir überall, wohin du auch gehst“ (Jos 1,9). Unter Josua darf das Volk den Jordan überschreiten und das Gelobte Land in Besitz nehmen. Gott schärft dem Josua immer wieder ein, dass er sich an alle Weisungen halten solle, die er dem Volk durch Mose gegeben hat. Dann wird sein Tun gelingen. Vor seinem Tod beschwört Josua das Volk, unter allen Umständen an den Geboten Gottes festzuhalten und keine fremden Götter zu verehren. Und er schließt mit dem Volk einen Bund. Dabei erinnert er das Volk an alles, was Gott an ihm getan hat. – Seine Schilderung der Taten Gottes am Volk können wir als Bild für alles nehmen, was Gott in unserem persönlichen Leben an uns getan hat. Auch da hat er uns bewahrt vor Feinden und hat uns durch die Wüste hindurchgeführt, damit wir mehr und mehr als Söhne und Töchter Gottes das einmalige Bild leben, das Gott sich von uns gemacht hat.

Trotz der Mahnung des Josua fällt das Volk wiederholt von Jahwe ab. Abfall bedeutet immer auch Bedrängtwerden von fremden Völkern, unfrei sein, in Abhängigkeit geraten. So beruft Gott immer wieder Richter, die das Volk von der Herrschaft fremder Völker befreien. Wen Gott auswählt, dem gibt er besondere Kraft, wie dem Gideon, der aus der schwächsten Sippe aus Manasse stammt (Ri 6,15), und Simson, der alleine alle Feinde besiegt, solange er als Ausdruck seines Vertrauens auf Gott seine Haare wachsen lässt. Als seine Frau durch List den Grund seiner Kraft erfährt und ihm die Haare schneiden lässt, wird er schwach wie ein gewöhnlicher Mensch. – Das kommt uns allzu magisch vor. Doch diese spannende Geschichte um den Simson, die uns auch heute noch zu fesseln vermag, zeigt uns: Es gibt ein Geheimnis zwischen Gott und uns, über das wir nicht sprechen können. Der tiefste Grund unserer Kraft und unserer Fruchtbarkeit ist immer ein Geschenk, mit dem wir nicht angeben dürfen. Es ist Gabe und Auftrag, aber nicht Besitz.

Eine wunderschöne Erzählung ist das Buch Rut. *Elimelech, ein Israelit aus Betlehem, war wegen einer Hungersnot nach Moab, ins heidnische Ausland, ausgewandert. Seine Söhne nehmen sich moabitische Frauen. Als er und seine Söhne sterben, möchte Noomi zurück in die Heimat. Sie fordert ihre Schwiegertöchter auf, zu ihren Müttern heimzukehren. Doch Rut geht mit ihr. Sie sagt zu ihr das herrliche Wort: „Wo du hingehst, will auch ich hingehen; wo du weilst, will auch ich weilen; dein Volk ist mein Volk, und dein Gott ist mein Gott" (Rut 1,16f.). Sie wird von einem Verwandten ihres Schwiegervaters, von Boas, in der so genannten „Schwagerehe" ausgelöst. Ihr Sohn Obed wird der Großvater Davids.*

Das Buch Rut schildert nicht nur die Liebe und Treue der moabitischen Frau, sondern ist auch eine Mahnung, rassistisches und dogmatisches Denken zu übersteigen. Das „Heidnische", das in Rut in den Stammbaum Davids und dadurch auch in den Stammbaum Jesu kommt, ist nichts Schlechtes. Auch darin liegt eine wichtige Wurzel christlichen Lebens.

Hanna, die Frau des Elkana, leidet an ihrer Unfruchtbarkeit. So geht sie zum Herrn und schüttet ihm ihr Herz aus. Der Herr erhört sie und schenkt ihr einen Sohn: Samuel *(= „Ich habe ihn vom Herrn erbeten"). Hannas Danklied wird zum Vorbild für das Magnificat, das Maria singt, als sie von Elisabet selig gepriesen wird wegen des göttlichen Kindes, das sie in sich trägt. Samuel wird schon als Kind in den Tempel gebracht. Dort erfährt er in der Nacht seine Berufung durch Gott. Er wird zum Propheten für das Volk. Doch das Volk möchte einen König wie die anderen Völker. Ein Prophet ist ihm zu wenig. Widerwillig gibt Samuel nach. Er bekommt von Gott den Auftrag, Saul zum König zu salben. Als Saul von Samuel gesalbt wird, verwandelt Gott Sauls Herz und dieser gerät in prophetische Verzückung. Das Volk wählt nun Saul zum König. Samuel weist das Volk darauf hin, dass es durch sein Verlangen nach einem König abgewichen ist vom Vertrauen auf Gott. Und er ermahnt die Israeliten, Gottes Gebote zu halten. Dann wird Gott sie mit ihrem König schützen. Saul kämpft gegen die Feinde und hat Erfolg. Doch schon bald wird er ungehorsam gegenüber Gottes Weisung und wird von Gott als König verworfen. Gott verlangt Gehorsam und Hinhören auf seine Weisung. „Gehorsam ist besser als Opfer, Hinhören besser als das Fett von Widdern" (1 Sam 15,22).*

Aus dem Buch Josua

Aufforderung, in das verheißene Land zu ziehen: 1,1–5

1 1 Nach dem Tode des Mose, des
Knechtes Jahwes, redete Jahwe zu
Josua, dem Sohne Nuns, dem Diener
Moses, und sprach: 2 „Mose, mein
Knecht, ist tot. Nun auf und zieh über
den Jordan da, du und dieses ganze
Volk, in das Land, das ich den Israeli-
ten gebe. 3 Jeden Ort, den eure Fuß-
sohle betritt, gebe ich euch, wie ich es
Mose gesagt habe. 4 Von der Wüste
und dem Libanon bis zum großen
Strom, dem Eufrat, und bis zum Gro-
ßen Meer gegen Sonnenuntergang,
das soll euer Gebiet sein. 5 Niemand
wird dir alle Zeit deines Lebens stand-
halten können: Ich werde mit dir sein,
wie ich mit Mose gewesen bin; ich
werde dich nicht verlassen und dich
nicht preisgeben.

Gesetzestreue, die Voraussetzung göttlicher Hilfe: 1,6–9

6 Sei stark und fest, denn du selbst
sollst diesem Volk das Land zum Be-
sitz geben, das ihnen zu geben ich
ihren Vätern geschworen habe. 7 Nur
sei stark und fest und achte darauf,
nach dem ganzen Gesetz zu handeln,
das mein Knecht Mose dir vor-
geschrieben hat; weiche nicht davon
ab, weder zur Rechten noch zur Lin-
ken, damit es dir auf allen Wegen ge-
linge. 8 Das Buch dieses Gesetzes sei
allezeit auf deinen Lippen; sinne darü-
ber Tag und Nacht, dass du darauf
achtest, nach allem zu handeln, was
darin geschrieben ist. Dann hast du
Glück in deinem Unternehmen, dann
wird es dir gelingen. Gab ich dir nicht
dieses Gebot: 9 Sei stark und fest? Also
sei ohne Furcht und Angst, denn Jah-
we, dein Gott, ist mit dir überall, wo-
hin du auch gehst."

Beistand der Ostjordanstämme: 1,10–18

10 Dann gab Josua den Schreibern des
Volkes diesen Befehl: 11 „Geht durch
das Lager und sagt zum Volk: Ver-
sorgt euch mit Vorrat, denn in drei Ta-
gen werdet ihr durch den Jordan da
ziehen, um das Land zu besetzen, das
Jahwe, euer Gott, euch zum Besitz
gibt." 12 Und zu den Rubenitern, Gadi-
tern und dem halben Stamm Manasse
sprach Josua also: 13 „Denkt an das,
was Mose, der Knecht Jahwes, euch
befohlen: Jahwe, euer Gott, verschafft
euch Ruhe und gibt euch dieses Land
hier. 14 Eure Frauen, eure Kinder und
euer Vieh mögen in dem Land blei-
ben, das euch Mose jenseits des Jordan
gegeben hat. Ihr aber, ihr wehrhaften
Männer alle, sollt an der Spitze eurer
Brüder ziehen und ihnen Beistand
leisten, 15 bis Jahwe euren Brüdern Ru-
he verschafft so wie euch, wenn auch
sie das Land besetzt haben, das Jahwe,
ihr Gott, ihnen geben will. Dann
könnt ihr in das Land zurückkehren,
das euch gehört und das euch Mose,
der Knecht Jahwes, gegeben hat jen-
seits des Jordan gegen Sonnenauf-
gang." 16 Da antworteten sie dem Jo-

sua: „Alles, was du uns befohlen hast, werden wir tun, und überall, wohin du uns sendest, werden wir gehen. 17 Ganz so wie wir auf Mose hörten, werden wir auf dich hören. Nur möge Jahwe, dein Gott, mit dir sein, wie er mit Mose war! 18 Jeder, der sich gegen deine Stimme erhebt und deinen Weisungen nicht gehorcht, was du ihm auch befiehlst, der muss sterben. Du aber, sei stark und fest!"

Vorbereitungen für den Durchzug: 3,1–6

3 1 Josua erhob sich früh am Morgen und brach von Schittim mit allen Israeliten auf. Sie gelangten bis zum Jordan und übernachteten dort, bevor sie hindurchzogen. 2 Nach Verlauf von drei Tagen gingen die Schreiber durch das Lager 3 und befahlen dem Volk: „Wenn ihr die Lade des Bundes Jahwes, eures Gottes, seht und die levitischen Priester, die sie tragen, dann sollt ihr von dem Ort, an dem ihr steht, aufbrechen und ihr folgen, 4b damit ihr wisst, welchen Weg ihr nehmen sollt, denn noch nie seid ihr auf diesem Weg gezogen. 4a Nur muss zwischen euch und der Lade ein Abstand von etwa zweitausend Ellen bleiben: Kommt ihr nicht nahe!" 5 Josua sprach zum Volk: „Heiligt euch für morgen, denn morgen wird Jahwe in eurer Mitte Wunder wirken", 6 und zu den Priestern sprach Josua: „Hebt die Lade des Bundes auf und zieht damit vor dem Volke!" Diese hoben die Lade des Bundes auf und zogen vor dem Volk.

Letzte Anweisungen: 3,7–13

7 Jahwe sprach zu Josua: „Heute will ich beginnen, dich groß zu machen in den Augen ganz Israels, damit es erkenne, dass ich mit dir sein werde, wie ich mit Mose gewesen bin. 8 Du aber sollst den Priestern, die die Lade des Bundes tragen, diesen Befehl geben: ‚Sobald ihr an den Rand der Wasser des Jordan kommt, sollt ihr euch im Jordan selbst aufstellen.'" 9 Dann sprach Josua zu den Israeliten: „Nahet und höret die Worte Jahwes, eures Gottes!" 10 Und Josua sprach: „Daran werdet ihr erkennen, dass ein lebendiger Gott in eurer Mitte ist und dass er den Kanaaniter, Hetiter, Perisiter, Girgaschiter, Amoriter und Jebusiter sicherlich vor euch her vertreiben wird. 11 Seht, die Lade Jahwes, des Herrn der ganzen Erde, wird vor euch durch den Jordan hindurchziehen. 12 Nun wählet zwölf Männer aus den Stämmen Israels, aus jedem Stamm einen. 13 Sobald die Priester, die die Lade Jahwes, des Herrn der ganzen Erde, ihre Fußsohle in die Wasser des Jordan gesetzt haben, werden die Wasser des Jordan gespalten, die Wasser, die von oben herabkommen, und sie werden stehen bleiben wie ein einziger Haufen."

Der Durchzug durch den Fluss: 3,14–17

14 Als nun das Volk vom Lager aufbrach, um durch den Jordan zu ziehen, trugen die Priester die Lade des Bundes vor dem Volk, 15 und als die Träger der Lade an den Jordan kamen und die Fü-

ße dieser Priester die Wasser berührten – der Jordan aber floss über die Ufer während der ganzen Erntezeit –, 16 da blieben die Wasser von oben stehen und bildeten einen einzigen Haufen in großer Entfernung, weit weg bis an die Grenze von Zaretan [bei der Stadt Adam], während die zum Meer der Araber oder Salzmeer abfließenden Wasser völlig versiegten; das Volk zog hindurch gegenüber von Jericho. 17 Die Priester, die die Lade des Bundes Jahwes trugen, standen im Trockenen still, mitten im Jordan, und ganz Israel zog im Trockenen hindurch, bis das ganze Volk den Durchzug durch den Jordan vollendet hatte.

Die zwölf Denksteine: 4,1–9

4 1 Als das ganze Volk den Durchzug durch den Jordan vollendet hatte, sprach Jahwe zu Josua also: 2 „Wählet zwölf Männer aus dem Volk, aus jedem Stamm einen, 3 und gebt ihnen diesen Befehl: ‚Hebet von hier, mitten aus dem Jordan, zwölf Steine auf, nehmt sie mit euch und legt sie an dem Lagerplatz nieder, wo ihr die Nacht verbringen werdet.'" 4 Josua rief die zwölf Männer, die er unter den Israeliten hatte bestimmen lassen, aus jedem Stamm einen, 5 und sprach zu ihnen: „Zieht vor der Lade Jahwes, eures Gottes, hindurch bis zur Mitte des Jordan, und jeder von euch nehme einen Stein auf seine Schulter nach der Zahl der Stämme der Israeliten, 6 um daraus ein Zeichen in eurer Mitte zu machen; denn eines Tages werden eure Kinder euch fragen: ‚Was bedeuten diese Steine für euch?' 7 Dann sollt ihr ihnen sagen: ‚Dass die Wasser des Jordan sich gespalten haben vor der Lade des Bundes Jahwes, als sie durch den Jordan hindurchzog. Dafür sind diese Steine den Israeliten ein Gedächtnis auf ewig.'" 8 Die Israeliten taten so, wie Josua befohlen hatte; sie hoben zwölf Steine nach der Zahl der Stämme der Israeliten mitten aus dem Jordan auf gemäß dem Befehl Jahwes an Josua, trugen sie zum Nachtlager und legten sie dort nieder. 9 Dann stellte Josua zwölf Steine auf mitten im Jordan an der Stelle, wo die Füße der Priester, die die Lade des Bundes trugen, gestanden hatten, und dort findet man sie noch heute.

Ende des Durchzugs: 4,10–18

10 Die Priester, die die Lade trugen, standen mitten im Jordan, bis alles vollendet war, was Jahwe dem Josua befohlen hatte, zum Volke zu sagen, allem gemäß, was Mose dem Josua aufgetragen hatte; und das Volk zog eilends hindurch. 11 Als das ganze Volk hindurchgezogen war, da zog die Lade Jahwes weiter mit den Priestern an der Spitze des Volkes. 12 Die Rubeniter, die Gaditer und der halbe Stamm Manasse zogen bewaffnet hindurch an der Spitze der Israeliten, wie Mose es ihnen gesagt hatte. 13 An Zahl etwa vierzigtausend bewaffnete Krieger zogen hindurch, bereit zum Kampf vor Jahwe, auf Jerichos Ebene zu. 14 An jenem Tage machte Jahwe

den Josua groß in den Augen ganz Israels, das ihn ehrte, wie es Mose geehrt hatte sein Leben lang.

15 Jahwe sprach zu Josua: 16 „Gib den Priestern, die die Lade des Zeugnisses tragen, den Befehl, aus dem Jordan heraufzusteigen." 17 Und Josua befahl den Priestern: „Steiget herauf aus dem Jordan!" 18 Als nun die Priester, die die Lade des Bundes Jahwes trugen, aus dem Jordan heraufstiegen, kaum hatte ihre Fußsohle das trockene Ufer betreten, da kehrten die Wasser des Jordan zurück in ihr Bett und begannen wie vordem über die Ufer zu fließen.

Ankunft in Gilgal: 4,19–24

19 Am Zehnten des ersten Monats war das Volk aus dem Jordan heraufgestiegen und schlug sein Lager in Gilgal auf, an der Ostgrenze von Jericho. 20 Jene zwölf Steine, die man im Jordan aufgehoben hatte, stellte Josua in Gilgal auf. 21 Dann sprach er zu den Israeliten: „Wenn eure Kinder eines Tages ihre Väter fragen: ‚Was bedeuten diese Steine?', 22 dann sollt ihr euren Kindern diese Deutung geben: ‚Im Trockenen ist Israel durch den Jordan da gezogen, 23 denn Jahwe, euer Gott, hat vor euch die Wasser des Jordan austrocknen lassen, bis ihr hindurchgezogen waret, so wie Jahwe, euer Gott, es mit dem Schilfmeer getan hatte, das er vor uns austrocknen ließ, bis wir hindurchgezogen waren, 24 damit alle Völker der Erde erkennen sollten, wie stark die Hand Jahwes ist, damit ihr selbst allezeit fürchtet Jahwe, euren Gott.'"

Josua fasst sein Werk zusammen: 23,1–5

23 1 Lange, nachdem Jahwe Israel Ruhe verschafft hatte vor allen Feinden, die es umgaben – Josua war alt geworden und hochbetagt –, 2 da rief Josua ganz Israel zusammen, seine Ältesten, seine Führer, seine Richter, seine Schreiber, und sprach zu ihnen: „Ich bin alt und hochbetagt; 3 ihr seid Zeugen gewesen von allem, was Jahwe, euer Gott, vor euren Augen an all diesen Völkern getan hat; Jahwe, euer Gott, ist es, der für euch gekämpft hat. 4 Seht, ich habe euch als Erbbesitz für eure Stämme jene Völker durch das Los zugeteilt, die zu erobern noch übrig geblieben sind, sowie jene, die ich vertilgt habe vom Jordan bis zum Großen Meer im Westen. 5 Jahwe selbst, euer Gott, wird sie vor euch vertreiben, er wird sie vor euch her verjagen, und ihr werdet ihr Land in Besitz nehmen, wie es Jahwe, euer Gott, euch verheißen.

Lebensweise mitten unter den fremden Völkern: 23,6–16

6 Erweist euch also ganz stark, um alles zu halten und zu erfüllen, was im Gesetzbuch des Mose geschrieben steht, ohne davon abzuweichen, weder zur Rechten noch zur Linken, 7 ohne euch mit den Völkern zu vermischen, die noch bei euch verblieben sind. Ihr sollt den Namen ihrer Götter nicht aussprechen, ihr sollt sie bei eurem Schwören nicht anrufen, ihr sollt ihnen nicht dienen und euch nicht vor

ihnen niederwerfen. 8Vielmehr sollt
ihr Jahwe, eurem Gott, anhangen,
wie ihr es bis auf diesen Tag getan
habt. 9Darum hat auch Jahwe vor
euch große und starke Völker vertrie-
ben, und niemand vermochte euch
standzuhalten bis auf den heutigen
Tag. 10Ein einziger von euch konnte
tausend verfolgen, denn Jahwe selbst,
euer Gott, hat für euch gekämpft, wie
er es verheißen. 11Gebt also genau
Acht – es geht ja um euer Leben –,
Jahwe, euren Gott, zu lieben.

12Wenn ihr aber Abfall verübt und
dem Rest jener Völker anhangt, die
noch bei euch verblieben sind, euch
mit ihnen verschwägert und gegensei-
tig Verbindungen mit ihnen pflegt,
13dann sollt ihr wissen, dass Jahwe, eu-
er Gott, jene Völker nicht mehr vor
euch vertreiben wird; vielmehr werden
sie für euch ein Netz und eine Falle
werden, Dornen in euren Seiten und
Staub in euren Augen, bis ihr von die-
sem guten Boden verschwunden seid,
den Jahwe, euer Gott, euch gegeben.

14Seht, ich gehe heute dahin, den
Weg aller Welt. Erkennet aus ganzem
Herzen und aus ganzer Seele, dass von
allen Verheißungen, die Jahwe, euer
Gott, für euch gegeben hat, nicht eine
ihre Bestimmung verfehlt hat; alles ist
für euch in Erfüllung gegangen. Nicht
eine einzige hat ihre Bestimmung ver-
fehlt.

15Aber ebenso wie jede Verheißung
Jahwes, eures Gottes, für euch in Er-
füllung gegangen ist, ebenso wird Jah-
we gegen euch alle seine Drohworte
in Erfüllung gehen lassen bis zu je-
nem, dass er euch von dem guten Bo-
den vertreibt, den Jahwe, euer Gott,
euch gegeben.

16Ja, wenn ihr den Bund übertretet,
den Jahwe, euer Gott, von euch ver-
langt hat, wenn ihr hingeht, um ande-
ren Göttern zu dienen, wenn ihr euch
vor ihnen niederwerft, dann wird der
Zorn Jahwes gegen euch entbrennen,
und ihr werdet eilends verschwinden
aus dem guten Land, das er euch ge-
geben."

Die große Versammlung zu Sichem:
24,1–13

24 1Josua versammelte alle Stäm-
me Israels in Sichem; dann rief
er die Ältesten Israels, seine Führer,
seine Richter, seine Schreiber, und sie
stellten sich auf vor Gott. 2Und Josua
sprach zu dem ganzen Volk: „So
spricht Jahwe, der Gott Israels: Jen-
seits des Flusses wohnten einst eure
Vorväter, Terach, der Vater Abrahams
und Nahors, und dienten anderen
Göttern. 3Da nahm ich euren Vater
Abraham von jenseits des Flusses und
ließ ihn durch das ganze Land Kanaan
ziehen, ich machte seine Nachkom-
menschaft zahlreich und gab ihm
den Isaak. 4Dem Isaak gab ich den Ja-
kob und Esau. Dem Esau gab ich das
Gebirge Seïr ganz zu Eigen. Jakob und
seine Söhne zogen hinab nach Ägyp-
ten. 5Dann sandte ich Mose und Aa-
ron und schlug Ägypten durch die
Wunder, die ich in seiner Mitte wirkte.
Dann führte ich euch heraus. 6Ich
führte eure Väter heraus aus Ägypten,
und ihr kamt an das Meer; die Ägyp-

ter verfolgten eure Väter mit Wagen
und Reitern bis an das Schilfmeer.
7 Da schrieen sie zu Jahwe, der dichten
Nebel zwischen euch und die Ägypter
legte und auf diese das Meer zurück-
fließen ließ, das sie bedeckte. Mit eu-
ren eigenen Augen habt ihr gesehen,
was ich in Ägypten getan; dann weil-
tet ihr lange Zeit in der Wüste. 8 Ich
führte euch darauf in das Land der
Amoriter hinein, die jenseits des Jor-
dan wohnten; sie zogen gegen euch
zu Felde, und ich gab sie in eure Hand,
ihr habt auch ihr Land in Besitz ge-
nommen, denn vor euch habe ich sie
vernichtet. 9 Da erhob sich Balak, der
Sohn Zippors, der König von Moab,
um gegen Israel zu Felde zu ziehen,
und er ließ Bileam, den Sohn Beors,
holen, um euch zu verfluchen. 10 Ich
aber wollte nicht auf Bileam hören;
er musste euch sogar segnen, und ich
rettete euch aus seiner Hand.

11 Dann seid ihr durch den Jordan
hindurchgezogen und kamt nach Jeri-
cho, aber die Herren von Jericho führ-
ten gegen euch Krieg, der Amoriter,
Perisiter, Kanaaniter, Hetiter, Girga-
schiter, Hiwiter und Jebusiter, aber
ich gab sie in eure Hand. 12 Ich sandte
vor euch her Hornissen, die die beiden
Könige der Amoriter vor euch vertrie-
ben; das verdankst du nicht deinem
Schwert noch deinem Bogen. 13 Ich
habe euch ein Land gegeben, das euch
keine Mühe gekostet hat, Städte, die
ihr nicht gebaut habt und in die ihr
euch niederließet, Weinberge und Öl-
bäume, die ihr nicht gepflanzt habt
und die euch heute zur Nahrung die-
nen.

Israel wählt Jahwe: 24,14–24

14 Und nun, fürchtet Jahwe und dienet
ihm vollkommen und treu! Entfernt
die Götter, denen eure Väter jenseits
des Flusses und in Ägypten dienten,
und dienet Jahwe! 15 Wenn ihr aber
Jahwe nicht dienen mögt, so wählet
heute, wem ihr dienen wollt, den Göt-
tern, denen eure Väter jenseits des
Flusses dienten, oder den Göttern der
Amoriter, deren Land ihr jetzt be-
wohnt. Ich und mein Haus, wir wollen
Jahwe dienen."

16 Das Volk antwortete: „Das sei uns
fern, Jahwe zu verlassen, um anderen
Göttern zu dienen! 17 Jahwe, unser
Gott, er ist es, der uns und unsere Vä-
ter herausgeführt hat aus dem Lande
Ägypten, dem Hause der Knecht-
schaft, und der vor unseren Augen
diese großen Wunder gewirkt und
uns auf dem ganzen Weg beschützt
hat, den wir gezogen sind, und unter
allen Völkern, durch die wir gegangen
sind. 18 Und Jahwe hat vor uns alle Völ-
ker vertrieben sowie die Amoriter, die
das Land bewohnten. Auch wir wollen
Jahwe dienen, denn er ist unser Gott."
19 Da sprach Josua zum Volk: „Ihr
könnt nicht Jahwe dienen, denn er ist
ein heiliger Gott, er ist ein eifersüchti-
ger Gott, der euch eure Vergehen und
eure Sünden nicht vergeben wird.
20 Wenn ihr Jahwe verlasst, um den
Göttern der Fremde zu dienen, wird
er euch umgekehrt Schlimmes antun
und euch vernichten, nachdem er
euch Gutes getan hat."

21 Das Volk antwortete dem Josua:
„Nein, Jahwe wollen wir dienen!" 22 Da

sprach Josua zum Volk: „Ihr seid Zeugen gegen euch selbst, dass ihr Jahwe gewählt habt, um ihm zu dienen.“ Sie erwiderten: „Wir sind Zeugen.“ – 23 „Dann beseitigt die Götter der Fremde, die in eurer Mitte sind, und neigt euer Herz zu Jahwe, dem Gott Israels.“ 24 Das Volk antwortete dem Josua: „Jahwe, unserem Gott, wollen wir dienen, und auf seine Stimme wollen wir hören!“

Der Bund von Sichem: 24,25–28

25 An jenem Tage schloss Josua einen Bund für das Volk; er gab ihm Satzung und Recht in Sichem. 26 Josua schrieb diese Worte in das Buch des Gesetzes Gottes. Dann nahm er einen großen Stein und stellte ihn dort auf unter der Eiche, die im Heiligtum Jahwes ist. 27 Und Josua sprach zu dem ganzen Volk: „Seht, dieser Stein soll Zeuge gegen uns sein, weil er alle Worte gehört hat, die Jahwe zu uns gesprochen hat; er soll Zeuge gegen euch sein, damit er euch hindert, euren Gott zu verleugnen.“ 28 Dann entließ Josua das Volk, einen jeden zu seinem Erbbesitz.

Aus dem Buch Richter

Josuas Lebensende: 2,6–10

6 Damals entließ Josua das Volk, und die Israeliten begaben sich ein jeder in seinen Erbbesitz, um das Land zu besetzen. 7 Das Volk diente Jahwe, solange Josua am Leben war und solange die Ältesten am Leben waren, die Josua überlebten und all die großen Werke gesehen hatten, die Jahwe für Israel vollbracht hatte. 8 Josua, der Sohn Nuns, der Knecht Jahwes, starb im Alter von hundertundzehn Jahren. 9 Man begrub ihn auf dem Gebiet, das er in Timnat-Heres, auf dem Gebirge Efraim, nördlich des Berges Gaasch, als Erbbesitz erhalten hatte. 10 Und als auch jenes Geschlecht zu seinen Vätern versammelt wurde, da folgte ihnen ein anderes Geschlecht, das Jahwe nicht kannte und auch nicht, was er für Israel vollbracht hatte.

Treubruch und Strafe der folgenden Geschlechter: 2,11–15

11 Und die Israeliten taten, was böse ist in den Augen Jahwes, und sie dienten den Baalen. 12 Sie verließen Jahwe, den Gott ihrer Väter, der sie aus dem Lande Ägypten herausgeführt hatte, und folgten anderen Göttern aus denen der Völker ringsum. Sie warfen sich vor ihnen nieder, sie erzürnten Jahwe, 13 sie verließen Jahwe, um dem Baal und den Astarten zu dienen. 14 Da entbrannte der Zorn Jahwes gegen Israel. Er überließ sie Räubern, die sie ausraubten; er gab sie in die Hand ihrer Feinde ringsum, und sie konnten ihnen nicht standhalten. 15 In allem, was sie unternahmen, war die Hand Jahwes gegen sie zum Unheil, wie Jahwe es ihnen gesagt und wie Jahwe es ihnen geschworen hatte. So brachte er sie in höchste Bedrängnis.

Die Richter. Keine dauerhafte Bekehrung: 2,16–19

[16]Da erweckte Jahwe ihnen Richter, und er rettete die Israeliten aus der Hand derer, die sie ausraubten. [17]Aber auch auf ihre Richter hörten sie nicht. Sie gaben sich anderen Göttern preis und warfen sich vor ihnen nieder. So schnell wichen sie von dem Wege ab, den ihre Väter, Jahwes Geboten gehorsam, gegangen sind; sie handelten nicht so wie diese. [18]Wenn nun Jahwe ihnen Richter erweckte, war Jahwe mit dem Richter, und er rettete sie aus der Hand ihrer Feinde, solange der Richter lebte; denn Jahwe ließ sich rühren, wenn sie unter dem Joch ihrer Bedrücker stöhnten. [19]War aber der Richter gestorben, dann wurden sie rückfällig und trieben es noch schlimmer als ihre Väter. Sie folgten anderen Göttern, dienten ihnen und warfen sich vor ihnen nieder und ließen keineswegs ab von den Taten und dem verstockten Wandel ihrer Väter.

Gründe für das Verbleiben der fremden Völker: 2,20–23

[20]Da entbrannte der Zorn Jahwes gegen Israel, und er sprach: „Weil dieses Volk den Bund übertreten hat, den ich seinen Vätern vorgeschrieben, und sie auf meine Stimme nicht gehört haben, [21]darum will ich keines der Völker mehr vertreiben, die Josua übrig ließ, als er starb“, [22]um durch sie Israel auf die Probe zu stellen, um zu sehen, ob es die Wege Jahwes befolgen würde, so wie sich seine Väter daran gehalten haben, oder nicht. [23]Darum hat Jahwe diese Völker übrig gelassen und sie nicht gleich vertrieben und sie nicht in Josuas Hand gegeben.

Die Verkündigung der Geburt Simsons: 13,1–7

13 [1]Und wiederum taten die Israeliten, was böse ist in den Augen Jahwes, und Jahwe gab sie in die Hand der Philister, vierzig Jahre lang. [2]Da war ein Mann aus Zora vom Geschlechte der Daniter mit Namen Manoach. Seine Frau war unfruchtbar und hatte kein Kind bekommen. [3]Dieser Frau erschien der Engel Jahwes und sprach zu ihr: „Du bist unfruchtbar und hast kein Kind bekommen. [4]Nun aber sei auf der Hut; trinke keinen Wein und nichts Berauschendes und iss nichts Unreines. [5]Denn du sollst empfangen und einen Sohn gebären. Das Schermesser soll nicht auf sein Haupt kommen, denn das Kind wird ein Nasir Gottes sein vom Mutterschoße an. Und er wird anfangen, Israel aus der Hand der Philister zu retten.“

[6]Die Frau ging zu ihrem Mann und sprach: „Ein Gottesmann ist zu mir gekommen; er sah aus wie der Engel Gottes, so furchtbar war er. Ich habe ihn nicht gefragt, woher er käme, und er hat mir seinen Namen nicht kundgetan. [7]Aber er sprach zu mir: Du sollst empfangen und einen Sohn gebären. Darum trinke von nun an keinen Wein und nichts Berauschen-

des und iss nichts Unreines, denn das Kind wird ein Nasir Gottes sein vom Mutterschoße an bis zum Tage seines Todes!“

Zweite Erscheinung des Engels: 13,8–25

[8] Da betete Manoach zu Jahwe und sprach: „Ich bitte dich, Herr! Möge der Mann, den du sandtest, noch einmal zu uns kommen und uns lehren, was wir mit dem Kind tun müssen, das geboren werden soll.“ [9] Jahwe erhörte Manoach, und der Engel Jahwes kam erneut zu der Frau, als sie gerade auf dem Felde war; Manoach, ihr Mann, war nicht bei ihr. [10] Schnell lief sie hin, um es ihrem Mann zu erzählen, und sprach zu ihm: „Siehe, der Mann ist mir erschienen, der des anderen Tags zu mir gekommen war.“ [11] Manoach stand auf, folgte seiner Frau, kam zu dem Mann und sprach zu ihm: „Bist du der Mann, der zu dieser Frau gesprochen hat?“ Und er antwortete: „Ich bin es.“ [12] Da sprach Manoach: „Wenn sich dein Wort erfüllen wird, welche Weisung und Erziehung soll dann das Kind haben?“ [13] Der Engel Jahwes antwortete Manoach: „Von allem, was ich dieser Frau untersagte, soll er sich enthalten. [14] Er genieße nichts, was vom Weinstock stammt, er trinke keinen Wein und nichts Berauschendes, er esse nichts Unreines und halte alles, was ich ihr geboten habe.“ [15] Da sprach Manoach zum Engel Jahwes: „Erlaube, dass wir dich aufhalten und ein Ziegenböcklein für dich bereiten.“ [16b] Denn Manoach wusste nicht, dass es der Engel Jahwes war. [16a] Und der Engel Jahwes sprach zu Manoach: „Selbst wenn du mich aufhältst, werde ich nicht von deiner Speise essen; aber wenn du ein Brandopfer bereiten willst, dann bringe es Jahwe dar.“ [17] Da sprach Manoach zum Engel Jahwes: „Wie ist dein Name, damit wir dich, wenn sich dein Wort erfüllt, ehren können?“ [18] Der Engel Jahwes antwortete ihm: „Warum fragst du nach meinem Namen? Er ist geheimnisvoll.“ [19] Da nahm Manoach das Ziegenböckchen sowie das Speiseopfer und brachte es als Brandopfer auf dem Felsen dar für Jahwe, der Geheimnisvolles tut. [20] Als die Flamme vom Altar zum Himmel emporstieg, stieg der Engel Jahwes in dieser Flamme vor den Blicken Manoachs und seiner Frau empor, und sie fielen auf ihr Antlitz zur Erde nieder. [21] Von da an erschien der Engel Jahwes nicht mehr dem Manoach und seiner Frau, und da begriff Manoach, dass es der Engel Jahwes gewesen war. [22] Manoach sprach zu seiner Frau: „Wir sind des Todes, denn wir haben Gott geschaut.“ [23] Seine Frau antwortete ihm: „Wenn Jahwe uns hätte töten wollen, hätte er nicht aus unserer Hand Brandopfer und Speiseopfer angenommen und uns jetzt nicht solche Dinge angewiesen.“ [24] Und die Frau gebar einen Sohn, und sie nannte ihn Simson. Das Kind wuchs heran, Jahwe segnete es, [25] und der Geist Jahwes begann ihn zu treiben, im Lager von Dan zwischen Zora und Eschtaol.

Simsons Heirat: 14,1–11

14 1 Simson kam nach Timna hi-
nab und sah dort eine Frau un-
ter den Töchtern der Philister. 2 Er kam
wieder herauf, berichtete es seinem
Vater und seiner Mutter und sprach:
„Ich habe in Timna unter den Töch-
tern der Philister eine Frau gesehen.
Nehmt sie mir jetzt zur Frau!“ 3 Sein
Vater sprach zu ihm wie auch seine
Mutter: „Gibt es denn keine Frau im
Hause deines Stammes und in deinem
ganzen Volk, dass du hingehst, dir
eine Frau aus diesen unbeschnittenen
Philistern zu nehmen?“ Aber Simson
antwortete seinem Vater: „Nimm sie
mir, diese da, denn die gefällt mir!“
4 Sein Vater und seine Mutter wussten
nicht, dass es von Jahwe kam; er such-
te nämlich nach einer Gelegenheit
zum Streit mit den Philistern, denn
in jener Zeit herrschten die Philister
über Israel.

5 Simson ging nach Timna hinab,
und als er zu den Weinbergen von
Timna kam, sah er einen jungen Lö-
wen, der ihm brüllend entgegen-
sprang. 6 Da kam der Geist Jahwes
über ihn, und ohne etwas in der Hand
zu haben, riss Simson den Löwen in
Stücke, wie man ein Böckchen in Stü-
cke reißt; aber er erzählte weder sei-
nem Vater noch seiner Mutter, was er
getan hatte. 7 Er ging hinab, redete mit
der Frau, und sie gefiel ihm. 8 Einige
Zeit danach kam er wieder, um sie zu
heiraten. Er machte einen Umweg, um
nach der Leiche des Löwen zu sehen,
und siehe, da fand sich im Gerippe des
Löwen ein Bienenschwarm und Ho-
nig. 9 Er sammelte ihn in seine Hand,
und im Weitergehen aß er davon. Als
er zu seinem Vater und seiner Mutter
zurückkam, gab er ihnen davon, und
sie aßen; aber er sagte ihnen nicht,
dass er ihn aus dem Gerippe des Lö-
wen gesammelt hatte. 10 Dann ging er
zu seiner Frau hinab, und sie machten
dort für Simson ein Fest, sieben Tage
lang, denn so pflegten es die jungen
Leute zu tun. 11 Aber da man ihn
fürchtete, suchten sie dreißig Gefähr-
ten aus, die bei ihm blieben.

Simsons Rätsel: 14,12–20

12 Da sprach Simson zu ihnen: „Ich will
euch ein Rätsel aufgeben. Wenn ihr
mir die Lösung im Lauf der sieben
Festtage sagt, gebe ich euch dreißig
Stück feines Linnen und dreißig Fest-
kleider. 13 Wenn ihr mir aber die Lö-
sung nicht sagen könnt, dann gebt ihr
mir dreißig Stück feines Linnen und
dreißig Festkleider.“ Sie antworteten
ihm: „Gib uns dein Rätsel auf, wir hö-
ren.“ 14 Er sagte also zu ihnen: „Vom
Fresser ging Speise aus, vom Starken
ging Süßes aus.“ Aber drei Tage lang
konnten sie das Rätsel nicht lösen.

15 Am vierten Tag sprachen sie zur
Frau Simsons: „Berede deinen Mann,
dass er dir des Rätsels Lösung sagt,
sonst verbrennen wir dich samt dem
Haus deines Vaters. Habt ihr uns denn
hierher geladen, um uns auszuplün-
dern?“ 16 Da weinte die Frau Simsons
an seinem Hals und sprach: „Du has-
sest mich nur, du liebst mich nicht.
Du hast den Söhnen meines Volkes

ein Rätsel aufgegeben, und mir hast du es nicht gesagt." Er antwortete ihr: „Nicht einmal meinem Vater und meiner Mutter habe ich es gesagt, und dir sollte ich es sagen?" 17 Da weinte sie an seinem Hals sieben Tage lang, solange ihr Fest dauerte. Am siebten Tage sagte er ihr die Lösung, weil sie ihm so zugesetzt hatte, sie aber sagte des Rätsels Lösung den Söhnen ihres Volkes.

18 Am siebten Tage, bevor er in die Schlafkammer ging, sagten die Leute der Stadt nun zu Simson: „Was ist süßer als der Honig, was ist stärker als der Löwe?" Er erwiderte ihnen: „Hättet ihr nicht mit meinem Kalb gepflügt, mein Rätsel hättet ihr nicht gelöst."

19 Da kam der Geist Jahwes über ihn, er ging hinab nach Aschkelon, tötete dort dreißig Mann, nahm ihnen, was sie anhatten, und gab die Festkleider denen, die das Rätsel gelöst hatten; dann ging er zornentbrannt in das Haus seines Vaters zurück. 20 Simsons Frau aber wurde dem Gefährten gegeben, der ihm als Ehrengeselle gedient hatte.

Simson verbrennt die Weizenfelder der Philister: 15,1–8

15 1 Einige Zeit danach ging Simson, seine Frau zu besuchen; er brachte ihr ein Ziegenböckchen und sprach: „Ich möchte zu meiner Frau in die Kammer." Aber ihr Vater erlaubte es ihm nicht, 2 vielmehr hielt er ihm entgegen: „Ich habe mir gedacht, du hättest Widerwillen gegen sie, und so habe ich sie deinem Gefährten gegeben. Aber ist ihre jüngere Schwester nicht schöner als sie? Sie soll dir gehören anstelle der anderen!" 3 Simson antwortete ihm: „Diesmal habe ich keine Schuld den Philistern gegenüber, wenn ich ihnen Böses antue." 4 Da ging Simson hin, fing dreihundert Füchse, nahm Fackeln, kehrte Schwanz gegen Schwanz und brachte mitten zwischen zwei Schwänzen eine Fackel an. 5 Er zündete die Fackeln an und ließ dann die Füchse in die Weizenfelder der Philister los; er verbrannte die Garben ebenso wie das Korn auf dem Halm und selbst die Weinberge und Ölbäume.

6 Die Philister fragten: „Wer hat das getan?", und man antwortete: „Simson, der Schwiegersohn des Timnaïters, denn dieser hat ihm seine Frau weggenommen und sie seinem Gefährten gegeben." Da zogen die Philister hinauf und ließen sie und ihre Familie im Feuer umkommen. 7 Da sprach Simson zu ihnen: „Wenn ihr so tut, nun gut, dann werde ich nicht ruhen, bis ich mich an euch gerächt habe." 8 Er schlug sie Hals über Kopf, und es wurde eine große Niederlage. Danach ging er in die Felshöhle von Etam hinab, und dort blieb er.

Der Eselskinnbacken: 15,9–19

9 Die Philister zogen hinauf, lagerten in Juda und machten einen Überfall bis nach Lehi.

10 Da sprachen die Leute von Juda zu ihnen: „Warum seid ihr gegen uns

heraufgezogen?“ Da antworteten sie:
„Um Simson zu fangen, sind wir hi-
naufgezogen, um an ihm zu tun, wie
er an uns getan hat.“ 11 Da zogen drei-
tausend Mann von Juda zur Felshöhle
von Etam hinab und sprachen zu Sim-
son: „Weißt du nicht, dass die Philister
unsere Herren sind? Was hast du uns
da angetan?“ Er antwortete ihnen:
„Wie sie an mir getan, so habe ich an
ihnen getan.“ 12 Da sprachen sie zu
ihm: „Wir sind hinabgezogen, um
dich zu fesseln und dich in die Hand
der Philister zu geben.“ Er sprach zu
ihnen: „Schwöret mir, dass ihr nicht
selbst mich töten werdet.“ 13 Sie ant-
worteten ihm: „Nein, wir wollen dich
nur fesseln und dich in ihre Hand ge-
ben, aber töten werden wir dich
nicht.“ Da banden sie ihn mit zwei
neuen Stricken und zogen ihn vom
Felsen in die Höhe.

14 Als er nach Lehi kam und die Phi-
lister ihm mit Freudengeschrei ent-
gegenliefen, da kam der Geist Jahwes
über Simson; die Stricke an seinen Ar-
men wurden wie Fäden von Flachs,
die im Feuer verbrennen, und die Fes-
seln schienen von seinen Händen zu
schmelzen. 15 Und er fand einen fri-
schen Eselskinnbacken, streckte seine
Hand aus, packte ihn und erschlug da-
mit tausend Mann. 16 Da sprach Sim-
son:

„Mit des Kleppers Backen konnte
ich sie hacken; mit des Esels Kinn
schlug ich tausend hin.“

17 Als er ausgeredet hatte, warf er
den Kinnbacken aus der Hand; darum
nannte man jenen Ort Ramat-Lehi.
18 Da verspürte er brennenden Durst,
er rief Jahwe an und sprach: „Du hast
diesen großen Sieg durch die Hand
deines Knechtes gewirkt; muss ich
denn jetzt vor Durst sterben und doch
in die Hand der Unbeschnittenen fal-
len?“ 19 Da spaltete Gott die Grube, die
in Lehi ist, und es kam Wasser heraus.
Simson trank, seine Lebensgeister
kehrten wieder, und er lebte auf. Da-
rum nannte man jene Quelle En-hak-
Kore; sie ist noch in Lehi bis auf den
heutigen Tag.*

Die Geschichte vom Stadttor in Gaza:
16,1–3

16 1 Von dort ging Simson nach
Gaza; er sah eine Dirne und
kehrte bei ihr ein. 2 Man teilte den
Leuten von Gaza mit: „Simson ist her-
gekommen.“ Da streiften sie umher
und lauerten auf ihn am Stadttor. Die
ganze Nacht verhielten sie sich ruhig,
denn sie dachten: „Warten wir, bis der
Morgen tagt; dann schlagen wir ihn
tot!“ 3 Simson aber blieb bis Mitter-
nacht liegen; um Mitternacht erhob
er sich, ergriff die Flügel des Stadt-
tores samt den beiden Pfosten, hob
sie mit dem Riegel aus und lud sie sich
auf die Schulter; dann trug er sie auf
den Gipfel des Berges gegenüber von
Hebron hinauf und legte sie dort hin.

* „En-hak-Kore“: wörtlich übersetzt: „die Quelle dessen, der anruft“, wahrscheinlicher aber: „die Quelle des Rebhuhns“.

Simson wird von Delila verraten: 16,4–21

4 Danach verliebte er sich in eine Frau
des Tales Sorek, die hieß Delila. 5 Die
Fürsten der Philister gingen zu ihr
und sagten zu ihr: „Betöre ihn und
bringe heraus, woher seine außerge-
wöhnliche Kraft stammt, womit wir
ihn überwältigen und fesseln können,
um ihn machtlos zu machen. Wir
wollen dir auch jeder tausend und
hundert Silberschekel geben."

6 Delila sprach zu Simson: „Sage
mir doch, woher deine Kraft so groß
ist und womit man dich fesseln müss-
te, um dich machtlos zu machen."
7 Simson antwortete ihr: „Wenn man
mich mit sieben frischen Bogenseh-
nen fesselte, die man noch nicht
trocknen ließ, dann würde ich meine
Kraft verlieren und wie ein gewöhnli-
cher Mensch werden." 8 Die Fürsten
der Philister brachten Delila sieben
frische Bogensehnen, die man noch
nicht trocknen ließ, und sie fesselte
ihn damit. 9 Es waren aber Aufpasser
in ihrer Kammer versteckt. Nun rief
sie zu ihm: „Philister über dir, Sim-
son!" Da zerriss er die Bogensehnen,
wie ein Wergfaden reißt, wenn er Feu-
er riecht. So blieb das Geheimnis sei-
ner Kraft unbekannt.

10 Da sprach Delila zu Simson: „Du
hast mich angeführt und mich belo-
gen. Nun sage mir doch, womit man
dich fesseln müsste." 11 Er antwortete
ihr: „Wenn man mich mit neuen Stri-
cken fesselte, die noch nie benutzt
wurden, dann würde ich meine Kraft
verlieren und wie ein gewöhnlicher
Mensch werden." 12 Da nahm Delila
neue Stricke, sie fesselte ihn damit
und rief zu ihm: „Philister über dir,
Simson!" Es waren aber Aufpasser in
ihrer Kammer versteckt; da zerriss er
die Stricke an seinen Armen wie
einen Faden.

13 Delila sprach zu Simson: „Bis
jetzt hast du mich angeführt und
mich belogen. Sage mir doch, womit
man dich fesseln müsste." Er antwor-
tete ihr: „Wenn du die sieben Locken
meines Hauptes mit der Kette des Ge-
webes verwebtest und einen Pflock
hineinschlägst, dann würde ich meine
Kraft verlieren und wie ein gewöhnli-
cher Mensch werden." 14 Sie schläferte
ihn ein, dann verwebte sie die sieben
Locken seines Hauptes mit der Kette,
schlug einen Pflock hinein und rief zu
ihm: „Die Philister über dir, Simson!"
Er erwachte aus dem Schlaf und riss
das Stück und den Pflock heraus. So
blieb das Geheimnis seinem Kraft un-
bekannt.

15 Delila sprach zu ihm: „Wie
kannst du sagen, dass du mich liebst,
wenn dein Herz nicht mit mir ist? Sie-
he, dreimal hast du mich angeführt
und mir nicht gesagt, woher deine
Kraft so groß ist." 16 Wie sie ihm nun
alle Tage mit ihren Reden zusetzte
und ihn plagte, wurde es ihm zum
Sterben leid. 17 Er öffnete ihr sein gan-
zes Herz und sprach zu ihr: „Das
Schermesser ist nie über mein Haupt
gekommen, denn ein Nasir Gottes bin
ich vom Mutterschoße an. Wenn man
mich scherte, dann würde ich meine
Kraft verlieren und wie alle Menschen
werden." 18 Da erkannte Delila, dass er
ihr sein ganzes Herz geöffnet hatte,

sie rief die Fürsten der Philister und sprach zu ihnen: „Kommt dieses Mal, denn er hat mir sein ganzes Herz geöffnet.“ Und die Fürsten der Philister kamen zu ihr, mit dem Geld in der Hand. 19 Sie ließ ihn auf ihren Knien einschlafen und rief dann einen Mann, der die sieben Locken seines Hauptes schor. Da begann er seine Kraft zu verlieren, und seine Stärke wich von ihm. 20 Sie rief: „Die Philister über dir, Simson!“ Als er aus dem Schlaf erwachte, sagte er sich: „Ich werde wie die anderen Male davonkommen und mich befreien.“ Aber er wusste nicht, dass sich Jahwe von ihm abgewandt hatte. 21 Die Philister ergriffen ihn, stachen ihm die Augen aus und brachten ihn nach Gaza hinab. Sie fesselten ihn mit einer doppelten ehernen Kette, und er musste im Gefängnis die Mühle drehen.

Simsons Rache. Sein Tod: 16,22–31

22 Unterdessen aber begann das Haar seines Hauptes, nachdem es geschoren war, wieder zu wachsen.

23 Die Fürsten der Philister kamen zusammen, um Dagon, ihrem Gott, ein großes Opfer darzubringen und Freudenfeste zu feiern. Sie sprachen:

„Unser Gott gab uns in die Hand / Simson, der wider uns stand.“

24 Sobald das Volk seinen Gott sah, priesen sie ihn und sprachen:

„Unser Gott gab uns in die Hand / Simson, der wider uns stand, / der unser Land zur Wüste gemacht / und viele von uns umgebracht.“

25 Und wie sie nun guter Dinge waren, da riefen sie: „Lasst Simson kommen, dass er uns Späße vormacht!“ Da ließ man Simson aus dem Gefängnis kommen, und er machte ihnen Späße vor; dann stellte man ihn zwischen die Säulen hin. 26 Simson sprach zu dem jungen Burschen, der ihn an der Hand hielt: „Führe mich und lass mich an die Säulen tasten, auf denen das Haus ruht, damit ich mich daran anlehnen kann.“ 27 Das Haus aber war voll von Männern und Frauen; alle Fürsten der Philister waren da und auf dem Dach etwa dreitausend Männer und Frauen, die den Späßen Simsons zuschauten. 28 Da rief Simson zu Jahwe und sprach: „Herr Jahwe, gedenke doch meiner, nur dieses Mal noch verleihe mir Kraft, dass ich mich mit einem Schlage räche an den Philistern für meine beiden Augen.“ 29 Und Simson tastete die beiden Mittelsäulen, auf denen das Haus ruhte, und stemmte sich gegen sie, gegen die eine mit seinem rechten Arm und gegen die andere mit seinem linken Arm, 30 und Simson sprach: „So sterbe ich mit den Philistern!“ Er drückte mit all seiner Kraft, da stürzte das Haus zusammen über den Fürsten und über dem ganzen Volk, das darin war. Die er so in seinem Tode tötete, waren zahlreicher als jene, die er in seinem Leben getötet hatte. 31 Seine Brüder und das ganze Haus seines Vaters kamen herab; sie nahmen ihn und brachten ihn fort und begruben ihn zwischen Zora und Eschtaol im Grabe Manoachs, seines Vaters. Er hatte Israel gerichtet zwanzig Jahre lang.

Aus dem Buch Rut

Rut und Noomi: 1,1–22

1 1 Zur Zeit der Richter kam eine Hungersnot ins Land; da machte sich ein Mann aus Betlehem in Juda mit seiner Frau und seinen zwei Söhnen auf, um in den Gefilden Moabs als Fremder zu weilen. 2 Der Mann hieß Elimelech, seine Frau Noomi und seine beiden Söhne Machlon und Kiljon; sie waren Efratiter aus Betlehem in Juda. Sie kamen in die Gefilde Moabs, und dort blieben sie. 3 Elimelech, der Mann der Noomi, starb, und sie hinterblieb mit ihren zwei Söhnen. 4 Sie heirateten Moabiterinnen, die eine hieß Orpa und die andere Rut. Sie blieben dort ungefähr zehn Jahre. 5 Nun starben auch die beiden, Machlon und Kiljon, und Noomi hinterblieb allein, ohne ihre zwei Söhne und ihren Mann. 6 Da machte sie sich mit ihren Schwiegertöchtern auf, um aus den Gefilden Moabs zurückzukehren, denn sie hatte dort gehört, dass Jahwe sein Volk heimgesucht und ihm Brot gegeben habe. 7 Sie verließ also mit ihren beiden Schwiegertöchtern den Ort, wo sie gelebt hatte, und sie machte sich auf den Weg, um ins Land Juda zurückzukehren.

8 Noomi sprach zu ihren beiden Schwiegertöchtern: „Geht nun und kehrt heim, eine jede in das Haus ihrer Mutter! Jahwe erweise euch Liebe, wie ihr sie den Toten und mir erwiesen habt. 9 Jahwe verleihe einer jeden von euch, Ruhestatt zu finden im Hause eines Mannes." Und sie küsste sie. Sie aber weinten laut 10 und sprachen: „Nein, wir wollen mit dir zu deinem Volk zurückkehren." 11 Noomi antwortete: „Kehrt heim, meine Töchter; warum wollt ihr mit mir gehen? Habe ich noch Söhne in meinem Schoße, die eure Männer werden könnten? 12 Kehrt heim, meine Töchter, geht! Denn ich bin zu alt, um wieder zu heiraten. Selbst wenn ich sagte: Ich kann noch hoffen, und noch in dieser Nacht heiraten würde und Söhne bekäme, 13 könntet ihr warten, bis sie erwachsen wären? Wolltet ihr euch dazu verurteilen, nicht zu heiraten? Nein, meine Töchter, ich wäre tief unglücklich für euch, denn die Hand Jahwes hat sich gegen mich erhoben."

14 Und wieder fingen sie zu weinen an; dann küsste Orpa ihre Schwiegermutter und kehrte zurück zu ihrem Volk; Rut aber klammerte sich an sie.

15 Da sprach Noomi zu ihr: „Siehst du, deine Schwägerin ist zurückgekehrt zu ihrem Volk und zu ihrem Gott. Kehre auch du zurück, folge ihr nach!"

16 Rut antwortete ihr: „Dränge mich nicht, dich zu verlassen und wegzugehen von dir. Denn wo du hingehst, will auch ich hingehen; wo du weilst, will auch ich weilen; dein Volk ist mein Volk, und dein Gott ist mein Gott.

17 Wo du stirbst, da will ich sterben, und da will ich begraben sein. Möge Jahwe mir dieses Schlimme antun und jenes andere auch noch, wenn nicht der Tod allein uns scheiden wird."

18 Als sie sah, wie Rut darauf be-

stand, mit ihr zu gehen, ließ sie ab, auf sie einzureden.

19 So gingen die beiden, bis sie nach Betlehem kamen. Als sie dort ankamen, geriet die ganze Stadt in Bewegung; die Frauen riefen: „Ist das Noomi?" 20 Sie aber antwortete ihnen: „Nennt mich nicht mehr Noomi, nennt mich Mara, denn Schaddai hat mich mit Bitternis erfüllt.

21 Voll bin ich ausgezogen; leer führt Jahwe mich zurück. Warum wollt ihr mich noch Noomi nennen, da Jahwe gegen mich gesprochen und Schaddai an mir Schlimmes getan hat?"

22 So kehrte Noomi heim und mit ihr ihre Schwiegertochter Rut, die Moabiterin, die heimkehrte aus den Gefilden Moabs. Sie kamen zu Beginn der Gerstenernte in Betlehem an.

Rut auf dem Felde des Boas: 2,1–23

2 1 Noomi hatte einen Verwandten von der Seite ihres Mannes; es war ein angesehener Mann, aus derselben Sippe wie Elimelech, und er hieß Boas.

2 Rut, die Moabiterin, sprach zu Noomi: „Ich möchte aufs Feld gehen und Ähren lesen bei einem, der mir Gunst gewährt." Sie antwortete ihr: „Geh, meine Tochter!" 3 So ging sie, kam hin und las auf dem Felde hinter den Schnittern her; und es fügte sich so, dass es ein Ackerstück des Boas aus der Sippe des Elimelech war. 4 Und siehe, da kam Boas gerade aus Betlehem und sprach zu den Schnittern: „Jahwe sei mit euch!" Und sie antworteten ihm: „Jahwe segne dich!" 5 Dann fragte Boas den seiner Knechte, der über die Schnitter gestellt war: „Wem gehört diese junge Frau?" 6 Und der Knecht, der über die Schnitter gestellt war, antwortete: „Diese junge Frau ist die Moabiterin, jene, die von den Gefilden Moabs mit Noomi heimkehrte. 7 Sie hat gesagt: ‚Darf ich wohl lesen und Ähren sammeln hinter den Schnittern her?' So ist sie gekommen und war vom Morgen bis jetzt auf den Beinen."

8 Boas sprach zu Rut: „Hör, meine Tochter, geh nicht auf ein anderes Feld zum Lesen, geh nicht von hier weg, sondern halte dich an meine Knechte da. 9 Behalt das Ackerstück im Auge, das sie schneiden, und folge ihnen. Ich habe den Knechten verboten, dich zu belästigen. Und wenn du Durst hast, geh zu den Krügen und trinke von dem, was die Knechte schöpfen." 10 Da fiel Rut auf ihr Antlitz, beugte sich tief zur Erde und sprach zu ihm: „Warum habe ich Gnade gefunden in deinen Augen, dass du mir entgegenkommst, wo ich doch eine Fremde bin?" 11 Boas antwortete ihr und sprach: „Man hat mir berichtet, was du alles für deine Schwiegermutter nach dem Tode ihres Mannes getan hast, wie du deinen Vater, deine Mutter und dein Heimatland verlassen hast und zu einem Volk gegangen bist, das du gestern und auch davor nicht kanntest. 12 Jahwe vergelte dir, was du getan hast, und voller Lohn werde dir zuteil von Jahwe, dem Gott Israels, unter dessen Flügeln dich zu bergen du

gekommen bist.“ 13 Sie sprach: „Möchte ich doch Gnade finden in deinen Augen, mein Herr! Du hast mich getröstet und liebevoll zu deiner Magd gesprochen, wo ich doch nicht einmal wie eine deiner Mägde bin.“

14 Zur Essenszeit sprach Boas zu ihr: „Komm her, iss von diesem Brot und tunke dein Stück in den Weinessig!“ Sie setzte sich neben die Schnitter, und Boas gab ihr auch Röstkorn. Nachdem sie sich satt gegessen hatte, behielt sie noch übrig. 15 Als sie dann aufstand, um zu lesen, befahl Boas seinen Knechten: „Lasst sie auch zwischen den Garben lesen und fahrt sie nicht an! 16 Vielmehr sollt ihr sogar aus euren Handbündeln für sie Ähren herausziehen und fallen lassen, sodass sie aufsammeln kann. Und schreit sie nicht an!“ 17 Rut las auf dem Felde bis zum Abend, und als sie ausklopfte, was sie gesammelt hatte, da war es etwa ein Maß Gerste.

18 Sie nahm es auf, ging zur Stadt zurück und zeigte ihrer Schwiegermutter, was sie gelesen hatte; sie zeigte auch, was sie übrig behalten hatte, nachdem sie satt geworden war, und gab es ihr. 19 Ihre Schwiegermutter fragte sie: „Wo hast du heute gelesen, wo hast du gearbeitet? Gesegnet sei, wer dir entgegenkam!“ Rut erzählte ihrer Schwiegermutter, bei wem sie gearbeitet hatte; sie sprach: „Der Mann, bei dem ich heute gearbeitet habe, heißt Boas.“ 20 Noomi sprach zu ihrer Schwiegertochter: „Gesegnet sei er von Jahwe, der seine Gnade nicht entzogen hat den Lebenden und Toten!“ Und weiter sprach Noomi: „Dieser Mann ist ein Verwandter von uns; er gehört zu unseren Lösern.“ 21 Da sprach Rut zu ihrer Schwiegermutter: „Er hat sogar zu mir gesagt: ‚Halte dich an meine Knechte, bis sie mit meiner ganzen Ernte fertig sind!‘“ 22 Noomi sprach zu ihrer Schwiegertochter Rut: „Das ist gut, meine Tochter; geh mit seinen Knechten, damit du nicht etwa auf einem anderen Feld schlecht aufgenommen wirst.“ 23 So hielt sich also Rut an die Knechte des Boas bis zum Ende der Gerstenernte und der Weizenernte. Und sie blieb weiter bei ihrer Schwiegermutter.

Nächtliche Begegnung mit Boas: 3,1–18

3 1 Und Noomi, ihre Schwiegermutter, sprach zu ihr: „Meine Tochter, soll ich dir nicht eine Ruhestatt suchen, damit es dir gut gehe? 2 Ist Boas, dessen Knechten du gefolgt bist, nicht unser Verwandter? Nun, heute Abend worfelt er die Gerste auf seiner Tenne. 3 Darum wasche und salbe dich; zieh dich an und geh zur Tenne hinunter, aber lass dich von ihm nicht erkennen, ehe er mit Essen und Trinken fertig ist. 4 Wenn er sich hinlegt, merke dir die Stelle, wo er schläft; dann geh hin, decke den Platz zu seinen Füßen auf und lege dich dort hin. Er wird dir mitteilen, was du zu tun hast.“ 5 Und sie antwortete ihr: „Alles, was du mir sagst, will ich tun.“

6 Sie ging also zur Tenne hinunter und tat alles, was ihre Schwiegermutter ihr geboten hatte. 7 Als Boas gegessen und getrunken hatte, ging er guter

Dinge hin, um sich am Ende des Körnerhaufens schlafen zu legen. Da kam Rut ganz leise herzu, deckte den Platz zu seinen Füßen auf und legte sich hin. 8 In der Mitte der Nacht verspürte der Mann ein Frösteln, und als er um sich blickte, sah er eine Frau zu seinen Füßen liegen. 9 Da rief er: „Wer bist du?“ Sie antwortete: „Ich bin Rut, deine Magd. Breite deinen Gewandzipfel über deine Magd, denn du bist der Löser!“ 10 Er sprach: „Gesegnet seist du von Jahwe, meine Tochter! Diese letzte Tat deiner Kindesliebe ist noch besser als die erste, da du nicht den jungen Männern, ob Arm oder Reich, nachläufst. 11 Darum fürchte dich nicht, meine Tochter! Alles, was du sagst, will ich für dich tun, denn alle Welt an Betlehems Tor weiß, dass du eine vollkommene Frau bist. 12 Wenn es aber auch wahr ist, dass ich Löser bin, so ist da doch noch ein Löser, der dir näher verwandt ist als ich. 13 Bleibe die Nacht hier; will er dich dann am Morgen lösen, nun gut, so löse er; will er dich aber nicht lösen, dann – so wahr Jahwe lebt – will ich dich lösen.“ 14 Sie blieb also zu seinen Füßen liegen bis zum Morgen. Boas erhob sich, noch ehe ein Mensch den anderen erkennen konnte, denn er sagte sich: „Man braucht nicht zu wissen, dass diese Frau auf die Tenne gekommen ist.“ 15 Dann sprach er: „Gib das Tuch, das du über dich geschlagen hast, und halte es auf!“ Sie hielt es hin, er tat sechs Maß Gerste hinein und legte sie ihr auf; dann ging sie zur Stadt zurück.

16 Als Rut zu ihrer Schwiegermutter kam, sprach diese zu ihr: „Wie steht es mit dir, meine Tochter?“ Rut erzählte ihr alles, was der Mann für sie getan hatte. 17 Und weiter sprach sie: „Diese sechs Maß Gerste hat er mir gegeben und gesagt: ‚Du sollst nicht mit leeren Händen zu deiner Schwiegermutter zurückkommen.‘“ 18 Noomi antwortete ihr: „Bleib ruhig, meine Tochter, bis du weißt, wie die Sache ausgeht; der Mann wird sicher nicht ruhen, bis er die Sache heute noch zu einem guten Ende gebracht hat.“

Boas heiratet Rut: 4,1–27

4 1 Unterdessen war Boas zum Tor hinaufgegangen und hatte sich dort hingesetzt. Und siehe, der Löser, von dem Boas gesprochen hatte, ging gerade vorüber. Er sprach zu ihm: „Komm her und setz dich!“ Und der Mann kam herbei und setzte sich. 2 Boas holte zehn Männer von den Ältesten der Stadt und sprach: „Setzt euch“, und sie setzten sich.

3 Dann sprach er zu dem Löser: „Das Ackerstück, das unserem Bruder Elimelech gehörte, will Noomi, die von den Gefilden Moabs heimgekehrt ist, verkaufen. 4 Ich dachte mir, es wäre gut, dich zu unterrichten und zu sagen: Erwirb es vor denen, die hier sitzen, und vor den Ältesten meines Volkes. Willst du lösen, dann löse, und wenn du nicht lösen willst, dann lass es mich wissen; denn niemand kann außer dir lösen, ich komme erst nach dir.“ Der Mann antwortete: „Ja, ich will lösen.“ 5 Boas sprach weiter: „Mit

dem Tage, da du aus der Hand Noomis das Feld erwirbst, erwirbst du auch Rut, die Moabiterin, die Frau des Verstorbenen, um den Namen des Verstorbenen auf seinem Erbbesitz zu erhalten.“ 6 Da sprach der Löser: „Dann kann ich es mir nicht lösen, sonst schädige ich meinen eigenen Erbbesitz; übe du mein Löserecht aus, denn ich kann es nicht ausüben.“ 7 In einem Fall von Lösung oder Tausch gab es früher in Israel diesen Brauch, um jede Angelegenheit gültig zu machen: Der eine zog seinen Schuh aus und gab ihn dem anderen. Dies war in Israel die Bestätigung vor Zeugen. 8 Der Löser sprach nun zu Boas: „Erwirb du für dich“, und zog seinen Schuh aus.

9 Dann sprach Boas zu den Ältesten und zu allem Volk: „Ihr seid heute Zeugen, dass ich alles, was Elimelech, und alles, was Kiljon und Machlon gehörte, aus der Hand Noomis erworben habe; 10 und gleichzeitig habe ich Rut, die Moabiterin, die Witwe Machlons, mir zur Frau erworben, um den Namen des Verstorbenen auf seinem Erbbesitz zu erhalten, damit der Name des Verstorbenen unter seinen Brüdern und im Tor seiner Stadt nicht ausgetilgt werde. Dessen seid ihr heute Zeugen!“ 11 Alles Volk, das im Tor war, antwortete: „Dessen sind wir Zeugen!“ Und die Ältesten antworteten: „Jahwe mache die Frau, die in dein Haus kommt, Rahel und Lea gleich, die beide das Haus Israels gebaut haben. Werde stark in Efrata und mach dir einen Namen in Betlehem!

12 Dank den Nachkommen, die Jahwe dieser jungen Frau gewähren möge, werde dein Haus gleich dem des Perez, den Tamar dem Juda gebar.“

13 Boas heiratete also Rut, und sie wurde seine Frau. Als er zu ihr eingegangen war, schenkte ihr Jahwe, dass sie empfing, und sie gebar einen Sohn. 14 Da sprachen die Frauen zu Noomi: „Gepriesen sei Jahwe, der heute dem Verstorbenen einen Löser nicht versagt hat, damit sein Name in Israel erhalten bleibe. 15 Er sei dein Tröster und deine Stütze im Alter, denn deine Schwiegertochter, die dich liebt, hat ihn geboren; mehr ist sie dir wert als sieben Söhne.“ 16 Da nahm Noomi das Kind, legte es an ihren Busen und sorgte für es.

17 Die Nachbarinnen gaben ihm einen Namen; sie sprachen: „Noomi wurde ein Sohn geboren“, und sie nannten ihn Obed. Er ist der Vater Isais, des Vaters Davids.

Davids Stammbaum: 4,18–22

18 Das ist der Stammbaum des Perez. Perez zeugte Hezron. 19 Hezron zeugte Ram, und Ram zeugte Amminadab. 20 Amminadab zeugte Nachschon, und Nachschon zeugte Salmon. 21 Salmon zeugte Boas, und Boas zeugte Obed. 22 Obed zeugte Isai, und Isai zeugte David.

Aus dem ersten Buch Samuel

Die Wallfahrt nach Schilo: 1,1–8

1 1 Es war ein Mann aus Ramatajim,
ein Zufit vom Gebirge Efraim mit
Namen Elkana, ein Sohn Jerohams,
des Sohnes Elihus, des Sohnes Tohus,
des Sohnes Zufs, ein Efraimiter. 2 Der
hatte zwei Frauen; die eine hieß Han-
na, die andere Peninna. Peninna hatte
Kinder, Hanna dagegen war kinderlos.
3 Dieser Mann ging Jahr für Jahr aus
seiner Stadt hinauf, um vor Jahwe Ze-
baot in Schilo anzubeten und zu op-
fern. [Dort waren die beiden Söhne
Elis, Hofni und Pinhas, Priester des
Herrn.]

4 Eines Tages brachte Elkana ein
Opfer dar. Er pflegte seiner Frau Pe-
ninna und all ihren Söhnen und Töch-
tern (mehrere) Opferstücke zu rei-
chen. 5 Der Hanna aber gab er nur ein
einziges Stück, obgleich er Hanna lie-
ber hatte; doch Jahwe hatte ihren
Schoß verschlossen. 6 Ständig fügte
ihre Nebenbuhlerin ihr Kränkungen
zu, um sie zu verbittern, weil Jahwe
ihren Schoß verschlossen hatte. 7 So
geschah es Jahr für Jahr. Jedes Mal,
wenn sie zum Hause Jahwes hinauf-
zogen, kränkte jene sie. – Nun also
weinte Hanna und aß nichts. 8 Ihr
Mann Elkana sprach ihr Trost zu:
„Hanna, warum weinst du? Warum
isst du nichts? Warum ist dein Herz
betrübt? Bin ich dir nicht mehr wert
als zehn Kinder?“

Das Gebet der Hanna: 1,9–18

9 Hanna aber stand auf, nachdem man
in der Halle das Mahl gehalten hatte,
und trat vor Jahwe. Eli, der Priester,
saß auf einem Stuhl neben einem der
Türpfosten des Tempels Jahwes. 10 Mit
bekümmerter Seele betete sie unter
reichlichen Tränen zu Jahwe. 11 Auch
machte sie folgendes Gelübde: „Jahwe
Zebaot, wenn du herabschaust auf
deine armselige Magd und meiner ge-
denkst, wenn du deine Magd nicht
vergisst, sondern deiner Magd einen
männlichen Spross schenkst, so will
ich ihn Jahwe weihen, solange er lebt,
und kein Schermesser soll je auf sein
Haupt kommen.“

12 So verweilte sie lange im Gebet
vor Jahwe. Eli aber beobachtete ihren
Mund. 13 Hanna redete nämlich still in
ihrem Herzen. Nur ihre Lippen be-
wegten sich, ihre Stimme jedoch
konnte man nicht vernehmen. Des-
halb hielt Eli sie für betrunken. 14 Und
Eli sagte zu ihr: „Wie lange wirst du
dich noch benehmen wie eine Betrun-
kene? Sorge, dass du deinen Wein-
rausch los wirst!“ 15 Hanna erwiderte
und sprach: „Ach nein, mein Herr!
Ich bin eine unglückliche Frau. Weder
Wein noch Rauschtrank habe ich ge-
trunken, sondern ich habe mein Herz
ausgeschüttet vor Jahwe. 16 Halte doch
deine Magd nicht für eine Nichtswür-
dige! Denn wegen des Übermaßes
meines Kummers und meiner Betrüb-
nis habe ich so lange gebetet.“ 17 Da
antwortete Eli und sprach zu ihr: „Ge-
he hin in Frieden! Der Gott Israels
wird dir die Bitte erfüllen, die du ihm

vorgetragen hast.“ 18 Sie entgegnete: „Möge deine Magd Gnade finden in deinen Augen.“ Dann ging die Frau ihres Weges, sie aß, und sie hatte nicht mehr dasselbe (bekümmerte) Gesicht.

Samuels Geburt und Weihe: 1,19–28

19 Am folgenden Morgen standen sie früh auf und hielten ihre Anbetung vor Jahwe. Dann kehrten sie in ihr Heim nach Rama zurück. Elkana erkannte seine Frau Hanna, und Jahwe war ihrer eingedenk. 20 Hanna empfing, und als die Zeit um war, gebar sie einen Sohn. Sie gab ihm den Namen Samuel; „denn“, so sagte sie, „ich habe ihn von Gott erbeten“. 21 Als ihr Mann Elkana mit seiner ganzen Familie wieder hinaufzog, um Jahwe das jährliche Opfer und, was er gelobt hatte, darzubringen, 22 da zog Hanna nicht mit hinauf. Sie sagte vielmehr ihrem Manne: „Erst soll der Knabe entwöhnt werden, dann will ich ihn hinbringen, damit er vor Jahwe erscheint und für immer dort bleibt.“ 23 Ihr Mann Elkana entgegnete ihr: „Mache es so, wie es dir gut erscheint. Bleibe daheim, bis du ihn entwöhnt hast. Nur möge Jahwe sein Wort erfüllen.“ So blieb die Frau daheim und stillte ihren Sohn, bis sie ihn entwöhnt hatte.

24 Sobald sie ihn entwöhnt hatte, nahm sie ihn mit sich hinauf, dazu ein dreijähriges Rind, ein Efa Mehl und einen Schlauch Wein, und brachte ihn in das Haus Jahwes zu Schilo. Der Knabe aber war noch sehr jung. 25 Als sie das Rind geschlachtet hatten, kam die Mutter des Knaben zu Eli. 26 Sie sprach: „Erlaube, mein Herr! So wahr du lebst, mein Herr, ich bin die Frau, die hier neben dir stand, um zu Jahwe zu beten. 27 Um diesen Knaben habe ich gebetet. Da hat mir Jahwe die Bitte erfüllt, die ich an ihn gerichtet habe. 28 Darum habe ich ihn auch Jahwe geweiht. Alle Tage, die er lebt, soll er Jahwe geweiht sein.“ Und er warf dort nieder vor Jahwe.

Samuel in Schilo: 2,18–21

18 Samuel aber versah als Knabe den Dienst vor Jahwe, mit dem linnenen Efod umgürtet. 19 Dazu pflegte seine Mutter ihm einen kleinen Rock anzufertigen, den sie ihm jedes Jahr mitbrachte, wenn sie mit ihrem Mann hinaufzog, um das jährliche Opfer darzubringen. 20 Dann spendete jedes Mal Eli dem Elkana und seiner Frau den Segen und sprach: „Möge dir Jahwe Nachwuchs schenken von dieser Frau zum Entgelt für das Darlehen, das sie Jahwe geliehen hat!“ Hierauf kehrten sie in ihre Heimat zurück. 21 Jahwe suchte Hanna heim, und sie wurde guter Hoffnung und gebar noch drei Söhne und zwei Töchter. Der junge Samuel aber wuchs heran bei Jahwe.

Samuels Berufung: 3,1 – 4,1a

3 1 Der junge Samuel aber war im Dienste Jahwes tätig unter den

Augen Elis. Zu jener Zeit war ein Wort Jahwes selten; Gesichte kamen nicht häufig vor. 2 Aber eines Tages begab es sich, dass Eli an seinem gewohnten Orte schlief. Seine Augen waren allmählich schwach geworden, sodass er nicht mehr zu sehen vermochte. 3 Die Lampe Gottes war indes noch nicht erloschen. Samuel schlief im Tempel Jahwes, wo die Gotteslade stand. 4 Da rief Jahwe: „Samuel, Samuel!“ Der antwortete: „Hier bin ich“, 5 lief dann zu Eli hin und sagte: „Hier bin ich; du hast mich ja gerufen.“ Jener erwiderte: „Ich habe dich nicht gerufen; lege dich wieder schlafen.“ Da ging er weg und legte sich schlafen. 6 Jahwe aber rief wiederum: „Samuel!“ Und Samuel stand auf, ging zu Eli und sagte: „Hier bin ich; du hast mich ja gerufen.“ Jener antwortete: „Ich habe dich nicht gerufen, mein Sohn; lege dich wieder schlafen!“ 7 Samuel hatte nämlich Jahwe noch nicht kennen gelernt, und es war ihm noch keine Offenbarung Jahwes zuteil geworden. 8 Nun rief Jahwe wiederum, zum dritten Mal, den Samuel. Der stand auf, ging zu Eli und sagte: „Hier bin ich; du hast mich ja gerufen.“ Da merkte Eli, dass Jahwe es war, der den Knaben rief. 9 Darum sagte Eli zu Samuel: „Geh, leg dich schlafen, und wenn man dich ruft, so erwidere: ‚Rede, Jahwe, denn dein Diener hört!‘“ Samuel ging weg und legte sich an seinen Ort zur Ruhe.

10 Da kam Jahwe, stellte sich hin und rief wie die vorigen Male: „Samuel, Samuel!“ Und Samuel antwortete: „Rede, denn dein Diener hört!“ 11 Da sprach Jahwe zu Samuel: „Siehe, ich werde in Israel etwas tun, dass jedem, der davon hört, seine beiden Ohren gellen sollen. 12 An jenem Tage will ich an Eli all das in Erfüllung gehen lassen, was ich über sein Haus gesagt habe, von Anfang bis zum Ende. 13 Du sollst ihm ankündigen, dass ich über sein Haus für alle Zeit das Urteil gesprochen habe, weil er wusste, dass seine Söhne Gott lästerten und er es ihnen nicht verwehrte. 14 Darum habe ich dem Hause Elis geschworen: Wahrlich, die Schuld des Hauses Eli soll weder durch Schlachtopfer noch durch Speiseopfer jemals gesühnt werden.“

15 Samuel blieb bis zum Morgen liegen. Dann öffnete er die Tore am Hause Jahwes. Aber Samuel scheute sich, dem Eli etwas von dem Gesicht mitzuteilen. 16 Eli rief jedoch den Samuel zu sich und sagte: „Samuel, mein Sohn!“ Dieser antwortete: „Hier bin ich.“ 17 Da fragte jener: „Was hat er zu dir gesagt? Verheimliche mir nichts. Gott möge dir dieses und jenes antun, wenn du mir etwas von all dem verheimlichst, was er zu dir gesagt hat.“ 18 Nun berichtete ihm Samuel den ganzen Hergang, ohne ihm etwas zu verheimlichen. Da sprach er: „Er ist Jahwe; er tue, was ihm gefällt!“

19 Samuel aber wuchs heran, und Jahwe war mit ihm und ließ kein einziges von seinen Worten zur Erde fallen. 20 Ganz Israel von Dan bis Beerscheba erkannte, dass Samuel zum glaubwürdigen Propheten Jahwes bestellt war. 21 Jahwe aber erschien auch fernerhin in Schilo, denn er offenbarte sich dem Samuel,

4 1a und Samuels Wort hatte Geltung für ganz Israel. Eli aber war sehr alt, und seine Söhne verharrten in ihrem schlimmen Wandel vor Jahwe.

Das Volk verlangt einen König: 8,1–9

8 1 Als Samuel alt geworden war, bestellte er seine Söhne zu Richtern über Israel. 2 Sein Erstgeborener hieß Joel, sein Zweitgeborener Abija. Sie übten in Beërscheba das Richteramt aus. 3 Seine Söhne wandelten jedoch nicht auf seinen Wegen, sondern suchten ihren Vorteil, nahmen Bestechungsgelder an und beugten das Recht. 4 Da versammelten sich alle Ältesten Israels, begaben sich zu Samuel nach Rama 5 und erklärten ihm: „Siehe, du bist nun alt geworden, deine Söhne aber wandeln nicht auf deinen Wegen; so setze denn einen König über uns ein, damit er uns richte, wie es bei allen Völkern Brauch ist.“ 6 Samuel aber missfiel die Forderung, die sie stellten: „Setze einen König über uns ein, dass er uns richte.“ Samuel betete deshalb zu Jahwe. 7 Jahwe aber sagte zu Samuel: „Gib der Stimme des Volkes Gehör in allem, was sie von dir begehren; sie haben ja nicht dich verworfen, sondern mich haben sie verworfen, dass ich nicht mehr König über sie sei. 8 Genauso wie sie an mir gehandelt haben, seit der Zeit, da ich sie aus Ägypten weggeführt habe, bis auf diesen Tag, indem sie mich verließen und andern Göttern dienten, so handeln sie jetzt auch an dir. 9 Nun denn, gib ihrer Forderung Gehör. Aber verwarne sie und weise sie auf das Recht des Königs hin, der über sie herrschen soll.“

Die Nachteile der Königsherrschaft: 8,10–22

10 Hierauf teilte Samuel dem Volk, das einen König von ihm begehrte, alles mit, was Jahwe ihm gesagt hatte. 11 Er sprach also: „Folgendes wird das Recht des Königs sein, der über euch herrschen soll: Eure Söhne wird er nehmen, um sie für sich bei seinen Wagen und seinen Rossen zu verwenden; sie müssen vor seinen Wagen herlaufen. 12 Er wird ferner für sich Oberste über tausend und Oberste über fünfzig setzen; sie werden ihm das Feld zu pflügen und die Ernte einzubringen, seine Kriegsgeräte und Wagengeschirre herzustellen haben. 13 Eure Töchter aber wird er zum Bereiten der Salben, zum Kochen und Backen heranziehen. 14 Von euren Äckern, Weinbergen und Ölgärten wird er die besten nehmen und sie seinen Beamten geben. 15 Von euren Saatfeldern und Weinbergen wird er den Zehnten erheben, um seine Höflinge und Beamten damit zu besolden. 16 Eure Knechte und Mägde, eure besten Ochsen und Esel wird er nehmen, um sie für seine Wirtschaft zu verwenden. 17 Von eurem Kleinvieh wird er den Zehnten erheben, und ihr selber werdet seine Knechte sein. 18 Wenn ihr dann eines Tages wegen eures Königs, den ihr euch erwählt habt, ein Geschrei erheben werdet, so

wird euch Jahwe an jenem Tage nicht erhören."

[19]Das Volk aber wollte auf Samuels Stimme nicht hören, sondern erklärte: „Nein, ein König soll uns regieren. [20]Wir wollen nämlich auch so sein wie alle Völker, und unser König soll uns Recht sprechen; er soll unser Anführer sein und unsere Kriege führen." [21]Nachdem Samuel alles angehört hatte, was das Volk vorbrachte, trug er es Jahwe vor. [22]Jahwe aber sprach zu Samuel: „Willfahre ihrem Begehren und setze einen König über sie ein." Darauf sagte Samuel zu den Männern Israels: „Ein jeder soll sich in seine Stadt begeben."

Saul und die Eselinnen seines Vaters:
9,1–26a

9 [1]Unter den Benjaminitern lebte damals ein Mann mit Namen Kisch, ein Sohn Abiëls, des Sohnes Zerors, des Sohnes Bechorats, des Sohnes Afiachs, ein Benjaminiter, ein vermögender Mann. [2]Er hatte einen Sohn namens Saul, stattlich und schön; keiner unter den Israeliten war schöner als er; von der Schulter an aufwärts überragte er alles Volk. [3]Nun waren dem Kisch, dem Vater Sauls, Eselinnen fortgelaufen. Da sagte Kisch zu seinem Sohne Saul: „Nimm einer von den Knechten mit dir und macht euch auf, um hinzugehen und die Eselinnen zu suchen!" [4]Da durchstreiften sie das Bergland von Efraim und durchstreiften das Gebiet von Schalischa, fanden sie aber nicht. Dann streiften sie durch das Gebiet von Schaalim, aber sie waren nicht da. Nun durchstreiften sie das Gebiet von Benjamin, aber sie fanden sie nicht. [5]Als sie dann in die Gegend von Zuf kamen, sagte Saul zu dem Knecht, der bei ihm war: „Komm, wir wollen umkehren, sonst fängt mein Vater an, sich um uns Sorge zu machen statt um die Eselinnen." [6]Der aber antwortete: „Dort in der Stadt wohnt ein Gottesmann; der Mann steht in hohem Ansehen; alles, was er sagt, trifft sicher ein. Wir wollen also rasch dorthin gehen, vielleicht gibt er uns Auskunft in der Angelegenheit, um derentwillen wir unterwegs sind." [7]Saul erwiderte seinem Knecht: „Was würden wir, wenn wir wirklich hingingen, dem Mann mitbringen? Das Brot in unsern Beuteln ist nämlich ausgegangen, ein Geschenk aber haben wir nicht, um es dem Gottesmann anzubieten. Was haben wir noch bei uns?" [8]Der Knecht antwortete dem Saul abermals und sagte: „Schau, ich habe noch einen silbernen Viertelschekel bei mir; den will ich dem Gottesmann geben, damit er uns in unserer Sache Auskunft erteilt." [10]Saul erwiderte seinem Knecht: „Dein Vorschlag ist gut. Komm, wir gehen!" Sie gingen also in die Stadt, wo der Gottesmann wohnte. – [11]Als sie die Steige zur Stadt hinaufgingen, trafen sie Mädchen, die zum Wasserschöpfen herauskamen. Zu denen sagten sie: „Ist der Seher daheim?" – [9]Vor Zeiten sagte man in Israel, wenn man Gott befragen ging: „Kommt, lasst uns zum Seher gehen." Denn den man heute Prophet nennt, nannte man früher Seher. – 12 Sie antworteten: „Jawohl, er ist da vor euch; gerade eben ist er in die Stadt gekommen, weil das Volk heute auf der Höhe ein Opferfest begeht. 13 Wenn ihr in die Stadt kommt, werdet ihr ihn noch treffen, ehe er zum Opfermahl auf die Höhe hinaufgeht; denn das Volk fängt nicht zu essen an, bis er da ist. Er segnet nämlich das Opfer, danach erst essen die Geladenen. So geht also hinauf; denn jetzt könnt ihr ihn gerade noch treffen."

14 Da stiegen sie zur Stadt hinauf. Als sie aber eben ins Tor traten, begegnete ihnen Samuel, der herauskam, um zur Höhe hinanzusteigen. 15 Jahwe aber hatte einen Tag, bevor Saul ankam, dem Samuel folgende Offenbarung zuteil werden lassen: 16 „Morgen um diese Zeit werde ich dir einen Mann aus dem Gebiete Benjamin zuschicken. Den sollst du zum Fürsten über mein Volk Israel salben. Er wird mein Volk aus der Hand der Philister befreien. Ich habe nämlich die Not meines Volkes gesehen, und sein Hilferuf ist zu mir gedrungen." 17 Sobald nun Samuel den Saul erblickte, gab ihm Jahwe zu verstehen: „Das ist der Mann, von dem ich dir gesagt habe: Er soll mein Volk regieren." 18 Da trat Saul mitten im Tore an Samuel heran und sprach: „Sage mir doch, wo das Haus des Sehers ist." 19 Samuel antwortete dem Saul: „Ich bin der Seher. Begleite mich zur Höhe hinauf. Ihr müsst heute mit mir essen; morgen früh werde ich dich ziehen lassen, nachdem ich dir über alles Bescheid gegeben habe, was du auf dem Herzen hast. 20 Was die Eselinnen betrifft, die dir vor drei Tagen abhanden gekommen sind, so brauchst du dir um sie keine Sorge zu machen; sie haben sich wieder gefunden. Wem gehört übrigens alles, was es an Wertvollem in Israel gibt? Nicht dir und dem ganzen Hause deines Vaters?" 21 Saul entgegnete: „Ich bin ja nur ein Benjaminiter aus dem geringsten der Stämme Israels; zudem ist mein Geschlecht das unbedeutendste unter den Geschlechtern des Stammes Benjamin. Warum redest du so zu mir?"

22 Samuel nahm nun Saul und dessen Knecht mit sich, geleitete sie in die Halle und wies ihnen den Ehrenplatz unter den Gästen an, deren etwa dreißig anwesend waren. 23 Dann sagte Samuel dem Koch: „Bring das Stück her, das ich dir mit dem Auftrag übergab, es beiseite zu legen." 24 Da brachte der Koch die Keule und den Fettschwanz und setzte sie dem Saul vor. Samuel aber sagte: „Siehe, dir wird vorgesetzt, was aufgehoben wurde. Iss! …" So aß an jenem Tage Saul mit Samuel.

25 Als sie dann von der Anhöhe in die Stadt hinuntergegangen waren, bereitete man dem Saul ein Lager auf dem Dach. 26a Und er legte sich zur Ruhe.

Die Salbung Sauls: 9,26b – 10,8

26b Als aber die Morgenröte heraufstieg, rief Samuel dem Saul zum Dach hinauf zu: „Steh auf, damit ich dich

begleiten kann!“ Da stand Saul auf,
und sie gingen beide hinaus, er und
Samuel. 27 Als sie nun bis zur Stadt-
grenze gekommen waren, sagte
Samuel zu Saul: „Sage dem Knecht, er
solle uns vorausgehen, du aber bleibe
jetzt stehen! Ich habe dir ein Gottes-
wort zu verkünden.“

10 1 Hierauf nahm Samuel das Öl-
gefäß und goss es über sein
Haupt aus, küsste ihn und sprach:
„Hiermit hat dich Jahwe zum Fürsten
über sein Erbteil gesalbt. Du sollst
über das Volk Jahwes herrschen und
es erretten aus der Hand seiner Feinde
ringsum. Folgendes aber wird dir ein
Zeichen sein, dass Jahwe dich zum
Fürsten über sein Erbteil gesalbt hat:
2 Wenn du jetzt von mir fortgehst,
wirst du beim Grabe der Rahel an der
Grenze von Benjamin … zwei Män-
ner treffen. Sie werden dir sagen: Die
Eselinnen, die du suchen gingst, ha-
ben sich wieder gefunden. Siehe, dein
Vater hat die Sache mit den Eselinnen
vergessen, macht sich aber Sorge um
euch und sagt: Was soll ich für mei-
nen Sohn tun?* 3 Wenn du von dort
weitergehst und zur Tabor-Eiche
kommst, so werden dir dort drei Män-
ner begegnen, die zur Gottesstätte
nach Bet-El hinaufziehen. Der eine
trägt drei Böckchen, der andere drei
Laibe Brot und der Dritte einen
Schlauch Wein. 4 Sie werden dich be-
grüßen und dir zwei Laibe Brot anbie-
ten, und du sollst sie von ihnen
annehmen. 5 Dann kommst du nach
Gibeat-Elohim, [wo der Philistervogt
wohnt.] Beim Eintritt in die Stadt
wirst du einer Schar Propheten begeg-
nen, die von der Höhe herabsteigen.
Vor ihnen her erklingen Harfen, Pau-
ken, Flöten und Lauten, während sie
selbst in prophetischer Begeisterung
sind.** 6 Da wird nun der Geist Jahwes
auf dich übergehen, sodass du mit
ihnen in prophetische Begeisterung
gerätst und in einen andern Menschen
verwandelt wirst. 7 Wenn diese Zei-
chen bei dir eintreffen, so vollbringe,
wozu du die Kraft in dir spürst; denn
Gott ist mit dir. 8 Gehe sodann mir vo-
raus nach Gilgal hinunter. Siehe, ich
werde zu dir hinabkommen, um
Brandopfer darzubringen und Ge-
meinschaftsopfer zu schlachten. Sie-
ben Tage sollst du warten, bis ich zu
dir komme und dir eröffne, was du zu
tun hast.“

Sauls Rückkehr: 10,9–16

9 Sobald er nun den Rücken gewandt
hatte, um von Samuel fortzugehen,
da wandelte ihm Gott sein Herz in
ein neues um, und es trafen alle jene
Zeichen an diesem Tage ein. 10 Als sie
nämlich dorthin nach Gibea kamen,
siehe, da begegnete ihnen eine Pro-
phetenschar, und der Geist Gottes
ging auf ihn über, sodass er in ihrer
Mitte in prophetische Begeisterung
geriet. 11 Als nun alle, die ihn von frü-
her kannten, sahen, dass er sich wie

* „… unverständliches Wort „Zelzach“.
** „Gibeat-Elohim“ entspricht Luthers „Gibea Gottes“.

ein Prophet gebärdete, sagten die Leu-
te zueinander: „Was ist denn mit dem
Sohne des Kisch geschehen? Ist auch
Saul unter den Propheten?“ [12]Einer
aus ihnen erwiderte: „Wer ist denn
ihr Vater?“ Deshalb hat sich das
Sprichwort gebildet: „Ist auch Saul
unter den Propheten?“

[13]Nachdem aber seine prophetische
Begeisterung vorüber war, begab er
sich nach Hause. [14]Da fragte sein
Oheim ihn und seinen Knecht: „Wo-
hin seid ihr gegangen?“ Er antwortete:
„Auf die Suche nach den Eselinnen.
Als wir aber merkten, dass sie nicht
da waren, sind wir zu Samuel gegan-
gen.“ [15]Sauls Oheim bat ihn darauf:
„Erzähle mir doch, was Samuel zu
euch gesagt hat!“ [16]Saul erwiderte sei-
nem Oheim: „Er hat uns mitgeteilt,
die Eselinnen hätten sich wieder ge-
funden.“ Was ihm jedoch Samuel in
Bezug auf das Königtum gesagt hatte,
davon erzählte er ihm nichts.

Saul wird durch das Los zum König bestimmt: 10,17–27a

[17]Hierauf berief Samuel das Volk zu
Jahwe nach Mizpa [18]und sagte zu den
Israeliten: „So spricht Jahwe, der Gott
Israels: Ich habe Israel aus Ägypten
heraufgeführt und euch aus der Ge-
walt Ägyptens und aller Königreiche
befreit, die euch bedrängten. [19]Ihr
aber habt heute euren Gott verworfen,
der euch aus allen euren Nöten und
Bedrängnissen errettet hat, und habt
erklärt: Nein, sondern setze einen Kö-
nig über uns ein. Wohlan denn, tretet
hin vor Jahwe nach euren Stämmen
und euren Tausendschaften.“

[20]Nun ließ Samuel sämtliche Stäm-
me Israels antreten, und der Stamm
Benjamin wurde durchs Los getroffen.
[21]Dann ließ er den Stamm Benjamin
nach seinen Geschlechtern antreten,
und das Geschlecht Matri wurde ge-
troffen. Und als er das Geschlecht Ma-
tri Mann für Mann antreten ließ, da
wurde Saul, der Sohn des Kisch, ge-
troffen. Man suchte nach ihm, aber er
war nicht zu finden.

[22]Da fragte man noch einmal bei
Jahwe an: „Ist der Mann überhaupt
hergekommen?“ Jahwe gab zur Ant-
wort: „Ja, beim Gepäck hält er sich
versteckt.“ [23]Nun eilten sie hin und
holten ihn von dort herbei; und wie
er in den Kreis des Volkes trat, über-
ragte er das ganze Volk von seiner
Schulter an aufwärts. [24]Da sagte
Samuel zum ganzen Volke: „Seht ihr,
der, den sich Jahwe erwählt hat, hat
nicht seinesgleichen unter euch allen.“
Da jubelte das Volk und rief: „Es lebe
der König!“

[25]Nun verkündete Samuel dem
Volk das Recht des Königtums, trug
es in ein Buch ein und legte es vor Jah-
we nieder. Dann entließ er das ganze
Volk, einen jeden in seine Heimat.
[26]Auch Saul ging in seine Heimat
nach Gibea, und es gaben ihm die
Tapferen, denen Gott das Herz ge-
rührt hatte, das Geleit. [27a]Einige
Nichtswürdige aber erklärten: „Was
kann der da uns helfen?“ Und sie ver-
achteten ihn und brachten ihm kein
Huldigungsgeschenk.

Saul wird als König ausgerufen: 11,12–15

12 Da sagte das Volk zu Samuel: „Wer sind die, die da fragten: ‚Soll Saul über uns als König herrschen?‘ Gebt uns diese Burschen heraus, damit wir sie totschlagen.“ 13 Saul aber erwiderte: „An diesem Tag soll niemand den Tod erleiden, denn heute hat Jahwe Israel zum Siege verholfen.“ 14 Hierauf sprach Samuel zum Volk: „Auf, lasst uns nach Gilgal ziehen und dort das Königtum bestätigen.“

15 Da zog das gesamte Volk nach Gilgal, und sie setzten dort in Gilgal vor Jahwe Saul zum König ein. Auch schlachteten sie daselbst Gemeinschaftsopfer vor Jahwe, und Saul und alle Männer Israels waren dort überaus fröhlich.

Samuels Abschied: 12,1–25

12 1 Danach sprach Samuel zu ganz Israel: „Seht, ich habe in allem, was ihr mir vorgetragen habt, euren Wunsch erfüllt und habe einen König über euch eingesetzt. 2 Und nun seht, der König schreitet an eurer Spitze einher. Ich aber bin alt und grau geworden, und meine Söhne, seht, sind unter euch. Ich habe meinen Wandel von meiner Jugend an bis auf diesen Tag vor euren Augen geführt. 3 Seht, da stehe ich! Tretet vor Jahwe und seinem Gesalbten gegen mich auf! Wem habe ich einen Ochsen weggenommen? Wem habe ich einen Esel weggenommen? Wen habe ich bedrückt? Wem habe ich Gewalt angetan? Von wem habe ich ein Bestechungsgeschenk angenommen und mir so die Augen verhüllen lassen? Tretet gegen mich auf, und ich werde es euch zurückerstatten.“ 4 Da antworteten sie: „Du hast uns nicht bedrückt und hast uns keine Gewalt angetan, hast auch von niemand etwas angenommen.“ 5 Er sagte zu ihnen: „Mein Zeuge sei Jahwe euch gegenüber, und Zeuge sei sein Gesalbter an diesem Tage, dass ihr nichts in meiner Hand gefunden habt.“ Sie sagten: „Ja, er ist Zeuge.“

6 Dann sprach Samuel zum Volke: „Ja, Zeuge ist Jahwe, der Mose und Aaron bestellt und eure Väter aus Ägypten heraufgeführt hat. 7 So tretet denn heran, auf dass ich mit euch rechte vor Jahwe und euch alle Wohltaten vorhalte, die Jahwe euch und euren Vätern gezeigt hat. 8 Als Jakob nach Ägypten kam, da quälten die Ägypter sie. Da riefen eure Väter zu Jahwe, und Jahwe sandte Mose und Aaron; sie führten eure Väter aus Ägypten heraus, und er gab ihnen Wohnsitze in dieser Gegend. 9 Als sie aber Jahwe, ihren Gott, vergaßen, da ließ er sie in die Hand des Sisera fallen, des Heerführers von Hazor, und in die Hand der Philister und in die Hand des Königs von Moab. Diese führten Krieg wider sie. 10 Da schrien sie zu Jahwe und riefen: ‚Wir haben gesündigt, denn wir haben Jahwe verlassen, um den Baalen und Astarten zu dienen. Nun aber errette uns aus der Hand unserer Feinde, dann wollen wir dir dienen.‘ 11 Da sandte Jahwe den Jerubbaal und Barak, den Jiftach

und Samuel und befreite euch aus der Hand eurer Feinde ringsum, sodass ihr in Sicherheit wohnen konntet.

12 Als ihr aber sahet, dass Nahasch, der Ammoniterkönig, gegen euch heranzog, da spracht ihr zu mir: ‚Nein, ein König soll uns regieren!' – während doch euer König Jahwe, euer Gott, ist. 13 Gut, da ist euer König, den ihr erwählt habt. Seht, Jahwe hat einen König über euch eingesetzt. 14 Wenn ihr nun Jahwe fürchtet, ihm dient, auf seine Stimme hört und euch nicht auflehnt gegen den Befehl Jahwes, wenn sowohl ihr wie auch der König, der über euch herrscht, Jahwe, eurem Gott, folgt, (so wird Jahwe mit euch sein). 15 Wenn ihr aber auf die Stimme Jahwes nicht hört, sondern euch gegen den Befehl Jahwes auflehnt, so wird die Hand Jahwes wider euch sein und wider euren König.

16 Jetzt aber tretet herzu und gebt acht auf das gewaltige Wunderzeichen, das Jahwe vor euren Augen wirken wird. 17 Nicht wahr, es ist jetzt Weizenernte? Ich werde Jahwe anrufen, dass er Donner und Regen sende. Dann werdet ihr einsehen und erkennen, ein wie großes Unrecht ihr nach dem Urteil Jahwes begangen habt, als ihr einen König für euch begehrtet." 18 Da rief Samuel Jahwe an, und Jahwe sandte Donner und Regen an jenem Tage, sodass das ganze Volk in große Furcht geriet vor Jahwe und vor Samuel. 19 Und das ganze Volk sprach zu Samuel: „Bete für deine Knechte zu Jahwe, deinem Gott, damit wir nicht umkommen, weil wir zu all unsern Sünden auch noch diese Bosheit hinzugefügt haben, dass wir einen König für uns begehrten."

20 Samuel aber antwortete dem Volke: „Fürchtet euch nicht! Ihr habt nun einmal all diese Bosheit verübt; aber fallt jetzt nicht mehr ab von Jahwe, dienet vielmehr Jahwe mit eurem ganzen Herzen. 21 Und geht nicht wieder zu den nichtigen Götzen über, die nicht helfen und nicht retten können, weil sie eben nichts sind. 22 Denn Jahwe wird sein Volk um seines erhabenen Namens willen nicht verstoßen; es hat ja doch Jahwe gefallen, euch zu seinem Volk zu machen. 23 Auch von mir sei es ferne, dass ich mich gegen Jahwe versündige, indem ich aufhöre, für euch zu beten. Nein, den guten und geraden Weg will ich euch weisen. 24 Nur fürchtet Jahwe und dienet ihm aufrichtig mit eurem ganzen Herzen; denn seht, welche Großtat er an euch vollbracht hat. 25 Wenn ihr aber Böses tut, dann werdet ihr hinweggerafft samt eurem König."

Blick auf die Regierung Sauls: 14,47–52

47 Als Saul die Königswürde über Israel erlangt hatte, führte er Krieg gegen alle seine Feinde ringsum: gegen Moab, gegen die Ammoniter, gegen Edom, gegen den König von Zoba und gegen die Philister. Überall, wohin er sich wandte, war er siegreich. 48 Er bewies Tapferkeit, schlug Amalek und befreite Israel aus der Hand seines Plünderers.

49 Sauls Söhne waren Jonatan, Ischjo und Malkischua. Die ältere seiner

beiden Töchter hieß Merab, die jünge-
re Michal. 50 Sauls Frau hieß Ahinoam;
sie war eine Tochter des Ahimaaz.
Sein Heerführer hieß Abner, ein Sohn
des Ner, des Oheims Sauls. 51 Kisch,
der Vater Sauls, und Ner, der Vater
Abners, waren Söhne des Abiël.

52 Der Krieg gegen die Philister aber
tobte heftig, solange Saul lebte. Jedes
Mal, wenn Saul irgendeinen tapferen
und kriegstüchtigen Mann sah, nahm
er ihn in seine Dienste.

Saul wird von Jahwe verworfen: 15,10–23

10 Darum erging das Wort Jahwes an
Samuel also: 11 „Es reut mich, den Saul
zum König gemacht zu haben; denn
er hat sich von mir abgewandt und
meine Befehle nicht ausgeführt." Das
tat Samuel brennend weh, und er
schrie die ganze Nacht hindurch zu
Jahwe.

12 Am frühen Morgen aber machte
sich Samuel auf, um Saul aufzusu-
chen. Da wurde Samuel gemeldet:
„Saul ist nach Karmel gegangen, und
siehe, er hat sich dort ein Siegesdenk-
mal errichtet; dann ist er umgekehrt
und weiter hinabgezogen nach Gil-
gal." 13 Als nun Samuel zu Saul kam,
sprach Saul zu ihm: „Gesegnet seist
du von Jahwe! Ich habe den Befehl
Jahwes vollzogen." 14 Samuel erwider-
te: „Was ist das denn für ein Blöken
von Schafen, das mir ans Ohr dringt,
und was ist das für ein Rindergebrüll,
das ich höre?" 15 Saul antwortete: „Die
hat man von den Amalekitern heim-
gebracht; denn das Volk hat die besten
Stücke von dem Kleinvieh und den
Rindern verschont, um sie Jahwe, dei-
nem Gott, zu opfern. An dem Übrigen
dagegen haben wir den Bann voll-
streckt."

16 Samuel erwiderte dem Saul: „Lass
das! Ich will dir kundtun, was Jahwe
in dieser Nacht zu mir gesagt hat." Er
sprach zu ihm: „Rede!" 17 Da sagte
Samuel: „Nicht wahr, obgleich du dir
in deinen Augen gering vorkamst, bist
du doch das Haupt der Stämme Israels
geworden? Dich hat nämlich Jahwe
zum König über Israel gesalbt. 18 Nun
hat Jahwe dich ausrücken heißen und
dir befohlen: ‚Ziehe hin und vollstre-
cke den Bann an den Verbrechern, an
Amalek, und kämpfe gegen sie, bis du
sie vernichtet hast.' 19 Warum hast du
die Weisung Jahwes nicht befolgt,
sondern dich auf die Beute gestürzt
und getan, was missfällig ist in den
Augen Jahwes?" 20 Saul entgegnete
dem Samuel: „Ich habe die Weisung
Jahwes befolgt und den Feldzug unter-
nommen, zu dem Jahwe mich aus-
gesandt hat. Agag, den König der
Amalekiter, habe ich zwar mit-
gebracht, aber den Bann an Amalek
habe ich vollstreckt. 21 Das Volk je-
doch nahm von der Beute Kleinvieh
und Rinder weg, und zwar das Beste
von dem, was zu bannen war, um es
Jahwe, deinem Gott, in Gilgal zu op-
fern." 22 Samuel aber erwiderte: „Hat
Jahwe etwa ein solches Wohlgefallen
an Brandopfern und Schlachtopfern
wie am Gehorsam gegen den Befehl
Jahwes? Siehe, Gehorsam ist mehr
wert als Opfer, Folgsamkeit ist besser
als das Fett von Widdern. 23 Wider-

setzlichkeit ist schlimm wie die Sünde der Zauberei, und Eigensinn ist gleich dem Frevel mit Terafim. Weil du das Wort Jahwes missachtet hast, so hat er dich für zu gering befunden, um König über Israel zu bleiben!“

Saul fleht vergeblich um Verzeihung:
15,24–31

24 Saul erwiderte dem Samuel: „Ich habe gesündigt; denn ich habe den Befehl Jahwes und deine Weisungen übertreten. Ich hatte Furcht vor dem Kriegsvolk und willfuhr seinem Verlangen. 25 Nun aber vergib mir meine Sünde und kehre mit mir um, damit ich Jahwe anbete.“ 26 Samuel aber erklärte: „Ich kehre nicht mit dir um; weil du das Wort Jahwes missachtet hast, hat dich Jahwe verworfen, sodass du nicht mehr König über Israel bleibst.“ 27 Als nun Samuel sich umwandte, um fortzugehen, erfasste jener den Zipfel seines Mantels, aber dieser riss ab. 28 Da sagte Samuel zu ihm: „Abgerissen hat heute Jahwe die Königswürde über Israel von dir, um sie einem andern zu geben, der besser ist als du.“ 29 [Überdies lügt der Ruhm Israels nicht und empfindet keine Reue; er ist ja nicht ein Mensch, dass ihn etwas gereuen könnte.] 30 Er antwortete: „Wohl habe ich gesündigt, aber erweise mir jetzt die Ehre vor den Ältesten meines Volkes und vor Israel und kehre mit mir um, damit ich Jahwe, deinen Gott, anbete.“ 31 Da kehrte Samuel um und folgte Saul; und Saul betete Jahwe an.

Agags Tod und Samuels Aufbruch:
15,32–35

32 Darauf befahl Samuel: „Führt Agag, den König von Amalek, zu mir her!“ Widerstrebend trat Agag vor ihn hin. Agag sagte: „Fürwahr, der Tod ist bitter.“ 33 Samuel aber entgegnete: „Wie dein Schwert die Frauen kinderlos gemacht hat, so soll auch deine Mutter kinderlos werden unter den Frauen!“ Dann hieb Samuel den Agag nieder vor Jahwe zu Gilgal.

34 Samuel begab sich hierauf nach Rama, während Saul hinaufzog in seine Heimat nach Gibea Sauls. 35 Samuel aber sah bis zu seinem Todestage den Saul nicht wieder; denn Samuel hatte Leid um Saul, weil es Jahwe gereute, Saul zum König über Israel gemacht zu haben.

8 *Die Geschichte Davids*

Aus dem ersten und zweiten Buch Samuel

Samuel bekommt von Gott den Befehl, David zum König zu salben. David ist der jüngste Sohn Isais. Gott erwählt den jüngsten und unscheinbaren Sohn, der gerade die Schafe hütet, und nicht die, die Isai dem Propheten präsentiert. „Der Mensch sieht auf das Äußere, Jahwe aber sieht auf das Herz" (1 Sam 16,7). David dient dem amtierenden König Saul. Er spielt vor ihm die Harfe, um ihn von seinen Depressionen zu heilen.

Der junge David besiegt – nur mit einer Schleuder bewaffnet – den Philister-Riesen Goliat. Statt dankbar zu sein für diese Tat Davids, wird Saul eifersüchtig auf ihn und sucht ihn zu töten. David schließt Freundschaft mit Sauls Sohn Jonatan. Es wird eine wunderbare Freundschaft, die in der Klage Davids um diesen toten Freund einen ergreifenden Ausdruck findet: „Weh ist mir um dich, mein Bruder Jonatan. Du warst mir sehr lieb. Wunderbarer war deine Liebe für mich als die Liebe der Frauen" (2 Sam 1,26). David wird von Saul verfolgt. Doch er erweist seine Größe darin, dass er bei eigentlich günstiger Gelegenheit Sauls Leben schont. Als Saul im Kampf gegen die Philister fällt, trauert David um ihn, der ihm so feindlich nachgestellt hat. So wird David, der kriegerische Held, zum Urbild der Feindesliebe.

Die Geschichte Sauls und Davids zeigt, dass Gott nicht die vollkommenen Menschen aussucht, sondern Menschen, die begrenzt sind, die aber an ihrer Begrenzung entweder wachsen wie David oder daran scheitern wie Saul.

David wird zum König gesalbt. Unter ihm wird das Reich ausgebaut. Und alle leben im Wohlstand und Frieden. Doch auch David sündigt. Er begeht Ehebruch an Batseba und schickt ihren Mann Urija in den Tod. Der Prophet Natan stellt David zur Rede und verkündet ihm als Strafe für seine Sünde den Tod seines Sohnes. David bereut seine Schuld. Gott sieht auf seine Reue und schenkt ihm einen neuen Sohn: Salomo. Von ihm heißt es: „Der Herr liebte Salomo."

Selbst der größte König ist nicht ohne Schuld. Die Geschichte Israels ist eine ständige Geschichte von Aufstieg und Fall, Gehorsam und Sünde, Reue und Neubeginn. Gott lässt auch den Sünder nicht fallen, sondern erhebt ihn und nimmt ihn in seinen Dienst. David wird zum Sänger der Psalmen. Er erfährt den Aufruhr seines Sohnes Abschalom. Doch in allem hält er fest an seinem Gott. Der erfolgreiche König ist demütig geworden und gerade so wird er zum Segen für sein Volk.

Aus dem ersten Buch Samuel

Davids Salbung: 16,1–13

16 1 Und Jahwe sprach zu Samuel: „Wie lange willst du denn um Saul trauern? Ich habe ihn doch verworfen, sodass er nicht mehr als König über Israel herrschen soll. Fülle dein Horn mit Öl und mache dich auf den Weg! Ich sende dich zu dem Betlehemiter Isai; denn unter seinen Söhnen habe ich mir einen zum König ausersehen." 2 Samuel erwiderte: „Wie kann ich hingehen? Wenn Saul davon hört, wird er mich umbringen." Jahwe aber entgegnete: „Nimm ein junges Kuhrind mit dir und sage: Um Jahwe ein Opfer darzubringen, bin ich gekommen. 3 Und lade den Isai zum Opfer ein! Ich selbst werde dir dann zeigen, was du zu tun hast. Du sollst mir nämlich jenen salben, den ich dir nennen werde."

4 Samuel tat, was Jahwe ihn geheißen hatte. Als er nach Betlehem kam, gingen die Ältesten der Stadt ihm voll Angst entgegen und fragten: „Bedeutet dein Kommen Gutes, Seher?" 5 Er antwortete: „Ja, Gutes! Um Jahwe zu opfern, bin ich gekommen. Heiligt euch und kommt zum Opfer mit mir." Dann heiligte er den Isai und seine Söhne und lud sie zum Opfer ein.

6 Als sie nun kamen und er den Eliab erblickte, dachte er: „Fürwahr, da steht vor Jahwe sein Gesalbter." 7 Jahwe aber sprach zu Samuel: „Nicht auf sein Äußeres und seinen hohen Wuchs sollst du schauen; ich habe ihn nämlich zu gering geachtet; denn nicht worauf der Mensch sieht, sieht Gott. Der Mensch sieht auf das Äußere, Jahwe aber sieht auf das Herz." 8 Dann rief Isai den Abinadab und stellte ihn Samuel vor. Der aber sagte: „Auch den hat Jahwe nicht erkoren." 9 Hierauf stellte Isai den Schima vor. Er aber sagte: „Auch diesen hat Jahwe nicht erkoren." 10 So stellte Isai dem Samuel seine sieben Söhne vor. Samuel aber sprach zu Isai: „Diese hat der Herr nicht erkoren." 11 Dann fragte Samuel den Isai: „Sind das die jungen Leute alle?" Er erwiderte: „Es fehlt noch der Jüngste; siehe, der hütet die Schafe." Da gebot Samuel dem Isai: „Sende hin und lass ihn holen! Denn wir wollen uns nicht eher zum (Opfer-)Mahl setzen, als bis er da ist." 12 Da sandte er hin und ließ ihn holen; und er war rötlich, hatte schöne Augen und eine prächtige Gestalt. Und Jahwe sagte: „Auf! Salbe ihn; denn der ist es!" 13 So nahm denn Samuel das Ölhorn und salbte ihn unter seinen Brüdern. Der Geist Jahwes aber kam über David von jenem Tage an und weiterhin. Samuel aber machte sich auf und ging nach Rama.

David tritt in Sauls Dienste: 16,14–23

14 Der Geist Jahwes aber war von Saul gewichen, und es plagte ihn ein böser Geist von Jahwe. 15 Da sprachen Sauls Diener zu ihm: „Siehe, dich plagt ein böser Geist Gottes. 16 So möge doch unser Herr befehlen, dann werden deine Knechte einen Mann suchen, der das Harfenspiel versteht. Sooft

dann der böse Geist Gottes über dich
kommt, soll er die Saiten rühren, und
es wird dir wieder wohler werden.“
17 Saul erwiderte seinen Dienern:
„Seht euch für mich nach einem
Mann um, der gut zu spielen versteht,
und bringt ihn zu mir.“ 18 Da nahm
einer von den Dienern das Wort und
bemerkte: „Seht, ich kenne einen
Sohn des Isai in Betlehem, der im Sai-
tenspiel geübt ist; zudem ist er ein
Held an Kraft, kriegstüchtig, des Wor-
tes mächtig, ein Mann von schöner
Gestalt, und Jahwe ist mit ihm.“ 19 Da-
rauf schickte Saul Boten zu Isai und
ließ ihm sagen: „Schicke doch deinen
Sohn David, [der bei den Schafen ist,]
zu mir.“ 20 Da nahm Isai fünf Brote,
einen Schlauch Wein und ein Ziegen-
böcklein und sandte es durch seinen
Sohn David zu Saul. 21 So kam David
zu Saul und wurde sein Diener. Dieser
gewann ihn sehr lieb, sodass er sein
Waffenträger wurde. 22 Und Saul sand-
te zu Isai und ließ sagen: „David möge
mein Diener bleiben; denn er gefällt
mir gut.“ 23 Sooft aber der Gottesgeist
über Saul kam, griff David zur Harfe
und spielte. Dann wurde es Saul leich-
ter; er fühlte sich besser, und der böse
Geist wich von ihm.

Goliat fordert das israelitische Heer heraus:
17,1–11

17 1 Die Philister boten ihre Trup-
pen zum Kriege auf und ver-
sammelten sich bei Socho in Juda.
Das Lager schlugen sie zwischen So-
cho und Aseka bei Efes-Dammim auf.
2 Auch Saul und die Israeliten sammel-
ten sich, schlugen ihr Lager im Tere-
binthental auf und rüsteten sich zum
Kampf gegen die Philister. 3 Die Philis-
ter hatten ihre Stellung am Berg auf
der einen, die Israeliten am Berg auf
der andern Seite, sodass das Tal zwi-
schen ihnen lag.

4 Da trat ein Vorkämpfer aus den
Reihen der Philister heraus. Er hieß
Goliat und war aus Gat. Sechs Ellen
und eine Spanne war er hoch, 5 hatte
einen ehernen Helm auf seinem Haupt
und trug einen Schuppenpanzer; und
zwar hatte der Panzer ein Gewicht
von fünftausend Schekel Erz. 6 An sei-
nen Beinen waren eherne Schienen
und ein eherner Wurfspieß zwischen
seinen Schultern. 7 Der Schaft seiner
Lanze war wie ein Weberbaum, und
die Spitze seiner Lanze bestand aus
sechshundert Schekel Eisen. Vor ihm
her schritt sein Schildträger.

8 Er stellte sich hin und rief die Rei-
hen Israels mit folgenden Worten an:
„Warum zieht ihr aus, um euch zum
Kampf zu stellen? Bin ich nicht der
Philister, ihr dagegen Saulsknechte?
Wählt einen Mann unter euch aus,
damit er zu mir herunterkomme.
9 Wenn er mit mir den Kampf aufneh-
men kann und mich erschlägt, dann
wollen wir eure Knechte sein. Wenn
aber ich ihm überlegen bin und ihn
erschlage, dann sollt ihr unsere
Knechte sein und uns dienen.“
10 Dann erklärte der Philister: „Heute
habe ich die Reihen Israels heraus-
gefordert. Stellt mir einen Mann, dass
wir miteinander kämpfen!“ 11 Saul
und ganz Israel vernahmen diese

Worte des Philisters; aber sie hatten Angst und fürchteten sich sehr.

Ankunft Davids im Lager: 17,12–31

12 David war der Sohn eines Efratiters aus Betlehem in Juda mit Namen Isai, der acht Söhne hatte. In den Tagen Sauls war der Mann alt geworden und zu Jahren gekommen. 13 Die drei ältesten Söhne Isais waren Saul in den Krieg gefolgt. Seine drei Söhne, die in den Krieg gezogen waren, hießen: der älteste Eliab, der zweite Abinadab, der dritte Schima. 14 David aber war der jüngste. Die drei ältesten also waren Saul gefolgt. 15 [David ging ab und zu von Saul heim, um die Schafe seines Vaters in Betlehem zu hüten. 16 Der Philister aber trat morgens und abends auf und stellte sich hin, vierzig Tage hindurch.] 17 Da sagte Isai zu seinem Sohne David: „Nimm für deine Brüder ein Efa von dem gerösteten Korn da und diese zehn Brote und bringe sie eilends deinen Brüdern ins Lager. 18 Diese zehn Stück Käse aber bringe dem Hauptmann. Erkundige dich nach dem Befinden deiner Brüder und lass dir ihren Sold geben. 19 Saul und sie samt allen Israeliten befinden sich im Terebinthental im Krieg mit den Philistern.“ 20 Am frühen Morgen stand David auf und überließ die Schafe einem Hüter. Dann packte er auf und zog hin, wie ihm Isai geboten hatte. Als er zum Lagerplatz kam, rückte eben das Heer in Schlachtordnung aus und erhob das Kriegsgeschrei. 21 Israel und die Philister stellten sich zum Kampf auf, Schlachtreihe gegen Schlachtreihe. 22 Da legte David das Gepäck ab, überließ es dem Gepäckhüter und lief in die Schlachtreihe. Als er hinkam, erkundigte er sich bei seinen Brüdern nach ihrem Befinden.

23 Während er sich mit ihnen unterhielt, trat der Vorkämpfer [Goliat mit Namen, ein Philister aus Gat] aus den Reihen der Philister vor und führte die gleichen Reden, und David hörte es. 24 Alle Israeliten aber flohen vor ihm, wenn sie den Mann sahen, und hatten große Angst. 25 Ein Israelit sagte: „Habt ihr diesen Mann gesehen, der da vortrat? Um Israel herauszufordern, kommt er daher. Wer ihn erschlägt, den will der König sehr reich machen, er will ihm seine Tochter geben und seines Vaters Haus steuerfrei machen in Israel.“

26 Da sagte David zu den Männern, die bei ihm standen: „Was wird dem Mann zuteil, der diesen Philister erschlägt und die Schande von Israel nimmt? Wer ist denn dieser unbeschnittene Philister, dass er die Schlachtreihen des lebendigen Gottes herausfordert?“ 27 Die Leute wiederholten ihm die frühere Mitteilung: „Das wird dem Mann zuteil, der ihn erschlägt.“ 28 Als aber sein ältester Bruder Eliab hörte, wie er mit den Männern sich unterhielt, wurde Eliab zornig über David und sagte: „Wozu bist du denn herabgekommen? Wem hast du die paar Schafe in der Steppe anvertraut? Ich kenne deine Einbildung und die Bosheit deines Herzens; nur um dir den Krieg anzusehen, bist du herab-

gekommen." 29 David entgegnete: „Was habe ich denn getan? Es ist doch wohl noch einer Frage wert!" 30 Dann wandte er sich von ihm ab einem andern zu und wiederholte die gleiche Frage. Die Leute antworteten ihm wie vorher. 31 Als man nun erfuhr, was David gesagt hatte, meldete man es dem Saul, und er ließ ihn herbeiholen.

David bietet sich an, die Herausforderung anzunehmen: 17,32–39

32 David aber sprach zu Saul: „Möge doch seinetwegen meinem Herrn der Mut nicht sinken! Dein Knecht will hingehen und mit diesem Philister kämpfen." 33 Saul aber erwiderte dem David: „Du kannst nicht gegen diesen Philister angehen, um mit ihm zu kämpfen. Du bist ja ein Jüngling, er dagegen ist ein Kriegsmann von Jugend auf."

34 David antwortete dem Saul: „Dein Knecht hütet seinem Vater die Schafe; kam dann der Löwe oder der Bär und holte sich ein Schaf aus der Herde, 35 so lief ich ihm nach, schlug auf ihn los und riss es ihm aus dem Rachen. Wenn er mich aber angriff, so packte ich ihn bei der Mähne und schlug ihn tot. 36 Löwen wie Bären hat dein Knecht erschlagen; und diesem unbeschnittenen Philister soll es ergehen wie einem von ihnen, weil er die Schlachtreihen des lebendigen Gottes herausgefordert hat." 37 Und David fuhr fort: „Jahwe, der mich aus den Tatzen des Löwen und des Bären errettet hat, wird mich auch aus der Hand dieses Philisters erretten." Da sagte Saul zu David: „Geh hin, und Jahwe möge mit dir sein."

38 Hierauf ließ Saul dem David seinen Waffenrock anlegen, setzte ihm einen ehernen Helm auf das Haupt und legte ihm den Panzer an. 39 Dann gürtete er David mit seinem Schwert über seinen Waffenrock, und David bemühte sich zu gehen; denn er hatte es noch nicht versucht. Er erklärte Saul: „Ich kann darin nicht gehen, weil ich es noch nicht versucht habe." Da zog man es ihm wieder aus.

Der Zweikampf: 17,40–54

40 Und er nahm seinen Stecken in die Hand, suchte sich fünf glatte Steine aus dem Bach und tat sie in seine Hirtentasche, die ihm als Schleudertasche diente. Dann nahm er seine Schleuder in die Hand und ging dem Philister entgegen. 41 Der Philister aber schritt immer näher auf David zu, wobei sein Schildträger vor ihm herging. 42 Als aber der Philister hinblickte und David ansah, verachtete er ihn, weil er noch ein Jüngling war, rötlich und von schönem Aussehen. 43 Der Philister sprach zu David: „Bin ich denn ein Hund, dass du mit Stöcken zu mir kommst?" Da verfluchte der Philister David bei seinen Göttern. 44 Dann sprach der Philister zu David: „Komm her zu mir, damit ich dein Fleisch den Vögeln des Himmels und den Tieren des Feldes gebe!" 45 David antwortete dem Philister: „Du kommst zu mir mit Schwert, Lanze und Wurfspieß. Ich aber komme zu

dir im Namen Jahwes Zebaot, des Gottes der Schlachtreihen Israels, die du beschimpft hast. 46 Heute wird Jahwe dich in meine Hand geben. Ich werde dich erschlagen und dir den Kopf abhauen. Ich werde deinen Leichnam und die Leichname des Philisterheeres heute noch den Vögeln des Himmels und den Tieren der Erde geben, damit alle Welt einsieht, dass es einen Gott gibt in Israel. 47 Und diese ganze Schar soll wissen, dass Jahwe nicht Schwert und Lanze braucht, um Rettung zu schaffen. Denn Jahwe ist Herr des Kampfes, und er wird euch in unsere Hand geben."

48 Als nun der Philister sich aufmachte, in Bewegung setzte und auf David zukam, lief David schnell aus der Schlachtreihe dem Philister entgegen. 49 Unterdessen griff David mit der Hand in seine Tasche, nahm einen Stein heraus, schleuderte ihn und traf den Philister an die Stirn; und der Stein drang in die Stirn ein, sodass er aufs Gesicht zu Boden stürzte. 50 So überwand David den Philister mit Schleuder und Stein, traf ihn und tötete ihn, obwohl kein Schwert in Davids Hand war. 51 Dann lief David hinzu, trat an den Philister heran, griff nach dessen Schwert, zog es aus der Scheide und tötete ihn, indem er ihm damit den Kopf abschlug. Als aber die Philister sahen, dass ihr Starker tot war, ergriffen sie die Flucht.

52 Die Männer von Israel und Juda aber machten sich auf, erhoben das Kriegsgeschrei und setzten den Philistern nach bis Gat und bis zu den Toren von Ekron, sodass die erschlagenen Philister auf dem Wege von Schaarajim bis nach Gat und Ekron lagen. 53 Dann kehrten die Israeliten von der Verfolgung der Philister zurück und plünderten deren Lager. 54 David aber nahm den Kopf des Philisters und brachte ihn nach Jerusalem, seine Rüstung aber legte er in seinem Zelt nieder.

Sauls Eifersucht erwacht: 18,6–16

6 Es geschah aber bei ihrem Einzug, als nämlich David von der Erschlagung des Philisters heimkehrte, da gingen aus allen Städten Israels die Frauen singend und tanzend dem König Saul entgegen mit Pauken, Jubelgesang und Zimbeln. 7 Und die tanzenden Frauen hoben zu singen an: „Saul hat seine Tausende erschlagen, David aber seine Zehntausende."

8 Darüber geriet Saul in heftigen Zorn; denn dieses Lied missfiel ihm sehr, und er sagte: „Dem David haben sie die Zehntausende zugewiesen, mir dagegen nur die Tausende. Nun fehlt ihm nur noch die Königswürde!" 9 Darum sah Saul von jenem Tage an und weiterhin mit Argwohn auf David.

10 Am folgenden Tage ereignete es sich, dass ein böser Geist von Gott über Saul kam, sodass er drinnen in seinem Hause raste. David spielte die Harfe mit seiner Hand wie jeden Tag. Saul aber hatte die Lanze in der Hand. 11 Da schwang Saul den Speer und dachte: „Ich will den David an die Wand spießen." Aber David wich ihm zweimal aus.

12 Nun fürchtete sich Saul vor Da-
vid, weil Jahwe mit diesem war, wäh-
rend er sich von Saul zurückgezogen
hatte. 13 Saul schaffte ihn aus seiner
Umgebung fort und machte ihn zum
Hauptmann über tausend Mann. Und
er zog an der Spitze der Leute aus und
ein. 14 David hatte Erfolg auf allen sei-
nen Wegen, weil Jahwe mit ihm war.
15 Als aber Saul sah, dass er viel Erfolg
hatte, erfasste ihn ein Grauen vor ihm.
16 Ganz Israel und Juda dagegen lieb-
ten David; denn er zog an ihrer Spitze
aus und ein.

Davids Heirat: 18,17–30

17 Saul sprach zu David: „Schau, da ist
meine älteste Tochter Merab; die will
ich dir zur Frau geben. Aber bewähre
dich mir als Held und führe die Kriege
Jahwes." Saul dachte aber: „Meine
Hand will ich nicht an ihn legen, aber
die Philister sollen Hand an ihn le-
gen." 18 David erwiderte dem Saul:
„Wer bin ich, und was ist mein Ge-
schlecht, die Sippe meines Vaters, in
Israel, dass ich der Schwiegersohn
des Königs werden sollte?" 19 Als je-
doch die Zeit kam, wo Merab, die
Tochter Sauls, dem David gegeben
werden sollte, da wurde sie dem
Adriël aus Mehola zur Frau gegeben.

20 Michal aber, Sauls Tochter, ver-
liebte sich in David. Als man es Saul
meldete, war es ihm recht. 21 Saul sag-
te sich nämlich: „Ich will sie ihm ge-
ben, aber sie soll ihm zum Fallstrick
werden, und die Philister sollen Hand
an ihn legen." [Und Saul sprach zwei-
mal zu David: „Du kannst jetzt mein
Schwiegersohn werden."] 22 Dann be-
fahl Saul seinen Hofleuten: „Sagt ver-
traulich Folgendes zu David: Siehe,
der König hat Wohlgefallen an dir,
und alle seine Hofleute haben dich
gern; werde also des Königs Schwie-
gersohn." 23 Die Hofleute redeten also
dem David in dieser Weise zu. David
antwortete: „Scheint es euch etwas so
Geringfügiges, des Königs Schwieger-
sohn zu werden? Ich bin doch nur ein
mittelloser und geringer Mann." 24 Die
Hofleute meldeten dem Saul: „Das
und das hat David gesagt." 25 Da ant-
wortete Saul: „Sagt zu David: Der Kö-
nig fordert keine andere Heiratsgabe
als hundert Philistervorhäute, um an
den Feinden des Königs Rache zu neh-
men." Dabei gedachte Saul, den David
in die Hand der Philister fallen zu las-
sen.

26 Als nun seine Hofleute dem Da-
vid diese Worte mitteilten, war David
damit einverstanden, des Königs
Schwiegersohn zu werden, bevor die
Frist abgelaufen sei. 27 Daher machte
sich David auf, rückte mit seinen Leu-
ten aus und erschlug zweihundert
Philister. Ihre Vorhäute brachte David
und legte sie vollzählig dem König
vor, um des Königs Schwiegersohn
zu werden. Da gab ihm Saul seine
Tochter Michal zur Frau.

28 Saul merkte nun deutlich, dass
Jahwe mit David war und dass ganz Is-
rael ihn liebte. 29 Da fürchtete Saul sich
noch mehr vor David, und Saul wurde
Davids Feind für immer. 30 Die Philis-
terfürsten aber zogen ins Feld. Sooft
sie jedoch auszogen, hatte David grö-

ßeren Erfolg als alle Diener Sauls; und sein Name wurde sehr berühmt.

Jonatan tritt für David ein: 19,1–7

19 1 Saul redete mit seinem Sohn Jonatan und all seinen Dienern davon, dass er David töten wolle. Aber Jonatan, der Sohn Sauls, hatte David sehr lieb. 2 Er meldete es David mit den Worten: „Saul, mein Vater, beabsichtigt, dich zu töten. Sei doch morgen früh auf deiner Hut und halte dich in einem Versteck verborgen. 3 Ich selbst aber will hinausgehen und auf dem Feld, wo du bist, an die Seite meines Vaters treten, um mit meinem Vater über dich zu sprechen. Und wenn ich erfahre, wie die Sache steht, will ich es dir melden."

4 Jonatan sprach dann gegenüber seinem Vater zugunsten Davids, indem er zu ihm sagte: „Der König versündige sich nicht an seinem Knecht, an David; denn er hat sich nichts gegen dich zuschulden kommen lassen, sondern sein Tun ist dir sehr vorteilhaft gewesen. 5 Er hat sein Leben aufs Spiel gesetzt und den Philister erschlagen. So hat Jahwe ganz Israel einen großen Sieg verschafft. Du hast es ja gesehen und Freude gehabt. Weshalb willst du dich nun vergehen an unschuldigem Blut und David ohne Grund töten?" 6 Saul gab den Worten Jonatans Gehör. Und Saul schwur: „So wahr Jahwe lebt, er soll nicht getötet werden!" 7 Da rief Jonatan den David und teilte ihm diese ganze Unterredung mit. Dann führte Jonatan David zu Saul, und er war wieder in seiner Umgebung wie früher.

Sauls Attentat auf David: 19,8–10a

8 Als der Krieg weiterging, zog David ins Feld, kämpfte gegen die Philister und brachte ihnen eine so große Niederlage bei, dass sie vor ihm flohen. 9 Da kam ein böser Geist Jahwes über Saul, als er in seinem Hause saß, die Lanze in der Hand, während David mit seiner Hand die Harfe spielte. 10a Saul versuchte den David mit der Lanze an die Wand zu spießen; aber David wich dem Saul aus, sodass die Lanze in die Wand drang. Dann floh David und rettete sich.

David wird von Michal gerettet: 19,10b–17

10b In derselben Nacht aber 11 sandte Saul Boten in das Haus Davids, um ihn zu bewachen, denn er wollte ihn am Morgen töten. Doch Michal, Davids Frau, meldete es ihm mit den Worten: „Wenn du dich nicht in dieser Nacht in Sicherheit bringst, so wirst du morgen umgebracht!" 12 Dann ließ Michal den David durch das Fenster hinab. Er eilte fort und rettete sich durch die Flucht.

13 Michal aber nahm den Terafim und legte ihn aufs Bett. Um seinen Kopf tat sie ein Netz aus Ziegenhaaren und bedeckte ihn mit einer Decke. 14 Als nun Saul Boten schickte, um David zu ergreifen, sagte sie: „Er ist

krank.“ 15 Saul aber sandte die Boten zurück, damit sie nach David sähen. Er befahl ihnen: „Bringt ihn mit dem Bett zu mir herauf, auf dass ich ihn töte!“ 16 Als die Boten eintraten, siehe, da lag der Terafim auf dem Bett und das Netz aus Ziegenhaaren um seinen Kopf. 17 Da sagte Saul zu Michal: „Warum hast du mich so betrogen und meinen Feind entfliehen lassen, sodass er sich retten konnte?“ Michal antwortete Saul: „Er sagte zu mir: Lass mich fort, sonst töte ich dich!“

Saul und David bei Samuel: 19,18–24

18 David war also geflohen und hatte sich gerettet. Er kam zu Samuel nach Rama und erzählte ihm alles, was Saul ihm angetan hatte. Dann ging er mit Samuel hin, und sie wohnten im Prophetenhause zu Rama. 19 Als Saul berichtet wurde: „David ist im Prophetenhause zu Rama“, 20 sandte Saul Boten aus, um David gefangen zu nehmen. Als diese aber die Schar der Propheten sahen, wie sie in prophetischer Begeisterung waren, und zwar Samuel an ihrer Spitze, ging der Geist Gottes auch auf die Boten Sauls über, sodass sie in prophetische Begeisterung gerieten. 21 Als man das Saul meldete, sandte er andere Boten; aber auch diese gerieten in prophetische Begeisterung. Zum dritten Mal schickte Saul Boten; doch auch sie gerieten in prophetische Begeisterung.

22 Da begab er sich selbst nach Rama. Als er zu der großen Zisterne bei Sechu gekommen war, fragte er: „Wo sind Samuel und David?“ Man gab ihm zur Antwort: „Im Prophetenhause zu Rama.“ 23 Während er sich nun von dort zum Prophetenhause in Rama begab, ging der Geist Gottes auch auf ihn über, sodass er ständig in prophetischer Begeisterung war, bis er im Prophetenhause zu Rama anlangte. 24 Da zog auch er seine Kleider aus und geriet ebenfalls vor Samuel in prophetische Begeisterung und lag den ganzen Tag und die ganze Nacht entkleidet da. Darum pflegt man zu sagen: „Gehört auch Saul zu den Propheten?“

Jonatan hilft David bei der Flucht:
20,1 – 21,1

20 1 David floh aus dem Prophetenhause zu Rama und sagte nach seiner Heimkehr zu Jonatan: „Was habe ich getan? Welches ist meine Schuld und mein Vergehen gegen deinen Vater, dass er mir nach dem Leben trachtet?“ 2 Er antwortete ihm: „Das sei fern, du wirst nicht sterben! Siehe, mein Vater pflegt nichts zu unternehmen, sei es bedeutend oder unbedeutend, ohne es mir zu offenbaren. Warum sollte mein Vater mir also dies gerade verheimlichen? Es ist nichts!“ 3 David aber schwur: „Dein Vater weiß ganz genau, dass ich in deiner Huld stehe. Darum denkt er: Das braucht Jonatan nicht zu erfahren, damit er sich nicht aufregt. Aber so wahr Jahwe lebt und so wahr du lebst, es ist nur ein Schritt zwischen mir und dem Tod!“

4 Jonatan erwidert dem David: „Was du begehrst, will ich dir tun.“ 5 Da sagte David zu Jonatan: „Siehe, morgen ist Neumondfest. Ich müsste dann mit dem König zu Tische sitzen. Lass mich also gehen, damit ich mich bis zum Abend auf dem Feld verborgen halte. 6 Wenn dein Vater mich vermissen sollte, so sage: ‚David hat sich von mir die Erlaubnis erbeten, in seine Vaterstadt Betlehem eilen zu dürfen, weil dort das Jahresopfer für die ganze Familie stattfindet.‘ 7 Sagt er dann: ‚Gut!‘, so droht deinem Knecht keine Gefahr. Gerät er aber in Zorn, so wisse, dass das Verderben von ihm beschlossen ist. 8 So erweise denn deinem Knechte Huld; du hast ja deinen Knecht in einen Bund Jahwes mit dir treten lassen. Liegt aber eine Schuld bei mir, so töte du mich; nur liefere mich nicht deinem Vater aus.“ 9 Jonatan erwiderte: „Das sei fern von dir! Wenn ich erfahre, dass es bei meinem Vater beschlossene Sache ist, Unheil über dich kommen zu lassen, sollte ich es dir nicht mitteilen?“ 10 David sagte zu Jonatan: „Wer wird es mir aber melden, wenn dein Vater dir eine schroffe Antwort gegeben hat?“

11 Jonatan sagte zu David: „Komm, wir wollen aufs Feld hinausgehen.“ Nun gingen die beiden hinaus aufs Feld. 12 Da sagte Jonatan zu David: „Jahwe, der Gott Israels, ist Zeuge, dass ich morgen um diese Zeit meinen Vater ausforschen werde. Steht es dann gut um David und ich sende nicht zu dir, um es dir zu melden, 13 so soll Jahwe Jonatan dies und das antun. Wenn es aber meinem Vater gefällt, Unheil über dich zu bringen, so werde ich es dir ebenfalls melden und dich ziehen lassen, damit du in Frieden gehen kannst. Und Jahwe wird mit dir sein, wie er mit meinem Vater war. 14 Möchtest du aber dann, wenn ich noch am Leben bin, mir die Barmherzigkeit Jahwes erweisen. Wenn ich aber tot bin, 15 so entziehe niemals meinem Hause deine Huld. Selbst dann, wenn Jahwe die Feinde Davids Mann für Mann vom Erdboden vertilgen wird, 16 möge Jonatans Name nicht mit dem Hause Sauls ausgetilgt werden, sonst wird Jahwe Rechenschaft von David dafür fordern.“ 17 Dann schwur Jonatan dem David nochmals, denn er liebte ihn ganz herzlich.

18 Darauf sprach Jonatan zu ihm: „Morgen ist Neumondfest. Da wirst du vermisst werden, wenn dein Platz leer bleibt. 19 Übermorgen aber wird man dich noch mehr vermissen. Komm dann an den Ort, wo du dein Versteck am Tage der Tat hattest, und verbirg dich neben jenem Steinhaufen. 20 Ich werde dann am dritten Tag mit Pfeilen nach dieser Seite schießen, als ob ich nach einem Ziel schießen würde. 21 Alsdann werde ich den Burschen hinschicken und ihm sagen: ‚Geh, suche den Pfeil!‘ Wenn ich nun dem Burschen zurufe: ‚Gib Acht, der Pfeil liegt von dir aus weiter hierher, hole ihn!‘, dann komme; denn es steht gut um dich, und es ist keine Gefahr, so wahr Jahwe lebt. 22 Rufe ich aber dem Burschen zu: ‚Gib Acht, der Pfeil liegt von dir aus weiter drüben!‘, dann gehe, denn Jahwe schickt dich fort!

23 Für die Abmachung aber, die wir
beide, ich und du, miteinander getrof-
fen haben, ist Jahwe Zeuge zwischen
mir und dir in Ewigkeit."

24 Hierauf versteckte sich David auf
dem Feld. Als das Neumondfest ge-
kommen war, setzte sich der König
zu Tisch, um Mahl zu halten, 25 und
zwar setzte sich der König auf seinen
gewöhnlichen Platz, nämlich auf den
Platz an der Wand. Jonatan setzte sich
gegenüber, Abner saß neben Saul,
während Davids Platz frei blieb. 26 An
diesem Tage sagte Saul nichts, weil er
dachte: „Es wird ihm etwas begegnet
sein; er wird nicht rein sein." 27 Als je-
doch am andern Tage, dem Tage nach
dem Neumondfest, Davids Platz leer
blieb, sagte Saul zu seinem Sohn Jona-
tan: „Weshalb ist der Sohn Isais weder
gestern noch heute zum Essen ge-
kommen?" 28 Jonatan erwiderte dem
Saul: „David hat sich von mir drin-
gend Urlaub nach Betlehem erbeten.
29 Er sagte nämlich: ‚Lass mich doch
hingehen; denn wir haben ein Fami-
lienopfer in meiner Stadt. Meine Brü-
der haben mich eingeladen. Willst du
mir also einen Gefallen erweisen, so
gib mir Urlaub, damit ich meine Brü-
der besuche.' Deshalb ist er nicht an
der Tafel des Königs erschienen."

30 Da entbrannte Sauls Zorn gegen
Jonatan, und er sagte zu ihm: „Du
Sohn einer Verkommenen! Meinst
du, ich wüsste nicht, dass du dem
Sohne des Isai anhängst zu deiner
Schande und zur Schande des Scho-
ßes deiner Mutter? 31 Solange nämlich
der Sohn des Isai auf dem Erdboden
lebt, wirst weder du noch dein König-
tum Bestand haben. So schicke denn
jetzt hin und lass ihn zu mir herholen;
denn er ist ein Kind des Todes." 32 Jo-
natan gab seinem Vater zur Antwort:
„Warum soll er getötet werden? Was
hat er getan?" 33 Da schleuderte Saul
die Lanze nach ihm, um ihn zu durch-
bohren; und Jonatan sah ein, dass es
bei seinem Vater beschlossene Sache
war, David zu töten. 34 Darum stand
er in glühendem Zorn von der Tafel
auf und aß am zweiten Neumondtage
nichts. Es tat ihm Leid um David, dass
sein Vater ihn beschimpft hatte.

35 Am Morgen begab sich Jonatan
aufs Feld hinaus gemäß der Verabre-
dung mit David, und ein junger Bur-
sche begleitete ihn. 36 Er sagte zu dem
Burschen: „Lauf und suche die Pfeile,
die ich abschieße!" Während der Bur-
sche hinlief, schoss er den Pfeil über
ihn hinaus. 37 Als der Bursche auf die
Stelle zuging, wo der Pfeil lag, den Jo-
natan abgeschossen hatte, rief Jonatan
dem Burschen nach: „Der Pfeil liegt
von dir aus weiter drüben!" 38 Dazu
rief Jonatan dem Burschen nach: „Vor-
wärts, beeile dich, bleib nicht stehen!"
Jonatans Bursche hob den Pfeil auf
und brachte ihn seinem Herrn. 39 Der
Bursche merkte nichts; nur Jonatan
und David wussten um die Sache.

40 Hierauf übergab Jonatan sein
Schießgerät dem Burschen, den er bei
sich hatte, und befahl ihm: „Geh, brin-
ge es in die Stadt!" 41 Nach dem Weg-
gang des Burschen erhob sich David
neben dem Steinhaufen, warf sich auf
sein Angesicht zur Erde und verneigte
sich dreimal. Dann küssten sie einan-
der und weinten zusammen bis zum

Übermaß. 42 Darauf sagte Jonatan zu David: „Geh in Frieden! Was wir beide uns beim Namen Jahwes geschworen haben, dessen ist Jahwe Zeuge zwischen mir und dir, zwischen meinen und deinen Nachkommen in Ewigkeit.“

21 1 Danach machte sich David auf und ging fort, Jonatan aber kehrte in die Stadt zurück.

David in Horescha. Begegnung mit Jonatan: 23,15–18

15 David fürchtete sich, weil Saul ausgezogen war, um ihm nach dem Leben zu trachten. David weilte zu Horescha in der Wüste Sif. 16 Da brach Jonatan, der Sohn Sauls, auf, begab sich zu David nach Horescha und machte ihm wieder Mut in Gott. 17 Er sagte zu ihm: „Sei ohne Furcht, denn die Hand meines Vaters Saul wird dich nicht zu fassen bekommen. Du wirst vielmehr König über Israel werden, und ich werde nach dir der Zweite sein. Auch meinem Vater Saul ist das bekannt.“ 18 Dann schlossen beide einen Bund vor Jahwe, und David blieb in Horescha, während Jonatan nach Hause zurückkehrte.

David entrinnt Saul mit knapper Not: 23,19–28

19 Die Sifiter aber gingen zu Saul nach Gibea hinauf und berichteten: „David hält sich bei uns auf dem Bergrücken bei Horescha verborgen, und zwar auf dem Hügel Hachila, südlich von Jeschimon.* 20 Wohlan denn, o König, sobald es dir beliebt hinabzuziehen, ziehe hinab. Es wird dann unsere Sache sein, ihn in die Hand des Königs auszuliefern.“ 21 Saul entgegnete: „Jahwe segne euch dafür, dass ihr Mitgefühl mit mir gehabt habt. 22 Geht nun hin, erkundigt euch weiter und gebt gut Acht auf den Ort, wo sein flüchtiger Fuß weilt. Man hat mir gesagt, dass er sehr schlau ist. 23 Spähet sorgfältig jeden Schlupfwinkel aus, worin er sich versteckt, und kommt mit sicherer Kunde zu mir zurück. Dann will ich mit euch gehen, und wo er auch im Lande sein mag, werde ich ihn ausfindig machen unter allen Tausendschaften Judas.“

24 Da brachen sie auf und zogen dem Saul voraus nach Sif. David aber weilte damals mit seinen Leuten in der Wüste Maon, in der Steppe südlich von der Einöde. 25 Dann zog auch Saul mit seinen Leuten aus, um ihn aufzusuchen. Als man das David meldete, zog er zur Schlucht hinab, die in der Wüste Maon liegt. Saul erfuhr es und zog David in die Wüste Maon nach. 26 Saul marschierte mit seinen Leuten an der einen Seite des Berges hin, David mit seinen Leuten an der andern Seite. David beeilte sich, um Saul zu entrinnen. Während Saul und seine Leute gerade daran waren, auf die Seite Davids und seiner Leute hinüberzugehen, um sie gefangen zu

* „von Jeschimon“: die Vulgata legt die Übersetzung „der Einöde“ nahe.

nehmen, 27 kam ein Bote zu Saul mit
der Nachricht: „Brich schleunigst auf,
denn die Philister sind in das Land
eingefallen.“ 28 Nun stand Saul von
der Verfolgung Davids ab und wandte
sich gegen die Philister. Darum nennt
man jenen Ort „Sela-Machlekot“.*

David schont Saul: 24,1–23

24 1 David zog von dort hinauf
und hielt sich auf den Berg-
höhen von Engedi auf. 2 Als Saul von
der Vertreibung der Philister zurück-
kehrte, meldete man ihm: „Siehe, Da-
vid ist jetzt in der Wüste von Engedi.“
3 Da hob Saul dreitausend ganz aus-
erlesene Männer aus ganz Israel aus
und zog hin, um David mit seinen
Leuten auf der Ostseite der Steinbock-
felsen zu suchen. 4 Er kam zu den
Schafhürden am Wege. Daselbst war
eine Höhle, Saul ging hinein, um seine
Füße zu bedecken, während David
und seine Leute sich im Innern der
Höhle aufhielten. 5 Da sagten Davids
Leute zu ihm: „Siehe, das ist der Tag,
von dem Jahwe dir gesagt hat: Wahr-
haftig, ich will dir deinen Feind in die
Hände liefern, damit du mit ihm ver-
fahren kannst, wie es dir beliebt.“
Dann machte sich David heran und
schnitt heimlich einen Zipfel von
Sauls Mantel ab. 6 Hinterher aber
schlug David das Gewissen, dass er
den Zipfel vom Mantel Sauls abge-
schnitten hatte. 7 Er aber sagte zu sei-
nen Leuten: „Jahwe bewahre mich da-
vor, so etwas zu tun und mich an
meinem Herrn zu vergreifen! Er ist ja
der Gesalbte Jahwes.“ 8 Und David ta-
delte seine Leute mit scharfen Worten
und gestattete ihnen nicht, sich wider
Saul zu erheben. Saul aber verließ die
Höhle und zog seines Weges.

9 Da machte sich David auf, um ihm
nachzugehen, trat aus der Höhle he-
raus und rief hinter Saul her: „Mein
Herr und König!“ Als Saul umschaute,
verneigte David sich mit dem Ange-
sicht bis zur Erde, um ihm seine Hul-
digung darzubringen. 10 Dann rief Da-
vid dem Saul zu: „Warum hörst du auf
das Gerede der Leute, die da behaup-
ten, David plane dein Verderben?
11 Schau, an diesem Tage konntest du
mit eigenen Augen sehen, dass Jahwe
dich heute in der Höhle in meine Hand
geliefert hatte. Ich aber weigerte mich,
dich zu töten, habe deiner geschont
und erklärt: Ich will nicht meine Hand
gegen meinen Herrn ausstrecken;
denn er ist der Gesalbte Jahwes. 12 Und
nun, mein Vater, sieh doch her, ja, sieh
hier den Zipfel deines Mantels in mei-
ner Hand! Daran, dass ich den Zipfel
deines Mantels abschnitt, dich aber
nicht tötete, siehst du doch deutlich,
dass ich nicht Bosheit und Verrat im
Schilde führe und mich nicht an dir
vergehe, während du danach trachtest,
mir das Leben zu nehmen. 13 Jahwe
möge Richter sein zwischen mir und
dir, und Jahwe möge mich an dir rä-
chen, aber meine Hand soll sich nicht
wider dich kehren. 14 [Schon das alte
Sprichwort sagt: ‚Von Frevlern nur

---

* „Sela-Machlekot“: „Fels der Trennung“.

kommt Frevel‘, aber meine Hand soll sich nicht wider dich kehren!] 15 Hinter wem ist Israels König hergezogen? Wen verfolgst du? Einen toten Hund! Einen einzelnen Floh! 16 Wohlan, Jahwe sei Richter und entscheide zwischen mir und dir. Er soll zusehen, meine Sache führen und mir Recht verschaffen gegen dich.“

17 Als David diese Worte an Saul beendet hatte, antwortete Saul: „Ist das nicht deine Stimme, mein Sohn David?“ Und Saul begann laut zu weinen. 18 Er rief David zu: „Du bist besser als ich; denn du hast mir Gutes erwiesen, während ich dir Böses tat. 19 Und heute hast du gekrönt, was du mir Gutes tust, weil mich Jahwe in deine Hand geliefert hatte, ohne dass du mich getötet hast. 20 Wenn nämlich jemand seinem Feind begegnet, wird er ihn in Frieden seines Weges ziehen lassen? Möge Jahwe dir das Gute vergelten, das du heute mir erwiesen hast. 21 Und nun siehe, ich weiß genau, dass du König werden wirst und dass in deiner Hand das Reich Israel Bestand haben wird. 22 Darum schwöre mir jetzt bei Jahwe, dass du meine Nachkommen nach meinem Tode nicht ausrotten und meinen Namen aus meinem Vaterhause nicht austilgen wirst.“ 23 Da schwur David dem Saul, worauf Saul nach Hause zog, während David und seine Leute zur Berghöhe emporstiegen.

Samuels Tod: 25,1a

25 1a Da starb Samuel. Ganz Israel versammelte sich und hielt ihm die Totenklage. Dann begrub man ihn in seiner Heimat in Rama.

Die Geschichte von Nabal und Abigajil: 25,1b–44

1b David aber brach auf und zog in die Wüste Maon hinab.

2 In Maon lebte ein Mann, der seinen Wirtschaftsbetrieb in Karmel hatte. Der Mann war sehr reich. Besaß er doch dreitausend Schafe und tausend Ziegen. Er war gerade bei der Schur seiner Schafe in Karmel. 3 Der Mann hieß Nabal, seine Frau Abigajil. Die Frau hatte einen scharfen Verstand und war von schöner Gestalt. Der Mann dagegen war roh und bösartig, er war ein Kalebiter.

4 David erfuhr in der Wüste, dass Nabal Schafschur halte. 5 Da schickte er zehn junge Leute hin. Und David trug den jungen Leuten auf: „Geht nach Karmel hinauf, sucht den Nabal auf und bestellt ihm einen Gruß von mir. 6 Sagt Folgendes zu meinem Bruder: ‚Heil dir, Heil deinem Hause, Heil allem, was dir zu Eigen ist! 7 Siehe, ich habe gehört, dass man bei dir Schafschur hält. Nun haben deine Hirten sich bei uns hier aufgehalten, ohne dass wir ihnen ein Leid angetan hätten. Sie haben auch nichts vermisst während all der Zeit, die sie in Karmel verbrachten. 8 Frage nur deine Leute, sie werden es dir bestätigen. Mögest

du deshalb den jungen Leuten gegen-
über dich huldvoll erweisen. Wir sind
ja zu einem Festtage gekommen. So
gib denn deinen Knechten und dei-
nem Sohne David, was du gerade zur
Hand hast.'"

9 Als die jungen Leute Davids hin-
kamen, richteten sie an Nabal all diese
Worte Davids aus und warteten dann.
10 Nabal aber erwiderte den Knechten
Davids Folgendes: „Wer ist David, und
wer ist der Sohn des Isai? Heutzutage
gibt es genug Knechte, die ihrem
Herrn entlaufen. 11 Soll ich mein Brot
und meinen Wein und mein Schlacht-
vieh, das ich für meine Scherer ge-
schlachtet habe, nehmen und es den
Leuten geben, von denen ich nicht
weiß, woher sie sind?" 12 Da wandten
sich die jungen Leute Davids ab,
machten sich auf den Rückweg und
berichteten ihm nach ihrer Ankunft
genau, was alles vorgefallen war.
13 Hierauf befahl David seinen Man-
nen: „Jeder gürte sein Schwert um!"
Und jeder gürtete sein Schwert um.
Nachdem auch David sein Schwert
umgegürtet hatte, marschierten sie
unter Davids Führung ab, etwa vier-
hundert Mann. Zweihundert blieben
beim Gepäck zurück.

14 Inzwischen hatte einer von den
Knechten an Abigajil, die Frau Nabals,
folgende Mitteilung gemacht: „Siehe,
David hat Boten aus der Wüste ge-
sandt, um unsern Herrn zu begrüßen;
er aber hat sie angefahren. 15 Dabei
sind doch diese Männer sehr gut zu
uns gewesen. Wir wurden nicht beläs-
tigt, und nie haben wir etwas vermisst
während all der Zeit, da wir in ihrer
Nähe umherzogen, während wir auf
dem Felde waren. 16 Sie waren viel-
mehr eine Mauer um uns bei Tag und
Nacht, solange wir das Kleinvieh in
ihrer Nähe hüteten. 17 Darum überlege
jetzt und sieh zu, was du tun willst;
denn das Unheil ist beschlossen über
unsern Herrn und sein ganzes Haus.
Aber er ist selber ein zu bösartiger
Mann, als dass man mit ihm reden
könnte."

18 Da nahm Abigajil schnell zwei-
hundert Brote, zwei Schläuche Wein,
fünf zubereitete Schafe, fünf Sea ge-
röstetes Korn, hundert Traubenku-
chen und zweihundert Feigenkuchen
und lud es auf Esel. 19 Dann befahl sie
ihren Knechten: „Geht mir voraus, ich
komme gleich hinter euch her." Ihrem
Manne Nabal aber sagte sie nichts.

20 Als sie nun auf einem Esel, vom
Berge verdeckt, ritt, kam David mit
seinen Leuten gerade herunter, ihr
entgegen, sodass sie mit ihnen zusam-
mentraf. 21 David aber hatte soeben
gedacht: „Rein umsonst also habe ich
in der Wüste diesem Menschen alles
beschützt, was er besitzt. Nicht das
Geringste von seiner ganzen Habe ist
abhanden gekommen; er aber hat mir
nun Gutes mit Bösem vergolten.
22 Dies und jenes soll Gott dem David
antun, wenn ich von allem, was ihm
gehört, bis zum Morgengrauen auch
nur einen übrig lasse, der an die Wand
pisst." 23 Sobald Abigajil den David er-
blickte, stieg sie eilends vom Esel ab,
warf sich vor David auf ihr Angesicht
und verneigte sich bis zur Erde.
24 Dann fiel sie vor ihm auf die Knie
und sagte: „Auf mich, mein Herr,

komme die Schuld! Möge deine Magd
vor dir reden dürfen, und mögest du
die Worte deiner Magd anhören!
25 Möge mein Herr sich nicht um die-
sen bösartigen Menschen, den Nabal,
kümmern. Er ist ja wirklich, was sein
Name besagt: ‚Tor' heißt er, und voll
Torheit ist er. Ich dagegen, deine
Magd, habe die Leute, die du, mein
Herr, gesandt hast, nicht gesehen.
26 Nun denn, mein Herr, so wahr Jah-
we lebt und so wahr du lebst: Jahwe
hat dich davor bewahrt, Blutschuld
auf dich zu laden und dir mit eigener
Hand zum Rechte zu verhelfen. Mö-
gen also deine Feinde dem Nabal ähn-
lich werden samt allen, die Böses ge-
gen dich sinnen, mein Herr. 27 Und
nun, dieses Geschenk, das deine
Magd, mein Herr, mitgebracht hat,
möge für die Leute verwendet werden,
die dir, mein Herr, auf deinen Zügen
folgen. 28 Verzeihe deiner Magd ihr
Vergehen; denn Jahwe wird meinem
Herrn ein Haus von Dauer gründen,
weil mein Herr die Schlachten Jahwes
schlägt und weil nichts Böses sich an
dir finden wird dein Leben lang.
29 Wenn aber einer sich erhebt, um
dich zu verfolgen und dir nach dem
Leben zu trachten, so möge die Seele
meines Herrn eingebunden sein in
den Beutel des Lebens bei Jahwe, dei-
nem Gott. Die Seele deiner Feinde
aber möge er fortschleudern in der
Schleuderkappe. 30 Wenn dann Jahwe
meinem Herrn all das Glück gewährt,
das er dir verheißen hat, und dich
zum Herrscher über Israel bestellt,
31 dann, mein Herr, wird es dir nicht
zum Anstoß und zum Gewissensbiss
gereichen, ohne Grund Blut vergossen
zu haben, mein Herr, und dir mit dei-
ner eigenen Hand Recht verschafft zu
haben. Wenn aber Jahwe meinem
Herrn Glück verleiht, dann gedenke
deiner Magd."

32 Da sprach David zu Abigajil: „Ge-
priesen sei Jahwe, der Gott Israels, der
dich heute mir entgegengesandt hat.
33 Gepriesen sei auch deine Klugheit,
und gepriesen seist du selbst, die du
mich heute davon abgehalten hast,
Blutschuld auf mich zu laden und mir
mit eigener Hand Recht zu verschaf-
fen. 34 Aber, so wahr Jahwe, der Gott
Israels, lebt, der mich davor bewahrt
hat, dir ein Leid anzutun: Wenn du
dich nicht beeilt hättest, mir ent-
gegenzukommen, so wäre dem Nabal
bis morgen früh nicht ein einziger üb-
rig geblieben, der an die Wand pisst."
35 Dann nahm David aus ihrer Hand
entgegen, was sie ihm mitgebracht
hatte, und sagte zu ihr: „Nun ziehe in
Frieden hinauf in dein Haus. Siehe, ich
habe deiner Stimme Gehör geschenkt
und Rücksicht auf dich genommen."

36 Als aber Abigajil zu Nabal kam,
da hielt er gerade in seinem Hause
ein Gastmahl wie das Gastmahl eines
Königs. Nabals Herz war guter Dinge,
und er war schwer betrunken. Des-
halb erzählte sie ihm nicht das Min-
deste bis zum Anbruch des Morgens.
37 Am Morgen aber, als der Wein-
rausch von Nabal gewichen war, be-
richtete ihm seine Frau, was sich zuge-
tragen hatte. Da erstarb ihm sein Herz
im Leibe, und er war wie versteinert.
38 Etwa zehn Tage danach schlug Jah-
we den Nabal, sodass er starb.

39 Als David erfuhr, Nabal sei gestorben, sprach er: „Gepriesen sei Jahwe, der an Nabal die mir zugefügte Beschimpfung gerächt und seinen Knecht vom Unrecht zurückgehalten hat; die Bosheit Nabals aber hat Jahwe auf dessen Haupt zurückfallen lassen." Darauf sandte David hin und warb um Abigajil, um sie sich zur Frau zu nehmen. 40 Als Davids Leute zu Abigajil nach Karmel kamen, warben sie um sie mit den Worten: „David sendet uns zu dir, um dich heimzuführen als seine Frau." 41 Da erhob sie sich, verneigte sich mit dem Antlitz bis zur Erde und sagte: „Siehe, deine Magd ist bereit, deine Dienerin zu sein und den Knechten meines Herrn die Füße zu waschen." 42 Dann stand Abigajil eilends auf und bestieg ihren Esel, während ihre fünf Mägde sie begleiteten. So folgte sie den Boten Davids und wurde seine Frau.

43 David hatte sich aber auch die Ahinoam aus Jesreël geholt. So wurden diese beiden seine Frauen. 44 Saul dagegen hatte seine Tochter Michal, die Frau Davids, dem Palti, dem Sohne des Lajisch aus Gallim, gegeben.

Schlacht bei Gilboa. Sauls Tod: 31,1–13

31 1 Als aber die Philister mit den Israeliten gekämpft hatten, flohen die Israeliten vor den Philistern, und Erschlagene lagen auf dem Gebirge Gilboa umher. 2 Die Philister folgten Saul und seinen Söhnen auf den Fersen, wobei die Philister den Jonatan, den Abinadab und den Malki-Schua, die Söhne Sauls, erschlugen. 3 Dann tobte der Kampf heftig um Saul. Die Bogenschützen zielten auf ihn, und er wurde von den Bogenschützen schwer verwundet. 4 Da befahl Saul seinem Waffenträger: „Ziehe dein Schwert und durchbohre mich damit, sonst kommen diese Unbeschnittenen und lassen ihren Übermut an mir aus." Sein Waffenträger aber weigerte sich, weil er sich zu sehr fürchtete. Da nahm Saul das Schwert und stürzte sich hinein. 5 Als sein Waffenträger sah, dass Saul tot sei, stürzte auch er sich in sein Schwert und starb an seiner Seite. 6 So starben Saul, seine drei Söhne und sein Waffenträger zugleich an jenem Tage. 7 Als aber die Israeliten auf der anderen Seite der Ebene und jenseits des Jordan erfuhren, dass die Israeliten geflohen seien und dass Saul samt seinen Söhnen tot sei, verließen sie die Städte und ergriffen die Flucht. Darauf kamen die Philister und setzten sich darin fest.

8 Als am folgenden Tage die Philister kamen, um die Gefallenen auszuplündern, fanden sie Saul und seine drei Söhne auf dem Gebirge Gilboa liegen. 9 Sie schlugen ihm den Kopf ab, zogen ihm die Rüstung aus und sandten sie im Philisterland umher, um die Freudenbotschaft ihren Götzen und dem Volk zu verkünden. 10 Seine Rüstung legten sie im Tempel der Astarte nieder, seinen Leichnam aber hefteten sie an der Mauer von Bet-Schean an.

11 Als aber die Bewohner von Jabesch-Gilead davon hörten, wie die Philister mit Saul verfahren waren,

12 machten sich alle waffenfähigen Männer auf, marschierten die ganze Nacht hindurch und holten den Leichnam Sauls sowie die Leichen seiner Söhne von der Mauer zu Bet-Schean herab; dann brachten sie diese nach Jabesch und verbrannten sie dort. 13 Ihre Gebeine aber nahmen sie und begruben sie unter der Tamariske zu Jabesch. Dann fasteten sie sieben Tage.

Aus dem zweiten Buch Samuel

David erfährt von Sauls Tod: 1,1–16

1 1 Nach dem Tode Sauls war David vom Sieg über die Amalekiter heimgekehrt. Zwei Tage verbrachte er in Ziklag. 2 Da, am dritten Tage, kam ein Mann aus dem Lager von Saul her. Seine Kleider waren zerrissen, und auf dem Haupt hatte er Erde. Als er zu David kam, warf er sich zu Boden und huldigte ihm. 3 David fragte ihn: „Wo kommst du her?“ Er antwortete ihm: „Aus dem Lager Israels bin ich entronnen.“ 4 David sagte zu ihm: „Wie ist es gegangen? Erzähle es mir doch!“ Er erwiderte: „Das Volk ist aus der Schlacht geflohen, und viele von den Leuten sind gefallen. Auch Saul und sein Sohn Jonatan sind tot.“

5 Da fragte David den jungen Mann, der ihm die Meldung brachte: „Wie hast du erfahren, dass Saul und sein Sohn Jonatan tot sind?“ 6 Der junge Mann, der ihm die Meldung brachte, erwiderte: „Ich kam zufällig auf das Gebirge Gilboa. Und siehe, da hatte sich Saul auf seine Lanze gestützt, während Wagen und Reiter dicht hinter ihm heranstürmten. 7 Als er sich umwandte und mich sah, rief er mich an. Ich antwortete: ‚Hier bin ich.‘ 8 Da fragte er mich: ‚Wer bist du?‘ Ich erwiderte ihm: ‚Ich bin ein Amalekiter.‘ 9 Darauf befahl er mir: ‚Komm her zu mir und gib mir den Todesstoß; denn ein Krampf hat mich erfasst, und doch ist mein Leben noch vollständig in mir.‘ 10 Da trat ich an ihn heran und gab ihm den Todesstoß, weil ich wusste, dass er seinen Fall nicht überleben würde. Dann nahm ich den Stirnreif auf seinem Haupt und die Spange an seinem Arm und überbringe sie hier meinem Herrn.“

11 Da fasste David seine Kleider und zerriss sie; desgleichen (taten) alle Männer, die bei ihm waren. 12 Sie klagten, weinten und fasteten bis zum Abend um Saul und seinen Sohn Jonatan, um das Volk Jahwes und das Haus Israel, weil sie durch das Schwert gefallen waren.

13 Hierauf fragte David den jungen Mann, der ihm die Meldung überbracht hatte: „Wo bist du her?“ Er antwortete: „Ich bin der Sohn eines amalekitischen Schutzbürgers.“ 14 David aber sprach zu ihm: „Wie? Hast du dich nicht gescheut, deine Hand auszustrecken, um den Gesalbten Jahwes ums Leben zu bringen?“ 15 Dann rief David einen der jungen Männer und gab ihm den Befehl: „Komm her, stoß ihn nieder!“ Der schlug ihn nieder, sodass er starb. 16 David aber hatte zu ihm gesagt: „Dein Blut über dein Haupt! Dein eigener Mund hat gegen dich Zeugnis abgelegt, indem du sag-

test: ‚Ich habe dem Gesalbten Jahwes den Todesstoß gegeben.‘“

Salbung Davids in Hebron: 2,1–4a

2 1 Danach geschah es, dass David Jahwe befragte: „Soll ich in eine der Städte Judas hinaufziehen?“ Jahwe gab ihm zur Antwort: „Ziehe hinauf!“ Da fragte David: „Wohin soll ich ziehen?“ Er erwiderte: „Nach Hebron!“ 2 So zog denn David dorthin und zugleich seine beiden Frauen, Ahinoam aus Jesreel und Abigajil, die Frau des Nabal aus Karmel. 3 Auch die Männer, die David bei sich hatte, ließ er mit hinaufziehen, jeden mit seiner Familie; und sie wohnten in den Vororten von Hebron. 4a Da kamen die Männer von Juda und salbten dort David zum König über das Haus Juda.

Botschaft an die Bewohner von Jabesch: 2,4b–7

4b Nun wurde David gemeldet, dass die Bewohner von Jabesch-Gilead Saul beerdigt hätten. 5 Da sandte David Boten an die Bewohner von Jabesch-Gilead und ließ ihnen sagen: „Seid gesegnet von Jahwe dafür, dass ihr Saul, eurem Herrn, diese Liebe erwiesen und ihn beerdigt habt. 6 So möge Jahwe auch euch Liebe und Treue erweisen; aber auch ich will euch Gutes tun, weil ihr so gehandelt habt. 7 Nun aber mögen eure Hände erstarken, und bewährt euch als tapfere Männer. Wohl ist Saul, euer Herr, tot, aber mich hat das Haus Juda zu seinem König gesalbt.“

Abner setzt Ischbaal als König von Israel ein: 2,8–11

8 Abner aber, der Sohn des Ner, der Heerführer Sauls, nahm den Ischbaal, den Sohn Sauls, und brachte ihn nach Mahanajim hinüber.* 9 Dann setzte er ihn zum König ein über Gilead, über Ascher, über Jesreël, Efraim, Benjamin, überhaupt über ganz Israel. 10 Ischbaal, der Sohn Sauls, war vierzig Jahre alt, als er König über Israel wurde, und er regierte zwei Jahre. Nur das Haus Juda hatte sich David angeschlossen. 11 Die Zeit aber, die David in Hebron König über das Haus Juda war, betrug sieben Jahre und sechs Monate.

Davids Salbung als König von Israel: 5,1–5

5 1 Nun kamen sämtliche Stämme Israels zu David nach Hebron und sagten: „Siehe, dein Bein und dein Fleisch sind wir. 2 Schon gestern und vorgestern, als Saul König über uns war, warst du es, der Israel ins Feld

* „Ischbaal“: so lautet der Name richtig (vgl. 1 Chr 8,39; 9,33); die hebräische Textüberlieferung ändert den Namen in „Isch-Boschet“ (Mann der Schande), um den darin enthaltenen Gottesnamen Baal verächtlich zu machen; vgl. auch 2 Sam 4,4.

führte und wieder heimbrachte. Und Jahwe hat zu dir gesprochen: Du sollst mein Volk Israel weiden, und du sollst Fürst sein über Israel." 3 So kamen alle Ältesten Israels zum König nach Hebron, und der König David schloss mit ihnen einen Vertrag zu Hebron vor Jahwe. Dann salbten sie den David zum König über Israel.

4 Dreißig Jahre war David alt, als er König wurde, vierzig Jahre regierte er als König. 5 In Hebron regierte er über Juda sieben Jahre und sechs Morate, und in Jerusalem regierte er dreiunddreißig Jahre über ganz Israel und Juda.

Eroberung Jerusalems: 5,6–12

6 Hierauf zog der König mit seinen Leuten nach Jerusalem gegen die Jebusiter, die in dem Gebiete wohnten. Da sagte man zu David: „Du wirst da nicht hineinkommen, sondern die Blinden und die Lahmen werden dich verjagen." [Das sollte heißen, David werde dort nicht hineinkommen.] 7 Aber David eroberte die Burg Zion, das ist die Davidsstadt. 8 An jenem Tage erklärte David: „Jeder, der einen Jebusiter erschlägt und durch den Schacht hinaufsteigt …" Was die Lahmen und Blinden angeht, so hasst sie die Seele Davids. [Daher stammt das Sprichwort: Ein Blinder und ein Lahmer dürfen nicht in den Tempel hineinkommen.] 9 David ließ sich dann in der Burg nieder und nannte sie Davidsstadt. David baute auch ringsum eine Mauer, vom Millo an nach innen zu. 10 Davids Macht wurde immer größer, weil Jahwe, der Gott Zebaot, mit ihm war.

11 Hiram, der König von Tyrus, schickte Beauftragte an David mit Zedernstämmen, Zimmerleute und Steinmetzen, damit sie für David einen Palast bauten. 12 So erkannte David, dass Jahwe ihn als König über Israel bestätigt und sein Königtum um seines Volkes Israel willen emporgebracht hatte.

Die Bundeslade in Jerusalem: 6,1–23

6 1 David versammelte abermals alle auserlesene Mannschaft in Israel, dreißigtausend Mann. 2 Dann brach David auf und zog mit dem gesamten Volk, das bei ihm war, nach Baala in Juda, um von dort die Lade Gottes heraufzuholen, die benannt ist nach dem Namen Jahwes Zebaot, der über den Kerubim auf ihr thront. 3 Man lud die Lade Gottes auf einen neuen Wagen, nachdem man sie aus dem Hause des Abinadab geholt hatte, das auf dem Hügel stand. Usa aber und Achjo, die Söhne Abinadabs, geleiteten den Wagen. 4 Usa ging neben der Lade Gottes, während Achjo vor ihr herging. 5 David aber und alle Israeliten tanzten vor Jahwe her mit aller Macht und unter Liedern mit Zithern und Harfen, Pauken, Schellen und Zimbeln. 6 Als sie aber zur Tenne des Nachon kamen, streckte Usa seine Hand nach der Lade Gottes aus und hielt sie fest, weil die Rinder sie umwarfen. 7 Da entbrannte der Zorn Jahwes gegen Usa, und Gott schlug ihn dort wegen seines Vergehens, sodass er dort neben der Lade Gottes starb. 8 Da geriet David sehr in Erregung darüber, dass Jahwe den Usa so jählings weggerissen hatte; darum nennt man diesen Ort Perez-Usa bis zum heutigen Tag.

9 An jenem Tage fürchtete sich David vor Jahwe und sagte sich: „Wie kann die Lade Jahwes zu mir kommen?“ 10 Deshalb wollte David die Lade Jahwes nicht zu sich in die Davidsstadt bringen lassen, sondern David ließ sie in das Haus des Obed-Edom aus Gat schaffen. 11 Die Lade Jahwes hatte drei Monate Obdach im Hause des Obed-Edom aus Gat, und Jahwe segnete Obed-Edom samt seinem ganzen Hause.

12 Als dann dem König David gemeldet wurde: „Jahwe hat das ganze Haus des Obed-Edom und all seine Habe gesegnet um der Gotteslade willen“, da ging David hin und holte die Gotteslade aus dem Hause des Obed-Edom voller Freude in die Davidsstadt hinauf. 13 Und es ging also zu: Nachdem die Träger der Lade Jahwes sechs Schritte gemacht hatten, opferte David ein Rind und ein Mastkalb. 14 Auch tanzte David mit aller Kraft vor Jahwe her, wobei David mit einem Linnen-Efod umgürtet war. 15 So brachten David und das ganze Haus Israel mit Jubel und Posaunenschall die Lade Jahwes hinauf. 16 Als aber die Lade Jahwes in die Davidsstadt einzog, begab es sich, dass Michal, die Tochter Sauls, zum Fenster hinausschaute. Wie sie nun den König David vor Jahwe springen und tanzen sah, verachtete sie ihn in ihrem Herzen. 17 Man trug die Lade Jahwes hinein und stellte sie an ihren Platz in dem Zelte, das David für sie aufgeschlagen hatte. Dann brachte David vor Jahwe Brandopfer und Gemeinschaftsopfer dar. 18 Nachdem David die Darbringung der Brandopfer und der Gemeinschaftsopfer beendet hatte, segnete er das Volk im Namen Jahwes. 19 Hierauf ließ er unter alles Volk, unter die ganze Menge Israels, Männer wie Frauen, jedem einen Brotlaib, eine Dattelmenge und einen Rosinenkuchen austeilen. Dann ging alles Volk fort, ein jeder in sein Haus.

20 Als darauf David heimkehrte, um seiner Familie den Segensgruß zu entbieten, trat Michal, die Tochter Sauls, David entgegen und sagte: „Wie ehrenhaft hat sich doch heute der König Israels benommen, als er heute vor den Augen der Mägde seiner Diener sich entblößte, wie nur irgendeiner aus dem Gesindel sich zu entblößen pflegt.“ 21 David entgegnete Michal: „Vor Jahwe tanze ich! Beim Leben Jahwes, der mich statt deines Vaters und seines ganzen Hauses erwählte und mich zum Fürsten über das Volk Jahwes, über Israel, einsetzte, ja, vor Jahwe will ich tanzen. 22 Ich will mich sogar noch tiefer verdemütigen als diesmal, auch wenn ich verächtlich bin in deinen Augen. Aber bei den Mägden, von denen du sprachst, bei denen will ich mir Ehre einlegen.“ 23 Michal aber, die Tochter Sauls, bekam kein Kind bis zum Tage ihres Todes.

Verheißung durch den Propheten Natan: 7,1–17

7 1 Als nun der König in seinem Palast saß und Jahwe ihm Ruhe verschafft hatte vor allen seinen Feinden ringsum, 2 da sagte der König zu dem Propheten Natan: „Siehe doch, ich wohne in einem Zedernpalast, während die Gotteslade unter Zeltdecken steht.“ 3 Natan erwiderte dem König: „Wohlan, alles, was du im Sinne hast, das führe aus; denn Jahwe ist mit dir.“

4 Aber noch in derselben Nacht geschah es, dass folgendes Wort Jahwes an Natan erging: 5 „Geh hin und sage meinem Knechte David: Also spricht Jahwe: Du willst mir ein Haus bauen, damit ich darin wohne? 6 Wahrhaftig, ich habe niemals in einem Hause gewohnt seit dem Tage, da ich die Kinder Israels aus Ägypten heraufgeführt habe, bis zum heutigen Tag. Ich bin vielmehr in einer Zeltwohnung umhergewandert. 7 Habe ich vielleicht, solange ich mit allen Kindern Israels hin und her gezogen bin, zu einem von den Richtern Israels, die ich beauftragte, mein Volk Israel zu weiden, mit einem Wort gesagt: Warum habt ihr mir keinen Zedernpalast gebaut? 8 So sollst du überdies zu meinem Knechte David sprechen: Also spricht Jahwe Zebaot: Ich habe dich von der Weide hinter dem Kleinvieh weggeholt, auf dass du Fürst über mein Volk Israel seiest. 9 Ich bin mit dir gewesen bei allem, was du unternahmst, und habe alle deine Feinde vor dir her vertilgt. Ich will dir einen großen Namen machen, gleich dem Namen der Größten auf Erden. 10 Auch will ich meinem Volke Israel einen Platz anweisen und es dort einpflanzen, damit es an jener Stätte in Frieden wohne und sich nicht mehr ängstige. Die Frevler sollen es nicht mehr quälen wie früher, 11 seit der Zeit, da ich Richter einsetzte über mein Volk Israel. Ich will ihm Ruhe verschaffen vor all seinen Feinden. So lässt Jahwe dir denn verkünden, dass Jahwe dir ein Haus bauen wird. 12 Wenn dann deine Tage voll sein werden und du dich zur Ruhe legst bei deinen Vätern, dann will ich deinen Sprossen, der von dir abstammt, zu deinem Nachfolger machen und sein Königtum bestätigen. 13 [Er wird meinem Namen ein Haus errichten, und ich will den Thron seiner Königsherrschaft für immerdar befestigen.] 14 Ich will ihm Vater sein, und er wird mir Sohn sein. Verfehlt er sich, so werde ich ihn züchtigen mit Menschenruten und mit Schlägen, wie sie Menschenkindern zugedacht werden. 15 Meine Huld aber werde ich ihm nicht entziehen, wie ich sie dem Saul entzogen habe, den ich vor dir beseitigte. 16 Nein, dein Haus und dein Königtum sollen immerdar vor mir Bestand haben. Dein Thron soll fest stehen für immer.“

17 All diesen Worten und dieser ganzen Offenbarung gemäß redete Natan zu David.

Davids Gebet: 7,18–29

18 Darauf ging David hinein, ließ sich vor Jahwe nieder und sprach: „Wer

bin ich, o Herr Jahwe, und was ist
mein Haus, dass du mich bis hierher
gebracht hast? 19 Und das war noch
zu wenig in deinen Augen, o Herr Jah-
we, denn du hast dem Hause deines
Knechtes auch Verheißungen gegeben
für ferne Zeiten. Das ist die Bestim-
mung des Menschen, o Herr Jahwe.
20 Was könnte da David noch weiter
zu dir sagen? Du kennst ja deinen
Knecht, o Herr Jahwe. 21 Um deines
Knechtes willen und nach deinem
Wohlgefallen hast du gehandelt, in-
dem du deinem Knecht all dieses Gro-
ße offenbartest. 22 Darum bist du so
groß, o Herr Jahwe, denn niemand ist
dir gleich, und es gibt keinen Gott au-
ßer dir, nach all dem, was wir mit un-
sern Ohren vernommen haben. 23 Und
wo gibt es auf Erden irgendein ande-
res Volk, das deinem Volke Israel
gleichkäme, um dessentwillen ein
Gott hingegangen wäre, es sich zu sei-
nem Volke zu erkaufen und ihm einen
Namen zu schaffen, für es Großes und
Furchtbares zu vollbringen und vor
seinem Volke Völker und Götter zu
vertreiben? 24 So hast du dir dein Volk
Israel zum Volk bestätigt für immer,
und du, Jahwe, bist selbst ihr Gott ge-
worden. 25 So erfülle denn nun, Jahwe,
o Gott, für immer das Wort, das du
deinem Knecht und seinem Haus ver-
heißen hast, und handle so, wie du ge-
sagt hast. 26 Dann wird dein Name für
immer groß sein, und es wird heißen:
Jahwe Zebaot ist Gott über Israel.
Dann wird auch das Haus deines
Knechtes David vor dir Bestand ha-
ben. 27 Denn du, Jahwe Zebaot, Gott
Israels, hast deinem Knecht die Offen-
barung gegeben: Ich will dir ein Haus
bauen. Darum hat dein Knecht sich
das Herz gefasst, dieses Gebet an dich
zu richten. 28 Wohlan denn, o Herr
Jahwe, du bist Gott, und deine Worte
sind Wahrheit. Du hast deinem
Knecht diese herrliche Verheißung ge-
geben.

29 So möge es dir nun gefallen, das
Haus deines Knechtes zu segnen, da-
mit es immerdar vor dir bestehe.
Denn du, o Herr Jahwe, hast gespro-
chen, und durch deinen Segen wird
das Haus deines Knechtes gesegnet
sein auf ewig."

Zweiter Feldzug gegen die Ammoniter.
Davids Sünde: 11,1–27

11 1 Bei Rückkehr des Jahres, um
die Zeit, da die Könige ins Feld
zu ziehen pflegten, sandte David den
Joab und mit ihm seine Leibwache
und ganz Israel aus. Sie verwüsteten
das Ammonitergebiet und belagerten
Rabba. David aber war in Jerusalem
geblieben.

2 Da geschah es eines Abends, dass
David sich von seinem Lager erhob
und auf dem Dach seines Königs-
palastes sich erging. Dabei sah er
vom Dach aus eine Frau sich baden.
Die Frau aber war ausnehmend schön.
3 David sandte hin, um sich nach der
Frau erkundigen zu lassen. Man be-
richtete ihm: „Das ist Batseba, die
Tochter des Ammiël, die Frau des He-
titers Urija." 4 Darauf schickte David
Boten hin, um sie zu holen. Sie kam
zu ihm, und er wohnte ihr bei. Nach-

dem sie sich von ihrer Unreinheit gereinigt, kehrte sie in ihr Haus zurück. 5 Als nun die Frau guter Hoffnung wurde, sandte sie hin und ließ David mitteilen: „Ich bin guter Hoffnung.“

6 Da schickte David zu Joab: „Sende mir den Hetiter Urija her!“ Joab sandte also den Urija zu David. 7 Als Urija zu ihm kam, erkundigte sich David, wie es um Joab, um die Truppen und um den Krieg stehe. 8 Dann sagte David zu Urija: „Geh nun in dein Haus hinunter und wasche deine Füße.“ Urija ging aus dem Königspalast fort. Eine königliche Ehrengabe wurde ihm nachgetragen. 9 Urija aber legte sich vor dem Tor des Königspalastes bei den Knechten seines Herrn zur Ruhe, ohne in sein Haus hinabzugehen.

10 Als man David meldete: „Urija ist nicht in sein Haus hinabgegangen“, sagte David zu Urija: „Bist du denn nicht von dem Marsch gekommen? Warum gehst du nicht hinunter in dein Haus?“ 11 Urija erwiderte dem David: „Die Lade sowie Israel und Juda wohnen unter Laubhütten, und mein Gebieter Joab sowie die Knechte meines Gebieters lagern auf freiem Feld, und da sollte ich in mein Haus gehen, um zu essen und zu trinken und bei meiner Frau zu schlafen? So wahr Jahwe lebt und so wahr du lebst, so etwas tue ich nicht!“ 12 David sagte zu Urija: „Bleibe heute noch hier, morgen will ich dich dann entlassen.“ Urija blieb also an jenem Tage in Jerusalem. Am folgenden Tage 13 lud David ihn ein, bei ihm zu essen und zu trinken, und suchte ihn trunken zu machen. Aber am Abend ging er hinaus, um sich bei den Knechten seines Herrn zur Ruhe zu legen. In sein Haus ging er jedoch nicht hinunter.

14 Und es geschah am Morgen, da schrieb David einen Brief an Joab und ließ ihn durch Urija bestellen. 15 In dem Brief aber schrieb er Folgendes: „Stellt den Urija in den heftigsten Kampf vorn hin. Dann zieht euch hinter ihm zurück, damit er getroffen wird und den Tod findet!“ 16 So kam es, dass Joab bei der Belagerung der Stadt den Urija an einer Stelle einsetzte, wo, wie ihm bekannt war, tapfere Männer standen. 17 Als dann die Männer der Stadt einen Ausfall machten und mit Joab in den Kampf gerieten, fielen einige von dem Kriegsvolk, nämlich von den Leuten Davids. Auch der Hetiter Urija fand den Tod.

18 Nun sandte Joab hin und ließ David den ganzen Hergang des Kampfes melden. 19 Er trug dem Boten Folgendes auf: „Melde dem König den ganzen Hergang des Kampfes bis zum Ende. 20 Wenn dann der Zorn des Königs losbricht und er dich fragt: ‚Warum seid ihr zum Angriff so nahe an die Stadt herangerückt? Habt ihr denn nicht gewusst, dass man von der Mauer herab zu schießen pflegt? 21 Wer hat den Abimelech, den Sohn Jerubbaals, erschlagen? Hat nicht ein Weib einen Mühlstein von der Mauer herab auf ihn geworfen, sodass er starb zu Tebez? Warum seid ihr so nahe an die Mauer herangerückt?‘ Dann sollst du sagen: ‚Auch der Hetiter Urija, dein Knecht, ist gefallen.‘“

22 Da machte sich der Bote auf den Weg und berichtete nach seiner An-

kunft dem David alles, was ihm Joab aufgetragen hatte. David wurde wütend auf Joab und sprach zum Boten: „Warum seid ihr so nahe an die Mauer herangerückt? Wer hat den Abimelech, den Sohn Jerubbaals, erschlagen? Hat nicht ein Weib einen Mühlstein von der Mauer herab auf ihn geworfen, sodass er starb zu Tebez? Warum seid ihr so nahe an die Mauer herangerückt?“ 23 Der Bote antwortete dem David: „Die Leute waren uns überlegen. Als sie einen Ausfall auf das freie Feld gegen uns machten, mussten wir sie bis an das Stadttor zurückdrängen. 24 Da schossen die Schützen von der Mauer herab auf deine Knechte. Dabei fielen einige von den Knechten des Königs; auch dein Knecht, der Hetiter Urija, ist umgekommen.“

25 Da sagte David zu dem Boten: „So sollst du Joab melden: ‚Lass dir diese Sache nicht zu nahe gehen; denn das Schwert frisst bald so, bald so. Halte wacker durch in deinem Kampfe gegen die Stadt und zerstöre sie!‘ So sollst du ihm Mut zusprechen.“ 26 Als nun die Frau des Urija erfuhr, dass ihr Mann tot sei, hielt sie die Totenklage um ihren Herrn. 27 Nachdem aber die Trauerzeit vorüber war, schickte David hin und nahm sie zu sich in sein Haus. So wurde sie seine Frau und gebar ihm einen Sohn. Aber die Tat, die David verübt hatte, missfiel Jahwe.

Natans Strafandrohung. Davids Reue:
12,1–15a

12 1 Da sandte Jahwe den Propheten Natan zu David. Als er zu ihm kam, sprach er zu ihm: „In einer Stadt lebten zwei Männer, ein reicher und ein armer. 2 Der reiche besaß Kleinvieh und Rinder in großer Zahl. 3 Der arme aber hatte gar nichts als ein einziges Lämmchen. Das hatte er sich gekauft und aufgezogen. Es war bei ihm und wurde mit seinen Kindern groß. Es aß von seinem Bissen und trank aus seinem Becher; es schlief auf seinem Schoße und war ihm wie eine Tochter. 4 Da kam ein Wanderer zu dem reichen Mann. Aber er brachte es nicht über sich, eines von seinen Schafen oder Rindern zu nehmen, um es für den Gast, der zu ihm gekommen war, herzurichten. Darum nahm er das Lämmchen des armen Mannes und bereitete es dem Mann, der zu ihm gekommen war, zu.“

5 Da wurde David sehr zornig über den Mann und sagte zu Natan: „So wahr Jahwe lebt, der Mann, der so etwas getan hat, ist ein Kind des Todes. 6 Das Lamm soll er vierfach ersetzen dafür, dass er eine solche Tat begangen und keine Schonung geübt hat.“

7 Darauf sprach Natan zu David: „Du selber bist der Mann! So spricht nun Jahwe, der Gott Israels: Ich habe dich zum König über Israel gesalbt, und ich war es, der dich aus der Hand Sauls gerettet hat. 8 Auch gab ich dir das Haus deines Herrn und die Frauen deines Herrn an deinen Busen. Ich vertraute dir das Haus Israel an und

das Haus Juda. Und wäre das zu wenig gewesen, so hätte ich dir noch dies und jenes hinzugefügt. 9 Warum hast du Jahwe missachtet, indem du tatest, was böse ist in seinen Augen? Den Hetiter Urija hast du mit dem Schwert umbringen lassen, um dir seine Frau zur Frau zu nehmen. Ja, du hast ihn mit dem Schwert der Ammoniter umbringen lassen! 10 So soll nun das Schwert nimmermehr aus deinem Hause weichen zur Strafe dafür, dass du mich verachtet und die Frau des Hetiters Urija genommen hast, damit sie deine Frau sei.

11 So spricht Jahwe: Siehe, ich werde über dich Unheil aus deinem eigenen Hause kommen lassen. Ich werde deine Frauen vor deinen Augen wegnehmen und sie einem andern geben, dass er angesichts dieser Sonne mit deinen Frauen verkehre. 12 Du hast es zwar heimlich getan, aber ich werde diese Drohung angesichts des ganzen Israel und angesichts dieser Sonne verwirklichen."

13 Da sagte David zu Natan: „Ich habe gegen Jahwe gesündigt." Natan antwortete David: „So hat dir auch Jahwe deine Sünde vergeben; du wirst nicht sterben. 14 Weil du aber durch diese Tat Jahwe verachtet hast, so soll der Sohn, der dir geboren wurde, unbedingt sterben." 15a Hierauf ging Natan nach Hause.

Tod des Kindes der Batseba. Die Geburt Salomos: 12,15b–25

15b Jahwe aber schlug das Kind, das die Frau des Urija David geboren hatte, sodass es erkrankte. 16 Da wandte sich David um des Knaben willen an Jahwe. Und David fastete lange, und wenn er heimkehrte, schlief er über Nacht auf dem Boden. 17 Die Ältesten an seinem Hofe traten an ihn heran und suchten ihn zu bewegen, sich vom Boden zu erheben, aber er wollte nicht und aß auch nicht mit ihnen. 18 Am siebten Tage aber geschah es, dass das Kind starb. Da trugen Davids Hofbeamte Bedenken, ihm zu melden, das Kind sei gestorben. Sie dachten nämlich: „Solange das Kind am Leben war, hat er, wenn wir ihm zuredeten, nicht auf uns gehört. Wie können wir ihm jetzt sagen: ‚Der Knabe ist tot!' Er könnte sich ein Leid antun." 19 David sah jedoch, dass seine Hofbeamten miteinander flüsterten. Da merkte David, dass das Kind tot sei. Darum fragte David seine Hofleute: „Ist das Kind tot?" Sie antworteten: „Es ist tot."

20 Da erhob sich David von der Erde, wusch sich, salbte sich und legte andere Kleider an. Dann ging er in das Haus Jahwes und betete an. Hierauf ging er in sein Haus und verlangte etwas. Sie setzten ihm Speise vor, und er aß. 21 Da sagten seine Hofleute zu ihm: „Was ist das für ein Gebaren, das du bekundest? Als das Kind noch am Leben war, hast du gefastet und geweint. Nun, da das Kind gestorben ist, erhebst du dich und nimmst Spei-

se zu dir!" [22]Er antwortete: „Als das
Kind noch lebte, habe ich gefastet
und geweint, weil ich dachte: Wer
weiß, ob Jahwe sich nicht meiner er-
barmt, sodass das Kind am Leben
bleibt? [23]Da es nun aber gestorben ist,
was soll ich da noch fasten? Kann ich
es etwa wieder zurückholen? Ich wer-
de zu ihm gehen, aber es kehrt nicht
zu mir zurück."

[24]Dann tröstete David seine Frau
Batseba. Er ging zu ihr und wohnte
ihr bei. Sie empfing und gebar einen
Sohn; und sie gab ihm den Namen Sa-
lomo. Jahwe hatte ihn lieb [25]und ließ
es kundtun durch den Propheten Na-
tan. Der aber nannte ihn Jedidja nach
dem Worte Jahwes.

9 *Die Geschichte Salomos*

Aus dem ersten Buch der Könige

David setzt Salomo zum König ein. Er ermahnt ihn, Gottes Weisungen zu befolgen. Gott erscheint dem Salomo im Traum und fordert ihn auf, eine Bitte auszusprechen. Salomo bittet nicht um Macht und Reichtum, sondern um ein hörendes Herz (1 Kön 3,9). Gott schenkt ihm Weisheit, aber dazu noch all das, worum Salomo nicht gebeten hatte: Reichtum und Ehre. Seine Weisheit zeigt Salomo in dem sprichwörtlich gewordenen „salomonischen Urteil", in dem er seine Gabe der Unterscheidung gegenüber den beiden Frauen zeigte, die sich um ein Kind stritten (1 Kön 3,16–28).

Salomo baut das Reich weiter aus. Er hat Erfolg und wird berühmt wegen seiner Weisheit. Doch Salomo baut nicht auf sich. Er baut Gott einen Tempel, um Gott als das Zentrum des Reiches zu bekennen. Es geht um die Ehre Gottes und nicht um die eigene Ehre. Als die Bundeslade, die man bisher nur in einem Zelt untergebracht hatte, in den Tempel getragen wurde, erfüllt die Herrlichkeit des Herrn den Tempel. Salomo drückt in seinem Weihegebet aus, dass Gott überall wohnt und dass die ganze Welt ihn nicht fassen kann. Dennoch ist der Tempel der Ort, an dem Gott seinen Namen besonders wohnen lässt und an dem das Volk in besonderer Weise Gott gegenüber seine Bitten aussprechen und ihm das Loblied singen darf. Salomo segnet das Volk und wünscht ihm, dass sein Herz ungeteilt beim Herrn bleiben möge. Salomo ist auf dem Gipfel seines Erfolges angekommen. Doch er selbst hält nicht, was er für das Volk erbeten hat. Sein Herz bleibt nicht ungeteilt beim Herrn. Salomo wendet sich den Göttern zu, für die seine vielen Frauen in ihm das Interesse geweckt haben.

So nahe sind Erfolg und Niedergang, Weisheit und Torheit, Frömmigkeit und Frevel, nicht nur bei Salomo, sondern auch bei uns …

Gott entreißt dem Salomo das Königreich, doch seines Vaters David wegen noch nicht zu seinen Lebzeiten, sondern erst nach seinem Tod. Das Reich wird gespalten. Nur der Stamm Juda bleibt seinem Sohn Rehabeam. Über die an-

deren Stämme herrscht Jerobeam, der vom Volk zum König von Israel gewählt wird. Rehabeam ruft die beiden Stämme Juda und Benjamin zum Krieg gegen die übrigen Stämme auf. Doch durch den Propheten Schemaja lässt Gott ihm sagen: „Zieht nicht in den Krieg gegen eure Brüder, die Israeliten!" (1 Kön 12,24). So bewahrt Gott sein Volk davor, sich gegenseitig zu bekämpfen. Es beginnt die Geschichte Judas und Israels, des Südreiches und des Nordreiches. Die Geschichte seiner Könige ist eine Geschichte des ständigen Abfalls von Gott und der erneuten Hinwendung zu ihm. – Ist nicht auch dies ein Spiegel unserer Zeit?

David im Alter und die Umtriebe Adonijas: 1,1–10

1 1 Der König David war ein hoch-
betagter Greis geworden, und ob-
gleich man ihn in Decken einhüllte, so
wurde ihm doch nicht warm. 2 Da
sprachen seine Diener zu ihm: Man
muss für den Herrn und König ein
Mädchen suchen, und zwar eine Jung-
frau, damit sie dem König aufwarte
und ihm als Pflegerin diene; wenn sie
dann an deinem Busen liegt, wird es
dem Herrn und König warm werden.
3 Da suchte man im ganzen Gebiet Is-
raels nach einem schönen Mädchen;
und man fand die Abischag aus Schu-
nem und brachte sie zum König. 4 Das
Mädchen aber war außergewöhnlich
schön. Es wurde des Königs Pflegerin
und bediente ihn; der König jedoch
wohnte ihr nicht bei. 5 Adonija aber,
der Sohn der Haggit, verstieg sich zu
dem Gedanken: Ich bin's, der König
wird! So schaffte er sich denn Wagen
und Reiter an und fünfzig Mann, die
vor ihm herliefen. 6 Sein Vater aber
war ihm sein Lebtag nie entgegen-
getreten, dass er ihm etwas gesagt hät-
te: Warum tust du so etwas? Überdies
war er sehr schön von Gestalt, und sei-
ne Mutter hatte ihn nach Abschalom
geboren. 7 So besprach er sich denn
mit Joab, dem Sohn der Zeruja, und
mit dem Priester Abjatar, sodass sie
für Adonija Partei ergriffen. 8 Dagegen
hielten es der Priester Zadok, Benaja,
der Sohn Jojadas, der Prophet Natan
sowie Schimi und seine Gefährten, die
Helden Davids, nicht mit Adonija.*
9 Als nun Adonija am Stein Sohelet
neben der Rogel-Quelle Schafe, Rin-
der und Mastvieh zum Opfermahl
schlachtete, lud er alle seine Brüder,
die Königssöhne, sowie alle Männer
aus Juda, soweit sie im Dienste des
Königs standen, ein; 10 den Propheten
Natan aber und Benaja sowie die Hel-
den Davids und seinen Bruder Salomo
lud er nicht ein.

Das Gegenspiel des Natan und der Batseba: 1,11–27

11 Da sprach Natan zu Batseba, der
Mutter Salomos: „Du hast wohl ge-
hört, dass Adonija, der Sohn der Hag-
git, König geworden ist, ohne dass
David, unser Herr, etwas davon weiß?
12 Nun komm, ich will dir einen Rat
geben, wie du dein Leben und das Le-
ben deines Sohnes Salomo retten
kannst! 13 Mach dich auf und geh zum
König hinein und sprich zu ihm: Du
selbst, mein Herr und König, hast
doch deiner Magd eidlich verspro-
chen: Dein Sohn Salomo soll nach
mir König sein; er ist es, der auf mei-
nem Thron sitzen soll. Weshalb ist
nun Adonija König geworden?
14 Während du dann daselbst noch
mit dem König sprichst, werde ich
nach dir hereinkommen und deine
Worte bekräftigen."
15 Batseba ging also zum König ins

* „und seine Gefährten": Korrektur nach der Septuaginta; der Masoretentext überliefert: „und Reï".

Gemach hinein. Der König aber war
sehr gealtert, und Abischag aus Schu-
nem wartete ihm auf. 16 Als Batseba
sich verneigt und vor dem König nie-
dergeworfen hatte, fragte der König:
„Was wünschest du?“ 17 Sie sagte zu
ihm: „Mein Herr, du selbst hast deiner
Magd bei Jahwe, deinem Gott, eidlich
versprochen: Dein Sohn Salomo soll
nach mir König sein; er ist es, der auf
meinem Thron sitzen soll. 18 Aber nun
ist ja Adonija König geworden, und
du, mein Herr und König, weißt
nichts davon! 19 Er hat nämlich eine
Menge Rinder, Mastvieh und Schafe
schlachten lassen und alle Königssöh-
ne, den Priester Abjatar und den Heer-
führer Joab eingeladen; deinen Diener
Salomo jedoch hat er nicht einge-
laden. 20 Auf dich, mein Herr und Kö-
nig, sind nun die Augen von ganz Is-
rael gerichtet, auf dass du ihnen
kundtust, wer einst auf dem Thron
meines Herrn und Königs als sein
Nachfolger sitzen soll. 21 Sonst wird es
geschehen, wenn mein Herr und Kö-
nig sich zu seinen Vätern gelegt hat,
dass ich und mein Sohn Salomo als
Schuldige dastehen.“

22 Während sie noch mit dem Kö-
nig sprach, kam der Prophet Natan.
23 Man meldete dem König: „Der Pro-
phet Natan ist da.“ Da trat er vor den
König hin und warf sich vor dem Kö-
nig auf sein Angesicht zur Erde. 24 Und
Natan sprach: „Mein Herr und König,
du selbst hast wohl erklärt: Adonija
soll nach mir König sein, und er ist
es, der auf meinem Thron sitzen soll!
25 Denn er ist heute hinuntergegangen
und hat eine Menge Rinder, Mastvieh
und Schafe schlachten lassen; auch
hat er alle Königssöhne, ebenso die
Heerführer und den Priester Abjatar
eingeladen; und nun sind sie bei ihm
am Schmausen und Zechen und ru-
fen: König Adonija soll leben! 26 Mich
jedoch, deinen Diener, den Priester
Zadok sowie Benaja, den Sohn Joja-
das, und deinen Diener Salomo hat er
nicht eingeladen. 27 Wenn diese Sache
wirklich von meinem Herrn und Kö-
nig ausgeht, so hast du also deinen
Dienern keine Kenntnis davon gege-
ben, wer auf dem Thron meines Herrn
und Königs als Nachfolger sitzen
wird!“

Salomo, von David als Thronfolger bestimmt, wird zum König gesalbt:
1,28–40

28 Da nahm der König David das Wort
und sprach: „Rufet mir Batseba!“ Sie
kam zum König herein und trat vor
den König hin. 29 Und der König
schwur also: „So wahr der Herr lebt,
der mich aus aller Not errettet hat,
30 so wie ich es dir bei Jahwe, dem Gott
Israels, eidlich zugesagt habe, dass
nämlich dein Sohn Salomo nach mir
König sein und an meiner statt auf
meinem Thron sitzen soll, so will ich
es heute ins Werk setzen!“ 31 Da ver-
neigte sich Batseba mit dem Ange-
sicht zur Erde, warf sich vor dem Kö-
nig nieder und rief: „Möge mein Herr
und König David leben immerdar!“
32 Darauf befahl der König David:
„Ruft mir den Priester Zadok, den
Propheten Natan und Benaja, den

Sohn des Jojada!" Sie erschienen vor dem König, 33 und der König sprach zu ihnen: „Nehmt die Diener eures Herrn mit euch, setzt meinen Sohn Salomo auf mein eigenes Maultier und führt ihn zum Gihon hinab. 34 Daselbst sollen der Priester Zadok und der Prophet Natan ihn zum König über Israel salben! Alsdann stoßt in das Horn und ruft: Es lebe der König Salomo! 35 Dann zieht hinter ihm her wieder herauf; und er soll hereinkommen und sich auf meinen Thron setzen. Dann soll er selbst König sein an meiner statt; ihn habe ich dazu bestellt, dass er Fürst sei über Israel und über Juda." 36 Da antwortete Benaja, der Sohn des Jojada, dem König und sprach: „So sei es! So wolle Jahwe die Worte meines Herrn und Königs bestätigen! 37 Wie Jahwe mit meinem Herrn und König gewesen ist, so möge er auch mit Salomo sein, und er möge seinen Thron noch erhabener machen als den Thron meines Herrn und Königs David!"

38 Der Priester Zadok, der Prophet Natan und Benaja, der Sohn des Jojada, sowie die Kereter und Peleter zogen also hinab; sie setzten den Salomo auf das Maultier des Königs David und führten ihn zum Gihon. 39 Der Priester Zadok aber hatte das Ölhorn aus dem Zelte geholt und salbte den Salomo. Nun stieß man in das Horn, und alles Volk rief: „Es lebe der König Salomo!" 40 Dann zog alles Volk hinter ihm hinauf, und die Leute spielten auf Flöten und jubelten so laut, dass (beinahe) die Erde von ihrem Geschrei barst.

Adonijas Furcht: 1,41–53

41 Das hörten Adonija und alle seine Gäste, die bei ihm waren, als sie eben den Schmaus beendet hatten. Als aber Joab den Posaunenklang vernahm, rief er: „Warum ist die ganze Stadt in Aufruhr?" 42 Er war noch am Reden, als Jonatan, der Sohn des Priesters Abjatar, kam. Adonija rief: „Komm her! Du bist ein wackerer Mann und wirst (wohl) gute Kunde bringen!" 43 Jonatan aber gab Adonija zur Antwort: „Jawohl! Unser Herr, der König David, hat Salomo zum König gemacht! 44 Der König hat ihm nämlich den Priester Zadok und den Propheten Natan, den Benaja, des Jojada Sohn, samt den Keretern und Peletern mitgegeben; sie haben ihn auf das Maultier des Königs gesetzt, 45 und der Priester Zadok sowie der Prophet Natan haben ihn am Gihon zum König gesalbt. Dann sind sie mit lautem Jubel von dort hinaufgezogen, und die ganze Stadt ist in Aufregung geraten. Das war der Lärm, den ihr gehört habt. 46 Auch hat sich Salomo schon auf den Königsthron gesetzt, 47 und die Diener des Königs sind erschienen, um unserm Herrn, dem König David, Glück zu wünschen mit den Worten: Möge dein Gott den Namen Salomo noch glorreicher machen als deinen Namen, möge er seinen Thron noch erhabener machen als deinen Thron! Und der König hat sich dabei auf seinem Lager verneigt. 48 Auch hat der König also gesprochen: Gepriesen sei Jahwe, der Gott Israels, der es heute gefügt hat, dass einer aus meinem Ge-

schlecht auf meinem Throne sitzt und
dass meine Augen ihn sehen."

49 Da entsetzten sich alle Gäste des
Adonija und machten sich eiligst da-
von, ein jeder seines Weges. 50 Adonija
aber fürchtete sich so vor Salomo,
dass er sich erhob und hinging, um
die Hörner des Altars zu umfassen.
51 Da meldete man dem Salomo: „Sie-
he, Adonija hat solche Angst vor dem
König Salomo, dass er die Hörner des
Altars umfasst und erklärt hat: Der
König Salomo möge mir zuerst
schwören, dass er seinen Knecht nicht
durch das Schwert umbringen lässt."
52 Salomo sagte: „Wenn er sich als
rechtschaffener Mann erweist, so soll
von seinem Haar keines auf die Erde
fallen. Wird aber Böses an ihm gefun-
den, so muss er sterben!" 53 Darauf
sandte der König Salomo hin und ließ
ihn vom Altar wegholen. Er kam und
warf sich vor dem König Salomo nie-
der. Salomo aber sagte zu ihm: „Geh
nach Hause!"

Davids Testament und Tod: 2,1–12

2 1 Als die Tage herankamen, dass
David sterben sollte, trug er sei-
nem Sohne Salomo Folgendes auf:
2 Nun gehe auch ich den Weg alles Ir-
dischen. So sei denn tapfer und zeige
dich als Mann! 3 Beobachte, was Jah-
we, dein Gott, gebietet; wandle auf sei-
nen Wegen und halte seine Satzungen,
Gebote, Rechte und Offenbarungen,
wie es geschrieben steht im Gesetze
des Mose, auf dass alles dir gelinge,
was du tust und unternimmst, 4 auf
dass Jahwe sein Wort in Erfüllung ge-
hen lasse, das er zu mir gesprochen
hat: Wenn deine Söhne Acht haben
auf ihren Weg, sodass sie in Treue vor
mir wandeln mit ihrem ganzen Her-
zen und ihrer ganzen Seele, so soll es,
sagte er, dir nie an einem Nachfolger
auf dem Throne Israels fehlen.

5 Auch weißt du selbst, was mir Jo-
ab, der Sohn der Zeruja, angetan hat,
wie er an den beiden Heerführern Is-
raels, an Abner, dem Sohn des Ner,
und an Amasa, dem Sohn des Jeter,
gehandelt hat; er ermordete sie und
hat so im Frieden Rache genommen
für Blut, das im Krieg vergossen wor-
den war, und hat dadurch den Gürtel
um meine Lenden und die Schuhe an
meinen Füßen mit unschuldigem Blut
benetzt. 6 Handle nun nach deiner
weisen Einsicht und lass sein graues
Haar nur ja nicht unversehrt zur Un-
terwelt gelangen. 7 Aber den Söhnen
des Gileaditers Barsillai sollst du Huld
erweisen, und sie sollen zu denen ge-
hören, die an deinem Tische essen;
denn ebenso sind sie mir entgegen-
gekommen, als ich auf der Flucht vor
deinem Bruder Abschalom war. 8 Des-
gleichen ist da bei dir der Benjaminit
Schimi, der Sohn des Gera aus Bahu-
rim; der hat abscheuliche Flüche ge-
gen mich ausgestoßen an dem Tage,
da ich mich nach Mahanajim begab.
Weil er mir aber an den Jordan ent-
gegenkam, schwur ich ihm bei Jahwe:
Ich will dich nicht mit dem Schwert
töten!

9 Du aber, du sollst ihn nicht unge-
straft lassen; denn du bist ein kluger
Mann und wirst schon wissen, was

du machen musst, um sein graues Haar mit Blut befleckt zur Unterwelt hinabzusenden.

10 Danach legte sich David zu seinen Vätern und wurde in der Davidsstadt begraben. 11 Die Zeit aber, die David als König über Israel herrschte, betrug vierzig Jahre. In Hebron war er sieben Jahre König und in Jerusalem dreiunddreißig Jahre. 12 Und Salomo bestieg den Thron seines Vaters David, und sein Königtum festigte sich gar sehr.

Die Geschichte von Salomo und seiner Herrlichkeit

Einleitung: 3,1–3

3 1 Salomo verschwägerte sich mit dem Pharao, dem König von Ägypten; er heiratete die Tochter des Pharao und brachte sie in die Davidsstadt, bis er den Bau seines Palastes, des Tempels Jahwes und der Ringmauer um Jerusalem vollendet hatte. 2 Indes opferte das Volk noch auf den Höhen; denn bis zu jener Zeit hatte man dem Namen Jahwes noch kein Haus erbaut. 3 Salomo aber hatte wohl Jahwe lieb, sodass er nach den Satzungen seines Vaters David wandelte; er opferte und räucherte jedoch ebenfalls auf den Höhen.

Der Traum zu Gibeon: 3,4–15

4 So begab der König sich nach Gibeon, um daselbst zu opfern. Dies war nämlich die bedeutendste Höhe. Tausend Brandopfer brachte Salomo auf jenem Altare dar. 5 Zu Gibeon erschien Jahwe dem Salomo des Nachts im Traum. Und Gott sprach: „Erbitte, was ich dir geben soll!“ 6 Salomo sagte: „Du hast an deinem Knecht, meinem Vater David, überaus huldvoll gehandelt, weil er vor dir in Treue und Frömmigkeit und mit einem gegen dich aufrichtigen Herzen gewandelt ist, und du hast ihm diese große Huld bewahrt, indem du ihm einen Sohn geschenkt hast, der nun auf seinem Throne sitzt. 7 Wohlan denn, Jahwe, mein Gott, du hast deinen Knecht an meines Vaters Statt zum König gemacht. Ich bin aber ein junger Mensch, weiß nicht aus noch ein. 8 Und dein Knecht steht doch inmitten deines Volkes, das du erwählt hast, eines so großen Volkes, dass es vor Menge nicht zu zählen ist. 9 So wollest du denn deinem Knecht ein achtsames Herz geben, damit er zu unterscheiden weiß zwischen Gut und Bös; denn wer wäre sonst imstande, dieses dein zahlreiches Volk zu regieren?“ 10 Und es gefiel Jahwe, dass Salomo eine solche Bitte ausgesprochen hatte. 11 Darum sprach Jahwe zu ihm: „Weil du gerade diese Bitte gestellt und dir nicht ein langes Leben oder Reichtum oder das Leben deiner Feinde erbeten hast, sondern Einsicht erflehtest, um auf das Recht zu achten, 12 siehe, darum will ich deine Bitte erfüllen. Wohlan, ich will dir ein weises und verständiges Herz geben, sodass deinesgleichen nicht vor dir gewesen ist noch deinesgleichen nach dir erstehen

wird. 13 Aber auch das, worum du
nicht gebeten hast, will ich dir geben,
sowohl Reichtum als Ehre, sodass kei-
ner unter den Königen dir gleichkom-
men soll. 14 Und wenn du auf meinen
Wegen wandelst, indem du meine Sat-
zungen und Gebote hältst, wie dein
Vater David gewandelt ist, so will ich
dir ein langes Leben schenken.“ 15 Als
aber Salomo erwachte, siehe, da war
es ein Traum gewesen. Und er kehrte
nach Jerusalem zurück, trat vor die
Bundeslade Jahwes und brachte
Brandopfer dar, veranstaltete Gemein-
schaftsopfer und richtete ein Fest-
mahl her für alle seine Diener.

Das salomonische Urteil: 3,16–28

16 Damals kamen zwei Dirnen zum
König und traten vor ihn hin. 17 Die
eine Frau sagte: „Mit Verlaub, mein
Herr! Ich und die Frau da bewohnen
ein und dasselbe Haus, und ich gebar
in ihrem Beisein in dem Hause. 18 Drei
Tage nach meiner Niederkunft war es,
da gebar auch diese Frau. Wir waren
beisammen, kein Fremder war bei
uns im Hause, nur wir zwei waren im
Hause. 19 Da starb in der Nacht der
Sohn dieser Frau, denn sie war auf
ihn zu liegen gekommen. 20 Sie aber
stand mitten in der Nacht auf, nahm,
während deine Magd schlief, meinen
Sohn von meiner Seite weg und legte
ihn an ihre Brust. Ihren toten Sohn
aber legte sie an meine Brust. 21 Als
ich nun aufstand, um meinen Sohn
zu stillen, siehe, da war er tot! Als ich
ihn aber bei Anbruch des Tages genau
betrachtete, siehe, da war er gar nicht
mein Sohn, den ich geboren hatte.“
22 Die andere Frau aber erklärte: „Nein,
mein Sohn ist der lebende, deiner ist
der tote!“ Jene aber behauptete: „Nein,
dein Sohn ist der tote und mein Sohn
ist der lebende.“ So stritten sie vor
dem König hin und her. 23 Da sprach
der König: „Diese behauptet: Der da
ist mein Sohn, nämlich der lebende,
und dein Sohn ist der tote. Jene dage-
gen erklärte: Nein, dein Sohn ist der
tote, meiner aber der lebende.“ 24 Da-
rauf befahl der König: „Holt mir ein
Schwert herbei!“ Man brachte das
Schwert vor den König. 25 Nun sprach
der König: „Teilt das lebende Kind in
zwei Hälften und gebt der einen die
Hälfte und der andern die Hälfte.“
26 Da sagte die Frau, der das lebende
Kind gehörte – denn in ihr loderte
die Liebe zu ihrem Sohne mächtig
auf –, zum König: „Mit Verlaub, mein
Herr, gebt ihr das Kind und tötet es
nicht!“ Die andere dagegen rief: „Es
soll weder mein noch dein sein, zer-
teile es!“ 27 Da nahm der König das
Wort und sagte: „Gebt jener das Kind
und tötet es nicht! Sie ist seine Mut-
ter!“ 28 Und ganz Israel hörte von dem
Urteil, das der König gefällt hatte, und
bekam Ehrfurcht vor dem König,
denn man sah, dass göttliche Weisheit
in ihm war, um Recht zu sprechen.

Der Tempelbau: 6,1–14

6 1 Es war im Jahr 480 nach dem
Auszug der Israeliten aus Ägyp-
ten, im vierten Jahr der Regierung Sa-

lomos über Israel, im Monat Siw, das
ist der zweite Monat, da baute er den
Tempel für Jahwe. 2 Der Tempel, den
der König Salomo für Jahwe erbaute,
war sechzig Ellen lang, zwanzig Ellen
breit und fünfundzwanzig Ellen hoch.
3 Die Halle vor dem Hauptraum war
zwanzig Ellen lang, der Breitseite des
Tempels vorgelegt, zehn Ellen breit, in
der Längsrichtung des Tempels. 4 Er
brachte am Tempel Fenster mit Rah-
men und Gitterwerk an. 5 An der
Wand des Tempels brachte er einen
Anbau an, um den Hauptraum und
den Hinterraum, und richtete so rings-
um Seitengemächer ein. 6 Das untere
Stockwerk war fünf Ellen breit, das
mittlere war sechs Ellen breit, das drit-
te war sieben Ellen breit; er hatte näm-
lich außen am Tempel ringsum Abstu-
fungen angebracht, damit nicht (für
die Balken) ein Eingreifen in die Mau-
ern des Tempels nötig wurde. 7 [Bei der
Errichtung des Tempels baute man mit
Steinen, die beim Steinbruch ganz fer-
tig gemacht worden waren; Hämmer
und Meißel oder ein Eisenwerkzeug
hörte man nicht, während der Tempel
gebaut wurde.] 8 Der Eingang zum un-
teren Stockwerk (des Umbaues) war
an der rechten Seite des Tempels; und
auf einer Wendeltreppe stieg man in
das mittlere und von dem mittleren in
das dritte Stockwerk hinauf. 9 So baute
er den Tempel und vollendete ihn; und
er deckte den Tempel mit Zedernholz.
10 Den Anbau aber errichtete er am
ganzen Tempel fünf Ellen hoch (jedes
Stockwerk) und verband damit das
Haus durch Zedernbalken. 11 Und es
erging das Wort Jahwes an Salomo al-
so: 12 „Was dieses Haus betrifft, das du
baust (so sage ich dir): Wenn du in
meinen Satzungen wandelst und mei-
ne Forderungen erfüllst und alle mei-
ne Gebote beobachtest, sodass du da-
rin wandelst, so will ich mein Wort an
dir wahr machen, das ich deinem Va-
ter versprochen habe. 13 Ich werde in-
mitten der Israeliten wohnen und
mein Volk Israel nicht verlassen. 14 So
baute Salomo den Tempel und voll-
endete ihn.

Die Innenausstattung. Das Allerheiligste:
6,15–22

15 Die Wände im Innern bekleidete er
mit Brettern aus Zedernholz, vom
Fußboden des Tempels bis zu den Bal-
ken der Decke überzog er sie innen
mit Holz und belegte den Fußboden
des Tempels mit Zypressenbohlen.
16 Auch überzog er an der Hinterseite
des Tempels zwanzig Ellen mit Ze-
dernbrettern vom Fußboden bis zu
den Balken und teilte sie vom Tempel
ab für den Hinterraum, das Allerhei-
ligste. 17 Vierzig Ellen maß der Tempel,
das heißt der Hauptraum vor dem
Hinterraum. 18 Innen war also am
Tempel Zedernholz, Schnitzwerk von
Früchten und Blumengewinden. Alles
war aus Zedernholz. Kein Stein war zu
sehen. 19 Auch richtete er im Innern
des Tempels den Hinterraum so ein,
dass er dort die Bundeslade Jahwes un-
terbringen konnte. 20 Es war der Hin-
terraum zwanzig Ellen lang, zwanzig
Ellen breit und zwanzig Ellen hoch;
und er überzog ihn mit Feingold; er

machte einen Altar aus Zedernholz 21 und überzog ihn mit Gold. 22 Den ganzen Tempel überzog er so mit Gold, das ganze Gebäude vollständig.

Die Kerubim: 6,23–30

23 Sodann ließ er im Hinterraum zwei Kerubim aus Olivenholz anfertigen … Sie waren zehn Ellen hoch. 24 Fünf Ellen maß der eine Flügel des Kerubs und fünf Ellen der andere Flügel des Kerubs, sodass es zehn Ellen waren von einem Ende seiner Flügel bis zum andern Ende. 25 Zehn Ellen maß auch der andere Kerub. Beide Kerubim hatten gleiches Maß und gleiche Gestalt. 26 Die Höhe des einen Kerubs betrug zehn Ellen, und ebenso viel maß der andere Kerub. 27 Und er stellte die Kerubim in das Innerste des Tempels, sodass sie ihre Flügel in der Weise ausbreiteten, dass der eine Flügel des einen die eine Wand berührte, der eine Flügel des andern Kerubs die andere Wand berührte; ebenso stießen ihre Flügel in der Mitte des Raumes aneinander. 28 Auch die Kerubim überzog er mit Gold. 29 An allen Wänden des Tempels brachte er ringsum Schnitzwerk von Kerubim, Palmen und Blumengewinden an, innen und außen. 30 Sogar den Fußboden des Tempels bedeckte er mit Gold innen und außen.

Die Tore. Der Hof: 6,31–36

31 Für den Eingang zum Hinterraum machte er Türpfosten aus Olivenholz, eine fünffach gestufte Schwelle, 32 zwei Türflügel aus Olivenholz. Er ließ Schnitzwerk von Kerubim, Palmen und Blumengewinden anbringen und sie mit Gold überziehen, und zwar die Kerubim und Palmen mit Blattgold. 33 In gleicher Weise machte er für den Eingang zum Hauptraum Türpfosten aus Olivenholz, eine vierfach gestufte Schwelle, 34 dazu zwei Türflügel aus Zypressenholz; der eine Türflügel hatte zwei drehbare Blätter, und der andere Türflügel hatte zwei drehbare Blätter. 35 Er ließ darauf Kerubim, Palmen und Blumengewinde einschnitzen und überzog sie mit Gold, dem Schnitzwerk genau angepasst.

36 Ferner baute er den inneren Vorhof mit Mauern aus drei Lagen behauener Steine und einer Lage Zedernbalken.

Die Bauzeit: 6,37–38

37 Im vierten Jahre, im Monat Siw, wurde der Grund zum Tempel Jahwes gelegt. 38 Und im elften Jahr, im Monat Bul, das ist der achte Monat, wurde der Tempel vollendet in allen seinen Teilen und in allem, was dazugehörte. Sieben Jahre hatte er daran gebaut.

Übertragung der Bundeslade: 8,1–9

8 1 Damals versammelte Salomo die Ältesten Israels zu Jerusalem, um die Bundeslade Jahwes aus der Davidsstadt, das heißt aus Zion, hinaufzubringen. 2 Es versammelten sich also beim König Salomo alle Männer Israels am Feste im Monat Etanim, das ist der siebte Monat. 3 Die Priester trugen die Lade 4 samt dem Offenbarungszelt und alle heiligen Geräte, die im Zelte waren, hinauf. 5 Der König Salomo aber und mit ihm ganz Israel opferten vor der Lade so viele Schafe und Rinder, dass man sie weder zählen noch berechnen konnte wegen der Menge. 6 Und die Priester brachten die Bundeslade Jahwes an ihren Platz in dem Hinterraum des Tempels, im Allerheiligsten, unter den Flügeln der Kerubim. 7 Die Kerubim breiteten nämlich ihre Flügel über die Stelle aus, wo die Lade stand, sodass die Kerubim von oben her die Lade und ihre Tragstangen bedeckten. 8a Die Stangen aber waren so lang, dass die Spitzen der Stangen zwar im Heiligtum vor dem Hinterraum gesehen wurden, draußen dagegen konnten sie nicht gesehen werden. 9 In der Lade war nichts als die zwei steinernen Tafeln, die Mose am Horeb hineingelegt hatte, die Tafeln des Bundes, den Jahwe mit den Israeliten geschlossen hatte nach ihrem Auszug aus Ägypten. 8b Sie sind dort geblieben bis auf den heutigen Tag.

Gott ergreift Besitz von seinem Tempel: 8,10–13

10 Als aber die Priester aus dem Heiligtum heraustraten, da geschah es, dass die Wolke den Tempel Jahwes erfüllte, 11 sodass die Priester wegen der Wolke nicht imstande waren, hinzutreten, um den Dienst zu verrichten; denn die Herrlichkeit Jahwes erfüllte den Tempel Jahwes.

12 Damals tat Salomo den Ausspruch: Jahwe hat erklärt, er wolle im Dunkel wohnen.

13 So habe ich nun ein Haus für dich erbaut zur Wohnung, eine Stätte, wo du weilst für ewige Zeiten.

Persönliches Gebet Salomos: 8,22–29

22 Dann trat Salomo angesichts der ganzen Gemeinde Israels vor den Altar Jahwes, breitete seine Hände gegen den Himmel aus 23 und sprach: „Jahwe, du Gott Israels, kein Gott ist dir gleich weder droben im Himmel noch hier unten auf der Erde! Du hältst den Bund und die Huld deinen Knechten, die von ganzem Herzen vor dir wandeln; 24 du hast auch deinem Knechte, meinem Vater David, gehalten, was du ihm verheißen hattest. Ja, mit deinem Munde hast du es verheißen, und mit deiner Hand hast du es erfüllt, wie es sich heute zeigt. 25 Nun denn, Jahwe, du Gott Israels, halte deinem Knechte, meinem Vater David, (ebenso) was du ihm zugesichert hast, als du sprachst: Nie soll es dir an einem Manne vor mir fehlen, der auf dem Throne Israels sitzt, wenn nur deine Nachkommen auf ihren Weg Acht haben, indem sie vor meinem Angesicht wandeln, wie du vor meinem Angesicht gewandelt bist. 26 Wohlan, Gott Israels, möge deine Verheißung wahr werden, die du deinem Knechte, meinem Vater David, gegeben hast! 27 Ja, aber wohnt Gott wirklich mit den Menschen auf

Erden? Siehe, die Himmel und der Himmel der Himmel vermögen dich nicht zu fassen, geschweige denn dieser Tempel, den ich erbaut habe. 28 Doch wende dich zu dem Gebet deines Knechtes und zu seinem Flehen, Jahwe, mein Gott, indem du auf den Ruf und die Bitte hörst, die dein Knecht heute an dich richtet! 29 Lass deine Augen geöffnet sein über diesem Haus bei Nacht und bei Tag, über der Stätte, von der du verheißen hast: Mein Name soll dort sein, um zu hören auf das Gebet, das dein Knecht nach dieser Stätte hin verrichtet.

Gebete für das Volk: 8,30–40

30 So habe denn Acht auf das Flehen deines Knechtes und deines Volkes Israel, sooft sie an dieser Stätte beten werden, ja habe Acht darauf an der Stätte, wo du thronst im Himmel, und wenn du es hörst, so vergib!

31 Wenn jemand sich versündigt gegen seinen Nächsten und dieser spricht über ihn einen Verwünschungseid und er kommt und leistet den Eid vor deinem Altar in diesem Tempel, 32 so wollest du es im Himmel hören und eingreifen und deinen Knechten Recht schaffen, indem du den Schuldigen verurteilst dadurch, dass du sein Tun auf sein Haupt zurückfallen lässt und dem Unschuldigen zu seinem Recht verhilfst, indem du ihm tust nach seiner Rechtschaffenheit.

33 Wenn dein Volk Israel von einem Feind geschlagen wird, weil es sich gegen dich versündigt hat, sich dann aber zu dir bekehrt und deinen Namen bekennt, wenn es betet und fleht vor dir in diesem Tempel, 34 so wollest du es im Himmel hören, deinem Volke Israel die Sünden verzeihen und sie zurückführen in das Land, das du ihren Vätern gegeben hast.

35 Wenn der Himmel verschlossen bleibt und kein Regen fällt, weil sie wider dich gesündigt haben, und sie beten an dieser Stätte, bekennen deinen Namen und wenden sich von ihrer Sünde ab, weil du sie demütigst, 36 so wollest du es im Himmel hören und deinem Knecht und deinem Volke Israel ihre Sünden vergeben, ja du wollest ihnen den rechten Weg zeigen, auf dem sie wandeln sollen, und wollest Regen auf dein Land senden, das du deinem Volke als Erbgut verliehen hast.

37 Wenn Hungersnot im Lande herrscht, wenn Pest, Kornbrand oder Rost, Heuschrecken oder Ungeziefer auftreten, wenn sein Feind eins seiner Tore belagert, und was immer für eine Plage oder Krankheit es sein mag, 38 jedes Gebet, jedes Flehen, das einer ausspricht, wie immer sich einer in seinem Gewissen betroffen fühlt, sodass er seine Hände nach diesem Tempel hin ausstreckt, 39 dann wollest du es hören im Himmel, der Stätte, wo du thronst, wollest Verzeihung gewähren, eingreifen und einem jeden vergelten nach seinem Wandel, so wie du sein Herz kennst; du allein kennst ja das Herz aller Menschenkinder, 40 auf dass sie allzeit dich fürchten, solange sie in dem Lande leben, das du unsern Vätern gegeben hast.

Zusätze: 8,41–51

41 Aber auch den Fremdling, der nicht zu deinem Volke Israel gehört, sondern um deines Namens willen aus fernem Land herbeigekommen ist – 42 man wird ja von deinem erhabenen Namen, deiner starken Hand und deinem ausgestreckten Arm hören –, wenn er also kommt und nach diesem Tempel hin betet, 43 so wollest du ihn hören im Himmel, der Stätte, wo du thronst, und wollest alles tun, um was der Fremdling zu dir ruft, auf dass alle Völker der Erde deinen Namen kennen lernen und dich fürchten wie dein Volk Israel und erfahren, dass dieser Tempel, den ich erbaut habe, deinem Namen geweiht ist.

44 Wenn dein Volk gegen seine Feinde in den Krieg zieht auf dem Wege, den du sie senden wirst, und wenn sie dann zum Herrn beten nach der Stadt hin, die du erwählt hast, und nach dem Tempel hin, den ich deinem Namen erbaut habe, 45 so wollest du im Himmel ihr Gebet und ihr Flehen erhören und ihnen zu ihrem Recht verhelfen.

46 Und wenn sie sich gegen dich versündigt haben – es gibt ja keinen Menschen, der nicht sündigte –, sodass du wider sie erzürnt bist und sie dem Feinde preisgibst und ihre Bezwinger sie gefangen fortführen ins Feindesland, sei es fern oder nah, 47 und wenn sie dann in sich gehen in dem Lande, wohin sie in Gefangenschaft geführt wurden, sich bekehren und dich anflehen im Lande ihrer Bezwinger, indem sie bekennen: Wir haben gesündigt, haben uns verfehlt und gottlos gehandelt, 48 wenn sie sich also zu dir bekehren aus ganzem Herzen und aus ganzer Seele im Lande ihrer Feinde, die sie weggeführt haben, wenn sie zu dir beten nach dem Lande hin, das du ihren Vätern gegeben hast, nach der Stadt hin, die du erwählt hast, und nach dem Tempel hin, den ich deinem Namen erbaut habe, 49 so wollest du im Himmel, der Stätte, wo du thronst, hören, 50 wollest deinem Volk vergeben, was sie wider dich gesündigt haben, sowie alle ihre Vergehen, mit denen sie sich gegen dich vergangen haben, und lass sie Nachsicht finden bei ihren Bezwingern, auf dass sie mit ihnen Erbarmen haben; 51 denn sie sind dein Volk und dein Eigentum, das du aus Ägypten herausgeführt, mitten aus dem Eisenschmelzofen.

Abschluss des Gebets und Segnung des Volkes: 8,52–61

52 Lass deine Augen geöffnet sein für das Flehen deines Knechtes und für das Flehen deines Volkes Israel, indem du sie erhörst in allem, worum sie zu dir rufen. 53 Du hast sie ja als Eigentum dir ausgesondert aus allen Erdenvölkern, wie du es verheißen hast durch den Mund deines Dieners Mose, als du unsere Väter aus Ägypten führtest, Herr, Jahwe."

54 Als Salomo dieses Gebet und Flehen an Jahwe ganz zu Ende gebetet hatte, da erhob er sich von dem Platze, vor dem Altar Jahwes, wo er, die Hände gen Himmel ausgebreitet, gekniet

hatte, 55 trat heran und segnete die ganze Gemeinde Israels, indem er mit lauter Stimme sprach: 56 „Gepriesen sei Jahwe, der seinem Volke Israel Ruhe gegeben hat, ganz wie er verheißen hat! Kein einziges Wort von all den herrlichen Verheißungen, die er durch seinen Diener Mose gegeben hat, ist hinfällig geworden. 57 Jahwe, unser Gott, sei mit uns, wie er mit unsern Vätern gewesen ist! Er verlasse uns nicht und verstoße uns nicht, 58 sondern neige unser Herz zu sich hin, auf dass wir auf allen seinen Wegen wandeln und seine Gebote, Satzungen und Verordnungen beobachten, die er unsern Vätern gegeben hat! 59 Und diese meine Worte, die ich flehend vor Jahwe gesprochen habe, mögen Jahwe, unserm Gott, gegenwärtig sein bei Tag und bei Nacht, auf dass er Recht schaffe seinem Knecht und Recht schaffe seinem Volk zu jeder Zeit, so wie es Not tut, 60 damit alle Völker der Erde erkennen, dass Jahwe Gott ist und sonst keiner! 61 Euer Herz aber gehöre ungeteilt Jahwe, unserm Gott, auf dass ihr nach seinen Satzungen wandelt und seine Gebote haltet wie am heutigen Tage!“

Zweite Gotteserscheinung: 9,1–9

9 1 Als Salomo den Bau des Tempels Jahwes und des königlichen Palastes zu Ende geführt hatte sowie jeglichen Plan, den er sonst auszuführen wünschte und Lust hatte, 2 da geschah es, dass Jahwe dem Salomo zum zweiten Mal erschien, so wie er ihm in Gibeon erschienen war. 3 Und Jahwe sprach zu ihm: „Ich habe dein Gebet und Flehen, das du an mich gerichtet hast, gehört. Ich habe diesen Tempel, den du erbaut hast, geweiht, indem ich meinen Namen für alle Zeiten dort belasse; auch meine Augen und mein Herz sollen immerdar dort weilen. 4 Wenn du nun deinerseits vor meinem Angesichte wandelst, wie dein Vater David gewandelt ist, in Herzenseinfalt und Rechtschaffenheit, sodass du alles tust, was ich dich geheißen habe, meine Satzungen und Vorschriften befolgst, 5 so will ich den Thron deines Königtums über Israel für immer bestätigen, wie ich es deinem Vater David zugesichert habe, als ich sprach: Nie soll es dir an einem Mann auf dem Throne Israels fehlen! 6 Wenn ihr euch aber von mir abwendet, ihr und eure Kinder, indem ihr meine Gebote und Satzungen, die ich euch auferlegt habe, nicht haltet, sondern hingeht und andern Göttern dient und sie anbetet, 7 So werde ich Israel wegfegen von dem Boden, den ich ihnen geschenkt habe, und ich werde den Tempel, den ich meinem Namen geweiht habe, wegschaffen von meinem Angesicht, und Israel soll unter allen Völkern zum Sprichwort und Gespötte werden. 8 Und dieser erhabene Tempel – wer immer daran vorübergeht, soll sich entsetzen und zischen, und wenn man fragt, warum Jahwe an diesem Lande und an diesem Haus so gehandelt habe, 9 dann soll man sagen: Deshalb, weil sie Jahwe, ihren Gott, verlassen haben, ihn, der ihre Väter aus dem Ägypterland herausgeführt hat, und

weil sie fremden Göttern angehangen,
sie angebetet und ihnen gedient ha-
ben, darum hat Jahwe all dieses Unheil
über sie gebracht."

Ende der Regierung: 11,41–43

41 Die übrige Geschichte Salomos und
alle seine Taten sowie seine Weisheit,
das ist aufgezeichnet im Buche der
Geschichte Salomos. 42 Die Zeit, die
Salomo zu Jerusalem König über ganz
Israel war, beträgt vierzig Jahre.
43 Dann legte sich Salomo zu seinen
Vätern nieder und wurde in der Stadt
seines Vaters David begraben. Und
sein Sohn Rehabeam wurde König an
seiner statt.

Die Versammlung zu Sichem: 12,1–19

2 Sobald Jerobeam, der Sohn des Ne-
bat, davon hörte – er befand sich
nämlich noch in Ägypten, wohin er
vor dem König Salomo geflohen war
–, da kehrte Jerobeam aus Ägypten
zurück. 1 Rehabeam begab sich nach
Sichem. In Sichem war nämlich ganz
Israel zusammengekommen, um ihn
zum König zu machen. 3 Und man
sprach zu ihm also: 4 „Dein Vater hat
uns ein hartes Joch auferlegt. Erleich-
tere nun du den schweren Dienst dei-
nes Vaters und sein hartes Joch, das er
uns auferlegt hat, so wollen wir dir
untertan sein!" 5 Er aber antwortete
ihnen: „Geht für drei Tage fort; dann
kommt wieder zu mir!" Da ging das
Volk weg.

6 Nun hielt der König Rehabeam
Rat mit den Alten, die im Dienst sei-
nes Vaters Salomo gestanden hatten,
während er lebte, und fragte: „Welche
Antwort ratet ihr mir diesem Volk zu
geben?" 7 Sie erwiderten ihm dies:
„Wenn du dich heute zum Diener die-
ses Volkes machst, ihnen willfährig
bist und ihnen freundliche Worte
sagst, so werden sie allezeit deine
Knechte sein." 8 Er aber ließ den Rat,
den ihm die Alten gegeben hatten, un-
beachtet und beriet sich mit den jun-
gen Leuten, die mit ihm aufgewachsen
waren und ihm zur Seite standen.
9 Und er sprach zu ihnen: „Welche
Antwort sollen wir nach eurem Rat
diesen Leuten geben, die da zu mir ge-
sagt haben: Erleichtere das Joch, das
dein Vater uns auferlegt hat?" 10 Da ga-
ben ihm die jungen Leute, die mit ihm
aufgewachsen waren, folgende Ant-
wort: „So musst du zu diesem Volke
sprechen, das zu dir gesagt hat: Dein
Vater hat unser Joch schwer gemacht,
nun mache du es uns leichter, so
musst du zu ihnen sprechen: Mein
kleiner Finger ist dicker als die Lenden
meines Vaters. 11 Gewiss, mein Vater
hat euch ein schweres Joch aufgebür-
det. Ich aber will euer Joch noch mehr
belasten; mein Vater hat euch mit Peit-
schen gezüchtigt, ich aber will euch
mit Skorpionen züchtigen!"

12 Als nun alles Volk am dritten Tag
zu Rehabeam kam, wie er ihnen auf-
getragen hatte mit den Worten:
„Kommt am dritten Tage wieder zu
mir", 13 da gab der König dem Volk
eine harte Antwort, indem er den Rat,
den ihm die Alten erteilt hatten, außer

Acht ließ. 14 Er redete nach dem Rate
der Jungen zu ihnen und sagte: „Mein
Vater hat euer Joch schwer gemacht,
ich aber will euer Joch noch mehr be-
lasten. Mein Vater hat euch mit Peit-
schen gezüchtigt, ich aber werde euch
mit Skorpionen züchtigen.“ 15 Der Kö-
nig schenkte also dem Volk kein Ge-
hör; es war nämlich eine Fügung von
Jahwe, damit er seine Verheißung er-
fülle, die Jahwe durch Ahija von Schi-
lo dem Jerobeam, dem Sohne des Ne-
bat, gegeben hatte. 16 Da nun ganz
Israel sah, dass der König nicht auf
sie hörte, gab das Volk dem König fol-
gende Antwort:

„Was haben wir für einen Anteil an David?

Wir haben kein Erbe beim Sohne Isais.

Auf, Israel, zu deinen Zelten!

Nun sieh nach deinem Hause, David!“

Und Israel zog ab zu seinen Zelten.
17 Nur über die Israeliten, die in den
Städten Judas wohnten, herrschte
Rehabeam. 18 Als dann der König Re-
habeam den Adoniram, den Oberauf-
seher über die Fronarbeit, hinschickte,
warf ganz Israel ihn mit Steinen zu
Tode. Eiligst bestieg nun der König
Rehabeam seinen Wagen und floh
nach Jerusalem. 19 So fiel Israel vom
Hause David ab bis auf den heutigen
Tag.

Die politische Spaltung: 12,20–25

20 Als ganz Israel hörte, dass Jerobeam
zurückgekehrt sei, sandten sie hin, lie-
ßen ihn zur Versammlung herbeiru-
fen und machten ihn zum König über
ganz Israel. Dem Hause David aber
leistete niemand mehr Gefolgschaft
außer dem einzigen Stamm Juda.

21 Als aber Rehabeam nach Jeru-
salem gekommen war, bot er das
ganze Haus Juda und den Stamm Ben-
jamin, hundertachtzigtausend aus-
erlesene Kriegsleute, gegen das Haus
Israel auf, um das Königtum für Re-
habeam, den Sohn Salomos, zurück-
zugewinnen. 22 Doch das Wort Jahwes
erging an Schemaja, den Gottesmann,
also: 23 „Sprich zu Rehabeam, dem
Sohne Salomos, dem König von Juda,
und zum ganzen Hause Juda und Ben-
jamin sowie zum übrigen Volk und
sage: 24 So spricht Jahwe: Ihr sollt nicht
ausrücken, um gegen eure Brüder, die
Israeliten, zu kämpfen; jeder kehre
nach Hause zurück; denn von mir ist
es so gefügt worden.“ Sie hörten auf
die Weisung Jahwes und kehrten
heim, wie Jahwe es angeordnet hatte.

25 Jerobeam aber befestigte Sichem
auf dem Gebirge Efraim und nahm
daselbst seinen Sitz. Von dort zog er
aus und befestigte Penuël.

Die religiöse Spaltung: 12,26–33

26 Und Jerobeam erwog in seinem Her-
zen: Nun wird das Königtum wohl
wieder an das Haus David fallen.
27 Wenn nämlich dieses Volk hinauf-
zieht, um im Tempel Jahwes zu Jeru-
salem Schlachtopfer darzubringen,
wird sich das Herz dieses Volkes wie-
der dem Rehabeam, dem König von

Juda, als ihrem Herrn zuwenden;
mich aber werden sie umbringen.
28 So ging also der König mit sich zu
Rate, ließ zwei goldene Jungstiere her-
stellen und sprach zum Volk: „Nun ist
es genug mit dem Pilgern nach Jerusa-
lem hinauf! Siehe, Israel, das da ist
dein Gott, der dich aus dem Ägypter-
land herausgeführt hat!“ 29 Dann stell-
te er den einen in Bet-El auf, 30 und das
Volk zog in Prozession vor dem Ande-
ren bis nach Dan. 31 Er richtete auch
Höhenheiligtümer ein und bestellte
Priester aus der Masse des Volkes, die
keine Leviten waren. 32 Auch führte er
einen Feiertag ein im achten Monat,
und zwar am fünfzehnten Tag des
Monats, entsprechend dem Feiertag,
den es in Juda gab. Er selbst stieg
zum Altar hinauf. So tat er in Bet-El,
um den Jungstieren, die er hatte her-
stellen lassen, zu opfern. Und er stellte
die Höhenpriester, die er eingesetzt
hatte, in Bet-El an.

33 Als er nun zu dem Altar hinauf-
stieg, den er errichtet hatte – es war
am fünfzehnten Tag des achten Mo-
nats, des Monats, den er sich selbst
ausgedacht hatte, um den Israeliten
einen Feiertag einzurichten –, als er
eben zu dem Altar hinaufstieg, um zu
opfern,

Verwerfung des Altars zu Bet-El: 13,1–10

13 1 Siehe, da kam ein Gottes-
mann von Juda her im Auftrag
Jahwes nach Bet-El, während eben Je-
robeam am dem Altar stand, um zu
opfern. 2 Und er rief im Auftrag Jah-
wes wider den Altar diese Worte: „Al-
tar, Altar! Also spricht Jahwe: Siehe,
dem Hause David wird ein Sohn ge-
boren werden, Joschija ist sein Name,
der wird die Höhenpriester, die auf dir
opfern, hinschlachten. Menschen-
gebeine wird er auf dir verbrennen!“
3 Gleichzeitig kündete er ein Wahrzei-
chen an mit den Worten: „Dies ist das
Wahrzeichen dafür, dass Jahwe ge-
sprochen hat: Siehe, der Altar wird
bersten und die Asche, die darauf ist,
verschüttet werden.“ 4 Als der König
das Drohwort hörte, das der Gottes-
mann wider den Altar zu Bet-El aus-
gerufen hatte, da streckte Jerobeam
seine Hand vom Altare her aus und
rief: „Packt ihn!“ Aber seine Hand, die
er wider ihn ausgestreckt hatte, er-
starrte, und er konnte sie nicht mehr
zurückziehen. 5 Der Altar aber barst,
und die Asche wurde vom Altar herab
verschüttet gemäß dem Wahrzeichen,
das der Gottesmann im Auftrag Jah-
wes gegeben hatte. 6 Nun hob der Kö-
nig an und sprach zu dem Gottes-
mann: „Besänftige doch Jahwe,
deinen Gott, dass ich meine Hand
wieder an mich ziehen kann!“ Da be-
sänftigte der Gottesmann Jahwe, und
der König vermochte seine Hand wie-
der an sich zu ziehen, sie ward wie
zuvor. 7 Darauf sprach der König zu
dem Gottesmann: „Komm mit mir
nach Hause und erquicke dich! Ich
will dir auch ein Geschenk geben.“
8 Der Gottesmann aber erwiderte
dem König: „Wenn du mir sogar die
Hälfte deines Hauses gäbest, so ginge
ich doch nicht mit dir und würde we-
der Speise nehmen noch einen Trank

kosten an dieser Stätte. 9 Denn so ist
mir aufgetragen worden durch das
Wort Jahwes: Du sollst weder Speise
nehmen noch einen Trank kosten
und nicht auf dem Wege zurückkeh-
ren, auf dem du gekommen bist.“ 10 Er
schlug also einen andern Weg ein und
kehrte nicht auf dem Wege zurück,
auf dem er nach Bet-El gekommen
war.

Der Gottesmann und der Prophet:
13,11–34

11 Es wohnte aber zu Bet-El ein alter
Prophet. Seine Söhne kamen zu ihm
und erzählten ihm alles, was der Got-
tesmann an diesem Tage in Bet-El ge-
tan, und die Worte, die er zu dem Kö-
nig gesprochen hatte. Als sie es ihrem
Vater erzählt hatten, 12 sagte ihr Vater
zu ihnen: „Welchen Weg ist er fort-
gegangen?“ Seine Söhne zeigten ihm
den Weg, den der Gottesmann, der
aus Juda gekommen, eingeschlagen
hatte. 13 Er aber befahl seinen Söhnen:
„Sattelt mir den Esel!“ Sie sattelten
den Esel, und er bestieg ihn. 14 Er ritt
dem Gottesmann nach und traf ihn,
wie er unter der Terebinthe saß, und
sprach zu ihm: „Bist du der Gottes-
mann, der aus Juda gekommen ist?“
Er antwortete: „Ja!“ 15 Da forderte er
ihn auf: „Komm mit mir nach Hause
und iss etwas!“ 16 Er aber erwiderte:
„Ich darf nicht mit dir umkehren. Ich
darf keine Speise nehmen und keinen
Trank kosten an dieser Stätte. 17 Denn
es ist mir aufgetragen worden durch
das Wort Jahwes: Du darfst weder
Speise nehmen noch einen Trank kos-
ten, auch darfst du nicht auf dem We-
ge zurückkehren, auf dem du gekom-
men bist!“ 18 Der aber entgegnete ihm:
„Auch ich bin ein Prophet wie du, und
ein Engel sprach auf Geheiß Jahwes al-
so zu mir: Bringe ihn mit dir zurück
in dein Haus, damit er Speise nehme
und einen Trank koste!“ Er belog ihn.
19 Da kehrte er mit ihm um, nahm
Speise in seinem Hause und genoss
einen Trank.

20 Während sie aber zu Tische sa-
ßen, da geschah es, dass ein Wort Jah-
wes an den Propheten, der ihn zu-
rückgebracht hatte, erging, 21 und er
rief dem Gottesmann, der aus Juda ge-
kommen war, zu: „So spricht Jahwe:
Weil du das Gebot übertreten und
den Befehl, den Jahwe, dein Gott, dir
gegeben hatte, nicht befolgt hast,
22 vielmehr umgekehrt bist, Speise ge-
nommen und einen Trank gekostest
hast an der Stätte, von der dir gesagt
worden war: Du darfst weder Speise
nehmen noch einen Trank kosten, so
soll dein Leichnam nicht in das Grab
deiner Väter kommen!“ 23 Als er dann
fertig war mit Essen und Trinken, sat-
telte ihm der Prophet den Esel, er
kehrte um und zog von dannen.
24 Unterwegs aber stieß ein Löwe auf
ihn und tötete ihn; sein Leichnam lag
hingestreckt auf dem Wege. Der Esel
aber blieb neben ihm stehen, und der
Löwe blieb ebenfalls neben dem
Leichnam stehen. 25 Da kamen zufällig
Leute vorüber; als die den Leichnam
auf dem Wege hingestreckt liegen
und den Löwen bei dem Leichnam
stehen sahen, gingen sie hin und mel-

deten es in der Stadt, worin der alte
Prophet wohnte. 26 Als der Prophet,
der ihn unterwegs zurückgeholt hatte,
das hörte, sagte er: „Das ist der Got-
tesmann, der sich gegen den Befehl
Jahwes aufgelehnt hat. Darum hat ihn
Jahwe dem Löwen übergeben; der hat
ihn zerrissen und getötet, gemäß dem
Worte, das Jahwe zu ihm geredet hat."
27 Darauf gebot er seinen Söhnen: „Sat-
telt mir den Esel!" Als sie ihn gesattelt
hatten, 28 ritt er hin und fand seinen
Leichnam hingestreckt auf dem Wege
liegen sowie den Esel und den Löwen
neben ihm stehen. Der Löwe hatte
weder den Leichnam gefressen noch
den Esel zerrissen. 29 Da hob der Pro-
phet den Leichnam des Gottesmannes
auf, lud ihn auf den Esel und brachte
ihn zurück. So kam der alte Prophet
in die Stadt, um die Totenklage zu hal-
ten und ihn zu begraben. 30 Er legte
den Leichnam in sein eigenes Grab,
und sie klagten um ihn: „Ach mein
Bruder!" 31 Als er ihn begraben hatte,
sprach er zu seinen Söhnen: „Wenn
ich sterbe, so sollt ihr mich in dem
Grab bestatten, worin der Gottes-
mann begraben ist; neben seine Ge-
beine sollt ihr meine Gebeine legen.
32 Denn das Drohwort, das er auf Ge-
heiß Jahwes wider den Altar zu Bet-El
und wider alle Höhentempel in den
Städten Samariens verkündet hat,
wird sicher in Erfüllung gehen."

33 Sogar nach diesem Ereignis be-
kehrte sich Jerobeam nicht von sei-
nem bösen Wandel, sondern bestellte
aufs Neue Leute aus der Masse des
Volkes zu Höhenpriestern. Wer Lust
dazu hatte, dem füllte er die Hand,
und er wurde Höhenpriester. 34 Dies
wurde aber dem Hause Jerobeam An-
lass zur Sünde, zum Sturz und zur
Vertilgung vom Erdboden.

10 *Die Zeit der Propheten Elija und Elischa und die Zerstörung Jerusalems*

Aus dem ersten und zweiten Buch der Könige

Ahab, der König von Israel, heiratete Isebel und diente gemeinsam mit ihr dem Baal, dem Gott der Fruchtbarkeit. Dagegen tritt der Prophet Elija auf. Elija ist wohl der größte aller Propheten. Zunächst versteckt er sich vor dem König, dem er Trockenheit und Hungersnot angekündigt hat, am Bach Kerit. Dort wird er von Raben ernährt.

Gott befiehlt ihm, zu einer Witwe in Sarepta zu gehen. Sie soll ihm Wasser zu trinken geben und Brot zum Essen. Doch sie hat selbst nichts. Auf das Geheiß des Propheten wird der Mehltopf nicht leer und der Ölkrug versiegt nicht, so dass die Witwe, die ihr Letztes gibt, zu essen hat, bis Gott die Hungersnot wendet. Das Vertrauen auf Gott wird belohnt. – Statt ängstlich festzuhalten an dem, was ich habe, soll ich austeilen, was Gott mir geschenkt hat. Durch Teilen vermehrt sich, was ich von Gott bekommen habe.

Elija kämpft gegen die Verehrung des Baal. Er tritt für den reinen Jahweglauben ein. Allein tritt er gegen die 450 Baalspriester an und überwindet sie. Als Gott selbst das Urteil über das Opfer der Baalspriester und Elijas Opfer Jahwe gegenüber gesprochen hat, lässt dieser die Baalspriester töten. Elijas Eifer für Jahwe hat offensichtlich eine aggressive Schattenseite. Das zeigt sich, als Isebel ihn töten möchte. Gegen 450 Baalspriester hat er sich allein durchgesetzt. Jetzt kommt die Frau und er flieht aus Angst vor ihr in die Wüste. Auf dem Höhepunkt seines Erfolges bekommt er Angst. Er möchte sein Leben retten. Doch auf einmal hat er keine Lust mehr zu leben. Er möchte am liebsten sterben. Als Begründung für seine Todessehnsucht gibt er an: „Ich bin nicht besser als meine Väter" (1 Kön 19,4). Er ist seinem Schatten begegnet. Jetzt möchte er nicht mehr weiterleben. Er legt sich hin, um zu sterben. Doch ein Engel des Herrn weckt ihn zweimal auf und verweist ihn jeweils auf Brot und Wasser. Es ist tröstlich, dass der Engel zweimal kommt, dass er Geduld und Humor hat mit dem lebensmüden Elija. Aber dann fordert er ihn auf, durch die Wüste zum Gottesberg Horeb zu wandern. Dort nimmt ihn Gott in die Schule. Er zeigt ihm, dass sein Gottesbild einseitig war. Gott ist nicht der, der sich nur im Feuer und im Erdbeben und im Sturm zeigt, sondern im leisen Säuseln des Windes. Elija wird eingeladen, sein einseitiges Gottesbild zu revidieren und in der Stille nach dem Gott Ausschau zu halten, den man nicht lauthals verkünden, sondern für den man sich nur im Schweigen öffnen kann.

Elija hat einen Nachfolger: Elischa. Auf ihn wirft er seinen Mantel, teilt ihm den Geist mit, den er selbst von Gott empfangen hat. Nun wirkt Elischa in der Kraft des Geistes ähnlich wie Elija Wunder an Wunder. Wie Elija lässt er den Ölkrug der Witwe nicht versiegen und weckt ihren toten Sohn wieder auf. Er macht die ungenießbare Speise genießbar, vermehrt das Brot und heilt den Ausländer Naaman.

Es sind Wunder, die sich in Jesus wiederholen und erfüllen werden. Jesus verweist bei seiner Antrittsrede in der Synagoge von Kafarnaum auf die Heilung des aussätzigen Syrers. – Es ist immer ein Gnadengeschenk, wenn Gott einen Menschen heilt, wenn das Giftige in uns entschärft wird und wir fähig werden, das Aussätzige in uns anzunehmen und uns damit auszusöhnen.

Trotz der großen Propheten Elija und Elischa wurde das Nordreich von den Assyrern erobert und die Bevölkerung wurde nach Assur verschleppt.

Ab dem 18. Kapitel berichtet uns das zweite Buch der Könige über das Schicksal des Südreiches. Da gibt es immer wieder Könige, die wie David das tun, was dem Herrn gefällt – so ein König ist Hiskija. Obwohl er wie David einzig Jahwe dient, muss er mit ansehen, wie das Heer der Assyrer Jerusalem belagert und der Stadt die Zerstörung androht. Doch der Prophet Jesaja ermutigt ihn, seine ganze Hoffnung auf Gott zu setzen. Nach außen hin ist Juda dem assyrischen Heer unterlegen. Es hätte keine Chance, die Assyrer zu besiegen. Doch der Engel des Herrn tritt für Juda ein und rettet es aus der Hand der Assyrer. Gott befreit den König auch von schwerer Krankheit. Dennoch muss ihm der Prophet Jesaja, der ihm bisher nur Heil verkündet hat, mitteilen, dass man einst alle Schätze Jerusalems nach Babel bringen wird. Doch zuvor führt der fromme König Joschija eine Reform durch. Er beseitigt alle Missstände in Juda und erneuert den Bund zwischen Gott und seinem Volk. Er verspricht, alle Gebote Gottes zu halten. Ausgerechnet dieser fromme König fällt in der Schlacht gegen den Pharao von Ägypten. Das war wohl ein Schock für alle Frommen in Juda. Unter dem Nachfolger des vorbildlichen Königs Joschija fällt Nebukadnezzar, der König von Babel, in das Land Juda ein und erobert es einige Jahre später, als Jojachin König von Juda war.

Die Babylonier verschleppen die Judäer und rauben alle Schätze aus dem Tempel, um sie nach Babel zu bringen, wie der Prophet Jesaja es vorhergesagt hat. Für den Autor ist der Fall Jerusalems die Folge der Sünden, die der König Manasse in Jerusalem verübt hatte. Gott hat dem Volk und seinen Königen immer wieder seinen Abfall verziehen. Doch bei Manasse war das Maß voll: „Das wollte der Herr nicht mehr verzeihen" (2 Kön 24,4).

So ist das Schicksal Judas eine Mahnung an die Leser, Gott zu vertrauen und nicht den Mächtigen der Welt. Wer sich allein der Macht der Welt verschreibt, wird durch sie umkommen.

Aus dem ersten Buch der Könige

Einleitung zur Regierung Ahabs (874–853): 16,29–34

29 Ahab, der Sohn Omris, wurde Kö-
nig über Israel im 38. Jahre Asas, des
Königs von Juda. Es regierte Ahab, der
Sohn Omris, über Israel zweiund-
zwanzig Jahre in Samaria. 30 Und
Ahab, der Sohn Omris, tat, was böse
ist in den Augen Jahwes, mehr als alle
seine Vorgänger. 31 Und als sei es ihm
noch zu wenig, in den Sünden Jero-
beams, des Sohnes Nebats, zu wan-
deln, nahm er sich auch noch Isebel,
die Tochter Etbaals, des Königs der Si-
doniër, zur Frau und ging hin, diente
dem Baal und betete ihn an. 32 Er er-
richtete Baal einen Altar in dem Baal-
stempel, den er zu Samaria erbaut
hatte. 33 Auch ließ er die Aschera her-
stellen und tat noch mehr, um Jahwe,
Israels Gott, zu reizen, schlimmer als
alle Könige von Israel, die vor ihm ge-
wesen waren. 34 Zu seiner Zeit baute
Hiël von Bet-El Jericho wieder auf.
Um den Preis seines Erstgeborenen
Abiram legte er ihre Fundamente,
und um den Preis seines Jüngsten Se-
gub setzte er ihre Tore ein, gemäß
dem Worte, das Jahwe durch Josua,
den Sohn Nuns, gesprochen hatte.

Ankündigung der Gottesgeißel: 17,1

17 1 Da sprach Elija, der Tischbiter
aus Tischbe in Gilead, zu Ahab:
„So wahr Jahwe, Israels Gott, lebt, er,
in dessen Dienst ich stehe, es soll diese
Jahre weder Tau noch Regen fallen, es
sei denn auf das Wort hin, das ich
spreche."

Am Bache Kerit: 17,2–6

2 Und es erging das Wort Jahwes an
ihn also: 3 „Geh fort von hier, wende
dich ostwärts und verbirg dich am Ba-
che Kerit, der östlich vom Jordan
fließt. 4 Aus dem Bache sollst du trin-
ken, den Raben aber gebiete ich, dass
sie dich daselbst versorgen." 5 Da ging
er hin und tat, wie Jahwe befohlen hat-
te, ging also hin und blieb am Bache
Kerit, der östlich vom Jordan fließt.
6 Und die Raben brachten ihm Brot
am Morgen und Fleisch am Abend,
aus dem Bache aber trank er.

In Sarepta. Das Mehl- und Ölwunder: 17,7–16

7 Nach einiger Zeit aber geschah es,
dass der Bach vertrocknete, denn es
fiel kein Regen im Lande. 8 Da erging
das Wort Jahwes an ihn also: 9 „Mach
dich auf und geh nach Sarepta, das zu
Sidon gehört, und bleibe dort! Siehe,
ich habe dort einer Witwe geboten,
dich zu versorgen." 10 Da machte er
sich auf und ging nach Sarepta; und
als er zum Stadttor kam, da war dort
eine Witwe gerade daran, Holz zu
sammeln. Er rief sie an und sagte:
„Hole mir doch in einem Krug ein we-
nig Wasser, dass ich trinke!" 11 Als sie
hinging, es zu holen, rief er ihr nach:

„Bring mir doch auch einen Bissen
Brot mit.“ 12 Da erwiderte sie: „So
wahr Jahwe, dein Gott, lebt, ich habe
nichts Gebackenes, sondern nur noch
eine Hand voll Mehl im Topf und ein
bisschen Öl im Krug. Eben bin ich da-
ran, ein paar Stücke Holz zu sam-
meln, dann will ich hingehen und es
für mich und meinen Sohn zuber-
eiten, damit wir es essen und dann
sterben.“ 13 Elija aber antwortete ihr:
„Fürchte dich nicht! Geh hin, tue, wie
du gesagt hast; nur mache mir davon
zuerst einen kleinen Fladen und bring
ihn mir heraus; für dich aber und
deinen Sohn mache hernach einen!
14 Denn also spricht Jahwe, Israels
Gott: Der Mehltopf soll nicht leer wer-
den und der Ölkrug nicht versiegen
bis zu dem Tag, da Jahwe Regen fallen
lässt auf den Erdboden.“

15 Da ging sie hin und tat, wie Elija
gesagt. Und sie hatte zu essen, sie und
ihr Sohn. 16 Der Mehltopf wurde nicht
leer, und der Ölkrug versiegte nicht
nach dem Wort Jahwes, das er durch
Elija gesprochen hatte.

Die Auferweckung des Sohnes der Witwe:
17,17–24

17 Nach diesen Ereignissen begab es
sich, dass der Sohn der Frau, der das
Haus gehörte, erkrankte, und seine
Krankheit verschlimmerte sich so
sehr, dass kein Lebensodem in ihm
verblieb. 18 Da sagte sie zu Elija: „Was
habe ich mit dir zu schaffen, du Got-
tesmann? Du bist wohl zu mir ge-
kommen, um meine Verschuldung in
Erinnerung zu bringen und meinen
Sohn zu töten?“ 19 Er antwortete ihr:
„Gib mir deinen Sohn!“ Dann nahm
er ihn von ihrem Schoß, trug ihn in
das Obergemach, wo er wohnte, und
legte ihn dort auf sein Bett. 20 Dann
rief er zu Jahwe: „Jahwe, mein Gott,
willst du wirklich die Witwe, bei der
ich wohne, ins Unglück bringen, in-
dem du ihren Sohn tötest?“ 21 Darauf
streckte er sich dreimal über den Kna-
ben hin und rief zu Jahwe: „Jahwe,
mein Gott, lass doch die Seele dieses
Knaben in ihn zurückkehren!“ 22 Und
Jahwe erhörte das Rufen des Elija und
ließ die Seele des Knaben in ihn zu-
rückkehren, sodass er wieder lebendig
wurde. 23 Dann nahm Elija den Kna-
ben, brachte ihn vom Obergemach hi-
nunter ins Haus, übergab ihn seiner
Mutter und sagte: „Siehe, dein Sohn
lebt!“ 24 Die Frau aber sprach zu Elija:
„Nun weiß ich, dass du ein Gottes-
mann bist und dass Jahwes Wort in
deinem Munde Wahrheit ist.“

Begegnung zwischen Elija und Obadja:
18,1–15

18 1 Und es geschah nach langer
Zeit, im dritten Jahr, da erging
das Wort Jahwes an Elija also: „Geh,
zeige dich Ahab; denn ich will Regen
senden auf die Erde.“ 2 Da ging Elija
hin, um sich Ahab zu zeigen.

Die Hungersnot aber wurde immer
drückender in Samaria, 3 sodass Ahab
seinen Palastvorsteher Obadja rufen
ließ. Obadja aber war ein eifriger Ver-
ehrer Jahwes. 4 Als Isebel die Prophe-

ten Jahwes auszurotten suchte, hatte Obadja hundert Propheten genommen, sie in einer Höhle versteckt, je fünfzig Mann, und sie mit Speise und Trank versorgt. 5 Ahab sprach also zu Obadja: „Auf, zu allen Wasserquellen und Bächen im Land! Vielleicht finden wir Gras, damit wir Pferde und Maultiere am Leben erhalten und keines von den Tieren eingehen lassen müssen." 6 Sie teilten sich also in das Land, um es zu durchstreifen. Ahab ging für sich den einen Weg und Obadja für sich den andern Weg. 7 Als nun Obadja unterwegs war, da trat ihm plötzlich Elija entgegen. Sobald er ihn erkannte, fiel er auf sein Angesicht und sagte: „Bist du es, mein Herr Elija?" 8 Er antwortete ihm: „Ich bin es; geh, sage deinem Herrn: Elija ist da!" 9 Der aber erwiderte: „Was habe ich verschuldet, dass du deinen Knecht dem Ahab in die Hand liefern willst, dass er mich tötet? 10 So wahr Jahwe, dein Gott, lebt, es gibt kein Volk und kein Reich, wohin mein Herr nicht gesandt hätte, um dich zu suchen; und wenn sie dann antworteten: Er ist nicht hier, so ließ er das Reich und das Volk schwören, dass man dich nicht gefunden hätte. 11 Und nun sagst du: Geh hin und sage deinem Herrn: Elija ist da! 12 Wenn ich nun von dir fortgehe und es trägt dich dann der Geist Jahwes an einen Ort, den ich nicht kenne, ich aber ginge dann zu Ahab, um es zu melden, und man fände dich nicht, dann wird er mich töten. Dabei ist doch dein Knecht ein Verehrer Jahwes von Jugend an. 13 Ist es meinem Herrn nicht gemeldet worden, was ich getan habe, als Isebel die Propheten Jahwes töten wollte? Wie ich da von den Propheten Jahwes hundert versteckte, je fünfzig in einer Höhle, und sie mit Speise und Trank versorgte? 14 Und nun sagtest du: Geh hin und sage deinem Herrn: Elija ist da, dass er mich tötet!" 15 Da antwortete Elija: „So wahr Jahwe Zebaot lebt, in dessen Dienst ich stehe, heute noch will ich mich ihm zeigen."

Elija und Ahab: 18,16–19

16 Nun ging Obadja dem Ahab entgegen und meldete es ihm, und Ahab ging dem Elija entgegen. 17 Als Ahab den Elija erblickte, sagte Ahab zu ihm: „Bist du da, du Verderber Israels?" 18 Er aber erwiderte ihm: „Nicht ich habe Israel ins Verderben gebracht, sondern du und das Haus deines Vaters, indem ihr Jahwe verlassen habt und indem du den Baalen nachgelaufen bist. 19 Nun aber sende hin und lass ganz Israel bei mir auf dem Berge Karmel zusammenkommen, ebenso die vierhundertfünfzig Baalspropheten, die von Isebels Tisch essen!"

Das Opfer auf dem Karmel: 18,20–40

20 Nun sandte Ahab zu allen Israeliten umher und ließ die Propheten auf dem Berge Karmel zusammenkommen. 21 Elija aber trat vor das gesamte Volk hin und sprach: „Wie lange wollt ihr auf beiden Seiten hinken? Ist Jahwe der Gott, so folget ihm nach; ist es

aber Baal, so folget ihm nach!" Das
Volk aber erwiderte ihm kein Wort.
22 Da sprach Elija zum Volke: „Ich bin
als einziger Prophet Jahwes übrig ge-
blieben, der Propheten Baals dagegen
sind es vierhundertfünfzig. 23 So gebe
man uns zwei Stiere! Sie mögen sich
den einen Stier auswählen, ihn zerstü-
ckeln und auf die Holzscheite legen,
aber kein Feuer anzünden, ich will
dann den andern Stier zurecht-
machen, aber kein Feuer anzünden.
24 Dann sollt ihr den Namen eures
Gottes anrufen, ich aber werde den
Namen Jahwes anrufen; der Gott nun,
der mit Feuer antwortet, der soll Gott
sein!" Da erwiderte das ganze Volk:
„So ist es recht!" 25 Darauf sagte Elija
zu den Propheten Baals: „Wählet euch
den einen Stier und macht ihn zuerst
zurecht! Ihr seid ja in der Mehrheit.
Rufet dann den Namen eures Gottes
an, aber Feuer dürft ihr nicht anma-
chen!" 26 Und sie nahmen den Stier,
richteten ihn zu und riefen den Na-
men Baals an vom Morgen bis zum
Mittag mit den Worten: „Baal, erhöre
uns!" Aber kein Laut kam, und nie-
mand gab Antwort. Dabei hüpften sie
um den Altar herum, den sie errichtet
hatten. 27 Als es Mittag geworden, da
verspottete Elija sie und sagte: „Rufet
doch recht laut, er ist ja ein Gott! Viel-
leicht ist er in Gedanken vertieft oder
beiseite gegangen oder verreist; viel-
leicht schläft er gerade und muss erst
aufwachen." 28 Da riefen sie mit starker
Stimme und brachten sich nach ihrem
Brauch Schnittwunden mit Schwer-
tern und Lanzen bei, bis das Blut an
ihnen herabrann. 29 Als der Mittag
schon vorüber war, da kam es so weit,
dass sie zu rasen begannen bis zu der
Zeit, da man das Abend-Speiseopfer
darzubringen pflegt. Aber es war kein
Laut, keine Antwort, keine Erhörung
zu vernehmen.

30 Da sprach Elija zum gesamten
Volk: „Tretet heran zu mir!" Das ge-
samte Volk trat zu ihm hin. Darauf
stellte er den Altar Jahwes, der zer-
stört war, wieder her. 31 Und zwar
nahm Elija zwölf Steine, entsprechend
der Zahl der zwölf Stämme der Söhne
Jakobs, an den das Wort Jahwes ergan-
gen war: „Israel soll dein Name sein",
32 und baute aus den Steinen einen Al-
tar im Namen Jahwes und machte
rings um den Altar einen Graben so
groß wie ein Raum für zwei Sea Saat-
korn. 33 Dann schichtete er die Holz-
scheite auf, zerteilte den Stier, legte
ihn auf die Holzscheite 34 und sagte:
„Füllet vier Krüge mit Wasser und
gießt es über das Brandopfer und über
die Holzscheite aus." Sie taten es. Da-
rauf sagte er: „Wiederholt es!" Und sie
wiederholten es. Dann sagte er: „Tut
es zum dritten Mal!" Sie taten es zum
dritten Mal, 35 sodass das Wasser rings
um den Altar floss; auch den Graben
ließ er mit Wasser füllen. 36 Als nun
die Zeit da war, da man das Abend-
Speiseopfer darzubringen pflegt, trat
der Prophet Elija heran und rief: „Jah-
we, Gott Abrahams, Isaaks und Isra-
els, heute lass es kundwerden, dass du
Gott bist in Israel und ich dein Knecht
und dass ich dies alles auf dein Wort
hin getan habe. 37 Erhöre mich, Jahwe,
erhöre mich und lass dieses Volk er-
kennen, dass du Jahwe, der Gott, bist

und dass du ihr Herz zur Umkehr
bringst.“ 38 Da fiel das Feuer Jahwes
herab und verzehrte das Brandopfer
und die Holzscheite, sogar das Wasser
im Graben leckte es auf. 39 Als das gan-
ze Volk das sah, fielen sie auf ihr An-
gesicht und sprachen: „Jahwe ist Gott,
Jahwe ist Gott!“ 40 Elija aber sagte zu
ihnen: „Ergreift die Propheten Baals!
Keiner von ihnen darf entrinnen!“ Sie
ergriffen sie, und Elija ließ sie zum
Bach Kischon hinabschaffen und dort
abschlachten.

Das Ende der Dürre: 18,41–46

41 Dann sprach Elija zu Ahab: „Geh hi-
nauf, iss und trink! Denn horch! Das
Rauschen des Regens ist zu verneh-
men.“ 42 Da ging Ahab hinauf, um zu
essen und zu trinken, Elija aber stieg
zum Gipfel des Karmel hinauf, beugte
sich zur Erde nieder und hielt sein Ge-
sicht zwischen seine Knie. 43 Darauf
sagte er zu seinem Diener: „Geh ein-
mal hinauf und halte Ausschau nach
dem Meer hin!“ Der ging hinauf, hielt
Ausschau und meldete: „Es ist nichts
da!“ Er sagte: „Geh wieder hin, und
zwar siebenmal!“ 44 Beim siebten Male
aber meldete er: „Schau, eine Wolke,
so klein wie eine Menschenhand,
steigt im Westen auf!“ Da sagte er:
„Geh hin und sage zu Ahab: Lass an-
spannen und fahre hinab, sonst hält
dich der Regen zurück!“ 45 Und binnen
einer Weile wurde der Himmel
schwarz von Gewitterwolken, und es
fiel ein starker Platzregen. Ahab aber
bestieg den Wagen und fuhr nach Jes-
reël. 46 Die Hand Jahwes aber kam
über Elija; er gürtete seine Lenden
und lief vor Ahab her bis dorthin, wo
es nach Jesreël geht.

Auf dem Weg zum Horeb: 19,1–8

19 1 Ahab erzählte der Isebel alles,
was Elija getan, und den gan-
zen Hergang, wie er alle Propheten
mit dem Schwert hatte umbringen
lassen. 2 Da sandte Isebel einen Boten
zu Elija und ließ ihm sagen: „Die Göt-
ter sollen mir dies antun und jenes,
wenn ich nicht morgen um diese Zeit
dein Leben dem Leben eines jeden
von ihnen gleichgemacht habe.“ 3 Da
geriet er in Angst, machte sich auf
und ging davon, um sein Leben zu ret-
ten. Als er nach Beërscheba, das zu
Juda gehört, kam, ließ er seinen Die-
ner dort zurück. 4 Er selbst aber ging
einen Tagesmarsch weit in die Wüste
hinein. Als er so weit gekommen war,
ließ er sich unter einem Ginster-
strauch nieder und wünschte sich
den Tod, indem er sprach: „Nun ist es
genug, Jahwe! Nimm meine Seele hin;
ich bin ja nicht besser als meine Vä-
ter!“ 5 Dann legte er sich hin und
schlief ein. Da, auf einmal rührte ihn
ein Engel an und sprach zu ihm: „Steh
auf, iss!“ 6 Als er hinblickte, siehe. da
war zu seinen Häupten ein gerösteter
Fladen und ein Krug Wasser. Und er
aß und trank und legte sich wieder
schlafen.

7 Aber der Engel Jahwes kam zum
zweiten Mal, rührte ihn an und
sprach: „Steh auf, iss! Denn sonst ist

der Weg zu weit für dich!“ 8 Da stand er auf, aß und trank und wanderte in der Kraft jener Speise vierzig Tage und vierzig Nächte bis zum Gottesberge, dem Horeb.

Die Begegnung mit Gott: 19,9–18

9 Er trat dort in die Höhle und übernachtete darin. Und siehe, es erging das Wort Jahwes an ihn, und er sprach zu ihm: „Was tust du hier, Elija?“ 10 Er erwiderte: „Von Eifer bin ich entbrannt für Jahwe, den Gott der Heerscharen; denn die Israeliten haben dich verlassen, deine Altäre haben sie niedergerissen, deine Propheten haben sie mit dem Schwerte umgebracht. Ich allein bin übrig geblieben, und nun stellen sie auch meinem Leben nach.“ 11 Da sprach er: „Geh hinaus und tritt auf dem Berg vor Jahwe hin!“ Und siehe, Jahwe zog vorüber. Ein gewaltiger, heftiger Sturm, der Berge zersprengt und Felsen spaltet, ging vor Jahwe her; aber Jahwe war nicht in dem Sturm. Nach dem Sturm kam ein Erdbeben; aber Jahwe war nicht im Erdbeben. 12 Nach dem Erdbeben kam Feuer; aber Jahwe war nicht im Feuer. Nach dem Feuer kam ein leises, sanftes Säuseln. 13 Da, als Elija das vernahm, verhüllte er sein Antlitz mit seinem Mantel, ging hinaus und trat an den Eingang der Höhle. Nun drang eine Stimme zu ihm, die sagte: „Was tust du hier, Elija?“ 14 Er antwortete: „Von Eifer bin ich entbrannt für Jahwe, den Gott der Heerscharen; denn die Israeliten haben dich verlassen, deine Altäre haben sie niedergerissen, deine Propheten haben sie mit dem Schwerte umgebracht, und nun stellen sie auch meinem Leben nach.“

15 Jahwe aber sprach zu ihm: „Geh, kehre deines Weges zurück nach der Steppe von Damaskus, tritt ein und salbe Hasaël zum König über Aram, 16 und Jehu, den Sohn des Nimschi, salbe zum König über Israel! Den Elischa aber, den Sohn Schafats, aus Abel-Mehola, salbe zum Propheten an deiner statt! 17 Dann soll es geschehen: Wer dem Schwerte Hasaels entrinnt, den wird Jehu töten, und wer dem Schwerte Jehus entrinnt, den wird Elischa töten. 18 Aber siebentausend will ich in Israel am Leben lassen, alle Knie nämlich, die sich nicht vor Baal gebeugt haben, und jeden Mund, der ihn nicht geküsst hat.“

Die Berufung des Elischa: 19,19–21

19 Als er nun von dort wegging, traf er Elischa, den Sohn Schafats, der gerade pflügte. Zwölf Gespanne hatte er vor sich, und er war beim zwölften. Elija ging zu ihm hinüber und warf seinen Mantel über ihn. 20 Da ließ er die Rinder stehen, lief hinter Elija her und rief: „Lass mich erst noch meinem Vater und meiner Mutter den Abschiedskuss geben, dann will ich dir folgen.“ Er sagte zu ihm: „Geh nur zurück; denn was habe ich dir getan?“ 21 Er ging von ihm weg, nahm das Paar Rinder, schlachtete sie, kochte mit dem Geschirr der Rinder das Fleisch

und gab es den Leuten zu essen. Dann brach er auf, folgte Elija nach und wurde sein Diener.

Aus dem zweiten Buch der Könige

Entrückung des Elija. Sein Nachfolger Elischa: 2,1–18

2 1 Es geschah aber, als Jahwe den
Elija im Sturmwind in den Him-
mel auffahren lassen wollte, da gingen
Elija und Elischa aus Gilgal fort. 2 Und
Elija sagte zu Elischa: „Bleibe doch
hier, denn Jahwe schickt mich nach
Bet-El.“ Elischa aber erwiderte: „So
wahr Jahwe lebt und so wahr du lebst,
ich verlasse dich nicht!“ So gingen sie
denn nach Bet-El hinab. 3 Da kamen
die Prophetenjünger, die in Bet-El wa-
ren, zu Elischa heraus und sagten zu
ihm: „Weißt du, dass heute Jahwe dei-
nen Herrn über dein Haupt hinweg
entrücken wird?“ Er entgegnete: „Ich
weiß es auch, schweigt nur!“ 4 Darauf
sagte Elija zu ihm: „Elischa, bleibe
doch hier; denn Jahwe schickt mich
nach Jericho!“ Der aber sagte: „So
wahr Jahwe lebt und so wahr du lebst,
ich verlasse dich nicht!“ So kamen sie
denn nach Jericho. 5 Da traten die Pro-
phetenjünger, die in Jericho waren, an
Elischa heran und sagten zu ihm:
„Weißt du, dass heute Jahwe deinen
Herrn über dein Haupt hinweg ent-
rücken wird?“ Er entgegnete: „Ich
weiß es auch, schweigt nur!“ 6 Darauf
sagte Elija zu ihm: „Bleibe doch hier;
denn Jahwe schickt mich an den Jor-
dan.“ Der aber sagte: „So wahr Jahwe
lebt und so wahr du lebst, ich verlasse
dich nicht!“ So gingen sie denn beide
miteinander.

7 Es gingen aber fünfzig von den
Prophetenjüngern mit und stellten
sich in einiger Entfernung abseits auf,
während die beiden am Jordan stehen
blieben. 8 Elija aber nahm seinen Man-
tel, wickelte ihn zusammen und
schlug damit auf das Wasser. Da teilte
es sich nach der einen und nach der
anderen Seite hin, sodass beide auf
trockenem Grund hinübergingen.
9 Als sie drüben waren, sagte Elija zu
Elischa: „Erbitte dir etwas, was ich dir
noch tun soll, ehe ich von dir fort-
genommen werde!“ Elischa erwiderte:
„So möge denn ein doppelter Anteil
von deinem Geiste mir zufallen!“ 10 Da
sagte er: „Schwer Erfüllbares hast du
erbeten. Wenn du mich siehst, wie
ich von dir entrückt werde, so wird es
dir zuteil werden, wenn aber nicht, so
wird es nicht geschehen.“ 11 Und es ge-
schah, während sie weitergingen und
redeten, siehe, da kam ein feuriger
Wagen mit feurigen Rossen und
trennte die beiden voneinander, und
Elija fuhr im Sturmwind gen Himmel.
12 Als Elischa das sah, schrie er: „Mein
Vater, mein Vater, Wagen Israels und
sein Gespann!“ Dann sah er ihn nicht
mehr. Da packte er seine Kleider und
zerriss sie in zwei Stücke. 13 Hierauf
hob er den Mantel des Elija, der die-
sem entfallen war, auf, kehrte um
und stellte sich wieder ans Jordanufer.

14 Und er nahm den Mantel des Eli-
ja, schlug (damit) auf das Wasser und
sprach: „Wo ist Jahwe, der Gott des

Elija?“ Sobald er auf das Wasser schlug, teilte es sich nach der einen und nach der anderen Seite hin, und Elischa ging hinüber. 15 Als die Prophetenjünger ihn von drüben sahen, riefen sie: „Der Geist des Elija hat sich auf Elischa niedergelassen.“ Und sie gingen ihm entgegen, warfen sich vor ihm zu Boden 16 und sagten zu ihm: „Siehe doch, es sind hier bei deinen Knechten fünfzig Männer, rüstige Leute; die sollen hingehen und deinen Herrn suchen; vielleicht hat ihn der Geist Jahwes entführt und ihn auf irgendeinen Berg oder in irgendein Tal entrückt.“ Er antwortete: „Schickt (sie) nicht hin!“ 17 Sie aber drangen aufs Äußerste in ihn, bis er sagte: „So schickt (sie) denn hin.“ Da sandten sie fünfzig Mann aus. Die suchten drei Tage lang, fanden ihn aber nicht. 18 Als sie zu ihm zurückkehrten, während er in Jericho weilte, sagte er zu ihnen: „Habe ich euch nicht gesagt, ihr brauchtet nicht hinzugehen?“

Wunder des Elischa: 2,19–25

19 Die Leute der Stadt aber sprachen zu Elischa: „Schau, es ist zwar gut wohnen in der Stadt, wie du siehst, Herr, das Wasser ist jedoch schlecht, und darum kommt es in der Gegend zu Fehlgeburten.“ 20 Er erwiderte: „Bringt mir eine neue Schale und tut Salz hinein!“ Man brachte sie ihm. 21 Da ging er hinaus zur Wasserquelle, warf das Salz hinein und sagte: „Also spricht Jahwe: Ich mache dieses Wasser gesund; es sollen hinfort kein Tod und keine Fehlgeburt daraus kommen!“ 22 Und das Wasser wurde gesund bis auf den heutigen Tag gemäß dem Worte, das Elischa gesprochen hatte.

23 Von dort stieg er hinauf nach Bet-El. Und als er so den Weg hinaufstieg, kamen kleine Buben aus der Stadt heraus; die verspotteten ihn und riefen: „Komm herauf, Glatzkopf! Komm herauf, Glatzkopf!“ 24 Er aber wandte sich um, schaute sie an und fluchte ihnen beim Namen Jahwes. Da kamen zwei Bärinnen aus dem Wald und zerrissen zweiundvierzig von den Knaben. 25 Er aber ging von dort zum Berge Karmel und kehrte von da zurück nach Samaria.

Das Öl der Witwe: 4,1–7

4 1 Eine von den Frauen der Prophetenjünger rief Elischa laut an mit den Worten: „Dein Knecht, mein Mann, ist gestorben, und du weißt doch, dass dein Knecht ein Verehrer Jahwes war; und nun kommt der Gläubiger, um sich meine beiden Jungen als Sklaven zu holen.“ 2 Elischa antwortete ihr: „Was soll ich für dich tun? Gib mir an, was du im Hause hast!“ Sie sagte: „Deine Magd hat nichts im Hause als einen Krug mit Öl.“ 3 Da sprach er: „Geh hin, borge dir draußen Gefäße von allen deinen Nachbarn, und zwar leere Gefäße, aber nicht zu wenige! 4 Dann geh heim, verschließe die Tür hinter dir und deinen Söhnen und gieße (von dem Öl) in alle diese Gefäße; und wenn eines voll ist, stell es beiseite!“

5 Sie ging also von ihm weg, schloss
die Tür hinter sich und ihren Söhnen
ab, und während diese ihr (die Gefä-
ße) hinreichten, goss sie ein. 6 Als die
Gefäße voll waren, sagte sie zu ihrem
Sohn: „Reiche mir noch ein Gefäß
her!“ Er aber antwortete ihr: „Es ist
kein Gefäß mehr da.“ Da hörte das
Öl zu fließen auf. 7 Sie ging nun hin
und meldete es dem Gottesmann. Er
sagte: „Geh, verkaufe das Öl und be-
zahle deine Schuld! Von dem, was üb-
rig bleibt, magst du samt deinen Söh-
nen leben.“

Elischa, die Schunemiterin und ihr Sohn:
4,8–37

8 Eines Tages begab es sich, dass Eli-
scha nach Schunem hinüberging. Da-
selbst wohnte eine vornehme Frau;
die nötigte ihn zu Tisch, und jedes
Mal, wenn er vorüberkam, kehrte er
dort zum Essen ein. 9 Da sagte sie zu
ihrem Manne: „Siehe, ich weiß, dass
es ein heiliger Gottesmann ist, der im-
mer bei uns einkehrt. 10 Wir wollen
ihm ein kleines, gemauertes Oberge-
mach herrichten und ihm ein Bett,
einen Tisch, einen Stuhl und einen
Leuchter hineinstellen, dann mag er,
sooft er zu uns kommt, dort einkeh-
ren.“ 11 Nun geschah es eines Tages,
dass er dorthin kam, in dem Oberge-
mach einkehrte und sich daselbst
schlafen legte. 12 Dann sagte er seinem
Diener Gehasi: „Rufe unsere Schune-
miterin!“ Er rief sie, und sie trat vor
ihn (Gehasi) hin. 13 Auch befahl er
ihm: „Sage ihr doch: Du hast unseret-
wegen dir alle diese Sorge gemacht;
was kann man für dich tun? Kann
man beim König ein Wort für dich
einlegen oder beim Heerführer?“ Sie
erwiderte: „Ich wohne inmitten mei-
ner Sippe.“ 14 Er fragte weiter: „Aber
was könnte man für sie tun?“ Gehasi
antwortete: „Ach, sie hat keinen Sohn,
und ihr Mann ist alt.“ 15 Nun befahl er:
„Rufe sie!“ Er rief sie, und sie trat in
die Tür. 16 Da sagte er: „Übers Jahr um
diese Zeit wirst du einen Sohn liebko-
sen!“ Sie erwiderte: „Ach nein, mein
Herr, mache deiner Magd nichts vor!“
17 Und die Frau ward guter Hoffnung
und gebar einen Sohn um die Zeit,
die Elischa ihr genannt hatte.

18 Als der Knabe groß geworden
war, begab es sich, dass er eines Tages
zu seinem Vater hinausging zu den
Schnittern. 19 Da sagte er zu seinem
Vater: „Mein Kopf, mein Kopf!“ Der
befahl einem Knecht: „Trag ihn zu sei-
ner Mutter!“ 20 Er nahm ihn und trug
ihn zu seiner Mutter. Bis zum Mittag
lag er auf ihrem Schoß, dann starb er.
21 Da ging sie hinauf und legte ihn auf
das Bett des Gottesmannes, schloss
die Tür hinter ihm zu und ging hi-
naus. 22 Hierauf rief sie ihren Mann
und sagte: „Schicke mir doch einen
von den Knechten und eine Eselin!
Ich will zu dem Gottesmann gehen
und bald zurückkommen.“ 23 Er frag-
te: „Warum willst du heute zu ihm ge-
hen, da doch weder Neumond noch
Sabbat ist?“ Sie aber sagte: „Lass nur!“
24 Dann sattelte sie die Eselin und be-
fahl dem Knecht: „Treibe nur rasch
voran und halte mich im Reiten nicht
auf, bis ich es dir sage!“ 25 So zog sie

hin und kam zu dem Gottesmann auf dem Berge Karmel. Als der Gottesmann sie von fern erblickte, sagte er zu seinem Diener Gehasi: „Das ist ja unsere Schunemiterin! [26]Auf, eile ihr entgegen und frage sie: Geht es dir gut? Geht es deinem Manne gut? Geht es dem Jungen gut?“ Sie antwortete: „Jawohl!“ [27]Sobald sie aber zu dem Gottesmann auf dem Berg herangekommen war, umfasste sie seine Füße. Da trat Gehasi hinzu, um sie zurückzustoßen. Der Gottesmann aber sagte: „Lass sie; denn ihre Seele ist betrübt, aber Jahwe hat es mir verborgen und es mir nicht kundgetan.“ [28]Da sagte sie: „Habe ich etwa von meinem Herrn einen Sohn erbeten? Habe ich nicht vielmehr gesagt: Mache mir keine trügerischen Hoffnungen?“

[29]Nun sagte er zu Gehasi: „Gürte deine Hüften, nimm meinen Stab in deine Hand und gehe hin; wenn du einem begegnest, so grüße ihn nicht, und wenn dich einer grüßt, so danke ihm nicht; dann lege meinen Stab dem Knaben aufs Gesicht.“ [30]Die Mutter des Knaben aber sprach: „So wahr Jahwe lebt und so wahr du lebst, ich lasse dich nicht!“ Da machte er sich auf und folgte ihr. [31]Gehasi aber war ihnen vorausgegangen und hatte den Stab auf das Gesicht des Knaben gelegt; doch da war kein Laut und kein Lebenszeichen. Dann kehrte er um, ihm entgegen, und meldete ihm: „Der Knabe ist nicht aufgewacht.“ [32]Als dann Elischa in das Haus kam, siehe, da lag der Knabe tot auf seinem Bett. [33]Er ging hinein, schloss die Tür hinter ihnen beiden zu und betete zu Jahwe. [34]Dann stieg er hinauf und legte sich über den Knaben, wobei er seinen Mund auf dessen Mund, seine Augen auf dessen Augen, seine Hände auf dessen Hände tat. Und indem er sich so über ihn beugte, wurde der Körper des Knaben warm. [35]Dann stand er wieder auf und ging im Zimmer auf und ab, worauf er wieder hinaufstieg und sich siebenmal über ihn beugte. Da nieste der Knabe und schlug seine Augen auf. [36]Nun rief er Gehasi und sagte: „Hole unsere Schunemiterin!“ Er rief sie; und sie kam zu ihm. Da sagte er: „Nimm deinen Sohn!“ [37]Sie trat heran, warf sich ihm zu Füßen und verneigte sich bis zum Boden. Dann nahm sie ihren Sohn und ging hinaus.

Der Tod im Topf: 4,38–41

[38]Elischa kehrte nach Gilgal zurück; es herrschte aber Hungersnot im Lande. Als nun die Prophetenjünger vor ihm saßen, sagte er zu seinem Diener: „Setze den großen Topf auf und koche ein Gericht für die Prophetenjünger!“ [39]Da ging einer hinaus aufs Feld, um Gemüse zu sammeln; er fand eine wilde Ranke und pflückte davon wilde Gurken, sein Gewand voll. Dann kam er heim und zerschnitt sie in den Kochtopf hinein zum Gericht; sie kannten sie nämlich nicht. [40]Als man aber den Männern das Gericht ausschöpfte zum Essen und sie von dem Gericht genossen, da schrien sie: „Der Tod ist im Topf, Mann Gottes!“ Und sie konnten nicht weiter davon essen. [41]Da be-

fahl er: „Bringt Mehl herbei!“ Er tat es in den Topf und sagte: „Schöpft es den Leuten zum Essen!“ Da war nichts Schädliches mehr im Topf.

Die Brotvermehrung: 4,42–44

42 Es kam aber ein Mann aus Baal-Schalischa und brachte dem Gottesmann Erstlingsbrot, zwanzig Gerstenbrote und Schrotkorn in seinem Sack. Der befahl: „Gib es den Leuten zu essen!“ 43 Sein Diener entgegnete: „Wie soll ich das hundert Mann vorsetzen?“ Er aber sagte: „Gib es den Leuten zu essen; denn also spricht Jahwe: Ihr werdet essen und noch übrig lassen!“ 44 Da setzte er es ihnen vor, und sie aßen und ließen noch übrig, wie Jahwe es gesagt hatte.

Die Heilung des Naaman: 5,1–27

5 1 Naaman, der Heerführer des Königs von Aram, war ein Mann, der bei seinem Herrn in hohem Ansehen und in großer Gunst stand; denn durch ihn hatte der Herr Aram Sieg verliehen. Der Mann aber war aussätzig. 2 Nun waren die Aramäer einmal als Streifzügler ausgerückt und hatten ein junges Mädchen aus dem Lande Israel gefangen fortgeführt. Es kam in den Dienst der Gattin Naamans. 3 Und es sagte zu seiner Herrin: „Wenn doch nur mein Herr bei dem Propheten in Samaria wäre, der würde ihn von seinem Aussatz befreien!“ 4 Da ging (Naaman) zu seinem Herrn und teilte ihm mit: „So und so hat das Mädchen aus dem Lande Israel gesprochen.“ 5 Und der König von Aram erwiderte: „Geh hin; ich will dir einen Brief an den König von Israel mitgeben!“ So ging er hin und nahm zehn Talente Silber, sechstausend (Schekel) Gold und zehn Festgewänder mit sich. 6 Er überbrachte dem König von Israel den Brief, der also lautete: „Zugleich mit diesem Brief sende ich meinen Diener Naaman zu dir, damit du ihn von seinem Aussatz befreiest.“ 7 Als der König von Israel den Brief gelesen hatte, zerriss er seine Kleider und rief: „Bin ich denn ein Gott, dass ich tot oder lebendig machen könnte, dass dieser zu mir schickt, damit ich jemand vom Aussatz befreie? Nun seht ihr doch klar, dass er nur einen Vorwand zum Streit mit mir sucht.“

8 Als Elischa hörte, der König von Israel habe seine Kleider zerrissen, sandte er hin und ließ ihm sagen: „Warum hast du deine Kleider zerrissen? Er soll zu mir kommen, dann wird er erfahren, dass es in Israel einen Propheten gibt.“ 9 So kam Naaman mit seinen Rossen und Wagen und machte vor der Haustür des Elischa Halt. 10 Da schickte Elischa einen Boten zu ihm mit der Weisung: „Geh, bade siebenmal im Jordan, so wird dein Fleisch wieder hergestellt und du wirst rein werden.“ 11 Naaman aber ging zornig davon und sagte: „Siehe, ich hatte mir gedacht, er käme selbst heraus, stellte sich vor mich hin, riefe den Namen Jahwes, seines Gottes, an, würde seine Hand auf der kranken Stelle bewegen und nähme so den

Aussatz fort. 12 Sind denn nicht Abana und Parpar, die Flüsse von Damaskus, besser als alle Wasser Israels? Kann ich nicht in ihnen baden, um rein zu werden?“ Dann machte er kehrt und ging zornig davon. 13 Da traten seine Diener herzu und redeten also auf ihn ein: „Mein Vater! Wenn der Prophet etwas Schweres von dir gefordert hätte, würdest du es nicht sicherlich tun? Um wie viel mehr, da er dir sagte: Bade, so wirst du rein.“ 14 So zog er denn hinab und tauchte nach der Weisung des Elischa siebenmal im Jordan unter. Da wurde sein Leib wieder so rein wie der Leib eines kleinen Kindes.

15 Nun kehrte er zurück zu Elischa, er und sein ganzer Tross. Als er hinkam, ging er zu ihm hinein, trat vor ihn hin und sagte: „Wahrhaftig, nun weiß ich, dass es auf der ganzen Welt keinen Gott gibt außer in Israel. Jetzt nimm von deinem Knecht ein Geschenk an!“ 16 Er aber erwiderte: „So wahr Jahwe lebt, in dessen Dienst ich stehe, ich nehme nichts an.“ Und obgleich er in ihn drang, es anzunehmen, lehnte er es ab. 17 Darauf sagte Naaman: „Wenn also nicht, so möge man deinem Knecht eine Last Erde, so viel ein paar Maultiere tragen, mitgeben; denn dein Knecht will fortan keinen anderen Göttern mehr Brandopfer und Schlachtopfer darbringen, sondern nur Jahwe. 18 Nur möge Jahwe mit deinem Knecht Nachsicht haben: Wenn mein Herr in den Tempel Rimmons geht, um dort anzubeten, stützt er sich dabei auf meinen Arm, und ich werfe mich nieder im Tempel Rimmons gleichzeitig, wenn er sich niederwirft. In diesem Punkt möge Jahwe mit deinem Knecht Nachsicht haben.“ 19 Er entgegnete ihm: „Geh hin in Frieden!“, und Naaman ging hin seinen Weg, ein Ende weit.

20 Gehasi, der Diener des Elischa, dachte bei sich: Schau, da hat nun mein Herr diesen Aramäer Naaman geschont und aus seiner Hand nicht einmal das angenommen, was er mitgebracht hatte. So wahr der Herr lebt, ich laufe ihm nach und nehme etwas von ihm. 21 Gehasi eilte also Naaman nach. Als Naaman jemand hinter sich herlaufen sah, beugte er sich vom Wagen herab nach ihm hin und fragte: „Geht es gut?“ 22 Er antwortete: „Jawohl! Mein Herr sendet mich und lässt dir sagen: Siehe, soeben sind zwei junge Leute vom Gebirge Efraim, Prophetenjünger, zu mir gekommen. Gib ihnen doch ein Talent Silber!“ 23 Da sagte Naaman: „Wenn es dir beliebt, nimm zwei Talente.“ Und er nötigte ihn. Dann band er zwei Talente in zwei Beutel und gab sie zweien seiner Diener, die sie vor ihm hertrugen. 24 Als sie an den Ofel kamen, nahm er es ihnen aus der Hand und legte es im Hause beiseite; die Leute aber entließ er, und sie gingen.

25 Als er nun hineinging und vor seinen Herrn trat, sagte Elischa zu ihm: „Woher, Gehasi?“ Er antwortete: „Dein Knecht ist weder dahin noch dorthin gegangen.“ 26 Darauf sagte er zu ihm: „Bin ich nicht im Geiste dabei gewesen, als sich jemand aus seinem Wagen herunter zu dir hinbeugte? Nun hast du Geld bekommen und kannst damit Gärten, Ölgärten und Weinberge,

Schafe und Rinder, Knechte und Mägde anschaffen. [27] Aber der Aussatz Naamans soll dir und deiner Nachkommenschaft anhaften auf immer." Da ging Gehasi von ihm weg, vom Aussatz weiß wie Schnee.

Tod des Elischa: 13,14–21

[14] Elischa erkrankte an der Krankheit, an der er sterben sollte. Da kam Joasch, der König von Israel, zu ihm herab, weinte über seinem Antlitz und sprach: „Mein Vater, mein Vater, Wagen Israels und sein Gespann!" [15] Da sprach Elischa zu ihm: „Hole Bogen und Pfeile!" Und er holte Bogen und Pfeile. [16] Dann sprach er zum König: „Lege deine Hand an den Bogen!" Und er legte seine Hand darauf, während Elischa seine Hände auf des Königs Hände legte. [17] Alsdann sagte er: „Öffne das Fenster gegen Osten hin!" Er öffnete es. Und Elischa sagte: „Schieße!" Er schoss. Da rief jener: „Ein Siegespfeil von Jahwe ist es, ein Siegespfeil gegen Aram! Du wirst Aram bei Afek schlagen bis zur Vernichtung!"

[18] Weiter sagte er: „Nimm die Pfeile!" Er nahm sie. Nun sagte er zum König: „Schlage auf die Erde!" Er schlug dreimal und hörte dann auf. [19] Da wurde der Gottesmann zornig über ihn und sprach: „Du hättest fünfmal oder sechsmal schlagen sollen, dann hättest du Aram bis zur Vernichtung geschlagen; so aber wirst du Aram nur dreimal schlagen."

[20] Hierauf starb Elischa, und man begrub ihn. Nun pflegten aber moabitische Streifscharen jedes Jahr ins Land einzufallen. [21] Während man gerade einen Mann begrub, erblickten die Leute plötzlich die Streifschar. Da warfen sie den Mann in das Grab des Elischa und gingen davon. Sobald aber der Mann mit den Gebeinen des Elischa in Berührung kam, wurde er lebendig und stellte sich auf seine Füße.

Einleitung zur Regierung des Hiskija (716–687): 18,1–8

18 [1] Es geschah im dritten Jahre des Hoschea, des Sohnes Elas, des Königs von Israel, dass Hiskija, der Sohn des Ahas, König von Juda wurde. [2] Er war fünfundzwanzig Jahre alt, als er König wurde, und regierte neunundzwanzig Jahre zu Jerusalem. Seine Mutter hieß Abi, (sie war) die Tochter des Secharja. [3] Er tat, was recht ist in den Augen Jahwes, ganz wie sein Ahnherr David getan hatte. [4] Er war es, der die Höhen abschaffte, die Malsteine zertrümmerte, die Ascheren umhieb und die eherne Schlange zerschlug, die Mose hatte aufrichten lassen; denn bis zu jener Zeit hatten die Israeliten ihr Rauchopfer dargebracht; man nannte sie Neschtan.

[5] Auf Jahwe, den Gott Israels, setzte er sein Vertrauen, und nach ihm gab es keinen seinesgleichen unter allen Königen Judas, auch nicht unter denen, die vor ihm gewesen. [6] Er hing Jahwe an, ohne von dessen Nachfolge

zu weichen, und beobachtete dessen
Gebote, die Jahwe dem Mose gegeben
hatte. 7 Und Jahwe war mit ihm: in al-
lem, was er unternahm, hatte er Er-
folg. Er fiel vom Könige von Assyrien
ab und blieb ihm nicht untertan.
8 Auch schlug er die Philister bis nach
Gaza zurück und unterwarf ihr Ge-
biet vom Wachtturm bis zur befestig-
ten Stadt.

Erinnerung an die Einnahme Samarias: 18,9–12

9 Im vierten Jahre des Königs Hiskija,
das ist das siebte Jahr Hoscheas, des
Sohnes Elas, des Königs von Israel, da
geschah es, dass Salmanassar, der Kö-
nig von Assyrien, gegen Samaria he-
ranrückte und es belagerte. 10 Nach
drei Jahren nahm er es ein; im sechs-
ten Jahre des Hiskija, das ist das neun-
te Jahr Hoscheas, des Königs von Isra-
el, wurde Samaria erobert. 11 Und der
König von Assyrien führte Israel ge-
fangen nach Assyrien fort und siedel-
te sie in Halach und am Habor, dem
Flusse von Gosan, sowie in den Städ-
ten Mediens an, 12 darum, weil sie auf
die Stimme Jahwes, ihres Gottes,
nicht gehört, sondern seinen Bund
übertreten hatten, alles nämlich, was
Mose, der Knecht Jahwes, befohlen
hatte. Sie hatten nicht darauf gehört
und nicht danach gehandelt.

Sanheribs Feldzug: 18,13–16

13 Und es geschah im 14. Jahre des Kö-
nigs Hiskija, dass Sanherib, der König
von Assur, gegen die befestigten Städ-
te Judas heraufzog und sie einnahm.
14 Da sandte Hiskija, der König von Ju-
da, an den König von Assyrien nach
Lachisch und ließ ihm sagen: „Ich ha-
be unrecht getan; wenn du wieder ab-
ziehst von mir, will ich tragen, was du
mir auferlegst.“ Da legte der König
von Assyrien dem Hiskija, dem König
von Juda, dreihundert Talente Silber
und dreißig Talente Gold auf. 15 Und
Hiskija musste alles Silber, das sich
im Tempel Jahwes und in den Schatz-
kammern des Königspalastes vorfand,
hergeben. 16 Damals ließ Hiskija die
Türflügel und die Türpfosten des
Tempels Jahwes, die … der König
von Juda mit (Gold)blech überzogen
hatte, zerschlagen und lieferte sie
dem König von Assyrien ab.

Der Auftrag des Obermundschenks: 18,17–37

17 Der König von Assyrien aber sandte
[den Tartan, den Rabsarsis und] den
Rabschake von Lachisch her mit einer
starken Heeresmacht gegen den König
Hiskija nach Jerusalem. Er zog hinauf
und kam nach Jerusalem. Bei der Was-
serleitung des oberen Teiches an der
Straße nach dem Walkerfeld stellte er
sich auf.* 18 Dann verlangte er nach

* „Tartan“ bedeutet Oberfeldherr; „Rabsarsis“ meint den Oberkämmerer; beides ist vermutlich ein Zusatz; „Rabschake“ ist der Obermundschenk.

dem König. Da gingen der Palastvor-
steher Eljakim, der Sohn des Hilkija,
ferner der Schreiber Schebna und der
Kanzler Joach, der Sohn des Asaf, zu
ihm hinaus. 19 Und der Obermund-
schenk sprach zu ihnen: „Meldet dem
Hiskija: So spricht der Großkönig, der
König von Assyrien: Was ist das für
eine Zuversicht, die du hegst? 20 Du
meinst wohl, ein bloßes Wort der Lip-
pen sei schon Rat und Kraft zum
Krieg? Auf wen verlässt du dich denn,
dass du von mir abgefallen bist? 21 Sie-
he, du verlässt dich auf diesen geknick-
ten Rohrstab da, auf Ägypten, der je-
dem in die Hand dringt und sie
durchbohrt, wenn sich einer darauf
stützt. So geht es dem Pharao, dem
König von Ägypten, mit allen, die sich
auf ihn verlassen. 22 Wenn ihr mir aber
erwidern wolltet: Auf Jahwe, unseren
Gott, vertrauen wir, (so frage ich): Ist
er es nicht, dessen Höhen und Altäre
Hiskija abgeschafft hat, indem er Juda
und Jerusalem gebot: Vor diesem Altar
hier in Jerusalem sollt ihr anbeten!?
23 Wohlan denn, gehe mit meinem
Herrn, dem König von Assyrien, eine
Wette ein! Ich will dir zweitausend
Pferde geben, wenn du imstande bist,
die Reiter dafür aufzubringen! 24 Wie
könntest du da auch nur mit einem
einzigen von den geringsten Dienern
meines Herrn den Kampf aufnehmen?
Aber du verlässt dich ja auf Ägypten
wegen der Rosse und Wagen! 25 Und
dann, bin ich etwa ohne den Willen
Jahwes gegen diesen Ort gezogen, um
ihn zu verwüsten? Jahwe hat zu mir
gesagt: Ziehe gegen dieses Land hinauf
und verwüste es!“

26 Da sagten Eljakim, Schebna und
Joach zum Obermundschenk: „Sprich
doch mit deinen Knechten aramäisch;
wir verstehen es ja, und sprich nicht
judäisch mit uns vor den Ohren des
Volkes, das da auf der Mauer ist!“
27 Aber der Obermundschenk erwider-
te ihnen: „Hat mich denn mein Herr
hergeschickt, um diese Worte zu dei-
nem Herrn und zu dir zu sprechen,
und nicht vielmehr zu den Männern,
die da auf der Mauer sitzen, um mit
euch ihren eigenen Kot zu verzehren
und ihren eigenen Harn zu trinken?“

28 Dann trat der Obermundschenk
vor und rief mit lauter Stimme auf ju-
däisch die folgenden Worte: „Höret
die Botschaft des Großkönigs, des Kö-
nigs von Assyrien! 29 Also spricht der
König: Lasst euch von Hiskija nicht
zum Besten halten; denn er ist nicht
imstande, euch aus meiner Hand zu
retten! 30 Lasst euch von Hiskija auch
nicht auf Jahwe vertrösten, wenn er
behauptet: Jahwe wird uns gewiss ret-
ten, und diese Stadt wird sicher nicht
in die Hand des Königs von Assyrien
ausgeliefert werden. 31 Höret nicht auf
Hiskija, denn also spricht der König
von Assyrien: Schließt einen Bund
mit mir und kommt heraus zu mir!
Dann soll jeder von seinem Wein-
stock und jeder von seinem Feigen-
baum essen und jeder das Wasser sei-
ner Zisterne trinken, 32 bis ich komme
und euch in ein Land hole, das eurem
Lande gleicht; ein Land voll von Korn
und Most, ein Land voll von Ölbäu-
men und Honig. Dann bleibt ihr am
Leben und braucht nicht zu sterben.
Hört nur nicht auf Hiskija, er hinter-

geht euch, wenn er behauptet: Jahwe
wird uns retten! 33 Hat etwa von den
Göttern der Völker ein einziger sein
Land aus der Hand des Königs von
Assyrien zu retten vermocht? 34 Wo
sind die Götter von Hamat und Ar-
pad? Wo sind die Götter von Sefarwa-
jim, Hena und Awa? Wo sind die Göt-
ter des Landes Samaria? Haben sie
etwa Samaria aus meiner Hand erret-
tet? 35 Welche unter allen Göttern der
Länder sind es, die ihr Land aus mei-
ner Hand zu retten vermochten, dass
nun Jahwe Jerusalem aus meiner
Hand retten sollte?"

36 Sie aber schwiegen still und ant-
worteten ihm kein Wort, denn der Kö-
nig hatte befohlen und angeordnet:
„Ihr sollt ihm keine Antwort geben!"
37 Der Palastvorsteher Eljakim, Sohn
des Hilkija, der Schreiber Schebna
und der Kanzler Joach, Sohn des Asaf,
begaben sich darauf mit zerrissenen
Kleidern zu Hiskija und berichteten
ihm die Worte des Obermundschenks.

Zuflucht beim Propheten Jesaja: 19,1–7

19 1 Als der König Hiskija das hör-
te, zerriss er seine Kleider, hüll-
te sich in ein Bußgewand und ging in
den Tempel Jahwes. 2 Den Palastvor-
steher Eljakim aber, den Schreiber
Schebna und die Ältesten der Priester-
schaft sandte er, in Bußgewänder ge-
hüllt, zu dem Propheten Jesaja, dem
Sohn des Amoz. 3 Sie sagten zu ihm:
„Also spricht Hiskija: Ein Tag der Not,
der Züchtigung und der Verwerfung
ist dieser Tag; denn die Kinder sind
bis zum Muttermund gekommen,
aber es ist keine Kraft zum Gebären
da. 4 Vielleicht hört Jahwe, dein Gott,
auf alle Worte des Obermundschenks,
den sein Herr, der König von Assy-
rien, hergesandt hat zur Lästerung
des lebendigen Gottes, und bestraft
die Reden, die Jahwe, dein Gott, ver-
nommen hat. Lege doch für den Rest,
der übrig blieb, Fürsprache ein!"

5 Die Diener des Königs Hiskija ka-
men also zu Jesaja. 6 Und Jesaja erwi-
derte ihnen: „Meldet eurem Herrn
dies: Also spricht Jahwe: Fürchte dich
nicht vor den Reden, die du gehört
hast, mit denen die Diener des Königs
von Assyrien mich gelästert haben!
7 Siehe, ich werde ihm einen Geist ein-
geben, dass er in sein Land zurück-
kehrt, wenn er ein Gerücht vernimmt.
In seinem Lande aber werde ich ihn
durch das Schwert umkommen las-
sen."

Rückkehr des Obermundschenks: 19,8–9a

8 Als der Obermundschenk zurück-
kehrte, traf er den König von Assyrien
beim Angriff auf Libna. Jener hatte
nämlich erfahren, dass er von La-
chisch abgezogen sei. 9a Denn er hörte
von Tirhaka, dem König von Äthio-
pien: „Siehe, er ist ausgezogen, um
mit dir zu kämpfen."

Sanheribs Brief an Hiskija: 19,9b–19

9b Da sandte er nochmals Boten an
Hiskija mit dem Auftrag: 10 „So sollt

ihr zu Hiskija, dem König von Juda, sagen: Lass dich nicht betören von deinem Gott, auf den du vertraust, indem du denkst: Jerusalem wird nicht in die Hand des Königs von Assyrien fallen. 11 Siehe, du hast gehört, was die Könige von Assyrien in allen Ländern getan haben, wie sie an ihnen den Bann vollstreckten. Und da sollst du entkommen? 12 Haben etwa die Götter der Völker, die meine Väter ausrotteten, sie gerettet: Gosan, Haran, Rezef, und die Bewohner von Eden in Telassar? 13 Wo ist der König von Hamat, der König von Arpad, von Sefarwajim, von Hena und von Awa?"

14 Der König Hiskija nahm den Brief aus der Hand der Gesandten entgegen und las ihn. Dann ging er zum Tempel Jahwes hinauf. Und Hiskija breitete ihn vor Jahwe aus. 15 Dann sprach Hiskija vor Jahwe dieses Gebet: „Jahwe, Gott Israels, der du über den Kerubim thronst, du bist der einzige Gott über alle Reiche der Erde! Du bist es, der den Himmel und die Erde gemacht hat! 16 Neige, Jahwe, dein Ohr und höre! Vernimm die Worte Sanheribs, die er hierher gesandt hat, um den lebendigen Gott zu verhöhnen! 17 Es ist ja wahr, Jahwe, die Könige von Assyrien haben die Völker verheert 18 und ihre Götter ins Feuer geworfen; es sind ja keine Götter, sondern Machwerk von Menschenhänden, Holz und Stein; die konnten sie vernichten. 19 Nun aber, Jahwe, unser Gott, errette uns aus seiner Hand, auf dass alle Reiche der Erde erkennen, dass du, Jahwe, allein Gott bist!"

Eingreifen des Jesaja: 19,20–34

20 Da sandte Jesaja, der Sohn des Amoz, zu Hiskija und ließ ihm sagen: „Also spricht Jahwe, Israels Gott: Was du wegen Sanheribs, des Königs von Assyrien, zu mir gebetet hast, das habe ich gehört. 21 Dies ist das Wort, das Jahwe über ihn gesprochen hat: Es verachtet dich, es spottet deiner die Jungfrau Tochter Zion. Es schüttelt hinter dir das Haupt die Tochter Jerusalem.

22 Wen hast du gelästert, wen verhöhnt, gegen wen erhobst du deine Stimme und trugst du deine Augen hoch? Gegen den Heiligen Israels!

23 Durch deine Boten höhntest du den Herrn und dachtest: Mit meiner Wagenmacht hab' ich die Bergeshöhen erstiegen, den Gipfel auf dem Libanon. Seine höchsten Zedern hieb ich ab, ich fällte seine auserlesenen Zypressen, drang bis zum höchsten Rastort vor, dorthin, wo der Wald am üppigsten gedeiht.

24 Ich habe tief gegraben und labte mich an fremden Wassern und legte mit der Sohle meiner Füße trocken alle Ströme in Ägypten.

25 Hast du es nicht gehört? Schon längst hab' ich das vorbereitet und seit der Vorzeit Tagen es geplant. Nun aber habe ich es kommen lassen, dass du imstande warst, in wüste Trümmer die festen Städte zu verwandeln.

26 Ihre Bürger erzitterten in Ohnmacht und wurden ganz zuschanden; sie wurden wie das Gras des Feldes und wie junges Grün, wie Gras auf

den Dächern und Triften unter dem Ostwind.

[27]Ich bin da, wenn du aufstehst oder dich hinsetzt, dein Gehen und dein Kommen kenne ich.

[28]Weil du nun wider mich so tobtest und mir dein Trotz zu Ohren kam, so will ich meinen Ring dir in die Nase legen und meinen Zaum an deine Lippen, und führe dich den Weg zurück, auf dem du hergekommen bist.

[29]Dies aber soll für dich ein Zeichen sein: In diesem Jahr wird man den Nachwuchs essen, im nächsten Jahr den Brachwuchs, im dritten Jahr sollt ihr säen und auch mähen, Weinberge pflanzen und den Ertrag genießen.

[30]Was dann vom Hause Juda Rettung fand und übrig blieb, das wird nach unten Wurzeln schlagen und nach oben Früchte.

[31]Denn von Jerusalem geht aus ein Rest und eine Schar Entronnener vom Berge Zion. Der Eifer Jahwes Zebaot wird das vollbringen.

[32]Darum spricht Jahwe also über Assurs König: In diese Stadt dringt er nicht ein, nicht einmal einen Pfeil schießt er hinein; er soll sie nicht mit einem Schild berennen noch einen Wall aufwerfen gegen sie.

[33]Auf dem Wege, den er kam, soll er heimkehren, er soll in diese Stadt nicht einziehn – Spruch Jahwes.

[34]Ich beschirme diese Stadt und rette sie um meinetwillen und um Davids, meines Knechtes, willen."

Krankheit und Heilung des Hiskija:
20,1–11

20 [1]In jenen Tagen erkrankte Hiskija auf den Tod. Da begab sich Jesaja, der Sohn des Amoz, zu ihm und sagte zu ihm: „Also spricht Jahwe: Bestelle dein Haus, denn du wirst sterben und nicht am Leben bleiben."
[2]Da kehrte er sein Gesicht zur Wand
und betete also zu Jahwe: [3]„Ach, Jahwe, denke doch daran, wie ich in Treue und mit ungeteiltem Herzen vor dir gewandelt bin, wie ich getan habe, was wohlgefällig ist in deinen Augen!" Dabei weinte Hiskija bitterlich.

[4]Jesaja aber hatte den mittleren Vorhof noch nicht verlassen, da geschah es, dass folgendes Wort Jahwe an ihn
erging: [5]„Kehre um und sage dem Hiskija, dem Fürsten meines Volkes: Also spricht Jahwe, der Gott Davids, deines Ahnherrn: Ich habe dein Beten gehört, deine Tränen habe ich gesehen. Siehe, ich will dich heilen. Am dritten Tage wirst du zum Tempel Jahwes hinauf-
steigen. [6]Und ich will zu deinen Lebenstagen fünfzehn Jahre hinzufügen; auch will ich dich und diese Stadt aus der Gewalt des Königs von Assyrien befreien, ich will diese Stadt beschützen um meinetwillen und um Davids, meines Knechtes, willen."

[7]Dann gebot Jesaja: „Holt ein Feigenpflaster!" Sie holten es und legten es auf das Geschwür. Da genas er.

[8]Hiskija aber sagte zu Jesaja: „Welches ist das Zeichen dafür, dass Jahwe mich heilen wird und dass ich am dritten Tage in den Tempel Jahwes hi-

naufgehen werde?“ 9 Jesaja erwiderte: „Das sei dir das Zeichen von Jahwe dafür, dass Jahwe tun wird, was er versprochen hat: Soll der Schatten zehn Stufen vorwärts oder zehn Stufen rückwärts gehen?“ 10 Da sagte Hiskija: „Es ist für den Schatten ein Leichtes, zehn Stufen vorwärts zu gehen; nein, der Schatten möge um zehn Stufen rückwärts gehen!“ 11 Nun rief der Prophet Jesaja zu Jahwe, und er ließ den Schatten auf den Stufen des Ahas zehn Stufen rückwärts gehen.

Die Gesandtschaft des Merodach-Baladan:
20,12–19

12 In jener Zeit sandte Merodach-Baladan, der König von Babel, der Sohn Baladans, ein Schreiben mit Geschenken an Hiskija; denn er hatte von seiner Krankheit und seiner Genesung gehört. 13 Hiskija freute sich darüber und zeigte ihnen sein Schatzhaus, das Silber und das Gold, die Spezereien und das feine Öl, sein ganzes Zeughaus und alles, was sich in seinen Schatzkammern fand. Es gab in seinem Palaste und in seiner ganzen Residenz nichts, was ihnen Hiskija nicht gezeigt hätte.

14 Da begab sich der Prophet Jesaja zum König Hiskija und sprach zu ihm: „Was haben diese Männer gemeldet und woher sind sie zu dir gekommen?“ Hiskija erwiderte: „Aus einem fernen Land sind sie gekommen, aus Babel.“ 15 Jener fragte weiter: „Was haben sie gesehen in deinem Palast?“ Hiskija antwortete: „Alles, was in meinem Palast ist, haben sie gesehen. Nichts gibt es in meinen Schatzkammern, was ich ihnen nicht gezeigt hätte.“

16 Da sprach Jesaja zu Hiskija: „Vernimm das Wort Jahwes! 17 Wahrlich, es werden Tage kommen, da wird alles, was in deinem Hause ist, was deine Väter gehortet haben bis auf diesen Tag, nach Babel verschleppt werden, nichts wird übrig bleiben! So lautet der Spruch Jahwes. 18 Und von deinen Nachkommen, die von dir abstammen, die du erzeugen wirst, wird man einige nehmen, dass sie im Palast des Königs von Babel als Kämmerer dienen.“ 19 Da sprach Hiskija zu Jesaja: „Gut ist das Wort Jahwes, das du verkündet hast.“ Er dachte nämlich: „Warum nicht, wenn nur in meinen Tagen Frieden und Bestand herrscht!“

Schluss zur Regierung des Hiskija:
20,20–21

20 Die übrige Geschichte des Hiskija aber und alle seine Siege, wie er den Teich und die Wasserleitung anlegte und das Wasser in die Stadt leitete, das ist ja aufgeschrieben im Buche der Geschichte der Könige von Juda. 21 Dann legte sich Hiskija zu seinen Vätern, und sein Sohn Manasse wurde König an seiner statt.

König Josija und die religiöse Reform.
Feierliche Verlesung des Gesetzes: 23,1–3

23 1 Hierauf ließ der König bei sich
alle Ältesten Judas und Jerusa-
lems versammeln. 2 Der König ging
dann zum Tempel Jahwes, und alle
Männer Judas sowie alle Bewohner Je-
rusalems mit ihm, ebenso die Priester
und die Propheten und das ganze
Volk, Klein und Groß. Und er ließ vor
ihren Ohren den ganzen Inhalt des
Bundesbuches, das man im Tempel
Jahwes gefunden hatte, vorlesen. 3 Da-
rauf trat der König an die Säule und
schloss vor dem Angesicht Jahwes
den Bund, dass sie Jahwe nachfolgen
und seine Gebote, seine Verordnun-
gen und seine Satzungen halten woll-
ten mit ganzem Herzen und mit gan-
zer Seele, um so die Worte dieses
Bundes, die in jenem Buch geschrie-
ben standen, wahr zu machen. Und
alles Volk trat dem Bunde bei.

Religiöse Reform in Juda: 23,4–14

4 Dann befahl der König Hilkija und
dem Priester zweiten Ranges sowie
den Schwellenhütern, aus dem Tem-
pel Jahwes alle Geräte, die für den
Baal und die Aschera und das ganze
Himmelsheer angefertigt worden wa-
ren, hinauszuschaffen, und er ließ sie
außerhalb auf den Feldern am Kidron
verbrennen, die Asche davon aber
nach Bet-El bringen. 5 Er beseitigte die
Götzenpriester, die die Könige von Ju-
da eingesetzt hatten und die auf den
Höhen, in den Städten Judas und in
der Umgebung Jerusalems räucher-
ten, ferner jene, die dem Baal, der
Sonne, dem Mond, den Bildern des
Tierkreises und dem ganzen Him-
melsheer räucherten. 6 Er schaffte die
Aschera aus dem Tempel Jahwes hi-
naus vor Jerusalem ins Kidrontal, ver-
brannte sie im Kidrontal, zermalmte
sie zu Staub und warf den Staub auf
die Grabstätte der gemeinen Leute.
7 Er ließ die Wohnung der Geweihten,
die am Tempel Jahwes waren, nieder-
reißen, wo die Frauen Schleier für die
Aschera zu weben pflegten.

8 Er ließ alle Priester aus den Städ-
ten Judas kommen, die Höhen, wo
die Priester geräuchert hatten, von
Geba bis Beërscheba verunreinigen
und die Höhe der Bocksgestalten zer-
stören, die vor dem Toreingang des
Stadtobersten Josua lag, auf der linken
Seite, wenn man zum Stadttor hinein-
kam. 9 Aber die Höhenpriester durften
den Altar Jahwes zu Jerusalem nicht
besteigen, sondern sie aßen nur unge-
säuerte Brote inmitten ihrer Brüder.
10 Er verunreinigte das Tofet im Tal
Ben-Hinnom, damit niemand mehr
seinen Sohn oder seine Tochter zu Eh-
ren des Moloch durchs Feuer gehen
ließe.* 11 Er beseitigte auch die Rosse,
die die Könige von Juda zu Ehren der
Sonne am Eingang zum Tempel
Jahwes bei der Zelle des Kämmerers
Netan-Melech in den Anbauten auf-

* „Tofet“: Das Wort bedeutet vermutlich „Feuerstätte“.

gestellt hatten, und verbrannte die Sonnenwagen im Feuer.* 12 Die Altäre auf dem Dach, die die Könige von Juda errichtet hatten, ferner die Altäre, die Manasse in den beiden Vorhöfen des Tempels Jahwes aufgebaut hatte, brach der König ab, zerschlug sie, schaffte sie von dort hinaus und warf ihren Schutt ins Kidrontal. 13 Die Höhen, die östlich von Jerusalem, südlich vom Ölberg lagen, die Salomo, der König von Israel, zu Ehren der Aschera, des Scheusals der Sidoniër, und zu Ehren des Kemosch, des Scheusals der Moabiter, und zu Ehren des Milkom, des Scheusals der Ammoniter, errichtet hatte, ließ der König verunreinigen. 14 Er ließ die Malsteine zerschlagen, die Ascheren umhauen und ihre Stätten mit Menschengebeinen anfüllen.

Ausweitung der Reform auf das alte Nordreich: 23,15–20

15 Auch den Altar in Bet-El, die Höhe, die Jerobeam, der Sohn Nebats, der Israel zur Sünde verführte, errichtet hatte, auch diesen Altar und die Höhe zerstörte er, indem er die Steine zertrümmerte, zu Staub zermalmte und die Aschera verbrannte.

16 Als sich Joschija umwandte und die Gräber daselbst auf dem Berge sah, sandte er hin, ließ die Gebeine aus den Gräbern holen, verbrannte sie auf dem Altar und entweihte ihn so, dem Worte Jahwes entsprechend, das der Gottesmann verkündete, als Jerobeam beim Feste am Altare stand. Als Joschija sich nun umwandte und seine Augen auf das Grab des Gottesmannes hinschauten, der jene Worte gesprochen hatte, 17 da fragte er: „Was ist das für ein Grabmal, das ich sehe?“ Die Bewohner der Stadt erwiderten ihm: „Das ist das Grab des Gottesmannes, der von Juda gekommen ist und jene Dinge verkündigt hat, die du am Altar vollzogen hast.“ 18 Da befahl er: „Lasset ihn in Ruhe! Niemand darf seine Gebeine stören!“ Man ließ also seine Gebeine unversehrt, ebenso die Gebeine des Propheten, der von Samaria war.

19 Ferner beseitigte Joschija alle Höhenheiligtümer in den Städten Samariens, die die Könige von Israel errichtet hatten, um Jahwe zu reizen; er ging mit ihnen ganz so zu Werk, wie er es zu Bet-El getan hatte. 20 Alle Höhenpriester, die dort waren, schlachtete er auf den Altären und verbrannte Menschengebeine auf ihnen. Dann kehrte er nach Jerusalem zurück.

Feier des Pascha: 23,21–23

21 Und der König gebot dem ganzen Volke: „Veranstaltet Jahwe, eurem Gott, ein Pascha, so wie es geschrieben steht in diesem Bundesbuch!“ 22 Es war nämlich ein Pascha dieser Art nicht mehr gefeiert worden seit den Tagen der Richter, die Israel gerichtet hatten, auch nicht während

* „in den Anbauten“: unsichere Übersetzung des Ausdrucks „am Parwar“.

der ganzen Zeit der Könige von Israel und der Könige von Juda. 23 Erst im 18. Jahre des Königs Joschija wurde dieses Pascha Jahwe zu Ehren in Jerusalem veranstaltet.

Abschließendes zur religiösen Reform: 23,24–27

24 Auch die Totenbeschwörer und die Zeichendeuter, die Terafim und die Götzen, überhaupt alle Scheusale, die im Lande Juda und in Jerusalem entdeckt wurden, beseitigte Joschija, um die Worte des Gesetzes wirksam werden zu lassen, die in dem Buch geschrieben standen, das der Priester Hilkija im Tempel Jahwes gefunden hatte. 25 Es gab vor ihm keinen König seinesgleichen, der sich (so) mit ganzem Herzen, mit ganzer Seele und mit ganzer Kraft, genau nach dem Gesetz des Mose, zu Jahwe bekehrt hätte; und auch nach ihm ist keiner erstanden wie er.

26 Und doch ließ Jahwe nicht ab von der gewaltigen Glut seines Zornes, die nun einmal gegen Juda entbrannt war wegen all der Ärgernisse, womit ihn Manasse gereizt hatte. 27 Denn Jahwe hatte beschlossen: „Auch Juda will ich verstoßen von meinem Angesicht, wie ich Israel verstoßen habe; und ich will diese Stadt da, die ich erwählt habe, verwerfen, Jerusalem samt dem Tempel, von dem ich erklärt habe: Mein Name soll dort dauernd weilen.“

Einleitung zur Regierung Zidkijas in Juda (598–587): 24,18–20a

18 Zidkija war einundzwanzig Jahre alt, als er König wurde, und regierte elf Jahre zu Jerusalem. Seine Mutter hieß Hamutal, eine Tochter des Jirmeja aus Libna. 19 Er tat, was böse ist in den Augen Jahwes, ganz so wie es Jojakim getan hatte. 20a Denn wegen des Zornes Jahwes ist es so über Jerusalem und Juda gekommen, bis er sie von seinem Angesicht verstieß.

Belagerung Jerusalems: 24,20b – 25,7

20b Zidkija aber fiel vom König von Babel ab.

25 1 Es geschah im neunten Jahre seiner Regierung, im zehnten Monat, am zehnten Tage des Monats, da rückte Nebukadnezzar, der König von Babel, er selbst und seine ganze Heeresmacht, gegen Jerusalem heran; er schloss es ein, warf ringsherum einen Wall auf. 2 Und die Stadt blieb belagert bis ins elfte Jahr des Königs Zidkija. 3 Im vierten Monat aber, am neunten Tag des Monats, wurde die Hungersnot in der Stadt so übergroß, dass kein Brot mehr da war für das Volk des Landes. 4 Da wurde eine Bresche in die Stadt gelegt, und der König entwich mit allen Kriegsleuten bei Nacht durch das Tor zwischen den zwei Mauern, das am Königsgarten liegt, während die Chaldäer um die Stadt lagerten. Sie nahmen den Weg nach der Araba hin. 5 Aber die Truppen der Chaldäer setzten dem König

nach und holten ihn in den Steppen
von Jericho ein, nachdem alle seine
Truppen ihn verlassen und sich zer-
streut hatten. 6 Und sie ergriffen den
König und brachten ihn zum König
von Babel. Der machte ihm den Pro-
zess. 7 Die Söhne des Zidkija ließ er
vor seinen Augen abschlachten, den
Zidkija aber blendete er (Nebukad-
nezzar), legte ihn in Ketten und
brachte ihn nach Babel.

Eroberung und Plünderung Jerusalems.
Die zweite Deportation: 25,8–21

8 Im fünften Monat aber, am Siebten
des Monats, das ist im 19. Jahr Nebu-
kadnezzars, des Königs von Babel,
drang Nebusaradan, der Oberste der
Leibgarde, der Diener des Königs von
Babel, in Jerusalem ein. 9 Und er ver-
brannte den Tempel Jahwes sowie
den Königspalast und alle Häuser Je-
rusalems. 10 Die Truppen der Chaldäer,
die dem Oberst der Leibgarde unter-
standen, rissen die Mauer rings um Je-
rusalem nieder. 11 Den Rest der Bevöl-
kerung aber, der in der Stadt übrig
geblieben war, und die Überläufer, die
zum König von Babel übergelaufen
waren, sowie den Rest der Werkleute
führte Nebusaradan, der Oberste der
Leibgarde, weg. 12 Von den kleinen
Leuten des Landes jedoch ließ der
Oberst der Leibgarde etliche als Win-
zer und Ackersleute zurück.

13 Die ehernen Säulen im Tempel
Jahwe, die Gestelle und das eherne
Meer im Tempel Jahwes zerschlugen
die Chaldäer und brachten das Erz da-
von nach Babel. 14 Auch die Töpfe,
Schaufeln, Messer, Schalen und alle
ehernen Geräte, mit denen man den
Dienst versah, nahmen sie weg. 15 Die
Pfannen und die Sprengschalen, die
ganz aus Gold oder ganz aus Silber
waren, nahm der Oberste der Leibgar-
de weg. 16 Die zwei Säulen, das eine
Meer und die Gestelle, die Salomo für
den Tempel Jahwes hatte anfertigen
lassen – das Erz aller dieser Geräte
war nicht zu wägen. 17 Achtzehn Ellen
war die eine Säule hoch, und ein Kapi-
täl aus Erz war darauf; die Höhe des
Kapitäls betrug fünf Ellen; und ein
Geflecht und Granatäpfel waren rings
um das Kapitäl, alles von Erz; ebenso
an der zweiten Säule …

18 Der Oberst der Leibgarde nahm
den Hohenpriester Seraja sowie den
Unterpriester Zefanja und die drei
Schwellenhüter gefangen. 19 Aus der
Stadt nahm er einen Kämmerer mit,
der an der Spitze der Kriegsleute
stand, ferner fünf Männer aus der
nächsten Umgebung des Königs, die
in der Stadt entdeckt wurden, sowie
den Schreiber des Heerführers, der
das Volk des Landes zum Kriegsdienst
ausgehoben hatte, und sechzig Mann
aus dem Volke des Landes, die in der
Stadt gefunden wurden. 20 Die nahm
Nebusaradan, der Oberst der Leibgar-
de, und brachte sie zum König von
Babel nach Ribla. 21 Der König von Ba-
bel aber ließ sie zu Ribla im Lande Ha-
mat hinrichten. Also ward Juda von
seinem Heimatboden fortgeführt.

Gedalja, Statthalter von Juda: 25,22–26

22 Was aber die Leute betrifft, die im
Lande Juda zurückblieben, da Nebu-
kadnezzar, der König von Babel, sie
zurückließ, so setzte er über sie Ge-
dalja, den Sohn des Ahikam, den En-
kel Schafans. 23 Als nun alle Truppen-
führer mit ihren Leuten hörten, dass
der König von Babel den Gedalja ein-
gesetzt hatte, da begaben sie sich nach
Mizpa zu Gedalja, nämlich Ismael, der
Sohn des Netanja, Johanan, der Sohn
des Kareach, Seraja, der Sohn des Tan-
humet aus Netofa, und Jaasanja, der
Sohn des Maachatiters, samt ihren
Leuten. 24 Gedalja aber versicherte
ihnen und ihren Leuten unter einem
Schwur: „Ihr braucht euch nicht vor
den Chaldäern zu fürchten, bleibt im
Lande und seid dem König von Babel
untertan; dann wird es euch gut ge-
hen!"

25 Aber im siebten Monat kam Is-
mael, der Sohn des Netanja, der Enkel
Elischamas, aus königlichem Ge-
schlecht, mit zehn Männern, und sie
erschlugen den Gedaja sowie die Judä-
er und die Chaldäer, die bei ihm in
Mizpa waren. 26 Da machte sich das
ganze Volk, Klein und Groß, samt
den Truppenführern auf und zog
nach Ägypten; denn sie fürchteten
sich vor den Chaldäern.

Begnadigung des Königs Jojachin: 25,27–30

27 Im 37. Jahre der Gefangenschaft Jo-
jachins, des Königs von Juda, im
zwölften Monat, am 27. Tage des Mo-
nats, da geschah es, dass Ewil-Mero-
dach, der König von Babel, in dem
Jahr, da er König wurde, den König Jo-
jachin von Juda begnadigte und aus
dem Kerker entließ. 28 Er redete
freundlich mit ihm und wies ihm sei-
nen Sitz über den Sitzen der Könige
an, die bei ihm in Babel waren. 29 Er
durfte seine Gefangenenkleider able-
gen und ständig bei ihm speisen, so-
lange er lebte. 30 Sein Unterhalt, und
zwar ein ständiger Unterhalt, wurde
ihm Tag für Tag gewährt, solange er
lebte.

11 *Die Bundeslade in der Stadt Davids – Der Tempelbau*

Aus dem ersten und zweiten Buch der Chronik

Die beiden Bücher der Chronik *behandeln den gleichen Stoff, den auch die Bücher Samuel und der Könige erzählt haben. Doch die Schrift ist wesentlich später geschrieben, vermutlich um das Jahr 400 vor Christus. Man spürt die Absicht des Schreibers, das Königtum Davids zu verherrlichen und den Bau des Tempels in den Mittelpunkt zu rücken. Offensichtlich ist der Gottesdienst im Tempel von Jerusalem für den Verfasser die Mitte des Glaubens. Wenn der Gottesdienst in Treue gegenüber der Überlieferung gefeiert wird, dann lebt das Volk gemäß dem Willen Gottes. Dann hält auch Gott ihm die Treue und wird seine schützende Hand über das Volk halten.*

In feierlichen Zug lässt David die Bundeslade Gottes in die Davidsstadt bringen und in das Zelt stellen, das er für die Lade bereitet hatte. Von David geht auch die Idee aus, Gott einen Tempel zu bauen. Doch der Prophet Natan verheißt ihm, dass erst sein Sohn den Tempel bauen soll. David bedankt sich für diese Verheißung in einem Gebet, in dem er sich in den Willen Gottes ergibt und Gott preist, dass er alles zum Guten lenkt. David selbst lässt es sich aber nicht nehmen, den Bau des Tempels vorzubereiten und alles nötige Material schon herbeizuschaffen. Und er beschwört die führenden Männer Israels, seinem Sohn Salomo beim Bau des Tempels in allem beizustehen. So geht der Tempel letztlich auf David zurück, obwohl erst Salomo ihn gebaut hat.

Das zweite Buch der Chronik berichtet nun in allen Einzelheiten, wie Salomo den Willen Davids durchführt, den Tempel baut und die Bundeslade überführen lässt. Der Autor betont vor allem den Raum des Allerheiligsten, in den die Bundeslade gebracht wurde. Dorthinein darf nur der Hohepriester. Dort wohnt Gott zwischen den Kerubim. Der Tag der Einweihung ist ein großes Fest für das ganze Volk. Salomo weiht den Tempel.

Man spürt die Theologie aus seinem langen Weihegebet heraus: Der Tempel ist der Ort, an dem Gott dem Volk besonders nahe ist und alle seine Bitten erhört. In jeder Not soll das Volk zum Tempel Gottes und zu seinem Gott flehen, bei Krankheit, im Krieg, bei Dürre, bei Hungersnot und Pest und immer dann, wenn einzelne oder das Volk in Schuld gefallen sind: „Höre auf das Bitten deines Knechtes und deines Volkes Israel, die sie an dieser Stätte verrichten. Du aber wollest hören von deinem Wohnsitz, vom Himmel her! Höre doch und verzeihe!" (2 Chr 6,21).

Was Salomo für den Tempel festgesetzt hat, wird durch König Hiskija wieder erneuert. Seine Reform spiegelt die Rituale und Ordnungen wider, die den Tempeldienst im 4. Jahrhundert prägten.

Aus dem ersten Buch der Chronik

Die Bundeslade in der Stadt Davids. Vorbereitungen zur Überführung: 15,1–15

15 1 Jahwe baute sich Häuser in der Stadt Davids, bereitete für die Lade Gottes eine Stätte und schlug für sie ein Zelt auf. 2 Damals verordnete David: „Niemand soll die Lade Gottes tragen außer den Leviten. Denn sie hat Jahwe auserwählt, die Lade Gottes zu tragen und ihren Dienst für immer zu versehen."

3 Dann versammelte David ganz Israel nach Jerusalem, um die Lade Jahwes hinaufzubringen an ihre Stätte, die er ihr bereitet hatte. 4 Auch versammelte David die Söhne Aarons und die Leviten: 5 von den Söhnen Kehats den Fürsten Uriël und seine Brüder, hundertzwanzig; 6 von den Söhnen Meraris den Fürsten Asaja und seine Brüder, zweihundertzwanzig; 7 von den Söhnen Gerschoms den Fürsten Joel und seine Brüder, hundertdreißig; 8 von den Söhnen Elizafans den Fürsten Schemaja und seine Brüder, zweihundert; 9 von den Söhnen Hebrons den Fürsten Eliël und seine Brüder, achtzig; 10 von den Söhnen Usiëls den Fürsten Amminadab und seine Brüder, hundertzwölf.

11 David berief die Priester Zadok und Abjatar und die Leviten Uriël, Asaja, Joël, Schemaja, Eliël und Amminadab. 12 Er sprach zu ihnen: „Ihr seid die Familienhäupter der Leviten. Heiligt euch und eure Brüder und bringt die Lade Jahwes, des Gottes Israels, hinauf an die Stätte, die ich für sie bereitet habe! 13 Denn beim ersten Mal wart ihr nicht anwesend. Da schickte Jahwe, unser Gott, Unheil über uns. Denn wir hatten nicht nach dem, was recht ist, ihn gesucht." 14 Da heiligten sich die Priester und Leviten, um die Lade Jahwes, des Gottes Israels, hinaufzuholen. 15 Die Söhne der Leviten trugen die Lade Gottes mit Tragstangen auf ihren Schultern, wie Mose es nach der Weisung Jahwes angeordnet hatte.

Die Zeremonie der Überführung: 15,25 – 16,3

25 David, die Ältesten Israels und die Obersten der Tausendschaften, die gekommen waren, die Lade Jahwes vom Hause Obed-Edoms hinaufzuführen, waren voller Freude. 26 Weil Gott den Leviten, die die Bundeslade Jahwes trugen, half, opferten sie sieben Stiere und sieben Widder. 27 David war mit einem Byssusmantel bekleidet und drehte sich im Tanz, ebenso alle Leviten, die die Lade trugen, die Sänger und Kenanja, der Leiter der Übertragung. David trug ein linnenes Efod. 28 Ganz Israel begleitete die Bundeslade Jahwes hinauf unter Jubelrufen und Posaunenschall, mit Trompetengeschmetter und Zimbelklang, mit Harfen- und Zitherspiel. 29 Als die Bundeslade Jahwes zur Davidsstadt kam, schaute Michal, die Tochter Sauls, zum Fenster hinaus. Sie sah den König David tanzen und spielen und verachtete ihn in ihrem Herzen.

16 1 Als sie die Lade Gottes hineingebracht hatten und mitten in dem Zelt niedergestellt hatten, das David für sie aufgeschlagen hatte, brachten sie Brand- und Gemeinschaftsopfer vor Gott dar. 2 Als David die Darbringung der Brand- und Gemeinschaftsopfer vollendet hatte, segnete er das Volk im Namen Jahwes. 3 Dann verteilte er an jeden Israeliten, Mann und Frau, an jeden einen Laib Brot, eine Menge Datteln und einen Rosinenkuchen.

Natans Verheißung: 17,1–15

17 1 Als David in seinem Hause Wohnung genommen hatte, sprach David zum Propheten Natan: „Siehe, ich wohne in einem Zedernhause. Die Bundeslade Jahwe aber steht unter Zeltdecken.“ 2 Da sprach Natan zu David: „Alles, was du vorhast, das führe aus! Denn Gott ist mit dir!“ 3 In der gleichen Nacht erging aber das Wort Gottes folgendermaßen an Natan: 4 „Geh hin und sprich zu meinem Knechte David: So spricht Jahwe: Nicht du sollst mir das Haus zur Wohnung bauen. 5 Denn seit dem Tage, da ich Israel heraufführte, bis zu diesem Tage habe ich noch nicht in einem Hause gewohnt. Vielmehr zog ich von einem Zelt zum andern, von einer Wohnung zur andern. 6 Überall, wohin ich mit ganz Israel gewandert bin, habe ich da je ein Wort einem der Richter Israels gesagt, die ich bestellt hatte, mein Volk zu weiden: Warum habt ihr mir kein Zedernhaus erbaut? 7 Nun sollst du so zu meinem Knechte David sprechen: So kündet Jahwe Zebaot: Ich war es, der dich von der Weide hinter der Herde wegnahm, damit du Fürst über mein Volk Israel seiest. 8 Überall, wohin du gingest, war ich mit dir und vernichtete alle deine Feinde vor dir. Ich will dir einen Namen bereiten gleich dem Namen der Großen der Erde. 9 Ich will meinem Volke Israel eine Stätte verschaffen und es einpflanzen, damit es auf eigenem Grund wohne und sich nicht mehr beunruhige. Frevler sollen es nicht mehr wie in früherer Zeit bedrücken 10 und seit den Tagen, da ich Richter über mein Volk Israel aufstellte. Alle seine Feinde werde ich niederbeugen, dich aber werde ich groß machen. Jahwe wird dir ein Haus bauen. 11 Wenn du nach Vollendung deiner Tage zu deinen Vätern gehst, lasse ich deinen Samen als Nachkommen dir erstehen, der einer deiner Söhne sein wird. Sein Königtum will ich fest begründen. 12 Dieser soll mir ein Haus erbauen, und ich will seinen Thron für immer befestigen. 13 Ich will ihm ein Vater und er soll mir ein Sohn sein. Meine Gnade aber werde ich nicht von ihm nehmen, wie ich sie deinem Vorgänger entzog. 14 Ich werde ihn für immer in meinem Hause und Königtum einsetzen. Sein Thron soll für immer fest gegründet sein.“

15 Nach all diesen Worten und nach diesem ganzen Gesichte sprach Natan zu David.

Davids Gebet: 17,16–27

16 Da ging König David hin, setzte sich vor Jahwe nieder und sprach: „Wer bin ich, Jahwe Gott, und was ist mein Haus, dass du mich bis hierher geführt hast? 17 Dies aber war in deinen Augen, Gott, noch zu gering. Du gabst dem Hause deines Knechtes deine Verheißungen bis in eine ferne Zukunft. Du lässt mich schauen wie eine Gruppe von Menschen; der sie erhebt, ist Jahwe Gott. 18 Was könnte David noch weiter für dich tun im Vergleich zu der Herrlichkeit, die du deinem Knecht gegeben hast. Du selbst hast deinen Diener ausgezeichnet. 19 Jahwe, um deines Knechtes, deines Hundes, willen hast du all dies Große vollbracht, um alle Großtaten kundzumachen. 20 Jahwe, es gibt niemand, der dir gleicht, und außer dir gibt es keinen Gott nach all dem, was wir mit eigenen Ohren vernommen haben. 21 Gleicht wohl ein anderes Volk auf Erden deinem Volke Israel, das Gott sich als Volk zu erkaufen hingegangen war, um dir den Ruhm der Größe und Furchtbarkeit zu verschaffen dadurch, dass du Völker vor deinem Volke, das du aus Ägypten erlöst hast, vertriebest? 22 Du bestimmtest dir dein Volk Israel für immer zum Volk, und du, Jahwe, wurdest ihnen zum Gott. 23 Nun, Jahwe, möge das Wort, das du wegen deines Knechtes und seines Hauses gesprochen hast, sich für immer bewähren. Vollbringe, was du versprochen hast! 24 Dein Versprechen möge währen, und dein Name möge für immer groß sein, indem man bekennt: ‚Jahwe Zebaot, Israels Gott, ist Gott für Israel.' Das Haus deines Knechtes David steht fest begründet vor dir. 25 Du, unser Gott, hast deinen Knecht vernehmen lassen, dass du ihm ein Haus bauen wollest. Deshalb fand dein Knecht den Mut, vor dir zu beten. 26 Nun, Jahwe, du bist Gott und hast über deinen Knecht dies Gute gesprochen. 27 Du hast geruht, das Haus deines Knechtes zu segnen, dass es für immer vor dir bestehe. Ja, Jahwe, du hast es gesegnet, und gesegnet bleibt es für immer."

Vorbereitungen zum Tempelbau: 22,2–19

2 Nun gab David Befehl, die Fremden, die im Lande Israel sich aufhielten, zu sammeln. Er bestellte (sie als) Steinhauer, um Quadersteine für den Bau des Gotteshauses zu hauen. 3 David besorgte auch viel Eisen für die Nägel der Torflügel und die Klammern sowie Erz in einer Menge, dass es nicht gewogen werden konnte, 4 dazu zahllose Zedernbäume. Denn die Sidoniër und Tyrer brachten David Zedernstämme in Menge.

5 David dachte: ‚Mein Sohn Salomo ist noch jung und zart. Das Haus aber, das für Jahwe zu erbauen ist, muss ganz groß werden zum Ruhm und zur Zierde für alle Länder. Ich will daher Vorbereitungen dafür treffen!' So besorgte David Material in Menge vor seinem Tode. 6 Dann berief er seinen Sohn Salomo und befahl ihm, für Jahwe, den Gott Israels, ein Haus zu bauen. 7 David sprach zu Salomo: „Mein Sohn, ich selbst trug mich mit der Ab-

sicht, dem Namen Jahwes, meines
Gottes, ein Haus zu bauen. 8 Da erging
das Wort Jahwes also an mich: ‚Du
hast viel Blut vergossen und große
Kriege geführt. Du sollst meinem Na-
men kein Haus bauen. Denn viel Blut
hast du vor meinem Antlitz zur Erde
vergossen. 9 Siehe, ein Sohn ist dir ge-
boren. Dieser wird ein Mann des Frie-
dens sein. Ich werde ihm Frieden vor
all seinen Feinden ringsum verschaf-
fen. Denn Salomo soll sein Name sein.
Friede und Ruhe werde ich in seinen
Tagen Israel gewähren. 10 Dieser soll
meinem Namen ein Haus bauen. Er
soll mir Sohn und ich will ihm Vater
sein. Den Thron seiner Königsherr-
schaft über Israel will ich für immer
befestigen!‘ 11 Nun, mein Sohn, Jahwe
sei mit dir, und es möge dir gelingen,
das Haus Jahwes, deines Gottes, zu
bauen, wie er über dich gesprochen
hat. 12 Jahwe gebe dir auch Verstand
und Einsicht und bestelle dich über Is-
rael, um das Gesetz Jahwes, deines
Gottes, zu beobachten! 13 Du wirst Er-
folg haben, wenn du die Gesetze und
Verordnungen zu erfüllen trachtest,
die Jahwe dem Mose für Israel gege-
ben hat. Sei stark und mutig! Fürchte
dich nicht, und sei nicht zaghaft!
14 Siehe, durch meine persönliche An-
strengung habe ich für das Haus Jah-
wes hunderttausend Talente Gold be-
schafft, eine Million Talente Silber
sowie Eisen und Erz, das gar nicht ge-
wogen werden kann. Auch Holz und
Steine habe ich beschafft. Zu ihnen
aber sollst du noch mehr hinzutun!
15 Auch stehen dir Handwerker in gro-
ßer Zahl zur Verfügung: Steinhauer,
Maurer, Zimmerleute und allerlei
kunstverständige Leute für jede Ar-
beit 16 in Gold, Silber, Erz und Eisen
ohne Zahl. Auf, ans Werk! Jahwe sei
mit dir!“

17 David befahl allen Fürsten Israels,
seinen Sohn Salomo zu unterstützen:
18 „War euer Gott, Jahwe, nicht mit
euch und hat er euch nicht Ruhe
ringsum verschafft? Denn er gab die
Bewohner des Landes in meine Hand,
und das Land wurde Jahwe und sei-
nem Volk unterworfen. 19 Nun richtet
Herz und Sinn darauf, Jahwe, euren
Gott, zu suchen! Auf! Baut das Heilig-
tum Gottes, Jahwes, um die Bundes-
lade Jahwes und die heiligen Geräte
Gottes in das Haus zu bringen, das
dem Namen Jahwes errichtet werden
soll!“

Die Weihegaben: 29,1–20

29 1 Dann sprach König David zur
ganzen Versammlung: „Mein
Sohn Salomo, der Einzige, den Gott
erwählt hat, ist noch jung und
schwach. Das Werk aber ist groß, da
der Palast nicht für einen Menschen,
sondern für Jahwe Gott bestimmt ist.
2 Mit meiner ganzen Kraft habe ich für
das Haus meines Gottes zugerüstet
das Gold für die goldenen, das Silber
für die silbernen, das Erz für die eher-
nen, das Eisen für die eisernen, das
Holz für die hölzernen (Teile), Onyx-
steine und Einfassungssteine, gefärbte
oder bunt bemalte Steine, allerlei
Edelsteine und Alabastersteine in
Menge. 3 Bei meiner Freude am Hause

meines Gottes ist mir noch ein Besitz an Gold und Silber verblieben. Ihn gebe ich für das Haus meines Gottes zu all dem, was ich für das heilige Haus schon zugerüstet habe: 4 dreitausend Talente Gold von Ofirgold, siebentausend Talente geläutertes Silber, um die Wände der Gebäude zu bekleiden, 5 für allerlei goldene und silberne Geräte und jede Arbeit von Künstlerhand. Wer ist nun bereit, seine Hand für Jahwe zu füllen?"

6 Da spendeten freiwillig die Familienfürsten, die Stammesfürsten Israels, die Führer der Tausendschaften und Hundertschaften und die Fürsten des königlichen Dienstes. 7 Sie gaben für den Dienst des Gotteshauses an Gold fünftausend Talente und zehntausend Golddariken, an Silber zehntausend Talente, an Erz achtzehntausend Talente, an Eisen hunderttausend Talente. 8 Wer Edelsteine besaß, gab sie für den Schatz des Hauses Jahwes in die Hand des Gerschoniters Jehiël. 9 Da freute sich das Volk über die freiwilligen Spenden. Denn sie gaben aus ganzem Herzen für Jahwe. Auch König David erlebte eine große Freude.

10 Dann pries David Jahwe vor der ganzen Versammlung, und es sprach David: „Gepriesen seist du, Jahwe, Gott Israels, unseres Vaters, von Ewigkeit zu Ewigkeit! 11 Dein, Jahwe, ist die Größe und die Macht, die Pracht und der Ruhm und die Majestät! Denn alles, was im Himmel und auf Erden ist, gehört dir. Dein, Jahwe, ist die Königsmacht, und du erhebst dich als Herrscher über alles, 12 Reichtum und Glanz geht von deinem Antlitz aus. Du bist es, der über alles gebietet. In deiner Hand ist Kraft und Stärke. In deiner Hand ist es, alles groß und stark zu machen. 13 Nun, unser Gott, wir preisen dich und rühmen deinen herrlichen Namen. 14 Denn wer bin ich und was ist mein Volk, dass wir die Kraft besaßen, solche Gaben zu spenden? Denn von dir ist alles, und von deiner Hand spenden wir dir. 15 Fremdlinge sind wir doch vor dir und Beisassen, wie alle unsere Väter. Wie ein Schatten sind unsere Tage auf Erden, und es gibt keine Hoffnung. 16 Jahwe, unser Gott, diese ganze Menge, die wir bereitgestellt haben, um dir ein Haus zu bauen für deinen heiligen Namen, von deiner Hand stammt sie, und dir gehört dies alles. 17 Ich weiß, mein Gott, dass du das Herz prüfst und an Geradheit Gefallen findest. Ich habe dir dies alles in der Geradheit meines Herzens geweiht. Nun schaue ich voll Freude auf dein Volk, das sich hier befindet, um dir Gaben zu weihen. 18 Jahwe, Gott Abrahams, Isaaks und Israels, unserer Väter! Bewahre doch für immer solchen Sinn im Herzen deines Volkes, und lenke ihr Herz auf dich! 19 Meinem Sohn Salomo aber gib ein ungeteiltes Herz, deine Gebote, Verordnungen und Satzungen zu beachten und dies alles auszuführen, um den Palast zu erbauen, den ich vorbereitet habe."

20 Dann sprach David zur ganzen Versammlung: „Preiset Jahwe, euren Gott!" Da pries die ganze Versammlung Jahwe, den Gott ihrer Väter. Sie warf sich nieder und huldigte Jahwe und dem König.

Thronbesteigung Salomos. Davids Ende: 29,21–30

21 Die Israeliten brachten Jahwe Schlachtopfer dar und opferten am folgenden Morgen Brandopfer, tausend Rinder, tausend Widder, tausend Lämmer und die entsprechenden Trankopfer sowie Schlachtopfer in Menge für ganz Israel. 22 An jenem Tage aßen und tranken sie vor Jahwe in großer Freude und machten Salomo, Davids Sohn, zum zweiten König. Sie salbten ihn für Jahwe zum Fürsten und Zadok zum Priester. 23 Salomo setzte sich als König auf den Thron Jahwes anstelle seines Vaters David. Er hatte Erfolg. Ganz Israel gehorchte ihm. 24 Alle Fürsten und Helden sowie auch alle Söhne des Königs David unterwarfen sich dem König Salomo. 25 Jahwe aber machte Salomo überaus groß vor ganz Israel und gab ihm einen königlichen Glanz, wie ihn vor ihm kein König über Israel besessen hatte. 26 David, der Sohn Isais, war König über ganz Israel. 27 Die Tage, die er über Israel als König herrschte, betrugen vierzig Jahre. In Hebron regierte er sieben Jahre, und in Jerusalem war er dreiunddreißig Jahre König. 28 Er starb in einem schönen Alter, satt an Lebenstagen, Reichtum und Ehre. Nach ihm regierte sein Sohn Salomo als König. 29 Die Geschichte des Königs David, die frühere und die spätere, siehe, sie ist aufgeschrieben in der Geschichte des Sehers Samuel, in der Geschichte Natans des Propheten und in der Geschichte des Sehers Gad, 30 mit seiner ganzen Königsherrschaft, seiner Macht und allem Glück und Unglück, das über ihn, über Israel und alle Königreiche der Länder kam.

Aus dem zweiten Buch der Chronik

Salomo empfängt die Weisheit: 1,1–12

1 1 Salomo, der Sohn Davids, verschaffte sich Macht in seinem Königtum. Jahwe, sein Gott, war mit ihm und machte ihn überaus groß. 2 Salomo sprach mit ganz Israel, den Fürsten der Tausendschaften und Hundertschaften, den Richtern und allen Fürsten von ganz Israel, den Familienhäuptern. 3 Darauf begaben sich Salomo und die ganze Versammlung mit ihm zur Höhe von Gibeon, da sich dort das Offenbarungszelt Gottes befand, das Mose, der Knecht Jahwes, in der Wüste angefertigt hatte. 4 Jedoch die Lade Gottes hatte David von Kirjat-Jearim an den Ort gebracht, den David für sie zugerüstet hatte. Denn er hatte ihr in Jerusalem ein Zelt errichtet. 5 Der eherne Altar, den Bezalel, der Sohn Uris, des Sohnes Hurs, angefertigt hatte, stand dort vor der Wohnung Jahwes. Ihn suchten Salomo und die Versammlung auf. 6 Dort stieg Salomo auf den ehernen Altar vor dem Angesicht Jahwes, der zum Offenbarungszelt gehörte, und brachte tausend Brandopfer auf ihm dar.

7 In der gleichen Nacht erschien Gott dem Salomo und sprach zu ihm:

„Erbitte, was ich dir geben soll!“ 8 Da sprach Salomo zu Gott: „Du warst es, der meinem Vater eine große Gunst bewiesen hat, da du mich an seiner Stelle zum König einsetztest. 9 Nun, Jahwe Gott, möge dein Wort an meinem Vater David sich bewahrheiten! Denn du hast mich zum König über ein Volk bestellt, das zahlreich wie der Staub der Erde ist. 10 Nun denn, gib mir Weisheit und Einsicht, dass ich vor diesem Volk aus und ein gehen kann! Denn wer kann dies dein großes Volk leiten?“

11 Da antwortete Gott dem Salomo: „Weil du dies im Sinn hast und nicht batest um Reichtum, Schätze und Ruhm noch um das Leben deiner Feinde und selbst nicht um ein langes Leben flehtest, sondern dir Weisheit und Einsicht erbatest, damit du mein Volk leiten könntest, über das ich dich zum König bestellte, 12 darum sei dir die Weisheit und Einsicht verliehen! Doch auch Reichtum, Schätze und Ruhm will ich dir geben, wie sie keinem der Könige vor dir zukamen, noch nach dir zukommen werden!“

Israels Zustand am Ende der Königszeit

Joahas: 36,1–4

36 1 Das Volk des Landes nahm den Joahas, den Sohn des Joschija, und machte ihn anstelle seines Vaters zum König in Jerusalem. 2 Joahas war dreiundzwanzig Jahre alt, als er König wurde, und regierte drei Monate in Jerusalem. 3 Dann setzte ihn der König von Ägypten als König in Jerusalem ab und legte dem Lande eine Geldbuße von hundert Talenten Silber und einem Talent Gold auf. 4 Der König von Ägypten bestellte dessen Bruder Eljakim zum König über Juda und Jerusalem. Er änderte seinen Namen in Jojakim. Seinen Bruder Joahas nahm Necho mit und brachte ihn nach Ägypten.

Jojakim: 36,5–8

5 Jojakim war fünfundzwanzig Jahre alt, als er König wurde, und regierte elf Jahre in Jerusalem. Er tat, was in den Augen Jahwes, seines Gottes, böse war. 6 Gegen ihn zog Nebukadnezzar, der König von Babel, herauf. Er fesselte ihn mit ehernen Fesseln, um ihn nach Babel zu schleppen. 7 Auch nahm Nebukadnezzar manche von den Geräten des Hauses Jahwes mit nach Babel und brachte sie in seinen Palast zu Babel. 8 Die übrige Geschichte Jojakims, seine Gräueltaten, die er verübte, und was sich sonst über ihn vorfand, siehe, es ist im Buch der Könige von Israel und Juda aufgeschrieben. An seiner Stelle wurde sein Sohn Jojachin König.

Jojachin: 36,9–13

9 Jojachin war acht Jahre alt, als er König wurde, und regierte drei Monate und zehn Tage in Jerusalem. Er tat, was in den Augen Jahwes böse war.

10 Nach Ablauf des Jahres sandte König
Nebukadnezzar hin und ließ ihn nach
Babel bringen, zusammen mit den
kostbaren Geräten des Hauses Jahwes.
Er machte seinen Bruder Zidkija zum
König über Juda und Jerusalem.

11 Zidkija war einundzwanzig Jahre
alt, als er König wurde, und regierte
elf Jahre in Jerusalem. 12 Er tat, was in
den Augen Jahwes, seines Gottes, bö-
se war, und demütigte sich nicht vor
Jeremia, der aus dem Munde Jahwes
weissagte. 13 Auch gegen den König
Nebukadnezzar, der ihn bei Gott hatte
schwören lassen, empörte er sich. Er
verhärtete seinen Nacken und ver-
stockte sein Herz, sodass er nicht zu
Jahwe, dem Gott Israels, zurückkehr-
te.

Das Volk: 36,14–16

14 Selbst alle Priesterfürsten und das
Volk verübten viele Treulosigkeiten
nach Art der Gräuel der Heiden. Sie
verunreinigten das Haus Jahwes, das
er in Jerusalem geheiligt hatte. 15 Zwar
sandte Jahwe, der Gott ihrer Väter, zu
ihnen durch seine Boten früh und
spät. Denn er hatte Mitleid mit seinem
Volk und seiner Wohnung. 16 Sie aber
spotteten über die Gottesboten, ver-
achteten seine Worte und verhöhnten
seine Propheten, bis der Zorn Jahwes
unheilbar über sein Volk kam.

Der Untergang: 36,17–21

17 Er führte gegen sie den König der
Chaldäer heran. Der ermordete mit
dem Schwert ihre jungen Krieger in
ihrem heiligen Hause. Er schonte we-
der den Jüngling noch die Jungfrau,
weder den Greis noch den Mann mit
grauem Haupt. Alle gab er in seine
Gewalt. 18 Auch alle Geräte des Got-
teshauses, die großen und kleinen,
die Schätze des Hauses Jahwes, die
Schätze des Königs und seiner Fürs-
ten, alles brachte er nach Babel. 19 Sie
verbrannten das Haus Gottes und ris-
sen die Mauern Jerusalems nieder. An
all seine Paläste legten sie Feuer an,
ebenso an alle kostbaren Geräte, so-
dass sie der Vernichtung geweiht wur-
den. 20 Alles, was vor dem Schwerte
übrig geblieben war, führte Nebukad-
nezzar gefangen nach Babel fort. Sie
dienten ihm und seinen Söhnen als
Knechte, bis das Reich der Perser zur
Herrschaft kam, 21 damit das Wort
Jahwes sich erfülle, das durch den
Mund des Jeremia ergangen war: „Bis
das Land seine Sabbate bezahlt hat,
soll es Ruhe haben die ganze Zeit der
Verwüstung, bis siebzig Jahre voll
sind."

Ausblick auf die Zukunft: 36,22–23

22 Damit das Wort Jahwes durch den
Mund des Jeremia sich erfülle, er-
weckte Jahwe im ersten Jahr des Ky-
rus, des Königs von Persien, den Geist
des Kyrus, des Königs von Persien,
dass er Folgendes in seinem ganzen

Reiche ausrufen und auch schriftlich bekannt machen ließ: [23] „So spricht Kyrus, der König von Persien: Alle Königreiche der Erde gab mir Jahwe, der Gott des Himmels. Er beauftragte mich, ihm ein Haus in Jerusalem zu bauen. Wer aus euch irgendwie zu seinem Volke gehört, mit dem sei sein Gott! Er ziehe hinauf!“

12 *Rückkehr aus der Gefangenschaft nach der Zerstörung Jerusalems und Wiederaufbau des Tempels*

Aus den Büchern Esra und Nehemia

Die Bücher Esra *und* Nehemia *sind wohl um die gleiche Zeit entstanden wie die Bücher der Chronik. Sie beschreiben die heilvolle Wende in der Geschichte des Volkes Israel. Der Perserkönig Kyrus gibt den verbannten Judäern die Erlaubnis, nach Jerusalem zurückzukehren und den Tempel wieder aufzubauen. Der Priester und Schriftgelehrte Esra hat die Aufgabe, in der Heimat dem Gesetz des Mose wieder Geltung zu verschaffen. Als der Tempel wieder eingeweiht wurde, feierte das Volk das Paschafest. „Sieben Tage lang feierten sie voll Freude das Fest der Ungesäuerten Brote" (Esra 6,22).*

Nehemia, der in der persischen Stadt Susa hoher Beamter war, hört von der Not Jerusalems und von den zerstörten Stadtmauern. So macht er sich auf den Weg, um die Mauern wieder aufzubauen. Nachdem nun Tempel und Stadtmauer wieder aufgebaut waren, machen sich Esra und Nehemia daran, das Volk im Gesetz zu unterweisen und die Feste wieder einzuführen, die Mose dem Volk geboten hatte. Als der Priester Esra das Gesetz des Herrn verlas, weinten alle Leute. Nehemia und Esra rufen sie zur Freude auf: „Nun geht, haltet ein festliches Mahl und trinkt süßen Wein! Schickt auch denen etwas, die selbst nichts haben; denn heute ist ein heiliger Tag zur Ehre des Herrn. Macht euch keine Sorgen, denn die Freude am Herrn ist eure Stärke" (Neh 8,10). Hier wird der Grund allen Feierns sichtbar. Weil Gott dem Volk seine Gnade erweist, soll es feiern und auch an die denken, die nichts haben, die in Trauer dahindarben. Die wahre Stärke des Volkes ist die Freude am Herrn.

Gottesdienst ist nicht in erster Linie Pflicht, sondern Ausdruck der Freude, dass der Herr uns nahe ist und an uns gnädig handelt. Doch die Freude kann erst in Fülle gelebt werden, wenn auch die Schuld vor Gott gebracht wird und das Volk die Vergebung Gottes erfahren darf.

Die Reform des Nehemia ist die Geburtsstunde des Judentums. Der Eifer für das Gesetz, wie ihn zur Zeit Jesu die Pharisäer an den Tag legten, hat in der Reform des Nehemia seinen Grund. Im konkreten Zusammenleben sollte deutlich werden, dass Gott der Herr des Volkes ist. Nicht wirtschaftliche Interessen sollen das Leben bestimmen, sondern der gute und weise Wille Gottes. Darin liegt das Heil des Menschen und der menschlichen Gemeinschaft – ohne Grenzen von Zeit und Raum.

Aus dem Buch Esra

Die Heimkehr der Verbannten: 1,1–11

1 1 Im ersten Jahr des Kyrus, des Kö-
nigs von Persien, erweckte Jahwe
den Geist des Kyrus, des Königs von
Persien, damit das Wort Jahwes aus
dem Munde des Jeremia sich erfüllte.
Da ließ er in seinem ganzen Reiche
einen Aufruf, und zwar auch schrift-
lich, ergehen folgenden Inhalts: 2 „So
bestimmt Kyrus, der König von Per-
sien: Alle Reiche der Erde hat Jahwe,
der Gott des Himmels, mir gegeben.
Derselbe hat mich beauftragt, ihm
ein Haus in Jerusalem zu bauen, das
in Juda liegt. 3 Wer immer von euch
aus seinem ganzen Volke stammt,
mit dem sei sein Gott! Er ziehe nach
Jerusalem hinauf, das in Juda liegt,
und baue das Haus Jahwes, des Gottes
Israels. Dieser ist der Gott, der in Jeru-
salem wohnt.

4 Jeden, der noch übrig geblieben
ist, sollen an allen Orten, wo er als
Fremdling weilt, die Ortsbewohner
mit Silber, Gold, beweglicher Habe
und Vieh unterstützen neben den frei-
willigen Gaben für das Haus des Got-
tes, der in Jerusalem wohnt!“

5 Da erhoben sich die Familienhäup-
ter von Juda und Benjamin sowie die
Priester und Leviten, alle, deren Geist
Gott angeregt hatte, um hinaufzuzie-
hen, das Haus Jahwes zu bauen, der in
Jerusalem wohnt. 6 Alle Umwohner
unterstützten sie mit allem, mit Silber,
Gold, beweglicher Habe, Vieh und
Kostbarkeiten in Menge, dazu all das,
was man freiwillig spendete.

7 König Kyrus gab die Geräte des
Hauses Jahwes heraus, die Nebukad-
nezzar aus Jerusalem fortgeschafft
und in das Haus seines Gottes als Ge-
schenk gegeben hatte. 8 Kyrus, der Kö-
nig von Persien, gab sie durch Ver-
mittlung des Schatzmeisters Mitredat
heraus. Dieser zählte sie Schesch-
bazzar, dem Fürsten von Juda, dar.
9 Folgendes ist ihre Anzahl: dreißig
goldene Schalen, tausendundneun-
undzwanzig silberne Schalen, 10 drei-
ßig goldene Becher, vierhundertzehn
silberne Becher, tausend andere Gerä-
te; 11 alle Geräte aus Gold und Silber
zusammen fünftausendvierhundert.
All dies brachte Scheschbazzar he-
rauf, als die Verbannten von Babel
nach Jerusalem geführt wurden.

Das Paschafest im Jahre 515: 6,19–22

19 Am Vierzehnten des ersten Monats
feierten die Söhne der Verbannten
das Pascha. 20 Denn die Leviten hatten
sich wie ein Mann gereinigt, sodass
sie alle rein waren. Sie schlachteten
das Pascha für alle Verbannten, für
ihre Brüder, die Priester und für sich
selbst. 21 So aßen das Pascha die Söhne
Israels, die aus der Verbannung zu-
rückgekehrt waren, sowie alle, die
sich von der Unreinheit der Völker
des Landes zu ihnen hingewandt hat-
ten, um Jahwe, den Gott Israels, zu su-
chen. 22 In Freuden feierten sie sieben
Tage lang das Fest der ungesäuerten
Brote. Denn Jahwe hatte sie erfreut,
da er ihnen das Herz des Königs von
Assur zuwandte, um sie bei der Arbeit

am Gotteshaus des Gottes Israels zu
unterstützen.

Der Erlass des Artaxerxes: 7,11–28

11 Dies ist die Abschrift des Briefes,
den König Artaxerxes dem schriftge-
lehrten Priester Esra gab, dem Schrei-
ber der Worte der Gebote Gottes und
seiner Gesetze für Israel:

12 „Artaxerxes, der König der Köni-
ge an den Priester Esra, den Schreiber
des Gesetzes des Himmelsgottes. Vol-
les Heil! Und nun: 13 Von mir wurde
ein Dekret erlassen, dass jeder, der in
meinem Königreich aus dem Volk Is-
rael oder seinen Priestern und Leviten
bereit ist, nach Jerusalem zu gehen,
mit dir gehen darf. 14 Denn dazu wur-
dest du vom König und seinen sieben
Räten gesandt, eine Untersuchung
über Juda und Jerusalem nach dem
Gesetz deines Gottes anzustellen, das
in deiner Hand ist, 15 und das Silber
und Gold, das der König und seine
Räte großmütig spendeten, dem Gott
Israels zu überbringen, dessen Woh-
nung in Jerusalem ist, 16 dazu alles Sil-
ber und Gold, das du in der ganzen
Provinz Babel erhalten wirst, zusam-
men mit den freiwilligen Spenden
des Volkes und der Priester, die sie für
das Haus ihres Gottes in Jerusalem
freiwillig geben. 17 Dementsprechend
kaufe rasch für dieses Geld Stiere,
Widder, Lämmer samt den zugehö-
renden Speise- und Trankopfern. Sie
sollst du auf dem Altare eures Gottes-
hauses zu Jerusalem darbringen.
18 Was dir und deinen Brüdern mit
dem Rest an Silber und Gold zu be-
ginnen beliebt, das tut nach dem Wil-
len eures Gottes! 19 Die Geräte aber,
die dir für den Dienst am Hause dei-
nes Gottes übergeben wurden, liefere
bei deinem Gott in Jerusalem ab!
20 Den übrigen Bedarf des Hauses dei-
nes Gottes, den du aufbringen musst,
sollst du aus dem königlichen Schatz-
haus beziehen! 21 Von mir, König Arta-
xerxes, ist ein Dekret an alle Schatz-
meister jenseits des Stromes erlassen
worden: Alles, was der Priester Esra,
der Schreiber des Gesetzes des Him-
melsgottes, von euch fordert, soll ge-
nau durchgeführt werden, 22 bis zu
hundert Talenten Silber, hundert Kor
Weizen, hundert Bat Wein, hundert
Bat Öl und Salz ohne Beschränkung.
23 Alles, was der Anordnung des Him-
melsgottes entspricht, soll sorgfältig
geleistet werden, damit nicht ein
Zorngericht über das Reich des Kö-
nigs und seiner Söhne komme.
24 Auch machen wir euch kund, dass
niemand ein Recht hat, irgendeinem
von den Priestern, Leviten, Sängern,
Torwächtern, ‚Gegebenen' und ir-
gendeinem Diener dieses Gotteshau-
ses Abgaben, Steuern und Wegezölle
aufzuerlegen.

25 Du aber, Esra, bestelle nach der
Weisheit deines Gottes, die du besit-
zest, Schreiber und Richter, dass sie
dem ganzen Volk jenseits des Stromes
Recht sprechen, allen, die die Gesetze
deines Gottes kennen. Wer sie aber
nicht kennt, den sollt ihr belehren!
26 Über jeden, der das Gesetz deines
Gottes und das Gesetz des Königs
nicht pünktlich beobachtet, soll

schnell ein Urteil gefällt werden, sei es zum Tode, zur Verbannung, zu Geldstrafe oder Gefängnis.“

27 Gepriesen sei Jahwe, der Gott unserer Väter, der solches dem Herzen des Königs eingab, um das Haus Jahwes zu Jerusalem zu verherrlichen! 28 Er verschaffte mir Gunst beim König, bei seinen Räten und hervorragenden Fürsten. Ich fasste Mut, da die Hand Jahwes, meines Gottes, über mir war, und sammelte aus Israel Familienhäupter, um mit mir hinaufzuziehen.

Aus dem Buch Nehemia

Der Geburtstag des Judentums. Esra verliest das Gesetz. Das Laubhüttenfest:
7,72b – 8,18

72b Es war der siebte Monat,

8 1 da versammelte sich das ganze Volk wie ein Mann auf dem Platze vor dem Wassertor. Sie sprachen zum Schreiber Esra, er solle das Gesetzbuch des Mose holen, das Jahwe Israel auferlegt habe. 2 Da brachte der Priester Esra das Gesetz vor die Versammlung der Männer, Frauen und aller, die fähig waren, es zu verstehen, am Ersten des siebten Monats. 3 Auf dem Platz vor dem Wassertor las er vom Morgenlicht bis zum Mittag den Männern, Frauen und allen, die fähig waren, es zu verstehen, daraus vor. Die Aufmerksamkeit des ganzen Volkes war auf das Gesetzbuch gerichtet.

4 Der Schreiber Esra stand auf einer hölzernen Tribüne, die man dafür errichtet hatte. An seiner Seite standen Mattitja, Schema, Anaja, Urija, Hilkija und Maaseja zu seiner Rechten, zu seiner Linken Pedaja, Mischael, Malkija, Haschum, Haschbaddana, Secharja und Meschullam. 5 Vor dem ganzen Volk öffnete Esra das Buch. Denn er stand höher als das ganze Volk. Als er es öffnete, stand das ganze Volk auf. 6 Dann pries Esra Jahwe, den großen Gott, und das ganze Volk antwortete mit erhobenen Händen: „Amen, Amen“. Dann beugten sie sich nieder und beteten Jahwe an, mit dem Antlitz zur Erde niedergebeugt. 7 [Jeschua, Bani, Scherebja, Jamin, Akkub, Schabbetai, Hodija, Maaseja, Kelita, Asarja, Josabad, Hanan und Pelaja, die Leviten waren, unterrichteten das Volk im Gesetz. Das Volk aber stand auf seinem Platz.] 8 Esra las aus dem Gesetzbuch Gottes vor, übersetzte es und legte den Sinn dar, sodass sie das Vorgelesene verstanden.

9 Da sprachen [Nehemia, das ist der Tirschata, und] Esra, der priesterliche Schreiber [und die Leviten, die das Volk unterrichteten], zum ganzen Volk: „Der Tag ist heilig für Jahwe, euren Gott. Seid nicht betrübt und weinet nicht!“ Denn das ganze Volk hatte zu weinen begonnen, als es die Worte des Gesetzes vernahm. 10 Ferner sprach er zu ihnen: „Auf! Esst fette Speisen, und trinkt süße Getränke! Sendet auch jenen Anteile, denen nichts bereitet ist. Denn der Tag ist heilig für Jahwe. Betrübt euch nicht! Denn die Freude Jahwes, sie ist euer Schutz!“ 11 Die Leviten beruhigten das ganze Volk mit den Worten: „Schweigt still! Denn der Tag

ist heilig. Betrübt euch nicht!“ 12 Da ging das ganze Volk hin, um zu essen, zu trinken, Anteile zu versenden und große Freude zu bereiten. Denn sie verstanden die Worte, die man ihnen kundgemacht hatte.

13 Am folgenden Tag versammelten sich die Familienvorsteher des ganzen Volkes mit den Priestern und Leviten bei Esra, dem Schreiber, um Einsicht in die Worte des Gesetzes zu gewinnen. 14 Nun fanden sie im Gesetz, das Jahwe durch Mose befohlen hatte, geschrieben, am Fest im siebten Monat sollten die Söhne Israels in Laubhütten wohnen. 15 Sobald sie das hörten, ließen sie ausrufen: „Geht hinaus auf das Gebirge und holt Laubzweige von Ölbäumen und Kiefern, von Myrten, Palmen und anderen Laubbäumen, um daraus gemäß der Vorschrift Hütten zu bauen!“ 16 Da zog das Volk hinaus und holte sie. Dann baute es sich Laubhütten, jeder auf seinem Dach oder in den eigenen Höfen, in den Vorhöfen des Gotteshauses, auf dem Platz am Wassertor und auf dem Platz am Efraimtor. 17 Da errichtete die ganze Gemeinde jener, die aus der Gefangenschaft heimgekehrt waren, Laubhütten und wohnte in den Laubhütten. So hatten die Söhne Israels noch nicht gefeiert seit den Tagen Josuas, des Sohnes Nuns, bis auf diesen Tag, sodass eine sehr große Freude herrschte.

18 Täglich las Esra aus dem Gesetzbuch Gottes vor, vom ersten bis zum letzten Tage. Man beging das Fest sieben Tage lang. Am achten Tage war der Vorschrift gemäß eine Festversammlung.

Sühnegottesdienst: 9,1–37

9 1 Am vierundzwanzigsten Tag dieses Monats versammelten sich die Söhne Israels fastend, in Bußgewändern und Staub auf ihren Häuptern. 2 Israels Nachkommenschaft hatte sich von allen Söhnen der Fremden abgesondert. Nun stellten sie sich auf und bekannten ihre Sünden und die Sünden ihrer Väter. 3 [Dann stellten sie sich auf ihren Platz und lasen den vierten Teil des Tages aus dem Gesetzbuch Jahwes, ihres Gottes, vor, einen zweiten vierten Teil lang legten sie ein Sündenbekenntnis ab und warfen sich anbetend vor Jahwe, ihrem Gott, nieder.] 4 [Auf der Tribüne der Leviten standen Jeschua, Binnui, Kadmiël, Schebanja, Bunni, Scherebja, Bani und Kenani. Sie riefen mit lauter Stimme zu Jahwe, ihrem Gott. 5 Dann sprachen die Leviten Jeschua, Kadmiël, Bani, Haschabneja, Scherebja, Hodija, Schebanja und Petachja: „Auf! Preiset Jahwe, unseren Gott!„] Gepriesen seist du, Jahwe, unser Gott, von Ewigkeit zu Ewigkeit! Man preise den Namen deiner Herrlichkeit, der über allen Preis und alles Lob erhaben ist.

6 Du, Jahwe, bist der Einzige! Du hast den Himmel geschaffen, die Himmel der Himmel und all ihr Heer, die Erde und alles, was auf ihr ist, die Wasser und alles, was in ihnen ist. Du belebtest sie alle. Das Heer des Himmels betet dich an.

7 Jahwe, du bist der Gott, der den Abram auserwählt, ihn von Ur in Chaldäa hinausgeführt und ihm den Namen Abraham gegeben hat.

8 Du hast sein Herz treu vor dir befunden und mit ihm einen Bund geschlossen, dass du ihm geben wolltest das Land der Kanaaniter, Hetiter, Amoriter, Perisiter, Jebusiter und Girgaschiter, ihm und seinen Nachkommen. Deine Worte hast du gehalten. Denn du bist gerecht.

9 Du sahst die Not unserer Väter in Ägypten und hörtest ihr Schreien am Schilfmeer.

10 Du wirktest Zeichen und Wunder am Pharao, seinen Dienern und am ganzen Volk seines Landes. Denn du wusstest, dass sie an ihnen freventlich gehandelt hatten. So bereitetest du dir einen Namen, wie er noch heute besteht.

11 Du teiltest vor ihnen das Meer, dass sie mitten durch das Meer auf dem Trockenen zogen. Ihre Verfolger aber warfst du in die Tiefen, wie einen Stein in starke Wasser.

12 In einer Wolkensäule führtest du sie bei Tage und in einer Feuersäule bei Nacht, um ihnen den Weg zu erleuchten, den sie gehen sollten.

13 Auf den Berg Sinai stiegst du hinab und sprachst mit ihnen vom Himmel her. Du gabst ihnen gerechte Satzungen und zuverlässige Gesetze, gute Bestimmungen und Vorschriften.

14 Deinen heiligen Sabbat gabst du ihnen kund. Durch deinen Knecht Mose befahlst du ihnen Bestimmungen und Vorschriften und das Gesetz.

15 Brot vom Himmel gabst du ihnen für ihren Hunger, und aus dem Felsen ließest du Wasser hervorquellen für ihren Durst. Du sagtest ihnen, sie sollten kommen, das Land in Besitz zu nehmen, das du geschworen hattest ihnen zu geben.

16 Sie aber, unsere Väter, handelten trotzig, verhärteten ihren Nacken und hörten nicht auf deine Weisungen.

17 Sie weigerten sich, zu gehorchen, und gedachten nicht deiner Wundertaten, die du an ihnen gewirkt hattest. Sie verhärteten ihren Nacken und bestellten einen Führer, um in ihre Knechtschaft nach Ägypten zurückzukehren. Du aber bist ein Gott voller Vergebung, gnädig und barmherzig, langmütig und voller Güte. Du hast sie nicht verlassen.

18 Sogar ein gegossenes Kalb machten sie sich und sprachen: „Dies ist dein Gott, der dich aus Ägypten heraufführte!“ [Sie verübten große Gotteslästerung.]

19 Du aber hast sie in deinem großen Erbarmen in der Wüste nicht verlassen. Die Wolkensäule – sie wich nicht von ihnen bei Tage, um sie auf dem Wege zu führen; und die Feuersäule – sie wich nicht bei Nacht, um ihnen den Weg zu erleuchten auf dem sie gehen sollten.

20 Deinen guten Geist spendetest du ihnen zur Belehrung, dein Mann verweigertest du nicht ihrem Munde, und Wasser gabst du ihnen für ihren Durst.

21 Vierzig Jahre hast du sie in der Wüste versorgt. Mangel haben sie nicht gelitten, ihre Kleider nutzten nicht ab, und ihre Füße schwollen nicht an.

22 Du schenktest ihnen Königreiche und Völker und teiltest sie ihnen nach

bestimmten Grenzen zu. Sie besetzten das Land Sihons, des Königs von Heschbon, und das Land Ogs, des Königs von Baschan.

23 Ihre Söhne vermehrtest du wie die Sterne des Himmels und führtest sie in das Land, von dem du ihren Vätern gesagt hattest, sie sollten kommen, um es in Besitz zu nehmen.

24 So kamen die Söhne und besetzten das Land. Du unterwarfest ihnen die Bewohner des Landes, die Kanaaniter, und gabst sie samt ihrer Königen und den Völkern des Landes in ihre Gewalt, damit sie nach ihrem Wohlgefallen mit ihnen verführen.

25 Sie eroberten die festen Städte und fettes Land, nahmen Häuser, die mit allem Guten angefüllt waren, in Besitz sowie ausgehauene Zisternen, Weinberge, Ölbäume, Fruchtbäume in Menge. Sie aßen, wurden satt und fett und lebten üppig dank deiner großen Güte.

26 Aber sie wurden widerspenstig, empörten sich gegen dich und warfen dein Gesetz hinter sich. Sie ermordeten deine Propheten, die wider sie Zeugnis ablegten, um sie zu dir zurückzuführen. [So verübten sie große Gotteslästerungen.]

27 Da gabst du sie in die Gewalt ihrer Feinde, die sie bedrängten. Zur Zeit ihrer Bedrängnis aber riefen sie zu dir. Da hörtest du vom Himmel her wieder auf sie, und in deinem großen Erbarmen gabst du ihnen immer wieder Retter, die sie aus der Gewalt ihrer Feinde erretteten.

28 Wenn ihnen dann Ruhe gewährt war, handelten sie von neuem treulos gegen dich. Dann überließest du sie der Gewalt ihrer Feinde, die über sie herrschten. Schrien sie von neuem zu dir, dann hörtest du vom Himmel her wieder auf sie und befreitest sie in deinem Erbarmen viele Male.

29 Du warntest sie, um sie zu deinem Gesetz zurückzuführen. Sie aber handelten vermessen und hörten nicht auf deine Weisungen und sündigten gegen deine Satzungen, obwohl der Mensch sie beobachten soll und leben wird. Sie aber waren widerspenstig, verhärteten ihren Nacken und gehorchten nicht.

30 So übtest du viele Jahre Nachsicht mit ihnen und warntest sie durch deinen Geist, durch den Dienst deiner Propheten. Da sie aber nicht hörten, gabst du sie in die Gewalt der Völker der Länder.

31 Doch in deinem großen Erbarmen hast du ihnen keine Vernichtung bereitet und sie nicht verlassen. Denn ein gütiger und barmherziger Gott bist du.

32 Nun aber, unser Gott! Du großer, starker und furchtbarer Gott, der du Bund und Gnade bewahrst! Vor deinem Antlitz erscheine all das Elend nicht gering, das uns betroffen hat, unsere Könige und Fürsten, Priester und Propheten und dein ganzes Volk seit den Tagen der Könige von Assur bis auf diesen Tag.

33 In allem, was über uns kam, bist du gerecht. Denn du hast Treue geübt, wir aber haben Frevel begangen.

34 Ja, unsere Könige, Fürsten, Priester und Väter haben dein Gesetz nicht erfüllt, deine Weisungen und Gebote

nicht befolgt, die du ihnen gegeben
hattest.

35 Sie haben trotz ihres Königrei-
ches und des reichlichen Guten, das
du ihnen gespendet hattest, und trotz
des weiten und fetten Landes, das du
ihnen zugewiesen hattest, dir nicht
gedient. Sie kehrten nicht von ihren
bösen Werken ab.

36 Siehe, heute sind wir Knechte!
Das Land, das du unseren Vätern ge-
geben hast, um seine Früchte und Gü-
ter zu genießen – siehe, in ihm sind
wir Knechte!

37 Sein Ertrag bereichert die Könige,
die du wegen unserer Sünden über
uns bestellt hast. Sie herrschen über
unsere Leiber und unser Vieh nach
ihrem Gutdünken. Wir aber sind in
großer Bedrängnis!

Die zweite Mission des Nehemia: 13,4–31

4 Davor hatte der Priester Eljaschib, der
zum Aufseher über die Zellen des
Hauses unseres Gottes bestellt war,
ein Verwandter des Tobija,
5 ihm eine
große Zelle eingeräumt. Dort hatte
man früher Speiseopfer, Weihrauch,
Geräte und den Zehnten an Getreide,
Most und Öl, das heißt die Anteile der
Leviten, Sänger und Torwächter, so-
wie die Abgaben für die Priester auf-
bewahrt.
6 Bei all dem war ich nicht
in Jerusalem anwesend. Denn im
zweiunddreißigsten Regierungsjahr
des Königs Artaxerxes von Babel war
ich zum König zurückgegangen. Nach
einiger Zeit bat ich den König um Ur-
laub.
7 Als ich nach Jerusalem kam, er-
kannte ich das Unheil, das Eljaschib
zugunsten Tobijas dadurch angerich-
tet hatte, dass er ihm eine Zelle im
Vorhof des Gotteshauses eingeräumt
hatte.
8 Das erregte mein Missfallen,
so dass ich alle Hausgeräte Tobijas
aus der Zelle auf die Straße werfen
ließ.
9 Auf meine Anweisung hin rei-
nigte man die Zelle. Dann ließ ich
dorthin die Geräte des Gotteshauses,
das Speiseopfer und den Weihrauch
zurückbringen.

10 Auch bemerkte ich, dass die An-
teile der Leviten nicht eingegangen
waren, so dass jeder von den Leviten
und Sängern, der den Dienst versehen
sollte, zu seinem Landbesitz geflohen
war.
11 Da schalt ich die Vorsteher und
sprach: „Warum ist das Gotteshaus
vernachlässigt?“ Dann sammelte ich
sie wieder und setzte sie auf ihre Pos-
ten ein.
12 Ganz Juda brachte den
Zehnten an Getreide, Most und Öl zu
den Vorratskammern.
13 Als Verwalter
über die Vorratskammern bestellte ich
den Priester Schelemja, den Schreiber
Zadok und Pedaja von den Leviten,
ihnen zur Seite Hanan, den Sohn Sak-
kurs, des Sohnes Mattanjas. Denn sie
wurden als zuverlässig eingeschätzt.
Ihnen fiel es zu, ihren Brüdern die
Anteile auszugeben.
14 Deswegen ge-
denke meiner, mein Gott, und lösche
die Wohltaten nicht aus, die ich für
das Haus meines Gottes und seinen
Dienst vollbrachte!

15 In jenen Tagen sah ich Leute in
Juda, die die Kelter am Sabbat traten,
Getreidehaufen hereinholten, die sie
auf Esel verluden, auch Wein, Trau-
ben, Feigen und allerlei Lasten, die sie

am Sabbattag nach Jerusalem brachten. Ich warnte sie, Lebensmittel zu verkaufen. 16 In Jerusalem selbst brachten die dort wohnenden Tyriër Fische und allerlei Waren und verkauften sie den Juden am Sabbat. 17 Ich schalt die Vornehmen Judas und sprach zu ihnen: „Was ist das ein schlechtes Werk, das ihr vollbringt und den Sabbat entweiht? 18 Haben nicht eure Väter auch so gehandelt, so dass unser Gott all dies Unheil über uns und diese Stadt sandte? Ihr aber vermehrt den Zorn über Jerusalem, da ihr den Sabbat entweiht.“ 19 Sobald die Tore Jerusalems vor dem Sabbat dunkel wurden, befahl ich, die Torflügel zu schließen, und ich gab Weisung, sie bis nach dem Sabbat geschlossen zu halten. Auch gab ich die Weisung, sie erst nach dem Sabbat zu öffnen. Einige meiner jungen Leute stellte ich an den Toren auf, damit am Sabbattag keine Last hereinkomme. 20 Da übernachteten die Kaufleute und Verkäufer von allerlei Waren das eine oder andere Mal außerhalb Jerusalems. 21 Ich warnte sie mit den Worten: „Warum übernachtet ihr vor der Mauer? Tut ihr es nochmals, lege ich Hand an euch.“ Von der Zeit an kamen sie nicht mehr am Sabbat. 22 Den Leviten befahl ich, sich zu reinigen und zur Bewachung der Tore zu kommen, damit der Sabbat heilig gehalten werde. Auch dafür gedenke meiner, mein Gott, und erbarme dich meiner nach deiner großen Barmherzigkeit!

23 Auch sah ich in jenen Tagen Juden, die aschdodische, ammonitische und moabitische Frauen heimgeführt hatten. 24 Von ihren Kindern sprach die Hälfte aschdodisch. Sie verstanden nicht mehr jüdisch zu sprechen, sondern nur die Sprache des betreffenden Volkes. 25 Ich schalt sie, verfluchte sie, schlug einige von ihnen, raufte ihnen die Haare aus und beschwor sie bei Gott: „Ihr sollt eure Töchter nicht ihren Söhnen geben und keine aus ihren Töchtern für eure Söhne oder euch nehmen! 26 Hat sich ihretwegen nicht auch Salomo, der König Israels, versündigt? Doch gab es unter den großen Völkern keinen König wie ihn. Er war von seinem Gott geliebt, und Gott bestellte ihn zum König über ganz Israel. Auch ihn haben die fremden Frauen zur Sünde verleitet. 27 Muss man nun auch von euch hören, dass ihr ganz die gleiche große Schandtat begeht, da ihr gegen Gott treulos handelt dadurch, dass ihr fremde Frauen heimführtet?“

28 Von den Söhnen Jojadas, des Sohnes Eljaschibs, des Hohenpriesters, war einer ein Schwiegersohn des Horoniters Sanballat. Ihn jagte ich aus meiner Umgebung fort. 29 Gedenke ihrer, mein Gott, dass sie das Priestertum und den Bund mit den Priestern und Leviten befleckten!

30 Ich reinigte sie von allem Fremden und erließ Verordnungen für die Priester und Leviten, für jeden in seinem Amte, 31 auch für die Holzlieferungen zu den festgesetzten Zeiten und die Erstlingsgaben. Gedenke meiner deshalb, mein Gott, zum Besten!

13 *Die Geschichte Tobits*

Aus dem Buch Tobit

Das Buch Tobit *ist eine Lehrschrift, die den Juden in der Diaspora, umgeben von fremden Völkern und fremdem Götterglauben, Mut machen möchte, auch mitten in der Anfechtung an Gottes Willen festzuhalten. Das Buch ist in griechischer Sprache überliefert und im 2. Jahrhundert vor Christus entstanden.*

Tobit hält seine frommen Bräuche und das Gesetz auch in der Fremde durch. Aber er hat Pech. Trotz aller Frömmigkeit erblindet er und wird auch noch von seiner Frau beschimpft. Genauso ausweglos wie Tobit scheint das Schicksal Saras zu sein. Sie war mit sieben Männern verheiratet. Doch ein böser Dämon hat ihre Männer alle schon in der Hochzeitsnacht getötet. – Uns kommt dieser männermordende Dämon fremd vor. Doch wenn eine Frau zu eng an den Vater gebunden ist, hat der Mann neben ihr keine Chance. Da wird er buchstäblich getötet. Da verhungert er neben seiner Frau.

In diese Situation tritt Rafael, der Engel Gottes, ein. Rafael heißt: „Gott heilt". Der Engel heilt die Beziehung zwischen Mann und Frau und die Beziehung zwischen Vater und Sohn. Weder Tobit noch sein Sohn Tobias wissen, dass der Begleiter des jungen Tobias ein Engel ist. Der Engel schützt Tobias vor dem Fisch, der aus dem Wasser schießt, um ihn zu verschlingen. Rafael fordert Tobias auf, den Fisch aufzuschneiden und Herz, Leber und Galle herauszunehmen. Sie werden ihm helfen, die Liebe zur Frau und zum Vater zu heilen. Herz und Leber müssen verbrannt werden: Die Liebe und die Gefühle müssen verwandelt werden. Sie müssen gereinigt werden von den Trübungen durch Habenwollen und Blindheit. Erst dann wird die Liebe zur Frau möglich und zu einer Quelle des Segens für das Ehepaar. Die Galle steht für Aggression. Der Sohn streicht dem Vater die Galle auf die Augen. Diese fangen an zu brennen. Aber die weißen Flecken fallen ab und der Vater kann wieder sehen. Die Aggression ist die Kraft, sich innerlich vom Vater zu lösen. Erst wenn Vater und Sohn in eine gesunde Distanz kommen, können sie einander achten und lieben – das ist immer so …

Rafael ist der Engel der Heilung. Es ist eine tröstliche Botschaft, die uns das Buch Tobit schenkt. Gott schickt uns seinen Engel, dass er uns begleitet. Der Engel heilt unsere Beziehung zu den Eltern. Er begleitet uns auch auf dem Weg der Ehe und wacht darüber, dass sich in unsere Liebe nicht Besitzansprüche und Hassgefühle mischen.

Der Schutzengel, der uns auf dem Weg vor Gefahren schützt, ist auch heute noch für viele ein tröstliches Bild. Den Eltern schenkt es Vertrauen, die Kinder ziehen zu lassen. Sie wissen sie in Begleitung eines guten Engels. Und uns bewahrt es davor, allzu ängstlich unseren Weg zu gehen.

1 [1] Buch der Geschichte Tobits, des Sohnes Tobiëls, des Sohnes Hananels, des Sohnes Aduëls, des Sohnes Gabaëls, aus dem Geschlecht Asiël, aus dem Stamm Naftali. [2] In den Tagen Salmanassars, des Königs der Assyrer, wurde er in die Gefangenschaft weggeführt aus Tisbe, das südlich von Kedesch-Naftali in Obergaliläa, oberhalb von Hazor, westlich davon, und nördlich von Schefat liegt.

I. Der Verbannte: 1,3–20

[3] Ich, Tobit, wandelte alle Tage meines Lebens auf den Wegen der Wahrheit und in guten Werken. Ich spendete reichliche Almosen meinen Brüdern und dem Volk, die zusammen mit mir in das Land der Assyrer, nach Ninive, gezogen waren. [4] Als ich noch in meiner Heimat, im Lande Israel, weilte – ich war damals noch jung –, war der ganze Stamm Naftali, meines Vaters, vom Hause Davids und von Jerusalem abgefallen, das doch aus allen Stämmen Israels auserwählt war, damit alle Stämme dort opfern sollten. Der Tempel, die Wohnung Gottes, war geheiligt und erbaut für alle Geschlechter auf ewig. [5] Alle meine Brüder und das Haus Naftali opferten dem Kalb, das Jerobeam, der König von Israel, zu Dan, auf den Bergen Galiläas aufgestellt hatten.

[6] Ich ganz allein wallfahrte oft an den Festtagen nach Jerusalem, wie es ganz Israel durch ein ewiges Gesetz vorgeschrieben ist, mit den Erstlingen der Früchte und der Tiere, dem Zehnten des Viehs und der ersten Schafschur. [7] Ich übergab sie den Priestern, den Söhnen Aarons, für den Opferaltar. Den Zehnten von Wein und Korn, von Oliven, Granatäpfeln und anderen Früchten gab ich den Söhnen Levis, die in Jerusalem Dienst taten. Den zweiten Zehnten verkaufte ich sechs Jahre hintereinander, ging hin und verbrauchte ihn in Jerusalem. [8] Den dritten gab ich den Waisen, Witwen und Fremdlingen, die mit den Israeliten leben; ihnen schenkte ich ihn alle drei Jahre. Wir verzehrten ihn, getreu den Vorschriften des Gesetzes Moses und zugleich den Ermahnungen Deboras, der Mutter Hananels, unseres Vaters; denn mein Vater war gestorben und hatte mich als Waisen zurückgelassen. [9] Als ich ein Mann geworden war, nahm ich eine Frau aus unserem väterlichen Geschlecht, die Hanna hieß; sie schenkte mir einen Sohn, den ich Tobias nannte.

[10] Als ich bei der Verbannung nach Assyrien gefangen fortgeführt worden war, kam ich nach Ninive. Alle meine Brüder und die Angehörigen meines Geschlechtes aßen von der Nahrung der Heiden. [11] Ich hütete mich aber, von der Nahrung der Heiden zu essen. [12] Da ich mit meinem ganzen Herzen meinem Gott treu war, [13] schenkte mir der Allerhöchste die Gunst Salmanassars, sodass ich sein Einkäufer wurde. [14] Ich reiste nach Medien, wo ich bis zu seinem Tode für ihn einkaufte, und hinterlegte bei Gabaël, dem Bruder des Gabrija, zu Rages in Medien zehn Talente Silber.

15 Als Salmanassar starb, wurde sein Sohn Sanherib an seiner Stelle König. Die Wege nach Medien wurden unsicher, sodass ich nicht mehr dorthin reisen konnte. 16 In den Tagen Salmanassars gab ich meinen Brüdern reichliche Almosen. 17 Mein Brot gab ich den Hungernden und Kleider den Nackten. Wenn ich jemand aus meinem Geschlechte tot erblickte und hingeworfen hinter die Mauer Ninives, begrub ich ihn. 18 Ich begrub auch diejenigen, die Salmanassar tötete [nach seiner fluchtartigen Rückkehr aus Judäa, als der König des Himmels den Lästerer bestraft hatte, tötete Sanherib in seinem Zorn viele Israeliten]. Da nahm ich heimlich die Leichname, um sie zu begraben. Wenn sie dann vom König gesucht wurden, fand man sie nicht. 19 Nun ging aber einer der Niniviten hin und machte dem König über mich Anzeige, dass ich es sei, der sie heimlich begrabe. Als ich bemerkte, dass der König über mein Tun unterrichtet war und mich zur Hinrichtung suchte, ergriff ich voller Furcht die Flucht. 20 Da wurde all mein Vermögen geraubt, alles wurde für den Staatsschatz beschlagnahmt, und außer meiner Frau Hanna und meinem Sohn Tobias blieb mir nichts übrig.

II. Der Blinde: 2,1 – 3,6

2 1 Unter der Regierung Asarhaddons kehrte ich also in mein Haus zurück, und Hanna, meine Frau, und mein Sohn Tobias waren mir zurückgegeben. An unserem Pfingstfest [dem Wochenfest] gab es ein gutes Mahl. Ich setzte mich nieder, um zu essen. 2 Man setzte mir das Mahl vor und brachte mir verschiedene Gerichte. Da sprach ich zu meinem Sohn: „Geh hin, mein Kind, und wen immer du von unseren nach Ninive weggeführten Brüdern, der treuen Herzens ist, bedürftig findest, bring ihn herein, um an meinem Mahle teilzuhaben. Siehe, ich warte auf dich, mein Kind!" 3 Tobias ging also, um einen Armen unter unseren Brüdern zu suchen, aber er kam zurück und sprach: „Vater!" Ich antwortete: „Nun, mein Kind?" Er sagte: „Vater, einer aus unserem Volk wurde ermordet, erwürgt, dann auf den Marktplatz geworfen, und dort liegt er noch." 4 Da stand ich auf, bevor ich noch gegessen hatte, hob den Mann vom Markt auf und trug ihn in ein Haus, bis die Sonne untergegangen sei, um ihn dann zu begraben. 5 Nach meiner Rückkehr wusch ich mich und aß mein Brot in Trauer. 6 Ich dachte an die Worte des Propheten Amos über Bet-El: „Eure Feste werden in Trauer verwandelt und all euer Jauchzen in Klagegesang." Da weinte ich. 7 Nach Untergang der Sonne ging ich hin, machte ein Grab und begrub ihn. 8 Die Nachbarn spotteten und sprachen: „Er hat keine Furcht mehr." [Man muss sich daran erinnern, dass auf meinen Kopf deswegen ein Preis ausgesetzt war.] „Das erste Mal musste er fliehen, und siehe, schon wieder begräbt er die Toten!"

9 In der gleichen Nacht nahm ich ein Bad, ging in den Hof und legte mich an der Mauer des Hofes schlafen. Da es

warm war, hatte ich mein Gesicht
nicht bedeckt. 10 Ich wusste nicht, dass
über mir Spatzen in der Mauer waren.
Warmer Kot fiel in meine Augen. Es
entstanden weiße Flecken, die ich von
den Ärzten behandeln lassen musste.
Je mehr Salben sie anwendeten, desto
mehr machten mich die Flecken blind,
und zuletzt war die Blindheit vollstän-
dig. Vier Jahre lang blieb ich ohne Au-
genlicht, alle meine Brüder waren da-
rüber tief bekümmert. Achikar jedoch
sorgte zwei Jahre lang für meinen Un-
terhalt, bis er nach Elymaïs ging.

11 Da fertigte meine Frau Hand-
arbeiten an, sie spann Wolle und be-
kam Linnen zu weben; 12 sie lieferte
auf Bestellung, und man zahlte ihr
den Lohn. Nun vollendete sie am sieb-
ten Tag des Monats Dystros ein Stück
und übergab es den Auftraggebern.
Diese bezahlten ihr alles, was sie
schuldig waren, und schenkten dazu
ein Böcklein.* 13 Als es zu mir kam,
fing es an zu meckern. Da rief ich
meine Frau und sprach zu ihr: „Woher
ist das Böcklein? Ist es etwa gestoh-
len? Gib es den Herren zurück! Denn
es ist unerlaubt, Gestohlenes zu es-
sen.“ 14 Sie aber erwiderte: „Es wurde
mir als Geschenk zum Lohn hinzuge-
geben.“ Ich glaubte ihr aber nicht und
befahl, es den Herren zurückzubrin-
gen. [Dabei wurde ich rot vor Zorn
gegen sie.] Sie aber antwortete und
sprach zu mir: „Wo sind deine Almo-
sen und gerechten Taten? Siehe, es ist
alles offenbar an dir!“

3 1 Da seufzte und weinte ich voller
Betrübnis und begann dieses Kla-
gegebet:

2 „Gerecht bist du, Herr! Alle deine
Werke sind gerecht, und deine Wege
sind Barmherzigkeit und Treue. Du
bist der Richter der Welt.

3 Und nun, Herr, gedenke du mei-
ner und schau auf mich! Züchtige
mich nicht nach meinen Sünden und
Vergehen und nach denen meiner Vä-
ter. Denn wir haben vor dir gesündigt
4 und deine Gebote verletzt. Da gabst
du uns preis zu Plünderung, Gefan-
genschaft und Tod, zu Gerede, Ge-
spött und zum Vorwurf für alle Völ-
ker, unter die du uns zerstreut hast.

5 Nun sind alle deine Gerichte wahr,
sodass du sie an mir vollziehen konn-
test um meiner Sünden und jener
meiner Väter willen. Denn wir haben
deine Gebote nicht beobachtet und
wandelten nicht in Wahrheit vor dir.

6 Verfahre nun mit mir nach dei-
nem Wohlgefallen! Befiehl, meinen
Geist fortzunehmen, damit ich sterbe
und zu Erde werde! Denn es ist für
mich besser zu sterben als zu leben,
da ich verleumderische Schmähungen
hören musste und große Traurigkeit
in mir ist. Herr, ich warte, dass deine
Entscheidung mich erlöst von dieser
Not. Lass mich hingehen zum ewigen
Ort!

Wende, o Herr, dein Antlitz nicht
von mir ab! Denn besser ist es zu ster-
ben, als zu leben angesichts eines un-
erbittlichen Übels; ich bin es müde,

* „des Monats Dystros“: Der mazedonische Monat Dystros entspricht dem Monat Adar bei den Juden (Februar–März).

dass ich verleumderische Schmähung hören muss."

III. Sara: 3,7–17

7 Am gleichen Tage begegnete es Sara, der Tochter Raguëls zu Ekbatana in Medien, dass auch sie von einer Magd ihres Vaters verhöhnt wurde. 8 Denn sie war schon sieben Männern zur Frau gegeben worden. Aber der böse Dämon Aschmodai hatte sie getötet, bevor sie mit ihr eheliche Gemeinschaft gepflogen hatten. Und die Magd sprach zu ihr: „Ja, du bist es, du tötest deine Männer! Schon sieben hattest du, und mit keinem einzigen hast du Glück gehabt. 9 Was schlägst du uns? Wenn sie dahinstarben, geh doch mit ihnen! Wir wollen in Ewigkeit einen Sohn oder eine Tochter von dir nicht sehen!" 10 Als sie es vernahm, wurde sie sehr niedergeschlagen, sie weinte und ging in das Zimmer ihres Vaters, um sich zu erhängen. Doch dann dachte sie nach: „Soll man meinen Vater schmähen? Man wird zu ihm sagen: ‚Du hattest nur eine geliebte Tochter, und die hat sich zum Unglück erhängt.' Ich will meinem Vater keinen Kummer bereiten, der ihn in seinem Alter ins Totenreich brächte. Ich will mich lieber nicht erhängen, sondern den Herrn bitten, mich sterben zu lassen, damit ich während meines Lebens keinen Hohn mehr höre." 11 Da breitete sie am Fenster die Arme aus und betete: „Gepriesen seist du, Gott der Barmherzigkeit! Gepriesen sei dein Name in Ewigkeit! Alle deine Werke sollen dich preisen in Ewigkeit!

12 Nun, Herr, habe ich mein Antlitz erhoben und meine Augen auf dich gerichtet. 13 Befiehl, mich von der Erde abzuberufen, dass ich keine Schmähung mehr hören muss!

14 Du weißt, Herr, dass ich frei vor jeder Sünde mit einem Mann bin 15 und dass ich weder meinen Namen noch den Namen meines Vaters im Lande meiner Gefangenschaft befleckt habe. Die einzige Tochter meines Vaters bin ich. Ihm bleibt kein anderes Kind, das ihn beerben kann, noch ein naher Verwandter; noch auch hat dieser einen Sohn, dem ich mich als Gattin erhalten müsste. Schon sieben sind mir verloren gegangen. Wozu dient mir noch das Leben? Wenn es dir aber nicht gefällt, mich zu töten, befiehl, auf mich herabzuschauen und sich meiner zu erbarmen, dass ich keine Schmähung mehr hören muss!"

16 Diesmal wurde das Gebet beider vor der Herrlichkeit Gottes erhört. 17 Rafael wurde gesandt, beide zu heilen, die weißen Flecken von Tobits Augen abzuschälen, auf dass er mit seinen Augen das Licht Gottes sähe, und Sara, die Tochter Raguëls, Tobias, dem Sohne Tobits, zur Frau zu geben und sie vom bösen Dämon Aschmodai zu befreien. Denn Tobias hatte vor allen anderen Bewerbern ein Recht, sie zu besitzen. Zu gleicher Zeit kehrte Tobit zurück und betrat sein Haus; Sara aber, die Tochter Raguëls, stieg aus ihrem Obergemach herab.

IV. Tobias: 4,1–21

4 1 An jenem Tage erinnerte sich To-
bit des Geldes, das er bei Gabael
zu Rages in Medien hinterlegt hatte.
2 Er sprach bei sich: „Ich habe mir den
Tod gewünscht. Warum rufe ich nicht
meinen Sohn Tobias, um ihm von die-
ser Geldsumme Mitteilung zu ma-
chen, bevor ich sterbe?“ 3 Dann ließ er
seinen Sohn Tobias zu sich kommen
und sprach: „Wenn ich sterbe, begrabe
du mich, wie es sich ziemt! Ehre deine
Mutter! Verlass sie keinen Tag deines
Lebens! Tue, was ihr gefällt, und be-
trübe sie nicht! 4 Bedenke, Kind, sie
hat deinetwegen viele Gefahren erdul-
det, als du im Mutterschoß warst!
Wenn sie stirbt, bestatte sie neben
mir in meinem Grabe!

5 Kind, sei alle Tage dem Herrn
treu! Sündige nicht und übertritt
nicht seine Gebote! Tue Gutes alle Ta-
ge deines Lebens und wandle nicht die
Pfade der Ungerechtigkeit! 6 Denn
wenn du in der Wahrheit handelst,
wird all deinen Werken Gelingen zu-
teil wie allen, die Gerechtigkeit üben.

7 Gib Almosen von deinem Ver-
mögen! Wende dein Antlitz von kei-
nem Armen ab! Dann wird sich Got-
tes Antlitz nicht von dir abwenden.
8 Wenn du Vermögen besitzest, gib
entsprechend der Größe davon Almo-
sen! Wenn du viel hast, gib mehr;
wenn du wenig besitzest, gib weniger,
aber zögere nicht, Almosen zu geben.
9 So sammelst du einen schönen
Schatz für die Zeit der Not. 10 Denn
Almosen errettet vom Tode und lässt
nicht in die Finsternis eingehen. 11 Ei-
ne gute Opfergabe ist nämlich vor
dem Allerhöchsten ein Almosen für
alle, die es geben.

12 Hüte dich, Kind, vor jeder Un-
zucht! Vor allem nimm eine Frau aus
dem Geschlecht deiner Väter! Nimm
keine fremde Frau, die nicht dem
Stamm deines Vaters angehört! Denn
Söhne von Propheten sind wir. Noach,
Abraham, Isaak und Jakob, unsere Vä-
ter von Ewigkeit her – bedenke es,
mein Kind –, sie alle nahmen Frauen
aus ihren eigenen Brüdern und wur-
den in ihren Kindern gesegnet. Ihre
Nachkommenschaft wird das Land er-
ben. 13 Nun, Kind, liebe deine Brüder
und erhebe dich nicht übermütig über
deine Brüder und die Söhne und
Töchter deines Volkes, sodass du dir
aus ihnen keine Frau nimmst! Denn
im Hochmut liegt viel Verderben und
Unruhe und im Müßiggang große
Entbehrung und Not. Der Müßiggang
ist ja die Mutter des Hungers.

14 Keines Arbeiters Lohn bleibe
über Nacht bei dir, sondern zahle
ihm denselben sofort aus! Wenn du
Gott dienst, wird es dir vergolten wer-
den! Achte auf dich selbst, Kind, in all
deinen Werken und sei wohl erzogen
in deinem ganzen Wandel! 15 Was du
verabscheust, tu keinem anderen an!
Wein trinke nicht bis zur Trunken-
heit, und die Trunkenheit gehe nicht
mit dir auf deinem Wege!

16 Von deinem Brot gib den Hun-
gernden und von deinen Kleidern den
Nackten! Alles, was du im Überfluss
hast, gib als Almosen, und dein Auge
sei nicht neidisch, wenn du Almosen
gibst! 17 Schütte deinen Wein und dei-

ne Brote auf das Grab der Gerechten
und gib sie nicht den Sündern!

18 Begehre Rat von jedem Verstän-
digen und verachte keinen nützlichen
Rat! 19 Und allezeit preise Gott, den
Herrn, und von ihm erbitte, dass dei-
ne Wege gerade seien und all deine
Pfade und Absichten guten Erfolg ha-
ben! Denn die Weisheit wird nicht je-
dem Volk gegeben, der Herr selbst
gibt alles Gute. Wen er will, erhöht er
oder erniedrigt er bis auf den Grund
des Totenreiches. Nun, Kind, gedenke
meiner Weisungen! Sie sollen aus dei-
nem Herzen nicht getilgt werden!

20 Nun, Kind, mache ich dir Mittei-
lung von den zehn Talenten Silber, die
ich bei Gabael, dem Sohn des Gabrija,
zu Rages in Medien hinterlegt habe.
21 Ängstige dich nicht, Kind, dass wir
arm geworden sind! Du besitzest viel,
wenn du Gott fürchtest, dich fern-
hältst von jeder Sünde und das tust,
was dem Herrn, deinem Gott, wohl-
gefällt!"

V. Der Reisegefährte: 5,1–23

5 1 Da antwortete Tobias seinem Va-
ter Tobit: „Vater, ich will alles tun,
was du mir befohlen hast. 2 Aber wie
kann ich von ihm das Geld erheben,
da er mich nicht kennt und ich ihn
auch nicht kenne? Welches Erken-
nungszeichen soll ich ihm geben, dass
er mir glaubt und mir das Geld zu-
rückgibt? Außerdem kenne ich nicht
den Weg, den ich bei dieser Reise nach
Medien einschlagen muss." 3 Da ant-
wortete Tobit seinem Sohn Tobias:
„Wir haben unsere Unterschriften auf
einer Urkunde gewechselt, und ich ha-
be sie in zwei Hälften geteilt, damit
jeder von uns eine erhalte. Eine Hälfte
habe ich mitgenommen, die andere
zum Geld gelegt. Zwanzig Jahre sind
es nun schon her, dass ich dieses Geld
hinterlegt habe. Nun, Kind, suche dir
einen zuverlässigen Reisebegleiter, der
auf unsere Kosten lebe bis zu deiner
Rückkehr, und geh dann hin, um das
Geld bei Gabael zu holen."

4 Tobias ging hinaus, um einen gu-
ten Führer zu suchen, der mit ihm
nach Medien zu reisen vermochte.
Draußen fand er Rafael, den Engel,
vor sich stehen [ohne zu wissen, dass
dieser ein Engel Gottes war]. 5 Er
sprach zu ihm: „Woher bist du,
Freund?" Der Engel antwortete: „Ich
bin einer von den Israeliten, deinen
Brüdern, ich bin hergekommen, Ar-
beit zu suchen." Tobias sprach zu ihm:
„Kennst du den Weg nach Medien?"
6 Jener antwortete: „Gewiss doch!
Mehrere Male bin ich dort gewesen,
und alle Wege dorthin habe ich im
Kopf. Ich bin oft nach Medien gegan-
gen und bei Gabaël, einem unserer
Brüder, der zu Rages in Medien
wohnt, aufgenommen worden. Von
Ekbatana nach Rages braucht man
zwei gewöhnliche Tagreisen; Rages
liegt im Gebirge, Ekbatana mitten in
der Ebene." 7 Tobias sprach zu ihm:
„Warte auf mich, Freund! Ich will mei-
nen Vater benachrichtigen; ich möch-
te, dass du mit mir kommst, und wer-
de dir deine Tage bezahlen." 8 Jener
antwortete: „Gut, ich warte. Aber
bleib nicht zu lange!"

9 Tobias ging seinen Vater benach-
richtigen, dass er einen ihrer israeliti-
schen Brüder gefunden hätte. Der Va-
ter sagte: „Stell ihn mir vor, dass ich
seine Familie und seinen Stamm er-
fahre. Man muss sehen, ob er zuver-
lässig ist, dich zu begleiten, Kind." To-
bias ging hinaus, um ihn zu rufen:
„Freund, mein Vater fragt nach dir."

10 Der Engel trat in das Haus. Tobit
begrüßte ihn zuerst, und jener ant-
wortete ihm mit Segenswünschen.
Da sprach Tobit: „Vermag ich noch
Glück zu erfahren? Ich bin ein Blin-
der, den Himmelsglanz sehe ich nicht
mehr, in Finsternis bin ich getaucht
wie die Toten, die das Licht nicht
mehr sehen. Lebendig bin ich begra-
ben, ich höre die Stimme der Men-
schen, ohne sie zu sehen." Der Engel
sprach zu ihm: „Habe Vertrauen! Gott
wird nicht zögern, dich zu heilen. Ha-
be Vertrauen!" Tobit sprach zu ihm:
„Mein Sohn Tobias will nach Medien
reisen. Willst du ihn als Führer beglei-
ten? Ich werde es dir lohnen, Bruder!"
Er antwortete: „Ich will ihn begleiten,
ich kenne alle Wege, ich bin oft nach
Medien gegangen, die Ebenen und Ge-
birge habe ich durchzogen und kenne
alle Pfade." 11 Tobit sprach: „Bruder,
aus welcher Familie und welchem
Stamm bist du? Willst du es mir ange-
ben, Bruder?" 12 „Was kümmert dich
mein Stamm?" „Ich möchte gern dei-
ne Herkunft und deinen Namen ken-
nen lernen." 13 Er aber sprach: „Ich bin
Asarja, der Sohn des großen Hananja,
von deinen Brüdern." 14 Da antwortete
er ihm: „Sei willkommen, Bruder!
Zürne mir nicht, dass ich deinen
Stamm und deine Familie kennen zu
lernen suchte! Du bist doch mein Bru-
der aus angesehenem und gutem Ge-
schlechte. Ich lernte nämlich den Ha-
nanja und Natan, die Söhne des
großen Schimi, gut kennen, da wir ge-
meinsam nach Jerusalem zogen, um
anzubeten; sie haben den rechten
Weg nicht verlassen. Deine Brüder
sind ehrenwerte Männer, aus einem
guten Stamm bist du. Sei mir will-
kommen!"

15 Dann fuhr er fort: „Das soll dein
Lohn sein: eine Drachme täglich so-
wie den ganzen Lebensunterhalt für
dich wie für meinen Sohn. Reise also
mit meinem Sohn, 16 und ich will dir
noch über den vereinbarten Lohn hi-
naus geben." Der Engel antwortete:
„Ich mache die Reise mit ihm. Fürchte
nichts! Unsere Hinreise wird gut ver-
laufen und so auch unsere Rückkehr,
weil der Weg sicher ist." 17 Tobit
sprach zu ihm: „Sei gesegnet, Bruder!"
Dann sprach er zu seinem Sohn:
„Mach dich reisefertig, Kind! Reise
mit deinem Bruder! Gott aber, der im
Himmel wohnt, beschütze euch hie-
nieden und führe euch sicher und ge-
sund zu mir! Sein Engel begleite euch
zum Schutz, mein Kind!" Tobias ging
hinaus, um die Reise zu beginnen. Er
umarmte seinen Vater und seine Mut-
ter. Tobit sagte zu ihm: „Gute Reise!"
18 Seine Mutter aber weinte und sprach
zu Tobit: „Warum hast du mein Kind
fortgeschickt? War er nicht der Stab
unserer Hand, da er vor uns ein und
aus ging? 19 Ich hoffe, dass das Geld
nicht allem vorgeht, sondern dass es
im Vergleich zu unserem Kind nicht

zählt. 20 Denn wie es uns vom Herrn
zu leben gegeben ward, so genügte es
uns.“ 21 Da antwortete ihr Tobit:
„Mach dir keine Sorge! Unser Sohn
bricht wohlbehalten auf, er wird auch
wohlbehalten wieder nach Hause zu-
rückkehren. Am Tage, da er heim-
kehrt, werden deine Augen sehen,
dass es immer sehr gut geht. Mach
dir keine Sorgen und ängstige dich
nicht um sie, meine Schwester!
22 Denn ein guter Engel reist mit ihm,
seine Fahrt wird glücklich verlaufen,
und er wird gesund heimkehren.“
23 Da hörte sie auf zu weinen.

VI. Der Fisch: 6,1–18

6 1 Der Jüngling brach mit dem En-
gel auf, und der Hund folgte hin-
terher. Sie zogen alle beide ihres We-
ges und kamen am ersten Abend an
den Fluss Tigris, wo sie übernachte-
ten. 2 Der Jüngling stieg zum Fluss hi-
nab, um seine Füße zu baden. Da
schnellte ein Fisch aus dem Wasser
empor und drohte seinen Fuß zu ver-
schlingen. Der Bursche schrie auf,
3 aber der Engel sprach zu ihm: „Er-
greife den Fisch und lass ihn nicht
los!“ Da packte der Jüngling den Fisch
und warf ihn ans Land. 4 Dann sprach
der Engel zu ihm: „Zerschneide den
Fisch! Nimm Herz, Leber und Galle
und bewahre sie sorgfältig auf, die
Eingeweide aber wirf weg; denn Herz,
Leber und Galle sind nützliche Arz-
nei.“ 5 Der Jüngling öffnete den Fisch
und hob Herz, Leber und Galle auf.
Etwas Fisch brieten sie zum Essen
und behielten das andere zum Einsal-
zen. 6 Dann wanderten beide weiter,
bis sie sich Medien näherten.

7 Da sprach der Jüngling zum Engel:
„Bruder Asarja, wozu dienen Leber,
Herz und Galle des Fisches?“ 8 Er ant-
wortete ihm: „Was Herz und Leber
angeht, so muss man damit vor dem
Mann oder der Frau räuchern, falls
sie ein Dämon oder böser Geist plagt.
Jede Art böser Bedrängnis verschwin-
det für immer, ohne auch nur eine
Spur zu hinterlassen. 9 Was aber die
Galle betrifft, so dient sie als Augen-
salbe, wenn man weiße Flecken in
den Augen hat. Man braucht nur auf
die Flecken zu blasen, um sie zu hei-
len.“

10 Sie zogen durch Medien und nah-
ten sich schon Ekbatana, 11 als Rafael
zum Jüngling sprach: „Bruder Tobias!“
Der antwortete: „Ja?“ Der Engel erwi-
derte: „Heute werden wir bei Raguël
übernachten. Er ist dein Verwandter
und hat eine Tochter namens Sara.
12 Aber außer Sara hat er weder Sohn
noch Tochter. Nun bist du ihr nächs-
ter Verwandter, dir kommt sie zuerst
zu, und du kannst das Erbe ihres Va-
ters beanspruchen. Das Mädchen ist
aufrichtig, beherzt und anmutig, und
ihr Vater liebt sie sehr. 13 Du hast das
Recht, sie zu nehmen. Nun höre auf
mich! Ich will über das Mädchen mit
ihrem Vater sprechen, dass er sie von
heute Abend an für dich als Braut be-
wahrt. Wenn wir dann aus Rages zu-
rückkehren, feiern wir Hochzeit.
Denn ich weiß gewiss, dass Raguël
gar kein Recht hat, sie dir zu verwei-
gern oder einem anderen anzutrauen.

Nach den Bestimmungen im Gesetz
des Mose würde er des Todes schuldig,
sobald er weiß, dass die Verwandt-
schaft dir vor allen anderen das Recht
gibt, seine Tochter als Frau zu neh-
men. Höre also auf mich, Bruder!
Heute Abend sprechen wir über das
junge Mädchen und stellen den Hei-
ratsantrag. Nach der Rückkehr aus Ra-
ges nehmen wir sie dann, um sie mit
uns zu dir nach Hause zu führen."
[14] Tobias antwortete Rafael: „Bruder
Asarja, ich habe mir sagen lassen, dass
sie schon siebenmal zur Ehe gegeben
wurde; jedes Mal aber ist ihr Mann im
Brautgemach gestorben. Er starb am
Abend, da er in ihr Gemach eintrat,
und ich hörte die Leute reden, ein Dä-
mon habe sie getötet. [15] So habe ich
nun etwas Angst bekommen. Ihr tut
er nichts, weil er sie liebt; aber sobald
einer sich ihr nahen will, tötet er ihn.
Ich bin der einzige Sohn meines Va-
ters und möchte nicht sterben, denn
ich will nicht meinen Vater und meine
Mutter aus Gram um mich ins Grab
bringen. Sie haben keinen anderen
Sohn, der sie begraben könnte." [16] Der
Engel aber sprach zu ihm: „Bedenkst
du nicht die Worte, die dein Vater dir
aufgetragen hat, du sollest eine Frau
aus dem Hause deines Vaters heiraten?
Nun höre auf mich, Bruder! Sie wird
deine Frau werden. Um den Dämon
mache dir keine Sorge! Denn in dieser
Nacht wird sie dir zur Frau gegeben.
[17] Wenn du das Brautgemach betrittst,
nimm die Leber und das Herz des Fi-
sches und lege etwas davon auf die
Räucherkohlen. Der Rauch wird sich
verbreiten, [18] der Dämon wird ihn rie-
chen und fliehen, und es besteht keine
Gefahr, dass man ihn je wieder bei
dem jungen Mädchen antrifft. Sobald
du dich ihr nahest, erhebt euch beide
zuerst zum Gebet. Bittet den Herrn
des Himmels, euch seine Gnade und
seinen Schutz zu gewähren. Fürchte
dich nicht! Denn dir ist sie von Ewig-
keit her bestimmt. Du sollst sie erret-
ten. Sie wird mit dir ziehen. Ich glaube
bestimmt, dass du von ihr Kinder er-
halten wirst, die dir wie Brüder sein
werden. Zögere nicht!" Und als Tobias
Rafael reden hörte, er wüsste, dass Sa-
ra seine Schwester sei, eine Verwandte
der Familie seines Vaters, da liebte er
sie so sehr, dass er sein Herz nicht
mehr von ihr abwenden konnte.

IX. Die Hochzeit: 9,1 – 10,13

9 [1] Tobias rief Rafael und sprach zu
ihm: [2] „Bruder Asarja, nimm vier
Diener und zwei Kamele mit dir und
reise nach Rages. [3] Geh zu Gabael, gib
ihm die Empfangsbestätigung und
nimm das Geld an dich; schließlich la-
de ihn ein, mit dir zu meiner Hochzeit
zu kommen. [4] Du weißt, mein Vater
zählt die Tage, und wenn ich lange
ausbleibe, wird er sich sehr ängstigen.
[5] Du siehst auch, wie sehr sich Raguël
verpflichtet; durch seinen Eid bin ich
gebunden." Da reiste Rafael mit den
vier Dienern und den zwei Kamelen
nach Rages in Medien. Sie übernach-
teten bei Gabaël, und er zeigte ihm die
Empfangsbestätigung vor. Er teilte
ihm die Heirat des Tobias, des Sohnes
Tobits, mit und dessen Einladung zur

Hochzeit. Gabaël zählte ihm die Sä-
cke, deren Siegel unverletzt waren,
vor, und sie luden sie auf die Kamele.
6 In der Frühe brachen sie zusammen
zur Hochzeit auf. Sie kamen bei Ra-
guel an und fanden Tobias beim Mahl.
Er erhob sich und begrüßte ihn, Ga-
baël weinte und segnete ihn mit
diesen Worten: „Edler Sohn eines voll-
kommenen, gerechten und wohltäti-
gen Vaters! Der Herr segne dich mit
dem Segen des Himmels, dich und
deine Frau, den Vater und die Mutter
deiner Frau! Gepriesen sei Gott, der
mich schauen ließ das lebendige Ab-
bild meines Vetters Tobit!“

10 1 Unterdessen zählte Tobit täg-
lich die Reisetage, die für die
Hin- und Rückreise erforderlich wa-
ren. Sie waren abgelaufen, ohne dass
der Sohn erschienen wäre. 2 Da dachte
er: „Vielleicht sind sie dort unten ab-
gewiesen worden! Vielleicht ist Ga-
baël gestorben, und keiner ist da, der
ihm das Geld gibt!“ 3 Und er begann
sich zu ängstigen.

4 Seine Frau Hanna sprach: „Mein
Kind ist tot! Es ist nicht mehr unter
den Lebenden!“ Und sie begann, um
ihren Sohn zu weinen und zu klagen.
Sie sprach: 5 „Ach, Kind, dass ich dich
ziehen ließ, das Licht meiner Augen!“
6 Tobit aber erwiderte: „Sei still,
Schwester! Mach dir keine Sorgen, es
geht ihm gut! Es wird ihnen dort un-
ten etwas dazwischengekommen sein.
Sein Reisegefährte ist zuverlässig,
einer von unseren Brüdern. Sei nicht
bekümmert, Schwester; er kann jeden
Augenblick kommen.“ 7 Doch sie ant-
wortete: „Lass, versuch mich nicht zu
täuschen! Mein Kind ist tot!“ Täglich
ging sie hinaus, an dem Weg zu wa-
chen, auf dem ihr Sohn fortgegangen
war. Niemandem glaubte sie mehr.
War die Sonne untergegangen, kehrte
sie heim, um die ganze Nacht hin-
durch zu weinen und zu klagen, und
konnte nicht schlafen. Tagsüber aß sie
kein Brot, des Nachts aber hörte sie
nicht auf, ihren Sohn Tobias zu bewei-
nen. Als die vierzehn Tage der Hoch-
zeit vorüber waren, die Raguël zu Eh-
ren seiner Tochter zu veranstalten
geschworen hatte, sprach Tobias zu
Raguël: „Entlasse mich! Denn mein
Vater und meine Mutter haben sonst
keine Hoffnung mehr, mich wieder-
zusehen. Auch bitte ich dich, Vater,
lass mich zu meinem Vater zurück-
kehren; ich erklärte dir ja, in welchem
Zustand ich ihn verließ.“ 8 Raguël
sprach zu Tobias: „Bleibe bei mir,
mein Sohn! Ich will jemand zu dei-
nem Vater Tobit senden, dass man
ihm über dich Nachricht gebe!“ 9 Tobi-
as aber drängte: „Nein, vielmehr ent-
lasse mich zu meinem Vater!“ 10 Da
stand Raguël auf und übergab ihm
seine Frau Sara und die Hälfte seines
Vermögens: Knechte und Mägde,
Ochsen und Schafe, Esel und Kamele,
Kleider, Geld und Hausgerät. 11 So ließ
er sie zufrieden ziehen. Für Tobias
sprach er diese Worte zum Abschied:
„Gute Gesundheit, mein Kind, und
glückliche Fahrt! Der Herr des Him-
mels sei euch gnädig, dir und deiner
Frau Sara! Hoffentlich sehe ich noch
eure Kinder, bevor ich sterbe!“ 12 Zu
seiner Tochter Sara sprach er: „Geh
zu deinem Schwiegervater! Sie sind

jetzt deine Eltern, wie die, die dir das Leben schenkten. Geh hin in Frieden! Lass mich gute Kunde über dich vernehmen, solange ich lebe.“ Dann küsste er sie und verabschiedete sie. Edna sprach zu Tobias: „Sohn und lieber Bruder, der Herr bringe dich zurück und gewähre mir so lange zu leben, dass ich vor meinem Tod eure Kinder sehe, von dir und meiner Tochter Sara. Vor dem Antlitz des Herrn übergebe ich dir meine Tochter als ein anvertrautes Gut. Betrübe sie nicht, solange du lebst. Geh hin in Frieden, mein Sohn! Von nun an bin ich deine Mutter, und Sara ist deine Schwester. Möchten wir doch alle so glücklich leben alle Tage unseres Lebens!“ Sie umarmte alle beide und ließ sie voll Freude ziehen.

13 Zufrieden reiste Tobias von Raguël ab. Fröhlich pries er den Herrn des Himmels und der Erde und den König des Alls für den glücklichen Erfolg seiner Reise. Er segnete auch Raguël und seine Frau Edna: „Möchte ich das Glück haben, euch zu ehren alle Tage meines Lebens!“

X. Die Augen: 11,1–19

11 1 Sie gingen hin, bis sie in die Nähe von Kaserin, gegenüber von Ninive, kamen. Da sprach Rafael: 2 „Weißt du nicht, wie du deinen Vater zurückgelassen hast? 3 Wir wollen deiner Gattin vorauseilen und das Haus einrichten, während sie mit den anderen nachkommt.“ 4 Sie gingen beide zusammen[, er hatte ihm aber geraten, die Galle mitzunehmen,] und der Hund folgte ihnen.

5 Hanna saß da und hielt auf dem Wege Ausschau nach ihrem Kinde. 6 Da sah sie ihn kommen und sprach zu seinem Vater: „Siehe, dein Sohn kommt und der Mann, der mit ihm gereist ist!“

7 Rafael sprach zu Tobias, bevor er noch seinen Vater erreichte: „Ich weiß, dass dein Vater die Augen wieder öffnen wird. 8 Du streiche die Fischgalle auf seine Augen. Die Arznei wird beißen und ihm von den Augen ein weißes Häutchen ablösen. Da wird dein Vater sehen und Licht schauen können.“ 9 Die Mutter lief herbei und fiel ihrem Sohn um den Hals und sprach zu ihm: „Ich habe dich wiedergesehen, nun kann ich sterben!“ Und sie weinte. 10 Tobit erhob sich und stieß an, vermochte aber durch die Hoftür zu gehen. Da lief Tobias zu ihm, 11 [in der Hand trug er die Fischgalle.] Er hauchte auf seine Augen, hielt ihn und sprach: „Mut, Vater!“ Dann strich er die Arznei auf, ließ sie einige Zeit wirken 12 und entfernte schließlich mit jeder Hand ein Häutchen aus den Augenwinkeln. 13 Da fiel ihm sein Vater um den Hals. 14 Er weinte und rief: „Ich sehe dich, mein Sohn, Licht meiner Augen!“ Und er sprach: „Gepriesen sei Gott! Gepriesen sei sein gewaltiger Name! Gepriesen seien alle seine heiligen Engel! Gepriesen sei sein gewaltiger Name in alle Ewigkeit! 15 Denn er hat mich gezüchtigt und sich meiner erbarmt. Siehe, ich schaue meinen Sohn Tobias.“ Tobias trat in das Haus ein und pries voller Freude Gott mit

lauter Stimme. Dann erzählte er alles
seinem Vater, wie seine Reise gut ver-
laufen sei und er das Geld mitbringe;
wie er Sara, die Tochter Raguëls, ge-
heiratet habe; bald käme auch sie,
schon sei sie den Toren Ninives nahe.

16 Da ging Tobit zum Tor von Nini-
ve hinaus seiner Schwiegertochter
entgegen voller Freude und Gott lo-
bend. Die Leute von Ninive, die ihn
ohne Führer gehen sahen, dass er wie
früher in eigener Kraft ausschreiten
konnte, wunderten sich. 17 Tobit be-
kannte vor ihnen, dass Gott sich sei-
ner erbarmt und ihm die Augen geöff-
net habe. Als Tobit sich seiner
Schwiegertochter Sara näherte, seg-
nete er sie und sprach: „Sei willkom-
men, Tochter! Gepriesen sei Gott, der
dich zu uns geführt hat, Tochter! Ge-
priesen sei dein Vater und mein Sohn
Tobias, und gepriesen seist du, Toch-
ter! Sei willkommen in deinem Hause,
in Freude und Lobpreis! Tritt ein,
Tochter!“ 18 An jenem Tage wurde ein
Fest für alle Juden von Ninive gefeiert,
19 und auch seine Vettern Achikar und
Nadab kamen, um teilzunehmen an
der Freude Tobits.

XI. Rafael: 12,1–21

12 1 Am Ende der Hochzeit rief
Tobit seinen Sohn Tobias und
sprach zu ihm: „Kind, bemühe dich
um den Lohn für den Mann, der mit
dir gereist ist! Man muss ihm auch et-
was hinzugeben.“ 2 Er antwortete ihm:
„Vater, wie viel soll ich ihm für seine
Dienste geben? Ich schade mir nicht,
wenn ich ihm die Hälfte von dem ge-
be, was ich mitgebracht habe. 3 Er hat
mich gesund und sicher heim-
gebracht, meine Frau geheilt, das Geld
mir geholt und dich gleichfalls geheilt.
Was könnte ich ihm dafür geben?“
4 Da sprach der Alte: „Mit Recht ver-
dient er die Hälfte von dem, was er
herbrachte.“ 5 Da rief Tobias seinen
Reisegefährten und sprach zu ihm:
„Nimm die Hälfte von allem, was du
herbrachtest, als Lohn für deine
Dienste und geh hin in Frieden!“

6 Da nahm Rafael die beiden beisei-
te und sprach zu ihnen: „Preiset Gott,
und dankt ihm vor allen Lebewesen
für das, was er an euch getan hat! Prei-
set und singt seinen Namen! Verkün-
det allen Menschen Gottes Werke, wie
es ihnen gebührt, und zögert nicht,
ihm zu danken! 7 Es gehört sich, des
Königs Geheimnis zu wahren, Gottes
Werke aber zu offenbaren und zu ver-
künden, ist wohl getan. Tuet Gutes,
und das Böse wird euch nicht treffen.

8 Besser ist Gebet mit Fasten und
Almosen mit Gerechtigkeit als Reich-
tum mit Unrecht. Besser ist es, Almo-
sen zu geben als Gold aufzuhäufen.
9 Denn Almosen errettet vom Tode
und befreit von jeder Sünde. Die Al-
mosen spenden, werden ein langes Le-
ben besitzen. 10 Die aber sündigen und
Böses tun, sind Feinde ihres eigenen
Lebens.

11 Ich will euch die ganze Wahrheit
sagen und nichts mehr vor euch ver-
bergen! Ich sagte: Ja, es gehöre sich,
des Königs Geheimnis zu wahren,
Gottes Werke aber zu offenbaren, sei
wohl getan. 12 Wisset also: als ihr ge-

betet habt, du und Sara, brachte ich eure Bitten vor die Herrlichkeit des Herrn und las sie vor; ebenso, als du die Toten begrubst. 13 Als du nicht zaudertest, aufzustehen und deine Mahlzeit zu verlassen, um hinzugehen, den Toten zu bestatten, ward ich gesandt, um deinen Glauben zu erproben. 14 Nun sandte mich Gott, dich und deine Schwiegertochter Sara zu heilen. 15 Ich bin Rafael, einer von den sieben Engeln, die allezeit bereitstehen, vor die Herrlichkeit des Herrn hinzutreten." 16 Da erschraken die beiden und fielen aufs Angesicht nieder, weil sie sich fürchteten. 17 Er sprach zu ihnen: „Fürchtet euch nicht! Friede sei mit euch! Gott aber preist in Ewigkeit! 18 Denn nicht aus persönlicher Güte, sondern nach dem Willen unseres Gottes bin ich gekommen. Darum preist ihn alle Tage, denn ihm gebührt der Lobgesang. 19 Ihr meintet, mich essen zu sehen, aber ihr schautet nur eine Erscheinung. 20 Nun preiset den Herrn auf Erden. Denn ich steige zu dem auf, der mich gesandt hat. Schreibt alles auf, was geschehen ist." Und er erhob sich. 21 Als sie aufstanden, sahen sie ihn nicht mehr. Sie priesen Gott mit Lobgesängen und dankten ihm, der solche Wunder gewirkt: ein Engel des Herrn war erschienen.

XIII. Ninive: 14,1b–15

14 1b Tobit starb im Frieden, hundertundzwölf Jahre alt, und wurde in Ninive ehrenvoll begraben. 2 Er war achtundfünfzig Jahre alt, als er blind wurde; nach seiner Heilung lebte er in reicher Fülle, gab Almosen und hörte nicht auf, Gott zu loben und seine Größe zu preisen. 3 Als er ans Sterben kam, rief er seinen Sohn Tobias und gab ihm seine Weisungen: „Kind, nimm deine Söhne! 4 Ziehe fort nach Medien, denn ich glaube fest an Gottes Wort, das Nahum über Ninive gesprochen hat. Alles wird eintreffen und sich erfüllen von dem, was die Propheten Israels, die Gott gesandt hat, gegen Assyrien und gegen Ninive verkündet haben; keines ihrer Worte wird beiseite geschafft. Alles wird eintreten zu seiner Zeit. Dann wird man in Medien sicherer sein als in Assyrien und Babylonien. Denn ich weiß es und glaube es: alles, was Gott gesprochen, wird eintreffen und geschehen, und kein Wort der Verheißungen lässt er zu Boden fallen. Unsere Brüder, die im Lande Israel wohnen, werden alle gezählt und weggeführt, fern ihrer schönen Heimat. Der ganze Boden Israels wird verwüstet, Samaria und Jerusalem werden zur Wüste, und das Haus Gottes wird [eine Zeit lang] wüst und niedergebrannt sein. 5 Dann wird sich Gott wieder ihrer erbarmen und sie in das Land Israel zurückführen. Sie werden sein Haus wiedererbauen, weniger schön als das erste, bis die Zeiten erfüllt sind. Dann aber werden sie alle, die heimgekehrt sind aus der Gefangenschaft, Jerusalem wiedererbauen in Herrlichkeit, und darin wird Gottes Haus wieder erbaut, wie es die Propheten Israels verkündet haben. 6 Alle Völker der ganzen Erde

werden sich bekehren und Gott in
Wahrheit fürchten. Alle werden sie
ihre falschen Götter verstoßen, die sie
in die Irre geführt haben. 7 Und sie
werden den Gott der Ewigkeiten in
Gerechtigkeit preisen. Alle Israeliten,
die für jene Tage verschont sind, wer-
den Gottes gedenken in Lauterkeit. Sie
werden kommen und sich in Jerusa-
lem sammeln und von nun an das
Land Abrahams bewohnen in Sicher-
heit, und es wird ihr Eigen sein. Und
jene, die Gott in Wahrheit lieben, wer-
den sich freuen, jene aber, die Sünde
und Ungerechtigkeit verüben, werden
von der Erde verschwinden.

8 Und nun, Kinder, mache ich euch
zur Pflicht: Dienet Gott in Wahrheit
und tut, was ihm wohlgefällt! Legt eu-
ren Kindern die Verpflichtung auf,
Gerechtigkeit zu tun und Almosen
zu geben, Gottes zu gedenken und sei-
nen Namen allezeit zu preisen in
Wahrheit und aus ihrer ganzen Kraft!

9 Also, mein Sohn, verlasse Ninive
und bleibe nicht hier! 10 Hast du deine
Mutter neben mir begraben, dann
brich noch am selben Tage auf, was
für ein Tag es auch sei, und bleibe
nicht länger in diesem Land, denn ich
sehe darin Untreue und Gottlosigkeit
herrschen. Kind, sieh, was Nadab sei-
nem Pflegevater Achikar antat. Wur-
de er nicht gezwungen, lebendig unter
die Erde hinabzusteigen? Gott aber
zahlte dem Verbrecher die Untat vor
den Augen seines Opfers heim, denn
Achikar gelangte wieder ans Licht,
während Nadab zur Strafe für seinen
Anschlag aufs Leben des Achikar ein-
ging in die ewige Finsternis. Wegen
seiner guten Werke entging Achikar
der tödlichen Schlinge, die Nadab
ihm gelegt hatte, und Nadab verfing
sich darin und ging zugrunde. 11 Seht
also, Kinder, wohin das Almosen
führt und wohin die Gottlosigkeit,
nämlich zum Tode. Aber nun geht
mein Odem zu Ende." Sie breiteten
ihn auf dem Lager aus, er starb und
wurde in Ehren begraben.

12 Als die Mutter starb, begrub Tobi-
as sie neben dem Vater. Dann brach er
mit seiner Frau und seinen Kindern
nach Medien auf. Er wohnte in Ekba-
tana bei Raguël, seinem Schwieger-
vater. 13 Er umgab das Alter seiner
Schwiegereltern mit ehrfürchtiger
Sorge, dann begrub er sie zu Ekbatana
in Medien. Tobias erbte das Vermögen
Raguels sowie das seines Vaters Tobit.
14 Er lebte ehrenvoll bis zum Alter von
hundertundsiebzehn Jahren. 15 Vor
seinem Tode wurde er noch Zeuge
des Untergangs von Ninive. Er sah,
wie die Bewohner von Ninive von
Xerxes, dem König von Medien, ge-
fangen genommen und nach Medien
weggeführt wurden. Er pries Gott für
alles, was er über die Bewohner von
Ninive und die Assyrer verhängte.
Vor seinem Tode konnte er sich freuen
über das Los Ninives und den Herrn
preisen von Ewigkeit zu Ewigkeit.
Amen.

14 *Judit und Holofernes*

Aus dem Buch Judit

Das Buch Judit *ist eine Lehrschrift, die etwa um das Jahr 100 vor Christus in griechischer Sprache geschrieben wurde, um den Juden in der feindlichen Umwelt zu zeigen, worauf sie ihre Hoffnung setzen sollen.*

Das Volk ist durch eine gottfeindliche Macht bedrängt. Judit, eine gottesfürchtige Witwe von schöner Gestalt, befreit das Volk aus der Bedrängnis. „Witwe" heißt, dass sie nur auf Gott ihre Hoffnung setzt, dass sie in Gott ihren Grund hat und nicht in einem Mann. Ihre Schönheit zeigt die innere Klarheit dieser Frau. Sie lebt gottgemäß. Darum ist sie schön. Diese Frau findet den Mut, zum mächtigen Feldherrn des feindlichen Heeres zu gehen. Sie geht allein, ohne Hilfe, nur im Vertrauen auf Gottes Beistand. Alle im Zelt des Holofernes sind von der Schönheit Judits entzückt.

Judit bereitet sich auf ihre Tat vor, indem sie sich auch im feindlichen Lager genau an die Reinigungsrituale und Essensgesetze hält. Als Holofernes sie zum Gelage einlädt, sagt sie zu. Doch während Holofernes voller Freude, mit ihr schlafen zu können, sich mit Wein betrinkt, bleibt sie nüchtern. Holofernes sinkt ermattet auf sein Bett. Da nimmt sie sein Schwert und schlägt ihm den Kopf ab. Mit dem Kopf als Siegesbeute kehrt sie in die Stadt zurück. Der Hohepriester und die Ältesten jubeln und sprechen zu ihr die Worte, die die christliche Liturgie später auf Maria anwenden wird: „Du bist der Ruhm Jerusalems, du bist die große Freude Israels und der Stolz unseres Volkes" (Jdt 15,9). Die Frauen kommen, um Judit als eine der Ihren zu ehren. Gott hat in Judit alle Frauen aufgerichtet und ihnen gezeigt, dass durch sie dem Volk Rettung und Heil zuteil werden kann. Judit gibt den Dank an Gott weiter: „Wunderbar bist du in deiner Stärke, keiner kann dich übertreffen" (Jdt 16,13).

Das Buch Judit ist spannend zu lesen. Doch es geht nicht um das kriegerische Milieu, das uns in Bann zieht. Es geht darum, dass Gott einer Frau, die als Witwe eigentlich rechtlos ist, die Kraft schenkt, das ganze Volk zu retten. Nicht das Vertrauen auf die eigene Kraft, sondern das Vertrauen auf Gott befähigt – symbolisch – zu solchem Tun. Judit wird zum Vorbild Marias, die sich ebenso Gott zur Verfügung stellt: Während der Knecht Israel sich Gott gegenüber verschließt, öffnet sich Maria als die Magd des Herrn dem Wort Gottes und wird von ihm schwanger.

In Judit und Maria wird sichtbar, dass Gott gerade das scheinbar Schwache nimmt, um Großes zu wirken. Die Frau, die auf Gott vertraut, beschämt die vielen Männer, die ihre Zuflucht zu ihrer eigenen Stärke und zur Macht ihrer Waffen nehmen – eine tiefgründige Symbolgeschichte ohne Zeit.

Judit

Die Einführung Judits: 8,1–8

8 1 In jenen Tagen hörte davon auch Judit, die Tochter Meraris, des Sohnes des Uz, des Sohnes Josefs, des Sohnes Usiëls, des Sohnes Hilkijas, des Sohnes Hananjas, des Sohnes Gideons, des Sohnes Rafains, des Sohnes Ahitubs, des Sohnes Elijas, des Sohnes Hilkijas, des Sohnes Eliabs, des Sohnes Natanaëls, des Sohnes Schelumiëls, des Sohnes Zurischaddais, des Sohnes Simeons, des Sohnes Israels. 2 Ihr Mann war Manasse aus dem gleichen Stamm und Geschlecht. Er starb in den Tagen der Weizenernte. 3 Als er nämlich bei den Garbenbindern auf dem Felde stand und der heiße Glutwind auf sein Haupt kam, legte er sich auf sein Ruhelager und starb in seiner Stadt Betulia. Man begrub ihn bei seinen Vätern auf dem Felde, das zwischen Dotan und Jibleam liegt. 4 Judit weilte drei Jahre und vier Monate in ihrem Hause als Witwe. 5 Auf dem Dach ihres Hauses errichtete sie sich eine Hütte, um ihre Lenden legte sie ein Bußgewand und trug die Witwenkleider. 6 Alle Tage ihrer Witwenschaft fastete sie, außer den Vorsabbaten, den Sabbaten, den Vorneumonden, den Neumonden, den Festen und Freudentagen des Hauses Israel. 7 Sie war schön von Gestalt und von sehr blühendem Aussehen. Ihr Mann Manasse hatte ihr Gold und Silber, Sklaven und Sklavinnen, Vieh und Äcker hinterlassen, in deren Besitz sie blieb. 8 Es gab niemand, der ihr ein böses Wort nachsagte. Denn sie war sehr gottesfürchtig.

Judit und die Ältesten: 8,9–36

9 Da vernahm sie die schlimmen Reden des Volkes gegen den Stadtvorsteher, da sie durch den Wassermangel kleinmütig geworden waren. Auch erfuhr Judit alle Worte, die Usija zu ihnen gesprochen, wie er ihnen geschworen hatte, die Stadt nach fünf Tagen den Assyrern zu übergeben. 10 Da sandte sie ihre Magd, die all ihrem Besitz vorstand, hin und ließ Usija, Kabri und Karmi, die Ältesten ihrer Stadt, rufen. 11 Nach ihrer Ankunft sprach sie zu ihnen: „Hört mich doch an, ihr Ältesten der Bewohner von Betulia! Denn eure Rede, die ihr an diesem Tage vor dem Volke hieltet, war nicht recht; auch leistetet ihr noch diesen Eid, den ihr zwischen Gott und euch spracht, indem ihr zusagtet, die Stadt unseren Feinden zu übergeben, wenn in der bestimmten Zeit der Herr euch keine Hilfe zuwende. 12 Wer seid ihr denn eigentlich, die ihr am heutigen Tag Gott versuchtet und euch über Gott inmitten der Menschensöhne stelltet? 13 Nun prüft ihr den allmächtigen Herrn und werdet doch in Ewigkeit nichts erkennen! 14 Denn die Tiefe des Menschenherzens könnt ihr nicht ergründen und das Sinnen seines Verstandes nicht erfassen! Wie wollt ihr da Gott erforschen, der dies alles gemacht hat, seinen Sinn erkennen und sein Denken verstehen? Keineswegs, Brüder! Reizt

den Herrn, unsern Gott, doch nicht zum Zorn! 15 Denn wenn er auch in diesen fünf Tagen uns nicht helfen will, hat er doch die Macht, an den Tagen, an denen er will, uns zu beschützen oder vor dem Antlitz unserer Feinde zu verderben. 16 Ihr aber, erzwingt doch nicht die Absichten Gottes! Denn Gott kann nicht wie ein Mensch bedroht, noch wie ein Menschenkind wankend gemacht werden. 17 Während wir auf seine Rettung warten, wollen wir ihn zu unserer Hilfeleistung anrufen! Dann wird er unsere Stimme erhören, wenn es ihm wohlgefällt.

18 Denn es bestand keines unter unsern Geschlechtern, noch gibt es heute einen Stamm, ein Geschlecht, eine Familie oder Stadt unter uns, die von Menschenhand angefertigte Götzen anbetet, wie es früher geschah. 19 Deshalb wurden unsere Väter dem Schwert und der Plünderung überlassen und erlitten vor unsern Feinden eine große Niederlage. 20 Wir aber kennen keinen anderen Gott außer ihm. Deshalb hoffen wir, dass er uns nicht übersehen wird noch jemand aus unserem Geschlecht.

21 Denn durch die Einnahme unserer Stadt wird ganz Judäa erobert und unser Heiligtum geplündert werden. So wird er für seine Entweihung Sühne von unserem Blut fordern. 22 Die Ermordung unserer Brüder, die Kriegsgefangenschaft des Landes und die Verwüstung unseres Erbbesitzes wird er noch unter den Völkern auf unser Haupt legen, wo wir als Sklaven dienen. Wir werden zum Ärgernis und Spott vor jenen sein, die uns käuflich erwarben. 23 Denn unsere Knechtschaft wird nicht zum Guten gelenkt, sondern der Herr, unser Gott, wird sie in Schmach verwandeln. 24 Jetzt, Brüder, beweisen wir unseren Brüdern, dass ihr Leben von uns abhängt und Heiligtum, Tempel und Altar auf uns sich stützen!

25 Für all das wollen wir dem Herrn, unserem Gott, danken, der uns ebenso prüft, wie unsere Väter! 26 Bedenkt, wie er mit Abraham verfuhr, wie er Isaak prüfte, und wie es Jakob im syrischen Mesopotamien erging, da er die Schafe Labans, des Bruders seiner Mutter, weidete! 27 Denn wie er jene zur Erprobung ihres Herzens im Feuer prüfte, so hat er auch uns nicht gestraft, vielmehr züchtigt der Herr zur Warnung jene, die sich ihm nahen."

28 Da sprach Usija zu ihr: „Alles, was du vortrugst, sprachst du mit guter Gesinnung, und niemand kann deinen Reden widerstehen. 29 Denn nicht erst seit heute ist deine Weisheit offenkundig, sondern von Beginn deiner Tage an erkannte das ganze Volk deine Einsicht, wie die Gedanken deines Herzens gut sind. 30 Doch da das Volk sehr großen Durst leidet, nötigten sie uns zu handeln, wie wir es ihnen zugesagt haben, und uns auch durch einen Eid zu binden, den wir nicht verletzen dürfen. 31 Bete du nun für uns, da du eine gottesfürchtige Frau bist! Dann wird der Herr Regen spenden, um unsere Zisternen anzufüllen, damit wir nicht mehr verschmachten."

32 Da antwortete ihnen Judit: „Hört

mich an! Ich werde eine Tat vollbrin-
gen, die bis in die fernsten Geschlech-
ter zu den Söhnen unseres Volkes
dringen wird. 33 Stellt euch diese Nacht
ans Tor! Ich will mit meiner Magd hi-
nausgehen. In den Tagen, nach denen
ihr die Übergabe der Stadt an unsere
Feinde zugesagt habt, wird der Herr
durch meine Hand Israel heimsuchen.
34 Forscht nicht nach meiner Hand-
lungsweise! Denn ich sage euch
nichts, bevor es vollendet ist, was ich
unternehmen will.“ 35 Da sprachen
Usija und die Vorsteher zu ihr: „Geh
hin in Frieden! Gott, der Herr, ziehe
vor dir her zur Bestrafung unserer
Feinde!“ 36 So kehrten sie aus der Hüt-
te zurück und begaben sich auf ihre
Plätze.

Judits Gebet: 9,1–14

9 1 Judit aber fiel auf ihr Antlitz, streute Asche auf ihr Haupt und enthüllte das Bußgewand, das sie trug. Eben wurde in Jerusalem das Rauchopfer jenes Abends im Gotteshaus dargebracht, da rief Judit mit lauter Stimme zum Herrn und sprach:

2 „Herr, Gott meines Vaters Simeon, dem du ein Schwert in die Hand gabst zur Rache an den Fremden, die den Gürtel einer Jungfrau zu ihrer Befleckung lösten, die Schenkel zu ihrer Schande enthüllten und den Schoß zu ihrer Schmach entweihten! Denn du hattest befohlen: solches darf nicht sein! Sie taten es dennoch.

3 Dafür gabst du ihre Führer der Ermordung preis und ihr Lager, das sich ihres Betruges schämte, dem Blutbad. Die Knechte schlugst du samt ihren Herren, die Herrscher samt ihren Dienern.

4 Ihre Frauen gabst du zur Beute, ihre Töchter zur Gefangenschaft und all ihre Habe zum Anteil deinen geliebten Söhnen, die auch von deinem Eifer beseelt waren, die Befleckung des Blutes verabscheuten und dich um Hilfe anriefen. Gott, mein Gott, erhöre auch mich, die Witwe!

5 Du hast bewirkt, was früher war als dies, und jenes sowie das Spätere, das Jetzige und Zukünftige hast du durchdacht. Es geschah, was du beabsichtigtest.

6 Fest stand da, was du geplant hattest, und sprach: Siehe, da bin ich! Denn all deine Wege sind geordnet, und dein Gericht ist vorhergesehen.

7 Denn siehe, die Assyrer sind stark in ihrem Kriegsheer. Sie rühmen sich ihrer Pferde und Reiter, sind stolz auf die Kraft ihrer Fußtruppen, vertrauen auf Schild und Speer, Bogen und Schleuder und wissen nicht, dass du der Herr bist, der die Kriege zerschlägt.

8 Herr ist dein Name. Zerschmettere ihre Kraft durch deine Macht und zwinge nieder in deinem Zorn ihre Stärke! Denn sie haben beschlossen, dein Heiligtum zu entweihen, zu verunreinigen das Zelt, das ein Ruheort deines herrlichen Namens ist, und mit dem Eisen das Horn deines Altares abzuschlagen.

9 Blick nieder auf ihren Hochmut und sende deinen Zorn auf ihre Häupter! Verleih meiner, der Witwe, Hand die Kraft zu dem, was ich beabsichtige!

10 Schlag durch meine täuschenden
Lippen den Knecht mit dem Herrn
und den Herrn mit seinem Diener!
Zerschmettere ihren Stolz durch die
Hand einer Frau!

11 Denn nicht in der Menge ruht
deine Kraft noch deine Macht in den
Starken. Vielmehr bist du ein Gott der
Demütigen und Helfer der Geringen,
ein Beistand der Schwachen und Be-
schützer der Verstoßenen, ein Retter
der Verzweifelten.

12 Fürwahr, fürwahr, Gott meines
Vaters und Gott des Erbes Israel! Du
Herrscher der Himmel und der Erde,
Schöpfer der Wasser und König dei-
ner ganzen Schöpfung, höre doch auf
mein Gebet!

13 Mach mein betrügerisches Wort
zur Wunde und Strieme für sie, die
gegen deinen Bund, dein heiliges
Haus, den Gipfel des Zion und das
Haus deiner Söhne Grausames plan-
ten.

14 Bewirke bei jedem Volk und je-
dem Stamm die Erkenntnis, dass sie
wissen, dass du der Herr bist, der Gott
aller Macht und Kraft, und dass kein
anderer besteht, der das Geschlecht
Israels beschützt außer dir!"

Judit und Holofernes

Judit begibt sich zu Holofernes: 10,1–23

10 1 Als sie aufgehört hatte, zum
Gott Israels zu rufen, und all
diese Worte beendet hatte, 2 erhob sie
sich von der Erde, rief ihre Magd und
stieg ins Haus hinab, in dem sie an
den Sabbaten und an ihren Festen
weilte. 3 Sie legte das Bußgewand ab,
mit dem sie bekleidet war, zog ihre
Witwenkleidung aus, badete den Kör-
per mit Wasser und salbte sich mit
kostbarer Salbe. Sie ordnete die Haare
ihres Hauptes und setzte ein Diadem
darauf. Dann legte sie ihre Freuden-
kleider an, mit denen sie sich zu Leb-
zeiten ihres Mannes Manasse ge-
schmückt hatte. 4 Sie zog Sandalen an
ihre Füße, legte ihre Schrittkettchen,
Armbänder, Fingerringe, Ohrgehänge
und ihren ganzen Schmuck an. Sie
schmückte sich so sehr, um die Augen
der Männer zu bestricken, die sie se-
hen würden. 5 Ihrer Magd gab sie
einen Schlauch Wein und ein Gefäß
Öl, füllte ihren Brotsack mit Gersten-
broten, Feigenkuchen und reinen Bro-
ten, umhüllte all diese Dinge und lud
sie ihr auf. 6 Sie gingen zum Stadttor
von Betulia hinaus und fanden dort
Usija und die Stadtältesten Kabri und
Karmi. 7 Als jene sie erblickten – ihr
Antlitz war verändert und ihre Klei-
dung verwandelt –, staunten sie sehr
über ihre Schönheit und sprachen zu
ihr:

8 „Der Gott unserer Väter verleihe
dir Gnade und vollende dein Unter-
nehmen zum Ruhm der Söhne Israels
und zur Erhöhung Jerusalems!"

9 Sie fiel anbetend vor Gott nieder
und sprach zu ihnen: „Befehlt, das
Stadttor mir zu öffnen! Ich will hi-
nausgehen, um das zu vollenden, was
ihr mir gesagt habt." Da befahlen sie
den Jünglingen, ihr zu öffnen, wie sie
gesagt hatte. 10 Sie taten es. Da ging Ju-
dit hinaus und ihre Magd mit ihr. Die

Männer der Stadt aber schauten ihr
nach, bis sie den Berg hinabgestiegen
war und das Tal durchschritten hatte,
sodass sie sie nicht mehr sehen konn-
ten.

11 Im Tal gingen sie geradeaus, bis
ihr assyrische Vorposten begegneten.
12 Sie ergriffen sie und fragten: „Von
wem stammst du, woher kommst du,
und wohin gehst du?“ Sie antwortete:
„Ich bin eine Tochter der Hebräer und
bin ihnen entlaufen, weil sie euch zum
Fraß gegeben werden. 13 Ich gehe zu
Holofernes, dem Oberbefehlshaber
eures Heeres, um ihm wahrheits-
getreu zu berichten. Ich will ihm
einen Weg zeigen, auf dem er hinzie-
hen und das ganze Gebirge besetzen
kann, ohne dass auch nur einer seiner
Leute an Leib und Leben zugrunde
geht.“ 14 Als nun die Männer ihre Wor-
te vernahmen und ihr Antlitz betrach-
teten, da war es ihnen von einer gera-
dezu bewundernswerten Schönheit.
Sie sprachen zu ihr: 15 „Du hast dein
Leben gerettet, da du so eilig herunter-
gekommen bist vor das Antlitz unse-
res Herrn. Geh nun hin zu seinem
Zelt! Einige von uns sollen dich be-
gleiten, bis sie dich seinen Händen
überliefert haben. 16 Wenn du aber
vor ihm stehst, fürchte dich nicht,
sondern melde ihm nur, wie du gesagt
hast! Er wird dich gut behandeln.“
17 Nun wählten sie hundert Mann aus
ihrer Mitte und gaben sie ihr und
ihrer Sklavin als Begleitung mit. Diese
führten sie zum Zelt des Holofernes.

18 Im ganzen Lager entstand ein Zu-
sammenlauf. Denn ihr Erscheinen
hatte sich in allen Zelten herum-
gesprochen. So kamen sie und um-
ringten sie, während sie außerhalb
des Zeltes des Holofernes stand, bis
man ihm über sie berichtet hatte.
19 Sie staunten über ihre Schönheit
und bewunderten ihretwegen die
Söhne Israels. Der eine sprach zum
anderen: „Wer kann dieses Volk ver-
achten, das solche Frauen bei sich be-
sitzt? Deshalb ist es nicht gut, auch
nur einen einzigen Mann von ihnen
übrig zu lassen. Denn sie sind imstan-
de, die ganze Welt zu überlisten, so-
bald sie freigelassen sind.“

20 Da traten die Wachmannschaften
des Holofernes und all seine Diener
heraus und führten sie in das Zelt.
21 Holofernes aber ruhte gerade auf
seinem Lager unter dem Fliegennetz,
das aus Purpur, Gold, Smaragd und
eingewebten, kostbaren Steinen be-
stand. 22 Als man ihm über sie Bericht
erstattet hatte, ging er ins Vorzelt hi-
naus, und silberne Lampen wurden
vor ihm hergetragen. 23 Als aber Judit
in seiner und seiner Diener Gegen-
wart erschien, staunten alle über die
Schönheit ihres Antlitzes. Sie fiel auf
ihr Angesicht und huldigte ihm. Da
richteten seine Diener sie auf.

*Erste Unterredung zwischen Judit und
Holofernes:* 11,1 – 12,9

11 1 Da sprach Holofernes zu ihr:
„Habe Mut, Frau! Fürchte dich
nicht in deinem Innern! Denn ich tat
noch keinem Menschen ein Leid an,
der bereit war, Nebukadnezzar, dem
König der ganzen Erde, zu dienen.

2 Wenn nun dein Volk, das das Gebir-
ge bewohnt, mich nicht gering geach-
tet hätte, hätte ich nie meinen Speer
gegen es erhoben. So aber haben sie
sich das selbst zugefügt. 3 Nun sage
mir, warum du von ihnen entflohen
und zu uns gekommen bist! Denn du
kamst zu deiner Rettung. Mut! Du
wirst diese Nacht und auch weiterhin
am Leben bleiben. 4 Denn niemand
wird dir ein Unrecht zufügen, viel-
mehr wird man dir Gutes erweisen,
wie es den Dienern meines Herrn Ne-
bukadnezzar geschieht."

5 Da antwortete ihm Judit: „Nimm
die Rede deiner Sklavin gnädig auf,
und lass deine Dienerin vor deinem
Antlitz sprechen! Keine Unwahrheit
will ich diese Nacht meinem Herrn
melden. 6 Wenn du die Worte deiner
Sklavin befolgst, wird Gott das Werk
mit dir vollenden, und mein Herr
wird seine Unternehmungen nicht
vergebens beginnen. 7 Denn so wahr
Nebukadnezzar, der König der ganzen
Erde, lebt, und so wahr seine Macht
besteht, der dich ausgesandt hat zur
Ordnung aller Lebewesen, nicht nur
die Menschen werden durch dich ihm
dienen, sondern auch die Tiere des
Feldes, das Herdenvieh und die Vögel
des Himmels werden durch deine
Macht für Nebukadnezzar und sein
ganzes Haus leben.

8 Denn wir hörten von deiner Weis-
heit und den klugen Überlegungen
deines Geistes. Aller Welt wurde be-
kannt, dass du allein im ganzen
Königreich tüchtig bist, gewaltig an
Einsicht und bewundernswert in
Kriegsunternehmen. 9 Was nun die
Rede betrifft, die Achior in deiner
Ratsversammlung sprach, so erfuhren
wir seine Worte, weil die Leute von
Betulia ihn am Leben ließen, und er
ihnen alles berichtete, was er bei dir
ausgesagt hatte. 10 Herr und Gebieter,
lass deshalb sein Wort nicht unbeach-
tet, sondern erwäge es in deinem Her-
zen! Denn es ist wahr. Unser Ge-
schlecht wird nämlich nicht gestraft,
nicht kann das Schwert Gewalt über
sie gewinnen, wenn sie nicht gegen
ihren Gott gesündigt haben. 11 Nun
denn, damit mein Herr nicht vertrie-
ben werde und erfolglos bleibe und
der Tod sie treffe, hat die Sünde sie
erfasst, wodurch sie ihren Gott er-
zürnen werden, sobald sie etwas
Sündhaftes vollführen. 12 Als ihnen
nämlich die Nahrungsmittel ausgin-
gen und alles Wasser spärlich wurde,
beschlossen sie, Hand an ihre Vieh-
herden zu legen, und entschieden, al-
les zu genießen, was ihnen Gott durch
Gesetze zu essen verboten hatte.
13 Auch die Erstlinge an Getreide und
die Zehnten an Wein und Öl, die sie
aufbewahrt hatten, um sie den Pries-
tern zu weihen, die zu Jerusalem vor
dem Angesicht unsers Gottes Dienst
tun, haben sie zu verzehren beschlos-
sen. Dabei darf keiner aus dem Volk
sie auch nur mit den Händen berüh-
ren. 14 Schon sandten sie Leute nach Je-
rusalem, da die dortigen Einwohner
dasselbe getan hatten, um ihnen von
der Ratsversammlung die Nachlas-
sung zu verschaffen. 15 Sobald es ihnen
gemeldet ist und sie danach handeln,
werden sie dir an jenem Tag zur Ver-
nichtung überliefert. 16 Deshalb bin

ich, deine Dienerin, die das alles wuss-
te, vor ihnen geflohen. Gott sandte
mich, mit dir Taten zu vollbringen,
über die die Welt sich entsetzen wird,
wenn sie davon hört. 17 Denn deine
Dienerin ist gottesfürchtig und dient
dem Himmelsgott Tag und Nacht.
Nun will ich bei dir bleiben, mein
Herr! Nur nachts will deine Dienerin
in die Schlucht hinausgehen, um zu
Gott zu beten. Er wird mir sagen,
wann sie die Sünden begangen haben.
18 Dann will ich kommen, um es dir zu
berichten. Du wirst mit deinem gan-
zen Heer ausziehen, und keiner ist da,
der von ihnen dir widerstehen kann.
19 Ich werde dich mitten durch Judäa
bis vor Jerusalem führen und deinen
Thron stelle ich in seiner Mitte auf.
Du wirst sie leiten wie Schafe, denen
der Hirte fehlt, und kein Hund wird
sich mit seiner Zunge gegen dich re-
gen. Denn dies wurde mir durch mein
Vorherwissen mitgeteilt. Es wurde mir
verkündet, und ich ward gesandt, es
dir zu melden.“

20 Ihre Worte fanden Beifall bei Ho-
lofernes und all seinen Dienern. Sie
staunten über ihre Weisheit und spra-
chen: 21 „Von einem Ende der Erde bis
zum anderen gibt es keine solche Frau
mehr von so schönem Antlitz und so
verständiger Rede.“ 22 Dann sprach
Holofernes zu ihr: „Gott tat gut daran,
dich vor dem Volk herzusenden, da-
mit der Sieg in unsere Hand komme,
über die Verächter meines Herrn aber
Verderben. 23 Nun, schön bist du in
deiner Gestalt und gut in deinen Wor-
ten. Wenn du nun tust, wie du gesagt
hast, wird dein Gott mein Gott sein,
du aber wirst im Palast des Königs Ne-
bukadnezzar wohnen und auf der
ganzen Erde berühmt sein.“

12 1 Dann befahl er, sie dorthin zu
führen, wo seine Silbersachen
aufgestellt waren, und er gab Wei-
sung, ihr von seinen leckeren Speisen
herzurichten und von seinem Wein zu
reichen. 2 Da sprach Judit: „Ich werde
davon nicht essen, damit kein Ärger-
nis entsteht. Vielmehr soll mir von
dem, was mir mitgebracht wurde, dar-
gereicht werden!“ 3 Holofernes aber
antwortete ihr: „Wenn aber dein Vor-
rat zu Ende ist, woher sollen wir dann
etwas Ähnliches nehmen und dir rei-
chen? Denn bei uns ist niemand aus
deinem Geschlecht.“ 4 Judit entgegnete
ihm: „So wahr du lebst, mein Herr!
Deine Sklavin wird den Vorrat, den
sie bei sich hat, nicht aufgezehrt ha-
ben, bis der Herr durch mich das voll-
bringt, was er beschlossen hat.“ 5 Nun
führten die Diener des Holofernes sie
in das Zelt. Sie schlief bis Mitternacht
und erhob sich zur Zeit der Morgen-
wache. 6 Sie schickte zu Holofernes
und ließ sagen: „Mein Herr gebe nun
Befehl, deine Sklavin zum Gebet hi-
nauszulassen!“ 7 Da befahl Holofernes
den Leibwachen, sie nicht zu hindern.
So verbrachte sie drei Tage im Lager.
Nachts ging sie in die Schlucht von
Betulia hinaus und badete sich an der
Wasserquelle im Lager. 8 Wenn sie he-
rausgestiegen war, betete sie zum
Herrn, dem Gott Israels, ihr den Weg
zur Erhöhung der Söhne ihres Volkes
zu bereiten. 9 Rein kehrte sie zurück
und verblieb im Zelt, bis man ihr ge-
gen Abend die Speise brachte.

Judit beim Gelage des Holofernes:
12,10 – 13,10

10 Am vierten Tage bereitete Holofernes ausschließlich seinen Dienern ein Mahl und lud keinen der Beamten dazu ein. 11 Da sprach er zum Eunuchen Bagoas, der all sein Eigentum verwaltete: „Geh und überrede doch die hebräische Frau, die bei dir ist, zu uns zu kommen und mit uns zu essen und zu trinken! 12 Denn siehe, es wäre eine Schande für uns, eine solche Frau vorbeizulassen, ohne mit ihr verkehrt zu haben. Ziehen wir sie nicht an uns, wird sie uns verlachen." 13 Bagoas ging von Holofernes fort und trat zu ihr ein mit den Worten: „Das schöne Mädchen sollte doch kein Bedenken tragen, zu meinem Herrn zu gehen, um vor ihm geehrt zu werden, in Fröhlichkeit mit uns Wein zu trinken und am heutigen Tag wie eine Tochter der Söhne Assurs zu werden, die im Palast Nebukadnezzars weilen!" 14 Da antwortete ihm Judit: „Wer bin ich, dass ich meinem Herrn widerstehen sollte? Vielmehr alles, was ihm gefällt, will ich schnell tun, und dies wird mir eine Freude bis zum Tage meines Todes sein!"

15 Dann stand sie auf und schmückte sich mit dem Gewand und allem weiblichen Schmuck. Ihre Dienerin ging hin und breitete für sie vor Holofernes auf dem Boden Teppiche aus, die sie von Bagoas zum täglichen Gebrauch erhalten hatte, um auf ihnen liegend zu essen. 16 Dann trat Judit ein und legte sich nieder. Da geriet des Holofernes Herz außer sich über sie, und sein Inneres kam in Erregung. Er war sehr begierig, mit ihr zusammenzukommen. Seit dem Tage, da er sie gesehen hatte, wartete er auf den günstigen Augenblick, sie zu verführen. 17 Holofernes sprach zu ihr: „Nun trink und sei mit uns fröhlich!" 18 Da erwiderte Judit: „Ja ich will trinken, Herr! Denn heute ist mein Leben in mir mehr erhöht worden als alle Tage seit meiner Geburt." 19 Dann nahm sie, aß und trank in seiner Gegenwart, was ihre Dienerin ihr bereitet hatte. 20 Holofernes erfreute sich an ihr und trank sehr viel Wein, mehr als er jemals an einem Tage seit seiner Geburt getrunken hatte.

13 1 Als es spät geworden war, brachen seine Diener eilig auf. Bagoas machte das Zelt von außen zu und schloss die Anwesenden vom Antlitz seines Herrn aus. Sie begaben sich zu ihren Lagerstätten. Denn alle waren müde geworden, da das Mahl lange gedauert hatte. 2 Judit wurde allein im Zelte belassen. Holofernes war vornüber auf sein Lager gesunken, da der Wein ihn beschwert hatte. 3 Judit befahl ihrer Dienerin, außerhalb ihres Schlafgemaches stehen zu bleiben und ihren Ausgang wie alltäglich abzuwarten. Sie sagte nämlich, sie wolle zum Gebet hinausgehen. Dasselbe sagte sie auch Bagoas.

4 Als alle von Holofernes fortgegangen waren und keiner im Schlafgemach zurückgeblieben war, weder Groß noch Klein, trat Judit an sein Lager und sprach bei sich: „Herr, Gott aller Macht! Schau in dieser Stunde auf die Werke meiner Hände zur Er-

höhung Jerusalems! 5 Denn nun ist es
Zeit, dich deines Erbes anzunehmen
und mein Werk zu vollenden zum
Verderben der Feinde, die gegen uns
aufgetreten sind.“

6 Dann trat sie zur Säule des Bettes
hin, die sich zu Häupten des Holofer-
nes befand, und nahm sein kleines
Schwert von ihr. 7 Sie näherte sich
dem Bett, ergriff das Haar seines
Hauptes und sprach: „Stärke mich,
Herr, Gott Israels, am heutigen Tage!“
8 Dann schlug sie zweimal mit all ihrer
Kraft in seinen Nacken und trennte
ihm das Haupt davon ab. 9 Seinen
Leichnam wälzte sie vom Lager fort
und nahm das Mückennetz von der
Säule. Bald darauf trat sie hinaus und
übergab ihrer Dienerin das Haupt des
Holofernes. 10 Diese legte es in ihren
Reisesack. Dann gingen beide nach
ihrer Gewohnheit zum Gebete hi-
naus. Sie durchschritten das Lager,
gingen in einem Bogen um jene Fel-
senschlucht, stiegen den Berg von Be-
tulia hinan und kamen zu seinen To-
ren.

Judit bringt das Haupt des Holofernes nach Betulia: 13,11–20

11 Von ferne rief Judit den Wächtern
auf den Toren zu: „Öffnet, ja öffnet
das Tor! Mit uns ist Gott, unser Gott,
um noch seine Stärke in Israel und sei-
ne Macht gegen die Feinde zu bewei-
sen, wie er es auch heute getan hat.“
12 Als die Männer ihrer Stadt ihre
Stimme vernahmen, stiegen sie ei-
lends zum Tor ihrer Stadt hinab und
riefen die Ältesten der Stadt zusam-
men. 13 Alle, vom Kleinsten bis zum
Größten, liefen zusammen, da es
ihnen unglaublich schien, dass jene
gekommen sei. Sie öffneten das Tor
und empfingen sie. Sie zündeten Feu-
er zur Beleuchtung an und umringten
sie. 14 Sie aber sprach mit lauter Stim-
me zu ihnen: „Preiset Gott, preiset!
Preiset Gott, der sein Erbarmen vom
Hause Israel nicht entfernte, sondern
unsere Feinde in dieser Nacht durch
meine Hand zerschmetterte!“ 15 Dann
nahm sie das Haupt aus dem Sack,
zeigte es ihnen und sprach zu ihnen:
„Seht, das Haupt des Holofernes, des
Oberfeldherrn des assyrischen Hee-
res! Seht auch das Mückennetz, unter
dem er in seiner Trunkenheit lag! Der
Herr hat ihn durch die Hand einer
Frau geschlagen. 16 So wahr der Herr
lebt, der mich auf dem Wege be-
schützte, auf dem ich wandelte: Mein
Antlitz betrog ihn zu seinem Verder-
ben. Doch beging er keine Sünde mit
mir zur Befleckung und Schande.“
17 Da entsetzte sich das ganze Volk
sehr. Sie fielen nieder und beteten
Gott an. Dann sprachen sie einmütig:
„Gepriesen seist du, unser Gott, der
du am heutigen Tag die Feinde deines
Volkes gedemütigt hat!“ 18 Usija sprach
zu ihr: „Gepriesen seist du, Tochter,
bei Gott, dem Höchsten, vor allen
Frauen auf Erden! Gepriesen sei Gott
der Herr, der die Himmel und die Erde
erschaffen hat, der dich geführt hat,
das Haupt des Anführers unserer
Feinde zu zerschmettern!

19 Denn das Andenken an dein Ver-
trauen wird nicht aus den Herzen der

Menschen weichen, die der Macht
Gottes gedenken in Ewigkeit!
20 Gott möge dir dies zur ewigen Er-
höhung werden lassen, indem er dich
mit Gütern segne dafür, dass du deines
Lebens nicht geschont hast wegen der
Erniedrigung unseres Geschlechtes,
sondern unserem Fall entgegengetre-
ten bist, da du auf dem rechten Wege
vor unserem Gott wandeltest!" Alles
Volk aber sprach: „Amen! Amen!"

Danksagung: 15,8 – 16,15

8 Der Hohepriester Jojakim und der
Ältestenrat der Söhne Israels, die in Je-
rusalem wohnten, kamen, um das
Glück zu schauen, das der Herr Israel
bereitet hatte, und um Judit zu sehen
und freundlich zu begrüßen. 9 Als sie
aber bei ihr eingetreten waren, lobten
alle sie einmütig und sprachen zu ihr:
„Du, der Stolz Jerusalems, du, die gro-
ße Freude Israels, du, der große Ruhm
deines Geschlechtes!
10 All dies vollbrachtest du mit eige-
ner Hand, erwiesest Israel Gutes, und
Gott fand daran sein Wohlgefallen.
Sei gepriesen beim allmächtigen
Herrn in Ewigkeit!" Alles Volk ant-
wortete: „Amen!"
11 Dreißig Tage lang plünderte das
ganze Volk das Lager. Sie schenkten
Judit das Zelt des Holofernes, alle Sil-
bersachen, die Betten, Kissen und all
seine Geräte. Sie nahm es an, legte es
auf ihr Maultier, spannte ihren Wa-
gen an und legte es darauf. 12 Alle
Frauen Israels liefen zusammen, um
sie zu sehen. Jene priesen sie und ver-
anstalteten unter sich zu ihrer Ehre
einen Reigentanz. Da nahm sie Zwei-
ge in ihre Hände und gab sie den
Frauen bei ihr. 13 Sie bekränzten sich
mit Ölzweigen, sie selbst und ihre Be-
gleiterinnen. Vor dem ganzen Volk
schritt sie einher und führte den Rei-
gen aller Frauen an. Alle Männer Isra-
els folgten bewaffnet und bekränzt
und mit Lobgesängen auf den Lippen.
14 Da begann Judit das folgende Lob-
lied inmitten von ganz Israel, und
das ganze Volk sang dieses Loblied
laut mit.

16 1 Judit sprach: „Lobt meinen
Gott mit Pauken! Singet dem
Herrn mit Zimbeln! Lasst ihm ein
neues Lied erklingen! Erhebt und rufet
seinen Namen an!
2 Denn ein Gott, der die Kriege zer-
schmettert, ist der Herr. Denn er
schlug sein Lager auf inmitten seines
Volkes, er rettete mich aus der Hand
meiner Verfolger.
3 Assur kam vom Gebirge im Nor-
den, kam mit Zehntausenden seines
Heeres, deren Menge die Wadis ver-
sperrte, und ihre Rosse bedeckten die
Hügel.
4 Es plante, mein Gebiet zu verbren-
nen, mit dem Schwert meine Jünglin-
ge zu töten, meine Säuglinge zu Bo-
den zu schmettern, meine Kinder zur
Beute zu geben und meine Jungfrauen
zu rauben.
5 Der allmächtige Herr hat sie ver-
nichtet durch die Hand einer Frau.
6 Denn ihr Mächtiger fiel nicht
durch Jünglinge, ihn schlugen nicht
Titanensöhne nieder, noch griffen
ihn gewaltige Riesen an, sondern Ju-

dit, Meraris Tochter, lähmte ihn durch
die Schönheit ihres Angesichtes.
7 Denn sie legte ihre Witwenkleider
ab, in Israel die Bedrängten zu erhö-
hen; mit Salben salbte sie ihr Ange-
sicht.
8 Ihr Haar band sie mit dem Turban
auf und legte an ein Linnenkleid, ihn
zu verführen.
9 Ihre Sandale fesselte sein Auge
und ihre Schönheit nahm gefangen
seine Seele. Seinen Nacken durch-
schnitt das Schwert.
10 Die Perser erstarrten ob ihrer
Kühnheit, die Meder entsetzten sich
ob ihres Mutes.
11 Kaum schrien auf meine Schwa-
chen, da erschraken sie, meine Schwa-
chen, da entsetzten sie sich; kaum er-
hoben sie ihre Stimme, da liefen sie
davon.
12 Söhne von Mädchen erschlugen
sie, wie entlaufene Sklaven durch-
bohrte man sie. Sie gingen unter
durch die Schlachtordnung meines
Herrn.
13 Ich singe meinem Gott ein neues
Lied! Herr, groß und herrlich bist du,
wunderbar an Kraft, unüberwindlich!
14 Dienen soll dir deine ganze
Schöpfung! Denn du befahlst, sie ist
geworden. Du sandtest deinen Geist,
er baute auf. Und niemand ist, der dei-
ner Stimme widerstehen kann.
15 Denn Berge werden wanken in
ihren Fundamenten samt den Was-
sern, und es zerschmelzen Felsen vor
deinem Angesicht wie Wachs. Doch
denen, die dich fürchten, ganz gnädig
bist du ihnen.“

15 *Das Purimfest und die Glaubenstreue einer Mutter*

Aus dem Buch Ester und den beiden Büchern der Makkabäer

Ester, *die Pflegetochter des Juden Mordechai, wird zur Retterin Israels bei einem Komplott, das Haman, der Judenhasser, inszeniert hat. Der Perserkönig Artaxerxes nimmt die Jüdin Ester zur Frau und setzt sie als Königin ein. So kann sie verhindern, dass die Juden ausgerottet werden. Ester ist für viele Juden in der Verfolgung zum Zeichen der Hoffnung geworden, dass Gott dem Einzelnen beisteht und ihn dazu befähigt, seinem Volk zum Segen zu werden. Das Gebet der Ester können viele Juden, unter ihnen Edith Stein, mit ganzem Herzen nachsprechen: „Hilf mir, die ich einsam bin und keine Hilfe habe außer dir!" (Ester 4,17L). Die Juden wurden gerettet und feiern seither das Purimfest. Das Buch Ester ist wohl um das Jahr 300 vor Christus geschrieben, zur Stärkung aller Bedrängten.*

Die beiden Makkabäerbücher *beschreiben den Kampf der Juden gegen die Seleuziden, die im 2. Jahrhundert vor Christus den Juden die hellenistische Kultur aufzwingen wollten. Benannt sind die beiden Bücher nach dem Ehrennamen Makkaba (= „Hämmerer"), mit dem man Judas und seine Brüder bedachte. Das 1. Buch der Makkabäer erzählt uns die Geschichte, etwa von 175 bis 134 vor Christus. Der Verfasser, der das Buch etwa um 100 vor Christus abgefasst hat, blickt voll Bewunderung auf den Kampf seines Volkes gegen alle Hellenisierungstendenzen. Er kämpft wie die Helden seiner Erzählung für die Einhaltung des jüdischen Gesetzes. Das 2. Buch der Makkabäer ist offensichtlich von einem anderen Autor geschrieben. Er schreibt in einem belehrenden Stil. Er stellt die Mutter der sieben Söhne als Vorbild einer gläubigen Frau dar. Sie geht lieber in den Tod, als das göttliche Gesetz zu übertreten. Sie lässt sich auch vom Tod ihrer Söhne nicht von ihrer Treue gegenüber dem Gesetz abhalten. Die Erzählung vom Martyrium dieser Mutter wurde zum Vorbild des Martyriums der hl. Felizitas und ihrer sieben Söhne.*

In meiner Abtei Münsterschwarzach verehren wir Felizitas als unsere Patronin. So bewundern wir jedes Jahr die Dichtkunst des biblischen Autors. Der Verfasser bekennt auch seinen Glauben an die Auferstehung, er begründet das Gebet für die Verstorbenen und glaubt an die Wirksamkeit der Fürbitte der Heiligen für uns. So wird in diesem Buch eine Entwicklung sichtbar, die später von Paulus aufgegriffen und in der christlichen Tradition immer hochgeschätzt wurde.

Aus dem Buch Ester

Der große Purim-Tag: 9,1–19a

9 1 Im zwölften Monat – das ist der Monat Adar –, am dreizehnten Tage in ihm, als das Wort des Königs und sein Gesetz ausgeführt werden sollten, an dem Tage, da die Feinde der Juden erwartet hatten, sie zu überwältigen, hatte es sich so umgekehrt, dass die Juden selbst über ihre Hasser Herr wurden. 2 Die Juden versammelten sich in ihren Städten in allen Provinzen des Königs Artaxerxes, um gegen jene, die ihr Unheil suchten, die Hand zu erheben. Niemand aber konnte vor ihnen bestehen. Denn der Schrecken vor ihnen war über alle Völker gekommen. 3 Alle Fürsten der Provinzen, die Satrapen und königlichen Beamten unterstützten die Juden. Denn die Furcht vor Mordechai hatte sie befallen. 4 Mordechai war nämlich einflussreich im Königspalast, und sein Ruf war in alle Provinzen gedrungen. Denn der Mann Mordechai wurde immer mächtiger.

5 So schlugen die Juden all ihre Feinde mit Schwert, Tod und Vernichtung nieder. Mit ihren Hassern verfuhren sie nach ihrer Willkür. 6 In der Burg Susa ermordeten und vernichteten die Juden fünfhundert Mann. 7 Den Parschandata, Dalfon, Aspata, 8 Porata, Adalja, Aridata, 9 Parmaschta, Arisai, Aridai und Wajesata, 10 die zehn Söhne des Judenfeindes Haman, des Sohnes des Hammedata, ermordeten sie. Doch nach der Beute streckten sie ihre Hand nicht aus.

11 Die Zahl der in der Burg Susa Ermordeten kam an diesem Tage zur Kenntnis des Königs. 12 Da sprach der König zur Königin Ester: „In der Burg Susa haben die Juden gemordet, sodass fünfhundert Mann und die Söhne Hamans umkamen. Was mögen sie in den übrigen königlichen Provinzen getan haben? Was ist nun deine Bitte? Sie sei dir gewährt! Was ist noch dein Begehren? Es soll erfüllt werden!“ 13 Da sprach Ester: „Wenn es dem König zusagt, möge es den Juden in Susa auch morgen gestattet sein, nach dem Gesetz des heutigen Tages zu handeln. Die zehn Söhne Hamans aber soll man am Pfahl aufhängen!“ 14 Da befahl der König, dass es ausgeführt werde. So wurde die Verfügung in Susa erlassen. Die Söhne Hamans aber hängte man auf. 15 So versammelten sich die Juden von Susa auch am vierzehnten Tag des Monats Adar und töteten in Susa dreihundert Mann. Doch nach der Beute streckten sie ihre Hand nicht aus.

16 Die anderen Juden aber in den königlichen Provinzen versammelten sich und traten für ihr Leben ein. Sie nahmen Rache an ihren Feinden und ermordeten von ihren Hassern fünfundsiebzigtausend. Doch nach der Beute streckten sie ihre Hand nicht aus 17 am dreizehnten Tage des Monats Adar. Am vierzehnten desselben ruhten sie aus und gestalteten ihn zu einem Tag des Festmahls und der Freude. 18 Die Juden von Susa aber versammelten sich am dreizehnten und vierzehnten desselben; am fünfzehnten desselben ruhten sie aus und ge-

stalteten ihn zum Tag eines frohen
Festmahls. 19b Darum feiern die Juden
auf dem Lande, die in den offenen
Ortschaften wohnen, den vierzehnten
Tag des Monats Adar durch frohe
Festgelage und als einen Festtag, an
dem sie sich gegenseitig Geschenke
zusenden. 19a *Dagegen ist für die in den
Städten der fünfzehnte Adar der fröhliche
Tag, den sie in Freude begehen und an
dem sie ihren Nachbarn Geschenke zusen-
den.*

Die offizielle Einführung des Purim-Festes:
9,20–9,32

20 Mordechai schrieb diese Gescheh-
nisse auf und sandte Briefe an alle Ju-
den in allen Provinzen des Königs Ar-
taxerxes, nah und fern, 21 um sie zu
verpflichten, alljährlich stets den vier-
zehnten Tag des Monats Adar und
den fünfzehnten Tag desselben zu fei-
ern, 22 entsprechend den Tagen, an de-
nen die Juden vor ihren Feinden Ruhe
fanden, und entsprechend dem Mo-
nat, der ihnen vom Schmerz zur Freu-
de, von der Trauer zu einem Festtag
umgewandelt wurde, auf dass sie die-
se als Tage frohen Festgelages feiern,
sich gegenseitig Geschenke und den
Armen Gaben zusenden sollten. 23 Die
Juden nahmen an, was sie zu tun
schon begonnen hatten und was Mor-
dechai ihnen geschrieben hatte:
24 „Der Agagiter Haman, der Sohn des
Hammedata, der Feind aller Juden,
hatte gegen die Juden den Plan gefasst,
sie zu vernichten. Er hatte das ‚Pur‘,
das ist das Los, geworfen, um sie auf-
zureiben und zu vernichten. 25 Als er
aber vor den König kam, um ihn zu
bitten, Mordechai aufhängen zu las-
sen, da kehrte sich sein schlimmer
Plan, den er gegen die Juden ersonnen
hatte, gegen ihn selbst, und er wurde
samt seinen Söhnen am Pfahle auf-
gehängt.

26 Deshalb nennt man diese Tage
Purim nach dem Worte ‚Pur‘." Wegen
aller Worte dieses Briefes und dessen,
was sie gesehen und erlebt hatten,
27 verpflichteten sich die Juden und
nahmen es auf sich für sich selbst, ihre
Nachkommen und alle, die sich ihnen
anschließen würden, als unveränder-
liche Bestimmung, stets jährlich diese
beiden Tage gemäß ihrer Vorschrift
und Festzeit zu begehen. 28 Diese Tage
sollten im Gedächtnis bleiben und in
allen Geschlechtern, Stämmen, Pro-
vinzen und Städten begangen werden.
Diese Purim-Tage sollten aus der Mit-
te der Juden nie schwinden und ihr
Andenken von ihren Nachkommen
nicht weichen.

29 Da schrieb die Königin Ester, die
Tochter Abihajils, mit aller zu Gebote
stehenden Vollmacht, um diesen
zweiten Purim-Brief zur Anerken-
nung zu bringen. 30 Sie sandte Briefe
an alle Juden in den hundertsieben-
undzwanzig Provinzen des Reiches
des Artaxerxes, Worte des Friedens
und der Treue, 31 um diese Purim-Tage
zu ihren Festzeiten festzusetzen, wie
es ihnen der Jude Mordechai be-
stimmt hatte und wie er sie und ihre
Nachkommen verpflichtet hatte, in-
dem er die Bestimmungen über das
Fasten und das Wehklagen hinzuge-

fügt hatte. 32 Esters Befehl setzte für
das Purim-Fest diese Vorschriften fest,
und sie wurden in das Buch eingetra-
gen.

Aus dem zweiten Buch der Makkabäer

Erster Brief: 1,1–9

1 1 Unseren Brüdern, den Juden von
Ägypten, Gruß! Eure Brüder, die
Juden zu Jerusalem und im Lande Ju-
däa, wünschen bestes Wohlergehen.
2 Gott möge euch Wohltaten spenden
und seines Bundes mit Abraham,
Isaak und Jakob, seinen treuen Die-
nern, gedenken. 3 Er gebe euch allen
ein Herz, das ihn fürchtet und seinen
Willen hochgemut und willig voll-
bringt. 4 Er öffne euren Sinn für sein
Gesetz und seine Gebote und gewähre
Frieden. 5 Er erhöre eure Bitten, ge-
währe euch Verzeihung und verlasse
euch nicht in Unglückstagen. 6 So be-
ten wir denn jetzt hier für euch. 7 Un-
ter der Regierung des Königs Deme-
trius, im Jahre 169, haben wir Juden
euch geschrieben: „In diesen Jahren
der äußersten Bedrängnis, die über
uns hereinbrach, als Jason mit seinen
Anhängern vom Heiligen Land und
vom Königtum abfiel, 8 verbrannte
man den Tempeleingang und vergoss
unschuldiges Blut. Wir aber flehten
zum Herrn und wurden erhört. Da
brachten wir wieder Brand- und Spei-
seopfer dar, zündeten die Lampen an
und legten die Schaubrote auf.“ 9 Und
nun schreiben wir euch, dass auch ihr
die Tage des Laubhüttenfestes im Mo-
nat Kislew feiert. Gegeben im Jahre
188.

Zweiter Brief. Anschrift: 1,10

10 Die Bewohner von Jerusalem und
Judäa, der Hohe Rat und Judas entbie-
ten Aristobul, dem Lehrer des Königs
Ptolemäus, aus dem Geschlechte der
gesalbten Priester, sowie den Juden
Ägyptens Gruß und Heil.

Dank für die Bestrafung des Antiochus: 1,11–17

11 Da wir aus großen Gefahren von
Gott errettet wurden, danken wir
ihm innig, dass er unser Streiter gegen
den König ist. 12 Denn er hat jene hi-
nausgetrieben, die in der Heiligen
Stadt kämpften. 13 Als nämlich der
Feldherr mit einem scheinbar unüber-
windlichen Heer nach Persien zog,
wurden sie im Tempel der Nanäa er-
schlagen, da die Priester der Nanäa
eine List anwandten. 14 Denn Antio-
chus war mit seinen Freunden dorthin
gekommen, um sich gleichsam mit
ihr zu vermählen und dann die rei-
chen Schätze als Mitgift nehmen zu
können. 15 Die Priester des Nanäatem-
pels holten sie heraus. Jener aber be-
trat mit geringem Gefolge den Tem-
pelbezirk. Sobald er eingetreten war,
schlossen sie den Tempel ab. 16 Dann
öffneten sie eine geheime Tür in der
Decke, warfen Steine hinab und zer-
schmetterten den Fürsten. Sie hieben

ihn in Stücke und warfen den drau-
ßen Wartenden den abgehauenen
Kopf hin. 17 Unser Gott sei in allem ge-
priesen, der die Gottlosen preisgab!

Vorwort des Verfassers: 2,19–31

19 Die Geschichte Judas', des Makkabä-
ers, und seiner Brüder, der Reinigung
des hohen Tempels und der Weihe des
Altares, 20 ferner die Kriege gegen An-
tiochus Epiphanes und seinen Sohn
Eupator, 21 die himmlischen Erschei-
nungen zum Nutzen jener, die für das
Judentum so glorreiche Heldentaten
vollbrachten, dass sie trotz ihrer ge-
ringen Zahl das ganze Land zurücker-
obern und die Horden von Barbaren
vertreiben, 22 den auf dem ganzen Erd-
kreis berühmten Tempel wiederge-
winnen, die Stadt befreien und den
fast abgeschafften Gesetzen wieder
Geltung verschaffen konnten, da der
Herr in seiner großen Güte gnädig
war, 23 dies alles hat Jason von Zyrene
in fünf Büchern berichtet. Wir aber
wollen versuchen, es in einem Bande
kurz zusammenzufassen.

24 Denn wir dachten an die Überfül-
le der Zahlen und an die Schwierig-
keit, die sich aus dem Reichtum des
Stoffes für jeden ergibt, der sich in
die Einzelberichte einarbeiten will.
25 Deshalb waren wir bestrebt, den Le-
sefreudigen eine angenehme Lektüre,
den Studierenden eine Gedächtnishil-
fe, kurz, allen Lesern einen Nutzen zu
bereiten. 26 Für uns freilich, die wir die
Mühe der Kürzung übernahmen, war
es nichts Leichtes, sondern eine Ar-
beit, die Schweiß und Nachtwachen
kostete, 27 wie es auch für jemand
nicht leicht ist, ein Gastmahl zu berei-
ten und die Gäste zufrieden zu stellen.
So wollen auch wir zum Nutzen der
vielen gern die Mühe auf uns nehmen.
28 Die genaue Untersuchung der Ein-
zelheiten überlassen wir dem Ge-
schichtsschreiber. Wir aber bemühen
uns, einen einfachen Auszug anzufer-
tigen. 29 Denn wie bei einem Neubau
die Sorge für den ganzen Bau dem
Bauherrn zufällt, dem Verzierer und
Maler aber die Ausschmückung ob-
liegt, so scheint es mir auch mit uns
der Fall zu sein. 30 Es ist Aufgabe des
Erstgeschichtsschreibers, zu forschen,
die Quellen allseitig zu untersuchen
und die Einzelheiten darzustellen.
31 Dem Bearbeiter des Buches aber
muss es erlaubt sein, in gedrängter
Kürze darzustellen und auf eine einge-
hende Erzählung zu verzichten.

Einführung heidnischer Kulte: 6,1–11

6 1 Nicht lange nachher sandte der
König einen alten Athener, der die
Juden zwingen sollte, von den Väter-
gesetzen abzufallen und nicht mehr
nach Gottes Gesetz als Staatsbürger
zu leben. 2 Er sollte auch den Tempel
zu Jerusalem schänden und dem
olympischen Zeus weihen sowie den
auf dem Garizim dem gastfreund-
lichen Zeus, wie es die Bewohner des
Ortes selbst forderten. 3 Schwer erträg-
lich und zuwider war aber selbst dem
Volk die Zunahme der Bosheit. 4 Denn
das Heiligtum wurde von den Heiden

zu Ausschweifungen und wüsten Gelagen benützt. Sie suchten ihr Vergnügen mit Dirnen, ließen sich in den heiligen Vorhöfen mit Frauen ein und brachten auch sonst noch Dinge hinein, die sich nicht geziemten. 5 Der Brandopferaltar wurde mit frevelhaften Sachen angefüllt, die vom Gesetze verboten waren. 6 Es gab keine Sabbatfeier mehr, noch eine Beobachtung der von den Vätern überkommenen Feste. Man konnte sich überhaupt nicht mehr als Juden bekennen. 7 Mit hartem Zwang führte man sie monatlich zum Opfermahl am Geburtstag des Königs, und am Dionysosfeste wurden sie gezwungen, mit Efeu bekränzt an der Dionysosprozession teilzunehmen. 8 Auf Veranlassung der Leute von Ptolemais erging auch ein Befehl an alle griechischen Städte, sie sollten das gleiche Verfahren gegen die Juden anwenden und Opfermahlzeiten veranstalten. 9 Die sich zur Annahme des griechischen Wesens nicht entschließen konnten, sollte man hinrichten. Da konnte man nun sehen, welch ein Elend sich einstellte.

10 Man zeigte nämlich zwei Frauen vor Gericht an, die ihre Kinder beschnitten hatten. Die Kindlein hängte man an ihrer Brust auf, führte sie öffentlich in der Stadt umher und stürzte sie von der Mauer hinab. 11 Andere, die in nahe gelegenen Höhlen zu einer heimlichen Sabbatfeier zusammenkamen, wurden dem Philippus angezeigt. Da sie zu ängstlich waren, aus Hochachtung vor dem hochheiligen Tage sich zu verteidigen, wurden sie alle zusammen verbrannt.

Der providentielle Sinn der Verfolgung: 6,12–17

12 Nun ermahne ich jene, denen dieses Buch in die Hände fällt, wegen der Heimsuchungen nicht mutlos zu werden, sondern zu bedenken, dass diese Züchtigungen nicht zur Vernichtung, sondern zur Erziehung unseres Volkes dienen. 13 Denn es ist ein Zeichen großer Gnade, wenn die Gottlosen nicht lange Zeit in Ruhe gelassen werden, sondern sogleich der Strafe verfallen. 14 Wenn der Herr auch bei den anderen Völkern mit der Bestrafung langmütig zuwartet, bis sie das Maß ihrer Sünden erreicht haben, so wollte er mit uns nicht ebenso verfahren, 15 damit er zuletzt nicht an uns Rache nehmen müsste, wenn unsere Sünden aufs Höchste gestiegen wären. 16 Daher entzieht er uns nie sein Erbarmen. Durch Unglück belehrt er zwar sein Volk, verlässt es aber nicht. 17 Zur Beherzigung sei uns dies gesagt. Nach der kurzen Unterbrechung wollen wir mit der Erzählung fortfahren.

Das Martyrium des Eleasar: 6,18–31

18 Eleasar, einer der vornehmsten Schriftgelehrten, ein Mann schon vorgerückten Alters und von ehrwürdigem Aussehen, wurde gezwungen, den Mund zu öffnen, um Schweinefleisch zu essen. 19 Er aber erwählte lieber den ruhmvollen Tod als das schmachvolle Leben und schritt freiwillig zur Folterbank, 20 nachdem er es ausgespieen hatte. So ziemte es sich

für jene heranzutreten, die standhaft
ablehnten, was sie nicht essen durf-
ten, selbst wenn die Liebe zum Leben
sie drängte. 21 Die Aufseher über die-
ses gesetzwidrige Opfermahl nahmen
den Mann beiseite, da sie ihn seit lan-
ger Zeit kannten, und redeten ihm zu,
er solle sich Fleisch holen lassen, das
er essen dürfe und das von ihm zube-
reitet sei. Dann solle er sich stellen, als
wenn er von dem durch den König
vorgeschriebenen Opferfleisch esse.
22 Wenn er es tue, entgehe er dem Tode
und erfahre wegen der alten Freund-
schaft mit ihnen Nachsicht. 23 Er aber
fasste einen edlen Entschluss, würdig
seines Alters und des dem Greisen-
alter zukommenden Ansehens, des
wohlerworbenen Glanzes seiner grau-
en Haare und seines von Jugend an
musterhaften Lebenswandels, weit
mehr noch entsprechend den heiligen,
von Gott gegebenen Gesetzen. Er er-
klärte sofort und sprach, man solle
ihn lieber in die Unterwelt schicken.
24 „Denn für unser Alter ziemt es sich
nicht zu heucheln. Sonst würden viele
junge Leute glauben, der neunzigjäh-
rige Eleasar sei zum Heidentum abge-
fallen. 25 Durch meine Heuchelei und
mein Festhalten an der kurzen und
vergänglichen Lebenszeit würden sie
irregeführt, meinem Alter aber berei-
tete ich nur Schimpf und Schande.
26 Denn sollte ich auch für jetzt der
Bestrafung durch die Menschen ent-
gehen, so könnte ich doch weder le-
bend noch tot den Händen des All-
mächtigen entfliehen. 27 Darum will
ich jetzt mannhaft mein Leben einset-
zen und mich des Alters würdig zei-
gen. 28 Der Jugend aber hinterlasse ich
ein edles Beispiel, wie man mutig und
heldenhaft für die ehrwürdigen und
heiligen Gesetze eines schönen Todes
stirbt.“ Mit diesen Worten schritt er
sogleich zur Folterbank. 29 Jene, die
ihn fortführten, kehrten das kurz vor-
her ihm bewiesene Wohlwollen in
Hass, da sie meinten, die eben gespro-
chenen Worte seien ein Ausdruck des
Wahnsinns. 30 Schon war er unter den
Schlägen dem Tode nahe, da sprach er
stöhnend: „Dem Herrn der heiligen
Einsicht ist es offenbar, dass ich durch
die Geißelung an meinem Leib grau-
same Schmerzen erdulde, obwohl ich
dem Tod entrinnen konnte. Aber in
meiner Seele ertrage ich es gerne aus
Ehrfurcht vor ihm.“

31 So starb er und hinterließ nicht
nur der Jugend, sondern auch der
Mehrheit des Volkes durch seinen
Tod ein Vorbild des Edelsinnes und
ein Denkmal echter Tugend.

Das Martyrium der sieben Brüder: 7,1–42

7 1 Es geschah, dass auch sieben Brü-
der mit der Mutter verhaftet wur-
den. Da der König sie zwingen wollte,
von dem [vom Gesetz verbotenen]
Schweinefleisch zu essen, wurden sie
mit Peitschen und Riemen geschlagen.
2 Einer von ihnen, der als Wortführer
auftrat, sprach folgendermaßen: „Was
willst du von uns erfragen und wis-
sen? Wir sind nämlich bereit, eher zu
sterben, als die Vätergesetze zu über-
treten.“ 3 Da geriet der König in Zorn
und befahl, Pfannen und Kessel glü-

hend zu machen. 4 Kaum waren sie
glühend geworden, befahl er sofort,
dem Wortführer die Zunge abzu-
schneiden, nach Skythenart ihm die
Kopfhaut abzuziehen und die äußeren
Gliedmaßen abzuhauen, während die
anderen Brüder und die Mutter zu-
schauen mussten. 5 Als er schon ganz
verstümmelt war, befahl er, ihn noch
lebend an das Feuer zu schleppen und
in der Pfanne zu braten. Während nun
aus der Pfanne reichlich Dampf sich
entwickelte, ermunterten sie sich ge-
genseitig mit der Mutter, heldenhaft
zu sterben. Sie sprachen: 6 „Gott der
Herr sieht es und erbarmt sich sicher
unser, wie es Mose in seinem Straflied
klar mit den Worten ausgesprochen
hat: Seiner Diener wird er sich erbar-
men."

7 Als der Erste auf diese Art gestor-
ben war, führten sie den Zweiten zur
Marter. Sie rissen ihm die Kopfhaut
samt den Haaren ab und fragten ihn:
„Willst du essen, bevor dein Leib
gliedweise gemartert wird?" 8 Er aber
antwortete in seiner Muttersprache
und rief: „Nein!" Deshalb musste er
die gleichen Qualen der Reihe nach er-
dulden. 9 Da er in den letzten Zügen
lag, rief er: „Du Verbrecher! Du kannst
uns das irdische Leben rauben. Aber
der König des Weltalls wird uns zu
einem ewigen Leben auferwecken, da
wir für seine Gesetze sterben."

10 Nach ihm wurde der Dritte ge-
martert. Da man die Zunge von ihm
forderte, bot er sie bereitwillig dar
und streckte mutig die Hände hin.
11 [Mutig sagte er: „Vom Himmel habe
ich sie erhalten, und wegen seiner Ge-
setze achte ich sie gering. Von ihm
hoffe ich sie wiederzuerlangen."]
12 Selbst der König und seine Umge-
bung staunten über den Mut des Jüng-
lings, der die Schmerzen für nichts
erachtete.

13 Nach seinem Tode quälten und
misshandelten sie auf gleiche Weise
den Vierten. 14 Als er dem Tode nahe
war, sprach er folgendermaßen:
„Trostreich ist es für uns, durch Men-
schenhand zu sterben, wenn wir die
von Gott gegebene Hoffnung hegen
dürfen, von ihm auferweckt zu wer-
den. Für dich freilich gibt es keine
Auferstehung zum Leben."

15 Gleich darauf führten sie den
Fünften herbei und marterten ihn.
16 Er aber schaute ihn an und sprach:
„Obwohl du sterblich bist, hast du
Macht, mit Menschen nach deinem
Belieben zu verfahren. Glaube aber
nicht, unser Volk sei von Gott verlas-
sen. 17 Gedulde dich nur, dann wirst
du seine gewaltige Kraft erfahren,
wie er dich und deine Nachkommen
strafen wird."

18 Nach ihm brachten sie den Sechs-
ten herbei. Beim Herannahen des To-
des sprach er: „Überlass dich nicht eit-
ler Täuschung! Denn wir leiden dieses
unsertwegen, da wir gegen unseren
Gott sündigten. [Darum traf uns so
Schreckliches.] 19 Glaube aber nicht,
ungestraft zu bleiben, da du es wagst,
gegen Gott zu kämpfen!"

20 Über die Maßen lobenswert und
ehrenvollen Andenkens würdig ist
die Mutter, die zusah, wie ihre sieben
Söhne an einem einzigen Tage star-
ben. Sie ertrug es starkmütig kraft

ihrer Hoffnungen auf den Herrn. 21 Von edler Gesinnung erfüllt, ermahnte sie jeden von ihnen in der Muttersprache. Ihren weiblichen Sinn stählte sie mit männlichem Mut und sprach zu ihnen: 22 „Ich weiß nicht, wie ihr in meinem Schoße gebildet wurdet. Nicht ich schenkte euch Atem und Leben, noch fügte ich die Grundstoffe eines jeden kunstvoll zusammen. 23 Demnach war es der Schöpfer des Weltalls, der das Menschengeschlecht gebildet hat, wie er allen Dingen das Dasein verleiht. Atem und Leben wird er euch in seinem Erbarmen wiedergeben, wie ihr euch selbst jetzt seiner Gesetze wegen für nichts erachtet."

24 Antiochus meinte, sie verachte ihn, und er schöpfte Verdacht, dass sie Schmähungen ausspreche. Nun suchte er den noch übrig gebliebenen Jüngsten nicht nur mit Worten zu überreden, sondern er gab ihm zugleich die eidliche Versicherung, er wolle ihn reich und ganz glücklich machen, wenn er von den Gesetzen der Väter abfalle. Auch wolle er ihn zu seinem Freunde machen und ihm Staatsämter übertragen. 25 Doch der Jüngling beachtete es in keiner Weise. Da rief der König die Mutter herbei und redete ihr zu, dem Knaben eine Beraterin zum Heile zu sein. 26 Erst nach langem Zureden nahm sie es auf sich, ihren Sohn zu überreden. 27 Sie neigte sich über ihn und spottete des grimmigen Tyrannen, indem sie in ihrer Muttersprache sagte: „Kind, habe Erbarmen mit mir! Ich habe dich neun Monate in meinem Schoße getragen, drei Jahre gestillt und dich bis zu diesem Alter gepflegt, erzogen [und ernährt]. 28 Ich bitte dich, mein Kind, schau auf zum Himmel und blicke hin auf die Erde und auf alles, was darin ist! Bedenke, dass Gott dies nicht aus schon Bestehendem gebildet hat und dass auch das Menschengeschlecht so entstanden ist! 29 Fürchte diesen Henker nicht, sondern zeige dich deiner Brüder würdig! Nimm den Tod an, damit ich dich zur Zeit des Erbarmens zusammen mit deinen Brüdern wiedergewinne."

30 Kaum hatte sie so gesprochen, da sagte der Jüngling: „Auf wen wartet ihr noch? Ich gehorche dem Befehl des Königs nicht, sondern höre auf das Gesetz, das unseren Vätern durch Mose gegeben wurde. 31 Du aber hast alles Unheil gegen die Hebräer ersonnen. Daher wirst du den Händen Gottes nicht entfliehen. 32 [Wir leiden ja um unserer Sünden willen.] 33 Wenn auch der lebendige Herr zur Züchtigung und Strafe uns kurze Zeit zürnt, so wird er sich doch seiner Diener wieder erbarmen. 34 Du aber, Gottloser und Verruchtester aller Menschen, überhebe dich nicht in eitlem Stolz und nichtigen Hoffnungen, da du an die Diener des Himmels Hand anlegst! 35 Denn du bist dem Gericht des allmächtigen und allsehenden Gottes noch nicht entronnen. 36 Nachdem unsere Brüder eine angesichts des unvergänglichen Lebens kurze Trübsal erduldeten, haben sie jetzt die göttliche Bundesverheißung erlangt. Du aber wirst im Gottesgericht die verdiente Strafe für deinen Hochmut

erleiden. 37 Wie die Brüder gebe auch
ich Leib und Leben für die Vätergeset-
ze hin und rufe zu Gott, er möge bald
dem Volk Barmherzigkeit erzeigen
und dich durch Qualen und Peinen
zum Geständnis bringen, dass er al-
lein Gott ist. 38 Des Allmächtigen
Zorn, der mit Recht gegen unser gan-
zes Volk entbrannt war, möge bei mir
und meinen Brüdern Halt machen."

39 Da geriet der König vor Zorn au-
ßer sich und ging gegen ihn noch
grausamer als gegen die anderen vor,
weil er durch die Spottreden tief ge-
kränkt war. 40 Unschuldig starb auch
jener dahin, indem er ganz auf den
Herrn vertraute. 41 Als Letzte starb
nach den Söhnen auch die Mutter.

42 Doch damit sei genug von den
Opfermahlen und den außerordent-
lichen Misshandlungen berichtet.

16 Aus dem Buch der Psalmen

Der Psalter ist das Gebetbuch der Bibel. In den Psalmen haben die frommen Juden ihre Beziehung zu Gott zum Ausdruck gebracht. Und sie haben Gott alles hingehalten, was sie berührt. Sie haben Gott gelobt für seine Schöpfung und für seine Wohltaten in der Geschichte. Sie haben vor Gott geklagt, wenn es ihnen schlecht ging. Sie haben zu ihm in ihrer Not gefleht, er möge ihnen doch helfen und sie aus allen Bedrängnissen befreien. Sie haben vor Gott die Geschichte meditiert und darin ein Bild für die eigene Lebensgeschichte gesehen. Sie haben ihre Sehnsucht nach Gott und ihr Ringen mit ihm in wunderbaren Gedichten beschrieben.

Jesus ist in dieser Psalmenfrömmigkeit aufgewachsen. Er hat viele Psalmen auswendig gelernt. Am Kreuz betet er – so berichten uns die Synoptiker – zwei Psalmen: den Psalm 22, in dem er sein Leiden Gott hinhält und sich durch die Not hindurchringt zum Vertrauen auf Gott, der den Armen aus der Not befreit; und Psalm 31, das Abendgebet des frommen Juden, in dem er sterbend Gott seinen Geist übergibt.

Die Psalmen sind Gedichte. Sie drücken menschliche Erfahrungen aus. Als Gedichte bieten sie uns eine Sprache an, in der wir unsere persönlichen Erlebnisse vor Gott bringen können. Obwohl es vorgeformte Worte sind, werden sie im Beten zu unseren eigenen Worten. Wir können unsere Erfahrungen in diese Worte legen. Die Psalmen sind aber zugleich Wort Gottes an uns. In den Psalmen bietet uns Gott Worte an, mit denen wir unsere Fragen an ihn zum Ausdruck bringen können. Aber zugleich hören wir betend in den Worten der Psalmen schon die Antwort, die Gott uns darin gibt. So ist das Psalmenbeten in sich schon Dialog: Wir formulieren unsere Fragen und in den gleichen Worten hören wir Gottes Antwort heraus.

Augustinus lehrt uns, die Psalmen mit der Stimme Jesu und in Gemeinschaft mit ihm zu beten. Jesus hat in den Psalmen seine Sehnsucht nach dem Vater vor Gott gebracht und er hat seine Erfahrung mit den Menschen, die ihn bedrängten, beschrieben. In den Psalmen können wir uns hineinmeditieren in sein Schicksal. Wir bekommen in ihnen auch Anteil an seiner Sehnsucht nach dem Vater.

Nicht jeder Psalm wird jedem liegen. Aber es gibt Psalmen, die wohl das Herz eines jeden Menschen berühren, etwa Psalm 23: „Der Herr ist mein Hirte, nichts wird mir fehlen." Selbst für den Skeptiker Immanuel Kant ist dieser Psalm zu seinem liebsten Gebet geworden. Psalm 63 drückt auf einmalige Weise unsere Sehnsucht nach Gott aus. Über Gottes heilende und liebende Nähe kann man nicht schöner schreiben als mit den Worten von Psalm 139: „Von rückwärts und vorne schließt du mich ein, und du legt auf mich deine Hand" (5).

Wenn wir keine eigenen Worte mehr für unser Beten finden, leihen die Psalmen uns die Worte für den verstummten Mund. Indem wir uns auf die vorgegebenen Worte einlassen, öffnet sich unser Herz und breitet all das, was es im Tiefsten bewegt, vor Gott aus. Die Psalmen sind nicht nur fromm. Sie erlauben uns, alle Gefühle auszudrücken. Alles darf vor Gott sein. Es kommt nur darauf an, dass wir Gott hineinschauen lassen in unser verbittertes und gekränktes Herz. Dann wird uns das Psalmenbeten verwandeln und unsere Wunden heilen.

Psalm 4

Abendgebet: 4,1–9

4 [1 Dem Chormeister, mit Saiten-
spiel; ein Psalm von David.]
2 Wenn ich rufe zu dir, erhörest du
mich, / mein Gott, der mir schaffet
Gerechtigkeit. / Du hast mir geholfen
in meiner Bedrängnis, / erbarme dich
meiner und erhöre mein Beten!
3 Ihr Menschen, wie lange verhärtet ihr
eure Herzen! / Was liebet ihr eitlen
Wahn, was suchet ihr Trug?
4 Wisset: Wunder vollbringt Jahwe an
seinem Getreuen; / Jahwe hört, wenn
ich zu ihm rufe.
5 Erschrecket doch und lasset die Sün-
de, bedenket es recht im Herzen! / Auf
eurem Lager sinnet nach und seid stil-
le; / 6 bringt würdige Opfer und ver-
traut auf Jahwe!
7 Viele sagen: Wer zeigt uns noch Gu-
tes! / Lass über uns leuchten dein An-
gesicht! / Jahwe, 8 du erfüllest mein
Herz mit Freude, / mehr, als hätten
wir Wein und Weizen im Überfluss.
9 Ich lege mich nieder und schlafe in
Frieden; / denn du allein, Jahwe, lässt
mich in Sicherheit wohnen.

Psalm 5

Morgengebet: 5,1–13

5 [1 Dem Chormeister, auf Flöten;
ein Psalm von David.]
2 Vernimm meine Worte, Jahwe, / ha-
be acht auf mein Seufzen!
3 Merke auf mein lautes Gebet, / du
mein König und Gott.
Denn ich flehe zu dir, 4 Jahwe; /
schon in der Frühe hörst du mein Ru-
fen, / in der Frühe bring' ich zu dir
meine Bitten und warte.
5 Nicht bist du ein Gott, der Gefallen
hätte an Frevel, / der Böse darf nicht
weilen vor dir, / Verblendete können
vor dir nicht bestehn.
6 Die Unrecht üben, du hassest sie all,
7 du vernichtest die Lügner. / Der blut-
befleckte, der tückische Mann, / er ist
ein Gräuel für Jahwe.
8 Ich aber, dank deiner unermesslichen
Huld, / ich darf betreten dein Haus. /
Darf niedersinken vor deinem heili-
gen Tempel, / in Ehrfurcht vor dir.
9 Der du gerecht, o führe mich zum
Trotz meiner Feinde, / mache eben
vor mir deinen Pfad.
10 Es ist in ihrem Munde nicht Wahr-
heit, / ihr Inneres sinnt Verderben. /
Ihre Kehle ist ein offenes Grab, / ob
auch von Schmeichelreden trieft ihre
Zunge.
11 Lass sie es büßen, o Gott, / lass sie
stürzen in ihre eigenen Ränke. / Ob
ihrer Frevel stoße sie aus, / denn sie
bieten dir Trotz.
12 Doch jubeln sollen, die Zuflucht su-
chen bei dir, / sie sollen frohlocken auf
immer. / Beschütze sie und lasse sie
deiner sich freuen, / die deinen Na-
men verehren.
13 Denn du sehnest, Jahwe, den Ge-
rechten, / gleich einem Schild ist über
ihm deine Gnade.

Psalm 19 (18)

Jahwe, die Sonne der Gerechtigkeit:
19,1–15

19 [1 Dem Chormeister; ein Psalm
von David.]
2 Die Himmel rühmen die Herrlichkeit
Gottes, / die Himmelsfeste verkündet
das Werk seiner Hände.
3 Der Tag gibt weiter das Wort an den
Tag, / die Nacht vermeldet der Nacht
ihre Kunde.
4 Da ist keine Sprache, kein Wort, / un-
hörbar bleibt ihre Stimme.
5 Und doch, in alle Welt ertönet ihr
Ruf, / ihre Botschaft bis an die Enden
der Erde. / Dort hat er ein Zelt ge-
schaffen der Sonne;
6 wie der Bräutigam aus dem Gemache
geht sie hervor, / froh wie der Held,
der durchläuft seine Bahn:
7 Sie geht hervor am Rande des Him-
mels, / und wieder zum Rande des
Himmels eilt sie dahin; / nichts kann
sich vor ihren Gluten verbergen.
8 Vollkommen ist die Weisung Jahwes,
sie labet die Seele; / das Zeugnis Jah-
wes ist verlässlich, weise macht es
den Toren.
9 Die Befehle Jahwes sind gerade, sie
erfreuen das Herz; / lauter ist sein Ge-
bot, es erleuchtet das Auge.
10 Die Furcht Jahwes ist lauter, sie hat
für immer Bestand; / die Gerichte Jah-
wes sind Wahrheit, sie sind alle ge-
recht.
11 Köstlicher sind sie als Gold, als ein
Schatz von lauterem Golde, / süßer
sind seine Worte als Honig, als Honig-
seim aus der Wabe.
12 Dein Knecht will ihrer achten in
Treue; / sie halten bringt reichen
Lohn.
13 Wer aber wird seiner Fehler ge-
wahr? / Von allen, die mir verborgen,
mache mich rein!
14 Auch bewahre deinen Diener vor
Hochmut, / dass ich nicht komme in
seine Gewalt. / Dann bleibe ich ohne
Schuld / und rein von schwerem Ver-
gehen.
15 Lass dir gefallen die Worte meines
Mundes, / und meines Herzens Sin-
nen lass immerfort zu dir gelangen, /
Jahwe, du mein Hort, mein Erlöser!

Psalm 22 (21)

Leiden und Hoffnung des Gerechten:
22,1–32

22 [1 Dem Chormeister, nach der
Melodie „Hinde am Morgen“;
ein Psalm von David.]
2 Mein Gott, mein Gott, warum hast
du mich verlassen? / Warum bist du
fern meinem Flehen, dem Ruf meiner
Klage?
3 Ich rufe am Tage, o Gott, und du hö-
rest nicht; / ich rufe in der Nacht, und
du hast für mich keine Antwort.
4 Und dennoch bist du der Heilige, /
der in den Preisungen Israels wohnet.
5 Auf dich haben unsere Väter ge-
hofft, / sie hofften, und du hast sie be-
freit.
6 Sie riefen zu dir und wurden geret-
tet, / sie vertrauten auf dich und wur-
den nimmer zuschanden.

7 Ich aber bin ein Wurm und kein
Mensch, / der Leute Spott und des
Volkes Verachtung.
8 Alle, die mich sehen, sie spotten
mein, / sie verziehen die Lippen,
schütteln das Haupt:
9 „Er vertraute auf Jahwe, der mag ihn
retten; / der mag ihm helfen, wenn er
ihn liebt.“
10 Du bist es, der mich aus dem Mut-
terschoße geführt, / du ließest sorglos
mich ruhn an der Brust meiner Mut-
ter.
11 Dir bin ich zu Eigen von Anbeginn, /
vom Schoß meiner Mutter an bist du
mein Gott.
12 Steh mir nicht ferne in meiner Not, /
sei mir nahe, denn nirgends ist Hilfe.
13 Es umringen mich mächtige Stiere, /
Büffel von Baschan schließen mich
ein.
14 Ein Rachen tut sich auf wider mich, /
wie eines Löwen, brüllend vor Raub-
gier.
15 Hingegossen bin ich wie Wasser, /
auseinander gerissen ist all mein Ge-
bein. Mein Herz ist geworden wie
Wachs, / zerflossen in meinem In-
nern.
16a.b Vertrocknet wie eine Scherbe ist
meine Kehle, / die Zunge klebt mir
am Gaumen.
17 Denn mich umlauert die Meute der
Hunde, / die Rotte der Frevler hält
mich umzingelt. / Sie haben mir Hän-
de und Füße gebunden, 16c und in den
Todesstaub haben sie mich gelegt.
18 All mein Gebein kann ich zählen; /
sie schauen und gaffen auf mich,
19 sie teilen unter sich meine Kleider /
und losen um mein Gewand.

20 Du aber steh nicht ferne, Jahwe; /
du, meine Hilfe, eile herbei, mich zu
retten.
21 Entreiße meine Seele dem Schwert, /
aus der Hunde Gewalt errette mein
Leben.
22 Aus dem Rachen des Löwen befreie
mich, / aus den Hörnern der Büffel
rette mich Armen.
23 Deinen Namen will ich künden den
Brüdern, / inmitten der Gemeinde
will ich dich preisen.
24 Die ihr fürchtet Jahwe, erhebet ihn, /
all ihr Söhne Jakobs, lobpreiset ihn, /
fürchtet ihn, alle von Israels Stamm.
25 Denn er hat nicht verschmäht noch
verachtet das Elend des Armen, / vor
ihm nicht verborgen sein Angesicht, /
er hat ihn gehört, da er gerufen zu
ihm.
26 Dir gilt mein Lob in großer Gemein-
de; / vor allen, die dich fürchten, löse
ich ein mein Gelübde.
27 Die Armen essen, und sie werden
gesättigt, / lobpreisen sollen Jahwe,
die ihn suchen: / Ihre Herzen werden
leben in Ewigkeit.
28 Des werden gedenken alle Enden der
Erde / und werden sich bekehren zu
Jahwe; / niederfallen werden vor ihm /
alle Stämme der Heiden.
29 Denn das Königtum ist zu Eigen
Jahwe, / er ist der Herrscher der Völ-
ker.
30 Vor ihm allein sollen niederfallen al-
le Mächtigen der Erde; / ihm beugen
sich alle, die zum Staube fahren hi-
nab. / Und meine Seele wird leben
für ihn, / 31 mein Geschlecht wird
ihm dienen.

Sie werden erzählen vom Herrn

32 dem kommenden Geschlecht, / sei-
ne Gerechtigkeit künden dem Volke
der Zukunft: / Er hat es vollbracht.

Psalm 23 (22)

Der gute Hirt: 23,1–6

23 [1 Ein Psalm von David.]
Jahwe ist mein Hirte, ich leide
nicht Not; / 2 auf grünender Weide
lässt er mich lagern. / Er führet mich
an Wasser der Ruhe,
3 Erquickung spendet er meiner See-
le. / Er leitet mich auf dem rechten
Pfad, / getreu seinem Namen.
4 Und muss ich auch wandern im fins-
teren Tale, / ich fürchte kein Unheil,
denn du bist bei mir. / Dein Stock
und dein Hirtenstab, / die geben mir
Zuversicht.
5 Du hast einen Tisch mir bereitet / vor
den Augen der Feinde. / Du salbest
mein Haupt mit Öl, / mein Becher ist
gefüllt bis zum Rande.
6 Es geleiten mich deine Gnade und
Huld / durch alle Tage des Lebens. /
Und wohnen darf ich im Hause Jah-
wes / für immer währende Zeiten.

Psalm 27 (26)

Geborgenheit in Gott: 27,1–14

27 [1 Ein Psalm von David.]
Jahwe ist mein Licht und mein
Heil, wen sollte ich fürchten! / Jahwe
ist der Hort meines Lebens, vor wem
sollt' ich bangen!
2 Fallen Böse über mich her, mich zu
verschlingen, / meine Gegner und
Feinde, sie gleiten und stürzen zu Bo-
den.
3 Und steht wider mich ein Kriegsheer,
so wird mein Herz nicht verzagen; /
entbrennt ein Kampf wider mich, so
bin ich dennoch getrost.
4 Eines erbitte ich mir von Jahwe, dies
eine begehre ich: / zu wohnen im
Hause Jahwes alle Tage des Lebens. /
Auf dass ich koste die Wonne Jah-
wes, / dass ich schaue seinen heiligen
Tempel.
5 In seiner Hütte wird er mich bergen
am Tag des Unheils, / er bewahret
mich in der Hut seines Zeltes, / er
stellt mich empor auf sicheren Felsen.
6 So darf ich nun erheben mein
Haupt / über die Feinde, die mich um-
ringen. / In seinem Zelte weihe ich
Opfer des Jubels, / Jahwe will ich sin-
gen und spielen.
7 Höre, Jahwe, den Ruf meiner Stim-
me; / erbarme dich meiner, erhöre
mich!
8 Es sprach von dir mein Herz: / „Su-
che sein Antlitz!" / Dein Antlitz, Jah-
we, will ich suchen.
9 Nicht verhülle vor mir dein Ange-
sicht, / verstoße nicht im Zorn deinen
Knecht! / Du bist meine Hilfe, weise
mich nicht zurück! / O Gott, du mein
Retter, verlass mich nicht!
10 Und wollten mich verlassen Vater
und Mutter, / aufnehmen wird mich
Jahwe.
11 Weise mir, Jahwe, deine Pfade; / um
meiner Feinde willen führe mich ebe-
ne Bahn!
12 Gib mich nicht preis der Gier meiner

Gegner; / denn lügenhafte Zeugen
stehn wider mich auf, / Männer, die
sinnen Verderben.
13 Ja, des bin ich gewiss, schauen werde
ich die Güte Jahwes / in dem Lande
der Lebenden.
14 So hoffe auf Jahwe und sei stark! /
Sei tapferen Mutes und hoffe auf Jah-
we!

Psalm 31 (30)

Gebet in Bedrängnis: 31,1–25

31 1 [Dem Chormeister, ein Psalm
von David.]
2 Jahwe, ich flüchte zu dir, / lass mich
zuschanden nicht werden in Ewig-
keit; / in deiner Gerechtigkeit mache
mich frei und rette mich.
3 Neige dein Ohr mir zu, eile herbei, /
sei mir ein Felsen der Zuflucht, / eine
feste Burg, mich zu retten.
4 Wahrlich, du bist mein Fels, meine
Burg; / um deines Namens willen füh-
re mich und leite mich du.
5 Du ziehst mich aus dem Netze, das
sie heimlich mir stellten; / du bist mei-
ne Rettung.
6 In deine Hände befehle ich meinen
Geist; / du wirst mich erlösen, Jahwe. /
Du Gott der Treue,
7 du hassest, die verehren nichtige
Götzen, / ich aber vertraue Jahwe.
8 Frohlocken darf ich und deiner Güte
mich freuen, / denn gnädig hast du
auf mein Elend geschaut; / meiner
Seele hast du geholfen in der Bedräng-
nis.
9 Nicht gabest du mich preis der Macht
meiner Feinde, / du hast auf weiten
Raum meinen Fuß gestellt.
10 Erbarme dich meiner, Jahwe, ich bin
voll der Ängste, / getrübt vor Kummer
ist mir der Blick, / verstört sind mir
Seele und Leib.
11 In Kummer geht mein Leben da-
hin, / meine Jahre entschwinden in
Seufzen. / Meine Kraft ist gebrochen
im Elend, / erschüttert ist all mein Ge-
bein.
12 Zum Gespött bin ich worden all
meinen Feinden, / meinen Nachbarn
zum Hohn, zum Schrecken meinen
Vertrauten; / die mich sehn auf der
Straße, fliehen vor mir.
13 Vergessen bin ich den Herzen, als
wäre ich tot; / ich bin geworden wie
ein zerbrochen Gefäß.
14 Ich hörte die Zischelreden der Men-
ge, / rings um mich war ein Grauen, /
sie scharten sich zusammen und woll-
ten mich töten.
15 Ich aber, Jahwe, ich vertraue auf
dich: / ich sage: du bist mein Gott.
16 Meine Zeiten ruhen in deiner
Hand, / entreiße mich der Gewalt
meiner Feinde und meiner Verfolger.
17 Lass leuchten über deinem Knechte
dein Antlitz, / rette mich in deinem
Erbarmen.
18 Jahwe, lass mich zuschanden nicht
werden, da ich dich anrief; / zuschan-
den sollen werden die Frevler und sol-
len verstummen / und niederfahren
zum Abgrund.
19 Verstummen sollen die Lippen der
Lüge, / die sich auftun wider den
Frommen in frechem Stolz, in Verach-
tung.
20 Wie groß ist deine Güte, Jahwe, / die

du denen bewahrst, die dich fürch-
ten! / Du erweisest sie vor den Augen
der Menschen / an denen, die ihre Zu-
flucht nehmen zu dir.
21 Du deckest sie mit dem Schild dei-
nes Blickes / vor der Verschwörung
der Menschen. / Du verwahrest sie in
deinem Gezelt / vor dem Streite der
Zungen.
22 Gepriesen sei Jahwe, / [in fester
Stadt] erwies er mir wunderbar sein
Erbarmen.
23 Ich hatte gesprochen in meiner Be-
stürzung: / Verstoßen bin ich aus lei-
nen Augen. / Du aber hast meines Fle-
hens Stimme vernommen, / da ich
gerufen zu dir.
24 Liebet Jahwe, ihr Frommen alle; /
seine Getreuen behütet Jahwe. / Doch
zahlet reichlich er heim / denen, die
handeln in Übermut.
25 Seid stark und tapferen Mutes, / alle,
die ihr hofft auf Jahwe.

Psalm 51 (50)

Miserere (4. Bußpsalm): 51,1–21

51 [1 Dem Chormeister, ein Psalm
von David, 2 als der Prophet
Natan zu ihm kam, weil er zur Batse-
ba gegangen war.]
3 Erbarme dich meiner, o Gott, der du
barmherzig und gnädig; / nach dem
Übermaß deiner Gnade lösche aus
meine Schuld.
4 Bis auf den Grund wasche ab meine
Missetat, / von meiner Sünde mache
mich rein!
5 Denn meine Bosheit erkenne ich
wohl, / immer steht mir vor Augen
die Sünde.
6 Ich habe gesündigt an dir allein; /
was böse vor dir, ich hab' es getan. /
Nun erweisest du dich in deinem Ur-
teil gerecht, / und Recht behalten hast
du in deinem Gerichte.
7 Siehe, ich bin geboren in Schuld; / ich
war schon in Sünde, als mich die Mut-
ter empfangen.
8 Doch siehe, du hast Gefallen an der
Wahrheit des Herzens; / lehre du mich
Geheimnisse der Weisheit.
9 Besprenge mich mit Ysop, so werde
ich rein; / wasche mich, und ich werde
weißer als Schnee.
10 Lass mich vernehmen Freude und
Wonne, / und mein zerschlagen Ge-
bein wird frohlocken.
11 Wende ab von meinen Sünden dein
Angesicht / und tilge all meine Frevel.
12 Ein reines Herz erschaffe mir, Gott, /
und einen festen Geist erwecke mir
neu.
13 Von deinem Antlitz verstoße mich
nicht, / nimm von mir nicht hinweg
deinen heiligen Geist.
14 Deines Heiles Wonne schenke mir
wieder, / in willigem Geiste mache
mich stark.
15 Dann will ich deine Wege den Irren-
den weisen, / und Sünder werden sich
bekehren zu dir.
16 Errette mich vor dem Blute, Gott
meines Heiles; / und meine Zunge
wird deine Gerechtigkeit rühmen.
17 Herr, tu auf meine Lippen, / und
mein Mund wird verkünden dein Lob.
18 All die Opfer erfreuen dich nicht; /
wollte ich Brandopfer bringen, du
nimmst sie nicht an.

19 Mein Opfer ist ein reuiger Sinn; / ein
Herz voll Demut und Reue wirst du
nicht verschmähen.
20 In deiner Güte, o Herr, erweise dich
gnädig an Zion, / lass neu erstehen Je-
rusalems Mauern!
21 Dann werden dir rechte Opfer gefal-
len – Brandopfer und Ganzopfer, /
dann wird man Opfertiere legen auf
deinen Altar.

Psalm 62 (61)

Gott, die einzige Hoffnung: 62,1–13

62 [1 Dem Chormeister, nach Je-
dutun; ein Psalm von David.]
2 Meine Seele ruhet in Gott, / von ihm
allein kommt mir Hilfe.
3 Er allein ist mein Fels und mein
Heil; / er ist meine Burg, ich werde
nicht wanken.
4 Wie lange noch bedroht ihr alle den
einen, / ihn zu stürzen wie eine Wand,
die sich neigt, /wie eine sinkende
Mauer!
5 Nur Täuschungen hecken sie aus, /
sie, deren Freude die Lüge ist. / Lüge
im Munde, so wünschen sie Segen, /
im Herzen aber tragen sie Fluch.
6 Ruhe du, meine Seele, in Gott, / von
ihm allein kommt mir Hilfe.
7 Er allein ist mein Fels und mein
Heil; / er ist meine Burg, ich werde
nicht wanken.
8 Mein Heil und meine Ehre, sie sind
bei Gott; / er ist der Fels meiner Kraft,
ja, Gott ist mir Zuflucht.
9 Mein Volk, zu allen Zeiten hoffe auf
ihn, / gießet aus vor ihm eure Her-
zen, / denn unsere Zuflucht ist Gott.
10 Die Adamssöhne sind nur ein
Hauch, / trügerisch sind die Men-
schensöhne. / Sie schnellen empor
auf der Waage, / allesamt sind sie
leichter als wie ein Hauch.
11 Verlasst euch nicht auf Gewalt und
rühmet euch nicht des Raubes;
und wachsen eure Güter, hängt euer
Herz nicht daran.
12 Eines hat Gott gesprochen, zwei
Dinge sind es, die ich vernahm: /
13 Gott hat die Macht! Und dein, o
Herr, ist die Gnade! / Du wirst einem
jeden nach seinem Werke vergelten.

Psalm 63 (62)

Die Sehnsucht nach Gott: 63,1–12

63 [1 Ein Psalm von David, als er
in der Wüste Juda weilte.]
2 Gott, mein Gott, dich suche ich; / es
dürstet nach dir meine Seele. / Nach
dir verlanget mein Leib / gleich einem
dürren, lechzenden Land ohne Was-
ser.
3 So schaue ich aus nach dir im heili-
gen Zelt, / deine Kraft und deine Herr-
lichkeit möchte ich schauen.
4 Denn besser ist deine Huld als das
Leben, / meine Lippen singen dir Lob.
5 Ich will dich rühmen mein Leben
lang, / in deinem Namen erhebe ich
meine Hände.
6 Wie von Fett und Mark wird satt
meine Seele, / und mit Lippen des Ju-
bels lobsinget mein Mund.
7 Auf meinem Lager denke ich dein, /

in den Nachtwachen geht mein Sin-
nen zu dir.
8 Fürwahr, du bist mir ein Helfer ge-
worden, / jubeln darf ich in deiner Fit-
tiche Hut.
9 Meine Seele hanget dir an, / es hält
mich fest deine Rechte.
10 Die aber wollen mein Leben verder-
ben, / sie fahren hinab zu den Tiefen
der Erde;
11 preisgegeben des Schwertes Ge-
walt, / den Schakalen zur Beute.
12 Der König aber wird sich freuen in
Gott, / rühmen wird sich jeder, der ge-
schworen bei ihm, / des Lügners
Mund wird verstummen.

Psalm 67 (66)

Erntedanklied: 67,1–8

67 [1 Dem Chormeister; mit Sai-
tenspiel, ein Psalm, ein Lied.]
2 Gott sei uns gnädig, er segne uns, / er
lasse uns leuchten sein Angesicht:
3 Dass wir seinen Weg erkennen auf
Erden, / bei allen Völkern sein Heil.
4 Dich sollen preisen, o Gott, die Völ-
ker, / alle Völker sollen dich preisen.
5 Freuen sollen sich alle Stämme und
jubeln, / denn du richtest die Erde ge-
recht. / Du richtest die Völker nach
Recht, / du lenkest alle Stämme auf
Erden.
6 Dich sollen preisen, o Gott, die Völ-
ker, / alle Völker sollen dich preisen.
7 Die Erde gab ihre Frucht: / Gott, un-
ser Gott, er hat uns gesegnet.
8 Gott gebe uns seinen Segen, / und
fürchten sollen ihn alle Enden der
Erde.

Psalm 71 (70)

Gebet eines Menschen im Alter: 71,1–24

71 1 Jahwe, ich flüchte zu dir, / lass
mich zuschanden nicht werden
in Ewigkeit.
2 In deiner Gerechtigkeit rette mich
und mache mich frei, / neige dein
Ohr mir zu und komm mir zu Hilfe.
3 Sei mir ein Felsen der Zuflucht, / eine
feste Burg, mich zu retten; / wahrlich,
du bist mein Fels, meine Burg.
4 Mein Gott, der Hand des Bösen ent-
reiße mich, / der Faust des Sünders
und des Bedrückers.
5 Denn du, o Gott, du bist meine Zu-
versicht, / du, Jahwe, meine Hoffnung
von Jugend auf.
6 Ich habe mich gehalten an dich seit
dem Schoß meiner Mutter, / vom Mut-
terleib an warst du mein Anteil, / auf
dich habe ich allzeit vertraut.
7 Zur Verwunderung bin ich gewor-
den für viele, / du aber bist mein star-
ker Helfer.
8 Mein Mund war voll deines Lobes, /
voll deines Ruhmes den ganzen Tag.
9 Verwirf mich nicht in den Tagen des
Alters; / wenn meine Kräfte schwin-
den, verlass mich nicht.
10 Reden doch über mich meine Fein-
de, / belauern mich und halten ge-
meinsam Rat.
11 Sie sagen: Verlassen hat ihn Jahwe; /
so verfolgt ihn und greift ihn; / ist

doch niemand, der ihn wollte erret-
ten.
12 Gott, o bleib mir nicht fern; / eile,
mein Gott, mir zu helfen.
13 Die mich befehden, zuschanden sol-
len sie werden und sollen vergehn; /
die mein Unheil wollen, sie seien be-
deckt mit Schande und Schmach.
14 Ich aber, allezeit will ich hoffen, /
und alle Tage will ich mehren dein
Lob.
15 Mein Mund soll künden deine Ge-
rechtigkeit, / den ganzen Tag deine
Hilfe.
16 Ich werde kommen in Jahwes
Macht, / dein gerechtes Walten allein
will ich preisen.
17 O Gott, du hast mich gelehrt von Ju-
gend auf, / von deinen Wundern er-
zähl' ich noch heute.
18 Und bis ins Alter, ins hohe Alter, /
Gott, verlasse mich nicht:

Dass ich künde diesem Geschlecht
von deinem Arm / und allen Kom-
menden von deiner Stärke 19 und von
deiner Gerechtigkeit, o Gott, die
reicht bis zum Himmel.

Große Dinge hast du getan; / wer,
o Gott, ist wie du!
20 Viele und harte Mühsal hast du mir
auferlegt, / doch wirst du mich wieder
beleben / und hebst mich empor aus
den Tiefen der Erde.
21 Bring mich wieder zu Ehren, / und
aufs Neue lass mich getröstet sein.
22 Und deine Treue, mein Gott, will ich
preisen mit Saitenklang; / Heiliger Is-
raels, auf der Harfe will ich dir spielen.
23 Frohlocken sollen meine Lippen, da
ich dir singe, / und es jubelt meine
Seele, denn du hast sie erlöst.
24 Den ganzen Tag soll meine Zunge
deine Gerechtigkeit preisen; / denn
die mein Verderben wollen, / Schande
hat sie getroffen und Schmach.

Psalm 88 (87)

Gebet aus tiefster Not: 88,1–19

88 [1 Ein Lied, ein Psalm von den
Söhnen Korachs. Dem Chor-
meister, nach „Machalat" zu singen;
ein Weisheitslied von Heman, dem
Esrachiter.]
2 Jahwe, mein Gott, am Tage rufe ich
dich, / ich klage vor dir in der Nacht.
3 Es dringe zu dir mein Gebet, / neige
dein Ohr meinem Flehen.
4 Denn meine Seele ist gesättigt mit
Leid, / dem Totenreich ist nahe mein
Leben.
5 Ich werde zu denen gezählt, die fah-
ren zur Grube, / ich bin ein Mensch
ohne Kraft,
6 entlassen unter die Toten, / gleich
den Erschlagenen, die ruhen im Gra-
be: / Deren du nimmer gedenkest, /
die keinen Teil mehr haben an deiner
Sorge.
7 Du warfest mich in die unterste Gru-
be, / in die Finsternis, in den Abgrund.
8 Schwer lastet auf mir dein Unmut, /
all deine Wogen brechen herein über
mich.
9 Meine Freunde hältst du mir ferne. /
du machst mich ihnen zum Gräuel, /
ein Gefangener bin ich und kann
nicht entrinnen.
10 Meine Augen dunkeln vor Elend, /

Jahwe, an allen Tagen rufe ich dich, / nach dir breite ich aus meine Hände.
11 Willst du Wunder tun an den Toten? / Stehn die Schatten auf und künden dein Lob?
12 Erzählt man im Grabe von deiner Huld, / von deiner Treue im Totenreich?
13 Werden deine Wunder der Finsternis kund / und dem Land der Vergessenheit deine Gnade?
14 Ich aber, Jahwe, ich rufe zu dir, / am frühen Morgen kommt zu dir mein Gebet.
15 Warum, Jahwe, verstoßest du meine Seele, / warum verbirgst du vor mir dein Angesicht?
16 Elend bin ich von Jugend auf und vom Tode bedroht, / ich trug deine Schrecken und siechte hin.
17 Die Gluten deines Zornes gingen hinweg über mich, / vernichtet haben mich deine Schrecken.
18 Sie umringen mich immerfort wie flutende Wasser, / allzusammen bedrängen sie mich.
19 Entfremdet hast du mir den Freund und Vertrauten, / und nur das Dunkel ist mir vertraut.

Psalm 108 (107)

Morgenlied und Gebet des Volkes:
108,1–14

108 [1 Ein Lied; ein Psalm von David.]
2 Mein Herz ist getrost, o Gott, / ich will dir singen und spielen.
Wach auf, meine Seele; 3 Psalter
und Harfe, wacht auf! / Ich will das Morgenrot wecken.
4 Unter den Völkern will ich dich preisen, Jahwe, / unter den Heiden will ich dir singen.
5 Denn bis an den Himmel reicht dein Erbarmen, / bis an die Wolken reicht deine Treue.
6 Zeige dich in deiner Hoheit am Himmel, o Gott; / über die ganze Erde gehe auf deine Herrlichkeit.
7 Ja, dass gerettet werden deine Geliebten, / sende Hilfe mit deiner Rechten, erhöre uns.
8 In seinem Heiligtum hat Gott einst gesprochen: / „Frohlockend will ich Sichem verteilen, / vermessen will ich das Tal von Sukkot;
9 mein ist Gilead, und mein ist Manasse, / und Efraim ist der Helm meines Hauptes, / mein Zepter ist Juda;
10 doch Moab sei mir Schüssel zum Waschen, / auf Edom setze ich meinen Schuh, / und triumphieren will ich über das Land der Philister."
11 Wer bringt mich hin zu der festen Stadt? / Wer wird mich geleiten nach Edom?
12 Hast du uns nicht verstoßen, o Gott, / und ziehest nimmer aus, o Gott, mit unseren Heeren?
13 Schaffe uns Hilfe wider den Feind, / denn der Menschen Hilfe ist eitel.
14 Mit Gott werden wir Heldentaten vollbringen, / und er wird niedertreten unsere Feinde.

Psalm 118 (117)

Dankliturgie zum Laubhüttenfest:
118,1–29

118 [1 Halleluja!]
Danket Jahwe, denn er ist
gut: / In Ewigkeit währt sein Erbar-
men.
2 Es spreche Israels Haus: / In Ewigkeit
währt sein Erbarmen.
3 Es spreche Aarons Haus: / In Ewig-
keit währt sein Erbarmen.
4 Sprechen sollen, die Jahwe fürch-
ten: / In Ewigkeit währt sein Erbar-
men.
5 Ich rief zu Jahwe in meiner Bedräng-
nis, / er hat mich erhört und mir
Raum geschaffen.
6 Jahwe ist mit mir, ich fürchte mich
nicht: / Was könnte ein Mensch mir
antun!
7 Jahwe ist mit mir, er kommt mir zu
Hilfe: / In Schanden werde ich sehn
meine Feinde.
8 Besser, seine Zuflucht nehmen zu
Jahwe, / als zu bauen auf Menschen!
9 Besser, seine Zuflucht nehmen zu
Jahwe, / als zu bauen auf Fürsten!
10 Die Heiden alle umringten mich: /
Ich habe sie zertreten im Namen Jah-
wes.
11 Von allen Seiten umringten sie
mich: / Ich habe sie zertreten im Na-
men Jahwes.
12 Sie drangen auf mich ein wie
Schwärme von Bienen, / wie Feuer
unter Dornen sind sie entbrannt: /
Ich habe sie zertreten im Namen Jah-
wes.
13 Gestoßen ward ich, hart gestoßen,
ich sollte fallen: / Jahwe aber hat mir
geholfen.
14 Meine Stärke und meine Kraft ist
Jahwe, / er ist mir geworden zum Ret-
ter.
15 Hört! Welch ein Siegesjubel /in den
Zelten der Gerechten:
„Stark erwiesen hat sich die Rechte
Jahwes, 16 die Rechte Jahwes ist hoch
erhoben;
ja, stark erwiesen hat sich die Rechte
Jahwes!"
17 Ich werde nicht sterben, ich lebe, /
und künden will ich die Taten Jahwes.
18 Geschlagen hat mich Jahwe, ja ge-
schlagen, / doch er gab mich dem To-
de nicht preis.
19 Tut mir auf der Gerechtigkeit Tore! /
Eintreten will ich, Dank zu sagen Jah-
we.
20 Dies ist die Pforte zu Jahwe, / durch
sie gehen ein die Gerechten.
21 Ich will dir danken, denn du hast
mich erhört, / du bist mir geworden
zum Retter.
22 Der Stein, den die Bauleute verwar-
fen, / er ist zum Eckstein geworden.
23 Durch Jahwe ist dieses geschehen: /
ein Wunder vor unseren Augen.
24 Dies ist der Tag, den Jahwe gemacht
hat: / Lasst uns frohlocken und seiner
uns freun!
25 Jahwe, sende Heil! / Jahwe, gib Se-
gen und Gnade!
26 Gesegnet, der kommt im Namen
Jahwes! / Vom Hause Jahwes segnen
wir euch; 27 Jahwe ist Gott, uns leuch-
tet sein Licht.

Reihet euch in den Zug mit Zwei-
gen in Händen, / bis zu den Hörnern
des Altares!

28 Mein Gott bist du, ich sage dir
Dank! / Mein Gott, mit Lobgesang
will ich dich preisen!
29 Danket Jahwe, denn er ist gut: / In
Ewigkeit währt sein Erbarmen.

Psalm 130 (129)

De profundis (6. Bußpsalm): 130,1–8

130 [1 Ein Wallfahrtslied.]
Aus der Tiefe, Jahwe, ruf'
ich zu dir: / 2 Höre, o Herr, meine
Stimme! / Möge achten dein Ohr /
auf mein flehendes Rufen!
3 Wolltest du, Jahwe, der Sünde immer
gedenken: / Herr, wer könnte bestehn!
4 Doch bei dir ist Vergebung der Sün-
den, / auf dass man dich fürchte.
5 Ich hoffe auf Jahwe, es hofft meine
Seele; / ich erhoffe sein Wort.
6 Meine Seele wartet auf den Herrn, /
mehr als der Wächter auf das Morgen-
rot. / Ja, mehr als der Wächter auf das
Morgenrot 7 warte Israel auf Jahwe!
Denn bei Jahwe ist Erbarmen, / bei
ihm ist reiche Erlösung.
8 Er selber wird Israel erlösen / von al-
len seinen Sünden.

Psalm 139 (138)

Huldigung an den Allwissenden:
139,1–24

139 [1 Dem Chormeister, von
David, ein Psalm.]
Jahwe, du erforschest mich, und du
kennst mich; / 2 wann ich sitze und
wann ich stehe, du weißt es.
Meine Gedanken schaust du von
ferne; / 3 du schaust mich, wann ich
gehe und ruhe;
all meine Wege sind dir vertraut.
4 Ehe noch auf der Zunge das Wort, /
siehe, Jahwe, schon weißt du um alles.
5 Von rückwärts und vorne schließt du
mich ein, / und du legst auf mich dei-
ne Hand.
6 Gar wunderbar ist solches Wissen
für mich, / gar hoch, ich kann es nim-
mer begreifen.
7 Wohin soll ich flüchten vor deinem
Geiste? / Wohin vor deinem Antlitz
entfliehn?
8 Stiege ich zum Himmel empor, so
bist du zugegen; / wollte ich in der
Unterwelt lagern, so bist du auch dort.
9 Nähm' ich des Morgenrots Schwin-
gen / und ließe mich nieder am ferns-
ten Gestade:
10 Auch dort noch wird deine Hand
mich geleiten / und halten mich deine
Rechte.
11 Und sagte ich auch: Finsternis soll
mich bedecken / und Nacht mich um-
geben wie sonst das Licht:
12 So ist doch Finsternis selbst nicht
dunkel für dich, / Nacht ist dir hell
wie der Tag.
13 Du bist es, der meine Nieren ge-
schaffen; / du hast mich im Leib mei-
ner Mutter gewoben.
14 Ich preise dich, dass ich geschaffen
so wunderbar, / dass wunderbar all
deine Werke.
Du kennst meine Seele bis auf den
Grund, 15 nicht war dir verborgen
mein Wesen:

Als ich gebildet wurde im Dunkel, /
gewoben in den Tiefen der Erde:
16 Schon sahen deine Augen auf meine
Taten, / in dein Buch sind alle ge-
schrieben, / festgelegt meine Tage,
ehe noch einer von ihnen 17 erschien.

Wie unergründlich sind mir, o
Gott, deine Pläne, / wie unermesslich
ist ihre Zahl!
18 Wollt' ich sie zählen, ihrer sind
mehr als Körner im Sand; / und käm'
ich ans Ende, ich wäre erst am Beginn.
19 Ach, wolltest du, Gott, den Frevler
doch schlagen, / wollten die Blut-
befleckten weichen von mir!
20 Sie reden tückisch von dir, / als
Wahn gelten ihnen deine Gedanken.
21 Sollen mir nicht verhasst sein, die
dich hassen, Jahwe? / Sollen mir zum
Gräuel nicht sein, die wider dich auf-
stehn?
22 Ja, hassen will ich sie mit glühen-
dem Hass, / sie wurden mir selber zu
Feinden.
23 Durchforsche mich, Gott, und
durchschaue mein Herz, / prüfe mich
und erkenne meine Gedanken!
24 Und sieh, ob ich wandle den Weg
des Verderbens, / und führe mich den
ewigen Weg!

Psalm 150

Schlussdoxologie: 150,1–5

150 [1 Halleluja!]
Lobet Gott in seinem Hei-
ligtum, / lobet ihn in seiner himm-
lischen Feste!
2 Lobet ihn ob seiner gewaltigen Ta-
ten, / lobet ihn ob der Fülle seiner
Größe!
3 Lobet ihn mit dem Hall der Posau-
nen, / lobet ihn mit Psalter und Harfe!
4 Lobet ihn mit Pauken und Reigen, /
lobet ihn mit Flöten und Saitenspiel!
5 Lobet ihn mit klingenden Zimbeln, /
lobet ihn mit dem Schall der rau-
schenden Zimbeln! / Alles, was Odem
hat, lobe Jahwe! / Halleluja!

17 *Die Geschichte des leidenden Ijob*

Aus dem Buch Ijob

Das Buch Ijob *hat schon zahlreichen Menschen, die vom Leid geplagt wurden, geholfen, ihrer Klage Ausdruck zu geben und zugleich auf Wandlung ihres Leids zu hoffen. Die Frage nach dem Leid steht in jeder Generation immer wieder neu auf. Warum lässt Gott das Leid zu? Letztlich gibt die Bibel auf die Warum-Frage keine Antwort. Aber sie zeigt uns, wie wir als Leidgeprüfte umgehen können mit unserem Leid.*

Ijob ist der Gerechte, den Gott mit vielen Gaben segnet. Doch dann erbittet der Satan, dass er ihn auf die Probe stellen dürfe, um zu testen, ob seine Frömmigkeit wirklich von Bestand ist. Der Satan ist hier ein Göttersohn. Er ist kein Gegenspieler zu Gott. Gott lässt ihn wirken. Dem Ijob wird alles genommen, nicht nur sein Besitz, sondern auch seine Kinder und zuletzt seine Gesundheit. Auch die Beziehung zu seiner Frau scheint zu zerbrechen. Jedenfalls verhöhnt sie ihn. Doch Ijob antwortet ihr: „Wie eine törichte Frau spricht, so redest auch du. Wenn wir das Gute von Gott annehmen, warum nicht auch das Böse?“ (2,10).

Drei Freunde besuchen Ijob, um ihn zu trösten. Sie erkennen seinen Schmerz und sie weinen vor ihm. Sieben Tage und Nächte sitzen sie bei Ijob, ohne ein Wort zu sprechen. Das zeigt, wie sehr sie mit ihm fühlen. Doch als sie dann versuchen, ihn zu trösten, erreichen sie gerade das Gegenteil. Denn sie können nicht anders trösten als mit der Theologie, die sie gelernt haben. Und diese Theologie sagt, dass keinem etwas Böses widerfährt, wenn er nicht gesündigt hat. Sie wollen also Ijob dazu führen einzugestehen, dass er gesündigt hat. Doch Ijob wehrt sich dagegen. Er weiß, dass er sich Gott gegenüber nicht unrecht verhalten hat. Immer wieder wehrt er sich gegen die theologische Argumentation seiner Freunde und schreit seine Not zum Himmel. Ja, er verflucht den Tag seiner Geburt.

Als die drei Freunde nichts gegen Ijob ausrichteten, versucht es Elihu, jünger als die drei Freunde. Er entbrennt voll Zorn gegenüber Ijob, weil er sich für gerecht hält. Aber auch er vermag Ijob nicht von seiner Schuld zu überzeugen.

Nach den vergeblichen Versuchen der Freunde spricht nun Gott selbst zu Ijob. Gott erklärt nicht, warum Ijob leiden muss. Gott verzichtet auf alle theologische Argumentation. Er zeigt Ijob nur die Größe der Schöpfung. Er verweist auf die Kraft des Wildstiers und des Pferdes, auf das mächtige Nilpferd und das Krokodil. Ijob fällt bewundernd nieder vor der Größe Gottes und bekennt: „Nur durch Gerüchte wusste ich von dir; jetzt aber hat mein Auge dich gesehen. Drum leiste Widerruf ich und bereue, auf Staub und Asche!" (42,5 f.). Gott tadelt die vier Freunde: „Denn ihr habt nicht recht von mir geredet wie mein Knecht Ijob" (42,7). Er verteidigt also Ijob. Es geht nicht um Schuld und Strafe. Es geht darum, Gottes Wirken zu bestaunen und vor der Unbegreiflichkeit seines Handelns niederzufallen.

Wer in Leid gerät, muss nicht die Schuld bei sich selber suchen. Gott rechtfertigt unsere Klage im Leid. Wir dürfen Gott alles sagen, ohne uns dafür entschuldigen zu müssen. Doch wir sollen Gott Gott sein lassen und aufhören, die Ursache des Leids zu ergründen. Gott wendet das Schicksal Ijobs. Er mehrt seinen Besitz, schenkt ihm noch sieben Söhne und drei Töchter. So ist das Buch Ijob ein Hoffnungsbuch für alle, die an ihrem Leiden zu zerbrechen drohen.

Satan versucht Ijob: 1,1 – 2,13

1 1 Es war ein Mann im Lande Uz mit Namen Ijob. Er war untadelig und rechtschaffen, fürchtete Gott und mied das Böse. 2 Ihm wurden sieben Söhne und drei Töchter geboren. 3 Sein Besitz umfasste siebentausend Stück Kleinvieh, dreitausend Kamele, fünfhundert Joch Ochsen, fünfhundert Eselinnen und ein zahlreiches Hausgesinde. So war der Mann mächtiger als alle Söhne des Ostens. 4 Seine Söhne pflegten ein Gastmahl im Hause eines jeden an dem ihm bestimmten Tage zu veranstalten. Dann sandten sie hin und luden auch ihre drei Schwestern ein, mit ihnen zu essen und zu trinken. 5 Jedes Mal, wenn die Tage des Gastmahls beendet waren, ließ Ijob sie holen, um sie zu reinigen. Früh am Morgen erhob er sich und brachte entsprechend ihrer Zahl Brandopfer dar. Denn Ijob dachte: „Vielleicht haben meine Kinder gesündigt und Gott geflucht in ihrem Herzen." So hielt es Ijob jedes Mal.

6 Eines Tages geschah es, dass die Gottessöhne kamen, um vor Jahwe hinzutreten. In ihrer Mitte erschien auch der Satan. 7 Da sprach Jahwe zum Satan: „Woher kommst du?" Der Satan antwortete Jahwe: „Ich streifte auf der Erde umher und erging mich auf ihr." 8 Da sprach Jahwe zum Satan: „Hast du auch auf meinen Knecht Ijob Acht gehabt? Denn es gibt niemand auf Erden wie ihn. Er ist untadelig und rechtschaffen, fürchtet Gott und meidet das Böse." 9 Der Satan erwiderte Jahwe: „Ist denn Ijob umsonst so gottesfürchtig? 10 Hast du nicht selbst einen Zaun errichtet um ihn, sein Haus und all sein Eigentum ringsum? Das Werk seiner Hände hast du gesegnet, und sein Besitz dehnt sich im Lande aus. 11 Doch strecke einmal deine Hand aus und rühre an all seinen Besitz. Wahrhaftig, er wird dir ins Angesicht fluchen!" 12 Da sprach Jahwe zum Satan: „Siehe, alles, was er besitzt, ist in deine Hand gegeben. Nur gegen ihn selbst darfst du deine Hand nicht ausstrecken." Und der Satan ging vom Angesichte Jahwes fort.

13 Eines Tages hielten seine Söhne und Töchter das Mahl im Hause ihres ältesten Bruders und tranken Wein. 14 Da kam ein Bote zu Ijob und sprach: „Die Rinder waren beim Pflügen, und die Eselinnen weideten nebenan. 15 Da fielen die Sabäer ein und raubten sie. Sie erschlugen die Knechte mit der Schärfe des Schwertes. Nur ich allein konnte entkommen, um es dir zu melden." 16 Noch hatte dieser nicht ausgeredet, da kam schon ein anderer und sprach: „Feuer Gottes fiel vom Himmel, zündete unter den Schafen und den Knechten und verzehrte sie. Nur ich allein konnte entkommen, um es dir zu melden." 17 Noch hatte dieser nicht ausgeredet, da kam schon ein anderer und sprach: „Die Chaldäer bildeten drei Heerhaufen, machten einen Überfall auf die Kamele und trieben sie fort. Sie erschlugen die Knechte mit der Schärfe des Schwertes. Nur ich allein konnte entkommen, um es dir zu melden." 18 Noch hatte er nicht ausgeredet, da kam schon ein anderer und sprach: „Deine

Söhne und Töchter waren beim Gastmahl und tranken Wein im Hause ihres ältesten Bruders. 19 Da kam plötzlich ein gewaltiger Sturmwind von jenseits der Wüste her und erfasste die vier Ecken des Hauses, sodass es über den jungen Leuten zusammenbrach und diese starben. Nur ich allein konnte entkommen, um es dir zu melden."

20 Da erhob sich Ijob, zerriss sein Obergewand und schor sein Haupt. Er warf sich zur Erde und betete an. 21 Dann sprach er: „Nackt kam ich aus meiner Mutter Leib; nackt kehre ich dorthin zurück. Jahwe hat gegeben, Jahwe hat genommen; der Name Jahwes sei gepriesen."

22 Bei alledem sündigte Ijob nicht und legte Gott nichts Törichtes zur Last.

2 1 Eines Tages geschah es, dass die Gottessöhne kamen, um vor Jahwe hinzutreten. In ihrer Mitte erschien auch der Satan. 2 Da sprach Jahwe zum Satan: „Woher kommst du?" Der Satan erwiderte Jahwe: „Ich streifte auf der Erde umher und erging mich auf ihr." 3 Da sprach Jahwe zum Satan: „Hast du auch auf meinen Knecht Ijob Acht gehabt? Denn es gibt niemand auf Erden wie ihn. Er ist untadelig und rechtschaffen, fürchtet Gott und meidet das Böse. Er verharrt noch immer in seiner Untadeligkeit. Du aber hast mich umsonst gereizt, ihn zu verderben." 4 Der Satan erwiderte Jahwe und sprach: „Haut um Haut, und alles, was der Mensch besitzt, gibt er für sein Leben. 5 Doch strecke einmal deine Hand aus und rühre an sein Gebein und Fleisch. Wahrhaftig, er wird dir ins Angesicht fluchen." 6 Da sprach Jahwe zum Satan: „Wohlan, er sei in deiner Hand. Nur schone sein Leben." 7 Und der Satan ging vom Angesichte Jahwes fort. Er schlug Ijob mit bösartigem Geschwür von seiner Fußsohle bis zu seinem Scheitel. 8 Er nahm sich eine Scherbe, um sich damit zu kratzen, während er mitten in der Asche saß. 9 Da sagte seine Frau zu ihm: „Hältst du noch immer an deiner Makellosigkeit fest? Fluche Gott und stirb!" 10 Er aber erwiderte ihr: „Wie eine törichte Frau spricht, so redest auch du. Wenn wir das Gute von Gott annehmen, warum nicht auch das Böse?" Bei alldem sündigte Ijob nicht mit seinen Lippen.

11 Die drei Freunde Ijobs hörten von all dem Unglück, das über ihn gekommen war, und ein jeder kam von seiner Heimat, Elifas aus Teman, Bildad aus Schuach und Zofar aus Naama. Sie verabredeten untereinander, hinzugehen, um ihm ihre Teilnahme zu bezeigen und ihn zu trösten. 12 Da sie von ferne ihre Augen erhoben, erkannten sie ihn nicht. Sie erhoben ihre Stimme und begannen zu weinen, zerrissen alle ihr Obergewand und streuten Asche auf ihr Haupt. 13 Sieben Tage und sieben Nächte saßen sie neben ihm auf der Erde, und keiner sprach ein Wort zu ihm. Denn sie sahen, dass sein Schmerz übergroß war.

Ijob verflucht den Tag seiner Geburt:
3,1–26

3 1 Danach öffnete Ijob seinen Mund
und verfluchte den Tag seiner Ge-
burt. 2 Ijob hob an und sprach:
3 Vergehen soll der Tag, der mich ge-
boren, / die Nacht, die sprach: „Ein
Knabe ist empfangen."
4 Ja, dieser Tag, er werde Finsternis! /
Nicht sorge sich um ihn die Gottheit
droben, / nicht leuchte über ihn des
Tages Licht.
5 Ihn fordre Finsternis und dichte
Dunkelheit, / Gewölk soll über ihn
sich lagern, / ihn scheuche auf die Ta-
gesfinsternis!
6 Ja – das Dunkel packe ihn! / Nicht
reihe er sich zu den Jahrestagen
und füge sich nicht in die Zahl der
Monde!
7 Ja, diese Nacht – sie bleibe unfrucht-
bar! / Nicht steige auf in ihr ein Jubel-
laut!
8 Verwünschen sollen sie die Tag ver-
flucher, / die es verstehn, Leviatan zu
reizen!
9 Verfinstert seien ihrer Dämm'rung
Sterne! / Des Lichtes harre sie, es blei-
be fern! / Nicht schaue sie mit Lust des
Frühlings Wimpern!
10 Weil sie mir nicht des Schoßes Tore
schloss / und nicht verbarg das Leid
vor meinen Augen.
11 Was starb ich nicht vom Mutter-
schoße weg, / trat aus dem Mutterleib
und starb dahin?
12 Weswegen kamen Knie mir ent-
gegen, / und warum Brüste, dass ich
daran sog?
13 Dann läge ich jetzt still und hätte
Ruhe, / entschlafen wäre ich und hätte
Frieden
14 bei Königen und bei des Landes Rä-
ten, / die Grabesstätten für sich auf-
gerichtet,
15 vielleicht bei Fürsten, denen Gold zu
Eigen, / die ihre Wohnungen mit Sil-
ber füllten.
16 Wie die verscharrte Fehlgeburt, die
nicht gelebt, / wie Kindlein wär' ich,
die das Licht noch nie geschaut.
17 Dort stehn die Frevler ab von ihrem
Grimm, / dort finden Ruhe auch die
Krafterschöpften.
18 Dort rasten die Gefangenen beisam-
men / und hören nicht mehr auf des
Fronvogts Stimme.
19 Der Arme und der Reiche sind dort
gleich, / der Sklave ist dort frei von
seinem Herrn.
20 Warum gab er den Leidbeladnen
Licht, / verlieh das Leben den zu Tod
Betrübten?
21 Sie harren auf den Tod, der doch
nicht kommt, / und suchen ihn mehr
als verborgne Schätze.
22 Sie würden jauchzen über einen To-
tenhügel / und gar frohlocken, wenn
ein Grab sie fänden.
23 Warum solch ein Geschenk dem
Mann, der keinen Weg mehr sieht, /
den Gott von allen Seiten eingezäunt?
24 Das Seufzen ist mein Brot gewor-
den, / wie Wasser strömen meine Kla-
gen aus.
25 Wovor ich bangte, das kam über
mich, / was ich befürchtet, traf mich
auch.
26 Ich finde keine Ruhe, keinen Frie-
den. / Noch war ich ruhig nicht, schon
kam ein Unheil.

Vertrauen auf Gott: 4,1 – 5,27

4 [1]Da antwortete Elifas aus Teman
und sprach:
[2]Wirst du verdrießlich, wenn wir zu
dir sprechen? / Doch wer vermag das
Wort zurückzuhalten?
[3]Sieh doch, schon viele hast du auf-
gemuntert, / und schlaffen Händen
hast du Kraft verliehen.
[4]Dein Zuspruch stützte den, der
strauchelte, / du stärktest Wankenden
die Knie.
[5]Nun kommt es über dich – da bist du
mutlos. / Da es auch dich erfasst, bist
du bestürzt.
[6]Ist deine Gottesfurcht nicht deine
Hoffnung / und deine Zuversicht dein
frommer Wandel?
[7]Bedenke doch! Wer ging wohl ohne
Schuld zugrunde? / Wo gingen Redli-
che wohl je verloren?
[8]Sooft ich Leute sah, die Unheil pflüg-
ten, / die Mühsal säten, ernteten sie
dieses.
[9]Durch Gottes Odem gingen sie zu
Grunde / und schwanden hin durch
seines Zornes Hauch.
[10]Des Löwen Brüllen und des Leuen
Knurren, / der Jungleu'n Zähne wer-
den ausgeschlagen.
[11]Der Löwe stirbt dahin aus Beute-
mangel, / und es zerstreuen sich der
Löwin Junge.
[12]Es stahl zu mir sich ein geheimes
Wort, / mein Ohr erfasste davon ein
Geflüster.
[13]Im Traum der Nacht beim Spiele der
Gedanken, / wenn tiefer Schlaf den
Menschen überfällt,
[14]traf mich Entsetzen und Erzittern /
und ließ erschaudern alle meine Glie-
der.
[15]Ein Hauch glitt über mein Gesicht
dahin, / es sträubten sich die Haare
meines Körpers.
[16]Es stand da – ich erkannt' sein Aus-
sehen nicht. / Ein Wesen stand vor
meinen Augen da, / das Säuseln einer
Stimme hörte ich:
[17]„Ist wohl ein Mensch vor Gott ge-
recht? / Ist rein ein Mann vor seinem
Schöpfer?"
[18]Sieh, seinen Dienern traut er nicht, /
zeiht seine Boten noch des Irrtums.
[19]Doch mehr noch jene, die im Lehm-
haus wohnen, / die auf dem Staub ge-
gründet sind, / die man zerdrückt wie
eine Motte!
[20]Vom Morgen bis zum Abend wer-
den sie zerschlagen. / Für immer ge-
hen sie zugrunde, und niemand denkt
an sie.
[21]Wird ihnen dann der Zeltpflock
ausgerissen, / so sterben sie dahin,
doch ohne Weisheit.

5 [1]Erheb die Stimme! Wer erteilt dir
Antwort? / An wen der Heiligen
willst du dich wenden?
[2]Fürwahr, der Ärger mordet einen To-
ren, / und einen Narren bringt der Ei-
fer um.
[3]Ich selbst sah einen Toren Wurzel
fassen; / doch plötzlich ward ver-
flucht sein Wohnsitz.
[4]Und fern vom Heile waren seine
Söhne. / Im Tore wurden ohne An-
walt sie zertreten.
[5]Was sie geerntet, aßen Hungernde; /
denn Gott entreißt es ihren Zähnen; /
es schnappten Durstige nach ihrem
Gut.

6 Denn aus der Erde geht kein Unheil
auf, / und aus dem Ackerboden
sprosst kein Leid.
7 Fürwahr, der Mensch erzeugt das
Unheil, / wie Adler aufwärts fliegen.
8 Doch ich – ich würde Gott befra-
gen, / Gott meine Sache unterbreiten,
9 der Großes schafft und Unerforsch-
liches, / gar Wunderbares, was noch
nie gezählt,
10 der Regen spendet auf der Erde Ant-
litz / und Wasser sendet über weite
Fluren,
11 der aufwärts richten kann die Tief-
gebeugten, / dass Trauernde das
höchste Heil erfahren,
12 der da zunichte macht der Schlauen
Pläne, / dass ihren Händen kein Erfolg
beschieden,
13 der Weise fängt in ihrer eignen
List, / dass der Verschlagnen Plan sich
überstürzt.
14 Bei Tage stoßen sie auf Finsternis /
und tasten wie bei Nacht umher im
Mittag.
15 Den Elenden errettet er vor ihrem
Mund / und aus der Hand des Mächti-
gen den Armen.
16 So blüht dem Armen eine Hoffnung
auf; / die Bosheit aber muss den Mund
verschließen.
17 Sieh, selig ist der Mann, den Gott
zurechtweist. / Verschmähe nicht die
Zucht Schaddais!
18 Was er verwundet, das verbindet
er; / wenn er zerschmettert, heilen sei-
ne Hände.
19 In Ängsten wird er sechsmal dich er-
retten, / und in der siebten packt das
Leid dich nicht.
20 In Hungersnot erlöst er dich vom
Tode, / zur Zeit des Krieges aus der
Hand des Schwertes.
21 Du bist geborgen vor der Zunge Gei-
ßel; / naht sich der Räuber, brauchst
du nicht zu fürchten.
22 Du spottest über Frost und Dürre; /
des Feldes Tiere können dich nicht
schrecken.
23 Denn mit des Feldes Steinen stehst
du doch im Bunde, / und das Getier
des Feldes lebt mit dir im Frieden.
24 Du wirst erfahren: Friede ist dein
Zelt, / wirst mustern deine Flur und
nichts vermissen.
25 Du wirst erkennen, wie sich mehrt
dein Same, / und deine Sprossen wie
das Gras der Erde.
26 Im reifen Alter steigst du in das
Grab, / wie man zu seiner Zeit die
Garben sammelt.
27 Sieh, dieses haben wir erforscht: so
ist es. / Wir hörten es. Du aber merk
es dir!

Der heimgesuchte Mensch allein kennt seine Not: 6,1–30

6 1 Da antwortete Ijob und sprach:
2 Wenn doch mein Ärger könnt'
gewogen werden, / zugleich mein Un-
glück auf der Waage läge!
3 Dann wär' es schwerer als der Sand
des Meeres. / Darum verwirrten mei-
ne Worte sich.
4 Die Pfeile von Schaddai sind in mich
eingedrungen. / Es hat mein Geist ihr
Fiebergift getrunken. / Die Schrecken
Gottes stehen wider mich.
5 Schreit denn der wilde Esel auf der

Weide? / Und brüllt vor seinem Futter
denn der Stier?
6 Wird etwa Fades ohne Salz geges-
sen? / Ist denn am Schleim des Dot-
ters Wohlgeschmack?
7 Ich sträube mich, daran zu rühren, /
und doch ist dies in meiner Krankheit
meine Speise.
8 O dass doch mein Verlangen sich er-
füllte, / und Gott gewährte, was ich
mir ersehne!
9 Gefiele es doch Gott, mich zu zer-
malmen! / Erhöb' er seine Hand, mich
abzuschneiden!
10 Es würde das mein Trost noch blei-
ben. / Aufhüpfen würd' ich trotz des
schonungslosen Schmerzes, / dass ich
des Heil'gen Worte nicht verleugnet.
11 Wo ist denn meine Kraft, um aus-
zuharren? / Wann kommt mein Ende,
dass ich mich gedulde?
12 Ist meine Kraft denn eine Felsen-
kraft? / Ist denn mein Leib aus hartem
Erz geformt?
13 Gibt es denn keine Hilfe mehr für
mich? / Und ist denn jede Rettung
mir entschwunden?
14 Dem Nächsten Mitleid zu verwei-
gern, / das heißt die Furcht Schaddais
von sich zu werfen.
15 Es täuschten meine Brüder wie ein
Bach, / so wie das Bett von Bächen,
die vergehen.
16 Vom Eis sind ihre Wasser trübe, / sie
schwellen an beim Tau'n des Schnees.
17 Zur Zeit der Hitze müssen sie ver-
gehen. / Wird's heiß, versiegen sie in
ihrem Bett.
18 Die Karawanen biegen ab vom We-
ge, / sie steigen in die Wüste, gehn zu-
grunde.
19 Nach ihnen spähen Temas Karawa-
nen, / auf sie vertrauten Sabas Han-
delszüge.
20 In ihrer Hoffnung werden sie betro-
gen, / bei ihnen angekommen, werden
sie enttäuscht.
21 So seid ihr jetzt für mich gewor-
den; / ihr schaut das Schreckliche
und fürchtet euch.
22 Hab' ich denn je gebeten: „Schenkt
mir etwas, / von eurem Reichtum
spendet was für mich,
23 befreit mich aus der Hand des Fein-
des, / aus der Tyrannen Hand kauft
mich doch los?"
24 Belehret mich, so will ich schwei-
gen! / Was ich gefehlt, das macht mir
kund!
25 Wie werden off'ne Worte nur ver-
höhnt! / Und was beweist denn euer
Tadeln?
26 Gedenkt ihr Worte nur zu tadeln? /
Sind Wind die Worte des Verzweifeln-
den?
27 Selbst über eine Waise würfet ihr
das Los / und würdet euren Freund
verschachern.
28 Nun habt die Güte, wendet euch mir
zu! / Euch ins Gesicht werd' ich gewiss
nicht lügen.
29 Kehrt wieder um! Kein Unrecht soll
geschehen. / Kehrt wieder um! Mein
Recht besteht noch immer.
30 Ist Unrecht denn auf meiner Zun-
ge, / und Unheil, weiß mein Gaumen
es nicht mehr zu schmecken?

Die Weisheit Gottes verlangt Ijobs Geständnis: 11,1–20

11 [1]Da entgegnete Zofar aus Naama und sprach:
[2]Soll dieser Wortschwall keine Antwort finden? / Soll denn ein solcher Maulheld Recht behalten?
[3]Dein Lügenreden lässt die Männer schweigen; / du höhnst, und keiner wagt zu widersprechen.
[4]Du sagtest also: Rein ist mein Wandel, / und lauter war ich stets in deinen Augen.
[5]Indessen, wollte Gott doch einmal reden / und seine Lippen öffnen wider dich!
[6]Er würde dich der Weisheit Tiefen lehren, / die wie ein Wunder dem Verstande sind. / Und wisse: Er zieht deine Schuld zur Rechenschaft!
[7]Kannst du den Urgrund Gottes denn erforschen, / bis zur Vollkommenheit Schaddais gelangen?
[8]Hoch wie der Himmel – was willst du beginnen? –, / tief wie das Totenreich – was kannst du wissen? –,
[9]nach ihrem Maße länger als die Erde / und breiter ist sie als der Ozean.
[10]Fährt er daher, wer wird ihm Halt gebieten? / Und packt er zu, wer sagt ihm dann: Zurück?
[11]Er weiß die Menschen voller Falschheit / und sieht die Sünde, achtet drauf.
[12]Sogar ein hohler Kopf kommt zur Besinnung, / ein unbändiger Wildesel wird zahm.
[13]Wenn du dein Inneres bereitest / und deine Hände zu ihm breitest,
[14]wenn du aus deiner Hand das Unrecht fortschaffst, / der Frevel nicht in deinem Zelte wohnt,
[15]ja, dann kannst du dein Haupt auch rein erheben, / stehst fest gesichert, brauchst dich nicht zu fürchten.
[16]Denn dann wirst du das Ungemach vergessen / und denkst daran wie an verlauf'ne Wasser.
[17]Dann strahlt dein Leben heller als der Mittag, / die Dunkelheit wird wie der Morgen sein.
[18]Du fühlst dich sicher, da die Hoffnung bleibt, / bist wohlbeschirmt und legst dich ruhig schlafen.
[19]Willst du dich lagern, niemand schreckt dich auf. / Doch viele sind's, die deinem Antlitz schmeicheln.
[20]Indes, der Frevler Augen schmachten hin; / ihr Zufluchtsort geht ihnen dann verloren; / ihr Hoffen ist, das Leben auszuhauchen.

Die Weisheit Gottes zeigt sich besonders in seiner verheerenden Macht: 12,1 – 14,22

12 [1]Darauf erwiderte Ijob und sprach:
[2]Wahrhaftig, ihr seid doch des Volkes Blüte. / Die Weisheit wird mit euch noch untergehen.
[3]Ich habe auch Verstand wie ihr. / Nicht steh' ich hinter euch zurück. / Wer wüsste wohl dergleichen nicht?
[4]Ein Mann wird zum Gespött für seine Freunde, / wenn er Gott anruft, dass er ihm antworte. / Zum Spottlied wird der Fromme, der Gerechte.
[5]Dem Unglück Hohn, so denkt, wer ohne Sorge ist. / Bereit ist er für solche, deren Füße wanken.

6 Gesichert sind der Räuber Zelte /
und derer, die Gott reizen, voller Zu-
versicht, / die Gott in ihre Hände neh-
men.
7 Doch frage nur das Vieh, es wird dich
lehren; / des Himmels Vögel werden
es dir künden.
8 Was auf der Erde kriecht, wird dich
belehren! / Erzählen werden's dir des
Meeres Fische.
9 Wer kann aus alledem es nicht er-
kennen, / dass Gottes Hand all dies
geschaffen hat?
10 In seiner Hand ruht aller Lebens-
odem / und eines jeden Menschenlei-
bes Geist.
11 Soll denn das Ohr die Worte nim-
mer prüfen, / gleichwie der Gaumen
auch die Speisen kostet?
12 Die Weisheit hält sich bei Ergrauten
auf, / und Einsicht birgt ein langes Le-
ben.
13 Bei ihm ist Weisheit und auch Hel-
denkraft; / bei ihm verweilen Rat und
Einsicht.
14 Was er zerstört, wird nicht mehr
aufgebaut; / und wen er einschließt,
dem wird nicht geöffnet.
15 Wenn er die Wasser hemmt, versie-
gen sie; / lässt er sie frei, durchwühlen
sie das Erdreich.
16 Verstand und Einsicht sind ihm ei-
gen. / Sein ist der Irrende und der Ver-
führer.
17 Des Landes Ratsherrn schlägt er
ganz mit Dummheit / und macht zu
Toren noch die Richter.
18 Er löst den Gürtel los von Königen /
und bindet einen Strick um ihre Hüf-
ten.
19 Die Priester lässt er barfuß gehen, /
und nieder wirft er Mächtige.
20 Die Sprache nimmt er den Bewähr-
ten fort, / und den Verstand entzieht
er auch den Greisen.
21 Er gießt Verachtung auf die Edlen
aus, / den Starken lockert er die Gürtel
auf.
22 Verborgenes enthüllt er aus dem
Dunkel / und zieht die Todesschatten
an das Licht.
23 Er hebt die Völker und vernichtet
sie, / er breitet Völker aus, dann
wischt er sie hinweg.
24 Des Landes Führern nimmt er den
Verstand, / lässt sie in wegeloser Wüs-
te irren.
25 Sie tappen ohne Licht im Dunkel
vorwärts / und taumeln wie Betrun-
kene dahin.

13 1 Seht! All das hat mein Auge
wahrgenommen, / mein Ohr
gehört und es sich wohl gemerkt.
2 Was ihr wisst, weiß ich auch. / Ich
stehe euch nicht nach.
3 Doch ich will reden mit Schaddai; /
mein Wunsch ist es, mit Gott zu rech-
ten.
4 Ihr aber, ihr seid doch nur Lügentün-
cher, / nur Ärzte, die nichts taugen,
allzumal.
5 Dass ihr doch völlig schweigen woll-
tet! / Es würde euch als Weisheit gel-
ten.
6 Hört, bitte, doch auf meine Klagen! /
Merkt auf das Streiten meiner Lippen!
7 Wollt ihr zu Gunsten Gottes Falsches
reden / und seinetwegen gar noch Lü-
gen sprechen?
8 Wollt ihr für ihn Partei ergreifen, /
vielleicht für Gott als Anwalt streiten?

9 Ergeht es euch wohl gut, wenn er euch prüfte? / Wollt ihr ihn täuschen, wie man Menschen täuscht?

10 In harte Zucht wird er euch nehmen, / wenn im Geheimen ihr parteiisch seid.

11 Wird seine Hoheit euch nicht schrecken / und nicht die Angst vor ihm euch überfallen?

12 Es sind doch eure Sprüche Aschensprüche. / Lehmschanzen nur sind eure Schanzen.

13 Schweigt still vor mir, auf dass ich reden kann! / Dann komme über mich, was kommen mag.

14 Mein Fleisch will ich in meinen Zähnen tragen; / mein Leben nehme ich in meine Hand.

15 Er töte mich! Ich habe keine Hoffnung. / Doch meinen Wandel leg' ich vor ihm dar.

16 Schon das muss mir zu meiner Rettung dienen; / denn vor sein Antlitz kann kein Frevler treten.

17 Wollt doch genau auf meine Worte hören! / In eure Ohren dringe meine Kunde!

18 Seht doch! Ich habe das Gericht bereitet. / Ich weiß recht wohl, dass ich im Rechte bin.

19 Wer ist es, der mit mir zum Rechtsstreit kommt? / Dann will ich gerne schweigen und verscheiden.

20 Vor zweierlei woll' mich bewahren! / Dann berge ich mich nicht vor deinem Antlitz.

21 Zieh deine Hand von mir zurück, / nicht soll die Angst vor dir mich schrecken!

22 Dann lade vor, und ich will Antwort stehen; / will ich dann sprechen, so entgegne du!

23 Wie groß sind meine Sünden und Vergehen? / Tu meine Schuld und Missetat mir kund!

24 Warum verhüllst du denn dein Angesicht / und wertest mich als einen Feind für dich?

25 Willst du denn ein verwehtes Blatt aufscheuchen / und eine dürre Stoppel noch verfolgen?

26 Denn du hast Bitterkeiten mir verschrieben, / teilst mir die Sünden meiner Jugend zu.

27 Du legtest meine Füße in den Block, / bewachst auch alle meine Pfade / und zeichnest einen Strich um meiner Füße Sohlen.

28 Wie ein vermodernd Holz zerfällt mein Leben / und wie ein Kleid, an dem die Motten nagen.

14 1 Der Mensch, von der Frau geboren, / an Tagen arm, mit Sorgen nur gesättigt:

2 Wie eine Blume blüht er und verwelkt, / entflieht dem Schatten gleich, bleibt nicht bestehen.

3 Auch hältst du über ihn dein Auge offen / und bringst ihn gar vor deinen Richterstuhl.

4 Kann denn ein Reiner von Unreinem kommen? / Auch nicht ein einziger!

5 Wenn fest bestimmt sind seine Tage / und seiner Monde Zahl bei dir, / ein Ziel du ihm gesetzt, das er nicht überschreite,

6 schau weg von ihm und lass ihn nur, / bis er als Lohnknecht seine Zeit gedient.

7 Denn für den Baum besteht noch eine Hoffnung; / er treibt empor, auch

wenn er abgehauen; / sein Schössling
bleibt nicht aus.
8 Wenn seine Wurzel in der Erde al-
tert / und selbst sein Stamm im Boden
stirbt,
9 schon vom Geruch des Wassers wird
er sprossen / und treibt Gezweig dem
Setzling gleich hervor.
10 Der Mann dagegen stirbt und sinkt
dahin, / der Mensch verscheidet. –
Doch wo bleibt er?
11 Die Wasser schwinden aus dem
Meere, / der Fluss vertrocknet und
versiegt.
12 So legt der Mensch sich hin und
steht nicht auf; / die Himmel werden
untergehen, eh er erwacht, / eh er aus
seinem Schlaf geweckt wird.
13 O dass du mich verstecktest in der
Scheol, / mich bärgest, bis dein Zorn
sich wendet, / mir setztest eine Frist
und mein gedächtest!
14 Ja, stürb' der Mensch und lebte wie-
der auf, / all meine Dienstzeit wollt'
ich gerne harren, / bis einer kommt,
mich abzulösen.
15 Du würdest rufen, und ich gäb' dir
Antwort. / Du würdest sehnen dich
nach deiner Hände Werk.
16 Dann wirst du meine Schritte zäh-
len, / wirst nicht mehr wachen über
meinen Fehltritt.
17 Versiegelt läg' im Beutel meine Sün-
de; / du würdest meinen Frevel über-
tünchen.
18 Doch wehe mir! So wie der Berg
schließlich zusammenstürzt; / der
Felsblock fort von seiner Stelle rückt;
19 der Wassertropfen Steine aushöhlt, /
der Wolkenbruch das Erdreich fort-
schwemmt, / so lässest du dem Men-
schen keine Hoffnung.
20 Für immer schlägst du ihn zu Boden
– er geht dahin; / sein Antlitz wan-
delst du und schickst ihn fort.
21 Sind seine Kinder auch geehrt, er
weiß es nicht; / sind sie verachtet, er
bemerkt es nicht.
22 Sein Leib empfindet nur die eig'nen
Schmerzen, / es trauert seine Seele
einzig um ihr Leben.

Ijobs Verteidigung: 31,1–40a

31 1 Mit meinen Augen schloss ich
einen Bund, / nie eine Jungfrau
lüstern anzusehen.
2 Was wäre sonst mein Teil von Gott
dort oben, / mein Erbteil von dem Al-
lerhöchsten droben?
3 Ist nicht bestimmt das Unheil für die
Frevler / und das Verderben für die
Übeltäter?
4 Schaut er denn nicht auf meine We-
ge, / zählt er nicht alle meine Schritte?
5 Wenn ich mit Lüge umgegangen wä-
re / und zum Betruge meine Füße eil-
ten,
6 dann wäge er mich auf gerechter
Waage, / und Gott wird meine Un-
schuld anerkennen.
7 Wenn je vom Wege meine Schritte
wichen / und wenn mein Herz je mei-
nen Augen folgte, / an meinen Hän-
den nur ein Makel klebte,
8 dann soll ein andrer essen, was ich
säe, / und was mir aufwächst, soll ent-
wurzelt werden.
9 Wenn sich mein Herz von einer Frau

bestricken ließ / und wenn ich an der
Tür des Nächsten lauerte,
10 dann soll meine Frau für einen an-
dern mahlen, / und Fremde sollen
über sie sich beugen.
11 Denn das ist eine Schandtat ohne-
gleichen / und ein Verbrechen, das
des Richters wert ist.
12 Ein Feuer ist's, das bis zur Hölle
brennt, / und meine ganze Habe wird
es fressen.
13 Wenn meines Knechtes Rechte ich
missachtet / und meiner Magd, wenn
sie sich mit mir stritten,
14 was wollt' ich tun, wenn Gott sich
dann erhöbe, / und was entgegnen,
wenn er untersuchte?
15 Hat nicht mein Schöpfer sie im
Schoß gebildet, / derselbe uns im Mut-
terleib bereitet?
38 Wenn über mich mein Acker klag-
te / und alle seine Furchen weinten,
39 wenn ohne Geld ich seine Frucht
verzehrte, / die Ackerleute seufzen
ließ,
40a so bringe er statt Weizen Disteln
nur, / und statt der Gerste soll das Un-
kraut sprossen!
16 Wenn ich dem Armen einen
Wunsch versagte, / wenn ich ver-
schmachten ließ der Witwe Augen,
17 für mich allein nur meinen Bissen
nahm / und keine Waise ihren Teil er-
hielt –
18 von Jugend an hat Gott mich wie ein
Vater großgezogen, / vom Mutter-
schoße an war er mein Führer –,
19 erblickt' ich den Verlornen ohne
Kleidung, / den armen Mann, dem
eine Decke fehlte,
20 und sagten seine Hüften mir nicht
Dank, / da er von meiner Lämmer
Schur sich wärmte,
21 erhob ich gegen jemand meine
Hand, der ohne Schuld, / da ich am
Tore Hilfe fand für mich,
22 dann falle meine Schulter mir vom
Nacken, / aus dem Gelenke breche
mir mein Arm!
23 Denn Gottes Schrecken würd' sich
über mich ergießen, / vor seiner Ho-
heit hielte ich nicht stand.
24 Wenn ich auf Gold je meine Hoff-
nung setzte, / zum Feingold sprach:
„Du meine Zuversicht!",
25 wenn ich mich freute, dass mein
Reichtum wuchs / und dass so Großes
meine Hand geleistet,
26 wenn ich die Sonne schaute, wie sie
strahlte, / den Mond, der prächtig sei-
ne Bahnen zog,
27 wenn heimlich sich mein Herz betö-
ren ließ, / dem Munde meine Hand
zum Kuss sich bot,
28 auch das ist eine Sünde für den
Richter; / ich hätte Gott da droben ja
verleugnet.
29 Freut' ich mich über meines Feindes
Unglück, / und war ich froh, dass ihn
ein Unheil traf,
30 erlaubt' ich meinem Mund zu sündi-
gen, / sein Leben je durch einen Fluch
zu fordern,
31 und haben meine Zeltgenossen
nicht gestanden: / „Wer wurde je von
seinem Fleisch nicht satt?"
32 Kein Fremder musste draußen über-
nachten, / mein Tor stand jedem
Wand'rer offen.
33 Wenn ich verbarg den Menschen
meine Sünde, / in meinem Busen mei-
ne Schuld verhüllte,

34 weil ich die große Menge scheute /
und mich der Stämme Spott er-
schreckte, / dann wär' ich still und
ginge nicht zur Tür hinaus.
35 O wäre jemand da, dass Gott mich
hörte! / Dies ist mein letztes Wort:
jetzt gebe Antwort mir Schaddai! /
Und hier das Schriftstück, das mein
Gegner schrieb.
36 Fürwahr, ich nähme es auf meine
Schulter / und wände es als Diadem
mir um.
37 Ich würde meiner Schritte Zahl ihm
nennen / und wie ein Fürst ihm dann
entgegengehen.
40b Zu Ende sind die Worte Ijobs.

Die Weisheit in der Schöpfung beschämt
Ijob: 38,1 – 40,5

38 1 Da gab Jahwe Ijob Antwort
aus dem Gewittersturm und
sprach:
2 Wer ist es, der den Weltenplan ver-
dunkelt / mit Worten, denen die Er-
kenntnis mangelt?
3 Umgürte deine Lenden wie ein
Held! / Ich will dich fragen, du belehre
mich!
4 Wo warst du denn, als ich die Erde
gründete? / Sag an, wenn du so große
Einsicht hast!
5 Wer setzte fest ihr Maß? Du weißt es
ja. / Wer spannte über sie die Mess-
schnur aus?
6 Worauf sind ihre Pfeiler eingesenkt, /
und wer hat ihren Eckstein eingefügt,
7 als allzumal die Morgensterne
jauchzten / und alle Gottessöhne ju-
belten?
8 Wer schloss das Meer mit Doppel-
toren ein, / als sprudelnd es dem Mut-
terschoß entsprang,
9 als ich zu seinem Kleid die Wolken
machte, / zu seinen Windeln des Ge-
wölkes Dunkel,
10 als ich ihm damals eine Grenze
brach, / die Riegel und die Doppeltore
setzte?
11 Ich sprach: Bis hierher kommst du
und nicht weiter! / Hier soll zerschel-
len deiner Wellen Stolz!
12 Gebotest du in deinem Leben je dem
Morgen? / Hast du der Morgenröte
ihren Platz gewiesen,
13 auf dass der Erde Säume sie erfasse /
und sie die Bösewichter von ihr jage?
14 Wie Ton verwandelt sie sich unterm
Siegel; / und wie ein Kleidungsstück,
so färbt sie sich.
15 Den Übeltätern wird ihr Licht ver-
weigert; / zerbrochen wird der Arm,
der schon erhoben.
16 Gelangtest du bis zu des Meeres
Quellen? / Bist du gewandelt auf dem
Grund des Meeres?
17 Hat man des Todes Tore dir ge-
zeigt? / Und sahst du denn des Schat-
tenreiches Pförtner?
18 Hast du denn Einsicht in den weiten
Raum der Erde? / Gestehe es, ob du sie
ganz begreifest!
19 Wo ist der Weg zum Aufenthalt des
Lichtes, / die Finsternis – wo hat sie
ihren Platz,
20 damit du sie in ihr Gebiet geleitest /
und sie den Weg zu ihrem Hause
führst?
21 Du weißt es. Damals bist du ja gebo-
ren, / und deiner Lebenstage Zahl ist
groß.

22 Kamst du bis zu den Speichern vol-
ler Schnee? / Hast du des Hagels
Scheuern je gesehen,
23 die ich für Drangsalzeiten auf-
bewahrte, / für Tage, die dem Kampf
und Kriege gelten?
24 Wo ist der Weg, da sich das Licht
zerteilt, / wenn Funken auf die Erde
es ergießt?
25 Wer brach dem Regengusse eine
Rinne / und der Gewitterwolke einen
Weg,
26 damit auf menschenleeres Land es
regne / und auf die Steppe, die kein
Mensch bewohnt,
27 um zu sättigen die Wüste und die
Wildnis, / im Ödland Wachstum fri-
schem Pflanzenwuchs zu geben?
28 Gibt es denn für den Regen einen
Vater? / Und wer erzeugt des Taues
Tropfen?
29 Aus wessen Schoß entspringt das
Eis? / Wer hat den Reif des Himmels
denn geboren?
30 Wie zu Gestein verdichten sich die
Wasser; / es zieht des Meeres Fläche
sich zusammen.
31 Verknüpftest du die Bande der Pleja-
den? / Hast du gelockert des Orion
Fesseln?
32 Bestimmst du denn dem Morgen-
stern den Aufgang, / und leitest du
den Bär samt seinen Jungen?
33 Weißt du denn um die Satzungen
des Himmels? / Bestimmst du seine
Herrschaft auf der Erde?
34 Erhebst du deine Stimme bis zur
Wolke, / gehorchen dir die Wasserflu-
ten?
35 Entsendest du die Blitze, dass sie zie-
hen / und zu dir sagen: „Siehe! Wir
sind da!“
36 Wer legt die Weisheit in den Ibis, /
und wer verleiht Verstand dem Hahn?
37 Wer kann in Weisheit wohl die Wol-
ken zählen? / Wer kann des Himmels
Schläuche denn entleeren,
38 wenn sich die Erde fügt zur harten
Masse / und fest die Schollen aneinan-
der kleben?
39 Bist du es, der der Löwin jagt die
Beute? / Kannst du die Gier der jungen
Löwen stillen,
40 wenn sie sich in den Lagern nieder-
ducken / und im Gebüsche auf der
Lauer liegen?
41 Wer gibt dem Raben seine Nah-
rung, / wenn seine Jungen schrei'n zu
Gott um Hilfe, / und wenn sie sich
aufbäumen ohne Fraß?

39 1 Weißt du die Stunden, wann
die Felsenziegen werfen? / Be-
achtest du es, wann die Rehe kreißen?
2 Zählst du die Monde, da sie trächtig
gehen? / Und weißt du um die Zeit, da
sie gebären?
3 Sie kauern nieder, um zu werfen, /
und ihre Jungen setzen sie ins Freie.
4 Die Kleinen werden stark und grö-
ßer; / sie ziehen aus und kehren nicht
mehr heim.
5 Wer gab dem wilden Esel seine Frei-
heit? / Wer löste los des Steppenesels
Fessel?
6 Die Steppe wies ich ihm zur Heimat
an, / erkor zu seinem Lagerplatz das
Salzland.
7 Er lacht ob des Gedränges in der
Stadt; / des Treibers lautes Schreien
hört er nicht.
8 Die Berge späht er aus nach seiner

Weise, / und hinter jedem Grün spürt er noch her.

9 Wird dir der Wildochs willig Dienste leisten? / Wird er an deiner Krippe übernachten?

10 Wirst du ihm einen Strick um seinen Nacken zwingen? / Wird er die Furchen hinter dir umpflügen?

11 Baust du auf ihn, da er an Kräften reich ist? / Kannst du ihm deine Arbeit überlassen?

12 Darfst du ihm trauen, dass er wiederkehrt, / auf deine Tenne deine Ernte sammelt?

13 Kann sich des Straußenweibchens Flügel messen / mit dem Gefieder eines Storchen oder Falken?

14 Es überlässt der Erde seine Eier / und brütet sie im Staube aus.

15 Und es vergisst, dass sie ein Fuß zertreten, / ein wildes Tier sie kann zerdrücken.

16 Den Jungen ist es hart, als wären's Fremde; / ob seine Mühe eitel, sorgt es nicht.

17 Fürwahr, die Weisheit ließ es Gott vergessen, / und keine Einsicht teilte er ihm zu.

18 Zur Zeit, da es zum Laufe sich erhebt, / kann es wohl über Ross und Reiter lachen.

19 Kannst du dem Rosse seine Stärke geben / und seinen Nacken mit der Mähne zieren?

20 Kannst du es springen lassen wie den Heuschreck? / Sein Schnauben voller Kraft verbreitet Schrecken.

21 Es scharrt im Talesgrund und ist voll Freude; / mit Kraft stürmt es dem Waffengang entgegen.

22 Es lacht des Schreckens und kennt keine Furcht, / selbst vor dem Schwerte weicht es nicht zurück.

23 Auf seinem Rücken klirrt der Köcher / und blitzen Speer und Lanze auf.

24 Bei seinem ruhelosen Stampfen schluckt es Erde, / lässt sich nicht halten beim Posaunenschall.

25 Sobald das Horn erschallt, ruft es: Haha! / Schon aus der Ferne wittert es den Kampf, / der Fürsten Donnern und das Kampfgetöse.

26 Schwingt sich der Falke auf nach deiner Einsicht
und breitet aus nach Süden hin die Flügel?

27 Hebt sich auf dein Geheiß der Adler aufwärts, / bereitet auf den Höhen seinen Horst?

28 Den Fels bewohnt er und weilt dort zur Nacht / auf Felsenzacken und auf Bergeswarten.

29 Von dort späht er nach Atzung aus; / und seine Augen schweifen in die Ferne.

30 Er nährt mit Blut schon seine Jungen, / und wo Erschlag'ne liegen, da ist er.

40 1 Da wandte sich Jahwe an Ijob und sprach:

2 Der Nörgler an Schaddai, wird er sich beugen? / Wer Gott will tadeln, der muss Antwort stehen.

3 Da antwortete Ijob Jahwe und sprach:

4 Sieh, zu gering bin ich. Was soll ich dir erwidern? / Ich lege meine Hand auf meinen Mund.

5 Einmal hab' ich geredet, tu's nicht wieder; / sogar ein zweites Mal, doch fahre ich nicht fort.

Ijobs letzte Antwort: 42,1–6

42 1 Da antwortete Ijob Jahwe und sprach:
2 Ich weiß nun, dass du alles kannst / und kein Gedanke dir unmöglich ist.
3 Ich war es, der verdunkelt deinen Plan / mit Worten, denen die Erkenntnis mangelt. / So sprach ich ohne Einsicht, / was mir zu wunderbar und ich nicht kannte.
4 [So höre also, bitte! Ich will reden! / Ich will dich fragen, du belehre mich!]
5 Nur durch Gerüchte wusste ich von dir; / Jetzt aber hat mein Auge dich gesehen.
6 Drum leiste Widerruf ich und bereue / auf Staub und Asche!

Jahwe tadelt die drei Weisen: 42,7–9

7 Da aber Jahwe diese Worte zu Ijob geredet hatte, sprach er zu Elifas aus Teman: „Mein Zorn ist gegen dich und deine beiden Freunde entbrannt, weil ihr über mich nicht die Wahrheit gesprochen habt wie mein Knecht Ijob. 8 So nehmt euch jetzt sieben Stiere und sieben Widder, geht zu meinem Knechte Ijob und bringt ein Brandopfer für euch dar. Mein Knecht Ijob soll für euch beten. Nur auf ihn will ich Rücksicht nehmen, dass ich euch keine Schmach antue. Denn ihr habt nicht die Wahrheit über mich geredet wie mein Knecht Ijob." 9 Da gingen Elifas aus Teman, Bildad aus Schuach und Zofar aus Naama hin und taten, wie Jahwe zu ihnen gesprochen hatte. Jahwe nahm Rücksicht auf Ijob.

Jahwe erneuert Ijobs Glück: 42,10–17

10 Jahwe wandte das Schicksal Ijobs, weil er für seine Freunde betete, und vermehrte alles, was Ijob besessen hatte, auf das Doppelte. 11 Es kamen zu ihm alle seine Brüder und Schwestern und alle seine Bekannten. Sie aßen mit ihm in seinem Hause, bezeigten ihm ihr Beileid und trösteten ihn wegen all des Unheils, das Jahwe über ihn gebracht hatte. Jeder gab ihm eine Kesita und einen goldenen Ring. 12 Jahwe segnete die folgende Lebenszeit Ijobs mehr als die frühere. Er besaß vierzehntausend Schafe, sechstausend Kamele, tausend Joch Rinder und tausend Eselinnen. 13 Er hatte auch sieben Söhne und drei Töchter. 14 Die erste nannte er Jemima, die zweite Kezia, die dritte Keren-Happuch.* 15 Man fand im ganzen Lande keine schöneren Frauen als die Töchter Ijobs. Ihr Vater gab ihnen Erbteil unter ihren Brüdern.

16 Danach lebte Ijob noch hundertvierzig Jahre und sah seine Kinder und Kindeskinder, vier Geschlechter. 17 Ijob starb alt und lebenssatt.

---

* „Jemima" bedeutet übersetzt „Täubchen"; „Keza" bedeutet übersetzt „Zimtblüte"; „Keren-Happuch" bedeutet übersetzt „Schminkkästchen".

18 *Wege der Freiheit und Weisheit*

Aus dem Buch der Sprüche

Das Buch der Sprüche *gehört zur so genannten Weisheitsliteratur. In ihr verbindet sich die Weisheit Israels mit der Weisheit aller Völker, vor allem mit der Weisheit Griechenlands. Das Buch der Sprüche ist wohl zwischen 500 und 200 vor Christus entstanden. Es enthält zahlreiche alte Sprichwörter. Im Sprichwort wird ja in kurzer und prägnanter Weise eine Lebensweisheit ausgedrückt. Manche Sprichwörter sind derb und plakativ. Aber sie enthalten alle ein Stück Weisheit. Nur etwa ein Drittel der in diesem Buch gesammelten Sprichwörter beziehen sich auf Gott. Doch auch in der weltlichen Weisheit drückt sich Gottes Geist aus.*

In den Sprichwörtern geht es letztlich darum, wie menschliches Leben gelingt. Es gelingt nur, wenn der Mensch sich der Weisheit verschreibt und der Torheit aus dem Weg geht. Der Anfang aller Weisheit aber ist die Gottesfurcht (1,7). Die Sprüche zeigen, dass die Gottesbeziehung den Menschen gesund macht. Sie wirkt sich aus bis in den Leib hinein. Die Gottesfurcht „ist heilsam für deine Gesundheit und erfrischt deine Glieder" (3,8). Aber sie verlangt auch, sich bewusst von verkehrtem Tun fern zu halten. Damit das Leben gelingt, braucht es eine Entscheidung für die Weisheit und gegen die Torheit, für das Leben und gegen den Tod, für die Ehrlichkeit und gegen die Falschheit, für die Treue und gegen die Untreue.

Der religiöse Weg ist für die Bibel immer auch ein therapeutischer Weg, ein Weg zu gelingendem Leben, ein Weg in die Freiheit und in die Freude, in die Weisheit und in die Liebe.

Allgemeine Überschrift: 1,1–7

1 1 Die Sprüche des Davidsohnes Sa-
lomo, des Königs von Israel:
2 Dass man Weisheit und Zucht ken-
nen lerne, / die Worte der Einsicht ver-
stehe
3 und in Zucht sich Verständnis aneig-
ne, / Gerechtigkeit, Recht und Gerad-
heit;
4 sie verleihen den Unerfahrenen Klug-
heit, / der Jugend Erkenntnis und Um-
sicht;
5 hört sie der Weise, so mehrt er das
Wissen, / und der Einsichtige erwirbt
sich Lenkungskunst;
6 dass man verstehe Sinnspruch und
Gleichnis, / Worte der Weisen und
ihre Rätsel.
7 Furcht Jahwes ist Anfang der Er-
kenntnis; / doch die Toren verachten
Weisheit und Zucht.

Der Weg, die Weisheit zu erlangen: 3,1–12

3 1 Mein Sohn, vergiss meine Lehre
nicht, / dein Herz bewahre meine
Gebote!
2 Dann bringen sie dir langes Leben, /
glückliche Jahre und Wohlergehen.
3 Nie dürfen dich Liebe und Treue ver-
lassen; / binde sie an deinen Hals, / auf
deines Herzens Tafel schreibe sie!
4 Dann findest du Gunst und Wohl-
gefallen / vor den Augen Gottes und
der Menschen.
5 Vertraue ganzen Herzens auf Jahwe, /
doch baue nicht auf eigene Klugheit.
6 Auf all deinen Wegen suche ihn zu
erkennen; / er macht deine Pfade dann
gerade.
7 Halte dich nicht selbst für weise: /
Fürchte vielmehr Jahwe und meide
das Böse!
8 Dies ist heilsam für deinen Leib, / für
deinen Körper ein Labsal.
9 Ehre Jahwe mit deinem Vermögen, /
mit den Erstlingen von allem, was ein-
kommt.
10 So füllen sich mit Korn deine Spei-
cher, / und deine Kufen laufen über
von Wein.
11 Nicht weise von dir, mein Sohn, Jah-
wes Zurechtweisung, / und seiner Rü-
ge widerstrebe nicht.
12 Jahwe weist ja den zurecht, den er
liebt, / wie ein Vater den Sohn, dem
er wohl will!

Die Freuden des Weisen: 3,13–35

13 Glücklich der Mann, der Weisheit
gefunden, / der Mensch, der Einsicht
erlangt!
14 Denn besser ist's, sie zu erwerben
als Silber, / und sie zu bekommen ist
mehr wert als Gold.
15 Sie ist kostbarer als Korallen, / ihr
gleich kommt keine von deinen Kost-
barkeiten.
16 In der Rechten hält sie langes Le-
ben; / in der Linken Reichtum und
Ehre.
17 Ihre Wege sind freundliche Wege, /
auf all ihren Pfaden ist Wohlergehen.
18 Wer nach ihr greift, dem ist sie ein
Lebensbaum; / und wer sie festhält,
ist glücklich zu preisen!
19 Jahwe hat mit Weisheit die Erde ge-

gründet, / mit Einsicht den Himmel
gefestigt.
20 Nach seiner Erkenntnis brachen die
Urfluten auf, / träufeln die Wolken
den Tau.
21 Mein Sohn, verliere sie nie aus den
Augen, / bewahre Klugheit und Umsicht!
22 So werden sie deiner Seele zum
Leben / und deinem Halse zum
Schmuck.
23 Dann gehst du sicher deinen Weg /
und stößt nicht an mit dem Fuße.
24 Setzt du dich nieder, so braucht dir
nicht bange sein, / und ruhst du, so
schläfst du erquickend.
25 Du musst dich nicht fürchten vor
plötzlichem Schrecknis, / vor dem
Unwetter über die Frevler, das
kommt!
26 Denn Jahwe wird deine Zuversicht
sein; / er bewahrt deinen Fuß vor
dem Fallstrick.
27 Enthalte dem die Guttat nicht vor,
der sie braucht, / wenn in deiner
Macht steht, es zu tun!
28 Zum Nächsten sage nicht: „Geh!
Komm nochmals; / morgen gebe ich!"
wo du es gleich kannst!
29 Plane nichts Böses wider den Nächsten, / während er arglos bei dir sitzt!
30 Mit keinem Menschen streite grundlos, / wenn er dir nichts Böses getan!
31 Beneide nicht den Mann der Gewalttat / und wähle keinen seiner Wege.
32 Jahwe verabscheut ja, die auf Abwegen sind; / doch mit den Redlichen
lebt er vertraut.
33 Der Fluch Jahwes liegt auf des Frevlers Haus, / die Stätte der Gerechten
segnet er jedoch.
34 Für Spötter hat er selbst nur Spott; /
den Duldern aber schenkt er Huld.
35 Die Weisen werden Ehre erlangen, /
doch Schande erben die Toren!

Weisheitssprüche Salomos (1): 14,1–33

14 1 Die Weisheit erbaut ihr Haus;
/ doch die Torheit reißt es mit
eigenen Händen nieder.
2 Wer seinen Weg gerade wandelt,
fürchtet Jahwe; / wer aber krumme
Wege geht, missachtet ihn.
3 Hochmut sprosst aus der Toren
Mund; / doch den Weisen behüten seine Lippen.
4 Ohne Ochsen (hat man zwar) eine
saubere Krippe, / doch reichen Ertrag
nur mittels des Stieres Kraft.
5 Nicht lügt als Zeuge ein Redlicher; /
ein falscher Zeuge atmet Lügen nur so
aus.
6 Sucht der Spötter Weisheit: Es wird
nichts; / doch dem Verständigen ist
Erkenntnis ein Leichtes.
7 Geh weg von einem törichten Manne; / denn Lippen der Erkenntnis hast
du nicht gefunden.
8 Seinen Weg zu bedenken ist Weisheit des Klugen; / doch die Torheit
des Toren ist: Trug.
9 Der Narren spottet Gott, / sein Wohlgefallen gilt den Redlichen.
10 (Nur das eigene) Herz begreift seinen inneren Gram; / auch in seine
Freude vermag ein Fremder nicht einzustimmen.
11 Das Haus der Frevler wird ausgerottet; / doch der Redlichen Zelt wird
halten.

12 Manchmal dünkt einem Manne ein
Weg als der rechte; / sein Ende aber
sind Wege zum Tode.
13 Auch beim Lachen hat Schmerz im
Herzen Platz, / und das Ende der Freu-
de ist Kummer.
14 An seinen Wegen findet der Her-
zensverkehrte Befriedigung, / doch
der gute Mensch an seinen Werken.
15 Der Unerfahrene traut jedem Wor-
te; / der Kluge gibt aber Acht auf sei-
nen Schritt.
16 Der Weise fürchtet sich und meidet
das Schlechte; / doch der Tor lässt sich
gehen und ist vermessen.
17 Der Jähzornige begeht Narrheit, /
doch der besonnene Mann erträgt vie-
les.
18 Einfältige erlangen als Besitz (nur)
Torheit; / doch die Klugen werden
mit Erkenntnis gekrönt.
19 Böse verbeugen sich vor den Guten /
und Frevler an den Türen der Gerech-
ten.
20 Selbst seinem Nächsten ist der Arme
verhasst; / doch der Reiche hat zahl-
reiche Freunde.
21 Wer seinen Nächsten missachtet,
sündigt; / aber wohl dem, der sich der
Elenden erbarmt!
22 Gehen nicht die in die Irre, die Böses
planen? / Doch die auf Gutes bedacht
sind, erfahren Liebe und Treue.
23 Bei jeder Anstrengung kommt ein
Gewinn heraus; / aber bloß Schwät-
zen führt nur zu Mangel.
24 Die Krone der Weisen ist ihre Klug-
heit, / der Kranz der Toren – ihre
Narrheit.
25 Ein zuverlässiger Zeuge (ist) Lebens-
retter; / doch wer Lügen hervorbringt,
(ist) Betrüger.
26 In der Furcht Jahwes (hat einer) star-
ke Zuversicht; / auch seine Kinder ha-
ben eine Zuflucht.
27 Die Furcht Jahwes ist ein Lebens-
quell, / von des Todes Schlingen sich
fern zu halten.
28 Auf der Menge des Volkes beruht
des Königs Herrlichkeit, / und des
Fürsten Untergang auf dem Fehlen
von Leuten.
29 Reich an Einsicht ist der Langmüti-
ge; / doch voller Torheit ist der Unge-
duldige.
30 Gelassener Sinn ist des Leibes Le-
ben, / aber Leidenschaft ist Fraß in
den Knochen.
31 Wer den Geringen bedrückt,
schmäht dessen Schöpfer; / aber ihn
ehrt, wer sich des Armen erbarmt.
32 Durch seine Bosheit kommt der
Frevler zu Fall; / doch der Gerechte
hat eine Zuflucht in seiner Unschuld.
33 Weisheit ruht im Herzen des Ver-
ständigen; / doch im Innern der Toren
ist sie wirkungslos.

Weisheitssprüche Salomos (2): 17,1–28

17 1 Besser ein Brocken trockenes
(Brot) und Ruhe dabei, / als ein
Haus voll Festtagsbraten mit Streit.
2 Ein Sklave voll Einsicht wird über
den schändlichen Sohn gestellt, / und
im Kreise der Brüder erhält er ein Erb-
teil.
3 Der Schmelztiegel ist für das Silber,
und der Ofen fürs Gold; / doch der
die Herzen prüft, ist Jahwe.

4 Ein Bösewicht hört hin auf Lippen
des Schlechten; / ein Lügner horcht
auf die Zunge des Bösen.
5 Wer den Armen verspottet, schmäht
dessen Schöpfer; / wer sich freut am
Unglück, bleibt nicht ungestraft!
6 Kindeskinder sind die Krone der Al-
ten, / und die Zierde der Kinder sind
ihre Väter.
7 Hochtönende Rede geziemt nicht
dem Toren, / noch weniger aber dem
Edlen die Sprache der Lüge.
8 Ein verführerisches Kleinod scheint
dem, der es hat, das Bestechungs-
geschenk; / an wen er immer sich
wendet, er findet „Verständnis".
9 Wer eine Verfehlung begräbt, sucht
die Liebe (zu erhalten); / doch wer
eine Sache wieder aufrührt, entzweit
sich sogar mit dem Freunde.
10 Tiefer wirkt ein Verweis bei einem
Verständigen / als hundert Schläge
bei einem Toren.
11 Nur auf Widersetzlichkeit ist der Bö-
se aus; / doch wird wider ihn ein grau-
samer Bote gesandt!
12 Eine Bärin, der Jungen beraubt, mag
einem begegnen, / aber nicht ein Tor
in seinem Wahnwitz!
13 Wer Gutes mit Bösem vergilt, / aus
dessen Haus wird das Böse nicht wei-
chen!
14 Des Zankes Anfang ist, als würde
dem Wasser ein Auslauf gegeben; /
drum lass vom Streite ab, bevor er
(voll) ausbricht!
15 Der den Schuldigen freispricht und
der verurteilt den Schuldlosen, / alle
beide sind ein Gräuel für Jahwe!
16 Was soll in des Toren Hand der
Kaufpreis, / um Weisheit zu kaufen?
Ihm fehlt doch der Sinn!
17 Ein Freund erweist Liebe zu jeder
Zeit; / doch für die Not ist er (wie)
ein Bruder geboren.
18 (Nur) ein Mensch, dem Einsicht
mangelt, gibt Handschlag / und leistet
Bürgschaft vor seinem Nächsten.
19 Schläge liebt, wer Streit liebt; /
macht jemand seinen Eingang hoch,
so sucht er Zusammenbruch.
20 Wer falschen Herzens, erlangt kein
Wohlergehen, / und wer mit der Zun-
ge unaufrichtig, fällt in Unglück.
21 Wer einen Toren zeugt, dem ge-
reicht es zum Kummer; / und eines
Unverständigen wird dessen Vater
nicht froh.
22 Ein fröhliches Herz befördert die
Gesundheit; / doch ein gedrücktes Ge-
müt zehrt den Körper aus.
23 Bestechung nimmt der Frevler an
aus einem Gewandbausch, / um zu
beugen die Pfade des Rechtes.
24 Weisheit ist vorm Gesicht des Ver-
ständigen; / doch des Toren Augen
(gehn) bis ans Ende der Erde.
25 Ein törichter Sohn ist dem Vater Ver-
druss, / und Bitternis der, welche ihn
geboren.
26 Schon den Unschuldigen mit Geld
zu bestrafen ist böse, / (noch mehr
aber) Edle widerrechtlich zu prügeln.
27 Wer seine Worte spart, hat Ein-
sicht; / und wer kühlen Geist bewahrt,
ist ein Mann von Verstand.
28 Schweigt er, kann auch ein Tor als
weise, / hält er den Mund, als einsich-
tig gelten.

Weisheitssprüche Salomos (3): 22,1–16

22 1 Ein (guter) Name ist begehrenswerter als großer Reichtum; / besser als Silber und Gold ist Beliebtheit.

2 Reicher und Armer treffen zusammen; / Jahwe hat ja alle beide geschaffen.

3 Der Kluge sieht das Unheil und verbirgt sich; / doch die Einfältigen gehen weiter – und müssen es büßen.

4 Die Folge der Demut ist Furcht vor Jahwe, / (ist) Reichtum und Ehre und Leben.

5 Auf dem Wege des Falschen sind Angeln (und) Schlingen; / wer sein Leben bewahren will, bleibt ihnen fern!

6 Weise den Knaben ein in den Weg, den er gehen soll, / dann wird er, auch älter geworden, ihn nicht verlassen.

7 Der Reiche beherrscht die Armen; / wer borgt, wird der Knecht des Mannes, der ausleiht.

8 Wer Unrecht sät, wird Unheil ernten, / und der Stock seines Wütens schlägt ihn selbst.

9 Wessen Auge gütig blickt, der wird gesegnet; / denn er gibt von seinem Brot dem Geringen.

10 Vertreibe den Spötter, dann zieht der Hader mit fort, / und Streit und Schimpf hat ein Ende.

11 Jahwe liebt, die reinen Herzens; / wessen Lippen gefällig sind, hat den König zum Freund.

12 Die Augen Jahwes behüten Erkenntnis; / doch vereitelt er, was der Tückische ansagt.

13 Der Faule sagt: „Ein Löwe ist draußen! / Ich würde mitten auf der Straße getötet!“

14 Fremder (Buhlerinnen) Mund ist eine tiefe Grube; / wer von Jahwe verwünscht ist, fällt hinein.

15 Narrheit haftet am Herzen des Knaben: / Der Zuchtstock entfernt sie davon!

16 Wer den Geringen bedrückt, verschafft ihm nur mehr; / gibt man indessen dem Reichen, dann nur zum Verlust.

Weisheitssprüche Salomos (4): 29,1–27

29 1 Ein Mann, der, oft verwarnt, doch halsstarrig bleibt, / wird im Nu zerbrochen, und es gibt keine Heilung.

2 Regieren die Gerechten, so freut sich das Volk; / doch herrscht der Frevler, so stöhnt das Volk.

3 Ein Mann, der Weisheit liebt, erfreut seinen Vater; / wer aber mit Dirnen verkehrt, bringt das Vermögen durch.

4 Mit dem Rechte baut ein König das Reich auf; / doch wer (zu viel) Abgaben fordert, zerstört es.

5 Ein Mann, der seinem Nächsten schmeichelt, / legt ein Netz vor dessen Schritten aus.

6 Unter den Schritten des bösen Mannes ist eine Falle; / doch der Gerechte läuft und freut sich.

7 Der Gerechte zeigt Verständnis für den Rechtsfall der Geringen; / der Frevler kennt kein Verstehen.

8 Hetzer bringen die Stadt in Aufruhr; / doch Weise stillen den Zorn.

9 Wenn ein weiser Mann mit einem tö-

richten rechtet, / so tobt der und lacht
hinaus, doch es gibt keine Ruhe.
10 Blutmenschen hassen den Schuldlo-
sen; / aber Redliche bemühen sich um
sein Leben.
11 All seinen Unmut schüttet der Tor
(gleich) heraus; / doch der Weise am
Ende bringt ihn zur Ruhe.
12 Hört ein Herrscher auf Lügenwort, /
werden alle in seinem Dienste zu
Frevlern.
13 Der Arme und der Bedrücker begeg-
nen einander: / Der den Augen beider
Licht schenkt, ist Jahwe.
14 Richtet ein König die Geringen der
Wahrheit gemäß, / so hat sein Thron
für immer Bestand.
15 Rute und Rüge vermitteln Weis-
heit; / doch ein zügelloser Knabe
bringt seiner Mutter Schande.
16 Regieren die Frevler, so mehrt sich
die Sünde; / aber die Gerechten schau-
en ihren Ruin.
17 Züchtige deinen Sohn, so befriedigt
er dich / und schenkt deiner Seele
Wonnen.
18 Ohne Offenbarung verwildert ein
Volk: / Wer aber Weisung beachtet,
Heil ihm!
19 Durch Worte wird kein Sklave ge-
bessert; / versteht er (sie) auch: Er gibt
keine Antwort.
20 Siehst du einen Mann, der hastet mit
seinen Worten, / so ist für einen Toren
mehr Hoffnung als für ihn.
21 Wenn einer seinen Sklaven von Ju-
gend an verwöhnt, / so wird der
schließlich undankbar.
22 Ein zornmütiger Mann erregt
Zank, / und ein Hitzkopf häuft Ver-
fehlung.
23 Der Hochmut eines Menschen de-
mütigt ihn; / doch Ehre erlangt, wer
demütig ist.
24 Wer teilt mit dem Diebe, hasst sein
Leben; / er hört die Verfluchung und
zeigt es doch nicht an.
25 Menschenfurcht legt einen Fall-
strick; / doch wer auf Jahwe vertraut,
wird geschützt.
26 Viele suchen die Gunst des Herr-
schers: / Aber vom Herrn kommt das
Recht eines Mannes.
27 Ein Abscheu für die Gerechten ist
der Übeltäter: / und ein Abscheu für
den Frevler, wer redlich wandelt.

19 *Leben im Hier und Jetzt*

Aus dem Buch Prediger (Kohelet oder Ecclesiastes)

Das Buch Kohelet *hat schon viele Menschen fasziniert. Da scheint ein Skeptiker zu reden, der das allzu fromme Reden durchschaut und anzweifelt. Der unbekannte Autor hat das Buch wohl um 250 vor Christus geschrieben. Er versucht, die Weisheit Israels mit der Weisheit Griechenlands zu verbinden. Zahlreiche Anklänge an die griechische Popularphilosophie und an griechische Schriftsteller zeigen die Belesenheit des Autors. Seine Sprache ist ganz neuartig. Auch darin ist das Hebräische mit griechischen Ausdrücken und Denkmustern durchsetzt. Kohelet war nicht nur damals ein modernes Buch. Es erscheint auch uns Heutigen durchaus zeitgemäß. Es hat Anklänge an die Existenzphilosophie.*

Kohelet fragt nach dem Sinn des Lebens. Und er ist skeptisch gegenüber allzu einfachen Antworten. Alles ist Windhauch. Das Wissen ist Windhauch, das Tun, der Besitz, das Glück, ja selbst viele Frauen, alles das ist nur Windhauch. Die Kunst des Lebens besteht einzig darin, in Gottesfurcht das zu tun, was im jeweiligen Augenblick dran ist. Alles hängt davon ab, ganz im Jetzt zu leben und im Augenblick tatkräftig zuzupacken, wo es sich mir anbietet. Wer im Augenblick lebt, der soll sich an dem freuen, was Gott ihm gerade jetzt schenkt. Der junge Mann soll sich seiner Jugend freuen. Denn die Tage des Alters kommen von alleine, „von denen du sagen wirst: Sie gefallen mir nicht!" (12,1).

Mit seiner Skepsis, die Absichten Gottes erkennen zu können, fordert Kohelet uns auch heute heraus, unser Sprechen von Gott und vom Menschen zu überprüfen, damit wir nicht leichtfertig nur Worte wiederholen. Mit seiner radikalen Diesseitigkeit und seinem Verständnis des Todes stellt er auch uns vor die Frage, wie wir unser Leben hier mit seiner Begrenzung durch den Tod ernst nehmen und zugleich an die Auferstehung glauben können. Kohelet hat damals versucht, die modernen Auffassungen des Hellenismus zu übernehmen, ohne seine eigene Identität als Jude preisgeben zu müssen. Sein Dialog mit den griechischen Philosophen der kynischen, epikureischen und stoischen Richtung lädt auch uns ein, im Dialog mit der Weisheit der Welt und mit der Weisheit anderer Religionen unser Christsein neu zu verstehen und zu formulieren.

1 1 Die Worte Kohelets, des Sohnes
des David, des Königs in Jerusa-
lem. 2 Nichtigkeit, nur Nichtigkeit, so
spricht Kohelet; Nichtigkeit, nur Nich-
tigkeit. Alles ist Nichtigkeit. 3 Was
bleibt dem Menschen von all seiner
Mühe, womit er sich abmüht unter
der Sonne?

Prolog: 1,4–11

4 Ein Geschlecht geht, und ein anderes
kommt; doch die Erde bleibt ewig be-
stehen. 5 Die Sonne geht auf, und die
Sonne geht unter und eilt an ihren
Ort, wo sie aufgeht. 6 Der Wind weht
nach Süden, dann wendet er nach
Norden; er dreht sich, kehrt um,
kommt wieder; so wiederholt der
Wind seinen Umlauf. 7 Alle Flüsse lau-
fen ins Meer, doch wird das Meer
nicht voll. Zum Ort, wohin die Flüsse
gehen, dahin geht ihr Lauf immer wie-
der.

8 Alle Worte erlahmen. Keiner ver-
mag zu sagen: Das Auge werde nicht
satt beim Sehen und das Ohr nicht
vom Hören voll. 9 Was gewesen, das-
selbe wird (wieder) sein, und was ge-
schehen, wird (wieder) geschehen:
Nichts Neues gibt es unter der Sonne.
10 Sagt man von etwas: „Sieh, das ist
neu!“, so war es schon längst zu den
Zeiten, die vor uns gewesen. 11 Kein
Gedenken bleibt den Früheren; aber
auch den Späteren, die kommen, wird
kein Gedenken bleiben bei denen, die
noch später sind.

Das Leben Salomos: 1,12 – 2,26

12 Ich, Kohelet, war König über Israel
in Jerusalem. 13 Ich richtete mein Sin-
nen darauf, mithilfe der Weisheit alles
zu untersuchen und zu erforschen,
was unter dem Himmel geschieht.
Eine verdrießliche Aufgabe hat Gott
(damit) den Menschenkindern ge-
stellt, dass sie mit ihr sich plagen.
14 Ich sah alle Werke an, die unter der
Sonne geschehen; da zeigte sich: Alles
ist Nichtigkeit und Haschen nach
Wind.

15 Was krumm ist, kann nicht gera-
de werden, und was fehlt, kann man
nicht zählen.

16 Ich sagte so zu mir selbst: Ja, ich
habe ein Höchstmaß von Weisheit er-
worben, über alle hinaus, die vor mir
über Jerusalem herrschten. Mein Sinn
lernte Weisheit und Wissen in Menge
kennen. 17 Dann richtete ich mein Sin-
nen darauf, Weisheit und Wissen, Tor-
heit und Unverstand zu durchschau-
en. Da erkannte ich, dass auch dies
(nur) Haschen nach Wind ist. 18 Wirk-
lich: Bei viel Weisheit ist viel Ärger,
und mehrt man das Wissen, so mehrt
man den Schmerz.

2 1 Ich sprach zu mir selbst: Wohlan!
Versuche es mit der Freude, und
lass es dir gut gehn! Doch zeigte sich:
Auch dies ist Nichtigkeit. 2 Zum La-
chen sagte ich: Verrückt! und zur Freu-
de: Was soll das? 3 Ich nahm mir vor,
meinen Leib mit Wein zu ergötzen –
dabei aber mein Herz in der Weisheit
bewahrend – und mich der Torheit
hinzugeben, bis ich sähe, was für die
Menschenkinder gut ist, um es die

paar Tage ihres Lebens unter dem
Himmel zu tun. 4 Ich schuf große Wer-
ke, baute mir Paläste und pflanzte mir
Weinberge. 5 Ich legte mir Gärten an
und Parks und bepflanzte sie mit
Fruchtbäumen jeder Art. 6 Ich legte
mir Wasserteiche an, um daraus die
jungen Baumanlagen zu bewässern.
7 Ich erwarb mir Knechte und Mägde
und hatte hausgeborene Sklaven; auch
Vieh, Rinder und Schafe besaß ich in
Menge, mehr als alle vor mir in Jerusa-
lem. 8 Ich häufte mir auch Silber und
Gold auf, und die Schätze von Köni-
gen und Ländern. Ich verschaffte mir
Sänger und Sängerinnen und den
Überfluss der Menschensöhne, Kästen
um Kästen. 9 So ward ich größer und
reicher als alle vor mir in Jerusalem,
wobei auch meine Weisheit mir ver-
blieb. 10 Was immer meine Augen be-
gehrten, nichts davon versagte ich ih-
nen. Ich hielt mein Herz von keinerlei
Freude ab. Ja, mein Herz gewann Freu-
de aus all meiner Mühe, und dies war
mein Lohn für all meine Mühe. 11 Und
nun prüfte ich all meine Werke, die
meine Hände vollbracht, und die Mü-
he, die ich beim Schaffen aufgewendet,
und es ergab sich: Alles ist Nichtigkeit
und Haschen nach Wind, und es bleibt
kein Nutzen unter der Sonne!

12 Dann wandte ich mich dazu, die
Weisheit zu betrachten, und Torheit
und Unverstand. Was (tut) denn der
Mensch, der nach dem Könige
kommt? Dasselbe, was längst man
schon tat. 13 Und ich sah zwar, dass
die Weisheit vor der Torheit einen sol-
chen Vorteil hat wie das Licht vor der
Finsternis:

14 Der Weise hat Augen im Kopf; der
Tor aber tappt im Finstern. Ich habe
aber auch erkannt, dass ein und das-
selbe Geschick alle beide trifft. 15 Da
sagte ich mir: Wenn das Geschick des
Toren auch mich trifft, warum bin ich
dann so übermäßig weise geworden?
Und ich sprach zu mir selbst: Auch
dies ist Nichtigkeit! 16 Wirklich, es gibt
für den Weisen so wenig wie für den
Toren ein Gedenken für immer. Schon
bald in den künftigen Tagen sind alle
beide längst vergessen. Ach, der Weise
stirbt genau wie der Tor! 17 Da hasste
ich das Leben; denn widerwärtig er-
schien mir das Tun, das unter der Son-
ne geschieht. Ja, alles ist Nichtigkeit
und Haschen nach Wind! 18 Da hasste
ich all meine Mühe, womit ich mich
abgemüht hatte unter der Sonne, weil
ich es einem Menschen hinterlassen
muss, der nach mir kommt. 19 Und
wer weiß, ob er weise ist – oder ein
Tor. Und doch wird er Vollmacht ha-
ben über allen Ertrag meiner Arbeit,
auf den ich Mühe und Klugheit ver-
wandte unter der Sonne. Auch dies ist
Nichtigkeit! 20 Da kam ich so weit, dass
ich mein Herz der Verzweiflung über-
ließ ob all der Mühe, womit ich mich
abgemüht hatte unter der Sonne.
21 Denn mancher hat sich mit Weisheit
und Kenntnis und mit Erfolg bemüht
und muss seinen Besitz dann einem
Menschen übergeben, der keine Mühe
daran verwendet hat. Auch dies ist
Nichtigkeit und ein großes Übel! 22 Ja,
was bleibt dem Menschen von all sei-
ner Mühe und seinem Streben, womit
er sich abmühte unter der Sonne?
23 Wirklich: All seine Tage sind (nichts

als) Schmerzen, und seine Beschäfti-
gung ist (bloß) Ärger. Selbst des
Nachts kommt sein Geist nicht zur
Ruhe. Auch dies ist Nichtigkeit!
24 Es gibt für den Menschen nichts
Besseres als zu essen und zu trinken
und es sich wohl sein zu lassen bei sei-
ner Mühe. Denn auch dieses, habe ich
eingesehen, kommt von Gottes Hand.
25 Denn Lust und Last kommen von
Gott. 26 Ja, dem Menschen, der ihm ge-
fällt, gibt er Weisheit und Kenntnis
und Freude; doch dem Sünder legt er
die Plage auf, zu sammeln und auf-
zuhäufen, um es dann dem zu geben,
der Gott gefällt. Auch dies ist Nichtig-
keit und Haschen nach Wind!

Das Geld: 5,9 – 6,12

9 Wer das Geld liebt, bekommt nie
Geld genug; und wer Anhäufung liebt,
hat nie (genug) Einkünfte. Auch dies
ist Nichtigkeit! 10 Mehrt sich das Gut,
so vermehren sich auch die Verzehrer;
und welchen Genuss hat der Besitzer
davon, als dass seine Augen es sehen?
11 Süß ist der Schlaf des Schaffenden,
ob er wenig, ob er reichlich gegessen
hat; doch den Reichen lässt die Satt-
heit keinen Schlaf finden. 12 Es gibt
ein schlimmes Übel, das ich unter der
Sonne sah: Reichtum, von seinem Be-
sitzer gehütet zu seinem Unheil.
13 Dann geht der Reichtum in einem
Unglücksfall verloren, und hat er
einen Sohn gezeugt, bleibt diesem
nichts in Händen. 14 Wie er aus dem
Schoße seiner Mutter hervorging,
nackt geht er fort, wie er kam, und sei-
ne Mühe trägt ihm gar nichts ein, das
er mit sich nehmen könnte. 15 Auch
dies ist ein schlimmes Übel: Ganz so,
wie er kam, muss er gehen; und was
bleibt ihm davon, dass er sich abmüht
für Wind? 16 So (verbringt er) all seine
Tage in Dunkel und Trauer, Unmut,
Krankheit und Ärger.
17 Das nun stelle ich fest: Das Glück,
das dem Menschen zukommt, ist dies:
zu essen und zu trinken und es sich
wohl sein zu lassen bei all der Mühe,
die sich einer macht unter der Sonne,
die paar Tage seines Lebens, die Gott
ihm gegeben hat; denn dies ist sein
Anteil. 18 Ja, (bei) jedem Menschen,
dem Gott Reichtum und Vermögen
verlieh und verstattete, davon zu ge-
nießen und seinen Anteil sich zu neh-
men und aus seiner Mühe Freude zu
ziehen, ist dies ein Gottesgeschenk.
19 Denn er denkt dann nicht viel an
seine Lebenstage, weil Gott ihn mit
seiner Herzensfreude beschäftigt.

6 1 Es gibt ein Übel, das ich unter der
Sonne sah und das schwer auf
dem Menschen lastet: 2 Gott hat einem
Manne Reichtum und Vermögen und
Ansehen verliehen, und von allem,
was sein Herz begehrt, mangelt ihm
nichts; aber Gott gestattet ihm nicht,
davon zu genießen; vielmehr genießt
es ein Fremder. Das ist Nichtigkeit
und schlimmes Leid! 3 Zeugte ein
Mann auch hundert Söhne und eben-
so viel Töchter und erreichte so ein
hohes Lebensalter, kann sich aber an
(seinem) Gute nicht sättigen, und
auch kein (würdiges) Begräbnis wird
ihm zuteil, so sage ich: Eine Totgeburt
ist besser daran als er!

4 Sie kommt im Dunkeln und geht
im Dunkel von dannen, aber auch
von ihm bleibt der Name mit Dunkel
bedeckt.

5 Sie hat die Sonne nicht gesehen
und kennt auch die Nachtruhe nicht;
eins ist nicht mehr als das andere!
6 Selbst wenn er zweimal tausend Jah-
re lebte, konnte sich's aber nicht wohl
sein lassen – nicht wahr, alles geht
doch an den selben Ort!

7 Des Menschen ganzes Mühen ist
für seinen Mund, und doch wird der
Magen nicht voll.

8 Was hat denn der Weise dem To-
ren voraus? Was ist vom Armen zu
halten, der sein Gesicht in der Öffent-
lichkeit zu wahren weiß? 9 Ist denn der
Anblick der Augen besser als das
Wohlergehen des Magens? Auch dies
ist Nichtigkeit und Haschen nach
Wind! 10 Was ist, ward schon längst
beim Namen genannt; auch ist vorher-
bestimmt, was ein Mensch sein wird,
und so kann er mit dem nicht rechten,
der stärker ist als er. 11 Ja, werden viele
Worte gemacht, so vermehren sie nur
die Nichtigkeit. Was gewinnt der
Mensch dabei?

12 Wer weiß denn, was für den Men-
schen gut ist im Leben, für die paar Ta-
ge seines nichtigen Lebens, die ihm wie
Schatten dahingehen? Denn wer kün-
det dem Menschen, was nach ihm sein
wird unter der Sonne?

Das Alter: 11,7 – 12,14

7 Süß ist das Licht, und den Augen tut
es wohl, die Sonne zu sehen. 8 Ja, lebt
ein Mensch auch viele Jahre, so soll er
sich doch ihrer aller freuen, und er
soll daran denken, dass der Tage des
Dunkels viele sein werden. Alles, was
kommt, ist Nichtigkeit!

9 Freue dich, junger Mann, in deiner
Jugendzeit; lass froh den Sinn dir sein
in deinen jungen Tagen! Gehe, wohin
dein Herz dich zieht und die Augen
dich locken! Doch wisse wohl, dass
Gott dich über all dieses zur Rechen-
schaft ruft.

10 Scheuche den Ärger dir aus dem
Sinn und halte das Üble dir vom Lei-
be! Jungsein und Jugendzeit sind ja so
nichtig!

12 1 Denke an deinen Schöpfer in
den Tagen deiner Jugend, ehe
die bösen Tage kommen und die Jahre
sich nahen, von denen du sagen wirst:
Sie gefallen mir nicht; 2 ehe die Sonne
dunkler wird und das Licht und der
Mond und die Sterne, und ehe die
Wolken nach dem Regen wiederkeh-
ren;

3 wann die Wächter des Hauses zit-
tern und die starken Männer sich
krümmen, wann die Mahlmägde
nicht mehr arbeiten, weil der Tag sich
verdunkelt in den Fenstern; 4 wann die
Tore nach draußen sich schließen und
der Laut der Mühle leiser wird; wann
der Laut der Vögel innehält und alle
Lieder schweigen; 5 wenn man sich
fürchtet vor der Anhöhe und auf dem
Wege in Schrecken geht. Dann blüht
der Mandelbaum, das Heupferd ist
satt, der Kapernstrauch gibt seine
Frucht, während der Mensch in sein
ewiges Haus geht! Auf der Straße ge-
hen schon die Klagefrauen umher.

6 Ehe der silberne Strick zerreißt
und der goldene Leuchter zerspringt
und der Krug an der Quelle zerschellt
und das Rad am Brunnen zerbricht;

7 und der Staub zur Erde zurück-
kehrt, wie er war, und der Odem zu-
rückkehrt zu Gott, der ihn gegeben.

8 Nichtigkeit, nur Nichtigkeit, so
spricht Kohelet, alles ist Nichtigkeit!

9 Kohelet war nicht nur selbst ein
Weiser, er lehrte auch das Volk Er-
kenntnis. Er wog ab, untersuchte und
formte viele Lehrsprüche. 10 Kohelet
strebte, gefällige Worte zu finden und
Worte der Wahrheit redlich auf-
zuschreiben.

11 Die Worte der Weisen sind wie
Stacheln und eingeschlagene Pflöcke;
zum Wohle der Herden werden sie
von einem Hirten verwendet.

12 Über dies hinaus, mein Sohn, lass
dich warnen! Das viele Büchermachen
nimmt kein Ende, und vieles Studie-
ren ermüdet den Leib.

13 Schluss der Rede: Alles ist gehört.
Fürchte Gott und halte seine Gebote!
Denn das ist die Pflicht jedes Men-
schen. 14 Gott bringt ja alles Tun vor
das Gericht, alles Verborgene, ob es
gut oder böse war.

20 *Das hohe Lied der Liebe*

Aus dem Hohenlied

Das Hohelied *ist eine Sammlung von wunderbaren Liebesliedern, die das Geheimnis der Liebe zwischen Mann und Frau in unübertroffenen Bildern schildern. Die sexuelle und erotische Liebe wird hier als Geschenk Gottes an den Menschen gesehen. Sie verzaubert Mann und Frau. Es ist nicht die eheliche Liebe, die hier besungen wird, sondern die freie Liebe zwischen Mann und Frau. Ohne moralischen Zeigefinger wird hier die sexuelle Liebe positiv gesehen.*

Vermutlich war der Anlass zu diesem Buch eine Auseinandersetzung im Judentum über den Sinn der Liebe. Die Bildersprache des Hohenliedes schöpft aus Liebesliedern Ägyptens, Syriens, Mesopotamiens und Palästinas. Attribute vorderasiatischer Liebesgöttinnen werden für die Beschreibung der Braut herangezogen. Da wird die Geliebte in den Bildern von Uneinnehmbarkeit geschildert. Die Geliebte erscheint wie eine Göttin, unnahbar und zugleich anziehend. Der Geliebte verzehrt sich in Sehnsucht nach ihr. Ähnlich faszinierend wird der Geliebte beschrieben, als König und als Hirte, der die Frau zum Leben und zu ihrer wahren Würde führt, der die Frau krank macht vor Liebe. Offensichtlich kann man die Liebe zwischen Mann und Frau nur besingen, indem man die göttliche Dimension dieser Liebe entdeckt.

Die Mystik aller Zeiten, schon die jüdische Mystik, aber auch die christliche Mystik, angefangen von Origines über Gregor den Großen, Bernhard von Clairvaux und Johannes vom Kreuz, haben die Liebeslieder zwischen Mann und Frau als Ausdruck der Liebe Gottes zum Menschen und der Liebessehnsucht des Menschen nach Gott verstanden. Johannes vom Kreuz hat sich auf seinem Sterbebett das Hohelied der Liebe vorlesen lassen. Da ging für ihn in Erfüllung, was das Hohelied besingt: „Ja, stark wie der Tod ist die Liebe … Auch gewaltige Wasser vermöchten nicht, die Liebe zu löschen" (8,6 f.). Seither fanden Liebende ihre Liebe in den wunderbaren Gedichten dieses biblischen Buches am schönsten ausgedrückt: „Du, meine Schwester Braut, hast mein

Herz berückt; hast mein Herz berückt" (4,9). Die Liebe ist das größte Geschenk, das Gott dem Menschen in die Hand gegeben hat. Der Mensch kann sie nur in Dankbarkeit genießen und zugleich in Ehrfurcht und Achtsamkeit für diese göttliche Gabe. In der Liebe zwischen Mann und Frau darf der Mensch etwas erahnen vom Wunder der göttlichen Liebe, der den Menschen so sehr geliebt hat, dass er seinen einzigen Sohn gab, „damit jeder, der an ihn glaubt, nicht verloren gehe, sondern das ewige Leben habe" (Joh 3,16).

Jede menschliche Liebe spiegelt Gottes Liebe zu uns wider. Während uns die menschliche Liebe zugleich verzaubert und uns vor Sehnsucht krank macht, während wir unsere menschliche Liebe immer wieder auch als brüchig erfahren, ist Gottes Liebe ohne Vermischungen mit Besitzansprüchen. Es ist die Liebe, die allein letztlich unsere tiefste Sehnsucht zu erfüllen vermag.

Titel und Prolog: 1,1

1 [1]Das Lied der Lieder von Salomo.

Die Braut: 1,2–4

[2]Dass er mit seines Mundes Küssen
mich küsste! / Ja, köstlicher als Wein
sind deine Liebkosungen.
[3]Deine Öle sind köstlich an Duft; /
wie ausgegossenes Öl ist dein Name; /
darum lieben dich die Mädchen.
[4]Ziehe mich dir nach! Lass uns ent-
eilen! / Der König bringt mich in seine
Gemächer! / Jauchzen wollen wir und
deiner uns freuen, / deine Liebkosun-
gen höher rühmen als Wein! / Man
liebt dich wirklich mit Recht.

Die Braut: 2,8 – 3,4

[8]Horch! Mein Geliebter! / Sieh da, er
kommt, / springend über die Berge, /
hüpfend über die Hügel!
[9]Mein Geliebter gleicht der Gazelle /
oder dem Junghirsch. / Sieh da, nun
steht er / hinter unserer (Haus)wand. /
Er schaut zum Fenster herein; / er lugt
durch das Gitter.
[10](Dann) grüßt mein Geliebter und
sagt zu mir: / Mach dich auf, meine
Freundin; / meine Schönste, so komm
doch!
[11]Denn sieh, der Winter ist vorüber; /
der Regen ist vorbei, ist fort.
[12]Die Blumen erscheinen im Lande; /
die Zeit des (Reben)schneidens ist ge-
kommen; / und der Ruf der Turteltau-
be erschallt in unserem Lande.
[13]Am Feigenbaum färbt sich die Früh-
frucht, / und die Reben knospen und
duften. / Mach dich auf, meine Freun-
din; / meine Schönste, so komm doch!
[14]Meine Taube im Höhlennest des Ge-
steins, / im Versteck am Felsensteig! /
Lass mich sehen deine Erscheinung, /
lass mich hören deine Stimme! / Denn
deine Stimme klingt wohl, / und deine
Erscheinung ist schön!
[15]Fangt uns die Füchse, / die jungen
Füchse. / Die verwüsten die Weinber-
ge, / auch unsere Weinberge, die doch
in Blüte stehn!
[16]Mein Geliebter ist mein, und ich bin
sein; / er weidet (nun) in den Lilien.
[17]Bis (Kühle) weht der Tag / und die
Schatten ausgreifen, / ergehe dich,
mein Geliebter, / werde gleich der Ga-
zelle / oder dem Junghirsch / auf den
Bergen des Bundes!
3 [1]Nächtens auf meinem Lager
suchte ich, / den meine Seele liebt;
/ ihn suchte ich, doch ich fand ihn
nicht.
[2]„So will ich denn aufstehn, die Stadt
zu durchstreifen; / will auf Straßen
und Plätzen / den suchen, den meine
Seele liebt!“ / Ich suchte ihn, doch ich
fand ihn nicht!
[3]Die Wächter trafen mich an / auf
ihrer Runde durch die Stadt. / „Habt
ihr, den meine Seele liebt, gesehen?“
[4]Kaum war ich an ihnen vorüber, / da
fand ich, den meine Seele liebt. / Ich
hielt ihn fest und will ihn nicht las-
sen, / bis ich ihn gebracht ins Haus
meiner Mutter, / in die Kammer von
der, die mich getragen.

Der Bräutigam: 4,1–15

4 1 Ja, du bist schön, meine Freun-
din, / ja, du bist schön! / Deine
Augen sind Tauben (gleich) / hinter
deinem Schleier! /
Dein Haar gleicht einer Herde von
Ziegen, / die vom Gileadberge herab-
kommen,
2 Deine Zähne der Herde von frisch
geschorenen (Schafen), / die (eben)
der Schwemme entsteigen; / die alle-
samt Zwillinge werfen, / und keines
hat ein Junges verloren.
3 Einem karmesinroten Bande sind
gleich deine Lippen, / und lieblich ist
dein Plaudermund. / Einer Granat-
apfelscheibe gleicht deine Schläfe /
hinter deinem Schleier,
4 dein Hals dem Davidsturm / mit
Steinvorsprüngen versehen; / tausend
Schilde hängen an ihnen, / alle Wehr-
gehenke der Helden.
5 Deine zwei Brüste sind wie zwei Kit-
zen, / wie Zwillinge einer Gazelle, /
die weiden in den Lilien.
6 Bis (Kühle) weht der Tag / und die
Schatten ausgreifen, / ergehe ich mich
am Myrrhenberg / und am Weih-
rauchhügel.
7 Alles ist schön an dir, meine Freun-
din, / und kein Makel haftet dir an!
8 Komme, o Braut, vom Libanon! /
Komme vom Libanon, komme her! /
Steige herab vom Gipfel des Amana, /
vom Gipfel des Senir und Hermon, /
vom Aufenthaltsorte der Löwen, /
von den Bergen der Panther!
9 Du, meine Schwester Braut, hast
mein Herz berückt; / hast mein Herz
berückt / mit einem einzigen (Blick)
deiner Augen, / einer einzigen Kette
deiner Halsketten!
10 Wie schön, meine Schwester Braut,
sind deine Liebkosungen; / deine Lieb-
kosungen um wie viel besser als
Wein, / und der Duft deiner Ole geht
über jeden Balsam!
11 Von deinen Lippen, o Braut, träuft
Honigseim. / Milch und Honig birgt
deine Zunge, / und der Duft deiner
Kleider / gleicht dem Dufte des Liba-
non!
12 Ein verschlossener Garten (bist du),
meine Schwester Braut, / ein ver-
schlossener Garten, ein versiegelter
Quell.
13 Deine Triebe sind ein Garten von
Granatbäumen / mit den köstlichsten
Früchten:
14 Narde und Krokus, Kalmus und
Zimt / mit allen Weihrauchhölzern, /
Myrrhe und Aloe / samt all den besten
Balsamen.
15 Der Gartenquell ist ein Born leben-
digen Wassers, / das herabfließt vom
Libanon.

Der Chor: 8,5a

5a Wer ist, die da von der Wüste he-
raufzieht, / geschmiegt an ihren Ge-
liebten?

Der Bräutigam: 8,5b–7a

5b Unter dem Apfelbaum weckte ich
dich, / dort, wo mit dir in Wehen
kam deine Mutter; / dort lag in We-
hen, die dich gebar.

6 Tue mich wie ein Siegel auf dein
Herz, / wie ein Siegel an deinen
Arm! / Ja, stark wie der Tod ist die Lie-
be, / hart wie die Unterwelt die Lei-
denschaft. / Ihre Brände sind Feuer-
brände, / sind Flammen Jahwes.
7a (Selbst) gewaltige Wasser vermöch-
ten nicht, die Liebe zu löschen; / auch
Ströme schwemmen sie nicht fort.

Spruch eines Weisheitslehrers: 8,7b

7b Böte ein Mann seines Hauses gan-
zen Besitz für die Liebe, / man würde
ihm nur Geringschätzung zeigen!

Zwei Spottliedchen: 8,8–12

8 Wir haben eine Schwester, (noch)
klein, und sie hat (noch) keine Brüste.
Was sollen wir machen mit unserer
Schwester am Tag, da man um sie
freit? 9 Ist sie eine Mauer, so bauen
wir auf eine silberne Zinne; und ist
sie eine Tür, so sperren wir sie mit Ze-
dernplanken.

10 Ich bin eine Mauer, und wie Tür-
me sind meine Brüste; so ward ich in
seinen Augen zu einer, die Gnade fin-
det.

11 Salomo besaß einen Weinberg in
Baal-Hamon; er übergab den Wein-
berg an Hüter; tausend Silberschekel
sollte aufbringen ein Mann für seinen
Ertrag. 12 Der Weinberg, nun mein, ist
vor mich gestellt; die tausend sind
dein, Salomo, und zweihundert den
Hütern seines Ertrages!

Letzte Anfügungen: 8,13–14

13 Die du in den Gärten weilest, auf
deine Äußerung sind die Freunde ge-
spannt, lass mich sie vernehmen!
14 Mein Geliebter, enteile! / und tue es
gleich der Gazelle, / oder dem Jung-
hirsch / auf den Balsambergen!

21 *Weisheit – Weggefährtin des Menschen*

Aus dem Buch der Weisheit

Das Buch der Weisheit *ist das jüngste Buch des Alten Testamentes. Es ist zwischen 80 und 30 vor Christus in Alexandria geschrieben worden, dem Zentrum hellenistischer Kultur und Wissenschaft. Der Autor verbindet die jüdische Tradition mit griechischer Weisheit. So war dieses Buch vor allem bei den Diasporajuden sehr beliebt. Dieser Weisheitslehrer hat einen Blick für die Schönheit der Natur. Aber er ist auch stolz auf seine jüdische Geschichte und deutet die Heilsgeschichte Jahwes mit seinem Volk im Dialog mit griechischer Philosophie. Das Buch der Weisheit ist eine Werbeschrift. Sie wirbt bei den Juden, die in der Diaspora leben, für die Weisheit, die Gott seinem Volk geschenkt hat. Wer sich auf die Weisheit einlässt, der kann sein Leben gut bewältigen, und er wird sicher ans Ziel gelangen. Das Buch der Weisheit ist eine Lebenshilfe aus dem Glauben für Juden, die in der Fremde in ihrem Glauben angefochten waren.*

Die Weisheit tritt in diesem Buch oft als Person auf, als Frau Weisheit. Die Weisheit ist Tochter Gottes und Weggefährtin des Menschen, Helferin und Trösterin in der Not. Die Personifizierung der Weisheit war wohl auch der Hintergrund des Prologs im Johannesevangelium. Der Logos des Johannesprologs übernimmt viele Aspekte der Weisheit. So wie die Weisheit umhergeht, „um die zu suchen, die ihrer würdig sind" (6,16), so ist der fleischgewordene Logos in Jesus Christus auf dieser Welt gewandert, um den Menschen die Augen zu öffnen für das Geheimnis Gottes. Gott ist die eigentliche Wirklichkeit. Weise ist nur der, der Gott in allem findet. Die Weisheit ist die größte Gabe Gottes an den Menschen. „Sie ist ein Abglanz des ewigen Lichts und ein makelloser Spiegel des Wirkens Gottes und ein Abbild seiner Güte" (7,26). Sie ist menschenfreundlich und geleitet den Menschen durch alle Anfechtungen seines Lebens sicher hindurch. In Weisheit hat Gott die Welt geschaffen. So versteht nur der die Welt, der sich von der Weisheit als Lebensgefährtin begleiten lässt. In der Weisheit als Person tritt Gott konkret in das Leben der Men-

schen ein und lenkt es. Die Weisheit ist Bild der heilenden und liebenden Nähe Gottes, Bild des menschenfreundlichen und barmherzigen Gottes, der die Menschen auf ihrem Weg nicht allein lässt.

Das Buch der Weisheit war für die Juden in der Diaspora, die in ihrem Glauben verunsichert waren, eine Trostschrift. Es möchte auch für den heutigen Menschen, der nach Orientierung sucht in einer orientierungslosen Zeit, Wegweiser zum wahren Leben sein. Die Freundschaft mit der Weisheit bringt reine Freude „und die Arbeiten ihrer Hände unerschöpflichen Reichtum" (8,18). Sie führt uns sicher über die Schwelle des Todes in das unvergängliche und ewige Leben bei Gott.

Gott suchen und die Sünde fliehen: 1,1–15

1 1 Liebet Gerechtigkeit, die ihr die Erde richtet! Denket über den Herrn in rechter Gesinnung, und in Einfalt des Herzens suchet ihn!

2 Denn er lässt sich von denen finden, die ihn nicht versuchen, und er offenbart sich denen, die ihm nicht misstrauen.

3 Doch verkehrte Gedanken trennen von Gott, und die auf die Probe gestellte Allmacht stößt die Toren von sich.

4 In eine Böses sinnende Seele kehrt ja die Weisheit nicht ein und nimmt nicht Wohnung in einem Leibe, der ein Sklave der Sünde ist.

5 Flieht doch der heilige Geist der Zucht die Falschheit und zieht weg von törichten Gedanken und wird verscheucht, sobald Ungerechtigkeit naht.

6 Wohl ist die Weisheit ein menschenfreundlicher Geist. Sie kann aber den Lästerer ob seiner Lippen nicht ungestraft lassen. Ist Gott doch Zeuge seiner innersten Empfindungen, wirklicher Beobachter seines Herzens und Hörer seiner Worte.

7 Der Geist des Herrn erfüllt ja den Erdkreis, und der das All umfasst, hat Kenntnis von jeglicher Rede.

8 Darum bleibt keiner verborgen, der Unrechtes redet, und die strafende Gerechtigkeit geht an ihm nicht vorüber.

9 Denn die Pläne des Gottlosen werden untersucht; die Kunde von seinen Reden kommt vor den Herrn zur Bestrafung seiner Vergehen,

10 weil das Ohr des Eifers alles vernimmt und auch das leiseste Gemurmel nicht verborgen bleibt.

11 Hütet euch also vor nutzlosem Murren, bewahrt eure Zunge vor Lästerung; denn heimliches Gerede bleibt nicht ungestraft, ein Mund, der lügt, tötet die Seele.

12 Trachtet nicht nach dem Tod durch den Irrweg eures Lebens und zieht nicht das Verderben herbei durch die Werke eurer Hände!

13 Denn Gott hat den Tod nicht gemacht und hat keine Freude an dem Untergang der Lebenden.

14 Hat er doch alles zum Sein erschaffen, und heilbringend sind die Geschöpfe der Welt. Es ist kein verderbliches Gift in ihnen, noch gibt es auf Erden eine Herrschaft des Hades.

15 Denn die Gerechtigkeit ist unsterblich.

Die Weisheit lässt sich finden: 6,12–21

12 Strahlend und unverwelklich ist die Weisheit und wird leicht von denen erkannt, die sie lieben, und von denen gefunden, die sie suchen.

13 Sie gibt sich denen, die nach ihr verlangen, schon im Voraus zu erkennen.

14 Wer am frühen Morgen nach ihr ausschaut, braucht sich nicht abzumühen, denn er findet sie an seiner Tür sitzen.

15 Über sie nachdenken, ist vollendete Einsicht, und wer um ihretwillen wacht, ist bald aller Sorgen ledig.

16 Denn sie selbst geht umher, um die zu suchen, die ihrer würdig sind, und

erscheint ihnen freundlich auf den Wegen und begegnet ihnen in jedem Vorhaben.
17 Denn ihr sicherster Anfang ist Verlangen nach Belehrung, Sorge um Belehrung aber ist Liebe (zu ihr),
18 Liebe aber ist Beobachtung ihrer Gebote, Haltung der Gebote aber ist Sicherung der Unsterblichkeit,
19 Unsterblichkeit aber bringt in Gottes Nähe.
20 So führt das Verlangen nach Weisheit zur Herrschaft.
21 Wenn ihr also Freude habt an Thronen und Zepter, ihr Völkergebieter, so achtet die Weisheit, damit ihr auf ewig herrschet!

Salomo beschreibt die Weisheit: 6,22–25

22 Was aber die Weisheit ist und wie sie entstand, will ich verkünden und will euch das Geheimnisvolle (an ihr) nicht verbergen. Vielmehr will ich sie vom ersten Ursprung an erforschen; was ich über sie weiß, will ich offen legen und an der Wahrheit nicht vorübergehen.
23 Auch will ich nicht mit dem verzehrenden Neid zusammengehen; denn dieser hat mit der Weisheit nichts gemein.
24 Eine große Zahl von Weisen ist ja ein Segen für die Welt und ein verständiger König eine Wohlfahrt des Volkes.
25 So lasst euch denn durch meine Worte belehren, es wird euch zum Nutzen sein.

Lob der Weisheit: 7,22 – 8,1

22 Denn in ihr ist ein Geist: verständig, heilig, einzig in seiner Art und vielfältig, fein, leicht, beweglich, durchdringend, unbefleckt, klar, unverletzlich, das Gute liebend, scharf,
23 unhemmbar, wohltätig, menschenfreundlich, beständig, sicher, sorgenlos, allmächtig, alles überschauend und alle Geister durchdringend, die denkenden, reinen und feinsten Wesen.
24 Ist doch die Weisheit beweglicher als jede Bewegung; sie dringt und geht durch alles vermöge ihrer Reinheit.
25 Sie ist ja ein Hauch der Kraft Gottes und ein reiner Ausfluss der Herrlichkeit des Allbeherrschers; deshalb kann keine Befleckung sie je berühren,
26 denn sie ist ein Abglanz des ewigen Lichtes und ein makelloser Spiegel des Wirkens Gottes und ein Abbild seiner Güte.
27 Obwohl sie nur eine ist, vermag sie alles, und obgleich sie in sich selbst bleibt, erneuert sie doch das All. Von Geschlecht zu Geschlecht geht sie in heilige Seelen ein und schafft so Freunde Gottes und Propheten.
28 Gott liebt keinen, der nicht mit der Weisheit verbunden ist.
29 Denn sie ist herrlicher als die Sonne und erhaben über alle Stellung der Gestirne. Mit dem Licht verglichen, verdient sie den Vorzug,
30 weil auf dieses die Nacht folgt, gegen die Weisheit aber die Bosheit machtlos ist.

8 [1] Sie erstreckt sich, kraftvoll wirkend, von einem Ende (der Welt) zum andern und durchwaltet vortrefflich das All.

Die Weisheit besitzt alle Güter: 8,2–8

[2] Sie liebte und ersehnte ich von meiner Jugend an; ich suchte sie als Braut mir heimzuführen, und ich bin ein Verehrer ihrer Schönheit geworden.
[3] Einer edlen Abkunft kann sie sich rühmen, da sie mit Gott zusammenlebt und der Herr des Alls sie liebt.
[4] Denn sie ist eingeweiht in Gottes Wissen und wählt seine Werke aus.
[5] Ist Reichtum ein begehrenswertes Gut im Leben, was ist reicher als die Weisheit, die alles schafft?
[6] Bringt Klugheit etwas zustande, wer in aller Welt ist eine größere Künstlerin als sie?
[7] Und liebt jemand Gerechtigkeit – was sie bewirkt, sind Tugenden. Denn sie lehrt Mäßigung und Klugheit, Gerechtigkeit und Starkmut. Etwas Vorteilhafteres als diese gibt es im Leben für den Menschen nicht.
[8] Verlangt aber einer nach umfassendem Wissen: Sie kennt das längst Vergangene und erschließt das Zukünftige; sie versteht sich auf die Kunstform der Rede und auf das Lösen von Rätseln; Zeichen und Wunder weiß sie voraus und den Ausgang der Perioden und Zeiten.

Die Weisheit ist unentbehrlich für die Regierenden: 8,9–16

[9] So beschloss ich denn, diese zur Lebensgefährtin heimzuführen, da ich wusste, dass sie mir im Glück eine Beraterin sein werde und Trost in Sorgen und Kummer.
[10] Um ihretwillen werde ich Ansehen bei der Menge und Ehre bei den Ältesten trotz meiner Jugend genießen.
[11] Bei Gerichtsverhandlungen werde ich scharfsinnig erfunden und bei den Machthabern Bewunderung erregen.
[12] Schweige ich, so werden sie auf mich warten; ergreife ich das Wort, werden sie aufmerksam zuhören, und rede ich länger, dann legen sie die Hand an den Mund.
[13] Um ihretwillen werde ich Unsterblichkeit erlangen und ein ewiges Andenken bei der Nachwelt hinterlassen.
[14] Ich werde Völker regieren, und Nationen werden mir untertan werden.
[15] Schreckliche Tyrannen werden mich fürchten, wenn sie von mir hören; unter dem Volk aber werde ich mich gütig zeigen und tapfer im Krieg.
[16] Kehre ich in das Haus zurück, so werde ich mich bei ihr erholen; denn der Umgang mit ihr hat nichts Bitteres, und das Zusammenleben mit ihr bringt nicht Verdruss, sondern Frohsinn und Wonne.

Gebet um Weisheit: 9,1–19

9 1 „Gott der Väter und Herr des Erbarmens, der du das All durch dein Wort geschaffen

2 und durch deine Weisheit den Menschen gebildet hast, dass er über die von dir hervorgebrachten Geschöpfe herrsche,

3 die Welt in Heiligkeit und Gerechtigkeit leite und in aufrichtiger Gesinnung regiere.

4 Gib mir die Weisheit, deines Thrones Beisitzerin, und schließe mich nicht von der Zahl deiner Kinder aus.

5 Ich bin ja dein Knecht, der Sohn deiner Magd, ein schwacher und kurzlebiger Mensch, und verstehe gar wenig von Recht und Gesetz.

6 Gälte einer bei den Menschenkindern auch als vollkommen, fehlte ihm aber die von dir ausgehende Weisheit, er müsste für nichts geachtet werden.

7 Du warst es, der mich zum König deines Volkes auserkor und zum Richter über deine Söhne und Töchter.

8 Du befahlst mir, einen Tempel auf deinem heiligen Berg und einen Opferaltar in der Stadt, in der du wohnst, zu bauen als ein Abbild des heiligen Zeltes, das du von Anbeginn bereitet hast.

9 Bei dir ist die Weisheit, die deine Werke kennt und zugegen war, als du die Welt erschufst, die weiß, was in deinen Augen wohlgefällig ist und was recht ist nach deinen Geboten.

10 Sende sie vom heiligen Himmel herab und schicke sie vom Throne deiner Herrlichkeit, dass sie mir bei meiner Arbeit helfend zur Seite stehe, und ich erkenne, was dir wohlgefällt.

11 Sie weiß und versteht ja alles; sie wird mich bei meinem Handeln verständig leiten und in ihrem lichten Glanz behüten.

12 So werden dir meine Werke wohlgefallen, ich werde dein Volk gerecht regieren und des Thrones meines Vaters würdig sein.

13 Welcher Mensch vermag denn Gottes Willen zu erkennen, oder wer kann erfassen, was der Herr verlangt?

14 Die Gedanken der Sterblichen sind ja unsicher und schwankend unsere Absichten.

15 Lähmt doch ein hinfälliger Leib die Seele und belastet das irdische Zelt den vielsinnenden Geist.

16 Nur zur Not erraten wir, was auf Erden ist, und verstehen mit Mühe, was auf der Hand liegt. Die himmlischen Dinge aber, wer kann sie ergründen?

17 Wer hat je deinen Willen erkannt, wenn nicht du die Weisheit gabst und aus der Höhe deinen heiligen Geist sandtest?

18 Nur so wurden die Pfade der Erdenbewohner geebnet und die Menschen über das belehrt, was dir wohlgefällig ist.

19 Nur durch die Weisheit wurden sie gerettet.

Finsternis und Licht: 17,1 – 18,4

17 1 Denn groß sind deine Gerichte und unerforschlich, daher verfielen unbelehrbare Seelen dem Irrtum.

2 Die Ruchlosen hatten nämlich ge-
glaubt, ein heiliges Volk unterdrücken
zu können, nun mussten sie, in Fins-
ternis gefangen und von einer langen
Nacht gefesselt, daliegen, eingeschlos-
sen in ihre Häuser, verbannt von der
ewigen Vorsehung.
3 Während sie sich bei ihren geheimen
Sünden verborgen wähnten unter
dem dunklen Schleier der Vergessen-
heit, wurden sie zerstreut, in furcht-
baren Schrecken versetzt und durch
Trugbilder von Entsetzen ergriffen.
4 Denn nicht einmal der Winkel, der
sie umfing, bewahrte sie vor Furcht,
sondern schreckenerregende Geräu-
sche umbrausten sie, und es erschie-
nen düstere Gespenster mit finsteren
Gesichtern.
5 Keines Feuers Macht vermochte
Licht zu schaffen, noch konnten die
leuchtenden Flammen der Gestirne je-
ne schauerliche Nacht erhellen.
6 Nur ein von selbst entzündetes,
furchterregendes Feuer leuchtete ih-
nen. In ihrer Angst hielten sie, wenn
jene Erscheinung verschwand, das
Geschaute für schlimmer, als es war.
7 Machtlos waren die Gaukeleien der
Zauberkünstler, und die Probe auf
das Wissen, mit dem sie prahlten, fiel
jämmerlich aus.
8 Denn sie, die Schrecken und Angst
von kranken Gemütern zu bannen
versprachen, krankten selbst an lä-
cherlicher Furcht.
9 Denn wenn auch gar nichts Furcht-
bares vorhanden war, das sie hätte er-
schrecken können, so wurden sie
doch durch vorüberlaufendes Getier
oder durch zischende Schlangen auf-
gescheucht und kamen fast vor Schre-
cken um und wollten nicht einmal die
Luft sehen, der man doch nirgends
entrinnen kann.
10 Die Bosheit erweist sich als feige
und spricht sich selbst das Urteil.
Durch das böse Gewissen bedrängt,
nimmt sie stets das Schlimmste an.
11 Denn Furcht ist nichts anderes als
der Verzicht auf die von der Überle-
gung gebotenen Hilfsmittel.
12 Je geringer aber im Herzen die Er-
wartung (der Hilfe) ist, für umso
schlimmer hält sie die Unkenntnis
über die Ursache, welche die Qual ver-
anlasst.
13 Jene aber, welche die ohnmächtige,
aus den Tiefen des ohnmächtigen Ha-
des heraufgekommene Nacht ebenso
(wie jede andere Nacht) schlafend ver-
bringen wollten,
14 wurden teils durch schreckliche Ge-
spenster verfolgt, teils durch die Ver-
zagtheit der Seele gelähmt; denn
plötzliche und unerwartete Furcht
kam über sie.
15 So wurde jeder dort, wo er hinsank,
festgehalten, in einem Kerker ohne
Riegel eingeschlossen.
16 Denn mochte es ein Landmann oder
ein Hirt oder Taglöhner sein, der an
einem einsamen Ort beschäftigt war,
von ihr überrascht, erlag er dem un-
entrinnbaren Zwang.
17 Sie alle waren durch die eine Kette
der Finsternis gefesselt. War es nun
das Säuseln des Windes oder der lieb-
liche Gesang der Vögel im dichten
Laubwerk oder das Rauschen eines
mächtig strömenden Wassers
18 oder das wilde Getöse herabstürzen-

der Felsblöcke oder das unsichtbare Laufen hüpfender Tiere oder das Geheul brüllender wilder Bestien oder das aus den Schluchten der Berge zurückgeworfene Echo, alles versetzte sie in Schrecken und lähmte sie.
19 Denn die ganze übrige Welt erstrahlte in glänzendem Licht und konnte sich unbehindert der Arbeit widmen.
20 Nur über jene lag tiefe Nacht ausgebreitet, ein Bild der Finsternis, die sie (einst) aufnehmen sollte. Aber sie selbst waren sich mehr zur Qual als die Finsternis.

18 1 Deine Heiligen aber befanden sich im hellsten Licht. Als jene ihre Stimme hörten, aber die Gestalten nicht sahen, priesen sie diese glücklich, dass sie nicht gelitten haben.
2 Sie dankten, dass sie ihnen trotz der Misshandlungen nicht schadeten, und baten um Verzeihung wegen ihrer Anfeindung.
3 Ihnen aber gabst du eine feuerflammende Säule als Führerin auf der unbekannten Reise und als nicht schadende Sonne auf der ruhmvollen Wanderschaft.
4 Jene hatten es freilich verdient, des Lichtes beraubt und in Finsternis gefangen zu werden, da sie deine Söhne, durch die der Welt das unvergängliche Licht des Gesetzes gegeben werden sollte, in Gewahrsam gehalten hatten.

22 *Wie Leben gelingen kann*

Aus dem Buch Jesus Sirach (Ecclesiasticus)

Das Buch Jesus Sirach *hat Ähnlichkeiten mit dem* Buch der Sprichwörter *und ist teilweise davon abhängig. Doch es ist später entstanden, etwa um das Jahr 180 vor Christus. Der Autor Ben Sira verbindet die Weisheit jüdischer Sprichwörter mit der Weisheit der hellenistischen Kultur. Und er ordnet seine Sprichwörter bestimmten Themen zu. Dabei behandelt er seine Themen oft als Gegensatzpaar: Weisheit und Torheit, Armut und Reichtum, Zucht und Zuchtlosigkeit, Gesundheit und Krankheit, Sklaven und Herren, Freunde und Frauen. Somit zeigt er die Gegensätzlichkeit des menschlichen Lebens.*

Der Mensch lebt immer zwischen zwei Polen. Der Verfasser wendet sich vor allem an die Jugend und fordert sie auf, sich für das Leben zu entscheiden. Die Entscheidung gelingt aber nur, wenn sich der junge Mensch erst den Gegenpol anschaut, der ihn genauso anzieht wie der Weg zum Leben.

Die Grundlage aller Weisheit ist die Furcht des Herrn. Furcht meint nicht Angst. Furcht des Herrn bedeutet, Gott ernst zu nehmen, das eigene Leben nicht willkürlich zu leben, sondern nach der Ordnung auszurichten, die Gott ihm gegeben hat. Gott ernst nehmen heißt zugleich, sich selbst und den eigenen Lebensweg wichtig zu nehmen, sich immer wieder bewusst für das Leben zu entscheiden. Wer das tut, der lebt angemessen, dessen Leben gelingt. „Die ihr den Herrn fürchtet, hoffet auf Gutes, auf immer währende Freude und Gnade" (2,9). Es geht also um die große Frage, wie unser Leben gelingen kann.

Im Buch Jesus Sirach findet jeder genügend Anregungen für die Kunst des gesunden Lebens, für den Weg gelingenden Lebens. Auf dem Weg zum Leben soll der Mensch dankbar annehmen, was Gott ihm als Hilfe anbietet: die Eltern, die Frau, den Mann, den Freund, die Klugheit, das Vertrauen auf Gott. Ein großes Geschenk an den Menschen ist der Freund. „Für einen treuen Freund gibt es keinen Preis, und nichts wiegt seinen Wert auf" (6,15). So besingt der Verfasser in wunderbaren Liedern das Lob der Freundschaft, das Lob der Frau und das Lob der Schöpfung, in der Gott sich dem Menschen in seiner Schönheit und Fürsorge zeigt.

Vorwort des Übersetzers: 0,1 – 0,35

0 1 Vieles und Großes ist uns durch
das Gesetz, die Propheten und die
übrigen ihnen folgenden (Schriftstel-
ler) geschenkt worden, um dessent-
willen Israel wegen seiner Bildung
und Weisheit zu loben ist.
5 Doch sollen nicht nur solche, die da-
rin zu lesen verstehen, sachkundig
werden, sondern es soll, wer sich tiefer
hineinversenkt, auch imstande sein,
Außenstehende durch Wort und
Schrift zu fördern.
10 Deshalb hat sich mein Großvater Je-
sus – nachdem er sich sorgfältig mit
dem Gesetz, den Propheten und den
übrigen von den Vätern überkom-
menen Schriften befasst und sich eine
hinreichende Kenntnis davon ver-
schafft hatte – entschlossen, auch sei-
nerseits etwas zu schreiben, was zur
Erlangung von Bildung und Weisheit
dienlich sei. Auf diese Weise sollte,
wer sich diese mit Lust und Liebe an-
geeignet hätte, mehr und mehr wach-
sen durch ein Leben nach dem Gesetz.
15 So seid ihr nun gebeten, euch mit
Wohlwollen und Aufmerksamkeit an
die Lektüre zu begeben.
20 Auch möget ihr Nachsicht üben, wo
die – obzwar mit Sorgfalt vorge-
nommene – Übersetzung vielleicht in
der Ausdrucksweise unzulänglich ist.
Denn es ist nicht das Gleiche, ob man
etwas im hebräischen Urtext liest,
oder ob es in eine andere Sprache
übertragen wurde.
25 Nicht nur dieses Buch, auch das Ge-
setz, die Propheten und die übrigen
Schriften weisen keinen geringen Un-
terschied auf, wenn man sie in ihrer
Sprache liest. Nun fand ich, als ich im
38. Jahr des Königs Euergetes nach
Ägypten kam und mich zu seiner Zeit
dort aufhielt, das Werk einer nicht ge-
ringen Bildung vor.
30 Darum hielt ich es für notwendig,
auch meinerseits Eifer und Mühe auf-
zuwenden und eine Übersetzung die-
ses Buches anzufertigen. So habe ich
mich denn in der Zwischenzeit ohne
Rast und mit Studieneifer daran-
gemacht, zum Ziel zu kommen und
das Buch herauszugeben,
35 auch für diejenigen, die in der Frem-
de sich hineinvertiefen wollen und die
sich vorgenommen haben, nach dem
Gesetz zu leben.

Die Furcht Gottes bei der Versuchung:
2,1–18

2 1 Mein Sohn, wenn du dich an-
schickst, dem Herrn zu dienen, /
dann mach dich gefasst auf Ver-
suchungen.
2 Straffe dein Herz und sei stark, / auch
überstürze nichts in der Zeit der
Heimsuchung.
3 Hange ihm an und weiche nicht ab, /
damit du erhöht werdest an deinem
Ende.
4 Alles, was über dich kommen mag,
nimm an, / und in der Vielfalt dessen,
was dich niederbeugt, harre aus.
5 Denn im Feuer wird das Gold ge-
prüft, / der Mensch aber, der Gott ge-
fällt, im Ofen der Trübsal.
6 So vertraue auf Gott, und er wird

sich deiner annehmen, / wandle den
geraden Weg und hoffe auf ihn.
7 Die ihr den Herrn fürchtet, harret
seiner Gnade, / weichet nicht ab, damit ihr nicht fallet.
8 Die ihr den Herrn fürchtet, vertrauet
auf ihn, / und euer Lohn wird euch
nicht entgehen.
9 Die ihr den Herrn fürchtet, hoffet auf
Gutes, / die immer währende Freude
und Gnade.
10 Schaut auf die Geschlechter der Vergangenheit und erkennet: / Wer hat
auf den Herrn vertraut und wurde zuschanden? / Oder wer verharrte in seiner Furcht und war verlassen? / Oder
wer rief ihn an, doch er hätte ihn
übersehen?
11 Denn gnädig und barmherzig ist der
Herr, / er lässt die Sünden nach und
hilft in bedrängten Zeiten.
12 Wehe den mutlosen Herzen und den
schlaffen Händen / und dem Sünder,
der auf zweierlei Wegen wandelt!
13 Wehe dem schlaffen Herzen, das
ohne Glauben, / es wird gerade darum
ohne Schutz sein!
14 Wehe euch, die ihr die Ausdauer verloren habt, / denn was werdet ihr tun,
wenn der Herr euch heimsucht?
15 Die den Herrn fürchten, sind nicht
ungehorsam gegen sein Wort, / und
die ihn lieben, werden seine Wege einhalten.
16 Die den Herrn fürchten, suchen sein
Wohlgefallen, / und die ihn lieben, erfüllen sich mit dem Gesetz.
17 Die den Herrn fürchten, machen
ihre Herzen bereit / und ergeben sich
ihm demütig:
18 Wir wollen in die Hände Gottes fallen, / aber nicht in die Hände von
Menschen. / Denn wie seine Größe,
so ist auch sein Erbarmen.

Pflichten gegen die Eltern: 3,1–16

3 1 Höret, ihr Kinder, auf mich, den
Vater, / und handelt danach, dass
ihr das Heil erlanget.
2 Denn der Herr ehrt den Vater in seinen Kindern, / und er stellt das Recht
der Mutter über die Söhne sicher.
3 Wer den Vater ehrt, sühnt Sünden,
4 und wie einer, der Schätze sammelt,
ist, / wer seine Mutter achtet.
5 Wer den Vater ehrt, wird selbst Freude an Kindern erleben, / und wenn er
betet, wird er erhört werden.
6 Wer den Vater hoch schätzt, wird viele Tage sehen, / und auf den Herrn
hört, wer seiner Mutter Erquickung
schenkt.
7a [Wer den Herrn fürchtet, ehrt seinen
Vater.] / 7b Er dient seinen Eltern wie
seinem Herrn.
8 Mein Sohn, in Wort und Werk ehre
deinen Vater, / damit auf dich herabkomme sein Segen.
9 Der Segen des Vaters festigt das Haus
der Kinder, / doch der Mutter Fluch
wird ausreißen die Fundamente.
10 Suche deinen Ruhm nicht in der
Schmähung deines Vaters, / denn deines Vaters Schande bringt kein Ansehen für dich.
11 Die Ehre des Mannes ist die Ehre seines Vaters, / und schimpflich ist für
die Kinder eine Mutter in Unehre.
12 Mein Sohn, nimm dich deines Va-

ters im Alter an / und betrübe ihn
nicht alle Tage deines Lebens.
13 Auch wenn sein Verstand abnimmt,
sieh es ihm nach / und verachte ihn
nicht, wenn du in der Blüte der Jahre
stehst.
14 Mitleid gegen den Vater wird nicht
in Vergessenheit geraten, / für deine
Sünden wird es dir angerechnet.
15 Am Tage der Prüfung wird (Gott)
deiner gedenken, / und wie Reif in
der Wärme, so werden aufgelöst deine
Sünden.
16 Ein Frevler ist, wer seinen Vater
missachtet, / und vom Herrn ver-
flucht, wer seine Mutter erzürnt.

Liebe zu den Armen: 3,30 – 4,10

30 Ein loderndes Feuer löscht man mit
Wasser, / so sühnt barmherzige Liebe
die Sünden.
31 Wer Wohltaten vergilt, denkt an die
Zukunft, / und am Tage, da er wankt,
findet er eine Stütze.

4 1 Mein Sohn, verweigere dem Ar-
men nicht den Lebensunterhalt /
und lass nicht verschmachten die Au-
gen des Bedrückten.
2 Lass den Hungrigen nicht leiden, /
und erbittere niemand in seiner Aus-
weglosigkeit.
3 Sei nicht hart gegen das Herz eines
Unglücklichen / und lass den Bedürf-
tigen nicht verschmachten nach dei-
ner Gabe.
4 Den Bedrängten, der hilflos, weise
nicht ab / und wende deinen Blick
nicht weg von dem Armen.
5 Wende dein Auge nicht weg vom Be-
dürftigen / und gib ihm keinen An-
lass, dir zu fluchen.
6 Denn wenn er dir flucht im Schmerz
seiner Seele, / so wird sein Schöpfer
sein Flehen erhören.
7 Mach dich beliebt in der Gemein-
schaft / und beuge das Haupt vor
dem Hochgestellten.
8 Neige dem Armen dein Ohr / und er-
widere ihm leutselig den Gruß.
9 Rette den Bedrängten vor seinen Be-
drängern, / und sei nicht feige in dei-
nem Urteilsspruch.
10 Sei wie ein Vater den Waisen / und
wie ein Ehegatte den Witwen. / Dann
wirst du wie der Sohn des Höchsten
sein, / er wird dich mehr lieben als dei-
ne Mutter.

Reichtum und Vermessenheit: 5,1–8

5 1 Verlass dich nicht auf deinen
Reichtum / und sprich nicht: „Ich
habe genug."
2 Folge nicht deiner Neigung und dei-
nem Vermögen, / indem du nach dei-
nes Herzens Begierden wandelst.
3 Sage nicht: „Wer hat Macht über
mich?" / Denn der Herr wird nicht
säumen, dich zu bestrafen.
4 Sage nicht: „Ich habe gesündigt, doch
was ist mir geschehen?" / Denn Gott
hat den längeren Atem.
5 Sei der Vergebung nicht so sicher, /
dass du Sünde auf Sünde häufst.
6 Sage nicht: „Seine Barmherzigkeit ist
groß, / er wird auch die Menge meiner
Sünden mir verzeihen." / Zwar ist
Barmherzigkeit bei ihm, aber auch

Zorn, / und auf den Sündern ruht sein
Grimm.
7 Zögere nicht, dich zum Herrn zu be-
kehren, / und verschiebe es nicht Tag
um Tag. / Denn der Zorn des Herrn
bricht plötzlich aus, / und du wirst
am Tage der Vergeltung dahingerafft.
8 Vertraue nicht auf unrecht erworbe-
ne Schätze, / denn sie nützen nichts
am Tage des Zorns.

Beständigkeit und Selbstbeherrschung:
5,9 – 6,4

9 Worfele nicht bei jedem Wind und
wandele nicht auf jedem Pfad. / [So
macht es der doppelzüngige Sünder.]
10 Bleibe fest bei deiner Überzeugung, /
und nur eine sei deine Rede.
11 Sei schnell bereit zum Hören, / aber
mit Bedächtigkeit gib Antwort.
12 Wenn du etwas weißt, so antworte
deinem Mitmenschen, / wenn nicht,
so leg die Hand an deinen Mund.
13 Ehre und Schmach liegen in der Re-
de, / ja des Menschen Zunge ist sein
Untergang.
14 Dass man dich nicht doppelzüngig
nennen muss / und du kein hinterhäl-
tiger Schwätzer bist! / Denn wenn für
den Dieb Schande bestimmt ist, / trifft
harte Verurteilung den Doppelzüngi-
gen.
15 Im Kleinen wie im Großen verfehle
dich nicht, / und werde nicht aus
einem Freund zum Feind.

6 1 Ein schlechter Ruf bringt Schan-
de und Schmähung hervor, /
ebenso ist es mit dem doppelzüngigen
Sünder.
2 Verfalle nicht der Macht deiner Gier, /
auf dass sie dich nicht überfällt wie
ein Stier.
3 Dein Laub wird sie fressen und deine
Früchte verderben / und dich zurück-
lassen wie einen dürren Baum.
4 Eine leidenschaftliche Seele richtet
ihren Besitzer zu Grunde / und macht
ihn zum Gespött seiner Feinde.

Die Freundschaft: 6,5–17

5 Sanfte Rede erwirbt viele Freunde, /
und eine wohlwollende Zunge mehrt
freundliche Antwort.
6 Der Leute, die in Frieden mit dir le-
ben, seien es viele, / dein Berater aber
sei nur einer aus tausend.
7 Erwirbst du einen Freund, erwirb ihn
durch Erprobung / und schenke dein
Vertrauen ihm nicht allzu schnell.
8 Denn mancher ist ein Freund je nach
der Zeit, / und nicht hält er stand am
Tage der Not.
9 Mancher Freund wird zum Feind, /
und er bringt den schmählichen Streit
mit dir an den Tag.
10 Mancher ist nur Freund als Tisch-
genosse, / aber am Tage des Unheils
ist er nicht mehr zu finden.
11 In deinem Glück betrachtet er sich
wie deinesgleichen / und handelt frei-
mütig gegen dein Gesinde.
12 Wenn es dir schlecht geht, dann
wendet er sich wider dich / und hält
sich vor dir verborgen.
13 Von deinen Feinden halte dich fern,

/ und vor deinen Freunden sei auf der Hut.
14 Ein treuer Freund ist eine starke Stütze, / wer einen solchen gefunden, hat ein Vermögen gefunden.
15 Für einen treuen Freund gibt es keinen Preis, / und nichts wiegt seinen Wert auf.
16 Wie Lebensbalsam ist ein treuer Freund; / die den Herrn fürchten, finden ihn.
17 Wer den Herrn fürchtet, hält rechte Freundschaft, / denn wie er selbst, so ist auch sein Freund.

Dem bösen Menschen misstrauen: 11,29–34

29 Nicht jeden Menschen bringe ins Haus, / denn zahlreich sind die Listen des Hinterhältigen.
30 Wie ein im Korb gefangenes Rebhuhn ist das Herz des Stolzen, / es gleicht einem Spion, der nach einer Blöße lauert.
31 Gutes verkehrt ins Böse der Verleumder, / noch an den besten Dingen hat er zu mäkeln.
32 Ein Funken entzündet Kohlenglut, / und ein nichtsnutziger Mensch lauert auf Blut.
33 Hüte dich vor einem Bösewicht, denn auf Böses sinnt er, / auf dass er dir nicht einen ewigen Schandfleck beibringt.
34 Nimm einen Fremden in dein Haus – er wird dir Verwirrung bringen / und dich deinen Angehörigen entfremden.

Neid und Habsucht: 14,3–19

3 Einem kleinlichen Mann steht der Reichtum nicht an, / einem gierigen Mann – was nützen ihm Schätze?
4 Wer gegen sich selber geizt, sammelt für einen andern, / und ein Fremder wird in seinen Gütern schwelgen.
5 Missgönnt einer dem eigenen Ich, wem wird er etwas Gutes tun? / Er freut sich nicht einmal seiner eigenen Güter.
6 Missgönnt einer dem eigenen Ich, so ist keiner grausamer als er, / und das ist der Lohn seiner Schlechtigkeit.
7 Tut er mal etwas Gutes, tut er es aus Versehen, / und zum Schluss zeigt er doch noch seine Bosheit.
8 Schlimm ist, wer ein missgünstiges Auge hat, / wer sein Gesicht abkehrt und das Leben des andern verachtet.
9 Der Habsüchtige ist nicht zufrieden mit dem, was er hat, / die Begehrlichkeit trocknet die Seele aus.
10 Der Geizige knausert mit Brot, / und Mangel herrscht an seinem Tische.
11 Mein Sohn, wenn du es hast, so gönne dir etwas Gutes, / und bringe dem Herrn die Gaben, die er fordert.
12 Gedenke, dass der Tod nicht säumt / und das Bündnis mit der Scheol dir nicht bekannt ist.
13 Bevor du stirbst, tue Gutes dem Freund, / und so viel du vermagst, beschenke ihn.
14 Versage dir nicht das Glück von heute, / und an deinem Anteil an Lust gehe nicht vorüber.
15 Wirst du nicht einem andern dein Gut überlassen müssen, / und dein

mühsam Erworbenes denen, die das Los werfen?
16 Gib und nimm und ergötze dich selbst, / denn in der Scheol ist es vorbei, nach Genuss zu suchen.
17 Alles Fleisch altert wie ein Kleid, / und das uralte Gesetz heißt: sterben, sterben.
18 Wie das Gespross der Blätter am grünen Baum, / wo das eine welkt und das andere wächst, / so die Geschlechter aus Fleisch und Blut, / die einen: Tod, die andern: Geburt.
19 Alle seine Werke vermodern ganz und gar, / und der sie vollbringt, folgt ihnen nach.

Reden und Schweigen: 20,1–8

20 1 Manche Zurechtweisung erfolgt nicht rechtzeitig, / und mancher schweigt, und der ist klug.
2 Wie ist es doch besser, zur Rede zu stellen, als zu grollen!
3 Und wer bekennt, bleibt vor Schaden bewahrt.
4 Wie ein Entmannter, der eine Jungfrau zu entehren sucht, / so ist, wer mit Gewalt Recht schaffen will.
5 Manch einer schweigt und wird für weise gehalten, / und mancher macht sich verhasst wegen seines vielen Redens.
6 Mancher schweigt, weil er keine Antwort weiß, / und mancher schweigt, weil er auf die rechte Zeit sieht.
7 Der Weise schweigt bis zur rechten Zeit, / doch der Tor achtet nicht auf die Zeit.
8 Wer viele Worte macht, den verabscheut man, / und der Anmaßende ist verhasst.

Weisheit und Torheit: 22,9–18

9 Scherben leimt zusammen, wer einen Toren belehrt / oder weckt einen Schlafenden aus tiefem Schlummer.
10 Zu einem Schlummernden spricht, wer zu einem Toren spricht, / denn am Ende sagt er: „Was ist?“
11 Über einen Toten weine, denn das Lebenslicht erlosch; / weine auch über einen Toren, denn sein Geisteslicht erlosch. / Weniger weine über einen Toten, denn er hat Frieden, / aber des Toren schlechtes Leben ist schlimmer als der Tod.
12 Die Trauer um einen Toten währt sieben Tage, / die um einen Toren und Gottlosen alle Tage seines Lebens.
13 Mit einem Unverständigen sprich nicht viel, / und mit einem Toren gehe nicht um. / Hüte dich vor ihm, dass du keine Scherereien hast / und dich nicht besudelst, wenn du mit ihm zusammenkommst. / Geh ihm aus dem Weg, und du wirst Ruhe haben, / und du wirst keinen Verdruss bekommen durch seinen Unverstand.
14 Was ist schwerer als Blei? / Wie könnte es anders heißen als „Tor“!
15 Sand, Salz und Klumpen von Eisen / sind leichter zu tragen als ein Tor.
16 Hölzernes Gebälk, zu einem Bauwerk verbunden, / löst sich bei keiner Erschütterung. / So steht ein Herz fest bei wohl beratener Überlegung, / zu keiner Zeit verzagt es.

[17]Ein Herz, gegründet auf kluger Denkart, / ist wie Sandverputz an glatter Mauer.
[18]Steinchen, die auf einer Mauer liegen, / halten vor dem Wind nicht stand. / So wird auch ein furchtsames Herz mit dem Denken eines Toren / vor keinerlei Schrecken standhalten.

Die Ratgeber: 37,7–15

[7]Jeder Ratgeber erteilt Rat, / aber es gibt auch Ratgeber, die an den eigenen Vorteil denken.
[8]Sei also vor dem Ratgeber auf der Hut, / erkenne zuvor, was er nötig hat – / Denn auch er denkt an sich selber –, / damit er nicht sein begieriges Auge auf dich wirft.
[9]Er sagt zu dir: „Du bist auf dem rechten Weg." / Dann aber bleibt er von fern stehen, zu sehen, was dir geschieht.
[10]Berate dich nicht mit deinem Neider, / und mit dem Eifersüchtigen sprich nicht über deine Pläne,
[11]Nicht mit der Frau über ihre Rivalin, / nicht mit dem Feigling über den Kampf,

nicht mit dem Geschäftsmann über den Verkauf, / nicht mit dem Käufer über die Ware,

nicht mit einem Geizhals über Erweis von Wohltaten, / nicht mit einem Hartherzigen über Barmherzigkeit,

nicht mit einem Nichtstuer über eine Arbeit, / nicht mit dem Jahresarbeiter über die Vollendung einer Aufgabe,

nicht mit dem faulen Sklaven über Arbeitslast, / nicht auf solche verlass dich, wenn du Rat suchst.
[12]Wohl aber stets mit einem gottesfürchtigen Mann, / von dem du weißt, dass er die Gebote hält, / der in seinem Herzen nach deinem Herzen ist / und, wenn du strauchelst, sich um dich bemüht.
[13]Doch auch den Rat des Gewissens beachte,
denn wer ist zuverlässiger als dieses?
[14]Das Gewissen des Menschen gibt bessere Auskunft / als sieben Wächter auf der Warte.
[15]Und bei allem bete zum Allerhöchsten, / dass er deine Schritte in Treue lenke.

In der Natur: 42,15 – 43,33

42 [15]Gedenken will ich der Werke des Herrn, / und was ich gesehen, will ich erzählen. / Durch die Worte des Herrn sind seine Werke geschaffen, / und die Schöpfung gehorcht seinem Willen.
[16]Die strahlende Sonne erblickt alle Dinge, / und das Werk des Herrn ist erfüllt von seiner Herrlichkeit.
[17]Der Herr hat die Heiligen nicht befähigt, / zu künden all seine Wunder, / was der Herr, der Allherrscher, fest begründete, / damit das All vor seiner Herrlichkeit bestehen kann.
[18]Meerestiefe und Herz erforscht er, / und alle ihre Berechnung ist ihm bekannt. / Denn der Allerhöchste hat Kenntnis von allem / und schaut auf die Zeichen der Zeit.
[19]Er kündet Vergangenes und Künfti-

ges / und enthüllt die verborgenen
Rätsel.
20 Kein einziger Gedanke entgeht
ihm, / kein einziges Wort bleibt ihm
verborgen.
21 Die Wunder seiner Weisheit hat er
geordnet, / denn von Ewigkeit zu
Ewigkeit ist er. / Nichts ist hinzuzufü-
gen und nichts hinwegzunehmen, /
und nicht bedarf er eines Lehrers.
22 Wie lieblich sind all seine Werke! /
Und wie leuchtende Funken ist ihr
Anblick.
23 Alles lebt und besteht für immer, /
folgsam ist jedes zu jeglichem Zweck.
24 Alle Dinge sind zweifach, das eine
gegenüber dem andern, / und nichts
hat er geschaffen, das versagt.
25 Das eine bestärkt die Vortrefflich-
keit des anderen, / und wer kann sich
ersättigen am Anblick ihrer Schön-
heit?

Die Sonne: 43,1–5

43 1 Der Himmelshöhe Stolz ist
das Firmament in seiner Klar-
heit, / und die Himmel selbst tun seine
Herrlichkeit kund.
2 Die Sonne, die aufstrahlt, ruft bei
ihrem Aufgang: / „Welch Wunder ist
des Höchsten Werk!“
3 Steht sie im Zenit, so lässt sie die
Welt verdorren, / wer kann es aushal-
ten vor ihrem Brand?
4 Ein entfachter Ofen bringt Glut her-
vor, / dreimal mehr brennt die Sonne
die Berge. / Glühenden Dampf sendet
sie aus, / und durch ihr Feuer wird
blindgebrannt das Auge.
5 Groß ist der Herr, ihr Schöpfer, / sein
Wort lenkt ihren schnellen Lauf.

Der Mond: 43,6–8

6 Und der Mond, in allem zur rechten
Zeit, / bezeichnet die Monate und teilt
die Zeit ein.
7 Der Mond bestimmt die Feste, / die-
ses Gestirn, das abnimmt, wenn es
voll geworden.
8 Von ihm erhält der Monat seinen Na-
men, / wunderbar nimmt er zu nach
seinem Wechsel. / Er lehrt das Heer
in der Höhe, / das leuchtet am Firma-
ment des Himmels.

Die Sterne: 43,9–10

9 Des Himmels Schönheit ist die
Pracht der Sterne, / sie schmücken
mit ihrem Schein die Höhen des
Herrn.
10 Durch das Wort des Heiligen hat die
Ordnung Bestand, / und sie ermatten
nicht auf ihrer Wache.

Der Regenbogen: 43,11–12

11 Schau den Regenbogen und preise
seinen Schöpfer, / denn überaus herr-
lich ist er an Pracht.
12 Das Himmelsgewölbe umspannt er
mit seinem Glanz, / die Hände des
Höchsten haben ihn ausgespannt.

Wunder der Natur: 43,13–33

13 Durch seine Anordnung lässt er den
Schnee fallen, / er schleudert die Blitze
nach seinem Geheiß.
14 Auf solche Weise öffnen sich seine
Speicher, / und so fliegen die Wolken
wie Vögel.
15 Ob seiner Größe macht er die Wolken dicht / und werden die Hagelsteine zerstoßen.
16b Bei seinem Anblick wanken die
Berge, / 17a bei der Stimme seines Donners gerät die Erde in Wehen.
16a Nach seinem Willen jagt der Süd-
wind dahin / 17b und ebenso der Nordorkan und die Wirbelstürme.
18 Wie Vögel lässt er seine Schneeflocken fliegen, / und wie einfallende Heuschrecken ist deren Fall. / Die Schönheit seines Weiß blendet die Augen, / und bei seinem Rieseln erregt sich das Herz.
19 Auch den Reif gießt er aus wie
Salz, / ihn wandelt der Frost in Spitzen von Dornen.
20 Den kalten Nordwind lässt er wehen, / und auf dem Wasser bildet sich das Eis.
Jedes stehende Gewässer überzieht er mit einer Decke / und bekleidet es wie mit einem Panzer.
21 Er verzehrt die Berge und brennt die
Wüste aus / und versengt das Gras wie eine Flamme.
22 Doch Linderung für alles bringt die
Wolke, / und der Tau schenkt Leben nach der Trockenheit.
23 Nach seinem Beschluss ließ er sich
senken die Wasser / und pflanzte die Inseln.
24 Die das Meer befahren, erzählen von
seiner Gefahr, / und wenn unsere Ohren es hören, sind wir voll Staunen.
25 Dort gibt es Wunderdinge, die er-
staunlichsten seiner Schöpfung, / aller Art Lebewesen und die Ungeheuer des Weltmeers.
26 Gott sei Dank endet alles gut, / und
alles fügt wieder sich nach seinem Wort.
27 Viel könnten wir noch sagen und
kämen nicht ans Ende, / und der Rede Schluss ist: Er ist alles!
28 Wo finden wir die Kraft, ihn zu prei-
sen?, / denn er ist größer als all seine Werke.
29 Furchtbar ist der Herr und über-
ragend groß, / und wunderbar sind seine Machttaten.
30 Euer Lobpreisen erhebe den Herrn, /
so viel ihr könnt, denn er ist noch größer. / Wenn ihr anhebt, schöpft neue Kraft / und werdet nicht müde, denn ergründen könnt ihr ihn nicht.
31 Wer hätte ihn gesehen und könnte
davon erzählen, / und wer kann ihn preisen, so wie es ihm gebührt?
32 Die Menge des Unbekannten ist grö-
ßer als dies, / wenig nur sah ich von seinen Werken.
33 Alles das aber hat der Herr hervor-
gebracht, / und den Frommen hat er Weisheit verliehen.

23 *Im Dunkel erstrahlt ein helles Licht*

Aus dem Buch Jesaja

Die prophetischen Texte, die im Buch Jesaja *zusammengefasst sind, entstammen verschiedenen Epochen. Der erste Teil (Kapitel 1–39) geht auf den Propheten Jesaja zurück, der etwa vom Jahre 740–701 im Reich Juda gewirkt hat. Neben Droh- und Klageworten stehen in diesem Teil messianische Verheißungen. Diese Texte werden vor allem in der Advents- und Weihnachtszeit gelesen. Im 7. Kapitel wird der Immanuel verheißen, der Gott mit uns. Dieser Text wurde schon von den Evangelisten Matthäus (1,23) und Lukas (1,31) auf die Geburt Jesu bezogen. Dort erfüllt sich, was der Prophet den Juden vor ihrer Gefangennahme und Deportierung nach Babylon verheißen hat. Die Verheißung des göttlichen Kindes in Kapitel 9 verkündet die Liturgie an Weihnachten.*

Dass dem Volk, das im Dunkel lebt, ein helles Licht erstrahlt, sieht Matthäus im Wirken Jesu am See von Galiläa erfüllt. Jesu Worte und Jesu Heilungswunder sind das Licht, das denen, die im Schatten des Todes wohnen, aufleuchtet und ihr Leben verwandelt (vgl. Mt 4,12–17). Wenn Gott als Mensch in die Wüste unserer Welt eintritt, dann wird die Wüste erblühen, dann werden die Augen der Blinden geöffnet und der Lahme wird springen wie ein Hirsch (Jes 35; zitiert bei Mt 11,5).

Die Kapitel 40–55 werden von den Exegeten dem so genannten Deuterojesaja (Zweiter Jesaja) zugeschrieben. Sie sind in eine andere Situation hineingesprochen. Juda ist im Exil, in der Stadt Babylon. Jetzt verheißt der Prophet dem Volk, dass Gottes rettendes Eingreifen unmittelbar bevorsteht. Gott wird sein Volk heimführen nach Jerusalem.

Es sind wunderbare Trosttexte, wie etwa das Kapitel 40. Mit den Worten „Tröstet, tröstet mein Volk“ beginnt dieser zu Herzen gehende Text. Georg Friedrich Händel wurde von diesen Worten innerlich so getroffen, dass sie ihn aus einer langen Krankheit aufrichteten und zur Komposition des „Messias“ anregten.

Das Buch Deuterojesaja kennt auch die so genannten vier Gottesknechtlieder (Jes 42; 49; 50 und 53). Die Evangelisten haben in diesen vier Liedern Jesus Christus als den wahren Knecht Gottes erkannt. Vor allem die prophetischen Worte in Kapitel 53 dienten den Evangelisten, die Passion Jesu zu deuten und zu verstehen. In Jesu Tod am Kreuz wurden unsere Wunden geheilt (Jes 53,5). Jesus wurde für uns wie ein Lamm zur Schlachtbank geführt (Jes 53,7). Die frühen Christen erkannten im Licht dieser Gottesknechtlieder, dass das Leiden und Sterben Jesu gottgemäß waren, ja dass darin Gottes heilendes Wirken an uns Menschen zur Vollendung kam. Zunächst war der gewaltsame Tod Jesu am Kreuz für die Jünger ein Schock, den sie nicht einordnen konnten. Erst die Meditation der prophetischen Texte öffnete ihnen die Augen für das Wirken Gottes in der Passion Jesu.

Die Kapitel 56–66 rechnen die Exegeten dem so genannten Tritojesaja (Dritten Jesaja) zu. Die Texte dieses letzten Teils richten sich an die aus dem Exil Heimgekehrten. Es sind wunderbare Verheißungen, die uns hier überliefert werden. Aber der Prophet mahnt das Volk auch, Gottes Willen zu erfüllen. Und er droht ihm Unheil an, wenn es sich nach der glücklichen Rückkehr wieder von Gott abwendet und seine Gebote vernachlässigt. Im Kapitel 58 beschreibt der Prophet die wahre Frömmigkeit. Sie erschöpft sich nicht in äußerem Fasten, sondern in einem Fasten, wie Gott es liebt: „die Fesseln des Unrechts zu lösen, die Stricke des Jochs zu entfernen, … an die Hungrigen dein Brot auszuteilen, die obdachlosen Armen ins Haus aufzunehmen" (58,6 f.). Spiritualität ohne die soziale Verantwortung ist wertlos.

Das Buch schließt mit der Beschreibung der Endzeit (Kap. 66). Gott wird einen neuen Himmel und eine neue Erde schaffen. Dort wird die Herrlichkeit Gottes für alle sichtbar erstrahlen. Gerechtigkeit und Recht werden herrschen, und die Menschen werden gemeinsam Gott, den Herrn, anbeten und ihn preisen.

Wenn ich die prophetischen Texte aus dem Buch Jesaja in der Advents- und Weihnachtszeit oder aber in der Passionszeit höre, dann denke ich nicht darüber nach, sondern ich lasse sie einfach ins Herz fallen. Ich horche in mich hinein, was sie in mir auslösen. Und ich spüre, dass sie mich in eine andere Dimension hineinführen. Sie lassen mich erahnen, dass Gott alles in mir und um mich herum verwandeln wird, dass die ganze Welt voll sein wird von seiner Herrlichkeit und Liebe.

Manchmal kommen natürlich die Zweifel, ob das nicht alles zu schön ist, um wahr zu sein. Doch dann traue ich einfach den Worten. Und ich spüre, wie die Worte in mir und um mich herum eine neue Wirklichkeit schaffen. Die Tatsache, dass solche Worte erklingen, verwandelt schon die Welt.

Wenn ich die prophetischen Worte meditiere, entdecke ich meine wahren Möglichkeiten, und ich bekomme Hoffnung für diese Welt, die trotz aller Finsternis in Gottes guten Händen ist. Und Gottes Hände vermögen das Unmögliche möglich zu machen.

Berufung des Jesaja: 6,1–13

6 1 Im Todesjahr des Königs Usija sah ich den Herrn Jahwe auf einem hohen und erhabenen Throne sitzen; seine Schleppe füllte das Heiligtum. 2 Serafim standen vor ihm; jeder hatte sechs Flügel. Mit zweien bedeckte er sein Angesicht, mit zweien bedeckte er seine Füße, und mit zweien schwebte er.

3 Und immerfort rief einer dem andern zu: „Heilig, heilig, heilig ist Jahwe Zebaot, die ganze Erde ist voll seiner Herrlichkeit."

4 Von der Stimme der Rufenden erbebten die Grundfesten der Schwellen, und der Tempel füllte sich mit Rauch. 5 Da sprach ich: „Wehe mir, ich bin verloren. Denn ich bin ein Mann mit unreinen Lippen und wohne unter einem Volk mit unreinen Lippen, und meine Augen haben den König, Jahwe Zebaot, geschaut!"

6 Da schwebte einer der Serafim auf mich zu, eine Glühkohle in seiner Hand, die er mit einer Zange vom Altar genommen hatte. 7 Er berührte damit meinen Mund und sprach: „Siehe, dies hat deine Lippen berührt. Deine Schuld ist hinweggenommen und deine Sünde getilgt."

8 Dann hörte ich die Stimme des Herrn, der sprach: „Wen soll ich senden? Wer wird für uns gehen?" Da antwortete ich: „Hier bin ich, sende mich!" 9 Und er sprach: „Gehe und verkünde diesem Volk da: ‚Höret, ja, höret, doch verstehet nicht! Sehet, ja, sehet, doch erkennet nicht!' 10 Verstocke das Herz dieses Volkes, mache seine Ohren taub, verklebe seine Augen, dass es mit seinen Augen nicht sehe, mit seinen Ohren nicht höre, sein Herz nicht zur Einsicht komme, dass es sich nicht bekehre und Heilung finde."

11 Da sprach ich: „Bis wann, o Herr?" Er antwortete: „Bis die Städte zerstört und ohne Bewohner, bis die Häuser menschenleer und der Acker als Wüste daliegt, 12 bis Jahwe die Menschen vertrieben. Dann wird die Verödung groß sein im Lande. 13 Bleibt noch ein Zehntel der Leute darin, so wird es der Vertilgung anheim fallen wie eine Terebinthe, von der beim Fällen nur ein Wurzelstumpf bleibt. Der Wurzelstumpf ist heiliger Same."

Zweite Warnung. Das Immanuelzeichen: 7,10–25

10 Und weiter redete Jahwe zu Ahas und sprach: 11 „Erbitte dir ein Zeichen von Jahwe, deinem Gott, aus der Tiefe der Scheol oder hoch oben aus der Höhe." 12 Ahas entgegnete: „Ich will keins erbitten und Jahwe nicht versuchen." 13 Da sprach er: „Hört, ihr vom Hause Davids! Ist es euch nicht genug, Menschen zu ermüden, dass ihr auch meinen Gott ermüdet? 14 Darum wird euch der Herr selbst ein Zeichen geben: Seht, das junge Mädchen wird empfangen und einen Sohn gebären und seinen Namen Immanuel nennen. 15 Von Dickmilch und Honig wird er sich nähren, bis er versteht, das Böse zu verwerfen und das Gute

zu erwählen. 16 Denn ehe noch der Knabe weiß, das Böse zu verwerfen und das Gute zu erwählen, wird das Land verödet sein, vor dessen beiden Königen dir graut. 17 Über dich und über dein Volk und über das Haus deines Vaters lässt Jahwe Tage kommen, wie sie so nicht gewesen sind, seitdem sich Efraim von Juda trennte [den König von Assur]. 18 An jenem Tage wird Jahwe die Fliegen von den äußersten Nilarmen in Ägypten und die Bienen aus dem Land Assur herbeipfeifen. 19 Sie werden alle kommen und sich niederlassen in den Talschluchten und Felsspalten, in allen Dornhecken und auf allen Triften. 20 An jenem Tage wird der Herr mit dem Messer, das er jenseits des Stromes gedungen hat, [dem König von Assur] den Kopf und die Haare des Leibes scheren und selbst den Bart abnehmen. 21 An jenem Tage wird jeder nur eine junge Kuh und zwei Stück Kleinvieh halten, 22 und wegen der Fülle der Milch, die sie geben, werden sich alle Übriggebliebenen im Lande von Dickmilch und Honig ernähren. 23 An jenem Tage wird jeder Ort, wo tausend Weinstöcke im Wert von tausend Schekeln stehen, den Dornen und dem Gestrüpp verfallen. 24 Nur mit Pfeil und Bogen wird man dorthin kommen, denn alles Land wird zu Dornen und Gestrüpp. 25 Auf alle Berge, die man sonst mit der Hacke behackt, wird man nicht gehen aus Furcht vor Dornen und Gestrüpp. Man treibt die Rinder hin und lässt dort die Schafe weiden.

Die Erscheinung: 8,23b – 9,6

23b In der früheren Zeit hat er das Land Sebulon und Naftali verachtet, in der künftigen Zeit aber wird er die Meeresstraße und das Gebiet jenseits des Jordan, den Bezirk der Völker, zu Ehren bringen.

9 1 Das Volk, das im Finstern wandelt, schaut ein großes Licht; über denen, die im Lande der Dunkelheit wohnen, erstrahlt ein Licht. 2 Du machst groß ihren Jubel und gewaltig ihre Freude. Sie freuen sich vor dir, wie man sich in der Ernte freut, wie man frohlockt beim Beuteteilen.

3 Denn ihr drückendes Joch, die Stange auf ihrem Nacken, den Stock des Bedrückers zerbrichst du wie am Tage von Midian.

4 Denn jeder Soldatenstiefel, der dröhnend auftritt, und jeder Mantel, der in Blut gewälzt, wird verbrannt und eine Speise des Feuers.

5 Denn ein Kind ist uns geboren, ein Sohn ist uns geschenkt; die Herrschaft ruht auf seinen Schultern. Man nennt seinen Namen: Wunderrat, starker Gott, Ewigvater, Friedensfürst. 6 Groß ist die Herrschaft und endlos der Friede für Davids Thron und sein Königreich, das er aufrichtet und festigt in Recht und Gerechtigkeit. Von nun an bis in Ewigkeit wird die eifersüchtige Liebe Jahwes Zebaots solches tun.

Das Gericht Gottes: 35,1–10

35 1 Jauchzen sollen Wüste und Öde, frohlocken soll die Steppe und erblühen. 2 Wie Krokus soll sie blühen und jubeln und jauchzend frohlocken. Die Pracht des Libanon wird ihr geschenkt, die Schönheit von Karmel und Scharon. Nun schauen sie die Herrlichkeit Jahwes, den Glanz unseres Gottes.

3 Stärket die erschlafften Hände, und festigt die wankenden Knie. 4 Sagt den verzagten Herzen: „Mut! Fürchtet euch nicht! Seht da, euer Gott! Es kommt die Rache, es naht Gottes Vergeltung! Er selber kommt, um euch zu retten."

5 Dann öffnen sich die Augen der Blinden und tun sich die Ohren der Tauben auf. 6 Dann springt der Lahme wie ein Hirsch, und die Zunge der Stummen jubelt. Denn in der Wüste brechen Wasser hervor und Ströme in der Steppe. 7 Der dürre Boden wird zum See und das lechzende Land zu Wasserquellen. An dem Ort, wo Schakale hausten, sprossen grünes Gras und Schilf …

8 Dort entsteht eine reine Straße, man nennt sie: Heiliger Weg. Kein Unreiner darf ihn betreten, und Toren irren nicht auf ihm herum.

9 Dort gibt es keine Löwen, ihn betritt kein wildes Tier; sondern Erlöste wandeln auf ihm, 10 die Befreiten Jahwes kehren heim. Mit Jauchzen kommen sie nach Zion, und ewige Freude ist auf ihrem Haupt. Sie erlangen Freude und Wonne; es fliehen Kummer und Seufzen.

Berufung des Propheten: 40,1–8

40 1 „Tröstet, tröstet mein Volk!" spricht euer Gott. 2 „Redet Jerusalem zu Herzen und ruft ihm zu: Zu Ende ist seine Knechtschaft, gesühnt ist seine Schuld. Zweifaches hat es empfangen aus der Hand Jahwes für alle seine Sünden."

3 Eine Stimme ruft: „Bahnt in der Wüste eine Straße für Jahwe, macht in der Steppe einen ebenen Weg für unseren Gott! 4 Jedes Tal soll aufgefüllt, jeder Berg und Hügel abgetragen werden; was krumm ist, soll gerade, was zerklüftet ist, zu einem Talgrund werden. 5 Dann wird die Herrlichkeit Jahwes offenbar, und schauen soll ihn alles Fleisch zumal. Denn der Mund Jahwes hat gesprochen."

6 Eine Stimme gebietet: „Verkünde!" Da sprach ich: „Was soll ich verkünden?" „Alles Fleisch ist Gras und all seine Schönheit wie die Blume des Feldes. 7 Das Gras verdorrt, die Blume verwelkt, wenn Gottes Odem sie anweht. [Ja, Gras ist das Volk.] 8 Das Gras verdorrt, die Blume verwelkt, das Wort unseres Gottes aber bleibt ewig."

Ankündigung der Gotteserscheinung: 40,9–11

9 Steige auf einen hohen Berg, Freudenbotin für Zion; erhebe mächtig deine Stimme, Freudenbotin für Jerusalem! Erhebe sie und fürchte dich nicht! Rufe den Städten Judas zu: „Seht da, euer Gott!"

10 Seht, der Herr Jahwe kommt mit Macht, und sein Arm unterwirft ihm alles. Seht, mit ihm kommt sein Siegeslohn, und seine Siegeszeichen gehen vor ihm her. 11 Wie ein Hirte weidet er seine Herde, auf seinen Arm nimmt er die Lämmer; er trägt sie an seinem Busen und leitet sorgsam die Mutterschafe.

Die göttliche Größe: 40,12–26

12 Wer maß mit seiner hohlen Hand das Wasser des Meeres, und wer bestimmte den Himmel mit der Spanne, fasste in ein Drittelmaß die Erde und wog mit der Waage die Berge und auf den Schalen die Hügel?

13 Wer hat den Geist Jahwes bestimmt und ihn als sein Berater unterwiesen? 14 Mit wem besprach er sich, dass er ihm Weisheit gäbe und ihn den rechten Weg erkennen ließ und ihm den Pfad der Klugheit zeigte?

15 Seht, Völker sind vor ihm wie ein Tropfen am Eimer, und wie ein Stäubchen an der Waage gelten sie vor ihm; seht, die Inseln wiegen wie ein Sandkorn. 16 Der Libanon reicht nicht zum Brennholz, und sein Wild genügt nicht zum Opfer. 17 Alle Völker sind vor ihm wie ein Nichts; null und nichtig gelten sie vor ihm.

18 Mit wem wollt ihr Gott vergleichen, und was wollt ihr neben ihn stellen?

19 Das Götzenbild gießt ein Meister, der Goldschmied überzieht es mit Gold und gießt silberne Ketten. 20c Ein tüchtiger Bildhauer sucht ihm 20a einen kostbaren Palmstamm, 20b wählt Holz, das nicht fault, 20d um ein Bild zu errichten, das nicht wackelt.

21 Wisst ihr es nicht? Habt ihr es nicht gehört? Ist es euch nicht kundgetan von Anbeginn? Kennt ihr der Erde Gründung nicht! 22 Er ist es, der über dem Erdkreis thront – wie Heuschrecken sind [ihm] seine Bewohner –, der den Himmel ausspannt wie ein Flortuch, ausbreitet wie ein Wohnzelt. 23 Er ist es, der die Fürsten vergehen lässt und die Erdenrichter in ein Nichts verwandelt. 24 Kaum sind sie gepflanzt, kaum gesät, ehe noch ihr Stamm im Boden Wurzel schlug, bläst er sie an, und sie verdorren, und der Sturm trägt sie fort wie die Spreu.

25 „Wem also wollt ihr mich vergleichen, dass ich ihm ähnlich sei?“, spricht der Heilige. 26 Erhebt zur Höhe eure Augen! Wer hat diese (Sterne) geschaffen? Er, der ihr Heer herausführt, wohlgezählt, und sie alle mit Namen ruft. Ob der Fülle seiner Macht und gewaltigen Stärke bleibt auch nicht einer aus.

Zweites Lied vom Gottesknecht: 49,1–6

49 1 Hört mich, ihr Inseln, und merkt auf, ihr fernen Völker! Jahwe berief mich vom Mutterleib, vom Mutterschoße an nannte er meinen Namen.

2 Er machte meinen Mund zu einem scharfen Schwert und hielt mich fest im Schatten seiner Hand; er machte mich zu einem glatten Pfeil, in seinem Köcher barg er mich.

3 Und er sprach zu mir: „Mein
Knecht bist du [Israel], durch den ich
mich verherrlichen will.“ 4 Ich aber
sagte: „Ich habe mich umsonst ge-
müht, vergebens und nutzlos meine
Kraft verzehrt.“ Doch fürwahr, mein
Recht steht bei Jahwe, der Lohn bei
meinem Gott. 5b Ich wurde geehrt in
den Augen Jahwes, mein Gott war
meine Stärke.

5a Nun aber spricht Jahwe, der Herr,
der mich vom Mutterleib zu seinem
Knecht gebildet hat, um Jakob zu
ihm zurückzuführen, und dass ihm
Israel gesammelt werde:

6 „Zu wenig ist, dass du mein
Knecht nur seist, um die Stämme Ja-
kobs wieder aufzurichten und zurück-
zuführen, was aus Israel noch übrig
bleibt. Ich mache dich zum Licht der
Heiden, dass mein Heil bis an die
Grenzen der Erde reiche.“

Die wunderbare Heimkehr: 49,7–26

7 So spricht Jahwe, der Erlöser Israels
und sein Heiliger, zu dem, dessen Le-
ben verachtet und den die Völker ver-
abscheuen, zu dem Knechte der Ty-
rannen: Könige werden es sehen, und
Fürsten werden sich erheben, und sie
werden sich niederwerfen um Jahwes
willen, der sich als treu erwiesen, des
Heiligen Israels, der dich erkoren hat.

8 So spricht Jahwe: Zur Zeit der
Huld erhöre ich dich, ich helfe dir am
Tag des Heils. [Ich habe dich geschaf-
fen und dich zum Bunde für das Volk
gemacht.] Ich werde das Land aufrich-
ten und das verwüstete Erbgut vertei-
len, 9 den Gefangenen sagen: „Kommt
heraus!“ und denen, die im Finstern
sitzen: „Kommt ans Licht!“ Auf allen
Wegen werden sie weiden, und auf al-
len kahlen Hügeln werden Triften für
sie sein. 10 Sie werden nicht hungern
und nicht dürsten, nicht wird sie der
Glutwind noch die Sonne stechen.
Denn ihr Erbarmer wird sie leiten
und sie zu Wasserquellen führen.
11 Ich will alle Berge zu Wegen ma-
chen, und meine Straßen sollen auf-
geschüttet werden.

12 Seht, aus weiter Ferne kommen
sie; seht, diese von Norden und vom
Westen her, und jene vom Lande der
Siniter. 13 Jauchzet, ihr Himmel, und
frohlocke, du Erde, brecht in Jubel
aus, ihr Berge! Denn Jahwe hat sein
Volk getröstet, und seiner Armen hat
er sich erbarmt.

14 Zion aber sprach: „Jahwe hat
mich verlassen, der Herr hat mich ver-
gessen.“ 15 Vergisst wohl eine Frau das
Kind, das sie nährt; hört sie auf, den
Sohn ihres Schoßes zu lieben? Und
wenn sie es vergäße, ich vergesse dich
nicht.

16 Siehe, ich habe dich auf meine
Hand gezeichnet; deine Mauern sind
immerdar vor meinen Augen. 17 Es
kommen eilends deine Erbauer, deine
Zerstörer und Verwüster ziehen fort
von dir.

18 Erhebe ringsum deine Augen und
schaue: Sie alle sammeln sich und
kommen jetzt zu dir. So wahr ich lebe,
spricht Jahwe, du sollst sie anlegen al-
lesamt wie einen Schmuck und dich
damit gürten wie eine Braut. 19 Denn
deine Trümmer, deine Wüsteneien

und dein verheertes Land werden nun zu eng sein für die Bewohner, weit weg von dir sind deine Verderber. 20 Noch werden die Söhne deiner Einsamkeit vor deinen Ohren sprechen: „Mir ist zu eng, schaffe mir Raum, dass ich wohnen kann!" 21 Du wirst dann bei dir denken: „Wer hat mir diese geboren? Ich war doch kinderlos und unfruchtbar. Wer hat diese großgezogen? Ich war doch allein übrig geblieben. Woher stammen sie?" 22 So spricht der Herr Jahwe: Siehe, ich erhebe zu den Heidenvölkern meine Hand und errichte für die Nationen mein Panier. Dann bringen sie in ihrem Mantel deine Söhne und tragen deine Töchter auf den Schultern. 23 Es werden Fürsten deine Pfleger sein und Königinnen deine Ammen. Das Antlitz zur Erde tief gebeugt, werden sie dir huldigen und den Staub deiner Füße küssen. Du wirst erfahren, dass ich Jahwe bin, der nicht zuschanden werden lässt, die auf mich vertrauen.

24 Kann man einem Starken die Beute nehmen und einem Gewaltigen die Gefangenen entreißen? 25 Fürwahr, so spricht Jahwe: Auch dem Gewaltigen werden die Gefangenen entrissen, und dem Starken wird die Beute abgenommen. Ich selbst werde mit deinen Gegnern streiten, ich selbst werde deine Söhne befreien. 26 Ich gebe deinen Peinigern ihr eigenes Fleisch zu essen; wie an Most sollen sie sich an ihrem Blut berauschen. So wird alles Fleisch erfahren, dass ich Jahwe, dein Retter bin, dein Erlöser, der Starke Israels.

Viertes Lied vom Gottesknecht:
52,13 – 53,12

13 Seht, mein Knecht wird erfolgreich sein, erhöht werden, hoch emporsteigen und sehr erhaben sein.

14 Wie sich viele über ihn entsetzten – so unmenschlich entstellt war sein Aussehen, und seine Gestalt nicht mehr die der Menschenkinder –, 15 so werden viele der Völker in Staunen geraten. Könige werden vor ihm ihren Mund verschließen; denn was ihnen noch nie verkündet wurde, sehen sie, und was sie niemals gehört, vernehmen sie:

53 1 „Wer glaubte dem, was wir vernahmen? Wem ward der Arm Jahwes enthüllt?"

2 Er wuchs empor vor uns wie ein Reis, wie eine Wurzel aus dürrem Erdreich. Keine Gestalt besaß er, noch Schönheit; [wir schauten,] und es war kein Anblick, dass wir sein begehrten. 3 Verachtet war er und von den Menschen gemieden, ein Mann von Schmerzen, leiderfahren; wie einer, vor dem man sein Angesicht verhüllt, verabscheut, von niemand beachtet.

4 Aber wahrlich, unsere Krankheiten hat er getragen, unsere Schmerzen hat er auf sich geladen; doch wir hielten ihn für einen Geschlagenen, den Gott getroffen und gebeugt hat. 5 Er ward durchbohrt um unserer Sünden willen, zerschlagen für unsere Missetaten. Zu unserem Frieden lag die Strafe auf ihm; durch seine Striemen ist uns Heilung geworden.

6 Wir alle irrten umher wie die Schafe. jeder ging seine eigenen Wege.

Aber Jahwe ließ ihn treffen die Schuld
von uns allen. 7 Er wurde misshandelt,
doch er beugte sich. Er öffnet nicht
seinen Mund. Wie ein Lamm, das
man zur Schlachtbank führt; wie ein
Schaf vor dem Scherer verstummt,
öffnet er nicht seinen Mund.

8 Durch Gewalt und Gericht ward
er ergriffen; wer kümmert sich um
seinen Rechtsfall? Er ward heraus-
gerissen aus dem Land der Lebendi-
gen; unserer Sünden wegen ward er
zu Tode getroffen. 9 Bei Verbrechern
bestimmte man sein Grab und bei
Reichen seine Gruft, obgleich er nie-
mals Unrecht tat und kein Trug in sei-
nem Munde war.

10 Jahwe gefiel es, ihn durch Leiden
zu zermalmen; wenn er sein Leben als
Schuldopfer hingibt, wird er Nach-
wuchs sehen und viele Lebenstage,
und der Plan Jahwes wird durch seine
Hand gelingen.

11 „Nach der Mühsal seiner Seele
wird er Licht sehen und sich sättigen.
Durch sein Leiden wird mein Knecht
viele rechtfertigen, indem er ihr Ver-
schulden auf sich nimmt.

12 Darum will ich ihm die Vielen als
Anteil geben, und die Mächtigen fal-
len ihm als Beute zu dafür, dass er sein
Leben in den Tod dahingegeben hat
und unter die Übeltäter gezählt ward,
während er doch die Schuld der Vie-
len trug und für die Sünder eintrat."

Das Fasten: 58,1–12

58 1 Rufe aus vollem Hals und hal-
te nicht zurück! Erhebe deine
Stimme gleich einer Posaune und
künde meinem Volk seine Frevel,
dem Hause Jakob seine Sünden!

2 Sie befragen mich zwar Tag für
Tag und möchten meine Wege ken-
nen lernen, als wären sie ein Volk,
das Gerechtigkeit übt und das Recht
seines Gottes nicht verlässt. Sie for-
dern von mir gerechte Gerichte und
begehren, dass Gott sich nahe. 3 „Wa-
rum fasten wir, ohne dass du es be-
achtest, und warum kasteien wir uns,
ohne dass du es siehst?" Seht, am Tag,
da ihr fastet, geht ihr den Geschäften
nach und drängt alle eure Arbeiter.
4 Seht, zu Streit und Hader fastet ihr
und schlagt dabei den Armen mit der
Faust. Euer jetziges Fasten ist nicht so,
dass es eurem Rufen in der Höhe Ge-
hör verschaffen kann. 5 Ist das ein Fas-
ten, wie ich es liebe, ein Tag, an dem
man sich kasteit? Dass man seinen
Kopf wie ein Schilfrohr hängen lässt
und sich in Sack und Asche bettet?
Das heißest du ein Fasten, einen Tag,
der Jahwe gefallen soll?

6 Wisst ihr nicht, wie das Fasten ist,
das ich liebe? So spricht der Herr Jah-
we: Ungerechte Fesseln öffnen und
des Joches Stricke lösen; die Bedrück-
ten frei entlassen und jegliches Joch
zerbrechen; 7 dein Brot dem Hung-
rigen brechen und obdachlose Arme
aufnehmen in dein Haus; den Nack-
ten, den du siehst, bekleiden und dich
deinen Mitmenschen nicht entziehen.
8 Dann bricht wie Morgenröte dein
Licht hervor, und schnell wird deine
Heilung sprossen. Deine Gerechtig-
keit geht alsdann vor dir her, und die
Herrlichkeit Jahwes wird deine Nach-

hut bilden. 9 Dann wirst du rufen, und Jahwe wird dir antworten; du wirst flehen, und er wird sagen: „Siehe, hier bin ich!“ Wenn du aus deiner Mitte Bedrückung, Fingerrecken und Unheilsrede entfernst, 10 wenn du Hungrigen dein Brot schenkst und den Gebeugten sättigst, dann wird im Dunkel dein Licht erstrahlen, und deine Finsternis wird zur Mittagshelle. 11 Dann wird Jahwe dich allezeit leiten und deine Seele selbst im dürren Lande sättigen. Er wird deine Glieder mit Kraft erfüllen; du wirst wie ein wohlbewässerter Garten sein, wie eine Quelle, deren Wasser nie versiegt.

12 Und du wirst uralte Trümmer wieder aufbauen, die Grundmauern vergangener Geschlechter wirst du wieder aufrichten. Dann wird man dich nennen: Der Breschen vermauert, und: Der Trümmer zum Wohnen wiederherstellt.

Eschatologische Rede: 66,18–23

18 Ich aber komme, um alle Völker und alle Zungen zu versammeln; sie werden kommen und meine Herrlichkeit schauen. 19 Ich werde an ihnen ein Zeichen wirken; einige aus ihnen, die entronnen sind, sende ich zu den Völkern nach Tarschisch, Pul und Lud, nach Meschech, Rosch, Tubal und Jawan, zu den fernsten Gestaden, zu denen noch keine Kunde von mir gedrungen ist und die meine Herrlichkeit noch nicht geschaut haben; sie werden unter den Völkern meine Herrlichkeit verkünden. 20 Und diese werden alle eure Brüder herbeiführen aus allen Nationen als Weihegabe für Jahwe auf Rossen, Wagen und Sänften, auf Maultieren und Dromedaren zu meinem heiligen Berg Jerusalem – spricht Jahwe –, gleichwie die Kinder Israels das Speiseopfer in reinen Händen zum Hause Jahwes zu bringen pflegen. 21 Aus diesen will ich Priester und Leviten nehmen, spricht Jahwe.

22 Denn wie der neue Himmel und die neue Erde, die ich schaffe, vor mir bestehen werden – spricht Jahwe –, so wird euer Geschlecht und euer Name bestehen.

23 Und Neumond um Neumond und Sabbat um Sabbat wird alles Fleisch kommen, um anzubeten vor meinem Angesicht, spricht Jahwe.

24 *Gottes Gesetz und Herz im Menschen*

Aus dem Buch Jeremia

Bei keinem Propheten können wir ein so persönliches Bild zeichnen wie bei Jeremia. *Er öffnet uns selber sein Herz, wenn er in den Bekenntnissen (Konfessionen) seine ganze Bitterkeit herausschreit, wenn er mit Gott hadert, weil er mit seiner prophetischen Aufgabe keinen Erfolg hat, weil die Menschen ihn ablehnen.*

Jeremia erfährt als junger Mann im Jahre 628 vor Christus seine Berufung. Unter dem frommen König Joschija kämpft er zunächst gegen die sittlichen Missstände, wie sie unter dem Vorgänger Manasse eingerissen waren. Joschija hört auf ihn und führt eine große Reform durch. Doch Joschija fällt 609 in der Schlacht von Megiddo. Sein Nachfolger Jojakim macht die Reformen rückgängig. Nun tritt Jeremia auf und kämpft leidenschaftlich gegen die Verfälschung und Verunreinigung des Jahweglaubens. Er wird vom König verfolgt und muss mit ansehen, wie sein Wirken ohne Erfolg bleibt. Er ist verzweifelt und wird an Gott beinahe irre. Doch in all seiner persönlichen Not wendet er sich immer wieder an Gott: „Du hast mich verlockt, Jahwe, und ich ließ mich verlocken" (20,7).

Durch alle Verzweiflung hindurch ringt er sich immer wieder hindurch zu neuem Vertrauen. Auch wenn alle Menschen ihn fallen lassen, wenn er an seiner Einsamkeit leidet, so weiß er doch, dass Gott ihm beisteht. 586 wird er von den nach Ägypten fliehenden Juden gezwungen, mit in die Fremde zu gehen. In Ägypten stirbt er.

Berühmt ist das Gleichnis vom Töpfer (Jer 18). Das Volk Israel ist wie Ton in der Hand des göttlichen Töpfers. Gott formt sein Volk, wenn es seinen Willen erfüllt. Aber er reißt es nieder, wenn es sich von ihm abwendet. Gott ist nicht nur Töpfer, sondern auch Hirte. Während die Könige als Hirten des Volkes versagt und die Herde zugrunde gerichtet haben, wird Gott sie auf die Weide führen. Dort werden sie weiden. „Und ich werde sie Hirten anvertrauen, die sie wirklich weiden, sodass sie nichts mehr zu fürchten und vor nichts mehr zu erschrecken brauchen und nicht mehr verloren gehen, spricht Jahwe" (23,4). In Jesus wird diese Verheißung erfüllt. Jesus ist der gute Hirte. Er führt seine Herde auf eine fruchtbare Weide und nährt sie. Niemand kann die Schafe der Hand des guten Hirten entreißen (vgl. Joh 10,29).

Bei all dem Unheil, das der Prophet den verstockten Königen und dem blinden Volk androhen muss, darf er in Kapitel 31 zu einem wunderbaren Trostlied anheben. Dort verheißt er dem Volk, dass Gott es mit ewiger Liebe geliebt hat und es deshalb wieder aufbaut. Gott verwandelt die Trauer des Volkes in Jubel. Es gibt kein Scheitern, das nicht zum Beginn neuen Lebens und neuer Liebe werden kann. Gott schließt einen neuen Bund mit dem Volk, das sich von ihm abgewandt hatte. Er legt sein Gesetz in ihr Herz hinein. Dieser neue Bund, den Jeremia uns verheißt, wird in Jesus Wirklichkeit.

Als Jesus vor seinem Leiden den Jüngern den Becher Wein reicht, deutet er diesen Ritus: „Dieser Kelch ist der Neue Bund in meinem Blut, das für euch vergossen wird" (Lk 22,20). Jesus hat uns den Geist seiner Liebe ins Herz gesandt, so dass wir von innen her fähig werden, das Gebot des Herrn zu erfüllen. Durch seine Liebe hat Jesus Christus unser Herz erneuert. Mit einem neuen Herzen sind wir fähig, den neuen Bund zu halten, in dem Gott selbst sich an uns für immer gebunden hat.

Jeremias Berufung: 1,4–19

4 Und das Wort Jahwes erging an mich, wie folgt:

5 Bevor ich dich im Mutterleib bildete, habe ich dich erkannt; bevor du aus dem Mutterschoß hervorgingst, habe ich dich geweiht. Zum Völkerpropheten habe ich dich gemacht.

6 Da sagte ich: „Ach, Herr Jahwe, ich kann doch nicht reden, ich bin noch so jung."

7 Da sprach Jahwe zu mir: Sag nicht: „Ich bin noch so jung." Nein, wohin immer ich dich sende, dahin wirst du gehen, und was immer ich dich heiße, das wirst du reden. 8 Fürchte dich nicht vor ihnen; denn ich bin bei dir und helfe dir, spricht Jahwe.

9 Darauf streckte Jahwe seine Hand aus und berührte (damit) meinen Mund. Dann sprach Jahwe zu mir: So, nun habe ich meine Worte in deinen Mund gelegt. 10 Siehe, ich habe dich heute über die Völker und über die Königreiche gesetzt, auszurotten und niederzureißen und zu verderben und zu zerstören, aufzubauen und zu pflanzen.

11 Darauf erging das Wort Jahwes an mich, wie folgt: „Was siehst du, Jeremia?" Ich antwortete: „Einen ‚Wachebaum'zweig sehe ich." 12 Da sagte Jahwe zu mir: „Du hast richtig gesehen. Ja, ich wache über mein Wort, um es auszuführen."

13 Hierauf erging das Wort Jahwes zum zweiten Male an mich: „Was siehst du?" Ich antwortete: „Einen übersiedenden Topf sehe ich und sein Inhalt (drohend) von Norden her." 14 Da sprach Jahwe zu mir: Von Norden her siedet das Unheil über alle Bewohner des Landes. 15 Denn siehe, ich biete alle Königreiche des Nordens auf – spricht Jahwe –, und sie werden kommen, und jeder wird seinen Thron aufschlagen vor den Toren Jerusalems und wider alle seine Mauern ringsum und wider alle Städte Judas. 16 Und ich werde sie zur Rechenschaft ziehen wegen all ihres Bösen, weil sie mich verlassen haben und fremden Göttern geräuchert und sich niedergeworfen vor dem Werk ihrer Hände.

17 Du aber gürte deine Lenden, tritt auf und sag ihnen alles, was ich dich heiße. Hab keine Angst vor ihnen, damit nicht ich dir Angst einjage vor ihren Augen. 18 Denn siehe, ich mache dich heute zu einer festen Stadt und zu einer eisernen Säule und zu einer ehernen Mauer wider das ganze Land, sowohl wider die Könige Judas, seine Fürsten und Priester, als auch wider das Volk des Landes. 19 Sie werden Krieg gegen dich führen, aber sie werden dich nicht bezwingen. Denn ich bin mit dir, um dich zu retten, spricht Jahwe.

Der Angriff auf den Tempel: 7,1–15

7 1 Das Wort, das an Jeremia erging vonseiten Jahwes: 2 Stell dich ins Tor des Hauses Jahwes und verkünde dort dieses Wort. Sprich: Höret das Wort Jahwes, alle Leute von Juda, die ihr durch diese Tore eintretet, um Jahwe anzubeten. 3 So spricht Jahwe Zebaot, der Gott Israels: Bessert eure Wege und eure Werke, dann will ich mit euch wohnen an diesem Ort. [4] Vertraut aber nicht auf die Lügenworte: „Der Tempel Jahwes, der Tempel Jahwes, der Tempel Jahwes ist hier.“ [5] Denn nur wenn ihr ernsthaft eure Wege und eure Werke bessert, wenn ihr wirklich untereinander recht tut, [6] wenn ihr Fremdlinge, Witwen und Waisen nicht bedrückt [kein unschuldiges Blut vergießt an diesem Ort] und keinen fremden Göttern nachlauft zu eurem eigenen Unglück, [7] dann will ich mit euch wohnen an diesem Ort, in dem Lande, das ich euren Vätern geschenkt habe seit langem und für immer. [8] Aber siehe, ihr setzt euer Vertrauen auf Lügenworte, die euch nichts helfen. [9] Ja, stehlen, morden, ehebrechen, falsche Eide schwören, dem Baal räuchern, fremden Göttern nachlaufen, die euch nichts angehen, [10] und dann kommt ihr und stellt euch vor mich hin in diesem Hause, das nach meinem Namen genannt ist, und sagt: „Wir sind in Sicherheit“, um (dann von neuem) alle diese Gräueltaten zu verüben. [11] Ist denn dieses Haus da, das nach meinem Namen genannt ist, in euren Augen eine Räuberhöhle? Wahrlich, auch ich kann es sehen, spricht Jahwe.

[12] Geht doch nur einmal an meine Stätte in Schilo, wo ich früher meinen Namen habe wohnen lassen, und schaut, was ich daraus gemacht habe wegen der Bosheit meines Volkes Israel. [13] Und jetzt, weil ihr alle diese Taten verrichtet, spricht Jahwe, obwohl ich unermüdlich zu euch gesprochen habe, ohne dass ihr darauf hörtet, und euch gerufen habe, ohne dass ihr Antwort gabt, [14] jetzt werde ich mit dem Hause, das nach meinem Namen benannt ist und auf das ihr eure Hoffnung setzt, und mit der Stätte, die ich euch und euren Vätern geschenkt habe, so verfahren, wie ich mit Schilo verfuhr. [15] Und euch werde ich von meinem Angesicht verstoßen, so wie ich alle eure Brüder verstoßen habe, das ganze Geschlecht Efraims.

Das Glück der Gottlosen: 12,1–5

12 [1] Du behältst recht, Jahwe, auch wenn ich mit dir streiten wollte. Nur eine Frage möchte ich mit dir besprechen: Warum haben die Gottlosen Glück in ihrem Leben? Warum genießen die treulosen Betrüger sichere Ruhe? [2] Du hast sie gepflanzt, und sie fassen Wurzel, sie treiben Sprossen und bringen Frucht. Du bist nur ihrem Munde nah, aber fern von ihrem Innern. [3] Aber du, Jahwe, kennst und durchschaust mich doch, du prüfst mein Herz, es ist mit dir. Scheide sie aus wie Schafe zur Schlachtung, weihe sie für den Tag des Mordens.

[4] [Wie lange noch soll die Erde trauern und alles Grün auf dem Felde verdorren? Wegen der Bosheit ihrer Bewohner werden Vieh und Vögel hinweggerafft.] Denn sie sprechen: Gott sieht nicht unsere Wege. -

[5] Wenn du mit Fußgängern läufst und sie dich schon ermüden, wie willst du da mit Rossen um die Wette rennen? Und bist du im friedlichen

Lande nicht sicher, was wirst du erst tun im Dickicht des Jordan?

Klage Jahwes über sein verwüstetes Eigentum: 12,7–13

7 Ich habe mein Haus verlassen, mein Erbe verstoßen. Woran meine Seele hing, übergab ich der Hand seiner Feinde. 8 Mein Erbe wurde zu mir wie ein Löwe im Walde. Er erhob gegen mich sein Gebrüll. Darum musste ich ihn hassen. 9 Ist denn mein Erbe ein schöngefiederter Vogel, dass die Vögel sich rings um ihn scharen? Auf, sammelt euch, alle Tiere des Feldes, kommt herbei zum Fraß! 10 Hirten in großer Zahl haben meinen Weinberg verheert, mein Ackerland zertreten. Sie haben mein kostbares Ackerland zur öden Wüste gemacht. 11 Ja, eine traurige Wüste haben sie daraus gemacht, brach liegt sie vor mir. Verödet ist das ganze Land, denn niemand nimmt es sich zu Herzen. 12 Über alle kahlen Hügel der Steppe her sind Verwüster eingedrungen [denn Jahwe hat ein fressendes Schwert]: Von einem Ende des Landes bis zum andern bleibt kein Fleisch in Frieden. 13 Sie hatten Weizen gesät, nun ernten sie Dornen, vergeblich haben sie sich abgemüht. Nun müssen sie sich schämen über ihren Ertrag wegen des Zornes Jahwes.

Jeremia beim Töpfer: 18,1–12

18 1 Das Wort, das an Jeremia erging vonseiten Jahwes: 2 „Mach dich auf und geh ins Haus des Töpfers hinab. Dort will ich dich meine Worte hören lassen.“ 3 Ich ging also ins Haus des Töpfers hinab. Der war gerade bei der Arbeit an den Töpferscheiben. 4 Und sooft das Gefäß, an dem er arbeitete, missriet, wie das mit dem Ton in der Hand des Töpfers vorkommen kann, machte er wieder ein anderes Gefäß daraus, wie die Töpfer zu tun pflegen. 5 Da erging dieses Wort Jahwes an mich: 6 Habe ich nicht die Macht, mit euch zu verfahren wie dieser Töpfer, Haus Israel? spricht Jahwe. Geradeso wie der Ton in der Hand des Töpfers, so seid ihr in meiner Hand, Haus Israel. 7 Das eine Mal spreche ich über ein Volk und über ein Königreich aus, dass ich es ausrotten und niederreißen und zugrunde richten werde. 8 Aber wenn dieses Volk, gegen das ich gesprochen habe, sich von seiner Bosheit bekehrt, dann lass ich mich des Unheils gereuen, das ich ihm anzutun beschlossen hatte. 9 Ein anderes Mal spreche ich über ein Volk oder ein Königreich aus, dass ich es aufbauen und einpflanzen wolle. 10 Aber da tut es, was schlecht ist vor meinen Augen, ohne auf meine Stimme zu hören, dann lass ich mich des Guten gereuen, das ich ihm zu tun versprochen hatte. 11 Sage nun zu den Männern Judas und den Bewohnern Jerusalems also: „So spricht Jahwe: Seht, ich bereite gegen euch Unheil und hege gegen euch einen Plan. Kehret also um, ein jeder von seinem bösen Wege, und bessert eure Wege und eure Werke.“ 12 Sie werden freilich sagen: „Umsonst! Wir wollen unseren

eigenen Plänen folgen und ein jeder
nach dem Starrsinn seines bösen Herzens handeln.“

Israel vergisst Jahwe: 18,13–17

13 Darum spricht Jahwe also: Erkun-
digt euch doch bei den Heidenvöl-
kern, ob je einer so etwas gehört hat.
Gräuel hat die Jungfrau Israel getan.
14 Schwindet denn der Schnee des
Libanon von den hochragenden Fel-
sengipfeln weg? Versiegen die über-
mütigen Wasser, die kühl dahinflie-
ßenden? 15 Aber mein Volk hat mich
vergessen, dem Nichtigen bringen sie
Rauchopfer dar. So sind sie zu Fall ge-
kommen auf ihren Wegen, den Spu-
ren der Vorzeit, und müssen nun wüs-
te Pfade wandern, wo kein Weg
gebahnt ist, 16 um ihr Land zum Ge-
genstand des Entsetzens zu machen,
zum Spott für alle Zeiten. Jeder, der
es durchwandert, entsetzt sich und
schüttelt das Haupt. 17 Wie der Ost-
wind jage ich sie auseinander vor
dem Feinde. Den Rücken werde ich
ihnen zukehren statt des Angesichts
am Tage ihrer Not.

Aus Anlass eines Mordanschlags auf Jeremia: 18,18–23

18 Sie haben gesagt: „Auf, wir wollen
gegen Jeremia einen Plan schmieden.
Denn nicht wird dem Priester die Tora
fehlen und dem Weisen der Rat und
dem Propheten das Wort. Auf! Wir
wollen ihn mit seiner eigenen Zunge
schlagen und Acht geben auf jedes sei-
ner Worte.“
19 Jahwe, merke auf mich und höre,
was meine Gegner sagen. 20 Man ver-
gilt doch nicht Gutes mit Bösem
[denn sie haben meinem Leben eine
Grube gegraben]. Denk vielmehr da-
ran, wie ich vor deinem Angesichte
stand, um Fürsprache für sie einzule-
gen und deinen Zorn von ihnen abzu-
wenden. 21 Darum gib ihre Kinder
dem Hunger preis und wirf sie hin
vor das Schwert. Ihre Frauen sollen
kinderlos und zu Witwen werden.
Ihre Männer soll die Pest erwürgen,
und ihre Söhne soll das Schwert er-
schlagen im Kampf. 22 Wehgeschrei
möge man hören aus ihren Häusern,
wenn plötzlich raubende Banden sie
überfallen. Denn sie haben eine Gru-
be gegraben, um mich zu fangen, ha-
ben Fallen versteckt für meine Füße.
23 Du aber, Jahwe, kennst alle ihre
Mordpläne gegen mich. Vergib ihnen
ihre Schuld nicht und lösch ihre Sün-
de nicht aus vor deinem Angesicht.
Lass sie zusammenbrechen vor dei-
nen Augen. Zur Zeit deines Zornes
handle gegen sie!

Einzelne Stücke der „Konfessionen“: 20,7–18

7 Du hast mich verlockt, Jahwe, und
ich ließ mich verlocken, du hast mich
gepackt und überwältigt. Ich bin zum
Gelächter geworden tagaus, tagein, je-
dermann spottet mich aus. 8 Denn
sooft ich reden will, muss ich auf-
schreien und rufen: „Gewalt und Un-

tergang!“ Ist doch das Wort Jahwes für mich zum Hohn und Spott geworden den ganzen Tag. 9 Sooft ich mir vornahm: Ich will nicht mehr daran denken und nicht mehr in seinem Namen reden, da brannte es in meinem Innern wie ein verzehrendes Feuer, das eingeschlossen in meinem Gebein. Ich wurde müde, es auszuhalten, ich konnte es nicht ertragen.

10 Ich hörte das Zischeln der Vielen: „Grauen ringsum! Zeigt ihn an, wir wollen ihn anzeigen!“ Alle meine Vertrauten warten auf einen Fehltritt von mir: „Vielleicht lässt er sich verleiten, dann gewinnen wir Macht über ihn und nehmen Rache an ihm!“ 11 Aber Jahwe ist mit mir als ein furchtbarer Held. Drum werden meine Verfolger straucheln und nicht obsiegen. Sie werden sich schämen müssen über die Maßen, weil sie nichts erreichen. Ewig wird ihre Schande dauern und nicht vergessen werden. 12 Du aber, Jahwe Zebaot, du richtest gerecht, durchschaust Nieren und Herz. Ich werde deine Rache an ihnen erleben. Denn dir habe ich meine Sache anheim gestellt. 13 Lobsinget Jahwe, preiset Jahwe. Denn er hat das Leben des Armen herausgerissen aus der Gewalt der Gottlosen.

14 Verflucht sei der Tag, an dem ich geboren. Der Tag, an dem meine Mutter mich gebar, er sei nicht gesegnet. 15 Verflucht sei der Mann, der meinem Vater fröhlich meldete: „Ein Sohn ist dir geboren“, eine Freudenbotschaft für diesen. 16 Dem Mann ergehe es wie den Städten, die Jahwe erbarmungslos in Trümmer legte. Am frühen Morgen schon soll er Schreckensrufe hören und Kriegsgeschrei am hellen Mittag. 17 Weil er mich nicht im Mutterleib sterben ließ, dass meine Mutter mir zum Grab geworden wäre, und ihr Schoß schwanger geblieben in Ewigkeit. 18 Warum denn musste ich aus dem Mutterschoß hervorgehen? Um Mühsal und Leid zu erleben und mein Leben in Schmach zu enden!

Messianische Sprüche. Der König der Zukunft: 23,1–8

23 1 Wehe den Hirten, die die Schafe meiner Herde sich verlaufen und zerstreuen lassen, spricht Jahwe. 2 Deshalb, so spricht Jahwe, der Gott Israels, über die Hirten, die mein Volk zu weiden haben: Ihr habt meine Schafe zerstreut und auseinander getrieben und euch nicht um sie gekümmert. Deshalb werde ich euch jetzt eure bösen Taten heimzahlen, spricht Jahwe. 3 Ich selbst aber werde den Rest meiner Schafe aus allen Ländern sammeln, wohin ich sie versprengt habe, und werde sie auf ihre Weideplätze zurückführen. Da werden sie fruchtbar sein und sich mehren. 4 Und ich werde sie Hirten anvertrauen, die sie wirklich weiden, sodass sie nichts mehr zu fürchten und vor nichts mehr zu erschrecken brauchen und nicht mehr verloren gehen, spricht Jahwe.

5 Siehe, es kommen Tage, spricht Jahwe, in denen ich dem David einen gerechten Spross werde erstehen lassen. Der wird als König herrschen

und weise walten und für Recht und
Gerechtigkeit im Lande sorgen. 6 In
seinen Tagen wird Juda Heil erfahren,
und Israel wird in Sicherheit wohnen.
Und das ist sein Name, den man ihm
geben wird: „Jahwe unsere Gerechtig-
keit."

7 Darum, siehe, es kommen Tage,
spricht Jahwe, wo man nicht mehr sa-
gen wird: „So wahr Jahwe lebt, der die
Kinder Israels aus dem Lande Ägyp-
ten heraufgeführt hat", 8 sondern: „So
wahr Jahwe lebt, der die Nachkom-
menschaft des Hauses Israel aus dem
Nordland heraufgeführt und heim-
gebracht hat, und aus allen Ländern,
wohin er sie auseinander gejagt hatte,
sodass sie jetzt auf ihrem Heimatbo-
den wohnen."

Verheißung von Israels Wiederherstellung:
30,1 – 31,22

30 1 Das Wort, das an Jeremia er-
ging von Seiten Jahwes. 2 So
spricht Jahwe, der Gott Israels:
Schreib dir alle Worte, die ich zu dir
sage, in ein Buch. 3 Denn siehe, es
kommt eine Zeit – spricht Jahwe –,
da werde ich das Geschick meines
Volkes Israel [und Juda] wenden –
spricht Jahwe – und sie in das Land
zurückkehren lassen, das ich ihren
Vätern gegeben habe, damit sie es
wieder in Besitz nehmen.

4 Das sind die Worte, die Jahwe
über Israel [und über Juda] gespro-
chen hat:

5 So spricht Jahwe. Einen Schrei des
Entsetzens höre ich: Schrecken, nicht
Frieden! 6 Erkundigt euch doch und
schaut euch um, ob je ein Mann in
Kindesnöten war. Woher kommt es,
dass ich alle Männer mit den Händen
an den Hüften sehe gleich einer Gebä-
renden, dass alle Gesichter verstört
sind, leichenblass 7 geworden? Ja, groß
ist jener Tag, keinen gibt es, der ihm
gleicht. Eine Zeit der Drangsal ist es
für Jakob. Aber er wird daraus geret-
tet. 8 An jenem Tage, spricht Jahwe Ze-
baot, werde ich das Joch von ihrem
Halse zerbrechen und ihre Bande zer-
reißen, sodass keine Fremden ihn
mehr knechten können. 9 Sondern sie
werden Jahwe, ihrem Gott, dienen
und David, ihrem König, den ich
ihnen erstehen lasse.

10 Du also fürchte dich nicht, mein
Knecht Jakob – spricht Jahwe –, und
hab keine Angst, Israel. Denn siehe,
ich bringe dir Hilfe im fernen Land
und deinen Nachkommen im Lande
der Gefangenschaft: Jakob wird heim-
kehren und Ruhe finden. In Frieden
soll er leben, und niemand mehr wird
ihn aufschrecken. 11 Ja, ich bin mit dir,
um dir zu helfen. Denn ich werde al-
len Völkern Vernichtung bringen, wo-
hin ich dich zerstreut habe. Aber dir
werde ich keine Vernichtung bringen.
Dich züchtige ich, wie es meiner Ge-
rechtigkeit entspricht. Denn ganz un-
gestraft kann ich dich nicht lassen.

12 Denn so spricht Jahwe: Unheilbar
ist deine Wunde, tödlich deine Verlet-
zung. 13 Keiner kümmert sich um dein
Geschwür, keine Genesung gibt es für
dich. 14 Alle deine Freunde haben dich
vergessen, fragen nicht mehr nach dir.
Denn wie ein Feind schlägt, so habe

ich dich geschlagen, dich gezüchtigt
mit grausamer Hand [wegen der Grö-
ße deiner Schuld, weil du so viel ge-
sündigt hast]. 15 Warum schreist du
über deine Wunde, unheilbar sei dein
Schmerz? Wegen der Größe deiner
Schuld, weil du so viel gesündigt hast,
habe ich dir dieses angetan. 16 Aber
alle, die dich gefressen haben, sollen
wieder gefressen werden, und alle dei-
ne Bedränger sollen in Gefangen-
schaft wandern. Die dich ausgeplün-
dert, sollen der Plünderung verfallen,
und alle, die dich ausgeraubt, gebe ich
dem Raube preis. 17b Denn sie nannten
dich „Verstoßene", „Unsere Beute, der
niemand nachfragt". 17a Aber ich brin-
ge dir wieder Genesung und heile dich
von deinen Wunden, spricht Jahwe.

18 So spricht Jahwe: Siehe, ich wen-
de das Geschick der Zelte Jakobs und
erbarme mich seiner Wohnungen. Die
Stadt soll wieder aufgebaut werden
auf ihrem Hügel, und der Palast soll
von neuem auf seinem Platze stehen,
wohin er gehört.

19 Und Dank soll aus ihnen erschal-
len und die Stimmen froher Men-
schen. Ich mehre ihre Zahl, sodass
ihrer nicht wenige sein werden. Ich
bringe sie zu Ehren, dass man sie
nicht mehr verachtet. 20 Ihre Söhne
werden mir wert sein wie ehedem,
ihre Gemeinde wird festen Bestand
haben vor mir, und ich werde alle
ihre Bedränger heimsuchen. 21 Sein
Machthaber wird wieder aus ihm
selbst entstammen, und sein Herr-
scher wird aus seiner eigenen Mitte
hervorgehen. Und ich gewähre ihm
Zutritt zu mir, dass er sich mir nahen
darf. Denn wer möchte sonst sein Le-
ben dran wagen, sich mir zu nahen?
spricht Jahwe.

22 Und ihr werdet mein Volk sein,
und ich werde euer Gott sein. 23 Siehe,
ein Sturm Jahwes bricht los, eine wir-
belnde Windsbraut. Aufs Haupt der
Gottlosen fährt sie herab. 24 Jahwes
Zorn hört nicht auf, bis er die Pläne
seines Herzens vollbracht und aus-
geführt hat. Am Ende der Tage werdet
ihr das einsehen.

31 1 In jener Zeit – spricht Jahwe –
werde ich allen Geschlechtern
Israels Gott sein, und sie werden mein
Volk sein. 2 So spricht Jahwe: Das Volk
der dem Schwert Entronnenen hat
Gnade gefunden in der Wüste, Israel
gelangt in seine Ruhe. 3 Aus der Ferne
erschien ihm Jahwe: Mit ewiger Liebe
habe ich dich geliebt, deshalb habe ich
dir meine Huld bewahrt. 4 Wiederum
will ich dich aufbauen, und du sollst
aufgebaut werden, Jungfrau Israel.
Wiederum wirst du dich mit deinen
Handpauken schmücken und in fro-
hem Reigen daherschreiten. 5 Wiede-
rum wirst du Weinberge pflanzen auf
Samariens Bergen [und die da ge-
pflanzt haben, werden auch den Ge-
nuss davon haben]. 6 Denn es kommt
ein Tag, wo Wächter auf dem Gebirge
Efraim rufen: „Auf, wir wollen nach
Zion hinauf, zu Jahwe, unserem
Gott!"

7 Denn so spricht Jahwe: Jauchzet
Jakob zu und brecht in Jubel aus über
das Erste der Völker! Tut es laut kund
unter Lobgesang: „Jahwe hat sein Volk
gerettet, den Rest Israels!" 8 Ja, ich
bringe sie herbei aus dem Lande im

Norden und hole sie zusammen aus
den Winkeln der Erde. Blinde sind da-
runter und Lahme, Schwangere mit
Wöchnerinnen zusammen, eine gro-
ße Gemeinde ist es, die heimkehrt.
9 In Tränen zogen sie aus, mit Trös-
tung geleite ich sie heim. Ich führe sie
zu Wasserbächen auf ebener Straße,
auf der sie nicht straucheln. Denn ich
bin ein Vater für Israel, und Efraim ist
mein Erstgeborener.

10 Höret, ihr Völker, das Wort Jah-
wes und tut es kund an den fernen
Gestaden: „Der, der Israel zerstreut
hat, sammelt es wieder ein und hütet
es wie ein Hirt seine Herde." 11 Denn
Jahwe hat Jakob erlöst und hat ihn be-
freit aus der Hand dessen, der stärker
als er. 12 Sie kommen und jubeln auf
Zions Höhe und strömen hin zu den
Segensgaben Jahwes, zum Getreide
und Most und Öl, zu den Lämmern
und Rindern. Ihre Seele ist wie ein
reich bewässerter Garten, sie brau-
chen nimmermehr zu darben. 13 Da
freut sich die Jungfrau wiederum am
Tanz, und Jung und Alt sind fröhlich.
Ich wandle ihre Trauer in Jubel und
spende ihnen Trost und Freude nach
all ihrem Leid. 14 Und ich werde die
Priester reichlich laben am Fett, und
mein Volk wird sich satt essen an mei-
nen Segensgaben, spricht Jahwe.

15 So spricht Jahwe: Horch! In Ra-
ma hört man Klagen und bitteres
Weinen: Rahel beweint ihre Kinder,
will sich nicht trösten lassen – ihre
Kinder, denn sie sind nicht mehr. 16 So
spricht Jahwe: Wehre deiner Stimme
das Weinen und deinen Augen die
Tränen. Denn es gibt noch einen
Lohn für deine Mühen: Sie kommen
heim aus dem Feindesland. 17 Ja, es
gibt noch eine Hoffnung für deine
Nachkommen: Die Kinder kehren in
ihre Heimat zurück. 18 Deutlich höre
ich Efraim klagen: „Du hast mich ge-
züchtigt, und ich ließ mich züchtigen
wie ein ungezähmtes Rind. Lass mich
umkehren, so will ich mich bekehren,
denn du bist Jahwe, mein Gott.
19 Denn nachdem ich mich von dir ab-
gewandt hatte, kam mir die Reue, und
seit ich es eingesehen habe, schlage
ich an meine Brust. Ich schäme mich
und bin zerknirscht; denn ich habe ja
die Schande meiner Tugend getra-
gen." – 20 Ist mir denn Efraim ein so
teurer Sohn? Ist er mein Lieblings-
kind? Sooft ich ihn auch schelte, im-
mer wieder muss ich an ihn denken.
Deshalb schlägt ihm mein Herz ent-
gegen, ich muss mich seiner erbar-
men, spricht Jahwe.

21 Stell dir Merksteine auf, setze dir
Wegweiser ein. Besinn dich auf die
Straße, den Weg, den du einst gezo-
gen bist: Komm heim, Jungfrau Israel,
komm heim zu dieser deiner Stätte.
22 Wie lange noch willst du dich sträu-
ben, widerspenstige Tochter? Denn
Jahwe schafft etwas Neues im Lande:
Die Frau umgibt den Mann.

Verheißung von Judas Wiederherstellung: 31,23–26

23 So spricht Jahwe Zebaot, der Gott
Israels: Wieder wird man im Lande Ju-
da und in seinen Städten, wenn ich ihr
Geschick gewendet habe, dieses Wort

sagen: Jahwe segne dich, du Aue der
Gerechtigkeit, du heiliger Berg.
24 Und Juda samt allen seinen Städ-
ten wird darin wohnen, Ackersleute
und solche, die mit den Herden wan-
dern. 25 Denn ich labe die müde Seele
und spende jedem, der darbt, meine
Fülle. 26 Darum heißt es: Ich wachte
auf und war im Überfluss, mein
Schlaf war mir Erquickung.

Israel und Juda: 31,27–28

27 Siehe, es kommen Tage – spricht
Jahwe –, da werde ich über das Haus
Israel und das Haus Juda eine Saat
von Menschen und eine Saat von Vieh
säen. 28 Und gerade so, wie ich einst
über sie gewacht habe, um auszurei-
ßen und einzureißen und niederzurei-
ßen und zu verderben und Unheil zu
bringen, so werde ich über sie wachen,
um zu bauen und zu pflanzen, spricht
Jahwe.

Die persönliche Vergeltung: 31,29–30

29 In jenen Tagen wird man nicht mehr
sagen: Die Väter haben saure Trauben
gegessen, und den Kindern werden
die Zähne stumpf.
30 Sondern jeder wird nur um seiner
eigenen Schuld willen sterben; jeder
Mensch, der saure Trauben isst, dem
werden die eigenen Zähne stumpf.

Der neue Bund: 31,31–34

31 „Siehe, es kommen Tage – spricht
Jahwe –, da werde ich mit dem Hause
Israel [und dem Hause Juda] einen
neuen Bund schließen. 32 Nicht wie
der Bund, den ich mit ihren Vätern
geschlossen habe, damals, als ich sie
bei der Hand nahm und aus dem Lan-
de Ägypten herausführte, diesen
Bund – meinen Bund: Sie haben ihn
gebrochen, obwohl ich ihr Herr war,
spricht Jahwe. 33 Sondern das ist der
Bund, den ich mit dem Hause Israel
nach jenen Tagen schließen werde,
spricht Jahwe: Ich werde mein Gesetz
in ihr Inneres legen und ihnen ins
Herz hineinschreiben, und ich werde
ihr Gott sein, und sie werden mein
Volk sein. 34 Dann brauchen sie sich
nicht mehr gegenseitig zu belehren
und einer zum andern zu sagen: „Er-
kennet Jahwe!“ Sondern sie alle wer-
den mich erkennen, Klein und Groß,
spricht Jahwe. Denn ich vergebe ihre
Schuld und denke nicht mehr an ihre
Sünde.

25 *Visionen des Lebens mit Gott*

Aus dem Buch Ezechiel

Der Prophet Ezechiel *wurde im Jahre 597 vor Christus mit vielen Juden in die Verbannung nach Babylon verschleppt. Im Exil wurde er von Gott zum Propheten berufen (2,1–7). Gott übergibt ihm eine Buchrolle zum Essen. Er soll die Worte dieser Buchrolle so verinnerlichen, dass die Worte, die Gott ihm aufträgt, aus seinem Inneren strömen sollen.*

Der Prophet nimmt den Verbannten die falsche Hoffnung, dass sie schon bald wieder in die Heimat zurückkehren können. Im Jahre 586 wird Jerusalem zerstört. Damit ist die Hoffnung auf baldige Rückkehr zunichte geworden. Jetzt, da die äußere Situation voller Unheil ist, darf der Prophet im Auftrag Gottes dem Volk Heil verkünden. Gott wird in das Schicksal des Volkes eingreifen und es retten. Der Tempel wird wieder aufgebaut werden. Um den Tempel herum wird ein neues Volk entstehen. Aus dem Tempel wird eine Quelle sprudeln, die das ganze Land befruchtet. Vom Tempel wird das Heil ausgehen.

Das Johannesevangelium sieht in dieser Tempelquelle, die das ungesunde salzige Wasser gesund und genießbar macht, ein Vorbild für die Quelle, die aus der Seite Jesu zu uns strömt. Jesu Leib ist der wahre Tempel. Aus ihm strömt uns der Heilige Geist entgegen und verwandelt und reinigt alles Getrübte und Vergiftete in uns, damit Gottes Leben in uns zur Blüte kommen kann.

Ezechiel hat immer wieder Visionen. Er wird von Gottes Hand entrückt und darf wunderbare Dinge schauen. Was er sieht, das verkündet er. Mit seinen Visionen ermutigt er uns, den eigenen Visionen zu glauben, den Träumen der Nacht und den inneren Bildern, die manchmal bei der Meditation aufsteigen. Gott selbst wirkt in solchen Bildern und zeigt uns, was neben dem Vordergründigen auch noch in uns und unserer Welt möglich ist.

Der Prophet bekommt ein paar Mal von Gott den Auftrag, symbolische Handlungen auszuführen. Er muss sich einen Lehmziegel holen und ihn vor sich hinlegen als Bild für die Belagerung Jerusalems. Durch Zeichen muss er den Israeliten deutlich machen, was Gott an ihm tun wird. Berühmt ist die Vision von der Auferweckung der verdorrten Totengebeine (37,1–28).

Diese Verheißung erfüllt sich an Pfingsten. Da wird der Geist Gottes ausgegossen auf die Menschen, die in sich tot und verdorrt sind, ausgestreut und ausgetrocknet. Der Mensch hat seine Lebendigkeit verloren. Er hat seine Mitte verloren. So fällt alles in ihm auseinander. Wenn Gottes Geist in die zerstreuten und verdorrten Gebeine fährt, dann werden sie lebendig. Das ist Vorbild der Auferstehung Jesu Christi, die durch die Geistaussendung an Pfingsten auch an uns Wirklichkeit wird.

Einleitung: 1,1–3a

1 1 Es geschah im dreißigsten Jahre, im vierten Monat, am fünften Tage des Monats, als ich unter den Verbannten am Flusse Kebar weilte, da öffnete sich der Himmel, und ich sah göttliche Gesichte. 2 Am fünften Tage des Monats – es war das fünfte Jahr nach der Wegführung des Königs Jojachin –, 3a da erging das Wort Jahwes an Ezechiel, den Sohn des Busi, den Priester im Lande der Chaldäer am Flusse Kebar.

Vision vom „Thronwagen Jahwes“: 1,3b–28

3b Dort kam über mich die Hand Jahwes. 4 Ich schaute, und siehe, ein Sturmwind kam von Norden und eine große Wolke, rings von Lichtglanz umgeben, und loderndes Feuer, und aus seinem Innern, aus der Mitte des Feuers, leuchtete es hervor wie Glanzerz. 5 Mitten aus ihm heraus wurde etwas sichtbar, das vier lebenden Wesen glich, und also war ihr Aussehen: Sie hatten Menschengestalt. 6 Vier Gesichter hatte ein jedes und ebenso vier Flügel. 7 Ihre Füße waren gerade und ihre Fußsohlen wie die Sohle eines Kalbes, und sie leuchteten wie der Glanz von geglättetem Erz. 8 Und sie hatten Menschenhände unter ihren Flügeln. Und ihre Gesichter, bei jedem von den Vieren, waren in die vier Richtungen gewandt. 9 Ihre Flügel berührten einander; sie wandten sich nicht beim Gehen; ein jedes ging gerade vor sich hin. 10 Ihre Gesichter aber sahen also aus: Ein Menschengesicht und ein Löwengesicht zur Rechten hatte jedes von den Vieren, ein Stiergesicht zur Linken jedes von den Vieren und ein Adlergesicht jedes von den Vieren. 11 Ihre Flügel waren nach oben hin ausgespannt; je zwei berührten einander, und je zwei bedeckten ihre Leiber. 12 Und ein jedes ging gerade vor sich hin; wohin der Geist sie zu gehen trieb, dahin gingen sie, sie wandten sich nicht beim Gehen.

13 Inmitten der Lebewesen sah es aus wie feurige Kohlenglut, wie wenn Fackeln zwischen den Wesen hin und her gehen, und hellen Schein verbreitete das Feuer, und von dem Feuer gingen Blitze aus. 14 Und die Wesen schossen gleich Blitzen hin und her.

15 Und ich betrachtete die Wesen, und siehe, je ein Rad war auf dem Boden neben den Wesen, bei allen Vieren, 16 und das Aussehen der Räder war wie der Glanz des Chrysoliths, und es hatten die Vier dieselbe Gestalt. Die Art ihrer Ausführung war so, als ob ein Rad durch ein anderes ginge. 17 Sie liefen nach vier Richtungen, sie wandten sich nicht beim Gehen. 18 Und hohe Felgen hatten sie, und ich schaute sie an, und diese Felgen waren voll von Augen ringsum bei den Vieren. 19 Und wenn die Wesen gingen, gingen auch die Räder neben ihnen, und wenn die Wesen von der Erde sich erhoben, so erhoben sich auch die Räder. 20 Wohin der Geist sie zu gehen antrieb, dahin gingen sie, und die Räder erhoben sich gleichzeitig mit ihnen, denn der Geist der We-

sen war in den Rädern. 21 Wenn jene gingen, gingen auch sie, und wenn sie stehen blieben, blieben auch sie stehen, und wenn jene von der Erde sich erhoben, dann erhoben sich auch die Räder gleichzeitig mit ihnen, denn der Geist der Wesen war in den Rädern. 22 Und über den Häuptern der Wesen war eine Art Feste, leuchtend wie Kristall, ausgespannt über ihren Häuptern. 23 Unter der Feste aber waren ihre Flügel ausgerichtet, einer nach dem anderen hin; bei einem jeden deckten zwei ihre Leiber.

24 Und wenn sie gingen, hörte ich das Rauschen ihrer Flügel wie das Rauschen vieler Wasser, wie die Stimme Schaddais, ein brausendes Geräusch wie das Geräusch eines Heerlagers; wenn sie aber standen, ließen sie die Flügel sinken, 25 und es gab ein Geräusch.

26 Oberhalb der Feste, die über ihren Häuptern war, da war etwas, das aussah wie Saphirstein und einem Throne glich, und auf diesem thronähnlichen Gebilde war oben eine Erscheinung, die das Aussehen eines Menschen hatte. 27 Und ich sah es funkeln wie Glanzerz, wie Feuer, das ringsum eingeschlossen ist. Oberhalb dessen, was wie seine Hüften aussah, und unterhalb dessen, was wie seine Hüften aussah, sah ich etwas, was wie Feuer aussah und einen Lichtglanz hatte ringsumher.

28 Wie die Erscheinung des Bogens, der in den Wolken steht am Tag des Regens, so war die Erscheinung des Lichtglanzes ringsum. So sah das Schaubild der Herrlichkeit Jahwes aus. Ich schaute und fiel auf mein Angesicht und hörte die Stimme von einem, der redete.

Vision von der Buchrolle: 2,1 – 3,15

2 1 Und er sprach zu mir: „Menschensohn, stelle dich auf deine Füße, dass ich mit dir rede." 2 Da kam Geist in mich, als er mit mir geredet hatte, und er stellte mich auf meine Füße, und ich hörte ihn mit mir reden. 3 Er sprach zu mir: „Menschensohn, ich sende dich zu dem Haus Israel, zu den Empörern, die sich wider mich aufgelehnt haben; sie und ihre Väter sind mir abtrünnig geworden bis auf den heutigen Tag. 4 Söhne mit frechem Gesicht und hartem Herzen, zu ihnen sende ich dich. Du sollst zu ihnen sagen: So spricht der Herr Jahwe. 5 Ob sie es hören oder ob sie es lassen – denn ein widerspenstiges Geschlecht sind sie –, so sollen sie doch wissen, dass ein Prophet unter ihnen war. 6 Du aber, Menschensohn, fürchte dich nicht vor ihnen, und hab keine Furcht, wenn sie sagen: ‚Dornen umgeben dich, und auf Skorpionen sitzest du.' Vor ihren Reden fürchte dich nicht und vor ihrem Angesicht erschrick nicht, denn sie sind ein widerspenstiges Geschlecht. 7 Und du sollst meine Worte zu ihnen reden, ob sie es hören oder ob sie es lassen, denn sie sind ein Geschlecht von Aufrührern.

8 Du aber, Menschensohn, höre, was ich dir sage. Sei nicht widerspenstig wie das widerspenstige Geschlecht. Öffne deinen Mund und iss,

was ich dir geben werde." 9 Da sah ich, wie eine Hand gegen mich ausgestreckt war, und siehe, es war eine Buchrolle darin. 10 Er breitete sie vor mir aus, sie war sowohl auf der Vorderseite wie auf der Rückseite beschrieben, es war auf ihr geschrieben: „Klage und Seufzen und Weh."

3 1 Und er sprach zu mir: „Menschensohn, iss, was du da findest, iss diese Rolle und gehe hin und rede zum Hause Israel." 2 Und ich öffnete den Mund, und er gab mir die Rolle zu essen. 3 Und er sprach zu mir: „Menschensohn, gib deinem Leib zu essen und fülle dein Inneres mit dieser Rolle, die ich dir gebe." Und ich aß sie, und sie war in meinem Munde wie süßer Honig.

4 Und er sprach zu mir: „Menschensohn, mache dich auf und gehe zum Hause Israel und rede mit meinen Worten zu ihnen. 5 Denn nicht zu einem Volke mit unverständlicher Sprache und schwerfälliger Zunge wirst du gesandt, sondern zum Hause Israel, 6 auch nicht zu vielen Völkern mit unverständlicher Sprache und schwerfälliger Zunge, deren Reden du nicht verstehst. Hätte ich dich zu ihnen gesandt, sie würden dich hören. 7 Aber das Haus Israel wird dich nicht hören wollen, denn sie wollen auch mich nicht hören, denn das ganze Haus Israel hat eine harte Stirn und ein verstocktes Herz. 8 Siehe, ich mache dein Angesicht hart gleich ihrem Angesicht und deine Stirne gleich ihrer Stirne, 9 wie Diamant, härter als Felsgestein mache ich deine Stirn. Fürchte sie nicht und erschrick nicht vor ihnen, denn sie sind ein widerspenstiges Geschlecht."

10 Und er sprach zu mir: „Menschensohn, nimm dir alle meine Worte, die ich zu dir rede, zu Herzen und höre sie mit deinen Ohren. 11 Mach dich auf, gehe hin zu den Verbannten, zu den Söhnen deines Volkes und rede zu ihnen und sage ihnen: ‚So spricht der Herr Jahwe', ob sie nun hören oder es lassen."

12 Und der Geist hob mich empor, und ich hörte hinter mir das Geräusch eines gewaltigen Bebens: „Gepriesen sei die Herrlichkeit Jahwes an der Stätte ihrer Ruhe." 13 Es war das Geräusch der Flügel der Wesen, die aneinander schlugen, und zugleich mit ihnen das Geräusch der Räder. 14 Und der Geist hob mich empor und ergriff mich, und niedergeschlagen ging ich dahin in der Erregung meines Geistes, und die Hand Jahwes lastete schwer auf mir. 15 So kam ich zu den Verbannten von Tel-Abib, die am Flusse Kebar wohnen, und ich blieb dort sieben Tage unter ihnen, starr und stumm.

Der Prophet als Wächter: 3,16–21

16 Und nach Verlauf von sieben Tagen erging das Wort Jahwes an mich also: 17 „Menschensohn, ich habe dich zum Wächter bestellt für das Haus Israel; hörst du ein Wort aus meinem Munde, so sollst du sie von mir aus verwarnen. 18 Sage ich zum Gottlosen: ‚Du wirst sicher sterben', und du verwarnst ihn nicht und redest nicht, um den Gottlosen von seinem gott-

losen Wege abzubringen und ihn am
Leben zu erhalten, so wird dieser
Gottlose wegen seiner Sünde sterben,
sein Blut aber werde ich von deiner
Hand fordern. [19]Hast du aber einen
Gottlosen verwarnt und er lässt nicht
ab von seinem Frevel und seinem gott-
losen Wege, so wird er wegen seiner
Sünde sterben, du aber hast dein Le-
ben gerettet. [20]Und wenn ein Gerech-
ter von seiner Gerechtigkeit sich ab-
wendet und unrecht tut und ich
einen Anstoß vor ihn hinstelle, dass
er stirbt, hast du ihn nicht verwarnt,
so wird er ob seiner Sünde sterben,
und seiner Gerechtigkeit, die er geübt,
wird nicht mehr gedacht werden, aber
sein Blut werde ich fordern von deiner
Hand. [21]Hast du aber den Gerechten
verwarnt, dass er nicht sündige, und
der Gerechte sündigt nicht, so wird er
am Leben bleiben, weil er verwarnt
war, du aber hast dein Leben gerettet."

Das Verstummen Ezechiels: 3,22–27

[22]Es kam die Hand Jahwes über mich,
und er sprach zu mir: „Mach dich auf
und gehe hinaus in die Ebene, dort
werde ich mit dir reden." [23]Da machte
ich mich auf und ging hinaus in die
Ebene, und siehe, dort stand die Herr-
lichkeit Jahwes wie die Herrlichkeit,
die ich am Flusse Kebar gesehen hatte,
und ich fiel auf mein Angesicht. [24]Da
kam der Geist (Jahwes) in mich und
stellte mich auf meine Füße, und er re-
dete mit mir. Und er sprach zu mir:
„Geh, schließe dich in deinem Hause
ein. [25]Und du, Menschensohn, siehe,
man wird dir Fesseln anlegen und
dich mit ihnen binden, sodass du
nicht unter sie hinausgehen kannst.
[26]Und deine Zunge will ich an deinem
Gaumen festmachen, auf dass du ver-
stummst und sie nicht mehr ver-
warnst, denn sie sind ein widerspens-
tiges Geschlecht. [27]Wenn ich aber mit
dir rede, will ich deinen Mund öffnen,
und du sollst zu ihnen sagen: Also
spricht der Herr Jahwe. Wer hören
will, der höre, und wer es lassen will,
der lasse es; denn sie sind ein wider-
spenstiges Geschlecht."

Ankündigung der Belagerung Jerusalems:
4,1–3

4 [1]Und du, Menschensohn, nimm
dir einen Ziegelstein und lege ihn
vor dich hin und zeichne darauf eine
Stadt, Jerusalem. [2]Dann belagere sie,
baue einen Wall wider sie, schütte
einen Damm auf wider sie, errichte
Heerlager wider sie und stelle rings-
um Sturmböcke auf wider sie. [3]Dann
nimm dir eine eiserne Pfanne und
mache sie zu einer eisernen Mauer
zwischen dir und der Stadt und richte
deinen Blick auf sie; sie soll im Belage-
rungszustand sein, und du sollst sie
einschließen; ein Zeichen sei es für
das Haus Israel.

Gleichnis vom Adler: 17,1–24

17 [1]Und es erging das Wort Jah-
wes an mich also: [2]Menschen-
sohn, gib dem Hause Israel ein Rätsel

auf, erzähle ihm ein Gleichnis 3 und
sage: So spricht der Herr Jahwe: Ein
großer Adler mit großen Flügeln und
langen Schwingen, ganz bedeckt mit
buntem Gefieder, kam zum Libanon
und nahm den Wipfel der Zeder hin-
weg. 4 Er riss die Spitze ihrer Schöss-
linge ab und brachte sie in das Krä-
merland, in eine Stadt von Händlern
legte er sie. 5 Dann nahm er einen
Schössling der Zeder und tat ihn in
ein Saatfeld; an reichliche Wasser, als
Uferpflanze setzte er ihn ein, 6 dass er
emporsprosse und zu einem üppigen
Weinstock werde von niedrigem
Wuchs, dessen Ranken sich ihm zu-
wenden, dessen Wurzeln unter ihm
sein sollten. Und er wurde zum Wein-
stock und sprosste Ranken und trieb
Zweige. 7 Aber da war ein anderer gro-
ßer Adler mit großen Flügeln und rei-
chem Gefieder, und siehe, jener Wein-
stock streckte ihm von dem Beete,
darin er gepflanzt war, seine Wurzeln
entgegen und wandte ihm seine Zwei-
ge zu, dass er ihn tränke. 8 Und doch
war er auf gutem Boden, an wasserrei-
cher Stelle gepflanzt, wo er Zweige
treiben und Frucht bringen konnte,
um ein herrlicher Weinstock zu sein.
9 Darum sprich: Also spricht der Herr
Jahwe: Wird er gedeihen? Wird der
Adler nicht seine Wurzeln ausreißen
und seine Frucht abschneiden, dass al-
le seine frischen Triebe verdorren?
Und es braucht keinen starken Arm
und nicht viel Volk, um ihn aus den
Wurzeln zu heben. 10 Siehe, gepflanzt
ist er nun. Wird er gedeihen? Wird er
nicht, wenn der Ostwind ihn berührt,
ganz verdorren? Auf dem Beete, in
dem er emporwuchs, wird er verdor-
ren.

11 Da erging das Wort Jahwes an
mich also: Sprich doch zu dem wider-
spenstigen Volk: Merkt ihr nicht, was
das bedeutet?

12 Sprich: Siehe, der König von Ba-
bel kam nach Jerusalem und nahm
seinen König und seine Fürsten und
brachte sie zu sich nach Babel. 13 Dann
nahm er einen von dem königlichen
Geschlecht, schloss mit ihm einen
Bund und verpflichtete ihn unter Eid,
nahm die Mächtigen des Landes fort,
14 um das Reich niederzuhalten, dass
es sich nicht wieder erhebe, den mit
ihm geschlossenen Bund halte, sodass
er Bestand habe. 15 Er aber empörte
sich wider ihn, schickte seine Gesand-
ten nach Ägypten, dass man ihm Ros-
se gebe und zahlreiches Kriegsvolk.
Wird er Erfolg haben? Wird er heil da-
vonkommen, der solches tut? Wer sei-
nen Bund gebrochen hat, wird der heil
davonkommen? 16 So wahr ich lebe,
spricht der Herr Jahwe, am Sitz des
Königs, der ihn zum Herrscher ge-
macht hat, dessen eidliche Verpflich-
tung er missachtet, dessen Bund er ge-
brochen hat, mitten in Babel wird er
sterben. 17 Und nicht wird der Pharao
mit großer Heeresmacht und zahlrei-
cher Mannschaft im Kriege ihn retten,
wenn man Dämme aufschüttet und
Bollwerke errichtet, um zahlreiche
Menschenleben zu vernichten. 18 Er
hat die eidliche Verpflichtung miss-
achtet und den Bund gebrochen und
hatte doch die Hand darauf gegeben;
dies alles hat er getan, er soll nicht heil
davonkommen.

19 Darum sprich: Also spricht der Herr Jahwe: So wahr ich lebe, meine eidliche Verpflichtung, die er missachtet hat, und meinen Bund, den er gebrochen hat, die lasse ich auf sein Haupt kommen. 20 Ich breite über ihn mein Netz, dass er in meinem Garn gefangen wird, und bringe ihn nach Babel und halte dort über ihn Gericht wegen des Treuebruches, den er an mir begangen hat. 21 Und alle seine erlesenen Krieger und seine ganze Streitmacht sollen durch das Schwert fallen und die Übrigbleibenden in alle Winde zerstreut werden, auf dass ihr erkennet, dass ich, Jahwe, gesprochen habe.

22 Also spricht Jahwe, der Herr: Auch ich will nehmen von dem Wipfel der hohen Zeder, von ihren obersten Schösslingen ein zartes Reis abpflücken und es auf einem hohen und ragenden Berg einsetzen. 23 Pflanzen will ich es auf Israels höchsten Berg, und es wird Zweige hervorsprossen und Äste treiben und zu einer herrlichen Zeder werden. Unter ihr sollen wohnen alle Vögel jeglichen Gefieders, im Schatten ihrer Zweige sollen sie nisten. 24 Und es werden merken alle Bäume des Feldes, dass ich Jahwe bin, einen hohen Baum erniedrigt habe und einen niedrigen Baum erhöht habe, einen frischen Baum habe verdorren lassen und einen vertrockneten Baum zum Blühen gebracht habe. Ich, Jahwe, habe es gesagt und führe es aus.

Die persönliche Verantwortung: 18,1–32

18 1 Und es erging das Wort Jahwes an mich also: 2 Was fällt euch ein, dass ihr im Lande Israel das Sprichwort im Munde führt: Unsere Väter haben saure Trauben gegessen, und den Söhnen wurden die Zähne stumpf.

3 So wahr ich lebe, spricht Jahwe, der Herr, dieses Sprichwort sollt ihr nicht mehr in Israel gebrauchen. 4 Siehe, alles Leben ist mein, das Leben des Vaters sowohl wie das Leben des Sohnes, sie sind mein; nur wer sündigt, der soll sterben.

5 Und ist nun einer gerecht und übt er Recht und Gerechtigkeit, 6 isst nicht auf den Bergen und hebt seine Augen nicht zu den Götzen des Hauses Israel, macht nicht unrein die Frau seines Nächsten und naht sich nicht der Frau, die unrein ist, 7 bedrückt niemanden, gibt sein Pfand zurück, begeht keinen Raub, gibt sein Brot dem Hungrigen und kleidet den Nackten, 8 leiht nicht auf Wucher und nimmt keinen Zins, hält seine Hand von Ungerechtigkeit zurück und hält ehrlich Gericht zwischen den Parteien, 9 wandelt nach meinen Satzungen und hält treu meine Gebote – der ist ein Gerechter, der wird sicher am Leben bleiben, so spricht Jahwe, der Herr.

10 Aber wenn er einen gewalttätigen Sohn, der Blut vergießt, erzeugt und eine von diesen (Sünden) tut – 11 während er doch all diese Dinge nicht getan hatte –, der also auf den Bergen isst und die Frau seines Nächsten unrein macht, 12 den Elenden und Armen

bedrückt, Raub begeht, das Pfand nicht zurückgibt, seine Augen zu den Götzen hebt, Gräuel verübt, 13 auf Wucher leiht und Zins nimmt, der wird sicherlich nicht am Leben bleiben. Alle diese Gräuel hat er verübt, darum soll er sterben, seine Blutschuld liegt auf ihm.

14 Und nun erzeugt dieser einen Sohn, und dieser sieht alle die Sünden seines Vaters; er sieht sie, aber handelt nicht danach. 15 Er isst nicht auf den Bergen und erhebt nicht seine Augen zu den Götzen des Hauses Israel, macht nicht unrein die Frau seines Nächsten. 16 Er bedrückt niemand, fordert kein Pfand, begeht keinen Raub, gibt sein Brot dem Hungernden und kleidet den Nackten. 17 Er hält von Freveltat seine Hand zurück, nimmt weder Wucher noch Zins, übt Gerechtigkeit und wandelt nach meinen Satzungen – der soll nicht sterben ob der Schuld seines Vaters, er wird sicher am Leben bleiben. 18 Sein Vater aber, weil er Gewalttat verübt, Raub begangen, und was nicht gut war, inmitten meines Volkes getan hat, ist wegen seiner Schuld gestorben. 19 Ihr sagt: „Warum trägt nicht der Sohn die Schuld des Vaters?“ Der Sohn hat Recht und Gerechtigkeit geübt, er hat alle meine Satzungen beobachtet und ausgeführt, er muss am Leben bleiben. 20 Wer sündigt, der soll sterben. Aber der Sohn soll nicht die Schuld des Vaters tragen und der Vater nicht die Schuld seines Sohnes tragen. Die Gerechtigkeit des Gerechten liegt bei ihm, und die Gottlosigkeit des Gottlosen liegt bei ihm.

21 Und wenn der Gottlose von all der Sünde, die er getan, umkehrt und alle meine Satzungen beobachtet und Recht und Gerechtigkeit übt, so soll er am Leben bleiben und nicht sterben. 22 Aller Missetaten, die er begangen, soll nicht mehr gedacht werden; um der Gerechtigkeit willen, die er geübt, soll er leben. 23 Habe ich etwa so großes Gefallen am Tode des Gottlosen, spricht Jahwe, der Herr, und nicht vielmehr daran, dass er sich von seinem Wandel bekehre und lebe?

24 Und wenn der Gerechte von seiner Gerechtigkeit sich abkehrt und Freveltaten verübt gleich all den Gräueln, die der Gottlose getan, so soll all seiner Gerechtigkeit, die er geübt, nicht mehr gedacht werden; wegen seiner Treulosigkeit, die er bewiesen, und wegen der Sünde, die er begangen, soll er sterben. 25 Ihr sagt: „Das Vorgehen des Herrn ist nicht in Ordnung.“ Höret doch, Haus Israel: Ist mein Vorgehen nicht in Ordnung oder ist nicht vielmehr euer Vorgehen nicht in Ordnung? 26 Wenn der Gerechte von seiner Gerechtigkeit sich abkehrt und Freveltaten verübt und stirbt, so stirbt er um der Freveltaten willen, die er verübt. 27 Und wenn der Gottlose von seiner Gottlosigkeit, die er geübt hat, sich abwendet und Recht und Gerechtigkeit übt, so wird er sein Leben erhalten. 28 Er wendet sich ab von all den Missetaten, die er begangen hat, und soll am Leben bleiben, nicht sterben. 29 Und da sagt das Haus Israel: „Das Vorgehen des Herrn ist nicht in Ordnung.“ Ist mein Vorgehen nicht in Ordnung, Haus Israel? Ist

nicht vielmehr euer Vorgehen nicht in Ordnung? 30 Darum will ich einen jeden von euch nach seinem Verhalten richten, Haus Israel, spricht Jahwe, der Herr. Bekehret euch, wendet euch ab von all euren Sünden; sie seien für euch kein Anstoß der Verschuldung mehr. 31 Werft von euch alle Sünden, die ihr gegen mich verübt habt, und schafft euch ein neues Herz und einen neuen Geist. Warum wollt ihr sterben, Haus Israel? 32 Ich habe ja kein Wohlgefallen am Tode, spricht Jahwe, der Herr. So kehret um, und ihr sollt leben.

Das verdorrte Totengebein: 37,1–14

37 1 Es kam über mich die Hand Jahwes, und er führte mich im Geiste hinaus und versetzte mich mitten in die Talebene; diese aber war voll von Totengebeinen. 2 Und er ließ mich ringsum an ihnen vorübergehen, und siehe, es waren ihrer auf dem Boden der Talebene sehr viele; sie waren ganz verdorrt. 3 Und er sprach zu mir: „Menschensohn, werden diese Gebeine wieder zum Leben zurückkehren?“ Ich antwortete: „Herr Jahwe, du weißt es.“ 4 Da sagte er zu mir: „Weissage über diese Gebeine und sprich zu ihnen: Ihr dürren Gebeine, höret das Wort Jahwes. 5 So spricht der Herr Jahwe: Siehe, ich gebe euch Odem, dass ihr lebendig werdet. 6 Und ich will euch mit Sehnen umgeben, euch mit Fleisch überkleiden und euch mit Haut überziehen und Odem euch geben, dass ihr lebendig werdet, und ihr sollt erkennen, dass ich Jahwe bin.“ 7 Und ich weissagte, wie mir befohlen war, und als ich weissagte, siehe, da entstand ein Rauschen, und die Gebeine rückten eines an das andere heran. 8 Und ich schaute, und siehe, Sehnen und Fleisch kam über sie, und Haut zog sich darüber, aber Odem war noch nicht in ihnen. 9 Und er sprach zu mir: „Weissage über den Odem, weissage, o Menschensohn, und sprich zu dem Odem: So spricht der Herr Jahwe: Von den vier Winden komm, du Odem, und wehe diese Erschlagenen an, dass sie lebendig werden.“ 10 Da weissagte ich, wie er mir geboten hatte, und der Odem kam in sie, und sie wurden lebendig und stellten sich auf ihre Füße, ein gar großes Heer.

11 Und er sprach zu mir: „Menschensohn, diese Gebeine sind das ganze Haus Israel. Siehe, sie sprechen: ‚Verdorrt sind unsere Gebeine, dahin ist unsere Hoffnung, es ist aus mit uns.‘ 12 Darum weissage und sprich zu ihnen: So spricht der Herr Jahwe: Siehe, ich öffne eure Gräber und hole euch heraus aus euren Gräbern, mein Volk, und bringe euch in das Land Israel, 13 und ihr sollt erkennen, dass ich Jahwe bin, wenn ich eure Gräber öffne und euch aus euren Gräbern heraushole, mein Volk. 14 Ich lege meinen Odem in euch hinein, dass ihr lebendig werdet, und bringe euch in euer Land, und ihr sollt erkennen, dass ich, Jahwe, es gesagt und ausgeführt habe, spricht Jahwe.“

Juda und Israel in einem einzigen Reich: 37,15–28

[15] Das Wort Jahwes erging an mich also: [16] Du, o Menschensohn, nimm dir ein Holz und schreibe darauf: „Juda und die Söhne Israels, seine Verbündeten“; dann nimm dir ein Holz und schreibe darauf: „Josef, Holz Efraims, und das ganze Haus Israel, seine Verbündeten.“ [17] Verbinde sie miteinander zu einem Stabe, damit sie in deiner Hand zu einem Stabe werden. [18] Und wenn dann die Söhne deines Volkes zu dir sagen: „Willst du uns nicht sagen, was du damit meinst?“, [19] dann sage ihnen: So spricht der Herr Jahwe: Siehe, ich nehme das Holz Josefs, das in der Hand Efraims ist, und der Stämme Israels, seiner Verbündeten, und lege zu ihnen das Holz Judas und mache sie zu einem Holz, dass sie in meiner Hand eins seien.

[20] Und die Hölzer, auf welche du schreiben sollst, sollen vor ihren Augen in deiner Hand sein. [21] Dann sage zu ihnen: Also spricht der Herr Jahwe: Siehe, ich nehme die Söhne Israels aus den Völkern heraus, zu denen sie gezogen sind, und sammle sie von allen Seiten her und bringe sie in ihr Land. [22] Und ich mache sie zu einem einzigen Volk in meinem Lande und auf den Bergen Israels, und ein einziger König soll sie alle regieren, und nicht mehr sollen sie zwei Völker bilden und nicht mehr in zwei Königreiche geteilt sein. [23] Und nicht mehr sollen sie sich mit ihren Götzen und ihren Scheusalen und all ihren Freveln verunreinigen; ich werde sie retten aus all ihrer Untreue, durch die sie sich versündigten, und werde sie reinigen, und sie werden mein Volk sein, und ich werde ihr Gott sein. [24] Mein Knecht David soll König über sie sein, und einen einzigen Hirten werden sie alle haben, und sie werden nach meinen Gesetzen wandeln und meine Gebote beobachten und sie erfüllen. [25] Sie werden wohnen in dem Lande, das ich meinem Knechte Jakob gegeben habe, in dem ihre Väter gewohnt haben, und sie werden darin wohnen, sie und ihre Söhne und ihre Enkel auf ewig, und David, mein Knecht, wird ihr Fürst sein auf ewig. [26] Ich werde mit ihnen einen Bund des Friedens schließen, ein ewiger Bund soll es für sie sein, und ich werde sie zahlreich werden lassen und werde mein Heiligtum mitten unter sie stellen auf ewig. [27] Meine Wohnung wird bei ihnen sein, und ich werde ihr Gott sein, und sie werden mein Volk sein. [28] Die Völker aber sollen erkennen, dass ich Jahwe bin, der Israel heiligt, wenn mein Heiligtum auf ewig in ihrer Mitte ist.

Schluss: 39,21–29

[21] So will ich meine Ehre unter den Völkern zur Geltung bringen, und alle Völker sollen sehen mein Gericht, das ich halte, und meine Hand, die ich auf sie lege. [22] Und erkennen soll das Haus Israel, dass ich Jahwe, ihr Gott, bin, von jenem Tage an und immerdar. [23] Die Völker aber sollen erkennen, dass das Haus Israel um seiner Verschuldung willen in die Verbannung

ziehen musste, weil sie von mir abgefallen waren, sodass ich mein Angesicht vor ihnen verbarg und sie in die Gewalt ihrer Feinde gab, und sie fielen allesamt durch das Schwert. 24 Nach ihren Verunreinigungen und ihren Freveltaten habe ich an ihnen gehandelt und mein Angesicht vor ihnen verborgen. 25 Darum spricht der Herr Jahwe also: Nun will ich das Geschick Jakobs wenden und mich des ganzen Hauses Israel erbarmen und für meinen heiligen Namen eifern.

26 Und vergessen sollen sie ihre Schmach und alle ihre Untreuen, die sie wider mich begangen haben, wenn sie ruhig in ihrem Lande leben, ohne dass einer sie aufschreckt, 27 wenn ich sie aus den Völkern heimhole und sie aus den Händen ihrer Feinde sammle und mich an ihnen heilig erweise vor den Augen vieler Völker. 28 Und sie werden erkennen, dass ich Jahwe, ihr Gott, bin, da ich sie in die Verbannung zu den Völkern führte, sie aber nun in ihrem Lande wieder zusammenbringe und keinen mehr von ihnen dort zurücklasse. 29 Und nicht mehr will ich mein Angesicht vor ihnen verbergen, nachdem ich meinen Geist ausgegossen habe über das Haus Israel, spricht der Herr Jahwe.

26 *Wovon unser Herz nur zaghaft zu träumen wagt*

Aus dem Buch Daniel und dem Zwölf-Propheten-Buch

Vor der Sammlung der zwölf Propheten steht das Buch Daniel *mit den berühmten Erzählungen von den drei Jünglingen im Feuerofen und von Daniel, der in die Löwengrube geworfen wird. Es sind Bilder, wie Gottes Engel auch zu uns in den Feuerofen unserer Leidenschaften steigen und uns vor dem Feuer bewahrt. Und der Engel ist bei uns, wenn die Löwen unserer Aggressionen uns zu zerreißen drohen. Er verschließt die Zähne der Löwen.*

Im Buch der zwölf Propheten wurden Texte verschiedener Propheten gesammelt, die im Zeitraum von 780 bis etwa 350 vor Christus im Nordreich Israel und im Südreich Juda gewirkt haben.

Hosea *wirkte im Nordreich unter der Herrschaft Jerobeams II., der das Reich zu einer politischen und wirtschaftlichen Blüte führte. Doch diese Blüte war erkauft durch die Vermischung der Jahwereligion mit dem Baalskult. Hosea wendet sich vor allem gegen die Untreue des Volkes Jahwe gegenüber. Hosea ist der erste Prophet, der die Zuwendung Jahwes zu seinem Volk mit dem Wort „lieben" bezeichnet. Im 11. Kapitel schildert er in wunderbaren Bildern Gottes zärtliche Liebe. Matthäus zitiert zweimal das Wort aus Hosea 6,6: „Barmherzigkeit (Liebe) will ich, nicht Schlachtopfer."*

Der Prophet Amos, *der etwa zur gleichen Zeit wirkte, hat vor allem die gesellschaftliche Ungerechtigkeit im Blick. Der Reichtum ist erkauft durch Verachtung der Armen. Der Glaube an Jahwe hat auch eine politische und soziale Dimension. Seit* ERNST BLOCH, *dem atheistischen Philosophen, wurde Amos zum beliebtesten Verkünder sozialer Gerechtigkeit.*

Gerne wird nicht nur von Christen das Buch Jona *gelesen. Jona ist der widerspenstige Prophet, der es nicht vertragen kann, dass Gott seine Barmherzigkeit auch der verhassten Stadt Ninive zuwendet. Er flieht vor Gott. Als Gott einem*

Fisch befiehlt, ihn zu verschlingen und ihn nach drei Tagen ans Ufer auszuspeien, schickt er ihn von neuem nach Ninive. Und wider das Erwarten des Propheten bekehrt sich Ninive. Das verdrießt den Jona. Gott hat Humor und zugleich Geduld mit der Enge des Propheten. Als Jona sich beschwert, weil der schattige Rizinusstrauch wegen eines Wurmstichs eingeht, belehrt ihn Gott, dass ihm die Menschen leid tun, „die nicht einmal rechts und links unterscheiden können" (4,11). Das Buch Jona will kleinkarierten Frommen zeigen, wie weit Gottes Herz ist.

Bei den Propheten Micha, Sacharja und Maleachi finden sich wichtige Verheißungen, die das Neue Testament zitiert, um zu zeigen, dass sie in Jesus Christus in Erfüllung gegangen sind. So verweist Micha auf die Völkerwallfahrt zum Zion (4,1–5) und auf die Bedeutung der kleinen Stadt Betlehem, aus der der Herrscher Israels hervorgehen wird (5,1).

Den heilbringenden Tod Jesu sieht Johannes beim Propheten Sacharja vorausverkündet (Sach 12,10). Aus dem durchbohrten Herzen Jesu wird „eine Quelle fließen zur Reinigung von Sünde und Unreinheit" (Sach 13,1).

Maleachi, der wohl im 5. Jahrhundert vor Christus gewirkt hat, verkündet den Boten, der den Weg für Gottes Kommen bahnen soll (3,1). Matthäus bezieht diesen Boten auf Johannes den Täufer, der Christus den Weg bereitet hat. So wird in all den prophetischen Texten sichtbar, dass Gott unsere tiefste Sehnsucht in Jesus Christus erfüllt hat. Wir dürfen unserer Sehnsucht trauen, die in solchen Texten ihren Ausdruck findet. Denn in Jesus ist Wirklichkeit geworden, was unser Herz nur sehr zaghaft zu träumen wagt.

Der Prophet Joel, der wohl im 4. Jahrhundert gewirkt hat, wird für Lukas vor allem durch die Verkündigung des Gottesgeistes wichtig. Lukas zitiert Joel 3,1–5 in der Apostelgeschichte bei seiner Pfingsterzählung. In Kapitel 4 verkündet Joel der Stadt Jerusalem, dass sie heilig sein wird, gesegnet von Gott, der in ihr eine Quelle entspringen lässt. Das sind Bilder des Heils, die uns heute noch anrühren.

Habakuk hat wohl zur gleichen Zeit wie Jeremia gelebt. Er litt darunter, dass ein ungerechtes Volk über Israel herrschte (die Babylonier). Doch er vertraut darauf, dass Gott ihnen ihr Unrecht vergelten werde. Das bringt er in den fünf Weherufen zur Sprache (2,5–20). In einem persönlichen Gebet drückt er seinen Glauben an Gott aus, der ihn dazu befähigt, auch in winterlicher und karger Zeit über Gott zu jubeln. Denn „Gott, der Herr, ist meine Kraft" (3,19).

Aus dem Buch Daniel

Die Vision von den Tieren: 7,1–9a

7 1 Im ersten Jahre, da Belschazzar
König von Babel war, schaute Da-
niel einen Traum, und Gesichte stan-
den ihm auf seinem Lager vor Augen.
Er schrieb alsbald das Traumgesicht
auf. Hier beginnt der Bericht: 2 Daniel
berichtet Folgendes: Ich schaute in
meinem nächtlichen Gesichte, wie
die Winde aus den vier Himmelsrich-
tungen plötzlich das große Meer auf-
wühlten. 3 Und vier großmächtige Tie-
re stiegen aus dem Meere heraus, jedes
von anderer Gestalt. 4 Das erste glich
einem Löwen, hatte aber Flügel wie
ein Adler. Während ich es noch be-
trachtete, wurden ihm die Flügel aus-
gerissen; dann wurde es vom Boden
aufgerichtet und auf zwei Füße ge-
stellt wie ein Mensch, und auch ein
menschliches Herz wurde ihm gege-
ben. 5 Dann erschien ein anderes, ein
zweites Tier; es glich einem Bären;
halb war es aufgerichtet; es hatte drei
Rippen im Maule zwischen den Zäh-
nen, und man ermunterte es noch:
„Auf! Verschlinge viel Fleisch!" 6 Nach
diesem erschien, als ich (weiter)
schaute, ein anderes Tier, gleich einem
Panter; es hatte vier Vogelschwingen
auf dem Rücken; vier Köpfe waren
diesem Tier zu Eigen, und Herrscher-
macht ward ihm gegeben. 7 Und nach
diesem erschien mir in den nächt-
lichen Gesichten ein viertes Tier; es
war furchtbar, schrecklich und unge-
heuer stark; es hatte mächtige Zähne
von Eisen; damit fraß und zermalmte
es; und was dann noch übrig blieb,
das zertrat es mit den Füßen. Es war
ganz verschieden von den Tieren vor
ihm, und es hatte zehn Hörner.

8 Als ich betrachtend bei den Hör-
nern verweilte, siehe, da wuchs zwi-
schen ihnen ein anderes, kleines Horn
heraus; vor ihm brachen von den ers-
ten Hörnern drei heraus. An diesem
Horn waren Augen wie Menschen-
augen zu sehen und ein Mund, der
vermessene Reden führte. 9a Ich schau-
te immer noch:

Vision vom Hochbetagten und vom Menschensohn: 7,9b–14

9b Da wurden Throne aufgestellt, und
ein Hochbetagter setzte sich; sein Ge-
wand war weiß wie Schnee, und sei-
nes Hauptes Haar war rein wie Wolle.
Sein Thron war von Flammen und
seine Räder von Feuerbränden.

10 Ein Strom von Feuer ging von
ihm aus und floss daher. Tausendmal
Tausende dienten ihm, und zehntau-
sendmal Zehntausende standen vor
ihm. Gericht wurde gehalten, und es
wurden Bücher aufgeschlagen.

11 Ich hatte noch im Ohr den Lärm
der vermessenen Reden, die das Horn
geführt hatte, und während ich schau-
te, da wurde das Tier getötet; sein Leib
ward zerstückelt und dem Feuer zum
Verbrennen übergeben. 12 Auch den
übrigen Tieren war ihre Macht ge-
nommen worden, aber es wurde
ihnen noch Lebensdauer gelassen für
eine bestimmte Zeit.

13 Ich war immer noch in der Be-

schauung der nächtlichen Gesichte,
da kam auf den Wolken des Himmels
eine Gestalt wie ein Menschensohn;
er gelangte bis zu dem Hochbetagten
und wurde vor diesen hingeführt.

14 Ihm wurde nun Macht und Herr-
lichkeit und die Königsherrschaft ge-
geben. Alle Völker, Nationen und
Sprachen sollten ihm dienen. Seine
Herrschaft soll eine ewige Herrschaft
sein, die nie vergehen wird, und sein
Königtum soll niemals untergehen.

Deutung der Vision: 7,15–27

15 Ich, Daniel, war darüber in meinem
Geiste entsetzt, und die Gesichte mei-
nes Hauptes erschreckten mich. 16 Ich
trat darum zu einem der Dienenden
und bat ihn um zuverlässige Auskunft
über alles; er redete mit mir und tat
mir die Deutung der Vorgänge kund:
17 „Jene vier großen Tiere bedeuten
vier Könige, die sich auf der Erde erhe-
ben werden. 18 Dann werden aber die
Heiligen des Höchsten das Königtum
erhalten, und sie werden das König-
tum besitzen für immer und in alle
Ewigkeit.“ 19 Alsdann wünschte ich
noch Gewissheit über das vierte Tier,
das von den anderen ganz verschie-
den und so überaus furchtbar war;
das eiserne Zähne und eherne Krallen
hatte; das fraß und zermalmte und
den Rest mit den Füßen zertrat; 20 und
weiter über die zehn Hörner an sei-
nem Kopfe und über das andere, das
erst hervorwuchs und vor dem drei
Hörner ausfielen; das Augen hatte
und einen Mund, der vermessene Re-
den führte, und das größer erschien
als die anderen. 21 Ich hatte nämlich
gesehen, wie dieses Horn Krieg führte
gegen die Heiligen und sie knechtete,
22 bis der Hochbetagte erschien; da
wurde den Heiligen des Höchsten
Recht verschafft, und es kam die Zeit,
wo die Heiligen das Königtum in Be-
sitz nahmen. 23 Er antwortete: „Das
vierte Tier bedeutet: Es wird ein vier-
tes Reich auf Erden erstehen, das von
allen Reichen ganz verschieden ist. Es
wird die ganze Welt verschlingen und
sie zertreten und zermalmen.

24 Die zehn Hörner bedeuten: Aus
jenem Reiche werden zehn Könige er-
stehen. Nach ihnen wird ein anderer
sich erheben; dieser wird von den frü-
heren ganz verschieden sein und wird
drei Könige stürzen.

25 Selbst gegen den Höchsten wird
er (vermessene) Reden führen; er
wird die Heiligen des Höchsten hart
bedrücken und darauf sinnen, Festzei-
ten und Gesetze zu ändern. Und die
Heiligen werden in seine Hand gege-
ben werden für eine Zeit und zwei
Zeiten und eine halbe Zeit.

26 Dann wird man zu Gerichte sit-
zen und ihm die Herrschaft nehmen,
um sie endgültig auszutilgen und zu
vernichten.

27 Alsdann wird das Königtum und
die Macht und Größe aller Reiche un-
ter dem Himmel dem Volk der Heili-
gen des Höchsten verliehen. Sein Kö-
nigtum wird ewig dauern, und alle
Mächte werden ihm dienstbar und
hörig sein.“ Hier endet der Bericht.
Mich, Daniel, schreckten meine Ge-
danken so sehr, dass sich mein Ange-

sicht verfärbte; die Worte aber behielt
ich fest in meinem Sinn.

Vision vom Manne, in Linnen gekleidet:
10,1–8

10 1 Im dritten Jahr des Perser-
königs Kyrus ward dem Daniel,
der auch Beltschazzar hieß, eine Of-
fenbarung zuteil. Diese Offenbarung
ist wahr und (kündet) großen Kampf
an. Er nahm die Offenbarung aufmerk-
sam entgegen. Das Verständnis wurde
ihm durch ein Gesicht erschlossen.

2 „In jenen Tagen ging ich, Daniel,
drei Wochen lang in Trauer. 3 Feine
Speisen aß ich nicht; auch Fleisch und
Wein kamen nicht in meinen Mund.
Ich salbte mich nicht einmal, bis drei
volle Wochen um waren. 4 Am vier-
undzwanzigsten Tage des ersten Mo-
nats befand ich mich am Ufer des gro-
ßen Stromes, das ist der Tigris. 5 Als
ich nun meine Augen erhob, siehe, da
schaute ich: Ein Mann; er war in Lin-
nen gekleidet; seine Lenden waren mit
reinstem Golde gegürtet. 6 Sein Kör-
per leuchtete wie Edelstein, sein Ant-
litz wie ein Blitzstrahl und seine Au-
gen wie Feuerbrände; seine Arme und
Füße funkelten wie poliertes Erz; und
der Klang seiner Rede war wie das To-
sen einer Volksmenge.

7 Aber nur ich, Daniel, allein sah die
Erscheinung; meine Begleiter hin-
gegen sahen die Erscheinung nicht;
doch überkam sie ein so gewaltiger
Schrecken, dass sie sich in ein Ver-
steck flüchteten. 8 So blieb ich allein
zurück und schaute diese große Er-
scheinung; da verließen mich die Kräf-
te; mein Antlitz ward furchtbar ver-
ändert, und ich vermochte mich
nicht mehr zu halten.

Erscheinung des Engels: 10,9–19

9 Nun vernahm ich den Klang seiner
Rede; und als ich ihn reden hörte, da
fiel ich betäubt aufs Gesicht, und
mein Gesicht (blieb) am Boden.
10 Doch siehe, eine Hand rüttelte mich
und ließ meine Knie und Handflächen
beben. 11 Dann sprach er zu mir: ‚Da-
niel, liebwerter Mann, achte auf die
Worte, die ich zu dir spreche, und stel-
le dich aufrecht; denn zu dir bin ich
nun gesandt.' Als er so zu mir sprach,
richtete ich mich zitternd auf. 12 Da
sagte er zu mir: ‚Fürchte dich nicht,
Daniel! Denn schon seit dem ersten
Tage, da du dich mühtest, Erkenntnis
zu erlangen und dich deshalb vor dei-
nem Gotte zu demütigen, sind deine
Bitten erhört worden, und ich hatte
mich eben deiner Bitte wegen auf den
Weg (zu dir) gemacht. 13 Aber der (En-
gel)fürst des Perserreiches stellte sich
mir einundzwanzig Tage entgegen;
doch siehe, dann kam Michael, einer
von den höchsten Fürsten, mir zu Hil-
fe; ich habe ihn im Kampf mit den
Perserkönigen allein gelassen. 14 Nun
bin ich aber gekommen, um dich wis-
sen zu lassen, was deinem Volk am
Ende der Tage begegnen wird; denn
für jene Tage ergeht noch einmal ein
Gesicht.'

15 Da er in dieser Art mit mir redete,
schlug ich den Blick zu Boden und

vermochte kein Wort hervorzubrin-
gen. 16 Und siehe, eine Erscheinung
wie ein Mensch berührte meine Lip-
pen. Nun vermochte ich, den Mund
zu öffnen und zu sprechen. Ich sagte
zu dem, der vor mir stand: ‚Mein Herr,
bei der Erscheinung kam es wie We-
hen über mich, und ich verlor alle
Kraft. 17 Wie hielte es der Knecht mei-
nes Herrn hier auch aus, mit meinem
Herrn zu reden? Mir schwanden da
die Kräfte, und selbst der Lebensodem
stockte mir.‘ 18 Darauf berührte mich
die Gestalt, die wie ein Mensch aus-
sah, noch einmal und stärkte mich.
19 Dabei sprach sie: ‚Fürchte dich nicht,
liebwerter Mann! Heil dir! Werde
stark und stärker!‘ Als sie so zu mir
redete, fühlte ich mich neu gestärkt
und sagte: ‚Nun rede, mein Herr! Du
hast mich ja gestärkt.‘“

Susanna und das Urteil Daniels: 13,1–64

13 1 In Babel lebte ein Mann mit
Namen Jojakim. 2 Er hatte eine
Frau genommen, die Susanna hieß,
die Tochter Hilkijas; sie war überaus
schön und gottesfürchtig, denn 3 ihre
Eltern waren gerecht und hatten ihre
Tochter nach dem Gesetz des Mose
erzogen. 4 Jojakim war sehr reich und
besaß einen Garten, der seinem Haus
benachbart war. Die Juden pflegten
sich bei ihm in großer Zahl zu treffen,
weil er der Angesehenste von allen
war. 5 Als Richter waren in jenem Jah-
re zwei Älteste aus dem Volke bestellt,
von denen galt das Wort des Herrn:
„Die Ungerechtigkeit ging von Babel,
von Ältesten und Richtern aus, die
sich als Leiter des Volkes ausgaben.“
6 Diese amteten im Hause Jojakim,
und alle, die einen Rechtsfall hatten,
gingen zu ihnen. 7 Wenn sich nun ge-
gen Mittag das Volk verlaufen hatte,
dann betrat Susanna den Garten ihres
Mannes und ging darin umher. 8 Die
beiden Ältesten schauten aber jeden
Tag nach ihr, wenn sie eintrat und
umherging; da gerieten sie in Begierde
nach ihr. 9 Sie verkehrten ihren Sinn
und richteten ihre Augen falsch, so-
dass sie nicht zum Himmel schauten
und seiner gerechten Gerichte nicht
gedachten. 10 Alle beide waren ihret-
wegen liebeswund, doch keiner ver-
riet dem andern seinen Schmerz;
11 denn sie schämten sich doch, ihr
Verlangen zu verraten, dass sie mit
ihr zusammenkommen möchten.
12 So lauerten sie täglich um die Wette,
sie zu sehen. 13 Eines Tages sagte der
eine zum anderen: „Wir wollen nach
Hause gehen; denn es ist Essenszeit!“
Sie gingen also weg und entfernten
sich voneinander; 14 doch drehte jeder
um, und so trafen sie wieder zusam-
men; nun mussten sie sich erklären,
da gestanden sie einander ihr Verlan-
gen. Daraufhin verabredeten sie Zeit
und Gelegenheit, wo sie jene (Susan-
na) wohl alleine treffen könnten.
15 Als sie nun auf einen günstigen Tag
warteten, geschah es, dass jene wieder
einmal, wie gewöhnlich nur von zwei
Mädchen begleitet, hereinkam und im
Garten ein Bad zu nehmen verlangte,
weil es heiß war. 16 Es war aber sonst
niemand dort als nur die beiden Ältes-
ten, die versteckt waren und ihr auf-

lauerten. 17 Da trug sie den Mädchen
auf: „Holt mir nun Öl und Salbe und
verschließt das Tor des Gartens, dass
ich mich baden kann.“ 18 Sie taten, wie
jene aufgetragen: sie verschlossen das
Tor des Gartens und gingen selbst zur
Seitenpforte hinaus, um das Verlangte
zu holen; sie wussten nicht um die Äl-
testen, weil sie ja versteckt waren.

19 Sobald nun die Mädchen hinaus-
gegangen waren, erhoben sich die bei-
den Alten, eilten zu ihr hin 20 und sag-
ten: „Siehe, das Tor des Gartens ist
geschlossen, und niemand sieht uns.
Wir brennen von Verlangen nach dir:
drum sei uns zu Willen und gib dich
uns hin! 21 Sonst sagen wir als Zeugen
gegen dich aus, ein Jüngling sei bei dir
gewesen und darum habest du die
Mädchen von dir weggeschickt.“ 22 Da
seufzte Susanna auf und klagte: „Von
allen Seiten bin ich bedrängt; denn
wenn ich dieses tue, ist mir der Tod
gewiss; tue ich es aber nicht, so kann
ich euren Händen nicht entrinnen!
23 Doch ist es immer noch besser für
mich, es nicht zu tun und in eure
Hände zu fallen, als vor dem Herrn
zu sündigen.“ 24 Nun schrie Susanna
mit lauter Stimme, aber auch die bei-
den Alten schrien ihr entgegen. 25 Der
eine lief gar hin und öffnete das Tor
des Gartens. 26 Wie nun die Leute aus
dem Hause das Schreien im Garten
vernahmen, eilten sie durch die Sei-
tentür herbei, um zu schauen, was ihr
zugestoßen sei. 27 Als aber die Alten
ihre Erklärungen gaben, da fühlten
sich die Diener sehr beschämt; denn
nie zuvor war über Susanna etwas
Derartiges geredet worden.

28 Als sich dann am folgenden Tage
das Volk bei ihrem Gatten Jojakim
versammelte, kamen auch die beiden
Alten, erfüllt von der frevelhaften Ab-
sicht, gegen Susanna die Todesstrafe
zu erwirken. 29 Sie beantragten vor
dem Volke: „Schickt nach Susanna,
der Tochter Hilkijas, welche die Frau
des Jojakim ist!“ Man schickte nach
ihr. 30 Da kam sie selbst mit ihren El-
tern, ihren Kindern und all ihren Ver-
wandten. 31 Susanna war aber eine un-
gewöhnlich blühende und hübsche
Erscheinung. 32 Um sich an ihrer
Schönheit zu ergötzen, befahlen nun
die Gesetzesfrevler, sie zu entschlei-
ern; sie war nämlich verschleiert.
33 Ihre Angehörigen aber und alle, die
sie sahen, weinten. 34 Nun erhoben
sich die beiden Alten inmitten des
Volkes und legten ihr die Hände auf
das Haupt. 35 Sie aber schaute weinend
zum Himmel auf, denn sie vertraute
von Herzen auf den Herrn. 36 Die Al-
ten sagten nun aus: „Während wir al-
lein im Garten umhergingen, kam
diese mit zwei Mägden herein, ver-
schloss das Tor des Gartens und
schickte die Mägde weg. 37 Dann kam
zu ihr ein junger Mann, der versteckt
gewesen war, und legte sich mit ihr
nieder. 38 Wir waren gerade in einer
entfernten Ecke des Gartens; als wir
den Frevel sahen, liefen wir zu ihnen
hin. 39 Wir ertappten sie beim Verkehr,
konnten aber jenen (Mann) nicht fest-
nehmen, weil er stärker war als wir,
das Tor öffnete und entwich. 40 Diese
jedoch fassten wir und fragten sie:
‚Wer war der junge Mann?‘ 41 Sie woll-
te es uns aber nicht verraten. Das

bezeugen wir.“ Die Versammlung schenkte ihnen Glauben als Ältesten des Volkes und Richtern. So verurteilte man Susanna zum Tode. [42] Sie aber rief mit lauter Stimme und betete: „Ewiger Gott, der das Verborgene kennt und alles weiß, bevor es noch geschieht: [43] Du weißt, dass sie falsches Zeugnis wider mich abgelegt haben. Siehe, ich muss sterben, obwohl ich nichts von dem getan, was diese Böses wider mich erdichtet haben.“

[44] Der Herr erhörte ihr Rufen. [45] Als man sie zum Tode führte, erweckte Gott den heiligen Geist eines noch recht jungen Mannes mit Namen Daniel; [46] dieser rief mit lauter Stimme: „Ich bin unschuldig am Blute dieser Frau!“ [47] Da wandte alles Volk sich zu ihm und fragte: „Was sollen die Worte bedeuten, die du gesprochen hast?“ [48] Nun trat er mitten unter sie und sprach: „So töricht seid ihr, Israeliten? Ohne Untersuchung und ohne genauere Kenntnis des Sachverhaltes habt ihr eine Israelitin verurteilt? [49] Kehrt zum Gericht zurück! Denn diese haben falsches Zeugnis wider sie abgelegt!“

[50] Da kehrte das ganze Volk eilends wieder um. Die Ältesten sagten nun zu ihm: „Setze dich hierher in unsere Mitte und gib uns Weisung; denn dir hat Gott die Würde des Alters verliehen!“ [51] Da sprach Daniel zu ihnen: „Sondert sie weit voneinander, ich will sie verhören!“ [52] Als nun einer vom anderen gesondert war, rief er den einen von ihnen heran und sprach zu ihm: „Du in langer Bosheit Altgewordener! Nun kommen deine früher begangenen Sünden an den Tag, [53] da du ungerechte Urteile fälltest und die Unschuldigen verurteiltest, die Schuldigen aber freisprachst, wo doch der Herr sagt: Einen Unschuldigen und Gerechten sollst du nicht töten. [54] Nun also, wenn du diese wirklich gesehen, sag an: Unter was für einem Baume sahst du sie miteinander buhlen?“ Er sagte: „Unter einem Mastixbaum.“ [55] Daniel aber sprach: „Recht gelogen hast du auf dein eigenes Haupt. Dich wird der Engel Gottes mitten durchspalten; schon hat er von Gott Befehl dazu erhalten!“ [56] Nun ließ er ihn gehen und befahl, den anderen herbeizuführen; zu ihm sagte er: „Du Spross Kanaans, nicht Judas! Dich hat die Schönheit verführt, und böses Verlangen hat dein Herz verkehrt. [57] So habt ihr es mit Töchtern Israels machen können, und jene haben aus Angst mit euch gebuhlt; doch eine Tochter Judas nahm eure Bosheit nicht duldend hin. [58] Sage mir also: Unter was für einem Baume ertapptest du sie, miteinander buhlend?“ Jener sagte: „Unter einer Eiche.“ [59] Daniel aber sprach zu ihm: „Recht hast auch du auf dein eigenes Haupt gelogen; denn der Engel Gottes steht mit dem Schwert bereit, dich mitten durchzuschneiden, um so euch beide zu vertilgen.“

[60] Da brach die ganze Versammlung in laute Zurufe aus und pries Gott, der jene rettet, die sich auf ihn verlassen. [61] Nun schritt man gegen die zwei Alten ein, weil Daniel sie aus ihrem eigenen Munde als falsche Zeugen über-

führt hatte. 62 Man ließ sie, dem Gesetz des Mose gemäß, die Strafe erleiden, die sie ihrem Nächsten zugedacht hatten. Man tötete sie. So wurde an jenem Tage unschuldiges Blut gerettet. 63 Hilkija aber und seine Frau lobten Gott wegen ihrer Tochter Susanna – ebenso wie ihr Mann Jojakim und alle ihre Verwandten –, weil kein unsittliches Tun bei ihr gefunden worden war.

64 An jenem Tag und auch weiterhin stieg Daniel hoch in der Achtung des Volkes.

Daniel tötet die Schlange: 14,23–30

23 Da gab es auch eine große Schlange, der die Babylonier göttliche Ehren erwiesen. 24 Der König sprach nun zu Daniel: „Willst du sagen, sie sei von Erz? Schau! Sie lebt, sie frisst, sie trinkt. Du kannst nicht sagen, sie sei kein lebendiger Gott. Bete sie also an!" 25 Doch Daniel erwiderte: „Den Herrn, meinen Gott, nur bete ich an; denn dieser ist ein lebendiger Gott. 26 Gib mir aber, o König, die Erlaubnis, so werde ich die Schlange ohne Schwert und Prügel töten." Der König sagte: „Ich gebe sie dir." 27 Dann nahm Daniel Pech, Fett und Haare, kochte dies zusammen, formte Kuchen daraus und gab sie der Schlange ins Maul. Die Schlange fraß sie und zerbarst. Da sagte Daniel: „Seht, was ihr verehrt!" 28 Als die Babylonier dies hörten, wurden sie sehr aufgebracht; sie rotteten sich gegen den König zusammen und sagten: „Der König ist ein Jude geworden. Den Bel hat er gestürzt, die Schlange getötet und die Priester hingeschlachtet." 29 Sie drangen bis zum König vor und riefen: „Liefere uns Daniel aus! Andernfalls töten wir dich und (alle Glieder) deines Hauses." 30 Der König sah, dass sie ihn aufs Äußerste bedrängten; so lieferte er ihnen notgedrungen Daniel aus.

Daniel in der Löwengrube: 14,31–42

31 Sie warfen ihn in die Löwengrube; dort war er sechs Tage. 32 In der Grube befanden sich sieben Löwen; sie erhielten jeden Tag zwei Menschenleiber und zwei Schafe. Damals gab man ihnen aber nichts, damit sie Daniel auffressen sollten. 33 Habakuk, der Prophet, lebte damals in Juda. Dieser hatte gerade ein Gericht gekocht und Brot in einen Napf gebrockt und ging nun aufs Feld hinaus, um es den Schnittern zu bringen. 34 Da sprach der Engel des Herrn zu Habakuk: „Bringe das Mahl, das du da hast, nach Babel zu Daniel in die Löwengrube!" 35 Doch Habakuk erwiderte: „Herr, ich habe Babel nie gesehen, und die Grube kenne ich auch nicht." 36 Da ergriff ihn der Engel des Herrn beim Schopfe, trug ihn an den Haaren seines Hauptes fort und versetzte ihn in einem Atemzuge (?) nach Babel, gerade oben an die Grube. 37 Hier rief Habakuk laut: „Daniel, Daniel, nimm das Mahl, das Gott dir schickt!" 38 Daniel aber betete: „So hast du auch an mich gedacht, o Gott, und hast jene nicht im Stich gelassen, die dich lie-

ben.“ 39 Dann stand Daniel auf und aß. Der Engel des Herrn aber brachte Habakuk in einem Augenblick an seinen Ort zurück.

40 Am siebten Tage kam der König, um Daniel zu betrauern. Er ging zur Grube und schaute hinein: Siehe, Daniel saß da! 41 Nun rief er mit lauter Stimme: „Groß bist du, Herr, Gott Daniels; es gibt keinen außer dir!“ 42 Er ließ ihn herausziehen, jene aber in die Grube werfen, die ihn hatten verderben wollen. Sie wurden sofort vor seinen Augen aufgefressen.

Aus dem Buch Hosea

Jahwe wird seine verkannte Liebe rächen: 11,1–6

11 1 Als Israel jung war, gewann ich es lieb, aus Ägypten rief ich mein Kind. 2 Aber je mehr ich sie rief, desto mehr wandten sie sich von mir ab; sie opferten den Baalen, den Götzenbildern brachten sie Rauchopfer dar. 3 Und doch habe ich Efraim das Gehen gelehrt, habe es auf meine Arme genommen, aber sie erkannten nicht, dass ich sie hegte. 4 Mit Banden der Güte zog ich sie, mit Seilen der Liebe; ich war wie einer, der einen Säugling an seine Wange hebt. Ich beugte mich zu ihm und gab ihm zu essen. 5 Zum Lande Ägypten wird es zurückkehren, und Assur wird sein König sein, weil sie sich nicht bekehren wollten. 6 Das Schwert wird wüten in seinen Städten und vertilgen seine Kinder, es wird fressen in seinen Burgen.

Aber die Liebe wird stärker sein: 11,7–9

7 Aber mein Volk ist krank an seinem Abfall, zum Baal rufen sie, doch der hebt sie nicht auf. 8 Wie könnte ich von dir lassen, Efraim, dich preisgeben, Israel? Wie könnte ich von dir lassen gleich Adma, dich gleichstellen Zebojim? Mein Herz kehrt sich um in mir, und zugleich regt sich mein Mitleid. 9 Nicht will ich tun, was die Glut meines Zornes mir eingibt, nicht Efraim wieder verderben. Denn Gott bin ich und nicht ein Mensch, heilig in deiner Mitte, ich liebe es nicht, zu verderben.

Abschließende Mahnung: 14,10

10 Der Weise begreife diese Worte! Der Einsichtige verstehe sie! Denn Jahwes Wege sind gerade; die Gerechten wandern darauf, aber die Sünder kommen auf ihnen zu Fall.

Aus dem Buch Joel

Der Tag Jahwes: 4,15–17

15 Sonne und Mond verfinstern sich, die Sterne verlieren ihren Glanz. 16 Und Jahwe lässt von Zion her seinen Ruf erdröhnen, von Jerusalem her erschallt seine Stimme, dass Himmel und Erde erbeben. Doch für sein Volk ist Jahwe eine Zuflucht und für die Kinder Israels eine feste Burg.

17 „Und ihr werdet erkennen, dass ich Jahwe, euer Gott, bin, der auf Zion

wohnt, meinem heiligen Berg. Und Je-
rusalem wird heilig sein, und Fremde
werden es nicht mehr betreten."

Paradiesische Zeit der Erneuerung Israels:
4,18–21

18 An jenem Tage werden triefen die
Berge von Most und die Hügel über-
fließen von Milch, und alle Bäche Ju-
das werden voll Wasser sein. Ein
Quell wird ausgehen vom Hause Jah-
wes und tränken das Akaziental.*
19 Ägypten wird zur Wüste werden
und Edom zu einer dürren Einöde ob
des Verbrechens an den Söhnen Judas,
dass sie unschuldig Blut in ihrem Lan-
de vergossen haben. 20 Aber Juda wird
ewig bestehen und Jerusalem von Ge-
schlecht zu Geschlecht. 21 „Und ich
werde rächen ihr Blut und es nicht un-
gerächt lassen." Jahwe wird wohnen
in Zion.

Aus dem Buch Amos

Gegen die falsche Sicherheit der Genießer:
6,1–7

6 1 Wehe den Sicheren auf Zion und
den Vertrauensseligen auf dem
Berge von Samaria, den Edlen des vor-
nehmsten Volkes, zu denen das Haus
Israel kommt! 2 Gehet doch nach Kal-
ne und schauet, und wandert von da
nach Hamat-Rabba, und steiget hinab
nach Gat im Lande der Philister! Seid
ihr besser daran als diese Reiche, oder
ist ihr Gebiet größer als euer Gebiet?**
3 Sie glauben den Tag des Unheils hi-
nauszuschieben und schaffen doch
der Gewalttat mehr Raum. 4 Sie ruhen
auf Elfenbeinlagern und strecken sich
auf weichen Polstern, sie verzehren
die Lämmer von der Herde und die
Kälber mitten aus der Hürde. 5 Sie grö-
len zum Klang der Harfe, wie David
ersinnen sie Lieder. 6 Sie trinken den
Wein aus Humpen und salben sich
mit kostbarstem Öl, aber um den Un-
tergang Josefs kümmern sie sich
nicht. 7 Darum sollen sie an der Spitze
der Verbannten marschieren, und aus
wird es sein mit dem Lärm der Aus-
gelassenen.

Die Strafe wird furchtbar sein: 6,8–14

8 Geschworen hat Jahwe, der Herr, bei
sich selbst, Jahwe, der Gott Zebaot,
hat es gesagt: Ich verabscheue Jakobs
Übermut, und seine Paläste hasse ich,
und Stadt und alles, was darin wohnt,
gebe ich preis. 9 Wenn dann zehn
Männer in einem Hause übrig sind,
so müssen sie sterben. 10 Nur wenig
Entronnene wird es geben, um die Ge-
beine aus dem Hause zu schaffen, und
sagt man zu dem, der im hintersten
Winkel liegt: „Ist noch jemand bei
dir?", so antwortet er: „Nein. Sei still!
Nur ja nicht den Namen Jahwe nen-
nen!" 11 Denn seht, Jahwe hat es befoh-

* „Akazienta1": „Schittim-Tal".
** „Hamat-Rabba" bedeutet soviel wie: „Hamat, die große (Stadt)".

len, man schlägt das große Haus in
Trümmer und das kleine Haus in
Splitter.
12 Rennen denn die Rosse über die
Felsen, oder pflügt man mit den Rin-
dern das Meer, dass ihr in Gift ver-
wandelt habt das Recht und die
Frucht der Gerechtigkeit in Wermut?
13 Ihr frohlockt wegen Lo-Dabar und
sagt: „Haben wir nicht durch eigene
Kraft Karnajim gewonnen?“ 14 Seht,
ich erwecke wider euch, Haus Israel,
spricht Jahwe, der Gott Zebaot, ein
Volk, das wird euch bedrängen von
Lebo-Hamat bis zum Bach der Araba.

Ausblick auf Erneuerung und paradiesische Fruchtbarkeit: 9,11–15

11 An jenem Tage werde ich die zerfal-
lene Hütte Davids wieder aufrichten
und ihre Risse zumauern und ihre
Trümmer wiederherstellen und sie
aufbauen wie in den Tagen der Vor-
zeit, 12 dass sie in Besitz nehmen den
Rest von Edom und die übrigen Völ-
ker, über die mein Name genannt ist.
Jahwe sagt es und wird es ausführen.
13 Siehe, es werden Tage kommen,
spricht Jahwe, da folgt dem Pflügen-
den der Schnitter, und der die Kelter
tritt, dem Sämann, da träufeln die Ber-
ge von Most, und alle Hügel fließen
über. 14 Dann wende ich das Geschick
meines Volkes Israel, und sie werden
die zerstörten Städte wieder aufbauen
und darin wohnen und Weinberge
pflanzen und ihren Wein trinken und
Gärten anlegen und deren Früchte es-
sen. 15 Und ich pflanze sie ein in ihrem
Boden, und sie sollen nicht mehr aus-
gerissen werden aus dem Boden, den
ich ihnen gegeben habe, spricht Jah-
we, dein Gott.

Aus dem Buch Jona

Jona lehnt sich gegen seine Sendung auf: 1,1–16

1 1 Es erging das Wort Jahwes an Jo-
na, den Sohn des Amittai, also:
2 „Auf, gehe nach Ninive, der gro-
ßen Stadt, und predige ihr, denn ihre
Bosheit ist zu mir gedrungen.“ 3 Aber
Jona machte sich auf, um vor Jahwe
nach Tarschisch zu fliehen. Er ging
nach Jafo hinab und fand ein Schiff,
das nach Tarschisch fuhr, und er be-
zahlte das Fahrgeld und stieg ein, um
mit ihnen nach Tarschisch zu fahren,
fort von dem Angesicht Jahwes. 4 Jah-
we aber warf einen starken Wind auf
das Meer, und es entstand ein gewalti-
ger Sturm, sodass das Schiff nahe da-
ran war, zu scheitern. 5 Da fürchteten
sich die Schiffer und schrien, ein jeder
zu seinem Gott; und sie warfen die
Gegenstände, die im Schiffe waren,
ins Meer, um das Schiff zu erleichtern.
Jona aber war in den untersten Teil
des Schiffes hinabgestiegen, hatte sich
hingelegt und war eingeschlafen. 6 Da
ging der Kapitän zu ihm und sprach
zu ihm: „Was schläfst du? Steh auf
und rufe zu deinem Gott! Vielleicht
wird der Gott unser gedenken, dass
wir nicht umkommen.“ 7 Und sie
sprachen einer zum anderen: „Wohl-
an, wir wollen das Los werfen. um zu

erfahren, wer schuld ist, dass dieses Unglück uns getroffen hat.“ Und sie warfen das Los, und das Los fiel auf Jona. 8 Und sie sagten zu ihm: „Sag uns doch, was du für ein Geschäft betreibst, woher du kommst und welchem Volke du angehörst.“ 9 Da sagte er zu ihnen: „Ich bin ein Hebräer und verehre Jahwe, den Gott des Himmels, der das Meer und das Festland gemacht hat.“ 10 Da fürchteten sich die Männer sehr und sagten zu ihm: „Warum hast du das getan?“ Denn die Männer wussten, dass er vor Jahwe geflohen war, er hatte es ihnen selbst erzählt. 11 Da sagten sie zu ihm: „Was sollen wir mit dir anfangen, damit das Meer sich beruhigt und von uns ablasse?“ Denn das Meer wurde immer stürmischer. 12 Er antwortete ihnen: „Nehmt mich und werft mich ins Meer, damit das Meer sich beruhige und von euch ablasse, denn ich weiß, dass um meinetwillen dieser große Sturm über euch gekommen ist.“ 13 Und die Männer legten sich in die Ruder, um ans Land zu kommen, aber sie vermochten es nicht, denn das Meer stürmte immer mächtiger gegen sie an. 14 Da riefen sie zu Jahwe und sprachen: „Ach Jahwe, lass uns doch nicht zugrunde gehen wegen des Lebens dieses Mannes da und bringe nicht unschuldiges Blut über uns, denn du, Jahwe, hast, wie es dir gefiel, getan.“ 15 Und sie nahmen Jona und warfen ihn ins Meer, und das Meer ließ ab von seinem Toben. 16 Da fürchteten sich die Männer sehr vor Jahwe, und sie brachten Jahwe ein Opfer dar und machten Gelübde.

Jonas Rettung: 2,1–11

2 1 Da bestellte Jahwe einen Fisch, um Jona zu verschlingen, und Jona war drei Tage und drei Nächte im Bauche des Fisches. 2 Und Jona betete zu Jahwe, seinem Gott, aus dem Bauche des Fisches 3 und sprach: Ich rief aus meiner Not zu Jahwe, und er erhörte mich; aus dem Schoß der Scheol schrie ich empor, du hörtest meine Stimme.

4 Du warfst mich in die Tiefe, mitten ins Meer, die Fluten umgaben mich. Alle deine Wogen und Wellen gingen über mich dahin.

5 Da sagte ich mir: Ich bin verstoßen von dir. Wie werde ich je wieder schauen deinen heiligen Tempel?

6 Die Wasser stiegen mir bis zur Gurgel, es umfing mich die Flut, Schilf wand sich um mein Haupt 7 an der Wurzel der Berge. Hinabgestiegen war ich zur Unterwelt, zu den Völkern von einst. Aber du zogst aus der Grube mein Leben, Jahwe, mein Gott.

8 Als meine Seele in mir verschmachtete, da gedachte ich Jahwes. Mein Gebet drang bis zu dir in deinen heiligen Tempel.

9 Die da nichtige Götzen verehren, verzichten auf ihr Glück.

10 Ich aber will mit lautem Dank dir Opfer bringen. Was ich gelobt, will ich erfüllen. Die Hilfe kommt von Jahwe.

11 Und Jahwe gebot dem Fisch, und er spie den Jona aufs Land.

Ninives Bekehrung und Gottes Verzeihen:
3,1–10

3 1 Es erging das Wort Jahwes an Jo-
na zum zweiten Male also: 2 „Steh
auf und geh nach Ninive, der großen
Stadt, und halte ihr die Predigt, die ich
dir auftragen werde.“ 3 Und Jona
machte sich auf und ging nach Ninive,
wie Jahwe ihm aufgetragen hatte. Ni-
nive aber war eine große Stadt vor
Gott, drei Tage brauchte man, um sie
zu durchwandern. 4 Jona ging eine Ta-
gereise weit in die Stadt hinein und
predigte und sprach: „Noch vierzig
Tage, und Ninive wird zerstört wer-
den.“ 5 Die Männer von Ninive aber
glaubten Gott und riefen ein Fasten
aus und zogen Bußgewänder an, Groß
und Klein. 6 Und die Kunde davon
drang bis zum König von Ninive,
und er erhob sich von seinem Thron,
legte seinen Mantel ab, hüllte sich in
den Sack und setzte sich in die Asche.
7 Und er ließ in Ninive ausrufen und
gebot: „Auf Befehl des Königs und sei-
ner Großen! Menschen und Tiere,
Rinder und Schafe sollen nicht das
Geringste genießen, nicht auf die Wei-
de gehen und kein Wasser trinken!
8 Man soll sich vielmehr in den Sack
hüllen, und sie sollen mit Macht zu
Gott rufen, und ein jeder soll sich be-
kehren von seinem bösen Tun und
von dem Unrecht, das an seinen Hän-
den ist! 9 Vielleicht dass Gott es sich
wieder gereuen lässt und von seinem
Zorn ablässt, dass wir nicht zugrunde
gehen.“ 10 Als nun Gott sah, was sie
taten, dass sie von ihrem bösen Tun
sich abkehrten, da reute ihn das Böse,
das er ihnen zu tun angedroht hatte,
und er tat es nicht.

Der Unmut des Propheten und Gottes
Antwort: 4,1–11

4 1 Das verdross Jona gar sehr, und
er ward zornig. 2 Und er betete zu
Jahwe und sprach: „Ach Jahwe, habe
ich das nicht gesagt, als ich noch in
meiner Heimat war? Deshalb wollte
ich dir zuvorkommen und nach Tar-
schisch fliehen, denn ich wusste, dass
du ein gerechter und barmherziger
Gott bist, langsam zum Zorn und
reich an Gnade, und dass dich das Bö-
se gereut. 3 Und nun, Jahwe, nimm
doch mein Leben von mir, denn es ist
besser, ich sterbe, als dass ich am Le-
ben bleibe.“ 4 Da sprach Jahwe: „Ist es
wohl recht, dass du zornig bist?“
5 Und Jona ging zur Stadt hinaus und
ließ sich im Osten der Stadt nieder,
machte sich daselbst eine Hütte und
saß in deren Schatten, um zu sehen,
was mit der Stadt geschehen würde.
6 Und Jahwe Gott bestimmte eine Ri-
zinusstaude, dass sie über Jona em-
porwachse, Schatten gebe seinem
Haupt, um ihn von seinem Unmut zu
befreien. Und Jona freute sich sehr
über den Rizinusstrauch. 7 Am ande-
ren Morgen aber, als die Morgenröte
emporstieg, da entbot Gott einen
Wurm, der stach die Rizinusstaude,
und sie verdorrte. 8 Als nun die Sonne
aufging, bestellte Gott einen glühen-
den Ostwind, und die Sonne stach Jo-
na auf den Kopf, dass er ganz ermatte-
te, sich den Tod wünschte und sprach:

„Es ist besser, ich sterbe, als dass ich
am Leben bleibe.“ 9 Da sprach Gott zu
Jona: „Ist es wohl recht, dass du zür-
nest wegen der Rizinusstaude?“ Da er-
widerte er: „Mit Recht bin ich erzürnt
und möchte sterben.“ 10 Da sprach
Jahwe: „Du hast Mitleid mit dem Rizi-
nusstrauch, um den du dich nicht ge-
müht hast und den du nicht heran-
gezogen hast, der in einer Nacht
heranwuchs und in einer Nacht ver-
ging. 11 Und ich sollte nicht Mitleid ha-
ben mit Ninive, der großen Stadt, in
der mehr als hundertzwanzigtausend
Menschen leben, die nicht zwischen
rechts und links unterscheiden kön-
nen, und so viel Vieh?“

Aus dem Buch Micha

Jahwes zukünftige Herrschaft auf dem Zion: 4,1–5

4 1 Es wird geschehen am Ende der
Tage, da wird stehen der Berg des
Hauses Jahwes festgegründet an der
Spitze der Berge, erhaben wird er sein
über die Hügel, und Völker werden zu
ihm hinströmen, 2 und viele Nationen
werden kommen und sagen: „Auf!
Lasst uns hinaufsteigen zum Berge
Jahwes und zum Hause des Gottes Ja-
kobs, dass er uns lehre seine Wege
und wir auf seinen Pfaden wandeln!
Denn von Zion geht aus die Lehre,
und Jahwes Wort von Jerusalem.“
3 Und richten wird er zwischen vielen
Völkern und über mächtige Nationen
Recht sprechen, und sie werden ihre
Schwerter umschmieden zu Pflug-
scharen und ihre Speere zu Winzer-
messern. Nicht mehr wird ein Volk
wider das andere das Schwert erhe-
ben, und nicht mehr werden sie das
Kriegshandwerk erlernen. 4 Es wird
ein jeder unter seinem Weinstock sit-
zen und unter seinem Feigenbaum,
ohne dass jemand ihn stört. Denn
der Mund Jahwes Zebaots hat es ge-
sagt.

5 Denn alle Völker wandeln, ein
jedes im Namen seines Gottes, wir
aber wandeln im Namen Jahwes, un-
seres Gottes, immer und ewig.

Die Sammlung der zerstreuten Herde auf dem Zion: 4,6–8

6 An jenem Tage, spricht Jahwe, da will
ich sammeln, was hinkt, und was ver-
sprengt war, zusammenbringen und
die, denen ich Übles getan habe. 7 Was
hinkt, mache ich zu einem Rest, und
was schwach ist, zu einem mächtigen
Volke, und Jahwe wird über sie König
sein auf dem Berge Zion von nun an
bis in Ewigkeit.

8 Und du, Herdenturm, Ofel der
Tochter Zion, zu dir soll zurückkeh-
ren die frühere Herrschaft, das König-
tum über das Haus Israel.

Belagerung, Verbannung und Befreiung von Zion: 4,9–10

9 Nun, warum erhebst du Geschrei? Ist
denn kein König in dir? Oder ist dein
Ratgeber verschwunden, dass dich
Wehen ergreifen wie eine Gebärende?

10 Winde dich nur und stöhne, Tochter Zion, wie eine Gebärende! Denn jetzt musst du aus der Stadt heraus und auf dem Felde wohnen. Du kommst nach Babel, dort wirst du gerettet werden, dort wird Jahwe dich erlösen aus der Hand deiner Feinde.

Die Völker, auf Zion gedroschen wie auf einer Tenne: 4,11–13

11 Jetzt sammeln sich wohl viele Völker wider dich, die sagen: Sie soll entweiht werden, es weide sich unser Auge an Zion! 12 Aber sie kennen nicht Jahwes Gedanken und verstehen nicht seine Absicht. Er sammelt sie wie Garben auf der Tenne. 13 Steh auf und drisch, Tochter Zion! Denn ich mache dein Horn zu Eisen, und deine Hufe mache ich zu Erz, dass du viele Völker zertretest und Jahwe ihre Beute weihest und ihre Schätze dem Herrn der ganzen Welt.

Die allgemeine Ungerechtigkeit: 7,1–7

7 1 Weh mir! Denn mir ergeht es wie einem Schnitter im Sommer, einem, der Nachlese hält bei der Weinernte. Es ist keine Traube da zum Essen, keine Frühfeige, nach der mich gelüstet. 2 Die Frommen sind aus dem Lande verschwunden, und ehrliche Leute gibt es unter den Menschen nicht mehr. Sie alle lauern auf Blut, einer macht Jagd auf den andern. 3 Zum Bösen sind ihre Hände geschickt. Der Beamte fordert … und der Richter spricht Recht gegen ein Geschenk, und der Große entscheidet nach Willkür. 5 Trauet nicht dem Nachbarn, verlasst euch nicht auf den Freund! Vor jener, die an deinem Busen liegt, hüte die Pforten deines Mundes! 6 Denn der Sohn verachtet den Vater, die Tochter lehnt sich auf gegen die Mutter, die Schwiegertochter gegen die Schwiegermutter; jeder hat zum Feind seine Hausgenossen. 4 … der Beste unter ihnen gleicht dem Stechdorn, und der Redlichste ist schlimmer als Dorngestrüpp. Heute kommt von Norden ihre Heimsuchung, jetzt packt sie Bestürzung.

7 Ich aber will nach Jahwe ausschauen, will warten auf den Gott meines Heiles! Mein Gott wird mich hören.

Aus dem Buch Habakuk

Einleitung: 2,5–6a

5 Fürwahr, der Reichtum ist treulos. Ein vermessener Mann ist und ohne Ruhe ist, wer seinen Rachen aufsperrt gleich der Scheol und unersättlich ist wie der Tod, der zusammenrafft alle Nationen und versammelt bei sich alle Völker. 6a Werden nun nicht alle über ihn ein Spottlied anstimmen und Hohngedichte verfassen gegen ihn und sagen:

Die fünf Weherufe. Das erste Wehe: 2,6b–8

6b Wehe dem, der fremdes Gut aufhäuft! [Wie lange noch?] Und der sich belastet mit gepfändeter Habe!

7 Werden nicht plötzlich sich erheben deine Gläubiger und erwachen deine Peiniger, sodass du ihnen zur Beute wirst?

8 Denn Völker in Menge hast du geplündert, und plündern werden dich alle übrigen Völker wegen des vergossenen Menschenblutes, wegen der Verwüstung des Landes, der Stadt und all ihrer Bewohner.

Das zweite Wehe: 2,9–11

9 Wehe dem, der unredlichen Gewinn macht zum Schaden für sein Haus, um in die Höhe zu bauen sein Nest, um sich zu sichern vor Unheil!

10 Was du beschlossen, bringt deinem Hause Schande; weil du vernichtet viele Völker, hast du gegen dich selbst gehandelt.

11 Denn der Stein in der Wand schreit auf, und der Balken im Holzwerk stimmt ein.

Das dritte Wehe: 2,12–14

12 Wehe dem, der eine Stadt baut mit Blut und eine Siedlung mit Unrecht!

13 Kommt solches nicht von Jahwe Zebaot, dass die Völker arbeiten fürs Feuer und die Nationen sich mühen um nichts?

14 Denn es wird voll sein die Erde von der Erkenntnis der Herrlichkeit Jahwes, so wie das Meer von den Wassern, die es bedecken.

Das vierte Wehe: 2,15–17

15 Wehe dem, der seinen Nächsten zu
trinken gibt, der eingießt sein Gift
und sie trunken macht, um ihre Blöße
zu schauen! 16 Du hast dich an
Schmach statt an Ehre gesättigt. Trinke nun auch du und zeige die Vorhaut! Auch an dich kommt nun der Becher der Rechten Jahwes, und Schande über deine Ehre.

17 Denn die Gewalttat am Libanon wird dich erdrücken und die Vernichtung der in Schrecken versetzten Tiere; denn Menschenblut hast du vergossen, das Land verwüstet, die Stadt und all ihre Bewohner.

Das fünfte Wehe: 2,19–20

19 Wehe dem, der zum Holze sagt: „Erwache!", „Steh auf!" zum stummen Stein. [Das ist der Spruch.] Siehe, es ist zwar gefasst in Gold und Silber, aber Geist ist keiner in ihm.

18 Was nützt ein Schnitzbild, dass sein Bildner es schnitzte? Ein Gussbild und Lügenorakel, dass sein Schöpfer ihm vertraute, wo er doch stumme Götzen bildet?

20 Doch Jahwe ist in seinem heiligen Tempel. Vor ihm schweige die ganze Ende!

Schluss – Die Angst des Menschen und der Glaube an Gott: 3,16–19

16 Ich hörte es, und es bebte mein Inneres; da ich es vernahm, zitterten meine Lippen, es wurde morsch mein Gebein, und unter mir bebten meine Schritte. In Ruhe erwarte ich diesen Tag der Bedrängnis, der anhebt wider das Volk, das uns überfällt.

17 [Denn der Feigenbaum treibt keine Sprossen, und an dem Weinstock ist keine Frucht. Der Ertrag des Ölbaumes enttäuscht, und die Felder bringen keine Nahrung. Aus den Hürden ist das Kleinvieh verschwunden, in den Ställen steht kein Rind mehr.]

18 Aber dennoch will ich frohlocken in Jahwe, will jubeln über den Gott meines Heiles.

19 Jahwe, der Herr, ist meine Stärke, er macht meine Füße denen der Hinden gleich und führt mich zur Höhe empor.

Aus dem Buch Sacharja

Rückblick auf die Vergangenheit: 7,4–14

4 Da erging das Wort Jahwes Zebaots an mich also: 5 Sage zu dem ganzen Volke des Landes und zu den Priestern also: „Wenn ihr fastet und klaget im fünften und siebten Monat all die siebzig Jahre hindurch, habt ihr dann mir gefastet? 6 Und wenn ihr esset und trinket, seid dann nicht ihr es, die essen, und seid nicht ihr es, die trinken? 7 Kennt nicht die Worte, die Jahwe euch zurief durch die Hand der früheren Propheten, als Jerusalem noch bewohnt war und im Frieden lebte, als alle seine Städte ringsum und der Negeb und die Schefela noch bewohnt waren? 8 [Und es erging das Wort Jahwes an Sacharja also: 9 So hat Jahwe Zebaot gesprochen:] Haltet gerechtes Gericht, und handelt ein jeder gütig und barmherzig an seinem Nächsten, 10 und bedrücket nicht die Witwen und Waisen, den Fremdling und den Armen, und sinnet nicht Böses in euren Herzen, einer wider den anderen! 11 Aber sie wollten nicht darauf achten und zeigten einen störrischen Nacken und machten ihre Ohren taub, dass sie nicht hörten, 12 und ihre Herzen machten sie wie Diamant, dass sie dem Gesetz und den Geboten, die Jahwe Zebaot – durch seinen Geist – durch die Hand der früheren Propheten an sie ergehen ließ, nicht folgten. So wurde Jahwe Zebaot voll gewaltigen Zornes. 13 Und so kam es: wie er gerufen hatte, ohne dass sie hörten, [so mögen sie rufen, ohne dass ich höre, sprach Jahwe Zebaot]. 14 Gleich einem Sturmwind verwehte er sie unter alle die Völker, die sie nicht kannten, und das Land wurde öde hinter ihnen, weil niemand mehr hin und her zog, und man machte das herrliche Land zu einer Wüste.“

Ausblick auf das messianische Heil: 8,1–17

8 1 Und es erging das Wort Jahwes Zebaots also:

2 So spricht Jahwe Zebaot: Ich glü-

he vor Eifer für Zion, mit gewaltigem Zorn eifere ich dafür.

3 So spricht Jahwe Zebaot: Ich kehre zurück auf den Zion und werde inmitten von Jerusalem Wohnung nehmen. Jerusalem wird wieder ‚treue Stadt‘ genannt werden und der Berg Jahwes Zebaots ‚heiliger Berg‘.

4 So spricht Jahwe Zebaot: Es werden wieder Greise und Greisinnen auf den Straßen Jerusalems sitzen, jeder mit einem Stock in der Hand wegen seines hohen Alters, 5 und die Plätze der Stadt werden wieder voll sein von Knaben und Mädchen, die auf ihren Plätzen spielen.

6 So spricht Jahwe Zebaot: Wenn dies auch zu wunderbar ist den Augen des Restes des Volkes [in diesen Tagen], wird es auch meinen Augen zu wunderbar sein?, spricht Jahwe Zebaot.

7 So spricht Jahwe Zebaot: Siehe, ich rette mein Volk aus dem Lande des Sonnenaufganges und aus dem Lande ihres Niederganges 8 und bringe es heim, dass sie inmitten von Jerusalem wohnen. Sie sollen mein Volk sein, und ich will ihr Gott sein in Wahrheit und Gerechtigkeit.

9 So spricht Jahwe Zebaot: Fasset Mut; die ihr in diesen Tagen aus dem Munde der Propheten die Worte gehört habt, die seit dem Tage gesprochen wurden, da man den Grund des Hauses Jahwes Zebaots zum Wiederaufbau des Tempels legte. 10 Denn vor diesen Tagen gab es keinen Lohn für die Menschen und keinen Lohn für das Vieh. Wer ein und aus ging, war nicht sicher vor dem Feind, und ich hetzte den einen gegen den anderen. 11 Jetzt aber verhalte ich mich nicht mehr gegenüber dem Volke wie in früheren Tagen, spricht Jahwe Zebaot. 12 Sondern Heil will ich säen: der Weinstock soll seine Frucht geben und die Erde ihren Ertrag und der Himmel seinen Tau, und ich werde das alles dem Rest dieses Volkes zum Anteil geben.

13 Und wie ihr ein Fluch gewesen seid unter den Völkern, Haus Juda [und Haus Israel], so werde ich euch helfen, dass ihr ein Segen werdet. Fürchtet euch nicht! Fasset Mut!

14 Denn so spricht Jahwe Zebaot: So wie ich Böses plante wider euch, als eure Väter mich erzürnten, spricht Jahwe Zebaot, und es mich nicht gereute, 15 so gedenke ich nun wieder, in diesen Tagen Jerusalem und dem Hause Juda Gutes zu tun. Fürchtet euch nicht!

16 Das ist es, was ihr zu tun habt: Saget die Wahrheit untereinander; übet ein heilsames Gericht in euren Toren! 17 Sinnet nicht Böses wider einander in euren Herzen und habt nicht Gefallen an falschem Eid, denn das alles sind Dinge, die ich hasse, spricht Jahwe.

Aus dem Buch Maleachi

Drohwort gegen die Priesterschaft: 2,1–9

2 1 Und nun ergeht an euch, ihr Priester, folgender Beschluss: 2 Wenn ihr nicht hören wollt und es euch nicht zu Herzen nehmt, dass ihr

meinem Namen die Ehre gebt, spricht
Jahwe Zebaot, so sende ich wider euch
den Fluch und verfluche euren Segen,
ja ich habe sie schon verflucht, denn
ihr nehmt es euch ja doch nicht zu
Herzen. 3 Siehe, ich zerschmettere
euch den Arm und schleudere euch
den Mist ins Angesicht, den Mist eu-
rer Feste, und trage euch mit ihm hi-
naus. 4 Dann werdet ihr erkennen,
dass ich diesen Beschluss gegen euch
ergehen ließ, weil mein Bund mit Levi
nicht mehr besteht, spricht Jahwe Ze-
baot. 5 Mein Bund mit ihm lautete al-
so: Leben und Heil, und ich gab sie
ihm; Furcht und Zittern, und er fürch-
tete mich und hatte Scheu vor mei-
nem Namen. 6 Zuverlässige Weisung
war in seinem Munde, und kein
Falsch war auf seinen Lippen zu fin-
den; in Freundschaft und Geradheit
wandelte er vor mir und hielt viele
vom Bösen zurück. 7 Denn die Lippen
des Priesters sollen die Erkenntnis be-
wahren, und Weisung sucht man aus
seinem Munde, denn der Bote Jahwes
Zebaots ist er. 8 Ihr aber seid vom We-
ge abgewichen und habt viele wan-
kend gemacht im Gesetz und den
Bund Levis zunichte gemacht, spricht
Jahwe Zebaot. 9 So werde ich euch al-
lem Volk verächtlich und niedrig ma-
chen, weil ihr ja doch meine Wege
nicht beobachtet, sondern in eurer
Weisung auf die Person geschaut habt.

Der Tag Jahwes: 2,17 – 3,5

17 Ihr werdet Jahwe lästig mit euren
Reden, und ihr fragt: „Wieso sind wir
ihm lästig gefallen?" Indem ihr sagt:
„Jeder, der Böses tut, ist gut in den Au-
gen Jahwes, an ihnen hat er seine
Freude." Oder: „Wo bleibt denn der
Gott des Gerichtes?"

3 1 Siehe, ich sende meinen Boten,
dass er mir den Weg bereite, und
plötzlich kommt dann in seinen Tem-
pel der Herr, nach dem ihr euch sehnt,
und der Engel des Bundes, nach dem
ihr verlangt. Siehe, er kommt, spricht
Jahwe Zebaot. 2 Wer wird den Tag sei-
nes Kommens ertragen, und wer wird
bestehen bei seinem Erscheinen?
Denn er ist wie das Feuer des Schmel-
zers und wie die Lauge der Walker.
3 Dann wird er sich hinsetzen und
schmelzen und läutern, er wird die
Söhne Levis reinigen und läutern wie
Gold und Silber, dass sie Jahwe wieder
Opfer darbringen in Gerechtigkeit.
4 Und die Opfergabe von Juda und Je-
rusalem wird Jahwe wieder wohlgefal-
len wie in den Tagen der Vorzeit und
in den früheren Jahren. 5 Dann kom-
me ich zu euch zum Gerichte und
werde als ein überraschender Kläger
auftreten gegen die Zauberer und
Ehebrecher, gegen die Meineidigen
und gegen die, die den Taglöhner, die
Witwe und die Waise übervorteilen,
die den Fremdling abweisen und mich
nicht fürchten, spricht Jahwe Zebaot.

Triumph der Gerechten am Tage Jahwes:
3,13–21

13 Anmaßend sind eure Reden gegen
mich, spricht Jahwe, und ihr sagt:
„Was haben wir denn wider dich gere-

det?“ 14 Ihr sagt: „Es ist unnütz, Gott
zu dienen. Was haben wir davon, dass
wir seine Gebote gehalten haben und
in Bußtrauer einhergingen vor Jahwe
Zebaot? 15 Wir müssen vielmehr
glücklich preisen die Übermütigen;
Erfolg haben jene, die Böses tun; sie
versuchten Gott und entgingen der
Strafe.“ 16 Also redeten die Gottes-
fürchtigen untereinander, und Jahwe
horchte auf und vernahm es. Und ein
Gedenkbuch wurde von ihm geschrie-
ben für jene, die den Herrn fürchten
und Zuflucht suchen in seinem Na-
men. 17 Sie werden mir, spricht Jahwe
Zebaot, am Tage, da ich einschreite,
als Eigentum gelten, und ich werde
schonend mit ihnen verfahren, wie
einer seinen Sohn schont, der ihm
dient. 18 Dann werdet ihr wiederkom-
men und den Unterschied sehen zwi-
schen dem Gerechten und dem Gott-
losen, zwischen dem, der Gott dient,
und dem, der ihm nicht dient. 19 Denn
siehe, der Tag kommt, glühend wie
ein Ofen, und alle Übermütigen und
alle, die Böses taten, werden zu Stop-
peln, und der kommende Tag wird sie
in Flammen setzen, spricht Jahwe Ze-
baot, dass er weder Wurzel noch
Zweig übrig lässt. 20 Aber euch, die
ihr meinen Namen fürchtet, wird die
Sonne der Gerechtigkeit aufgehen
und Heil (ist) in ihren Strahlen. Und
ihr werdet hervorkommen und mut-
willig springen wie die Kälber, die aus
dem Stalle kommen. 21 Und ihr werdet
zertreten die Gottlosen, denn sie sind
wie Staub unter euren Fußsohlen an
dem Tage, den ich bereite, spricht
Jahwe Zebaot.

Der Erlöser inmitten himmlischer Mächte. Ikone, 1. Drittel 18. Jh. Aus der Kirche der Twerer Altgläubigengemeinde, Moskau. – Petersburg, Staatliches Museum für Religionsgeschichte.

DIE HEILIGE SCHRIFT DES NEUEN BUNDES

1 *Aus dem Evangelium nach Matthäus*

Matthäus hat sein Evangelium etwa um das Jahr 80 nach Christus geschrieben. Er wendet sich an Judenchristen. Er erzählt die Geschichte Jesu, um die kirchlichen Gemeinden in ihrer Situation zu stärken und zu festigen. Er legt die Worte Jesu so aus, dass sie konkrete Weisung für die Christen in ihren Gemeinden sind. Matthäus hat nicht so sehr den Einzelnen, sondern die Gemeinde im Blick. So gilt das Matthäusevangelium als das kirchliche Evangelium. In der frühen Kirche wurde es von allen vier Evangelien am meisten gelesen und beachtet. Es gibt auch der heutigen Kirche Weisung, wie sie in ihrem Miteinander Christi Geist widerspiegeln und als Gemeinschaft für Christus Zeugnis ablegen kann.

Matthäus versteht Jesus als den neuen Mose, der das neue Gesetz gibt, das den Menschen ein Leben in Frieden und Eintracht ermöglicht. In Parallele zu den fünf Büchern Mose hat Matthäus fünf große Reden Jesu zusammengefasst. Die größte und bekannteste Rede ist dabei die Bergpredigt *(5,1–7,29). In ihr zeigt Jesus den wahren Willen Gottes. Für viele ist die Bergpredigt eine Überforderung. Aber sie ist Ausdruck einer neuen Erfahrung, der Erfahrung, dass wir Söhne und Töchter Gottes sind. Wenn uns das aufgegangen ist, dann sind wir auch fähig zu einem neuen Verhalten. In der Mitte der Bergpredigt steht das Vaterunser. Die Weisungen der Bergpredigt entsprechen den Vaterunserbitten. Das zeigt, dass Gebet und Handeln, ora et labora, Mystik und Politik zusammengehören. Wer im Gebet Gott als seinen Vater erfährt, der wird auch in den Menschen seine Brüder und Schwestern erkennen. Für den gibt es keine Feinde, die vom Wohlwollen Gottes und von seiner eigenen Liebe ausgeschlossen sind. Der muss um sein Recht nicht kämpfen, weil er sich als Sohn und Tochter Gottes in seiner unantastbaren Würde angenommen weiß.*

Matthäus erzählt uns als erster Evangelist die Geburtsgeschichte Jesu *(1,18–2,23). Er schildert uns die Geburt Jesu aus dem Blickwinkel Josefs. Der neutestamentliche Josef ist ähnlich wie sein alttestamentliches Vorbild einer, der auf die Träume hört. Gott gibt ihm seine Weisungen im Traum. Jesus erscheint aber nicht nur in Israel, sondern der ganzen Welt. Magier kommen aus dem Osten, um dem neugeborenen König der Juden zu huldigen. Der*

König Herodes erschrickt. Das hilflose Kind, das Gott dem Volk geschenkt hat, gefährdet seine Herrschaft. Josef nimmt Maria und das Kind und flieht nach Ägypten. Jesus übernimmt nicht nur die Weisheit Israels, sondern auch die Weisheit Ägyptens und damit der ganzen Welt. In ihm schenkt Gott den Menschen einen neuen Lehrer, einen, der sie zum wahren Leben anzuleiten vermag.

Jesus gewinnt Jünger für sich. In der Jüngerschaft sieht Matthäus das Wesen des Christentums. Es geht ihm nicht mehr um die Frage, wie wir Jünger Jesu werden können, sondern wie wir unsere Jüngerschaft bewähren. Alles, was Matthäus über die Jünger schreibt, ist immer schon Urbild, Typos, für uns und unser Verhalten. Die große Bedrohung der Jünger ist nicht so sehr der Unglaube, sondern vielmehr der Kleinglaube. Jesus beruft in seine Jüngerschaft nicht nur Gerechte, sondern auch Sünder, wie den Zöllner Matthäus (9,9–13). Aus den Jüngern wählt er zwölf Apostel aus. Ihnen gibt er die Vollmacht, „die unreinen Geister auszutreiben und alle Krankheiten und Leiden zu heilen" (10,1). Sie sollen das heilende Wirken Jesu in die Welt hinaustragen (10,1–16). Die Kirche hat von Jesus einen Heilungsauftrag erhalten. Sie hat ihn lange Zeit vernachlässigt. So ist die Kirche heute herausgefordert, in ihrer Botschaft und in ihrem Sein einen Raum zu schaffen, in dem Menschen heil und gesund werden können.

Matthäus erzählt uns viele Gleichnisse, nicht nur das Gleichnis vom Sämann (13,1–23), das er aus dem Markusevangelium übernommen hat, sondern viele Sondergleichnisse. Da ist das Gleichnis vom unbarmherzigen Schuldner. Durch die Gegenüberstellung der großen Schuld von zehntausend Talenten (20 Millionen €) und der geringen Schuld, die ein anderer ihm schuldet (hundert Denare = 40 €), will uns Jesus zeigen, dass Vergebung nicht eine Leistung ist, sondern selbstverständliche Antwort auf die Vergebung, die wir von Gott erfahren haben (18,21–35).

Berühmt ist auch das Gleichnis von den Arbeitern im Weinberg. Gottes Gnade ist größer als unser kleinliches Berechnen (20,1–16).

Gute und Böse sind zum Hochzeitsmahl des himmlischen Reiches eingeladen. Doch wer kein Gespür hat für das Geschenk des Mahles, wer das vom Gastgeber angebotene Hochzeitsgewand verschmäht, der schließt sich selbst vom Leben aus (22,1–14).

Das Gleichnis von den zehn Jungfrauen (25,1–13) mahnt uns, wachsam zu sein. Nicht Gott ist es, der uns die Türe verschließt, sondern wir stehen vor verschlossenen Türen, wenn wir nicht in Beziehung zu uns und unserem Herzen leben.

Die Gleichnisse sind ähnlich zu deuten wie unsere Träume. Da kennen wir das Motiv, dass wir zu spät kommen, dass uns die Türe vor der Nase zugeschlagen wird. Es sind Mahnträume, die uns einladen, wachsam zu sein. Auch die Gleichnisse Jesu wollen uns die Augen öffnen, bewusst und achtsam zu leben.

Was im Matthäusevangelium auffällt, ist die Schärfe, mit der Jesus die Pharisäer kritisiert (23,1–32). Die Exegeten sagen uns, dass diese Schärfe wohl dem irdischen Jesus fern lag. Jesus hatte durchaus Freunde bei den Pharisäern. Und in manchen Lehren lag er gar nicht fern von ihnen. Doch Matthäus stellt die Worte Jesu in die Situation nach dem Jüdischen Krieg. Da haben die Pharisäer das jüdische Leben alleine bestimmt und alle aus der Synagoge ausgeschlossen, die dem Weg Jesu folgten. Doch die scharfen Worte Jesu sind nicht einfach nur geschichtlich bedingt. Sie gelten heute genauso wie damals der Gefahr des geistlichen Missbrauchs.

Jesus weiß, dass gerade auch die Religion verfälscht werden kann in eine reine Gesetzesreligion, in kleinliches Reglementieren aller Daseinsvollzüge. Und man kann mit dem Verweis auf das absolute Gebot Gottes Angst bei den Menschen auslösen und sie durch die Angst in Abhängigkeit treiben. Die Religion wird dann missbraucht im Dienst eigener Machtinteressen. Jesu Worte gelten heute allen Priestern und Seelsorgern und Seelsorgerinnen, damit sie nicht der Gefahr geistlichen Missbrauches erliegen. Die Spiritualität, die im Matthäusevangelium sichtbar wird, atmet Nüchternheit, Klarheit und Behutsamkeit.

Matthäus schildert uns Jesus als den barmherzigen und gütigen König. Jesus ist das Urbild des gewaltlosen und sanften Helfers. Und er ist der Lehrer, der vom Machtverzicht spricht, von Versöhnung und „von einem Erdulden, das die Verheißung des Sieges in sich trägt" (GRUNDMANN). Jesus braucht keine irdischen Machtmittel, weil er unter dem Schutz des Vaters steht.

Der Vater schützt ihn auch in seiner Passion. Gottes stille Macht erweist sich auch in der Passion stärker als die Gewalt der Menschen. Jesus wird in die Hände ruchloser Menschen ausgeliefert. Er wird ans Kreuz geschlagen und stirbt mit einem Schrei. Aber er wird von Gott nicht im Stich gelassen. Gott weckt ihn auf und gibt ihm alle Macht. Die Versuche der Soldaten, sein Grab zu sichern, scheitern.

Dem Auferstandenen übergibt Gott alle Macht: „Mir ist alle Macht gegeben im Himmel und auf der Erde" (28,18). In dieser Vollmacht sendet der Auferstandene seine Jünger in die ganze Welt, um alle Menschen zu seinen Jüngern zu machen. Jesus, der am Ende der Welt als Sieger und Herrscher wiederkommen wird, entlässt uns alle in den Alltag mit dem tröstlichen Wort: „Seid gewiss: Ich bin bei euch alle Tage bis zum Ende der Welt" (28,20).

Der Anfang

Geburt Jesu: 1,18–25

18 Mit der Geburt Jesu Christi aber ver-
hielt es sich so: Als seine Mutter Maria
mit Josef verlobt war, fand es sich, ehe
sie miteinander lebten, dass sie emp-
fangen hatte vom Heiligen Geiste.
19 Da aber Josef, ihr Mann, gerecht
war und sie nicht bloßstellen wollte,
gedachte er, sie im Stillen zu entlas-
sen. 20 Während er das überlegte, da
erschien ihm ein Engel des Herrn im
Traume und sprach zu ihm: „Josef,
Sohn Davids, scheue dich nicht, Ma-
ria, deine Frau, zu dir zu nehmen,
denn was in ihr gezeugt ist, ist vom
Heiligen Geist. 21 Sie wird einen Sohn
gebären, und du sollst ihm den Na-
men Jesus geben, denn er wird sein
Volk von seinen Sünden erlösen."
22 Dies alles aber ist geschehen, damit
das Wort des Herrn in Erfüllung gehe,
das er durch den Propheten gespro-
chen hat:

23 „Siehe, die Jungfrau wird empfan-
gen und einen Sohn gebären, und
man wird ihm den Namen Immanuel
geben", das heißt übersetzt: Gott mit
uns.

24 Als nun Josef vom Schlafe er-
wachte, tat er, wie der Engel des Herrn
ihn geheißen, und nahm seine Frau zu
sich, 25 erkannte sie aber nicht, bis sie
einen Sohn geboren hatte; und er gab
ihm den Namen Jesus.

Der Besuch der Weisen: 2,1–12

2 1 Als nun Jesus geboren war, zu
Betlehem im Lande Juda in den
Tagen des Königs Herodes, da kamen
Weise aus dem Morgenlande nach Je-
rusalem 2 und sagten: „Wo ist der neu-
geborene König der Juden? Denn wir
haben seinen Stern im Aufgehen gese-
hen und sind gekommen, ihm zu hul-
digen." 3 Als der König Herodes das
hörte, erschrak er und ganz Jerusalem
mit ihm. 4 Und er ließ alle Hohenpries-
ter und Schriftgelehrten des Volkes
zusammenkommen und forschte sie
aus, wo der Messias geboren werden
solle. 5 Sie sagten ihm: „In Betlehem
im Lande Juda. Denn so steht ge-
schrieben im Propheten:

6 ‚Und du, Betlehem, Land Judas,
bist keineswegs die geringste unter
den Fürstenstädten Judas, denn aus
dir wird der Herrscher hervorgehen,
der mein Volk Israel weiden wird.'"

7 Da rief Herodes die Weisen heim-
lich zu sich und horchte sie aus,
wann ihnen der Stern erschienen sei.
8 Dann schickte er sie nach Betlehem
und sagte: „Ziehet hin und forschet
genau nach dem Kinde, und sobald
ihr es gefunden habt, lasst es mich
wissen, damit auch ich komme und
ihm huldige." 9 Nachdem sie den Kö-
nig angehört hatten, brachen sie auf.
Und siehe, der Stern, den sie im Auf-
gehen gesehen hatten, zog vor ihnen
her, bis er ankam und stehen blieb
über dem Ort, wo das Kind war.
10 Als sie aber den Stern erblickten,
hatten sie eine überaus große Freude.
11 Sie traten in das Haus ein und

schauten das Kind mit seiner Mutter
Maria, fielen nieder und huldigten
ihm. Dann öffneten sie ihre Schätze
und brachten ihm Geschenke dar,
Gold, Weihrauch und Myrrhe. 12 Und
da sie im Traum die Weisung empfin-
gen, nicht zu Herodes zurückzukeh-
ren, zogen sie auf einem anderen
Weg heim in ihr Land.

Flucht nach Ägypten und Kindermord in Betlehem: 2,13–18

13 Nachdem sie aufgebrochen waren,
siehe, da erschien ein Engel des Herrn
dem Josef im Traume und sprach:
„Steh auf, nimm das Kind und seine
Mutter und flieh nach Ägypten und
bleibe dort, bis ich es dir sage, denn
Herodes will nach dem Kind suchen,
um es zu töten." 14 Da stand er auf,
nahm des Nachts das Kind und seine
Mutter und floh nach Ägypten 15 und
blieb dort bis zum Tode des Herodes.
So sollte das Wort in Erfüllung gehen,
das der Herr durch den Propheten ge-
sprochen hat: „Aus Ägypten habe ich
meinen Sohn gerufen."

16 Als Herodes sich nun von den
Weisen hintergangen sah, geriet er in
heftigen Zorn, sandte hin und ließ in
Betlehem und seiner ganzen Umge-
bung alle Knaben im Alter von zwei
Jahren und darunter töten, der Zeit
entsprechend, nach der er die Weisen
ausgeforscht hatte. 17 Da wurde das
Wort erfüllt, das durch den Propheten
Jeremia gesprochen wurde:

18 „Eine Stimme hört man in Rama,
viel Weinen und Wehklagen: Rahel
weint um ihre Kinder und will sich
nicht trösten lassen, weil sie nicht
mehr sind."

Rückkehr aus Ägypten und Niederlassung in Nazaret: 2,19–23

19 Als aber Herodes gestorben war, sie-
he, da erschien dem Josef in Ägypten
ein Engel des Herrn im Traum 20 und
sprach: „Steh auf, nimm das Kind
und seine Mutter und ziehe in das
Land Israel, denn die dem Kinde nach
dem Leben strebten, sind gestorben.
21 Da stand er auf, nahm das Kind
und seine Mutter und zog in das Land
Israel. 22 Als er aber hörte, dass Arche-
laus anstelle seines Vaters über Judäa
herrschte, fürchtete er sich, dorthin
zu gehen. Nachdem er aber im Traum
eine Weisung empfangen hatte, zog er
in das Gebiet von Galiläa. 23 Er kam in
eine Stadt namens Nazaret und nahm
dort Wohnung; so sollte sich das
Wort der Propheten erfüllen: „Er wird
Nazoräer heißen."

Predigt Johannes' des Täufers: 3,1–12

3 1 In jenen Tagen trat Johannes der
Täufer auf und predigte in der
Wüste von Judäa: 2 „Kehret um, denn
das Himmelreich ist nahe gekom-
men." 3 Dieser nämlich ist es, von
dem gesprochen wurde durch den
Propheten Jesaja: „Eine Stimme ruft
in der Wüste: Bereitet den Weg des
Herrn! Macht seine Straßen eben!"

4 Er aber, Johannes, trug einen Man-
tel aus Kamelhaaren und einen leder-

nen Gürtel um seine Hüften. Und sei-
ne Nahrung waren Heuschrecken und
wilder Honig. 5 Da zog Jerusalem und
ganz Judäa und die ganze Jordan-
gegend zu ihm hinaus, 6 und sie ließen
sich von ihm im Jordan taufen und be-
kannten dabei ihre Sünden. 7 Als er
aber viele Pharisäer und Sadduzäer
zur Taufe kommen sah, sprach er zu
ihnen: „Ihr Natterngezücht! Wer hat
euch gelehrt, ihr könntet dem kom-
menden Zorn entfliehen? 8 Bringt also
Frucht, die der Umkehr entspricht,
9 und lasst euch nicht einfallen, in
eurem Innern zu denken: ‚Wir haben
Abraham zum Vater.' Ich sage euch:
Aus diesen Steinen da kann Gott
dem Abraham Kinder erwecken.
10 Schon ist aber die Axt an die Wurzel
der Bäume gelegt; jeder Baum nun,
der keine gute Frucht bringt, wird
umgehauen und ins Feuer geworfen.
11 Ich taufe euch mit Wasser zur Um-
kehr. Der aber nach mir kommt, ist
stärker als ich; ich bin nicht wert,
ihm die Schuhe nachzutragen. Er wird
euch in heiligem Geist und Feuer tau-
fen. 12 Die Wurfschaufel ist in seiner
Hand, und er wird seine Tenne fegen.
Und seinen Weizen wird er in die
Scheune sammeln, die Spreu aber ver-
brennen in unauslöschlichem Feuer."

Taufe Jesu: 3,13–17

13 Da kam Jesus von Galiläa zu Johan-
nes an den Jordan, um sich von ihm
taufen zu lassen. 14 Der aber wollte es
ihm wehren und sprach: „Ich habe nö-
tig, von dir getauft zu werden, und du
kommst zu mir?" 15 Doch Jesus ant-
wortete ihm: „Lass es jetzt zu; denn so
geziemt es sich für uns, alle Gerechtig-
keit zu erfüllen." Da ließ er ihn zu.

16 Als aber Jesus getauft war, stieg er
sogleich aus dem Wasser, und siehe,
die Himmel taten sich auf, und er sah
den Geist Gottes herabschweben wie
eine Taube und auf ihn kommen.
17 Und siehe, eine Stimme aus den
Himmeln sprach: „Dieser ist mein ge-
liebter Sohn, an dem ich Wohlgefallen
habe."

Die Bergpredigt

Die Seligpreisungen: 5,1–12

5 1 Als Jesus aber die Volksscharen
sah, stieg er auf den Berg, und als
er sich gesetzt hatte, traten seine Jün-
ger zu ihm. 2 Und er öffnete seinen
Mund und lehrte sie:

3 „Selig die Armen im Geiste, denn
ihrer ist das Himmelreich.

4 Selig die Trauernden, denn sie
werden getröstet werden.

5 Selig die Sanftmütigen, denn sie
werden das Land besitzen.

6 Selig, die hungern und dürsten
nach der Gerechtigkeit, denn sie wer-
den gesättigt werden.

7 Selig die Barmherzigen, denn sie
werden Barmherzigkeit erlangen.

8 Selig, die reinen Herzens sind,
denn sie werden Gott schauen.

9 Selig die Friedensstifter, denn sie
werden Söhne Gottes heißen.

10 Selig, die verfolgt werden um der
Gerechtigkeit willen, denn ihrer ist
das Himmelreich.

11 Selig seid ihr, wenn sie euch
schmähen und verfolgen und euch
alles Böse lügnerisch nachsagen um
meinetwillen. 12 Freut euch und froh-
locket, denn euer Lohn ist groß im
Himmel. Denn so haben sie auch die
Propheten vor euch verfolgt.

Salz der Erde und Licht der Welt: 5,13–16

13 Ihr seid das Salz der Erde. Wenn aber
das Salz fade geworden ist, womit soll
man es salzen? Es taugt zu nichts
mehr, als dass es hinausgeworfen und
von den Leuten zertreten wird.

14 Ihr seid das Licht der Welt. Eine
Stadt, die auf dem Berge liegt, kann
nicht verborgen bleiben. 15 Auch zün-
det man nicht ein Licht an und stellt
es unter den Scheffel, sondern auf
den Leuchter, dann leuchtet es allen,
die im Hause sind. 16 So soll euer Licht
leuchten vor den Menschen, damit sie
eure guten Werke sehen und euren
Vater im Himmel preisen.

Die Erfüllung des Gesetzes: 5,17–19

17 Meint nicht, ich sei gekommen, das
Gesetz oder die Propheten aufzulösen.
Ich bin nicht gekommen aufzulösen,
sondern zu erfüllen. 18 Denn wahrlich,
ich sage euch: Bis Himmel und Erde
vergehen, wird nicht ein Jota oder
Häkchen vom Gesetze vergehen, bis
alles geschehen ist. 19 Wer also eines
dieser geringsten Gebote aufhebt und
die Menschen so lehrt, wird der Ge-
ringste heißen im Himmelreich, wer
sie aber tut und lehrt, wird groß hei-
ßen im Himmelreich.

Die neue Gerechtigkeit: 5,20–48

20 Denn ich sage euch: Wenn eure Ge-
rechtigkeit nicht weit vollkommener
sein wird als die der Schriftgelehrten
und Pharisäer, so werdet ihr nicht ins
Himmelreich eingehen.

21 Ihr habt gehört, dass zu den Alten
gesagt worden ist: ‚Du sollst nicht tö-
ten.' Wer aber tötet, der soll dem Ge-
richt verfallen sein. 22 Ich aber sage
euch: Jeder, der seinem Bruder zürnt,
soll dem Gericht verfallen sein. Wer
aber zu seinem Bruder sagt: ‚Du
Dummkopf!', soll dem Hohen Rat ver-
fallen sein. Und wer sagt: ‚Du Narr!',
der soll der Feuerhölle verfallen sein.
23 Wenn du nun deine Gabe zum Altare
bringst und dich dort erinnerst, dass
dein Bruder etwas gegen dich hat,
24 dann lass deine Gabe dort vor dem
Altar und geh erst hin und versöhne
dich mit deinem Bruder. Dann komm
und bringe deine Gabe dar. 25 Verglei-
che dich eilends mit deinem Widersa-
cher, solange du noch mit ihm unter-
wegs bist, damit der Widersacher dich
nicht etwa dem Richter übergebe und
der Richter dem Gerichtsdiener und
du ins Gefängnis geworfen werdest.
26 Wahrlich, ich sage dir: Du wirst von
dort sicherlich nicht herauskommen,
bis du den letzten Cent bezahlt hast.*

* Çent/Pfennig“: wörtlich „Quadrans“.

27 Ihr habt gehört, dass gesagt wur-
de: ‚Du sollst nicht ehebrechen.‘ 28 Ich
aber sage euch: Jeder, der eine Frau be-
gehrlich anblickt, hat in seinem Her-
zen schon die Ehe mit ihr gebrochen.
29 Wenn dich daher dein rechtes Auge
zur Sünde reizt, so reiß es aus und
wirf es von dir. Es ist besser für dich,
dass eines deiner Glieder verloren
geht, als dass dein ganzer Leib in die
Hölle geworfen wird. 30 Und wenn
dich deine rechte Hand zur Sünde
reizt, so hau sie ab und wirf sie von
dir. Denn es ist besser für dich, dass
eines deiner Glieder verloren geht, als
dass dein ganzer Leib in die Hölle
fährt.

31 Es ist auch gesagt: ‚Wer seine Frau
entlässt, gebe ihr einen Scheidebrief.‘
32 Ich aber sage euch: Jeder, der seine
Frau entlässt, außer wegen Unzucht,
der macht sie zur Ehebrecherin, und
wer eine Entlassene heiratet, begeht
Ehebruch.

33 Ferner habt ihr gehört, dass zu
den Alten gesagt wurde: ‚Du sollst
keinen Meineid schwören, sondern
du sollst dem Herrn deine Schwüre
halten.‘ 34 Ich aber sage euch, ihr sollt
überhaupt nicht schwören, weder
beim Himmel, denn er ist der Thron
Gottes, 35 noch bei der Erde, denn sie
ist der Schemel seiner Füße, noch bei
Jerusalem, denn sie ist die Stadt des
großen Königs. 36 Auch bei deinem
Haupte sollst du nicht schwören;
denn du vermagst nicht, ein einziges
Haar weiß oder schwarz zu machen.
37 Vielmehr soll eure Rede (so) sein: Ja
(sei) Ja, Nein (sei) Nein. Was darüber
hinausgeht, ist vom Bösen.

38 Ihr habt gehört, dass gesagt ist:
‚Aug um Aug‘ und ‚Zahn um Zahn‘.
39 Ich aber sage euch: Widersteht dem
Bösen nicht, sondern wer dich auf die
rechte Wange schlägt, dem halte auch
die andere hin, 40 und dem, der dich
vor Gericht bringen und deinen Rock
nehmen will, dem lass auch den Man-
tel. 41 Und wer dich nötigt, eine Meile
weit (zu gehen), mit dem geh zwei.
42 Dem, der dich bittet, gib, und wer
bei dir borgen will, von dem wende
dich nicht ab.

43 Ihr habt gehört, dass gesagt ist:
‚Liebe deinen Nächsten‘ und hasse
deinen Feind. 44 Ich aber sage euch:
Liebet eure Feinde und betet für die,
die euch verfolgen, 45 damit ihr Söhne
eures Vaters im Himmel werdet, denn
er lässt seine Sonne aufgehen über Bö-
se und Gute und lässt regnen über Ge-
rechte und Ungerechte. 46 Wenn ihr
nämlich nur die liebt, die euch lieben,
welchen Lohn habt ihr dafür? Machen
nicht auch die Zöllner dasselbe?
47 Und wenn ihr nur eure Brüder
grüßt, was tut ihr da Besonderes?
Tun das nicht auch die Heiden? 48 Seid
ihr also vollkommen, wie euer himm-
lischer Vater vollkommen ist.

Almosen geben im Verborgenen: 6,1–4

6 1 Achtet darauf, dass ihr eure Ge-
rechtigkeit nicht vor den Men-
schen übt, um von ihnen gesehen zu
werden, sonst habt ihr keinen Lohn
bei eurem Vater, der im Himmel ist.
2 Wenn du also Almosen gibst, so lass
nicht vor dir her trompeten, wie es die

Heuchler in den Synagogen und in den Gassen machen, um von den Menschen gelobt zu werden. Wahrlich, ich sage euch: Sie haben schon ihren Lohn. 3 Du aber, wenn du Almosen gibst, dann soll deine Linke nicht wissen, was deine Rechte tut, 4 damit dein Almosen im Verborgenen bleibe; und dein Vater, der ins Verborgene sieht, wird dir vergelten.

Beten im Verborgenen: 6,5–6

5 Und wenn ihr betet, so seid nicht wie die Heuchler, denn sie beten gern, wenn sie in den Synagogen und an den Straßenecken stehen, damit es die Leute merken. Wahrlich, ich sage euch: Sie haben schon ihren Lohn. 6 Du aber, wenn du betest, geh in deine Kammer und schließ deine Tür zu und bete zu deinem Vater im Verborgenen; und dein Vater, der ins Verborgene sieht, wird dir vergelten.

Das wahre Beten. Das Vaterunser: 6,7–15

7 Wenn ihr aber betet, plappert nicht daher wie die Heiden. Denn sie meinen erhört zu werden, wenn sie viele Worte machen. 8 Macht es also nicht wie sie. Euer Vater weiß ja, was ihr braucht, bevor ihr ihn bittet.
9 So nun sollt ihr beten:
Unser Vater im Himmel,
geheiligt werde dein Name,
10 dein Reich komme,
dein Wille geschehe
wie im Himmel auch auf Erden.
11 Unser tägliches Brot gib uns heute,
12 und vergib uns unsere Schuld,
wie auch wir unsern Schuldnern vergeben haben.
13 Und führe uns nicht in Versuchung,
sondern erlöse uns von dem Bösen.

14 Wenn ihr nämlich den Menschen ihre Verfehlungen vergebt, wird auch euch euer himmlischer Vater vergeben. 15 Wenn ihr aber den Menschen nicht vergebt, so wird euer Vater auch eure Verfehlungen nicht vergeben.

Fasten im Verborgenen: 6,16–18

16 Wenn ihr aber fastet, so schaut nicht finster drein wie die Heuchler, denn sie verstellen ihr Gesicht, damit die Leute merken, dass sie fasten. Wahrlich, ich sage euch: Sie haben schon ihren Lohn. 17 Du aber, wenn du fastest, salbe dein Haupt und wasche dein Gesicht, 18 damit die Leute nicht merken, dass du fastest, sondern (nur) dein Vater, der im Verborgenen ist; und dein Vater, der ins Verborgene sieht, wird dir vergelten.

Der wahre Schatz: 6,19–21

19 Sammelt euch nicht Schätze auf Erden, wo Motte und Wurm sie zerstören und wo Diebe einbrechen und stehlen. 20 Sammelt euch vielmehr Schätze im Himmel, wo weder Motte noch Wurm zerstören und wo Diebe nicht einbrechen und stehlen. 21 Denn wo dein Schatz ist, da wird auch dein Herz sein.

Gott und das Geld: 6,24

24 Niemand kann zwei Herren dienen.
Denn entweder wird er den einen has-
sen und den andern lieben oder dem
einen anhangen und den andern ver-
achten. Ihr könnt nicht Gott dienen
und dem Mammon.

Hingabe an die Vorsehung: 6,25–34

25 Darum sage ich euch: Sorget euch
nicht um euer Leben, was ihr essen
werdet, noch um euren Leib, was ihr
anziehen werdet. Ist nicht das Leben
mehr als die Nahrung und der Leib
mehr als das Kleid? 26 Schaut auf die
Vögel des Himmels: sie säen nicht, sie
ernten nicht und sammeln nicht in
Scheunen, und euer himmlischer Va-
ter ernährt sie. Seid ihr nicht viel
mehr (wert) als sie? 27 Wer aber von
euch vermag mit seinen Sorgen seiner
(Lebens-)Länge eine einzige Elle hin-
zuzufügen? 28 Und was sorget ihr euch
wegen der Kleidung? Betrachtet die Li-
lien des Feldes, wie sie wachsen: sie ar-
beiten nicht und spinnen nicht. 29 Ich
sage euch aber: selbst Salomo in all
seiner Pracht war nicht gekleidet wie
eine von diesen. 30 Wenn aber Gott
das Gras des Feldes, das heute steht
und morgen in den Ofen geworfen
wird, so kleidet, wie viel mehr euch,
ihr Kleingläubigen! 31 Sorget euch also
nicht und saget nicht: Was werden wir
essen? oder: Was werden wir trinken?
oder: Was werden wir anziehen?
32 Denn nach all dem trachten die Hei-
den. Euer himmlischer Vater weiß ja,
dass ihr das alles braucht. 33 Suchet
vielmehr zuerst das Reich und seine
Gerechtigkeit, und all das wird euch
dreingegeben werden. 34 Sorget euch
also nicht um den morgigen Tag,
denn der morgige Tag wird für sich
selber sorgen. Jeder Tag hat genug an
seiner eigenen Plage.

Nicht richten: 7,1–5

7 1 Richtet nicht, damit ihr nicht ge-
richtet werdet. 2 Denn mit dem
Gericht, mit dem ihr richtet, werdet
ihr gerichtet werden. Und mit dem
Maße, mit dem ihr messet, wird euch
gemessen werden. 3 Was siehst du
aber den Splitter im Auge deines Bru-
ders, doch den Balken in deinem Auge
nimmst du nicht wahr? 4 Oder wie
kannst du zu deinem Bruder sagen:
‚Lass mich den Splitter aus deinem
Auge wegnehmen', und dabei ist der
Balken in deinem Auge? 5 Heuchler,
nimm zuerst den Balken aus deinem
Auge. Dann magst du sehen, wie du
den Splitter aus deines Bruders Auge
wegnimmst.

Kraft des Betens: 7,7–11

7 Bittet, und es wird euch gegeben wer-
den. Suchet, und ihr werdet finden.
Klopfet an, und es wird euch aufgetan
werden. 8 Denn jeder, der bittet, emp-
fängt, und wer sucht, findet, und wer
anklopft, dem wird aufgetan werden.
9 Oder wer von euch wird, wenn ihn
sein Sohn um Brot bittet, ihm einen

Stein geben? 10 Oder wenn er ihn um
einen Fisch bittet, wird er ihm eine
Schlange geben? 11 Wenn nun ihr, die
ihr böse seid, euren Kindern gute Ga-
ben zu geben wisst, wie viel mehr
wird euer Vater im Himmel denen
Gutes geben, die ihn bitten.

Die goldene Regel: 7,12

12 Alles nun, was ihr wollt, dass euch
die Leute tun, das sollt auch ihr ihnen
tun; denn das ist das Gesetz und die
Propheten.

Die zwei Wege: 7,13–14

13 Tretet ein durch die enge Pforte.
Denn weit ist die Pforte und breit der
Weg, der ins Verderben führt, und
viele sind es, die auf ihm hineingehen.
14 Doch eng ist die Pforte und schmal
der Weg, der ins Leben führt, und we-
nige sind es, die ihn finden.

Die falschen Propheten: 7,15–20

15 Hütet euch vor den falschen Prophe-
ten, die in Schafskleidern zu euch
kommen, inwendig aber reißende
Wölfe sind. 16 An ihren Früchten wer-
det ihr sie erkennen. Sammelt man et-
wa Trauben von Dornen oder Feigen
von Disteln? 17 So bringt jeder gute
Baum gute Früchte, der schlechte
Baum aber bringt schlechte Früchte.
18 Ein guter Baum kann keine schlech-
ten Früchte bringen, und ein schlech-
ter Baum kann keine guten Früchte
bringen. 19 Jeder Baum, der keine gute
Frucht bringt, wird umgehauen und
ins Feuer geworfen. 20 An ihren Früch-
ten also werdet ihr sie erkennen.

Die wahren Jünger: 7,21–27

21 Nicht jeder, der zu mir sagt: ‚Herr,
Herr', wird in das Himmelreich einge-
hen, sondern wer den Willen meines
Vaters tut, der im Himmel ist. 22 Viele
werden an jenem Tage zu mir sagen:
‚Herr, Herr, haben wir nicht geweiss-
agt in deinem Namen, in deinem Na-
men Dämonen ausgetrieben und in
deinem Namen viele Wunder ge-
wirkt?' 23 Dann werde ich zu ihnen sa-
gen: Ich habe euch nie gekannt. Hin-
weg von mir, ihr Übeltäter!

24 Jeder aber, der diese meine Worte
hört und sie befolgt, gleicht einem
klugen Mann, der sein Haus auf Fels
gebaut hat. 25 Da stürzte der Platz-
regen herab, die Wasserfluten kamen,
die Winde bliesen und fielen über je-
nes Haus her. Aber es stürzte nicht
ein, denn es war auf Felsen gegründet.
26 Doch jeder, der diese meine Worte
hört und sie nicht befolgt, gleicht
einem törichten Mann, der sein Haus
auf den Sand gebaut hat. 27 Da stürzte
der Platzregen herab, die Wasserflu-
ten kamen, die Winde bliesen und fie-
len über jenes Haus her. Da stürzte es
ein, und sein Sturz war groß."

Staunen der Menge: 7,28–29

28 Als Jesus diese Worte beendet hatte,
waren die Volksscharen ganz betrof-
fen über seine Lehre. 29 Denn er lehrte
sie wie einer, der Macht hat, und nicht
wie ihre Schriftgelehrten.

Das Wirken Jesu

Heilung des Knechtes eines Hauptmanns: 8,5–13

5 Als Jesus aber nach Kafarnaum hi-
neinkam, trat ein Hauptmann an ihn
heran mit der Bitte: 6 „Herr, mein
Knecht liegt zu Hause gelähmt danie-
der und leidet große Qual.“ 7 Er sprach
zu ihm: „Ich soll kommen und ihn
heilen?“ 8 Da antwortete der Haupt-
mann: „Herr, ich bin nicht würdig,
dass du unter mein Dach trittst. Aber
sprich nur ein Wort, so wird mein
Knecht geheilt werden. 9 Denn auch
ich bin ein Mann, der unter Befehls-
gewalt steht, und habe Soldaten unter
mir. Sage ich nun dem einen: ‚Geh!‘,
so geht er, und einem anderen:
‚Komm!‘, so kommt er, und zu mei-
nem Knecht: ‚Tu das!‘, so tut er es.“
10 Als Jesus das hörte, staunte er und
sprach zu denen, die (ihm) folgten:
„Wahrlich, ich sage euch, bei nieman-
dem in Israel habe ich solchen Glau-
ben gefunden. 11 Ich sage euch aber:
Viele werden von Osten und Westen
kommen und mit Abraham und Isaak
und Jakob im Himmelreich zu Tische
liegen. 12 Die Söhne des Reiches aber
werden hinausgestoßen werden in die
Finsternis draußen. Dort wird Heulen
und Zähneknirschen sein.“ 13 Und Je-
sus sprach zu dem Hauptmann: „Geh,
dir geschehe, wie du geglaubt hast.“
Und in derselben Stunde wurde der
Knecht geheilt.

Forderungen der Nachfolge Jesu: 8,18–22

18 Als Jesus nun die große Volksschar
um sich sah, befahl er, an das andere
Ufer wegzufahren. 19 Da trat ein
Schriftgelehrter an ihn heran und sag-
te zu ihm: „Meister, ich will dir folgen,
wohin du auch gehst.“ 20 Da sprach Je-
sus zu ihm: „Die Füchse haben Höh-
len und die Vögel des Himmels Nester.
Der Menschensohn aber hat nicht,
wohin er sein Haupt legen kann.“

21 Ein anderer aber, (einer) von den
Jüngern, sagte zu ihm: „Herr, erlaube
mir, zuerst hinzugehen und meinen
Vater zu begraben.“ 22 Jesus aber ant-
wortete ihm: „Folge mir, und lass die
Toten ihre Toten begraben.“

Mahl mit den Sündern: 9,10–13

10 Und als er in (dessen) Hause zu Ti-
sche lag, da kamen viele Zöllner und
Sünder und legten sich mit Jesus und
seinen Jüngern zu Tische. 11 Als die
Pharisäer das sahen, sprachen sie zu
seinen Jüngern: „Warum isst euer
Meister mit den Zöllnern und Sün-
dern?“ 12 Er aber hörte es und sprach:
„Nicht die Gesunden brauchen den
Arzt, sondern die Kranken. 13 Geht
und lernet verstehen, was das heißt:

‚Erbarmen will ich und nicht Opfer.‘ Denn ich bin nicht gekommen, Gerechte zu berufen, sondern Sünder.“

Aussendung der Zwölf: 10,1–16

10 1 Und Jesus rief seine zwölf Jünger zu sich und gab ihnen Vollmacht über unreine Geister, sie auszutreiben und jegliche Krankheit und jegliches Gebrechen zu heilen.

2 Die Namen der zwölf Apostel sind diese: zuerst Simon, genannt Petrus, und sein Bruder Andreas, und Jakobus, des Zebedäus Sohn, 3 und sein Bruder Johannes, Philippus und Bartholomäus, Thomas und Matthäus, der Zöllner, Jakobus, des Alphäus Sohn, und Thaddäus, 4 Simon Kananäus und Judas Iskariot, der ihn auch überlieferte. 5 Diese Zwölf sandte Jesus aus und gebot ihnen: „Geht nicht auf den Weg zu den Heiden und betretet auch keine Stadt der Samariter. 6 Geht vielmehr zu den verlorenen Schafen des Hauses Israel. 7 Geht also und verkündet: Das Himmelreich ist nahe gekommen. 8 Heilet Kranke, erwecket Tote, macht Aussätzige rein, treibt Dämonen aus. Umsonst habt ihr empfangen, umsonst sollt ihr auch geben. 9 Verschafft euch weder Gold noch Silber noch Kupfermünzen in eure Gürtel, 10 auch keine Reisetasche, auch nicht zwei Röcke, weder Schuhe noch Stab. Denn der Arbeiter ist seiner Nahrung wert.

11 Kommt ihr in eine Stadt oder ein Dorf, so fragt, wer darin würdig ist. Dort bleibt, bis ihr weiterwandert. 12 Wenn ihr in das Haus eintretet, so bietet ihm den Gruß. 13 Und wenn das Haus dessen würdig ist, so soll euer Friede darauf kommen; ist es aber nicht würdig, so soll euer Friede zu euch zurückkehren. 14 Und wenn man euch nicht aufnimmt und auf eure Worte nicht hört, so verlasst jenes Haus oder jene Stadt und schüttelt den Staub von euren Füßen. 15 Wahrlich, ich sage euch: Dem Lande Sodom und Gomorra wird es am Tage des Gerichtes erträglicher ergehen als jener Stadt. 16 Seht, ich sende euch wie Schafe mitten unter die Wölfe. Seid also klug wie die Schlangen und ohne Falsch wie die Tauben.

Die Anfrage des Täufers und das Zeugnis Jesu über ihn: 11,2–15

2 Als aber Johannes im Gefängnis vom Wirken des Messias hörte, ließ er durch seine Jünger fragen: 3 „Bist du der Kommende, oder sollen wir einen anderen erwarten?“ 4 Jesus antwortete ihnen: „Geht hin und berichtet dem Johannes, was ihr hört und seht: 5 ‚Blinde sehen, Lahme gehen, Aussätzige werden rein, Taube hören, Tote werden auferweckt, und den Armen wird Frohe Botschaft verkündet.‘ 6 Und selig, wer an mir nicht Anstoß nimmt.“

7 Während diese aber weggingen, begann Jesus zu den Volksscharen von Johannes zu sprechen: „Wozu seid ihr hinausgegangen in die Wüste? Ein Schilfrohr zu sehen, das im Winde schwankt? 8 Oder wozu seid ihr hi-

nausgegangen? Einen Menschen zu
sehen mit weichen Kleidern angetan?
Seht, die weiche Kleider tragen, sind
in den Palästen der Könige. 9 Oder wo-
zu seid ihr hinausgegangen? Einen
Propheten zu sehen? Ja, ich sage euch:
Viel mehr noch als ein Prophet. 10 Die-
ser ist es, von dem geschrieben steht:
‚Siehe, ich sende meinen Boten vor dir
her, dass er den Weg vor dir bereite.'

11 Wahrlich, ich sage euch: Unter
den von einer Frau Geborenen ist kein
Größerer aufgestanden als Johannes
der Täufer. Der Kleinste aber im Him-
melreich ist größer als er. 12 Aber seit
den Tagen Johannes' des Täufers bis
heute leidet das Himmelreich Gewalt,
und Gewalttätige reißen es an sich.
13 Denn alle Propheten und das Gesetz
bis zu Johannes hin haben geweissagt,
14 und wenn ihr es annehmen wollt: Er
ist Elija, der kommen soll. 15 Wer Oh-
ren hat, der höre.

Jubel- und Heilandsruf Jesu: 11,25–30

25 In jener Zeit hub Jesus an und
sprach: „Ich preise dich, Vater, Herr
des Himmels und der Erde, dass du
dieses vor Weisen und Klugen verbor-
gen, Einfältigen aber geoffenbart hast.
26 Ja, Vater, so war es wohlgefällig vor
dir. 27 Alles ist mir von meinem Vater
übergeben. Und niemand kennt den
Sohn als der Vater; und den Vater
kennt niemand als nur der Sohn und
wem der Sohn es offenbaren will.

28 Kommt zu mir alle, die ihr müh-
selig und beladen seid: Ich will euch
erquicken. 29 Nehmt mein Joch auf
euch und lernt von mir, denn ich bin
sanftmütig und demütig von Herzen,
und ‚ihr werdet Ruhe finden für eure
Seelen'. 30 Denn mein Joch ist sanft
und meine Last leicht."

Die Gleichnisse

Einleitung zur Gleichnisrede: 13,1–3a

13 1 An jenem Tage verließ Jesus
das Haus und setzte sich an
den See. 2 Und große Volksscharen
sammelten sich um ihn; deshalb stieg
er in ein Boot und setzte sich nieder,
während das ganze Volk am Ufer
stand. 3a Und er redete viel zu ihnen
in Gleichnissen.

Das Gleichnis vom Sämann: 13,3b–9

3b Jesus sprach: „Siehe, ein Sämann
ging aus zu säen. 4 Und als er säte, fiel
einiges auf den Weg, und die Vögel
kamen und fraßen es auf. 5 Anderes
aber fiel auf steinigen Grund, wo es
nicht viel Erdreich hatte. Und es
schoss rasch auf, weil es kein tiefes
Erdreich fand. 6 Als aber die Sonne
aufging, wurde es versengt, und weil
es keine Wurzel hatte, verdorrte es.
7 Anderes aber fiel unter die Dornen,
und die Dornen wuchsen auf und er-
stickten es. 8 Anderes jedoch fiel auf
gutes Erdreich und brachte Frucht,
teils hundertfach, teils sechzigfach,
teils dreißigfach. 9 Wer Ohren hat, der
höre!"

Warum Gleichnisse? 13,10–17

10 Da traten die Jünger an Jesus heran
und sagten zu ihm: „Warum redest du
in Gleichnissen zu ihnen?“

11 Er aber antwortete: „Euch ist es
gegeben, die Geheimnisse des Him-
melreiches zu verstehen, jenen aber
ist es nicht gegeben. 12 Denn dem, der
hat, wird gegeben werden, und er
wird Überfluss haben. Wer aber nicht
hat, dem wird auch das, was er hat,
genommen werden. 13 Deshalb rede
ich zu ihnen in Gleichnissen, weil sie
sehend nicht sehen und hörend nicht
hören noch verstehen. 14 Und es erfüllt
sich an ihnen die Weissagung des Je-
saja, die sagt: ‚Hören werdet ihr mit
den Ohren und nicht verstehen. Se-
hend werdet ihr sehen und nicht er-
kennen. 15 Denn verstockt ist das Herz
dieses Volkes. Schwer hören sie mit
ihren Ohren, und ihre Augen haben
sie geschlossen, damit sie nicht etwa
sehen mit ihren Augen, und mit den
Ohren nicht hören, und mit dem Her-
zen nicht verstehen und sich bekeh-
ren, dass ich sie heile.‘

16 Selig aber sind eure Augen, weil
sie sehen, und eure Ohren, weil sie
hören. 17 Denn wahrlich, ich sage
euch: Viele Propheten und Gerechte
sehnten sich zu sehen, was ihr seht,
und haben es nicht gesehen, und zu
hören, was ihr hört, und haben es
nicht gehört.

Deutung des Gleichnisses vom Sämann: 13,18–23

18 So höret also ihr das Gleichnis vom
Sämann! 19 Bei jedem, der das Wort
vom Reiche hört und es nicht ver-
steht, kommt der Böse und raubt das,
was in sein Herz gesät war. Dies ist
der auf den Weg Gesäte. 20 Der aber
auf steinigen Grund Gesäte, das ist je-
ner, der das Wort hört und es sofort
mit Freuden aufnimmt. 21 Er hat je-
doch keine Wurzel in sich, denn er
ist ein Mensch des Augenblicks. So-
bald aber Drangsal oder Verfolgung
um des Wortes willen kommt,
kommt er zu Fall. 22 Der in die Dornen
Gesäte, das ist der, der das Wort hört,
aber weltliche Sorgen und der Trug
des Reichtums ersticken das Wort,
und es bringt keine Frucht. 23 Der aber
auf gutes Erdreich Gesäte, das ist je-
ner, der das Wort hört und versteht;
der bringt dann auch Frucht und trägt
teils hundertfach, teils sechzigfach,
teils dreißigfach.“

Die Verklärung: 17,1–8

17 1 Und nach sechs Tagen nahm
Jesus den Petrus und den Jako-
bus und dessen Bruder Johannes mit
sich und führte sie auf einen hohen
Berg. 2 Da wurde er vor ihren Augen
verwandelt, und sein Angesicht strahl-
te wie die Sonne, seine Gewänder aber
wurden leuchtend wie das Licht. 3 Und
siehe, es erschienen ihnen Mose und
Elija im Gespräch mit ihm. 4 Da nahm
Petrus das Wort und sprach zu Jesus:

„Herr, es ist gut, dass wir hier sind.
Willst du, so will ich hier drei Hütten
bauen, dir eine und Mose eine und Elija
eine.“ 5 Während er noch redete, da
überschattete sie eine lichte Wolke,
und siehe, eine Stimme aus der Wolke
sprach: „Dieser ist mein geliebter
Sohn, an dem ich Wohlgefallen habe;
ihn sollt ihr hören.“ 6 Als die Jünger das
hörten, warfen sie sich auf ihr Ange-
sicht nieder und fürchteten sich sehr.
7 Da trat Jesus hinzu, rührte sie an und
sprach: „Steht auf und fürchtet euch
nicht.“ 8 Als sie aber ihre Augen erho-
ben, sahen sie niemand als Jesus allein.

Vergeben der Verfehlungen: 18,21–22

21 Da trat Petrus hinzu und sprach zu
Jesus: „Herr, wenn mein Bruder sich
gegen mich verfehlt, wie oft soll ich
ihm vergeben? Bis zu siebenmal?“
22 Jesus antwortete ihm: „Ich sage dir,
nicht bis siebenmal, sondern bis zu
siebenundsiebzigmal.“

Das Gleichnis vom unbarmherzigen Schuldner: 18,23–35

23 „Deshalb ist es mit dem Himmel-
reich wie mit einem König, der Ab-
rechnung halten wollte mit seinen
Knechten. 24 Da er nun anfing abzu-
rechnen, wurde einer vor ihn ge-
bracht, der zehntausend Talente schul-
dig war. 25 Da er nicht zahlen konnte,
befahl der Herr, ihn zu verkaufen samt
seiner Frau und seinen Kindern und
seiner ganzen Habe und (so) die Zah-
lung zu leisten. 26 Da fiel ihm der
Knecht zu Füßen und flehte ihn an:
‚Habe Geduld mit mir, ich will dir ja
alles bezahlen.‘ 27 Da erbarmte sich
der Herr jenes Knechtes, ließ ihn frei
und erließ ihm die Schuld. 28 Kaum
war aber jener Knecht draußen, da traf
er einen seiner Mitknechte, der ihm
hundert Denare schuldig war. Den
packte er, würgte ihn und sagte: ‚Be-
zahle, was du schuldig bist.‘ 29 Da fiel
der Mitknecht ihm zu Füßen und bat
ihn: ‚Habe Geduld mit mir, ich will es
dir ja bezahlen.‘ 30 Aber der wollte
nicht, sondern ging hin und ließ ihn
ins Gefängnis werfen, bis er die
Schuld bezahlt hätte. 31 Als nun seine
Mitknechte sahen, was da vor sich
ging, empörten sie sich darüber, gin-
gen hin und berichteten ihrem Herrn
alles, was geschehen war. 32 Da ließ
sein Herr ihn zu sich rufen und sprach
zu ihm: ‚Du böser Knecht, jene ganze
Schuld habe ich dir erlassen, weil du
mich gebeten hast. 33 Hättest nicht
auch du dich deines Mitknechtes er-
barmen müssen, so wie ich mich dei-
ner erbarmt habe?‘ 34 Und voll Zorn
übergab ihn der Herr den Folter-
knechten, bis er ihm die ganze Schuld
bezahlt hätte. 35 So wird auch mein
himmlischer Vater mit euch verfah-
ren, wenn nicht jeder von euch sei-
nem Bruder von Herzen verzeiht.“

Der reiche Jüngling: 19,16–22

16 Und siehe, jemand trat auf Jesus zu
und sagte: „Meister, was muss ich Gu-
tes tun, um ewiges Leben zu erlan-

gen?“ 17 Er aber sprach zu ihm: „Was
fragst du mich über das Gute? Einer
ist der Gute. Willst du aber ins Leben
eingehen, so halte die Gebote.“ 18 Der
sagte zu ihm: „Welche?“ Jesus antwor-
tete: „Du sollst nicht töten, du sollst
nicht ehebrechen, du sollst nicht steh-
len, du sollst kein falsches Zeugnis ab-
legen, 19 ehre Vater und Mutter, und du
sollst deinen Nächsten lieben wie dich
selbst.“ 20 Der Jüngling erwiderte ihm:
„Das alles habe ich befolgt, was fehlt
mir noch?“ 21 Jesus sprach zu ihm:
„Willst du vollkommen sein, so geh
hin, verkaufe, was du hast, und gib es
den Armen – und du wirst einen
Schatz im Himmel haben – und komm
und folge mir nach.“ 22 Als der Jüngling
aber das Wort gehört hatte, ging er
traurig davon, denn er hatte viele Gü-
ter.

Das Gleichnis von den Arbeitern im Weinberg: 20,1–16

20 1 „Denn mit dem Himmelreich
ist es wie mit einem Hausherrn,
der früh am Morgen ausging, um Ar-
beiter für seinen Weinberg zu dingen.
2 Er vereinbarte mit den Arbeitern
einen Denar für den Tag und schickte
sie in seinen Weinberg. 3 Und als er um
die dritte Stunde ausging, sah er ande-
re müßig auf dem Markte stehen 4 und
sagte zu denen: ‚Geht auch ihr in mei-
nen Weinberg, und was recht ist, wer-
de ich euch geben.‘ 5 Und sie gingen
hin. Um die sechste und neunte Stun-
de ging er noch einmal aus und tat
ebenso. 6 Und als er um die elfte Stun-
de ausging, fand er nochmals andere
dastehen und sagte zu ihnen: ‚Was
steht ihr hier den ganzen Tag müßig?‘
7 Sie antworteten ihm: ‚Weil niemand
uns gedungen hat.‘ Da sprach er zu ih-
nen: ‚Geht auch ihr in den Weinberg.‘
8 Als es nun Abend geworden war, sag-
te der Herr des Weinbergs zu seinem
Verwalter: ‚Ruf die Arbeiter und zahle
ihnen den Lohn aus, fange bei den letz-
ten an bis zu den Ersten.‘ 9 Und es ka-
men die von der elften Stunde und er-
hielten je einen Denar. 10 Als nun die
ersten kamen, meinten sie, sie würden
mehr bekommen. Und auch sie erhiel-
ten je einen Denar. 11 Und da sie ihn
erhielten, murrten sie gegen den Haus-
herrn 12 und sagten: ‚Diese letzten da
haben eine Stunde gearbeitet, und du
hast sie uns gleichgestellt, die wir die
Last des Tages getragen haben und die
Hitze.‘ 13 Er aber erwiderte einem von
ihnen und sprach: ‚Mein Lieber, ich tu
dir kein Unrecht. Hast du nicht mit mir
einen Denar vereinbart? 14 Nimm das
Deine und geh. Ich will aber diesem
Letzten geben wie dir. 15 Oder darf ich
mit dem Meinen nicht tun, was ich
will? Oder ist dein Auge böse, weil ich
gut bin?‘ 16 So werden die Letzten Erste
sein und die Ersten Letzte.“

Jesus in Jerusalem

Messianischer Einzug in Jerusalem: 21,1–11

21 1 Und als sie sich Jerusalem nä-
herten und nach Betfage am
Ölberg kamen, da entsandte Jesus

zwei Jünger 2 und sprach zu ihnen:
„Geht in das Dorf, das vor euch liegt,
und gleich werdet ihr eine Eselin an-
gebunden finden und ein Füllen bei
ihr. Bindet sie los und bringt sie mir.
3 Und wenn jemand etwas zu euch
sagt, so antwortet: ‚Der Herr braucht
sie.' Dann wird er sie sogleich frei-
geben." 4 Dies aber ist geschehen, da-
mit das Wort des Propheten erfüllt
wurde, der spricht: 5 „Saget der Toch-
ter Zion: Siehe, dein König kommt zu
dir, sanftmütig und reitend auf einer
Eselin und auf einem Füllen, dem Jun-
gen des Lasttiers."

6 Die Jünger gingen hin und taten,
wie Jesus ihnen aufgetragen hatte.
7 Sie brachten die Eselin und das Fül-
len, legten ihre Mäntel darüber, und
er setzte sich darauf. 8 Die übergroße
Volksschar aber breitete ihre Kleider
auf den Weg aus, andere hieben Zwei-
ge von den Bäumen und streuten sie
auf den Weg. 9 Und die Scharen, die
ihm vorausgingen und nachfolgten,
riefen: „Hosanna dem Sohne Davids.
Gepriesen, der da kommt im Namen
des Herrn. Hosanna in der Höhe."

10 Und als er in Jerusalem einzog,
kam die ganze Stadt in Bewegung
und sagte: „Wer ist dieser?" 11 Die
Scharen antworteten: „Das ist der Pro-
phet, Jesus aus Nazaret in Galiläa."

Vertreibung der Händler aus dem Tempel:
21,12–17

12 Und Jesus ging in den Tempel und
trieb alle, die im Tempel kauften und
verkauften, hinaus, stieß die Tische
der Wechsler und die Sitze der Tau-
benverkäufer um 13 und sprach zu ih-
nen: „Es steht geschrieben: ‚Mein
Haus soll ein Haus des Gebetes ge-
nannt werden.' Ihr aber macht es zu
einer Räuberhöhle." 14 Und Lahme
und Blinde kamen zu ihm in den
Tempel, und er heilte sie. 15 Als aber
die Hohenpriester und Schriftgelehr-
ten die Wunder sahen, die er wirkte,
und wie die Kinder im Tempel riefen:
„Hosanna dem Sohne Davids", da
wurden sie unwillig 16 und sagten zu
ihm: „Hörst du, was die da sagen?" Je-
sus aber sprach zu ihnen: „Gewiss.
Habt ihr noch nie gelesen: ‚Aus dem
Munde der Unmündigen und Säuglin-
ge hast du dir Lob bereitet'?"

17 Und er ließ sie stehen, ging aus
der Stadt hinaus nach Betanien und
übernachtete dort.

Das Gleichnis von den bösen Winzern:
21,33–46

33 „Hört ein anderes Gleichnis: Es war
ein Hausherr, der pflanzte einen
Weinberg, machte einen Zaun darum,
grub eine Kelter darin und baute
einen Turm, verpachtete ihn an Win-
zer 34 und reiste in die Fremde. Als
aber die Zeit der Früchte genaht war,
sandte er seine Knechte zu den Win-
zern, um seine Früchte in Empfang zu
nehmen. 35 Die Winzer aber ergriffen
seine Knechte, schlugen den einen, tö-
teten den anderen und steinigten den
Dritten. 36 Nochmals sandte er andere
Knechte, mehr als zuvor, und ihnen
taten sie ebenso. 37 Zuletzt aber sandte

er zu ihnen seinen Sohn, wobei er
(sich) sagte: ‚Vor meinem Sohn wer-
den sie doch Achtung haben.‘ 38 Als
aber die Winzer den Sohn sahen, sag-
ten sie zueinander: ‚Das ist der Erbe.
Kommt, wir wollen ihn töten und
uns sein Erbe aneignen.‘ 39 Und sie er-
griffen ihn, warfen ihn aus dem Wein-
berg hinaus und töteten ihn. 40 Wenn
nun der Herr des Weinbergs kommt,
was wird er mit jenen Winzern tun?“
41 Sie sagten zu ihm: „Er wird die Bö-
sen böse zugrunde richten und den
Weinberg an andere Winzer verpach-
ten, die ihm die Früchte abliefern zu
ihrer Zeit.“ 42 Da sprach Jesus zu ih-
nen: „Habt ihr nie in den Schriften ge-
lesen: ‚Der Stein, den die Bauleute ver-
worfen haben, der ist zum Eckstein
geworden. Durch den Herrn ist das
geschehen, und ein Wunder in unse-
ren Augen‘?

43 Deshalb sage ich euch: Das Reich
Gottes wird von euch genommen und
einem Volke gegeben werden, das sei-
ne Früchte bringt. 44 [Und wer auf die-
sen Stein fällt, wird zerschmettert
werden; auf wen er aber fällt, den wird
er zermalmen.]“

45 Als nun die Hohenpriester und
Pharisäer seine Gleichnisse hörten, er-
kannten sie, dass er von ihnen redete,
46 und sie hätten sich gerne seiner be-
mächtigt, fürchteten jedoch die Volks-
scharen, weil diese ihn für einen Pro-
pheten hielten.

Das Gleichnis vom königlichen Hochzeitsmahl: 22,1–14

22 1 Und wiederum nahm Jesus
das Wort und sprach in Gleich-
nissen zu ihnen: 2 „Mit dem Himmel-
reich ist es wie mit einem König, der
seinem Sohn die Hochzeit bereitete.
3 Und er sandte seine Knechte aus, die
Eingeladenen zur Hochzeit zu rufen.
Aber die wollten nicht kommen. 4 Da
sandte er nochmals andere Knechte
aus und sprach: ‚Saget den Eingelade-
nen: Siehe, mein Mahl habe ich berei-
tet, meine Ochsen und das Mastvieh
sind geschlachtet, und alles ist bereit.
Kommt zur Hochzeit!‘ 5 Sie jedoch
achteten nicht darauf und gingen ihrer
Wege, der eine auf seinen Acker, der
andere an sein Geschäft. 6 Die Übrigen
aber ergriffen seine Knechte, misshan-
delten und töteten sie. 7 Da wurde der
König zornig, sandte seine Heere aus
und ließ jene Mörder umbringen und
ihre Stadt verbrennen. 8 Dann sprach
er zu seinen Knechten: ‚Die Hochzeit
ist zwar bereitet, aber die Eingeladenen
waren unwürdig. 9 Gehet daher an die
Straßenkreuzungen und ruft zur
Hochzeit, wen immer ihr findet.‘ 10 Da
gingen jene Knechte auf die Straßen
hinaus und brachten alle zusammen,
die sie fanden, Böse und Gute, und der
Hochzeitssaal wurde voll von Gästen.

11 Als aber der König hineinging,
um sich die Gäste anzusehen, sah er
dort einen Menschen, der kein Hoch-
zeitsgewand anhatte. 12 Da sprach er
zu ihm: ‚Freund, wie bist du hier he-
reingekommen ohne ein Hochzeits-
gewand?‘ Der aber verstummte. 13 Da

sprach der König zu den Dienern:
‚Bindet ihm Hände und Füße und
werft ihn hinaus in die Finsternis
draußen. Dort wird Heulen und Zäh-
neknirschen sein.‘ 14 Denn viele sind
berufen, wenige aber auserwählt.“

Die Auferstehungsfrage: 22,23–33

23 An jenem Tage traten Sadduzäer an
ihn heran, die behaupteten, es gebe
keine Auferstehung, und fragten ihn:
24 „Meister, Mose hat gesagt: ‚Wenn je-
mand ohne Kinder stirbt, so soll sein
Bruder dessen Frau heiraten und sei-
nem Bruder Nachkommen erwecken.‘
25 Nun waren bei uns sieben Brüder.
Der erste heiratete und starb, und da
er keine Kinder hatte, hinterließ er sei-
ne Frau seinem Bruder. 26 Ebenso der
zweite und der dritte bis zum siebten.
27 Zuletzt aber von allen starb die Frau.
28 Welchem von den sieben wird sie
nun bei der Auferstehung als Frau an-
gehören? Alle haben sie ja gehabt.“
29 Jesus aber antwortete und sprach:
„Ihr irrt, weil ihr weder die Schriften
kennt noch die Kraft Gottes. 30 Denn
bei der Auferstehung heiraten sie
nicht und werden nicht geheiratet,
sondern sind wie die Engel im Him-
mel. 31 Was aber die Auferstehung der
Toten angeht: Habt ihr nicht gelesen,
was euch von Gott gesagt ist, der da
spricht: 32 ‚Ich bin der Gott Abrahams
und der Gott Isaaks und der Gott
Jakobs‘? Er ist nicht der Gott von To-
ten, sondern von Lebenden.“ 33 Als die
Volksscharen dies hörten, gerieten sie
in Staunen über seine Lehre.

Das größte Gebot: 22,34–40

34 Als aber die Pharisäer hörten, dass
er den Sadduzäern den Mund gestopft
hatte, kamen sie zusammen, 35 und
einer von ihnen, ein Gesetzeslehrer,
fragte ihn, um ihn auf die Probe zu
stellen: 36 „Meister, welches Gebot ist
das größte im Gesetz?“ 37 Er aber
sprach zu ihm: „Du sollst den Herrn
deinen Gott lieben mit deinem gan-
zen Herzen und deiner ganzen Seele
und mit deiner ganzen Vernunft.
38 Das ist das größte und erste Gebot.
39 Das zweite ist ihm gleich: Du sollst
deinen Nächsten lieben wie dich
selbst. 40 An diesen beiden Geboten
hängt das ganze Gesetz und die Pro-
pheten.“

Die Heuchelei der Schriftgelehrten und Pharisäer: 23,1–12

23 1 Hierauf sprach Jesus zu den
Volksscharen und zu seinen
Jüngern: 2 „Auf den Lehrstuhl des Mo-
se haben sich die Schriftgelehrten und
Pharisäer gesetzt. 3 Alles nun, was sie
euch sagen, das tut und befolgt, nach
ihren Werken aber handelt nicht,
denn sie reden zwar, handeln aber
nicht. 4 Sie binden schwere Lasten zu-
sammen und laden sie den Menschen
auf die Schultern, selbst aber wollen
sie keinen Finger krümmen, um sie
zu bewegen. 5 Alle ihre Werke aber
tun sie, um von den Menschen gese-
hen zu werden. Sie machen ihre Ge-
betsriemen breit und ihre Mantel-
quasten lang, 6 lieben den Ehrenplatz

bei den Gastmählern und die ersten Sitze in den Synagogen 7 und die Begrüßungen auf den Marktplätzen und dass sie von den Leuten Rabbi genannt werden.

8 Ihr aber sollt euch nicht Rabbi nennen lassen, denn einer ist euer Meister, ihr alle aber seid Brüder. 9 Auch sollt ihr niemand unter euch auf Erden Vater nennen, denn einer ist euer Vater, der im Himmel. 10 Auch Lehrer sollt ihr euch nicht nennen lassen, denn einer ist euer Lehrer: Christus. 11 Der Größte unter euch soll euer Diener sein. 12 Wer aber sich selbst erhöht, der wird erniedrigt werden, und wer sich selbst erniedrigt, der wird erhöht werden.

Das Gleichnis von den zehn Jungfrauen: 25,1–13

25 1 Dann wird das Himmelreich zehn Jungfrauen gleichen, die ihre Lampen nahmen und dem Bräutigam entgegenzogen. 2 Fünf aber von ihnen waren töricht und fünf klug. 3 Denn die Törichten nahmen zwar ihre Lampen, aber kein Öl mit sich. 4 Die Klugen dagegen nahmen zu ihren Lampen auch Öl in Gefäßen mit. 5 Als aber der Bräutigam auf sich warten ließ, nickten alle ein und schliefen. 6 Um Mitternacht aber erscholl der Ruf: ‚Siehe, der Bräutigam! Kommt heraus, ihm entgegen!' 7 Da standen jene Jungfrauen alle auf und machten ihre Lampen zurecht. 8 Die Törichten aber sprachen zu den Klugen: ‚Gebt uns von eurem Öl, denn unsere Lampen gehen aus.' 9 Die Klugen aber antworteten: ‚Es könnte für uns und euch nicht reichen. Geht lieber zu den Händlern und kauft euch.' 10 Während sie aber zum Einkaufen weggingen, kam der Bräutigam; und die bereit waren, gingen mit ihm hinein zur Hochzeit, und die Türe wurde geschlossen. 11 Später kamen auch die übrigen Jungfrauen und sagten: ‚Herr, Herr, mach uns auf!' 12 Er aber antwortete und sprach: ‚Wahrlich, ich sage euch: Ich kenne euch nicht.' 13 Wachet also, denn ihr kennt nicht den Tag noch die Stunde.

Das Jüngste Gericht: 25,31–46

31 Wenn aber der Menschensohn in seiner Herrlichkeit kommen wird und alle Engel mit ihm, dann wird er sich auf den Thron seiner Herrlichkeit setzen. 32 Und alle Völker werden vor ihm versammelt werden, und er wird sie voneinander scheiden, wie der Hirt die Schafe von den Böcken scheidet. 33 Und er wird die Schafe zu seiner Rechten stellen, die Böcke aber zu seiner Linken. 34 Dann wird der König zu denen auf seiner Rechten sprechen: ‚Kommt, ihr Gesegneten meines Vaters, nehmt das Reich in Besitz, das euch seit Grundlegung der Welt bereitet ist. 35 Denn ich war hungrig, und ihr habt mir zu essen gegeben, ich war durstig, und ihr habt mir zu trinken gereicht, ich war fremd, und ihr habt mich aufgenommen, 36 nackt, und ihr habt mich bekleidet, ich war krank, und ihr habt mich besucht, ich

war im Gefängnis, und ihr seid zu mir
gekommen.‘ 37 Da werden ihm die Ge-
rechten antworten: ‚Herr, wann sahen
wir dich hungrig und haben dich ge-
speist, oder durstig und haben dich
getränkt? 38 Wann sahen wir dich als
Fremdling und haben dich aufgenom-
men oder nackt und dich bekleidet?
39 Wann sahen wir dich krank oder
im Gefängnis und kamen zu dir?‘
40 Und der König wird ihnen antwor-
ten und sprechen: ‚Wahrlich, ich sage
euch, was immer ihr einem dieser
meiner geringsten Brüder getan habt,
das habt ihr mir getan.‘ 41 Alsdann
wird er auch zu denen auf der Linken
sprechen: ‚Hinweg von mir, Verfluch-
te, in das ewige Feuer, das dem Teufel
und seinen Engeln bereitet ist. 42 Denn
ich war hungrig, und ihr gabt mir
nicht zu essen, ich war durstig, und
ihr reichtet mir nicht zu trinken. 43 Ich
war fremd, und ihr nahmt mich nicht
auf, nackt, und ihr habt mich nicht be-
kleidet, krank und im Gefängnis, und
ihr habt mich nicht besucht.‘ 44 Dann
werden auch sie antworten und sagen:
‚Herr, wann sahen wir dich hungrig
oder durstig oder fremd oder nackt
oder krank oder im Gefängnis und
haben dir nicht gedient?‘ 45 Da wird er
ihnen antworten: ‚Wahrlich, ich sage
euch: Was immer ihr einem dieser Ge-
ringsten nicht getan habt, das habt ihr
auch mir nicht getan.‘ 46 Und sie wer-
den hingehen, diese in ewige Pein, die
Gerechten aber in das ewige Leben.“

Todesbeschluss gegen Jesus: 26,1–5

26 1 Nachdem Jesus alle diese Wor-
te beendet hatte, sprach er zu
seinen Jüngern: 2 „Ihr wisst, dass in
zwei Tagen Paschafest beginnt. Dann
wird der Menschensohn zur Kreuzi-
gung überliefert werden.“

3 Damals versammelten sich die
Hohenpriester und Ältesten des Vol-
kes im Palast des Hohenpriesters, der
Kajaphas hieß, 4 und beschlossen, Je-
sus mit List zu ergreifen und zu töten.
5 Sie sagten aber: „Nur nicht am Fest,
damit kein Aufruhr im Volk entsteht.“

Die Salbung in Betanien: 26,6–13

6 Als aber Jesus in Betanien war, im
Hause Simons des Aussätzigen, 7 trat
eine Frau zu ihm mit einem Alabaster-
gefäß voll kostbaren Salböls und goss
es über sein Haupt aus, während er zu
Tische lag. 8 Als die Jünger das sahen,
wurden sie ärgerlich und sagten: „Wo-
zu diese Verschwendung? 9 Das hätte
man doch teuer verkaufen und den
Armen geben können.“ 10 Als aber Je-
sus das merkte, sprach er zu ihnen:
„Was kränkt ihr die Frau? Sie hat doch
eine gute Tat an mir getan. 11 Denn Ar-
me habt ihr ja allezeit bei euch, mich
aber habt ihr nicht allezeit. 12 Denn da
sie dieses Salböl über meinen Leib
ausgoss, hat sie es für mein Begräbnis
getan. 13 Wahrlich, ich sage euch: Wo
immer auf der ganzen Welt diese
Heilsbotschaft verkündet wird, da
wird auch zu ihrem Gedächtnis er-
zählt werden, was sie getan hat.“

Die Passionsgeschichte

Der Verrat des Judas: 26,14–16

14 Hierauf ging einer von den Zwölfen namens Judas Iskariot zu den Hohenpriestern 15 und sagte: „Was wollt ihr mir geben, dass ich ihn euch überliefere?“ Sie aber wogen ihm dreißig Silberlinge dar. 16 Und von da an suchte er eine gute Gelegenheit, ihn zu überliefern.

Die Vorbereitung des Paschamahles: 26,17–19

17 Am ersten Tage der ungesäuerten Brote traten die Jünger an Jesus heran und sagten: „Wo willst du, dass wir dir das Paschamahl bereiten?“ 18 Da sprach er: „Geht in die Stadt zu dem und dem und sagt zu ihm: ‚Der Meister lässt sagen: Meine Zeit ist nahe. Bei dir will ich mit meinen Jüngern das Paschamahl halten.‘“ 19 Und die Jünger taten, wie Jesus ihnen aufgetragen hatte, und bereiteten das Paschamahl.

Ankündigung des Verrates des Judas: 26,20–25

20 Als es aber Abend geworden war, legte Jesus sich mit den zwölf Jüngern zu Tisch. 21 Und während sie aßen, sprach er: „Wahrlich, ich sage euch: Einer von euch wird mich überliefern.“ 22 Da wurden sie sehr traurig und begannen einer nach dem anderen zu ihm zu sagen: „Ich bin es doch nicht, Herr?“ 23 Er aber antwortete: „Der mit mir die Hand in die Schüssel getaucht hat, der wird mich überliefern. 24 Zwar geht der Menschensohn dahin, wie von ihm geschrieben steht. Wehe aber jenem Menschen, durch den der Menschensohn überliefert wird. Besser wäre es für jenen Menschen, er wäre nie geboren.“ 25 Judas, der ihn überlieferte, entgegnete: „Ich bin es doch nicht, Meister?“ Er sprach zu ihm: „Du hast es gesagt.“

Die Einsetzung der Eucharistie: 26,26–29

26 Während des Mahles aber nahm Jesus Brot, sprach das Segensgebet, brach es und gab es den Jüngern mit den Worten: „Nehmt, esset, das ist mein Leib.“ 27 Und er nahm einen Kelch, sprach das Dankgebet und gab ihn ihnen mit den Worten: „Trinket alle daraus. 28 Denn das ist mein Blut des Bundes, das für viele vergossen wird zur Vergebung der Sünden. 29 Ich sage euch aber: Von nun an werde ich nicht mehr von dieser Frucht des Weinstockes trinken bis zu jenem Tage, da ich sie neu mit euch trinken werde im Reiche meines Vaters.“

Die Voraussage der Verleugnung des Petrus: 26,30–35

30 Und nach dem Lobgesang gingen sie hinaus zum Ölberg. 31 Da sprach Jesus zu ihnen: „In dieser Nacht werdet ihr alle an mir Anstoß nehmen, denn es steht geschrieben: ‚Ich werde den Hir-

ten schlagen, und die Schafe der Her-
de werden sich zerstreuen.‘ 32 Wenn
ich aber auferweckt worden bin, wer-
de ich euch nach Galiläa vorangehen.“
33 Da antwortete Petrus und sagte zu
ihm: „Wenn alle an dir Anstoß neh-
men, ich werde niemals Anstoß neh-
men.“ 34 Jesus sprach zu ihm: „Wahr-
lich, ich sage dir: In dieser Nacht, ehe
der Hahn kräht, wirst du mich drei-
mal verleugnen.“ 35 Petrus aber erwi-
derte ihm: „Und wenn ich mit dir ster-
ben müsste, werde ich dich nicht
verleugnen.“ Und ähnlich sprachen
alle Jünger.

Am Ölberg: 26,36–46

36 Darauf kam Jesus mit ihnen an ein
Gehöft namens Getsemani und
sprach zu den Jüngern: „Setzt euch
hier nieder, während ich dorthin gehe
und bete.“ 37 Dann nahm er Petrus und
die beiden Zebedäussöhne mit sich
und begann zu trauern und zu zagen.
38 Da sprach er zu ihnen: „Meine Seele
ist betrübt bis in den Tod. Bleibet hier
und wachet mit mir.“ 39 Dann ging er
ein wenig weiter, warf sich auf sein
Angesicht nieder und betete: „Mein
Vater, wenn es möglich ist, so gehe
dieser Kelch an mir vorüber. Doch
nicht wie ich will, sondern wie du
willst.“ 40 Und er kam zu den Jüngern
und fand sie schlafend und sprach zu
Petrus: „So konntet ihr nicht eine
Stunde mit mir wachen? 41 Wachet
und betet, damit ihr nicht in Ver-
suchung fallet. Der Geist ist zwar wil-
lig, das Fleisch aber schwach.“ 42 Wie-
derum ging er weg, zum zweiten Mal,
und betete: „Mein Vater, wenn dieser
Kelch nicht an mir vorübergehen
kann, ohne dass ich ihn trinke, so ge-
schehe dein Wille.“ 43 Und als er zu-
rückkam, fand er sie wieder schlafend,
denn die Augen waren ihnen schwer
geworden. 44 Da ließ er sie, ging noch-
mals weg und betete zum dritten Mal
mit den gleichen Worten. 45 Darauf
kam er zu den Jüngern und sprach zu
ihnen: „Ihr schlaft noch und ruht. Sie-
he, die Stunde hat sich genaht, da der
Menschensohn in die Hände der Sün-
der überliefert wird. 46 Steht auf! Wir
wollen gehen. Siehe, der mich überlie-
fert, ist nahe.“

Die Gefangennahme Jesu: 26,47–56

47 Während Jesus noch sprach, kam Ju-
das, einer von den Zwölfen, und mit
ihm eine große Schar mit Schwertern
und Knütteln, (ausgeschickt) von den
Hohenpriestern und Ältesten des Vol-
kes. 48 Der ihn überlieferte, hatte ihnen
aber ein Zeichen angegeben und ge-
sagt: „Der, den ich küssen werde, der
ist's; den nehmt fest!“ 49 Und sofort
ging er auf Jesus zu und sagte: „Sei ge-
grüßt, Rabbi!“ Und küsste ihn. 50 Jesus
aber sprach zu ihm: „Freund! Wozu
bist du gekommen?“ Da traten sie hin-
zu, legten Hand an Jesus und nahmen
ihn fest. 51 Und siehe, einer von den
Begleitern Jesu streckte die Hand aus,
zog sein Schwert, schlug auf den
Knecht des Hohenpriesters ein und
hieb ihm das Ohr ab. 52 Da sprach Je-
sus zu ihm: „Tu dein Schwert an sei-

nen Platz. Denn alle, die zum Schwerte greifen, werden durch das Schwert umkommen. 53 Oder meinst du, ich könnte nicht meinen Vater bitten und er würde mir nicht sogleich mehr als zwölf Legionen Engel zur Seite stellen? 54 Wie aber würden dann die Schriften erfüllt, dass es so geschehen muss?“ 55 In jener Stunde sprach Jesus zu den Scharen: „Wie gegen einen Räuber seid ihr ausgezogen mit Schwertern und Knütteln, um mich gefangen zu nehmen. Täglich saß ich im Tempel und lehrte, und ihr habt mich nicht festgenommen. 56 Das alles aber ist geschehen, damit die Schriften der Propheten erfüllt würden.“ Da verließen ihn alle Jünger und flohen.

Die Übergabe Jesu an Pilatus: 27,1–2

27 1 Als aber der Tag anbrach, fassten alle Hohenpriester und Ältesten des Volkes den Beschluss gegen Jesus, er solle getötet werden. 2 Und sie ließen ihn fesseln, abführen und dem Statthalter Pilatus übergeben.

Jesus vor Pilatus: 27,11–26

11 Jesus aber wurde vor den Statthalter gestellt. Und der Statthalter fragte ihn: „Du bist der König der Juden?“ Da sprach Jesus: „Du sagst es.“ 12 Auf die Anklage der Hohenpriester und Ältesten antwortete er nichts. 13 Da sprach Pilatus zu ihm: „Hörst du denn nicht, was sie alles gegen dich vorbringen?“ 14 Doch er antwortete ihm auf kein einziges Wort mehr, sodass sich der Statthalter sehr verwunderte.

15 Zum Feste aber pflegte der Statthalter dem Volke einen Gefangenen freizugeben, den es wollte. 16 Nun hatte man damals einen berüchtigten Gefangenen namens Barabbas. 17 Als sie nun versammelt waren, sagte Pilatus zu ihnen: „Wen soll ich euch freigeben, Barabbas oder Jesus, den man Messias nennt?“ 18 Er wusste nämlich, dass sie ihn aus Neid überliefert hatten.

19 Während er aber auf dem Richterstuhl saß, sandte seine Frau zu ihm und ließ sagen: „Habe du nichts zu tun mit diesem Gerechten; denn ich habe heute im Traum seinetwegen viel gelitten.“

20 Die Hohenpriester und Ältesten aber hetzten die Massen auf, den Barabbas zu fordern, Jesus aber dem Tode preiszugeben. 21 Da nahm der Statthalter das Wort und sprach zu ihnen: „Welchen von den beiden soll ich euch freigeben?“ Da riefen sie: „Den Barabbas!“ 22 Pilatus sprach zu ihnen: „Was soll ich denn mit Jesus tun, den man Messias nennt?“ Alle riefen sie: „Er soll gekreuzigt werden.“ 23 Er aber sprach: „Was hat er denn Böses getan?“ Da schrien sie noch lauter: „Er soll gekreuzigt werden.“ 24 Als aber Pilatus sah, dass er nichts erreichte, sondern dass der Tumult nur noch größer wurde, nahm er Wasser, wusch vor dem Volk die Hände und sagte: „Ich bin unschuldig an diesem Blute. Seht ihr zu!“ 25 Und das ganze Volk antwortete und sprach: „Sein Blut komme über uns und unsere Kinder.“ 26 Darauf gab

er ihnen den Barabbas frei, Jesus aber ließ er geißeln und übergab ihn zur Kreuzigung.

Die Dornenkrönung: 27,27–31

[27]Darauf nahmen die Soldaten des Statthalters Jesus in das Prätorium mit und versammelten die ganze Kohorte um ihn. [28]Dann zogen sie ihn aus, legten ihm einen scharlachroten Mantel um, [29]flochten eine Krone aus Dornen, setzten sie ihm auf sein Haupt und (gaben ihm) ein Rohr in seine Rechte. Und die Knie vor ihm beugend, verspotteten sie ihn und sagten: „Heil dir, König der Juden!“ [30]Und sie spien ihn an, nahmen das Rohr und schlugen ihn auf das Haupt. [31]Und nachdem sie ihn verspottet hatten, nahmen sie ihm den Mantel ab und zogen ihm seine Kleider an, und sie führten ihn ab zur Kreuzigung.

Die Kreuzigung: 27,32–38

[32]Während sie aber hinauszogen, trafen sie einen Mann aus Zyrene, namens Simon. Den zwangen sie, sein Kreuz zu tragen. [33]Als sie an den Ort kamen, den man Golgota, das heißt Schädelstätte, nennt, [34]gaben sie ihm Wein mit Galle vermischt zu trinken. Er kostete davon, wollte aber nicht trinken. [35]Nachdem sie ihn aber gekreuzigt hatten, verteilten sie seine Kleider untereinander, wobei sie das Los warfen. [36]Dann setzten sie sich nieder und bewachten ihn dort.

[37]Und über seinem Haupte hefteten sie eine Inschrift an mit der Angabe seiner Schuld: Dieser ist Jesus, der König der Juden. [38]Zusammen mit ihm wurden dann zwei Räuber gekreuzigt, einer zur Rechten und einer zur Linken.

Jesus, am Kreuz verhöhnt: 27,39–44

[39]Die Vorübergehenden aber lästerten ihn, schüttelten ihre Köpfe [40]und sagten: „Der du den Tempel niederreißt und in drei Tagen wieder aufbaust, rette dich selbst, wenn du der Sohn Gottes bist, und steig herab vom Kreuz.“ [41]Ähnlich spotteten auch die Hohenpriester zusammen mit den Schriftgelehrten und Ältesten [42]und sagten: „Anderen hat er geholfen, sich selbst kann er nicht helfen. Er ist der König von Israel? Da steige er jetzt herab vom Kreuz, dann wollen wir an ihn glauben! Er hat auf Gott vertraut, [43]der soll ihn jetzt retten, wenn er Wohlgefallen an ihm hat. Er hat ja gesagt: ‚Ich bin Gottes Sohn.‘“ [44]Ebenso schmähten ihn aber auch die Räuber, die mit ihm zusammen gekreuzigt waren.

Der Tod Jesu: 27,45–56

[45]Von der sechsten Stunde an aber kam eine Finsternis über das ganze Land bis zur neunten Stunde. [46]Und um die neunte Stunde rief Jesus mit lauter Stimme: „Eli, eli, lema sabachtani?“, das heißt: Mein Gott, mein Gott,

warum hast du mich verlassen? 47 Als
einige von den Umstehenden das hör-
ten, sagten sie: „Er ruft Elija.“ 48 Und
sofort lief einer von ihnen, nahm
einen Schwamm, füllte ihn mit Essig,
steckte ihn auf ein Rohr und gab ihm
zu trinken. 49 Die Übrigen aber sagten:
„Lass, wir wollen sehen, ob Elija
kommt, um ihn zu retten.“ 50 Da
schrie Jesus noch einmal mit lauter
Stimme und gab den Geist auf.

51 Und siehe, der Vorhang des Tem-
pels zerriss von oben bis unten in
zwei Teile, die Erde erbebte, und die
Felsen spalteten sich, 52 die Gräber öff-
neten sich, und viele Leiber der ent-
schlafenen Heiligen wurden auf-
erweckt. 53 Sie kamen nach seiner
Auferweckung aus den Gräbern her-
vor, gingen in die heilige Stadt und er-
schienen vielen. 54 Als der Hauptmann
und die, die mit ihm Jesus bewachten,
das Erdbeben sahen und was geschah,
gerieten sie in große Furcht und sag-
ten: „Dieser war in Wahrheit Gottes
Sohn.“

55 Es sahen aber dort viele Frauen
von ferne zu, solche, die Jesus von Ga-
liläa her nachgefolgt waren, um ihm
zu dienen. 56 Unter ihnen war Maria
von Magdala und Maria, die Mutter
des Jakobus und Josef, und die Mutter
der Zebedäussöhne.

Die Grablegung: 27,57–61

57 Als es Abend geworden war, kam
ein reicher Mann aus Arimathäa, na-
mens Josef, der auch ein Jünger Jesu
geworden war. 58 Dieser ging zu Pila-
tus und bat um den Leichnam Jesu.
Da befahl Pilatus, ihn auszuliefern.
59 Und Josef nahm den Leichnam, hüll-
te ihn in reine Leinwand 60 und legte
ihn in sein neues Grab, das er in den
Felsen hatte hauen lassen. Dann wälz-
te er einen großen Stein vor den Ein-
gang des Grabes und ging weg. 61 Es
war aber auch Maria von Magdala
und die andere Maria dort, und sie sa-
ßen dem Grabe gegenüber.

Die Bewachung des Grabes: 27,62–66

62 Am anderen Tag nun, der auf den
Rüsttag folgt, versammelten sich die
Hohenpriester und Pharisäer bei Pila-
tus 63 und sagten: „Herr, wir erinnern
uns, dass jener Verführer, als er noch
lebte, gesagt hat: ‚Nach drei Tagen
werde ich auferweckt werden.‘ 64 Gib
also Befehl, dass das Grab bis zum
dritten Tage bewacht werde, damit
nicht etwa seine Jünger kommen, ihn
stehlen und dem Volke sagen: ‚Er ist
von den Toten auferweckt worden.‘
Dann wäre der letzte Betrug schlim-
mer als der erste.“ 65 Pilatus sagte zu
ihnen: „Ihr sollt eine Wache haben.
Geht und sorgt für Sicherung, so gut
ihr könnt.“ 66 Da gingen sie hin, versie-
gelten den Stein und sicherten das
Grab mit der Wache.

Das leere Grab. Die Botschaft des Engels: 28,1–8

28 1 Nach dem Sabbat aber, beim
Aufleuchten des Morgens zum

ersten Wochentag, kamen Maria von
Magdala und die andere Maria, um
das Grab zu sehen. 2 Und siehe, es ent-
stand ein großes Erdbeben. Denn ein
Engel des Herrn stieg vom Himmel
herab, trat herzu, wälzte den Stein
weg und setzte sich darauf. 3 Sein Aus-
sehen war wie der Blitz und sein Ge-
wand weiß wie Schnee. 4 Aus Furcht
vor ihm erbebten die Wächter und
wurden wie tot. 5 Der Engel jedoch be-
gann und sprach zu den Frauen:
„Fürchtet euch nicht! Ich weiß, ihr
sucht Jesus, den Gekreuzigten. 6 Er ist
nicht hier; denn er ist auferweckt wor-
den, wie er gesagt hat. Kommt, und
seht den Ort, wo er gelegen hat. 7 Und
geht eilends hin und sagt seinen Jün-
gern: ‚Er ist von den Toten auferweckt
worden. Und siehe, er geht euch voran
nach Galiläa. Dort werdet ihr ihn se-
hen.' Siehe, ich habe es euch gesagt."
8 Da gingen sie eilig weg vom Grabe,
voll Furcht und großer Freude, und
liefen, um es seinen Jüngern zu ver-
kündigen.

Die Erscheinung vor den heiligen Frauen: 28,9–10

9 Und siehe, Jesus kam ihnen entgegen
und sprach: „Seid gegrüßt!" Sie aber
traten hinzu, umfassten seine Füße
und warfen sich vor ihm nieder. 10 Da
sprach Jesus zu ihnen: „Fürchtet euch
nicht! Geht hin und verkündet mei-
nen Brüdern, sie sollen nach Galiläa
gehen, dort werden sie mich sehen."

Die Bestechung der Wächter: 28,11–15

11 Während sie aber weggingen, da ka-
men einige von der Wache in die Stadt
und meldeten den Hohenpriestern al-
les, was sich zugetragen hatte. 12 Da
versammelten sie sich mit den Ältes-
ten, hielten Rat und gaben den Sol-
daten reichlich Geld 13 mit der Wei-
sung: „Sagt: ‚Seine Jünger sind in der
Nacht gekommen und haben ihn ge-
stohlen, während wir schliefen.' 14 Und
wenn das dem Statthalter zu Ohren
kommt, werden wir ihn beschwichti-
gen und dafür sorgen, dass ihr nichts
zu befürchten habt." 15 Die aber nah-
men das Geld und taten, wie man sie
angewiesen hatte. Und dieses Gerede
verbreitete sich unter den Juden bis
auf den heutigen Tag.

Die Erscheinung in Galiläa und der universale Sendungsbefehl: 28,16–20

16 Die elf Jünger aber gingen nach Ga-
liläa auf den Berg, wohin Jesus sie be-
schieden hatte. 17 Und als sie ihn sa-
hen, warfen sie sich vor ihm nieder,
einige aber zweifelten. 18 Da trat Jesus
zu ihnen, redete sie an und sprach:
„Mir ist alle Gewalt gegeben im Him-
mel und auf Erden. 19 Darum gehet hin
und machet alle Völker zu Jüngern
und taufet sie auf den Namen des Va-
ters und des Sohnes und des Heiligen
Geistes, 20 und lehret sie alles halten,
was ich euch aufgetragen habe. Und
siehe, ich bin bei euch alle Tage bis
ans Ende der Welt."

2 Aus dem Evangelium nach Markus

Das Markusevangelium *ist das älteste Evangelium. Es ist vermutlich kurz vor dem Jahre 70, vor der Zerstörung Jerusalems durch die Römer, entstanden. Markus war der Erste, der die Überlieferung von Jesus in ein Evangelium gefasst hat. Evangelium heißt „Frohe Botschaft". Dieser Name ist vor Markus nie als Bezeichnung für ein Buch gebraucht worden. Vor Markus hat Paulus vom „Evangelium des Christus" gesprochen. Er meint damit die Botschaft, die Jesus den Menschen verkündet hat. Markus erzählt uns die ganze Geschichte Jesu als Evangelium, als Frohe Botschaft. Und Jesus selbst verkündet das Evangelium Gottes: „Die Zeit ist erfüllt, das Reich Gottes ist nahe" (1,15). Die Frohe Botschaft Jesu besteht darin, dass Gott den Menschen in der Gestalt Jesu nahe gekommen ist, und zwar als der heilende und rettende Gott.*

Markus sammelt die ihm vorliegende mündliche Überlieferung: einzelne Jesusworte, Heilungsgeschichten, Parabeln, Gleichnisse und die Passionsgeschichte. Er beschreibt das Leben Jesu von Beginn seines Auftretens bis zu seinem Tod und seiner Auferstehung. Das Evangelium des Markus atmet noch die Frische des Ursprungs. Da wird die Spannung sichtbar, die zwischen Jesus und seiner Familie herrschte (3,31–35; 6,1–6). Da wird die politische Verfolgungssituation deutlich. Jesus muss immer wieder fliehen vor den Häschern des Herodes. Was Markus vorfand, das fügt er zu einem klaren Rahmen zusammen. Nach der Gefangennahme Johannes' des Täufers beginnt Jesus seine Tätigkeit in Galiläa. Dann wandert er nach Norden und von dort nach Jerusalem. Die letzte Woche in Jerusalem schildert Markus ausführlich. Manche haben sein Evangelium daher eine Passionsgeschichte mit Einleitung genannt.

Markus hat Jesus vor allem als Wundertäter beschrieben. Markus hat die Heilungsgeschichten am ausführlichsten und in allen Einzelheiten erzählt. Dabei versteht Markus die Krankheit des Menschen als Besessenheit. Die erste Heilungsgeschichte gibt das Programm Jesu an. Wenn Jesus von Gott erzählt, dann redet er anders als die Schriftgelehrten. Er redet nicht über Gott, sondern er spricht so, dass Gott erfahrbar wird. Und wenn Gott erfahrbar wird, dann regen sich die Dämonen, die trüben Geister, die das Denken des Menschen trüben. Jesus predigt mit Vollmacht. Sein Wort lockt die dämonischen Gottesbilder und die verzerrten Auffassungen vom Menschen und seiner Frömmigkeit ans Licht. Jesus heilt den Menschen, indem er ihn von Dämonen befreit, die ihn gefangen halten. Heilung hat immer mit Befreiung zu tun. Jesus bringt den Menschen wieder in Berührung mit seinem wahren Wesen, mit seinem ursprünglichen und unverfälschten Bild, das Gott sich von ihm gemacht hat.

Eine wunderbare Heilungsgeschichte ist die Heilung der blutflüssigen Frau und der Tochter des Jairus (5,21–43). Die Krankheit der Tochter hat offensichtlich mit ihrer Vaterbeziehung zu tun. Neben dem dominierenden Vater, dem Synagogenvorsteher, kann die Tochter nicht wirklich leben. Jesus heilt sie, indem er sie aufrichtet und sie auf die eigenen Füße stellt. Und er befiehlt, dass man ihr zu essen gibt, dass sie mit ihrer Vitalität in Berührung kommt. Die blutflüssige Frau zeigt, wie eine erwachsene Frau sich verhält, wenn sie von Kindheit an vom Vater übersehen worden ist. Sie wird alles hergeben, nur damit sie gesehen wird. Doch dabei geht es ihr immer schlechter. Erst als sie den Mut findet, den Zipfel vom Gewand Jesu zu nehmen, wird sie geheilt.

In den Heilungsgeschichten des Markusevangeliums sind alle Worte wichtig. Markus beschreibt genau die einzelnen Schritte der Therapie, die Jesus bei den Kranken durchgeführt hat, so etwa bei der Heilung des Taubstummen (7,31–37), den er erst von der Menge wegnimmt, um sich dann in einer intensiven Zuwendung um seine Ohren und seine Zunge zu kümmern. Er schafft erst eine Atmosphäre des Vertrauens, damit der Mann es wagt, die Ohren zu öffnen und das zu sagen, was er nie auszusprechen wagte. In der Heilung des blinden Bartimäus (10,46–52) fragt Jesus den Blinden und damit uns selbst, die wir oft die Augen vor der Wirklichkeit unseres Lebens verschließen: „Was willst du, dass ich dir tun soll?" (10,51). Wenn wir unsere Wunden Jesus hinhalten, wenn wir vertrauen und wenn wir wissen, was wir wollen, dann wird Jesus auch heute unsere Wunden heilen.

Der Tod Jesu ist für Markus nicht Niederlage und Scheitern, sondern Sieg des Unterliegenden. Am Kreuz wird offenbar, dass Jesus wahrhaft der Sohn Gottes ist. So bezeugt es der römische Hauptmann. Man spricht bei Markus vom so genannten Messiasgeheimnis. Während seines Lebens verbietet Jesus den Jüngern immer wieder, von den Heilungswundern zu sprechen oder ihn Messias zu nennen. Erst in der Passion und in der Auferstehung wird sichtbar, dass Jesus der wahre Messias ist. Am Kreuz hat er die Mächte der Finsternis besiegt.

Wenn er mit einem lauten Schrei am Kreuz stirbt, so ist das ein Siegesschrei. Die Dämonen sind überwunden. Jetzt haben die Menschen freien Zugang zu Gott. Die Dämonen haben keine Macht mehr über den Menschen. Der Vorhang des Tempels zerreißt. Und jeder kann diesen Tempel Gottes betreten, ohne auf die Vermittlung der Priester angewiesen zu sein. Jesus ist der, der mit Vollmacht predigt und der göttliche Machttaten (griech.: dynameis) vollbringt. Die größte Machttat ist der Sieg über die Dämonen am Kreuz. Dieser Sieg wird in der Auferstehung allen Menschen sichtbar.

Vorbereitung des öffentlichen Wirkens Jesu

Johannes der Täufer: 1,1–8

1 1 Anfang der Heilsbotschaft von Jesus, dem Messias, dem Sohn Gottes. 2 Wie beim Propheten Jesaja geschrieben steht: „Siehe, ich sende meinen Boten vor dir her, er wird den Weg vor dir bereiten.

3 Stimme eines Rufenden in der Wüste: Bereitet den Weg des Herrn, macht seine Straßen eben.“

4 (So) trat Johannes der Täufer in der Wüste auf und verkündete eine Taufe der Umkehr zur Vergebung der Sünden.

5 Und das ganze jüdische Land zog zu ihm hinaus, und alle Bewohner Jerusalems, und ließen sich von ihm im Jordanfluss taufen und bekannten dabei ihre Sünden.

6 Johannes trug ein Gewand aus Kamelhaaren und einen ledernen Gürtel um seine Hüfte und nährte sich von Heuschrecken und wildem Honig. 7 Und er predigte: „Nach mir kommt, der stärker ist als ich; ich bin nicht wert, mich nieder zu bücken und seine Schuhriemen zu lösen. 8 Ich habe euch mit Wasser getauft, er aber wird euch mit Heiligem Geiste taufen.“

Taufe Jesu: 1,9–11

9 Und in jenen Tagen kam Jesus von Nazaret in Galiläa und ließ sich im Jordan von Johannes taufen. 10 Und sobald er aus dem Wasser heraufstieg, sah er die Himmel sich zerreißen und den Geist wie eine Taube auf sich herabschweben. 11 Und eine Stimme (erscholl) von den Himmeln: „Du bist mein geliebter Sohn, an dir habe ich Wohlgefallen.“

Versuchung in der Wüste: 1,12–13

12 Und sofort trieb der Geist Jesus hinaus in die Wüste. 13 Vierzig Tage lang war er in der Wüste und wurde vom Satan versucht. Mit den wilden Tieren war er zusammen. Und die Engel dienten ihm.

Das öffentliche Wirken Jesu in Galiläa

Jesus beginnt zu predigen: 1,14–15

14 Und nachdem Johannes überliefert war, kam Jesus nach Galiläa und verkündete die Heilsbotschaft Gottes, 15 indem er sprach: „Die Zeit ist erfüllt, und das Reich Gottes ist nahe gekommen. Kehret um und glaubt an die Heilsbotschaft.“

Berufung der ersten vier Jünger: 1,16–20

16 Und als Jesus am Ufer des galiläischen Sees entlangging, sah er Simon und Andreas, den Bruder des Simon, das Netz im See auswerfen. Sie waren nämlich Fischer. 17 Da sprach Jesus zu ihnen: „Kommt, mir nach. Ich will euch zu Menschenfischern machen.“

18 Und sofort verließen sie ihre Netze und folgten ihm nach.

19 Als er ein wenig weiterging, sah er Jakobus, den Sohn des Zebedäus, und dessen Bruder Johannes, auch sie im Boot, wie sie gerade ihre Netze ausbesserten. Und sogleich rief er sie. 20 Da ließen sie ihren Vater Zebedäus mit den Taglöhnern im Boot und gingen weg, ihm nach.

Heilung eines Gelähmten: 2,1–12

2 1 Und als Jesus nach Tagen wieder nach Kafarnaum kam, wurde bekannt, dass er zu Hause sei. 2 Da strömten viele zusammen, sodass nicht einmal vor der Türe Platz war. Und er sprach zu ihnen das Wort. 3 Da kamen Leute und brachten einen Gelähmten zu ihm, der von vieren getragen wurde. 4 Und weil sie ihn wegen der Menge nicht bis zu ihm hinbringen konnten, deckten sie das Dach ab, wo er war, machten eine Öffnung und ließen die Bahre hinab, worauf der Gelähmte lag. 5 Als Jesus ihren Glauben sah, sprach er zu dem Gelähmten: „Kind, deine Sünden sind dir vergeben." 6 Es saßen aber einige von den Schriftgelehrten dort und dachten in ihrem Herzen: „Was redet dieser so? Er lästert. 7 Wer kann Sünden vergeben als Gott allein?" 8 Doch Jesus erkannte sogleich in seinem Geiste ihre Gedanken und sprach zu ihnen: „Was denkt ihr da in euren Herzen? 9 Was ist leichter, zu dem Gelähmten zu sagen: Deine Sünden sind dir vergeben, oder zu sagen: Steh auf, nimm deine Bahre und geh umher? 10 Damit ihr aber wisst, dass der Menschensohn Macht hat, auf Erden Sünden zu vergeben – sprach er zu dem Gelähmten: 11 Ich sage dir, steh auf, nimm deine Bahre und geh heim." 12 Und der stand auf, nahm seine Bahre und ging sofort vor aller Augen hinaus, sodass alle (vor Staunen) außer sich waren, Gott priesen und sagten: „Noch nie haben wir solches gesehen."

Die wahren Verwandten Jesu: 3,31–35

31 Und Jesu Mutter und seine Brüder kamen, blieben draußen stehen und schickten zu ihm, ihn zu rufen. 32 Um ihn her saß das Volk, als man ihm sagte: „Siehe, deine Mutter und deine Brüder und deine Schwestern sind draußen und suchen dich." 33 Da antwortete er ihnen: „Wer ist meine Mutter und wer sind meine Brüder?" 34 Und indem er auf die rings um ihn Sitzenden blickte, sprach er: „Siehe, das sind meine Mutter und meine Brüder. 35 Wer den Willen Gottes tut, der ist mir Bruder und Schwester und Mutter."

Heilung einer blutflüssigen Frau und Auferweckung der Tochter des Jairus: 5,21–43

21 Und als Jesus im Boote wieder ans andere Ufer hinübergefahren war, versammelte sich eine große Volksmenge um ihn; und er befand sich am See. 22 Da kam einer der Synagogenvorste-

her, namens Jairus. Als er ihn erblick-
te, fiel er ihm zu Füßen 23 und bat ihn
flehentlich: „Mein Töchterchen liegt
im Sterben. Komm und lege ihr die
Hände auf, damit sie gerettet wird
und am Leben bleibt.“ 24 Da ging er
mit ihm, und eine große Menge folgte
ihm und umdrängte ihn.

25 Und da war eine Frau, die seit
zwölf Jahren an Blutungen litt 26 und
von vielen Ärzten viel ausgestanden
und ihr ganzes Vermögen darauf-
gewendet hatte, ohne dass es etwas ge-
nützt hätte, es war vielmehr immer
schlimmer mit ihr geworden. 27 Die
hatte von Jesus gehört und trat nun
unter der Menge von hinten hinzu
und berührte seinen Mantel. 28 Denn
sie dachte: „Wenn ich auch nur seine
Kleider berühre, werde ich geheilt wer-
den.“ 29 Und sofort versiegte die Quelle
ihres Blutes, und sie spürte es an
ihrem Leibe, dass sie von ihrem Leiden
geheilt war. 30 Sofort aber merkte Jesus
an sich, dass eine Kraft von ihm aus-
gegangen war, wandte sich in der
Volksmenge um und sprach: „Wer hat
meine Kleider berührt?“ 31 Seine Jün-
ger antworteten ihm: „Du siehst doch,
wie das Volk dich umdrängt, und
fragst: ‚Wer hat mich berührt?‘“ 32 Er
aber schaute sich rings um, um die zu
sehen, die das getan hatte. 33 Da kam
die Frau heran voll Furcht und zit-
ternd, weil sie wusste, was an ihr ge-
schehen war, fiel vor ihm nieder und
sagte ihm die ganze Wahrheit. 34 Er
aber sprach zu ihr: „Tochter, dein
Glaube hat dir Heilung gebracht. Geh
hin in Frieden und sei geheilt von dei-
nem Leiden.“

35 Während er noch sprach, kamen
Leute des Synagogenvorstehers und
sagten: „Deine Tochter ist gestorben.
Was bemühst du den Meister noch?“
36 Jesus aber, der auffing, was da ge-
sprochen wurde, sagte zu dem Syna-
gogenvorsteher: „Fürchte dich nicht,
glaube nur!“ 37 Und er ließ niemand
mit sich gehen außer Petrus, Jakobus
und Johannes, den Bruder des Jako-
bus. 38 So kamen sie zum Haus des Sy-
nagogenvorstehers, und er nahm den
Lärm wahr und wie sie weinten und
laut wehklagten. 39 Nachdem er einge-
treten war, sprach er zu ihnen: „Was
lärmt und weint ihr? Das Kind ist
nicht tot, sondern es schläft.“ Da lach-
ten sie ihn aus. 40 Er aber wies alle hi-
naus, nahm des Kindes Vater und
Mutter sowie seine Begleiter mit sich
und ging (in die Kammer), wo das
Kind war. 41 Und er ergriff die Hand
des Kindes und sprach zu ihm: „Talita
kum“, was übersetzt heißt: „Mädchen,
ich sage dir, steh auf.“ 42 Und sofort
stand das Mädchen auf und ging um-
her. Es war nämlich zwölf Jahre alt.
Und sogleich gerieten sie außer sich
vor großem Staunen. 43 Er aber gebot
ihnen streng, dass niemand das erfah-
ren dürfe, und sagte, man solle ihr zu
essen geben.

Jesus in Nazaret: 6,1–6

6 1 Und er zog von dort weiter und
kam in seine Vaterstadt, und seine
Jünger folgten ihm nach. 2 Und als der
Sabbat gekommen war, begann er in
der Synagoge zu lehren, und die Vie-

len, die ihm zuhörten, staunten und sagten: „Woher hat er das? Und was ist das für eine Weisheit, die dem gegeben wurde? Und solche Machttaten geschehen durch seine Hände? [3]Ist das nicht der Zimmermann, der Sohn der Maria und ein Bruder des Jakobus, Joses, Judas und Simon? Und sind nicht seine Schwestern hier bei uns?" Und sie nahmen Anstoß an ihm. [4]Und Jesus sprach zu ihnen: „Nirgends gilt ein Prophet weniger als in seiner Vaterstadt, bei seinen Verwandten und in seinem Hause." [5]Er konnte dort nicht eine Machttat wirken, nur einigen Kranken legte er die Hände auf und heilte sie. [6]Und er wunderte sich über ihren Unglauben; und er durchwanderte die umliegenden Dörfer und lehrte.

Erste Brotvermehrung: 6,30–44

[30]Und die Apostel kamen (wieder) bei Jesus zusammen und berichteten ihm alles, was sie getan und was sie gelehrt hatten. [31]Und er sprach zu ihnen: „Kommt (mit mir), ihr allein, an einen einsamen Ort und ruht ein wenig aus." Denn es waren viele, die da kamen und gingen, dass sie nicht einmal Zeit zum Essen hatten. [32]So fuhren sie mit einem Boot an einen einsamen Ort, um allein zu sein. [33]Aber man sah sie abfahren, und viele merkten es, und sie liefen zu Fuß aus allen Städten dorthin zusammen und kamen noch vor ihnen an. [34]Und als er ausstieg, sah er eine große Volksmenge und wurde von Mitleid mit ihnen ergriffen, denn sie waren wie Schafe, die keinen Hirten haben, und er begann, sie vieles zu lehren. [35]Und als es schon spät geworden war, traten seine Jünger zu ihm hin und sagten: „Die Gegend ist einsam, und es ist schon spät. [36]Entlasse sie, damit sie in die umliegenden Höfe und Dörfer gehen und sich etwas zu essen kaufen." [37]Doch er antwortete ihnen: „Gebt ihr ihnen zu essen." Da sagten sie zu ihm: „Sollen wir gehen und für zweihundert Denare Brot kaufen und ihnen zu essen geben?" [38]Er aber sprach zu ihnen: „Wie viele Brote habt ihr? Geht, schaut nach!" Und als sie nachgesehen hatten, sagten sie: „Fünf, und zwei Fische." [39]Da befahl er ihnen, alle sollten sich in Tischgemeinschaften auf dem grünen Gras lagern. [40]Und sie lagerten sich in Gruppen zu je hundert und fünfzig. [41]Da nahm er die fünf Brote und die zwei Fische, blickte zum Himmel auf, sprach das Segensgebet, brach die Brote und gab sie den Jüngern, damit sie sie ihnen vorlegten; auch die zwei Fische teilte er an alle aus. [42]Und alle aßen und wurden satt. [43]Und sie hoben die Brocken auf, zwölf Körbe voll, und Reste von den Fischen. [44]Und die die Brote gegessen hatten, waren fünftausend Männer.

Belehrung über Rein und Unrein: 7,14–23

[14]Und Jesus rief das Volk wieder herbei und sprach zu ihnen: „Höret mich alle und verstehet: [15]Nichts, was von außen in den Menschen kommt, kann ihn unrein machen, sondern das, was

aus dem Menschen herauskommt, das
ist es, was den Menschen unrein
macht. 16 Wer Ohren hat zu hören,
der höre.“

17 Und als er von der Menge weg ins
Haus gegangen war, fragten ihn seine
Jünger nach dem Gleichnis. 18 Da
sprach er zu ihnen: „Seid auch ihr
ohne Verständnis? Begreift ihr nicht,
dass alles, was von außen in den Men-
schen hineinkommt, ihn nicht unrein
machen kann, 19 weil es nicht in sein
Herz hineingelangt, sondern in den
Bauch, und (dann) in den Abort hi-
nausgeht“, [und damit erklärte er alle
Speisen für rein]. 20 Er sprach aber:
„Was aus dem Menschen heraus-
kommt, das macht den Menschen un-
rein. 21 Denn von innen, aus dem Her-
zen der Menschen, kommen die bösen
Gedanken, Unzucht, Diebstahl, Mord,
22 Ehebruch, Habsucht, Bosheit, Arg-
list, Ausschweifung, Neid, Lästerung,
Hochmut, Unbesonnenheit. 23 Alles
dieses Böse kommt von innen heraus
und macht den Menschen unrein.“

Heilung eines Taubstummen: 7,31–37

31 Und nachdem Jesus das Gebiet von
Tyrus wieder verlassen hatte, kam er
über Sidon an den galiläischen See
mitten in das Gebiet der Dekapolis.
32 Da brachten sie einen Taubstummen
zu ihm und baten ihn, ihm die Hand
aufzulegen. 33 Und er nahm ihn aus
der Menge heraus beiseite, legte ihm
seine Finger in die Ohren und berühr-
te seine Zunge mit Speichel, 34 blickte
zum Himmel auf, seufzte und sprach
zu ihm: „Effata“, das heißt: „Tu dich
auf!“ 35 Da öffneten sich seine Ohren,
und das Band seiner Zunge löste sich,
und er konnte richtig reden. 36 Und er
befahl ihnen, es niemand zu sagen. Je
mehr er es ihnen aber befahl, desto
mehr verkündeten sie es. 37 Da waren
sie ganz außer sich vor Staunen und
sagten: „Gut hat er alles gemacht. Die
Tauben macht er hören und die Stum-
men reden.“

Erste Leidensankündigung: 8,31–33

31 Und Jesus begann, sie zu belehren,
der Menschensohn müsse vieles lei-
den und von den Ältesten und Hohen-
priestern und Schriftgelehrten ver-
worfen und getötet werden und nach
drei Tagen auferstehen. 32 Das sprach
er ganz offen aus. Da nahm ihn Petrus
auf die Seite und fing an, ihm Vorhal-
tungen zu machen. 33 Er aber wandte
sich um, blickte auf seine Jünger und
fuhr den Petrus an: „Hinweg von mir,
Satan! Denn du denkst nicht an die
Sache Gottes, sondern die der Men-
schen.“

Zweite Leidensankündigung: 9,30–32

30 Und sie gingen von dort weiter und
zogen durch Galiläa hindurch. Jesus
wollte aber nicht, dass es jemand er-
fahre. 31 Denn er lehrte seine Jünger
und sprach zu ihnen: „Der Menschen-
sohn wird in die Hände der Menschen
überliefert, und sie werden ihn töten.
Und wenn er getötet worden ist, wird

er nach drei Tagen auferstehen.“ 32 Sie
aber verstanden das Wort nicht und
scheuten sich, ihn zu fragen.

Jesus und die Kinder: 10,13–10,16

13 Und man brachte Kinder zu ihm,
damit er sie berühre. Die Jünger aber
schalten sie. 14 Doch als Jesus das sah,
wurde er unwillig und sprach zu ih-
nen: „Lasst die Kinder zu mir kom-
men, wehret ihnen nicht, denn für
solche ist das Reich Gottes. 15 Wahr-
lich, ich sage euch: Wer das Reich
Gottes nicht annimmt wie ein Kind,
wird nicht hineingelangen.“ 16 Und er
umarmte und segnete sie, indem er
ihnen die Hände auflegte.

Dritte Leidensankündigung: 10,32–34

32 Als sie aber den Weg nach Jerusalem
hinaufstiegen, ging Jesus ihnen voran,
und sie staunten; die Nachfolgenden
aber fürchteten sich. Da nahm er die
Zwölf wieder zu sich und begann
ihnen zu sagen, was ihm bevorstünde:
33 „Seht, wir steigen hinauf nach Jeru-
salem, und der Menschensohn wird
den Hohenpriestern und Schriftge-
lehrten überliefert werden, und sie
werden ihn zum Tode verurteilen und
ihn den Heiden überliefern, 34 und (sie)
werden ihn verspotten und anspeien
und geißeln und töten, und nach drei
Tagen wird er auferstehen.“

Blindenheilung in Jericho: 10,46–52

46 Und sie kamen nach Jericho, und als
Jesus mit seinen Jüngern und vielem
Volk aus Jericho herauszog, saß der
Sohn des Timäus, Bartimäus, ein blin-
der Bettler, am Wege. 47 Als er hörte,
es sei Jesus, der Nazarener, begann er
laut zu schreien: „Sohn Davids, Jesus,
erbarme dich meiner.“ 48 Viele fuhren
ihn an, er solle still sein, er aber schrie
noch lauter: „Sohn Davids, erbarme
dich meiner.“ 49 Da blieb Jesus stehen
und sprach: „Ruft ihn her.“ Nun riefen
sie den Blinden und sagten ihm: „Mut!
Steh auf. Er ruft dich.“ 50 Der aber warf
seinen Mantel ab, sprang auf und kam
zu Jesus. 51 Und Jesus wandte sich ihm
zu und sprach: „Was willst du, dass
ich dir tun soll?“ Der Blinde antworte-
te ihm: „Rabbuni, dass ich wieder se-
hen kann.“ 52 Da sprach Jesus zu ihm:
„Geh, dein Glaube hat dir Heilung ge-
bracht.“ Und sogleich sah er wieder
und folgte ihm auf dem Wege.

Die Frage nach dem größten Gebot:
12,28–34

28 Und einer der Schriftgelehrten, der
sie miteinander disputieren gehört
und erkannt hatte, wie gut Jesus ihnen
antwortete, trat hinzu und fragte ihn:
„Welches ist das erste Gebot von al-
len?“ 29 Jesus antwortete: „Das erste
ist: ‚Höre, Israel, der Herr, unser Gott,
ist allein Herr, 30 und du sollst den
Herrn, deinen Gott, lieben aus deinem
ganzen Herzen und aus deiner ganzen
Seele und aus deinem ganzen Denken

und aus deiner ganzen Kraft.‘ [31] Das
zweite ist dieses: ‚Du sollst deinen
Nächsten lieben wie dich selbst.‘ Grö-
ßer als diese ist kein anderes Gebot.“
[32] Da sagte der Schriftgelehrte zu ihm:
„Gut, Rabbi, und wahr hast du gesagt:
‚Er ist nur ein Einziger, und es ist kein
anderer außer ihm.‘ [33] Und ihn zu lie-
ben aus ganzem Herzen, aus ganzem
Denken und aus ganzer Kraft und den
Nächsten zu lieben wie sich selbst, das
ist weit mehr als alle Brandopfer und
anderen Opfer.“ [34] Als Jesus ihn so ver-
ständig antworten hörte, sprach er zu
ihm: „Du bist nicht fern vom Reiche
Gottes.“ Und niemand wagte mehr,
ihm eine Frage vorzulegen.

Wiederkunftsrede. Einleitung: 13,1–4

13 [1] Und als Jesus den Tempel ver-
ließ, sagte einer seiner Jünger
zu ihm: „Meister, sieh, was für Steine
und was für Bauten!“ [2] Jesus sprach zu
ihm: „Siehst du diese großen Bauten?
Kein Stein wird auf dem anderen blei-
ben, der nicht weggerissen wird.“

[3] Und als er auf dem Ölberg saß ge-
genüber dem Tempel, fragten ihn Pe-
trus, Jakobus, Johannes und Andreas,
als sie unter sich waren: [4] „Sag uns,
wann wird dies geschehen? Und wel-
ches ist das Zeichen, wann dies alles
sich vollenden wird?“

Der Anfang der Wehen: 13,5–13

[5] Da begann Jesus zu ihnen zu spre-
chen: „Seht zu, dass niemand euch ir-
reführe. [6] Viele werden in meinem Na-
men kommen und sagen: ‚Ich bin es‘,
und werden viele irreführen. [7] Wenn
ihr aber von Kriegen und Kriegs-
gerüchten hört, erschreckt nicht. Es
muss so kommen, aber es ist noch
nicht das Ende. [8] Denn ‚Volk wird sich
erheben gegen Volk und Reich gegen
Reich‘. Da und dort werden Erdbeben
sein, und Hungersnöte wird es geben.
Das ist der Anfang der Wehen.

[9] Ihr aber, habt Acht auf euch sel-
ber: Man wird euch den Gerichten
überliefern und in den Synagogen gei-
ßeln, vor Statthalter und Könige stel-
len um meinetwillen, zum Zeugnis
für sie. [10] Und unter allen Völkern
muss zuvor die Heilsbotschaft ver-
kündet werden.

[11] Und wenn sie euch hinführen,
um euch zu überliefern, so seid nicht
vorher besorgt darüber, was ihr reden
sollt, sondern was euch in jener Stun-
de gegeben wird, das redet. Denn
nicht ihr seid es, die dann reden, son-
dern der Heilige Geist. [12] Und ein Bru-
der wird den anderen zum Tode über-
liefern und ein Vater das Kind. Und
Kinder werden gegen ihre Eltern auf-
treten und sie zu Tode bringen. [13] Und
ihr werdet von allen gehasst werden
um meines Namens willen. Wer aber
ausharrt bis zum Ende, der wird geret-
tet werden.

Die große Drangsal Jerusalems: 13,14–23

[14] Wenn ihr aber den Gräuel der Ver-
wüstung da stehen seht, wo er nicht
sein darf – wer es liest, bedenke es

wohl –, dann fliehe in die Berge, wer in Judäa ist. 15 Wer auf dem Dache ist, der steige nicht herab und gehe nicht in sein Haus, um etwas zu holen, 16 und wer auf dem Felde ist, kehre nicht zurück, seinen Mantel zu holen. 17 Wehe aber den Schwangeren und Stillenden in jenen Tagen. 18 Betet auch, damit es nicht in den Winter falle, 19 denn jene Tage werden eine Drangsal sein, wie noch keine gewesen ist seit dem Anfang der Schöpfung, die Gott geschaffen hat, bis jetzt und auch nicht mehr sein wird. 20 Und wenn der Herr jene Tage nicht verkürzt hätte, würde kein Mensch gerettet werden. Aber um der Auserwählten willen, die er erwählt hat, hat er die Tage verkürzt. 21 Und wenn dann jemand zu euch sagt: ‚Sieh, hier ist der Messias', ‚Sieh, dort', so glaubt es nicht. 22 Denn es werden falsche Messiasse und falsche Propheten auftreten und werden Zeichen und Wunder tun, um womöglich (auch) die Auserwählten irrezuführen. 23 Ihr aber seht euch vor; ich habe euch alles vorausgesagt."

Die Passion

Jesus vor dem Hohen Rat: 14,53–65

53 Und sie führten Jesus zu dem Hohenpriester, und alle Hohenpriester und Ältesten und Schriftgelehrten kamen zusammen. 54 Petrus aber war ihm von weitem gefolgt, bis in den Hof des Hohenpriesters hinein; er saß da bei den Dienern und wärmte sich am Feuer.

55 Die Hohenpriester und der ganze Hohe Rat suchten ein Zeugnis gegen Jesus, um ihn zum Tode verurteilen zu können, fanden aber keines. 56 Denn es legten (zwar) viele falsches Zeugnis wider ihn ab, aber die Zeugnisse stimmten nicht überein. 57 Da traten einige auf und legten dieses falsche Zeugnis wider ihn ab, indem sie sagten: 58 „Wir haben ihn sagen hören: ‚Ich werde diesen Tempel niederreißen, der mit Händen errichtet ist, und in drei Tagen einen anderen aufbauen, der nicht mit Händen gemacht ist.'" 59 Aber auch dabei stimmte ihr Zeugnis nicht überein.

60 Da erhob sich der Hohepriester, trat in die Mitte und fragte Jesus: „Antwortest du nichts auf das, was diese gegen dich aussagen?" 61 Er aber schwieg und antwortete nichts. Nochmals fragte ihn der Hohepriester und sagte zu ihm: „Bist du der Messias, der Sohn des Hochgelobten?" 62 Jesus aber sprach: „Ich bin es. Und ihr werdet den Menschensohn sehen, sitzend zur Rechten der Kraft und kommend mit den Wolken des Himmels." 63 Da zerriss der Hohepriester seine Kleider und sprach: „Was brauchen wir noch Zeugen! 64 Ihr habt die Lästerung gehört. Was ist eure Meinung?" Sie aber alle sprachen ihn des Todes schuldig.

65 Und einige begannen, ihn anzuspeien und sein Angesicht zu verhüllen, ihn zu schlagen und zu ihm zu sagen: „Weissage!" Und die Diener nahmen ihn unter Schlägen entgegen.

Die Verleugnung des Petrus: 14,66–72

66 Und während Petrus unten im Hof
war, kam eine von den Mägden des
Hohenpriesters. 67 Und als sie den Pe-
trus sich wärmen sah, blickte sie ihn
an und sagte: „Auch du warst bei
dem Nazarener, dem Jesus." 68 Doch
er leugnete und sagte: „Ich weiß nicht
und verstehe nicht, was du meinst."
Und er ging hinaus in den Vorhof.
69 Als die Magd ihn (dort) sah, fing
sie wiederum an, zu den Umstehen-
den zu sagen: „Der gehört zu ihnen."
70 Er aber leugnete nochmals. Und
bald darauf sagten die Umstehenden
wiederum zu Petrus: „Du bist be-
stimmt einer von ihnen. Du bist ja
auch ein Galiläer." 71 Da fing er an zu
fluchen und zu schwören: 72 „Ich ken-
ne diesen Menschen nicht, von dem
ihr redet." Und sogleich krähte der
Hahn zum zweiten Mal. Da erinnerte
sich Petrus an das Wort, das Jesus zu
ihm gesagt hatte: „Ehe der Hahn zwei-
mal kräht, wirst du mich dreimal ver-
leugnen." Und er brach in Tränen aus.

Der Kreuzweg: 15,20b–22

20b Und sie führten Jesus hinaus, um
ihn zu kreuzigen. 21 Und sie zwangen
einen Vorübergehenden namens Si-
mon von Zyrene, der vom Felde kam,
den Vater des Alexander und Rufus,
ihm das Kreuz zu tragen. 22 Und sie
führten ihn zu der Stätte Golgota,
das heißt übersetzt: Schädelstätte.

Die Kreuzigung: 15,23–28

23 Sie gaben Jesus mit Myrrhe gewürz-
ten Wein, er aber nahm ihn nicht.
24 Dann kreuzigten sie ihn und verteil-
ten seine Kleider, indem sie das Los
darüber warfen, was ein jeder bekom-
men solle. 25 Es war aber die dritte
Stunde, als sie ihn kreuzigten. 26 Und
es war die Inschrift mit der Angabe
seiner Schuld angebracht: Der König
der Juden. 27 Mit ihm kreuzigten sie
noch zwei Räuber, einen zu seiner
Rechten und einen zu seiner Linken.
28 [Und es wurde die Schrift erfüllt,
die sagt: Zu den Übeltätern wurde er
gezählt.]

Jesus wird am Kreuz gelästert und verhöhnt: 15,29–32

29 Und die Vorübergehenden lästerten
ihn, schüttelten den Kopf und sagten:
„Ha du, der den Tempel niederreißt
und in drei Tagen wieder aufbaut,
30 rette dich selbst und steig herab
vom Kreuze." 31 Ebenso spotteten
auch die Hohenpriester samt den
Schriftgelehrten untereinander: „An-
deren hat er geholfen, sich selbst kann
er nicht helfen. 32 Der Messias, der Kö-
nig Israels, steige jetzt herab vom
Kreuz, damit wir sehen und glauben."
Auch die, die mit ihm zusammen ge-
kreuzigt waren, schmähten ihn.

Der Tod Jesu: 15,33–39

[33]Und von der sechsten Stunde an
kam eine Finsternis über das ganze
Land bis zur neunten Stunde. [34]Und
in der neunten Stunde rief Jesus mit
lauter Stimme: „Eloi, Eloi, lama sa-
bachtani", das heißt übersetzt: „Mein
Gott, mein Gott, warum hast du mich
verlassen?" [35]Als einige der Dabeiste-
henden das hörten, sagten sie: „Siehe,
er ruft den Elija." [36]Und einer lief, füll-
te einen Schwamm mit Essig, steckte
ihn auf ein Rohr und gab ihm zu trin-
ken, indem er sagte: „Lasst, wir wollen
doch sehen, ob Elija kommt, ihn he-
rabzunehmen." [37]Jesus aber stieß
einen lauten Schrei aus und verschied.
[38]Da zerriss der Vorhang des Tempels
in zwei Teile von oben bis unten. [39]Als
aber der Hauptmann, der ihm gegen-
über dabeistand, ihn so verscheiden
sah, sprach er: „Dieser Mensch war in
Wahrheit Gottes Sohn."

Die heiligen Frauen auf Golgota:
15,40–41

[40]Es sahen aber auch Frauen von ferne
zu, unter ihnen auch Maria von Mag-
dala, Maria, die Mutter des jüngeren
Jakobus und des Joses, und Salome,
[41]die ihm, als er (noch) in Galiläa war,
nachfolgten und dienten, und viele
andere, die mit ihm nach Jerusalem
hinaufgezogen waren.

Die Grablegung: 15,42–47

[42]Als es nun schon Abend wurde – es
war nämlich Rüsttag, das heißt der
Tag vor dem Sabbat –, [43]kam Josef
von Arimathäa, ein angesehener Rats-
herr, der auch auf das Reich Gottes
wartete. Er wagte es, zu Pilatus zu ge-
hen, und bat um den Leichnam Jesu.
[44]Pilatus aber wunderte sich, dass er
schon gestorben sein sollte, ließ den
Hauptmann kommen und fragte ihn,
ob er schon tot sei. [45]Und als er es
vom Hauptmann erfahren hatte,
schenkte er den Leichnam dem Josef.
[46]Da kaufte dieser Leinwand, nahm
ihn herab und hüllte ihn in die Lein-
wand, legte ihn in ein in den Felsen
gehauenes Grab und wälzte einen
Stein vor den Eingang des Grabes.
[47]Maria von Magdala aber und Maria,
die Mutter des Joses, sahen, wo er hin-
gelegt worden war.

Erscheinungen des Auferstandenen:
16,9–20

[9]Nach Jesu Auferstehung, in der Frühe
des ersten Wochentages, erschien er
zuerst Maria von Magdala, aus der er
sieben Dämonen ausgetrieben hatte.
[10]Die ging hin und verkündete es sei-
nen trauernden und weinenden Ge-
fährten. [11]Als diese aber hörten, dass
er lebe und von ihr gesehen worden
sei, glaubten sie es nicht.

[12]Hierauf offenbarte er sich in an-
derer Gestalt zweien von ihnen auf
dem Wege, während sie über Land
gingen. [13]Auch diese gingen hin und

verkündeten es den übrigen; aber
auch denen glaubten sie es nicht.

14 Später offenbarte er sich den El-
fen selbst, während sie zu Tische la-
gen, und schalt ihren Unglauben und
die Härte ihrer Herzen, weil sie denen,
die ihn als den Auferweckten gesehen,
nicht geglaubt hatten. 15 Und er sprach
zu ihnen: „Gehet hin in alle Welt und
verkündet die Heilsbotschaft allen
Geschöpfen. 16 Wer glaubt und sich
taufen lässt, wird gerettet werden.
Wer aber nicht glaubt, wird ver-
dammt werden. 17 Denen aber, die
glauben, werden diese Zeichen folgen:
In meinem Namen werden sie Dämo-
nen austreiben, in neuen Zungen re-
den, 18 Schlangen aufheben, und wenn
sie etwas Todbringendes getrunken
haben, wird es ihnen nicht schaden.
Kranken werden sie die Hände auf-
legen, und sie werden gesund wer-
den."

19 Nachdem der Herr Jesus zu ihnen
gesprochen hatte, wurde er hinauf-
genommen in den Himmel und setzte
sich zur Rechten Gottes. 20 Jene aber
zogen hinaus und predigten überall,
und der Herr wirkte mit ihnen und
bestätigte das Wort durch die beglei-
tenden Zeichen.

3 Aus dem Evangelium nach Lukas

Lukas ist in griechischer Literatur und Philosophie bewandert. Er schreibt einen sehr gepflegten griechischen Stil. Er verfasst etwa zwischen 80 und 90 nach Christus nicht nur das Evangelium, sondern auch noch die Fortsetzung des Wirkens Jesu in der Apostelgeschichte. Lukas nennt sein Buch nicht Evangelium, sondern „Erzählung". Er ist ein meisterhafter Erzähler. Ihm verdanken wir die schönsten Geschichten wie die Begegnung zwischen Maria und Elisabet (1,39–56), die Erzählung von Jesu Geburt (2,1–20) und die Erzählung von den Emmausjüngern (24,13–35).

Das Anliegen des Lukas ist es, Jesu Wirken und Jesu Worte so zu erzählen, dass die Griechen davon fasziniert sind. Er versteht sich selbst als Autor, der auf dem Büchermarkt der Antike einen Bestseller schreiben möchte, der die Menschen für Jesus interessiert und sie in seine Nachfolge ruft.

In der Tradition gilt Lukas als Maler und als Arzt. Beides kann man nicht nachweisen. Doch beide Bilder haben ihre Berechtigung. Denn Lukas schreibt wie ein Maler. Er versteht die Kunst, Szenen zu schildern wie ein Gemälde. Das zeigt sich schon an der Geburtsgeschichte. Lukas verschachtelt die Geburt Johannes' des Täufers und die Geburt Jesu zu einem Triptychon. Lukas ist ein meisterhafter Erzähler. Er hat wohl als Erster eine narrative Theologie (Theologie durch Erzählen) betrieben. Lukas gilt als Arzt, weil es ihm ein großes Anliegen ist, Jesu heilendes Wirken zu beschreiben. Manche meinen, die Heilungsgeschichten bei Lukas zeigen, dass er sich in der medizinischen Fachsprache auskannte. Auf jeden Fall benutzt Lukas öfter als alle anderen das Wort „heilen".

Lukas schildert Jesus als den Anführer zum Leben. Er lehrt uns die Kunst des gesunden Lebens. Und er geht uns selbst voraus auf dem Weg zum Leben. Jesus ist der göttliche Wanderer, der vom Himmel kommt, um mit uns Menschen zu wandern und uns immer wieder an unseren göttlichen Kern zu erinnern. Lukas ist kein Moralist. Er sieht den Menschen nicht zuerst als Sünder. Er glaubt an den göttlichen Kern des Menschen. Jesus bringt den Menschen mit seinem wahren Wesen in Berührung. Er kehrt als göttlicher Gast bei den Menschen ein und hält mit ihnen Mahl. Kein anderer Evangelist hat uns so viele Mahlzeiten berichtet wie Lukas. Beim Mahl zeigt Jesus Gottes Güte und Menschenfreundlichkeit. Und beim Mahl ist er der Lehrer, der wie die griechischen Philosophen beim Gastmahl seine wichtigsten Lehren verkündet.

Der lukanische Jesus wird nicht nur von Jüngern begleitet, sondern auch von Frauen, die gleichberechtigte Jüngerinnen werden. Lukas glaubt, dass er von Gott nur dann richtig sprechen kann, wenn er es zugleich vom Mann und von der Frau aus tut. So stellt er oft einem Gleichnis, das von einem Mann handelt, ein Gleichnis zur Seite, in dem eine Frau die Hauptrolle spielt. So folgt dem Gleichnis vom verlorenen Schaf das Gleichnis von der verlorenen Drachme (15,4–10).

Lukas verdanken wir die ausführlichste Erzählung von der Geburt Jesu. Lukas erzählt die Geburt von der Sicht Marias her, nicht wie Matthäus von Josef aus. Maria wird für uns zum Vorbild des Glaubens. Sie lässt sich auf das Wort des Engels ein. Sie singt das schönste Loblied auf Gott, das die Kirche kennt und täglich in der Vesper von neuem anstimmt: das Magnifikat (1,46–55). Und sie meditiert über alles, was geschehen ist. Sie denkt darüber nach, was wohl der Sinn all dessen ist, was Gott ihr in der Geburt ihres Sohnes zugetraut hat. Auf die Geburt Jesu reagieren wieder ein Mann und eine Frau, der greise Simeon und die betagte Witwe und Prophetin Hanna.

Lukas erzählt uns Gleichnisse Jesu, die wir weder bei Markus noch bei Matthäus vorfinden. Darunter ist wohl das schönste Gleichnis, das wir kennen, das Gleichnis vom verlorenen Sohn (15,11–32). Es ist nicht nur schön, weil uns die Güte und Barmherzigkeit des Vaters anrührt, sondern auch weil es meisterhaft erzählt ist. In den so genannten lukanischen Sondergleichnissen arbeitet der Autor mit dem typisch griechischen Stilmittel des inneren Monologs. Im Gleichnis vom reichen Kornbauern überlegt der Kornbauer: „Was soll ich tun?" (12,17). Ähnlich spricht der verlorene Sohn zu sich selbst oder der ungerechte Verwalter. In diesem inneren Monolog formuliert Lukas die Gedanken des Lesers und bezieht sie in das Gleichnis mit ein. Im Gleichnis vom verlorenen Sohn stellt Lukas die beiden Söhne nebeneinander, den jüngeren Sohn, der alles verschleudert, und den älteren, der angepasst zu Hause bleibt, aber von innerem Groll verzehrt wird. Das ist ein typisch lukanisches Stilmittel. Es sind zwei Pole in uns: das Wagemutige und das Angepasste, Mann und Frau, Licht und

Dunkel, Maria und Marta, das Aktive und das Kontemplative. Es gilt, beide Pole in sich zu verbinden.

Lukas spricht sehr nüchtern über die Schuld des Menschen. Das wird deutlich im Gleichnis vom ungerechten Verwalter (16,1–13). Ob wir wollen oder nicht, wir geraten in Schuld. Die Frage ist, wie wir mit unserer Schuld umgehen, ohne unsere Selbstachtung zu verlieren. Die beiden Lösungen – die Zähne zusammenzubeißen oder zu betteln und sein Leben lang im Büßerhemd herumzugehen – helfen nicht weiter. Der Verwalter geht kreativ mit seiner Schuld um. Er weiß, dass er seine Schuld nicht abarbeiten kann. So setzt er auf die Beziehung zu den Menschen. Er wird Mensch unter Menschen. Weil er sich von Gott angenommen weiß, braucht er sich selbst nicht aus der menschlichen Gemeinschaft auszuschließen.

Ähnlich positiv sieht Lukas die Schuld in der Erzählung von der Sünderin, die Jesus die Füße wäscht (7,36–50). Auch diese meisterhafte Erzählung hat seit jeher die Menschen berührt. Die Sünderin liebt viel, weil ihr viel vergeben worden ist. Sie beschämt damit die Frommen, die zu solcher Liebe nicht fähig sind. Es geht Lukas darum, keinen aus der christlichen Gemeinschaft auszuschließen. Gerade die Sünder oder die, die als Sünder gelten, wie der Samariter (10,29–37) oder der Zöllner (18,9–14) haben oft mehr Gespür für Gott und für das Bedürfnis des Nächsten als der Priester, der Levit oder der Pharisäer. Der Oberzöllner Zachäus, der von den Frommen abgelehnt wurde, zeigt seinen guten Kern, als Jesus ihn von seinem Kompensationsbaum herunterholt und ihn bedingungslos annimmt (19,1–10).

Lukas schildert das Leiden und Sterben Jesu auf seine persönliche Weise. Jesus vergibt am Kreuz noch seinen Mördern. Er denkt an den rechten Schächer und verspricht ihm: „Heute noch wirst du mit mir im Paradiese sein“ (23,43). Und sterbend gibt er betend seinen Geist in Gottes Hand: „Vater, in deine Hände lege ich meinen Geist“ (23,46). Lukas schildert die Kreuzigung wie ein Schauspiel. „Alle, die zu diesem Schauspiel herbeigeströmt waren und sahen, was sich ereignet hatte, schlugen sich an die Brust und gingen betroffen weg“ (23,48).

Als Grieche kennt Lukas die Vorstellung von Opfer und Sühne nicht. Für ihn ist die Art und Weise, wie Jesus als der wahrhaft gerechte Mensch am Kreuz stirbt, Anlass genug für die Menschen, umzukehren. Das Schauen auf den Tod Jesu am Kreuz verwandelt den Menschen. In dieser Verwandlung besteht die

Erlösung. In diesem Menschen sieht der Glaubende das Geheimnis Gottes. Und zugleich erkennt er darin, dass auch er durch manche Bedrängnisse hindurchgehen muss, um zur Herrlichkeit Gottes zu gelangen.

In der wunderbaren Erzählung von der Begegnung des Auferstandenen mit den Emmausjüngern (24,13–35) erkennen wir, dass der Auferstandene auch mit uns geht und dort hineingeht, wo wir sind, um bei uns zu bleiben. Christus als der Auferstandene begleitet uns auf unserem Lebensweg. Und er wird für uns immer wieder erfahrbar, wenn wir gemeinsam das Brot brechen. Dann ist er unter uns. Dann bricht eigentlich er uns das Brot und erweist uns darin seine Liebe, die auch unser Herz brennen lässt.

Und Jesus deutet uns das Geheimnis unseres Lebens, unseres Unterwegsseins. Auch unser Leben muss durch manches Leid hindurch, damit wir dem Auferstandenen in die Herrlichkeit des Vaters folgen. Tod und Auferstehung Jesu sind für Lukas die Erfüllung der gesamten Heiligen Schrift. In Tod und Auferstehung Jesu wird deutlich, dass es keinen Tod mehr gibt, der uns gefangen hält, kein Grab mehr, in dem nicht das Leben ist, keine Dunkelheit, in die nicht das Licht der Auferstehung fällt, kein Gefesseltsein, das nicht schon befreit ist.

Die Anfänge

Vorwort: 1,1–4

1 1 Da schon viele es unternommen haben, einen Bericht über die Ereignisse abzufassen, die sich in unserer Mitte zugetragen haben – 2 so wie uns jene überliefert haben, die von Anfang an Augenzeugen und Diener des Wortes gewesen sind –, 3 habe auch ich mich entschlossen, der ich allem von Anfang an sorgfältig nachgegangen bin, es für dich, edler Theophilus, der Reihe nach aufzuschreiben, 4 damit du die Zuverlässigkeit der Lehren, über die du unterwiesen worden bist, erkennen kannst.

Verheißung der Geburt Johannes' des Täufers: 1,5–25

5 In den Tagen des Herodes, des Königs von Judäa, lebte ein Priester namens Zacharias aus der Priesterklasse des Abija, und seine Frau war von den Töchtern Aarons und ihr Name Elisabet. 6 Beide aber waren gerecht vor Gott, wandelten untadelig in allen Geboten und Satzungen des Herrn. 7 Sie hatten kein Kind, weil Elisabet unfruchtbar war, und beide waren schon in vorgerücktem Alter.

8 Und es begab sich, als er nach der Ordnung seiner Klasse Priesterdienst vor Gott tat, 9 traf ihn nach dem Brauch der Priesterschaft das Los, in den Tempel des Herrn einzutreten und das Rauchopfer darzubringen. 10 Das ganze Volk aber stand zur Stunde des Rauchopfers draußen und betete.

11 Da erschien ihm ein Engel des Herrn, der zur Rechten des Rauchopferaltars stand. 12 Zacharias erschrak, als er ihn sah, und Furcht überfiel ihn. 13 Doch der Engel sprach zu ihm: „Fürchte dich nicht, Zacharias; denn dein Gebet ist erhört worden. Elisabet, deine Frau, wird dir einen Sohn gebären, und du sollst ihm den Namen Johannes geben. 14 Er wird dir Freude und Jubel sein, und viele werden sich freuen über seine Geburt, 15 denn er wird groß sein vor dem Herrn. Wein und Berauschendes wird er nicht trinken, schon vom Mutterschoß an wird er mit heiligem Geist erfüllt werden, 16 und viele Söhne Israels wird er bekehren zu dem Herrn, ihrem Gott. 17 Und er wird vor ihm hergehen in Geist und Kraft des Elija, dass er der Väter Herzen zu den Kindern wende und Ungehorsame zur Einsicht der Gerechten, um dem Herrn ein bereitetes Volk zu schaffen." 18 Zacharias sprach zu dem Engel: „Woran soll ich dies erkennen? Denn ich bin alt, und meine Frau ist vorgerückt in ihren Tagen." 19 Der Engel antwortete ihm: „Ich bin Gabriel, der vor Gott steht, und bin gesandt, zu dir zu reden und dir diese frohe Botschaft zu bringen. 20 Siehe, du wirst stumm sein und nicht sprechen können bis zu dem Tage, da dies geschehen wird, weil du meinen Worten nicht geglaubt hast, die sich erfüllen werden zu ihrer Zeit." 21 Das Volk wartete auf Zacharias; sie verwunderten sich, dass

er so lange im Heiligtum verweilte.
22 Als er aber heraustrat, konnte er
nicht zu ihnen reden. Da erkannten
sie, dass er im Heiligtum eine Erschei-
nung gehabt habe; er gab ihnen Zei-
chen und blieb stumm.

23 Und es begab sich, als die Tage
seines Dienstes erfüllt waren, kehrte
er nach Hause zurück. 24 Nach diesen
Tagen aber empfing Elisabet, seine
Frau. Fünf Monate verbarg sie sich
und sprach: 25 „So hat der Herr an mir
getan zu der Zeit, da er herniedersah,
meine Schmach vor den Menschen
wegzunehmen."

Die Verkündigung an Maria: 1,26–38

26 Im sechsten Monat aber wurde der
Engel Gabriel von Gott in eine Stadt
in Galiläa namens Nazaret gesandt
27 zu einer Jungfrau, die verlobt war
mit einem Manne namens Josef aus
dem Hause Davids; und der Name
der Jungfrau war Maria. 28 Und er trat
zu ihr ein und sprach: „Sei gegrüßt, du
Begnadete; der Herr ist mit dir." 29 Sie
aber erschrak über das Wort und sann
nach, was dieser Gruß bedeuten solle.
30 Der Engel sprach zu ihr: „Fürchte
dich nicht, Maria, denn du hast Gnade
gefunden bei Gott. 31 Siehe, du wirst
empfangen und einen Sohn gebären
und sollst ihm den Namen Jesus ge-
ben. 32 Dieser wird groß sein und Sohn
des Höchsten genannt werden. Und
Gott der Herr wird ihm den Thron
seines Vaters David geben; herrschen
wird er über das Haus Jakob in Ewig-
keit, 33 und seiner Herrschaft wird
kein Ende sein." 34 Maria aber sprach
zu dem Engel: „Wie wird dies gesche-
hen, da ich keinen Mann erkenne?"
35 Der Engel antwortete ihr: „Heiliger
Geist wird über dich kommen, und
Kraft des Höchsten wird dich über-
schatten; darum wird auch das, was
geboren wird, heilig genannt werden,
Sohn Gottes. 36 Siehe, Elisabet, deine
Verwandte, auch sie hat einen Sohn
empfangen in ihrem Alter, und dies
ist der sechste Monat für sie, die als
unfruchtbar gilt, 37 denn bei Gott ist
kein Ding unmöglich." 38 Maria aber
sprach: „Siehe, die Magd des Herrn,
mir geschehe nach deinem Wort."
Und der Engel schied von ihr.

Die Heimsuchung: 1,39–45

39 Maria aber machte sich in diesen Ta-
gen auf und ging eilends in das Gebir-
ge in eine Stadt Judas. 40 Sie trat in das
Haus des Zacharias und begrüßte Eli-
sabet. 41 Und es geschah, als Elisabet
den Gruß Marias hörte, hüpfte das
Kind in ihrem Schoße, und Elisabet
ward erfüllt mit heiligem Geiste
42 und rief mit lauter Stimme: „Du bist
gebenedeit unter den Frauen, und ge-
benedeit ist die Frucht deines Leibes!
43 Woher kommt mir dies, dass die
Mutter meines Herrn zu mir kommt?
44 Denn siehe, als der Klang deines
Grußes in mein Ohr drang, hüpfte
das Kind vor Freude in meinem Scho-
ße. 45 Selig, die geglaubt hat, dass Er-
füllung finden wird, was ihr vom
Herrn gesagt wurde."

Das Magnifikat: 1,46–56

46 Maria sprach: „Hochpreist meine
Seele den Herrn, 47 und mein Geist
frohlockt in Gott, meinem Heilande.

48 Denn er hat niedergeschaut auf
die Niedrigkeit seiner Magd. Denn sie-
he, von nun an werden mich selig
preisen alle Geschlechter.

49 Denn Großes hat an mir getan
der Mächtige, und heilig ist sein Na-
me.

50 Seine Barmherzigkeit währet von
Geschlecht zu Geschlecht denen, die
ihn fürchten.

51 Er hat Macht geübt mit seinem
Arme, zerstreut die Hochmütigen in
ihres Herzens Sinne.

52 Gewaltige hat er vom Thron ge-
stürzt und Niedrige erhöht.

53 Hungrige hat er erfüllt mit Gü-
tern und Reiche leer davongeschickt.

54 Angenommen hat er sich Israels,
seines Knechtes, eingedenk seiner
Barmherzigkeit,

55 wie er gesprochen hat zu unseren
Vätern, Abraham und seinen Nach-
kommen in Ewigkeit.“

56 Maria aber blieb ungefähr drei
Monate bei ihr und kehrte dann in
ihr Haus zurück.

Geburt Johannes' des Täufers und Besuch der Nachbarn: 1,57–1,58

57 Für Elisabet aber erfüllte sich die
Zeit, da sie gebären sollte, und sie ge-
bar einen Sohn.

58 Ihre Nachbarn und Verwandten
hörten, dass der Herr seine Barmher-
zigkeit an ihr so groß erwies, und
freuten sich mit ihr.

Beschneidung Johannes' des Täufers: 1,59–66

59 Und es begab sich, am achten Tag
kamen sie, das Kind zu beschneiden,
und wollten ihm den Namen seines
Vaters Zacharias geben. 60 Da nahm
seine Mutter das Wort und sprach:
„Nein, er soll Johannes heißen.“
61 Man entgegnete ihr: „Niemand ist
in deiner Verwandtschaft, der diesen
Namen trägt.“ 62 Sie winkten nun sei-
nem Vater, wie er ihn wolle nennen
lassen. 63 Er verlangte ein Täfelchen
und schrieb die Worte: „Johannes ist
sein Name.“ Und alle wunderten sich.
64 Sogleich aber wurde sein Mund auf-
getan und seine Zunge (gelöst), und er
sprach und pries Gott. 65 Alle Nach-
barn ringsum wurden von Furcht er-
griffen, und im ganzen Bergland von
Judäa sprach man von allen diesen
Dingen. 66 Und alle, die davon hörten,
nahmen es sich zu Herzen und sagten:
„Was wird wohl aus diesem Kinde
werden?“ Denn die Hand des Herrn
war mit ihm.

Das Benediktus: 1,67–79

67 Zacharias, sein Vater, ward erfüllt
mit heiligem Geiste, weissagte und
sprach:

68 „Gepriesen sei der Herr, der Gott
Israels; denn er hat sein Volk heimge-
sucht und ihm Erlösung bereitet

69 und hat uns ein Horn des Heiles aufgerichtet im Hause Davids, seines Knechtes,

70 wie er verkündet hat durch den Mund seiner heiligen Propheten, von Urzeit her,

71 um uns Rettung zu schaffen vor unseren Feinden und aus der Hand aller, die uns hassen.

72 Barmherzigkeit zu üben an unseren Vätern und zu gedenken seines heiligen Bundes,

73 des Eides, den er unserem Vater Abraham geschworen hat, uns zu verleihen,

74 dass wir, erlöst aus der Hand unserer Feinde, ohne Furcht ihm dienen

75 in Heiligkeit und Gerechtigkeit vor ihm alle unsere Tage.

76 Und du, mein Kind, wirst Prophet des Höchsten genannt werden; denn du wirst hergehen vor dem Herrn, zu bereiten seine Wege,

77 um seinem Volke Erkenntnis des Heiles zu geben, in Vergebung seiner Sünden,

78 durch das innige Erbarmen unseres Gottes, mit dem er uns heimsuchen wird als Aufgang aus der Höhe,

79 zu leuchten denen, die in Finsternis und in Todesschatten sitzen, und unsere Füße zu lenken auf den Weg des Friedens."

Das verborgene Leben Johannes' des Täufers: 1,80

80 Das Kind aber wuchs und erstarkte im Geiste. Und er war in der Wüste bis zum Tage, da er auftrat vor Israel.

Geburt Jesu und Besuch der Hirten: 2,1–20

2 1 Es begab sich aber, in jenen Tagen erging ein Erlass des Kaisers Augustus, den ganzen Erdkreis aufzeichnen zu lassen. 2 Diese Aufzeichnung war die erste und geschah, als Quirinius Statthalter von Syrien war. 3 Alle gingen hin, sich aufzeichnen zu lassen, ein jeder in seine Stadt. 4 Auch Josef zog von Galiläa aus der Stadt Nazaret hinauf nach Judäa in die Stadt Davids, die Betlehem heißt, weil er aus dem Hause und Geschlechte Davids war, 5 um sich mit Maria, seiner Verlobten, die schwanger war, eintragen zu lassen.

6 Während sie dort waren, begab es sich aber, dass sich die Tage vollendeten, da sie gebären sollte. 7 Und sie gebar ihren Sohn, den Erstgeborenen, wickelte ihn in Windeln und legte ihn in eine Krippe, weil für sie kein Platz in der Herberge war.

8 Und in derselben Gegend waren Hirten auf dem Felde, die Nachtwache hielten bei ihrer Herde. 9 Da trat ein Engel des Herrn zu ihnen, und die Herrlichkeit des Herrn umstrahlte sie, und sie fürchteten sich sehr. 10 Der Engel sprach zu ihnen: „Fürchtet euch nicht! Denn siehe, ich verkünde euch eine große Freude, die dem ganzen Volke zuteil werden wird. 11 Denn heute ist euch in der Stadt Davids ein Heiland geboren, nämlich der Messias, der Herr. 12 Dies soll euch das Zeichen sein: Ihr werdet ein Kind finden, in Windeln eingewickelt und in einer Krippe liegend." 13 Plötzlich war bei

dem Engel eine Menge himmlischer
Heerscharen, die Gott lobten und
sprachen:

14 „Herrlichkeit in den Höhen für
Gott und auf Erden Friede den Men-
schen seiner Huld!“

15 Und es begab sich, als die Engel
von ihnen weg in den Himmel gegan-
gen waren, sprachen die Hirten zuei-
nander: „Lasst uns nach Betlehem ge-
hen und schauen, was geschehen ist
und was der Herr uns kundgetan hat.“
16 Sie kamen eilends hin und fanden
Maria und Josef und das Kind, das in
der Krippe lag. 17 Als sie es aber sahen,
berichteten sie von dem Wort, das
ihnen über dieses Kind gesagt worden
war. 18 Und alle, die es hörten, wunder-
ten sich über das, was ihnen von den
Hirten erzählt wurde. 19 Maria aber be-
wahrte alle diese Worte und erwog sie
in ihrem Herzen. 20 Die Hirten kehrten
zurück, priesen und lobten Gott für al-
les, was sie gehört und gesehen hatten,
so wie es ihnen gesagt worden war.

Beschneidung Jesu: 2,21

21 Und als acht Tage bis zu seiner Be-
schneidung vollendet waren, wurde
ihm der Name Jesus gegeben, der von
dem Engel genannt worden war, ehe
er im Mutterschoße empfangen ward.

Darstellung Jesu im Tempel: 2,22–28

22 Und als die Tage ihrer Reinigung
nach dem Gesetz des Mose vollendet
waren, brachten sie ihn hinauf nach
Jerusalem, um ihn dem Herrn dar-
zustellen, 23 wie im Gesetze des Herrn
geschrieben steht: „Jedes Männliche,
das den Mutterleib öffnet, soll dem
Herrn heilig heißen“, 24 und um ein
Opfer zu bringen, nach der Vorschrift
im Gesetze des Herrn: ein Paar Turtel-
tauben oder zwei junge Tauben.
25 Und siehe, es war in Jerusalem ein
Mann namens Simeon; er war gerecht
und gottesfürchtig und wartete auf
den Trost Israels, und heiliger Geist
war über ihm. 26 Ihm war vom Heili-
gen Geist geoffenbart worden, er wer-
de den Tod nicht sehen, bevor er den
Messias des Herrn gesehen habe. 27 Er
kam im Geiste in den Tempel, und als
die Eltern das Kind Jesus hereinbrach-
ten, um nach dem Brauch des Geset-
zes an ihm zu tun, 28 nahm er es in sei-
ne Arme, lobte Gott und sprach:

Das Nunc Dimittis: 2,29–32

29 „Nun entlässest du deinen Diener,
Herr, nach deinem Worte in Frieden;

30 denn meine Augen haben dein
Heil geschaut,

31 das du bereitet hast im Angesicht
aller Völker,

32 ein Licht zur Offenbarung für die
Heiden und zur Verherrlichung deines
Volkes Israel.“

Die Weissagung des Simeon: 2,33–35

33 Und sein Vater und seine Mutter
wunderten sich über das, was von
ihm gesagt wurde. 34 Und Simeon seg-

nete sie und sprach zu Maria, seiner Mutter: „Siehe, dieser ist gesetzt zum Falle und zum Aufstehen vieler in Israel und zu einem Zeichen, dem widersprochen wird; 35 aber auch deine eigene Seele wird ein Schwert durchdringen, auf dass die Gedanken aus vielen Herzen offenbar werden."

Die Weissagung der Hanna: 2,36–2,38

36 Es war da auch eine Prophetin, Hanna, eine Tochter Penuels, aus dem Stamme Ascher; sie war hoch betagt; nach ihrer Jungfrauschaft hatte sie sieben Jahre mit ihrem Manne gelebt 37 und war nun eine Witwe von vierundachtzig Jahren. Sie wich nicht vom Tempel und diente (Gott) in Fasten und Beten Tag und Nacht. 38 Sie kam zu derselben Stunde hinzu, lobte Gott und sprach von ihm zu allen, die auf die Erlösung Israels harrten.

Das verborgene Leben in Nazaret: 2,39–40

39 Nachdem sie alles nach dem Gesetze des Herrn erfüllt hatten, kehrten sie nach Galiläa in ihre Stadt Nazaret zurück. 40 Das Kind aber wuchs und erstarkte in der Fülle der Weisheit, und Gottes Gnade war auf ihm.

Jesus unter den Lehrern: 2,41–50

41 Und seine Eltern zogen jedes Jahr am Osterfeste nach Jerusalem. 42 Und als er zwölf Jahre alt war, gingen sie der Festsitte gemäß hinauf. 43 Als die Tage vorüber waren und sie wieder heimkehrten, blieb der Knabe Jesus in Jerusalem, und seine Eltern wussten es nicht. 44 In der Meinung, er sei bei der Reisegesellschaft, gingen sie eine Tagreise weit und suchten ihn unter den Verwandten und Bekannten; 45 da sie ihn nicht fanden, kehrten sie nach Jerusalem zurück und suchten ihn.

46 Und es begab sich, nach drei Tagen fanden sie ihn im Tempel, wie er mitten unter den Lehrern saß, ihnen zuhörte und sie fragte. 47 Es staunten aber alle, die ihn hörten, über seine Einsicht und seine Antworten. 48 Und da sie ihn erblickten, waren sie fassungslos, und seine Mutter sagte zu ihm: „Kind, warum hast du uns das getan? Siehe, dein Vater und ich suchen dich mit Schmerzen." 49 Und er sprach zu ihnen: „Warum habt ihr mich gesucht? Wusstet ihr nicht, dass ich in dem sein muss, was meines Vaters ist?" 50 Und sie verstanden das Wort nicht, das er zu ihnen sprach.

Wiederum das verborgene Leben in Nazaret: 2,51–52

51 Und er ging mit ihnen hinab und kam nach Nazaret und war ihnen untertan. Seine Mutter bewahrte alle diese Worte in ihrem Herzen. 52 Und Jesus nahm zu an Weisheit und Alter und Gnade vor Gott und den Menschen.

Das Wirken Jesu in Galiläa

Jesus in Nazaret: 4,16–30

16 Und Jesus kam nach Nazaret, wo er
aufgewachsen war. Nach seiner Ge-
wohnheit ging er am Sabbat in die Sy-
nagoge und stand auf, um vorzulesen.
17 Es wurde ihm das Buch des Prophe-
ten Jesaja gereicht. Er öffnete das Buch
und fand die Stelle, wo geschrieben
stand:
18 „Der Geist des Herrn ruht auf
mir, weil er mich gesalbt hat; er hat
mich gesandt, Armen Frohbotschaft
zu bringen, 19 den Gefangenen Befrei-
ung zu verkündigen und den Blinden
das Augenlicht, Bedrückte in Freiheit
zu entlassen, auszurufen ein Gnaden-
jahr des Herrn."
20 Nachdem er das Buch zusam-
mengerollt hatte, gab er es dem Die-
ner zurück und setzte sich; alle Augen
in der Synagoge waren auf ihn gerich-
tet. 21 Er begann aber, zu ihnen zu
sprechen: „Heute ist dieses Schrift-
wort vor euren Ohren erfüllt wor-
den." 22 Alle stimmten ihm bei und
staunten über die Worte voll Anmut,
die aus seinem Munde kamen. Und sie
sprachen: „Ist das nicht der Sohn Jo-
sefs?" 23 Er erwiderte ihnen: „Ihr wer-
det mir sicher dieses Sprichwort ent-
gegenhalten: Arzt, heile dich selbst.
Was wir in Kafarnaum geschehen
hörten, tu auch hier in deiner Vater-
stadt." 24 Er sprach aber: „Wahrlich,
ich sage euch: Kein Prophet ist will-
kommen in seiner Vaterstadt.
25 Wahrhaftig, ich sage euch: Viele
Witwen gab es in den Tagen des Elija
in Israel, als der Himmel drei Jahre
und sechs Monate verschlossen war
und große Hungersnot über das ganze
Land kam, 26 doch zu keiner von
ihnen wurde Elija gesandt außer zu
einer Witwe nach Sarepta im Lande
Sidon. 27 Ebenso gab es viele Aussätzi-
ge in Israel zur Zeit des Propheten Eli-
scha, und keiner von ihnen wurde
rein außer dem Syrer Naaman."
28 Als sie das hörten, wurden alle in
der Synagoge voll Zorn, 29 standen auf,
stießen ihn zur Stadt hinaus und führ-
ten ihn bis zum Rande des Berges, auf
dem ihre Stadt erbaut war, um ihn hi-
nabzustürzen. 30 Er aber schritt mitten
durch sie hindurch und ging hinweg.

Heilung eines Gelähmten: 5,17–26

17 Und es begab sich eines Tages, als Je-
sus eben lehrte, saßen auch Pharisäer
und Gesetzeslehrer, die aus allen Or-
ten von Galiläa und Judäa und aus Je-
rusalem gekommen waren. Und die
Kraft des Herrn drängte ihn zum Hei-
len. 18 Siehe, da brachten Männer auf
einem Bett einen Menschen, der ge-
lähmt war; sie versuchten, ihn hinein-
zubringen und vor ihn hinzulegen.
19 Da sie aber wegen der Menge keinen
Weg fanden, ihn hineinzubringen,
stiegen sie auf das Dach und ließen
ihn samt dem Bett durch die Ziegel hi-
nab gerade vor Jesus hin. 20 Als er
ihren Glauben sah, sprach er:
„Mensch, deine Sünden sind dir ver-
geben."
21 Da begannen die Schriftgelehrten
und Pharisäer sich Gedanken zu ma-

chen und sagten: „Wer ist dieser, der Lästerungen redet? Wer kann Sünden vergeben außer Gott allein?“ 22 Doch Jesus erkannte ihre Gedanken und sprach zu ihnen: „Was denkt ihr in euren Herzen? 23 Was ist leichter, zu sagen: Deine Sünden sind dir vergeben, oder zu sagen: Steh auf und geh umher? 24 Damit ihr aber wisst, dass der Menschensohn Vollmacht hat auf Erden, Sünden zu vergeben“ – sprach er zu dem Gelähmten –: „Ich sage dir: Steh auf, nimm dein Bett und geh heim.“ 25 Und sofort stand er vor ihren Augen auf, nahm (das Bett), worauf er gelegen hatte, und ging, Gott preisend, heim.

26 Da gerieten alle (vor Staunen) außer sich, priesen Gott, wurden von Furcht erfüllt und sprachen: „Unfassbares haben wir heute gesehen.“

Die Auswahl der Zwölf: 6,12–16

12 Und es begab sich in jenen Tagen, dass Jesus auf den Berg ging, um zu beten, und er verbrachte die ganze Nacht im Gebete zu Gott.

13 Und als es Tag geworden war, rief er seine Jünger herbei und erwählte aus ihnen zwölf, die er auch Apostel nannte: 14 Simon, den er auch Petrus nannte, und Andreas, seinen Bruder, Jakobus und Johannes, Philippus und Bartholomäus, 15 Matthäus und Thomas, Jakobus, den Sohn des Alphäus, und Simon mit dem Beinamen Zelot, 16 und Judas, den Sohn des Jakobus, und Judas Iskariot, der zum Verräter wurde.

Auferweckung des Jünglings von Nain: 7,11–17

11 Und es begab sich, hierauf wandte Jesus sich in eine Stadt namens Nain; seine Jünger und viel Volk gingen mit ihm. 12 Als er sich aber dem Stadttor näherte, da trug man einen Toten heraus, den einzigen Sohn seiner Mutter, die Witwe war, und viele Leute aus der Stadt begleiteten sie. 13 Da sie der Herr sah, ward er von Mitleid über sie bewegt und sprach zu ihr: „Weine nicht!“ 14 Dann trat er hinzu und berührte die Bahre; die Träger aber standen still. Und er sprach: „Jüngling, ich sage dir: Steh auf!“ 15 Da richtete sich der Tote auf und begann zu reden. Und er gab ihn seiner Mutter. 16 Schauder aber ergriff alle; sie lobten Gott und sprachen: „Ein großer Prophet ist unter uns aufgestanden, und Gott hat sein Volk heimgesucht.“ 17 Und die Kunde von ihm verbreitete sich in ganz Judäa und im ganzen Umkreis.

Der Sünderin wird vergeben, weil sie liebt: 7,36–50

36 Es bat Jesus aber ein Pharisäer, bei ihm zu essen. Er ging in das Haus des Pharisäers und setzte sich zu Tische. 37 Da erfuhr eine Frau, die in der Stadt eine Sünderin war, dass er in dem Hause des Pharisäers zu Tische liege; sie brachte ein Alabastergefäß mit Salböl, 38 trat weinend von rückwärts an seine Füße heran und begann mit ihren Tränen seine Füße zu benetzen

und trocknete sie mit den Haaren
ihres Hauptes, küsste seine Füße und
salbte sie mit dem Salböl.

39 Als nun der Pharisäer, der ihn ge-
laden hatte, das sah, sagte er bei sich
selbst: „Wenn der ein Prophet wäre, so
würde er doch wissen, wer und was
das für eine Frau ist, die ihn berührt,
sie ist ja eine Sünderin." 40 Und Jesus
nahm das Wort und sprach zu ihm:
„Simon, ich habe dir etwas zu sagen."
Er erwiderte: „Meister, sprich!" 41 „Ein
Gläubiger hatte zwei Schuldner, der
eine schuldete fünfhundert Denare,
der andere fünfzig. 42 Da sie aber nicht
bezahlen konnten, schenkte er es bei-
den. Welcher von ihnen wird ihn nun
mehr lieben?" 43 Simon antwortete:
„Ich denke der, welchem er mehr ge-
schenkt hat." Er aber sprach zu ihm:
„Du hast recht geurteilt."

44 Und sich zu der Frau hinwen-
dend, sprach er zu Simon: „Siehst du
diese Frau? Ich kam in dein Haus:
Wasser für die Füße hast du mir nicht
gegeben; diese aber hat mit ihren Trä-
nen meine Füße benetzt und mit
ihren Haaren getrocknet. 45 Einen
Kuss hast du mir nicht gegeben; diese
aber hat, seitdem sie eingetreten ist,
nicht aufgehört, meine Füße zu küs-
sen. 46 Mit Öl hast du mein Haupt
nicht gesalbt, sie aber hat mit Salböl
meine Füße gesalbt. 47 Deshalb sage
ich dir: Ihre vielen Sünden sind ver-
geben, weil sie viel geliebt hat; wem
aber wenig vergeben wird, liebt we-
nig." 48 Zu ihr aber sprach er: „Deine
Sünden sind dir vergeben." 49 Da be-
gannen die, welche mit zu Tische la-
gen, bei sich zu sagen: „Wer ist dieser,
der sogar Sünden vergibt?" 50 Er aber
sprach zu der Frau: „Dein Glaube hat
dich gerettet, geh hin in Frieden!"

Das Gleichnis von der Lampe: 8,16–18

16 „Niemand zündet ein Licht an und
bedeckt es mit einem Gefäße oder
stellt es unter ein Bett; sondern er
stellt es auf den Leuchter, damit die
Eintretenden das Licht sehen. 17 Denn
nichts ist verborgen, das nicht offen-
bar werden wird, und nichts geheim,
das nicht bekannt werden und an das
Licht des Tages kommen wird. 18 Seht
nun zu, wie ihr höret. Denn wer hat,
dem wird gegeben werden, und wer
nicht hat, dem wird auch, was er zu
haben meint, genommen werden."

Die Stillung des Seesturms: 8,22–25

22 Es begab sich aber, eines Tages stieg
Jesus mit seinen Jüngern in ein Boot
und sprach zu ihnen: „Wir wollen an
das andere Ufer des Sees hinüberfah-
ren." Und sie fuhren ab. 23 Während
sie dahinfuhren, schlief er ein. Da
stieß ein Sturmwind auf den See he-
rab, sie wurden überflutet und kamen
in Gefahr. 24 Sie traten hinzu, weckten
ihn und riefen: „Meister, Meister, wir
gehen zugrunde." Er aber erhob sich,
schalt den Wind und die Woge des
Wassers, und sie legten sich, und es
ward Stille. 25 Da sprach er zu ihnen:
„Wo ist euer Glaube?" Sie aber gerie-
ten in Furcht und Staunen und sagten
zueinander: „Wer ist wohl dieser, dass

er selbst den Winden gebietet und dem Wasser und sie ihm gehorchen?“

Das Gleichnis vom barmherzigen Samariter: 10,29–37

[29]Jener [Pharisäer] aber wollte sich rechtfertigen und sprach zu Jesus: „Und wer ist mein Nächster?“ [30]Jesus nahm das Wort und sprach: „Ein Mann ging von Jerusalem hinab nach Jericho und fiel unter die Räuber; die plünderten ihn aus, schlugen ihn, machten sich davon und ließen ihn halb tot liegen. [31]Zufällig ging ein Priester denselben Weg hinab. Er sah ihn und ging vorüber. [32]Ebenso kam ein Levit an der Stelle vorbei, sah ihn und ging vorüber. [33]Ein Samariter aber, der des Weges zog, kam in seine Nähe, sah ihn und wurde von Mitleid bewegt. [34]Er trat hinzu, verband seine Wunden und goss Öl und Wein darauf; dann setzte er ihn auf sein eigenes Lasttier, brachte ihn in eine Herberge und trug Sorge für ihn. [35]Am nächsten Morgen zog er zwei Denare heraus, gab sie dem Wirt und sprach: ‚Trage Sorge für ihn, und was du noch darüber aufwenden wirst, will ich dir erstatten, wenn ich wiederkomme.‘ [36]Welcher von diesen dreien scheint dir der Nächste geworden zu sein dem, welcher unter die Räuber fiel?“ [37]Jener antwortete: „Der, welcher Barmherzigkeit an ihm geübt hat.“ Und Jesus sprach zu ihm: „Gehe hin, und tu desgleichen.“

Marta und Maria: 10,38–42

[38]Es begab sich aber, als sie weiterwanderten, kam er in ein Dorf. Eine Frau namens Marta nahm ihn in ihr Haus auf. Sie hatte eine Schwester namens Maria. [39]Diese setzte sich zu Füßen des Herrn und lauschte seinem Wort. [40]Marta aber war durch vielerlei Dienste beansprucht; sie trat hinzu und sagte: „Herr, macht es dir nichts, dass meine Schwester die Bedienung mir allein überlässt? Sag ihr doch, dass sie mir helfen soll.“ [41]Doch der Herr antwortete ihr und sprach: „Marta, Marta, du sorgst und beunruhigst dich um viele Dinge. [42]Doch weniges ist notwendig, nur eines. Maria hat den guten Teil erwählt, der wird ihr nicht genommen werden.“

Das Vaterunser: 11,1–4

11 [1]Und es begab sich, als Jesus eines Tages an einem Orte betete, sagte einer seiner Jünger, als er geendet hatte, zu ihm: „Herr, lehre uns beten, wie auch Johannes seine Jünger gelehrt hat.“ [2]Er sprach zu ihnen: „Wenn ihr betet, so sprecht:

Vater, geheiligt werde dein Name. Dein Reich komme.

[3]Unser notwendiges Brot gib uns täglich.

[4]Und vergib uns unsere Sünden; denn auch wir vergeben jedem, der uns schuldet. Und führe uns nicht in Versuchung.“

Sich der Vorsehung überlassen: 12,22–32

22 Und Jesus sprach zu seinen Jüngern:
„Darum sage ich euch: Sorget nicht
um das Leben, was ihr essen, noch
um den Leib, was ihr anziehen sollt.
23 Denn das Leben ist mehr als die
Nahrung und der Leib mehr als die
Kleidung. 24 Betrachtet die Raben, sie
säen nicht, sie ernten nicht; sie haben
weder Speicher noch Scheuer, und
Gott ernährt sie. Wieviel mehr seid
ihr (wert) als die Vögel! 25 Wer von
euch kann aber mit seinem Sorgen
seiner (Lebens-)Länge eine Elle hin-
zufügen? 26 Wenn ihr nun nicht ein-
mal das Geringste vermögt, was sorgt
ihr euch um das Übrige? 27 Betrachtet
die Lilien, wie sie weder spinnen noch
weben; ich sage euch aber: Selbst Sa-
lomo in all seiner Pracht war nicht ge-
kleidet wie eine von ihnen. 28 Wenn
aber Gott das Gras, das heute auf
dem Felde steht und morgen in den
Ofen geworfen wird, so kleidet, wie
viel mehr euch, Kleingläubige! 29 So
fragt denn auch ihr nicht, was ihr es-
sen und was ihr trinken werdet, und
seid nicht in ängstlicher Unruhe;
30 denn nach all dem trachten die Völ-
ker der Welt. Euer Vater aber weiß,
dass ihr das braucht. 31 Suchet viel-
mehr sein Reich, und all das wird
euch dreingegeben werden.

32 Fürchte dich nicht, du kleine Her-
de, denn es hat eurem Vater gefallen,
euch das Reich zu geben.

Seine Habe verkaufen und Almosen geben: 12,33–34

33 Verkaufet, was ihr habt, und gebt es
als Almosen. Macht euch Beutel, die
nicht veralten, einen Schatz in den
Himmeln, der nicht versiegt, wo kein
Dieb herankommt und keine Motte
zerstört. 34 Denn wo euer Schatz ist,
da wird auch euer Herz sein.

Sich bereithalten für das Kommen des Herrn: 12,35–48

35 Eure Lenden seien umgürtet und eu-
re Lampen brennend. 36 Ihr sollt Men-
schen gleichen, die ihren Herrn er-
warten, wenn er von der Hochzeit
zurückkehrt, damit sie ihm sogleich
auftun, wenn er kommt und anklopft.

37 Selig jene Knechte, die der Herr
bei seiner Ankunft wachend findet.
Wahrlich, ich sage euch: er wird sich
umgürten, sie zu Tische liegen lassen
und umhergehen, sie zu bedienen.
38 Und wenn er in der zweiten oder
dritten Nachtwache kommt und sie
so findet, selig sind sie. 39 Das aber se-
het ein: Wenn der Hausvater wüsste,
zu welcher Stunde der Dieb kommt,
so würde er nicht in sein Haus einbre-
chen lassen. 40 Darum seid auch ihr
bereit! Denn der Menschensohn
kommt zu einer Stunde, da ihr es
nicht vermutet."

41 Da fragte Petrus: „Herr, sagst du
für uns dieses Gleichnis oder auch
für alle?" 42 Und der Herr sprach: „Wer
ist wohl der kluge und treue Verwal-
ter, den der Herr über sein Gesinde

setzen wird, damit er ihnen zur rech-
ten Zeit ihr Maß Nahrung gebe? 43 Se-
lig jener Knecht, den der Herr, wenn
er kommt, so tun findet. 44 Wahrhaf-
tig, ich sage euch: er wird ihn über alle
seine Habe setzen. 45 Wenn aber jener
Knecht in seinem Herzen spricht:
‚Mein Herr kommt noch lange nicht',
und dann anfängt, die Knechte und
Mägde zu schlagen, zu essen und zu
trinken und sich zu berauschen, 46 so
wird der Herr jenes Knechtes an
einem Tage kommen, da er es nicht
erwartet, und zu einer Stunde, die er
nicht kennt, und wird ihn entzwei
hauen und ihm seinen Anteil bei den
Treulosen geben.

47 Jener Knecht aber, der den Willen
seines Herrn kannte und sich nicht
bereithielt oder nicht nach seinem
Willen tat, wird viele Schläge bekom-
men. 48 Der jedoch, der ihn nicht
kennt und tat, was Schläge verdient,
wird wenig bekommen. Von jedem
aber, dem viel gegeben ist, wird viel
gefordert werden, und wem man vie-
les anvertraut hat, von dem wird man
umso mehr verlangen."

Gleichnis vom Senfkorn: 13,18–19

18 Jesus sprach nun: „Wem ist das
Reich Gottes gleich, und womit soll
ich es vergleichen? 19 Es ist gleich
einem Senfkorn, das ein Mensch
nahm und in seinen Garten säte. Und
es wuchs und ward zum Baume, und
die Vögel des Himmels wohnten in
seinen Zweigen."

Gleichnis vom Sauerteig: 13,20–21

20 Und wiederum sprach er: „Womit
soll ich das Reich Gottes vergleichen?
21 Es ist gleich einem Sauerteig, den
eine Frau nahm und unter drei Maß
Mehl mengte, bis das Ganze durch-
säuert ward."

Das verlorene Schaf: 15,4–7

4 „Wer von euch, der hundert Schafe
hat und eines von ihnen verliert, lässt
nicht die neunundneunzig in der
Wüste und geht dem verlorenen nach,
bis er es findet? 5 Und wenn er es ge-
funden hat, legt er es voll Freude auf
seine Schultern; 6 und wenn er nach
Hause kommt, ruft er seine Freunde
und Nachbarn zusammen und sagt
zu ihnen: ‚Freut euch mit mir, denn
ich habe mein Schaf gefunden, das
verloren war.' 7 Ich sage euch, so wird
im Himmel mehr Freude sein über
einen einzigen Sünder, der umkehrt,
als über neunundneunzig Gerechte,
die der Umkehr nicht bedürfen.

Die verlorene Drachme: 15,8–10

8 Oder welche Frau, die zehn Drach-
men hat und eine Drachme verliert,
zündet nicht ein Licht an und kehrt
das Haus und sucht sorgfältig, bis sie
(sie) findet? 9 Und hat sie (sie) gefun-
den, so ruft sie ihre Freundinnen und
Nachbarinnen zusammen und sagt:
‚Freut euch mit mir, denn ich habe
die Drachme gefunden, die ich ver-

loren hatte.‘ 10 So, sage ich euch, wird bei den Engeln Gottes Freude sein über einen einzigen Sünder, der umkehrt.“

Der verlorene Sohn: 15,11–32

11 Ferner sprach Jesus: „Ein Mann hatte zwei Söhne. 12 Der jüngere von ihnen sagte zum Vater: ‚Vater, gib mir den Anteil des Vermögens, der mir zukommt.‘ Da teilte er den Besitz unter sie. 13 Wenige Tage darauf packte der jüngere Sohn alles zusammen, zog fort in ein fernes Land und vergeudete dort sein Vermögen durch ein verschwenderisches Leben.

14 Nachdem er aber alles durchgebracht hatte, kam eine schwere Hungersnot über jenes Land, und er fing an zu darben. 15 Da ging er hin und verdingte sich an einen Bürger jenes Landes, und der schickte ihn auf seine Felder zum Schweinehüten. 16 Gerne hätte er sich den Magen gefüllt mit den Schoten, die die Schweine fraßen, aber niemand gab sie ihm. 17 Da ging er in sich und sprach: ‚Wie viele Taglöhner meines Vaters haben Brot im Überfluss, ich aber komme hier vor Hunger um. 18 Ich will mich aufmachen und zu meinem Vater gehen und zu ihm sagen: Vater, ich habe gesündigt gegen den Himmel und vor dir. 19 Ich bin nicht mehr wert, dein Sohn zu heißen; halte mich wie einen von deinen Taglöhnern.‘ 20 Und er machte sich auf und ging zu seinem Vater. Als er aber noch weit entfernt war, sah ihn sein Vater und wurde von Erbarmen bewegt, lief herbei, fiel ihm um den Hals und küsste ihn. 21 Der Sohn aber sprach zu ihm: ‚Vater, ich habe gesündigt gegen den Himmel und vor dir; ich bin nicht mehr wert, dein Sohn zu heißen.‘ 22 Der Vater aber sprach zu seinem Knechte: ‚Holt schnell das beste Kleid heraus und zieht es ihm an und gebt ihm einen Ring an die Hand und Schuhe an die Füße! 23 Holt das Mastkalb und schlachtet es! Wir wollen essen und fröhlich sein, 24 denn dieser mein Sohn war tot und ist wieder lebendig geworden; er war verloren und ist wieder gefunden worden.‘ Und sie fingen an fröhlich zu sein.

25 Sein älterer Sohn aber war auf dem Felde. Als er kam und sich dem Hause näherte, hörte er Musik und Tanz. 26 Da rief er einen der Knechte herbei und fragte, was das sei. 27 Der aber sagte ihm: ‚Dein Bruder ist gekommen, und dein Vater hat das Mastkalb geschlachtet, weil er ihn gesund wiedererhalten hat.‘ 28 Da wurde er zornig und wollte nicht hineingehen. Doch sein Vater kam heraus und redete ihm zu. 29 Er aber gab dem Vater zur Antwort: ‚Siehe, so viele Jahre diene ich dir und habe nie dein Gebot übertreten, und mir hast du nie ein Böcklein gegeben, um mit meinen Freunden zu feiern. 30 Jetzt aber, da dieser dein Sohn gekommen ist, der dein Vermögen mit Dirnen verprasst hat, hast du ihm das Mastkalb geschlachtet.‘

31 Er aber sprach zu ihm: ‚Sohn, du bist allezeit bei mir, und alles, was mein ist, ist dein. 32 Feiern aber und

uns freuen mussten wir, denn dieser
dein Bruder war tot und ist wieder le-
bendig geworden, er war verloren und
ist wieder gefunden.'"

Der ungetreue Verwalter: 16,1–8

16 1 Jesus aber sprach zu den Jün-
gern: „Es war ein reicher Mann,
der hatte einen Verwalter. Dieser wur-
de bei ihm beschuldigt, dass er seine
Güter verschleudere. 2 Da ließ er ihn
rufen und sagte zu ihm: ‚Was höre
ich da von dir? Gib Rechenschaft von
deiner Verwaltung; denn du kannst
nicht länger Verwalter sein.' 3 Da aber
sagte sich der Verwalter: ‚Was soll ich
tun, da mein Herr mir die Verwaltung
nimmt? Graben kann ich nicht, zu
betteln schäme ich mich. 4 Ich weiß,
was ich tue, damit sie mich, wenn ich
von der Verwaltung abgesetzt bin, in
ihre Häuser aufnehmen.'

5 Und er ließ jeden Schuldner seines
Herrn einzeln zu sich rufen und sagte
zum ersten: ‚Wie viel schuldest du
meinem Herrn?' 6 Er antwortete:
‚Hundert Fass Öl.' Da sagte er zu ihm:
‚Nimm deinen Schuldschein, setze
dich und schreibe schnell fünfzig.'
7 Sodann sprach er zu einem anderen:
‚Du aber, wie viel bist du schuldig?'
Der antwortete: ‚Hundert Sack Wei-
zen.' Er sagte zu ihm: ‚Nimm deinen
Schuldschein und schreibe achtzig.'*

8 Und es lobte der Herr den unge-
treuen Verwalter, dass er klug gehan-
delt habe. Denn die Söhne dieser Welt
sind ihresgleichen gegenüber klüger
als die Söhne des Lichtes.

Der rechte Gebrauch irdischer Güter:
16,9–13

9 Auch ich sage euch: Machet euch
Freunde mit dem ungerechten Mam-
mon, damit man euch, wenn er zu En-
de geht, in die ewigen Zelte auf-
nimmt. 10 Wer im Kleinsten treu ist,
der ist auch im Großen treu; und wer
im Kleinsten ungerecht ist, der ist
auch im Großen ungerecht. 11 Wenn
ihr nun mit dem ungerechten Mam-
mon nicht treu waret, wer wird euch
das wahre (Gut) anvertrauen? 12 Und
wenn ihr mit dem fremden nicht ge-
treu waret, wer wird euch das eurige
geben?

13 Kein Knecht kann zwei Herren
dienen; denn entweder wird er den
einen hassen und den anderen lieben,
oder er wird dem einen anhangen und
den anderen verachten. Ihr könnt
nicht Gott dienen und dem Mam-
mon."

Der reiche Prasser und der arme Lazarus:
16,19–31

19 „Es war ein reicher Mann, der klei-
dete sich in Purpur und feine Lein-
wand und lebte alle Tage herrlich und
in Freuden. 20 Ein Armer aber namens
Lazarus lag mit Geschwüren bedeckt
vor seinem Portal. 21 Gern hätte er den

---

* „Sack": wörtlich „Kor".

Hunger gestillt mit dem, was von dem Tische des Reichen fiel. Indes die Hunde kamen und leckten seine Geschwüre. [22] Da begab es sich, dass der Arme starb und von den Engeln in Abrahams Schoß getragen wurde. Der Reiche aber starb ebenfalls und wurde begraben.

[23] Als er im Totenreich, mitten in seinen Qualen, seine Augen erhob, sah er Abraham von ferne und Lazarus in seinem Schoß. [24] Da rief er laut: ‚Vater Abraham, erbarme dich meiner und sende Lazarus, dass er die Spitze seines Fingers ins Wasser tauche und meine Zunge kühle; denn ich leide große Pein in dieser Feuersglut.' [25] Doch Abraham sprach: ‚Sohn, denke daran, dass du dein Gutes in deinem Leben empfangen hast, Lazarus ebenso das Schlechte. Jetzt dagegen wird er hier getröstet, du aber wirst gepeinigt. [26] Und außerdem besteht zwischen uns und euch eine große Kluft, damit die, welche von hier zu euch hinüber wollen, es nicht können, und ebenso wenig können die von drüben zu uns herüberkommen.'

[27] Da sagte er: ‚Dann bitte ich dich, Vater, dass du ihn in das Haus meines Vaters schickest [28] – ich habe nämlich fünf Brüder –, dass er ihnen Kunde bringe, damit nicht auch sie an diesen Ort der Qual kommen.' [29] Doch Abraham sprach: ‚Sie haben Mose und die Propheten, auf sie sollen sie hören.' [30] Er aber sagte: ‚Nein, Vater Abraham! Wenn aber einer von den Toten zu ihnen kommt, werden sie umkehren.' [31] Doch er sprach zu ihm: ‚Wenn sie auf Mose und die Propheten nicht hören, werden sie sich auch nicht überzeugen lassen, wenn einer von den Toten aufersteht.'"

Der Pharisäer und der Zöllner: 18,9–14

[9] Zu einigen, die sich selbstsicher für gerecht hielten und die Übrigen verachteten, sagte Jesus aber auch dieses Gleichnis: [10] „Zwei Menschen gingen hinauf in den Tempel, um zu beten: Der eine war ein Pharisäer und der andere ein Zöllner. [11] Der Pharisäer stellte sich auf und betete bei sich so: ‚Gott, ich danke dir, dass ich nicht bin wie die übrigen Menschen: Räuber, Ungerechte, Ehebrecher, auch nicht wie dieser Zöllner da. [12] Ich faste zweimal in der Woche, und ich gebe den Zehnten von allen meinen Einkünften.' [13] Der Zöllner aber stand weit entfernt und wollte nicht einmal die Augen zum Himmel erheben, sondern schlug an seine Brust und sprach: ‚Gott, sei mir Sünder gnädig.' [14] Ich sage euch: Dieser ging gerechtfertigt nach Hause, anders als jener. Denn jeder, der sich selbst erhöht, wird erniedrigt werden, wer sich selbst aber erniedrigt, wird erhöht werden."

Zachäus: 19,1–10

19 [1] Dann kam Jesus nach Jericho und zog hindurch. [2] Und siehe, da war ein Mann mit Namen Zachäus, der war Oberzöllner und reich. [3] Er suchte Jesus zu sehen, wer er wäre, vermochte es aber nicht wegen der Volksmenge, denn er war klein von Gestalt. [4] Da lief er voraus und stieg auf einen Maulbeerfeigenbaum, um ihn zu sehen; denn da musste er vorüberkommen. [5] Als nun Jesus an die Stelle kam, schaute er hinauf und sprach zu ihm: „Zachäus, steig schnell herab, denn heute muss ich in deinem Hause bleiben." [6] Schnell stieg er herab und nahm ihn mit Freuden auf. [7] Da murrten alle, die das sahen, und sagten: „Bei einem Sünder ist er eingekehrt, um zu wohnen." [8] Zachäus aber trat hin und sprach zum Herrn: „Siehe, Herr, die Hälfte meines Vermögens gebe ich den Armen, und wenn ich etwas zu Unrecht von jemand gefordert habe, gebe ich es vierfach zurück." [9] Jesus sprach zu ihm: „Heute ist diesem Hause Heil widerfahren, weil auch dieser ein Sohn Abrahams ist. [10] Denn der Menschensohn ist gekommen, zu suchen und zu retten, was verloren war."

Die Passion

Beschluss gegen Jesus und Verrat des Judas: 22,1–6

22 [1] Es nahte sich aber das Fest der ungesäuerten Brote, das Pascha heißt. [2] Und die Hohenpriester und Schriftgelehrten suchten, wie sie Jesus beseitigen könnten, denn sie fürchteten das Volk.

[3] Es fuhr aber Satan in Judas, der Iskariot hieß, einen aus der Zahl der Zwölf. [4] Und er ging hin und besprach sich mit den Hohenpriestern und Hauptleuten, wie er ihn an sie überliefern könnte. [5] Und sie freuten sich und kamen mit ihm überein, ihm Geld zu geben. [6] Und er sagte zu und suchte eine Gelegenheit, ihn ohne Aufsehen bei der Menge zu überliefern.

Die Vorbereitungen des Paschamahles: 22,7–13

[7] Es kam aber der Tag der ungesäuerten Brote, an dem das Osterlamm geschlachtet werden musste. [8] Da entsandte Jesus Petrus und Johannes und sprach: „Geht hin und bereitet uns das Ostermahl, damit wir es essen." [9] Sie antworteten ihm: „Wo willst du, dass wir es bereiten?" [10] Er aber sprach zu ihnen: „Siehe, sobald ihr in die Stadt hineinkommt, wird euch ein Mann begegnen, der einen Wasserkrug trägt; folgt ihm in das Haus, in das er hineingeht, [11] und sagt zu dem Hausherrn: ‚Der Meister lässt dir sagen: Wo ist das Gemach, in dem ich mit meinen Jüngern das Ostermahl halten kann?' [12] Und er wird euch ein großes Obergemach zeigen, das mit Polstern belegt ist. Dort bereitet es zu." [13] Da gingen sie hin und fanden es, wie er ihnen gesagt hatte, und bereiteten das Ostermahl.

Das Paschamahl: 22,14–18

[14] Und als die Stunde gekommen war, legte Jesus sich zu Tisch und die Apostel mit ihm. [15] Und er sprach zu

ihnen: „Sehnlich hat es mich verlangt, dieses Ostermahl mit euch zu essen, bevor ich leide. 16 Denn ich sage euch, von nun an werde ich es nicht mehr essen, bis es seine Vollendung finden wird im Reiche Gottes."

17 Und er nahm einen Kelch, sagte Dank und sprach: „Nehmt ihn und teilet ihn unter euch. 18 Denn ich sage euch: Von nun an werde ich nicht mehr von der Frucht des Weinstocks trinken, bis das Reich Gottes kommt."

Die Einsetzung der Eucharistie: 22,19–20

19 Und Jesus nahm Brot, sagte Dank, brach es und gab es ihnen mit den Worten: „Das ist mein Leib, der für euch hingegeben wird; tut dies zu meinem Gedächtnis." 20 Und ebenso nahm er nach dem Mahle auch den Kelch mit den Worten: „Dieser Kelch ist der Neue Bund in meinem Blute, das für euch vergossen wird.

Ankündigung des Verrates durch Judas: 22,21–23

21 Doch siehe, die Hand dessen, der mich überliefert, ist mit mir auf dem Tisch. 22 Zwar geht der Menschensohn dahin, wie es bestimmt ist; doch wehe jenem Menschen, durch den er überliefert wird!" 23 Da begannen sie zu streiten, wer von ihnen es wohl wäre, der das tun würde.

Wer ist der Größte?: 22,24–27

24 Es entstand aber auch ein Streit unter ihnen, wer von ihnen als der Größte gelten könne. 25 Jesus aber sprach zu ihnen: „Die Könige der Völker herrschen über sie, und die Gewalthaber lassen sich Wohltäter nennen. 26 Bei euch aber (soll es) nicht so (sein), sondern der Größte unter euch werde wie der Geringste und der Führer wie der Diener. 27 Denn wer ist größer, der zu Tische sitzt oder der bedient? Nicht der zu Tische sitzt? Ich aber bin in eurer Mitte wie einer, der dient.

Lohnverheißung an die Apostel: 22,28–30

28 Aber ihr seid es, die mit mir ausgeharrt haben in meinen Prüfungen. 29 So bestimme ich euch das Reich, wie es mir mein Vater bestimmt hat: 30 Ihr sollt essen und trinken an meinem Tische in meinem Reiche und auf Thronen sitzen, zu richten die zwölf Stämme Israels.

Voraussage der Verleugnung und der Umkehr des Petrus: 22,31–34

31 Simon, Simon, siehe, Satan hat verlangt, euch im Sieb zu schütteln wie den Weizen. 32 Ich aber habe gebetet für dich, dass dein Glaube nicht wanke; du aber, stärke dereinst nach deiner Umkehr deine Brüder!" 33 Er aber sagte zu ihm: „Herr, ich bin bereit, mit dir in Kerker und Tod zu gehen!" 34 Er aber sprach: „Ich sage dir, Petrus:

Der Hahn wird heute nicht krähen,
bis du dreimal geleugnet hast, mich
zu kennen."

Die Stunde des Entscheidungskampfes:
22,35–38

35 Und Jesus sprach zu ihnen: „Als ich
euch ohne Beutel und Tasche und
Schuhe aussandte, hat es euch da an
irgendetwas gemangelt?" Sie aber sag-
ten: „An nichts." 36 Er aber sprach zu
ihnen: „Jetzt aber nehme, wer einen
Beutel hat, ihn zu sich, und (wer) eine
Tasche (hat) und wer kein Schwert
hat, verkaufe seinen Mantel und kaufe
eines. 37 Denn ich sage euch, was ge-
schrieben steht: ‚Zu den Übeltätern
wurde er gezählt', muss an mir erfüllt
werden; denn was mir bestimmt ist,
kommt jetzt zu Ende." 38 Sie aber
sagten: „Herr, sieh, hier sind zwei
Schwerter!" Er aber sprach zu ihnen:
„Es ist genug."

Der Kreuzweg: 23,26–32

26 Als sie Jesus hinausführten, griffen
sie einen gewissen Simon von Zyrene
auf, der eben vom Felde kam, und lu-
den ihm das Kreuz auf, damit er es Je-
sus nachtrage. 27 Es folgte ihm aber
eine große Menge des Volkes und
Frauen, die ihn beweinten und beklag-
ten. 28 Jesus aber wandte sich zu ihnen
und sprach: „Ihr Töchter Jerusalems,
weinet nicht über mich, weint viel-
mehr über euch selbst und über eure
Kinder! 29 Denn siehe, es werden Tage
kommen, da man sagen wird: Selig
die Unfruchtbaren und der Schoß,
der nicht geboren, und die Brüste, die
nicht genährt haben! 30 Dann wird
man anfangen, zu den Bergen zu sa-
gen: Fallt über uns! Und den Hügeln:
Bedecket uns! 31 Denn wenn man dies
am grünen Holze tut, was wird an
dem dürren geschehen?" 32 Es wurden
aber auch noch zwei Verbrecher mit
ihm zur Hinrichtung hinausgeführt.

Die Kreuzigung: 23,33–34

33 Als sie an den Ort kamen, der ‚Schä-
del' genannt wird, kreuzigten sie Jesus
dort und die Verbrecher, den einen
zur Rechten und den anderen zur Lin-
ken. 34 Jesus aber sprach: „Vater, vergib
ihnen, denn sie wissen nicht, was sie
tun!" Als sie aber seine Kleider verteil-
ten, warfen sie das Los.

Der gute Schächer: 23,39–43

39 Einer aber von den Verbrechern, die
da hingen, lästerte Jesus: „Bist du
nicht der Messias? Hilf dir selbst und
uns!" 40 Doch der andere wies ihn zu-
recht und sagte: „Nicht einmal du
fürchtest Gott, da du die gleiche Strafe
leidest? 41 Wir zwar mit Recht, da wir
empfangen, was unsere Taten verdie-
nen; dieser aber hat nichts Unrechtes
getan." 42 Und er sagte: „Jesus, gedenke
meiner, wenn du in dein Reich
kommst." 43 Und er sprach zu ihm:
„Wahrlich, ich sage dir: Heute (noch)
wirst du mit mir im Paradiese sein."

Der Tod Jesu: 23,44–49

[44] Und es war schon um die sechste
Stunde, da kam eine Finsternis über
das ganze Land bis zur neunten Stun-
de, [45] weil die Sonne ihren Schein ver-
lor; der Vorhang des Tempels aber riss
mitten entzwei. [46] Und Jesus rief mit
lauter Stimme und sprach: „Vater, in
deine Hände empfehle ich meinen
Geist!“ Nach diesen Worten verschied
er.

[47] Als aber der Hauptmann sah, was
geschehen war, pries er Gott und
sprach: „Wahrhaftig, dieser Mensch
war ein Gerechter!“ [48] Und all die
Volksmassen, die zu diesem Schauspiel
zusammengekommen waren, schlu-
gen sich, als sie sahen, was geschehen
war, an die Brust und kehrten zurück.

[49] Es standen aber alle seine Be-
kannten von ferne, auch die Frauen,
die ihm von Galiläa her gefolgt waren,
und sahen dies.

Nach der Auferstehung

Die Emmaus-Jünger: 24,13–35

[13] Und siehe, zwei von ihnen, gingen
am selben Tage nach einem Dorf na-
mens Emmaus, das sechzig Stadien
von Jerusalem entfernt ist. [14] Sie spra-
chen miteinander über all das, was
sich zugetragen hatte. [15] Und es begab
sich, während sie miteinander spra-
chen und überlegten, nahte sich Jesus
selbst und ging mit ihnen. [16] Ihre Au-
gen aber waren gehalten, sodass sie
ihn nicht erkannten. [17] Er aber sprach
zu ihnen: „Was sind das für Reden, die
ihr da auf dem Wege miteinander
führt?“ Da blieben sie traurig stehen.
[18] Einer aber von ihnen namens Kleo-
pas antwortete ihm: „Bist du der Ein-
zige, der in Jerusalem weilt und nicht
weiß, was dort in diesen Tagen ge-
schehen ist?“ [19] Und er sprach zu ih-
nen: „Was denn?“ Sie antworteten
ihm: „Das mit Jesus von Nazaret, der
ein Prophet war, mächtig in Tat und
Wort vor Gott und vor dem ganzen
Volke, [20] und wie ihn unsere Hohen-
priester und Ratsherren zur Todes-
strafe überliefert und ihn gekreuzigt
haben. [21] Wir aber hofften, dass er es
sei, der Israel erlösen werde. Und nun
ist zu alledem heute schon der dritte
Tag, seit dies geschehen ist. [22] Aber
auch einige Frauen aus unserer Mitte
haben uns in Bestürzung versetzt.
Vor Tagesanbruch waren sie beim
Grabe [23] und fanden seinen Leib nicht;
sie kamen und erzählten, sie hätten
auch eine Erscheinung von Engeln ge-
habt, die sagten, er lebe. [24] Und einige
von den Unsern gingen zum Grabe
und fanden es so, wie die Frauen ge-
sagt; ihn selbst aber haben sie nicht
gesehen.“

[25] Da sprach er zu ihnen: „O ihr Un-
verständigen, wie träge ist euer Herz,
an all das zu glauben, was die Prophe-
ten gesprochen haben! [26] Musste nicht
der Messias dieses leiden und so in sei-
ne Herrlichkeit eingehen?“ [27] Und er
begann mit Mose und allen Propheten
und legte ihnen in allen Schriften aus,
was sich auf ihn bezieht.

[28] Als sie sich dem Dorfe näherten,
wohin sie gingen, tat er, als wolle er

weitergehen. 29 Da nötigten sie ihn
und sprachen: „Bleibe bei uns, denn
es will Abend werden, und der Tag
hat sich schon geneigt." Und er ging
hinein, um bei ihnen zu bleiben.
30 Und es geschah, als er mit ihnen zu
Tische war, nahm er das Brot, sprach
das Segensgebet, brach und gab es ih-
nen. 31 Da wurden ihnen die Augen
aufgetan, und sie erkannten ihn; er
aber entschwand vor ihnen. 32 Da
sprachen sie zueinander: „Brannte
nicht unser Herz in uns, als er auf
dem Wege mit uns redete und uns
die Schriften aufschloss?"

33 Und sie brachen in derselben
Stunde auf und kehrten nach Jerusa-
lem zurück. Dort fanden sie die Elf
und ihre Gefährten versammelt, 34 die
sagten: „Wahrhaftig, der Herr ist auf-
erweckt worden und dem Simon er-
schienen!" 35 Und sie selbst erzählten,
was auf dem Wege geschehen war
und wie sie ihn beim Brotbrechen er-
kannten.

4 Aus dem Evangelium nach Johannes

Das Johannesevangelium *unterscheidet sich wesentlich von den drei anderen, die von den Exegeten die Synoptiker genannt werden. Es erzählt uns sehr wenig. Es zeigt uns Jesus im Dialog mit Menschen, die ihn nicht verstehen. 80 Prozent des Johannesevangeliums fallen auf Reden und Dialoge. Nur 20 Prozent sind Erzählstoff. Und Jesus spricht eine andere Sprache als bei den Synoptikern. Offensichtlich hat der Autor des Johannesevangeliums Jesu Worte und Jesu Handeln auf seine persönliche Weise meditiert. Er lässt den in die Herrlichkeit Gottes erhöhten Jesus heute zu uns sprechen.*

Die Tradition glaubt, Johannes, der Bruder des Jakobus, sei der Autor des vierten Evangeliums. Heute meinen die meisten Exegeten, der namenlose Lieblingsjünger sei der Autor oder zumindest der Initiator des Evangeliums, das erst am Ausgang des 1. Jahrhunderts entstanden ist. Der Lieblingsjünger spricht die Worte Jesu hinein in die Situation seiner Gemeinde, die von Spaltung bedroht war. Und er spricht sie hinein in die spirituelle Situation am Ende des 1. Jahrhunderts. Diese Zeit war geprägt von der so genannten Gnosis. Das war eine breite Bewegung innerhalb und außerhalb des Christentums. Ihr ging es um Erleuchtung, um Erkenntnis der Wahrheit. Diese Bewegung ist vergleichbar mit der New-Age-Bewegung, der es ja auch um Bewusstseinserweiterung und spirituelle Erfahrung geht. Das Johannesevangelium greift die wichtigsten Begriffe der Gnosis auf und deutet sie auf seine Weise um: „Licht, Leben, Weg, Wahrheit, Liebe". In dem konkreten Menschen Jesus leuchtet Gottes Licht auf. Dieser Mensch ist für uns Leben. Er ist der Weg, die Wahrheit und das Leben (14,6). Er ist die menschgewordene Liebe Gottes. In ihm erweist uns Gott seine Liebe bis zur Vollendung.

Johannes beginnt das Evangelium mit dem Prolog, den Theologen und Philosophen aller Zeiten meditiert und ausgelegt haben. Es sind wunderbare und zugleich seltsame Worte, mit denen Johannes das Geheimnis Jesu zum Ausdruck bringt. Im Prolog klingen schon die wichtigsten Worte an: Jesus ist das Wort Gottes, das Fleisch wird. Er ist Licht und Leben. Leben ist wohl das häufigste Wort im Johannesevangelium. Es kommt 52-mal vor. Jesus erfüllt unsere Sehnsucht nach wahrem Leben. Der Prolog gipfelt in dem Wort: „Und das Wort ist Fleisch geworden und hat unter uns gewohnt, und wir haben seine Herrlichkeit geschaut, eine Herrlichkeit als des Eingeborenen vom Vater, voll Gnade und Wahrheit" (1,14). In dem Menschen, im konkreten Fleisch dieses geschichtlichen Menschen Jesus, schauen wir Gottes Herrlichkeit. Es ist eine Herrlichkeit voller Gnade, voller Zärtlichkeit und Liebe. Und darin leuchtet die Wahrheit auf. Das griechische Wort „aletheia = Wahrheit" meint, dass der Schleier weggezogen wird und wir auf den Grund schauen. In diesem Menschen Jesus schauen wir das Geheimnis Gottes und das Geheimnis der ganzen Welt.

Johannes erzählt zwar immer Geschehenes. Die Exegeten sagen uns, dass er über genaue Ortskenntnisse verfügt. Und auch seine Chronologie scheint historisch am ehesten zu stimmen. Und dennoch erzählt er das Geschichtliche immer schon hintergründig. Das Geschehene wird zum Symbol für etwas Tieferes. So ist es mit der Hochzeit zu Kana (2,1–12). Sie ist Symbol dafür, dass Gott in der Menschwerdung Jesu Hochzeit mit uns Menschen feiert. Das verwandelt unser Leben. Es bekommt einen neuen Geschmack, den Geschmack des Weines und den Geschmack der Liebe.

In den Gesprächen mit Nikodemus und mit der samaritischen Frau am Jakobsbrunnen geht es um wesentliche Themen: um die Neugeburt aus dem Heiligen Geist und um die Gabe des Heiligen Geistes, die in uns zu einer sprudelnden Quelle lebendigen Wassers wird. In diesen Gesprächen arbeitet Johannes immer mit dem so genannten Johanneischen Missverständnis. Mit diesem Stilmittel will uns der Autor auf eine höhere Ebene führen. Das Vordergründige, das Wasser, die sechs Männer, die die Frau hat, wird zum Symbol für das Eigentliche, für den Geist, der lebendig macht, für die Liebe Gottes, die unsere Sehnsucht nach Liebe erfüllt.

Johannes erzählt uns nichts von der Einsetzung der Eucharistie beim letzten Abendmahl. Er deutet uns in der so genannten Brotrede das Geheimnis der Eucharistie. Jesus als Person ist das Brot, das uns auf unserem Weg in das Gelobte Land nährt. Und Jesus gibt sich selbst im Brot. Es ist sein Fleisch für das Leben der Welt (6,51). „Wer mein Fleisch isst und mein Blut trinkt, hat ewiges Leben" (6,54). Eucharistie und Glaube gehören zusammen. Wenn ich Jesu Worte glaube, dann ist Jesus für mich Brot, dann kann ich wirklich leben. Das Essen und Trinken seines Fleisches und seines Blutes in der Eucharistie ist konkreter Ausdruck dieses Glaubens. Ich werde eins mit Christus und erfahre darin ewiges Leben, Leben, in dem jetzt schon Zeit und Ewigkeit zusammenfallen, Himmel und Erde, Gott und Mensch, Leben und Tod. Eine andere Deutung der Eucharistie gibt uns Johannes in der Erzählung von der Fußwaschung (13,1–20).

In seinem Tod am Kreuz beugt sich Jesus bis hinab in den Staub der Erde, um uns an unserer verwundbarsten Stelle, an unserer Achillesferse, zu berühren und zu heilen. In der Eucharistie erfahren wir das Hinabbeugen Jesu zu uns. Da wäscht er uns die Füße, dass wir uns ganz rein fühlen, dass wir uns bedingungslos annehmen können. Und er heilt uns an der tiefsten Wunde, die uns bedroht, an der Todeswunde. Wir gehen in der Eucharistie schon vom Tod zum Leben über. Wenn wir an Christus glauben, dann blicken wir jetzt schon durch. Dann haben wir jetzt schon teil am ewigen Leben, am wirklichen Leben. Leben, das nur um das Vordergründige kreist, ist kein wirkliches Leben.

Jesus erzählt uns im Johannesevangelium keine Gleichnisse. Aber er zeigt uns in Bildworten auf, was das Geheimnis seiner Existenz ist. So ein Bildwort ist das von der Tür und vom guten Hirten. Jesus ist die Tür zum Leben. Durch ihn finden wir Zugang zu uns selbst (10,7). Jesus ist der gute Hirte, der sein Leben für uns gibt, damit wir das Leben in Fülle haben (10,10). Jesus ist der wahre Weinstock. Wenn wir in ihm bleiben, bringen wir reiche Frucht. Wir sind in Jesus und er ist in uns. Seine Liebe durchströmt uns, so wie der Saft des Weinstocks die Reben durchströmt und sie Frucht bringen lässt. Und Jesus ist die Auferstehung und das Leben. Das sagt er uns bei der Auferweckung des Lazarus. Wenn wir an Jesus glauben, dann haben wir jetzt schon teil an der Auferstehung. Dann hat der Tod keine Macht über uns.

Johannes schildert Jesus in der Passion als den wahren König. Ihm kann Pilatus nichts anhaben. Denn Jesu Königtum ist nicht von dieser Welt. Daher hat die Welt auch keine Macht über ihn. Das Kreuz ist nicht der schlimme Galgen, sondern letztlich der Thron, von dem Jesus über die Welt herrscht. Am Kreuz wird Jesus erhöht. Da vollendet sich seine Herrlichkeit. Da kommt seine Liebe zur Vollendung. So können die Menschen mit ihrer Gewalt weder Jesus etwas anhaben, noch uns, die wir in Jesus schon hinübergegangen sind vom Tod zum Leben, die wir in Jesus schon teilhaben an dem Königtum, das nicht von dieser Welt ist. In uns ist eine göttliche Würde, die uns niemand nehmen kann, auch nicht der Tod.

Die Begegnung des Auferstandenen mit Maria von Magdala zeigt uns, dass für Johannes Auferstehung eine neue Beziehung zu Jesus Christus bedeutet. Als der Auferstandene Maria mit ihrem Namen anspricht, da gehen ihr die Augen auf. Sie antwortet: „Rabbuni = „mein Meister". Maria und Thomas nehmen die Bezeichnungen Jesu wieder auf, die die ersten Jünger bei ihrer Berufung genannt haben: Meister, Herr, Gottes Sohn. Doch jetzt ist Jesus „mein Meister" und „mein Herr und mein Gott". Es ist eine persönliche Beziehung gewachsen, die auch durch den Tod nicht mehr zerstört werden kann. Die Liebe, die Jesus uns erwiesen hat, ist stärker als der Tod. Daher ist die Begegnung des Auferstandenen mit Maria von Magdala eine Liebesgeschichte, die an den Text des Hohenliedes erinnert: Am Morgen, als es noch dunkel war, stand Maria von Magdala auf, um den zu suchen, „den ihre Seele liebt" (Hld 3,1).

Prolog: 1,1–18

1 [1]Im Anfang war das Wort, und
das Wort war bei Gott, und Gott
war das Wort. [2]Dieses war im Anfang
bei Gott. [3]Alles ist durch es geworden,
und ohne es ist nichts geworden. Was
geworden ist – [4]in ihm war das Leben,
und das Leben war das Licht der Men-
schen. [5]Und das Licht scheint in der
Finsternis, und die Finsternis hat es
nicht ergriffen.

[6]Ein Mensch trat auf, von Gott ge-
sandt, sein Name war Johannes. [7]Die-
ser kam zum Zeugnis, damit er Zeug-
nis ablege über das Licht, damit alle
durch ihn glaubten. [8]Er war nicht das
Licht, sondern er sollte Zeugnis able-
gen über das Licht.

[9](Das Wort) war das wahre Licht,
das jeden Menschen erleuchtet; es
kam in die Welt. [10]Er war in der Welt,
und die Welt ist durch ihn geworden,
und die Welt hat ihn nicht erkannt.
[11]Er kam in sein Eigentum, und die
Seinigen nahmen ihn nicht auf. [12]Al-
len aber, die ihn aufnahmen, gab er
Macht, Kinder Gottes zu werden, de-
nen, die an seinen Namen glauben,
[13]er, der nicht aus dem Blute und
nicht aus dem Willen des Fleisches
und nicht aus dem Willen des Man-
nes, sondern aus Gott geboren wurde.
[14]Und das Wort ist Fleisch geworden
und hat unter uns gewohnt, und wir
haben seine Herrlichkeit geschaut,
eine Herrlichkeit als des Eingeborenen
vom Vater, voll Gnade und Wahrheit.

[15]Johannes legte Zeugnis von ihm
ab und rief: „Dieser war es, von dem
ich gesagt habe: Der nach mir kommt,
ist mir voraus, weil er vor mir
war.“ [16]Aus seiner Fülle haben wir alle
empfangen, und (zwar) Gnade um
Gnade. [17]Denn das Gesetz ist durch
Mose gegeben worden, die Gnade
und die Wahrheit ist durch Jesus
Christus geworden. [18]Gott hat nie-
mand jemals gesehen. Der eingebore-
ne Sohn, der an der Brust des Vaters
ruht, er hat Kunde gebracht.

Das Zeugnis des Johannes: 1,19–34

[19]Und das ist das Zeugnis des Johan-
nes, als die Juden aus Jerusalem Pries-
ter und Leviten zu ihm schickten mit
der Frage: „Wer bist du?“ [20]Da be-
kannte er und leugnete nicht, und er
bekannte: „Ich bin nicht der Messias.“
[21]Da fragten sie ihn: „Was denn? Bist
du Elija?“ Er sagte: „Ich bin es nicht.“
„Bist du der Prophet?“ Er antwortete:
„Nein.“ [22]Da sagten sie zu ihm: „Wer
bist du? Wir müssen doch denen, die
uns gesandt haben, Antwort bringen.
Was sagst du von dir selbst?“ [23]Er
sprach: „Ich bin ‚die Stimme eines Ru-
fenden in der Wüste: Bereitet den Weg
des Herrn!‘, wie der Prophet Jesaja ge-
sagt hat.“

[24]Sie waren aber von den Pharisä-
ern gesandt. [25]Und sie fragten ihn
und sagten zu ihm: „Was taufst du
denn, wenn du weder der Messias
noch Elija, noch der Prophet bist?“
[26]Johannes antwortete ihnen: „Ich
taufe mit Wasser. Mitten unter euch
steht der, den ihr nicht kennt, [27]der
nach mir Kommende, dessen Schuh-
riemen zu lösen ich nicht würdig bin.“

28 Das geschah in Betanien jenseits des
Jordan, wo Johannes taufte.
29 Am folgenden Tage sieht er Jesus
auf sich zukommen und sagt: „Siehe,
das Lamm Gottes, das die Sünde der
Welt wegnimmt. 30 Dieser ist es, von
dem ich gesagt habe: Nach mir
kommt einer, der mir voraus ist, weil
er vor mir war.
31 Auch ich kannte ihn nicht. Aber
damit er Israel offenbar würde, des-
halb kam ich und taufte mit Wasser."
32 Und Johannes bezeugte und sprach:
„Ich sah den Geist herabsteigen wie
eine Taube vom Himmel, und er blieb
auf ihm. 33 Auch ich kannte ihn nicht.
Aber der mich gesandt hat, um mit
Wasser zu taufen, der sagte zu mir:
‚Auf wen du den Geist herabsteigen
und auf ihm bleiben siehst, dieser ist
es, der mit dem Heiligen Geist tauft.'
34 Und ich habe gesehen und bin Zeu-
ge, dass dieser der Erwählte Gottes ist."

Die Hochzeit zu Kana: 2,1–12

2 1 Und am dritten Tage fand eine
Hochzeit statt zu Kana in Galiläa,
und die Mutter Jesu war auch dort.
2 Auch Jesus und seine Jünger waren
zur Hochzeit eingeladen.
3 Als nun der Wein ausging, sagte
die Mutter Jesu zu ihm: „Sie haben
keinen Wein mehr." 4 Jesus sagt zu ihr:
„Was willst du von mir, Frau? Meine
Stunde ist noch nicht gekommen."
5 Da sagt seine Mutter zu den Dienern:
„Alles, was er euch sagt, das tut."
6 Es waren aber dort sechs steinerne
Wasserkrüge aufgestellt für die bei
den Juden übliche Reinigung; sie fass-
ten ungefähr hundert Liter.* 7 Jesus
sagt zu ihnen: „Füllet die Krüge mit
Wasser." Und sie füllten sie bis zum
Rand. 8 Da sagt er zu ihnen: „Schöpfet
jetzt und bringet es dem Speisemeis-
ter." Und sie brachten es ihm. 9 Als
aber der Speisemeister von dem zu
Wein gewordenen Wasser gekostet
hatte und nicht wusste, woher er
kam – die Diener aber, die das Wasser
geschöpft hatten, wussten es –, da rief
der Speisemeister den Bräutigam her-
bei 10 und sagte zu ihm: „Jedermann
setzt zuerst den guten Wein vor, und
wenn sie trunken sind, den geringe-
ren. Du hast den guten Wein bis jetzt
aufgehoben." 11 Diesen Anfang der
Zeichen machte Jesus zu Kana in Ga-
liläa und offenbarte seine Herrlich-
keit, und seine Jünger glaubten an ihn.
12 Hierauf zog er nach Kafarnaum hi-
nab, er und seine Mutter, seine Brüder
und seine Jünger. Sie blieben aber dort
nur wenige Tage.

Das Gespräch mit Nikodemus: 3,1–21

3 1 Es war aber unter den Pharisäern
ein Mann mit Namen Nikodemus,
ein Ratsherr der Juden. 2 Dieser kam
zu ihm bei Nacht und sagte zu ihm:
„Rabbi, wir wissen, dass du als Lehrer
von Gott gekommen bist. Denn nie-
mand kann diese Zeichen wirken, die
du wirkst, wenn nicht Gott mit ihm

* „ungefähr hundert Liter": wörtlich „zwei bis drei Metreten".

ist.“ 3 Jesus antwortete und sprach zu
ihm: „Wahrlich, wahrlich, ich sage dir:
Wer nicht von oben her geboren wird,
kann das Reich Gottes nicht schauen.“

4 Nikodemus sagt zu ihm: „Wie
kann ein Mensch geboren werden,
wenn er ein Greis ist? Kann er etwa
zum zweiten Mal in den Schoß seiner
Mutter eingehen und geboren wer-
den?“ 5 Jesus antwortete: „Wahrlich,
wahrlich, ich sage dir: Wer nicht aus
Wasser und Geist geboren wird, kann
nicht in das Reich Gottes eingehen.
6 Was aus dem Fleisch geboren ist, ist
Fleisch; was aus dem Geist geboren
ist, ist Geist. 7 Wundere dich nicht da-
rüber, dass ich zu dir sagte, ihr müsst
von oben her geboren werden. 8 Der
Wind weht, wo er will, und du hörst
sein Sausen; aber du weißt nicht, wo-
her er kommt noch wohin er geht. So
verhält es sich mit jedem, der aus dem
Geist geboren ist.“

9 Nikodemus antwortete und sprach
zu ihm: „Wie kann das geschehen?“
10 Jesus antwortete und sprach zu ihm:
„Du bist der Lehrer Israels und ver-
stehst das nicht?

11 Wahrlich, wahrlich, ich sage dir:
Was wir wissen, reden wir, und was
wir gesehen haben, bezeugen wir. Ihr
aber nehmt unser Zeugnis nicht an.
12 Wenn ich von den irdischen Dingen
zu euch geredet habe und ihr glaubt
nicht, wie werdet ihr glauben, wenn
ich von den himmlischen Dingen zu
euch rede? 13 Und doch ist niemand in
den Himmel hinaufgestiegen außer
dem, der vom Himmel herabgestiegen
ist, der Menschensohn, der im Him-
mel ist. 14 Und wie Mose die Schlange
in der Wüste erhöht hat, so muss der
Menschensohn erhöht werden, 15 da-
mit jeder, der glaubt, durch ihn ewiges
Leben habe. 16 Denn so sehr hat Gott
die Welt geliebt, dass er seinen einge-
borenen Sohn dahingegeben hat, da-
mit jeder, der an ihn glaubt, nicht ver-
loren gehe, sondern ewiges Leben
habe. 17 Denn Gott hat den Sohn nicht
in die Welt gesandt, damit er die Welt
richte, sondern damit die Welt durch
ihn gerettet werde. 18 Wer an ihn
glaubt, wird nicht gerichtet; wer nicht
glaubt, ist schon gerichtet, weil er an
den Namen des eingeborenen Sohnes
Gottes nicht geglaubt hat. 19 Darin
aber besteht das Gericht, dass das
Licht in die Welt gekommen ist und
die Menschen die Finsternis mehr lieb-
ten als das Licht; denn ihre Werke wa-
ren böse. 20 Denn jeder, der Schlechtes
tut, hasst das Licht und kommt nicht
zum Licht, damit seine Werke nicht
aufgedeckt werden. 21 Wer aber die
Wahrheit tut, der kommt zum Licht,
damit seine Werke offenbar werden,
dass sie in Gott getan sind.“

Den Samaritern wird der Erlöser der Welt geoffenbart: 4,1–42

4 1 Als Jesus nun merkte, dass den
Pharisäern zu Ohren gekommen
sei, er mache und taufe mehr Jünger
als Johannes – 2 doch taufte Jesus
nicht selbst, sondern seine Jünger –,
3 da verließ er Judäa und begab sich
wieder nach Galiläa. 4 Er musste aber
durch Samarien reisen.

5 Da kommt er zu einer Stadt in Sa-

marien namens Sychar in der Nähe
des Grundstückes, das Jakob seinem
Sohne Josef geschenkt hatte. 6 Dort
war der Brunnen Jakobs. Jesus nun,
müde von der Wanderung, setzte sich
so (wie er war) am Brunnen nieder. Es
war ungefähr die sechste Stunde. 7 Da
kommt eine Frau aus Samaria, um
Wasser zu schöpfen. Jesus sagt zu ihr:
„Gib mir zu trinken." 8 Seine Jünger
waren nämlich weggegangen in die
Stadt, um Lebensmittel einzukaufen.
9 Da sagt die Samariterin zu ihm: „Wie
kannst du, ein Jude, von mir, einer Sa-
mariterin, zu trinken verlangen?" [Ju-
den verkehren nämlich nicht mit den
Samaritern.] 10 Jesus antwortete und
sprach zu ihr: „Wenn du die Gabe
Gottes kennen würdest und wer der
ist, der zu dir sagt: ‚Gib mir zu trin-
ken', dann hättest du ihn gebeten,
und er hätte dir lebendiges Wasser ge-
geben."

11 Sie sagt zu ihm: „Herr, du hast
kein Schöpfgefäß, und der Brunnen
ist tief. Woher hast du also das leben-
dige Wasser? 12 Du bist doch nicht grö-
ßer als unser Vater Jakob, der uns den
Brunnen geschenkt und selbst daraus
getrunken hat samt seinen Kindern
und seinen Herden?" 13 Jesus antwor-
tete und sprach zu ihr: „Jeder, der von
diesem Wasser trinkt, wird wieder
Durst bekommen. 14 Wer aber von
dem Wasser trinkt, das ich ihm geben
werde, wird in Ewigkeit nicht mehr
dürsten, sondern das Wasser, das ich
ihm geben werde, wird in ihm zu
einer Quelle von Wasser werden, das
ins ewige Leben sprudelt."

15 Da sagte die Frau zu ihm: „Herr,
gib mir dieses Wasser, damit ich kei-
nen Durst mehr bekomme und nicht
mehr hierher zu kommen brauche,
um zu schöpfen." 16 Er sagt zu ihr:
„Geh, rufe deinen Mann und komme
hierher (zurück)." 17 Die Frau antwor-
tete und sprach: „Ich habe keinen
Mann." Jesus sprach zu ihr: „Du hast
richtig gesagt: Ich habe keinen Mann.
18 Denn fünf Männer hast du gehabt,
und der, den du jetzt hast, ist nicht
dein Mann. Da hast du die Wahrheit
geredet." 19 Die Frau sagt zu ihm:
„Herr, ich sehe, dass du ein Prophet
bist. 20 Unsere Väter haben auf diesem
Berge angebetet, und ihr sagt, in Jeru-
salem sei die Stätte, wo man anbeten
müsse." 21 Jesus sagt zu ihr: „Glaube
mir, Frau, es kommt die Stunde, wo
ihr weder auf diesem Berge noch in
Jerusalem den Vater anbeten werdet.
22 Ihr betet an, was ihr nicht kennt;
wir beten an, was wir kennen, denn
das Heil kommt aus den Juden.
23 Aber es kommt die Stunde, und sie
ist jetzt da, wo die wahren Anbeter
den Vater im Geist und in der Wahr-
heit anbeten werden. Denn der Vater
sucht solche Anbeter. 24 Gott ist Geist,
und die anbeten, müssen im Geist
und in der Wahrheit anbeten." 25 Die
Frau sagt zu ihm: „Ich weiß, dass der
Messias kommt – das heißt (über-
setzt): Christus. Wenn er kommt,
wird er uns alles verkünden." 26 Jesus
sprach zu ihr: „Ich bin es, der mit dir
redet."

27 Darüber kamen seine Jünger (zu-
rück), und sie wunderten sich, dass er
mit einer Frau sprach. Keiner jedoch
sagte: „Was willst du (von ihr)?" oder:

„Was sprichst du mit ihr?“ 28 Da ließ
die Frau ihren Krug stehen und ging
in die Stadt und sagte zu den Leuten:
29 „Kommt, seht einen Mann, der mir
alles gesagt hat, was ich getan habe.
Ob dieser vielleicht der Messias ist?“
30 Da gingen sie aus der Stadt heraus
und kamen zu ihm.

31 In der Zwischenzeit baten ihn die
Jünger und sagten: „Rabbi, iss.“ 32 Er
aber sprach zu ihnen: „Ich habe eine
Speise zu essen, die ihr nicht kennt.“
33 Da sagten die Jünger untereinander:
„Es hat ihm doch keiner etwas zu es-
sen gebracht?“ 34 Jesus sagte zu ihnen:
„Meine Speise ist es, den Willen des-
sen zu tun, der mich gesandt hat, und
sein Werk zu Ende zu führen. 35 Sagt
ihr nicht: Noch vier Monate geht es,
dann kommt die Ernte? Seht, ich sage
euch: Erhebet eure Augen und seht,
die Felder sind weiß zur Ernte.
36 Schon empfängt der Schnitter Lohn
und sammelt Frucht ein für das ewige
Leben; so freuen sich gemeinsam der
Sämann und der Schnitter. 37 Denn
hier bewahrheitet sich das Sprich-
wort: Einer sät, ein anderer mäht.
38 Ich habe euch ausgesandt zu ernten,
was ihr nicht gearbeitet habt. Andere
haben gearbeitet, und ihr seid in ihre
Arbeit eingetreten.“

39 Aus jener Stadt aber glaubten vie-
le von den Samaritern an ihn auf das
Wort der Frau hin, die bezeugte: „Er
hat mir alles gesagt, was ich getan ha-
be.“ 40 Als nun die Samariter zu ihm
kamen, baten sie ihn, bei ihnen zu
bleiben. Und er blieb zwei Tage dort.
41 Da glaubten noch viel mehr auf sein
Wort hin. 42 Zu der Frau aber sagten
sie: „Nicht mehr auf dein Reden hin
glauben wir. Denn nun haben wir sel-
ber gehört und wissen, dass dieser
wirklich der Retter der Welt ist.“

Heilung des Sohnes des königlichen Beamten: 4,43–54

43 Nach den zwei Tagen begab er sich
von dort weg nach Galiläa. 44 Jesus
hat nämlich selbst bezeugt, dass ein
Prophet in seinem eigenen Vaterlande
keine Ehre genießt. 45 Als er nun nach
Galiläa kam, nahmen ihn die Galiläer
auf, da sie alles gesehen hatten, was er
in Jerusalem während des Festes getan
hatte. Denn sie waren auch zu dem
Fest gegangen.

46 Er kam nun wiederum nach Kana
in Galiläa, wo er das Wasser zu Wein
gemacht hatte. Nun war da in Kafar-
naum ein königlicher Beamter, dessen
Sohn krank lag. 47 Als dieser hörte,
dass Jesus von Judäa nach Galiläa ge-
kommen sei, begab er sich zu ihm
und bat ihn, er möge hinabkommen
und seinen Sohn heilen, der im Ster-
ben lag. 48 Da spricht Jesus zu ihm:
„Wenn ihr nicht Zeichen und Wunder
seht, so glaubt ihr nicht.“ 49 Der könig-
liche Beamte sagt ihm: „Herr, komm
herab, bevor mein Kind stirbt.“ 50 Je-
sus sagt zu ihm: „Geh (nur), dein
Sohn lebt.“ Der Mann glaubte dem
Wort, das Jesus zu ihm gesprochen
hatte, und ging. 51 Während er noch
unterwegs war, kamen ihm bereits
seine Diener entgegen mit der Mel-
dung, dass sein Sohn lebe. 52 Da er-
kundigte er sich bei ihnen nach der

Stunde, in der die Besserung eintrat.
Sie antworteten ihm: „Gestern um
die siebte Stunde verließ ihn das Fie-
ber.“ 53 Nun erkannte der Vater, dass
es in eben dieser Stunde war, in der
Jesus zu ihm gesagt hatte: „Dein Sohn
lebt.“ Und er wurde gläubig mit sei-
nem ganzen Hause.

54 Das wiederum wirkte Jesus als
zweites Zeichen, als er aus Judäa nach
Galiläa kam.

Heilung eines Kranken am Teich Betesda:
5,1–18

5 1 Hierauf war ein Fest der Juden.
Und Jesus zog nach Jerusalem hi-
nauf. 2 Nun befindet sich in Jerusalem
am Schafteich die (Anlage), die auf
hebräisch Betesda heißt, mit fünf Säu-
lenhallen. 3 In diesen lag eine Menge
von Kranken: Blinde, Lahme, an Aus-
zehrung Leidende, die auf die Bewe-
gung des Wassers warteten. 4 Es stieg
aber ein Engel des Herrn von Zeit zu
Zeit in den Teich hinab und brachte
das Wasser in Wallung. Wer nun zu-
erst hineinstieg nach der Wallung des
Wassers, der wurde gesund, von was
für einer Krankheit er auch befallen
war. 5 Dort befand sich aber ein Mann,
der schon achtunddreißig Jahre an sei-
ner Krankheit litt. 6 Als Jesus diesen
daliegen sah und erfuhr, dass er schon
lange krank sei, sagt er zu ihm: „Willst
du gesund werden?“ 7 Der Kranke ant-
wortete ihm: „Herr, ich habe keinen
Menschen, um mich, sobald das Was-
ser in Wallung gerät, in den Teich zu
bringen. Während ich aber hinkom-
me, steigt schon ein anderer vor mir
hinab.“ 8 Jesus sagt zu ihm: „Steh auf,
nimm dein Bett und geh umher.“
9 Und sofort wurde der Mann gesund.
Und er nahm sein Bett und ging um-
her. Es war aber Sabbat an jenem Tage.
10 Die Juden sagten daher zu dem Ge-
heilten: „Es ist Sabbat; da darfst du
dein Bett nicht tragen.“ 11 Der aber
antwortete ihnen: „Der mich gesund
gemacht hat, hat zu mir gesagt: Nimm
dein Bett und geh umher.“ 12 Sie frag-
ten ihn: „Wer ist der Mann, der zu dir
gesagt hat: Nimm (dein Bett) und geh
umher?“ 13 Der Geheilte wusste aber
nicht, wer es war. Denn Jesus hatte
sich in dem Gedränge entfernt, das
an dem Ort war. 14 Später findet ihn
Jesus im Tempel und sagt zu ihm:
„Siehe, du bist gesund geworden. Sün-
dige nicht mehr, damit dir nicht
Schlimmeres widerfahre.“ 15 Da ging
der Mann hin und sagte den Juden,
dass Jesus es sei, der ihn gesund ge-
macht habe. 16 Deshalb verfolgten die
Juden Jesus, weil er so etwas am Sab-
bat tat. 17 Er aber hielt ihnen entgegen:
„Mein Vater wirkt bis jetzt, und auch
ich wirke.“ 18 Deshalb trachteten die
Juden noch mehr danach, ihn zu tö-
ten, weil er nicht nur den Sabbat
brach, sondern auch Gott seinen Vater
nannte und sich so Gott gleichstellte.

Rede über das Wirken des Sohnes:
5,19–47

19 Da antwortete Jesus und sagte zu ih-
nen: „Wahrlich, wahrlich, ich sage
euch: Der Sohn kann von sich aus

nichts tun, außer was er den Vater tun sieht. Denn was jener tut, das tut der Sohn in gleicher Weise. 20 Denn der Vater liebt den Sohn und zeigt ihm alles, was er selbst tut. Und er wird ihm noch größere Werke als diese zeigen, sodass ihr euch wundern werdet. 21 Denn wie der Vater die Toten erweckt und lebendig macht, so macht auch der Sohn lebendig, die er will. 22 Der Vater richtet ja auch niemand, sondern er hat alles Gericht dem Sohne übergeben, 23 damit alle den Sohn ehren, so wie sie den Vater ehren. Wer den Sohn nicht ehrt, ehrt auch den Vater nicht, der ihn gesandt hat. 24 Wahrlich, wahrlich, ich sage euch: Wer mein Wort hört und dem glaubt, der mich gesandt hat, der hat ewiges Leben und kommt nicht ins Gericht, sondern ist aus dem Tode ins Leben hinübergegangen. 25 Wahrlich, wahrlich, ich sage euch: Es kommt die Stunde, und sie ist jetzt da, wo die Toten die Stimme des Sohnes Gottes hören werden; und die sie hören, werden leben. 26 Denn wie der Vater Leben in sich selbst hat, so hat er auch dem Sohne gegeben, Leben in sich selbst zu haben, 27 und er gab ihm Vollmacht, Gericht zu halten, weil er der Menschensohn ist. 28 Wundert euch nicht darüber. Denn es kommt die Stunde, in der alle in den Gräbern seine Stimme hören werden; und herauskommen werden 29 die, die das Gute getan haben, zur Auferstehung zum Leben, und die, die das Böse verübt haben, zur Auferstehung zum Gericht. 30 Ich kann nichts aus mir selbst tun. Wie ich höre, richte ich, und mein Gericht ist gerecht. Denn ich suche nicht meinen Willen, sondern den Willen dessen, der mich gesandt hat.

31 Wenn ich für mich selbst Zeugnis ablege, so ist mein Zeugnis nicht wahr. 32 Ein anderer ist es, der Zeugnis für mich ablegt, und ich weiß, dass das Zeugnis, das er von mir gibt, wahr ist. 33 Ihr habt zu Johannes geschickt, und er hat für die Wahrheit Zeugnis abgelegt. 34 Ich aber nehme von einem Menschen kein Zeugnis an, sondern sage dies (nur), damit ihr gerettet werdet. 35 Jener war die Lampe, die brennt und leuchtet. Ihr aber wolltet euch für den Augenblick an ihrem Licht ergötzen. 36 Ich aber habe ein größeres Zeugnis als das des Johannes; denn die Werke, die mir der Vater zu vollbringen gegeben hat, eben diese Werke, die ich tue, legen Zeugnis für mich ab, dass der Vater mich gesandt hat. 37 Und der Vater, der mich gesandt hat, er legt Zeugnis für mich ab. Ihr habt weder seine Stimme jemals gehört noch sein Angesicht gesehen, 38 und sein Wort wohnt nicht in euch, weil ihr dem, den jener gesandt hat, nicht glaubt.

39 Ihr durchforscht die Schriften, denn ihr meint in ihnen ewiges Leben zu haben. Und sie sind es, die Zeugnis von mir geben. 40 Und doch wollt ihr nicht zu mir kommen, um Leben zu haben. 41 Ehre von Menschen nehme ich nicht an. 42 Aber ich habe euch erkannt, dass ihr die Liebe Gottes nicht in euch habt. 43 Ich bin im Namen meines Vaters gekommen, und ihr nehmt mich nicht an. Wenn ein anderer in seinem eigenen Namen käme, den würdet ihr annehmen. 44 Wie könnt

ihr glauben, die ihr Ehre voneinander
annehmt, die Ehre jedoch, die vom
alleinigen Gott kommt, nicht sucht?
45 Meint nicht, ich werde euch beim
Vater anklagen. Euer Ankläger ist da:
Mose, auf den ihr eure Hoffnung ge-
setzt habt. 46 Denn wenn ihr dem Mo-
se glauben würdet, würdet ihr auch
mir glauben. Denn von mir hat jener
geschrieben. 47 Wenn ihr aber seinen
Schriften nicht glaubt, wie werdet ihr
meinen Worten glauben?“

Rede in der Synagoge von Kafarnaum:
6,22–66

22 Am anderen Tage sah die Menge, die
jenseits des Sees stand, dass kein an-
deres Boot da gewesen war außer
dem einen und dass Jesus nicht mit
seinen Jüngern ins Boot gestiegen
war, sondern dass seine Jünger allein
weggefahren waren. 23 Es kamen aber
Boote aus Tiberias in die Nähe des Or-
tes, wo sie nach dem Dankgebet des
Herrn das Brot gegessen hatten. 24 Als
nun die Menge sah, dass Jesus nicht da
war und auch seine Jünger nicht, da
stiegen sie selbst in die Boote ein und
fuhren nach Kafarnaum, um Jesus zu
suchen. 25 Und als sie ihn jenseits des
Sees gefunden hatten, sagten sie zu
ihm: „Rabbi, wann bist du hierher ge-
kommen?“ 26 Jesus antwortete ihnen
und sprach: „Wahrlich, wahrlich, ich
sage euch: Ihr sucht mich nicht, weil
ihr Zeichen gesehen, sondern weil ihr
von den Broten gegessen habt und
satt geworden seid. 27 Mühet euch
nicht um die Speise, die vergänglich
ist, sondern um die Speise, die ins ewi-
ge Leben hinein anhält, die der Men-
schensohn euch geben wird. Denn
diesen hat der Vater, Gott, besiegelt.“

28 Da sprachen sie zu ihm: „Was sol-
len wir tun, um die Werke Gottes
zu wirken?“ 29 Jesus antwortete und
sprach zu ihnen: „Das ist das Werk
Gottes, dass ihr an den glaubt, den je-
ner gesandt hat.“ 30 Da sprachen sie zu
ihm: „Was für ein Zeichen tust denn
du, dass wir sehen und dir glauben?
Was (für ein Werk) wirkst du? 31 Un-
sere Väter haben das Manna gegessen
in der Wüste, wie geschrieben steht:
‚Brot vom Himmel gab er ihnen zu
essen.‘“

32 Da sprach Jesus zu ihnen: „Wahr-
lich, wahrlich, ich sage euch: Nicht
Mose hat euch das Brot vom Himmel
gegeben, sondern mein Vater gibt
euch das wahre Brot vom Himmel.
33 Denn das Brot Gottes ist der, wel-
cher vom Himmel herabkommt und
der Welt Leben gibt.“ 34 Da sprachen
sie zu ihm: „Herr, gib uns immer die-
ses Brot.“ 35 Jesus sprach zu ihnen: „Ich
bin das Brot des Lebens. Wer zu mir
kommt, wird nimmermehr hungern,
und wer an mich glaubt, wird nim-
mermehr dürsten. 36 Aber ich habe
euch ja gesagt, dass ihr mich gesehen
habt, aber nicht glaubt. 37 Alles, was
mir der Vater gibt, wird zu mir kom-
men, und den, der zu mir kommt,
werde ich gewiss nicht verstoßen.
38 Denn ich bin vom Himmel herab-
gekommen, nicht um meinen Willen
zu tun, sondern den Willen dessen,
der mich gesandt hat. 39 Das aber ist
der Wille dessen, der mich gesandt

hat, dass ich von all dem, was er mir gegeben hat, nichts verliere, sondern es auferwecke am Jüngsten Tage. 40 Denn das ist der Wille meines Vaters, dass jeder, der den Sohn sieht und an ihn glaubt, ewiges Leben habe und dass ich ihn auferwecke am Jüngsten Tage."

41 Da murrten die Juden über ihn, weil er gesagt hatte: „Ich bin das Brot, das vom Himmel herabgekommen ist", 42 und sie sprachen: „Ist der da nicht Jesus, der Sohn des Josef, dessen Vater und Mutter wir kennen? Wie kann er jetzt behaupten: Ich bin vom Himmel herabgekommen?" 43 Jesus antwortete und sprach zu ihnen: „Murret nicht untereinander.

44 Niemand kann zu mir kommen, wenn ihn nicht der Vater, der mich gesandt hat, zieht, und ich werde ihn auferwecken am Jüngsten Tage. 45 Bei den Propheten steht geschrieben: ‚Und sie werden alle von Gott unterwiesen sein.' Jeder, der vom Vater gehört und gelernt hat, kommt zu mir. 46 Nicht als ob jemand den Vater gesehen hätte; nur der von Gott her ist, der hat den Vater gesehen. 47 Wahrlich, wahrlich, ich sage euch: Wer glaubt, hat ewiges Leben. 48 Ich bin das Brot des Lebens. 49 Eure Väter haben in der Wüste das Manna gegessen und sind gestorben. 50 Dies ist das Brot, das vom Himmel herabkommt, damit man davon esse und nicht sterbe. 51 Ich bin das lebendige Brot, das vom Himmel herabgekommen ist. Wer von diesem Brot isst, wird in Ewigkeit leben. Das Brot aber, das ich geben werde, ist mein Fleisch für das Leben der Welt."

52 Da stritten die Juden untereinander und sagten: „Wie kann uns der da sein Fleisch zu essen geben?" 53 Da sagte Jesus zu ihnen: „Wahrlich, wahrlich, ich sage euch: Wenn ihr nicht das Fleisch des Menschensohnes esset und sein Blut trinket, habt ihr das Leben nicht in euch. 54 Wer mein Fleisch isst und mein Blut trinkt, hat ewiges Leben, und ich werde ihn auferwecken am Jüngsten Tage. 55 Denn mein Fleisch ist wahrhaft eine Speise, und mein Blut ist wahrhaft ein Trank. 56 Wer mein Fleisch isst und mein Blut trinkt, bleibt in mir und ich in ihm. 57 Wie mich der lebendige Vater gesandt hat und ich durch den Vater lebe, so wird auch der, der mich isst, durch mich leben. 58 Dies ist das Brot, das vom Himmel herabgekommen ist, nicht wie jenes, das eure Väter gegessen haben und gestorben sind. Wer dieses Brot isst, wird in Ewigkeit leben."

59 Das sagte er, als er in der Synagoge zu Kafarnaum lehrte.

60 Viele nun von seinen Jüngern, die das hörten, sagten: „Diese Rede ist hart. Wer kann sie anhören?" 61 Jesus aber, der selbst wusste, dass seine Jünger darüber murrten, sprach zu ihnen: „Das gibt euch Anstoß? 62 Wenn ihr nun den Menschensohn dahin hinaufsteigen seht, wo er ehedem war?

63 Der Geist ist es, der Leben schafft, das Fleisch nützt nichts. Die Worte, die ich zu euch gesprochen habe, sind Geist und sind Leben.

64 Aber es sind unter euch einige, die nicht glauben." Jesus wusste nämlich von Anfang an, wer die sind, die

nicht glauben, und wer der ist, der ihn überliefern wird. 65 Und er sagte: „Deshalb habe ich euch gesagt, dass keiner zu mir kommen kann, wenn es ihm nicht vom Vater gegeben ist." 66 Von da an zogen sich viele von seinen Jüngern zurück und wanderten nicht mehr mit ihm umher.

Das Bekenntnis des Petrus: 6,67–71

67 Da sagte Jesus zu den Zwölfen: „Wollt auch ihr weggehen?" 68 Simon Petrus antwortete ihm: „Herr, zu wem sollen wir weggehen? Du hast Worte ewigen Lebens. 69 Und wir haben geglaubt und erkannt, dass du der Heilige Gottes bist." 70 Jesus erwiderte ihnen: „Habe ich nicht euch, die Zwölf, ausgewählt? Und von euch ist einer ein Teufel." 71 Er meinte aber damit den Judas, den Sohn des Simon Iskariot. Dieser sollte ihn nämlich überliefern, einer von den Zwölfen.

Jesus geht zum Fest hinauf nach Jerusalem und lehrt: 7,1–24

7 1 Hierauf wanderte Jesus in Galiläa umher. Denn er konnte nicht in Judäa umherwandern, weil die Juden ihn zu töten suchten.

2 Das Fest der Juden, Laubhütten, aber war nahe. 3 Da sprachen seine Brüder zu ihm: „Zieh von hier weg und begib dich nach Judäa, damit auch deine Jünger deine Werke sehen, die du tust. 4 Denn niemand wirkt im Verborgenen und bemüht sich zugleich, in der (Geltung der) Öffentlichkeit zu sein. Wenn du solches wirkst, so offenbare dich der Welt." 5 Nicht einmal seine Brüder glaubten nämlich an ihn. 6 Da sagt Jesus zu ihnen: „Meine Zeit ist noch nicht da. Eure Zeit aber ist immer bereit. 7 Euch kann die Welt nicht hassen; mich aber hasst sie, weil ich über sie Zeugnis ablege, dass ihre Werke böse sind. 8 Geht ihr nur hinauf zum Fest. Ich gehe nicht hinauf zu diesem Feste, weil meine Zeit noch nicht erfüllt ist." 9 So sprach er zu ihnen und blieb in Galiläa. 10 Nachdem aber seine Brüder zum Fest hinaufgezogen waren, da zog er auch selbst hinauf, nicht öffentlich, sondern im Verborgenen. 11 Die Juden nun suchten ihn beim Fest und sagten: „Wo ist jener?" 12 Und es war viel Gerede über ihn unter den Volksscharen. Die einen sagten: „Er ist gut." Andere sagten: „Nein, er verführt das Volk." 13 Niemand aber redete über ihn frei heraus aus Furcht vor den Juden.

14 Als aber das Fest schon zur Hälfte vorüber war, stieg Jesus zum Tempel hinauf und lehrte. 15 Da wunderten sich die Juden und sagten: „Wie kennt dieser die Schriften, ohne Unterricht erhalten zu haben?" 16 Da antwortete ihnen Jesus und sprach: „Meine Lehre ist nicht von mir, sondern von dem, der mich gesandt hat. 17 Wer gewillt ist, dessen Willen zu tun, der wird erkennen, ob diese Lehre aus Gott ist oder ob ich von mir selbst rede. 18 Wer aus sich selbst redet, sucht seine eigene Ehre. Wer aber die Ehre dessen sucht, der ihn gesandt hat, der ist

wahrhaftig, und Ungerechtigkeit ist nicht in ihm. 19 Hat nicht Mose euch das Gesetz gegeben? Und doch tut keiner von euch das Gesetz. Warum sucht ihr mich zu töten?“ 20 Das Volk antwortete: „Einen Dämon hast du. Wer sucht dich zu töten?“ 21 Jesus antwortete und sprach zu ihnen: „Ein einziges Werk habe ich gewirkt, und ihr alle wundert euch darüber. 22 Mose hat euch die Beschneidung gegeben – nicht, dass sie von Mose stammte, sondern von den Vätern –, und ihr beschneidet einen Menschen am Sabbat. 23 Wenn ein Mensch am Sabbat die Beschneidung empfängt, damit das Gesetz des Mose nicht verletzt werde, was zürnt ihr mir, weil ich einen ganzen Menschen am Sabbat gesund gemacht habe? 24 Urteilt nicht nach dem Schein, sondern fällt ein gerechtes Urteil.“

Die Ehebrecherin: 7,53 – 8,11

53 Und sie gingen weg, jeder nach Hause.

8 1 Jesus aber begab sich auf den Ölberg.

2 In der Frühe erschien er wieder im Tempel, und alles Volk kam zu ihm. Und er setzte sich und lehrte sie. 3 Die Schriftgelehrten aber und die Pharisäer brachten eine Frau herbei, die beim Ehebruch ertappt worden war, stellten sie in die Mitte 4 und sagten zu ihm: „Meister, diese Frau ist auf frischer Tat beim Ehebruch ertappt worden. 5 Im Gesetz aber hat uns Mose geboten, eine solche zu steinigen. Was sagst du nun?“ 6 Das sagten sie, um ihn zu versuchen, damit sie eine Anklage gegen ihn hätten. Jesus aber bückte sich nieder und schrieb mit dem Finger auf die Erde. 7 Als sie jedoch hartnäckig weiterfragten, richtete er sich auf und sprach zu ihnen: „Wer von euch ohne Sünde ist, werfe als Erster einen Stein auf sie.“ 8 Dann bückte er sich wieder nieder und schrieb auf die Erde. 9 Als sie aber das gehört hatten, gingen sie weg, einer nach dem andern, angefangen von den Ältesten. Und er blieb allein zurück und die Frau, die in der Mitte stand. 10 Da richtete sich Jesus auf und sprach zu ihr: „Frau, wo sind sie? Hat keiner dich verurteilt?“ 11 Sie aber sprach: „Keiner, Herr!“ Da sprach Jesus zu ihr: „Auch ich verurteile dich nicht. Geh und sündige von jetzt an nicht mehr.“

Jesus, das Licht der Welt: 8,12

12 Wiederum redete nun Jesus zu ihnen und sprach: „Ich bin das Licht der Welt. Wer mir folgt, wird nimmermehr in der Finsternis wandeln, sondern das Licht des Lebens haben.“

Heilung eines Blindgeborenen: 9,1–41

9 1 Und im Vorbeigehen erblickte er einen Menschen, der von Geburt an blind war. 2 Und seine Jünger fragten ihn: „Rabbi, wer hat gesündigt, dieser oder seine Eltern, dass er blind geboren wurde?“ 3 Jesus antwortete: „Weder dieser hat gesündigt noch seine Eltern. Vielmehr sollen die Werke Gottes an ihm offenbar werden.

4 Ich muss die Werke dessen wirken, der mich gesandt hat, solange es Tag ist. Es kommt die Nacht, da keiner wirken kann. 5 Solange ich in der Welt bin, bin ich das Licht der Welt." 6 Nach diesen Worten spie er auf den Boden, machte einen Teig aus dem Speichel, strich ihm den Teig auf die Augen 7 und sagte zu ihm: „Geh, wasche dich in dem Teiche Schiloach", das heißt übersetzt: Gesandter. Er ging also hin und wusch sich und kam sehend zurück.

8 Da sagten die Nachbarn und die Leute, die ihn früher als Bettler gesehen hatten: „Ist das nicht der Mann, der dasaß und bettelte?" 9 Die einen sagten: „Ja, er ist es." Andere sagten: „Nein, er sieht ihm nur ähnlich." Er sagte: „Doch, ich bin es." 10 Da sagten sie zu ihm: „Wie sind denn deine Augen geöffnet worden?" 11 Jener antwortete: „Der Mann mit dem Namen Jesus hat einen Teig gemacht und meine Augen damit bestrichen und zu mir gesagt: ‚Geh zum Schiloach und wasche dich.' Ich bin also hingegangen und habe mich gewaschen und konnte sehen." 12 Da sagten sie zu ihm: „Wo ist er denn?" Er sagte: „Ich weiß es nicht."

13 Nun nahmen sie ihn mit zu den Pharisäern, ihn, den ehemals Blinden. 14 Es war aber Sabbat an dem Tage, an welchem Jesus den Teig gemacht und seine Augen geöffnet hatte. 15 Wiederum fragten ihn nun auch die Pharisäer, wie er sehend geworden sei. Er sprach zu ihnen: „Er hat einen Teig auf meine Augen gelegt, und ich habe mich gewaschen, und nun sehe ich." 16 Da sagten einige von den Pharisäern: „Dieser Mensch ist nicht von Gott, weil er den Sabbat nicht hält." Andere jedoch sagten: „Wie kann ein sündiger Mensch solche Zeichen wirken?" So war Zwiespalt unter ihnen. 17 Da sagten sie wiederum zu dem Blinden: „Was sagst du von ihm, dass er dir die Augen geöffnet hat?" Er aber sagte: „Er ist ein Prophet."

18 Nun wollten die Juden es nicht von ihm glauben, dass er blind gewesen und sehend geworden sei, bevor sie nicht die Eltern des Sehendgewordenen gerufen hatten. 19 Und sie fragten sie: „Ist das euer Sohn, von dem ihr sagt, dass er blind geboren worden ist? Wie kommt es also, dass er jetzt sieht?" 20 Da antworteten seine Eltern und sprachen: „Wir wissen, dass dies unser Sohn ist und dass er blind geboren wurde. 21 Wie er jetzt sieht, wissen wir nicht. Oder wer ihm die Augen geöffnet hat, wissen wir nicht. Fragt ihn selbst. Er ist alt genug. Er kann selbst über sich Auskunft geben." 22 Das sagten seine Eltern, weil sie die Juden fürchteten. Denn die Juden waren bereits übereingekommen, dass jeder, der ihn als den Messias bekenne, aus der Synagoge ausgestoßen werden solle. 23 Deshalb sagten seine Eltern: „Er ist alt genug, fragt ihn selbst."

24 Nun riefen sie den Mann, der blind gewesen war, zum zweiten Mal und sagten zu ihm: „Gib Gott die Ehre. Wir wissen, dass dieser Mensch ein Sünder ist." 25 Da antwortete jener:

„Ob er ein Sünder ist, weiß ich nicht. Das eine weiß ich, dass ich blind war und jetzt sehe.“ 26 Da sprachen sie zu ihm: „Was hat er mit dir gemacht? Wie hat er deine Augen geöffnet?“ 27 Er antwortete ihnen: „Ich habe es euch schon gesagt, und ihr habt nicht darauf gehört. Was wollt ihr es noch einmal hören? Wollt etwa auch ihr seine Jünger werden?“ 28 Da beschimpften sie ihn und sprachen: „Du bist ein Jünger von ihm. Wir aber sind des Mose Jünger. 29 Wir wissen, dass mit Mose Gott gesprochen hat. Woher dieser aber ist, wissen wir nicht.“ 30 Der Mann antwortete und sprach zu ihnen: „In diesem Falle ist es doch verwunderlich, dass ihr nicht wisst, woher er ist, und doch hat er mir die Augen geöffnet. 31 Wir wissen, dass Gott die Sünder nicht erhört. Aber wer gottesfürchtig ist und seinen Willen erfüllt, den erhört er. 32 Von Ewigkeit her hat man nicht gehört, dass jemand einem Blindgeborenen die Augen geöffnet hat. 33 Wenn dieser nicht von Gott wäre, könnte er nichts tun.“ 34 Sie antworteten und sprachen zu ihm: „Du bist ganz und gar in Sünden geboren, und du willst uns belehren?“ Und sie stießen ihn aus.

35 Jesus hörte, dass sie ihn ausgestoßen hatten, und als er ihm begegnete, sprach er zu ihm: „Glaubst du an den Menschensohn?“ 36 Jener antwortete und sprach: „Und wer ist es, Herr, damit ich an ihn glaube?“ 37 Jesus sprach zu ihm: „Du hast ihn gesehen. Der mit dir redet, der ist es.“ 38 Da sprach er: „Ich glaube, Herr.“ Und er fiel vor ihm nieder.

39 Hierauf sprach Jesus: „Zu einem Gericht bin ich in diese Welt gekommen, damit die, die nicht sehen, sehend und die Sehenden blind werden.“

40 Das hörten einige von den Pharisäern, die bei ihm standen, und sagten zu ihm: „Sind etwa auch wir blind?“ 41 Jesus sprach zu ihnen: „Wenn ihr blind wäret, so hättet ihr keine Sünde. Nun aber sagt ihr: ‚Wir sehen.‘ Eure Sünde bleibt.“

Der gute Hirt: 10,1–21

10 1 „Wahrlich, wahrlich, ich sage euch: Wer nicht durch die Türe in den Schafstall hineingeht, sondern anderswo einsteigt, der ist ein Dieb und ein Räuber. 2 Wer aber durch die Türe hineingeht, der ist ein Hirt der Schafe. 3 Dem öffnet der Türhüter, und die Schafe hören auf seine Stimme. Und er ruft seine Schafe, jedes einzeln, und führt sie hinaus. 4 Wenn er die Seinen alle hinausgebracht hat, geht er vor ihnen her, und die Schafe folgen ihm, weil sie seine Stimme kennen. 5 Einem Fremden aber werden sie nicht folgen, sondern vor ihm fliehen, weil sie die Stimme der Fremden nicht kennen.“ 6 Dieses Gleichnis sprach Jesus zu ihnen. Jene aber verstanden nicht, was er ihnen damit sagen wollte.

7 Da sprach nun Jesus wiederum: „Wahrlich, wahrlich, ich sage euch: Ich bin die Tür zu den Schafen. 8 Alle, die vor mir gekommen sind, sind Diebe und Räuber. Aber die Schafe haben

nicht auf sie gehört. 9 Ich bin die Tür.
Wer durch mich hineingeht, wird ge-
rettet werden, und er wird ein und aus
gehen und Weide finden. 10 Der Dieb
kommt nur, um zu stehlen und zu tö-
ten und zu verderben. Ich bin gekom-
men, damit sie Leben haben und es in
Fülle haben. 11 Ich bin der gute Hirt.
Der gute Hirt gibt sein Leben für die
Schafe. 12 Der Mietling aber, der nicht
Hirt ist, dem die Schafe nicht gehören,
sieht den Wolf kommen und lässt die
Schafe im Stich und flieht – und der
Wolf raubt und versprengt sie –, 13 weil
er Mietling ist und ihm an den Schafen
nichts liegt. 14 Ich bin der gute Hirt und
kenne die Meinen, und die Meinen
kennen mich, 15 wie mich der Vater
kennt und ich den Vater kenne. Und
ich gebe mein Leben hin für die Scha-
fe. 16 Ich habe noch andere Schafe, die
nicht aus dieser Hürde sind. Auch die-
se muss ich führen, und sie werden auf
meine Stimme hören, und es wird eine
Herde werden, ein Hirt. 17 Deshalb
liebt mich der Vater, weil ich mein Le-
ben hingebe, um es wieder zu neh-
men. 18 Niemand nimmt es mir, son-
dern ich gebe es freiwillig hin. Ich
habe die Vollmacht, es hinzugeben,
und ich habe die Vollmacht, es wieder
zu nehmen. Diesen Auftrag habe ich
von meinem Vater empfangen."

19 Wegen dieser Reden entstand
wiederum Zwiespalt unter den Juden.
20 Viele von ihnen sagten: „Von einem
Dämon ist er besessen und ist wahn-
sinnig. Was hört ihr ihn an?" 21 Ande-
re sagten: „Das sind nicht Worte eines
Besessenen. Kann etwa ein Dämon
Blinden die Augen öffnen?"

Auferweckung des Lazarus: 11,1–44

11 1 Nun war da ein Kranker, La-
zarus von Betanien, aus dem
Dorfe der Maria und ihrer Schwester
Marta. 2 Maria aber war es, die den
Herrn mit Balsam gesalbt und seine
Füße mit ihren Haaren getrocknet
hatte. Deren Bruder Lazarus war
krank. 3 Die Schwestern schickten al-
so zu ihm und ließen sagen: „Herr,
der, den du lieb hast, ist krank." 4 Als
Jesus das hörte, sagte er: „Diese
Krankheit ist nicht zum Tode, son-
dern um der Herrlichkeit Gottes wil-
len, damit der Sohn Gottes durch sie
verherrlicht werde."

5 Jesus liebte aber Marta und ihre
Schwester und Lazarus.

6 Als er nun hörte, dass er krank sei,
blieb er noch zwei Tage an dem Ort,
wo er war. 7 Dann erst sagte er zu den
Jüngern: „Wir wollen wieder nach Ju-
däa gehen." 8 Die Jünger sagten zu
ihm: „Rabbi, eben erst suchten dich
die Juden zu steinigen, und du gehst
wieder dorthin?" 9 Jesus antwortete:
„Hat der Tag nicht zwölf Stunden?
Wenn einer bei Tage umhergeht, stößt
er sich nicht, weil er das Licht der
Welt sieht. 10 Wenn aber einer bei
Nacht umhergeht, stößt er sich, weil
das Licht nicht bei ihm ist."

11 So sprach er. Und darauf sagt er
zu ihnen: „Unser Freund Lazarus
schläft. Aber ich gehe hin, ihn auf-
zuwecken." 12 Da sprachen die Jünger
zu ihm: „Herr, wenn er schläft, wird
er gesund werden." 13 Jesus hatte aber
von seinem Tode gesprochen. Jene
aber meinten, er rede von der Ruhe

des Schlafes. 14 Da sprach nun Jesus of-
fen zu ihnen: „Lazarus ist gestorben.
15 Und ich freue mich für euch, dass
ich nicht dort war, damit ihr glaubet.
Aber jetzt wollen wir zu ihm gehen.“
16 Da sagte Thomas, der Didymus
heißt, zu seinen Mitjüngern: „Also,
gehen auch wir hin, um mit ihm zu
sterben.“

17 Bei seiner Ankunft fand ihn Jesus
schon vier Tage begraben. 18 Betanien
lag aber nahe bei Jerusalem, etwa
fünfzehn Stadien. 19 Viele von den Ju-
den aber waren zu Marta und Maria
gekommen, um sie über ihren Bruder
zu trösten. 20 Als nun Marta hörte,
dass Jesus komme, ging sie ihm ent-
gegen. Maria aber blieb im Hause sit-
zen. 21 Da sprach Marta zu Jesus:
„Wenn du hier gewesen wärest, wäre
mein Bruder nicht gestorben. 22 Aber
auch jetzt weiß ich, dass dir Gott alles
gewähren wird, um was du ihn bit-
test.“ 23 Jesus sagt zu ihr: „Dein Bruder
wird auferstehen.“ 24 Marta sagt zu
ihm: „Ich weiß, dass er auferstehen
wird bei der Auferstehung am Jüngs-
ten Tage.“ 25 Jesus sprach zu ihr: „Ich
bin die Auferstehung. Wer an mich
glaubt, wird leben, auch wenn er
stirbt. 26 Und jeder, der lebt und an
mich glaubt, wird in Ewigkeit nicht
sterben. Glaubst du das?“

27 Sie sagt zu ihm: „Ja, Herr, ich ha-
be den Glauben, dass du der Messias
bist, der Sohn Gottes, der in die Welt
kommen soll.“

28 Nach diesen Worten ging sie und
rief ihre Schwester Maria, indem sie
leise zu ihr sagte: „Der Meister ist da
und ruft dich.“ 29 Sobald sie das gehört
hatte, stand sie geschwind auf und
ging zu ihm. 30 Jesus aber war noch
nicht in das Dorf gekommen, sondern
befand sich noch an der Stelle, wo
Marta ihn getroffen hatte. 31 Als nun
die Juden, die bei ihr im Hause waren
und sie trösteten, Maria so geschwind
aufstehen und hinausgehen sahen,
folgten sie ihr in der Meinung, sie gin-
ge an das Grab, um dort zu weinen.

32 Sobald nun Maria dahin kam, wo
Jesus weilte, und ihn sah, fiel sie ihm
zu Füßen mit den Worten: „Herr, wä-
rest du hier gewesen, dann wäre mein
Bruder nicht gestorben.“ 33 Als Jesus
nun sah, wie sie weinte und wie die
mit ihr gekommenen Juden weinten,
ergrimmte er im Geist und geriet in
Erregung 34 und sagte: „Wo habt ihr
ihn hingelegt?“ Sie sagen zu ihm:
„Herr, komm und sieh.“ 35 Da weinte
Jesus. 36 Hierauf sagten die Juden:
„Seht, wie lieb er ihn hatte.“ 37 Einige
aber von ihnen sagten: „Konnte er,
der die Augen des Blinden geöffnet
hat, nicht auch bewirken, dass dieser
nicht starb?“ 38 Jesus ergrimmt nun
wiederum in seinem Innern und
kommt zum Grabe. Es war eine Höh-
le, und ein Stein lag davor. 39 Jesus
sagt: „Hebt den Stein weg.“ Marta sagt
zu ihm: „Herr, er riecht schon. Er ist
schon vier Tage tot.“ 40 Jesus sagt zu
ihr: „Habe ich dir nicht gesagt, dass
du die Herrlichkeit Gottes sehen
wirst, wenn du glaubst?“ 41 Nun hoben
sie den Stein weg, Jesus aber erhob
seine Augen und sprach: „Vater, ich
danke dir, dass du mich erhört hast.
42 Ich wusste ja, dass du mich allezeit
erhörst. Aber wegen des ringsum ste-

henden Volkes habe ich es gesagt, damit sie glauben, dass du mich gesandt hast."

43 Und nach diesen Worten rief er
mit lauter Stimme: „Lazarus, komm
heraus!" 44 Da kam der Tote heraus,
Füße und Hände in Binden gewickelt,
und sein Gesicht war mit einem
Schweißtuch umbunden. Jesus sagt
zu ihnen: „Bindet ihn los und lasst
ihn gehen."

Die Führer der Juden beschließen den Tod Jesu: 11,45–54

45 Viele nun von den Juden, die zu Ma-
ria gekommen waren und gesehen
hatten, was er getan, glaubten an ihn.
46 Einige aber von ihnen gingen zu den
Pharisäern und erzählten ihnen, was
Jesus getan hatte. 47 Da riefen die Ho-
henpriester und Pharisäer den Hohen
Rat zusammen und sagten: „Was tun
wir? Dieser Mensch wirkt so viel Zei-
chen. 48 Wenn wir ihn so weiterma-
chen lassen, werden alle an ihn glau-
ben, und die Römer werden kommen
und uns den (heiligen) Ort und das
Volk wegnehmen." 49 Einer aber von
ihnen, Kajaphas, der in jenem Jahre
Hoherpriester war, sagte zu ihnen:
„Ihr versteht nichts 50 und überlegt
nicht, dass es besser ist, wenn ein
Mensch für das Volk stirbt und nicht
das ganze Volk zugrunde geht." 51 Das
aber sagte er nicht von sich aus, son-
dern als Hoherpriester weissagte er,
dass Jesus für das Volk sterben sollte,
52 und nicht für das Volk allein, son-
dern auch, um die zerstreuten Kinder
Gottes zur Einheit zusammenzufüh-
ren. 53 Seit jenem Tage also waren sie
entschlossen, ihn zu töten. 54 Jesus
ging nun nicht mehr öffentlich unter
den Juden umher, sondern ging von
dort weg in die Landschaft nahe der
Wüste, in eine Stadt namens Efraim.
Dort blieb er mit den Jüngern.

Die Fußwaschung: 13,1–20

13 1 Vor dem Osterfeste aber, da
Jesus wusste, dass seine Stunde
gekommen war, aus dieser Welt zum
Vater hinüberzugehen, und er die Sei-
nen in der Welt liebte, so liebte er sie
bis zum Ende.

2 Während eines Mahles, als der
Teufel dem Judas Iskariot, dem Sohn
des Simon, es schon ins Herz gelegt
hatte, ihn zu verraten, 3 steht Jesus,
der wusste, dass der Vater ihm alles
in die Hände gegeben und dass er
von Gott ausgegangen und zu Gott
zurückkehre, 4 vom Mahle auf, legt
die Oberkleider ab, nimmt ein linne-
nes Tuch und bindet es sich um. 5 Hie-
rauf gießt er Wasser in das Wasch-
becken und beginnt, den Jüngern die
Füße zu waschen und sie mit dem lin-
nenen Tuche, das er sich umgebunden
hatte, abzutrocknen.

6 Er kommt nun zu Simon Petrus.
Der sagt zu ihm: „Herr, du willst mir
die Füße waschen?" 7 Jesus antwortete
und sprach zu ihm: „Was ich tue, ver-
stehst du jetzt nicht; du wirst es aber
später erkennen." 8 Petrus sagt zu ihm:
„Du wirst mir die Füße in Ewigkeit
nicht waschen!" Jesus antwortete

ihm: „Wenn ich dich nicht wasche,
hast du keinen Teil an mir.“ 9 Simon
Petrus sagt zu ihm: „Herr, nicht nur
meine Füße, sondern auch die Hände
und das Haupt!“ 10 Jesus sagt zu ihm:
„Wer gebadet hat, hat nicht nötig, sich
zu waschen, sondern ist ganz rein.
Auch ihr seid rein; aber nicht alle.“
11 Denn er kannte seinen Verräter. Des-
halb sagte er: „Ihr seid nicht alle rein.“

12 Als er nun ihnen die Füße gewa-
schen und seine Oberkleider angelegt
und sich wieder zu Tisch gelegt hatte,
sagte er zu ihnen: „Versteht ihr, was
ich euch getan habe? 13 Ihr ruft mich
‚Meister‘ und ‚Herr‘, und mit Recht
sagt ihr das, denn ich bin es. 14 Wenn
nun ich, der Herr und Meister, euch
die Füße gewaschen habe, müsst auch
ihr einander die Füße waschen.
15 Denn ich habe euch ein Beispiel ge-
geben, damit auch ihr tut, wie ich
euch getan habe.

16 Wahrlich, wahrlich, ich sage
euch: Der Knecht ist nicht größer als
sein Herr und der Abgesandte nicht
größer als der, der ihn gesandt hat.
17 Wenn ihr das wisst, selig seid ihr,
wenn ihr danach handelt. 18 Nicht von
euch allen rede ich. Ich weiß, welche
ich erwählt habe. Aber die Schrift
muss erfüllt werden: ‚Der mein Brot
isst, hat seine Ferse gegen mich erho-
ben.‘ 19 Jetzt sage ich es euch, bevor es
geschieht, damit ihr, wenn es gesche-
hen ist, glaubet, dass ich es bin.
20 Wahrlich, wahrlich, ich sage euch:
Wer einen aufnimmt, den ich sende,
nimmt mich auf; wer aber mich auf-
nimmt, nimmt den auf, der mich ge-
sandt hat.“

Ankündigung des Verrats des Judas:
13,21–32

21 Nach diesen Worten wurde Jesus in
seinem Inneren erschüttert und be-
teuerte: „Wahrlich, wahrlich, ich sage
euch: Einer von euch wird mich ver-
raten.“

22 Da sahen die Jünger einander an,
weil sie nicht wussten, von wem er re-
de. 23 Einer von seinen Jüngern lag bei
Tisch an der Brust Jesu, der, den Jesus
liebte. 24 Diesem nun winkte Simon
Petrus zu und sagte zu ihm: „Sprich,
wer ist es, von dem er redet.“ 25 Der
lehnte sich also an die Brust Jesu und
sagt zu ihm: „Herr, wer ist es?“ 26 Da
antwortete Jesus: „Der ist es, dem ich
den Bissen eintauchen und geben wer-
de.“ Darauf taucht er den Bissen ein,
nimmt ihn und gibt ihn dem Judas,
dem Sohn des Simon Iskariot. 27 Und
nach dem Bissen, da fuhr der Satan
in ihn. Jesus sagt nun zu ihm: „Was
du tun willst, tue sogleich.“ 28 Aber
keiner der Tischgenossen verstand,
warum er ihm das sagte. 29 Denn da
Judas die Kasse führte, meinten eini-
ge, Jesus sage zu ihm: „Kaufe, was wir
für das Fest brauchen“, oder er solle
den Armen etwas geben. 30 Als jener
nun den Bissen genommen hatte, ging
er sofort hinaus. Es war aber Nacht.

31 Als er nun hinausgegangen war,
sagt Jesus: „Jetzt ist der Menschen-
sohn verherrlicht, und Gott ist in ihm
verherrlicht. 32 Wenn Gott in ihm ver-
herrlicht ist, wird auch Gott ihn in
sich verherrlichen, und er wird ihn
alsbald verherrlichen.

33 Kindlein, noch eine kleine Weile bin
ich bei euch. Ihr werdet mich suchen,
und wie ich zu den Juden gesagt habe:
‚Wohin ich gehe, dahin könnt ihr
nicht kommen‘, so sage ich es jetzt
auch zu euch. 34 Ein neues Gebot gebe
ich euch, dass ihr einander liebet; wie
ich euch geliebt habe, sollt auch ihr ei-
nander lieben. 35 Daran werden alle er-
kennen, dass ihr meine Jünger seid,
wenn ihr untereinander Liebe habt.“

36 Simon Petrus sagt zu ihm: „Herr,
wohin gehst du?“ Jesus antwortete
ihm: „Wohin ich gehe, dahin kannst
du mir jetzt nicht folgen. Du wirst
mir aber später folgen.“ 37 Petrus sagt
zu ihm: „Herr, warum kann ich dir
jetzt nicht folgen? Mein Leben will
ich für dich geben.“ 38 Jesus antwortet:
„Dein Leben willst du für mich geben?
Wahrlich, wahrlich, ich sage dir: Noch
ehe der Hahn kräht, wirst du mich
dreimal verleugnen.“

14 1 „Euer Herz erschrecke nicht.
Glaubet an Gott und glaubet
an mich. 2 Im Hause meines Vaters
sind viele Wohnungen. Wäre es nicht
so, hätte ich es euch gesagt. Ich gehe,
um euch einen Platz zu bereiten. 3 Und
wenn ich gegangen bin und euch
einen Platz bereitet habe, komme ich
wieder und werde euch zu mir neh-
men, damit, wo ich bin, auch ihr seid.
4 Und wohin ich gehe – den Weg (da-
hin) wisst ihr.“

5 Thomas sagt zu ihm: „Herr, wir
wissen nicht, wohin du gehst. Wie
können wir den Weg wissen?“ 6 Jesus
sagt zu ihm: „Ich bin der Weg und die
Wahrheit und das Leben. Niemand
kommt zum Vater außer durch mich.
7 Wenn ihr mich erkannt habt, werdet
ihr auch meinen Vater kennen. Jetzt
kennt ihr ihn und habt ihn gesehen.“

8 Philippus sagt zu ihm: „Herr, zeige
uns den Vater, und es genügt uns.“
9 Jesus sagt zu ihm: „Schon so lange
Zeit bin ich bei euch, und du hast
mich nicht erkannt, Philippus? Wer
mich gesehen hat, hat den Vater gese-
hen. Wie kannst du sagen: ‚Zeige uns
den Vater‘? 10 Glaubst du nicht, dass
ich im Vater bin und der Vater in mir
ist? Die Worte, die ich zu euch rede,
rede ich nicht von mir aus. Der Vater,
der in mir bleibt, tut seine Werke.
11 Glaubet mir, dass ich im Vater bin
und der Vater in mir ist. Wenn nicht,
glaubet um der Werke selbst willen.
12 Wahrlich, wahrlich, ich sage euch:
Wer an mich glaubt, wird die Werke,
die ich tue, auch selbst tun. Und er
wird noch größere als diese tun, denn
ich gehe zum Vater. 13 Und um was ihr
in meinem Namen bitten werdet, das
werde ich tun, damit der Vater im
Sohne verherrlicht werde. 14 Wenn ihr
mich um irgendetwas in meinem Na-
men bitten werdet, werde ich es tun.
15 Wenn ihr mich liebt, werdet ihr mei-
ne Gebote halten, 16 und ich werde den
Vater bitten, und er wird euch einen
anderen Helfer geben, damit er in
Ewigkeit bei euch bleibe, 17 den Geist
der Wahrheit, den die Welt nicht emp-
fangen kann, weil sie ihn nicht sieht
und nicht kennt. Ihr kennt ihn, weil
er bei euch bleibt und in euch ist.
18 Ich werde euch nicht als Waisen
zurücklassen. Ich komme zu euch.

19 Noch eine kleine Weile, und die Welt sieht mich nicht mehr. Ihr aber seht mich, weil ich lebe und ihr leben werdet. 20 An jenem Tage werdet ihr erkennen, dass ich in meinem Vater bin und ihr in mir und ich in euch. 21 Wer meine Gebote hat und sie hält, der ist es, der mich liebt. Wer aber mich liebt, wird von meinem Vater geliebt werden, und ich werde ihn lieben und mich ihm offenbaren."

22 Judas, nicht der Iskariote, sagt zu ihm: „Herr, was ist geschehen, dass du dich uns offenbaren willst und nicht der Welt?" 23 Jesus antwortete und sagte zu ihm: „Wenn einer mich liebt, wird er mein Wort bewahren, und mein Vater wird ihn lieben, und wir werden zu ihm kommen und Wohnung bei ihm nehmen. 24 Wer mich nicht liebt, bewahrt meine Worte nicht; und das Wort ist nicht von mir, sondern vom Vater, der mich gesandt hat. 25 Das habe ich zu euch geredet, während ich unter euch weilte. 26 Der Helfer aber, der Heilige Geist, den der Vater in meinem Namen senden wird, der wird euch alles lehren und euch an alles erinnern, was ich euch gesagt habe. 27 Frieden hinterlasse ich euch, meinen Frieden gebe ich euch. Nicht so, wie die Welt gibt, gebe ich euch. Euer Herz erschrecke nicht und verzage nicht. 28 Ihr habt gehört, dass ich zu euch gesagt habe: Ich gehe hin und komme (wieder) zu euch. Wenn ihr mich liebtet, würdet ihr euch freuen, dass ich zum Vater gehe, weil der Vater größer ist als ich. 29 Und jetzt habe ich es euch gesagt, bevor es geschieht, damit ihr, wenn es geschieht, glaubet. 30 Ich werde nicht mehr viel mit euch reden. Denn der Fürst dieser Welt kommt. Gegen mich vermag er nichts. 31 Aber die Welt soll erkennen, dass ich den Vater liebe und so handle, wie mir der Vater aufgetragen hat. Stehet auf, wir wollen von hier weggehen.

Der wahre Weinstock: 15,1–17

15 1 Ich bin der wahre Weinstock, und mein Vater ist der Weingärtner. 2 Jede Rebe an mir, die keine Frucht bringt, entfernt er, und jede, die Frucht bringt, reinigt er, damit sie noch mehr Frucht bringe. 3 Ihr seid schon rein durch das Wort, das ich zu euch geredet habe. 4 Bleibet in mir und ich in euch. Wie die Rebe nicht von sich aus Frucht bringen kann, wenn sie nicht am Weinstock bleibt, so auch ihr nicht, wenn ihr nicht in mir bleibt. 5 Ich bin der Weinstock, ihr die Rebzweige. Wer in mir bleibt und ich in ihm, der bringt viele Frucht. Denn ohne mich könnt ihr nichts tun. 6 Wenn einer nicht in mir bleibt, wird er hinausgeworfen wie der Rebzweig und verdorrt. Man liest sie zusammen und wirft sie ins Feuer. Und sie verbrennen. 7 Wenn ihr in mir bleibt und meine Worte in euch bleiben, dann bittet, um was ihr wollt, und es wird euch zuteil werden. 8 Dadurch ist mein Vater verherrlicht, dass ihr viele Frucht bringt und (so) meine Jünger sein werdet. 9 Wie mich der Vater geliebt hat, so habe ich euch geliebt. Bleibet in meiner Liebe. 10 Wenn

ihr meine Gebote haltet, werdet ihr in
meiner Liebe bleiben, wie ich die Ge-
bote meines Vaters gehalten habe und
in seiner Liebe bleibe. 11 Das habe ich
zu euch geredet, damit meine Freude
in euch sei und eure Freude vollkom-
men werde. 12 Das ist mein Gebot,
dass ihr einander liebet, wie ich euch
geliebt habe. 13 Eine größere Liebe hat
niemand als die, dass er sein Leben für
seine Freunde hingibt. 14 Ihr seid mei-
ne Freunde, wenn ihr tut, was ich
euch gebiete. 15 Ich nenne euch nicht
mehr Knechte; denn der Knecht weiß
nicht, was sein Herr tut. Euch aber ha-
be ich Freunde genannt, weil ich euch
alles kundgetan habe, was ich von
meinem Vater gehört habe. 16 Nicht
ihr habt mich erwählt, sondern ich
habe euch erwählt und euch dazu be-
stimmt, dass ihr hingeht und Frucht
bringt und eure Frucht bleibe, damit,
was immer ihr vom Vater in meinem
Namen erbittet, er euch gebe. 17 Dies
trage ich euch auf: dass ihr einander
liebet.

Der Hass der Welt: 15,18 – 16,4a

18 Wenn die Welt euch hasst, so be-
denkt, dass sie mich vor euch gehasst
hat. 19 Wenn ihr von der Welt wäret,
würde die Welt das Ihre lieben. Weil
ihr aber nicht von der Welt seid, son-
dern ich euch aus der Welt heraus er-
wählt habe, deshalb hasst euch die
Welt. 20 Denkt an das Wort, das ich
euch gesagt habe: Ein Knecht ist nicht
größer als sein Herr. Wenn sie mich
verfolgt haben, werden sie auch euch
verfolgen; wenn sie mein Wort gehal-
ten haben, so werden sie auch das eu-
re halten. 21 Aber das alles werden sie
euch antun um meines Namens wil-
len, weil sie den nicht kennen, der
mich gesandt hat. 22 Wäre ich nicht ge-
kommen und hätte nicht zu ihnen ge-
redet, so hätten sie keine Sünde. Nun
aber haben sie keine Entschuldigung
für ihre Sünde. 23 Wer mich hasst,
hasst auch meinen Vater. 24 Hätte ich
nicht die Werke in ihrer Mitte getan,
die kein anderer getan hat, so hätten
sie keine Sünde. Jetzt aber haben sie
gesehen und haben doch mich und
auch meinen Vater gehasst. 25 Aber
das Wort musste erfüllt werden, das
in ihrem Gesetze geschrieben ist: ‚Sie
haben mich grundlos gehasst.‘
26 Wenn der Helfer kommt, den ich
euch vom Vater senden werde, der
Geist der Wahrheit, der vom Vater
ausgeht, der wird von mir Zeugnis ab-
legen. 27 Aber auch ihr werdet Zeugnis
ablegen, weil ihr von Anfang an bei
mir seid.

16 1 Das habe ich zu euch geredet,
damit ihr keinen Anstoß
nehmt. 2 Sie werden euch aus den Sy-
nagogen ausstoßen. Ja es kommt die
Stunde, wo jeder, der euch tötet, Gott
damit einen heiligen Dienst zu erwei-
sen glaubt. 3 Und solches werden sie
tun, weil sie weder den Vater noch
mich erkannt haben. 4a Aber dieses ha-
be ich zu euch geredet, damit ihr,
wenn die Stunde kommt, euch daran
erinnert, dass ich es euch gesagt habe.

Das Kommen des Helfers: 16,4b–15

4b Ich habe euch das nicht von Anfang
an gesagt, weil ich bei euch war. 5 Jetzt
aber gehe ich zu dem, der mich ge-
sandt hat, und keiner von euch fragt
mich: ‚Wohin gehst du?' 6 Sondern
weil ich dieses zu euch gesagt habe,
hat die Traurigkeit euer Herz erfüllt.
7 Aber ich sage euch die Wahrheit: Es
ist gut für euch, dass ich weggehe.
Denn wenn ich nicht weggehe, wird
der Helfer nicht zu euch kommen.
Wenn ich aber weggehe, werde ich
ihn zu euch senden. 8 Und wenn er
kommt, wird er die Welt überführen
über Sünde und über Gerechtigkeit
und über Gericht. 9 Über Sünde, weil
sie nicht an mich glauben. 10 Über Ge-
rechtigkeit, weil ich zum Vater gehe
und ihr mich nicht mehr seht. 11 Über
Gericht, weil der Fürst dieser Welt ge-
richtet ist. 12 Noch vieles habe ich euch
zu sagen; aber ihr könnt es jetzt noch
nicht tragen. 13 Wenn jener aber
kommt, der Geist der Wahrheit, wird
er euch zur vollen Wahrheit führen.
Denn er wird nicht von sich aus re-
den, sondern er wird reden, was er
hört, und das Zukünftige wird er euch
verkünden. 14 Er wird mich verherr-
lichen, weil er von dem Meinigen neh-
men und euch verkündigen wird.
15 Alles, was der Vater hat, ist mein.
Deshalb habe ich gesagt: ‚Er nimmt
von dem Meinigen und wird euch ver-
künden.'

Die Ankündigung einer baldigen Wieder-kehr: 16,16–33

16 Eine kleine Weile, und ihr seht mich
nicht mehr. Und wieder eine kleine
Weile, und ihr werdet mich sehen."

17 Da sprachen einige seiner Jünger
untereinander: „Was soll das heißen,
was er zu uns sagt: ‚Eine kleine Weile,
und ihr seht mich nicht mehr; und
wieder eine kleine Weile, und ihr wer-
det mich sehen'? Und: ‚Ich gehe zum
Vater'?" 18 Sie sagten also: „Was ist das:
‚eine kleine Weile'? Wir verstehen
nicht, von was er redet." 19 Jesus merk-
te, dass sie ihn fragen wollten, und
sprach zu ihnen: „Darüber fragt ihr
euch untereinander, dass ich gesagt
habe: Eine kleine Weile, und ihr seht
mich nicht mehr; und wieder eine
kleine Weile, und ihr werdet mich se-
hen? 20 Wahrlich, wahrlich, ich sage
euch: Ihr werdet weinen und klagen,
die Welt aber wird sich freuen. Ihr
werdet traurig sein, aber eure Trauer
wird zur Freude werden. 21 Wenn die
Frau gebiert, ist sie traurig, weil ihre
Stunde gekommen ist. Wenn sie aber
das Kind geboren hat, denkt sie nicht
mehr an die Bedrängnis vor Freude
darüber, dass ein Mensch zur Welt ge-
boren ist. 22 So seid auch ihr jetzt trau-
rig. Aber ich werde euch wiedersehen.
Da wird euer Herz sich freuen. Und
eure Freude nimmt euch niemand
weg. 23 Und an jenem Tage werdet ihr
mich nichts fragen. Wahrlich, wahr-
lich, ich sage euch: Wenn ihr den Va-
ter um etwas bitten werdet, wird er es
euch in meinem Namen geben. 24 Bis
jetzt habt ihr um nichts in meinem

Namen gebeten. Bittet, und ihr werdet
empfangen, damit eure Freude voll-
kommen sei. 25 Dies habe ich in Bil-
dern zu euch gesprochen. Es kommt
die Stunde, da ich nicht mehr in Bil-
dern zu euch sprechen, sondern euch
unverhüllt vom Vater künden werde.
26 An jenem Tage werdet ihr in mei-
nem Namen bitten. Und ich sage nicht
zu euch, dass ich den Vater für euch
bitten werde. 27 Denn der Vater selbst
liebt euch, weil ihr mich geliebt und
geglaubt habt, dass ich von Gott aus-
gegangen bin. 28 Ich bin vom Vater
ausgegangen und in die Welt gekom-
men. Nun verlasse ich die Welt wieder
und gehe zum Vater."

29 Seine Jünger sagen: „Siehe, jetzt
redest du unverhüllt und ohne Bilder.
30 Jetzt wissen wir, dass du alles weißt
und nicht nötig hast, dass einer dich
frage. Deshalb glauben wir, dass du
von Gott ausgegangen bist." 31 Jesus
antwortete ihnen: „Glaubt ihr jetzt?
32 Seht, es kommt die Stunde, und sie
ist schon da, wo ihr zerstreut werdet,
ein jeder zu dem Seinigen, und mich
allein lasst. Doch bin ich nicht allein,
weil der Vater mit mir ist. 33 Dieses ha-
be ich zu euch geredet, damit ihr in
mir Frieden habt. In der Welt habt ihr
Bedrängnis. Aber habt Mut! Ich habe
die Welt besiegt."

Das hohepriesterliche Gebet: 17,1–26

17 1 Dieses redete Jesus. Dann er-
hob er seine Augen zum Him-
mel und sprach: „Vater, die Stunde ist
gekommen. Verherrliche deinen Sohn,
damit der Sohn dich verherrliche, 2 so
wie du ihm Macht gegeben hast über
alles Fleisch, damit er allen, die du
ihm gegeben hast, ewiges Leben gebe.
3 Das aber ist das ewige Leben, dass sie
dich, den allein wahren Gott, erken-
nen und den du gesandt hast, Jesus
Christus. 4 Ich habe dich verherrlicht
auf Erden, ich habe das Werk voll-
endet, das zu vollbringen du mir auf-
getragen hast. 5 Jetzt verherrliche du
mich, Vater, bei dir selbst mit der
Herrlichkeit, die ich, ehe die Welt war,
bei dir hatte. 6 Ich habe deinen Namen
den Menschen geoffenbart, die du mir
aus der Welt gegeben hast. Dein wa-
ren sie, und mir hast du sie gegeben;
und sie haben dein Wort bewahrt.
7 Jetzt wissen sie, dass alles, was du
mir gegeben hast, von dir kommt.
8 Denn die Worte, die du mir gegeben
hast, habe ich ihnen gegeben, und sie
haben wirklich angenommen, dass
ich von dir ausgegangen bin; und sie
haben geglaubt, dass du mich gesandt
hast. 9 Ich bitte für sie. Nicht für die
Welt bitte ich, sondern für die, die du
mir gegeben hast. Denn dein sind sie,
und 10 alles Meinige gehört dir und das
Deinige mir, und ich bin in ihnen ver-
herrlicht. 11 Ich bin nicht mehr in der
Welt; aber sie sind in der Welt, und ich
gehe zu dir. Heiliger Vater, bewahre sie
in deinem Namen, die du mir gegeben
hast, damit sie eins seien wie wir.
12 Solange ich bei ihnen war, habe ich
sie in deinem Namen bewahrt, die du
mir gegeben hast, und habe sie behü-
tet. Und keiner von ihnen ist verloren
gegangen, außer dem Sohn des Ver-
derbens, damit die Schrift erfüllt wür-

de. 13 Jetzt aber komme ich zu dir und rede dieses in der Welt, damit sie meine Freude in Fülle in sich haben. 14 Ich habe ihnen dein Wort gegeben, und die Welt hat sie gehasst, weil sie nicht von der Welt sind, wie ich nicht von der Welt bin. 15 Ich bitte nicht, du mögest sie wegnehmen von der Welt, sondern du mögest sie bewahren vor dem Bösen. 16 Sie sind nicht von der Welt, so wie ich nicht von der Welt bin. 17 Heilige sie in der Wahrheit. Dein Wort ist Wahrheit. 18 Wie du mich in die Welt gesandt hast, so habe auch ich sie in die Welt gesandt. 19 Und für sie heilige ich mich, damit auch sie in Wahrheit geheiligt seien. 20 Ich bitte aber nicht allein für diese, sondern auch für die, die durch ihr Wort an mich glauben werden, 21 dass alle eins seien, wie du, Vater, in mir und ich in dir; dass sie in uns eins seien, damit die Welt glaube, dass du mich gesandt hast. 22 Und ich habe die Herrlichkeit, die du mir gegeben hast, ihnen gegeben, damit sie eins seien, wie wir eins sind. 23 Ich in ihnen und du in mir, so mögen sie zur vollendeten Einheit gelangen, damit die Welt erkenne, dass du mich gesandt und sie geliebt hast, weil du mich geliebt hast. 24 Vater, ich will, dass, wo ich bin, auch die bei mir seien, die du mir gegeben hast, damit sie meine Herrlichkeit schauen, die du mir gegeben hast, weil du mich geliebt hast vor Grundlegung der Welt. 25 Gerechter Vater, die Welt hat dich nicht erkannt; ich aber habe dich erkannt. Und diese haben erkannt, dass du mich gesandt hast. 26 Und ich habe ihnen deinen Namen kundgetan und werde ihn weiterhin kundtun, damit die Liebe, mit der du mich geliebt hast, in ihnen sei und ich in ihnen."

Passion und Auferstehung

Jesus vor Hannas und Kajaphas. Verleugnung des Petrus: 18,12–27

12 Da ergriffen die Kohorte und der Hauptmann und die Diener der Juden Jesus und banden ihn. 13 Und sie führten ihn zunächst zu Hannas. Er war nämlich der Schwiegervater des Kajaphas, der in jenem Jahre Hoherpriester war. 14 Kajaphas aber war es, der den Juden den Rat gegeben hatte, es sei besser, dass ein Mensch für das Volk sterbe.

15 Simon Petrus aber und ein anderer Jünger folgten Jesus. Jener Jünger war mit dem Hohenpriester bekannt und ging mit Jesus in den Hof des Hohenpriesters hinein. 16 Petrus aber blieb draußen an der Tür stehen. Da kam der andere Jünger, der mit dem Hohenpriester bekannt war, heraus, sprach mit der Türhüterin und holte Petrus herein. 17 Da sagt die Magd, die Türhüterin, zu Petrus: „Bist du nicht auch einer von den Jüngern dieses Menschen?" Der sagt: „Ich bin es nicht." 18 Die Knechte und die Diener aber hatten, weil es kalt war, ein Kohlenfeuer gemacht und standen da und wärmten sich. Auch Petrus stand bei ihnen und wärmte sich.

19 Der Hohepriester nun stellte an Jesus Fragen über seine Jünger und über seine Lehre. 20 Jesus antwortete

ihm: „Ich habe öffentlich zur Welt ge-
redet. Ich habe immer in der Synago-
ge und im Tempel gelehrt, wo alle
Juden zusammenkommen, und im
Verborgenen habe ich nichts geredet.
21 Warum fragst du mich? Frage die,
die gehört haben, was ich zu ihnen ge-
redet habe. Diese wissen, was ich ge-
sprochen habe.“ 22 Als er aber dies
sprach, versetzte einer der Diener, der
dabeistand, Jesus einen Schlag ins Ge-
sicht und sagte: „So antwortest du
dem Hohenpriester?“ 23 Jesus antwor-
tete ihm: „Wenn ich ungehörig gere-
det habe, so weise mir das Ungehörige
nach. Habe ich aber recht geredet, wa-
rum schlägst du mich?“

24 Da schickte ihn Hannas gefesselt
zu dem Hohenpriester Kajaphas.

25 Simon Petrus aber stand da und
wärmte sich. Da sagten sie zu ihm:
„Bist du nicht auch einer von seinen
Jüngern?“ Der leugnete und sagte:
„Ich bin es nicht.“ 26 Einer von den
Knechten des Hohenpriesters, ein Ver-
wandter dessen, dem Petrus das Ohr
abgehauen hatte, sagte: „Habe ich dich
nicht in dem Garten bei ihm gese-
hen?“ 27 Da leugnete Petrus wiederum,
und sogleich krähte ein Hahn.

Jesus vor Pilatus: 18,28 – 19,11

28 Sie führen nun Jesus von Kajaphas
weg in das Prätorium. Es war aber
früh am Morgen. Und sie selbst gin-
gen nicht in das Prätorium hinein,
um sich nicht zu verunreinigen, son-
dern das Paschamahl essen zu kön-
nen. 29 Pilatus ging also zu ihnen hi-
naus und sagt: „Was habt ihr für eine
Anklage gegen diesen Menschen vor-
zubringen?“ 30 Sie antworteten und
sagten zu ihm: „Wenn der da kein Ver-
brecher wäre, hätten wir ihn dir nicht
ausgeliefert.“ 31 Da sagte Pilatus zu ih-
nen: „Nehmt ihr ihn und richtet ihn
nach eurem Gesetze.“ Die Juden spra-
chen zu ihm: „Wir haben nicht das
Recht, jemand hinzurichten.“ 32 So
sollte das Wort Jesu erfüllt werden,
womit er angedeutet hatte, welch
eines Todes er werde sterben müssen.

33 Da ging Pilatus wieder in das Prä-
torium hinein, ließ Jesus rufen und
sagte zu ihm: „Du bist der König der
Juden?“ 34 Jesus antwortete: „Sagst du
das von dir aus, oder haben es andere
dir von mir gesagt?“ 35 Pilatus antwor-
tete: „Bin ich denn ein Jude? Dein Volk
und die Hohenpriester haben dich mir
ausgeliefert. Was hast du getan?“ 36 Je-
sus antwortete: „Mein Reich ist nicht
von dieser Welt. Wenn mein Reich
von dieser Welt wäre, hätten meine
Diener gekämpft, dass ich den Juden
nicht ausgeliefert worden wäre. Nun
aber ist mein Reich nicht von hier.“

37 Da sagte Pilatus zu ihm: „Also
bist du doch ein König?“ Jesus ant-
wortete: „Du sagst es: Ich bin ein Kö-
nig. Ich bin dazu geboren und dazu in
die Welt gekommen, um für die
Wahrheit Zeugnis abzulegen. Jeder,
der aus der Wahrheit ist, hört auf mei-
ne Stimme.“

38 Pilatus sagt zu ihm: „Was ist
Wahrheit?“ Und nach diesen Worten
ging er wieder zu den Juden hinaus
und sagte zu ihnen: „Ich finde keine
Schuld an ihm. 39 Es besteht aber bei

euch der Brauch, dass ich euch am
Osterfest einen freigebe. Wollt ihr
nun, dass ich euch den König der Ju-
den freigebe?“ 40 Da schrien sie wieder-
um: „Nicht den da, sondern den Ba-
rabbas.“ Barabbas aber war ein
Räuber.

19 1 Darauf nun nahm Pilatus Je-
sus und ließ ihn geißeln. 2 Und
die Soldaten flochten eine Krone aus
Dornen und setzten sie auf sein Haupt
und warfen ihm einen Purpurmantel
um, 3 traten auf ihn zu und sagten:
„Sei gegrüßt, König der Juden“, und
gaben ihm Ohrfeigen.

4 Darauf ging Pilatus wieder hinaus
und sagt zu ihnen: „Seht, ich bringe
ihn euch heraus, damit ihr erkennet,
dass ich keine Schuld finde.“ 5 Jesus
trat also heraus, angetan mit Dornen-
krone und Purpurmantel. Und er sagt
zu ihnen: „Da ist der Mensch.“ 6 Als
ihn nun die Hohenpriester und die
Diener sahen, schrien sie: „Ans Kreuz
(mit ihm), ans Kreuz!“ Pilatus sagt zu
ihnen: „Nehmt ihr ihn und kreuzigt
ihn. Denn ich finde keine Schuld an
ihm.“ 7 Die Juden antworteten ihm:
„Wir haben ein Gesetz. Und nach
dem Gesetz muss er sterben, weil er
sich zum Sohn Gottes gemacht hat.“

8 Als nun Pilatus dieses Wort hörte,
fürchtete er sich noch mehr. 9 Er ging
wieder in das Prätorium und sagt zu
Jesus: „Woher bist du?“ Jesus aber gab
ihm keine Antwort. 10 Da sagt Pilatus
zu ihm: „Du redest nicht mit mir?
Weißt du nicht, dass ich Macht habe,
dich freizugeben, und Macht habe,
dich zu kreuzigen?“ 11 Jesus antworte-
te: „Du hättest keine Macht über mich,
wenn sie dir nicht von oben gegeben
wäre. Deshalb hat der, der mich dir
ausgeliefert hat, eine größere Schuld.“

Die Verurteilung zum Tode: 19,12–16a

12 Daraufhin suchte Pilatus ihn frei-
zulassen. Die Juden aber schrien und
sagten: „Wenn du den da freilässt, bist
du kein Freund des Kaisers. Jeder, der
sich selbst zum König macht, lehnt
sich gegen den Kaiser auf.“ 13 Als nun
Pilatus diese Worte hörte, ließ er Jesus
herausführen und setzte sich auf den
Richterstuhl an dem Platz, der Litho-
strotos, auf hebräisch Gabbata, heißt.*
14 Es war aber Rüsttag auf das Oster-
fest, um die sechste Stunde. Und er
sagt zu den Juden: „Seht da, euren Kö-
nig.“ 15 Da schrieen jene: „Weg, weg
mit ihm, ans Kreuz mit ihm!“ Pilatus
sagt zu ihnen: „Euren König soll ich
kreuzigen?“ Die Hohenpriester ant-
worteten: „Wir haben keinen König
außer dem Kaiser.“ 16a Da lieferte er
ihn an sie aus, dass er gekreuzigt wur-
de.

Die Erscheinung vor Maria von Magdala:
20,11–18

11 Maria aber stand draußen am Grabe
und weinte. Wie sie nun weinte, beug-
te sie sich vor in das Grab 12 und sieht
zwei weiß gekleidete Engel dasitzen,

* „Lithostrotos“: wörtlich übersetzt „Steinpflaster“.

einen zu Häupten und einen zu Fü-
ßen, wo der Leichnam Jesu gelegen
hatte. 13 Und jene sagen zu ihr: „Frau,
warum weinst du?“ Sie sagt zu ihnen:
„Weil sie meinen Herrn weggenom-
men haben, und ich weiß nicht, wo
sie ihn hingelegt haben.“ 14 Nach die-
sen Worten wandte sie sich um und
sieht Jesus dastehen, wusste aber
nicht, dass es Jesus war. 15 Jesus sagt
zu ihr: „Frau, warum weinst du? Wen
suchst du?“ Sie meinte, es sei der Gärt-
ner, und sagt zu ihm: „Herr, wenn du
ihn fortgetragen hast, so sag mir, wo
du ihn hingelegt hast. Dann werde
ich ihn holen.“ 16 Jesus sagte zu ihr:
„Maria!“ Da erkennt sie ihn und sagt
zu ihm auf hebräisch: „Rabbuni“, das
heißt: Meister. 17 Jesus sagt zu ihr:
„Halte mich nicht fest. Denn ich bin
noch nicht zum Vater hinaufgestie-
gen. Geh aber zu den Brüdern und sa-
ge ihnen: Ich steige hinauf zu meinem
Vater und eurem Vater, meinem Gott
und eurem Gott.“ 18 Maria von Magda-
la geht und verkündigt den Jüngern:
„Ich habe den Herrn gesehen“, und
dies habe er ihr gesagt.

5 Aus der Apostelgeschichte

Zusammen mit der Erzählung über die Taten Jesu hat Lukas auch die Apostelgeschichte geschrieben. Er hat darin die Fortsetzung von Jesu Wirken durch die vom Heiligen Geist getriebenen Apostel dargestellt. Im Evangelium ging die Bewegung von der unbedeutenden Stadt Nazaret hin zur Hauptstadt Judas, zur heiligen Stadt Jerusalem. Jetzt geht die Bewegung von Jerusalem in die ganze Welt und zum Mittelpunkt der damaligen Welt, nach Rom, der Hauptstadt des Römischen Reiches. Lukas erzählt die Geschichte der christlichen Mission so, dass sie spannend zu lesen ist. Er malt auch hier Bilder, die den Leser beeindrucken und sich in seinem Geist festsetzen. Die Reden der Apostel, die er schildert, spiegeln seine eigene Theologie wider.

Ausgelöst wurde die Bewegung der Mission durch das Pfingstereignis. Da wurden aus den ängstlichen Jüngern mutige Zeugen für die Botschaft Jesu Christi. Sie wurden durch den Geist, den Jesus ihnen bei seiner Himmelfahrt versprochen hatte, verwandelt. Lukas beschreibt, wie sie nun als Zeugen Jesu auch von seinem Geist erfüllt sind. Wie Jesus heilen Petrus und Johannes einen Gelähmten. Wie Jesus werden die beiden dafür vor den Hohen Rat geführt. Sie lassen sich nicht einschüchtern. Sie gehorchen Gott mehr als den Menschen. Petrus bekennt vor dem Hohen Rat: „Wir können unmöglich von dem schweigen, was wir gesehen und gehört haben" (4,20). Im Schicksal des Diakons Stephanus wiederholt sich das Schicksal Jesu. Wie Jesus vergibt Stephanus sterbend seinen Mördern.

Im Mittelpunkt der Apostelgeschichte steht das Wirken des hl. Paulus. Dreimal erzählt Lukas jeweils leicht variierend die Bekehrung des Christenhassers Saulus zum Völkerapostel Paulus. Jesus selbst ist dem Saulus in einer Lichterfahrung begegnet. Das hat den Saulus und sein ganzes Lebenskonzept umgeworfen und ihn zum glühendsten Anhänger Jesu verwandelt. Auch Petrus wird verwandelt. Er, der strenge Jude, wird durch einen Traum dazu gebracht, den heidnischen Hauptmann Kornelius und sein ganzes Haus zu taufen. Der Beginn der Heidenmission wird also durch einen Traum initiiert. Und dass Paulus bei seiner Missionsreise nach Europa übersetzt, wird ihm auch im Traum geheißen. In Traumgesichten spricht der Heilige Geist zu den Jüngern und weist sie den Weg, den Gott ihnen zugedacht hat.

In Europa begegnet Paulus zunächst dem Mittelpunkt der griechischen Kultur, dem Areopag, dem Zentrum der Philosophie in Athen. Vor den dort versammelten Philosophen hält er seine berühmte Rede, in der er Zitate griechischer Dichter und Philosophen bringt. Lukas will mit dieser Rede zeigen, dass die christliche Botschaft die Erfüllung der griechischen Weisheit ist, dass die Sehnsucht der griechischen Philosophie in der Botschaft von Tod und Auferstehung Jesu erfüllt wird.

Lukas hat sicher das Verdienst, die christliche Botschaft aus der Enge jüdischen Denkens herausgeführt und für die Gebildeten seiner Zeit hoffähig gemacht zu haben. Dabei zeigt er die römischen Beamten und Statthalter in einem positiven Licht. Sie schützen den Paulus in seiner Gefangenschaft vor dem Wüten sadduzäischer Kreise, die ihn töten möchten. Sie hören den Reden des Paulus gerne zu. Und sie geleiten ihn nach Rom. Dort darf Paulus zuerst den dortigen Juden und dann allen Interessierten die Botschaft Jesu verkünden.

Einleitung: 1,1–5

1 1 Im ersten Buch, Theophilus, habe ich alles dargelegt, was Jesus von Anfang an wirkte und lehrte 2 bis zu dem Tage, da er (in den Himmel) aufgenommen wurde, nachdem er den durch den Heiligen Geist von ihm erwählten Aposteln Weisung erteilt hatte. 3 Ihnen erwies er sich als lebendig nach seinem Leiden durch viele Beweise, indem er ihnen vierzig Tage hindurch erschien und über das Reich Gottes sprach. 4 Als er mit ihnen zum Mahle versammelt war, gebot er ihnen, von Jerusalem nicht fortzugehen, sondern die Verheißung des Vaters abzuwarten, „die ihr von mir gehört habt. 5 Denn Johannes hat mit Wasser getauft, ihr aber werdet mit dem Heiligen Geiste getauft werden nach wenigen Tagen."

Die Himmelfahrt Christi: 1,6–11

6 Die Versammelten fragten ihn nun: „Herr, wirst du in dieser Zeit das Reich für Israel wieder aufrichten?" 7 Er antwortete ihnen: „Nicht euch kommt es zu, Zeit und Stunde zu wissen, die der Vater in der ihm eigenen Vollmacht festgesetzt hat. 8 Aber ihr werdet Kraft empfangen, indem der Heilige Geist auf euch kommt, und werdet meine Zeugen sein in Jerusalem und in ganz Judäa und Samarien und bis an das Ende der Erde."

9 Und als er dies gesprochen hatte, ward er vor ihren Augen emporgehoben, und eine Wolke entzog ihn ihren Blicken. 10 Und während sie unverwandt zum Himmel hinaufschauten, in den er auffuhr, siehe, da standen zwei Männer in weißen Gewändern bei ihnen, 11 die sprachen: „Ihr Männer von Galiläa, was steht ihr da und schaut zum Himmel hinauf? Dieser Jesus, der von euch weg (in den Himmel) aufgenommen ist, wird ebenso kommen, wie ihr ihn habt zum Himmel auffahren sehen."

Die Gruppe der Apostel: 1,12–14

12 Da kehrten sie nach Jerusalem zurück von dem Berge, der Ölberg heißt und nahe bei Jerusalem liegt, einen Sabbatweg entfernt. 13 Und als sie hinkamen, stiegen sie in das Obergemach hinauf, wo sie sich ständig aufhielten: Petrus und Johannes, Jakobus und Andreas, Philippus und Thomas, Bartholomäus und Matthäus, Jakobus, der Sohn des Alphäus, Simon der Eiferer und Judas, der Bruder des Jakobus. 14 Diese alle verharrten einmütig im Gebet mit den Frauen und Maria, der Mutter Jesu, und mit seinen Brüdern.

Pfingsten: 2,1–13

2 1 Als der Pfingsttag angebrochen war, waren alle an einem Ort beisammen. 2 Da entstand plötzlich vom Himmel her ein Brausen, wie von einem daherfahrenden gewaltigen Wind, und erfüllte das ganze Haus, in dem sie saßen. 3 Und es erschienen ihnen Zungen wie von Feuer, die sich zerteilten, und es ließ sich auf jeden von ihnen nieder. 4 Und alle wurden mit Heiligem Geist erfüllt und begannen mit anderen Zungen zu reden, wie der Geist ihnen zu sprechen verlieh.

5 Es waren aber in Jerusalem Juden wohnhaft, fromme Männer aus jedem Volk unter dem Himmel. 6 Als aber dieses Brausen entstand, kam die Menge zusammen und ward bestürzt; denn jeder hörte sie in seiner eigenen Sprache reden. 7 Sie gerieten aber außer sich und staunten und sagten: „Sind nicht alle diese, die da reden, Galiläer? 8 Wie kommt es, dass wir sie hören, jeder in der eigenen Sprache, in der wir geboren sind? 9 Wir Parther und Meder und Elamiter, wir Bewohner von Mesopotamien, von Judäa und Kappadozien, von Pontus und Asien, 10 von Phrygien und Pamphylien, Ägypten und den Landstrichen Libyens gegen Zyrene hin, wir hier weilenden Römer, 11 wir Juden und Proselyten, Kreter und Araber: wir hören sie in unseren Zungen die Großtaten Gottes reden." 12 Sie gerieten aber alle außer sich und waren ratlos, und einer sagte zum andern: „Was soll das bedeuten?" 13 Andere dagegen spotteten: „Sie sind voll süßen Weines."

Predigt des Petrus zur Menge: 2,14–36

14 Da trat Petrus mit den Elfen vor, erhob seine Stimme und sprach zu ihnen: „Ihr Juden und all ihr Bewohner von Jerusalem, das sei euch kundgetan! Vernehmt meine Worte! 15 Diese da sind nicht trunken, wie ihr meint; es ist ja erst die dritte Stunde des Tages. 16 Vielmehr geht hier das durch den Propheten Joel Gesagte in Erfüllung:

17 ‚In den letzten Tagen wird es geschehen, spricht Gott: Da will ich von meinem Geist ausgießen über alles Fleisch, und eure Söhne und Töchter werden weissagen, und eure Jünglinge werden Gesichte schauen, und eure Greise werden Träume träumen.

18 Selbst über meine Knechte und Mägde will ich in jenen Tagen von meinem Geist ausgießen, und sie werden weissagen.

19 Ich will Wunder wirken am Himmel oben und Zeichen auf der Erde unten: Blut und Feuer und qualmenden Rauch.

20 Die Sonne wird sich in Finsternis wandeln und der Mond in Blut, ehe der große und strahlende Tag des Herrn kommt.

21 Und es wird geschehen: Jeder, der den Namen des Herrn anruft, wird gerettet werden.'

22 Israeliten, hört diese Worte: Jesus den Nazoräer, einen Mann, von Gott bei euch beglaubigt durch mächtige Taten, Wunder und Zeichen, die Gott durch ihn in eurer Mitte gewirkt hat, wie ihr selbst wisst, 23 diesen, der nach Gottes festgesetztem Ratschluss und Vorherwissen ausgeliefert wurde, habt ihr durch die Hände der Gesetzlosen (ans Kreuz) geschlagen und umgebracht. 24 Ihn hat Gott auferweckt, indem er die Wehen des Todes löste; es

war ja nicht möglich, dass er von ihm
festgehalten wurde. 25 Sagt doch David
von ihm: ‚Ich habe den Herrn allzeit
vor Augen, denn er steht mir zur
Rechten, dass ich nicht wanke.

26 Drum freut sich mein Herz und
jubelt meine Zunge, und auch mein
Fleisch wird in Hoffnung ruhen;

27 denn du wirst meine Seele nicht
im Totenreiche lassen und deinem
Heiligen nicht zu sehen geben die Ver-
wesung.

28 Du hast mir kundgetan die Wege
des Lebens, du wirst mich mit Wonne
erfüllen vor deinem Antlitz.‘

29 Brüder, ich darf wohl mit Freimut
zu euch von dem Ahnherrn David re-
den. Er ist gestorben und begraben
worden, und sein Grab befindet sich
unter uns bis auf den heutigen Tag.
30 Da er ein Prophet war und wusste,
dass Gott ihm mit einem Eid zugesi-
chert hatte, einen aus der Frucht sei-
ner Lende auf seinen Thron zu setzen,
31 so hat er vorausschauend von der
Auferstehung des Messias gespro-
chen, dass er nicht im Totenreich ge-
lassen wurde noch sein Fleisch die
Verwesung sah. 32 Diesen Jesus hat
Gott auferweckt; dessen sind wir alle
Zeugen. 33 Durch die Rechte Gottes
nun erhöht, hat er vom Vater den ver-
heißenen Heiligen Geist empfangen
und dieses ausgegossen, was ihr seht
und hört. 34 Denn nicht David ist in
den Himmel hinaufgestiegen; er sagt
ja selbst: ‚Es sprach der Herr zu mei-
nem Herrn: Setze dich zu meiner
Rechten,

35 bis ich deine Feinde als Schemel
unter deine Füße setze.‘

36 Mit Gewissheit erkenne also das
ganze Haus Israel: Gott hat ihn zum
Herrn und Messias gemacht, eben die-
sen Jesus, den ihr gekreuzigt habt.“

Die ersten Bekehrungen: 2,37–41

37 Als sie das hörten, durchschnitt es
ihr Herz. Sie sagten zu Petrus und
den übrigen Aposteln: „Was sollen
wir tun, Brüder?“ 38 Petrus aber sprach
zu ihnen: „Bekehrt euch, und ein jeder
von euch lasse sich taufen auf den Na-
men Jesu Christi zur Vergebung der
Sünden; dann werdet ihr die Gabe
des Heiligen Geistes empfangen.
39 Denn euch gilt die Verheißung und
euren Kindern und allen in der Ferne,
so viele der Herr, unser Gott, herbei-
rufen wird.“ 40 Noch mit vielen ande-
ren Worten gab er Zeugnis und er-
mahnte sie: „Lasst euch retten aus
diesem verkehrten Geschlecht!“ 41 Die
nun sein Wort annahmen, ließen sich
taufen, und es wurden an jenem Tage
gegen dreitausend Seelen hinzugetan.

Die erste Christengemeinde: 2,42–47

42 Sie verharrten in der Lehre der
Apostel und in der (brüderlichen) Ge-
meinschaft, im Brotbrechen und den
Gebeten.

43 Es wurde aber jedermann von
Furcht ergriffen. Viele Wunder und
Zeichen geschahen durch die Apostel.

44 Alle Gläubiggewordenen aber
hatten alles miteinander gemeinsam.
45 Sie verkauften ihren Besitz, ihre Ha-

be und verteilten sie an alle, je nach-
dem einer bedürftig war.

46 Täglich weilten sie einmütig im
Tempel, brachen reihum in den Häu-
sern das Brot und nahmen Speise zu
sich in Fröhlichkeit und Schlichtheit
des Herzens. 47 Sie priesen Gott und
waren beim ganzen Volk beliebt. Der
Herr aber tat täglich solche, die geret-
tet wurden, hinzu (zur Gemeinde).

Petrus und Johannes vor dem Hohen Rat:
4,1–22

4 1 Während sie noch zum Volke re-
deten, traten die Priester, der Tem-
pelhauptmann und die Sadduzäer an
sie heran. 2 Die waren unwillig darü-
ber, dass sie das Volk lehrten und in
Jesus die Auferstehung von den Toten
verkündeten. 3 Deshalb legten sie
Hand an sie und brachten sie bis zum
folgenden Tag in Gewahrsam; denn es
war bereits Abend. 4 Viele aber von
denen, die das Wort gehört hatten,
wurden gläubig, und so stieg die Zahl
der Männer auf ungefähr fünftau-
send.

5 Am folgenden Tag kamen die Vor-
steher des Volkes, die Ältesten und
Schriftgelehrten in Jerusalem zusam-
men; 6 auch Hannas und Kajaphas, Jo-
hannes, Alexander sowie alle, die aus
hohepriesterlichem Geschlecht wa-
ren. 7 Sie stellten sie in die Mitte und
fragten: „Mit welcher Macht oder in
welchem Namen habt ihr das getan?“
8 Da sprach Petrus, vom Heiligen Geist
erfüllt, zu ihnen: „Ihr Vorsteher des
Volkes und Ältesten! 9 Wenn wir heu-
te wegen einer Wohltat an einem
kranken Manne darüber vernommen
werden, wodurch er geheilt wurde,
10 so sei euch allen und dem ganzen
Volk Israel kund: Durch den Namen
Jesu Christi des Nazoräers, den ihr ge-
kreuzigt habt, den aber Gott von den
Toten auferweckt hat; durch seinen
Namen und keinen anderen steht die-
ser Mann gesund vor euch. 11 Dieser
ist der Stein, der von euch Bauleuten
verworfen ward und der zum Eckstein
geworden ist. 12 Denn kein anderer
Name unter dem Himmel ist den
Menschen gegeben, in dem wir geret-
tet werden sollen.“

13 Als sie den Freimut des Petrus
und Johannes wahrnahmen und
merkten, dass es ungelehrte und un-
gebildete Männer waren, wunderten
sie sich. Und sie erkannten sie als sol-
che wieder, die mit Jesus gewesen
waren. 14 Wie sie nun den Geheilten
bei ihnen stehen sahen, wussten sie
nichts zu entgegnen. 15 Sie ließen sie
aus dem Hohen Rat hinausgehen und
berieten miteinander 16 und sagten:
„Was sollen wir mit diesen Menschen
machen? Denn dass ein unleugbares
Zeichen durch sie geschehen ist, ist al-
len Bewohnern Jerusalems bekannt,
und wir können es nicht abstreiten.
17 Aber damit die Sache sich nicht
noch weiter im Volk verbreitet, wollen
wir ihnen unter Drohungen einschär-
fen, zu niemandem mehr von diesem
Namen zu reden.“

18 Und sie riefen sie wieder herein
und verboten ihnen, je wieder im Na-
men Jesu zu sprechen oder zu lehren.
19 Petrus und Johannes aber erwider-

ten ihnen: „Ob es vor Gott recht ist,
euch mehr zu gehorchen als Gott, da-
rüber urteilt selbst. 20 Denn wir kön-
nen unmöglich von dem schweigen,
was wir gesehen und gehört haben.“
21 Jene drohten ihnen nochmals und
ließen sie frei. Denn sie fanden keine
Möglichkeit, sie zu bestrafen, wegen
des Volkes, da alle ob des Geschehe-
nen Gott priesen. 22 Denn der Mann,
an dem dieses Heilungswunder ge-
schehen war, war schon über vierzig
Jahre alt.

Die erste Christengemeinde: 4,32–35

32 Die Menge der Gläubiggewordenen
war ein Herz und eine Seele. Und kein
Einziger sagte, dass etwas von seinem
Besitz sein Eigen sei, sondern sie hat-
ten alles gemeinsam.

33 Mit großer Kraft legten die Apos-
tel von der Auferstehung des Herrn Je-
sus Zeugnis ab, und große Gnade war
auf ihnen allen.

34 Auch gab es keinen Bedürftigen
unter ihnen. Denn wer Grundstücke
oder Häuser besaß, verkaufte sie und
brachte den Erlös 35 und legte ihn den
Aposteln zu Füßen. Davon wurde je-
dem zugeteilt, je nachdem er bedürf-
tig war.

Der Rat des Gamaliël: 5,34–42

34 Da erhob sich im Hohen Rat ein Pha-
risäer namens Gamaliël, ein beim gan-
zen Volke angesehener Gesetzeslehrer.
Er ließ die Männer auf kurze Zeit hi-
nausführen. 35 Dann sprach er: „Israeli-
ten, seht euch vor, was ihr mit diesen
Leuten anfangen wollt. 36 Denn vor
einiger Zeit erhob sich Theudas, gab
sich für etwas Besonderes aus und ge-
wann einen Anhang von etwa vier-
hundert Mann. Aber er wurde getötet,
und alle seine Anhänger wurden zer-
sprengt und vernichtet. 37 Nach ihm er-
hob sich – in den Tagen der Schätzung
– Judas von Galiläa und brachte einen
Volkshaufen hinter sich. Auch er ist
umgekommen, und alle seine Anhän-
ger wurden zerstreut. 38 Darum sage
ich euch jetzt: Lasst ab von diesen Leu-
ten und gebt sie frei. Denn, stammt
dieses Vorhaben oder dieses Werk
von Menschen, so geht es von selbst
zugrunde. 39 Ist es aber von Gott, so
könnt ihr es nicht zerstören; ihr könn-
tet sonst als Widersacher Gottes er-
funden werden.“ Sie gaben ihm Recht.

40 Dann riefen sie die Apostel he-
rein, ließen sie geißeln und verboten
ihnen, im Namen Jesu zu reden. Da-
rauf gab man sie frei. 41 Diese aber gin-
gen voll Freude vom Hohen Rat hin-
weg, weil sie würdig befunden waren,
für den Namen Jesu Schmach zu lei-
den. 42 Sie hörten nicht auf, Tag für
Tag im Tempel und in den einzelnen
Häusern zu lehren und die frohe Bot-
schaft zu verkünden, dass Jesus der
Messias sei.

Die Verhaftung des Stephanus: 6,8–15

8 Stephanus aber, voll Gnade und
Kraft, tat große Wunder und Zeichen
unter dem Volke. 9 Nun aber standen

einige von der so genannten Synagoge
der Libertiner, der Zyrenäer, der Ale-
xandriner und derer aus Zilizien und
Asien auf und stritten mit Stephanus.
10 Aber sie vermochten der Weisheit
und dem Geiste, mit dem er sprach,
nicht standzuhalten. 11 Da stifteten sie
Männer an, die aussagten: „Wir haben
ihn Lästerworte gegen Mose und ge-
gen Gott sagen hören.“ 12 So wiegelten
sie das Volk, die Ältesten und die
Schriftgelehrten auf. Dann fielen sie
über ihn her und schleppten ihn ge-
waltsam vor den Hohen Rat. 13 Dort
stellten sie falsche Zeugen auf, die aus-
sagten: „Dieser Mensch hört nicht auf,
gegen die heilige Stätte und das Ge-
setz zu reden. 14 So haben wir ihn sa-
gen hören: Dieser Jesus der Nazoräer
wird diese Stätte zerstören und die
Satzungen ändern, die Mose uns über-
liefert hat.“ 15 Alle, die im Hohen Rat
saßen, richteten ihren Blick auf ihn
und sahen sein Antlitz (leuchten) wie
das eines Engels.

Die Rede des Stephanus: 7,1–54

7 1 Der Hohepriester fragte: „Verhält
sich das so?“ 2 Er sprach: „Ihr Brü-
der und Väter, hört! Der Gott der
Herrlichkeit erschien unserem Vater
Abraham, als er noch in Mesopota-
mien lebte, ehe er sich in Haran nie-
derließ, 3 und sprach zu ihm: ‚Zieh fort
aus deinem Lande und aus deiner Ver-
wandtschaft und geh in das Land, das
ich dir zeigen werde.‘ 4 Da zog er aus
dem Lande der Chaldäer fort und ließ
sich in Haran nieder. Von dort ließ ihn
Gott nach dem Tode seines Vaters in
das Land übersiedeln, worin ihr jetzt
wohnt. 5 Er gab ihm keinen Erbbesitz
darin, auch nicht einen Fußbreit, son-
dern versprach, es ihm und seinen
Nachkommen zum Besitz zu geben,
obwohl er noch keinen Sohn hatte.
6 So sprach Gott: ‚Seine Nachkommen
werden als Fremdlinge leben in frem-
dem Land; man wird sie knechten und
misshandeln, vierhundert Jahre lang.
7 Das Volk aber, dem sie dienen, werde
ich richten, sprach Gott, und dann
werden sie ausziehen und mir an die-
ser Stätte dienen. 8 Und er gab ihm
den Bund der Beschneidung. Und so
zeugte er den Isaak und beschnitt ihn
am achten Tage, und Isaak den Jakob
und Jakob die zwölf Stammväter.

9 Die Stammväter aber waren eifer-
süchtig auf Josef und verkauften ihn
nach Ägypten. Aber Gott war mit
ihm. 10 Er rettete ihn aus allen seinen
Drangsalen, gab ihm Gnade und
Weisheit vor Pharao, dem König von
Ägypten, und setzte ihn zum Herrn
über Ägypten und über sein ganzes
Haus. 11 Da kam über ganz Ägypten
und Kanaan eine Hungersnot. Das
Elend war groß, und unsere Väter fan-
den keine Nahrung. 12 Als Jakob hörte,
in Ägypten gäbe es Getreide, sandte er
unsere Väter ein erstes Mal dorthin.
13 Beim zweiten Mal gab sich Josef sei-
nen Brüdern zu erkennen, und so wur-
de dem Pharao Josefs Herkunft be-
kannt. 14 Josef ließ dann seinen Vater
Jakob und die ganze Verwandtschaft
kommen, fünfundsiebzig Seelen. 15 So
zog denn Jakob nach Ägypten hinab,
wo er starb, und ebenso unsere Väter.

16 Sie wurden nach Sichem überführt und in das Grab gelegt, das Abraham um Geld von den Söhnen Hamors in Sichem gekauft hatte.

17 Als die Zeit der Verheißung nahte, die Gott dem Abraham zugesagt hatte, mehrte sich das Volk in Ägypten und wurde sehr zahlreich. 18 Da gelangte ein anderer König zur Herrschaft über Ägypten, der von Josef nichts wusste. 19 Dieser verfuhr arglistig mit unserem Volke und zwang unsere Väter, ihre Kinder auszusetzen, damit sie nicht am Leben blieben. 20 In dieser Zeit wurde Mose geboren, und er war Gott wohlgefällig. Drei Monate wurde er im Hause seines Vaters aufgezogen. 21 Als man ihn dann aussetzte, nahm ihn die Tochter des Pharao auf und erzog ihn als ihren Sohn. 22 Mose wurde in aller Weisheit der Ägypter unterwiesen und war mächtig in Wort und Tat.

23 Als er vierzig Jahre alt war, kam ihm in den Sinn, nach seinen Brüdern, den Kindern Israels, zu sehen. 24 Da sah er, wie einem Unrecht angetan wurde, er verteidigte ihn und verschaffte dem Bedrängten sein Recht, indem er den Ägypter erschlug. 25 Er glaubte, seine Brüder würden merken, dass Gott sie retten wolle durch seine Hand; doch sie merkten es nicht. 26 Am folgenden Tag erschien er bei ihnen, als sie stritten, und suchte sie friedlich auszusöhnen, indem er sprach: ‚Männer, ihr seid doch Brüder, warum tut ihr einander unrecht?' 27 Aber der seinem Nächsten unrecht getan hatte, stieß ihn zurück und sprach: ‚Wer hat dich über uns zum Führer und Richter bestellt? 28 Willst du auch mich töten, wie du gestern den Ägypter getötet hast?' 29 Auf dieses Wort hin ergriff Mose die Flucht und lebte als Fremdling im Lande Midian, wo er zwei Söhne zeugte.

30 Als vierzig Jahre dahingegangen waren, erschien ihm in der Wüste des Berges Sinai ein Engel in der Feuerflamme eines Dornbusches. 31 Als Mose dies sah, staunte er über die Erscheinung. Als er hinzutrat, sie zu betrachten, erging an ihn die Stimme des Herrn: 32 ‚Ich bin der Gott deiner Väter, der Gott Abrahams, Isaaks und Jakobs.' Da zitterte Mose und wagte nicht hinzuschauen. 33 Der Herr aber sprach zu ihm: ‚Ziehe deine Schuhe von den Füßen; denn die Stätte, wo du stehst, ist heiliges Land. 34 Ich habe die Bedrückung meines Volkes in Ägypten gesehen und sein Seufzen gehört und bin herabgestiegen, sie zu befreien. So komm denn, ich will dich nach Ägypten senden.'

35 Diesen Mose, den sie abwiesen mit den Worten: Wer hat dich zum Führer und Richter bestellt, den sandte Gott als Führer und Befreier unter dem Schutz des Engels, der ihm im Dornbusch erschienen war. 36 Dieser führte sie heraus unter Wundern und Zeichen, die er im Lande Ägypten tat und im Roten Meere und vierzig Jahre lang in der Wüste. 37 Dieser Mose ist es, der zu den Israeliten sprach: ‚Einen Propheten wie mich wird Gott euch aus euren Brüdern erwecken.' 38 Er ist es, der bei der Versammlung in der Wüste zwischen dem Engel, der am Berge Sinaï mit ihm redete, und unse-

ren Vätern stand. Er empfing Worte
des Lebens, um sie uns mitzuteilen.
39 Aber unsere Väter wollten ihm
nicht gehorchen. Sie verwarfen ihn
und wandten ihre Herzen wieder
Ägypten zu. 40 Sie sagten zu Aaron:
‚Mach uns Götter, die vor uns herzie-
hen; denn wir wissen nicht, was mit
diesem Mose, der uns aus Ägypten
herausgeführt hat, geschehen ist.‘ 41 So
fertigten sie sich denn in jenen Tagen
ein Kalb an, brachten dem Götzenbild
Opfer dar und ergötzten sich an dem
Werk ihrer Hände. 42 Gott aber wand-
te sich von ihnen ab und ließ sie dem
Dienste der Gestirne anheim fallen.
Darüber steht im Buch der Propheten
geschrieben: ‚Habt ihr mir Schlacht-
und Brandopfer dargebracht während
der vierzig Jahre in der Wüste, Haus
Israel?

43 Vielmehr das Zelt des Moloch
habt ihr mitgeführt und das Sternbild
eures Gottes Romfa, Bilder, die ihr
verfertigt habt, sie anzubeten. Noch
über Babylon hinaus will ich euch ver-
bannen.‘

44 In der Wüste hatten unsere Väter
das Offenbarungszelt. So hatte es der
angeordnet, der Mose befahl, es nach
dem Bild herzustellen, das er gesehen
hatte. 45 Dieses übernahmen unsere
Väter und brachten es mit, als sie un-
ter Josua das Land der Heiden in Be-
sitz nahmen, die Gott vor unseren Vä-
tern verdrängte. So blieb es bis zu den
Tagen Davids. 46 Dieser fand Gnade
vor Gott und bat, für den Gott Jakobs
eine Wohnstätte finden zu dürfen.
47 Salomo aber baute ihm ein Haus.
48 Allein der Allerhöchste wohnt nicht
in Gebäuden von Menschenhänden.
Sagt doch der Prophet:

49 ‚Der Himmel ist mein Thron und
die Erde der Schemel meiner Füße.
Was für ein Haus wollt ihr mir bauen,
spricht der Herr. Oder was soll meine
Ruhestätte sein? 50 Hat nicht meine
Hand das alles geschaffen?‘

51 Ihr Halsstarrigen und Unbe-
schnittenen an Herz und Ohren!
Gleichwie eure Väter, so widerstrebt
auch ihr dem Heiligen Geiste. 52 Wo
war ein Prophet, den eure Väter nicht
verfolgt hätten? Sie haben jene getö-
tet, die von der Ankunft des Gerech-
ten weissagten, dessen Verräter und
Mörder ihr jetzt geworden seid, 53 ihr,
die ihr das Gesetz durch Vermittlung
von Engeln empfangen, aber nicht ge-
halten habt.“

54 Als sie das vernahmen, packte sie
die Wut, und sie knirschten mit den
Zähnen wider ihn.

Die Steinigung des Stephanus.
Der Verfolger Saulus: 7,55 – 8,3

55 Er aber, voll des Heiligen Geistes,
blickte zum Himmel auf, sah die Herr-
lichkeit Gottes und Jesus zur Rechten
Gottes stehen 56 und sprach: „Seht, ich
sehe die Himmel offen und den Men-
schensohn zur Rechten Gottes ste-
hen.“ 57 Da schrien sie laut auf, hielten
sich die Ohren zu und stürmten alle
miteinander auf ihn los, 58 stießen ihn
zur Stadt hinaus und steinigten ihn.
Die Zeugen legten ihre Kleider zu
den Füßen eines jungen Mannes nie-
der, der Saulus hieß. 59 So steinigten

sie Stephanus, der (den Herrn) anrief
und sprach: „Herr Jesus, nimm mei-
nen Geist auf.“ 60 Niederkniend rief er
mit lauter Stimme: „Herr, rechne
ihnen diese Sünde nicht an.“ Mit die-
sen Worten entschlief er.

8 1 Saulus aber hatte seiner Ermor-
dung zugestimmt. An jenem Tage
kam eine große Verfolgung über die
Kirche zu Jerusalem. Alle, mit Aus-
nahme der Apostel, zerstreuten sich
über das Land Judäa und Samarien.

2 Den Stephanus aber bestatteten
gottesfürchtige Männer und hielten
eine große Totenklage um ihn.

3 Saulus aber suchte die Kirche zu
vernichten. Er drang in die Häuser ein,
schleppte Männer und Frauen weg
und warf sie in den Kerker.

Die Berufung des Saulus: 9,1–19a

9 1 Saulus, der noch immer Dro-
hung und Mord gegen die Jünger
des Herrn schnaubte, ging zum Ho-
henpriester 2 und erbat von ihm Briefe
an die Synagogen von Damaskus, um
alle Anhänger des „Weges“, die er dort
fände, Männer wie Frauen, in Ketten
nach Jerusalem zu führen.

3 Schon war er auf seiner Reise bis
in die Nähe von Damaskus gelangt,
da umstrahlte ihn plötzlich ein Licht
vom Himmel. 4 Er fiel zu Boden und
hörte eine Stimme, die ihm zurief:
„Saul, Saul, warum verfolgst du
mich?“ 5 Er fragte: „Wer bist du, Herr?“
Dieser antwortete: „Ich bin Jesus, den
du verfolgst. 6 Doch steh auf und geh
in die Stadt; dort wird man dir sagen,
was du tun sollst.“ 7 Seine Reisegefähr-
ten standen sprachlos da. Sie hörten
zwar die Stimme, sahen aber nie-
mand. 8 Saulus erhob sich vom Boden.
Obwohl er aber die Augen aufschlug,
sah er nichts. Da nahmen sie ihn bei
der Hand und führten ihn nach Da-
maskus. 9 Er blieb drei Tage blind und
aß und trank nicht.

10 In Damaskus lebte ein Jünger mit
Namen Hananias. Zu dem sprach der
Herr in einem Gesicht: „Hananias!“ Er
antwortete: „Hier bin ich, Herr.“ 11 Der
Herr gebot ihm: „Mach dich auf, geh
in die Straße, die man die Gerade
heißt, und frage im Hause des Judas
nach einem Manne namens Saulus
aus Tarsus. Siehe, er betet 12 und hat
(in einem Gesicht) gesehen, wie ein
Mann mit Namen Hananias bei ihm
eintrat und ihm die Hände auflegte,
damit er wieder sehend werde.“

13 Hananias entgegnete: „Herr, über
diesen Mann habe ich von vielen ge-
hört, wie viel Böses er deinen Heiligen
in Jerusalem zugefügt hat. 14 Auch hier
hat er von den Hohenpriestern Voll-
macht, alle in Ketten zu legen, die dei-
nen Namen anrufen.“ 15 Der Herr erwi-
derte ihm: „Geh; denn dieser Mann ist
mir ein auserwähltes Werkzeug, um
meinen Namen vor Heiden und Köni-
ge zu tragen und vor die Kinder Israels.
16 Ich will ihm zeigen, wie viel er um
meines Namens willen leiden muss.“
17 Da machte sich Hananias auf, ging
in das Haus und legte dem Saulus die
Hände auf und sprach: „Bruder Saul!
Der Herr hat mich gesandt, Jesus, der
dir auf dem Wege erschienen ist, den
du gekommen bist. Du sollst wieder

sehend und vom Heiligen Geist erfüllt werden.“ 18 Sofort fiel es wie Schuppen von seinen Augen. Er sah wieder, stand auf und empfing die Taufe. 19a Dann nahm er Nahrung zu sich und kam wieder zu Kräften.

Predigt des Saulus in Damaskus: 9,19b–25

19b Er blieb noch einige Tage bei den Jüngern in Damaskus. 20 Alsbald verkündigte er in den Synagogen Jesus, dass dieser der Sohn Gottes sei. 21 Alle, die ihn hörten, staunten und sprachen: „Ist das nicht derselbe, der in Jerusalem alle, die diesen Namen anrufen, verfolgte? Ist er nicht hierher gekommen, um sie in Fesseln zu den Hohenpriestern zu bringen?“ 22 Saulus aber erstarkte noch mehr und brachte die Juden in Damaskus in Verwirrung durch den Nachweis, dass dieser der Messias sei.

23 Geraume Zeit hernach fassten die Juden den Plan, ihn zu töten. 24 Doch ihr Anschlag wurde Saulus bekannt. Tag und Nacht bewachten sie die Tore, um ihn zu töten. 25 Aber seine Jünger nahmen ihn und ließen ihn bei Nacht in einem Korbe über die Mauer hinab.

Saulus in Jerusalem: 9,26–30

26 In Jerusalem angekommen, versuchte er, sich den Jüngern anzuschließen. Alle aber fürchteten sich vor ihm, da sie nicht glaubten, dass er ein Jünger sei. 27 Da war es Barnabas, der sich seiner annahm, ihn zu den Aposteln führte und ihnen erzählte, wie er auf dem Wege den Herrn gesehen, wie dieser mit ihm geredet und wie er dann in Damaskus freimütig im Namen Jesu gepredigt habe. 28 So ging er denn in Jerusalem bei ihnen aus und ein und predigte freimütig im Namen des Herrn. 29 Auch redete und stritt er mit den Hellenisten. Diese aber beschlossen, ihn zu töten. 30 Als die Brüder das erfuhren, geleiteten sie ihn nach Cäsarea hinab und entließen ihn nach Tarsus.

Petrus geht zum römischen Hauptmann Kornelius: 10,1–33

10 1 In Cäsarea lebte ein Mann mit Namen Kornelius, Hauptmann in der so genannten italischen Kohorte. 2 Er war samt seinem ganzen Hause fromm und gottesfürchtig, spendete dem Volke reichlich Almosen und betete unablässig zu Gott.

3 Eines Tages sah er um die neunte Stunde in einem Gesicht deutlich, wie ein Engel Gottes zu ihm eintrat und ihn anredete: „Kornelius!“ 4 Er schaute ihn an und fragte voll Furcht: „Was gibt es, Herr?“ Der antwortete ihm: „Deine Gebete und Almosen sind zu Gott emporgestiegen, und er hat ihrer gedacht. 5 Sende nun Männer nach Joppe und lass einen gewissen Simon mit dem Beinamen Petrus kommen. 6 Er hält sich auf bei einem Gerber Simon, dessen Haus am Meere liegt.“ 7 Als der Engel, der mit ihm geredet hatte, weggegangen war, rief er zwei

seiner Diener und einen frommen
Soldaten aus seiner Umgebung, 8 er-
zählte ihnen alles und entsandte sie
nach Joppe.

9 Am folgenden Tage, während die-
se auf ihrer Reise sich der Stadt näher-
ten, stieg Petrus auf das Dach, um zu
beten. Es war um die sechste Stunde.
10 Er fühlte Hunger und wünschte zu
essen. Während man ihm etwas zube-
reitete, kam eine Verzückung über
ihn. 11 Er sah den Himmel offen und
ein Behältnis wie ein großes Leintuch
herabkommen, das, an vier Enden ge-
halten, sich auf die Erde herabließ.
12 Darin waren allerlei vierfüßige und
kriechende Tiere der Erde und Vögel
des Himmels. 13 Und eine Stimme rief
ihm zu: „Wohlan, Petrus, schlachte
und iss!“ 14 Petrus erwiderte: „O nein,
Herr! Noch nie habe ich etwas Unhei-
liges und Unreines gegessen.“ 15 Da
rief die Stimme zum zweiten Mal:
„Was Gott für rein erklärt hat, sollst
du nicht unrein nennen.“ 16 Das ge-
schah dreimal. Dann wurde das Be-
hältnis sogleich wieder in den Him-
mel emporgehoben.

17 Während nun Petrus bei sich
überlegte, was das Gesicht, das er ge-
sehen hatte, zu bedeuten habe, siehe,
da hatten die Boten des Kornelius das
Haus des Simon bereits erfragt und
standen am Tore. 18 Sie erkundigten
sich laut rufend, ob Simon mit dem
Beinamen Petrus sich dort aufhalte.
19 Petrus dachte noch immer über das
Gesicht nach. Da sprach der Geist zu
ihm: „Siehe, drei Männer fragen nach
dir. 20 Auf also! Geh hinab und zieh
ohne Bedenken mit ihnen; denn ich
habe sie gesandt.“ 21 Petrus ging also
zu den Männern hinab und sagte: „Ich
bin es, den ihr sucht. Was führt euch
hierher?“ 22 Sie antworteten: „Haupt-
mann Kornelius, ein rechtschaffener
und gottesfürchtiger Mann, der bei
der ganzen jüdischen Bevölkerung
hoch geschätzt wird, hat von einem
heiligen Engel den Auftrag erhalten,
dich in sein Haus holen zu lassen, um
von dir Unterweisung zu empfangen.“
23 Da hieß er sie eintreten und nahm
sie gastfreundlich auf. Am folgenden
Tage machte er sich auf und reiste
mit ihnen. Einige Brüder aus Joppe
begleiteten sie. 24 Tags darauf langte
er in Cäsarea an. Kornelius erwartete
sie und hatte seine Verwandten und
vertrauten Freunde eingeladen. 25 Als
Petrus eintreten wollte, ging ihm Kor-
nelius entgegen, fiel ihm zu Füßen
und huldigte ihm. 26 Petrus aber rich-
tete ihn auf mit den Worten: „Steh auf,
auch ich bin ein Mensch.“ 27 Sich mit
ihm unterhaltend, trat er ein und fand
viele Leute versammelt. 28 Da sprach er
zu ihnen: „Wie ihr wisst, ist es einem
Juden nicht erlaubt, mit einem Heiden
zu verkehren oder ihm zu nahen. Mir
aber hat Gott gezeigt, dass man kei-
nen Menschen unheilig und unrein
nennen darf. 29 Deshalb bin ich auch
ohne Bedenken mitgegangen, als ihr
mich rufen ließet. Nun frage ich. Wa-
rum habt ihr mich rufen lassen?“
30 Kornelius antwortete: „Es ist jetzt
gerade vier Tage her, dass ich um die
neunte Stunde in meinem Hause bete-
te. Da stand plötzlich ein Mann vor
mir in strahlendem Gewand 31 und
sprach: ‚Kornelius, dein Gebet ist er-

hört, und Gott hat deiner Almosen gedacht. 32 Schicke nun nach Joppe und lass Simon mit dem Beinamen Petrus holen. Er hält sich auf im Hause eines Gerbers Simon am Meer.‘ 33 Auf der Stelle sandte ich zu dir, und du hast wohl getan, dass du gekommen bist. Jetzt stehen wir alle vor Gott da, um alles zu hören, was dir vom Herrn aufgetragen ist.“

Rede des Petrus im Hause des Kornelius: 10,34–43

34 Da ergriff Petrus das Wort und sprach: „Nun erkenne ich in Wahrheit, dass Gott nicht auf die Person sieht, 35 vielmehr in jedem Volk ihm wohlgefällig ist, wer ihn fürchtet und recht tut.

36 Er hat sein Wort an die Kinder Israels gesandt und Frieden verkündet durch Jesus Christus. Dieser ist der Herr aller. 37 Ihr wisst, was sich nach der Taufe, die Johannes predigte, 38 im ganzen Judenland, angefangen von Galiläa, zugetragen hat: wie Gott Jesus von Nazaret mit dem Heiligen Geist und mit Wunderkraft gesalbt hat, wie dieser umherzog, Wohltaten spendete und alle heilte, die vom Teufel besessen waren; denn Gott war mit ihm. 39 Wir sind Zeugen von allem, was er im Lande der Juden und in Jerusalem gewirkt hat. Den haben sie ans Kreuz geschlagen und getötet. 40 Aber Gott hat ihn am dritten Tage auferweckt und ihn sichtbar erscheinen lassen, 41 nicht dem ganzen Volke, sondern nur den Zeugen, die Gott vorherbestimmt hatte, uns, die wir nach seiner Auferstehung von den Toten mit ihm gegessen und getrunken haben. 42 Uns hat er aufgetragen, dem Volke zu predigen und zu bezeugen, dass er der von Gott bestimmte Richter der Lebendigen und der Toten ist. 43 Von ihm bezeugen sämtliche Propheten, dass jeder, der an ihn glaubt, durch seinen Namen Vergebung der Sünden erlangt.“

Die Taufe der ersten Heiden: 10,44–48

44 Während Petrus noch redete, fiel der Heilige Geist auf alle herab, die das Wort hörten. 45 Die Gläubigen aus der Beschneidung, die mit Petrus gekommen waren, wunderten sich sehr, dass die Gabe des Heiligen Geistes auch über die Heiden ausgegossen worden war. 46 Denn sie hörten sie in Zungen reden und Gott preisen. Da sprach Petrus: 47 „Könnte wohl jemand denen noch das Wasser der Taufe verweigern, die gleich uns den Heiligen Geist empfingen?“ 48 Und er ordnete an, dass sie im Namen Jesu Christi getauft würden. Darauf baten sie ihn, noch einige Tage bei ihnen zu bleiben.

Verhaftung des Petrus und seine wunderbare Befreiung: 12,1–19

12 1 Um diese Zeit legte König Herodes Hand an einige Mitglieder der Kirche, um ihnen Böses anzutun. 2 Jakobus, den Bruder des Johannes, ließ er mit dem Schwert

hinrichten. 3 Da er bemerkte, dass das
den Juden gefiel, ließ er auch Petrus
festnehmen. Es war in den Tagen der
ungesäuerten Brote. 4 Er ließ ihn er-
greifen, in den Kerker werfen und
durch eine vierfache Wache von je vier
Soldaten bewachen. Nach dem Oster-
fest wollte er ihn dann dem Volke vor-
führen. 5 So wurde Petrus im Kerker
gehalten. Die Kirche aber betete ohne
Unterlass für ihn zu Gott. 6 In der
Nacht, bevor Herodes ihn vorführen
wollte, schlief Petrus, mit zwei Ketten
gefesselt, zwischen zwei Soldaten.
Posten hielten vor der Tür Wache.
7 Und siehe, ein Engel des Herrn trat
heran, und Licht erstrahlte in der Zel-
le. Er stieß Petrus in die Seite, weckte
ihn und sprach: „Steh sogleich auf!“
Da fielen die Ketten von seinen Hän-
den. 8 Der Engel fuhr fort: „Gürte dich
und zieh deine Sandalen an!“ Er tat so.
Weiter gebot er ihm: „Wirf deinen
Mantel um und folge mir!“ 9 Er folgte
ihm und ging hinaus. Er wusste nicht,
dass es Wirklichkeit war, was durch
den Engel geschah, sondern meinte,
ein Traumgesicht zu haben. 10 Sie
schritten an der ersten und zweiten
Wache vorüber und kamen an das ei-
serne Tor, das in die Stadt führte; es
öffnete sich ihnen von selbst. Sie tra-
ten hinaus und gingen eine Gasse wei-
ter. Plötzlich verschwand der Engel
von seiner Seite. 11 Da kam Petrus zu
sich und sagte: „Nun weiß ich wirk-
lich, dass der Herr seinen Engel ge-
sandt und mich der Hand des Herodes
und aller Erwartung des Judenvolkes
entrissen hat.“

12 Als er zu dieser Erkenntnis ge-
kommen war, begab er sich zum Hau-
se der Maria, der Mutter des Johannes
mit dem Beinamen Markus. Dort wa-
ren viele zum Gebet versammelt. 13 Er
klopfte an die Außentüre, und eine
Magd namens Rhode ging hin, um
zu horchen. 14 Als sie die Stimme des
Petrus erkannte, öffnete sie vor Freude
das Tor nicht, sondern lief hinein und
meldete, Petrus stehe vor dem Tor.
15 Jene entgegneten ihr: „Du bist wohl
von Sinnen.“ Doch sie bestand darauf,
es sei so. Da meinten sie: „Es ist sein
Engel.“ 16 Petrus aber fuhr fort zu
klopfen. Nun machten sie auf, sahen
ihn und staunten. 17 Er winkte ihnen
mit der Hand, sich still zu verhalten.
Dann erzählte er ihnen, wie der Herr
ihn aus dem Kerker befreit habe. Er
fügte noch hinzu: „Meldet dies Jako-
bus und den übrigen Brüdern.“ Dann
machte er sich auf und begab sich an
einen andern Ort.

18 Als es Tag wurde, waren die Sol-
daten nicht wenig darüber bestürzt,
was aus Petrus wohl geworden sei.
19 Herodes ließ nach ihm forschen. Da
er ihn nicht fand, stellte er mit den
Wachen ein Verhör an und ließ sie
(zur Hinrichtung) abführen. Hierauf
begab er sich von Judäa nach Cäsarea
hinab und hielt sich dort auf.

Die Predigt des Paulus vor den Juden:
13,16b–43

16b „Ihr Israeliten und ihr Gottesfürch-
tigen, hört zu! 17 Der Gott dieses Vol-
kes Israel hat unsere Väter auserwählt
und sie in der Fremde, im Lande

Ägypten, zu einem großen Volk gemacht. Mit hocherhobenem Arm hat er sie von da herausgeführt 18 und gegen vierzig Jahre in der Wüste umsorgt. 19 Dann vertilgte er sieben Völker im Lande Kanaan und gab ihnen deren Land zum Besitz 20 nach ungefähr vierhundertfünfzig Jahren. Danach bestellte er Richter bis auf den Propheten Samuel. 21 Von da an verlangten sie einen König, und Gott gab ihnen Saul, den Sohn des Kisch, aus dem Stamme Benjamin, auf vierzig Jahre. 22 Nachdem er diesen verworfen hatte, erweckte er ihnen David zum König. Von diesem bezeugte er: ‚Ich habe David, den Sohn des Isai, als einen Mann nach meinem Herzen gefunden, der allen meinen Willen tun wird.‘ 23 Aus seinem Geschlecht ließ Gott seiner Verheißung gemäß für Israel den Heiland hervorgehen, Jesus. 24 Vor dessen Auftreten predigte Johannes dem ganzen Volke Israel die Bußtaufe. 25 Als Johannes seinen Lauf vollendete, erklärte er: ‚Ich bin nicht der, für den ihr mich haltet. Aber siehe, nach mir kommt einer, dem ich nicht wert bin die Schuhe von den Füßen zu lösen.‘

26 Brüder, Söhne aus Abrahams Geschlecht und die Gottesfürchtigen unter euch! An euch erging diese Heilsbotschaft. 27 Denn die Bewohner von Jerusalem und ihre Vorsteher haben diesen nicht erkannt und mit ihrem Richterspruch die Worte des Propheten erfüllt, die jeden Sabbat vorgelesen werden. 28 Obwohl sie keine Todesschuld an ihm fanden, haben sie ihn verurteilt und von Pilatus verlangt, ihn hinzurichten. 29 Nachdem sie alles vollbracht hatten, was über ihn geschrieben steht, nahmen sie ihn vom Holze ab und legten ihn ins Grab. 30 Aber Gott hat ihn von den Toten auferweckt. Viele Tage hindurch erschien er denen, 31 die mit ihm von Galiläa nach Jerusalem hinaufgezogen waren. Diese sind jetzt seine Zeugen vor dem Volk.

32 Und so bringen wir euch die frohe Botschaft: Die Verheißung, die an die Väter erging, 33 diese hat Gott uns, ihren Kindern, erfüllt, indem er Jesus auferweckte. So heißt es im ersten Psalm: ‚Mein Sohn bist du, ich habe heute dich gezeugt.‘ 34 Dass er ihn aber von den Toten auferweckt hat und er nicht der Verwesung anheim fallen soll, hat er so ausgesprochen: ‚Ich will euch die heiligen, unverbrüchlichen (Güter) Davids verleihen.‘ 35 Desgleichen sagt er auch an einer andern Stelle: ‚Du wirst deinen Heiligen die Verwesung nicht schauen lassen.‘ 36 David ist aber entschlafen, nachdem er seine Zeit dem Willen Gottes gedient hatte. Er wurde zu seinen Vätern versammelt und hat die Verwesung geschaut. 37 Der aber, den Gott auferweckt hat, der hat die Verwesung nicht geschaut.

38 Darum sei euch, Brüder, kundgetan, dass durch diesen euch Vergebung der Sünden verkündet wird. 39 Durch ihn wird jeder, der da glaubt, von allem gerechtfertigt, wovon ihr im Gesetze Moses nicht gerechtfertigt werden konntet.

40 Gebt darum acht, dass auf euch das Prophetenwort nicht zutreffe:

41 ‚Seht, ihr Verächter, staunt und
vergeht! Ich vollbringe in euren Tagen
ein Werk, das ihr nicht glaubt, wenn
man es euch erzählt.'"

42 Als sie sich zum Aufbruch an-
schickten, baten (die Leute), dass am
nächsten Sabbat wieder von diesen
Dingen zu ihnen geredet werde.
43 Dann ging die Versammlung aus-
einander. Viele Juden und gottes-
fürchtige Heiden folgten Paulus und
Barnabas. Diese ermahnten und er-
munterten sie, in der Gnade Gottes
zu verharren.

Paulus in Athen: 17,16–21

16 Während Paulus auf sie [seine Be-
gleiter] in Athen wartete, ward er
innerlich tief erregt, als er die Stadt
voller Götzenbilder sah. 17 Er hielt An-
sprachen in der Synagoge an die Juden
und Gottesfürchtigen, aber auch täg-
lich auf dem Markte an jene, die er
dort gerade antraf. 18 Dabei gerieten ei-
nige epikureische und stoische Phi-
losophen mit ihm in Streit. Einige
meinten: „Was will dieser Schwätzer?"
Andere: „Er scheint ein Verkünder
fremder Götter zu sein", weil er Jesus
und die Auferstehung verkündete.

19 Sie nahmen ihn nun, führten ihn
auf den Areopag und fragten: „Dürfen
wir erfahren, was das für eine neue
Lehre ist, die du verkündest? 20 Du
gibst uns ja seltsame Dinge zu hören.
Darum möchten wir gerne wissen,
was es damit auf sich hat." 21 Alle
Athener und die dort ansässigen
Fremden hatten ja für nichts mehr
Zeit, als Neuigkeiten zu erzählen oder
zu hören.

Rede des Paulus vor dem Areopag:
17,22–34

22 So trat denn Paulus in die Mitte des
Areopags und sprach: „Ihr Männer
von Athen, ich finde, dass ihr in jeder
Hinsicht sehr religiös seid; 23 denn als
ich umherging und eure Heiligtümer
betrachtete, fand ich auch einen Altar
mit der Inschrift: Dem unbekannten
Gott. Was ihr da verehrt, ohne es zu
kennen, das verkünde ich euch.

24 Der Gott, der die Welt und alles in
ihr geschaffen hat, der Herr des Him-
mels und der Erde, wohnt nicht in
Tempeln, die von Menschenhand er-
baut sind; 25 auch lässt er sich nicht
von Menschenhand bedienen, als ob
er etwas bedürfe, gibt er doch selber al-
lem Leben, Odem und alles andere.
26 Er hat aus einem Menschen das gan-
ze Menschengeschlecht hervorgehen
lassen, dass es wohne auf der ganzen
Erde, und hat bestimmte Zeiten und
die Grenzen für ihre Wohnsitze fest-
gesetzt. 27 Sie sollten Gott suchen, ob
sie ihn fühlen und finden könnten, ist
er doch nicht fern von einem jeden von
uns. 28 Denn in ihm leben wir, bewegen
wir uns und sind wir. So haben ja auch
einige von euern Dichtern gesagt: ‚Wir
sind von seinem Geschlechte.'

29 Sind wir also von Gottes Ge-
schlecht, so dürfen wir nicht meinen,
die Gottheit sei gleich dem Gold,
Silber oder Stein, einem Gebilde
menschlicher Kunst und Erfindung.

30 Nun hat Gott über die Zeiten der
Unwissenheit hinweggesehen; jetzt
aber lässt er den Menschen kundtun,
dass überall alle sich bekehren sollen.
31 Denn er hat einen Tag bestimmt, an
dem er die Welt in Gerechtigkeit rich-
ten wird durch einen Mann, den er
dazu bestellt und durch die Aufer-
stehung von den Toten bei allen be-
glaubigt hat.“

32 Als sie von der Auferstehung der
Toten hörten, spotteten einige, andere
sagten: „Darüber wollen wir dich ein
anderes Mal fragen.“ 33 So ging Paulus
aus ihrer Mitte hinweg. 34 Einige aber
schlossen sich ihm an und wurden
gläubig; unter ihnen Dionysius, Mit-
glied des Areopags, eine Frau mit
Namen Damaris und noch einige an-
dere.

Die Gefangennahme des Paulus:
21,27–40

27 Als die sieben Tage zu Ende gingen,
erblickten ihn die Juden aus Asia im
Tempel. Sie reizten die ganze Volks-
menge auf, nahmen ihn fest 28 und
schrien: „Israeliten, zu Hilfe! Das ist
der Mensch, der überall vor aller Welt
gegen das Volk, das Gesetz und die
Stätte eifert. Sogar Griechen hat er in
den Tempel geführt und dadurch die-
se heilige Stätte entweiht.“ 29 Sie hat-
ten nämlich vorher Trophimus aus
Ephesus mit ihm zusammen in der
Stadt gesehen und meinten nun, Pau-
lus habe ihn auch mit in den Tempel
genommen.

30 Die ganze Stadt geriet in Auf-
regung, und es entstand ein Volksauf-
lauf. Paulus wurde ergriffen und aus
dem Tempel geschleppt, und sofort
schloss man die Tore. 31 Als sie ihn zu
töten suchten, wurde dem Obersten
der Besatzung gemeldet, ganz Jerusa-
lem sei in Aufruhr. 32 Alsbald eilte die-
ser mit Soldaten und Hauptleuten zu
ihnen hinab. Beim Anblick des Obers-
ten und seiner Soldaten hörten sie auf,
Paulus zu schlagen. 33 Der Oberst trat
hinzu, ließ ihn ergreifen und mit zwei
Ketten fesseln. Er fragte, wer er sei
und was er getan habe. 34 Da schrieen
die einen in der Volksmenge dies, die
andern das. Weil er bei dem Lärm
nichts Sicheres erfahren konnte, ließ
er ihn in die Burg bringen. 35 An der
Treppe angekommen, musste er we-
gen des Ansturmes des Volkes von
den Soldaten getragen werden.
36 Denn die Volksmenge folgte nach
und schrie: „Nieder mit ihm!“

37 Als Paulus eben in die Burg hi-
neingeführt werden sollte, fragte er
den Obersten: „Darf ich ein Wort mit
dir reden?“ Dieser entgegnete: „Du
verstehst Griechisch? 38 Du bist also
nicht der Ägypter, der unlängst einen
Aufstand erregt und viertausend Sika-
rier in die Wüste hinausgeführt hat?“
39 Paulus antwortete: „Ich bin ein Jude
aus Tarsus, Bürger einer nicht unbe-
deutenden Stadt in Zilizien. Ich bitte
dich, erlaube mir, zum Volke reden
zu dürfen.“ 40 Er gestattete es. Paulus
trat auf die Stufen und winkte dem
Volke mit der Hand. Da trat tiefe Stille
ein, und er hielt auf hebräisch folgen-
de Rede:

Verteidigungsrede des Paulus vor den Juden von Jerusalem: 22,1–21

22 1 „Brüder und Väter! Vernehmt, was ich jetzt zur Verteidigung vorbringe!“ 2 Als sie hörten, dass er hebräisch zu ihnen rede, wurden sie noch ruhiger. Er fuhr fort: 3 „Ich bin ein Jude, zu Tarsus in Zilizien geboren, hier in der Stadt erzogen und zu den Füßen Gamaliëls streng nach dem väterlichen Gesetz unterrichtet. Ich war ein Eiferer für Gott, wie ihr alle es noch heute seid. 4 Als solcher verfolgte ich diese Glaubensrichtung bis auf den Tod. Männer und Frauen brachte ich gefesselt ins Gefängnis. 5 Das kann mir der Hohepriester und der ganze Hohe Rat bezeugen. Von ihm erhielt ich auch Briefe an die Brüder in Damaskus und zog dahin, um auch die, die dort waren, gefesselt zur Bestrafung nach Jerusalem zu bringen.

6 Als ich so dahinzog und mich Damaskus näherte, da umstrahlte mich plötzlich zur Mittagszeit vom Himmel her ein helles Licht. 7 Ich fiel zu Boden und hörte eine Stimme, die mir zurief: ‚Saul, Saul, warum verfolgst du mich?‘ 8 Ich fragte: ‚Wer bist du, Herr?‘ Er antwortete mir: ‚Ich bin Jesus der Nazoräer, den du verfolgst.‘ 9 Meine Begleiter sahen zwar das Licht, hörten aber die Stimme, die mit mir redete, nicht. 10 Ich fragte weiter: ‚Herr, was soll ich tun?‘ Der Herr erwiderte mir: ‚Steh auf und geh nach Damaskus, dort wird dir alles gesagt werden, was du tun sollst.‘ 11 Da ich, von jenem Lichtglanz geblendet, nicht sehen konnte, wurde ich von meinen Begleitern an der Hand geführt und gelangte so nach Damaskus.

12 Dort suchte ein gewisser Hananias, ein gesetzestreuer Mann, der bei allen dortigen Juden in bestem Rufe stand, 13 mich auf und sagte zu mir: ‚Bruder Saul, blick auf!‘ In demselben Augenblick konnte ich (ihn) sehen. 14 Er fuhr fort: ‚Der Gott unserer Väter hat dich dazu erwählt, seinen Willen zu erkennen, den Gerechten zu schauen und die Stimme aus seinem Munde zu hören. 15 Du sollst vor allen Menschen bezeugen, was du gesehen und gehört hast. 16 Was zögerst du noch? Steh auf, lass dich taufen und von deinen Sünden reinigen, indem du seinen Namen anrufst.‘

17 Als ich dann nach Jerusalem zurückgekehrt war und im Tempel betete, geriet ich in Verzückung. 18 Ich sah ihn, und er sprach zu mir: ‚Zieh eilends weg von Jerusalem; denn sie werden dein Zeugnis über mich nicht annehmen.‘ 19 Ich entgegnete: ‚Herr, sie wissen doch, dass gerade ich von Synagoge zu Synagoge diejenigen einkerkern und schlagen ließ, die an dich glaubten. 20 Und als das Blut deines Zeugen Stephanus vergossen wurde, stand ich mit Wohlgefallen dabei und verwahrte die Kleider seiner Mörder.‘ 21 Doch er sprach zu mir: ‚Zieh weg, ich will dich in die Ferne zu den Heiden senden.‘“

Paulus, römischer Bürger: 22,22–29

22 Bis dahin hatten sie ihm zugehört. Jetzt aber schrieen sie laut: „Hinweg

von der Erde mit einem solchen Men-
schen! Er darf nicht länger am Leben
bleiben!“ 23 Als sie so schrien, ihre Klei-
der hinwarfen und Staub in die Luft
schleuderten, 24 ließ ihn der Oberst in
die Burg führen mit der Weisung, ihn
unter Geißelhieben zu verhören, um
herauszubringen, warum sie so gegen
ihn tobten. 25 Schon hatte man Paulus
in die Riemen gespannt, als er dem
Hauptmann, der dabeistand, entge-
genhielt: „Ist es euch erlaubt, einen rö-
mischen Bürger, dazu noch ohne
Richterspruch, zu geißeln?“

26 Als der Hauptmann das hörte,
ging er zum Obersten und meldete:
„Was fängst du an? Der Mann dort ist
ein römischer Bürger!“ 27 Da trat der
Oberst heran und fragte ihn: „Sage
mir, bist du ein römischer Bürger?“ –
„Ja“, gab er zur Antwort. 28 Der Oberst
entgegnete: „Ich habe mir dieses Bür-
gerrecht um eine große Summe Gel-
des erworben.“ Paulus erwiderte: „Ich
habe es schon von Geburt an.“ 29 So-
fort ließ man von der beabsichtigten
Folter ab. Der Oberst war voll Furcht,
da er nun wusste, dass er einen römi-
schen Bürger hatte fesseln lassen.

Paulus vor dem Hohen Rat: 22,30 – 23,11

30 Nun wollte er genau erfahren, wel-
che Klage die Juden gegen ihn vor-
zubringen hatten. Darum ließ er ihm
am folgenden Tage die Fesseln abneh-
men und berief die Hohenpriester und
den ganzen Hohen Rat zusammen.
Dann ließ er Paulus hinabführen und
in ihre Mitte stellen.

23 1 Festen Blickes sah Paulus den
Hohen Rat an und sprach: „Ihr
Männer, Brüder, bis auf den heutigen
Tag bin ich mit völlig gutem Gewis-
sen vor Gott gewandelt.“ 2 Da befahl
der Hohepriester Hananias den Um-
stehenden, ihn auf den Mund zu
schlagen. 3 Paulus aber sprach zu ihm:
„Gott wird dich schlagen, du getünch-
te Wand! Du sitzest da, um mich nach
dem Gesetze zu richten, und lässt
mich gegen das Gesetz schlagen.“
4 „Du schmähst den Hohenpriester
Gottes?“ fielen die Umstehenden ein.
5 Paulus entgegnete: „Brüder, ich wuss-
te nicht, dass es der Hohepriester ist.
Es steht ja geschrieben: ‚Den Vorste-
her deines Volkes sollst du nicht
schmähen.‘“

6 Da Paulus wusste, dass der eine
Teil Sadduzäer, der andere Pharisäer
war, rief er in die Versammlung hi-
nein: „Brüder, ich bin ein Pharisäer
und aus einer Pharisäerfamilie. We-
gen der Hoffnung und der Auferste-
hung der Toten stehe ich vor Gericht.“
7 Bei diesen Worten brach zwischen
den Pharisäern und Sadduzäern ein
Streit aus; die Versammlung spaltete
sich. 8 Die Sadduzäer leugnen nämlich
die Auferstehung sowie das Dasein
von Engeln und Geistern, die Pharisä-
er dagegen nehmen beides an. 9 So
entstand ein großes Geschrei. Einige
Schriftgelehrte von der Partei der Pha-
risäer erhoben sich und mischten sich
in den Streit mit den Worten: „Wir
finden an diesem Mann nichts Böses.
Wie, wenn ein Geist oder ein Engel
mit ihm geredet hätte?“ 10 Da jetzt
noch ein heftigerer Zank einsetzte,

befürchtete der Oberst, Paulus möchte von ihnen in Stücke gerissen werden. Deshalb ließ er seine Mannschaft herabkommen, ihn aus ihrer Mitte holen und wieder in die Burg bringen.

11 In der folgenden Nacht erschien ihm der Herr und sprach: „Sei guten Mutes! Wie du in Jerusalem Zeugnis für mich abgelegt hast, so sollst du auch in Rom Zeugnis geben."

Rede des Paulus vor dem König Agrippa:
26,2–23

2 „König Agrippa, ich schätze mich glücklich, dass ich mich heute gegen alle Anklagen der Juden vor dir verteidigen darf, 3 vorzüglich deshalb, weil dir alle jüdischen Gebräuche und Streitfragen bekannt sind. Darum bitte ich dich, mich geduldig anzuhören.

4 Mein Leben von Jugend auf und wie es von Anfang an unter meinem Volk in Jerusalem verfloss, ist allen Juden bekannt. 5 Sie kennen mich von früher her und wissen, wenn sie der Wahrheit Zeugnis geben wollen, dass ich nach der strengsten Richtung unserer Religion als Pharisäer gelebt habe. 6 Und wenn ich jetzt vor Gericht stehe, so ist es wegen der Hoffnung auf die Verheißung, die von Gott an unsere Väter ergangen ist 7 und deren unser Zwölfstämmevolk teilhaftig zu werden hofft dadurch, dass es Gott bei Tag und Nacht unablässig dient. Um dieser Hoffnung willen, o König, werde ich von den Juden angeklagt. 8 Warum wird es bei euch für unglaublich gehalten, dass Gott Tote auferweckt?

9 Einst glaubte auch ich, gegen den Namen Jesu von Nazaret viel Feindseliges verüben zu müssen. 10 Das tat ich denn auch in Jerusalem. Ich verschaffte mir von den Hohenpriestern Vollmacht, ließ viele der Heiligen in den Kerker werfen und stimmte ihrer Hinrichtung bei. 11 In allen Synagogen suchte ich sie oftmals durch Strafen zur Lästerung zu bringen, und in meiner maßlosen Wut verfolgte ich sie sogar bis in die auswärtigen Städte.

12 So zog ich mit Vollmacht und Auftrag der Hohenpriester nach Damaskus. 13 Auf dem Wege dahin sah ich, o König, am Mittag, wie vom Himmel her mich und meine Reisegefährten ein Licht umstrahlte, glänzender als die Sonne. 14 Wir fielen alle zu Boden, und ich vernahm eine Stimme, die auf hebräisch mir zurief: ‚Saul, Saul, warum verfolgst du mich? Es ist schwer für dich, gegen den Stachel auszuschlagen.' 15 ‚Wer bist du, Herr?' fragte ich. Der Herr antwortete: ‚Ich bin Jesus, den du verfolgst. 16 Doch stehe auf und stelle dich auf deine Füße. Denn dazu bin ich dir erschienen, um dich zum Diener und zum Zeugen dessen zu bestellen, was du gesehen hast und was ich dir noch offenbaren werde. 17 Ich werde dich retten vor dem Volk und vor den Heiden, zu denen ich dich sende. 18 Du sollst ihnen die Augen öffnen, dass sie sich aus der Finsternis zum Lichte, aus der Gewalt Satans zu Gott bekehren. So sollen sie durch den Glauben an mich

Verzeihung der Sünden und das Erbe mit den Heiligen erlangen.‘

[19] König Agrippa, danach durfte ich gegen die himmlische Erscheinung nicht ungehorsam sein [20] und predigte zuerst in Damaskus und Jerusalem, dann im ganzen Lande Judäa und weiterhin den Heiden, sie möchten sich bekehren, sich zu Gott wenden und Werke tun, die der Umkehr entsprechen. [21] Deswegen ergriffen mich die Juden im Tempel und versuchten mich zu töten. [22] Aber durch Gottes Beistand stehe ich noch heute da und lege vor Groß und Klein Zeugnis ab. Ich verkünde nichts anderes, als was die Propheten und Mose zum Voraus verkündet haben: [23] der Messias werde leiden, als Erster von den Toten auferstehen und dem Volke wie den Heiden das Licht verkünden.“

Eindruck auf die Hörer: 26,24–32

[24] Als er sich bei der Verteidigung so ereiferte, rief Festus mit lauter Stimme: „Du bist von Sinnen, Paulus; das viele Studieren bringt dich um den gesunden Verstand.“ [25] Paulus entgegnete: „Ich bin nicht von Sinnen, edler Festus; die Worte, die ich rede, sind wahr und vernünftig. [26] Der König, vor dem ich so freimütig rede, weiß ja auch in diesen Dingen Bescheid. Denn ich kann nicht glauben, dass ihm etwas davon unbekannt ist, die Sache hat sich ja nicht in einem entlegenen Winkel zugetragen. [27] König Agrippa, glaubst du den Propheten? Ich weiß, du glaubst.“ [28] Agrippa erwiderte Paulus: „Fast überredest du mich, ein Christ zu werden.“ [29] Paulus erwiderte: „Wollte Gott, dass über kurz oder lang nicht bloß du, sondern alle, die mich heute hören, so würden, wie ich bin, diese Fesseln ausgenommen!“

[30] Da erhoben sich der König, der Statthalter, Berenike und die übrigen Anwesenden. [31] Im Weggehen sprachen sie zueinander: „Der Mann tut nichts, was Tod oder Kerker verdient.“ [32] Agrippa bemerkte zu Festus: „Man könnte den Mann freilassen, wenn er nicht Berufung an den Kaiser eingelegt hätte.“

Der Aufbruch nach Rom: 27,1–12

27 [1] Als unsere Abfahrt nach Italien festgesetzt war, übergab man Paulus mit noch anderen Gefangenen einem Hauptmann von der kaiserlichen Kohorte namens Julius. [2] Wir bestiegen ein adramyttisches Schiff, das die asiatischen Küstenplätze anlaufen sollte, und lichteten die Anker. Bei uns war noch der Mazedonier Aristarch aus Thessalonich. [3] Am folgenden Tag legten wir in Sidon an. Julius, der Paulus gütig behandelte, erlaubte ihm, zu seinen Freunden zu gehen und sich verpflegen zu lassen. [4] Von da fuhren wir ab und segelten dicht an Zypern vorbei, weil wir Gegenwind hatten. [5] Als wir das Meer längs der Küste von Zilizien und Pamphylien durchfahren hatten, kamen wir nach Myra in Lyzien. [6] Dort traf der Hauptmann ein alexandri-

nisches Schiff, das sich auf der Fahrt
nach Italien befand, und hieß uns, es
zu besteigen.

7 Die Fahrt ging mehrere Tage lang-
sam vonstatten, und mit Mühe nur
gelangten wir auf die Höhe von Kni-
dos. Da der Wind uns aus der Bahn
warf, hielten wir auf Kreta zu, nach
Salmone hin. 8 Mühsam fuhren wir
an der Küste entlang und erreichten
eine Bucht, „Kaloi Limenes" genannt,
in der Nähe der Stadt Lasäa.*

9 Unterdessen war geraume Zeit
verstrichen, und die Schifffahrt wurde
bereits gefährlich, denn das Fasten
war schon vorbei. 10 Deshalb warnte
Paulus: „Ihr Männer, ich sehe, dass
die Fahrt nicht nur für die Ladung
und das Schiff, sondern auch für un-
ser Leben Gefahr und großen Schaden
bringen wird." 11 Aber der Hauptmann
glaubte dem Steuermann und dem
Schiffsherrn mehr als den Worten
des Paulus. 12 Da der Hafen zum Über-
wintern nicht günstig war, beschloss
die Mehrzahl weiterzufahren, um wo-
möglich Phönix, einen Hafen auf Kre-
ta, der nach Süd- und Nordwest ge-
schützt ist, zu erreichen und dort zu
überwintern.

Sturm und Schiffbruch: 27,13–44

13 Da ein schwacher Südwind wehte,
glaubten sie, das Vorhaben sicher aus-
führen zu können, lichteten die Anker
und fuhren dicht an der Küste von
Kreta entlang. 14 Aber nach kurzer
Zeit brach von der Insel her ein Wir-
belwind los, der so genannte Euraky-
lon.** 15 Das Schiff wurde mit fort-
gerissen und konnte dem Sturm
nicht standhalten; so gaben wir es
preis und ließen uns dahintreiben.
16 Wir kamen an einer kleinen Insel
namens Kauda vorbei und vermoch-
ten nur mit vieler Mühe das Rettungs-
boot bei uns zu behalten. 17 Man zog
es herauf, brachte Schutzvorrichtun-
gen an, indem man das Schiff mit
Tauen verband. Aus Furcht, in die
Syrte zu geraten, zog man die Segel
ein und ließ sich so dahintreiben.
18 Furchtbar setzte uns der Sturm zu.
19 Deshalb warf man am folgenden
Tag einen Teil der Ladung über Bord,
am dritten Tage schleuderten die Leu-
te eigenhändig auch noch das Schiffs-
gerät hinaus. 20 Mehrere Tage sah man
weder Sonne noch Sterne, und der
Sturm umtobte uns so heftig, dass
der letzte Rest von Hoffnung auf Ret-
tung schwand.

21 Schon lange hatten die Leute
nichts mehr zu sich genommen. Da
trat Paulus unter sie und sprach: „Ihr
Männer, man hätte mir folgen und
nicht von Kreta abfahren sollen; dann
wäre uns dieses Ungemach und dieser
Schaden erspart geblieben. 22 Doch
auch jetzt ermahne ich euch, guten
Mutes zu sein. Denn von euch wird
kein Menschenleben verloren gehen,
nur das Schiff. 23 Denn heute Nacht er-
schien mir ein Engel des Gottes, dem

---

* „Kaloi Limenes": wörtlich „Schönhafen".
** „Eurakylon": übersetzt „Nordoststurm".

ich angehöre und diene, 24 und sprach:
‚Sei ohne Furcht, Paulus! Du musst
vor den Kaiser treten. Siehe, Gott hat
dir alle deine Schiffsgenossen ge-
schenkt.‘ 25 Darum seid guten Mutes,
ihr Männer! Denn ich vertraue auf
Gott, dass es so kommt, wie mir ge-
sagt wurde. 26 Wir müssen jedoch auf
irgendeine Insel auflaufen.“

27 Als wir die vierzehnte Nacht auf
der Adria umhertrieben, glaubten die
Schiffsleute um Mitternacht Land in
der Nähe zu verspüren. 28 Sie warfen
das Senkblei und fanden eine Tiefe
von zwanzig Faden und bald nach
einer neuen Messung eine von fünf-
zehn Faden. 29 Aus Furcht, wir möch-
ten auf Klippen stoßen, warfen sie
vom Hinterdeck vier Anker aus und
sehnten den Anbruch des Tages her-
bei. 30 Die Schiffsleute machten den
Versuch, aus dem Schiffe zu entflie-
hen, und ließen unter dem Vorwand,
sie wollten vom Vorderteil des Schif-
fes Anker auswerfen, das Rettungs-
boot ins Meer hinab. 31 Da erklärte
Paulus dem Hauptmann und den Sol-
daten: „Wenn diese nicht im Schiffe
bleiben, könnt ihr nicht gerettet wer-
den.“ 32 Gleich kappten die Soldaten
die Taue, an denen das Boot hing,
und ließen es ins Meer fallen.

33 Sobald der Morgen dämmerte, er-
munterte Paulus alle, Nahrung zu sich
zu nehmen. „Heute sind es vierzehn
Tage“, sprach er, „dass ihr ohne Nah-
rung verharrt und nichts zu euch
nehmt. 34 Darum ermahne ich euch,
genießt etwas. Das hilft mit zu eurer
Rettung. Keinem von euch wird auch
nur ein Haar vom Haupte verloren ge-
hen.“ 35 Nach diesen Worten nahm er
Brot, dankte Gott vor allen Augen,
brach es und fing an zu essen. 36 Da
fassten alle wieder Mut und nahmen
ebenfalls Nahrung zu sich. 37 Im Gan-
zen waren es zweihundertsechsund-
siebzig Personen auf dem Schiffe.
38 Nachdem sie sich gesättigt hatten,
warfen sie die Getreideladung ins
Meer, um das Schiff zu erleichtern.

39 Als der Tag anbrach, erkannten
sie das Land nicht, bemerkten aber
eine kleine Bucht mit einem flachen
Strande, auf den sie, wenn möglich
das Schiff auflaufen lassen wollten.
40 Sie machten also die Anker frei und
ließen sie ins Meer hinab; zugleich
lösten sie die Riemen von den Steuer-
rudern, stellten das Vordersegel gegen
den Wind und steuerten dem Strande
zu. 41 Als sie dabei auf eine Landzunge
gerieten, ließen sie das Schiff auflau-
fen. Das Vorderteil bohrte sich fest
und blieb unbeweglich; das Hinterteil
wurde durch den Anprall der Wogen
zerschellt.

42 Die Soldaten planten, die Gefan-
genen zu töten, damit keiner durch
Schwimmen entkomme. 43 Allein der
Hauptmann wollte Paulus retten und
verhinderte ihr Vorhaben. Er gab Be-
fehl, die schwimmen könnten, sollten
zuerst hinausspringen und ans Land
zu kommen suchen, 44 die Übrigen
teils auf Planken, teils auf Schiffstrüm-
mern dahin gelangen. So wurden alle
ans Land gerettet.

Aufenthalt in Malta: 28,1–10

28 1 Als wir gerettet waren, erfuh-
ren wir, dass die Insel Malta
hieß. 2 Die Eingeborenen erwiesen
sich uns gegenüber außerordentlich
menschenfreundlich. Wegen des strö-
menden Regens und der Kälte zünde-
ten sie ein Feuer an und holten uns
alle heran. 3 Paulus raffte ein Bündel
Reisig zusammen und warf es in das
Feuer. Da schnellte infolge der Hitze
eine Natter heraus und hing sich an
seine Hand. 4 Sobald die Eingeborenen
das Tier an seiner Hand hängen sa-
hen, sagten sie zueinander: „Dieser
Mensch ist gewiss ein Mörder. Er ist
zwar dem Meere entronnen, aber die
Gerechtigkeit lässt ihn doch nicht am
Leben." 5 Doch er schüttelte das Tier
ins Feuer, ohne Schaden zu nehmen.
6 Die Leute erwarteten, er werde an-
schwellen oder plötzlich tot nieder-
sinken. Lange warteten sie. Als sie sa-
hen, dass ihm kein Leid widerfuhr,
kamen sie zu anderer Ansicht und
meinten, er sei ein Gott.

7 In jener Gegend besaß der angese-
henste Mann der Insel namens Pub-
lius ein Gut. Dieser nahm uns auf
und gewährte uns drei Tage lang lie-
bevolle Gastfreundschaft. 8 Der Vater
des Publius lag gerade an Fieber und
Ruhr krank danieder. Paulus ging zu
ihm hin, betete, legte ihm die Hände
auf und machte ihn gesund. 9 Darauf-
hin kamen auch die anderen Kranken
der Insel herbei und wurden geheilt.
10 Dafür überhäufte man uns mit Eh-
renbezeigungen und versah uns bei
der Abfahrt mit allem Nötigen.

Von Malta nach Rom: 28,11–16

11 Nach drei Monaten fuhren wir wei-
ter mit einem alexandrinischen Schif-
fe, das auf der Insel überwintert hatte.
Es führte das Wappen der Dioskuren.
12 Wir liefen Syrakus an und blieben
dort drei Tage. 13 Von da fuhren wir
der Küste entlang und gelangten nach
Rhegion. Weil tags darauf Südwind
einsetzte, kamen wir in zwei Tagen
nach Puteoli. 14 Daselbst trafen wir
Brüder, die uns bewogen, sieben Tage
bei ihnen zu verbleiben. Dann kamen
wir nach Rom.

15 Die Brüder dort hatten von uns
gehört und gingen uns bis Forum Ap-
pii und Tres-Tabernae entgegen. Als
Paulus sie sah, brach er in Dank gegen
Gott aus und schöpfte neuen Mut.
16 Nach unserer Ankunft in Rom er-
hielt Paulus die Erlaubnis, mit dem
ihm als Wächter beigegebenen Sol-
daten eine eigene Wohnung zu bezie-
hen.

Kontaktaufnahme mit den Juden von Rom: 28,17–22

17 Nach drei Tagen ließ er die führen-
den Juden zu sich bitten. Als sie ver-
sammelt waren, sprach er zu ihnen:
„Ihr Brüder, obwohl ich nichts gegen
mein Volk oder gegen die Vätersitten
getan habe, bin ich doch von Jerusa-
lem aus als Gefangener der Gewalt
der Römer überliefert worden. 18 Die-
se wollten mich nach der Unter-
suchung in Freiheit setzen, da keiner-
lei Vergehen, auf dem der Tod steht,

bei mir vorlag. [19] Da aber die Juden Einspruch erhoben, sah ich mich genötigt, Berufung an den Kaiser einzulegen, jedoch nicht, um gegen mein Volk Klage zu erheben. [20] Deshalb habe ich gebeten, euch sehen und sprechen zu dürfen. Denn um der Hoffnung Israels willen trage ich diese Fesseln.“ [21] Sie erwiderten ihm: „Wir haben weder eine dich betreffende schriftliche Nachricht aus Judäa erhalten noch ist einer von den Brüdern gekommen, der etwas Übles über dich berichtet oder geredet hätte. [22] Doch möchten wir deine Ansicht näher kennen lernen. Denn von dieser Sekte ist nur bekannt, dass sie überall Widerspruch findet.“

Erklärung des Paulus vor den Juden von Rom: 28,23–29

[23] Sie vereinbarten mit ihm einen bestimmten Tag und fanden sich in noch größerer Anzahl in seiner Wohnung ein. Vom frühen Morgen bis zum Abend erläuterte er ihnen anhand vieler Zeugnisse das Reich Gottes und suchte sie, vom Gesetz des Mose und den Propheten ausgehend, für Jesus zu gewinnen. [24] Die einen glaubten seinen Worten, die andern blieben ungläubig. [25] Untereinander uneins, brachen sie auf, wobei Paulus noch das eine Wort sprach: „Treffend hat der Heilige Geist durch den Propheten Jesaja zu euren Vätern gesagt:

[26] ‚Tritt hin vor dieses Volk und sprich: Ihr werdet hören und nicht verstehen, ihr werdet sehen und nicht einsehen.

[27] Denn das Herz dieses Volkes ist verstockt; ihre Ohren sind schwerhörig, ihre Augen verschließen sie, dass sie mit den Augen nicht sehen, mit den Ohren nicht hören, mit den Herzen nicht verstehen noch sich bekehren, und ich sie heile.‘

[28] So sei euch denn kundgetan, dass das Heil Gottes den Heiden gebracht wird. Diese werden ihm Gehör schenken.“ [29] [Und nachdem er dieses gesagt hatte, gingen die Juden, lebhaft untereinander streitend, fort.]

Nachwort: 28,30–31

[30] Er blieb zwei volle Jahre in seiner Mietwohnung und nahm alle auf, die zu ihm kamen. [31] Er verkündete das Reich Gottes und die Lehre über den Herrn Jesus Christus mit allem Freimut ungehindert.

6 *Aus dem Brief an die Römer*

Von Korinth aus, dem Zentrum der Griechenlandmission, schreibt Paulus vermutlich im Jahre 57 den Brief an die Gemeinde in Rom. *Er hat schon lange den Wunsch, nach Rom zu reisen und von dort auch die Mission bis nach Spanien voranzutreiben. Paulus stellt sich als Apostel vor. Und dann entfaltet er das Evangelium Jesu Christi.*

Die Lektüre des Römerbriefes wurde für Martin Luther zum Schlüsselerlebnis. Da hat er neu verstanden, was die Botschaft Jesu ist: dass wir bedingungslos von Gott geliebt sind, dass wir als Sünder allein aus dem Glauben gerechtfertigt sind. Wir müssen unseren Wert nicht mit Leistung beweisen.

Die zentrale Botschaft des Apostels Paulus ist: Christus ist für dich gestorben, weil er dich liebt. Du musst dich selbst nicht richtig machen. Du bist durch die Liebe Jesu Christi schon verwandelt. Die Liebe Christi gilt dir, schon bevor du dich verändert hast. Das ist für Paulus, der ja in seiner Jugend selbst ein genauer Beobachter der jüdischen Gesetze war, die befreiende Erfahrung, die er mit Jesus Christus gemacht hat. Alles, was wir als Christen tun sollen, ist: auf die uns vorausgehende Liebe Gottes, die uns in Jesus Christus erschienen ist, zu antworten. Der Glaube ist nicht ein Für-wahr-Halten, sondern das Vertrauen auf Gott im Blick auf Jesus Christus, der sein Leben für uns gegeben hat. In diesem Vertrauen darf der Christ in dankbarer Freude und innerer Freiheit leben.

Manche Sätze des hl. Paulus kommen uns allzu theoretisch vor. Doch hinter all diesen Sätzen drückt sich eine entscheidende Erfahrung aus, die Erfahrung, dass durch den Tod Jesu Christi am Kreuz unsere Maßstäbe durchgestrichen worden sind. Im Tod Jesu hat uns Gott eine Liebe erwiesen, die alle Sünde umgreift. Jetzt ist die Liebe Gottes „ausgegossen in unsere Herzen durch den Heiligen Geist, der uns gegeben ist" (Röm 5,5). Wir sind frei gegenüber dem Gesetz, frei vom Zwang, uns selbst beweisen zu müssen (7,1–23). Es ist der Heilige Geist, der uns zu Söhnen und Töchtern macht. Wir sind nicht mehr Sklaven, sondern freie Kinder Gottes. Wir haben Hausrecht bei Gott (Kapitel 8). Nichts kann uns mehr trennen von der Liebe Gottes. Das ist die befreiende Botschaft vom Kreuz (8,35 ff.).

Doch Paulus begnügt sich nicht damit, nur die Botschaft von der Erlösung zu verkünden. Wer diese Botschaft gehört und verstanden hat, der legt auch ein neues Verhalten an den Tag. Das schildert er im Kapitel 12. Der Christ soll sich auszeichnen durch brüderliche Liebe, Beharrlichkeit im Gebet, durch Feindesliebe, durch die Bereitschaft zum Frieden mit allen Menschen. „Seid allen Menschen gegenüber auf Gutes bedacht!" (12,17). Die Christen sollen zum Sauerteig des Friedens werden für die ganze Welt.

Anschrift: 1,1–7

1 1 Paulus, Diener Christi Jesu, berufener Apostel, ausgesondert für die Frohbotschaft Gottes,

2 die Er im Voraus durch seine Propheten in heiligen Schriften angekündigt hat,

3 von seinem Sohn, der nach dem Fleisch aus dem Geschlecht Davids hervorgegangen,

4 machtvoll nach dem Geist der Heiligkeit aufgrund der Auferstehung von den Toten als Gottessohn bestimmt ist, von Jesus Christus, unserem Herrn,

5 durch den wir Gnade und Apostelamt empfangen haben, um zur Ehre seines Namens den Glaubensgehorsam unter allen Heiden zu wirken,

6 wozu auch ihr, Berufene Jesu Christi, gehört,

7 an alle Geliebte Gottes in Rom, die berufenen Heiligen. Gnade sei euch und Friede von Gott, unserm Vater, und dem Herrn Jesus Christus.

Abraham, durch seinen Glauben gerechtfertigt: 4,1–8

4 1 Was werden wir nun sagen, dass Abraham, unser Stammvater, dem Fleisch nach gefunden hat? 2 Wenn nämlich Abraham aufgrund von Werken gerechtfertigt wurde, dann hatte er Anlass, sich zu rühmen, aber nicht vor Gott. 3 Denn was sagt die Schrift? „Abraham glaubte Gott, und es wurde ihm zur Gerechtigkeit angerechnet.“ 4 Wer aber Werke tut, dem wird der Lohn nicht aus Gnade angerechnet, sondern nach Schuldigkeit ausgezahlt. 5 Wer aber keine Werke tut, sondern nur an den glaubt, der den Gottlosen gerecht macht, dem wird sein Glaube zur Gerechtigkeit angerechnet. 6 So spricht auch David die Seligpreisung über den Menschen aus, dem Gott Gerechtigkeit ohne Werke anrechnet:

7 „Selig, deren Missetaten vergeben und deren Sünden zugedeckt sind;

8 selig, dem der Herr die Sünde nicht zurechnet!“

Unabhängig von der Beschneidung: 4,9–12

9 Gilt diese Seligpreisung nur den Beschnittenen oder auch den Unbeschnittenen? Denn wir sagen ja: Abraham wurde der Glaube zur Gerechtigkeit angerechnet. 10 Unter welchen Umständen wurde er angerechnet? Als er schon beschnitten war oder als er noch unbeschnitten war? Nicht als er schon beschnitten war, sondern als er noch unbeschnitten war. 11 Er empfing das Zeichen der Beschneidung als Siegel der Glaubensgerechtigkeit, die ihm im Zustand der Unbeschnittenheit zuteil geworden war. Er sollte so der Vater aller werden, die als Unbeschnittene glauben, auf dass auch ihnen die Gerechtigkeit angerechnet würde, 12 und zugleich der Vater der Beschnittenen, die nicht bloß beschnitten sind, sondern auch in den Fußstapfen des Glaubens wandeln, den unser Vater

Abraham schon als Unbeschnittener bewiesen hat.

Der Erbe ist unabhängig vom Gesetz: 4,13–17

13 Denn nicht aufgrund des Gesetzes wurde Abraham oder seinem Samen die Verheißung, dass er Erbe der Welt sein sollte, sondern aufgrund der Glaubensgerechtigkeit. 14 Wenn nämlich nur die Inhaber des Gesetzes Erben wären, dann hätte der Glaube seinen Wert eingebüßt, und die Verheißung wäre hinfällig geworden. 15 Bewirkt doch das Gesetz Zorn; wo aber kein Gesetz ist, da gibt es auch keine Übertretung. 16 Deshalb geschah es aufgrund des Glaubens, damit es aus Gnade geschehe, auf dass die Verheißung allen Nachkommen gesichert sei, nicht nur denen aus dem Gesetz, sondern denen aus dem Glauben Abrahams, der ja der Vater aller ist – 17 wie geschrieben steht: „Zum Vater vieler Völker habe ich dich bestellt“ – vor dem Gott, dem er glaubte, der die Toten lebendig macht und das Nichtseiende ins Dasein ruft.

Der Glaube Abrahams und der Glaube des Christen: 4,18–25

18 Er hat gegen alle Hoffnung hoffend geglaubt, dass er der Vater vieler Völker werde, nach dem Wort: „So wird dein Same sein.“ 19 Ohne im Glauben schwach zu werden, betrachtete er seinen schon erstorbenen Leib – er war nahezu hundert Jahre alt – und auch den erstorbenen Mutterschoß Saras. 20 Er zweifelte nicht ungläubig an der Verheißung Gottes, sondern erwies sich stark im Glauben, indem er Gott die Ehre gab 21 und vollkommen überzeugt war, dass der, der die Verheißung gab, auch die Macht hat, sie zu erfüllen. 22 Darum wurde es ihm auch zur Gerechtigkeit angerechnet.

23 Aber nicht nur seinetwegen steht es geschrieben: „Es wurde ihm angerechnet“, 24 sondern auch unsertwillen, denen es angerechnet werden soll, die wir an den glauben, der unsern Herrn Jesus von den Toten auferweckt hat, 25 der um unserer Übertretungen willen hingeopfert und zu unserer Rechtfertigung auferweckt wurde.

Die Rechtfertigung, Unterpfand des Heils: 5,1–11

5 1 Da wir nun aufgrund des Glaubens gerechtfertigt sind, haben wir Frieden mit Gott durch unsern Herrn Jesus Christus, 2 durch den wir ja im Glauben Zutritt zu dieser Gnade, in der wir stehen, erlangt haben, und wir wollen uns der Hoffnung auf die Gottesherrlichkeit rühmen. 3 Aber nicht nur dies, sondern wir wollen uns auch der Drangsale rühmen, da wir wissen, dass die Drangsal Geduld bewirkt, 4 die Geduld Bewährung, die Bewährung Hoffnung. 5 Die Hoffnung aber lässt nicht zuschanden werden, weil die Liebe Gottes in unsern Herzen ausgegossen ist durch den Heiligen Geist, der uns geschenkt wurde.

6 Ist doch Christus, als wir noch schwach waren, zur bestimmten Zeit für Gottlose gestorben. 7 Sonst stirbt jemand kaum für irgendeinen Gerechten; höchstens entschließt sich einer, für den Wohltäter zu sterben. 8 Gott aber beweist seine Liebe zu uns dadurch, dass Christus für uns starb, als wir noch Sünder waren. 9 Um wie viel mehr werden wir, da wir jetzt durch sein Blut gerechtfertigt worden sind, durch ihn vor dem Zorn gerettet werden. 10 Denn wenn wir, als wir noch Feinde waren, mit Gott durch den Tod seines Sohnes versöhnt wurden, wie viel mehr werden wir als Versöhnte in seinem Leben gerettet werden. 11 Aber nicht nur dies, sondern wir rühmen uns auch Gottes durch unsern Herrn Jesus Christus, durch den wir jetzt die Versöhnung empfangen haben.

Adam und Jesus Christus: 5,12–21

12 Wie durch einen Menschen die Sünde in die Welt gekommen ist und durch die Sünde der Tod und so der Tod auf alle Menschen überging, weil alle gesündigt hatten: 13 Schon vor dem Gesetz gab es zwar Sünde in der Welt, aber die Sünde wird nicht angerechnet, wenn kein Gesetz vorhanden ist. 14 Gleichwohl übte der Tod seine Herrschaft von Adam bis auf Mose auch über solche aus, die nicht entsprechend der Übertretung Adams gesündigt hatten, welcher der Typos des zukünftigen ist.

15 Aber es verhält sich mit der Gnadengabe nicht wie mit dem Fall. Denn wenn durch den Fall des Einen die Vielen starben, so ist in weit höherem Maß die Gnade Gottes und das Gnadengeschenk des einen Menschen Jesus Christus auf die Vielen reichlich übergeströmt. 16 Ebenso entspricht auch nicht die Gabe dem, was aus der Sündentat des Einen folgte. Denn das Gericht aufgrund einer einzigen Sünde führte zur Verdammung, die Gnadengabe aber aufgrund vieler Vergehen führte zur Rechtfertigung. 17 Denn wenn durch den Fall des Einen der Tod zur Herrschaft kam um des Einen willen, so werden in weit höherem Maße die, die den Reichtum der Gnade und des Geschenkes der Gerechtigkeit empfangen, im Leben herrschen durch den Einen, Jesus Christus.

18 Also: wie durch den Fall des Einen über alle Menschen die Verdammung kam, so kommt auch durch die gerechte Tat des Einen über alle Menschen die lebenwirkende Rechtfertigung. 19 Denn wie durch den Ungehorsam des einen Menschen die Vielen zu Sündern gemacht wurden, so werden auch durch den Gehorsam des Einen die Vielen zu Gerechten gemacht.

20 Das Gesetz aber kam noch hinzu, damit die Übertretung sich häufe. Wo aber die Sünde sich gehäuft hatte, ist die Gnade noch überschwänglicher geworden, 21 damit, wie die Sünde ihre Herrschaft durch den Tod geltend machte, so die Gnade kraft der Rechtfertigung zum ewigen Leben herrsche durch Jesus Christus, unsern Herrn.

Der Christ ist vom Gesetz befreit: 7,1–6

7 1 Wisst ihr nicht, Brüder – ich rede zu solchen, die im Gesetz Bescheid wissen –, dass das Gesetz nur so lange Gewalt über einen Menschen hat, als er lebt? 2 So ist eine verheiratete Frau an ihren Mann nur, solange er lebt, durch Gesetz gebunden; wenn der Mann gestorben ist, ist sie von der gesetzlichen Verpflichtung gegen den Mann frei. 3 Darum wird sie bei Lebzeiten des Mannes als Ehebrecherin gelten, wenn sie einem andern Mann zu Eigen wird. Ist der Mann gestorben, dann ist sie von der gesetzlichen Verpflichtung frei, sodass sie keine Ehebrecherin ist, wenn sie einem andern Mann zu Eigen wird. 4 So seid auch ihr, meine Brüder, dem Gesetz gegenüber durch den Leib Christi gestorben, auf dass ihr nun einem andern zu Eigen werdet, nämlich dem, der von den Toten auferweckt wurde, damit wir für Gott Frucht tragen. 5 Denn solange wir noch im Fleische lebten, wirkten die durch das Gesetz erregten sündhaften Leidenschaften in unseren Gliedern, sodass wir Frucht brachten für den Tod. 6 Jetzt aber sind wir vom Gesetz frei geworden dadurch, dass wir dem starben, worin wir gefangen gehalten wurden, sodass wir nun im neuen Wesen des Geistes und nicht mehr im alten Wesen des Buchstabens dienen.

Die Rolle des Gesetzes: 7,7–13

7 Was sollen wir nun sagen? Ist das Gesetz Sünde? Das sei fern! Aber ich hätte die Sünde nicht kennen gelernt, wenn es nicht durch das Gesetz geschehen wäre. Ich wüsste nichts von der Begierde, wenn das Gesetz nicht sagte: „Du sollst nicht begehren!"

8 Nachdem aber die Sünde durch das Gesetz einen Anlass empfangen hatte, hat sie in mir jedwede Begierde geweckt; denn ohne Gesetz wäre die Sünde tot.

9 Ich selbst lebte einst ohne Gesetz; als aber das Gebot kam, lebte die Sünde auf. 10 Ich starb, und es zeigte sich, dass das Gebot, das zum Leben führen sollte, zum Tod gereichte. 11 Denn die Sünde, die durch das Gebot einen Anlass empfangen hatte, hat mich getäuscht und mich eben durch das Gesetz getötet.

12 Das Gesetz ist allerdings heilig, und das Gebot ist heilig und gerecht und gut. 13 So ist also das Gute für mich zur Ursache des Todes geworden? Das sei fern! Vielmehr war es die Sünde. Sie sollte dadurch als Sünde offenbar werden, dass sie mir durch das Gute den Tod bewirkte; es sollte die Sünde durch das Gebot als über die Maßen sündig erwiesen werden.

Der innere Kampf: 7,14–25

14 Wir wissen: Das Gesetz ist geistlich; ich aber bin fleischlich, verkauft unter die Gewalt der Sünde. 15 Was ich tue,

verstehe ich nicht. Denn ich tue nicht, was ich will, sondern was ich hasse, das tue ich. 16 Wenn ich aber das tue, was ich nicht will, dann gebe ich dem Gesetz zu, dass es gut ist. 17 Dann handle aber nicht mehr ich, sondern die in mir wohnende Sünde. 18 Ich weiß, dass in mir, d.h. in meinem Fleisch, das Gute nicht wohnt. Denn das Gute wollen, dazu bin ich bereit, aber nicht, es auszuführen. 19 Ich tue nämlich nicht das Gute, das ich will, vielmehr was ich nicht will, das Böse, das tue ich. 20 Wenn ich aber das tue, was ich nicht will, dann führe nicht mehr ich es aus, sondern die in mir wohnende Sünde.

21 Ich finde also das Gesetz, dass mir, der das Gute will, das Böse liegt. 22 Denn ich habe dem inneren Menschen nach Freude am Gesetz. 23 Aber ich sehe ein anderes Gesetz in meinen Gliedern, das dem Gesetz meines Denkens widerstreitet und mich in dem Gesetz der Sünde, das in meinen Gliedern ist, gefangen hält.

24 Ich unglückseliger Mensch! Wer wird mich von dem Leib dieses Todes befreien? 25 Dank sei Gott durch Jesus Christus, unsern Herrn! So diene also auch ich selbst mit der Vernunft dem Gesetz Gottes, mit dem Fleische aber dem Gesetz der Sünde.

Zur Herrlichkeit bestimmt: 8,18–27

18 Ich schätze, dass die Leiden der gegenwärtigen Zeit in keinem Verhältnis stehen zu der künftigen Herrlichkeit, die sich an uns offenbaren wird. 19 Denn die ungeduldige Sehnsucht der Schöpfung harrt auf das Offenbarwerden der Söhne Gottes. 20 Wurde doch die Schöpfung der Nichtigkeit nicht mit freiem Willen unterworfen, sondern durch den, der sie unterwarf, mit der Hoffnung, 21 dass auch sie, die Schöpfung, von der Knechtschaft der Vergänglichkeit befreit werde zur Freiheit der Herrlichkeit der Kinder Gottes.

22 Wir wissen ja, dass die gesamte Schöpfung bis zur Stunde seufzt und in Wehen liegt. 23 Und nicht nur das, auch wir, die wir die Erstlingsgabe des Geistes besitzen, auch wir seufzen in uns selbst in der Erwartung der Sohnschaft und der Erlösung unseres Leibes. 24 Denn auf Hoffnung sind wir gerettet. Eine Hoffnung aber, die man (schon erfüllt) sieht, ist keine Hoffnung. Was man (schon erfüllt) sieht, braucht man darauf noch zu hoffen? 25 Hoffen wir aber auf das, was wir nicht sehen, so erwarten wir es in Geduld.

26 Ebenso nimmt sich auch der Geist unserer Schwachheit an. Wir wissen ja nicht, um was wir bitten sollen, wie es sich gehört. Da tritt der Geist selbst für uns ein mit unaussprechlichen Seufzern. 27 Der aber die Herzen erforscht, kennt das Trachten des Geistes, dass er nämlich nach Gottes Willen für die Heiligen eintritt.

Der Heilsplan: 8,28–30

28 Wir wissen auch, dass denen, die Gott lieben, alles zum Guten mithilft,

das ist denen, die nach seinem Ratschluss berufen sind. 29 Denn die er vorhererkannte, hat er auch vorherbestimmt, dem Bild seines Sohnes gleichgestaltet zu werden, damit er der Erstgeborene unter vielen Brüdern sei. 30 Die er aber vorherbestimmt hat, hat er auch berufen; die er aber berufen hat, hat er auch gerechtfertigt; und die er gerechtfertigt hat, hat er auch verherrlicht.

Hymnus auf die Liebe Gottes: 8,31–39

31 Was sollen wir nun dazu sagen? Ist Gott für uns, wer ist dann wider uns? 32 Er, der des eigenen Sohnes nicht geschont, sondern ihn für uns alle dahingegeben hat, wie sollte er uns nicht mit ihm alles schenken? 33 Wer wollte gegen Auserwählte Klage erheben? Gott selbst ist es ja, der rechtfertigt. 34 Wer sollte verdammen? Christus Jesus, der gestorben ist, oder mehr noch, der auferweckt wurde, der zur Rechten Gottes ist, er ist es, der für uns eintritt. 35 Wer will uns scheiden von der Liebe Christi? Trübsal oder Bedrängnis oder Verfolgung oder Hunger oder Blöße oder Gefahr oder Schwert?

36 Es steht ja geschrieben: „Um deinetwillen mordet man uns Tag um Tag; wir sind Schlachtschafen gleichgeachtet.“ 37 Aber in all dem obsiegen wir durch den, der uns geliebt hat.

38 Denn ich bin gewiss, dass weder Tod noch Leben, weder Engel noch Herrschaften, weder Gegenwärtiges noch Zukünftiges, noch Mächte, 39 weder Höhe noch Tiefe, noch irgendein anderes Geschöpf uns zu scheiden vermag von der Liebe Gottes, die in Christus Jesus ist, unserem Herrn.

Der geistige Gottesdienst: 12,1–2

12 1 Ich ermahne euch also, Brüder, bei den Erbarmungen Gottes, dass ihr eure Leiber als ein lebendiges, heiliges, Gott wohlgefälliges Opfer darbringt, als euren geistigen Gottesdienst. 2 Passt euch nicht dieser Weltzeit an, sondern gestaltet euch um durch die Erneuerung des Geistes, damit ihr prüft, was der Wille Gottes, das Gute, Wohlgefällige und Vollkommene ist.

Demut und Liebe in der Gemeinschaft: 12,3–13

3 Denn ich sage kraft der Gnade, die mir verliehen worden ist, einem jeden von euch: Er soll nicht höher von sich denken, als er denken darf, vielmehr soll er bescheiden von sich denken, wie Gott einem jeden das Maß des Glaubens zugeteilt hat. 4 Denn wie wir an dem einen Leib viele Glieder haben, aber nicht alle Glieder den gleichen Dienst verrichten, 5 so sind wir viele ein Leib in Christus, einzeln aber sind wir untereinander Glieder, 6 ausgestattet mit Gaben, die je nach der uns verliehenen Gnade verschieden sind. Wer Prophetengabe hat, übe sie aus in Übereinstimmung mit

dem Glauben; 7 wer einen Dienst versieht, bleibe bei diesem Dienst; wer unterweist, widme sich der Unterweisung, 8 wer ermahnt, dem Ermahnen; wer Almosen austeilt, tue es in Einfalt; wer Vorsteher ist, sei es mit Eifer; wer Barmherzigkeit übt, übe sie mit Freude.

9 Die Liebe sei ungeheuchelt. Verabscheut das Böse, hängt dem Guten an. 10 In der Bruderliebe seid einander herzlich zugetan, ein jeder schätze den anderen an Ehre höher ein (als sich selbst). 11 Seid nicht saumselig im Eifer, seid glühenden Geistes, dienet dem Herrn. 12 Seid fröhlich in der Hoffnung, geduldig in der Drangsal, beharrlich im Gebet. 13 Nehmt Anteil an den Nöten der Heiligen, befleißigt euch der Gastfreundschaft.

Liebe gegen alle Menschen, selbst die Feinde: 12,14–21

14 Segnet, die euch verfolgen; segnet und fluchet nicht. 15 Freut euch mit den Fröhlichen, weinet mit den Weinenden. 16 Seid eines Sinnes miteinander, trachtet nicht nach dem Hohen, sondern lasst euch zum Niedrigen herab; haltet euch nicht selbst für klug. 17 Vergeltet niemand Böses mit Bösem; seid vor allen Menschen auf das Gute bedacht. 18 Soweit es möglich ist und es an euch liegt, lebt mit allen Menschen in Frieden. 19 Rächet euch nicht selbst, Geliebte, sondern gebt dem Zorn (Gottes) Raum. Es steht ja geschrieben: „Mein ist die Rache, ich will vergelten, spricht der Herr." 20 Vielmehr, wenn dein Feind hungert, speise ihn, wenn er dürstet, tränke ihn. Denn wenn du dies tust, wirst du feurige Kohlen auf sein Haupt sammeln. 21 Lass dich nicht vom Bösen überwinden, sondern überwinde das Böse durch das Gute.

Das Amt des Apostels: 15,14–21

14 Ich bin, meine Brüder, persönlich fest von euch überzeugt, dass ihr schon selbst voll trefflicher Gesinnung seid, erfüllt von jeglicher Einsicht und durchaus fähig, euch gegenseitig zu ermahnen. 15 Ich habe euch zum Teil etwas kühn geschrieben, um eure Erinnerung aufzufrischen aufgrund der mir von Gott verliehenen Gnade, 16 Diener Christi Jesu für die Heiden zu sein, indem ich priesterlich des Evangeliums Gottes walte, damit die Heiden als Opfergabe wohlgefällig würden, geheiligt im Heiligen Geist.

17 So darf ich mich in Christus Jesus der Sache Gottes rühmen. 18 Denn ich werde mich nicht erkühnen, von etwas zu reden, was nicht Christus durch mich zur Unterwerfung der Heiden (unter das Evangelium) gewirkt hat, in Wort und Werk, 19 in der Kraft von Zeichen und Wundern, in der Kraft des Geistes Gottes. So konnte ich von Jerusalem aus und im Umkreis bis Illyrien die Verkündigung des Evangeliums Christi abschließen. 20 Dabei setze ich meine Ehre darein, nicht dort das Evangelium zu verkündigen, wo Christi Name schon be-

kannt geworden ist, damit ich nicht
auf fremdem Grund baue, 21 sondern
wie geschrieben steht: „Es werden se-
hen, die noch keine Kunde von ihm
erhalten haben, und die noch nicht
gehört haben, werden von ihm erfah-
ren.“

Empfehlungen und Grüße: 16,1–16

16 1 Ich empfehle euch aber unsere
Schwester Phöbe, die im
Dienst der Gemeinde Kenchreä steht,
2 dass ihr sie im Herrn aufnehmt, wie
es sich für Heilige geziemt, und ihr in
jeder Angelegenheit, in der sie etwa
eurer bedarf, beisteht. Denn auch sie
hat vielen beigestanden, auch mir
selbst.

3 Grüßt Priska und Aquila, meine
Mitarbeiter in Christus Jesus, 4 die für
mein Leben ihren eigenen Nacken
dargeboten haben, denen nicht nur
ich zum Dank verpflichtet bin, son-
dern auch alle Gemeinden der Heiden.
5 Grüßt auch die Gemeinde in ihrem
Haus. Grüßt meinen geliebten Epäne-
tus, der die Erstlingsgabe Asiens für
Christus ist. 6 Grüßt Maria, die sich so
viel für euch bemüht hat. 7 Grüßt An-
dronikus und Junias, meine Landsleu-
te und Mitgefangenen, die unter den
Aposteln hoch geschätzt sind und die
schon vor mir in Christus waren.
8 Grüßt meinen im Herrn geliebten
Ampliatus. 9 Grüßt Urbanus, unsern
Mitarbeiter in Christus, und meinen
geliebten Stachys. 10 Grüßt den in
Christus bewährten Apelles; grüßt
die von den Hausgenossen des Aristo-
bul. 11 Grüßt meinen Landsmann He-
rodion; grüßt die von den Hausgenos-
sen des Narzissus. 12 Grüßt Tryphäna
und Tryphosa, die sich im Herrn
mühten; grüßt die geliebte Persis, die
sich viel im Herrn abgemüht hat.
13 Grüßt den im Herrn auserwählten
Rufus, seine Mutter, die auch meine
Mutter war. 14 Grüßt Asynkritus, Phle-
gon, Hermes, Patrobas, Hermas und
die Brüder bei ihnen. 15 Grüßt Philolo-
gus und Julia, Nereus und seine
Schwester und Olympas und alle Hei-
ligen bei ihnen. 16 Grüßt einander mit
heiligem Kuss. Es grüßen euch alle
Gemeinden Christi.

7 Aus dem ersten und zweiten Brief an die Korinther

Die Beziehung des Apostels Paulus zur Gemeinde in Korinth war sehr wechselhaft. In Korinth war Paulus sehr lange. Die Gemeinde wuchs ihm ans Herz. Im ersten Brief antwortet er den Korinthern von Ephesus aus etwa im Jahre 54 auf konkrete Anfragen, die sie hatten. Dann bekamen Gegner des Paulus die Oberhand und untergruben seine Autorität. Paulus besucht die Gemeinde. Doch sein Besuch verläuft sehr unglücklich. Es kommt zum Eklat. Ein Gemeindemitglied tritt in beleidigender Weise gegen Paulus auf. Paulus schreibt den sogenannten „Tränenbrief" und lässt ihn durch Titus der Gemeinde überbringen. Die positive Reaktion auf diesen Brief leitet die Versöhnung mit der Gemeinde wieder ein. Der Verursacher des Eklats wird mit einer Strafe belegt. Die Gemeinde ist wieder bereit, auf Paulus zu hören. Die Geschichte des Paulus mit der Gemeinde von Korinth zeigt, wie die Emotionen zwischen dem Apostel und der Gemeinde hochgehen. Es ist keine heile Welt, in die Paulus hineinschreibt und die er besucht, um sie im Geiste Jesu aufzubauen.

Korinth war im Jahre 146 vor Christus von einem römischen Heer zerstört worden und wurde erst 100 Jahre später wieder besiedelt, und zwar vor allem von römischen Veteranen, von Griechen, Juden und Sklaven. Korinth hatte keinen guten Ruf. Es galt als Zentrum des Dirnenwesens. Die christliche Gemeinde hatte ihren Ursprung in einem judenchristlichen Ehepaar Aquila und Priska. Der Synagogenvorsteher Krispus wurde Christ. Aber die meisten Christen stammten aus dem Heidentum. Es waren alle Schichten vertreten, Vertreter der Oberschicht, Handwerker, Lohnarbeiter und Sklaven. Die Frömmigkeit der Gemeinde war bestimmt von enthusiastischen, überschwänglichen Geisterfahrungen. Vermutlich resultiert diese übertriebene Frömmigkeit aus einer „Verzerrung der paulinischen Freiheitspredigt" (HANS J. KLAUCK). Es war eine Art „Über-Konversion", die die Freiheit zu sehr betonte.

Im Ersten Korintherbrief zeigt uns Paulus nicht nur den Weg christlicher Freiheit. Er nimmt die Schlagwörter der Gnosis auf: „Alles ist erlaubt." Und er bestätigt sie. Aber er relativiert sie. Nicht alles nützt dem Menschen. Nicht alles baut auf. Entscheidend ist, ob unser Verhalten zum Aufbau der Gemeinde beiträgt. Paulus behandelt wichtige Themen. Da ist einmal die Torheit des Kreuzes, die für die Christen der Inbegriff wahrer Weisheit ist (1,18–31). Das christliche Paradox besteht darin, dass Gott gerade das Schwache erwählt hat, um die Mächtigen zu beschämen. Im 9. Kapitel schreibt Paulus über seinen eigenen Dienst als Apostel. Und im 11. Kapitel beschreibt er die urchristliche Feier des Abendmahls. Paulus überliefert uns den ältesten Abendmahlsbericht.

Berühmt ist das Hohelied der Liebe, das Paulus im 13. Kapitel anstimmt. Die Liebe wird hier absolut gesehen. Es ist weder die Liebe zu Gott noch die zu anderen Menschen, sondern die Liebe als innere Kraft, die von Gott kommt, die Gabe des Heiligen Geistes ist und den Menschen verwandelt. Wer in der Liebe ist, der lebt erst wahrhaft. Er verwirklicht, was Jesus uns vorgelebt hat. Und Paulus betont die zentrale Botschaft von der Auferstehung Jesu und von unserer eigenen Auferstehung. Wie Christus von den Toten auferweckt wurde, so werden auch wir auferweckt werden und mit einem neuen himmlischen Leib bekleidet werden (Kapitel 15).

Der Zweiten Korintherbrief *ist sehr persönlich gehalten. Paulus schreibt von seiner Enttäuschung, von seinen inneren und äußeren Bedrängnissen, aber auch von der Gewissheit, dass bei allem Aufgeriebenwerden der innere Mensch erneuert wird (4,16). Die Botschaft, die wir als Christen der Welt zu verkünden haben, ist die Botschaft von der Versöhnung. Die Christen sollen als Sauerteig der Versöhnung wirken. So werden sie dem Geist Jesu gerecht. „Wir bitten an Christi statt: Lasst euch mit Gott versöhnen!" (5,20).*

Aus dem ersten Brief an die Korinther

Weisheit der Welt und christliche Weisheit: 1,17 – 2,9

17 Christus hat mich ja nicht ausgesandt zu taufen, sondern die Heilsbotschaft zu verkünden, und zwar nicht in Weisheitsrede, damit das Kreuz Christi nicht zunichte gemacht werde. 18 Das Wort vom Kreuz ist nämlich denen, die verloren gehen, eine Torheit, uns jedoch, die gerettet werden, eine Gotteskraft. 19 Es steht ja geschrieben: „Vernichten will ich die Weisheit der Weisen und die Klugheit der Klugen beiseite schieben." 20 Wo ist ein Weiser, wo ein Schriftgelehrter, wo ein Wortfechter dieser Welt? Hat Gott nicht die Weisheit der Welt als Torheit erwiesen? 21 Denn da die Welt in der Weisheit Gottes durch ihre Weisheit Gott nicht erkannte, hat Gott es für gut befunden, durch die Torheit der Predigt jene zu retten, die da glauben. 22 Während nämlich die Juden Zeichen fordern und die Griechen Weisheit suchen, 23 predigen wir Christus, den Gekreuzigten, den Juden ein Ärgernis, den Heiden eine Torheit; 24 den Berufenen aber, Juden wie Griechen, (verkünden wir) Christus als Gottes Kraft und Gottes Weisheit. 25 Denn die göttliche Torheit ist weiser als die Menschen, und die göttliche Schwäche ist stärker als die Menschen.

26 Schaut doch nur auf eure Berufung, Brüder! Da sind nicht viele Weise nach dem Fleisch, nicht viele Mächtige, nicht viele Hochgeborene. 27 Nein, was die Welt für töricht hält, hat Gott auserwählt, um die Weisen zu beschämen; was die Welt für schwach hält, hat Gott auserwählt, um das Starke zu beschämen, 28 und was in der Welt ohne Adel dasteht und nichts gilt, was nichts ist, das hat Gott auserwählt, um das, was etwas ist, zunichte zu machen, 29 damit kein Fleisch sich brüste vor Gott. 30 Von ihm aus seid ihr in Christus Jesus, der uns von Gott zur Weisheit gemacht ist, zur Gerechtigkeit, Heiligung und Erlösung. 31 So sollte das Schriftwort Geltung behalten: „Wer sich rühmen will, soll sich im Herrn rühmen."

2 1 Auch ich bin, als ich zu euch kam, Brüder, nicht gekommen, um euch mit überwältigender Beredsamkeit oder Weisheit das Zeugnis Gottes zu verkünden. 2 Ich hatte mir nämlich vorgenommen, unter euch nichts anderes zu kennen als Jesus Christus, und zwar den Gekreuzigten. 3 Zudem bin ich in Schwachheit und Furcht und Zittern unter euch aufgetreten. 4 Mein Wort und meine Verkündigung geschah nicht in gewinnenden Weisheitsworten, sondern im Erweis von Geist und Kraft, 5 damit euer Glaube nicht auf Menschenweisheit beruhe, sondern auf Gottes Kraft.

6 Weisheit aber verkünden wir unter den Vollkommenen, jedoch nicht die Weisheit dieser Welt noch jene der Herrscher dieser Welt, die abgetan werden. 7 Nein, wir verkünden Gottes geheimnisvolle, verborgen gehaltene Weisheit, die Gott vor aller Zeit zu unserer Verherrlichung vorausbe-

stimmt hat – 8 keiner von den Herr-
schern dieser Welt hat sie erkannt;
denn hätten sie sie erkannt, so hätten
sie den Herrn der Herrlichkeit nicht
gekreuzigt –, 9 sondern (wir verkün-
den) wie geschrieben steht: „Was kein
Auge gesehen und kein Ohr gehört
hat und was in keines Menschen Herz
gedrungen ist, alles, was Gott denen
bereitet hat, die ihn lieben."

Folgerungen: 3,18 – 4,13

18 Niemand täusche sich selbst. Wenn
einer unter euch glaubt, weise zu sein
in dieser Welt, so werde er (erst) ein
Tor, um (wirklich) weise zu sein. 19 Ist
doch die Weisheit dieser Welt Torheit
bei Gott. Denn es steht geschrieben:
„Der die Klugen fängt in ihrer Schlau-
heit." 20 Und ferner: „Der Herr kennt
die Überlegungen der Weisen (und
weiß), dass sie nichtig sind." 21 Daher
mache niemand viel Rühmens mit
Menschen; alles gehört ja euch: 22 Pau-
lus sowohl wie Apollos und Kephas,
die Welt, das Leben wie der Tod, die
Gegenwart wie die Zukunft – alles ge-
hört euch, 23 ihr aber gehört Christus,
Christus aber Gott.

4 1 So soll man uns betrachten als
Diener Christi und Verwalter der
Geheimnisse Gottes. 2 Da dem so ist,
verlangt man von jedem Verwalter
nur, dass er treu befunden werde.
3 Doch was mich angeht, so ist es mir
völlig gleichgültig, von euch oder von
einem (andern) menschlichen Ge-
richtstage beurteilt zu werden; ja, ich
beurteile mich nicht einmal selbst.
4 Ich bin mir zwar keiner Schuld be-
wusst, aber damit bin ich noch nicht
gerechtfertigt. Es ist vielmehr der
Herr, der über mich das Urteil fällt.
5 Deshalb urteilt nicht vorzeitig über
etwas, bis der Herr kommt; er wird
auch das im Dunkeln Verborgene ans
Licht bringen und die Absichten der
Herzen offenkundig machen; und
dann wird jedem sein Lob von Gott
zuteil werden.

6 Dies aber, Brüder, habe ich euret-
wegen auf mich und Apollos bezogen,
auf dass ihr an uns die Regel lernet:
„Nicht über das hinaus, was geschrie-
ben steht", damit sich keiner zuguns-
ten des einen auf Kosten des andern
aufblähe. 7 Denn wer gibt dir einen
Vorzug? Und was hast du, das du
nicht empfangen hättest? Hast du es
aber empfangen, was rühmst du dich,
als ob du es nicht empfangen hättest?
8 Wahrlich, ihr seid schon satt, seid
schon reich geworden. Ohne uns seid
ihr zur Königsherrschaft gelangt!
Ach, träfe es nur zu, dass ihr zur Kö-
nigsherrschaft gelangt seid, damit
auch wir mit euch herrschen könnten.
9 Mir will nämlich scheinen, Gott habe
uns Aposteln den letzten Platz ange-
wiesen, wie Menschen, die zum Tod
verurteilt sind. Wir sind ja ein Schau-
spiel für die Welt geworden, für Engel
und Menschen. 10 Wir sind Toren um
Christi willen – ihr seid Kluge in
Christus; wir sind schwach – ihr seid
stark; ihr seid berühmt – wir gelten
nichts. 11 Bis zur Stunde leiden wir
Hunger und Durst, haben nichts an-
zuziehen, werden misshandelt und
haben kein Heim. 12 Wir mühen uns

ab mit unserer eigenen Hände Arbeit. Schmäht man uns, so segnen wir; verfolgt man uns, so dulden wir; 13 beschimpft man uns, so geben wir gute Worte. Wie der Kehricht der Welt sind wir geworden, wie der allgemeine Abschaum bis heute.

Das Vorbild des Apostels: 9,1–27

9 1 Bin ich nicht frei? Bin ich nicht Apostel? Habe ich nicht unsern Herrn Jesus gesehen? Seid nicht ihr mein Werk im Herrn? 2 Wenn ich für andere kein Apostel bin, so bin ich es doch für euch. Seid ihr doch das Siegel meines Apostelamtes im Herrn. 3 Das ist meine Rechtfertigung denen gegenüber, die mich aburteilen. 4 Haben wir keinen Anspruch auf Essen und Trinken? 5 Haben wir keinen Anspruch darauf, eine Schwester als Frau mitzunehmen, wie auch die übrigen Apostel und die Brüder des Herrn und Kephas? 6 Oder haben nur ich und Barnabas allein nicht die Befugnis, das Handwerk aufzugeben? 7 Wer tut jemals Kriegsdienst um eigenen Sold? Wer pflanzt einen Weinberg, ohne von seiner Frucht zu essen? Wer weidet eine Herde, ohne von der Milch der Herde etwas zu genießen?

8 Behaupte ich das etwa nur nach menschlichen Vernunftgründen, oder sagt das nicht auch das Gesetz? 9 Im Gesetz des Mose steht nämlich geschrieben: Du sollst dem Ochsen beim Dreschen keinen Maulkorb vorbinden. Ist es Gott etwa um den Ochsen zu tun? 10 Oder sagt er es hauptsächlich um unseretwillen? Ja, um unseretwillen steht es geschrieben, dass der Pflüger auf Hoffnung pflügen und der Drescher auf Hoffnung (dreschen soll), am Ertrag teilzuhaben. 11 Wenn wir euch den geistlichen Samen ausgestreut haben, will es da viel besagen, wenn wir die irdischen Früchte von euch ernten? 12 Wenn andere Anteil haben am Verfügungsrecht über euch, steht es dann uns nicht noch mehr zu? Wir haben jedoch von diesem Recht keinen Gebrauch gemacht, sondern wir ertragen alles, um nur ja dem Evangelium Christi kein Hindernis zu bereiten. 13 Wisst ihr nicht, dass die, welche die heiligen Handlungen verrichten, von den Einkünften des Heiligtums essen, dass die, welche am Altare ihres Amtes walten, ihren Anteil vom Altare bekommen? 14 So hat der Herr auch verordnet, dass die, welche das Evangelium verkünden, vom Evangelium leben sollen.

15 Ich aber habe keinerlei Gebrauch von diesen Rechtsansprüchen gemacht. Ich schreibe das auch nicht, damit es (künftig) so mit mir gehalten werde; denn lieber will ich sterben als – nein, meinen Ruhm soll mir keiner rauben. 16 Wenn ich nämlich das Evangelium verkünde, so ist das für mich noch kein Grund zum Ruhm; denn das ist mir als Zwang auferlegt. Ein Wehe träfe mich, wenn ich das Evangelium nicht predigte. 17 Tue ich das nämlich aus freien Stücken, so werde ich belohnt. Tue ich es aber unfreiwillig, so ist es nur ein Verwalteramt, das mir übertragen wurde.

18 Worin besteht demnach mein Lohn?
Darin, dass ich als Verkünder des
Evangeliums das Evangelium unent-
geltlich darbiete, um von meinem
Recht, das mir aus dem Evangelium
erwächst, keinen Gebrauch zu ma-
chen.

19 Obgleich ich nämlich unabhän-
gig von allen Menschen war, habe ich
mich doch zum Knecht aller gemacht,
um die Mehrzahl zu gewinnen. 20 So
bin ich den Juden wie ein Jude gewor-
den, um Juden zu gewinnen, den Ge-
setzesleuten bin ich ein Gesetzes-
mann geworden, obschon ich gar
kein Gesetzesmann bin, um die Geset-
zesleute zu gewinnen; 21 den Gesetzlo-
sen ward ich wie ein Gesetzloser, ob-
schon ich vor Gott kein Gesetzloser
bin, vielmehr dem Gesetze Christi ver-
pflichtet, um die Gesetzlosen zu ge-
winnen. 22 Den Schwachen bin ich ein
Schwacher geworden, um die Schwa-
chen zu gewinnen; allen bin ich alles
geworden, um auf jeden Fall etliche zu
retten. 23 Alles tue ich um des Evan-
geliums willen, auf dass ich Mitteil-
haber an ihm werde.

24 Wisst ihr nicht, dass die Läufer in
der Rennbahn zwar alle laufen, dass
aber nur einer den Siegespreis emp-
fängt? Laufet so, dass ihr ihn erringet.
25 Jeder Wettkämpfer aber übt gänzli-
che Enthaltsamkeit; jene tun es, um
einen vergänglichen Kranz zu erlan-
gen, wir aber einen unvergänglichen.
26 So laufe ich denn meinerseits nicht
wie ins Blaue hinein, ich führe den
Faustkampf nicht wie einer, der Luft-
hiebe schlägt; 27 sondern ich zerschla-
ge meinen Leib und mache ihn mir
untertan, damit ich nicht, während
ich andern Heroldsdienste tat, selbst
dastehe wie einer, der die Probe nicht
bestand.

Das Herrenmahl: 11,17–34

17 Die folgende Anordnung treffe ich,
ohne euch zu loben, weil ihr nicht
zur Förderung, sondern zur Schädi-
gung zusammenkommt. 18 Erstens
nämlich höre ich, dass bei euern Ge-
meindeversammlungen Spaltungen
unter euch herrschen, und zum Teil
glaube ich es wirklich. 19 Denn es muss
ja wohl Spaltungen unter euch geben,
damit die Erprobten unter euch er-
kennbar werden. 20 Wenn ihr nun in
der Versammlung euch trefft, so heißt
das nicht das Herrenmahl halten;
21 denn jeder Einzelne nimmt beim Es-
sen seine eigene Mahlzeit vorweg,
und so hungert der eine, während der
andere betrunken ist. 22 Habt ihr denn
keine Häuser zum Essen und Trinken?
Oder verachtet ihr die Gemeinde Got-
tes, und wollt ihr die Unbemittelten
beschämen? Was soll ich euch sagen?
Soll ich euch loben? Hierin lobe ich
euch nicht.

23 Denn ich habe es vom Herrn her
so überkommen, wie ich es euch auch
überliefert habe: Der Herr Jesus nahm
in der Nacht, in der er verraten wurde,
Brot, 24 sagte Dank, brach es und
sprach: Dieses ist mein Leib, (der) für
euch (hingegeben wird). Tut dies zu
meinem Gedächtnis. 25 Ebenso (nahm
er) auch den Kelch nach dem Mahle
und sprach: Dieser Kelch ist der neue

Bund in meinem Blute. Tut dies, sooft
ihr ihn trinket, zu meinem Gedächt-
nis. 26 Denn sooft ihr dieses Brot esset
und den Kelch trinket, verkündet ihr
den Tod des Herrn, bis er wieder-
kommt. 27 Wer also unwürdig das Brot
isst oder den Kelch des Herrn trinkt,
macht sich schuldig am Leib und Blut
des Herrn.

28 Jeder prüfe sich aber selbst und
esse dann von dem Brot und trinke
aus dem Kelch. 29 Denn wer isst und
trinkt, der isst und trinkt sich das Ge-
richt, wenn er den Leib (des Herrn)
nicht unterscheidet. 30 Deshalb gibt es
unter euch so viele Schwache und
Kranke, und gar viele sind entschla-
fen. 31 Wenn wir aber selbst mit uns
ins Gericht gingen, so würden wir
nicht gerichtet. 32 Wenn wir jedoch
vom Herrn gerichtet werden, so wer-
den wir in Zucht genommen, damit
wir nicht mit der Welt verdammt wer-
den.

33 Also, meine Brüder, wenn ihr
zum Mahle zusammenkommt, so
wartet aufeinander. 34 Hat einer Hun-
ger, so soll er daheim essen, damit eu-
re Zusammenkunft nicht ein Strafge-
richt für euch wird. Das Weitere aber
werde ich anordnen, sobald ich kom-
me.

Die Geistesgaben oder Charismen: 12,1–3

12 1 Brüder, was die Geistesgaben
angeht, so will ich euch darü-
ber nicht in Unkenntnis lassen. 2 Als
ihr Heiden waret, wurdet ihr, wie ihr
wisst, zu den stummen Götzen sozu-
sagen fortgerissen, sooft man euch
hinführte. 3 Deshalb erkläre ich euch:
Niemand, der im Geiste Gottes redet,
sagt: „Verflucht sei Jesus!" Und keiner
kann sagen: „Jesus ist der Herr!" außer
im Heiligen Geiste.

Verschiedenheit und Einheit der Charismen: 12,4–11

4 Es gibt aber Verschiedenheiten in
den Gnadengaben, es ist jedoch der
nämliche Geist. 5 Und es gibt Verschie-
denheiten in den Ämtern, doch es ist
derselbe Herr. 6 Und es gibt Verschie-
denheiten in den Wunderkräften,
doch es ist derselbe Gott, der alles in
allen wirkt. 7 Jedem aber wird die Of-
fenbarung des Geistes verliehen zum
(allgemeinen) Nutzen. 8 Dem einen
nämlich wird durch den Geist das
Wort der Weisheit gegeben, einem an-
dern dagegen das Wort der Erkennt-
nis nach demselben Geist, 9 einem an-
dern der Glaube in dem nämlichen
Geist, einem andern wieder Heilungs-
gaben in ein und demselben Geist,
10 wieder einem andern die Gabe,
Wunder zu wirken, einem andern die
Prophetengabe, einem andern Unter-
scheidung der Geister, einem andern
mancherlei Zungenrede, einem an-
dern die Auslegung der Zungenreden.
11 All das aber wirkt der eine und selbe
Geist, indem er jedem nach seiner
Eigenart zuteilt, wie er will.

Vergleich mit dem Leib: 12,12–30

12 Wie nämlich der Leib nur einer ist, jedoch viele Glieder hat, alle Glieder des Leibes aber trotz ihrer Vielheit einen einzigen Leib bilden, so ist es auch mit Christus. 13 Denn in *einem* Geiste sind auch wir alle zu *einem* Leibe getauft worden, ob wir Juden sind oder Griechen, ob Sklaven oder Freie; und wir sind alle mit *einem* Geiste getränkt worden.

14 Besteht doch auch der Leib nicht aus einem Glied, sondern aus vielen. 15 Wenn der Fuß nun spräche: „Weil ich keine Hand bin, gehöre ich nicht zum Leibe“, so gehört er darum doch zum Leibe. 16 Und wenn das Ohr spräche: „Weil ich kein Auge bin, gehöre ich nicht zum Leibe“, so gehört es darum doch zum Leibe. 17 Wäre der ganze Leib Auge, wo bliebe das Gehör? Wäre er ganz Gehör, wo bliebe der Geruchssinn? 18 Nun aber hat Gott die Glieder dem Leibe eingefügt, jedes Einzelne von ihnen so, wie er wollte.

19 Wenn aber das Ganze nur *ein* Glied wäre, wo bliebe dann der Leib? 20 So aber sind zwar viele Glieder da, jedoch nur *ein* Leib. 21 Das Auge kann aber nicht zur Hand sagen: „Ich brauche dich nicht“, ebenso wenig der Kopf zu den Füßen: „Ich brauche euch nicht.“

22 Nein, ganz im Gegenteil, gerade die Glieder des Leibes, die als schwächere gelten, sind notwendig, 23 und die Glieder des Leibes, die wir für weniger geachtet halten, die umgeben wir mit besonderer Ehre, und was an uns unanständig ist, wird mit größerem Anstand behütet; 24 die wohlanständigen Teile brauchen das nicht. Nein, Gott hat bei Zusammensetzung des Leibes dem Minderbeachteten größere Ehre verliehen, 25 damit kein Zwiespalt am Leibe entstünde, sondern die Glieder einträchtig füreinander sorgten. 26 Und wenn *ein* Glied leidet, leiden alle mit; wenn *ein* Glied ausgezeichnet wird, freuen sich alle Glieder mit.

27 Ihr seid nun der Leib Christi, einzeln genommen dessen Glieder. 28 Und zwar hat Gott die einen in der Kirche bestimmt erstens zu Aposteln, zweitens zu Propheten, drittens zu Lehrern; ferner sind da Wunderkräfte, weiter Heilungsgaben, Hilfeleistungen, Leitungsaufgaben, mancherlei Sprachengaben. 29 Sind etwa alle Apostel? Etwa alle Propheten? Etwa alle Lehrer? Besitzen alle Wunderkräfte? 30 Haben alle Heilungsgaben? Reden alle in Sprachen? Legen alle aus?

Rangordnung der Charismen.
Das Hohelied der Liebe: 12,31 – 13,13

31 Strebt indes nach den höheren Gnadengaben! Nun will ich euch noch darüber hinaus einen Weg zeigen.

13 1 Wenn ich mit Menschen-, ja mit Engelszungen rede, habe aber die Liebe nicht, so bin ich ein tönendes Erz und eine gellende Schelle. 2 Und wenn ich die Prophetengabe habe und alle Geheimnisse weiß und alle Erkenntnis besitze und wenn ich allen Glauben habe, sodass ich Berge zu versetzen vermöchte, habe aber die

Liebe nicht, so bin ich nichts. ³Und wenn ich all meine Habe zu Almosen mache und wenn ich meinen Leib hingebe zum Verbrennen, habe aber die Liebe nicht, so nutzt es mir nicht.

⁴Die Liebe ist langmütig, gütig ist die Liebe, die Liebe ist nicht eifersüchtig, sie prahlt nicht, ist nicht aufgeblasen. ⁵Sie handelt nicht taktlos, sie sucht nicht den eigenen Vorteil, sie lässt sich nicht erbittern, sie trägt das Böse nicht nach. ⁶Sie freut sich nicht über das Unrecht, freut sich vielmehr mit an der Wahrheit. ⁷Alles deckt sie zu, alles glaubt sie, alles hofft sie, alles erträgt sie.

⁸Die Liebe hört niemals auf. Prophetengaben – sie verschwinden; Sprachengaben – sie hören auf; Erkenntnis – sie verschwindet. ⁹Denn Stückwerk ist unser Erkennen und Stückwerk unser Prophezeien. ¹⁰Wenn aber das Vollendete kommt, dann wird das Stückwerk abgetan. ¹¹Als ich ein Kind war, redete ich wie ein Kind, dachte wie ein Kind, urteilte wie ein Kind. Seit ich jedoch ein Mann geworden bin, habe ich die kindische Art abgelegt. ¹²Wir sehen nämlich jetzt durch einen Spiegel rätselhaft, dann aber von Angesicht zu Angesicht. Jetzt erkenne ich stückweise, dann aber werde ich ganz erkennen, wie ich auch ganz erkannt worden bin.

¹³Nun aber bleiben Glaube, Hoffnung, Liebe, diese drei; am größten jedoch unter ihnen ist die Liebe.

Die Tatsache der Auferstehung: 15,1–34

15 ¹Brüder, ich tue euch das Evangelium kund, das ich euch verkündet habe, das ihr auch angenommen habt, in dem ihr auch feststeht, ²durch das ihr auch das Heil erlangt, wenn ihr euch an das Wort haltet, wie ich es euch verkündet habe; es müsste denn sein, dass ihr umsonst gläubig geworden wäret.

³An erster Stelle habe ich euch ja überliefert, was ich auch überkommen habe, nämlich: Christus ist für unsere Sünden gestorben nach der Schrift, ⁴er ist begraben worden und am dritten Tage auferweckt worden nach der Schrift, ⁵und er ist dem Kephas erschienen, dann den Zwölfen. ⁶Danach ist er mehr als fünfhundert Brüdern auf einmal erschienen; die meisten von ihnen leben jetzt noch, einige aber sind entschlafen. ⁷Danach ist er dem Jakobus erschienen, dann allen Aposteln. ⁸Zuletzt aber von allen ist er auch mir erschienen, gleichsam der Fehlgeburt.

⁹Bin ich doch der geringste unter den Aposteln, der ich unfähig bin, Apostel zu heißen, weil ich die Kirche Gottes verfolgte. ¹⁰Aber durch Gottes Gnade bin ich, was ich bin, und seine mir geschenkte Gnade ist nicht unwirksam geblieben, sondern ich habe mehr als sie alle geschafft, nicht ich jedoch, sondern die Gnade Gottes mit mir.

¹¹Einerlei nun, ob ich es bin oder jene es sind, so predigen wir, und so seid ihr gläubig geworden.

¹²Wenn aber von Christus verkün-

digt wird, dass er von den Toten auferweckt wurde, wie können dann etliche unter euch behaupten: „Eine Auferstehung der Toten gibt es nicht“? 13 Wenn es keine Auferstehung der Toten gibt, so ist auch Christus nicht auferweckt worden. 14 Ist aber Christus nicht auferweckt worden, so ist damit auch unsere Predigt nichtig, und nichtig ist euer Glaube. 15 Dann aber stehen wir auch als falsche Zeugen Gottes da, weil wir wider Gott Zeugnis dafür abgelegt haben, er habe Christus auferweckt, während er ihn doch nicht auferweckt hat, wenn wirklich keine Toten auferweckt werden. 16 Denn falls keine Toten erweckt werden, so ist auch Christus nicht auferweckt worden. 17 Ist aber Christus nicht erweckt worden, dann ist euer Glaube unsinnig, dann seid ihr noch in euern Sünden. 18 Folglich sind auch die in Christus Entschlafenen verloren. 19 Wenn wir weiter nichts sind als Leute, die nur in diesem Leben ihre Hoffnung auf Christus gesetzt haben, so sind wir die bedauernswertesten unter allen Menschen.

20 Nun aber ist Christus von den Toten erweckt worden als Erstling der Entschlafenen. 21 Denn da der Tod durch einen Menschen (gekommen ist), so auch durch einen Menschen die Auferstehung der Toten. 22 Wie nämlich in Adam alle sterben, so werden in Christus alle lebendig gemacht werden. 23 Ein jeder aber in der für ihn geltenden Reihenfolge: als Erstling Christus, dann die zu Christus gehören bei seiner Ankunft. 24 Danach ist das Ende da, wenn er Gott dem Vater die Königsherrschaft übergibt, nachdem er jede Macht und Gewalt und Kraft vernichtet hat. 25 Denn er muss als König herrschen, bis er alle Feinde unter seine Füße gelegt hat. 26 Als letzter Feind wird der Tod vernichtet: 27 denn „alles hat er unter seine Füße unterworfen“. Wenn er aber erklärt haben wird: „Alles ist unterworfen“, so ist selbstverständlich der ausgenommen, der ihm alles unterworfen hat. 28 Ist aber einmal alles ihm unterworfen, dann wird auch der Sohn selber sich dem unterwerfen, der ihm alles unterworfen hat, damit Gott alles in allem sei.

29 Was wollen denn sonst die tun, die sich für die Toten taufen lassen? Wenn überhaupt keine Toten erweckt werden, wozu lassen sie sich für sie taufen? 30 Wozu auch setzen wir uns Stunde um Stunde Gefahren aus? 31 Tag für Tag sterbe ich, so wahr ihr, Brüder, mein Ruhmestitel seid, den ich in Christus Jesus, unserem Herrn, besitze. 32 Wenn ich nach bloßer Menschenart in Ephesus mit wilden Tieren kämpfte, was bringt es mir für einen Nutzen? Wenn keine Toten erweckt werden, dann „lasst uns essen und trinken, denn morgen sind wir tot“. 33 Täuscht euch nicht! „Schlechter Umgang verdirbt gute Sitten.“ 34 Werdet gründlich nüchtern und sündigt nicht! Einige haben nämlich eine falsche Vorstellung von Gott. Zur Beschämung sage ich es euch.

Die Art und Weise der Auferstehung: 15,35–53

35 „Aber“, wird einer sagen, „wie wer-
den denn die Toten erweckt? Mit was
für einem Leibe kommen sie?“ 36 Du
Tor! Was du säest, wird nicht leben-
dig, wenn es nicht (zuvor) gestorben
ist. 37 Und was du säen magst, du säest
nicht den Leib, der erst entstehen soll,
sondern ein nacktes Samenkorn, zum
Beispiel vom Weizen oder sonst
einem (Gewächs). 38 Gott aber gibt
ihm einen Körper, so wie es ihm ge-
fiel, und zwar einer jeden Samenart
ihren besonderen Körper.

39 Nicht alles Fleisch ist das gleiche
Fleisch, sondern ein anderes ist das
der Menschen, ein anderes das Fleisch
der Landtiere, ein anderes das Fleisch
der Vögel, ein anderes das der Fische.
40 Auch gibt es himmlische Körper
und irdische Körper. Aber andersartig
ist der Glanz der himmlischen und
andersartig derjenige der irdischen.
41 Anders ist der Glanz der Sonne und
anders der Glanz des Mondes und an-
ders der Glanz der Sterne. Ein Stern
ist ja vom andern an Glanz verschie-
den. 42 So verhält es sich auch mit der
Auferstehung der Toten. Gesät wird in
Verweslichkeit, auferweckt in Unver-
weslichkeit. 43 Gesät wird in Unan-
sehnlichkeit, auferweckt in Herrlich-
keit; gesät wird in Schwachheit,
auferweckt in Kraft. 44 Gesät wird ein
sinnenhafter Leib, auferweckt ein
geistiger Leib. So gut es einen sinnen-
haften Leib gibt, gibt es auch einen
geistigen. 45 Steht doch auch geschrie-
ben: „Der erste Mensch Adam wurde
zu einem lebenden Wesen“; der letzte
Adam zu Leben spendendem Geist.
46 Aber nicht das Geistige kommt zu-
erst, sondern das Sinnenhafte, dann
das Geistige. 47 Der erste Mensch ist
aus Erde, ist Staub; der zweite Mensch
stammt aus dem Himmel. 48 Wie der
Erdhafte, so sind auch die Erdhaften,
und wie der Himmlische, so sind auch
die Himmlischen. 49 Und wie wir das
Abbild des Erdhaften trugen, werden
wir auch das Abbild des Himmlischen
tragen.

50 Das aber versichere ich, Brüder:
Fleisch und Blut können das Gottes-
reich nicht erben, noch erbt die
Verweslichkeit die Unverweslichkeit.
51 Siehe, ich sage euch ein Geheimnis:
Wir werden zwar nicht alle entschla-
fen, wohl aber werden wir alle ver-
wandelt werden, 52 und zwar in einem
Nu, in einem Augenblick, beim Schall
der letzten Posaune; die Posaune wird
nämlich erschallen, und die Toten
werden als Unverwesliche auferweckt
werden, und wir werden verwandelt
werden. 53 Es muss nämlich dieses Ver-
wesliche Unverweslichkeit anziehen
und dieses Sterbliche Unsterblichkeit
anziehen.

Aus dem zweiten Brief an die Korinther

Bedrängnisse des Apostelamtes: 4,8–15

8 In allem sind wir bedrängt, aber
nicht erdrückt, im Zweifel, aber nicht
in Verzweiflung, 9 verfolgt, aber nicht
verlassen, zu Boden geworfen, aber

nicht umgebracht. [10]Allzeit tragen wir
das Sterben Jesu an unserem Leibe
umher, damit auch das Leben Jesu an
unserem Leibe offenbar werde.
[11]Ständig nämlich werden wir, wäh-
rend wir am Leben sind, dem Tode
überantwortet um Jesu willen, damit
auch das Leben Jesu sich offenbare an
unserem sterblichen Fleische. [12]Mit-
hin wirkt in uns der Tod, in euch je-
doch das Leben.

[13]Da wir aber denselben Glaubens-
geist besitzen, wie ihn das Schriftwort
bezeugt: „Ich glaubte, darum redete
ich", glauben auch wir; darum reden
wir auch. [14]Wissen wir doch: Der den
Herrn Jesus auferweckt hat, wird auch
uns mit Jesus auferwecken und uns
mit euch vereint hinstellen (vor sein
Angesicht). [15]Denn alles geschieht
um euretwillen, damit die Gnade sich
mehre durch die Zahl (der Begnade-
ten) und so die Danksagung sich stei-
gere zur Ehre Gottes.

Hoffnungen des Apostelamtes:
4,16 – 5,10

[16]Deshalb sind wir nicht verzagt; im
Gegenteil: wenn auch unser äußerer
Mensch aufgerieben wird, so erneuert
sich doch unser innerer von Tag zu
Tag. [17]Denn unsere augenblickliche
geringfügige Trübsal erwirkt uns eine
von Fülle zu Fülle anwachsende, alles
überwiegende ewige Herrlichkeit, [18]da
wir den Blick nicht auf das Sichtbare,
sondern auf das Unsichtbare richten;
denn das Sichtbare ist vergänglich,
das Unsichtbare dagegen ewig.

5 [1]Denn wir wissen, dass, wenn un-
ser irdisches Wohnzelt abgebro-
chen wird, wir einen Bau von Gott
empfangen, ein nicht mit Händen er-
richtetes, ewiges Haus im Himmel.
[2]Und eben darum seufzen wir voll
Sehnsucht danach, unsere vom Him-
mel stammende Behausung (wie ein
Kleid) darüber anzuziehen, [3]da wir
nur dann nicht als nackt erfunden
werden, wenn wir sie wirklich ange-
zogen haben. [4]Denn solange wir noch
in dem Zelte wohnen, seufzen wir
und sind beklommen, weil wir nicht
entkleidet, sondern überkleidet wer-
den möchten, damit das Sterbliche
verschlungen werde vom Leben. [5]Der
uns aber eben dazu ausgerüstet hat, ist
Gott, der uns auch den Geist als An-
geld gegeben hat.

[6]So sind wir denn allzeit frohge-
mut und wissen, dass wir, solange
wir im Leibe weilen, vom Herrn ent-
fernt in der Fremde wohnen. [7]Wir
wandeln im Glauben, nicht im Schau-
en; [8]doch sind wir frohgemut und
möchten lieber aus dem Leib auszie-
hen und daheim sein beim Herrn.
[9]Darum setzen wir auch unsere Ehre
darein, ihm wohl zu gefallen, einerlei,
ob wir in der (himmlischen) Heimat
oder in der (irdischen) Fremde weilen.
[10]Denn wir alle müssen vor dem Rich-
terstuhl Christi offenbar werden, da-
mit ein jeder (seine Vergeltung) emp-
fange für das, was er während des
Lebens im Leibe vollbrachte, sei es
gut oder böse.

Lasst euch versöhnen mit Gott: 5,11–21

11 Da wir also vertraut sind mit der Furcht des Herrn, suchen wir Menschen zu gewinnen, vor Gott aber sind wir offenbar geworden; ich hoffe indes, auch vor eurem Gewissen offenbar geworden zu sein. 12 Wir bringen uns damit nicht schon wieder selber bei euch in Empfehlung, sondern geben euch nur Anlass, euch unser zu rühmen, damit ihr etwas (zu antworten) habet jenen Leuten gegenüber, die sich zwar äußerer Vorzüge rühmen können, aber nicht ihres Herzens. 13 Sind wir von Sinnen gekommen, so geschah es für Gott, sind wir vernünftig, so geschieht es für euch. 14 Denn die Liebe Christi drängt uns, seitdem wir zu folgender Überzeugung kamen: Einer ist für alle gestorben, also sind alle gestorben. 15 Und zwar ist er für alle gestorben, damit die Lebenden nicht mehr für sich selbst leben, sondern für den, der für sie gestorben und auferweckt worden ist. 16 Darum kennen wir von jetzt an niemand mehr dem Fleische nach. Wenn wir auch (ehedem) Christus dem Fleische nach gekannt haben, so kennen wir ihn doch jetzt nicht mehr so.

17 Also: Wenn einer in Christus ist, so ist er ein neues Geschöpf. Das Alte ist vergangen; siehe, Neues ist geworden. 18 Das alles aber kommt von Gott her, der uns mit sich versöhnte durch Christus und uns den Dienst der Versöhnung übertrug. 19 Ja, Gott hat in Christus die Welt mit sich versöhnt; er rechnet ihnen ihre Fehltritte nicht mehr an und hat unter uns das Wort der Versöhnung gestiftet. 20 So sind wir also Botschafter an Christi statt, da ja Gott durch uns Mahnungen ergehen lässt. An Christi statt bitten wir: „Lasst euch versöhnen mit Gott.“ 21 Ihn, der von Sünde nichts wusste, hat er für uns zur Sünde gemacht, damit wir in ihm Gottesgerechtigkeit würden.

Selbstruhm wider Willen: 11,1–31

11 1 Möchtet ihr euch doch ein klein wenig Torheit von mir gefallen lassen. Doch ihr lasst es euch ja von mir gefallen. 2 Ich bin nämlich eifersüchtig auf euch mit Gottes Eifersucht, denn ich habe euch einem einzigen Manne verlobt, um euch als eine reine Jungfrau Christus zuzuführen. 3 Ich fürchte aber, dass, wie die Schlange mit ihrer Arglist Eva betrog, so auch eure Gedanken verdorben und von der Einfalt gegen Christus abgezogen werden. 4 Wenn nämlich irgendwer kommt und einen andern Jesus verkündet, den wir nicht verkündet haben, oder wenn ihr einen andern Geist empfangt, den ihr nicht empfangen habt, oder ein anderes Evangelium, das ihr nicht angenommen habt, so lasst ihr es euch ruhig gefallen. 5 Ich bin nämlich der Ansicht, dass ich in keiner Beziehung hinter den „Überaposteln“ zurückstehe. 6 Wenn ich aber auch in der Rede ein Stümper bin, so bin ich es doch nicht in der Erkenntnis, vielmehr haben wir solche in jeder Hinsicht und in allen Stücken kundgetan unter euch.

7 Oder habe ich eine Sünde begangen, als ich mich erniedrigte, damit ihr erhöht würdet, indem ich euch das Evangelium Gottes unentgeltlich verkündete? 8 Andere Gemeinden habe ich beraubt, indem ich Unterstützung von ihnen annahm, um euch einen Dienst zu erweisen. 9 Und während meines Aufenthaltes bei euch bin ich, auch als ich in Not geriet, niemand zur Last gefallen; denn da haben mir die Brüder, die aus Mazedonien gekommen waren, aus der Not geholfen. Und in jeder Beziehung habe ich mich so eingerichtet, dass ich euch nicht lästig würde, und ich werde mich (auch ferner) so einrichten. 10 So gewiss die Wahrheit Christi in mir wohnt, dieser Ruhm soll mir in den Länderstrichen Achaias nicht geschmälert werden. 11 Warum? Etwa weil ich euch nicht liebe? Gott weiß es!

12 Was ich indes (jetzt) tue, werde ich auch (in Zukunft) tun, um denen den Anlass abzuschneiden, die nach einem Anlass suchen, bei ihrem Rühmen ebenso erfunden zu werden wie auch wir. 13 Die Betreffenden sind nämlich Lügenapostel, Pfuscher in ihrer Arbeit, die sich das Aussehen von Aposteln Christi geben. 14 Und das ist kein Wunder! Gibt sich doch der Satan selber das Aussehen eines Lichtengels. 15 Es ist also nichts Besonderes, wenn auch seine Diener sich das Aussehen von Dienern der Gerechtigkeit geben. Ihr Ende wird ihren Werken entsprechen.

16 Ich sage es noch einmal: Niemand halte mich für einen Toren. Wenn aber doch, gut, dann nehmt mich einmal als Toren an, damit auch ich mich ein wenig rühmen darf. 17 Was ich nun rede, das rede ich nicht nach dem Sinne des Herrn, sondern bei dieser Voraussetzung des Rühmens gleichsam im Unverstand. 18 Da viele sich nach dem Fleische rühmen, so werde auch ich mich rühmen. 19 Ihr ertragt ja gern die Toren, ihr klugen Leute. 20 Ja, ihr ertragt es, wenn man euch knechtet, wenn man euch aussaugt, wenn man euch einfängt, wenn man sich überheblich zeigt, wenn man euch ins Gesicht schlägt. 21 Zu eurer Schande gestehe ich: in diesem Punkt sind wir allerdings schwach gewesen. Womit aber einer prahlt – ich rede im Unverstand –, damit prahle ich ebenfalls. 22 Sie sind Hebräer? Ich auch! Sie sind Israeliten? Ich auch! Sie sind Nachkommen Abrahams? Ich auch! 23 Sie sind Diener Christi? Nun rede ich im Wahnwitz: Ich noch mehr! In Mühen viel mehr, in Gefangenschaften viel mehr, bei Schlägen über die Maßen, in Todesnöten oftmals. 24 Von den Juden bekam ich fünfmal „die vierzig weniger einen“. 25 Dreimal wurde ich gegeißelt, einmal gesteinigt; dreimal erlitt ich Schiffbruch; eine Nacht und einen Tag habe ich in den Meereswogen zugebracht. 26 (Christi Diener bin ich gewesen) auf Wanderungen oftmals, durch Gefahren von Flüssen, durch Gefahren von Räubern, Gefahren vonseiten meines Volkes, Gefahren vonseiten der Heiden, Gefahren in der Stadt, Gefahren in der Steppe, Gefahren auf dem Mee-

re, Gefahren unter falschen Brüdern.
27 In Mühsal und Beschwerde, häufig
in durchwachten Nächten, in Hunger
und Durst, in vielem Fasten, in Kälte
und Blöße. 28 Abgesehen von allem
andern der tägliche Andrang zu mir,
die Sorge um alle Gemeinden! 29 Wer
ist schwach, und ich bin nicht
schwach? Wer erleidet Ärgernis, und
ich fühle nicht brennenden Schmerz?

30 Wenn denn gerühmt sein muss,
so will ich mich meiner Schwachhei-
ten rühmen. 31 Der Gott und Vater des
Herrn Jesus, der gepriesen ist in alle
Ewigkeit, weiß, dass ich nicht lüge.

8 Aus dem Brief an die Galater

Die Galater sind Kelten, die die griechische Kultur angenommen haben. Sie bewohnen die Landschaft im Innern Kleinasiens. Paulus hat sie auf seinen Missionsreisen zweimal besucht.

Im Brief an die Galater geht es um die Frage, wie das Evangelium den Heiden verkündet werden und welche Geltung dabei das jüdische Gesetz haben soll. In die galatischen Gemeinden sind Irrlehrer eingedrungen, die darauf drängen, dass sich alle Christen beschneiden lassen und das jüdische Gesetz sowie zahlreiche Kalendervorschriften befolgen sollen. In diese Situation schreibt Paulus auf seiner dritten Missionsreise zwischen 52 und 57. Er kämpft für die Freiheit, die Christus uns gebracht hat. Die Galater sollen diese Freiheit nicht wieder verkaufen, indem sie sich unter kleinliche Vorschriften stellen.

Paulus gibt den ersten Bericht, den wir über das Apostelkonzil haben. Paulus wurde von den Aposteln zu den Heiden gesandt, um ihnen die Botschaft von Jesus, dem Gekreuzigten und Auferstandenen, zu verkünden. Er handelt also im Auftrag der Apostel (2,1–10). Auch im Galaterbrief begründet Paulus die Rechtfertigung aus dem Glauben. Daher war dieser Brief für Martin Luther genauso wichtig wie der Römerbrief. Im 3. Kapitel zeigt uns Paulus, dass die Herkunft aus dem Judentum oder Heidentum relativ ist. „Es gibt nicht mehr Juden und Griechen, nicht Sklaven und Freie, nicht Mann und Frau; denn ihr alle seid einer in Christus Jesus" (3,28).

In Christus werden wir neue Menschen. Unsere Vergangenheit ist nicht mehr wichtig. In Christus werden wir zu einer neuen Gemeinschaft zusammengeformt. Doch die Gemeinschaft wird nur gelingen, wenn einer des andern Last trägt: „So werdet ihr das Gesetz Christi erfüllen" (6,2).

Paulus beschreibt im Galaterbrief das Geheimnis christlicher Existenz. Wir sind Söhne und Töchter Gottes. Wir sind durch Christus aus der Knechtschaft befreit. Nichts soll Macht über uns gewinnen. Und Paulus zeigt uns den spirituellen Weg, den wir Christen gehen sollen. Er erinnert uns daran, dass wir aus dem Heiligen Geist leben, dass der Geist Gottes die eigentliche Grundlage unserer christlichen Existenz ist. So sollen wir aus dem Geist Gottes leben. Wer aus dem Geist Gottes lebt, bei dem werden auch die Früchte des Geistes sichtbar. „Die Frucht des Geistes aber ist Liebe, Freude, Friede, Langmut, Freundlichkeit, Güte, Treue, Sanftmut und Selbstbeherrschung" (5,22f.). Damit gibt uns Paulus wichtige Kriterien in die Hand, was wahrhaft christlich ist. Immer wenn unsere Spiritualität Enge und Angst ausstrahlt, wenn sie hart wird und selbstgerecht, dann entspricht sie nicht mehr dem Geist Jesu.

Die Gemeinde von Jerusalem: 2,1–10

2 1 Vierzehn Jahre danach reiste ich wieder mit Barnabas nach Jerusalem hinauf, auch Titus nahm ich mit. 2 Und zwar reiste ich aufgrund einer Offenbarung. Und ich legte ihnen das Evangelium vor, das ich unter den Heiden verkünde, namentlich aber den maßgebenden Männern, damit ich nicht etwa ins Leere hineinlaufe oder schon gelaufen sei. 3 Allein nicht einmal mein Begleiter Titus, der doch ein Grieche war, wurde gezwungen, sich beschneiden zu lassen. 4 (Auch nicht) mit Rücksicht auf die eingeschlichenen falschen Brüder, die sich eingedrängt hatten, um unsere Freiheit, die wir in Christus Jesus haben, zu belauern, damit sie uns versklaven könnten. 5 Diesen Leuten machten wir keine Zugeständnisse – auch nicht einen Augenblick –, damit die Wahrheit des Evangeliums euch erhalten bliebe. 6 Von den maßgebenden Männern aber – welcherlei Leute sie auch immer waren, ist mir gleichgültig, Gott sieht nicht auf das Ansehen der Person –, die maßgebenden Männer also haben mir nichts aufgelegt, 7 im Gegenteil: Sie sahen, dass ich mit der Heilsbotschaft für die Unbeschnittenen betraut bin wie Petrus mit der für die Beschnittenen. 8 Denn der mit Petrus wirksam war zum Apostolat für die Beschnittenen, war es auch mit mir für die Heiden. 9 Und sie erkannten die mir zuteil gewordene Gnade, Jakobus und Kephas und Johannes, die als Säulen gelten, und gaben mir und Barnabas den Handschlag der Gemeinschaft, wir sollten für die Heiden, sie aber für die Beschnittenen predigen. 10 Nur sollten wir der Armen gedenken, und gerade dies zu tun, war ich auch eifrig bestrebt.

Die Rechtfertigung durch den Glauben: 3,1–9

3 1 O ihr unverständigen Galater! Wer hat euch behext? Euch, vor deren Augen doch Jesus Christus als Gekreuzigter hingestellt wurde! 2 Das eine möchte ich von euch wissen: Empfinget ihr den Geist aus Gesetzeswerken oder aus Glaubensgehorsam? 3 Seid ihr wirklich so unverständig? Habt im Geist begonnen und wollt nun im Fleische enden? 4 So Großes habt ihr umsonst erfahren? Ja wirklich: umsonst! 5 Also – der euch den Geist gibt und Wunder unter euch wirkt, tut er es aufgrund von Gesetzeswerken oder aufgrund von Glaubensgehorsam?

6 So „hat auch Abraham Gott geglaubt, und es wurde ihm zur Gerechtigkeit angerechnet". 7 Versteht also: die aus dem Glauben, die sind Söhne Abrahams. 8 Indem nun die Schrift im Voraus erkannte, dass Gott die Heiden aus dem Glauben heraus rechtfertige, verkündigte sie von vornherein dem Abraham die Frohe Botschaft: „In dir sollen alle Heiden gesegnet sein." 9 Daher werden mit dem gläubigen Abraham die aus dem Glauben gesegnet werden.

Der Fluch des Gesetzes: 3,10–14

10 Denn alle, die in Gesetzeswerken aufgehen, stehen unter Fluch; steht doch geschrieben: „Verflucht ist jeder, der nicht beharrlich alles tut, was im Buche des Gesetzes geschrieben steht.“ 11 Dass aber durch das Gesetz niemand bei Gott gerechtfertigt wird, ist daraus ersichtlich, dass es heißt: „Der Gerechte wird aus dem Glauben leben.“ 12 Das Gesetz hingegen stammt nicht aus dem Glauben, heißt es doch: „Wer dieses tut, wird daraus leben.“ 13 Christus hat uns von dem Fluche des Gesetzes losgekauft, indem er für uns zum Fluche ward; steht doch geschrieben: „Verflucht ist jeder, der am Holze hängt.“ 14 So sollte zu den Heiden der Segen Abrahams kommen, in Christus Jesus, so sollten wir die Verheißung des Geistes durch den Glauben empfangen.

Das Gesetz hat die Verheißung nicht aufgehoben: 3,15–18

15 Brüder, ich rede nach Menschenart. Schon eines Menschen rechtskräftig gewordenes Testament kann niemand umstoßen oder ihm eine neue Klausel anhängen. 16 Nun sind aber die Verheißungen dem Abraham und seinem Samen zugesagt worden. Es heißt nicht: und den Samen, als ob es sich um eine Mehrzahl handelte, sondern im Hinblick auf einen einzigen: und „deinem Samen“, das ist Christus. 17 Damit will ich sagen: Ein von Gott früher rechtskräftig gemachtes Testament kann das nach vierhundertdreißig Jahren entstandene Gesetz nicht außer Geltung setzen, sodass es die Verheißung unwirksam machte. 18 Denn wenn aus dem Gesetze das Erbe käme, dann käme es nicht mehr aus der Verheißung. Dem Abraham hat Gott aber durch die Verheißung Gnade geschenkt.

Die vorläufige Rolle des Gesetzes: 3,19–22

19 Was soll nun das Gesetz? Um der Übertretungen willen ist es hinzugefügt worden, bis der Nachkomme käme, dem die Verheißung gilt; angeordnet ist es durch Engel, gebracht ist es durch eines Mittlers Hand. 20 Der Mittler aber gehört nicht einer Partei an, Gott hingegen ist einer. 21 Steht also das Gesetz gegen die Verheißungen Gottes? Keineswegs! Denn nur wenn ein Gesetz gegeben worden wäre, das Leben spenden könnte, würde die Gerechtigkeit tatsächlich aus dem Gesetze kommen. 22 Allein die Schrift hat alles der Sünde verfallen erklärt, damit die Verheißung aufgrund des Glaubens an Christus denen, die glauben, zuteil werde.

Das Kommen des Glaubens: 3,23–29

23 Bevor aber der Glaube kam, wurden wir unter dem Gesetz verschlossen in Gewahrsam gehalten für den Glauben, der später geoffenbart werden sollte. 24 So ist das Gesetz unser Zuchtmeister auf Christus hin geworden, damit wir aus dem Glauben gerecht-

fertigt würden. [25]Seitdem nun aber
der Glaube gekommen ist, stehen wir
nicht mehr unter dem Zuchtmeister.
[26]Ihr seid also alle Kinder Gottes
durch den Glauben in Christus Jesus.
[27]Denn ihr alle, die ihr auf Christus
getauft seid, habt Christus angezogen.
[28]Da gibt es nicht mehr Juden und
Griechen, Sklaven und Freie, Mann
und Frau. Denn ihr alle seid einer in
Christus Jesus. [29]Folglich: Wenn ihr
Christus angehört, so seid ihr Abra-
hams Nachkommenschaft, Erben
nach der Verheißung.

Die christliche Freiheit: 5,1–12

5 [1]Zur Freiheit hat Christus uns be-
freit; so steht denn fest und lasst
euch nicht wieder in das Joch der
Knechtschaft spannen. [2]Seht, ich,
Paulus, sage euch: Wenn ihr euch be-
schneiden lasst, wird Christus euch
nichts nützen. [3]Ich versichere noch
einmal jedem Menschen, der sich be-
schneiden lässt: er ist verpflichtet, das
ganze Gesetz zu halten. [4]Geschieden
seid ihr von Christus, die ihr im Ge-
setz die Rechtfertigung sucht, aus der
Gnade seid ihr herausgefallen. [5]Denn
wir erwarten im Geiste aufgrund des
Glaubens die erhoffte Rechtfertigung.
[6]In Christus Jesus hat nämlich weder
die Beschneidung noch das Unbe-
schnittensein irgendwelche Kraft,
sondern der Glaube, der durch die Lie-
be wirksam ist.

[7]Ihr waret so schön im Lauf. Wer
hat euch gehindert, der Wahrheit zu
folgen? [8]Die Umstimmung ging nicht
von dem aus, der euch berufen hat.
[9]Ein wenig Sauerteig durchsäuert den
ganzen Teig. [10]Ich habe das Vertrauen
zu euch, dass ihr, vereint im Herrn,
nicht anders gesinnt sein werdet. Aber
der, der euch verwirrt, wird das Ver-
dammungsurteil tragen müssen, wer
es auch sei. [11]Was jedoch mich be-
trifft, Brüder: Wenn ich angeblich
noch die Beschneidung predige, wa-
rum werde ich da noch verfolgt?
Dann ist ja das Ärgernis des Kreuzes
aus der Welt geschafft. [12]Möchten sich
doch die, die euch nicht in Ruhe las-
sen, sogar verschneiden lassen.

Freiheit und Liebe: 5,13–26

[13]Gewiss, zur Freiheit seid ihr berufen,
Brüder! Nur macht die Freiheit nicht
zum Stützpunkt des Fleischestriebes,
dient vielmehr einander in Liebe.
[14]Denn das ganze Gesetz ist in dem
einen Wort erfüllt, nämlich: „Du
sollst deinen Nächsten lieben wie dich
selbst.“ [15]Wenn ihr euch freilich ei-
nander beißt und fresst, dann seht
zu, dass ihr nicht voneinander auf-
gefressen werdet.

[16]Also ich sage: Wandelt im Geiste,
dann werdet ihr das Begehren des
Fleisches nicht befriedigen. [17]Denn
das Fleisch begehrt wider den Geist
und der Geist wider das Fleisch; beide
liegen im Streit miteinander, damit
ihr nicht das tut, was ihr eigentlich
wollt. [18]Lasst ihr euch aber vom Geis-
te leiten, so steht ihr nicht unter
einem Gesetze. [19]Offenkundig sind
die Werke des Fleisches, nämlich Un-

zucht, Unlauterkeit, Ausschweifung,
20 Götzendienst, Zauberei, Feind-
schaft, Zank, Eifersucht, Zorn, Hader,
Zwistigkeiten, Parteiungen, 21 Neid,
[Mord], Trunkenheit, Schlemmerei
und dergleichen. Von diesen Dingen
sage ich im Voraus, was ich auch frü-
her schon gesprochen habe: die sol-
ches tun, werden das Reich Gottes
nicht erben. 22 Die Frucht des Geistes
aber ist: Liebe, Freude, Friede, Lang-
mut, Milde, Güte, Treue, 23 Sanftmut,
Enthaltsamkeit; hinsichtlich dieser
Dinge gibt es kein Gesetz. 24 Die, wel-
che Jesus Christus zugehören, haben
das Fleisch mit seinen Leidenschaften
und Gelüsten gekreuzigt.

25 Wenn wir nun durch den Geist
das Leben haben, so wollen wir auch
im Geiste wandeln. 26 Wir wollen
nicht prahlen und einander herausfor-
dern, nicht einander beneiden.

Mahnungen zur brüderlichen Liebe und zum Eifer im Guten: 6,1–10

6 1 Brüder, wenn auch einer auf
einem Fehltritt betroffen wird, so
bringt ihr ihn als Geistmenschen im
Geiste der Sanftmut wieder auf den
rechten Weg; gib dabei acht auf dich
selbst, dass nicht auch du in Ver-
suchung kommst. 2 Einer trage des an-
dern Last und erfüllet so das Gesetz
Christi. 3 Denn wenn einer glaubt, et-
was zu sein, obschon er nichts ist, so
betrügt er sich selbst. 4 Jeder prüfe sein
eigenes Tun und mag dann seinen
Ruhm für sich allein behalten und
nicht zum anderen hintragen, 5 denn
jeder muss sein eigenes Bündel tragen.

6 Wer im Worte Unterricht erhält,
soll seinem Lehrer Anteil an allen Gü-
tern geben.

7 Täuschet euch nicht; Gott lässt
seiner nicht spotten, denn was ein
Mensch sät, das wird er auch ernten.
8 Wer auf sein Fleisch sät, der wird aus
dem Fleisch Verderben ernten; wer
aber auf den Geist sät, wird aus dem
Geiste ewiges Leben ernten. 9 Wir wol-
len also nicht müde werden, Gutes zu
tun. Denn zur bestimmten Zeit wer-
den wir ernten, wenn wir nicht ver-
sagen. 10 Wohlan denn! Solange wir
Zeit haben, wollen wir das Gute tun
an allen, hauptsächlich aber an den
Glaubensgenossen.

9 *Aus dem Brief an die Epheser*

Der Epheserbrief *gehört zu den „theologisch bedeutsamsten Schriften des Neuen Testaments“* (Franz Mussner). *Er entfaltet vor allem eine bisher unbekannte Theologie der Kirche. Der Stil und die theologische Argumentation sind anders als in den Paulusbriefen. Daher nehmen die Exegeten an, dass der Brief von einem anderen Autor geschrieben wurde, und zwar erst zwischen 80 und 100, also wesentlich später als die Paulusbriefe.*

Er könnte durchaus in Ephesus entstanden sein, einer bedeutenden Großstadt, die ein Schmelztiegel für die verschiedenen religiösen Strömungen war. Vom reichen Angebot an neuen Religionen und Mysterienkulten war die Gemeinde von Ephesus nicht unberührt. Die Gemeinde bestand mehrheitlich aus ehemaligen Heiden. Ihnen versucht der Autor das Heil Gottes zu verkünden, das uns in Jesus Christus erschienen ist und das der Kirche als Gemeinschaft anvertraut ist.

In Jesus Christus sind die Christen von Anbeginn der Welt an von Gott erwählt worden. Und sie sind in Christus reich gesegnet. Durch Christus haben sie den Heiligen Geist empfangen als ersten „Anteil des Erbes, das wir erhalten sollen, der Erlösung, durch die wir Gottes Eigentum werden“ (1,14). Christus hat am Kreuz Juden und Heiden miteinander versöhnt. Doch die Versöhnung durch Jesus Christus erfordert nun ein neues Verhalten, damit die Christen verwirklichen, was sie durch Jesus Christus geworden sind (4,1–16). In Christus sind wir Licht geworden. Das Licht Christi möchte aber auch in unserem Verhalten für diese Welt aufleuchten (5,8–20).

Trotz der in Christus geschehenen Erlösung bleibt der Christ in dieser Welt angefochten. Er soll die geistliche Waffenrüstung anlegen. Es ist ein eigenartiger Text, mit dem der Epheserbrief schließt. Der Christ kämpft gegen „die Fürsten und Gewalten, gegen die Beherrscher dieser finsteren Welt, gegen die bösen Geister des himmlischen Bereichs“ (6,12). Der Autor des Epheserbriefes greift hier Bilder auf, die damals weit verbreitet waren. Uns sagen diese fremden Bilder, dass die Auseinandersetzung um das Heil und um das wahre Leben im Geist Jesu bis in die Tiefen des Unbewussten reicht.

Es genügt nicht, sich nur willensmäßig nach Gott auszurichten. Jesus, der hinabstieg, um die Gefangenen zu erbeuten (4,8 f.), soll auch in die Tiefen unseres Unbewussten hinabsteigen, um dort alles, was unsere Freiheit und unsere Würde bedroht, zu besiegen. Christliches Leben ist auch Kampf. Bei allem Vorrang der Gnade gelingt die Menschwerdung nur, wenn der Mensch mit dem ringt, was ihn davon abhalten möchte, das Bild zu leben, das Gott sich von ihm gemacht hat.

Anschrift: 1,1–2

1 1 Paulus, Apostel Christi Jesu
durch den Willen Gottes, an die
Heiligen und Gläubigen in Christus
Jesus, 2 Gnade sei mit euch und Friede
von Gott, unserem Vater, und dem
Herrn Jesus Christus.

Der göttliche Heilsplan: 1,3–14

3 Gepriesen sei der Gott und Vater un-
seres Herrn Jesus Christus, der uns
mit jeglicher Art von geistlichem Se-
gen in den Himmeln gesegnet hat in
Christus.

4 Denn in ihm hat er uns aus-
erwählt vor Grundlegung der Welt,
auf dass wir heilig seien vor seinem
Angesicht und makellos. In Liebe

5 hat er uns durch Jesus Christus
dazu vorausbestimmt, zur Sohnschaft
hin zu ihm nach dem Wohlgefallen
seines Willens,

6 zum Lobe der Herrlichkeit seiner
Gnade, mit der er uns in dem Gelieb-
ten begnadet hat.

7 In ihm haben wir die Erlösung
durch sein Blut, die Vergebung der
Übertretungen nach dem Reichtum
seiner Gnade, 8 die er reichlich über
uns ergoss durch Mitteilung jeglicher
Weisheit und Einsicht.

9 Denn er tat uns kund das Geheim-
nis seines Willens, so wie es ihm ge-
fiel, so wie er es sich vorgenommen
hatte in ihm,

10 zur Verwirklichung (des Heilspla-
nes in) der Fülle der Zeiten, nämlich
das All in Christus wieder unter ein
Haupt zu fassen, das Himmlische und
das Irdische.

11 Ja, in ihm sind wir auch zu Erben
eingesetzt worden, die wir im Voraus
auserwählt wurden nach dem Vorsatz
dessen, der alles nach dem Entscheid
seines Willens wirkt.

12 Wir sollten zum Lobpreis seiner
Herrlichkeit dienen, wir, die wir schon
vorher unsere Hoffnung auf Christus
gesetzt haben.

13 In ihm seid auch ihr, nachdem ihr
das Wort der Wahrheit, die Heilsbot-
schaft eurer Erlösung, vernommen
und gläubig aufgenommen habt, in
ihm (sage ich, seid ihr) mit dem Heili-
gen Geiste der Verheißung besiegelt
worden.

14 Er ist das Angeld unseres Erbes
zur Erlösung (seines) Eigentums,
zum Lobpreis seiner Herrlichkeit.

Mahnung zur Einheit: 4,1–16

4 1 So ermahne ich euch denn, ich,
der Gefangene im Herrn: Wandelt
würdig der Berufung, die an euch er-
gangen ist, 2 in aller Demut und Sanft-
mut, in Langmut, einander in Liebe
ertragend, 3 eifrig bemüht, die Einheit
des Geistes zu bewahren durch das
Band des Friedens. 4 *Ein* Leib und *ein*
Geist, wie ihr auch bei eurer Berufung
zu *einer* Hoffnung berufen worden
seid. 5 *Ein* Herr, *ein* Glaube, *eine* Taufe,
6 *ein* Gott und Vater aller, der da ist
über allen und durch alle und in allen.

7 Einem jeden von uns aber wurde
die Gnade verliehen nach dem Maße,
wie Christus sie ihm zuteilte. 8 Des-

halb heißt es: „Er stieg hinauf zur Höhe und erbeutete Gefangene und gab den Menschen Geschenke."

9 Das „er stieg hinauf", was besagt es anders, als dass er auch hinabstieg zu den Niederungen der Erde? 10 Er, der hinabstieg, ist derselbe, der hinaufstieg über alle Himmel, um das All zu erfüllen. 11 Er ist es auch, der die einen „gab" als Apostel, andere als Propheten, andere als Evangelisten, andere als Hirten und Lehrer, 12 um die Heiligen heranzubilden zur Ausführung ihres Dienstes, zum Aufbau des Leibes Christi, 13 bis wir alle hingelangen zur Einheit des Glaubens und der Erkenntnis des Sohnes Gottes, zur vollen Mannesreife, zum Altersmaß der Fülle Christi.

14 Denn wir sollen nicht mehr unmündige Kinder sein, hin- und hergeschaukelt und umhergetrieben von jedem Wind der Lehre durch das Trugspiel der Menschen, durch Arglist im Dienste des Irrtums; 15 nein, die Wahrheit sollen wir in Liebe sagen und das All zu dem hinwachsen lassen, der das Haupt ist, zu Christus. 16 Von ihm aus wird der ganze Leib zusammengefügt und fest zusammengehalten durch jedes einzelne Gelenk, das da einen Dienst zu verrichten hat je nach der Kraft, die jedem einzelnen Teil zugemessen ist, und so geht das Wachstum des Leibes vor sich, bis er sich selbst auferbaut hat in Liebe.

Das neue Leben in Christus: 4,17 – 5,20

17 So sage ich denn und beschwöre euch im Herrn: Wandelt nicht mehr so, wie die Heiden wandeln in ihrem verkehrten Sinn. 18 Sie sind in ihrem Denken verfinstert, dem Leben Gottes entfremdet, weil Unwissenheit in ihnen herrscht, weil ihr Herz verstockt ist. 19 Abgestumpft, haben sie sich der Ausschweifung ergeben, um jede Art von Unreinheit zu verüben aus Habsucht. 20 Ihr aber habt so etwas nicht von Christus gelernt. 21 Ihr habt doch von ihm gehört und seid in ihm belehrt worden, wie in Jesus Wahrheit ist: 22 Ablegen sollt ihr den alten Menschen eures früheren Lebens, denn er richtet sich seiner trügerischen Lüste wegen zugrunde. 23 Erneuert euch vielmehr durch den Geist eures Denkens, 24 und zieht den neuen Menschen an, der nach Gott geschaffen ist in wahrhafter Gerechtigkeit und Heiligkeit.

25 Legt darum die Lüge ab und redet die Wahrheit, ein jeder zu seinem Nächsten; denn wir sind Glieder untereinander. 26 Wenn ihr zürnt, so sündigt nicht. Die Sonne soll nicht untergehen über eurem Zorn, 27 und gebt dem Teufel keinen Raum. 28 Der Dieb soll nicht mehr stehlen, vielmehr arbeiten und mit seinen Händen das Gut erwerben, damit er imstande ist, den Notleidenden mitzugeben. 29 Kein hässliches Wort komme aus eurem Munde, sondern nur ein gutes, das erbaut, wo es Not tut, damit es den Hörern Segen bringt. 30 Und betrübet nicht den heiligen Geist Gottes, mit dem ihr für den Tag der Erlösung besiegelt seid. 31 Fern von euch sei alle Art von Bitterkeit, Zorn, Wut, Geschrei und Lästerung samt aller Bos-

heit. 32 Seid vielmehr gegeneinander
gütig und barmherzig, einer verzeihe
dem andern, wie auch Gott euch in
Christus verziehen hat.

5 1 Werdet also Nachahmer Gottes
als geliebte Kinder, 2 und wandelt
in der Liebe, wie auch Christus euch
geliebt und sich für uns dahingegeben
hat als Gabe und Opfer, Gott zum lieb-
lichen Wohlgeruch. 3 Unzucht aber
und jegliche Unlauterkeit oder Hab-
sucht soll unter euch nicht einmal ge-
nannt werden, wie es sich für Heilige
geziemt, 4 ebenso wenig gemeines und
albernes und zweideutiges Geschwätz,
das sich nicht schickt, sondern viel-
mehr Danksagung. 5 Denn das sollt
ihr wissen und euch merken: Kein Un-
züchtiger oder Unreiner oder Hab-
süchtiger – das ist ein Götzendiener –
hat ein Erbteil im Reiche Christi und
Gottes. 6 Niemand täusche euch mit
leeren Worten; denn um solcher Dinge
willen kommt der Zorn Gottes über
die Söhne des Ungehorsams. 7 Werdet
also nicht ihre Genossen. 8 Einst waret
ihr Finsternis, jetzt aber seid ihr Licht
im Herrn; wandelt als Kinder des Lich-
tes. 9 Die Frucht des Lichtes besteht
nämlich in lauter Güte und Gerechtig-
keit und Wahrheit. 10 Prüfet, ob etwas
dem Herrn wohlgefällig ist, 11 und ha-
bet nichts gemein mit den unfrucht-
baren Werken der Finsternis, bringt
sie vielmehr ans Licht. 12 Denn was
von jenen im Geheimen getrieben
wird, das (nur) zu nennen ist eine
Schande. 13 Alles aber, was ans Licht
gebracht wird, wird vom Licht erhellt;
denn alles, was erhellt wird, ist Licht.
14 Deshalb heißt es: „Wach auf, du
Schläfer, steh auf von den Toten, und
Christus wird dir aufleuchten."

15 So sehet denn genau zu, wie ihr
wandelt, nicht wie Toren, sondern
wie Weise. 16 Kauft die Zeit aus, denn
die Tage sind böse. 17 Seid darum nicht
unverständig, sondern lernet verste-
hen, was der Wille des Herrn ist. 18 Be-
rauscht euch auch nicht mit Wein, das
führt zur Liederlichkeit, werdet viel-
mehr des Geistes voll. 19 Sprecht ei-
nander in Psalmen, Hymnen und
geistlichen Liedern zu; singet und ju-
belt dem Herrn in euren Herzen.
20 Sagt allezeit dem Gott und Vater
Dank für alles im Namen unseres
Herrn Jesus Christus.

Der geistliche Kampf: 6,10–20

10 Endlich: Werdet stark im Herrn und
in der Kraft seiner Stärke. 11 Legt die
Waffenrüstung Gottes an, auf dass
ihr standhalten könnt gegen die Rän-
ke des Teufels. 12 Denn unser Kampf
geht nicht gegen Blut und Fleisch,
sondern gegen die Mächte, gegen die
Gewalten, gegen die Weltbeherrscher
dieser Finsternis, gegen die bösen
Geister in den Himmelshöhen. 13 Da-
rum greift zur Waffenrüstung Gottes,
damit ihr am bösen Tage Widerstand
leisten und, wenn ihr alles überwun-
den habt, bestehen könnt.

14 So tretet denn an: eure Hüften
umgürtet mit der Wahrheit, angetan
mit dem Panzer der Gerechtigkeit,
15 die Füße beschuht mit der Bereit-
schaft für das Evangelium des Frie-
dens.

16 Zu alledem ergreift den Schild
des Glaubens, mit dem ihr alle feuri-
gen Pfeile des Bösen löschen könnt.
17 Nehmt auch den Helm des Heiles
und das Schwert des Geistes, das ist
das Wort Gottes.

18 (Lebt) in ständigem Gebet und
Flehen; betet allezeit im Geiste, und
seid dafür wachsam in aller Ausdauer
und Fürbitte für alle Heiligen 19 und
auch für mich, dass mir das (rechte)
Wort gegeben werde, sooft ich mei-
nen Mund auftue, um mit Freimut
das Geheimnis der Heilsbotschaft zu
verkünden, 20 für das ich ein Gesand-
ter in Fesseln bin, damit ich in ihm
den Freimut habe, zu reden, wie ich
reden muss.

10 Aus dem Brief an die Philipper

Auf seiner zweiten Missionsreise gründete Paulus um das Jahr 49 die Gemeinde von Philippi als erste christliche Gemeinde in Europa. Die Gemeinde war Paulus besonders ans Herz gewachsen. Nur von ihr ließ er sich finanziell unterstützen. Philippi wurde von römischen Veteranen bewohnt, aber auch von Juden und Griechen. Paulus machte in dieser Gemeinde seine erste unliebsame Erfahrung mit der römischen Staatsgewalt. Jetzt sitzt er in Ephesus im Gefängnis und schreibt den Philippern, einmal um über sich und seinen inneren Zustand zu informieren, zum andern, um gegen Irrlehrer vorzugehen, die sich auch in Philippi eingeschlichen haben. Der Brief ist wohl um das Jahr 56 geschrieben.

Paulus spricht in diesem Brief sehr persönlich von sich. Er schreibt, wie er um des Evangeliums willen ins Gefängnis geworfen wurde. Da die Statthalter große Vollmacht hatten, war nicht klar, ob Paulus auf Rettung hoffen konnte oder ob er mit dem gewaltsamen Tod rechnen musste. In dieser Ungewissheit schreibt er von dem, was ihn trägt. Er fühlt sich selbst in dieser äußersten Gefahr innerlich frei und ruhig. „Denn für mich ist Christus das Leben und Sterben Gewinn" (1,21).

Welche Erfahrung steckt hinter so einem wuchtigen Satz? Offensichtlich hat Paulus Christus als solch zentrale Wende in seinem Leben erfahren, dass ihm durch ihn ein neues Leben geschenkt wurde. Leben heißt nun für ihn: Christus. In der Gemeinschaft mit Christus erfährt er wahres Leben. Ob er nun leben oder sterben soll, ist ihm gleichgültig. Davon hängt sein innerer Friede nicht ab. Ja, er sehnt sich sogar nach dem Tod. Denn er weiß, dass er bei Christus sein wird. Aber er ist auch bereit, für Christus so lange zu arbeiten, wie Er es will.

Im 2. Kapitel zitiert Paulus den berühmten Christushymnus. Paulus hat den Hymnus sicher vorgefunden. Vielleicht wurde das Lied in der Liturgie gesungen. Paulus stellt das Lied als Beispiel für uns dar. „Seid untereinander so gesinnt, wie es dem Leben in Christus entspricht" (2,5). In diesem Hymnus ist die ganze christliche Theologie zusammengefasst. Christus existiert schon vor aller Schöpfung bei Gott und in Gott. Doch er entäußert sich für uns und nimmt Sklavengestalt an. Er stirbt für uns. Aber er wird von Gott erhöht. Es wird ihm ein Name gegeben, der über allen Namen ist. Jesus wird mit göttlicher Herrlichkeit und Macht bekleidet und in die Herrschaft über alle Welt eingesetzt.

Im 3. Kapitel beschreibt Paulus nochmals seinen spirituellen Weg. Nach der Wende, die er durch die Begegnung mit Christus erfahren hat, ist ihm nun der alte Weg, sich durch Leistung selbst gerecht zu machen, zum Unrat geworden. Ihm liegt nicht mehr an dem, was er nach außen hin repräsentiert. Ihm geht es nur noch darum, in Christus zu sein. Er lässt seine Vergangenheit mit ihren bedrückenden Lebensmustern los, um sich auszustrecken nach Jesus Christus, damit Christus ihn ergreife und verwandle. Diese Verwandlung wird erst im Tod ihren Abschluss finden. Dort wird Christus unseren armseligen Leib verwandeln „in die Gestalt seines verherrlichten Leibes, in der Kraft, mit der er sich alles unterwerfen kann" (3,21).

Paulus wendet sich gegen alle Irrlehrer, die diese christliche Botschaft verfälschen. Für ihn ist diese Botschaft so befreiend, dass er mit aller Schärfe gegen Verfälschungen kämpft. Es geht ihm nicht um Rechthaberei, sondern darum, dass das Wesen des christlichen Glaubens deutlich bleibt: die Befreiung von allem Leistungsdruck, sich selbst gerecht machen zu müssen.

Anschrift: 1,1–2

1 1 Paulus und Timotheus, Knechte Christi Jesu, an alle Heiligen in Christus Jesus, die in Philippi sind, mit den Vorstehern und Helfern. 2 Gnade sei mit euch und Friede von Gott, unserem Vater, und dem Herrn Jesus Christus.

Dank und Bitte: 1,3–11

3 Ich danke meinem Gott, sooft ich an euch denke, 4 und bete allezeit in jedem meiner Gebete mit Freude für euch alle 5 wegen eurer Anteilnahme am Evangelium vom ersten Tage an bis jetzt. 6 Eben darum bin ich voll Zuversicht, dass er, der das gute Werk in euch begonnen hat, es auch vollenden wird bis zum Tage Christi Jesu. 7 Ist es doch recht und billig für mich, diese Gesinnung für euch alle zu hegen, weil ich euch im Herzen trage, euch, die ihr während meiner Gefangenschaft ebenso wie bei der Verteidigung und Bekräftigung des Evangeliums allesamt Mitgenossen meiner Gnade seid. 8 Denn Gott ist mein Zeuge, wie ich mich im Herzen Christi Jesu nach euch allen sehne. 9 Und dahin geht mein Gebet: Eure Liebe möge mehr und mehr wachsen an Erkenntnis und allem Verständnis, 10 damit ihr zu prüfen versteht, worauf es ankommt, auf dass ihr lauter und makellos seid für den Tag Christi, 11 erfüllt mit der Frucht der Gerechtigkeit durch Jesus Christus, Gott zur Ehre und zum Lobe.

Persönliche Lage des Apostels: 1,12–26

12 Brüder, ich will euch wissen lassen, dass meine Lage eher zu einem Fortschritt des Evangeliums geführt hat. 13 Im ganzen Prätorium und bei allen übrigen ist es nämlich offenbar geworden, dass ich um Christi willen Fesseln trage. 14 Und die Mehrzahl der Brüder im Herrn wurde durch meine Fesseln ermutigt, mit wachsender Unerschrockenheit das Wort zu verkünden. 15 Einige allerdings verkünden Christus aus Neid und Streitsucht, andere dagegen in guter Absicht; 16 die einen aus Liebe, weil sie wissen, dass ich zur Verteidigung des Evangeliums bestellt bin, 17 die andern aber verkünden Christus aus Streitsucht, nicht aus reiner Absicht, weil sie meinen, so mir in meinen Fesseln noch Kummer bereiten zu können. 18 Was macht es schon aus? Wird doch in jedem Falle, zum Schein oder in Wahrheit, Christus verkündet; und darüber freue ich mich. Aber auch künftig werde ich mich freuen. 19 Denn ich weiß, dass mir dies zum Heil ausgehen wird, dank eurer Fürbitte und dem Beistand des Geistes Jesu Christi. 20 So ist meine Erwartung und Hoffnung, dass ich in nichts zuschanden werde, sondern, wie immer, so erwarte ich auch jetzt in aller Zuversicht, dass Christus an meinem Leibe verherrlicht werden wird, sei es durch Leben, sei es durch Tod. 21 Denn für mich ist das Leben Christus und das Sterben Gewinn. 22 Gilt es aber, weiterzuleben im Fleische, so bedeutet mir das ein fruchtreiches Schaffen, und so weiß ich

nicht, was ich vorziehen soll. 23 Es zieht mich nach beiden Seiten hin. Ich habe das Verlangen, aufzubrechen und mit Christus zu sein; denn das wäre weitaus das Bessere; 24 das Verweilen im Fleisch aber ist notwendiger um euretwillen. 25 Und im Vertrauen darauf bin ich gewiss, dass ich noch bleibe und verweile unter euch allen zu eurem Fortschritt und zu eurer Freude im Glauben, 26 damit euer Ruhm in Christus Jesus wachse an mir, weil ich wieder zu euch komme.

Die Einheit in der Demut bewahren: 2,1–11

2 1 Wenn ihr nun etwas gebt auf eine Ermahnung in Christus, auf einen liebevollen Zuspruch, auf Geistesgemeinschaft, auf herzliche Liebe und Mitgefühl, 2 dann macht meine Freude dadurch voll, dass ihr einig seid, indem ihr die gleiche Liebe hegt und einmütig auf dasselbe bedacht seid. 3 Nichts geschehe aus Streitsucht oder eitler Ruhmsucht, vielmehr achte in Demut jeder den andern höher als sich selbst. 4 Jeder sei nicht nur auf das Eigene bedacht, sondern auch auf das der andern. 5 Solche Gesinnung habt untereinander, wie sie auch in Christus Jesus war.

6 Er, der in Gottesgestalt war, erachtete das Gottgleichsein nicht als Beutestück;

7 sondern er entäußerte sich selbst, nahm Knechtsgestalt an und ward den Menschen gleich. In seiner äußeren Erscheinung als ein Mensch erfunden, 8 erniedrigte er sich selbst und wurde gehorsam bis zum Tode, bis zum Tod am Kreuz.

9 Darum hat Gott ihn erhöht und ihm den Namen gegeben, der über alle Namen ist,

10 auf dass im Namen Jesu sich jedes Knie beuge im Himmel, auf der Erde und unter der Erde

11 und jede Zunge zur Ehre Gottes des Vaters bekenne: Jesus Christus ist der Herr.

Der wahre christliche Heilsweg: 3,1 – 4,1

3 1 Im Übrigen, meine Brüder, freut euch im Herrn … Mir macht es nichts aus, euch dasselbe (nochmals) zu schreiben, euch aber dient es zur Festigung. 2 Gebt acht auf die Hunde! Gebt acht auf die Pfuscher! Gebt acht auf die (Männer der) Zerschneidung! 3 Denn die Beschneidung sind wir, die wir im Geist Gottes anbeten, unsern Ruhm in Christus Jesus haben und unser Vertrauen nicht auf das Fleisch setzen. 4 Ich könnte wahrhaftig auch auf das Fleisch mein Vertrauen setzen. Wenn irgendein anderer meint, auf das Fleisch sein Vertrauen zu setzen, ich könnte es noch mehr. 5 Beschnitten am achten Tag, aus dem Volk Israel, dem Stamm Benjamin, ein Hebräer von Hebräern, dem Gesetz nach ein Pharisäer, 6 dem Eifer nach ein Verfolger der Kirche, der Gesetzesgerechtigkeit nach untadelig. 7 Doch was mir Gewinn bedeutete, das habe ich als Verlust geachtet um Christi willen. 8 Ja, wahrhaftig, ich achte alles als Verlust um der unüberbietbar großen Erkenntnis Christi Jesu willen, meines Herrn. Um seinetwillen habe ich alles preisgegeben und halte es für Mist, um Christus zu gewinnen [9]und in ihm erfunden zu werden nicht im Besitz meiner eigenen Gerechtigkeit, wie sie aus dem Gesetz stammt, sondern jener Gerechtigkeit, die aus dem Glauben an Christus kommt, der Gerechtigkeit aus Gott aufgrund des Glaubens. [10]Ihn will ich erkennen und die Kraft seiner Auferstehung und die Leidensgemeinschaft mit ihm, indem ich gleichförmig werde mit seinem Tode, [11]ob ich hingelangen könnte zur Auferstehung der Toten. [12]Nicht, als hätte ich es schon ergriffen oder als wäre ich bereits vollendet, aber ich jage ihm nach, um zu ergreifen, weil ich von Christus Jesus ergriffen ward. [13]Brüder, ich bilde mir nicht ein, es schon ergriffen zu haben. Eins aber (gilt): Ich vergesse, was hinter mir liegt, und strecke mich aus nach dem, was vor mir liegt, [14]dem Ziele jage ich nach, dem Siegespreis der himmlischen Berufung Gottes in Christus Jesus. [15]Wir alle also, die wir Vollkommene sind, wollen diese Gesinnung hegen; und wenn ihr in einem Punkte anders denkt, so wird Gott euch auch dies offenbaren. [16]Was wir bereits erreicht haben, daran heißt es festhalten.

[17]Brüder, werdet alle meine Nachahmer und schaut auf die, die nach dem Vorbild wandeln, das ihr an uns habt. [18]Denn viele wandeln – von ihnen habe ich euch schon oft gesprochen, jetzt aber spreche ich mit Tränen davon – als Feinde des Kreuzes Christi. [19]Ihr Ende ist Verderben, ihr Gott ist der Bauch, und ihr Ruhm liegt in ihrer Schande, ihr Sinn ist auf das Irdische gerichtet. [20]Unsere Heimat aber ist im Himmel, von woher wir auch den Heiland erwarten, den Herrn Jesus Christus. [21]Er wird den Leib unserer Niedrigkeit umwandeln, dass er gleichgestaltet sei dem Leib seiner Herrlichkeit, vermöge der Kraft, mit der er sich alles zu unterwerfen vermag.

4 [1]Also, meine geliebten Brüder, nach denen ich mich sehne, meine Freude und meine Krone, so steht fest im Herrn, ihr Lieben.

11 *Aus dem Brief an die Kolosser*

Die Gemeinde von Kolossä *war nicht von Paulus, sondern von Epaphras gegründet worden. Sie bestand hauptsächlich aus Heidenchristen. Die heutige Forschung nimmt an, dass nicht Paulus diesen Brief verfasst hat, sondern ein Paulusschüler bald nach dem Tod des Apostels, etwa um das Jahr 70.*

Der Epheserbrief, der auch aus der Paulusschule stammt, setzt den Kolosserbrief als bekannt voraus. In Kolossä hatte sich die junge Christengemeinde intensiv mit Irrlehren auseinander zu setzen. Einige Irrlehrer machten die Erlangung des Heils abhängig von seltsamen religiösen und asketischen Praktiken. Dieser Praxis stellt der Autor Christus als das Haupt der ganzen Schöpfung gegenüber. Durch Christus haben wir die Erlösung (1,14). Wir müssen sie uns nicht selber schaffen. Das wunderbare Christuslied (1,15–20) schildert Christus als das Haupt der ganzen Schöpfung, als das Ebenbild des unsichtbaren Gottes, als den Ursprung. In ihm wollte Gott mit seiner ganzen Fülle wohnen (1,19).

Weil Christus zur Rechten Gottes sitzt, sollen wir auf ihn schauen, auf das, was oben ist. Nicht das Irdische ist wichtig. Nicht das Beachten von engen Speisevorschriften, vom Verlauf des Mondes und der Sterne, nicht die Visionen von Engeln führen zum Heil. Wir sind in Christus schon auferweckt. Wir sind schon im Heil. Daher sollen wir auf das Himmlische schauen und nicht auf irdische Verhaltensregeln. Aber dieses Achten auf das Himmlische muss sich in ganz konkreten Verhaltensweisen ausdrücken. Die Christen sollen sich daher bekleiden „mit aufrichtigem Erbarmen, mit Güte, Demut, Milde, Geduld“ (3,12). Das Entscheidende am Verhalten ist die Liebe zueinander. Sie führt die Christen zur Gemeinschaft zusammen, in der der Friede Christi für alle Welt sichtbar wird.

Christus, das Haupt: 1,15–20

15 Er ist das Bild des unsichtbaren Gottes, der Erstgeborene vor aller Schöpfung.

16 Denn in ihm ward alles erschaffen, im Himmel und auf Erden, das Sichtbare und das Unsichtbare, seien es Throne oder Hoheiten oder Herrschaften oder Gewalten: Alles ist erschaffen durch ihn und auf ihn hin.

17 Und er ist vor allem, und alles hat in ihm Bestand.

18 Und er ist das Haupt seines Leibes, der Kirche. Er ist der Anfang, der Erstgeborene aus den Toten, damit er in allem den Vorrang habe.

19 Denn es gefiel ihm (Gott), in ihm die ganze Fülle wohnen zu lassen

20 und durch ihn wieder alles mit sich auszusöhnen, indem er Frieden stiftete durch das Blut seines Kreuzes, ja durch ihn (zu versöhnen) sowohl das, was auf Erden, als auch das, was im Himmel ist.

Die Einheit mit dem himmlischen Christus, Ursprung des neuen Lebens: 3,1–4

3 1 Wenn ihr also mit Christus auferweckt seid, so sucht, was droben ist, wo Christus ist, sitzend zur
Rechten Gottes.
2 Trachtet nach dem, was droben ist, nicht nach dem, was auf Erden.
3 Ihr seid ja gestorben, und euer Leben ist mit Christus verborgen in Gott.
4 Wenn Christus, unser Leben, erscheint, dann werdet auch ihr mit ihm erscheinen in Herrlichkeit.

Allgemeine Weisungen zum christlichen Leben: 3,5–17

5 So ertötet denn, was irdisch ist in euern Gliedern: Unzucht, Unreinheit, Leidenschaft, böse Begierde, auch die Habsucht, die Götzendienst ist.

6 Um solcher Dinge willen kommt
der Zorn Gottes.
7 Darin seid auch ihr einst gewandelt, als ihr in diesen
lebtet.
8 Jetzt aber legt auch ihr das alles ab: Zorn, Wut, Bosheit, Lästerung, Schandrede aus eurem Munde.
9 Belügt euch nicht gegenseitig. +Ihr habt doch den alten Menschen samt seinem ganzen Tun ausgezogen
10 und habt den neuen Menschen angezogen, der erneuert ist zur vollen Erkenntnis nach dem Bild seines Schöpfers.

11 Da ist nicht Heide und Jude, Beschneidung und Vorhaut, Barbar und Skythe, Sklave und Freier, sondern alles und in allen Christus.
12 Legt also an als Auserwählte Gottes, als Heilige und Geliebte, herzliches Erbarmen, Güte, Demut, Sanftmut und Geduld.
13 Ertragt einander und verzeiht einander, wenn einer gegen den andern eine Beschwerde hat; wie der Herr euch verziehen hat, so sollt auch ihr tun.

14 Über all das aber legt die Liebe an, die das Band der Vollkommenheit
ist.
15 Der Friede Christi regiere in euren Herzen; denn zu ihm seid ihr berufen in einem Leibe; und seid dankbar.

16 Das Wort Christi wohne reichlich in euch; belehrt und ermahnt euch gegenseitig in aller Weisheit, mit Psalmen, Hymnen und geistlichen Lie-

dern; mit Dank lobsinget Gott in eu-
ren Herzen.
[17] Und alles, was immer ihr tut in
Wort oder Werk, das tut alles im Namen des Herrn Jesus, und danket durch ihn Gott dem Vater.

12 *Aus dem ersten und zweiten Brief an die Thessalonicher*

Der erste Brief an die Thessalonicher *ist der älteste der Paulusbriefe und damit der älteste Teil des ganzen Neuen Testamentes.*

Paulus ermahnt die Thessalonicher, dass sie ein heiliges Leben führen. Gottes Wille ist unsere Heiligung (4,3). Gott will, dass wir heilig und ganz sind, dass wir so leben, wie es unserem wahren Wesen entspricht. Die Christen sollen in ihrer heidnischen Umgebung ein Beispiel von Rechtschaffenheit sein. Durch ihr Leben sollen auch die Außenstehenden überzeugt werden, dass in ihnen der Heilige Geist wirkt. Paulus scheut sich nicht, auf das konkrete Miteinander in der Ehe, im geschäftlichen Bereich und bei der Arbeit einzugehen. Mitten im Alltag, in der konkreten Art und Weise, wie Christen miteinander umgehen, zeigt sich, dass sich ihr Leben gewandelt hat, dass sie durch Jesus Christus heilig, heil und ganz geworden sind.

Ein anderes Thema schneidet Paulus an: die Wiederkunft Christi. Die frühen Christen erwarteten die nahe Ankunft Christi. Doch nun sind einige offensichtlich in der Gemeinde gestorben, bevor Christus wieder kam. So belehrt sie Paulus, dass sie als Christen um ihre Verstorbenen nicht zu trauern brauchen. Denn Christus wird sie als der Auferstandene zur Auferstehung führen. Das Ziel unseres Lebens ist, beim Herrn zu sein. Im Tod werden wir für immer beim Herrn sein.

Wir sollten uns jedoch keine Sorgen machen über den Zeitpunkt, wann Christus kommt, sondern vielmehr wachsam leben. Viele Menschen leben in Illusionen. Der Christ soll sich durch Wachsamkeit und Achtsamkeit auszeichnen. Die Christen sind Söhne und Töchter des Lichtes, die jeden Augenblick bewusst wahrnehmen, die mit offenen Augen durch die Welt gehen, aber zugleich im Wissen, dass sie auf das Kommen Christi hin leben, der alles verwandeln wird.

Der zweite Thessalonicherbrief *stammt nicht von Paulus. Er ist wohl erst nach dem Tod des Paulus geschrieben, als das Thema der Naherwartung für die*

Christen ein Problem geworden war. Der Autor beruft sich auf die Autorität des hl. Paulus, um enthusiastische Christen, die vor lauter Begeisterung ihren Alltag vernachlässigen, zu einem Leben mit Christus zu ermahnen. Die Christen sollen mit Jesu Kommen rechnen. Aber sie sollen sich zugleich ihrem Alltag zuwenden und ein ordentliches Leben führen. Sie sollen mit ihrer eigenen Hände Arbeit ihr Brot verdienen und sich den Herausforderungen des Alltags stellen.

Aus dem ersten Brief an die Thessalonicher

Mahnungen zu heiligem Leben und zur Bruderliebe: 4,1–12

4 1 Endlich, meine Brüder, bitten und ermuntern wir euch im Herrn Jesus: ihr seid von uns belehrt worden, wie ihr einen gottgefälligen Wandel führen müsst – ihr wandelt ja auch so –, macht darin noch immer mehr Fortschritte. 2 Ihr wisst ja, welche Anweisungen wir euch im Auftrage des Herrn Jesus gaben.

3 Denn das ist der Wille Gottes, eure Heiligung, dass ihr euch der Unzucht enthaltet; 4 dass ein jeder lerne, seine Frau in Heiligkeit und Ehrbarkeit zu besitzen, 5 nicht in zügelloser Begierlichkeit wie die Heiden, die Gott nicht kennen, 6 dass niemand sich Übergriffe erlaube und seinen Bruder geschäftlich übervorteile, denn all das wird der Herr rächen. So habe ich es euch schon früher gesagt und beteuert. 7 Gott hat uns ja nicht zur Lasterhaftigkeit, sondern zur Heiligkeit berufen. 8 Demnach, wer dieses ablehnt, lehnt nicht einen Menschen ab, sondern Gott, der uns seinen Heiligen Geist verliehen hat.

9 Über die Bruderliebe braucht ihr keine schriftlichen Anweisungen, ihr seid doch selbst von Gott darüber belehrt, einander zu lieben. 10 Und ihr handelt ja danach an allen Brüdern in ganz Mazedonien. Wir ermahnen euch aber, Brüder, euch immer mehr darin hervorzutun 11 und eure Ehre darein zu setzen, ein stilles Leben zu führen, die eigenen Angelegenheiten zu besorgen und mit euren Händen zu arbeiten. 12 So haben wir es euch eingeschärft, damit ihr den Außenstehenden gegenüber einen ehrbaren Wandel führt und auf niemand angewiesen seid.

Die Toten und die Lebendigen bei der Ankunft des Herrn: 4,13–18

13 Wir wollen euch nicht unwissend lassen, Brüder, über die Entschlafenen, damit ihr nicht trauert wie die anderen, die keine Hoffnung haben. 14 Denn wenn wir glauben, dass Jesus gestorben und auferstanden ist, so wird Gott auch die in Gemeinschaft mit Jesus Entschlafenen mit ihm führen. 15 Denn das versichern wir euch mit einem Wort des Herrn: wir, die wir leben und bis zur Ankunft des Herrn übrig bleiben, werden denen, die entschlafen sind, nicht voraus sein. 16 Er selbst, der Herr, wird bei dem Befehlsruf, wenn die Stimme des Erzengels und die Posaune Gottes erschallt, herniedersteigen vom Himmel. Dann werden zunächst die Toten in Christus auferstehen. 17 Darauf werden wir, die noch leben und übrig geblieben sind, mit ihnen zusammen auf Wolken dem Herrn entgegen in die Luft entrückt werden und so immerdar mit dem Herrn sein. 18 So tröstet einander mit diesen Worten.

Wachsamkeit in der Erwartung der Ankunft des Herrn: 5,1–11

5 1 Über die Zeiten und Stunden aber, Brüder, brauche ich euch nicht zu schreiben. 2 Ihr wisst ja selber genau, dass der Tag des Herrn kommt wie ein Dieb in der Nacht. 3 Wenn sie sagen werden: Friede und Sicherheit, dann überfällt sie plötzlich Verderben, wie Wehen über die Schwangere hereinbrechen, und sie werden nicht entrinnen.

4 Ihr aber, Brüder, seid nicht in Finsternis, dass dieser Tag euch wie ein Dieb überfällt. 5 Denn ihr alle seid Söhne des Lichtes und Söhne des Tages. Wir gehören nicht der Nacht und der Finsternis an. 6 Lasst uns also nicht schlafen wie die anderen, sondern lasst uns wachsam und nüchtern sein. 7 Denn die Schläfer schlafen bei Nacht, und die Trinker betrinken sich bei Nacht. 8 Wir aber, die wir dem Tag angehören, wollen nüchtern sein, angetan mit dem Panzer des Glaubens und der Liebe und als Helm die Hoffnung auf Heil. 9 Denn Gott hat uns nicht zum Zorn bestimmt, sondern dazu, Heil zu erlangen durch unsern Herrn Jesus Christus, 10 der für uns gestorben ist, damit wir – mögen wir wach oder entschlafen sein – in Gemeinschaft mit ihm leben. 11 So tröstet euch gegenseitig und stärkt einer den anderen, wie ihr ja auch schon tut.

Forderungen des Gemeindelebens: 5,12–22

12 Wir bitten euch, Brüder, achtet jene, die sich unter euch abmühen, die euch im Herrn vorstehen und euch zusprechen. 13 Schätzet sie in Liebe um ihrer Arbeit willen besonders hoch! Haltet Frieden untereinander. 14 Ferner ermahnen wir euch, Brüder, weist die Unordentlichen zurecht, nehmt euch der Schwachen an, habt mit allen Geduld. 15 Habt Acht, dass keiner dem anderen Böses mit Bösem vergelte, sondern seid stets darauf bedacht, euch gegenseitig und allen (Menschen) Gutes zu tun.

16 Seid allezeit fröhlich, 17 betet ohne Unterlass, 18 bei allem sagt Dank. 19 Denn das ist Gottes Wille in Christus Jesus an euch.

20 Löschet den Geist nicht aus. Prophetenwort verachtet nicht. 21 Prüft alles, das Gute behaltet. 22 Von aller Art Laster haltet euch fern.

Aus dem zweiten Brief an die Thessalonicher

Wachsamkeit gegen Faulheit und Unordnung: 3,6–15

6 Ferner, Brüder, gebieten wir euch im Namen des Herrn Jesus Christus, haltet euch fern von jedem Bruder, der einen unordentlichen Lebenswandel führt und nicht nach der Überlieferung lebt, die ihr von uns empfangen habt.

7 Ihr wisst ja selbst, wie man es uns
nachmachen muss: wir haben nicht
gefaulenzt bei euch. 8 Auch haben wir
bei niemand ohne Entgelt Brot geges-
sen, sondern Tag und Nacht uns abge-
müht und abgeplagt, um keinem von
euch lästig zu fallen, 9 nicht als ob wir
keinen Anspruch darauf gehabt hät-
ten, aber wir wollten uns selbst euch
als Vorbild hinstellen, damit ihr uns
nachahmt.

10 Wir haben euch ja, als wir bei
euch waren, diesen Grundsatz einge-
schärft: wer nicht arbeiten will, soll
auch nicht essen. 11 Wir haben näm-
lich gehört, dass einige unter euch
einen faulen Lebenswandel führen,
nichts arbeiten, sondern sich unnütz
machen. 12 Denen, die es angeht, ge-
bieten und befehlen wir im Herrn Je-
sus Christus, dass sie in Ruhe ihre Ar-
beit tun und ihr eigen Brot essen.

13 Ihr aber, liebe Brüder, lasst nicht
nach, Gutes zu tun. 14 Wenn einer un-
serer brieflichen Weisung nicht Folge
leistet, so merkt ihn euch. Verkehrt
nicht mit ihm, damit er beschämt
werde. 15 Aber behandelt ihn nicht als
Feind, sondern weist ihn zurecht als
einen Bruder. Der Herr sei mit euch
allen!

Bitte und Gruß: 3,16

16 Er, der Herr des Friedens, schenke
euch seinen Frieden, allezeit und in
jeder Weise.

13 *Aus dem ersten und zweiten Brief an Timotheus*

Die beiden Briefe an Timotheus *gehören zu den so genannten Pastoralbriefen. Sie sind nicht an Gemeinden gerichtet, sondern an die Hirten der Gemeinde (= pastores). Sie sind vermutlich erst um das Jahr 100 geschrieben, also nicht von Paulus selbst, sondern von einem Schüler, vermutlich einem Bischof, der sich auf die Autorität des hl. Paulus beruft.*

Die Pastoralbriefe haben in der Kirchengeschichte eine große Rolle gespielt. Sie haben dazu beigetragen, dass die Kirche die Krise, die durch Verfolgung und durch die Bedrohung durch Irrlehren entstand, erfolgreich bestand und so zur Weltkirche werden konnte.

Die Briefe zeigen, wie der Gottesdienst in der Gemeinde aussah (1 Tim 2,1–8). Ihr Gottesdienst war nicht nur Privatsache. Darin beteten die Christen für die ganze Welt, für alle, die in der Welt Verantwortung tragen. Gott will, „dass alle Menschen gerettet werden und zur Erkenntnis der Wahrheit gelangen" (1 Tim 2,4). Daher soll es den Christen nicht nur um das persönliche Heil gehen, sondern um das Heil der ganzen Welt. Sie sollen Sauerteig für diese Welt sein, einmal durch ihr rechtschaffenes Leben, zum andern durch das Gebet für die ganze Welt. Der Autor zitiert bei der Beschreibung der frühchristlichen Liturgie auch Lieder, die damals offensichtlich im Gottesdienst gesungen wurden. Sie fassen das Geheimnis der Erlösung in Jesus Christus in wunderbaren Bildern zusammen (1 Tim 2,5f.; 3,16; 6,15f.).

Die Anweisungen für den Bischof oder die persönlichen Ratschläge des zweiten Timotheusbriefes für die Lebensführung des Timotheus sind nicht nur Zeugnisse für die kirchliche Struktur am Ende des 1. Jahrhunderts. Sie sind auch für uns heute eine Herausforderung, unsere Verantwortung für Kirche und Welt wahrzunehmen. Die Anforderungen an den Bischof gelten für jeden Christen, der Verantwortung trägt. Sie beschreiben die Voraussetzungen des Führens. Wer andere führen will, muss erst einmal sich selber führen. Er muss um ein redliches Leben bemüht sein, um Klarheit, Nüchternheit und Besonnenheit. Die beiden Timotheusbriefe zeigen uns heute, wie ein Leben auch in unserer Zeit aussehen kann, das sich nicht nach den Modetrends richtet, sondern im Geist Jesu diese Welt gestaltet.

Aus dem ersten Brief an Timotheus

Das liturgische Gebet: 2,1–8

2 1 Ich ordne nun vor allen Dingen an, dass Bitten, Gebete, Fürbitten und Danksagungen für alle Menschen verrichtet werden, 2 für Könige und alle Obrigkeiten, damit wir ein stilles und ruhiges Leben führen können, in aller Frömmigkeit und Heiligkeit. 3 Das ist gut und wohlgefällig vor Gott, unserem Heiland, 4 der will, dass alle Menschen gerettet werden und zur Erkenntnis der Wahrheit gelangen. 5 Denn *einer* ist Gott und *einer* ist Mittler zwischen Gott und den Menschen, nämlich der Mensch Christus Jesus, 6 der sich selbst als Lösegeld für alle hingegeben hat, als das Zeugnis für bestimmte Zeiten. 7 Dafür bin ich zum Herold und Apostel bestimmt – ich sage die Wahrheit, ich lüge nicht – als Lehrer der Heiden in Glaube und Wahrheit. 8 Ferner will ich, dass die Männer allerorts, wenn sie beten, heilige Hände erheben, frei von Zorn und Zank.

Der Bischof: 3,1–7

3 1 Zuverlässig ist das Wort: Wenn einer nach dem Amt des Vorstehers trachtet, erstrebt er einen edlen Beruf. 2 Der Vorsteher aber muss sein: untadelig, *einer* Frau Mann, nüchtern, besonnen, voll würdiger Haltung, gastfreundlich, lehrtüchtig, 3 nicht dem Trunk ergeben, nicht streitsüchtig, sondern gütig, nicht zänkisch, nicht geldgierig; 4 einer, der seinem eigenen Hauswesen trefflich vorsteht und seine Kinder in Zucht und in aller Sittsamkeit hält. 5 Denn wenn einer dem eigenen Hauswesen nicht vorzustehen weiß, wie wird der für die Gemeinde Gottes Sorge tragen? 6 Er darf kein Neugetaufter sein, damit er nicht hochmütig werde und dem Gericht des Teufels verfalle. 7 Endlich muss er einen guten Leumund bei den Außenstehenden haben, damit er nicht in üble Nachrede und in die Schlinge des Teufels gerate.

Die Diakone: 3,8–13

8 Ebenso müssen die Diakone sein: ehrbar, frei von Doppelzüngigkeit; nicht vielem Weingenuss, nicht schmutziger Gewinnsucht ergeben; 9 Männer, die das Geheimnis des Glaubens in einem reinen Gewissen bewahren. 10 Aber auch sie sollen zuerst geprüft werden, denn nur wenn sie unbescholten sind, mögen sie das Diakonenamt ausüben. 11 Die Frauen müssen gleichfalls ehrbar sein, nicht verleumderisch, nüchtern, zuverlässig in allem. 12 Die Diakone sollen *einer* Frau Mann sein; sie sollen ihren Kindern und dem eigenen Hauswesen vorbildlich vorstehen. 13 Denn die, die ihren Beruf als Diakon gewissenhaft ausgeübt haben, erringen sich eine würdige Stellung und eine feste Zuversicht im Glauben, der in Christus Jesus ruht.

Die Kirche und das Geheimnis des Glaubens: 3,14–16

14 Das schreibe ich dir voller Hoffnung, sehr bald zu dir zu kommen; 15 sollte sich mein Kommen hinauszögern, so sollst du damit wissen, wie es im Hause Gottes gehalten werden muss, denn es ist doch die Kirche des lebendigen Gottes, eine Säule und Grundfeste der Wahrheit.
16 Und ganz gewiss, groß ist das Geheimnis der Frömmigkeit:
Er wurde geoffenbart im Fleische,
gerechtfertigt im Geiste,
geschaut von Engeln,
verkündet den Heiden,
geglaubt in der Welt,
aufgenommen in Herrlichkeit.

Bild des reichen Christen: 6,17–19

17 Den Reichen dieser Welt schärfe ein, dass sie nicht hochmütig seien noch ihre Hoffnung auf den unsicheren Reichtum setzen, sondern auf Gott, der alles reichlich zum Genuss darbietet; 18 dass sie Gutes tun; dass sie reich an guten Werken, freigebig, wohltätig seien 19 und sich so einen guten Grundstock für die Zukunft aufspeichern, damit sie das wahre Leben erlangen.

Aus dem zweiten Brief an Timotheus

Anschrift und Dank: 1,1–5

1 1 Paulus, Apostel Christi Jesu durch den Willen Gottes um der Verheißung des Lebens in Christus Jesus willen, 2 an Timotheus, seinen geliebten Sohn. Gnade, Barmherzigkeit und Friede von Gott, dem Vater, und Christus Jesus, unserem Herrn.

3 Dank sage ich Gott, dem ich von meinen Vorfahren her mit reinem Gewissen diene, wenn ich deiner im Gebet gedenke, ohne Unterlass, Tag und Nacht. 4 Ich sehne mich danach, dich zu sehen – eingedenk deiner Tränen –, damit ich mit Freude erfüllt werde. 5 Denn dein aufrichtiger Glaubenseifer steht bei mir in (gutem) Andenken. So lebte er zuerst in deiner Großmutter Loïs und dann in deiner Mutter Eunike und jetzt – dessen bin ich gewiss – auch in dir.

Die Gnaden, die Timotheus empfangen hat: 1,6–18

6 Aus diesem Grund ermahne ich dich: entfache zu lodernder Flamme die Gnadengabe Gottes, die dir durch meine Handauflegung innewohnt. 7 Denn Gott hat uns nicht einen Geist der Verzagtheit gegeben, sondern der Kraft und der Liebe und der Zucht. 8 Schäme dich also des Zeugnisses für unsern Herrn noch meiner, des Gefangenen um seinetwillen, nicht, vielmehr sei bereit, mit (mir) Leiden für

die Heilsbotschaft auf dich zu nehmen
in der Kraft Gottes, 9 der uns errettet
und in heiliger Berufung aufgerufen
hat, nicht aufgrund unserer Werke,
sondern aufgrund seines freien Rat-
schlusses und seiner Gnade, die uns
in Christus Jesus vor ewigen Zeiten
geschenkt ward, 10 die aber durch die
Erscheinung unseres Erlösers Christus
Jesus offenbar geworden ist, der den
Tod vernichtet und Leben und Un-
sterblichkeit ans Licht gebracht hat
durch das Evangelium, 11 zu dessen
Herold, Apostel und Lehrer ich be-
stellt worden bin.

12 Um seinetwillen leide ich auch
solches; aber ich schäme mich nicht,
denn ich weiß, wem ich geglaubt ha-
be, und ich bin überzeugt: Er ist
mächtig genug, mein Gut, das ich
ihm anvertraut habe, bis auf jenen
Tag zu bewahren.

13 Als ein Beispiel rechter Predigt
halte fest, was du von mir gehört hast,
im Glauben und in der Liebe, die ihren
Grund in Christus Jesus haben. 14 Be-
wahre das herrliche Erbe in der Kraft
des Heiligen Geistes, der in uns
wohnt.

15 Das weißt du ja, dass die in Asien
sich alle von mir abgewandt haben,
dazu gehören Phygelus und Hermoge-
nes. 16 Gutes erweise der Herr der Fa-
milie des Onesiphorus, denn oftmals
hat er mich erquickt und sich meiner
Ketten nicht geschämt; 17 vielmehr hat
er nach seiner Ankunft in Rom eifrig
nach mir gesucht und mich auch ge-
funden.

18 Gebe ihm der Herr, dass er an je-
nem Tage Erbarmen finde bei dem
Herrn. Und was er (mir) alles in Ephe-
sus für Dienste geleistet hat, weißt du
ja am besten.

Beschwörende Mahnung: 4,1–5

4 1 Ich beschwöre dich im Ange-
sicht Gottes und Christi Jesu, der
einmal richten wird Lebendige und
Tote, bei seiner Epiphanie und seiner
Königsherrschaft: 2 Verkündige das
Wort, sei zur Stelle – gelegen und un-
gelegen –, rede ins Gewissen, ermah-
ne mit aller Geduld und Belehrung.
3 Denn es wird eine Zeit kommen, in
der die Menschen die gesunde Lehre
nicht ertragen mögen, sondern nach
ihrem eigenen Gelüste sich Lehre
über Lehre zusammensuchen, weil
sie nach Ohrenkitzel verlangen. 4 Sie
werden ihr Ohr von der Wahrheit ab-
wenden und den Fabeln zuwenden.
5 Da sei du denn in allem besonnen,
halte aus im Ungemach, vollbringe
das Werk eines Verkündigers des
Evangeliums, gehe ganz auf in dei-
nem Dienst.

Paulus am Ende seines Lebens: 4,6–8

6 Denn was mich betrifft: schon bin
ich so weit, hingeopfert zu werden,
und die Zeit meines Abscheidens
steht bevor. 7 Ich habe den guten
Kampf gekämpft, ich habe den Lauf
vollendet, ich habe den Glauben be-
wahrt. 8 Nun liegt für mich der Sieges-
kranz der Gerechtigkeit bereit, den
mir der Herr an jenem Tage überrei-

chen wird, der gerechte Richter, doch nicht mir allein, sondern auch allen, die seiner Epiphanie mit Liebe entgegengehen.

Letzte Empfehlungen: 4,9–18

9 Eile dich, komm ohne Verzug zu mir. 10 Hat doch Demas mich aus Liebe zu dieser Welt verlassen und ist nach Thessalonich gereist, Kreszens ist nach Galatien, Titus nach Dalmatien. 11 Nur Lukas ist noch bei mir. Den Markus bring auch mit, denn er kann mir gute Dienste leisten. 12 Tychikus habe ich nach Ephesus gesandt. 13 Den Mantel, den ich in Troas bei Karpus gelassen habe, bring mit, wenn du kommst, auch die Bücher, vor allem die Pergamente. 14 Alexander, der Schmied, hat mir viel Böses angetan: „Der Herr wird ihm vergelten nach seinen Werken." 15 Hüte auch du dich vor ihm, denn er hat sich unserer Predigt äußerst entgegengestellt.

16 Bei meiner ersten Verteidigung hat keiner mir beigestanden, im Gegenteil, alle haben mich im Stich gelassen. 17 Aber der Herr war mir zur Seite und gab mir Kraft, auf dass durch mich die Botschaft verkündet würde und alle Heiden sie vernähmen, und – ich wurde „aus dem Rachen des Löwen" befreit. 18 O ja, der Herr wird mich von allem bösartigen Tun befreien und in sein himmlisches Reich retten. Ihm sei Ehre in alle Ewigkeit. Amen.

14 *Aus dem Brief an Titus*

Der Brief an Titus *beschreibt das christliche Leben der verschiedenen Stände, der älteren Männer und Frauen, der jüngeren Männer und Frauen und der Sklaven. Manches an diesen Beschreibungen ist zeitbedingt und zeigt eine männliche Einseitigkeit. Doch der Titusbrief versucht, das jüdische und das griechische Männer- und Frauenideal miteinander zu verbinden. Bei den älteren Frauen ist von „priesterlicher Würde" die Rede. Sie werden also mit dem Begriff der Priesterin beschrieben. Für die Römer waren die Priesterinnen (Vestalinnen) die Hüter des Feuers. Das ist ein schönes Bild für die Würde der Frau, die das Feuer hüten soll, das Feuer der Liebe, das Feuer des Heiligen Geistes. In allem sollen die Christen das hellenistische Lebensideal des besonnenen und rechtschaffenen Menschen verwirklichen und so für alle Außenstehenden ein Vorbild sein. An ihrem konkreten Leben soll man ablesen können, dass sie von einem guten Geist geleitet werden.*

Der Titusbrief begnügt sich aber nicht mit der Beschreibung eines vorbildlichen Lebens. Er gibt als Begründung das Erscheinen Jesu Christi an. Der Autor beschreibt hier das Christusgeschehen in griechischen Begriffen. Die Gnade Gottes ist erschienen, sichtbar geworden, sie ist in dieser gottfernen Welt aufgeleuchtet. Und Gottes Gnade erzieht den Menschen. Sie ist wie eine Schule (griech.: paideia) für den Menschen. In ihr lernt er, wie er richtig in dieser Welt leben soll (2,12). In Jesus ist nicht nur die Gnade Gottes erschienen, sondern auch seine Güte und Menschenliebe, ja – wie die lateinische Tradition das griechische Ideal der Philanthropie übersetzt – die humanitas Gottes, die wahre Menschlichkeit (3,4f.). In Christus ist das Bild des Menschen sichtbar geworden, wie Gott ihn ursprünglich erschaffen hat. Das Erscheinen des wahren Menschenbildes in Jesus Christus hat uns gerettet, heil und ganz gemacht. Wir sind neu geworden durch das Bad der Wiedergeburt. Deshalb können wir als neue Menschen leben. An Weihnachten wird uns dieses wunderbare Wort verkündet.

Für den katholischen Philosophen PETER WUST *war das die tröstliche Botschaft, die er kurz vor seinem Sterben seinen Freunden als Vermächtnis hin-*

terließ. Der Entstellung des Menschen durch das Naziregime setzt er die wahre Menschlichkeit entgegen, die uns in Jesus Christus aufgeleuchtet ist. Christus, das wahre Bild des Menschen, lässt sich von keinem Terrorsystem totschlagen. Er ist aufgestrahlt. Sein Bild wird durch alle Verfälschungen hindurch immer wieder neu aufleuchten und den Menschen, der sich verloren hat, retten. Sie wird den Menschen, der in sich zerrissen ist, heilen und wieder so herstellen, wie er ursprünglich gedacht war.

Standespflichten: 2,1–10

2 1 Du aber lehre, was mit der gesun-
den Lehre in Einklang steht. 2 Die
alten Männer seien nüchtern, ehrbar,
besonnen, gesund im Glauben, in der
Liebe und in der Geduld. 3 Desgleichen
seien die alten Frauen ehrwürdig in der
Haltung, weder dem verleumderi-
schen Klatsch noch der Trunksucht er-
geben, Lehrmeisterinnen im Guten,
4 damit sie die jungen Frauen verstän-
dig anhalten, Gatten und Kinder zu lie-
ben, 5 klug zu sein, keusch, häuslich,
brav, ihrem Gatten sich unterordnend,
damit das Wort Gottes nicht in üblen
Ruf gebracht werde. 6 Ebenso ermahne
die jungen Männer, Selbstzucht zu
üben. 7 In jeder Hinsicht erweise dich
selbst als Vorbild in guten Werken; im
Unterricht zeige lautere Absicht und
würdevollen Ernst; 8 biete eine gesun-
de, untadelige Predigt, damit der Geg-
ner beschämt werde, weil er uns nichts
Übles nachsagen kann. 9 Die Sklaven
ermahne, dass sie ihren Herren in al-
lem gehorsam, gefällig, nicht wider-
setzlich seien; 10 dass sie nichts ver-
untreuen, sondern allseitige, echte
Treue beweisen, damit sie der Lehre
Gottes, unseres Erlösers, in allem Ehre
machen.

Grundlage dieser Forderungen: 2,11–14

11 Denn es ist ja die Gnade Gottes er-
schienen als Heil für alle Menschen.
12 Sie leitet uns an, von der Gottlosig-
keit und den weltlichen Lüsten uns
loszusagen und nüchtern, gerecht
und fromm in dieser Zeit zu leben
13 als Menschen, die auf die selige Hoff-
nung harren und auf die Epiphanie
der Herrlichkeit unseres großen Got-
tes und Heilandes Christus Jesus; 14 er
hat sich selbst für uns dahingegeben,
um uns „loszukaufen von aller Ge-
setzlosigkeit“ und „sich ein Volk zum
Eigentum zu reinigen“, das wetteifert
in guten Werken.

Allgemeine Pflichten der Gläubigen: 3,1–7

3 1 Bring ihnen in Erinnerung, dass
sie sich den Trägern der obrigkeit-
lichen Gewalt unterordnen, ihnen Ge-
horsam leisten und zu jedem guten
Werke bereit sind, 2 dass sie niemand
in üblen Ruf bringen, friedfertig und
nachgiebig sind und allen Menschen
gegenüber jegliche Freundlichkeit
üben. 3 Denn auch wir waren einst un-
verständig, ungehorsam, im Irrtum
befangen, Sklaven mannigfacher Be-
gierden und Lüste, in Schlechtigkeit
und Neid lebten wir dahin, hassens-
wert und voll Hass gegeneinander.

4 Als aber die Güte und Menschen-
freundlichkeit Gottes, unseres Erlö-
sers, erschien, 5 hat er uns zum Heile
geführt – nicht aufgrund von gerech-
ten Werken, die wir etwa getan haben,
sondern nach seiner Erbarmung durch
das Bad der Wiedergeburt und der Er-
neuerung im Heiligen Geist, 6 den er in
reichem Maße über uns ausgegossen
hat durch Jesus Christus, unseren Hei-
land. 7 So sollten wir, gerechtfertigt
durch seine Gnade, der Hoffnung ge-
mäß Erben des ewigen Lebens werden.

15 Aus dem Brief an Philemon

Der Sklave Onesimus war seinem Herrn Philemon entlaufen. Paulus gewann Onesimus für den christlichen Glauben. Nun schickt er ihn zurück zu seinem Herrn. Er gibt ihm ein Begleitschreiben mit.

Vermutlich hat Paulus diesen Brief im Jahre 55 geschrieben. Er ist ein sehr persönliches Zeugnis für die Menschlichkeit des hl. Paulus. Er fordert Philemon auf, seinem entlaufenen Sklaven zu vergeben und ihn als geliebten Bruder aufzunehmen.

Für die Christen gibt es keinen Unterschied zwischen Herren und Sklaven. Alle sind in Christus eins. Die Erfahrung der Einheit in Christus ist ein Samenkorn, das in die antike Gesellschaftsstruktur eingesät wird und allmählich das Sklaventum abschafft. Jeder Mensch ist vor Gott frei.

Bitte für Onesimus: Phlm 8 – 21

8 Aber obgleich ich in Christus vielfache Berechtigung hätte, dir vorzuschreiben, was sich gebührt, 9 möchte ich doch um der Liebe willen bitten, ganz wie ich bin: ich, Paulus, ein alter Mann und obendrein jetzt ein Gefangener Christi Jesu, 10 ich bitte dich für mein Kind, dessen Vater ich in meinen Fesseln geworden bin, für Onesimus; 11 einstmals war er für dich ein Nichtsnutz, nun aber ist er dir nicht minder als mir viel nütze. 12 Ihn schicke ich dir zurück, ihn, das heißt, mein eigenes Herz. 13 Ich hätte ihn gern bei mir behalten, damit er mir in den Fesseln, die ich für das Evangelium trage, diene statt deiner. 14 Ohne dein Einverständnis wollte ich jedoch nichts tun, damit dein gutes Werk nicht gewissermaßen aus Zwang geschehe, sondern aus freien Stücken. 15 Vielleicht ist er nämlich nur deshalb eine Zeit lang von dir getrennt worden, damit du ihn für die Ewigkeit zu Eigen bekämst, 16 nicht mehr als bloßen Sklaven, sondern als etwas weit Höheres denn einen Sklaven, nämlich als lieben Bruder, was er mir im höchsten Maße ist, um wie viel mehr noch dir, sowohl als Leibeigener wie auch im Herrn. 17 Betrachtest du mich also als deinen Genossen, so nimm ihn auf wie mich selbst. 18 Hat er dich aber irgendwie geschädigt oder ist er dir etwas schuldig, so schreibe mir das auf die Rechnung. 19 Ich, Paulus, gebe es dir schriftlich mit eigener Hand, ich werde es bezahlen. Fast hätte ich gesagt, dir (schreibe es auf die Rechnung); denn du bist mir noch dazu dich selbst schuldig. 20 Ja, Bruder, ich möchte etwas Nutzen an dir haben im Herrn: stille mir einen Herzenswunsch in Christus. 21 Im Vertrauen auf deine Bereitwilligkeit schreibe ich dir; weiß ich doch, dass du noch mehr tun wirst, als ich sage.

16 *Aus dem Brief an die Hebräer*

Der Hebräerbrief ist kein eigentlicher Brief, sondern eine Mahnrede, eine zugesandte Predigt. Er ist von einem griechisch gebildeten Judenchristen geschrieben. Der Autor schreibt das anspruchsvollste Griechisch des gesamten Neuen Testamentes. Er entfaltet eine neue Theologie, um in ihrem Glauben müde gewordene Christen aufzurichten und zu neuem Eifer anzustacheln.

Die Situation am Ende des ersten Jahrhunderts gleicht der Glaubenssituation unserer Zeit. Die Christen waren müde geworden, weil sie nichts sahen von dem Heil, das Jesus Christus gewirkt haben soll. Die Welt mit ihren bedrängenden Problemen lässt nichts erkennen von der Herrschaft Jesu Christi. So ist die Hoffnung der Christen auf Heil und Erlösung verblasst. Ein neuer theologischer Ansatz soll die Christen trösten und ihnen die Augen öffnen für das Heil, an dem sie schon teilhaben. Christus ist der Vorläufer und Vollender ihres Glaubens. Er ist einer, der mit ihnen fühlt (5,1–10). Er ist ihnen vorangegangen in das Allerheiligste, in den heiligen Bereich Gottes. In Christus sind die Christen jetzt schon eingetreten in das Allerheiligste. Sie haben einen Anker hineingeworfen in das heilige Zelt, das jenseits dieser Welt ist. Sie reichen hier in dieser Welt schon hinein in die jenseitige Welt. Darin sind sie der Macht dieser Welt entrissen. Sie übersteigen in Christus diese Welt. Sie sind frei mitten in den Bedrängnissen dieser Welt.

Der Verfasser des Hebräerbriefes meint, die Glaubensprobleme der Adressaten rührten daher, dass sie bei ihrem Glauben in den Kinderschuhen stecken geblieben sind. Sie haben sich nicht weitergebildet. Sie haben ihren Glauben nicht aufgrund der gesellschaftlichen Situation neu reflektiert. So möchte der Autor den Glauben neu bedenken, damit die Christen auf dem Weg ihrer Pilgerschaft auf Christus schauen, „den Urheber und Vollender des Glaubens" (12,2). Wenn sie mit neuen Augen auf Christus sehen, werden sie „nicht ermatten und den Mut nicht verlieren" (12,3).

Der Autor entwickelt seine neue Theologie, indem er die Schriften des Alten Testamentes neu auslegt. Zugleich verbindet er die Aussagen des Alten Testaments mit Gedanken der griechischen Philosophie, etwa mit der Vorstellung, dass wir alle von Einem abstammen, dass wir alle in Gott unseren Ursprung haben (2,11). Seine Argumentation soll auch vor der hellenistischen Philosophie Bestand haben. Sie soll auch die gebildeten Christen überzeugen.

Da Christus wie wir in Versuchung geführt worden ist, da er wie wir gelitten hat, kann er mit uns fühlen und kann uns in unseren Gefährdungen und Ohnmachtserfahrungen helfen und aufrichten (Kapitel 2 und 5). Immer wieder ermahnt uns der Hebräerbrief auf unserem Glaubensweg zur Zuversicht, zur Ausdauer und Standfestigkeit. Wir sollen aufblicken zu dem, der uns auf unserem Weg vorausgegangen ist und jetzt zur Rechten Gottes thront und dort für uns als Fürsprecher eintritt. Wie Christus sollen wir ausziehen aus der Stadt dieser Welt. „Denn wir haben hier keine Stadt, die bestehen bleibt, sondern wir suchen die künftige" (13,14).

Wir stehen jetzt schon im Glauben fest in der ewigen Heimat. Von daher können wir voll Zuversicht unseren Weg hier gehen, ohne uns beirren zu lassen von den Bedrängnissen, die uns von allen Seiten entgegenkommen.

Größe des menschgewordenen Gottessohnes: 1,1–4

1 1 Vielmals und auf mancherlei Art hatte Gott von alters her zu den Vätern gesprochen durch die Propheten. 2 In der Endzeit dieser Tage hat er zu uns gesprochen durch den Sohn, den er zum Erben des Alls eingesetzt, durch den er auch die Welten geschaffen hat. 3 Er, der da Abglanz seiner Herrlichkeit und Ausprägung seines Wesens ist, der auch das All trägt durch sein machtvolles Wort, hat Reinigung von den Sünden vollbracht und sich zur Rechten der Majestät in der Höhe gesetzt. 4 Um so viel erhabener ist er geworden als die Engel, wie der Name, den er als Erbteil erhalten hat, sie überragt.

Schriftbeweis für die Erhabenheit des Sohnes über die Engel: 1,5–14

5 Denn zu welchem von den Engeln hat er je gesagt: „Mein Sohn bist du, heute habe ich dich gezeugt“? Und ferner: „Ich will ihm Vater sein, und er wird mir Sohn sein“? 6 Wenn er aber wiederum den Erstgeborenen in die Welt einführt, spricht er: „Und es sollen ihn anbeten alle Engel Gottes.“ 7 Und zu den Engeln sagt er zwar: „Der seine Engel zu Winden macht und seine Diener zur Feuerflamme“; 8 zum Sohne aber: „Dein Thron, o Gott, steht für alle Ewigkeit, und das Zepter der Gerechtigkeit ist das Zepter seiner Königsherrschaft. 9 Du hast Gerechtigkeit geliebt und Unrecht gehasst; darum hat dich, o Gott, dein Gott gesalbt mit Freudenöl, mehr als deine Genossen.“ 10 Und: „Du, o Herr, hast im Anfang die Erde gegründet, und deiner Hände Werk sind die Himmel. 11 Sie werden vergehen, du aber bleibst, und sie alle werden veralten wie ein Gewand, 12 wie einen Mantel wirst du sie zusammenrollen, wie ein Kleid, und sie werden verwandelt werden. Du aber bist derselbe, und deine Jahre werden nicht zu Ende gehen.“ 13 Zu welchem von den Engeln aber hat er je gesprochen: „Setze dich zu meiner Rechten, bis ich deine Feinde hinlege zum Schemel deiner Füße“? 14 Sind sie nicht alle dienende Geister, zum Dienste ausgesandt um derer willen, die das Heil ererben sollen?

Die Erlösung – durch Christus, nicht durch die Engel gewirkt: 2,5–18

5 Nicht Engeln hat er nämlich die zukünftige Welt unterstellt, von der wir reden. 6 Vielmehr hat einer irgendwo folgendes Zeugnis abgelegt: „Was ist der Mensch, dass du seiner gedenkst, oder des Menschen Sohn, dass du seiner achtest? 7 Du hast ihn nur wenig unter die Engel erniedrigt, hast ihn mit Herrlichkeit und Ehre gekrönt; 8 alles hast du unter seine Füße gelegt.“ Indem er ihm alles unterwarf, ließ er nichts übrig, was ihm nicht unterworfen wäre. Jetzt freilich sehen wir noch nicht, wie ihm alles unterworfen ist. 9 Doch sehen wir den ein wenig unter die Engel Erniedrigten, Jesus nämlich, mit Herrlichkeit und Ehre gekrönt um

seines Todesleidens willen, auf dass er durch Gottes Gnade für jedermann den Tod koste.

10 Denn es ziemte sich für den, um dessentwillen alles ist und durch den alles ist, da er viele Söhne zur Herrlichkeit führte, den Anführer ihres Heils durch Leiden zu vollenden. 11 Denn der, welcher heiligt, und die, welche geheiligt werden, sie kommen alle von einem einzigen her; deswegen schämt er sich auch nicht, sie Brüder zu nennen, 12 indem er sagt: „Ich will deinen Namen meinen Brüdern verkünden, inmitten der Gemeinde will ich dir lobsingen." 13 Und wiederum: „Ich will auf ihn mein Vertrauen setzen." Und wiederum: „Siehe, hier bin ich und die Kinder, die Gott mir gegeben hat."

14 Da nun die Kinder Fleisch und Blut gemeinsam haben, so hat auch er in gleicher Weise daran teilgenommen, damit er durch den Tod jenen vernichte, der die Gewalt des Todes hat, das heißt den Teufel, 15 und alle die erlöse, die durch Todesfurcht ihr ganzes Leben lang in Knechtschaft gehalten wurden. 16 Es sind ja doch nicht Engel, deren er sich annimmt, sondern des Samens Abrahams nimmt er sich an. 17 Darum musste er in allem den Brüdern gleich werden, um ein barmherziger und getreuer Hoherpriester für sie bei Gott zu werden, um die Sünden des Volkes zu sühnen. 18 Denn weil er selbst gelitten hat und dadurch versucht worden ist, vermag er denen zu helfen, die versucht werden.

Der Weg, in die Ruhe Gottes einzugehen:
3,7 – 4,11

7 Darum (beachtet), wie der Heilige Geist spricht: „Heute, wenn ihr seine Stimme hört, 8 verhärtet eure Herzen nicht wie in der Erbitterung am Tage der Versuchung in der Wüste, 9 wo (mich) eure Väter versuchten und auf die Probe stellten, obwohl sie meine Werke sahen 10 vierzig Jahre lang. Darum zürnte ich diesem Geschlecht und sprach: Immerdar gehen sie irre mit ihrem Herzen; sie aber erkannten meine Wege nicht, 11 sodass ich schwur in meinem Zorne: Sie sollen nicht in meine Ruhe eingehen." 12 Sehet zu, Brüder, dass nicht in irgendeinem von euch ein böses und ungläubiges Herz aufkomme im Abfall vom lebendigen Gott, 13 vielmehr ermahnet einander Tag für Tag, solange es noch ‚heute' heißt, damit keiner aus euch verhärtet werde durch trügerische Sünde. 14 Sind wir doch Genossen Christi geworden, vorausgesetzt, dass wir die anfängliche Glaubenszuversicht bis ans Ende unerschütterlich festhalten. 15 Wenn es heißt: „Heute, wenn ihr seine Stimme hört, verhärtet eure Herzen nicht wie in der Erbitterung", 16 wer waren denn jene, die hörten und erbitterten? Waren es nicht alle, die durch Mose aus Ägypten entkommen waren? 17 Wem aber zürnte er vierzig Jahre lang? Waren es nicht die, die gesündigt hatten, deren Leiber in der Wüste dahinsanken? 18 Wem anders als den Ungehorsamen schwur er, sie sollten nicht in seine Ruhe eingehen? 19 Und wir sehen, dass

sie nicht hineinzugelangen vermochten wegen ihres Unglaubens.

4 1 Wir wollen uns also davor fürchten, dass einer aus euch als zurückgeblieben befunden werde, während doch die Verheißung, in seine Ruhe einzugehen, noch fortbesteht. 2 Wir haben ja die frohe Botschaft empfangen so gut wie jene; aber das vernommene Wort nutzte jenen nichts, weil es sich nicht durch den Glauben mit den Hörern innigst verband. 3 In die Ruhe gehen wir nämlich nur ein, wenn wir gläubig geworden sind; hat er doch gesagt: „Sodass ich schwur in meinem Zorne: sie sollen nicht in meine Ruhe eingehen"; und doch waren die Werke seit Grundlegung der Welt fertig. 4 Er hat ja irgendwo vom siebten Tag Folgendes gesagt: „Und Gott ruhte am siebten Tag von allen seinen Werken." 5 Und wiederum an dieser Stelle: „Sie sollen nicht in meine Ruhe eingehen." 6 Da es nun dabei bleibt, dass einige in sie eingehen werden, anderseits die früher mit der frohen Botschaft Bedachten nicht hineingekommen sind wegen ihres Ungehorsams, 7 so setzt er abermals einen Tag fest, ein „Heute", indem er nach so langer Zeit durch David spricht, wie vorhin erwähnt: „Heute, wenn ihr seine Stimme hört, verhärtet eure Herzen nicht." 8 Hätte nämlich Josua ihnen die Ruhe verschafft, so würde er nicht hernach von einem andern Tag reden. 9 Folglich steht dem Volke Gottes noch eine Sabbatruhe in Aussicht. 10 Denn wer eingegangen ist in seine (Gottes) Ruhe, der ruht auch aus von den eigenen Werken wie Gott von den seinigen. 11 So lasst uns also eifrig bemüht sein, in jene Ruhe einzugehen, damit nicht einer zum gleichen Beispiele des Ungehorsams werde und zu Fall komme.

Jesus, der mitfühlende Hohepriester:
5,1–10

5 1 Jeder Hohepriester wird nämlich aus Menschen genommen und für Menschen bestellt in ihren Anliegen bei Gott, damit er Gaben und Opfer darbringe der Sünden wegen, 2 als einer, der imstande ist, Mitleid zu haben mit den Unwissenden und Irrenden, da ja auch er mit Schwachheit behaftet ist, 3 und um dieser willen muss er wie für das Volk, so auch für sich selbst Opfer darbringen zur Tilgung der Sünden. 4 Auch nimmt sich keiner selbst die Würde, sondern (er empfängt sie), indem er von Gott berufen wird gleichwie auch Aaron.

5 So hat auch Christus sich nicht selbst die Ehre eines Hohenpriesters gegeben, sondern der, der zu ihm gesprochen hat: „Mein Sohn bist du, heute habe ich dich gezeugt." 6 Wie er auch an anderer Stelle sagt: „Du bist Priester in Ewigkeit nach der Ordnung des Melchisedek." 7 Er hat in den Tagen seines Fleisches Bitten und Flehrufe mit lautem Geschrei und unter Tränen an den gerichtet, der ihn vom Tode erretten konnte, und ist erhört worden um seiner Frömmigkeit willen. 8 So hat er, obwohl er Sohn war, an dem, was er litt, den Gehorsam gelernt 9 und ist, nachdem er zur Voll-

endung gelangte, all denen, die ihm gehorchen, Urheber ewigen Heils geworden, 10 von Gott begrüßt als Hoherpriester nach der Ordnung des Melchisedek.

Das Vorbild Jesu Christi: 12,1–3

12 1 So wollen denn auch wir, da wir eine so große Wolke von Zeugen um uns haben, allen Ballast und die uns leicht umgarnende Sünde ablegen und mit Ausdauer in dem Wettkampf laufen, der uns obliegt. 2 Dabei wollen wir hinblicken auf den Anführer und Vollender unseres Glaubens, auf Jesus. Statt der Freude, die vor ihm lag, erduldete er das Kreuz, achtete nicht der Schmach und hat sich nun zur Rechten des Thrones Gottes niedergelassen. 3 Ja, betrachtet den, der solchen Widerspruch von Seiten der Sünder gegen sich erduldete, damit ihr nicht ermattet, indem ihr schlaff werdet in euren Seelen.

Die väterliche Erziehung Gottes: 12,5–13

5 Habt ihr die Tröstung vergessen, die zu euch wie zu Söhnen redet: Mein Sohn, achte die Zucht des Herrn nicht gering, und verliere den Mut nicht, wenn du von ihm zurechtgewiesen wirst. 6 Denn wen der Herr lieb hat, den züchtigt er; er schlägt jeden Sohn, den er annimmt. 7 Zum Zuchtmittel dient es, was ihr zu ertragen habt; wie mit Söhnen verfährt Gott mit euch; denn wo wäre ein Sohn, den der Vater nicht erzieht? 8 Wenn ihr aber ohne Erziehung seid, an der alle teilgehabt haben, so seid ihr ja unechte Kinder, aber keine Söhne. 9 Und dann: Unsere leiblichen Väter sind unsere Erzieher gewesen, und wir haben Achtung vor ihnen gehabt; sollen wir uns da nicht viel mehr dem Vater der Geister unterwerfen und so das Leben erlangen? 10 Denn jene erzogen uns für wenige Tage nach ihrem Gutdünken; er aber zum Besten, damit wir an seiner Heiligkeit Anteil gewinnen. 11 Jede Zucht erscheint zwar im Augenblick nicht als etwas Erfreuliches, sondern als etwas Betrübliches; nachher aber bringt sie friedvolle Frucht der Gerechtigkeit denen, die durch sie geschult sind. 12 Darum richtet auf die erschlafften Hände und die wankenden Knie, 13 und macht gerade Bahnen mit euren Füßen, damit, was lahm ist, sich nicht ausrenke, sondern geheilt werde.

Letzte Ermahnungen: 13,1–6

13 1 Die Bruderliebe soll bleiben. 2 Die Gastfreundschaft vergesst nicht. Durch sie haben ja manche, ohne es zu wissen, Engel beherbergt. 3 Gedenkt der Gefangenen wie Mitgefangene, der Misshandelten als solcher, die selbst noch im Erdenleib weilen. 4 Ehrbar sei die Ehe in jeder Hinsicht und unbefleckt das Ehebett; denn Unzüchtige und Ehebrecher wird Gott richten. 5 Frei von Geldgier sei euer Wandel. Seid zufrieden mit dem, was vorhanden ist. Er selbst hat ja gesagt: „Nimmer werde ich dich preisgeben noch jemals dich im Stich lassen“, [6]sodass wir getrost sprechen: „Der Herr ist mein Helfer, ich will mich nicht fürchten; was könnte ein Mensch mir antun?“

Über die Treue: 13,7–16

[7]Gedenkt eurer Vorsteher, die euch das Wort Gottes verkündet haben! Schauet auf den Ausgang ihres Lebens und ahmt ihren Glauben nach. [8]Jesus Christus ist derselbe gestern und heute und in Ewigkeit. [9]Lasst euch nicht verführen durch bunt schillernde und fremdartige Lehren; denn es ist gut, dass durch Gnade das Herz gefestigt werde, nicht durch Speisen, die denen keinen Nutzen brachten, die sich damit abgaben. [10]Wir haben einen Opferaltar, von dem jene zu essen keine Vollmacht haben, die dem Zelte dienen. [11]Denn die Leiber der Tiere, deren Blut durch den Hohenpriester wegen der Sünde in das Heiligtum getragen wird, verbrennt man außerhalb des Lagers. [12]Darum hat auch Jesus, um durch sein eigenes Blut das Volk zu heiligen, außerhalb des Tores gelitten. [13]So lasst uns denn zu ihm hinausgehen vor das Lager und seine Schmach tragen. [14]Denn wir haben hier keine bleibende Stadt, sondern wir suchen die zukünftige. [15]Durch ihn also wollen wir Gott allezeit ein Lobopfer darbringen, nämlich die Frucht der Lippen, die seinen Namen preisen. [16]Das Wohltun aber und das Mitteilen vergesst nicht, denn an solchen Opfern hat Gott Wohlgefallen.

17 Aus dem Jakobusbrief

Der Verfasser des Jakobusbriefes war nach Ansicht der meisten Exegeten nicht Jakobus, der Bruder des Herrn, der im Jahre 62 nach Christus als Leiter der Urgemeinde von Jerusalem hingerichtet wurde. Der Brief ist in ausgezeichnetem Griechisch geschrieben. Es ist eigentlich kein Brief, sondern eine Mahnrede, die sich an die Mahnreden stoischer Philosophen anlehnt. Vermutlich ist der Brief zwischen 80 und 100 nach Christus entstanden. Der Verfasser wendet sich an Gemeinden, die in Gefahr stehen, einen Glauben zu leben, der keine Konsequenzen mehr für das konkrete Leben hat. Daher fordert er seine Leser auf, ihren Glauben durch konkrete Werke als wirksam zu erweisen. Der Verfasser wendet sich nicht gegen Paulus, sondern gegen Kreise, die die paulinische Rechtfertigungslehre offensichtlich verfälschen.

Ihm ist wichtig, dass der Christ sich in das „vollkommene Gesetz der Freiheit vertieft" (1,25). Dieses vollkommene Gesetz der Freiheit erfordert die Freiheit von Habgier und Egoismus. Es verlangt, dass die Christen sich um die Armen kümmern und ihre Gaben mit den Armen teilen (2,1–13). Sehr eindringlich zeigt der Verfasser an konkreten Beispielen, wie der Christ nicht am Armen vorbeigehen darf. Ein Glaube, der den Nächsten übersieht, nützt zu nichts (2,16).

Der wahre Christ zeichnet sich durch Weisheit aus. Der Jakobusbrief benutzt oft den Stil von Vortragsrednern der kynisch-stoischen Philosophie, um den Leser zur wahren Weisheit zu führen. Der Christ soll mithalten im Ringen um die Weisheit. Er ist der wahrhaft weise Mensch, während Philosophen, die nur theoretisch ihr Wissen ausbreiten, von der Weisheit Gottes nichts verstanden haben. Die Weisheit Gottes kommt von oben. Sie ist „heilig, sodann friedlich, freundlich, gehorsam, voll Erbarmen und reich an guten Früchten" (3,17).

Der Verfasser geht auf die heute genauso wie damals aktuelle Frage ein, woher Krieg und Streitigkeiten kommen. Sie kommen „vom Kampf der Leidenschaften in eurem Innern" (4,1). Daher muss sich der Mensch seiner Gedanken und

Gefühle bewusst werden, um sich von ihnen nicht bestimmen zu lassen. Nur so wird er nach außen hin Frieden schaffen können. Der Jakobusbrief ermahnt die Leser zu einem Leben aus dem Glauben, zur Geduld im Leiden und zur Ausdauer im Gebet. Wer krank ist, soll die Ältesten der Gemeinde rufen, damit sie über ihn beten und ihn mit Öl salben. Diese Ermahnung ist in der Kirche zum Sakrament der Krankensalbung geworden.

So hat der Jakobusbrief, den Martin Luther gar nicht schätzte, das konkrete Leben der Christen und der kirchlichen Gemeinden immer sehr stark beeinflusst. Man kann sich der Macht der Argumentation und der sprachlichen Eindringlichkeit kaum entziehen: Der Glaube hat Konsequenzen. Er muss sich ausdrücken in einem Leben, das dem vollkommenen Gesetz der Freiheit entspricht.

Die wahre Frömmigkeit: 1,19–27

19 Ihr wisst es, meine lieben Brüder. Je-
dermann sei aber schnell (bereit) zum
Hören, langsam zum Reden, langsam
zum Zorn. 20 Denn der Zorn eines
Mannes erfüllt nicht die Gerechtigkeit
Gottes. 21 Legt darum jede Unreinig-
keit und jeden Rest von Bosheit ab
und nehmt in Sanftmut das einge-
pflanzte Wort auf, das eure Seelen zu
retten vermag. 22 Werdet Vollbringer
des Wortes und nicht bloß Hörer,
sonst betrügt ihr euch selber. 23 Denn
wenn einer (bloß) ein Hörer des Wor-
tes ist, aber kein Vollbringer, so gleicht
er einem Mann, der das Antlitz, das
die Natur ihm gab, im Spiegel betrach-
tet; 24 nachdem er sich nämlich be-
trachtet hat, ist er weggegangen und
vergisst alsbald, wie er aussah. 25 Wer
dagegen gründlich hineinschaut in
das vollkommene Gesetz der Freiheit
und (dabei) verharrt, wer kein ver-
gesslicher Hörer, sondern ein tatkräf-
tiger Vollbringer ist, der wird durch
sein Tun selig sein.

26 Wenn einer meint, er sei fromm,
ohne dass er seine Zunge im Zaume
hält, vielmehr sein Herz betrügt, des-
sen Frömmigkeit ist wertlos. 27 Eine
reine und makellose Frömmigkeit vor
Gott dem Vater ist Folgendes: Waisen
und Witwen in ihrer Not aufsuchen,
sich selbst unbefleckt bewahren von
der Welt.

Die den Armen geschuldete Achtung:
2,1–13

2 1 Meine Brüder, haltet den Glau-
ben an unseren verherrlichten
Herrn Jesus frei von Menschenrück-
sichten. 2 Wenn nämlich in eure Ver-
sammlung ein Mann mit goldenem
Ring und in prächtigem Gewand ein-
tritt, es tritt zugleich aber auch ein Ar-
mer in schmutzigem Kleide ein, 3 ihr
jedoch wendet den Blick auf den, der
das prächtige Gewand trägt, und
sprecht: „Du, setz dich hier bequem
hin“, während ihr zu dem Armen
sagt: „Du, stell dich dorthin oder setz
dich unten an meinen Fußschemel“,
4 habt ihr da nicht in euch parteiisch
geurteilt und seid zu Richtern gewor-
den aus schlimmen Erwägungen he-
raus?

5 Hört, meine lieben Brüder. Hat
nicht Gott die, welche vor der Welt
arm sind, zu Reichen im Glauben
und zu Erben des Reiches auserwählt,
das er denen verheißen hat, die ihn lie-
ben? 6 Ihr aber habt den Armen ver-
ächtlich behandelt. Sind es nicht gera-
de die Reichen, die euch gewaltsam
unterdrücken, und sind sie es nicht,
die euch vor die Gerichte schleppen?
7 Sind sie es nicht, die den schönen
Namen lästern, der über euch angeru-
fen wurde? 8 Allerdings, wenn ihr das
königliche Gesetz erfüllt der Schrift
gemäß: „Du sollst deinen Nächsten
lieben wie dich selbst“, so tut ihr gut.
9 Wenn ihr aber Menschenrücksichten
walten lasst, so begeht ihr Sünde und
werdet vom Gesetz als Übertreter
überführt.

10 Wer nämlich das ganze Gesetz hält, aber in einem einzigen Punkte fehlt, der ist in allen (Punkten) schuldig geworden. 11 Der nämlich gesagt hat: „Du sollst nicht ehebrechen“, der hat auch gesagt: „Du sollst nicht töten.“ Wenn du nun zwar die Ehe nicht brichst, aber tötest, so bist du zu einem Übertreter des Gesetzes geworden. 12 So redet und so handelt wie solche, die durch das Gesetz der Freiheit gerichtet werden sollen. 13 Denn das Gericht ist ohne Erbarmen für den, der kein Erbarmen geübt hat. Erbarmen jedoch triumphiert über das Gericht.

Glaube und Werke: 2,14–26

14 Was nutzt es, meine Brüder, wenn jemand behauptet, Glauben zu haben, ohne dass er Werke hat? Kann der Glaube ihn retten? 15 Wenn da ein Bruder oder eine Schwester keine Kleider haben und des täglichen Unterhaltes entbehren 16 und einer von euch sagt ihnen: „Geht hin in Frieden, wärmt euch und esst euch satt“ – ihr gebt ihnen aber nicht, was dem Leibe Not tut –, was nutzt das? 17 So ist es auch mit dem Glauben, wenn er keine Werke hat; für sich allein ist er tot.

18 Doch wird man sagen: „Du hast Glauben, und ich habe Werke?“ Zeige mir deinen Glauben ohne die Werke, dann will ich dir aus meinen Werken meinen Glauben zeigen. 19 Du glaubst, dass es nur einen einzigen Gott gibt. Da tust du recht. Auch die Dämonen glauben das und zittern. 20 Willst du nun aber einsehen, du hohler Mensch, dass der Glaube ohne die Werke wirkungslos ist? 21 Abraham, unser Vater, ist er nicht aus Werken gerechtfertigt worden, da er seinen Sohn Isaak auf dem Altar opferte? 22 Da siehst du, dass sein Glaube mit seinen Werken zusammenwirkte und dass durch die Werke der Glaube zur Vollendung gebracht wurde. 23 So erfüllte sich die Schrift, die da sagt: „Abraham glaubte Gott, und das ward ihm zur Gerechtigkeit angerechnet, und er wurde Gottes Freund genannt.“

24 Ihr seht (also), dass der Mensch aus Werken gerechtfertigt wird, aber nicht aus Glauben allein. 25 Ebenso aber auch Rahab, die Buhlerin; wurde sie nicht aus Werken gerechtfertigt, als sie die Kundschafter aufnahm und auf einem anderen Weg entkommen ließ? 26 Denn wie der Leib ohne Geist tot ist, so ist auch der Glaube ohne Werke tot.

Wahre und falsche Weisheit: 3,13–18

13 Wer ist weise und verständig unter euch? Er zeige durch seinen geordneten Wandel seine Werke in sanftmütiger Weisheit. 14 Wenn ihr aber bittere Eifersucht und Streitsucht in eurem Herzen habt, dann prahlt nicht wider die Wahrheit und lügt nicht wider sie. 15 Das ist nicht die Weisheit, die von oben herab kommt, sondern sie ist irdisch, sinnlich, dämonisch. 16 Denn wo Eifersucht und Streitsucht (sind), da gibt es Unordnung und jegliche Art von schlechtem Tun. 17 Die

Weisheit, die von oben stammt, ist zuerst keusch, dann friedliebend, milde, nachgiebig, voll Erbarmen und guter Früchte, unparteiisch, ohne Heuchelei. 18 Die Frucht der Gerechtigkeit aber wird in Frieden gesät für jene, die Frieden schaffen.

Gegen die Zwietracht: 4,1–12

4 1 Woher (kommen) Kriege und woher Kämpfe unter euch? Nicht daher: aus euren Lüsten, die in euren Gliedern streiten? 2 Ihr begehrt und besitzt nicht? Also tötet ihr. Ihr eifert und erreicht doch nicht? Also kämpft ihr und führt Krieg. Ihr besitzt nicht, weil ihr nicht bittet. 3 Ihr bittet zwar, aber ihr empfangt nicht, weil ihr in der schlechten Absicht bittet, es in euren Lüsten zu vergeuden.

4 Ihr Ehebrecher, wisst ihr nicht, dass die Freundschaft mit der Welt Feindschaft mit Gott ist? Wer also ein Freund der Welt sein will, erweist sich als Feind Gottes. 5 Oder meint ihr, die Schrift sage umsonst: „Voll Eifersucht verlangt er nach dem Geist, den er in uns Wohnung nehmen ließ"? 6 Umso größer aber ist die Gnade, die er schenkt. Darum sagt (die Schrift): „Gott widersteht den Hoffärtigen, den Demütigen aber gibt er Gnade." 7 Unterwerft euch also Gott. Widersteht aber dem Teufel, so wird er von euch fliehen. 8 Nahet euch Gott, so wird er sich euch nahen. Reinigt die Hände, ihr Sünder, und heiligt die Herzen, ihr Menschen mit geteilter Seele. 9 Fühlt euer Elend, trauert und weint. Euer Lachen soll sich in Trauer kehren und die Freude in Niedergeschlagenheit. 10 Demütigt euch vor dem Herrn, so wird er euch erhöhen.

11 Brüder, verleumdet einander nicht. Wer seinen Bruder verleumdet oder seinen Bruder richtet, der verleumdet das Gesetz und richtet das Gesetz. Wenn du aber das Gesetz richtest, so bist du kein Täter des Gesetzes, sondern Richter. 12 Einer nur ist der Gesetzgeber und Richter, er, der die Macht hat, zu retten und zu verderben. Du aber, wer bist du, dass du den Nächsten richtest?

Abschließende Mahnungen: 5,13–20

13 Leidet jemand unter euch? Er soll beten. Ist jemand guten Mutes? Er soll Psalmen singen. 14 Ist jemand unter euch krank? Er soll die Presbyter der Gemeinde zu sich rufen lassen. Die sollen über ihn beten, indem sie ihn mit Öl salben im Namen des Herrn. 15 Und das Gebet des Glaubens wird den Kranken retten, und der Herr wird ihn aufrichten; und wenn er Sünden begangen hat, so wird ihm vergeben werden. 16 Bekennet also einander eure Sünden und betet füreinander, auf dass ihr Heilung erlangt. Viel vermag beharrliches Gebet eines Gerechten.

17 Elija war ein Mensch von gleicher Art wie wir, und er betete inständig, dass es nicht regnen sollte, und es regnete nicht auf der Erde drei Jahre und sechs Monate. 18 Und wieder betete er, und der Himmel spendete Regen, und

die Erde ließ ihre Frucht emporspros-
sen.
19 Meine Brüder! Wenn einer unter
euch von der Wahrheit abgeirrt ist
und es führt ihn jemand zurück, 20 so
soll er wissen: Wer einen Sünder von
seinem Irrweg zurückführt, der wird
seine Seele vom Tode erretten und
eine Menge von Sünden zudecken.

18 *Aus dem ersten und zweiten Petrusbrief*

Der erste Petrusbrief *ist etwa zwischen 70 und 100 entstanden. Der Autor beruft sich auf die Autorität des Petrus, um die Christen, die unter der Feindschaft römischer Behörden und ihrer heidnischen Umwelt leiden, zu ermutigen. Er will sie zu einem Leben aus der Hoffnung ermutigen in einer Situation, die nach außen hin den Glauben immer mehr erschwert. Wer in der lebendigen Hoffnung auf das unzerstörbare Heil lebt, den können die Prüfungen nicht bezwingen (1,3–12). Er kann im Leiden trotzdem aus der Freude leben. Wer im Eifer für das Gute lebt, der kann von bösen Menschen nicht wirklich verletzt werden (3,13).*

Der erste Petrusbrief ruft auch uns auf, „jedem Rede und Antwort zu stehen, der nach der Hoffnung fragt, die euch erfüllt" (3,15). Wer trotz der Leiden an der Hoffnung festhält, der hat verstanden, wer Jesus ist und was Jesu Erlösung für ihn bedeutet. Und er legt durch seine Existenz Zeugnis ab für Jesus Christus.

Der zweite Petrusbrief *ist wohl die späteste Schrift des Neuen Testamentes. Er ist zwischen 110 und 150 von einem hellenistischen Judenchristen verfasst worden, der sich auf die Autorität des Petrus beruft und seinen Brief als Testament an die Gemeinden versteht, die nicht wie im ersten Petrusbrief von außen bedroht werden, sondern inneren Gefahren durch Abfall und Irrlehren ausgesetzt sind.*

Der Autor sieht das Heil, das uns in Christus zuteil wurde als „Anteil an der göttlichen Natur" (1,4). Wir sind in unserer ganzen Natur durch Christus anders geworden, vergöttlicht worden. Doch diese Verwandlung unserer Existenz muss sich in einem neuen Verhalten ausdrücken, in Tugenden wie Selbstbeherrschung, Ausdauer, Frömmigkeit, Brüderlichkeit und Liebe (1,5–7). Der Autor übersetzt die Erfahrung des christlichen Heils in hellenistisches Denken, das beeinflusst war durch verschiedene religiöse Richtungen aus Persien, Griechenland und Ägypten. Unser Heil besteht in einer neuen göttlichen Kraft, in Tüchtigkeit und in der Herrlichkeit Gottes, die uns in Christus zuteil wird.

Das ist eine Aussage, die auch auf die heutige Sehnsucht der Esoterik eingeht und heute die Menschen zu faszinieren vermag. Der Autor vermag die

Verklärung Christi in wunderbaren Bildern zu beschreiben. Die Botschaft von der machtvollen Ankunft Christi und seiner Herrlichkeit auf dem Berg ist für uns wie ein „Licht, das an einem finsteren Ort scheint, bis der Tag anbricht und der Morgenstern aufgeht in euren Herzen" (1,19). Der zweite Petrusbrief fordert uns heraus, das Licht der biblischen Botschaft in unsere Zeit zu bringen, damit die Dunkelheit dieser Zeit von Christus erleuchtet wird.

Aus dem ersten Petrusbrief

Anschrift und Gruß: 1,1–2

1 [1]Petrus, Apostel Jesu Christi, an die Fremdlinge in der Zerstreuung in Pontus, Galatien, Kappadozien, Asien und Bithynien, auserwählt [2]nach dem Vorherwissen Gottes des Vaters, in der Heiligung des Geistes, zum Gehorsam und zur Besprengung mit dem Blut Jesu Christi. Gnade sei euch und Friede in Fülle.

Einleitung. Das Heil der Christen: 1,3–9

[3]Gepriesen sei der Gott und Vater unseres Herrn Jesus Christus, der nach seiner großen Barmherzigkeit uns wieder geboren werden ließ durch die Auferstehung Jesu Christi von den Toten zu einer lebendigen Hoffnung, [4]zu einem unvergänglichen und unbefleckten und unverwelklichen Erbe, das im Himmel aufbewahrt ist für euch, [5]die ihr in Gottes Kraft durch den Glauben behütet werdet für das Heil, das bereitsteht, um am Ende der Zeit offenbart zu werden. [6]Darüber frohlockt, wenn ihr auch jetzt ein wenig, falls es sein muss, durch mancherlei Prüfungen Trübsal erduldet, [7]damit die Erprobung eures Glaubens, viel kostbarer als vergängliches Gold, das durch Feuer erprobt wird, sich erweise zu Lob und Herrlichkeit und Ehre bei der Offenbarung Jesu Christi: [8]Ihn liebt ihr, ohne ihn gesehen zu haben; an ihn glaubend, ohne ihn jetzt zu schauen, jubelt ihr in unsagbarer und verklärter Freude, [9]wenn ihr das Ziel eures Glaubens erreicht, das Heil der Seelen.

Die Hoffnung der Propheten: 1,10–12

[10]Nach diesem Heil suchten und forschten die Propheten, die über die euch zugesagte Gnade weissagten. [11]Sie forschten nach, auf welche Zeit oder auf was für eine Zeitlage der Geist Christi in ihnen hinweise, indem er die für Christus bestimmten Leiden und die darauf folgenden Verherrlichungen im Voraus bezeugte. [12]Ihnen ward offenbart, dass sie nicht sich selbst, sondern euch einen Dienst erweisen sollten mit dem, was euch jetzt verkündet worden ist durch jene, die euch in der Kraft des vom Himmel gesandten Heiligen Geistes das Evangelium brachten, worin Einblick zu gewinnen Engel begehren.

Unter den Brüdern: 3,8–12

[8]Ihr alle schließlich, seid einträchtig, mitfühlend, brüderlich, barmherzig, demütig. [9]Vergeltet nicht Böses mit Bösem oder Schmähung mit Schmähung. Im Gegenteil, segnet; denn dazu seid ihr berufen, damit ihr Segen erbet. [10]Denn wer das Leben lieben und gute Tage sehen will, der halte seine Zunge fern vom Bösen und seine Lippen von trügerischer Rede. [11]Er wende sich vom Bösen ab und tue Gutes, er suche Frieden und jage ihm nach. [12]Denn die Augen des Herrn sind zu-

gewandt den Gerechten und seine Ohren ihrem Flehen; aber das Antlitz des Herrn wendet sich gegen die Übeltäter.

Ermahnungen. An die Alten: 5,1–4

5 [1] Die Ältesten unter euch ermahne ich als Mitältester und Zeuge der Leiden Christi, aber zugleich auch als Mitgenosse der einst sich offenbarenden Herrlichkeit: [2] Weidet die euch anvertraute Herde Gottes und habt acht auf sie, nicht gezwungen, sondern aus freien Stücken, wie Gott es will, auch nicht aus schmutziger Gewinnsucht, sondern mit Hingabe, [3] auch nicht als wäret ihr Herren des Erbes, sondern als Vorbilder der Herde. [4] Wenn dann der höchste Hirte erscheint, werdet ihr den unverwelklichen Kranz der Herrlichkeit erlangen.

An die Gläubigen: 5,5–11

[5] Ebenso ihr Jüngeren, seid den Ältesten untertan. Ihr alle aber, legt im gegenseitigen Verkehr das Kleid der Demut an; denn Gott widersteht den Hochmütigen, den Demütigen aber gibt er Gnade. [6] Demütigt euch also unter die starke Hand Gottes, auf dass er euch zur rechten Zeit erhöhe. [7] All eure Sorge werfet auf ihn, denn ihm liegt an euch. [8] Seid nüchtern und wachet. Euer Widersacher, der Teufel, streift umher wie ein brüllender Löwe und sucht, wen er verschlinge. [9] Ihm widersteht standhaft im Glauben, da ihr wisst, dass dieselben Leiden euren in der Welt (zerstreuten) Brüdern auferlegt sind. [10] Der Gott aller Gnade aber, der euch in Christus zu seiner ewigen Herrlichkeit berufen hat, wird euch nach kurzem Leiden selber ausrüsten, stärken, kräftigen und auf festen Grund stellen. [11] Sein ist die Macht in alle Ewigkeit. Amen.

Aus dem zweiten Petrusbrief

Das apostolische Zeugnis: 1,12–18

[12] Darum will ich darauf bedacht sein, euch stets an diese Dinge zu erinnern, obwohl ihr sie kennt und in der gegenwärtigen Wahrheit fest gegründet seid. [13] Ich erachte es aber für meine Pflicht, solange ich in diesem Zelte weile, euch durch (solche) Erinnerung aufzurütteln. [14] Weiß ich doch, dass der Abbruch meines Zeltes rasch erfolgen wird, wie es mir auch unser Herr Jesus Christus geoffenbart hat. [15] Ich will mich aber darum bemühen, dass ihr jederzeit in der Lage seid, nach meinem Hingang euch an diese Dinge zu erinnern.

[16] Wir sind ja keinen ausgeklügelten Fabeln gefolgt, als wir euch die Macht und die Ankunft unseres Herrn Jesus Christus kundtaten, sondern wir sind Augenzeugen seiner Majestät gewesen. [17] Denn er empfing von Gott dem Vater Ehre und Herrlichkeit, da von der hocherhabenen Herrlichkeit die Stimme an ihn erging: „Dies ist mein Sohn, der geliebte, an dem ich Wohlgefallen fand.“ [18] Und diese Stim-

me hörten wir, als wir mit ihm auf dem heiligen Berge waren, vom Himmel kommen.

Das prophetische Wort: 1,19–21

19 Und so besitzen wir das prophetische Wort umso fester, und ihr tut gut, darauf zu achten wie auf eine Leuchte, die am finsteren Ort scheint,
bis der Tag anbricht und der Morgenstern aufgeht in euren Herzen.
20 Dies aber erkennt zuerst, dass keine Schriftweissagung eine eigenmächtige Auslegung zulässt.

21 Denn niemals erfolgte eine Weissagung durch menschliche Willkür, sondern, vom Heiligen Geiste getrieben, haben Menschen von Gott her geredet.

19 *Aus dem ersten und zweiten Johannesbrief*

Die drei Johannesbriefe sind vermutlich alle von dem gleichen Verfasser geschrieben. Der Autor stammt aus dem Bereich der johanneischen Gemeinden. Er setzt das Johannesevangelium voraus. Und er versucht, gegen eine Fehlinterpretation des Johannesevangeliums auf die richtige Lehre hinzuweisen, auf die Menschlichkeit Jesu und auf die Konkretisierung des Glaubens in einem neuen Verhalten.

Der erste Johannesbrief *ist eine Kampfschrift gegen die Irrlehrer. Er ist vermutlich zwischen 90 und 100 entstanden. Den* zweiten *und* dritten Johannesbrief *schrieb der Autor, als die Irrlehrer aus der Johannesgemeinde ausgezogen waren und anderswo nach Anhängern suchten.*

In seinem Kampf gegen Missdeutungen der christlichen Botschaft macht der Autor wunderbare positive Aussagen: „Gott ist Licht, und keine Finsternis ist in ihm" (1 Joh 1,5). Aber wer im Licht ist, muss sich auch danach verhalten. Die andere Aussage bezieht sich auf die Liebe, das große Thema der Johannesbriefe: „Gott ist die Liebe, und wer in der Liebe bleibt, bleibt in Gott, und Gott bleibt in ihm" (4,16). Nur wer den Bruder und die Schwester liebt, hat verstanden, wer Gott ist. Die Erfahrung der Liebe ist zugleich Erfahrung Gottes. Und Gott kann nur der spüren, der in sich die Liebe spürt, in dem die Liebe fließt, nicht nur zu Gott hin, sondern zu jedem Menschen, ja zur ganzen Schöpfung.

Licht und Liebe sind nicht nur Kennzeichen Gottes, sondern sie prägen auch die christliche Existenz. Aber im Licht und in der Liebe ist nur der, der sich ganz konkret für den Bruder und für die Schwestern einsetzt. Alles schwärmerische Begeistertsein von einer Liebe, die keine Auswirkungen hat, ist eine Verfälschung der Botschaft Jesu. Der zweite Johannesbrief erweitert die Beschreibung der Liebe: „Die Liebe besteht darin, dass wir nach seinen Geboten leben" (6).

Aus dem ersten Johannesbrief

Leben als Kinder Gottes: 3,1–2

3 1 Schaut doch, was für eine Liebe
uns der Vater geschenkt hat, dass
wir Kinder Gottes genannt werden,
und wir sind es. Deshalb erkennt uns
die Welt nicht, weil sie ihn nicht er-
kannt hat.

2 Geliebte, jetzt (schon) sind wir
Kinder Gottes. Und noch ist nicht of-
fenbar geworden, was wir sein wer-
den. Wir wissen, dass wir, wenn es
sich offenbart, ihm ähnlich sein wer-
den, weil wir ihn schauen werden, so
wie er ist.

Erste Voraussetzung – Mit der Sünde brechen: 3,3–10

3 Und jeder, der diese Hoffnung auf
ihn hat, heiligt sich, so wie auch er
heilig ist. 4 Jeder, der die Sünde tut, tut
auch die Bosheit, und die Sünde ist die
Bosheit. 5 Und ihr wisst, dass er er-
schienen ist, damit er die Sünden weg-
nehme, und Sünde gibt es in ihm
nicht. 6 Jeder, der in ihm bleibt, sün-
digt nicht. Jeder, der sündigt, hat ihn
nicht geschaut und hat ihn auch nicht
erkannt. 7 Liebe Kinder! Niemand soll
euch irreführen. Wer die Gerechtig-
keit tut, der ist gerecht, wie er gerecht
ist. 8 Wer die Sünde tut, ist vom Teufel,
weil der Teufel von Anfang an sün-
digt. Dazu ist der Sohn Gottes erschie-
nen, dass er die Werke des Teufels zer-
störe. 9 Jeder, der aus Gott gezeugt ist,
tut keine Sünde, weil sein (Gottes) Sa-
me in ihm bleibt. Und er kann nicht
sündigen, weil er aus Gott gezeugt ist.
10 Daran werden die Kinder Gottes
und die Kinder des Teufels offenbar:
Jeder, der nicht Gerechtigkeit übt, ist
nicht aus Gott, und der seinen Bruder
nicht liebt.

Zweite Voraussetzung – Die Gebote halten, besonders das Liebesgebot: 3,11–24

11 Denn das ist die Botschaft, die ihr
von Anfang an gehört habt, dass wir
einander lieben sollen. 12 Nicht wie
Kain, der aus dem Bösen war und sei-
nen Bruder ermordet hat. Und warum
hat er ihn ermordet? Weil seine Werke
böse waren, die seines Bruders aber
gerecht. 13 Wundert euch nicht, Brü-
der, wenn die Welt euch hasst. 14 Wir
wissen, dass wir aus dem Tode ins Le-
ben hinübergeschritten sind, weil wir
die Brüder lieben. Wer nicht liebt,
bleibt im Tode. 15 Jeder, der seinen
Bruder hasst, ist ein Menschenmör-
der, und ihr wisst, dass kein Men-
schenmörder ewiges Leben als dau-
ernden Besitz hat. 16 Daran haben wir
die Liebe erkannt, dass *er* sein Leben
für uns hingegeben hat. Und auch
wir sind verpflichtet, für die Brüder
das Leben hinzugeben. 17 Wenn einer
die Güter der Welt besitzt und seinen
Bruder Not leiden sieht und sein Herz
vor ihm verschließt, wie kann in dem
die Liebe Gottes bleiben? 18 Liebe Kin-
der! Wir wollen nicht mit Worten lie-
ben und mit der Zunge, sondern in
Tat und Wahrheit. 19 Daran werden
wir erkennen, dass wir aus der Wahr-

heit sind. Und wir werden vor seinem Angesicht unser Herz zur tröstlichen Gewissheit bringen. 20 Denn wenn unser Herz uns anklagt, so ist Gott größer als unser Herz, und er weiß alles.

21 Geliebte, wenn unser Herz uns nicht anklagt, dann haben wir freudige Zuversicht zu Gott 22 und erhalten von ihm, um was wir bitten, weil wir seine Gebote halten und tun, was vor ihm wohlgefällig ist. 23 Und das ist sein Gebot, dass wir an den Namen seines Sohnes Jesus Christus glauben und einander lieben, wie er es uns geboten hat. 24 Und wer seine Gebote hält, der bleibt in Gott und Gott in ihm. Und daran erkennen wir, dass er in uns bleibt: an dem Geiste, den er uns gegeben hat.

Dritte Voraussetzung – Sich vor den Antichristen und der Welt bewahren: 4,1–6

4 1 Geliebte, glaubet nicht jedem Geiste, sondern prüfet die Geister, ob sie aus Gott sind; denn viele falsche Propheten sind ausgegangen in die Welt. 2 Daran erkennt ihr den Geist Gottes: Jeder Geist, der Jesus als den im Fleische gekommenen Christus bekennt, ist aus Gott. 3 Und jeder Geist, der Jesus nicht bekennt, ist nicht aus Gott. Und das ist der Geist des Antichrist, von dem ihr gehört habt, dass er kommt. Und jetzt ist er bereits in der Welt.

4 Ihr seid aus Gott, Kinder, und habt sie besiegt, weil der, der in euch ist, größer ist als der in der Welt. 5 Sie sind aus der Welt. Deshalb reden sie aus der Welt, und die Welt hört auf sie. 6 Wir sind aus Gott. Wer Gott kennt, hört auf uns. Wer nicht aus Gott ist, hört nicht auf uns. Daran erkennen wir den Geist der Wahrheit und den Geist des Truges.

Ursprung der Liebe: 4,7 – 5,4

7 Geliebte, wir wollen einander lieben, denn die Liebe ist aus Gott, und jeder, der liebt, ist aus Gott gezeugt und kennt Gott. 8 Wer nicht liebt, hat Gott nicht erkannt, denn Gott ist die Liebe. 9 Darin ist die Liebe Gottes unter uns erschienen, dass Gott seinen einziggezeugten Sohn in die Welt gesandt hat, damit wir durch ihn leben. 10 Darin besteht die Liebe, nicht dass wir Gott geliebt haben, sondern dass er uns geliebt und seinen Sohn als Sühne für unsere Sünden gesandt hat.

11 Geliebte, wenn Gott uns so geliebt hat, müssen auch wir einander lieben. 12 Gott hat kein Mensch je gesehen. Wenn wir einander lieben, dann bleibt Gott in uns, und seine Liebe ist in uns vollendet. 13 Daran erkennen wir, dass wir in ihm bleiben und er in uns, dass er uns von seinem Geiste gegeben hat. 14 Und wir haben mit Augen gesehen und bezeugen es, dass der Vater den Sohn gesandt hat als Erlöser der Welt. 15 Wer bekennt, dass Jesus der Sohn Gottes ist, in dem bleibt Gott und er in Gott. 16 Und wir haben die Liebe, die Gott zu uns hat, erkannt und geglaubt: Gott ist Liebe, und wer in der Liebe bleibt, der bleibt in Gott, und Gott bleibt in ihm.

17 Darin ist die Liebe unter uns voll-
endet, dass wir freudige Zuversicht
haben am Tage des Gerichtes, weil,
wie *er* ist, so auch wir sind in dieser
Welt. Furcht ist nicht in der Liebe,
18 sondern die vollendete Liebe treibt
die Furcht aus; denn die Furcht hat es
mit Strafe zu tun; wer sich also fürch-
tet, ist in der Liebe nicht vollendet.

19 Wir lieben, weil er uns zuerst ge-
liebt hat. 20 Wenn einer behauptet: „Ich
liebe Gott", und seinen Bruder hasst,
dann ist er ein Lügner. Denn wer sei-
nen Bruder, den er vor Augen hat,
nicht liebt, der vermag Gott, den er
nicht gesehen hat, (erst recht) nicht
zu lieben. 21 Und wir haben dieses Ge-
bot von ihm: Wer Gott liebt, soll auch
seinen Bruder lieben.

5 1 Jeder, der glaubt, dass Jesus der
Christus ist, ist aus Gott gezeugt.
Und jeder, der den Erzeuger liebt, liebt
auch den von ihm Erzeugten. 2 Daran
erkennen wir, dass wir die Kinder
Gottes lieben, wenn wir Gott lieben
und seine Gebote ausführen.

3 Denn darin besteht die Liebe zu
Gott, dass wir seine Gebote halten.
Und seine Gebote sind nicht schwer.
4 Denn jeder von Gott Gezeugte be-
siegt die Welt. Und das ist der Sieg,
der die Welt besiegt: unser Glaube.

Ursprung des Glaubens: 5,5–13

5 Wer aber ist der, der die Welt besiegt,
wenn nicht der, der da glaubt, dass Je-
sus der Sohn Gottes ist? 6 Der ist es,
der durch Wasser und Blut gekom-
men ist, Jesus Christus; nicht im Was-
ser allein, sondern im Wasser und im
Blute. Und der Geist ist es, der Zeug-
nis gibt, weil der Geist die Wahrheit
ist.

7 Denn drei sind es, die Zeugnis ge-
ben: 8 der Geist und das Wasser und
das Blut, und diese drei stimmen über-
ein.

9 Wenn wir das Zeugnis der Men-
schen annehmen, so ist das Zeugnis
Gottes größer. Denn darin besteht
das Zeugnis Gottes, dass er Zeugnis
abgelegt hat über seinen Sohn. 10 Wer
an den Sohn Gottes glaubt, besitzt das
Zeugnis in sich. Wer Gott nicht
glaubt, hat ihn eben damit zum Lüg-
ner gemacht, weil er dem Zeugnis, das
Gott über seinen Sohn abgelegt hat,
seinen Glauben versagt hat. 11 Und da-
rin besteht das Zeugnis, dass Gott uns
ewiges Leben geschenkt hat, und die-
ses Leben in seinem Sohn. 12 Wer den
Sohn hat, hat das Leben. Wer den
Sohn Gottes nicht hat, hat auch das
Leben nicht.

13 Dieses habe ich euch geschrieben,
damit ihr wisset, dass ihr ewiges Le-
ben habt, die ihr an den Namen des
Sohnes Gottes glaubt.

Aus dem zweiten Johannesbrief

Das Gebot der Liebe: 4–6

4 Es war für mich eine überaus große
Freude, unter deinen Kindern solche
zu finden, die in der Wahrheit wan-
deln entsprechend dem Gebote, das

wir vom Vater erhalten haben. 5 Und
nun bitte ich dich, Herrin, nicht als
ob ich dir ein neues Gebot schriebe,
sondern das, das wir von Anfang an
hatten, nämlich dass wir einander lie-
ben sollen. 6 Und darin besteht die Lie-
be, dass wir nach seinen Geboten
wandeln. Das ist das Gebot, wie ihr
es von Anfang an gehört habt, dass
ihr in ihr (in der Liebe) wandeln sollt.

Die Antichristen: 7–9

7 Denn viele Verführer sind ausgezo-
gen in die Welt, die sich nicht zu Jesus
Christus als im Fleische kommend be-
kennen. Das ist der Verführer und der
Antichrist. 8 Achtet auf euch, damit
ihr nicht verliert, was ihr erarbeitet
habt, sondern vollen Lohn empfanget.
9 Jeder, der weitergeht und nicht in der
Lehre Christi verbleibt, hat Gott nicht.
Wer in der Lehre verbleibt, der hat so-
wohl den Vater als auch den Sohn.

20 Aus dem Judasbrief

Der Verfasser des Judasbriefes *beruft sich auf Judas, den Bruder des Jakobus. Er ist im Umkreis der Herrenbrüder und ihrer Familien zu suchen. Er schreibt an judenchristliche Gemeinden, wohl um das Jahr 90.*

Der Anlass des Briefes ist die Sorge, dass die Gemeinden durch Irrlehrer, die sich auf die Gnosis berufen, verwirrt werden. Der Autor wendet sich gegen einen Missbrauch der christlichen Freiheit. Er schreibt dabei weniger über den Inhalt des Glaubens, als vielmehr um die ethische Verwirklichung des Glaubens. Das Judenchristentum hat immer den Akzent auf die konkrete Lebensweise gelegt, die aus dem Glauben heraus kommt und die das beste Zeugnis des Glaubens ist.

In dem zitierten Text wird das Wesen des Glaubens zusammengefasst: an der Liebe Gottes festzuhalten und auf das Erbarmen Jesu Christi zu warten. Der wahre Christ lässt sich von der Liebe Gottes erfüllen und antwortet auf Gottes Liebe mit Erbarmen und Frieden gegenüber allen Menschen. Wer fest im Glauben steht, urteilt nicht über Menschen, die voller Zweifel sind, sondern erbarmt sich ihrer (Vers 22).

Die Christen als Geliebte Gottes zeichnet herzliches Erbarmen aus: Nicht Urteilen, sondern Verstehen, nicht Ausschließen, sondern Aufnehmen derer, die auf der Suche sind, darin besteht Leben aus dem Glauben an Jesus Christus, der in der lukanischen Bergpredigt die Barmherzigkeit als die Haltung verkündet hat, die Gott am meisten entspricht.

Mahnungen an die Gläubigen. Die Lehre der Apostel: 17–19

17 Ihr aber, Geliebte, gedenkt der Wor-
te, die von den Aposteln unseres
Herrn Jesus Christus vorausgesagt
worden sind, 18 da sie euch zu sagen
pflegten: In der letzten Zeit wird es
Spötter geben, die nach ihren gott-
losen Lüsten wandeln. 19 Das sind die
Leute, die Parteien bilden, Sinnen-
menschen, denen der Geist fehlt.

Die Pflichten der Liebe: 20–23

20 Ihr aber, Geliebte, baut euch auf eu-
rem hochheiligen Glauben auf; betet
im Heiligen Geiste. 21 Bewahret euch
in der Liebe Gottes, und harret auf
das Erbarmen unseres Herrn Jesus
Christus zum ewigen Leben. 22 Die
einen weiset zurecht, da sie noch
schwanken; 23 die anderen rettet, in-
dem ihr sie aus dem Feuer reißet; mit
den Dritten habt Mitleid in Furcht,
und verabscheut sogar das vom
Fleisch befleckte Kleid.

Doxologie: 24–25

24 Ihm aber, der die Macht hat, euch
vor jedem Fehltritt zu bewahren und
euch untadelig in Frohlocken vor das
Angesicht seiner Herrlichkeit hin-
zustellen, 25 ihm, dem alleinigen Gott,
unserem Erlöser, durch Jesus Christus,
unseren Herrn, gebührt Herrlichkeit,
Majestät, Kraft und Herrschaft vor al-
ler Zeit und jetzt und in alle Ewigkeit.
Amen.

21 *Aus der Offenbarung des Johannes (Apokalypse)*

Die Offenbarung des Johannes *hat seit jeher die Menschen bewegt. Aber kaum ein Buch des Neuen Testamentes wurde so oft missbraucht. Immer wenn die Welt in eine Krise geriet, hat man auf die Offenbarung zugegriffen, um die Schreckensbilder als Beginn des Endes der Welt zu deuten. Sensationslüstern hat man dann immer wieder genau das Ende der Welt vorausgesagt.*

Doch die Offenbarung des Johannes hat eine andere Bedeutung. Sie greift die apokalyptische Tradition auf. Apokalypse heißt Enthüllung. Die apokalyptischen Texte deuten jeweils die geschichtliche Situation, um die Menschen zu trösten und zu ermutigen. Daher ist die Offenbarung des Johannes kein Schreckensbuch, sondern ein Trostbuch. Sie deutet die Situation der Christen in der Verfolgungszeit unter dem römischen Kaiser Domitian (81–96 n. Chr.). Und sie will den Blick der Christen mitten in der bedrängenden Zeit auf das Heil richten, das in Christus schon angebrochen ist und das Gott in einem die Geschichte aufhebenden Akt unwiderruflich aufrichten wird.

Die apokalyptischen Texte deuten aber nicht nur die äußeren Katastrophen. Man kann sie auch als Beschreibung der inneren Situation eines Menschen verstehen. Es gibt Menschen, die in ihrer Psyche katastrophale Vorstellungen haben, die sich oft in Träumen und Bildern äußern. Da haben die Menschen den Eindruck, dass sich ihr seelischer Horizont verdunkelt, dass die Sterne zur Erde fallen und die Sonne aufhört zu scheinen.

Das sind innere Bilder für das Auseinanderfallen der Seele, für Verzweiflung und Bedrängnis und für die Angst vor dem eigenen Untergang. In diese katastrophale Seelenhaltung spricht uns die Offenbarung des Johannes Trost: „Auch wenn alles in dir zusammenbrechen mag, richte deinen Blick nach oben. Gott wirkt schon in dir. Er wird einen neuen Himmel und eine neue Erde in dir errichten. Du wirst teilhaben am endgültigen Heil. Dein Leben wird gelingen."

Der Autor der Offenbarung nennt sich Johannes. Er war nicht der Sohn des Zebedäus, sondern eine hochgeschätzte Persönlichkeit in den johanneischen Gemeinden. Er ist sicher auch nicht identisch mit dem Autor des Johannesevangeliums. Er schreibt ein Griechisch, das stark von semitischen Stilmitteln geprägt ist. Er kennt das Alte Testament und die jüdische Tradition und verwendet sie, um das Heil zu beschreiben, das in Jesus Christus angebrochen ist und in ihm vollendet werden wird.

Das letzte biblische Buch wurde etwa um das Jahr 90 geschrieben, noch in der Regierungszeit von Kaiser Domitian. Es hat eine hymnische und liturgische Sprache und arbeitet immer wieder mit einer uns kaum mehr verständlichen Zahlensymbolik. Drei Zyklen von Plagen, die die Menschen auf der Erde bedrängen, werden in den sieben Siegeln (6,1–17), den sieben Posaunen (8,7 – 9,21; 11,15–19) und den sieben Zornesschalen (16,2–21) beschrieben. Die Plagen sind nur das Vorspiel für die Übernahme der Herrschaft durch Jesus Christus.

Das 19. Kapitel lässt bedrängte Christen einen Blick in den Himmel tun, in dem eine große Schar von Erlösten Gott anbetet und ihm Jubellieder singt. Sie feiern die Hochzeit des Lammes (19,7f.).

In jedem Gottesdienst haben wir teil an dieser grandiosen himmlischen Liturgie. Im 21. Kapitel schauen wir den neuen Himmel und die neue Erde und das himmlische Jerusalem. Wir haben jetzt schon – mitten im irdischen Jerusalem, ja mitten in der gottlosen Stadt Babylon – teil am himmlischen Jerusalem.

Johannes tröstet die leidgeprüften Christen mit den wunderbaren Worten: „Er wird alle Tränen von ihren Augen abwischen: Der Tod wird nicht mehr sein, keine Trauer, keine Klage, keine Mühsal. Denn was früher war, ist vergangen. Er, der auf dem Thron saß, sprach: Seht, ich mache alles neu" (21,4f.). Es sind Worte, die unsere Fixierung auf das Leid aufheben. Sie trösten den, der in seinem Leid keinen Ausweg sieht. Gott wird alles neu machen. Nichts wird so bleiben, wie es ist.

Die Offenbarung des Johannes ist im Laufe der Kirchengeschichte für viele Bedrängte zum Trostbuch geworden, das ihnen Kraft und Zuversicht schenkte, auszuharren im Blick auf die Vollendung, die sie mit Gewissheit erwarten durften.

Vorwort: 1,1–3

1 1 Offenbarung Jesu Christi, die
ihm Gott gab, damit er seinen
Knechten zeige, was in Bälde gesche-
hen muss; und gewiesen hat er sie
durch seinen Engel seinem Knecht Jo-
hannes.

2 Der legt Zeugnis ab von dem
Wort Gottes und von dem Zeugnis Je-
su Christi, von allem, was er schaute.
3 Selig der Leser und die Hörer der
prophetischen Worte und die sich an
das halten, was darin geschrieben
steht. Denn die Zeit ist nahe.

Das Lamm öffnet die sieben Siegel: 6,1–17

6 1 Und ich sah, als das Lamm das
erste der sieben Siegel öffnete,
und ich hörte eines von den vier We-
sen wie mit Donnerstimme rufen:
„Komm!“ 2 Und ich sah und siehe: ein
weißes Ross, und der darauf saß, hatte
einen Bogen, und es wurde ihm ein
Kranz gereicht, und als Sieger zog er
aus und um zu siegen.

3 Und als es das zweite Siegel öff-
nete, hörte ich das zweite Wesen ru-
fen: „Komm!“ 4 Und es zog ein anderes
Ross aus, ein feuerrotes; und dem, der
darauf saß, ward (die Gewalt) gege-
ben, den Frieden von der Erde fort-
zunehmen, sodass sie sich gegenseitig
hinschlachten sollten; und es wurde
ihm ein großes Schwert gegeben.

5 Und als es das dritte Siegel öff-
nete, hörte ich das dritte Wesen rufen:
„Komm!“ Und ich sah und siehe: ein
schwarzes Ross; und der darauf saß,
hielt eine Waage in seiner Hand. 6 Und
ich hörte wie eine Stimme inmitten
der vier Wesen sprechen: „Ein Maß
Weizen für einen Denar und drei
Maß Gerste für einen Denar; aber das
Öl und den Wein sollst du nicht schä-
digen!“

7 Und als es das vierte Siegel öff-
nete, hörte ich die Stimme des vierten
Wesens; es rief: „Komm!“ 8 Und ich
sah und siehe: ein fahles Ross; und
der darauf saß, hatte den Namen „der
Tod“; und das Totenreich war sein Ge-
folge. Und es wurde ihnen die Macht
gegeben über den vierten Teil der Er-
de, zu töten mit Schwert und Hunger
und Pest und durch die wilden Tiere
der Erde.

9 Und als es das fünfte Siegel öff-
nete, sah ich unter dem Altar die See-
len derer, die hingeschlachtet worden
waren um des Wortes Gottes und des
Zeugnisses willen, das sie festhielten.
10 Und sie schrien mit lauter Stimme:
„Wie lange, Herr, du Heiliger und
Wahrhaftiger, (soll es noch dauern,)
bis du Gericht hältst und unser Blut
rächst an den Bewohnern der Erde?“
11 Da wurde einem jeden von ihnen
ein weißes Gewand gegeben, und es
wurde ihnen gesagt, sie sollten sich
noch eine kurze Zeit gedulden, bis
auch ihre Mitknechte vollzählig seien
und ihre Brüder, die noch getötet wer-
den sollten wie sie.

12 Und ich sah: Als es das sechste
Siegel öffnete, da entstand ein großes
Erdbeben, und die Sonne wurde
schwarz wie ein härener Sack, und
der Mond wurde ganz wie Blut, 13 und
die Sterne des Himmels fielen auf die

Erde, wie ein Feigenbaum seine unreifen Früchte abwirft, wenn er von einem starken Sturm geschüttelt wird. 14 Und der Himmel schwand dahin wie ein Buch, das man zusammenrollt. Jeder Berg und jede Insel wurden von ihren Plätzen weggerückt. 15 Und die Könige der Erde und die großen Herren und die Kriegsobersten und die Reichen und die Machthaber sowie jeder Sklave und Freie versteckten sich in den Höhlen und in den Felsenklüften der Berge. 16 Und sie sagen zu den Bergen und den Felsen: „Fallet über uns und verbergt uns vor dem Angesicht dessen, der auf dem Throne sitzt, und vor dem Zorn des Lammes. 17 Denn gekommen ist der große Tag seines Zornes; und wer kann da bestehen?“

Jubellieder im Himmel: 19,1–10

19 1 Danach hörte ich (etwas) wie die mächtige Stimme einer großen Schar im Himmel rufen: „Halleluja. Das Heil und die Herrlichkeit und die Macht gehören unserem Gott; 2 denn wahrhaft und gerecht sind seine Gerichte. Hat er doch die große Hure gerichtet, die mit ihrer Unzucht die Erde verdarb, und das Blut seiner Knechte gerächt, das an ihrer Hand (klebte).“ 3 Und abermals riefen sie: „Halleluja. Und ihr Rauch steigt auf von Ewigkeit zu Ewigkeit.“ 4 Und die vierundzwanzig Ältesten und die vier Wesen fielen nieder, beteten Gott an, der auf dem Throne sitzt, und riefen: „Amen. Halleluja.“

5 Und eine Stimme kam vom Throne her und sprach: „Preiset unseren Gott, ihr, seine Knechte alle, ihr, die ihr ihn fürchtet, ihr Kleinen und ihr Großen.“ 6 Und ich hörte (etwas) wie die Stimme einer großen Schar und wie das Rauschen vieler Wasser und wie das Rollen starker Donner; die riefen: „Halleluja. Denn der Herr, unser Gott, der Allherrscher, hat die Königsherrschaft angetreten. 7 Lasst uns jubeln und fröhlich sein und ihm die Ehre geben; denn die Hochzeit des Lammes ist gekommen, und seine Gemahlin hat sich bereitgemacht. 8 Und es ward ihr gegeben, sich zu kleiden in glänzend weißes Linnen.“ Das Linnen nämlich sind die Rechttaten der Heiligen. 9 Und er spricht zu mir: „Schreibe! Selig, die zum Hochzeitsmahl des Lammes geladen sind.“ Dann sagt er zu mir: „Diese Worte sind wahrhaftige Worte Gottes.“ 10 Da fiel ich ihm zu Füßen, um ihn anzubeten. Er aber spricht zu mir: „Gib Acht, nur nicht! Ich bin dein und deiner Brüder Mitknecht, derer, die das Zeugnis Jesu haben. Gott bete an! Denn das Zeugnis Jesu ist der Geist der Prophetie.“

Das himmlische Jerusalem: 21,1–8

21 1 Und ich sah einen neuen Himmel und eine neue Erde; denn der erste Himmel und die erste Erde sind vergangen, auch das Meer ist nicht mehr. 2 Und die heilige Stadt, das neue Jerusalem, sah ich herabsteigen aus dem Himmel von Gott her, bereitet wie eine Braut, die für ihren Mann geschmückt wird. [3]Und ich hörte eine mächtige Stimme vom Throne her sprechen: „Siehe, das Zelt Gottes unter den Menschen. Und er wird bei ihnen sein Zelt aufschlagen, und sie werden seine Völker sein, und er selbst, Gott mit ihnen, wird ihr Gott sein. [4]Und er wird abwischen jede Träne von ihren Augen, und es wird keinen Tod mehr geben, auch keine Trauer, keinen Klageschrei, keine Mühsal wird es mehr geben; denn das Frühere ist vorbei."

[5]Und der auf dem Throne saß, sprach: „Siehe, ich mache alles neu." Und er spricht: „Schreibe: Diese Worte sind zuverlässig und wahr." [6]Auch sagte er zu mir: „Es ist geschehen. Ich bin das Alpha und das Omega, der Anfang und das Ende. Ich will dem Dürstenden umsonst (zu trinken) geben vom Quell des Lebenswassers. [7]Der Sieger wird dies zum Erbe empfangen, und ich will ihm Gott sein, und er wird mir Sohn sein. [8]Aber die Feiglinge und die Treulosen, die Gemeinen und die Mörder, die Unzüchtigen und die Zauberer, die Götzendiener und die Lügner, alle haben ihren Anteil in dem Pfuhl, der von Feuer und Schwefel brennt; das ist der zweite Tod."

Schluss: 22,16–20

[16]Ich, Jesus, habe meinen Engel gesandt, um euch dies vor den Gemeinden zu bezeugen. Ich bin die Wurzel und der Stamm Davids, der strahlende Morgenstern.

[17]Und der Geist und die Braut sprechen: „Komm!" Und wer es hört, soll sprechen: „Komm!" Und wen es dürstet, der komme, wer will, der empfange lebendiges Wasser umsonst.

[18]Ich bezeuge jedem, der die prophetischen Worte dieses Buches hört: Wenn jemand ihnen etwas hinzufügt, dem wird Gott die Plagen zufügen, die in diesem Buch geschrieben stehen. [19]Und wenn jemand von den Worten des Buches dieser Weissagung etwas wegnimmt, dem wird Gott seinen Anteil wegnehmen am Baum des Lebens und an der heiligen Stadt, von denen in diesem Buche geschrieben ist.

[20]Der dies bezeugt, spricht: „Ja, ich komme bald!" Amen, komm, Herr Jesus!